Word, Excel, PowerPoint & Access 2013 POUR LES NULS

Ken Cook, Laurie Ulrich Fuller, Dan Gookin, Greg Harvey, Doug Lowe

FIRST
Interactive

W0184115

Word, Excel, PowerPoint & Access 2013 pour les Nuls

Cet ouvrage comporte des extraits de Word 2013 pour les Nuls, Excel 2013 pour les Nuls, PowerPoint 2013 pour les Nuls, Access 2013 pour les Nuls.

Publié par Wiley Publishing, Inc.
111 River Street
Hoboken, NJ 07030-5774
USA

Copyright © 2013 Wiley Publishing, Inc.

Pour les Nuls est une marque déposée de Wiley Publishing, Inc.
For Dummies est une marque déposée de Wiley Publishing, Inc.

Edition française publiée en accord avec Wiley Publishing, Inc.
© 2013 Éditions First
60 rue Mazarine
75006 Paris - France
Tél. 01 45 49 60 00
Fax 01 45 49 60 01
E-mail : firstinfo@efirst.com
Web : www.editionsfirst.fr
ISBN : 978-2-7540-5581-9
Dépôt légal : 4e trimestre 2013

Collection dirigée par Jean-Pierre Cano
Traduction : Anne Leboterf, Philip Escartin, Spectrobyte
Mise en page : maged

Imprimé en France

Tous droits réservés. Toute reproduction, même partielle, du contenu, de la couverture ou des icônes, par quelque procédé que ce soit (électronique, photocopie, bande magnétique ou autre) est interdite sans autorisation par écrit des Editions First.

Limites de responsabilité et de garantie. L'auteur et l'éditeur de cet ouvrage ont consacré tous leurs efforts à préparer ce livre. Les Editions First, Wiley Publishing, Inc. et l'auteur déclinent toute responsabilité concernant la fiabilité ou l'exhaustivité du contenu de cet ouvrage. Ils n'assument pas de responsabilités pour ses qualités d'adaptation à quelque objectif que ce soit, et ne pourront être en aucun cas tenus responsables pour quelque perte, profit ou autre dommage commercial que ce soit, notamment mais pas exclusivement particulier, accessoire, conséquent, ou autres.

Marques déposées. Toutes les informations connues ont été communiquées sur les marques déposées pour les produits, services et sociétés mentionnés dans cet ouvrage. Wiley Publishing, Inc. et les Editions First déclinent toute responsabilité quant à l'exhaustivité et à l'interprétation des informations. Tous les autres noms de marque et de produits utilisés dans cet ouvrage sont des marques déposées ou des appellations commerciales de leur propriétaire respectif.

Sommaire

Introduction .... **XXIII**

Livre I : Word 1

Première partie : Bien le bonjour, M. Word ! 3

Chapitre 1 : Vue panoramique **5**
Les portes d'accès à Word 5
Méthode classique pour lancer Word 6
La meilleure manière de lancer Word 7
Démarrer Word en ouvrant un document 8
Word à l'écran 9
Découvrir l'écran démarrage de Word 9
L'écran principal de Word à la loupe 10
Utiliser Word sur une tablette 13
Remplir la page blanche 13
Le pointeur de la souris dans Word 14
Lorsque vous avez fini 15
Quitter Word 16
Masquer Word 17

Chapitre 2 : Clavier, mon ami **19**
Un coup d'œil sur votre clavier 19
Utiliser un clavier de PC 20
Utiliser un clavier tactile 22
Taper sur le clavier 23
Suivre le curseur qui clignote 24
Quand appuyer sur la barre d'espace ? 25
Les touches Retour arrière et Suppression 25
Quand appuyer sur la touche Entrée ? 26
Faire correctement ses 1 et ses 0, ses L et ses O 27
Choses à remarquer pendant que vous tapez 27
Le côté gauche de la barre d'état 28
La vie secrète des pages 28

Des points entre les mots ! 30
Soulignements et ondulations 30

Deuxième partie : Les bases du traitement de texte 33

Chapitre 3 : Au sein du document 35
Faire défiler un document 35
La barre de défilement verticale 36
La barre de défilement horizontale 37
Utiliser la souris pour vous déplacer 38
Déplacer le point d'insertion 39
Commander le point d'insertion à la souris 39
Petits déplacements avec les touches directionnelles 39
Le début et la fin 40
Retrouver son chemin 42
Aller où l'on veut avec la commande Atteindre 42

Chapitre 4 : Modifier le texte 45
Effacer du texte 45
Effacer un seul caractère 46
Effacer un mot 47
Effacer des lignes, des phrases et des paragraphes 48
Séparer et grouper 50
Créer deux paragraphes à partir d'un seul 51
Créer un paragraphe à partir de deux 51
Séparer des lignes avec un retour à la… ligne 51
Annuler ses erreurs 52
Voudriez-vous répéter, s'il vous plaît ? 53
Quand répéter change de sens 54

Chapitre 5 : Chercher et remplacer 55
Le plaisir de la recherche 55
Mais où te caches-tu ? 56
Utiliser la commande Recherche avancée 58
Rechercher des caractères qu'on ne peut pas taper 61
Rechercher une mise en forme 63
L'art de remplacer 65
Remplacer du texte par un autre 65
Le miraculeux bouton Remplacer tout 68
Chercher et remplacer une mise en forme 68

Chapitre 6 : Travailler avec des blocs de texte 71
Qu'est-ce qu'un bloc de texte ? 72
Sélectionner des blocs de texte 73
Sélectionner du texte au clavier 73
Sélectionner du texte sur un écran tactile 75
Sélectionner un bloc avec la souris 76

Sélectionner un bloc avec la touche F8 78
Sélectionner tout le document 80
Désélectionner un bloc 80
Manipuler un bloc de texte 81
Copier un bloc 81
Déplacer un bloc 82
Options de collage du texte 83
Copier ou déplacer un bloc avec la souris 84

Chapitre 7 : Vérifier son document : orthographe et grammaire 87
Vérifier son orthographe 88
La crainte du soulignement ondulé rouge 88
Que faire quand le vérificateur se trompe ? 89
Annuler la commande Ignorer tout 90
Retirer des mots du dictionnaire 91
Correction instantanée avec la Correction automatique 92
Comprendre la correction automatique 92
Annuler une correction automatique 93
Que ma grammaire soit immaculée ! 94
Vérifier tout le document en une seule opération 95
Personnaliser les options de vérification 96
Modifier les paramètres de vérification orthographique et grammaticale 96
Modifier les options de correction automatique 96

Chapitre 8 : Documents et fichiers 99
Créer un document 100
Enregistrer un document 102
Premier enregistrement d'un document 102
Problèmes avec l'enregistrement d'un document sur le disque 104
Enregistrer un document qui a déjà été enregistré 106
Enregistrer quand le travail est terminé 106
Ouvrir un document 107
Utiliser la commande traditionnelle Ouvrir 107
Ouvrir un document par son icône 109
Ouvrir un document dans un autre 109
Fermer un document 110
Récupérer un brouillon 111

Chapitre 9 : Imprimer et partager vos documents 113
Votre document sur papier 114
Préparer l'imprimante 114
Voir l'aperçu avant impression 115
Imprimer la totalité d'un document 116
Imprimer une page précise 118
Imprimer une plage de pages 119
Imprimer uniquement les pages paires ou impaires 119
Imprimer un bloc 120

Imprimer plusieurs exemplaires d'un document 121
Sélectionner une autre imprimante 121
Annuler une commande d'impression 122
Publication électronique 123
Préparer un document au partage 123
Envoyer un document Word par e-mail 124
Enregistrer un document dans un format partageable 125

Troisième partie : La mise en forme 129

Chapitre 10 : Mettre en forme texte, caractères et polices 131
Comment mettre en forme votre texte ? 131
Mise en forme élémentaire 132
Changer la police 133
Mises en forme élémentaires des caractères 134
Mises en forme de caractère inhabituelles 136
Grandes lettres, petites lettres : la taille du texte 137
Spécifier la taille du texte 137
Rendre le texte plus grand ou plus petit 138
Le monde merveilleux de la couleur 138
Modifier la casse du texte 139
Effacer un ensemble de mises en forme 140
Utiliser la boîte de dialogue Police 141

Chapitre 11 : Mettre en forme des paragraphes 143
Techniques de mise en forme de paragraphe 143
Localisation des commandes de mise en forme 145
Justification et alignement des paragraphes 145
Aligner à gauche 146
Centrer 147
Aligner à droite 147
Justifier 147
Aérer verticalement le texte 148
Modifier l'interlignage 148
Définir un interlignage spécifique 149
Aérer les paragraphes 150
Modifier le retrait d'un paragraphe 151
Mettre en retrait automatiquement la première ligne d'un paragraphe 151
Définir un retrait négatif 153
Mettre en retrait tout le paragraphe 153
À quoi sert la règle ? 154

Chapitre 12 : Définir des tabulations 157
Histoire des tabulations 157
Afficher les taquets de tabulations 158
Créer des tabulations avec la règle 159

Définir une tabulation gauche 160
Créer une liste 160
Création de colonnes avec des tabulations 162
La tabulation centrée 164
Tabulation droite et tabulation gauche 165
Liste alignée sur la droite 167
L'étonnante tabulation décimale 168
La tabulation barre 169
Utiliser la boîte de dialogue Tabulations 170
Créer des tabulations via la boîte de dialogue 171
Créer une tabulation à points de suite 172
Supprimer un taquet de tabulation 173

Chapitre 13 : La mise en page du document 175
Description d'une feuille de papier 175
Quelle est la taille de ma page ? 176
Portrait ou paysage ? 177
Attention à vos marges ! 178
La boîte de dialogue Mise en page 180
Numéroter les pages 182
Où mettre le numéro de page ? 182
Commencer la numérotation à partir d'une valeur spécifiée 183
Numéroter avec des chiffres romains 184
Supprimer des numéros de page 184
Commencer une nouvelle page 185
Commencer une nouvelle page vierge 185
Insérer une page vierge 186
Pages en folie 186
Page en couleurs 187
Insérer un filigrane 188

Chapitre 14 : Mettre en forme des documents 189
Tout savoir sur les sections 190
La notion de section 190
Créer une section 191
Utiliser une section 192
Supprimer un saut de section 194
Ajouter une page de garde 194
Ajouter une page de garde automatiquement 194
Ajouter une page de garde manuellement 195
Les joies des en-têtes et des pieds de pages 196
Ajouter un en-tête ou un pied de page 197
Modifier un en-tête ou un pied de page 198
Utiliser des en-têtes et pieds de pages multiples 200
Supprimer un en-tête ou un pied de page 203

Chapitre 15 : Utiliser les styles 205
Qu'est-ce qu'un style ? 205
Types de styles 206
Localiser les styles de Word 207
Appliquer un style 209
Comprendre les styles de titres 210
Identifier le style utilisé 210
Effacer la mise en forme d'un style 211
Créer son style 212
Créer un style à partir d'un paragraphe que vous avez déjà mis en forme 212
Créer un style à partir de rien 214
Modifier un style 215
Attribuer un raccourci clavier à un style 217
Personnaliser la galerie Styles 218
Supprimer un style 219

Quatrième partie : Un peu de fantaisie dans vos documents 221

Chapitre 16 : Construire des tableaux 223
Pourquoi utiliser des tableaux ? 224
Du plaisir de créer des tableaux 224
Créer un tableau 226
De la création (trop) facile d'un tableau 226
Utiliser une boîte de dialogue 227
Dessine-moi un tableau ! 227
Méthode paresseuse 229
Texte dans un tableau 229
Insérer du texte dans un tableau 230
Sélectionner du texte dans un tableau 230
Calculer avec un tableau 231
Convertir un texte tabulé en tableau 232
Convertir un tableau en texte 233
À vous de configurer le tableau 233
Utiliser la souris dans un tableau 234
Ajuster un tableau 235
Formater un tableau 237
Supprimer un tableau 237

Chapitre 17 : Illustrez-moi ça ! 239
Voilà une image ! 240
Insérer une image stockée sur votre disque dur 241
Insérer un clipart 242
Créer une forme 243
Dites-le avec WordArt ! 244
Ajouter une légende 245
Supprimer une image ou un dessin 246

Positionner une image par rapport au texte 246
Habiller une image avec du texte 246
Laisser flotter une image 248
Déplacer une image 248
Attacher une image à du texte 248
Modifier l'image 249
Modifier la taille d'une image 249
Rogner une image 250
Faire pivoter l'image 251
Modifier l'apparence de l'image 251
Organiser les images 252
Visualiser l'alignement des images 252
Aligner des images entre elles 253
Grouper des images 254

Chapitre 18 : Insérer des objets 255
Des joies et des plaisirs du caractère 255
Espaces et trait d'union insécables 256
Saisir les caractères accentués d'autres langues 256
Insérer des symboles et des caractères spéciaux 257
Pimenter un document avec des zones de texte 258
La profondeur des champs 260
Insérer un champ dans un document 260
Jouer avec des champs 262
Date et Heure 264
Insérer la date et l'heure dans un document 264
Date d'impression 264

Cinquième partie : Autres secrets de Word 267

Chapitre 19 : Documents, fenêtres et formats multiples 269
Et pourquoi pas plusieurs documents ? 269
Ouvrir plusieurs documents 270
Basculer d'un document à l'autre 271
Afficher plusieurs documents en même temps 271
Comparer deux documents côte à côte 272
Afficher le même document dans plusieurs fenêtres 273
Utiliser la bonne vieille méthode du fractionnement 273
Travailler avec d'autres formats de fichier 274
Choisir le type de fichier 274
Charger un fichier d'un format « étranger » 275
Mettre à jour d'anciens documents Word 277

Chapitre 20 : Word pour les écrivains 279
Le mode Plan de Word 280
Les secrets du mode Plan 280

Ajouter des rubriques à son plan 282
Utiliser des sous-rubriques (Abaisser) 283
Promouvoir une rubrique 284
Ajouter une rubrique de texte 285
Réorganiser les rubriques 285
Développer et réduire le plan 286
Imprimer le plan 287
Organisation des grands documents 288
Préparer un grand document 288
Créer un document maître 288
Fractionner un document 290
Finaliser le texte d'un document 291
Un synonyme, tout de suite ! 291
Afficher les dictionnaires dans un volet 292
Consulter les statistiques d'un document 293

Livre II : Excel 295

Première partie : On se jette à l'eau 297

Chapitre 1 : Excel 2013 pour son utilisateur 299

L'interface utilisateur et son Ruban 300
Aller en coulisses 302
Visite guidée du Ruban 303
Personnaliser la barre d'outils Accès rapide 308
S'amuser avec la barre de formule 312
Que faire dans la zone de la feuille de calcul ? 314
Découvrir la barre d'état 322
Lancer et quitter Excel 323
Lancer Excel depuis l'écran Accueil de Windows 8 324
Lancer Excel depuis le menu Démarrer de Windows 7 324
Ajouter un raccourci vers Excel sur le Bureau de Windows 7 325
Ajouter Excel au menu Démarrer de Windows 7 325
Ajouter Excel à la barre des tâches de Windows 7 326
Quitter Excel 326

Chapitre 2 : Créer une feuille de calcul à partir de zéro 329

La saisie des données 329
Dans la pratique 331
Tous les types sont les bienvenus 333
Les signes révélateurs d'un texte 334
Comment Excel évalue-t-il les valeurs ? 335
Concocter ces fabuleuses formules ! 341
Pour l'avoir, il suffit de pointer 345
La priorité des opérations 345

Les erreurs de formule 347
Corriger les entrées erronées 348
La correction automatique 349
Les règles de modification d'une cellule 350
Se débarrasser des corvées de saisie 351
La saisie semi-automatique 352
La recopie automatique 353
Vive le remplissage instantané ! 361
Insérer des symboles et des caractères spéciaux 362
Les entrées de la plage 363
La saisie express 364
Améliorer les formules 365
Placer une fonction dans une formule avec l'Assistant Fonction 366
Modifier une fonction avec l'Assistant Fonction 369
La somme automatique : l'essayer, c'est l'adopter 370
L'outil Totaux de la fonction Analyse rapide 373
Stocker les données en lieu sûr 374
Changer l'emplacement d'enregistrement par défaut 376
Les différences entre les formats XLSX et XLS 377

Deuxième partie : L'art et la manière de modifier un classeur........... 379

Chapitre 3 : On enjolive tout 381
Choisir un groupe de cellules sélectionnées 381
Les sélections par pointer-cliquer 382
Les sélections au clavier 386
La galerie Mettre sous forme de tableau 390
Mettre des cellules en forme avec l'onglet Accueil 393
Mettre en forme des cellules à la source avec la mini-barre d'outils 396
La boîte de dialogue Format de cellule 397
Comprendre les formats de nombre 397
Les valeurs qui se cachent sous une mise en forme 403
Dates et heures dans les calculs 404
Un coup d'œil sur les différents formats de nombre 405
Régler les colonnes 406
Ajuster les lignes 407
On la voit, on ne la voit plus ! 408
Du côté de la police 410
Modifier l'alignement 411
Les retraits 412
De haut en bas 413
Gérer le renvoi à la ligne 413
Incliner les données 416
Ajuster 417
Boîtes à bordures 418
Couleurs de remplissage, motifs et dégradés 419

Faites-le avec style 420
Créer un style personnel 421
Copier des styles personnels d'un classeur dans un autre 422
Vous simplifier la vie avec l'outil Reproduire la mise en forme 422
Mise en forme conditionnelle 423
Formater avec l'outil Analyse rapide 425

Chapitre 4 : Procéder à des modifications 427
S'ouvrir aux changements 427
La fenêtre Ouvrir 428
La boîte de dialogue Ouvrir 429
Modifier le nombre de fichiers récents 431
Ouvrir plusieurs classeurs 431
Rechercher des classeurs 432
Encore plus sur les annulations 433
Rétablir et Répéter 433
Que faire s'il est impossible d'annuler ? 434
Le bon vieux glisser-déposer 434
La copie par glisser-déposer 437
Insérer par glisser-déposer 438
La recopie automatique des formules 438
Absolument relatif et inversement 440
Certaines choses sont absolues 441
Le couper-coller numérique 444
Ça colle pour vous 445
Les options de collage 446
Coller à partir du volet Presse-papiers Office 448
Qu'est-ce qu'il a de spécial, ce coller ? 449
À propos des suppressions 451
Vider une cellule 452
Virez-moi toutes ces cellules 452
Faire de la place avec la commande Insérer 454

Chapitre 5 : Imprimer le chef-d'œuvre 455
Un coup d'œil à la page en mode Mise en page 456
Agir dans la fenêtre Imprimer 457
Imprimer la feuille de calcul 460
Mettre en page la feuille de calcul 462
Utiliser les boutons du groupe Mise en page 462
Utiliser les boutons du groupe Mise à l'échelle 469
Les cases Imprimer dans le groupe Options de la feuille de calcul 470

Troisième partie : S'organiser et rester organisé 471

Chapitre 6 : Maintenir l'ordre dans la feuille de calcul 473
Coup de zoom sur les cellules 473
Fractionner une fenêtre 476

Figer les volets 477
Les notes électroniques 480
Ajouter un commentaire à une cellule 480
Réviser les commentaires 481
Modifier les commentaires 482
Les cellules nommées 483
Ah ! Si j'avais un nom… 484
Nommez cette formule ! 485
Les constantes nommées 487
Qui cherche trouve 488
Nul n'est irremplaçable 492
Vos recherches n'ont plus de limites 493

Chapitre 7 : Gérer des feuilles de calcul multiples 497
Jongler avec plusieurs feuilles de calcul 497
Passer d'une feuille à une autre 498
Les modifications simultanées 500
Ajouter des feuilles de calcul à un classeur 502
D'autres noms pour les feuilles 503
Des onglets en couleurs 503
Modifier l'ordre des feuilles de calcul 504
Ouvrir des fenêtres sur vos feuilles de calcul 506
Comparer deux feuilles de calcul en côte à côte 511
Transférer des feuilles de calcul d'un classeur vers un autre 512
En SOMME()… 516

Chapitre 8 : L'art subtil des graphiques 521
Créer des graphiques d'aspect professionnel 521
Agir avec l'outil Graphiques recommandés 522
Agir depuis le Ruban 522
Agir avec l'outil Analyse rapide 525
Tracer un graphique sur une feuille indépendante 527
Déplacer et redimensionner un graphique incorporé dans une feuille 527
Déplacer un graphique incorporé vers une feuille rien qu'à lui 528
Personnaliser vos graphiques grâce à l'onglet Création 529
Personnaliser les éléments du graphique 530
Modifier les titres génériques d'un graphique 532
Plus loin avec les graphiques 535
Des mini-graphiques avec les sparklines 535
Des messages plus efficaces avec les zones de texte 538
Insérer des images stockées localement 542

Quatrième partie : Plongeon dans l'analyse de données 543

Chapitre 9 : Mais que se passerait-il si… ? 545
Jouer avec les tables de données et les hypothèses 545

Créer une table de données à une variable 546
Créer une table de données à deux variables 549
Chercher la cible 552
Examiner des hypothèses avec le Gestionnaire de scénarios 554
Définir des scénarios 554
Produire une synthèse 557

Chapitre 10 : Jouer avec les tableaux croisés 559
Analyser des données grâce aux tableaux croisés dynamiques 560
Créer un tableau croisé avec l'outil Analyse rapide 560
Créer un tableau croisé avec la commande Suggestions 562
Créer manuellement 563
Mettre en forme un tableau croisé dynamique 567
Personnaliser le style du tableau croisé dynamique 567
Formater les valeurs d'un tableau croisé dynamique 568
Trier et filtrer les données du tableau croisé dynamique 568
Filtrer le rapport 569
Filtrer des lignes et des colonnes 569
Filtrer avec des segments 570
Filtrer avec des chronologies 571
Trier le tableau croisé dynamique 572
Modifier un tableau croisé dynamique 573
Modifier les champs du tableau croisé dynamique 574
Faire pivoter les champs 574
Modifier la fonction de calcul du tableau croisé dynamique 575

Livre III : PowerPoint 579

Première partie : Les bases de PowerPoint 2013 581

Chapitre 1 : Bienvenue dans PowerPoint 2013 ! 583
Qu'est-ce que PowerPoint ? 584
Introduction aux présentations 585
Les fichiers des présentations 586
Qu'est-ce qu'une diapositive ? 587
Démarrer PowerPoint 589
Parcourir l'interface de PowerPoint 590
Dérouler le Ruban 593
Une vue imprenable ! 595
Dans les coulisses du Backstage 595
Créer une (nouvelle) présentation 596
Modifier du texte 597
Ajouter une nouvelle diapositive 598
Se déplacer de diapositive en diapositive 599
Choisir une mise en page 600

Visionner votre présentation ... 601
Enregistrer votre travail ... 602
Ouvrir une présentation ... 603
Fermer une présentation ... 605
Trouver de l'aide ... 606
Quitter PowerPoint ... 608

Chapitre 2 : Éditer des diapositives ... 609
Parcourir les diapositives d'une présentation ... 610
Utiliser des objets ... 610
Sélectionner des objets ... 611
Redimensionner ou déplacer un objet ... 612
Éditer un objet texte ... 614
Sélectionner du texte ... 615
Couper, Copier et Coller ... 616
Dupliquer un objet ... 618
Le volet Presse-papiers ... 618
Oups ! Ce n'est pas ce que je voulais faire... (la merveilleuse commande Annuler) ... 618
Supprimer une diapositive ... 620
Dupliquer une diapositive ... 620
Trouver du texte ... 620
Remplacer du texte ... 622
Réorganiser vos diapositives avec la Trieuse de diapositives ... 624

Chapitre 3 : Organiser une présentation en mode Plan ... 627
Accéder au mode Plan ... 628
Sélectionner et modifier une diapositive ... 629
Sélectionner et modifier un paragraphe ... 630
Promouvoir et abaisser des paragraphes ... 630
Ajouter un paragraphe ... 631
Ajouter une diapositive ... 631
Déplacer du texte verticalement ... 632
Développer et réduire le plan ... 633

Chapitre 4 : Vérifier vos présentations ... 635
Correction en temps réel ... 635
Une correction après coup ... 637
Le dictionnaire des synonymes ... 639
Du bon usage de la casse ... 640
La correction automatique ... 641

Chapitre 5 : N'oubliez pas vos notes ! ... 645
Comprendre la notion de « commentaire » ... 645
Ajouter des commentaires à une diapositive ... 647
Ajouter une autre page de commentaires à une diapositive ... 648
Ajouter une nouvelle diapositive en mode Page de commentaires ... 649

Imprimer des pages de commentaires ... 649
Afficher des commentaires sur un autre moniteur ... 650

Chapitre 6 : Que le spectacle commence ! ... 653
Imprimer rapidement ... 653
Imprimer depuis le Backstage ... 654
Imprimer plusieurs exemplaires ... 655
Changer d'imprimante ... 655
Imprimer des parties d'une présentation ... 655
L'aperçu avant impression ... 656
Démarrer un diaporama ... 657
Démarrer un diaporama ... 659
Travailler en mode Présentateur ... 659
Le clavier et la souris au service du diaporama ... 661
Utiliser les outils de présentation ... 663
Le pointeur laser ... 663
Annoter les diapositives ... 663
Vérifier le minutage du diaporama ... 665
Les diaporamas personnalisés ... 665
Créer un diaporama personnalisé ... 666
Afficher un diaporama personnalisé ... 667
Masquer des diapositives ... 667
Diffuser vos présentations en ligne ... 667

Deuxième partie : De superbes diapositives ... 671

Chapitre 7 : Polices et mise en forme du texte ... 673
Modifier l'apparence du texte ... 674
Deux moyens d'appliquer une mise en forme ... 676
Modifier la taille des caractères ... 676
Les polices de caractères ... 676
Mettre du texte en couleur ... 677
Du texte ombré ... 678
La mise en forme en long, en large et en travers ... 678
Les listes à puces ... 678
Créer des listes numérotées ... 680
Tabulations et retraits ... 682
Espacer le texte ... 683
Aligner le texte ... 684
Créer des colonnes ... 685
Une touche d'originalité avec des textes WordArt ... 685

Chapitre 8 : Concevoir vos diapositives ... 689
Un coup d'œil à l'onglet Création ... 689
Utiliser les thèmes ... 690
Appliquer des thèmes ... 691

Utiliser des jeux de couleurs ... 693
Utiliser les polices des thèmes ... 698
Appliquer des effets de thème ... 698
Modifier la taille d'une diapositive ... 699
Utiliser des styles d'arrière-plan ... 700
Appliquer un dégradé ... 701
Les autres effets d'arrière-plan ... 703

Chapitre 9 : De l'animation dans les diapositives ... 705
Appliquer des transitions ... 705
L'onglet Animation ... 709
Personnaliser l'animation ... 711
Comprendre la personnalisation de l'animation ... 711
Utiliser le volet Animation ... 713
Ajouter un effet ... 714
Détails sur l'animation des textes ... 717
Minuter les animations ... 718
Faire vibrer du texte ... 721
Utiliser l'outil Reproduire l'animation ... 722

Chapitre 10 : Masques et modèles ... 723
Travailler avec des masques ... 723
Modifier le masque des diapositives ... 725
L'onglet Masque des diapositives ... 727
Ajouter du texte récurrent ... 728
Appliquer des thèmes à vos masques ... 729
Ajouter une nouvelle disposition ... 730
Modifier le masque du document et le masque des pages de commentaires ... 731
Modifier le masque du document ... 731
Modifier le masque des pages de commentaires ... 732
Utiliser des masques ... 734
Outrepasser le style du texte du masque ... 734
Masquer des objets d'arrière-plan ... 734
En-têtes et pieds de page ... 736
Ajouter une date, un numéro ou un pied de page ... 736
Ajouter un en-tête ou un pied de page aux commentaires et aux documents ... 738
Modifier directement les espaces réservés d'en-tête et de pied de page ... 738
Oui, vous pouvez utiliser deux masques ... 738
Créer un nouveau masque des diapositives ... 739
Appliquer des masques ... 740
Conserver les masques ... 741
Restaurer des espaces réservés perdus ... 742
Les modèles ... 743
Créer un nouveau modèle ... 743
Créer une présentation basée sur un modèle ... 744
Organiser les diapositives en sections ... 744

Troisième partie : Des présentations présentables 747

Chapitre 11 : Insérer des images et des cliparts **749**
Les différents types d'images 750
Les images bitmap 750
Les images vectorielles 751
Utiliser des images clipart 752
Insérer des cliparts 752
Déplacer, redimensionner et étirer un clipart 755
Insérer un fichier d'image 756
Rogner une image 758
Donner du style à une photo 759
Ajouter une bordure 759
Appliquer des effets spéciaux 760
Corriger la netteté, la luminosité et le contraste 761
Régler la couleur 762
Appliquer des effets artistiques 763
Compresser les images 764
Ôter l'arrière-plan d'une image 766

Chapitre 12 : Dessiner sur les diapositives **769**
Conseils généraux sur les dessins 769
Zoom avant 770
Afficher la règle, le quadrillage et les repères 770
Respecter le jeu de couleurs 770
Enregistrer fréquemment 771
N'oubliez jamais Ctrl + Z 771
Dessiner des objets élémentaires 772
Tracer des lignes droites 773
Dessiner des rectangles, des carrés, des ovales et des cercles 774
Créer d'autres formes 774
Dessiner une forme 775
Dessiner un polygone ou une forme libre 777
Dessiner une ligne ou une forme incurvée 779
Tracer une zone de texte 780
Donner du style aux formes 780
Définir la couleur de remplissage 781
Définir le contour d'une forme 781
Appliquer des effets aux formes 782
Retourner et faire pivoter des objets 783
Retourner un objet 783
Rotation d'un objet à 90 degrés 783
Utiliser la poignée de rotation 784
Dessiner une image complexe 784
Modifier l'empilement 785
Aligner des objets 786
Grilles et repères 787

Thérapie de groupe 788

Chapitre 13 : Insérer un graphique 789
Comprendre la notion de graphique 789
Ajouter un graphique à une présentation 791
Insérer une diapositive contenant un graphique 791
Insérer un graphique dans une diapositive existante 795
Coller un graphique provenant d'Excel 796
Changer le type de graphique 797
Travailler avec les données d'un graphique 798
Intervertir des lignes et des colonnes 798
Modifier la sélection des données 799
Modifier les données source 800
Actualiser un graphique 800
Modifier la disposition du graphique 800
Modifier le style du graphique 801
Embellir un graphique 803

Chapitre 14 : Silence ! Moteur ! Action ! (Ajouter du son et de la vidéo) 807
Sonoriser une diapositive 808
À propos des fichiers audio 808
Insérer un objet audio 810
Configurer les options audio 812
Définir le moment de la lecture d'un son 812
Lire le son en boucle 812
Masquer l'icône du son 813
Le fondu à l'ouverture et à la fermeture 813
Couper un clip audio 813
Insérer une vidéo dans une diapo 814
Configurer les options vidéo 816
Contrôler l'affichage de la vidéo 816
Lire la vidéo en boucle 816
Découper une vidéo 816
Afficher la vidéo en plein écran 817
Le fondu à l'ouverture et à la fermeture 817
Placer un signet 817

Livre IV : Access 821

Première partie : Bien démarrer avec Access 2013 823

Chapitre 1 : À la découverte d'Access 2013 825
De l'utilité d'Access 826
Construire de grandes bases de données 826
Concevoir des applications 828

Créer des bases de données comportant plusieurs tables 828
Bases de données et formulaires utilisateurs 832
Au rapport ! 834
Quoi de neuf dans Access 2013 ? 837
Fonctions nouvelles, fonctions améliorées 838
Point de partage avec SharePoint 839
Comment Access travaille, et comment vous travaillez avec lui 840
Ouvrir Access 841
Choisir un point de départ 843
Et maintenant, que vais-je faire ? 847

Chapitre 2 : L'espace de travail d'Access 849
L'écran de prise en main 850
Travailler avec les outils visuels d'Access 852
Cliquer sur les onglets 853
Utiliser les boutons 854
Onglet Fichier et outils d'accès rapide 856
Accéder aux volets, panneaux et autres outils contextuels 856
Personnaliser l'espace de travail d'Access 857
Repositionner la barre d'outils Accès rapide 858
Ajouter des boutons à la barre d'outils Accès rapide 859
Supprimer des boutons de la barre d'outils Accès rapide 861
Minimiser le ruban 862
Travailler avec les info-bulles 863
Promenade à dos de souris 865
Naviguer avec la touche Alt 866

Chapitre 3 : Les bases des bases de données 869
Le jargon des bases de données 869
Les données, c'est (pas) un cadeau ! 870
Des champs à perte de vue 871
Enregistrements 871
Passons aux tables 872
La base de données 873
Les champs sont de chic types 873
Plat ou relationnel ? Prenez de la hauteur 880
Tables isolationnistes 880
Tables collaborationnistes 880
Construire une base de données 882
Ajouter et supprimer des tables 887
Encore une, s'il vous plaît 887
Ce n'est pas ce que je voulais faire... 889

Deuxième partie : Mettez-vous à table 893

Chapitre 4 : Dresser la table 895

Trouver la clé du succès 895
La vérité sur les clés primaires 896
Créer une clé primaire 898
Des relations sur la table 899
Des règles pour les relations 900
Types de relations 900
Établir des relations 903
La fenêtre des relations 903
Relations de table à table 904
Indexer pour des requêtes plus rapides 909
Créer votre index 910
Ajouter et supprimer des index 912

Chapitre 5 : Remodeler vos données 915

Éditer une table 916
Insérer des enregistrements et des champs 918
Ajouter un enregistrement 919
Insérer un champ 920
Supprimer un champ 924
Modifier le contenu d'un champ 924
Choisir les noms 926
Renommer des champs 927
Renommer une table 929
Vive les bonnes maisons d'édition ! 931

Chapitre 6 : Dessous de table 933

Access, les tables et leurs propriétés 933
Formater les données 936
Champs Texte court et Texte long 938
Champs numériques et monétaires 940
Dates et heures 944
Champs Oui/Non 945
Contrôler la saisie des données 947
Vous avez vraiment besoin de mettre un masque 947
Saisie obligatoire ou non ? 955
Valider vos données 956
Reposer ses doigts (par défaut) 958

Troisième partie : DataMania 961

Chapitre 7 : Des formulaires pour vos données 963

Générer des formulaires 963
Rester simple : les outils de création des formulaires 965

Bons baisers de chez Microsoft : l'assistant Formulaire 968
Personnaliser les formulaires 972
Mode Page ou Création ? 972
Un fort en thème ! 973
Gérer les contrôles des formulaires 974

Chapitre 8 : Trouver rapidement, filtrer et trier 981
Utiliser la commande Rechercher 981
Trouver tout, et rapidement 982
Rechercher, niveau supérieur 984
Trier de A à Z et de Z à A 987
Trier sur un seul champ 987
Trier sur plusieurs champs 988
Filtrage express 989
Filtrer sur le contenu d'un champ 990
Filtrer par sélection 991
Filtrer par formulaire 992

Chapitre 9 : Je demandais juste... des réponses 997
Outils (simples mais efficaces) de filtrage et de tri 997
D'abord, filtrer les choses 999
Filtre, côté bout 1001
Et voici la partie « avancée » ! 1002
Requêtes Sélection 1008
Pour réussir ses requêtes, il faut de solides relations 1009
Exécuter l'assistant Requête 1010

Index 1017

Introduction

Ce livre s'adresse aux utilisateurs d'Office qui désirent aller au cœur des logiciels sans perdre de temps. Ne cherchez pas dans ces pages comment les différentes applications fonctionnent, mais plutôt comment travailler mieux et plus rapidement avec.

Vous découvrirez ici tout ce qu'il faut savoir pour exploiter efficacement les applications d'Office 2013. Quel que soit votre niveau actuel, ce livre fera de vous un utilisateur d'Office plus sûr de lui et plus compétent.

Qu'y a-t-il dans ce livre ?

Ce livre est bourré d'astuces, de conseils, de raccourcis et de tours de main pour tirer le meilleur d'Office 2013. Voici un bref aperçu du contenu des 4 livret qui le composent :

- **Livre I Word :** Explique les nombreuses fonctions du traitement de texte d'Office, y compris la création de documents, de la simple lettre au gros rapport.
- **Livre II Excel :** Vous apprend à mouliner les chiffres avec ce qui n'est finalement qu'un boulier très perfectionné.
- **Livre III PowerPoint :** Décrit comment créer une présentation efficace qui en jette !
- **Livre IV Access :** Montre comment créer une base de données exploitable, et aussi comment soumettre une requête à cette base de données et en extraire des rapports.

Des illustrations claires

Les figures de ce livre ne montrent que la partie de l'écran qui illustre ce dont il est question dans le texte. Lorsque des explications renvoient à un endroit de l'écran, c'est celui-ci que vous trouverez dans ces pages.

Les conventions utilisées dans ce livre

Par commodité, les successions de commandes à choisir sont séparées par une barre oblique (/). Par exemple, Fichier/Enregistrer signifie "choisissez le menu Fichier, puis sélectionnez l'option Enregistrer".

Les raccourcis clavier (combinaisons de touches) permettent de travailler plus vite. Par exemple, appuyer sur la touche Ctrl puis, tout en maintenant cette touche enfoncée, appuyer sur la touche S est un autre moyen d'enregistrer un fichier. Dans le texte, ce raccourci apparaît sous la forme Ctrl+S.

Des commandes peuvent aussi être exécutées en cliquant sur un bouton de la barre d'outils. Une petite représentation de ce bouton apparaît dans la marge. Ici, c'est celui qui représente un fichier Word.

Les chiffres ou les lettres en gras sont des saisies que vous devez effectuer. Par exemple, "Entrez **25** dans le champ Pourcentage", signifie que vous devez taper le chiffre 25.

Les icônes

Cette icône signale des conseils ou des raccourcis utiles.

Cette icône est là pour vous rappeler de faire quelque chose.

Cette icône est là pour vous rappeler de ne pas faire quelque chose.

Cette icône signale une information ou un commentaire excessivement technique sur le sujet en cours. Il n'est pas indispensable de les lire, mais ils peuvent parfaire votre réputation si vous la répétez dans des cocktails.

Cette icône est destinée aux personnes qui exploitent Excel 2013 sur un dispositif tactile, comme une tablette Windows 8 ou un smartphone.

Livre I

Word

Première partie

Bien le bonjour, M. Word !

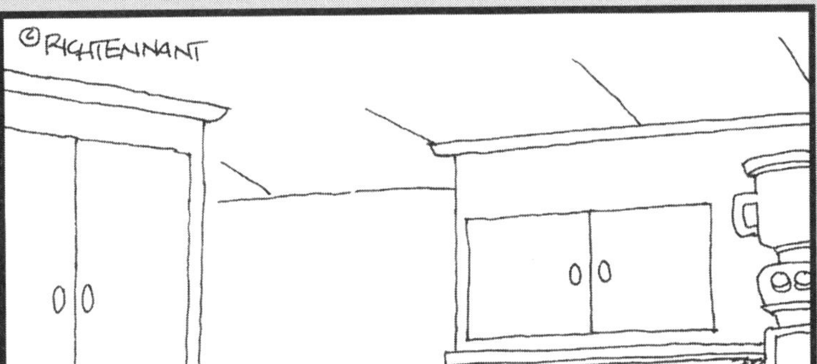

« J'ai écrit mon livre de cuisine dans Word, car avec les autres programmes, les recettes ne marchaient pas »

Dans cette partie...

- Apprenez à lancer Word 2013 et à vous repérer dans son écran.
- Entraînez-vous à redimensionner la fenêtre de Word et à quitter le programme.
- Familiarisez-vous avec le clavier physique et le clavier tactile.
- Sachez interpréter les messages de la barre d'état et identifier les caractères dits « invisibles ».

Chapitre 1

Vue panoramique

Dans ce chapitre :

- Lancer Word.
- Se repérer dans l'écran de Word.
- Quitter Word.
- Redimensionner la fenêtre de Word.

Écrire avec un ordinateur n'est plus aussi difficile qu'autrefois et cette machine est bien moins exigeante que ne pouvait l'être la machine à écrire. Des ordinateurs ? Il y en a partout. Si vous devez écrire, il y a de grandes chances que ce soit avec un ordinateur et en utilisant un traitement de texte. Et il est aussi fort probable que cet ordinateur soit un PC (*Personal Computer*), avec une version de Windows et de Word pour vous permettre de « traiter » votre texte.

Ce chapitre est une introduction à Word 2013. Je vais entrebâiller la porte pour que vous jetiez un œil et que vous voyiez où vous mettez les pieds. Il n'y a rien d'effrayant ni de dangereux. En tout cas, rien de très dangereux. Peut-être simplement des choses qui vous sont un peu étrangères. Ce chapitre a pour but de vous les rendre familières.

Les portes d'accès à Word

Si vous avez déjà utilisé Word, vous avez peut-être remarqué qu'il y a généralement plus d'une manière de réaliser une opération quelconque. Vous avez également le choix entre plusieurs solutions pour lancer un programme.

Il y a probablement une bonne dizaine de manières différentes d'entrer dans Word. Je ne les présenterai pas toutes, seulement celles qui me semblent les meilleures et les plus évidentes, en terminant par celles que je préfère. Dans tous les cas, il faut commencer par les étapes préliminaires suivantes :

- Assurez-vous que votre ordinateur est en marche et prêt à fonctionner (autrement dit, allumé). Si ce n'est pas le cas, vous vous en apercevrez très vite, mais ça ne peut pas faire de mal de vérifier.
- Préparez-vous physiquement. Asseyez-vous confortablement, respirez profondément, et faites craquer vos articulations. Vos doigts sont-ils prêts à danser sur le clavier ? Alors, fermez les yeux. Détendez-vous, inspirez, expirez.

  Si vous avez besoin d'aide pour faire démarrer votre ordinateur, reportez-vous à mon livre *Le PC pour les Nuls* (Éditions First Interactive) pour y trouver des instructions pratiques et rapides.

- Préparez-vous mentalement. Imaginez-vous dans une eau bleue et calme. Souvenez-vous que c'est vous qui commandez. Concentrez-vous sur cette pensée : *c'est moi qui commande...*

Méthode classique pour lancer Word

La manière la plus fiable de lancer Word est encore d'utiliser le bon vieux bouton Démarrer… sauf si vous utilisez Windows 8, auquel cas vous recourrez à l'écran d'accueil. Suivez ces étapes :

Dans Windows 8, recherchez la vignette Word 2013 sur l'écran d'accueil. Vous aurez peut-être besoin de faire défiler les vignettes vers la gauche pour afficher celle de Word (illustrée ci-contre). Cliquez ou appuyez dessus pour lancer le programme Word.

Dans Windows 7, cliquez à l'aide de la souris sur le bouton Démarrer, situé dans le coin inférieur gauche de l'interface de Windows. Sélectionnez Tous les programmes/Microsoft Office/Microsoft Word 2013.

Contemplez avec admiration votre ordinateur réagir à votre demande. Word apparaît enfin sur l'écran. Il a l'air d'un parent éloigné arrivant en retard à un dîner de famille avec une bouteille de champagne bon marché à la main pour se faire pardonner.

Pour le moment, ne vous préoccupez pas de l'aspect de Word. Je parlerai de ce que vous pouvez voir dans la section « Word à l'écran », ultérieurement dans ce chapitre.

- Il se peut que l'icône de Word se trouve directement dans le menu Tous les programmes. Dans ce cas, inutile d'ouvrir le dossier Microsoft Office.
- Si vous n'arrivez à localiser ni vignette ni icône de Word sur votre ordinateur, peut-être que Word n'est pas encore installé sur ce dernier. Ce livre est consacré à Microsoft Word, et non à un autre traitement de texte comme Microsoft Works ou WordPad.
- Quand je parle de Word, je vais au plus simple. En fonction de la version que vous possédez, il peut se nommer Microsoft Word, Microsoft Office Word, Microsoft Word 2013, et il existe bien d'autres variantes...

Un traitement de texte ? Mais encore

Un logiciel de traitement de texte est un programme informatique qui permet de créer des documents textuels, et de les mettre en forme à l'aide d'outils. Cette mise en forme peut concerner aussi bien les caractères que la mise en page du texte. L'étude des différents outils de mise en forme est précisément l'objet de ce livre.

La meilleure manière de lancer Word

Ma manière favorite de lancer Word consiste à épingler son icône à la Barre des tâches de Windows. De la sorte, vous pouvez lancer Word directement depuis le Bureau.

Voici comment procéder pour épingler l'icône de Word dans la Barre des tâches de Windows 8 :

1. **Cliquez du bouton droit sur la vignette de Word dans l'écran d'accueil.**

2. **Sélectionnez la commande Épingler à la barre des tâches.**

   La commande Épingler à la barre des tâches se trouve au bas de l'écran.

Appuyez simultanément sur les touches Windows + D pour afficher le Bureau et vérifier que l'icône de Word est bien épinglé à la Barre des tâches.

Voici comment procéder pour épingler l'icône de Word dans la Barre des tâches de Windows 7 :

1. **Localisez l'icône de Word dans Tous les programmes ou le dossier Microsoft Office.**

   Ne lancez pas Word maintenant ! Placez simplement le pointeur de la souris sur l'icône de Word.

2. **Cliquez du bouton droit de la souris sur ladite icône.**

   Un sous-menu apparaît.

3. **Cliquez sur Épingler à la Barre des tâches.**

   Et voilà ! L'icône de Word est maintenant présente dans la Barre des tâches.

Vous pouvez dès lors utiliser cette icône pour lancer Word sans perdre de temps.

Démarrer Word en ouvrant un document

Tout document Word est un fichier stocké sur le disque dur de votre ordinateur. Comme tout fichier, il est identifié par une icône. Chaque fois que vous double-cliquez sur cette icône, le document correspondant s'ouvre directement dans Word. Voici comment procéder :

Pour ouvrir Word, il suffit d'ouvrir un document créé avec ce logiciel. Localisez l'icône (illustrée en marge) d'un de ces documents dans une fenêtre de dossier. Double-cliquez sur cette icône. Cette action démarre Word, dans lequel s'affiche le document. Au travail !

- En suivant les précédentes étapes, vous pouvez ouvrir n'importe quel document Word. Ces documents peuvent se situer sur le Bureau, dans le dossier Documents, ou tout autre dossier de vos disques durs.

- Le nom du document apparaît sous l'icône ou à sa droite. Ce nom permet d'identifier rapidement le contenu du fichier Word.

TRUC

- Si vous cliquez du bouton droit sur l'icône de Word dans la Barre des tâches, vous obtenez une liste des derniers documents Word ouverts. Sélectionnez-y le document que vous voulez ouvrir dans Word.
- Word sait ouvrir d'autres types de documents, y compris ceux des anciennes versions de Word, les documents .rtf, *etc.* Chacun de ces fichiers est identifié par une icône particulière.

Word à l'écran

Comme n'importe quel autre programme, Word apparaît à l'écran dans sa propre fenêtre. C'est dans cette dernière que vous pourrez créer et mettre en forme vos textes.

Découvrir l'écran démarrage de Word

La première chose que vous voyez au lancement de Word, c'est l'écran de démarrage (voir Figure 1.1). Il s'affiche seulement quand vous lancez Word à partir de son icône de programme, et non à partir d'une icône de document, et permet d'ouvrir un document récemment consulté ou d'en choisir un parmi vos dossiers, ou encore de créer un nouveau document.

Sélectionnez l'une des options répertoriées dans la Figure 1.1. Si vous n'avez aucun document à ouvrir, optez pour l'élément Document vierge.

TRUC

Si vous êtes déjà un habitué de Word, vous voudrez peut-être vous débarrasser de l'écran de démarrage. Voici comment procéder :

1. **Cliquez sur l'onglet Fichier dans le Ruban de Word.**

   Si vous êtes toujours bloqué dans l'écran de démarrage, cliquez sur Document vierge afin d'afficher l'écran de Word. L'onglet Fichier est bleu et se trouve dans le coin supérieur gauche de l'écran.

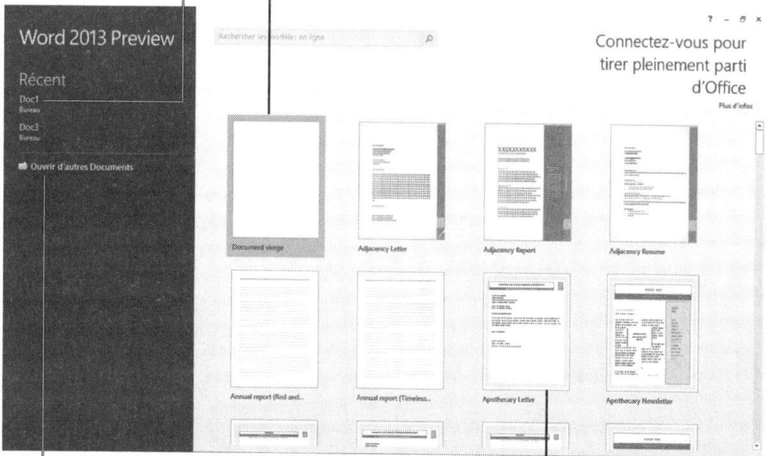

Figure 1.1 : L'écran de démarrage de Word.

2. **Sélectionnez Options dans la liste qui s'affiche à gauche de l'écran.**

3. **Assurez-vous que la catégorie Général est sélectionnée dans la partie gauche de la fenêtre Options.**

4. **Décochez la case de l'option Afficher l'écran de démarrage au lancement de cette application.**

5. **Cliquez sur le bouton OK.**

Si vous changez d'avis ultérieurement, vous pouvez restaurer l'affichage de l'écran de démarrage en répétant les étapes ci-dessus et en cochant la case de l'Étape 4.

N'OUBLIEZ PAS

L'écran de démarrage ne s'affiche que si vous lancez Word sans ouvrir de document. Si vous avez lancé Word en ouvrant un document, vous n'obtiendrez donc pas cet écran de démarrage (voir « Démarrer Word en ouvrant un document » ci-dessus).

L'écran principal de Word à la loupe

L'écran de Word est un peu l'équivalent électronique d'une feuille de papier blanc, avec quelques options en plus... que vous allez apprendre à identifier en examinant la fenêtre du programme. Jetez pour cela un œil à la Figure 1.2.

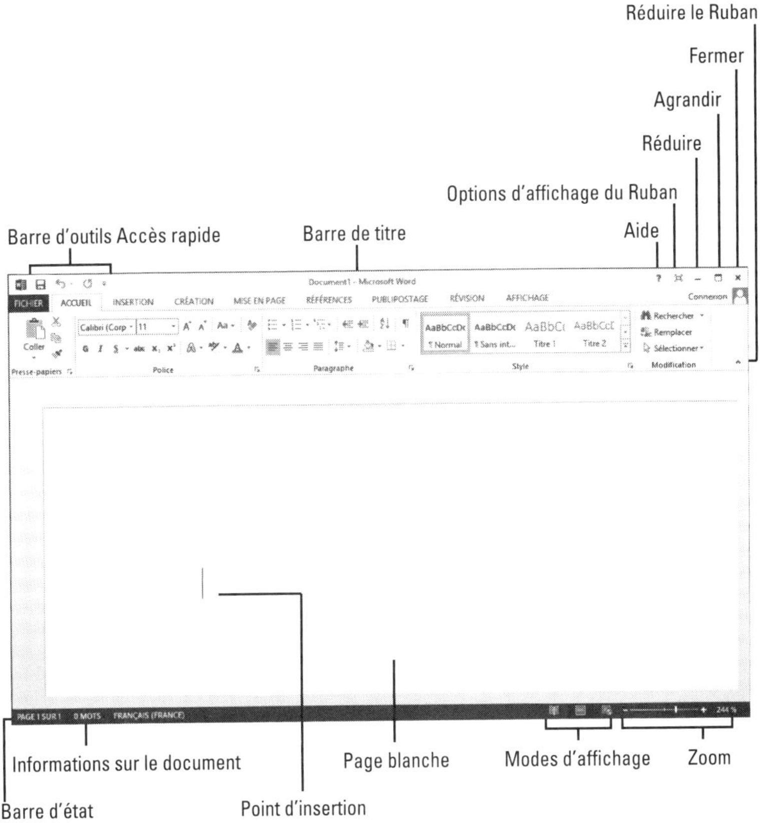

Figure 1.2 : Le vrai visage de Word.

La Figure 1.3 détaille le contenu du Ruban de Word 2013.

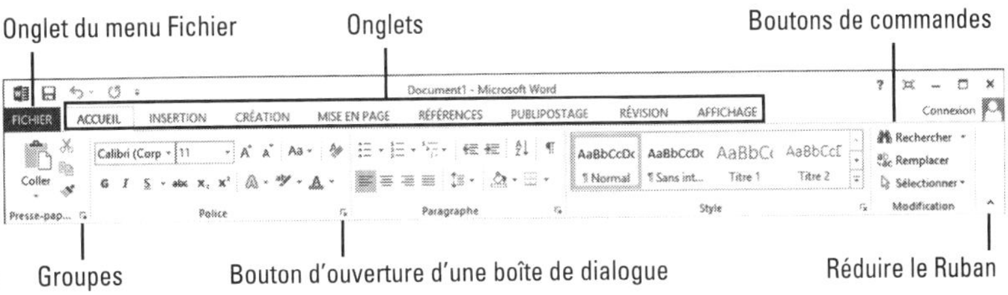

Figure 1.3 : Le Ruban.

Les détails du fonctionnement de cette fenêtre seront étudiés tout au long de ce livre. Reportez-vous à l'index pour localiser les sujets qui attisent votre curiosité.

TRUC

- Juste après avoir lancé Word, je choisis d'agrandir la fenêtre afin qu'elle occupe tout l'écran. Pour cela, cliquez sur le bouton Agrandir dans le coin supérieur droit de la fenêtre (celui du milieu). Si la fenêtre a déjà la taille maximale, ce bouton contient deux carrés superposés. Dans ce cas, il est inutile de cliquer dessus.
- La taille de la fenêtre de Word modifie le nombre de boutons de commandes visibles dans le Ruban. Plus la fenêtre est grande, plus vous voyez de boutons.

Écrire est la tâche principale de Word, bien que ce ne soit pas au sens d'Alexandre Dumas. Il s'agit de traiter du texte. C'est pourquoi la majeure partie de la fenêtre de Word sert à afficher du texte. Nous y reviendrons dans la section suivante.

Autour de la zone d'affichage du texte, vous pouvez voir toutes sortes de boutons, listes déroulantes et menus, dont certains, je vous l'accorde, seraient plus attirants s'ils étaient comestibles. Un des avantages avec Word est que vous avez la possibilité de personnaliser tout cela (mieux vaut savoir de quoi il s'agit avant d'envisager de changer quoi que ce soit) :

- **La barre de titre** est l'endroit où apparaît `Document 1 - Microsoft Word` jusqu'à ce que vous ayez enregistré votre document sur le disque (voir le Chapitre 8).

FICHIER

- **L'onglet Fichier** remplace le contenu de la fenêtre de Word par une liste de commandes et leur description. Pour revenir à la fenêtre de Word, cliquez sur le bouton Retour (en haut à gauche) ou appuyez sur la touche Échap.
- **Le Ruban** regroupe les différentes commandes et fonctions de Word. Ils apparaissent et disparaissent selon le travail effectué dans le programme. Le Ruban se divise en onglets (Figure 1.3) qui contiennent des groupes de fonctions. Leur nombre varie à l'écran selon la taille d'affichage de la fenêtre.

TRUC

- Vous pouvez masquer le Ruban pour disposer de plus de place pour écrire et afficher le document. Pour cela, cliquez sur le petit bouton Réduire le Ruban situé dans le coin supérieur droit de la fenêtre (voir Figure 1.3). Ce bouton devient Développer le Ruban. Cliquez dessus ou sur un onglet pour afficher de nouveau le Ruban. Dans ce livre, nous considérons que le Ruban est toujours affiché, et c'est ce que je vous recommande pour bien vous repérer dans l'univers de Word.

- La Barre des tâches de Windows, en bas de l'écran, fait partie de Windows et non de Word. Toutefois, si vous ouvrez des documents dans Word, un bouton apparaît pour chacun d'eux dans la Barre des tâches de Windows.
- Vous pouvez personnaliser la barre d'accès rapide (voir la Figure 1.2) afin d'y ajouter les commandes, groupes et onglets de votre choix.

Utiliser Word sur une tablette

Si vous utilisez Word sur une tablette ou un écran tactile, vous pouvez ajuster l'espace entre les boutons du Ruban en activant le mode tactile. Voici comment procéder :

1. **Cliquez ou touchez le bouton Personnaliser la barre d'accès rapide.**

   Ce bouton se trouve dans le coin supérieur gauche de l'écran.

2. **Choisissez Mode tactile.**

   Le bouton Mode tactile (illustré ci-contre) s'affiche dans la barre d'accès rapide.

3. **Touchez le bouton Mode tactile pour l'activer (le griser).**

   L'espace entre les éléments du Ruban s'agrandit.

Cet espace supplémentaire vous permet de toucher précisément l'élément de votre choix à l'écran sans risquer de toucher un élément voisin, si jamais Dame Nature ne vous a pas doté de doigts de fées.

Pour revenir à un affichage normal des éléments à l'écran, touchez de nouveau le bouton Mode tactile dans la barre d'accès rapide pour le désactiver.

Pour retirer le bouton Mode tactile de la barre d'accès rapide, répétez les Étapes 1 et 2 ci-dessus.

Remplir la page blanche

Une fois que Word est lancé, vous êtes en face de la version électronique de la page blanche (Figure 1.2), celle-là même qui a causé de terribles angoisses à d'innombrables générations d'écrivains, à la différence près que vous disposez dans Word d'outils pour mettre en forme et modifier le texte, et que vous pouvez afficher ce dernier de différentes façons.

Le mode d'affichage le plus courant est Page (voir Figure 1.2). Il affiche la page dans sa totalité à l'écran, et donne un aperçu fidèle de son rendu à venir sur papier. Les images, les graphiques, et toutes autres sortes d'éléments sont visibles. Vous voyez les bords de la page et un espace vide entre chaque page.

Les autres modes d'affichage sont les suivants :

- **Mode lecture :** Optez pour ce mode afin de lire le document comme un eBook (livre électronique).
- **Web :** Si vous utilisez Word pour créer des pages Web, vérifiez la mise en page et l'aspect de ces dernières dans ce mode d'affichage.
- **Plan :** Ce mode permet de structurer et hiérarchiser vos documents.
- **Brouillon :** Cliquez sur ce bouton pour afficher la page dans le mode préféré des rédacteurs (et donc le mien !). Vous n'êtes embarrassé par rien d'autre que le texte. Dans ce mode, vous voyez le texte, mais pas les graphiques fantaisistes, les colonnes, les en-têtes, les pieds de pages, c'est-à-dire toutes ces choses qui apparaissent en mode Page.

Passez d'un mode à l'autre en cliquant sur l'un des boutons d'affichage situé dans le coin inférieur droit de la fenêtre de Word (Figure 1.2).

Pour afficher les modes Brouillon et Plan, il vous faudra cliquer sur l'onglet Affichage et cliquer sur leur bouton dans le groupe Affichages.

Le pointeur de la souris dans Word

Pour écrire dans Word, le point de départ est le point d'insertion clignotant. C'est ce I clignotant dans votre texte qui montre à quel endroit apparaîtra à l'écran ce que vous allez taper avec le clavier. Autrement dit, le traitement de texte est affaire de clavier. Cependant, dans certaines circonstances, la souris est d'une grande aide. Dans Word, vous utiliserez le pointeur de la souris pour choisir des commandes et vous déplacer dans le texte à modifier. Le pointeur change d'aspect selon la tâche effectuée dans le programme :

- Pour saisir ou modifier du texte, il prend la forme d'un I majuscule appelé point d'insertion.

- Pour choisir des éléments, le pointeur standard est utilisé.

- Pour sélectionner des lignes de texte, un autre pointeur standard est affiché.

En mode Page, le pointeur peut prendre la forme du *cliquer-taper*. Des lignes apparaissent à gauche et à droite, et sous le curseur.

- Vous pouvez utiliser le pointeur de la souris pour connaître la fonction d'un bouton : placez le pointeur sur ce dernier, en quelques secondes une infobulle apparaît sous le pointeur indiquant la fonction de l'élément désigné.

Demandez à Word de vous aider

Il y a de nombreux moyens d'obtenir de l'aide dans Word, dont le plus simple est d'appuyer sur la touche F1. Vous accédez à une aide générale ou à une aide contextuelle, en fonction de ce que vous réalisez dans Word.

Dans tous les cas de figure, vous accédez à une fenêtre de programme séparée appelée Word-Aide. Tapez un sujet, un nom de commande, ou une question dans le champ Rechercher, ou bien consultez la table des matières de l'aide. Vous pouvez également cliquer sur les icônes de points d'interrogation qui accompagnent certaines commandes ou boîtes de dialogue, afin d'obtenir une aide circonstanciée.

Lorsque vous avez fini

L'un des aspects importants du savoir-vivre est de trouver à quel moment prendre congé. Parfois, il est même préférable de ne pas se montrer. Mais Word se fiche complètement de ces considérations. Une fois que vous avez saisi ce que vous aviez à écrire, le moment est venu de quitter Word.

Quitter Word

Lorsque vous avez fini de travailler dans un logiciel de traitement de texte, quittez le programme ! Cette opération revient un peu à fermer un livre et à le ranger dans une bibliothèque. En informatique, il suffit de cliquer sur le bouton orné d'un X dans le coin supérieur droit de la fenêtre (voir Figure 1.2).

Petit inconvénient : vous devez cliquer sur ce bouton pour chaque document ouvert dans Word avant de pouvoir considérer que vous avez réellement quitté Word.

Autre inconvénient : Word ne se refermera pas si jamais l'un de vos documents n'a pas été sauvegardé. Dans ce cas, Word vous prévient toujours : si vous avez un fichier ouvert non enregistré depuis les dernières modifications, il vous propose de l'enregistrer. Vous voyez apparaître un avertissement sur l'écran, semblable à celui de la Figure 1.4. Mieux vaut cliquer sur le bouton Enregistrer pour ne pas perdre vos dernières heures de travail.

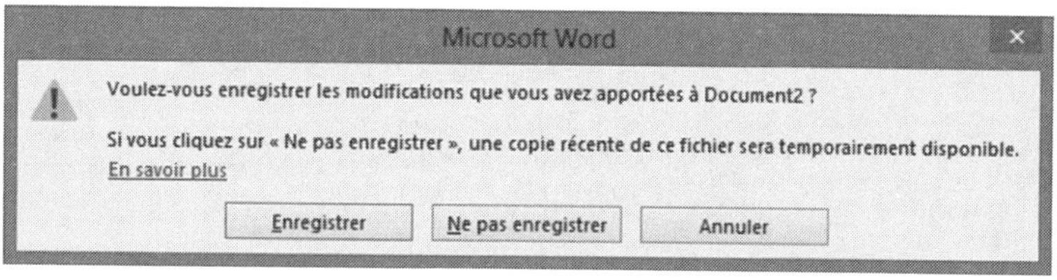

Figure 1.4 : Il est préférable de cliquer sur Enregistrer.

Si vous ne voulez pas conserver ce que vous venez de taper, cliquez sur Ne pas enregistrer. Si vous changez d'avis, vous pouvez cliquer sur Annuler afin de retourner dans Word, qui ne se fermera pas.

- Consultez le Chapitre 8 pour d'autres informations sur l'enregistrement des documents, et pour savoir comment récupérer un document dont l'enregistrement a échoué.
- Inutile de quitter Word pour modifier un autre document (reportez-vous pour cela à la prochaine section).
- Une fois que vous avez quitté Word, vous pouvez continuer à utiliser Windows et n'importe lequel de ses programmes.
Fermer un document sans quitter Word

Il n'est pas toujours nécessaire de quitter Word. Par exemple, si vous arrêtez de travailler sur un document pour travailler sur un autre, quitter Word est une perte de temps. Au lieu de cela, vous pouvez fermer un document puis en ouvrir un autre. Mieux encore, ouvrez simplement le nouveau document ! L'ancien reste ouvert et actif. Vous pouvez facilement passer de l'un à l'autre.

Pour fermer un document dans Word, exécutez la commande Fermer de l'onglet Fichier. Ainsi, vous restez dans Word, mais le document en cours se ferme.

À partir de là, vous pouvez démarrer un nouveau document comme si vous insériez une page blanche dans une machine à écrire.

- Si vous essayez de fermer un document avant qu'il ait été enregistré, Word affiche une boîte de dialogue d'avertissement (voir Figure 1.4). Pour enregistrer votre document, cliquez sur le bouton Enregistrer. Si vous changez d'avis et décidez de continuer à travailler sur votre document, cliquez sur le bouton Annuler pour y revenir.

- En fait, il n'est pas nécessaire de fermer un document. Il m'arrive souvent de travailler plusieurs jours de suite sur un document et de le laisser ouvert pendant tout ce temps (sans éteindre mon PC, bien sûr). Cela ne l'altère en rien (l'important est de l'enregistrer sur le disque).
- Consultez le Chapitre 8 pour en savoir davantage sur la création d'un nouveau document.
- Le raccourci clavier pour exécuter la commande Fermer est Ctrl + W.
- Le raccourci clavier pour créer un nouveau document Word est Ctrl + N.

Masquer Word

Si vous pensez réutiliser Word dans quelques minutes ou quelques heures, inutile de le fermer. Il suffit de le réduire en icône (ou bouton) de la Barre des tâches de Windows. Pour cela, cliquez sur le bouton Réduire situé dans le coin supérieur droit de la fenêtre du programme (voir Figure 1.2).

Word sort de votre vue. Vous pouvez faire tout ce que vous voulez sur votre ordinateur. Dès que vous êtes prêt à travailler de nouveau avec Word, cliquez sur le bouton de ce dernier dans la Barre des tâches de Windows.

Chapitre 2

Clavier, mon ami

Dans ce chapitre :

- Identifier le clavier d'un PC.
- Conseils pour taper.
- Utiliser la barre d'espace.
- Utiliser la touche Entrée.
- Retour arrière et Suppression.
- Observer la barre d'état.
- Marquer l'espace entre les pages.
- Voir l'invisible.
- Attirer l'attention avec du texte en couleur et souligné.

Malgré la souris, Word est avant tout un programme qui requiert le clavier. Pour profiter au maximum de Word, vous devez bien le maîtriser. Cela signifie que vous devez non seulement savoir où se trouvent les touches, mais aussi comment les utiliser et/ou les associer pour obtenir l'action désirée. Ce chapitre révèle tous ces secrets.

Un coup d'œil sur votre clavier

Le plus court chemin pour aller de votre cerveau à un document Word est de descendre le long de votre bras et d'atteindre vos doigts posés sur le clavier. Il vous aide alors à saisir du texte, à le modifier, et à utiliser différentes commandes qui améliorent votre productivité.

Utiliser un clavier de PC

La Figure 2.1 présente le clavier type d'un PC, tel qu'il est utilisé au début du troisième millénaire.

Figure 2.1 : Les célèbres atouts du clavier du PC.

Remarquez que le clavier est divisé en zones distinctes, chacune ayant une fonction particulière. Dans Word, vous pouvez utiliser chaque touche de ces différents groupes, soit seule, soit en combinaison avec d'autres touches :

- **Les touches de fonctions :** ces touches, de F1 à F12, sont situées dans la rangée supérieure du clavier. Elles peuvent être utilisées seules ou en combinaison avec les touches Ctrl, Alt et Maj.
- **Les touches de saisie :** ce sont les touches alphanumériques standard que l'on trouve sur toutes les machines à écrire. De A à Z et de 0 à 9, plus les symboles et autres caractères « exotiques ».
- **Les touches directionnelles :** ces touches permettent de déplacer le curseur en forme de I sur l'écran. On trouve également les touches Début, Fin, PgPr (Page précédente), PgSv (Page suivante), Insertion et Suppression, sans oublier les touches Plus et Moins du pavé numérique.
- **Pavé numérique :** la double fonction de chaque touche est évidente, puisqu'on y voit apparaître un chiffre et un symbole. Ainsi, en fonction du verrouillage ou non du pavé numérique, soit vous saisissez des chiffres, soit vous déplacez le point d'insertion, les touches devenant alors des flèches directionnelles. Le voyant lumineux associé à la touche Verrouillage

numérique indique que le pavé numérique est actif (il permet de saisir des chiffres). Si le voyant n'est pas allumé, ce sont les touches directionnelles qui sont actives.

- **Les touches d'activation :** ces touches, Maj, Ctrl et Alt, utilisées seules ne font rien de spécial, il faut les combiner avec d'autres touches pour les rendre opérantes. Ajoutons-y la touche Windows (ornée du logo Windows), qui peut être activée seule (pour afficher l'écran d'accueil de Windows 8, par exemple), mais qui fonctionne également en combinaison avec d'autres touches.

Voici quelques touches élémentaires :

- **Entrée :** indiquée par le mot Entrée et parfois identifiée par une flèche coudée pointant vers la gauche (↵), cette touche permet d'ajouter un paragraphe dans votre texte.
- **Échap :** la touche « échappe » n'exécute pas vraiment une action dans Word. Toutefois, lorsqu'une boîte de dialogue apparaît, il suffit d'appuyer sur cette touche pour la fermer sans exécuter la moindre commande. Cela revient à cliquer sur le bouton Annuler de ladite boîte.
- **Barre d'espace :** c'est la seule touche sur laquelle n'apparaît aucun symbole. Elle permet d'insérer des espaces dans le texte.
- **Tab :** insère un caractère de tabulation, qui aligne le texte auquel il s'applique sur le repère de tabulation suivant. C'est une touche de mise en forme intéressante et d'usage parfois délicat (mais très précisément décrite au Chapitre 12).
- **Retour arrière :** c'est votre touche de retour en arrière et d'effacement. Très pratique. Nous y reviendrons au Chapitre 4.
- **Suppression :** souvent nommée Suppr, elle efface le caractère qui se trouve juste après le curseur, et ne fait donc pas revenir en arrière celui-ci. Nous en dirons plus à son sujet au Chapitre 4.

Chaque touche que vous pressez génère un caractère à l'écran.

- La touche Maj est utilisée pour créer des majuscules, exactement comme sur une bonne vieille machine à écrire.

TRUC

- La touche de verrouillage des majuscules fonctionne aussi comme celle des anciennes machines à écrire. Dès que cette touche est enfoncée, la diode *Caps Lock* du clavier est allumée, et tout ce que vous saisissez apparaît en MAJUSCULES.
- Ctrl se prononce « contrôle ».

Presser les touches

Quand je dis « appuyez sur la touche Entrée », regardez votre clavier, repérez la touche Entrée, appuyez dessus, puis relâchez-la. Physiquement, c'est un effort très raisonnable, et comme beaucoup de claviers font entendre un clic quand vous appuyez sur une touche, vous aurez l'impression de taper sur une machine à écrire, et vous pourrez vous prendre pour un bon vieil auteur de romans policiers.

Utiliser un clavier tactile

C'est une possibilité qui s'offre à vous, notamment avec la généralisation des tablettes et écrans tactiles, même si je ne la recommande pas forcément pour Word : le clavier s'affiche à l'écran, et vous tapez dessus en touchant directement l'écran. Il faut pour cela que l'écran soit dit « tactile » (sur une tablette, un PC-tablette ou encore un écran tactile d'ordinateur). La Figure 2.2 illustre l'aspect par défaut d'un clavier virtuel tel qu'il peut s'afficher à l'écran.

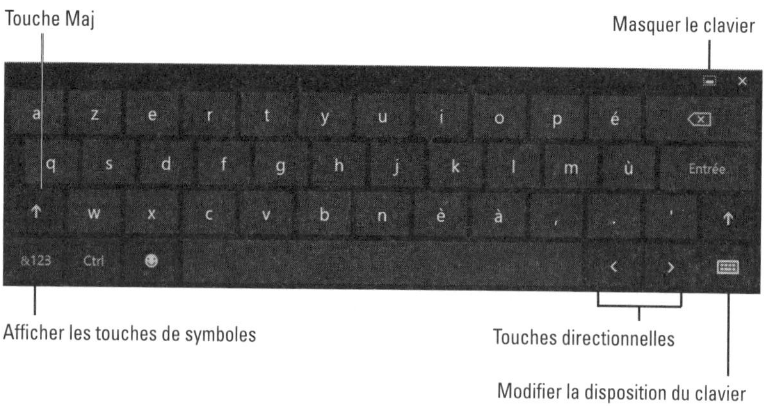

Figure 2.2 : Un clavier virtuel affiché sur un écran tactile.

Le clavier virtuel fonctionne comme un clavier physique : vous tapez avec vos doigts. Cette opération sera probablement moins évidente et rapide qu'avec un clavier traditionnel, car les touches sont plus étroites et ne sont pas toutes affichées simultanément. Pour afficher les touches de fonctions, les touches numériques, par exemple ne sont pas affichées par défaut : entre nous, ce n'est pas l'idéal pour saisir rapidement du texte dans Word.

Tout dépend de votre degré de patience :

- Pour utiliser la touche Ctrl, il faut appuyer dessus, puis sur la touche avec laquelle vous voulez la combiner.
- Certains raccourcis clavier de Word utilisant la touche Ctrl ne fonctionnent pas avec le clavier virtuel.
- Lisez le Chapitre 1 pour activer le Mode tactile dans Word, qui aide à bien piloter le programme avec ses doigts directement sur l'écran.
- Créer un document implique d'utiliser un ordinateur. Bien sûr, vous pouvez créer, modifier et mettre en forme de petits documents sur une tablette tactile, mais c'est quand même moins pratique que sur un écran d'ordinateur équipé d'un clavier physique.

Taper sur le clavier

Oubliez tous les gadgets et les trucs amusants. La majeure partie du temps que vous allez passer dans Word va être consacrée à taper.

Popopoc, popopoc, popopoc.

Faut-il apprendre à taper ?

Il n'est absolument pas nécessaire d'apprendre à taper à la machine pour utiliser un traitement de texte, mais si vous le faites, vous en retirerez un avantage. Il existe des logiciels qui vous l'enseignent et je vous conseille de vous en procurer un.

Savoir taper à la machine rend l'initiation à Word beaucoup plus agréable.

Allez-y, tapez ! Laissez vos doigts danser sur les touches ! Tout ce que vous frappez apparaît sur l'écran, caractère par caractère, même si cela consiste à dire du mal de votre ordinateur (votre PC s'en moque, mais n'en concluez pas que Word manque de sensibilité).

Suivre le curseur qui clignote

La clé d'une bonne saisie dans Word est de ne pas perdre des yeux le point d'insertion. Il a l'aspect d'une barre verticale qui clignote :

|

avec un clavier tactile (ou virtuel), cette barre verticale peut prendre l'aspect suivant :

Cette forme semi-circulaire est censée vous aider à déplacer le curseur (voir le Chapitre 3).

Le texte que vous tapez vient s'insérer juste avant le curseur clignotant. Vous pouvez par exemple taper ceci :

```
L'agriculture est le plus vieux métier du monde.
```

Pour modifier cette phrase, placez le point d'insertion juste après « le ». Tapez une espace, puis le texte suivant :

```
second
```

Le nouveau texte s'insère au fur et à mesure que vous le saisissez, et tout ce qui se trouve après lui est décalé en conséquence vers la droite (et éventuellement sur la ligne suivante) pour faire de la place.

Nous obtenons donc la nouvelle phrase :

```
L'agriculture est le second plus vieux métier du monde.
```

Le Chapitre 3 traite en détail du déplacement du point d'insertion.

- Avec le clavier virtuel sur un écran tactile, vous obtiendrez certainement des suggestions de mots à mesure que vous saisissez des caractères au clavier. Touchez la suggestion qui convient pour gagner du temps en insérant automatiquement le terme dans votre texte.

- Si vous touchez le curseur semi-circulaire, vous afficherez une liste de commandes avec des raccourcis. Lisez le Chapitre 6 pour en savoir plus.

Quand appuyer sur la barre d'espace ?

La *barre d'espace* sert à insérer des espaces entre les mots ou les phrases. Sanselleletexteseraitdifficileàlire.

La seule chose exaspérante avec la barre d'espace est que beaucoup trop de gens s'en servent pour essayer d'aligner des colonnes ou pour mettre du texte en retrait. Non ! Vous ne devez appuyer sur la barre d'espace qu'une seule fois entre chaque mot !

- Pour insérer des espaces entre les mots et les phrases, utilisez la barre d'espace.

- Il est inutile de mettre plus d'une espace entre deux phrases. Chaque fois que vous pensez avoir besoin de plus d'une espace, par exemple pour disposer du texte dans des colonnes ou pour aligner du texte, utilisez plutôt la touche Tab (voyez le Chapitre 12).

- La raison qui justifie pleinement de n'appuyer qu'une seule fois sur la barre d'espace pour séparer vos mots est que les ordinateurs utilisent un espacement proportionnel. Les anciennes machines à écrire utilisaient un espacement constant. Par conséquent, appuyer deux fois sur la barre d'espace pouvait aider à la lisibilité.

- Pour saisir deux espaces après un point et réellement les voir dans le rendu final, optez pour une police à espacement constant, comme Courier.

Les touches Retour arrière et Suppression

Si vous faites une faute de frappe ou toute autre erreur typographique, appuyez sur la touche Retour arrière du clavier. Elle permet de supprimer le ou les caractères situés à gauche du point d'insertion. Pour supprimer ceux situés à sa droite, appuyez sur la touche Suppr.

- Pour plus d'informations sur l'effacement du texte avec les touches Retour arrière et Suppr, consultez le Chapitre 4.
- La touche Retour arrière se nomme ainsi, car elle agit sur les caractères situés derrière le point d'insertion. Cette touche est bien plus puissante que sur une machine à écrire, car elle revient en arrière tout en effaçant les caractères.

TRUC

- Pour déplacer le point d'insertion vers l'arrière sans effacer de caractère, appuyez sur la touche fléchée gauche du pavé directionnel.

Quand appuyer sur la touche Entrée ?

N'appuyez sur la touche Entrée que lorsque vous avez atteint la fin d'un paragraphe.

Contrairement à la saisie totale d'un texte sur une machine à écrire, un programme de traitement de texte concerne les mots et les paragraphes. Il est essentiel d'indiquer à Word la fin d'un paragraphe. Et la ligne de texte ? Pas de problème ! Word la crée automatiquement quand il arrive en fin de ligne. En d'autres termes, saisissez au kilomètre, car Word créera autant de lignes qu'en nécessite votre texte. En revanche, appuyez sur la touche Entrée pour créer un nouveau paragraphe.

À titre d'exemple, tapez le texte suivant (tapez-le d'un bout à l'autre, sans jamais appuyer sur la touche Entrée) :

```
Dans le but de trouver les meilleurs virtuoses du clavier de la galaxie,
la Fédération vient d'embaucher l'instructeur de première classe Maxime
Kornhieser. Dans ses recherches à travers la galaxie, M. Kornhieser a
presque trouvé les candidats parfaits : avec leurs douze doubles doigts
à chaque main, les Doublezons de Plantax 9 sont capables de taper à une
vitesse vertigineuse. Hélas, ils sont dépourvus de toute colonne verté-
brale, et M. Kornhieser les a disqualifiés pour position non réglementaire.
```

Avez-vous remarqué comment le texte *passe à la ligne suivante* ? Ce qui dépasse la fin d'une ligne passe automatiquement à la ligne. Pas de « ding ! », et pas la peine d'appuyer sur Entrée à la fin de chaque ligne. N'appuyez sur Entrée qu'à la fin d'un paragraphe.

- Cette fonction s'appelle *retour à la ligne automatique*.

- Pour marquer la fin d'un paragraphe, certains appuient deux fois sur la touche Entrée, et certains une fois. Si vous voulez un espace plus grand entre les paragraphes, il est préférable d'utiliser les commandes de mise en forme de paragraphe de Word, que je décris au Chapitre 11.
- Les commandes de mise en forme de paragraphe permettent aussi d'obtenir un double interligne dans un paragraphe. Si c'est ce que vous voulez, n'utilisez pas pour cela la touche Entrée ! Pour en savoir plus à ce sujet, consultez le Chapitre 11.
- Si vous voulez mettre en retrait le paragraphe suivant, appuyez sur la touche Tab après avoir appuyé sur la touche Entrée. Pour automatiser cette mise en forme, devinez quoi ? Jetez un œil au Chapitre 11.
- Si vous appuyez sur la touche Entrée au milieu d'un paragraphe déjà existant, Word crée un nouveau paragraphe. Le texte placé avant le curseur constitue un paragraphe, de même pour le texte placé après.

Faire correctement ses 1 et ses 0, ses L et ses O

Si vous vous êtes formé à la machine à écrire, c'est que vous avez au moins une quarantaine d'années ! Passer au traitement de texte n'est pas un défi, c'est une adaptation très facile à faire. Voici quelques conseils :

- N'utilisez pas le L minuscule ou le I majuscule pour vos chiffres. Appuyez sur le 1.
- N'utilisez pas le O (lettre) pour vos zéros. Appuyez sur la touche 0 (zéro).

Je sais qu'il est difficile de perdre ses habitudes. Cependant, en informatique, l'exactitude est de mise !

Choses à remarquer pendant que vous tapez

Il se passe beaucoup de choses intéressantes pendant que vous saisissez du texte, dont certaines peuvent vous intriguer, d'autres vous agacer, et d'autres encore vous consterner.

Touches rémanentes !

Vos doigts ne suivent pas toujours le mouvement de votre esprit, ou du moins son rythme. Alors que vous appuyez sur la touche Maj, vous voyez surgir le message « touches rémanentes ! ». En effet, si vous pressez cinq fois de suite Maj, Ctrl ou Alt, vous activez la fonction Touches rémanentes de Windows. C'est un outil qui permet de mieux utiliser le clavier d'un ordinateur. Mais voilà, cette attitude de Windows vous perturbe.

Ne paniquez pas ! Il est très facile de désactiver les touches rémanentes sous Windows : ouvrez le Panneau de configuration et cliquez sur Options d'ergonomie. Dans la fenêtre qui apparaît, cliquez sur le lien Modifier le fonctionnement de votre clavier. Là, décochez l'option Activer les touches rémanentes. Cliquez sur OK. Vous ne serez plus jamais ennuyé.

Le côté gauche de la barre d'état

On l'appelle *barre d'état,* car elle donne des informations sur l'état d'avancement de votre document au fur et à mesure que vous tapez, comme représenté sur la Figure 2.3.

Figure 2.3 : Les éléments de la barre d'état qui évoluent.

Le type d'informations affichées dépend de la configuration de Word.

Pour bien voir la barre d'état quand vous utilisez le clavier virtuel, touchez le bouton illustré ci-contre : la barre d'état apparaît aussitôt au-dessus du clavier virtuel.

La vie secrète des pages

Word vous signale où se termine une page et où commence la suivante. C'est une chose utile à connaître, car la majeure partie de ce que l'on crée avec un traitement de texte se retrouve sur une feuille de papier (ou peut-être deux alors que vous n'en vouliez qu'une).

Vous pouvez toujours regarder la barre d'état pour savoir combien de pages vous avez au total ou dans quelle page vous vous trouvez. Mais Word offre aussi pour cela des méthodes visuelles.

Pour vous permettre de savoir où commence la page suivante, Word vous offre deux indices visuels selon l'*affichage* en cours.

En mode Page (qui montre la présentation véritable de la page telle qu'elle sera imprimée), les contours des pages apparaissent à l'écran. La Figure 2.4 illustre cette séparation entre deux pages. Les pages sont blanches, et l'espace qui les sépare est gris.

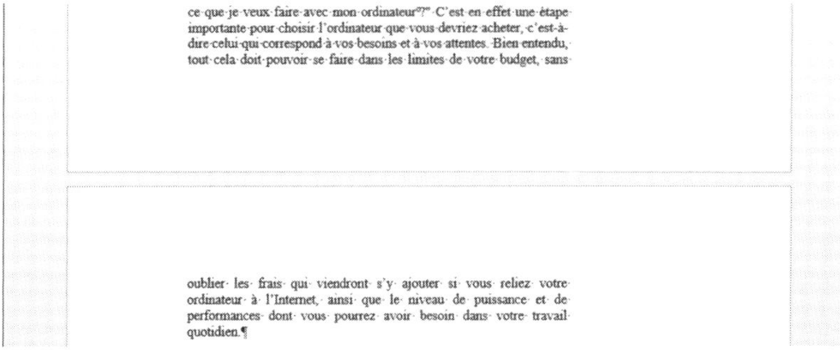

Figure 2.4 : La séparation entre deux pages en mode Page.

Le texte que vous voyez au-dessus de l'espace vide est dans la page précédente, et le texte que vous voyez au-dessous est dans la page suivante.

En mode Brouillon, que j'utilise volontiers moi-même, chaque saut de page apparaît comme une colonne de fourmis traversant l'écran. *Ne leur faites pas de mal !* Lisez le Chapitre 1 pour en savoir davantage sur les modes Brouillon et Page, qui sont les seuls modes d'affichage à afficher les sauts de page.

- On ne peut pas supprimer un saut de page automatique. Vous pouvez changer l'endroit où il se produit dans votre texte, mais si le texte est trop long pour la page, Word place automatiquement la suite sur la page suivante.

- Un saut de page manuel est indiqué par une ligne de points beaucoup plus serrés (presque une ligne continue), et les mots `Saut de page` apparaissent au milieu. Nous parlerons du saut de page manuel au Chapitre 13.

- En mode Page, vous pouvez ajuster l'espace entre les pages. Il suffit de placer le pointeur de la souris sur l'espace. Quand il prend la forme ci-contre, double-cliquez. L'espace est réduit au maximum, comme si les pages se suivaient sans interruption.

- Regardez le décompte des pages dans le coin inférieur gauche de la barre d'état pour savoir sur quelle page vous êtes en train d'écrire. Notez que le numéro de page change quand vous passez d'une page à une autre.

Des points entre les mots !

Il n'y a pas de quoi vous alarmer si vous voyez apparaître à l'écran des points ou autres symboles chaque fois que vous appuyez sur la barre d'espace ou sur la touche Entrée, comme ceci :

```
Ceci·peut·être·trè·agaçant.
```

Ce qui se produit est simplement que Word affiche les caractères *non imprimables*. Word utilise différents symboles pour représenter les choses que vous ne voyez pas en temps normal : les espaces, les tabulations et la touche Entrée.

À quoi ça sert ? En affichant les caractères non imprimables, vous pouvez facilement identifier des choses qui perturbent votre mise en forme, mais qui seraient difficiles à voir autrement. Par exemple, deux taquets de tabulation sur une même ligne peuvent désorganiser votre texte. La seule manière de savoir qu'il y a deux tabulations sur une ligne est d'afficher les caractères non imprimables.

- Pour masquer les caractères non imprimables, appuyez sur la combinaison de touches Ctrl + Maj + 8 (pour les faire réapparaître, effectuez cette même combinaison). Utilisez le 8 du clavier principal et non celui du pavé numérique.

¶

- Vous pouvez aussi cliquer sur le bouton illustré ci-contre pour afficher ou masquer les caractères non imprimables.
- Ces symboles apparaissent à l'écran, mais pas dans le document imprimé.

Soulignements et ondulations

Il est simple comme bonjour de souligner du texte dans Word. Le Chapitre 10 vous dit tout à ce sujet. Il arrive aussi que Word souligne lui-même certaines choses, avec de la couleur, des ondulations ou des pointillés. Ces soulignements servent à vous avertir de certaines particularités du texte concerné.

Ondulations rouges : Les fautes d'orthographe sont signalées par un soulignement ondulé rouge, quand la vérification d'orthographe au cours de la frappe est en action. Reportez-vous au Chapitre 7.

Ondulations bleues : Les fautes de grammaire sont signalées par un soulignement ondulé bleu. Ces indications sont parfois intempestives. Consultez le Chapitre 7.

Soulignements bleus : Word souligne en bleu les adresses de pages Web. Pour accéder à la page, appuyez sur Ctrl et cliquez sur le *lien*.

Textes et soulignements en couleur : Lorsque votre texte s'affiche en couleur et souligné, ou bien barré, je présume que vous n'avez pas configuré les options de mise en forme, ou que vous les avez modifiées sans vous en rendre compte. Je suppose également que, sans le savoir, vous avez activé la fonction de *Suivi des modifications*.

Deuxième partie

Les bases du traitement de texte

Dans cette partie...

- Découvrez comment utiliser les barres de défilement, déplacer le point d'insertion et tirer parti des raccourcis clavier.
- Apprenez à supprimer des caractères, des lignes, des phrases, des paragraphes et des pages. Revenez en arrière avec la commande Annuler.
- Recherchez et remplacez du texte dans vos documents Word 2013.
- Manipulez les blocs de texte pour les sélectionner, les copier, les déplacer et les coller.
- Personnalisez les outils de vérification orthographique et de correction automatique de Word 2013.
- Prévisualisez et imprimez vos documents avec Word 2013. Découvrez également comment les envoyer par courrier électronique.

Chapitre 3

Au sein du document

Dans ce chapitre :

- Utiliser les barres de défilement.
- Déplacer le point d'insertion.
- Se déplacer avec des raccourcis clavier.
- Retrouver son chemin.
- Utiliser la commande Atteindre.

Écrire signifie souvent *réécrire*, ce qui veut dire que, bien des fois, on ne fait que relire son document pour le modifier. S'il vous faut une métaphore, imaginez une machine à écrire dans laquelle ne serait insérée qu'une seule longue feuille de papier. Pour relire votre document, il vous faudrait tourner le rouleau en arrière pour trouver l'endroit précis où commence la partie du texte qui vous intéresse. Cela n'a rien d'enthousiasmant.

Heureusement, Word dispose de commandes de base des mouvements du curseur qui vous permettent de faire défiler votre texte, de le relire ou de le modifier, beaucoup plus facilement qu'en faisant tourner un rouleau. Voilà de l'action, du mouvement et du sport !

Faire défiler un document

L'écran d'un ordinateur et la fenêtre de Word ne sont pas assez grands pour exposer la totalité de vos documents. Donc, pour parcourir leur contenu, vous devez utiliser la souris et *la barre de défilement verticale*.

La barre de défilement verticale

Sur le côté droit de votre document, vous apercevez la barre de défilement verticale (Figure 3.1). Si vous ne la voyez pas à l'écran, survolez votre texte avec la souris, et elle devrait refaire son apparition.

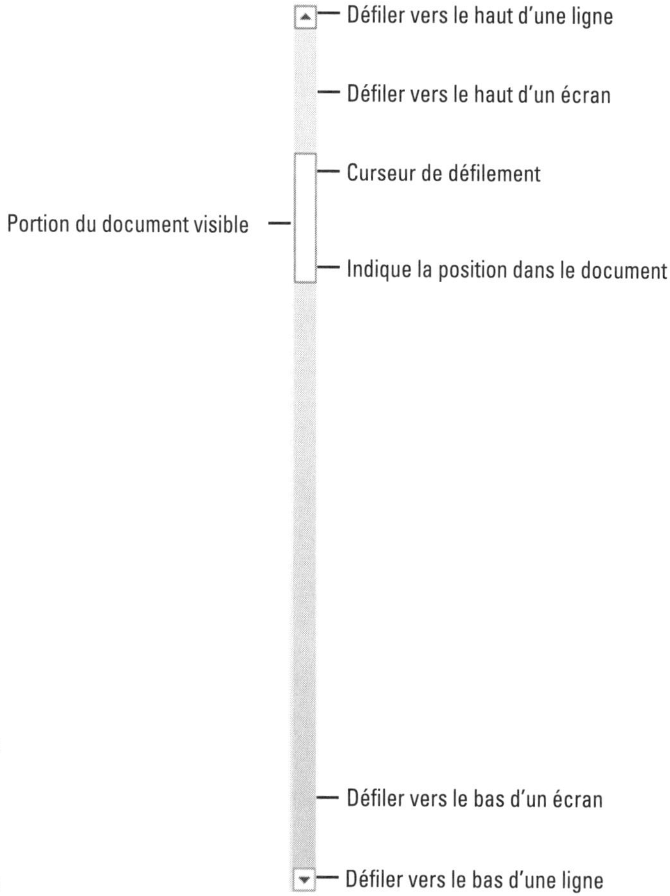

Figure 3.1 : La barre de défilement verticale.

Cette barre de défilement verticale fonctionne comme n'importe quelle autre barre de ce type d'un programme Windows :

- Cliquez sur les deux boutons situés en haut et en bas de la barre de défilement pour faire défiler le contenu de votre document vers le haut ou vers le bas. Le document défile à la cadence d'une ligne de texte par clic.

- Un *curseur de défilement* (appelé parfois *ascenseur*) figure sur la barre. Cliquez dessus et, sans relâcher le bouton de la souris, faites-le monter ou descendre pour parcourir le document.
- Vous pouvez cliquer au-dessus ou au-dessous du curseur de défilement pour parcourir le document à la cadence d'un écran par clic.

La taille du curseur de défilement indique la partie du document que vous pouvez voir à l'écran. Lorsque le curseur est invisible ou désactivé, tout le document est visible. Sinon, sachez que plus ce curseur est petit, plus le document est grand.

La position du curseur de défilement sur sa barre permet de savoir à peu près où vous vous situez dans le document. Quand il est en haut de la barre de défilement, vous savez que vous êtes tout proche du haut de la page. *A contrario*, lorsque le curseur de défilement se trouve à proximité du bas, vous êtes proche de la fin du document.

Lorsque vous faites glisser le curseur de défilement, certaines informations s'affichent. Ainsi, sur la Figure 3.2, le numéro de la page visible ainsi que le titre de la section (qui se situe au niveau du curseur de défilement) s'affichent.

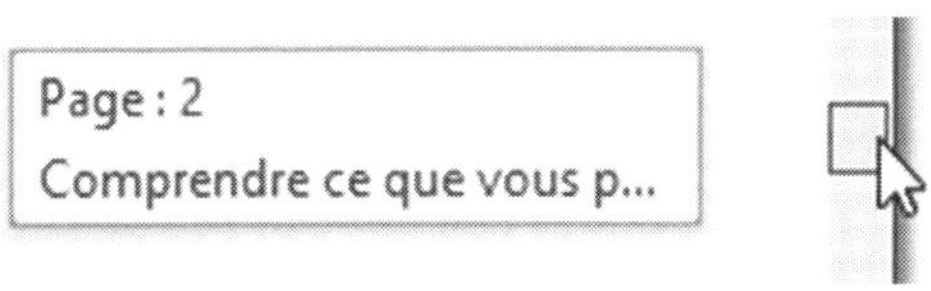

Figure 3.2 : Des informations sur le numéro de la page et le titre en cours.

Parcourir ainsi le document ne déplace pas le point d'insertion. Si vous commencez à taper, ne soyez pas surpris d'atteindre instantanément l'emplacement actuel du point d'insertion.

- Faire défiler le contenu d'un document ne déplace pas le point d'insertion.

La barre de défilement horizontale

La barre de défilement horizontale apparaît juste au-dessus de la barre d'état, c'est-à-dire dans la partie inférieure de la fenêtre de

Word. Elle ne s'affiche que si le document est trop large pour occuper toute la fenêtre. Grâce à elle, vous naviguez sur la largeur du document.

Lorsque la largeur du document est trop importante, nécessitant de jouer avec la barre de défilement horizontale pour afficher toutes les portions du texte, pensez à utiliser l'outil Zoom.

Utiliser la souris pour vous déplacer

La souris permet de déplacer le curseur facilement et rapidement : pour commencer, identifiez le nouvel endroit où vous souhaitez placer le curseur sur l'écran, puis placez le pointeur de la souris à l'endroit voulu, et cliquez. Le curseur se place instantanément à l'endroit désigné. On appelle cette action *pointer-cliquer*.

Si votre PC est équipé d'une souris à molette, comme la souris IntelliMouse de Microsoft, vous pouvez faire défiler votre document en l'utilisant :

- Pour faire défiler votre document vers le haut ou vers le bas, faites tourner la molette dans l'une ou l'autre direction.
- Utilisée comme un bouton, la molette de votre souris vous donne un contrôle du défilement de votre document : si vous cliquez avec la molette comme avec un bouton (il est inutile de la maintenir enfoncée), vous pouvez régler la vitesse de défilement en déplaçant votre souris plus ou moins vers le haut, vers le bas, vers la gauche ou vers la droite par rapport à l'endroit où vous avez cliqué. Pour mettre fin à cet effet, cliquez en un endroit quelconque avec le bouton gauche de la souris.

Si vous êtes équipé d'un dispositif tactile (tablette ou écran d'ordinateur), parcourez votre document avec le doigt : touchez l'écran et effectuez un mouvement vers le haut pour faire défiler vers le bas, ou accomplissez le même mouvement vers le bas pour faire défiler le document vers le haut. Pas de panique : si cela vous semble contradictoire, vous en comprendrez la logique quand vous le ferez.

Déplacer le point d'insertion

Quand vous écrivez sur une feuille de papier, il est difficile de vous perdre. Et au bon vieux temps des machines à écrire, ce sur quoi on écrivait ne pouvait dépasser la taille d'une feuille de papier standard. Mais avec Word, vos documents peuvent vraiment devenir énormes. Malheureusement, ce n'est qu'une petite partie de cet imposant document qui s'affiche à l'écran.

Pour aller d'un endroit à un autre, il ne suffit pas d'appuyer sur une touche du curseur. Il vous faut donc en savoir un peu plus sur les touches de navigation et autres commandes spéciales de Word.

Commander le point d'insertion à la souris

Le moyen le plus simple pour placer le point d'insertion exactement où vous le souhaitez et de cliquer sur le texte. Pointez, cliquez, et voilà : le point d'insertion est en place !

Si vous utilisez un écran ou une tablette tactiles, il suffit de toucher le texte à l'endroit où vous voulez positionner le point d'insertion. Utilisez ensuite le cercle sous ce dernier pour affiner le positionnement du curseur.

Petits déplacements avec les touches directionnelles

La manière la plus courante de vous déplacer dans votre document consiste à utiliser les touches du pavé directionnel (celles qui portent une flèche), que l'on appelle aussi *touches de contrôle du curseur* parce qu'elles permettent de contrôler les déplacements de ce dernier sur l'écran.

Les quatre touches de base déplacent respectivement le curseur vers le haut, vers le bas, vers la droite et vers la gauche :

Touche	Effet
↑	Déplace le curseur d'une ligne vers le haut.
↓	Déplace le curseur d'une ligne vers le bas.
→	Déplace le curseur d'un caractère vers la droite.
←	Déplace le curseur d'un caractère vers la gauche.

Déplacer le point d'insertion n'efface pas les caractères. Le Chapitre 4 explique comment supprimer des informations.

Si vous maintenez enfoncée la touche Ctrl en appuyant sur une touche du curseur, vous passez en mode accéléré. Le curseur survitaminé bondit à une vitesse folle dans les quatre directions :

Combinaison de touches	Effet
Ctrl + ↑	Place le curseur au début du paragraphe dans lequel il se trouve ou au début du paragraphe précédent s'il se trouve devant ce dernier.
Ctrl + ↓	Place le curseur au début du paragraphe suivant.
Ctrl + ←	Place le curseur au début (juste avant la première lettre) du mot dans lequel il se trouve ou au début du mot précédent s'il se trouve entre deux mots.
Ctrl + →	Place le curseur au début du mot suivant (juste avant la première lettre).

Si vous utilisez les touches du curseur du pavé numérique, assurez-vous que le voyant Verr num (ou *Num Lock*) est éteint. S'il est allumé, appuyez sur la touche Verr num pour l'éteindre. Sans cette vérification, vous verrez apparaître des chiffres dans votre texte au lieu de voir se déplacer le curseur, co444mme ceci.

Le début et la fin

Il arrive que l'on ait simplement besoin d'aller directement au début ou à la fin d'une ligne de texte ou de tout un document. C'est la fonction des touches de clavier Début et Fin :

Touche ou combinaison de touches	Effet
Fin	Envoie le curseur à la fin de la ligne de texte dans laquelle il se trouve.
Début	Envoie le curseur au début de la ligne de texte dans laquelle il se trouve.
Ctrl + Fin	Envoie le curseur tout à fait à la fin de votre document (juste après le dernier caractère).

Touche ou combinaison de touches	Effet
Ctrl + Début	Envoie le curseur tout à fait au début de votre document (juste avant le premier caractère).

Le cas très particulier des touches PgPr et PgSv

En langage « clavier », PgSv signifie Page suivante et PgPr, Page précédente. Un clavier standard de 102 touches dispose de deux emplacements pour ces touches PgSv et PgPr : soit sur le pavé numérique, soit sur la zone du curseur (à gauche du pavé numérique). Certains imaginent que la touche PgSv déplace le document vers le haut de la page suivante et la touche PgPr vers le haut de la page précédente. Eh bien non ! Ces touches vous permettent de vous déplacer dans le document de l'équivalent d'un écran (et non d'une page) vers le bas ou vers le haut, d'où leur appellation (Page précédente et Page suivante).

Touche ou combinaison de touches	Effet
PgPr	La touche PgPr fait défiler le document vers le haut d'un écran (la hauteur du texte affiché dans la fenêtre). Si vous êtes en haut de votre document, cette touche place le curseur tout en haut de l'écran.
PgSv	La touche PgSv fait défiler le document d'un écran vers le bas. Si vous êtes en bas du document, elle place le curseur tout en bas de l'écran.
Ctrl + Alt + PgPr	Place le curseur en haut de la portion de texte affichée dans la fenêtre.
Ctrl + Alt + PgSv	Place le curseur en bas de la portion de texte affichée dans la fenêtre.

N'OUBLIEZ PAS

Les combinaisons Ctrl + PgPr et Ctrl + PgSv sont utilisées par Word, mais pour une tout autre fonction, dans la fenêtre Rechercher. Nous y reviendrons au Chapitre 5.

Retrouver son chemin

En principe, une fois qu'on est engagé, on ne peut pas revenir en arrière. *En principe*, c'est-à-dire à moins de faire campagne pour une élection ou d'utiliser Word.

TRUC

Appuyer sur Maj + F5 vous fait revenir au point où vous étiez juste avant la dernière commande que vous avez appliquée. Appuyer encore une fois sur cette même combinaison vous fait revenir encore une étape en arrière, et ainsi de suite. Ce raccourci clavier peut être répété trois fois.

N'OUBLIEZ PAS

Le raccourci clavier Maj + F5 ne fonctionne que dans Word. N'essayez pas de l'utiliser ailleurs.

Aller où l'on veut avec la commande Atteindre

La commande Atteindre permet d'accéder directement à l'endroit du document que vous désirez. Cet endroit peut être défini de différentes manières, entre autres par un numéro de page ou de ligne.

Pour utiliser la commande Atteindre, appuyez sur Ctrl + B. Vous ouvrez la boîte de dialogue Rechercher et remplacer avec l'onglet Atteindre actif, comme à la Figure 3.3.

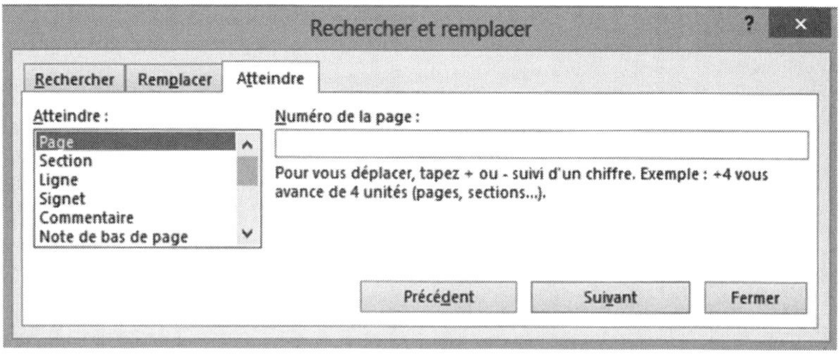

Figure 3.3 : Pour indiquer son chemin à Word.

Vous pouvez accéder ainsi à de nombreux endroits, comme en témoignent les différentes rubriques de la liste Atteindre. Notez que dans la plupart des cas, c'est une page, définie par son numéro, que vous voudrez atteindre.

Dans le champ Numéro de la page, saisissez le numéro de la page que vous recherchez.

Par exemple, si vous tapez **14** dans le champ et appuyez sur Entrée, vous arrivez à la page 14.

- Pour faire apparaître directement la boîte de dialogue Atteindre (en fait, l'onglet Atteindre dans la boîte de dialogue Rechercher et remplacer), vous pouvez aussi appuyer sur la touche F5.

- Si vous double-cliquez sur le numéro de la page dans la barre d'état, la boîte de dialogue Atteindre apparaît.

- Vous pouvez atteindre une page en fonction de la page actuelle. Par exemple, pour avancer de trois pages, choisissez Page dans la liste Atteindre et tapez + **3**. Pour reculer de 12 pages, tapez **-12**.

Chapitre 4

Modifier le texte

Dans ce chapitre :

- Effacer du texte avec les touches Retour arrière et Suppression.
- Effacer des lignes, des phrases et des paragraphes.
- Scinder et réunir des paragraphes.
- Annuler ses erreurs.
- Utiliser la commande Répéter (… ou annuler une annulation).

Modifier le texte : voilà un programme intéressant ! Au premier abord, c'est beau et facile, mais la vérité est beaucoup moins rose. Modifier, ça commence par détruire.

En effet, modifier, c'est couper, écraser, supprimer. C'est éliminer le texte en excès, mal écrit ou maladroit, qui n'a pas sa place sur la page imprimée, et le remplacer éventuellement par ce qui convient. Eh oui, le traitement de texte, c'est bien plus que taper sur le clavier et promener le curseur un peu partout dans le document. C'est jouer avec le texte. Supprimer, défaire, puis retaper. Ce sont les tâches de base que vous allez trouver dans les sections suivantes (que j'ai tapées et retapées de nombreuses fois).

Effacer du texte

J'ai connu un écrivain qui était terriblement angoissé à l'idée d'*effacer* quoi que ce soit. Plutôt que d'effacer un paragraphe qu'il voulait enlever ou modifier, il le copiait en tant que bloc et le plaçait à la fin du document « pour le mettre en lieu sûr ». Si jamais il devient aussi célèbre que Cervantes, ses fonds de tiroirs donneront du grain à moudre à d'innombrables universitaires pour des siècles et des siècles.

C'est triste, mais c'est la vérité : effacer du texte fait partie du processus de rédaction. Toute personne qui écrit doit, tôt ou tard, supprimer du texte. En fait, j'ai l'habitude de dire que, dans la plupart des cas, on peut supprimer le premier paragraphe de son premier jet.

L'avènement des logiciels de traitement de texte a rendu encore plus populaires les différentes possibilités de suppression. Aujourd'hui, l'effacement fait partie du processus de création, car il permet de mieux reconstruire. Écrire. Effacer. Réécrire. Rééffacer. Ainsi va la vie de l'utilisateur d'un traitement de texte.

Effacer un seul caractère

La création et la destruction du texte passent par l'utilisation des touches du clavier. La grande majorité de ces touches sert à créer, à composer du texte.

Seules deux touches servent à le détruire :

- **Retour arrière :** Supprime le caractère situé à gauche du point d'insertion.
- **Suppr (Suppression) :** Supprime le caractère situé à droite du point d'insertion.

Dans l'exemple ci-après, le curseur « clignote » (je veux dire qu'il clignoterait s'il était sur un écran) entre le *n* et le *i* d'*Annie*. En appuyant sur la touche Retour arrière, vous effacez le *n*. En appuyant sur la touche Suppression, vous effacez le *i*.

```
Le réfrigérateur d'Ann|ie était rempli d'échantillons.
```

- Après l'effacement d'un caractère, tout le texte qui se trouve à droite ou au-dessous de celui-ci se déplace d'un cran pour remplir l'espace laissé libre.
- Si vous maintenez la pression sur la touche Retour arrière (ou Suppression), vous continuerez à supprimer les caractères qui se trouvent à gauche (ou à droite) du curseur. Cet effacement continuera tant que vous n'aurez pas relâché la touche.

Mais vous disposez de techniques plus précises pour effacer des groupes de caractères, que nous allons aborder sous peu.

- Il existe dans Word des types de texte spéciaux qui ne peuvent être facilement effacés avec la touche Retour arrière ou la touche Suppression. C'est le cas par exemple d'un champ inséré par Word, comme la date du jour. Lorsque vous essayez de l'effacer, un texte apparaît sur fond gris. C'est de cette façon que Word vous rappelle que ce texte est d'un type spécial. Pour l'effacer, il faut appuyer encore une fois sur la touche Retour arrière ou Suppression.

Effacer un mot

Pour effacer un mot complet, Word dispose de deux commandes :

Combinaison de touches	Effet
Ctrl + Retour arrière	Si le curseur se trouve au milieu d'un mot, efface la portion qui se trouve entre le début de ce mot et le curseur. Si le curseur est entre deux mots, efface le mot qui se trouve juste avant le curseur (à sa gauche).
Ctrl + Suppression	Si le curseur se trouve au milieu d'un mot, efface la portion qui se trouve entre la fin de ce mot et le curseur. Si le curseur est entre deux mots, efface le mot qui se trouve juste après le curseur (à sa droite).

Comme vous l'avez compris, ces raccourcis clavier fonctionnent mieux quand le point d'insertion se trouve entre deux mots. Lorsque vous êtes au milieu d'un mot, ces commandes suppriment les caractères situés à gauche ou à droite du point d'insertion.

Après avoir effacé un mot en utilisant Ctrl + Retour arrière, le curseur se trouve juste après le dernier caractère du mot précédent ou au début de la ligne (dans le cas où vous avez effacé le premier mot d'un paragraphe). Si vous avez utilisé le raccourci Ctrl + Suppression, le curseur se trouve juste avant le premier caractère du mot suivant ou à la fin de la ligne (si vous avez effacé le dernier mot d'un paragraphe).

Après avoir effacé du texte, Word repositionne les mots qui se trouvaient directement après pour remplir l'espace laissé libre par les caractères effacés.

Aucune gomme ni aucun effaceur ne sont plus efficaces et plus rapides que Ctrl + Suppression ou Ctrl + Retour arrière !

Effacer des lignes, des phrases et des paragraphes

Dans Word, il y a une différence entre une ligne de texte, une phrase et un paragraphe. Ne perdez pas de vue ces définitions :

- Une **ligne de texte** n'est rien d'autre qu'une ligne sur la page (ce n'est pas une entité grammaticale).
- Une **phrase** est de nature grammaticale : elle commence par une majuscule et se termine par un point, un point d'interrogation ou un point d'exclamation. Je suppose que vous avez appris cela à l'école.
- Un **paragraphe** est une portion de texte commençant juste après un *retour chariot* et se terminant par un autre retour chariot. Un paragraphe peut donc être composé d'une simple ligne, d'une phrase ou de plusieurs phrases.
- Une **page** est tout le texte compris entre le début et la fin de la page.

Word sait aussi effacer des *blocs* de texte. Vous en saurez davantage à ce sujet en consultant le Chapitre 6.

Effacer une ligne de texte

La méthode la plus simple pour effacer une ligne de texte consiste à utiliser la souris :

1. **Placez le pointeur de la souris dans la marge gauche de votre document.**

   Le pointeur prend la forme d'une flèche pointant vers le haut et vers la droite.

2. **Placez le pointeur devant la ligne de texte que vous voulez supprimer.**
3. **Cliquez sur le bouton gauche de la souris.**

   La ligne de texte est sélectionnée et apparaît en surbrillance.

4. **Appuyez sur la touche Suppression ou sur la touche Retour arrière pour supprimer la ligne sélectionnée.**

Effacer une phrase

Effacer une phrase est un jeu d'enfant :

1. **Placez le curseur dans la phrase à supprimer.**
2. **Appuyez sur Ctrl et cliquez sur le bouton de la souris.**

   La phrase est sélectionnée.

3. **Appuyez sur la touche Suppression.**

   La phrase disparaît.

Effacer un paragraphe

La méthode la plus rapide pour effacer un paragraphe :

1. **Placez le pointeur de la souris sur le paragraphe.**
2. **Cliquez trois fois sur le bouton gauche de la souris.**

   Le paragraphe est sélectionné.

3. **Appuyez sur la touche Suppression.**

   Le paragraphe disparaît.

TRUC

Si cliquer trois fois vous pose problème, placez le pointeur de la souris dans la marge gauche du paragraphe à supprimer. Quand le pointeur prend la forme d'une flèche pointant vers le haut et vers la droite, cliquez deux fois. Le paragraphe est sélectionné. Appuyez sur Suppression pour l'effacer.

Effacer une page

La page n'est pas traitée avec désinvolture par Word. En réalité, une page correspond à une feuille imprimée. Virtuelles dans Word, les pages n'en demeurent pas moins des éléments que vous pouvez supprimer :

1. **Appuyez sur Ctrl + B pour afficher le contenu de l'onglet Atteindre de la boîte de dialogue Rechercher et remplacer.**

   Consultez le Chapitre 3 pour plus d'informations sur la commande Atteindre.

2. **Tapez le numéro de la page à atteindre.**

   Le point d'insertion se positionne au tout début de la page en question.

3. **Cliquez sur le bouton Fermer pour quitter la boîte de dialogue.**

4. **Appuyez sur F8.**

   La touche F8 bascule Word dans un mode de sélection spécial qui est détaillé au Chapitre 6.

5. **Appuyez sur Ctrl + PgSv.**

   Le point d'insertion se positionne à la fin de la page à supprimer, en sélectionnant tout le contenu de cette dernière.

6. **Appuyez sur Suppr.**

   La page est effacée.

Pour effacer l'espace vide laissé en bas de votre document, consultez le Chapitre 9.

Séparer et grouper

L'édition d'un texte conduit à la séparation d'un paragraphe en plusieurs autres, ou au regroupement de plusieurs paragraphes en un seul.

Créer deux paragraphes à partir d'un seul

Pour diviser un paragraphe en deux paragraphes distincts, localisez le point où vous désirez créer cette séparation. En général, il se situe entre deux phrases, c'est-à-dire au début de l'une et à la fin de l'autre. Ensuite, appuyez sur la touche Entrée. Vous disposez désormais de deux paragraphes.

En fonction de la position du point d'insertion, vous devrez peut-être effacer une espace inutile qui apparaît au début du second paragraphe ou à la fin du premier.

Créer un paragraphe à partir de deux

Pour regrouper deux paragraphes, vous devez supprimer la marque de paragraphe qui les sépare. Pour cela, placez le point d'insertion au début du second paragraphe et appuyez sur la touche Retour arrière. Voilà ! Les deux paragraphes n'en forment plus qu'un.

En fonction de la position du point d'insertion, vous devrez peut-être insérer une espace au point de jonction des deux paragraphes.

Séparer des lignes avec un retour à la... ligne

La touche Entrée insère un saut de paragraphe, c'est-à-dire qu'un nouveau paragraphe est créé sur la ligne suivante. Pour changer de ligne sans créer de nouveau paragraphe, vous devez appuyer sur la touche Maj tout en appuyant sur Entrée.

Ce retour à la ligne (ou retour « forcé ») est principalement utilisé pour les titres et les en-têtes. Par exemple, lorsque vous avez un long titre que vous souhaitez présenter sur deux lignes, appuyez sur Maj + Entrée. Par exemple, saisissez cette ligne :

```
Filbert & Hazel
```

Appuyez sur Maj + Entrée. Vous commencez une nouvelle ligne. Saisissez :

```
Un couple d'imbéciles
```

Le retour à la ligne conserve le texte de ce titre regroupé (dans le même paragraphe), mais sur des lignes séparées.

Le retour à la ligne s'avère également très utile pour mettre en forme des adresses postales sur des enveloppes ou des en-têtes de courriers. Appuyez sur Maj + Entrée à la fin de chacune des lignes suivantes (à l'exception de la dernière) :

```
M. le Président de la République
Palais de l'Élysée
55, rue du Faubourg Saint-Honoré
75008 Paris
```

En appuyant sur Maj + Entrée au lieu d'Entrée, vous resserrez l'espace entre les lignes de l'adresse, ce qui la rend plus lisible et en fait un tout cohérent.

Annuler ses erreurs

Il ne faut jamais avoir peur de faire quelque chose dans Word. Jamais ! Pourquoi ? Parce que Word dispose d'une commande Annuler. Celle-ci se souvient de tout ce que vous venez de faire, d'ajouter ou de supprimer, et peut facilement démêler vos erreurs. De plus, il existe également une commande Répéter, qui permet l'annulation de la dernière annulation.

Si vous venez d'effacer accidentellement du texte, de formater un paragraphe de manière hasardeuse, ou de saisir des mots que vous regrettez, effectuez l'une des opérations suivantes pour revenir en arrière :

- Appuyez sur Ctrl + Z.
- Cliquez sur le bouton Annuler dans la barre d'outils Accès rapide.

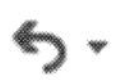

Personnellement, je préfère le raccourci Ctrl + Z. Toutefois, le bouton Annuler contient une petite flèche qui permet de dérouler la liste de vos dernières actions.

- La commande Annuler est pratique, mais elle ne doit pas vous laisser aller à une certaine négligence lors de la saisie de votre texte.

- Si vous cliquez sur la flèche pointant vers le bas à côté du bouton Annuler de la barre d'outils Accès rapide, vous voyez apparaître la liste des dernières actions que vous avez effectuées dans Word. Malheureusement, il n'est pas possible d'y sélectionner une action à annuler parmi les autres : si vous sélectionnez une action dans la liste, vous sélectionnerez (et annulerez) simultanément toutes celles qui la précèdent.
- Parfois, la commande Annuler ne fonctionne pas. Avant que cela n'arrive, Word vous lance un message du type « Mémoire insuffisante pour annuler cette opération, voulez-vous continuer ? ». Poursuivez à vos risques et périls.
- Pour pouvoir procéder à une annulation, il faut avoir quelque chose à annuler. Autrement dit, si vous n'avez pas encore commencé à travailler sur un document que vous venez d'ouvrir, vous ne pourrez utiliser la commande Annuler. De même, certaines opérations ne peuvent être annulées, comme l'enregistrement d'un document.
- Pour annuler une annulation, sélectionnez Répéter. Voyez la section suivante.

Voudriez-vous répéter, s'il vous plaît ?

Si vous annulez quelque chose pour vous apercevoir que ce n'était pas ce que vous vouliez faire, vous devez utiliser la commande Répéter pour remettre tout d'aplomb. Pour faire revenir du texte que vous venez de faire disparaître accidentellement avec la commande Annuler, effectuez l'une des opérations suivantes :

- Appuyez sur Ctrl + Y.
- Cliquez sur le bouton Répéter dans la barre d'outils Accès rapide (s'il est disponible).

Comment ça marche ? Eh bien, imaginez qu'après un bon déjeuner, vous reveniez au bureau pour une vigoureuse séance de frappe au clavier. Hélas, vous vous mettez bien vite à somnoler, et votre tête, dans un bruit sourd, tombe sur le clavier, produisant des résultats aléatoires. Puis, vous vous réveillez. Après vous être assuré que personne ne vous a vu dans cette posture peu profitable, vous prenez la décision mûrement réfléchie d'annuler la frappe produite par la chute de votre tête, autrement dit : Ctrl + Z, Ctrl + Z, Ctrl + Z… Mais, diantre ! Vous avez appuyé sur Ctrl + Z une ou plusieurs fois de trop. Dans ce cas, il ne vous reste plus qu'à cliquer sur le bouton Répéter (ou à appuyer sur Ctrl + Y) pour faire revenir ce que vous venez de faire disparaître par mégarde.

Quand répéter change de sens

Et s'il n'y a rien à rétablir (parce que vous ne venez pas d'annuler quelque chose) ? Alors la commande Répéter devient la commande… Répéter !

Je m'explique. Word répète le dernier caractère saisi. Si vous avez effectué une action, comme une suppression, Ctrl + Y la répète. La commande Répéter peut également appliquer le même formatage. Lorsque vous travaillez dans un document et que vous changez de style sur plusieurs sections de texte, utilisez la touche Répéter pour gagner du temps. (Consultez la troisième partie de ce livre pour plus d'informations sur la mise en forme.)

- Sachez que la touche F4 fonctionne comme Ctrl + Y.
- Dans les versions antérieures de Word, la commande Répéter pouvait répéter le dernier groupe de caractères saisis. Ce n'est plus le cas dans Word 2013 : seul le dernier caractère saisi est répété.

Chapitre 5

Chercher et remplacer

Dans ce chapitre :

- Rechercher du texte dans un document.
- Utiliser les différentes options de la commande Rechercher.
- Rechercher des caractères spéciaux.
- Rechercher des codes de mise en forme.
- Utiliser la commande Remplacer.
- Corriger les problèmes de mise en forme avec la commande Remplacer.

Imaginez que vous puissiez combiner la puissance d'un ordinateur et la magie de l'alchimie. Les ordinateurs sont très obéissants, et ne rechignent jamais à exécuter des tâches, même les plus répétitives. L'objectif suprême de l'alchimie est de transformer le plomb en or. Si vous combinez ces deux fonctions, vous obtenez un ordinateur capable de trouver le mot *aiguille* dans une botte de documents, tout en étant capable de le changer en *or*. Vous comprenez dès lors tout le potentiel des commandes de recherche et de remplacement des logiciels de traitement de texte.

Chercher et remplacer est une fonction basique des traitements de texte. Dans Word, cette fonction permet deux choses : de chercher du texte vers le haut ou le bas du document, et de remplacer ce texte par un autre.

Le plaisir de la recherche

Word peut localiser rapidement toute portion de texte où qu'elle soit dans votre document, du discours le plus grandiloquent au plus petit caractère. La commande utilisée à cette fin s'appelle Rechercher, et vous l'exécutez soit depuis le ruban de Word 2013 (Figure 5.1), dans le groupe Modification.

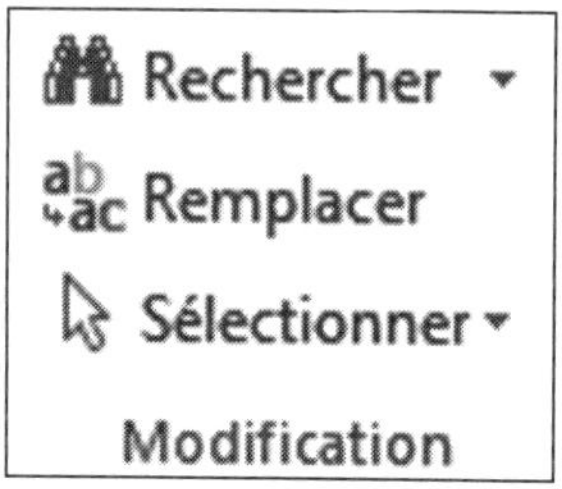

Figure 5.1 : Le groupe de commandes Modification.

Mais où te caches-tu ?

Localiser du texte dans un document est une tâche très simple à réaliser :

1. **Dans l'onglet Accueil, cliquez sur le bouton Rechercher (dans le groupe Modification).**

   Reportez-vous à la Figure 5.1. Parfois, vous devrez cliquer sur Modification pour afficher ce bouton. Si vous n'y parvenez pas, appuyez simplement sur Ctrl + F.

   Cliquer sur le bouton Rechercher permet d'accéder au panneau Navigation illustrée par la Figure 5.2.

2. **Dans le champ, saisissez le texte à rechercher.**

   Par exemple : Word. Tapez-le exactement sous la forme voulue. Au fur et à mesure que vous tapez des caractères, le texte correspondant est surligné dans votre document (voir Figure 5.2).

   Soyez précis. Ne commettez pas de faute afin de réduire le nombre d'occurrences trouvées.

3. **Faites défiler les résultats affichés dans le panneau Navigation.**

   Cliquez ou appuyez sur les flèches vers le haut/le bas (voir Figure 5.2) pour parcourir le document dans le sens voulu afin d'afficher les occurrences recherchées. Le texte en question est mis en surbrillance dans le document afin de vous aider à le repérer.

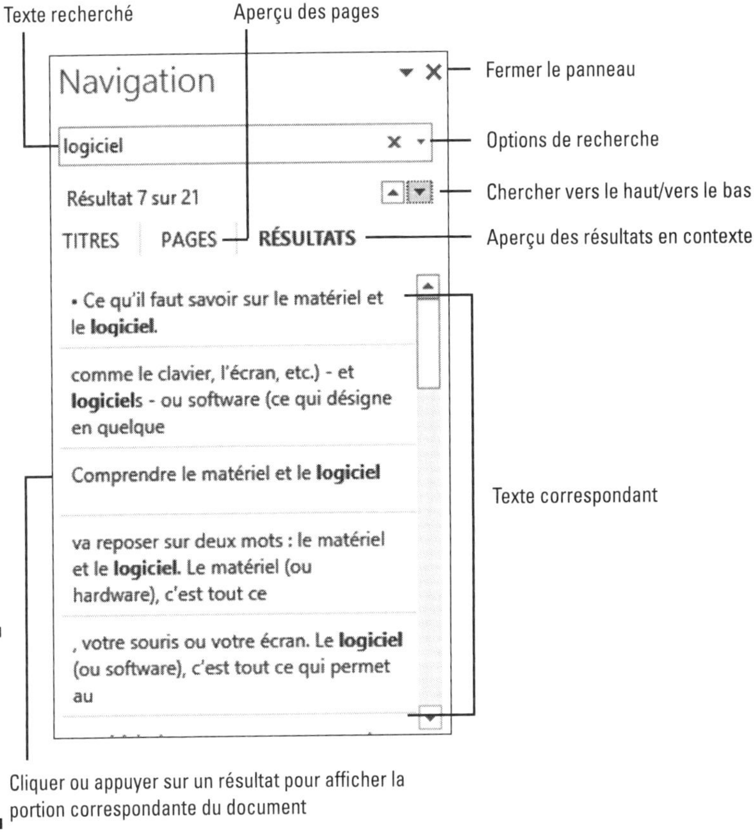

Figure 5.2 : Le panneau Navigation aide à rechercher du texte.

4. **Fermez le panneau une fois que votre chasse au texte est terminée.**

Si vous préférez la bonne vieille boîte de dialogue Rechercher, lisez la prochaine section.

- Quand le texte ne peut pas être trouvé, la mention Aucune correspondance apparaît dans le panneau.
- Si le champ du panneau Navigation contient du texte, effacez-le en appuyant sur la touche Retour arrière ou en cliquant sur la croix qui se trouve à son extrémité droite.
- Ne terminez pas le texte par un point, sauf si vous souhaitez aussi inclure le point dans la recherche.

TRUC

- Si vous ne savez pas si le texte est écrit en majuscules ou en minuscules, saisissez-le en minuscules.
- Si le texte n'est pas trouvé, Word peut vous demander s'il doit continuer cette recherche depuis le début du document. Cliquez sur Oui si vous êtes d'accord.
- Si le texte n'a pas été trouvé, mais que vous êtes certain qu'il existe bien dans le document, essayez encore, mais en commençant par vérifier soigneusement l'orthographe du mot que vous avez saisi.
- La recherche se limite au document actif. Pour rechercher du texte dans un autre document, basculez vers cette autre fenêtre de Word, et relancez la recherche.

Utiliser la commande Recherche avancée

Si le panneau Navigation vous déconcerte, retrouvez vos bonnes vieilles habitudes en invoquant la boîte de dialogue Rechercher et remplacer.

1. **Cliquez sur la flèche du bouton Rechercher dans le groupe Modification, puis sur la commande Recherche avancée.**

   La boîte de dialogue Rechercher et remplacer s'ouvre. Personnellement, je la trouve plus efficace que le panneau Navigation.

2. **Cliquez sur le bouton Plus.**

   La boîte de dialogue s'agrandit vers le bas, avec des options supplémentaires (voir la Figure 5.3).

3. **Dans le champ Rechercher, saisissez le texte à rechercher. Pour commencer la recherche, cliquez sur le bouton Suivant.**

   Vous pouvez également appuyer simplement sur Entrée.

Si Word trouve du texte correspondant à votre demande, celui-ci apparaît en surbrillance à l'écran, c'est-à-dire sélectionné. La boîte de dialogue Rechercher et remplacer reste affichée à l'écran aussi longtemps que vous ne cliquez pas sur le bouton Annuler ou que vous n'appuyez pas sur la touche Échap (elle reste ouverte afin que vous continuiez à rechercher du texte si vous le souhaitez).

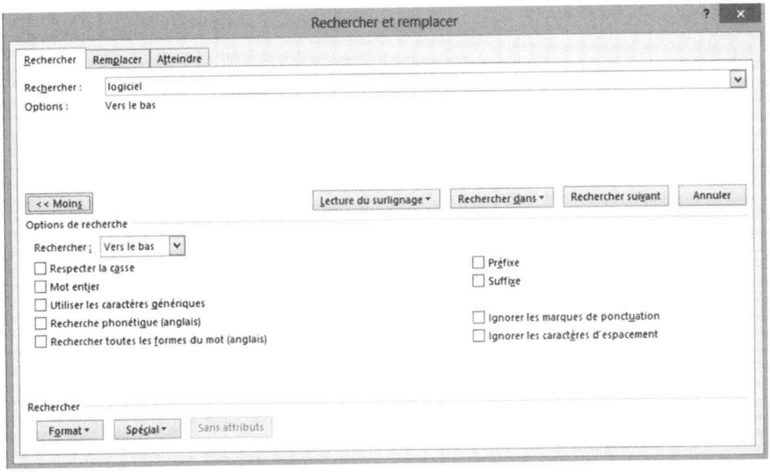

Figure 5.3 : L'onglet Rechercher de la boîte de dialogue Rechercher et remplacer.

- La boîte de dialogue Rechercher et remplacer affiche toujours le dernier mot ou texte objet de la dernière recherche. Pour l'effacer, appuyez sur la touche Retour arrière.
- Si le texte n'est pas trouvé, Word peut vous demander s'il doit continuer cette recherche depuis le début du document. Cliquez sur Oui si vous êtes d'accord.
- Pour trouver la prochaine occurrence du texte dans le document, cliquez à nouveau sur le bouton Suivant.
- Vous pouvez cliquer sur la flèche du champ Rechercher pour afficher les termes objets d'une précédente recherche. Choisissez le terme, puis cliquez sur Suivant.

TRUC

Si vous voulez ouvrir la boîte de dialogue Rechercher et remplacer avec le raccourci clavier Ctrl + F (qui sert par défaut à ouvrir le panneau Navigation), comme dans les anciennes versions de Word, c'est possible.

N'OUBLIEZ PAS

Les options de recherche restent en fonction tant que vous ne les modifiez pas. Si jamais vous n'arrivez pas à trouver du texte dans un document alors que vous êtes sûr qu'il y figure, vérifiez les réglages de la boîte Rechercher et remplacer, et désactivez les options inutiles.

Les sections suivantes détaillent les options de recherche.

Rechercher un texte en respectant la casse

Il y a une différence entre *Sylvestre* et *sylvestre*. Le premier est un prénom, le second un adjectif. Pour trouver l'un et non l'autre en utilisant la commande Rechercher, cochez la case Respecter la casse dans la zone Options de recherche de la boîte de dialogue. Ainsi, si vous avez tapé *Sylvestre* dans le champ Rechercher, cette recherche ne trouvera que les occurrences du mot *Sylvestre* commençant par une majuscule, le reste du mot étant en minuscules.

Rechercher un mot entier

L'option Mot entier permet de rechercher des mots comme *droit* ou *sur*, en évitant de vous arrêter inutilement sur des mots comme *endroit* ou *surprise*.

Rechercher vers le haut, vers le bas ou les deux

Janus était, pour les Romains, le dieu des commencements et des fins. Il était doté de deux visages regardant dans deux directions opposées, ce qui est très pratique pour regarder un match de tennis ou pour retrouver ses clés quand on ne sait plus ce que l'on en a fait. La commande Rechercher est comme Janus, car elle recherche toutes les occurrences d'un élément dans le texte, sauf si vous lui indiquez d'effectuer une recherche dans une direction spécifique. Pour cela, cliquez sur le bouton Plus, puis déroulez la liste Rechercher. Vous accédez aux options suivantes :

- **Tous.** Avec cette option, la recherche s'effectue dans tout le document, quelle que soit la position du point d'insertion.
- **Vers le bas.** La recherche part de la position du point d'insertion et s'arrête à la fin du document.
- **Vers le haut.** La recherche part de la position du point d'insertion et s'arrête au début du document.

Vous pouvez utiliser le raccourci clavier Ctrl + PgSv rechercher l'occurrence suivante vers le bas, et Ctrl + PgPrec pour répéter la recherche vers le haut.

Rechercher du texte dont on ne sait rien du tout (avec des caractères génériques)

Voici une bonne astuce : utiliser des caractères spéciaux nommés « caractères génériques » pour trouver des mots dont vous ne connaissez qu'une partie, ou des groupes de mots dans diverses variantes portant sur certains caractères. Comme cette astuce est très technique, concentrez-vous attentivement sur ce qui suit.

Les deux caractères génériques de base sont ? et * : le premier représente une lettre quelconque, le second un groupe quelconque de lettres. Ainsi, supposons que vous ayez tapé ceci dans le champ Rechercher :

```
?ur
```

Si vous avez sélectionné l'option Utiliser les caractères génériques, Word va rechercher tout mot de trois lettres commençant par une lettre quelconque et se terminant par *ur* : *sur*, *mur*, *dur* ou *pur*, par exemple.

Comme l'astérisque représente un groupe de caractères quelconque, le texte suivant dans le champ Rechercher permettra de trouver tous les mots commençant par *a* et se terminant par *n* (il y en a beaucoup) :

```
a*n
```

Rechercher des caractères qu'on ne peut pas taper

Il y a des caractères que l'on ne peut pas taper avec le clavier dans le champ Rechercher. Ce sont des caractères spéciaux, non imprimables. C'est le cas par exemple de Tab. Essayez d'appuyer sur la touche Tab après avoir cliqué dans le champ Rechercher : il ne se passe rien. Pour rechercher un caractère de tabulation, ainsi que quelques autres, il faut l'indiquer à la fonction Rechercher au moyen d'un code spécial.

Pour insérer le code correspondant à l'un de ces caractères spéciaux, cliquez sur le bouton Plus pour faire apparaître le volet des options supplémentaires de la boîte de dialogue Rechercher et remplacer, puis cliquez sur le bouton Spécial (Figure 5.3).

Voici quelques-uns des 22 caractères spéciaux les plus utiles que vous trouverez dans la liste du bouton Spécial de la boîte de dialogue Rechercher et remplacer :

- **Tout caractère, Tout chiffre** et **Toute lettre :** Permettent de représenter à peu près n'importe quoi. Ce sont des caractères génériques qui permettent de trouver toutes sortes de choses.

Trouver des caractères spéciaux avec ^

Si vous avez mémorisé le code du caractère spécial que vous voulez, vous n'avez pas besoin de passer par la liste du bouton Spécial. Vous pouvez utiliser le clavier pour saisir le code dans le champ Rechercher. C'est ce que je fais en général. Comme je sais que ^p est le code correspondant à la touche Entrée (le caractère de fin de paragraphe), je n'ai pas besoin de cliquer sur le bouton Plus et sur le bouton Spécial. Au cas où vous voudriez faire de même, voici la liste des codes des caractères spéciaux les plus utilisés :

Marque de paragraphe	^p
Tab	^t
Tout caractère	^?
Tout chiffre	^#
Toute lettre	^$
Signe ^	^^
Tiret cadratin	^+
Tiret demi-cadratin	^=
Saut de ligne manuel	^1
Saut de page manuel	^m
Espace	^w

Vous pouvez combiner ces caractères spéciaux entre eux et avec tous ceux que vous désirez. Si vous voulez trouver une tabulation suivie du mot *Chasseur*, utilisez le bouton Spécial pour insérer le code de la tabulation (^t), puis tapez Chasseur dans le champ Rechercher en utilisant le clavier. Vous verrez donc :

```
^tChasseur
```

N'OUBLIEZ PAS

Si vous recherchez le caractère spécial ¶, cliquez sur Spécial et sélectionnez Caractère de paragraphe, car l'option Marque de paragraphe renvoie à toutes les marques de paragraphe créées quand vous appuyez sur Entrée.

- **Signe ^ :** Permet de rechercher le symbole (^), autrement dit l'accent circonflexe quand il n'est pas sur une lettre, qui est un caractère spécial. Si vous tapez le signe ^ lui-même dans le champ Rechercher, il sera interprété par Word comme indiquant un autre caractère spécial.
- **Marque de paragraphe (¶) :** Permet de rechercher dans votre document le caractère qui indique la fin de chaque paragraphe.
- **Tabulation :** Permet de rechercher le caractère Tab.
- **Espace :** Il ne s'agit pas nécessairement d'une espace obtenue en appuyant sur la barre d'espace du clavier, mais de tout caractère se traduisant par un espace blanc sur l'écran (par exemple, une tabulation obtenue avec la touche Tab).

Choisissez un des éléments dans la liste. Dès que c'est fait, une suite de symboles étranges apparaît dans le champ Rechercher (comme ^t, si vous cherchez des tabulations). Cliquez sur Suivant pour trouver ce symbole dans votre document.

Rechercher une mise en forme

Ce que la commande Rechercher peut faire de plus impressionnant pour vous, c'est rechercher des codes de mise en forme dans votre document. Par exemple, si vous ne recherchez que les instances du mot **baratin** qui sont en gras, Word peut le faire pour vous.

Pour rechercher une mise en forme dans un document, utilisez la zone des options supplémentaires de la boîte de dialogue Rechercher et remplacer. Cliquez sur le bouton Format pour faire apparaître la liste des options de mise en forme que vous pouvez rechercher (revoyez la Figure 5.3). La sélection de chacun des éléments de cette liste affiche la boîte de dialogue de mise en forme correspondante de Word. Dans cette boîte de dialogue, vous pouvez sélectionner les attributs de mise en forme que vous désirez rechercher.

Revenons à notre **baratin** en gras. Pour le trouver dans votre document, suivez ces étapes :

1. **Faites apparaître la boîte de dialogue Rechercher et remplacer.**

   Appuyer sur Ctrl + H est la manière la plus directe de procéder.

2. **Cliquez sur l'onglet Rechercher. Dans le champ Rechercher, saisissez le mot** baratin**.**

   Vous souhaitez trouver les occurrences de ce mot écrites en gras. Vous devez préciser cette information à Word.

3. **Cliquez sur le bouton Plus pour afficher la partie inférieure de la boîte de dialogue Rechercher et remplacer.**

4. **Si le bouton Sans attributs est actif, cliquez dessus.**

   Ce bouton permet d'annuler tous les formats d'une recherche antérieure.

5. **Cliquez sur le bouton Format.**

6. **Dans la liste, sélectionnez Police.**

   La boîte de dialogue Police apparaît. Vous y contrôlez les divers aspects de la police des caractères d'un document.

7. **Dans la liste Style de police, sélectionnez Gras.**

8. **Cliquez sur OK.**

   La boîte de dialogue Police se referme, et vous revenez dans la boîte de dialogue Rechercher et remplacer.

   Vous constatez que sous le champ Rechercher est indiqué `Mise en forme : Police : Gras`.

9. **Cliquez sur le bouton Suivant.**

   Word trouve la prochaine occurrence du texte désigné, avec la mise en forme spécifiée.

Pour ne chercher que le format, c'est-à-dire sans mot particulier, ne remplissez pas le champ Rechercher. Cela permet d'effectuer une recherche sur un texte spécifique auquel sont appliqués des styles particuliers.

- Vous pouvez utiliser cette technique pour rechercher des occurrences particulières d'une police, par exemple Courier ou Times New Roman, en la sélectionnant dans la liste Police de la boîte de dialogue Rechercher la police.
- Vous pouvez rechercher une taille de police particulière (par exemple 24 points) en la sélectionnant dans la liste Taille.
- Vous pouvez également rechercher une mise en forme de paragraphe, comme un alignement centré, en choisissant Paragraphe au lieu de Police après avoir cliqué sur le bouton Format de la boîte de dialogue Rechercher et remplacer.
- Les autres options de la liste Format sont un peu plus obscures, mais si vous devenez un habitué de Word, sachez qu'elles vous offrent des possibilités supplémentaires de recherche de mise en forme.
- Word mémorise vos options de mise en forme ! Pour effectuer une recherche en excluant toute mise en forme, cliquez sur le bouton Sans attributs.

L'art de remplacer

En elle-même, la commande Rechercher est vraiment pratique, sa véritable puissance réside dans sa capacité non seulement à rechercher du texte, mais aussi de le remplacer par autre chose. C'est l'une des fonctions de traitement de texte qui ont peu à peu fait disparaître les machines à écrire. Si vous maîtrisez la commande Rechercher, il ne vous manque plus grand-chose pour maîtriser aussi la commande Remplacer. En fait, la seule difficulté que vous pourriez rencontrer en chemin, c'est que le raccourci clavier ne soit pas le même.

Remplacer du texte par un autre

Imaginons que vous vouliez remplacer le mot *cochon* par le mot *porc*. Ils ont le même sens, mais selon le contexte on peut préférer utiliser l'un plutôt que l'autre.

1. **Dans l'onglet Accueil du ruban de Word, cliquez sur la commande Remplacer du groupe Modification.**

   Si le bouton Remplacer n'est pas visible (voir Figure 5.1), cliquez sur le bouton Modification, puis sélectionnez Remplacer dans la liste qui s'affiche.

   La boîte de dialogue Rechercher et remplacer (la même que celle que l'on obtient en choisissant Recherche avancée dans le groupe Modification) s'ouvre sur l'onglet Remplacer (Figure 5.4).

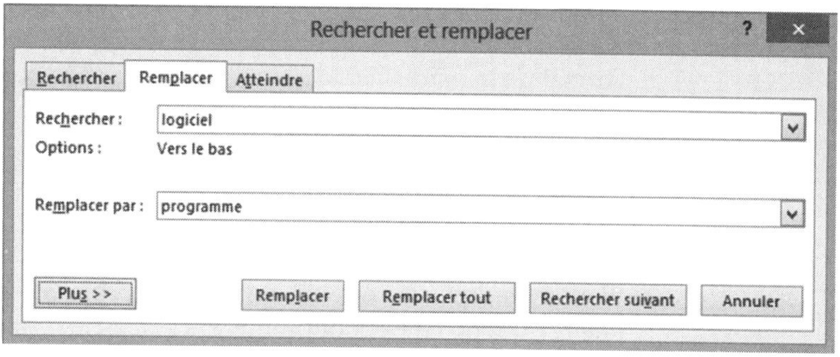

Figure 5.4 : L'onglet Remplacer de la boîte de dialogue Rechercher et remplacer.

2. **Dans le champ Rechercher, saisissez le texte à rechercher.**

   C'est le texte que vous voulez remplacer par autre chose, par exemple *cochon*.

   Après avoir tapé le texte voulu, appuyez sur Tab.

3. **Dans le champ Remplacer par, tapez le texte que vous voulez substituer au texte recherché.**

   Dans notre exemple, tapez le mot *porc*.

4. **Cliquez sur Suivant.**

   Word s'arrête à chaque occurrence du mot *cochon*. Dès que le texte est trouvé, passez à l'Étape 5.

5. **Cliquez sur le bouton Remplacer.**

   Word remplace le mot *cochon* par le mot *porc*, et s'arrête à l'occurrence suivante. Répétez cette étape pour remplacer chaque occurrence, ou uniquement certaines d'entre elles. Dans ce cas, cliquez sur Suivant au lieu de Remplacer.

6. **Poursuivez vos remplacements.**

   Dès que vous cliquez sur Remplacer, Word passe à l'occurrence suivante, et ce, jusqu'à ce que tout le document ait été parcouru.

7. **Lisez le résumé qui s'affiche.**

   Une fois les remplacements terminés, Word affiche des statistiques sur son travail indiquant le nombre de mots remplacés par rapport à ceux qui ont été trouvés.

8. **Cliquez sur le bouton de fermeture de la boîte de dialogue (la croix – X).**

Vous avez fini !

- Toutes les restrictions, options, et règles appliquées à la commande Rechercher valent pour la commande Remplacer.
- Le raccourci clavier pour afficher l'onglet Remplacer de la boîte de dialogue Rechercher et remplacer est donc Ctrl + H. Rappelons que Ctrl + F permet de rechercher via le panneau de navigation, tandis que Ctrl + B affiche l'onglet Atteindre de la boîte de dialogue Rechercher et remplacer.
- La commande Remplacer dispose aussi d'un bouton Plus qui peut être utilisé comme celui de la commande Rechercher (voir plus haut dans ce chapitre).
- N'OUBLIEZ PAS — Il peut arriver que Word trouve votre texte, par exemple *mer*, dans un autre mot comme *arrimer*. Pour éviter cela, cliquez sur le bouton Plus et cochez la case Mot entier.
- ATTENTION ! — Attention ! N'oubliez pas de taper quelque chose dans le champ Remplacer par. Si ce champ reste vide, la commande Remplacer ne se transforme pas pour autant en commande Rechercher. Au contraire, Word suppose que vous voulez remplacer par *rien* le texte recherché, autrement dit le supprimer. Comme c'est plutôt dangereux, soyez prudent lorsque vous utilisez la commande Remplacer, et utilisez dans la mesure du possible le bouton Suivant, pour avancer pas à pas, plutôt que le bouton Remplacer tout.
- TRUC — Si vous faites une erreur lors de votre opération de remplacement, la commande Annuler restaure votre document dans

son état antérieur. Consultez le Chapitre 4 pour plus de détails à son sujet.

Le miraculeux bouton Remplacer tout

Les étapes de la précédente section fonctionnent très bien. Cependant, il peut s'avérer fastidieux de cliquer des dizaines de fois sur le bouton Remplacer. Pour cette raison, la boîte de dialogue Rechercher et remplacer propose le bouton Remplacer tout.

Ce bouton exécute exactement ce que l'on suppose de sa fonction. Il va remplacer toutes les occurrences du texte par le nouveau. Donc, lorsque vous êtes certain de vouloir remplacer un mot par un autre dans tout le document, cliquez sur Remplacer tout au lieu de Remplacer.

Chercher et remplacer une mise en forme

À l'instar de la commande Rechercher qui est capable de chercher du texte avec une mise en forme spécifique, vous pouvez utiliser la commande Remplacer pour remplacer du texte et appliquer un *formatage*, ou pour remplacer une *mise en forme* par une autre. (Mise en forme et formatage sont des synonymes dans Word.) Ce procédé peut s'avérer très technique : je conseille d'être familiarisé avec les commandes de mise en forme de Word, mais également de bien maîtriser la commande Remplacer.

Imaginons que vous vouliez remplacer toutes les occurrences d'un texte souligné par un texte en italique. Le procédé consiste à rechercher le texte souligné, et à indiquer à Word d'annuler le soulignement et d'appliquer le style Italique. Voici comment faire :

1. **Appuyez sur Ctrl + H pour ouvrir la boîte de dialogue Rechercher et remplacer.**

2. **Cliquez sur le bouton Plus (au besoin).**

3. **Cliquez dans le champ Rechercher, et effacez le mot éventuellement présent. Pour cela, appuyez sur la touche Retour arrière.**

4. **Cliquez sur le bouton Format. Dans la liste, choisissez Police.**

Cette action ouvre la boîte de dialogue Police.

5. **Dans la boîte de dialogue Police, déroulez la liste Soulignement, et choisissez le soulignement simple, c'est-à-dire le trait placé en haut de la liste.**

6. **Cliquez sur OK.**

   Revenu dans la boîte de dialogue Rechercher et remplacer, vous notez la présence de l'indication `Mise en forme : Soulignement` juste sous le champ Rechercher.

7. **Si nécessaire, sélectionnez le texte du champ Remplacer, et appuyez sur Retour arrière pour l'effacer.**

8. **Dans la liste Format, choisissez Police.**

9. **Dans la liste Style de police de la boîte de dialogue Police, choisissez Italique.**

10. **Cliquez sur OK pour fermer cette boîte de dialogue.**

    Sous le champ Remplacer vous lisez `Mise en forme : Police : Italique`.

11. **Cliquez sur le bouton Remplacer tout.**

    Word remplace tous les soulignements par des italiques !

12. **Quand les remplacements sont terminés, cliquez sur OK.**

Tant que vous agissez avec beaucoup de précautions, cette méthode de formatage est la plus rapide pour améliorer un document sans éclat.

- Pour remplacer une mise en forme par une autre, comme le soulignement par des italiques, ne saisissez aucun texte dans les champs Rechercher et Remplacer par. Ainsi, seule la mise en forme est concernée par le remplacement.

- Une méthode encore plus facile pour actualiser la mise en forme d'un document consiste à utiliser et à appliquer des *styles*.

- N'oubliez jamais le bouton Sans attributs ! Vous devez cliquer dessus pour remplacer du texte sans tenir compte de la mise en forme

Chapitre 6

Travailler avec des blocs de texte

Dans ce chapitre :

- Comprendre la notion de bloc de texte.
- Sélectionner du texte au clavier.
- Sélectionner du texte avec la souris.
- Sélectionner du texte avec la touche F8.
- Désélectionner un bloc de texte.
- Copier et déplacer des blocs de texte.
- Les différentes manières de coller du texte.

Comment pourrait-on écrire sans *blocs* ? Je ne parle pas de blocs de papier, ni du vertige de la page blanche, ni de la crampe de l'écrivain. Je parle de *blocs de texte*.

Cette notion est apparue avec le traitement de texte. Ainsi, dès l'apparition de mots sur des écrans d'ordinateur, mots que l'on pouvait manipuler de multiples manières, tout ou presque est devenu bloc de texte : un mot, une phrase, un paragraphe ou plusieurs combinaisons de ces éléments. Grâce aux blocs, vous pouvez faire des manipulations de texte incroyables que je vous propose de découvrir tout au long de ce chapitre. Oui, croyez-moi, l'heure est venue de travailler avec des blocs.

Qu'est-ce qu'un bloc de texte ?

Pour Word, un *bloc* est une portion de texte : mots, phrases, paragraphes ou tout le document. Les blocs ont un commencement et une fin, et tout ce qui se trouve entre ce début et cette fin constitue ledit bloc de texte.

Vous créez des blocs par *sélection* du texte. La sélection est une opération qui se fait au clavier ou à la souris. Les techniques de sélection du texte sont traitées dans ce chapitre.

À l'écran, un bloc de texte sélectionné apparaît en surbrillance (Figure 6.1).

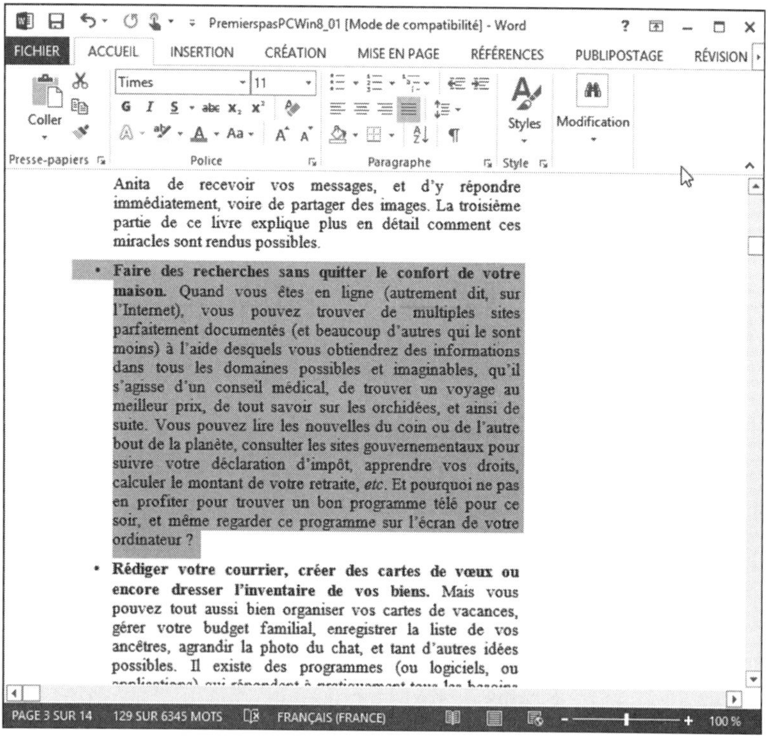

Figure 6.1 : Un bloc de texte sélectionné.

En marquant ainsi du texte en tant que bloc, vous pouvez réaliser certaines actions, ou exécuter diverses commandes de Word qui n'affecteront que le bloc. Vous pouvez également copier ou déplacer les blocs de texte. Toutes ces tâches sont étudiées dans ce chapitre et dans diverses sections de ce livre.

- Dans Word, un bloc de texte prend en compte toutes les lettres et tous les caractères, ainsi que la mise en forme.
- Les graphiques et les autres éléments non textuels peuvent aussi être sélectionnés sous forme de blocs. Un bloc peut d'ailleurs contenir du texte et des images.
- Lorsque la barre d'état affiche un décompte des mots, le nombre de mots contenu dans le bloc apparaît avant le total des mots du document (Figure 6.1).
- Quand un bloc est sélectionné, la commande Rechercher et remplacer agit prioritairement sur son contenu (voir le Chapitre 5).
- En sélectionnant du texte, vous sélectionnez aussi des caractères comme les tabulations et les marques de fin de paragraphe. Pour éviter de sélectionner ces dernières, ne sélectionnez pas l'espace vide situé derrière le dernier mot du bloc.

Sélectionner des blocs de texte

Word vous permet de faire toutes sortes de manipulations avec des blocs de texte. Et vous n'avez pas à vous préoccuper de triple interligne, de taper sur du papier très épais, et encore moins de vous ruiner en colle à papier. Il vous faut plutôt savoir comment sélectionner un bloc, et, comme d'habitude, Word vous offre de nombreux moyens de le faire. Je vais en décrire quelques-uns plus ou moins appropriés selon la taille du bloc.

Sélectionner du texte au clavier

Pour sélectionner rapidement une petite quantité de texte (un mot, une ligne ou un paragraphe), vous pouvez utiliser la touche Maj en combinaison avec l'une ou l'autre des touches du pavé directionnel (les touches de contrôle du curseur). C'est la technique recommandée pour sélectionner une petite portion de texte, entièrement visible à l'écran. Laissez-vous guider par le Tableau 6.1.

Vous pouvez utiliser n'importe quelle commande de déplacement du point d'insertion (voir le Chapitre 3), mais je conseille la méthode impliquant la touche Maj lorsque vous devez sélectionner peu de texte.

Tableau 6.1 : Sélectionner avec la touche Maj.

Touche(s)	Effet
Maj + →	Sélectionne caractère par caractère vers la droite du point d'insertion.
Maj + ←	Sélectionne caractère par caractère vers la gauche du point d'insertion.
Maj + Fin	Sélectionne le texte compris entre le point d'insertion et la fin de la ligne.
Maj + Début	Sélectionne le texte compris entre le point d'insertion et le début de la ligne.
Maj + ↑	Sélectionne le texte compris entre le point d'insertion et la même position du point d'insertion dans la ligne du dessus.
Maj + ↓	Sélectionne le texte compris entre le point d'insertion et la même position du point d'insertion dans la ligne du dessous.

Minibarre d'outils

Lorsque vous sélectionnez du texte avec la souris, Word affiche une minibarre d'outils comme celle-ci :

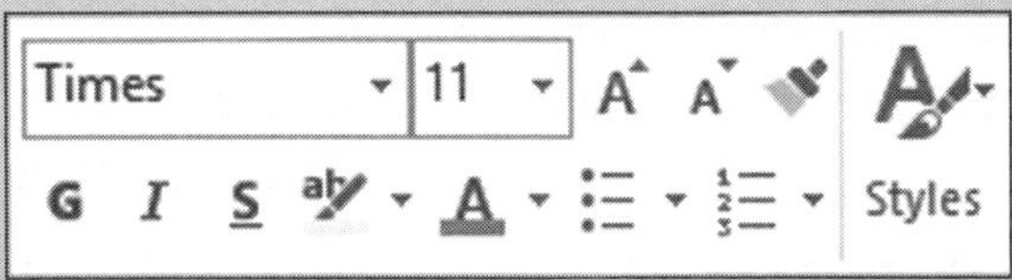

La *minibarre d'outils* est une palette contenant les commandes de mise en forme les plus utilisées. Elle est conçue pour vous aider à rapidement mettre en forme le texte du bloc. Après l'avoir âprement critiquée, j'avoue lui trouver aujourd'hui bien des vertus. Si elle vous gêne, vous pouvez facilement éviter son affichage :

1. **Cliquez sur l'onglet Fichier et choisissez Options.**
2. **Au besoin, dans la partie gauche de la boîte de dialogue, choisissez Général.**
3. **Décochez l'option Afficher la minibarre d'outils lors de la sélection.**
4. **Cliquez sur OK.**

Si vous ne souhaitez pas bannir cette minibarre, vous observerez sa disparition progressive à mesure que vous éloignez le pointeur de la souris du bloc sélectionné.

TRUC

N'importe quelle touche Maj fera l'affaire. Toutefois, je préconise l'emploi de la touche Maj de gauche, de manière à manipuler avec la main droite les touches du pavé directionnel.

Sélectionner du texte sur un écran tactile

Sélectionner un bloc de texte sur un écran tactile est un jeu d'enfant : il suffit de déplacer votre doigt sur le texte en question. Mais comme vous risquez de faire défiler votre document avec ce mouvement, il vaut mieux toucher un mot et maintenir la pression sur l'écran.

Effectuez une pression longue sur un mot pour le sélectionner. Il se met en surbrillance, avec un pointeur circulaire à chacune de ses extrémités. Vous pouvez faire glisser l'un de ces pointeurs pour agrandir ou réduire la sélection.

Pour manipuler une portion de texte sélectionnée sur un écran tactile, touchez-la. Une version tactile de la minibarre d'outils (vue précédemment dans ce chapitre) s'affiche (voir Figure 6.2). Les commandes de cette minibarre permettent de manipuler le texte sélectionné.

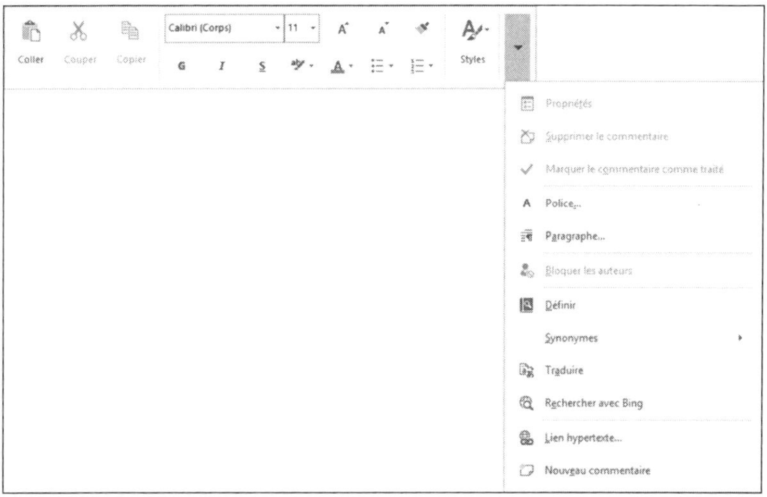

Figure 6.2 : Un bloc de texte sélectionné.

Sélectionner un bloc avec la souris

Mickey est peut-être venu au monde pour gouverner un empire, mais votre souris est venue au monde pour sélectionner du texte. Plus sérieusement, en dehors de ses capacités graphiques, la souris est une virtuose de la sélection de texte.

Faire glisser pour sélectionner

Pour sélectionner un bloc de texte avec votre souris, suivez ces étapes :

1. **Placez le pointeur à l'endroit où vous voulez commencer la sélection.**
2. **Tout en maintenant enfoncé le bouton gauche de la souris, faites glisser le pointeur sur votre texte.**

   Au fur et à mesure que vous faites glisser le pointeur, le texte est mis en surbrillance (sélectionné), comme l'illustre la Figure 6.1. Faites glisser le pointeur du début à la fin du bloc de texte que vous désirez sélectionner.

3. **Quand le pointeur est à la fin du bloc à sélectionner, relâchez le bouton de la souris.**

La souris vous permet de sélectionner un bloc de texte de taille quelconque.

NOTE TECHNIQUE

Sélectionner le texte lettre par lettre ou mot par mot

Lorsque vous sélectionnez du texte à l'aide de la souris, vous observez que le petit rongeur tend à sélectionner un mot à la fois. Peut-être avez-vous besoin de sélectionner caractère par caractère plutôt que le mot entier ? Voici comment procéder :

1. **Cliquez sur l'onglet Fichier, puis sur Options.**
2. **Dans le volet de gauche, choisissez Options avancées.**
3. **Désactivez l'option Lors d'une sélection, sélectionner automatiquement le mot entier.**
4. **Cliquez sur OK.**

TRUC

- Je vous conseille toutefois de ne vous en servir que pour des blocs assez petits pour être affichés en un seul morceau à l'écran. Si vous essayez de sélectionner du texte au-delà de ce que vous voyez à l'écran, il vous faudra faire défiler pour arriver au bout, ce qui peut être très incommode. La souris fait défiler le texte vers le haut et vers le bas assez vite, et ce dont vous avez besoin peut se retrouver hors de vue en un clin d'œil.
- Si vous ne parvenez pas à sélectionner tout ou partie d'un mot, lisez l'encadré suivant, « Sélectionner le texte lettre par lettre ou mot par mot ».

Techniques de sélection rapide par clic

Le Tableau 6.2 explique comment tirer le meilleur parti de votre robot-rongeur pour sélectionner tel ou tel type de bloc de texte.

Tableau 6.2 : Sélection de texte par clic.

Pour sélectionner…	Placez le pointeur…
… un mot	… sur le mot et double-cliquez.
… une ligne	… dans la marge gauche, devant la ligne à sélectionner. Le pointeur prend la forme d'une flèche pointant vers le haut et vers la droite. Cliquez pour sélectionner la ligne, ou faites glisser en maintenant enfoncé le bouton gauche de la souris pour sélectionner plusieurs lignes.
… une phrase	… sur la phrase, et Ctrl-cliquez (maintenez enfoncée la touche Ctrl tout en appuyant sur le bouton gauche de la souris).
… un paragraphe	… sur le paragraphe et faites un triple clic.

Sélectionner un bloc par Maj + clic

TRUC

La technique la plus radicale que j'utilise pour sélectionner un bloc de texte est ce que j'appelle le « zyeuter-cliquer » :

1. **Commencez par placer le pointeur au début du bloc de texte à sélectionner.**

2. **Faites défiler votre document en utilisant la barre de défilement.**

   Utilisez bien la barre de défilement et non les touches de contrôle du point d'insertion. Si vous utilisiez celles-ci, le point d'insertion sera déplacé par la même occasion, et ce n'est pas ce que nous voulons.

3. **Pour marquer la fin du bloc, maintenez enfoncée la touche Maj et cliquez avec la souris à l'endroit précis où se termine le bloc à sélectionner.**

   Le bloc de texte compris entre la position initiale du point d'insertion et l'endroit où vous avez cliqué en maintenant enfoncée la touche Maj est sélectionné.

Sélectionner un bloc avec la touche F8

Je me demande quel genre de personnage a bien pu avoir l'idée saugrenue d'associer la touche F8 à la sélection de texte. Probablement la même bande d'énergumènes de Microsoft, ivre de *stock-options*, qui inventa jadis l'utilisation de la touche F12. Vous souvenez-vous de F12 ? C'est la touche affectée à la commande Enregistrer sous, d'où il résulte avec la plus grande logique que la touche F8 doit être affectée à la sélection de texte. Ne cherchez pas plus loin.

Quoi qu'il en soit, si vous trouvez dans votre cerveau assez de place pour vous souvenir de la touche F8, vous pouvez en faire bon usage. F8 sélectionne du texte par blocs de différents types, ce qu'aucune autre commande ne permet d'obtenir. Ce qui suit n'est qu'un modeste échantillon de ce qu'elle peut faire :

1. **Placez le point d'insertion au début du bloc de texte.**

2. **Appuyez sur F8.**

   La touche F8 dépose un point d'ancrage et des marques à une extrémité du bloc.

3. **Utilisez les touches du pavé directionnel pour sélectionner le bloc de texte.**

   Ces touches sont étudiées au Chapitre 3.

   TRUC

   Vous pouvez appuyer sur la touche d'une lettre. Par exemple, si vous appuyez sur N, vous sélectionnez tout le texte compris entre le point d'insertion et la première lettre N rencontrée.

Word met en surbrillance le texte depuis le point d'ancrage défini par la touche F8 jusqu'au nouvel emplacement du point d'insertion.

4. **Manipulez le bloc de texte sélectionné.**

   Word reste en mode de sélection étendue jusqu'à ce que vous utilisiez le bloc sélectionné.

Pour manipuler un bloc de texte, lisez la seconde partie de ce chapitre.

N'OUBLIEZ PAS

Pour annuler la sélection étendue, appuyez sur la touche Échap. Le bloc de texte reste sélectionné (voir aussi la section « Désélectionner un bloc »).

- Vous pouvez associer l'utilisation de la souris et la touche F8. Placez le point d'insertion au début ou à la fin du bloc que vous souhaitez sélectionner, et appuyez sur F8. Ensuite, placez le point d'insertion à l'autre extrémité du bloc, et appuyez sur le bouton gauche de la souris. Tout ce qui est compris entre ces deux points est sélectionné.
- Après avoir appuyé sur la touche F8, vous pouvez invoquer la commande Rechercher pour localiser un morceau spécifique de texte. Word va alors sélectionner tout le texte situé entre le texte où vous avez appuyé sur F8, et celui trouvé par la commande Rechercher.

TRUC

- Appuyez deux fois de suite sur la touche F8 pour sélectionner le mot dans lequel se trouve le curseur.
- Pour sélectionner la phrase dans laquelle se trouve le point d'insertion, appuyez trois fois de suite sur F8.
- Appuyez quatre fois de suite sur F8 pour sélectionner le paragraphe entier dans lequel se trouve le point d'insertion.
- Appuyez cinq fois de suite sur F8 pour sélectionner tout le document.
- Quel que soit le nombre de fois que vous appuyez sur la touche F8, sachez qu'elle place un point d'ancrage. Donc, appuyer sur F8 une ou cinq fois signifie que vous restez en mode

de sélection étendue. Pour sortir de ce mode, manipulez le bloc ou appuyez sur Échap.

Sélectionner tout le document

Pour sélectionner tout votre document, cliquez sur l'onglet Accueil, puis repérez le groupe Modification. Au besoin, cliquez sur le bouton Modification si ce groupe est masqué. Cliquez ensuite sur le bouton Sélectionner, puis sur Sélectionner tout.

Le raccourci clavier correspondant est Ctrl + A. Dans Word, vous pouvez aussi utiliser l'obscur raccourci Ctrl + 5 (le 5 du pavé numérique), ou appuyer cinq fois de suite sur la touche F8.

Désélectionner un bloc

Maintenant que votre bloc est sélectionné, vous réalisez que ce n'est pas la portion voulue. Il faut donc le désélectionner. Voici quelques moyens pratiques de procéder :

- **Appuyer sur la touche ←.** Cette action désélectionne le bloc et ramène le point d'insertion au début de celui-ci, ou au début de votre document si vous l'aviez sélectionné en entier. Cette technique fonctionne si vous avez utilisé la souris ou la touche Maj pour la sélection, pas si vous avez utilisé la touche F8.

- **Cliquer avec la souris.** Cette action désélectionne le bloc et place le point d'insertion à l'endroit où vous avez cliqué. Cette technique fonctionne si vous avez utilisé la souris ou la touche Maj pour la sélection, pas si vous avez utilisé la touche F8.

- **Appuyer sur la touche Échap, puis sur la touche ←.** Cette méthode est à utiliser lorsque vous êtes encore en mode de sélection étendue, pour en sortir.

- **N'oubliez pas la commande Maj + F5 !** Non seulement ce raccourci clavier désélectionne le bloc (que vous l'ayez sélectionné avec la souris, la touche Maj ou la touche F8), mais il vous ramène aussi à l'endroit où vous étiez avant la sélection. Admirable !

Manipuler un bloc de texte

Si vous sélectionnez un bloc, c'est pour atteindre un objectif particulier. En règle générale, un bloc de texte est sélectionné pour le copier ou le déplacer. C'est un des atouts majeurs du traitement de texte.

Cette section traite de la copie, du déplacement, et de la duplication des blocs de texte. Si vous savez copier, couper, et coller dans Windows, vous n'aurez aucun mal à le faire dans Word. Voici ce qu'il est possible de faire avec un bloc de texte :

N'OUBLIEZ PAS

- Les blocs doivent être sélectionnés pour pouvoir être manipulés. Voyez la première partie de ce chapitre.
- La commande que vous utilisez affecte uniquement le bloc de texte.
- Supprimer le texte sélectionné en appuyant sur Retour arrière ou Suppr.
- Pour remplacer le texte sélectionné, saisissez du texte. Ce nouveau texte remplace tout le texte sélectionné, et ce, dès le nouveau premier caractère saisi.
- Les commandes de mise en forme (qu'elles concernent les caractères ou les paragraphes) peuvent être appliquées à toute sélection de texte. Lisez pour cela la Troisième Partie de ce livre.

Copier un bloc

Une fois qu'un bloc est sélectionné, vous pouvez le copier pour le dupliquer à n'importe quel autre endroit de votre document. Le bloc original n'est pas altéré par cette opération. Suivez ces étapes :

1. **Sélectionnez le bloc.**

   La première partie de ce chapitre contient des instructions détaillées pour accomplir cette tâche.

2. **Dans le groupe Presse-papiers de l'onglet Accueil, cliquez sur l'outil Copier.**

   Vous pouvez également appuyer simultanément sur les touches Ctrl + C.

Il ne se passe rien de visible à l'écran, car la copie laisse l'élément à sa place.

3. **Placez le point d'insertion à l'endroit où vous voulez coller le bloc copié.**

   Ne vous inquiétez s'il n'y a pas de place à cet endroit : Word va en faire pour insérer la sélection dans le document.

4. **Cliquez sur le bouton Coller du groupe Presse-papiers.**

   Vous pouvez également appuyer simultanément sur les touches Ctrl + V.

   Le bloc apparaît au point d'insertion (voir la section « Options de collage du texte » plus loin dans ce chapitre pour comprendre les diverses commandes du bouton Coller).

- Après avoir copié un bloc, vous pouvez le coller dans votre document une seconde fois. Chaque fois qu'un texte est copié ou coupé, Word le garde bien au chaud dans le Presse-papiers. Il est donc réutilisable par simple collage *via* Ctrl + V ou par un clic sur le bouton Coller.
- Vous pouvez coller un bloc de texte dans un autre document Word ou dans une autre application.

Déplacer un bloc

Pour déplacer un bloc de texte, il faut le couper et le coller. Cette terminologie est celle de Microsoft, pas la mienne. Traditionnellement, un traitement de texte déplace des blocs de texte. Couper et coller, c'est ce que font les enfants à l'école. Mais je m'égare.

Le déplacement d'un bloc de texte est une opération identique à la copie d'un bloc de texte, à la différence près que l'on utilise la commande Ctrl + X (ou le bouton Couper dans le groupe Presse-papiers de l'onglet Accueil) au lieu de Ctrl + C, et que le bloc de texte disparaît (en fait, il est placé dans le Presse-papiers). À partir de là, vous pouvez coller ce bloc de texte où vous voulez dans votre document.

La commande Annuler (Ctrl + Z) permet d'annuler le déplacement d'un bloc.

Options de collage du texte

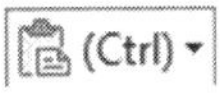

Lorsque vous collez du texte dans Word, l'icône Options de collage (voir ci-contre) apparaît à la fin du texte que vous venez de coller. Elle vous permet de sélectionner la mise en forme que vous souhaitez appliquer au texte collé, car sa mise en forme initiale ne correspond plus forcément à ce que vous souhaitiez pour cet endroit choisi.

L'utilisation de l'icône Options de collage n'est en rien obligatoire. En fait, il vous suffit de continuer à utiliser Word comme si de rien n'était pour qu'elle disparaisse instantanément. Mais si vous voulez modifier la mise en forme du texte collé, suivez ces étapes :

1. **Placez la souris sur l'icône Options de collage.**

   Une flèche pointant vers le bas apparaît à droite de l'icône.

2. **Cliquez sur la flèche pointant vers le bas.**

   Un menu apparaît dans lequel vous pouvez sélectionner différentes options de mise en forme (Figure 6.3).

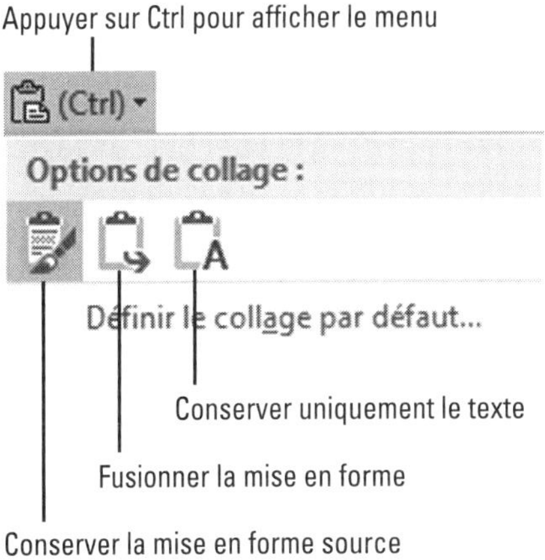

Figure 6.3 : Les options de mise en forme du texte collé.

Voici un bref résumé des options disponibles :

- **Conserver la mise en forme source :** Ne fait rien, car la mise en forme vous convient (raccourci clavier : C).

- **Fusionner la mise en forme :** Applique au bloc la mise en forme du texte dans lequel il a été collé (raccourci clavier : F).

- **Conserver uniquement le texte :** Ne colle que le texte, en éliminant les mises en forme particulières qu'il pouvait contenir (raccourci clavier : T).

Pour ne copier ou ne couper que le bloc (sans formatage), appuyez sur Ctrl puis T après le collage (mais pas Ctrl + T).

Les options de collage qui apparaissent sur le texte sont facultatives. Pour les ignorer, continuez à saisir votre texte.

Optez pour Définir le collage par défaut dans la barre d'outils Options de collage pour indiquer à Word la manière dont il doit gérer le texte collé. C'est très pratique lorsque vous constatez que vous appliquez toujours les mêmes options de collage.

Copier ou déplacer un bloc avec la souris

Si vous voulez déplacer un bloc sur une courte distance, vous pouvez utiliser la souris pour une opération de glisser-déplacer ou de glisser-copier. Cette fonction est très pratique, mais il vaut mieux ne l'utiliser que pour déplacer ou copier entre deux emplacements assez proches pour être simultanément visibles à l'écran. Dans le cas contraire, si vous essayez de faire défiler votre document avec la souris, vous vous exposez à de lourdes contrariétés.

Pour déplacer avec la souris n'importe quel bloc de texte sélectionné, placez le pointeur dessus, appuyez sur le bouton gauche de la souris et maintenez-le enfoncé, déplacez le pointeur jusqu'à l'endroit où vous souhaitez placer le bloc, puis relâchez le bouton de la souris. Vous venez d'effectuer une opération de glisser-déplacer.

Copier un bloc avec la souris repose sur la même méthode que pour le déplacer, avec pour seule différence qu'il faut maintenir enfoncée la touche Ctrl tout en faisant glisser. Un signe + apparaît alors à côté du pointeur (voir ci-contre). Il indique que le bloc sera copié et non déplacé.

- L'icône Options de collage apparaît une fois que vous avez déposé le bloc de texte. Pour en savoir plus sur cette icône, reportez-vous à la section précédente.

- Lorsque vous faites glisser un bloc de texte avec la souris, celui-ci n'est pas collé dans le Presse-papiers. Vous ne pouvez pas utiliser la commande Coller (Ctrl + V) pour le coller à nouveau.

- Si vous maintenez enfoncées à la fois la touche Maj et la touche Ctrl en faisant glisser un bloc de texte, vous créez une *copie liée* de celui-ci à l'endroit où vous le déposez. Lorsque vous relâchez le bouton de la souris, le bloc copié apparaît dans le document sous une forme un peu étrange. Cette fonction avancée de Word établit un lien entre le bloc copié et l'original, de sorte que toute modification apportée à ce dernier se répercute dans l'autre. Si cette mise à jour ne s'effectue pas, cliquez du bouton droit sur la copie liée et sélectionnez Mettre à jour les liaisons dans le menu contextuel.

Chapitre 7

Vérifier son document : orthographe et grammaire

Dans ce chapitre :

- Comprendre la vérification d'orthographe au cours de la frappe.
- Gérer les erreurs de frappe.
- Ajouter ou ignorer des mots inconnus.
- Laisser Word corriger automatiquement l'orthographe.
- Corriger ses fautes grammaticales.
- Vérifier rapidement son document.
- Personnaliser les options de vérification.
- Paramétrer la correction automatique.

Inutile d'expliquer longuement pourquoi : l'orthographe du français n'est pas une mince affaire, même si l'on ne fait pas de zèle. Règles, exceptions, traits d'union déconcertants, doubles consonnes contradictoires avec la prononciation, sans parler des mots d'origine étrangère à la transcription incertaine. Presque à chaque pas que vous faites, un piège s'ouvre devant vous.

Ce chapitre traite d'incroyables outils de vérification de Word. Il s'agit des vérificateurs orthographiques et grammaticaux, ainsi que d'outils et de fonctions qui aident à trouver le mot juste (et pas juste un mot), à l'utiliser, et à le corriger correctement.

Vérifier son orthographe

Le correcteur orthographique intégré de Word entre en action dès que vous saisissez des mots.

Vérifier signifie corriger de deux manières. Tout d'abord, Word souligne en ondulations rouges tout mot qu'il ne (re)connaît pas. Ensuite et enfin, Word sait corriger automatiquement les erreurs. Cette fonction de correction automatique est traitée un peu plus loin dans ce chapitre.

La crainte du soulignement ondulé rouge

Word possède une bibliothèque interne composée de dizaines de milliers de mots, tous correctement orthographiés. Dès que vous saisissez un mot qui ne se trouve pas dans cette bibliothèque, Word le suspecte d'être mal orthographié. Par conséquent, il le souligne avec des ondulations rouges.

Mon conseil : continuez à saisir le texte. Ne vous laissez pas perturber par les ondulations rouges. Il est plus important de penser à ce que vous écrivez que de corriger instantanément les inévitables fautes de frappe.

Une fois que vous avez l'esprit disponible, vous pouvez revenir en arrière et corriger vos erreurs. Je fais cela en général tous les deux ou trois paragraphes.

1. **Cherchez un mot mal orthographié.**

   Ils sont reconnaissables au soulignement rouge ondulé.

2. **Cliquez du bouton droit de la souris sur le mot mal orthographié.**

   Un menu déroulant apparaît, semblable à celui de la Figure 7.1.

3. **Choisissez dans la liste le mot que vous vouliez écrire.**

   Dans la Figure 7.1, c'est le mot *rumsteck*. Cliquez dessus : il se substitue automatiquement dans votre document au mot erroné.

Si le mot que vous aviez voulu taper n'est pas dans la liste, ne soyez pas surpris. Word ne connaît pas tous les mots de la création. Il vous

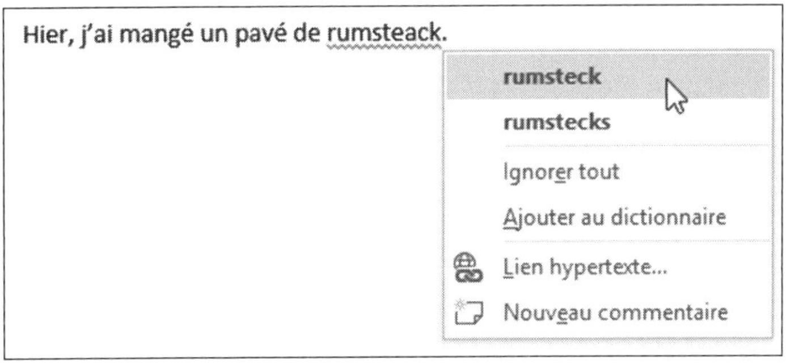

Figure 7.1 : Sélectionnez dans la liste le mot correct.

faudra peut-être utiliser un dictionnaire plus complet pour vérifier ce terme, ou faire une nouvelle tentative avec une autre orthographe pour vous voir proposer d'autres corrections possibles.

- Tout mot inconnu de Word peut être ajouté à son dictionnaire.
- Word désactive la vérification automatique quand le document atteint une certaine taille. Par exemple, sur mon ordinateur, au-delà de 100 pages, la vérification est désactivée. Un message s'affiche. Cela ne vous empêchera pas d'effectuer une vérification manuelle, comme expliqué dans la section « Vérifier tout le document en une seule opération », plus loin dans ce chapitre.

Cachez cette coquille que je ne saurais voir !

C'est bien connu, voilà quelques années que les traitements de texte sont capables de vous signaler les mots mal orthographiés ou simplement suspects. Même votre programme de courrier électronique sait le faire (si ce n'est pas le cas, c'est que vous ne l'avez pas mis à jour depuis un bon moment). Le vérificateur d'orthographe de Word vous fait savoir instantanément s'il reconnaît ou non un mot, mais il ne vous dit pas si ce mot est correctement utilisé. Ce n'est pas parce qu'un document ne contient pas de mots mal orthographiés qu'il ne contient pas de fautes.

Que faire quand le vérificateur se trompe ?

Le vérificateur orthographique ne doit pas être pris au mot. En d'autres termes, il peut se tromper. En effet, le programme ne reconnaît que les mots qui sont répertoriés dans son dictionnaire. Par conséquent, si vous écrivez un mot particulier, non inscrit dans le dictionnaire de Word, le programme le considère comme mal orthographié. Cliquez dessus avec le bouton droit de la souris et, dans la boîte de dialogue du vérificateur, vous constaterez la présence des options Ignorer tout et Ajouter au dictionnaire :

Ignorer tout. Ignore un mot absent du dictionnaire dans le document en cours, et seulement dans celui-ci. Si vous voulez que le mot ne soit jamais considéré comme une faute dans aucun document, sélectionnez Ajouter au dictionnaire dans le menu de correction.

Ajouter au dictionnaire. Cette commande ajoute au dictionnaire les mots qui n'y sont pas stockés. À partir de cet ajout, le programme (re)connaît le mot. Il ne le considère plus comme mal orthographié, voire inconnu.

- Si le mot semble correctement orthographié, mais est quand même souligné en rouge, c'est peut-être qu'il est répété, car les occurrences sont indiquées de la même manière que les fautes d'orthographe. Vous pouvez supprimer l'un des deux ou l'ignorer si vous estimez que ce n'est pas une faute.
- Word ignore certains types de mots. Il s'agit en général de mots contenant des chiffres ou des termes écrits en majuscules et qui sont souvent des abréviations.
- Vous pouvez paramétrer la vérification orthographique de Word comme expliqué dans la section « Personnaliser les options de vérification », plus loin dans ce chapitre.

Annuler la commande Ignorer tout

Lorsque vous choisissez d'exécuter la commande Ignorer tout, vous indiquez à Word que le mot souligné est correct dans tout le document en cours. Pour Word, il s'agit d'une vérité absolue que vous validez en enregistrant le document. Quand vous le rouvrirez, la faute ne sera plus mentionnée. Mais si c'est vous qui vous êtes trompé ? Voici ce que vous devez alors faire :

1. **Ouvrez l'onglet Fichier, puis cliquez sur Options.**

   La boîte de dialogue Options Word apparaît.

2. **Dans le volet gauche, cliquez sur Vérification.**

3. **Si nécessaire, faites défiler le contenu de cette fenêtre jusqu'à ce que vous voyiez le bouton Revérifier le document. Cliquez dessus.**

   Un message vous signale que la liste des mots ignorés va être détruite.

4. **Cliquez sur Oui.**

5. **Cliquez sur OK pour revenir au document.**

Ces étapes demandent en fait à Word d'ignorer ce qu'il a ignoré. Cela concerne également la grammaire. Vous ne pouvez pas annuler une opération de *revérification*.

Ces étapes n'affectent que le document en cours d'édition.

Retirer des mots du dictionnaire

Avec le temps, vous finirez par ajouter pas mal de mots au dictionnaire. Ce sont des mots dont vous savez qu'ils sont correctement orthographiés, mais qui ne figurent pas dans le répertoire de Word. C'est le cas de beaucoup de noms propres (personnes, villes, rues, *etc.*). Word place les mots ajoutés dans ce qu'il appelle un « dictionnaire personnel ».

Si vous ajoutez accidentellement des mots, il vous faut accéder au dictionnaire personnel pour les supprimer. Voici comment faire :

1. **Cliquez sur l'onglet Fichier et choisissez Options.**

2. **Dans le volet gauche, choisissez Vérification.**

3. **Cliquez sur le bouton Dictionnaires personnels.**

   La boîte de dialogue Dictionnaires personnels apparaît, avec la liste de tous vos dictionnaires personnels. Selon toute vraisemblance, vous n'en avez qu'un : CUSTOM.DIC.

4. **Sélectionnez le fichier CUSTOM.DIC.**

   C'est probablement le seul élément de la liste.

5. **Cliquez sur le bouton Modifier la liste des mots.**

   Vous voyez une liste de mots que vous avez volontairement ou accidentellement ajoutés à ce dictionnaire.

6. **Localisez le mot à retirer de ce dictionnaire.**
7. **Cliquez sur le bouton Supprimer.**
8. **Répétez les Étapes 6 et 7 pour supprimer du dictionnaire tout autre mot indésirable.**
9. **Cliquez sur OK pour terminer la modification du dictionnaire.**

   Fermez les autres fenêtres ouvertes.

Correction instantanée avec la Correction automatique

Certaines erreurs de frappe ou d'orthographe ne sont pas soulignées en rouge. Cela tient au fait que Word les corrige à la volée. Donc, ces erreurs n'apparaissent jamais sur votre écran (ni nulle part ailleurs). Voici les explications de ce miracle.

Comprendre la correction automatique

La réalité est qu'il est impossible de faire certaines fautes d'orthographe dans Word. En principe, il ne faut jamais écrire *jamias*. Essayez ! Word corrige automatiquement cette faute de frappe aussitôt que vous appuyez sur la barre d'espace ou que vous tapez un signe de ponctuation. C'est tout simplement parce que *jamias* fait partie de la liste des corrections automatiques de Word, qui suppose que lorsque vous tapez *jamias* vous voulez en fait saisir *jamais*. De même, pour de nombreuses autres fautes de frappe plus ou moins courantes comme *acalmie* pour *accalmie* ou *lse* pour *les*. C'est l'une des joies de la correction automatique : il est vraisemblablement difficile de faire des fautes de frappe courantes en tapant dans Word.

Un autre atout de la correction automatique est que vous pouvez ajouter vos propres corrections automatiques à la liste standard de Word. Par exemple, s'il vous arrive souvent de taper *ecxuse* au lieu d'*excuse*, vous pouvez demander à Word de remplacer automatiquement ce mot pour vous. Les sections suivantes vont vous dire comment procéder.

TRUC

J'ai même un truc pour ceux qui saisissent souvent des expressions ou des termes longs à saisir. Utilisez des abréviations. Par exemple, en tant que traducteur et auteur, il m'arrive de saisir des centaines de fois, « cliquez sur le bouton droit de la souris ». L'ensemble de mots *bouton droit de la souris* finit par être très pénible à écrire. J'ai donc créé l'entrée de correction automatique *bddls*. Dès que j'appuie sur la barre d'espace après avoir saisi *bddls*, Word remplace ce mot par *bouton droit de la souris*. Génial ! Et ça marche avec n'importe quel mot ou expression récurrents. Ainsi, je n'écris jamais *c'est-à-dire*, mais cad. Word le remplace systématiquement par *c'est-à-dire* !

Annuler une correction automatique

Si Word fait une correction automatique dont vous ne voulez pas, vous pouvez l'annuler. En général, il suffit d'appuyer sur Ctrl + Z (le raccourci de la commande Annuler) juste après le remplacement automatique.

Lorsque vous placez le curseur dans un mot corrigé automatiquement, vous voyez apparaître au-dessous un petit rectangle bleu. Pointez-le pour afficher un bouton, puis cliquez sur ce bouton, et vous verrez surgir un menu contextuel avec différentes options de correction automatique (Figure 7.2) :

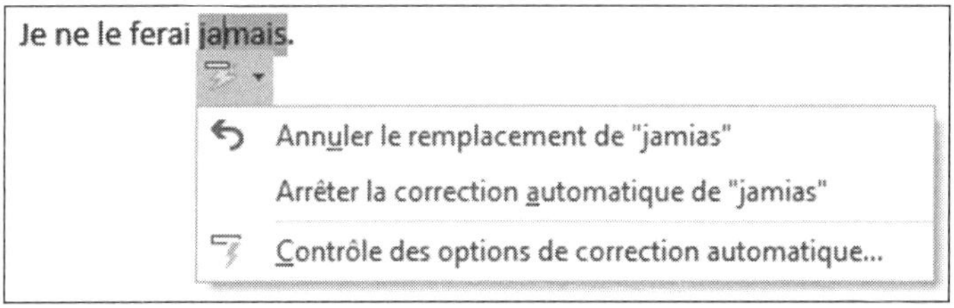

Figure 7.2 : Modifier une correction automatique.

- **Annuler Corrections automatiques :** Vous pouvez annuler le remplacement automatique en sélectionnant cette première option du menu.
- **Arrêter la mise en majuscules automatiques des premières lettres des phrases :** Cette deuxième option du menu ne s'affiche que si vous êtes en début de paragraphe ou de phrase et que l'option Majuscules en début de phrase a été activée dans les Options de correction automatique (voir en fin de chapitre).

- **Arrêter la correction automatique de <votre mot> :** La sélection de cette option du menu supprime le mot de la liste des corrections automatiques.

- **Contrôle des options de correction automatique :** La dernière option du menu affiche la boîte de dialogue Correction automatique, dont nous allons parler plus tard dans ce chapitre.

Que ma grammaire soit immaculée !

Si l'orthographe est quelque peu arbitraire, la grammaire est un mythe. Je pourrais en parler pendant des heures. Dans toutes les langues du monde, il existe toujours de nombreux moyens de formuler ce que l'on veut dire.

Quelle que soit mon opinion à ce sujet, Word dispose d'une fonction de vérification grammaticale, qui identifie par un soulignement bleu ondulé ou vert (selon la nature de la faute) ce qui lui paraît douteux dans votre texte. C'est le signe que vous avez offensé la sensibilité grammaticale de Word. J'ai fait un rêve.

Comme pour l'orthographe, cliquez sur le terme souligné avec le bouton droit de la souris. Un menu contextuel peut vous proposer une ou plusieurs corrections, ou vous dire simplement que votre phrase est trop longue et vous proposer d'assez médiocres propositions, voire aucune. Si une correction proposée vous convient, cliquez dessus, et Word remplace la phrase dans votre document. Dans le cas contraire (s'il y a vraiment une faute), il ne vous reste plus qu'à trouver vous-même une correction satisfaisante.

- Lorsque vous choisissez Grammaire dans le menu contextuel, Word ouvre un volet avec une explication sur les règles grammaticales qui doivent s'appliquer dans le contexte d'utilisation de votre phrase.

- Le vérificateur grammatical semble parfois détecter des fautes qui n'en sont pas. Ne concluez pas trop vite et examinez soigneusement votre phrase. La faute n'est pas forcément dans le mot souligné.

- Il est possible de personnaliser ou de désactiver la vérification grammaticale, comme expliqué à la section « Personnaliser les options de vérification », plus loin dans ce chapitre.

Vérifier tout le document en une seule opération

Avant l'instauration de cette fonction de vérification et de correction automatique, la vérification s'effectuait une fois le document entièrement écrit. Word parcourait la totalité du texte et s'arrêtait sur tout ce qui lui semblait incorrect. Vous pouvez toujours procéder de la sorte. Voici comment faire :

1. **Cliquez sur l'onglet Révision.**
2. **Dans le groupe Vérification, cliquez sur le bouton Grammaire et orthographe.**

   Le volet Orthographe ou Grammaire apparaît, selon le type de faute détectée par Word. Chaque erreur est présentée, l'une après l'autre, avec des suggestions de corrections et éventuellement des explications.

   Voici ce que vous pouvez faire :

   • Pour corriger l'erreur, saisissez le nouveau texte directement à la place de celui qui est en surbrillance.

   • Cliquez sur le bouton Ignorer (ou Ignorer tout si plusieurs occurrences du terme figurent dans le document) pour passer sur cette erreur et continuer la vérification du document.

   • Choisissez le mot correctement orthographié dans la liste de suggestions, puis cliquez sur Modifier (ou Modifier tout s'il existe plusieurs occurrences du mot mal orthographié dans le document) pour le corriger.

   • Cliquez sur Ajouter pour compléter le dictionnaire avec le terme que vous avez saisi.

3. **Continuez à vérifier le document jusqu'à ce que Word vous en indique la fin.**

Vous trouverez peut-être qu'il est plus simple et moins perturbant de procéder à la vérification entière du document. Dans ce cas, vous voudrez désactiver la vérification automatique de l'orthographe et de la grammaire, comme cela est expliqué dans la prochaine section.

- N'oubliez pas le bouton Annuler ! Il permet de revenir en arrière, et de modifier des éléments auxquels vous n'aviez pas fait attention.

- La méthode la plus simple pour vérifier tout le document consiste à cliquer sur l'icône ci-contre de la barre d'état. À chaque clic sur ce bouton, Word s'arrête sur la faute repérée et affiche une liste de propositions.

Personnaliser les options de vérification

Toutes les options et les paramètres de vérification des documents sont groupés dans un seul emplacement :

1. **Dans l'onglet Fichier, choisissez Options.**
2. **Dans le volet gauche de la boîte de dialogue Options Word, choisissez Vérification.**

   Le volet de droite affiche les options et les paramètres de vérification du document.

Modifier les paramètres de vérification orthographique et grammaticale

Diverses options sont activées ou désactivées. L'activation s'identifie par une case cochée. Par exemple :

- Pour désactiver la vérification en cours de frappe, décochez la case Vérifier l'orthographe au cours de la frappe.
- Pour éviter la vérification de la grammaire, décochez Vérifier la grammaire au cours de la frappe.
- Cliquez sur le bouton Paramètres à droite de la liste Règle de style pour définir des exceptions grammaticales que Word ne devra pas prendre en compte.

Modifier les options de correction automatique

Cliquez sur le bouton Options de correction automatique pour accéder à la boîte de dialogue Correction automatique. Là, vous paramétrez la correction automatique, ajoutez de nouvelles entrées, en supprimez, ou en modifiez (Figure 7.3).

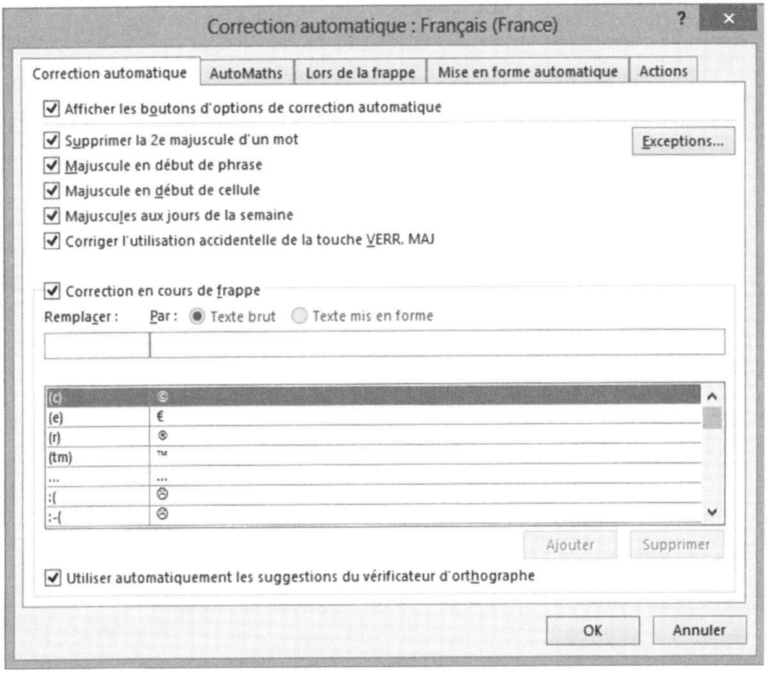

Figure 7.3 : Les options de correction automatique.

Voici ce que vous pouvez faire :

- L'onglet Correction automatique liste toutes les fautes de frappe que Word corrige à votre place. C'est ici que vous pouvez supprimer des corrections automatiques qui vous posent problème.

- Si vous ne savez pas comment Word modifie les adresses des pages Web en les transformant en liens hypertextes dans votre document, ouvrez l'onglet Mise en forme automatique, et décochez l'option Adresses Internet et réseau par des liens hypertextes.

- L'onglet Mise en forme automatique contient les options qui créent automatiquement des listes à puces et des styles de titres. Si ces corrections automatiques vous gênent, décochez les options correspondantes.

Chapitre 8

Documents et fichiers

Dans ce chapitre :

- Comprendre la notion de fichiers.
- Créer un document.
- Enregistrer son document sur le disque dur.
- Actualiser (réenregistrer) un document.
- Ouvrir un document.
- Insérer un document dans un autre.
- Fermer un document
- Retrouver un document perdu.

Dès que vous avez commencé à saisir du texte, vous devez enregistrer votre document. Là, sur le disque, votre document devient un *fichier*, c'est-à-dire un enregistrement permanent que vous pouvez ouvrir à nouveau pour le modifier, l'imprimer ou tout simplement le relire. Dès qu'un document est enregistré sur le disque, si insignifiant soit-il, il y est en sécurité. Et n'ayez pas peur qu'il prenne trop de place. Un fichier de traitement de texte Word ne prend que très peu de volume sur un disque dur. Vous pouvez en avoir autant que vous souhaitez.

Ce chapitre explique dans un premier temps comment enregistrer un document, puis comment ouvrir un document déjà enregistré sur le disque. Je vais également vous apprendre à insérer un document dans un autre.

Un fichier ? Mais qu'est-ce donc ?

Pour comprendre ce qu'est un document, vous devez connaître et reconnaître l'importance des *fichiers*. C'est un concept vital en informatique.

Votre ordinateur stocke toutes sortes d'informations. Il est capable de conserver des documents créés avec votre traitement de texte, des images, de la musique, des vidéos et des programmes. Comprenez bien que ces éléments, c'est-à-dire ces données, sont physiquement enregistrés sur le disque dur de votre PC. On parle d'informations ou de données numériques encodées dans un langage que seul l'ordinateur sait interpréter. Ces informations numériques sont organisées de manière logique exactement comme lorsque vous rangez vos ustensiles de cuisine dans des tiroirs et des placards. L'objectif de cette organisation est de retrouver rapidement ce dont vous avez besoin.

Sur le disque dur de votre ordinateur, les informations existent sous forme de fichiers. Chaque fichier contient donc lesdites informations. Elles sont de nature électronique. *De facto*, un fichier peut être une image, une chanson, une vidéo, *etc.*

Sous Windows, les fichiers apparaissent sous la forme graphique d'une icône. Pour en faciliter l'identification, chaque type de fichier possède sa propre icône. Elle est attribuée par le programme qui a créé le fichier, ou par celui qui sait en lire le contenu par défaut. Donc, un fichier, ici un document Word, se distingue par une icône spécifique.

Les documents Word sont donc des fichiers qui diffèrent des autres fichiers de l'ordinateur en ce qu'ils ont été créés et peuvent être lus par le logiciel de traitement de texte Word. Ce dernier n'est pas le document, mais l'outil qui permet de créer et d'ouvrir le fichier.

Envisagez cette relation de la manière suivante : un pianiste utilise une partition pour jouer un morceau. Cette partition ne fait pas partie du piano lui-même. Le pianiste stocke et/ou envoie des partitions qu'il jouera avec son piano. Un ordinateur fait la même chose. Il stocke des éléments que l'on appelle des fichiers, et qu'un logiciel va savoir jouer. On dira (mais ne le dites jamais comme ça) que Word sait jouer des fichiers de traitement de texte, et plus particulièrement ceux qu'il a créés.

Créer un document

Un document Word ne naît pas par hasard. Quelqu'un l'a créé. En tant qu'utilisateur de Word, vous allez créer des documents, il est impossible de passer à côté. L'avantage d'un logiciel de traitement de texte est que vous n'avez pas besoin de courir acheter des feuilles chez votre papetier pour commencer à travailler.

Vous pouvez créer un nouveau document à partir de l'écran de démarrage de Word en cliquant sur Document vierge. Mais si vous avez déjà un fichier ouvert dans Word, suivez ces quelques étapes :

1. **Cliquez sur l'onglet Fichier.**

   L'écran Fichier apparaît.

2. **Dans le volet gauche, cliquez sur Nouveau.**

3. **Dans le volet central, cliquez sur Document vierge.**

Et voilà ! Une feuille blanche s'affiche dans Word.

Vous pouvez répéter ces étapes pour créer autant de nouveaux documents que vous le souhaitez. Word vous permet en effet de travailler sur plusieurs documents en même temps.

- Lisez ou relisez le Chapitre 1 pour en savoir plus sur l'écran de démarrage de Word.
- Une méthode plus rapide pour créer un document ? Appuyez sur Ctrl + N.
- Le volet central propose de nombreuses options de création d'un document, notamment à partir de modèles.

Quelle est la taille maximale d'un document Word ?

Un document Word peut contenir un nombre illimité de pages. Théoriquement, il pourrait même en contenir des milliers, mais je vous le déconseille.

Plus un document est long, plus il est compliqué pour Word de le manipuler. Plutôt que de vous suggérer de créer des documents plus courts, je vous recommande de subdiviser vos documents en petits fichiers, de la taille d'un chapitre chacun. Vous pouvez ensuite les assembler les uns à la suite des autres avec un *document maître* dans lequel vous retrouvez les bons numéros de pages tout au long de votre document complet.

Enregistrer un document

La chose la plus importante à accomplir pour un document est de l'enregistrer. Créez une copie permanente de ce que vous avez sous les yeux. Sinon, à la fermeture de Word ou à l'extinction de votre ordinateur, tout ce qui aura été écrit sera à tout jamais perdu. Tout document enregistré sur un disque dur peut être réutilisé. Vous en ferez aussi des copies sur un support externe, l'enverrez par e-mail, ou le garderez pour de pures raisons sentimentales. Dans tous les cas, le mot d'ordre est : *enregistrer* !

Premier enregistrement d'un document

Ne croyez pas qu'il faille attendre d'avoir terminé un document pour l'enregistrer sur le disque. En fait, le mieux est de l'enregistrer aussitôt que vous le créez. N'attendez pas, c'est une question de sécurité.

Pour enregistrer sur le disque un document qui ne l'a pas encore été, suivez ces étapes :

1. **Cliquez sur l'onglet Fichier.**

2. **Cliquez sur Enregistrer sous.**

   L'écran Enregistrer sous s'affiche (voir Figure 8.1). C'est une étape intermédiaire avant la boîte de dialogue traditionnelle Enregistrer sous, qui vous permet de choisir un emplacement pour enregistrer votre document, soit sur votre ordinateur, soit en ligne.

3. **Choisissez un emplacement pour le document.**

   Choisissez l'élément Ordinateur pour créer et enregistrer le document sur votre ordinateur, ce que je vous recommande.

   La commande SkyDrive permet de sauvegarder le fichier sur votre compte SkyDrive (à condition que vous en ayez créé et configuré un). L'avantage de cette option est que le document sera disponible n'importe où à partir d'Internet. L'inconvénient est que vous ne pourrez y accéder sans connexion Internet.

4. **Cliquez sur le bouton Parcourir, ou choisissez un élément de la liste Dossiers récents.**

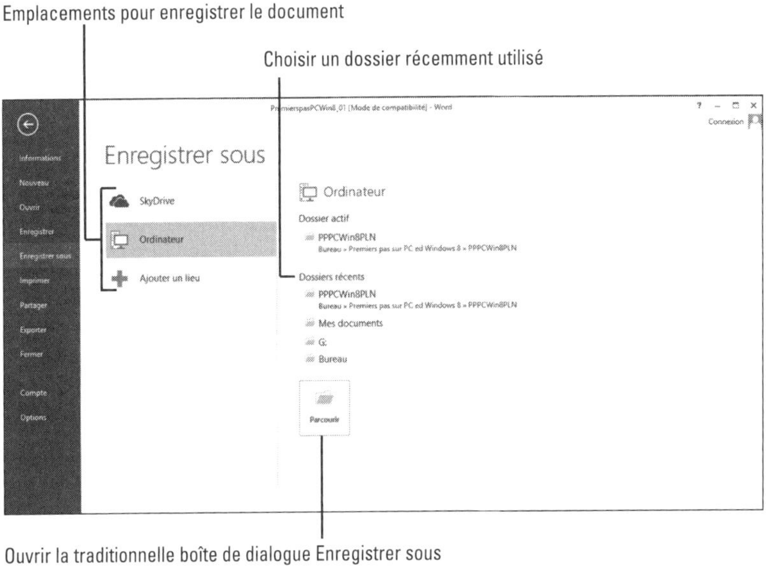

Figure 8.1 : L'écran Enregistrer sous.

La boîte de dialogue traditionnelle Enregistrer sous s'ouvre enfin.

5. **Dans le champ Nom de fichier, saisissez un nom pour votre document.**

   Word utilise automatiquement les premiers mots de votre document comme nom de fichier par défaut. Si ce nom vous convient, vous pouvez passer directement à l'Étape 5. Si vous voulez donner à votre document un autre nom que le nom par défaut, saisissez-le dans le champ Nom du fichier. Vous pouvez utiliser des lettres, des chiffres et divers symboles. Bien qu'un nom de fichier puisse être très long, je vous conseille de vous en tenir à un nom relativement court, simple et évocateur.

6. **Utilisez, au besoin, les options de la boîte de dialogue.**

   Vous pouvez, par exemple, choisir le dossier d'enregistrement du fichier, mais vous l'avez certainement déjà fait à l'Étape 3.

7. **Cliquez sur le bouton Enregistrer.**

   Si tout se passe normalement, après quelques secondes, le fichier est enregistré et son nom apparaît dans la barre de titre de la fenêtre de Word.

À compter de cet instant, vous pouvez continuer votre travail. N'hésitez pas à enregistrer régulièrement toutes vos modifications, c'est-à-dire saisie d'un nouveau texte, ou suppression d'un ancien.

- En fait, vous n'êtes pas obligé d'effectuer l'Étape 1 lors du premier enregistrement d'un document : il suffit de cliquer sur le bouton Enregistrer de la barre d'outils Accès rapide : comme le document n'a encore jamais été enregistré, la boîte de dialogue Enregistrer sous s'ouvre automatiquement.

- Ce n'est pas parce que vous avez enregistré un document que vous êtes obligé de quitter Word.

- La seule fois où la boîte de dialogue Enregistrer sous apparaît est lorsque vous sauvegardez un document pour la première fois. Par la suite, la commande Enregistrer suffit. Lisez la section « Enregistrer un document qui a déjà été enregistré » ci-dessous.

- Vous savez que le document a été correctement enregistré quand le nom de son fichier apparaît dans la barre de titre de Word.

- Enregistrez toujours votre document le plus tôt possible, dès que vous avez tapé ne serait-ce que quelques lignes de texte, ou même avant d'avoir commencé à taper.

- La commande Enregistrer sous peut également servir à enregistrer un document sous un nouveau nom, à un autre emplacement, ou dans un autre format.

- N'enregistrez pas vos documents sur un support de stockage amovible. Enregistrez systématiquement l'original sur votre disque dur. Ensuite, utilisez Windows pour effectuer une copie de sauvegarde sur un support amovible. Cette copie, que vous mettrez à jour en cas de modification de l'original, vous assure de récupérer un fichier valide en cas de panne de votre ordinateur ou de votre disque dur.

Problèmes avec l'enregistrement d'un document sur le disque

Bien enregistrer un document impose une parfaite connaissance de Word et de Windows. Voici les situations auxquelles vous devrez parfois faire face :

```
Le fichier existe déjà
```

Trois choix se présentent à vous :

- **Remplacer le fichier existant :** Non !
- **Enregistrer les modifications sous un autre nom :** Oui !
- **Fusionner les modifications dans le fichier existant :** Non !

Dès que vous avez activé la deuxième option, saisissez un nom de fichier différent dans la boîte de dialogue Enregistrer sous.

Un autre problème communément rencontré est celui du message :

```
Le nom du fichier, son type ou son emplacement n'est pas valide...
```

Cela signifie que vous avez utilisé des caractères refusés par Word ou par Windows dans le nom du fichier. Pour bien comprendre de quoi il retourne, lisez l'encadré ci-après. Cliquez sur OK, et attribuez un nouveau nom.

NOTE TECHNIQUE

Compliqué, mais important : à propos des noms de fichiers

Les noms que vous donnez à vos fichiers doivent respecter les règles bienveillantes, mais strictes, de Windows. Cette tâche n'a rien de bien difficile. Voici quelques règles à respecter :

- Un nom de fichier peut contenir jusqu'à 245 caractères. En dépit de cette liberté, choisissez plutôt des noms de fichiers courts et évocateurs.
- Un nom de fichier peut comporter des lettres, des chiffres et des espaces.
- Un nom de fichier peut contenir des points, des virgules et des tirets.
- Un nom de fichier ne doit contenir aucun des caractères suivants : \ / : * ? " < > |

Vous n'avez pas besoin de taper vous-même l'extension (.doc ou .docx) à la fin des noms des fichiers Word (contrairement à certaines vieilles versions de Word, mais c'était il y a très longtemps).

Enregistrer un document qui a déjà été enregistré

Ce n'est pas parce que vous avez déjà enregistré votre document sur le disque que vous n'aurez plus jamais à le faire. Au fur et à mesure que vous le modifiez, il faut l'enregistrer régulièrement, afin que vos modifications ne risquent pas d'être perdues. Ça ne doit pas pour autant devenir une obsession. En ce qui me concerne, j'enregistre mon document chaque fois que j'ai écrit quelques pages de texte, ou si le téléphone sonne, ou si je me lève pour me dégourdir les jambes, ou pour aller boire un café, ou autre nécessité.

Pour enregistrer un document qui a déjà été enregistré (ce que nous avons décrit dans une section précédente), cliquez sur l'onglet Fichier, puis sur Enregistrer. Pendant un court instant, la barre d'état prend une allure différente, indiquant que le document est en cours d'enregistrement. Cette fois, la boîte de dialogue Enregistrer sous n'apparaît pas.

- La méthode la plus rapide pour enregistrer un document est d'appuyer sur Ctrl + S.
- Vous pouvez également cliquer sur l'icône Enregistrer de la barre d'outils Accès rapide.
- La commande d'enregistrement la plus étrange est Maj + F12.

Enregistrer quand le travail est terminé

Votre travail s'achève. Vos doigts se crispent sur le clavier, vos yeux sont fatigués, vous avez bien mérité un peu de repos. Vous quittez Word, mais un message surgit, avec trois options au choix :

Enregistrer : Enregistre le document. Toutes les modifications apportées depuis votre dernière sauvegarde sont enregistrées.

Ne pas enregistrer : Le document n'est pas enregistré. Toute modification apportée depuis la dernière sauvegarde est perdue.

Annuler : Vous décidez de ne pas quitter Word. Vous revenez à votre document.

Je conseille l'option *Enregistrer*.

Ouvrir un document

Enregistrer un document sur le disque signifie stocker un fichier Word facile à retrouver afin d'y poursuivre son travail. Il existe plusieurs manières d'ouvrir un document. Cette section les présente.

Utiliser la commande traditionnelle Ouvrir

Pour ouvrir un document enregistré sur le disque, on utilise la commande Ouvrir. Celle-ci ouvre le document dans une fenêtre qui vous permet de travailler avec toutes les commandes de Word.

Suivez ces étapes :

1. **Cliquez sur l'onglet Fichier**
2. **Cliquez sur Ouvrir.**

   L'écran Ouvrir apparaît (Figure 8.2).

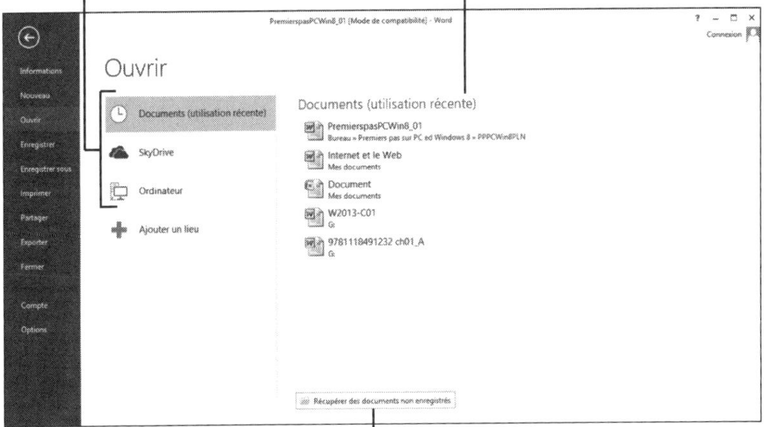

Figure 8.2 : L'écran Ouvrir.

3. **Choisissez l'emplacement où est stocké le document.**

   Vous avez le choix entre Documents récents (voir Figure 8.2), votre compte SkyDrive et votre ordinateur.

Si le fichier se trouve dans la liste Documents récents, cliquez dessus. Le document s'ouvre aussitôt. Si vous ne le voyez pas dans cette liste, il faudra aller le chercher sur SkyDrive ou sur votre ordinateur.

4. **Cliquez sur un élément de la liste Dossiers récents ou, si vous n'y trouvez pas votre bonheur, sur le bouton Parcourir.**

   La traditionnelle boîte de dialogue Ouvrir apparaît enfin.

   Si vous avez créé un dossier pour y classer vos documents, il vous faudra peut-être naviguer jusqu'à lui pour y accéder.

5. **Cliquez sur le nom du document.**

6. **Cliquez sur le bouton Ouvrir.**

   Word ouvre le fichier dans une fenêtre de document. Libre à vous à présent de lire, modifier, imprimer ou partager ce document.

- Ouvrir un document ne l'efface pas du disque dur.
- Ouvrir un document est l'une des premières choses que vous avez à faire en commençant une journée de travail avec Word.
- Quand vous ouvrez un document, enregistrez-le par la commande Enregistrer ou par Ctrl + S. Inutile de recourir à la boîte de dialogue Enregistrer sous.
- Le raccourci pour ouvrir un document est Ctrl + O.

- Cliquez du bouton droit sur l'icône de Word dans la Barre des tâches afin d'afficher la liste des derniers documents ouverts, puis cliquez sur celui de votre choix pour le rouvrir.

- Une icône d'épingle apparaît quand vous pointez un fichier récemment ouvert. Si vous cliquez dessus, le document en question restera épinglé de façon permanente dans la liste des documents récents. Cliquez de nouveau sur l'icône d'épingle pour cesser de l'épingler : le document finira par disparaître de la liste.

- Pour retirer un document de la liste Documents récents, cliquez du bouton droit sur son icône, puis choisissez la commande Supprimer de la liste.

- Évitez d'ouvrir un fichier depuis un support amovible (disque optique, carte mémoire ou clé USB). En effet, bien des problèmes peuvent surgir si vous enlevez ce support. Word ne saura plus où trouver le document. Prenez toujours l'habitude de transférer un document d'un support amovible sur votre disque dur. Ensuite, ouvrez dans Word la copie effectuée sur votre disque.

Ouvrir un document par son icône

Pour ouvrir rapidement un document, il suffit de repérer son icône dans Windows (sur le Bureau ou dans un dossier où vous stockez vos fichiers Word) et de double-cliquer dessus. Le programme s'ouvre et affiche le document sur lequel vous venez de double-cliquer.

Ouvrir un document dans un autre

Word peut ouvrir un document à l'intérieur d'un autre. C'est même plus fréquent que vous ne le pensez initialement. Par exemple, si vous avez enregistré votre CV sous forme de document Word, vous pouvez l'ajouter à la fin d'une lettre de candidature, également créée dans Word.

Pour insérer le contenu d'un document dans un autre, suivez ces étapes :

1. **Placez le curseur à l'endroit où vous voulez insérer le document.**

   Le texte inséré va apparaître à l'endroit où vous voyez clignoter le curseur.

2. **Cliquez sur l'onglet Insertion.**

3. **Dans le groupe Texte, cliquez sur Objet/Texte d'un fichier.**

   La boîte de dialogue Insérer un fichier apparaît. Si vous obtenez la boîte de dialogue Insérer un objet, vous avez dû cliquer sur le bouton Objet directement. Cliquez bien sur le bouton fléché à sa droite avant de cliquer sur Texte d'un fichier.

4. **Sélectionnez l'icône du document à insérer.**

   Utilisez les différentes options de la boîte de dialogue pour parcourir les dossiers et localiser le fichier à insérer.

5. **Cliquez sur le bouton Insérer.**

Le document ainsi inséré devient partie intégrante du document de destination, comme si vous aviez tapé le texte au clavier.

- Les deux documents combinés portent alors le même nom, c'est-à-dire celui du document de destination.
- Vous pouvez sélectionner plusieurs documents à insérer en une seule opération.
- Vous pouvez ainsi préparer, sous forme de documents, des bribes de texte que vous insérez régulièrement dans vos fichiers.

Fermer un document

Lorsque vous avez fini de travailler sur un document, vous devez le fermer. Le plus simple consiste à afficher le contenu de l'onglet Fichier, puis à cliquer sur Fermer. Le raccourci clavier de cette commande est Ctrl + W.

Si vous n'avez pas sauvegardé les dernières modifications apportées à votre fichier, Word vous invite à y procéder. Cliquez sur le bouton Enregistrer du message qui apparaît. Bien entendu, si votre document n'avait encore jamais été enregistré (grossière erreur : que je ne vous y reprenne plus !), Word afficherait la boîte de dialogue Enregistrer sous, déjà décrite dans ce chapitre.

Une fois l'enregistrement effectué, le document se referme, mais Word reste ouvert.

- Reportez-vous au Chapitre 1 pour connaître d'autres moyens de quitter Word.
- Si vous en avez terminé avec Word, inutile de fermer le document avant de quitter Word. Cliquez sur le bouton de fermeture marqué d'une croix (X) dans l'angle supérieur droit

de la fenêtre de Word. En cas d'oubli d'enregistrement de vos dernières modifications, un message vous invite à sauvegarder votre travail. En cliquant sur le bouton de fermeture, vous quittez Word en même temps que vous fermez le document.

Récupérer un brouillon

Les ordinateurs connaissent des pannes… Eh oui ! Et cela arrive toujours au mauvais moment, c'est-à-dire pendant que l'on travaille sur un document… Pfft ! le disque dur est H.S. Heureusement, vous n'avez peut-être pas tout perdu, car Word enregistre périodiquement des *brouillons*. Voici comment les récupérer :

1. **Cliquez sur l'onglet Fichier, puis sur la commande Ouvrir.**

2. **Cliquez sur Documents récents.**

3. **En bas de la liste des fichiers récemment ouverts, cliquez sur le lien Récupérer des documents non enregistrés (voir Figure 8.2).**

   Une boîte de dialogue Ouvrir apparaît.

4. **Choisissez-y le fichier à récupérer.**

   Le document peut avoir un nom inhabituel, surtout s'il n'a jamais été enregistré par vos soins.

5. **Cliquez sur Ouvrir. Le document est restauré.**

Si le document ne ressemble pas à celui sur lequel vous étiez en train de travailler, fermez-le et ouvrez-en un autre. Croyez-moi, le meilleur moyen de ne jamais être déçu, voire désespéré, consiste à enregistrer votre document chaque fois que vous y avez tapé une phrase importante. Comment ? Contentez-vous d'appuyer sur Ctrl + S.

NOTE TECHNIQUE

La récupération des brouillons est rendue possible par les fonctions de restauration automatique de Word.

Chapitre 9

Imprimer et partager vos documents

Dans ce chapitre :

- Que l'imprimante soit prête à imprimer !
- Voir l'aperçu avant impression.
- Imprimer une partie spécifique d'un document.
- Imprimer un document en plusieurs exemplaires.
- Utiliser une autre imprimante.
- Annuler la commande Imprimer.
- Vérifier la compatibilité d'un document.
- Créer un document compatible pour le partager.
- Envoyer un document par e-mail.
- Exporter un document dans un autre format.

Ce chapitre concerne l'étape finale à laquelle vous aboutirez nécessairement après avoir créé votre chef-d'œuvre. Ne vous emballez pas, il ne s'agit pas encore de le publier ! Avant d'envoyer votre manuscrit à un éditeur, est-ce qu'il ne vous reste pas encore quelque chose à faire ?

Ah, oui ! Imprimer. Ça a l'air facile. Il suffit d'appuyer sur un bouton, l'imprimante se met en route, et tout est pour le mieux dans le meilleur des mondes. Cependant, quelques problèmes peuvent survenir, que ce chapitre vous aidera à résoudre. Les imprimantes sont des créatures délicates, à traiter avec le plus grand des égards.

Votre document sur papier

Imprimer un document reste l'une des activités favorites d'une personne qui tape du texte. Pour cela, vous allez utiliser soit une imprimante connectée directement à votre ordinateur, soit une imprimante installée en réseau.

Préparer l'imprimante

Avant d'imprimer, vous devez vous assurer que votre imprimante est prête à fonctionner. Vérifiez les quelques points suivants :

1. **Assurez-vous que votre imprimante est branchée sur le secteur et correctement connectée à votre ordinateur.**

   L'imprimante est reliée à l'ordinateur par un câble. Celui-ci doit être correctement connecté aux deux extrémités (il n'est nécessaire de le vérifier que si vous rencontrez des problèmes d'impression). Si vous avez des doutes, lisez l'ouvrage *Le PC pour les Nuls*.

2. **Assurez-vous que votre imprimante dispose de suffisamment de toner ou d'encre, ou d'un ruban en bon état.**

   Une imprimante laser doit contenir une cartouche de toner. Si l'imprimante dispose d'un indicateur de quantité et que celui-ci signale qu'il ne reste plus assez de toner, changez la cartouche.

   La plupart des imprimantes à jet d'encre vous préviennent lorsqu'il ne reste plus assez d'encre. Si ce n'est pas le cas, les images paraissent plus claires et les caractères peuvent être incomplets. Remplacez alors la cartouche. De plus, évitez les cartouches dites *compatibles* : utilisez de préférence des cartouches de la même marque que votre imprimante.

3. **Vérifiez que l'imprimante contient du papier.**

   L'alimentation en papier peut se faire par l'arrière, par un bac à papier, ou manuellement une feuille à la fois. Quel que soit le mode d'alimentation de votre imprimante, assurez-vous qu'elle dispose d'assez de papier avant de lancer l'impression.

4. **Avant d'imprimer quoi que ce soit, votre imprimante doit être *en ligne* (*online*) ou *sélectionnée*. En d'autres termes, allumez-la, cela devrait suffire.**

   Curieusement, certaines imprimantes peuvent être en marche, mais pas pour autant prêtes à imprimer. L'imprimante est sous tension et allumée, mais à moins qu'elle ne soit en ligne ou sélectionnée, elle ignore l'ordinateur. Pour qu'elle consente à l'écouter, vous devez appuyer sur un bouton qui s'appelle généralement Online, Select ou quelque chose de semblable.

Dès que vous êtes certain que l'imprimante est prête, vous pouvez lancer la procédure d'impression depuis Word.

Voir l'aperçu avant impression

Word reproduit à l'écran l'aspect exact de votre document. Si vous affichez l'aperçu avant impression, vous voyez votre document exactement comme il sera imprimé : en-têtes, pieds de pages, images, sauts de pages, *etc*. Même de cette façon, ce n'est pas toujours assez précis. Certains préfèrent toujours imprimer une première fois à titre d'essai, rien que pour voir si le résultat leur convient, indifférents à l'énorme gaspillage de papier, donc d'arbres, qui en résulte.

Grâce à cet aperçu, vous gagnez beaucoup de temps, car il évite d'imprimer un contenu qui, au final, ne rend pas l'effet souhaité sur papier.

Pour afficher l'aperçu avant impression de votre document, cliquez sur l'onglet Fichier, puis sur la commande Imprimer. Votre document apparaît dans l'écran Imprimer, comme l'illustre la Figure 9.1.

Examinez la manière dont se présente le texte sur la page. Regardez les marges. Si vous utilisez des en-têtes, des pieds de page ou des notes de bas de page, voyez comment ils se présentent. Le principe est ici d'identifier ce qui ne va pas, pour y remédier *avant* d'imprimer.

Une fois votre inspection terminée, cliquez sur la flèche en haut à gauche pour revenir à l'affichage précédent.

Ou alors, si tout vous paraît parfait, cliquez sur le bouton Imprimer pour imprimer aussitôt votre document. Nous y revenons dans la section suivante.

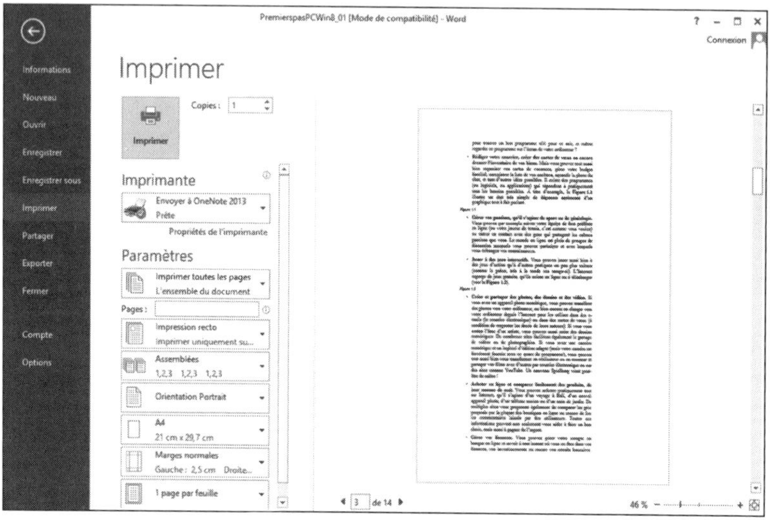

Figure 9.1 : L'écran Imprimer.

- Utilisez l'outil en bas de l'écran pour grossir ou réduire l'affichage de l'aperçu et les boutons fléchés pour parcourir le document (voir Figure 9.1).
- Lisez la troisième partie de ce livre pour mettre en forme votre document.
- L'impression des encadrés, la taille des feuilles, et d'autres éléments relatifs au document sont paramétrés lors de la mise en page du texte. Il s'agit de fonctions de Word qui n'ont rien à voir avec les options d'impression. Consultez le Chapitre 13.

Imprimer la totalité d'un document

L'auteur d'une peinture rupestre n'avait pas droit à plusieurs brouillons. Nous autres, hommes et femmes du XXIe siècle, disposons du luxe d'écrire, de réécrire et de mettre en forme autant de fois que nous le désirons sur l'écran. Une fois que vous êtes prêt à peindre sur la pierre (à imprimer), suivez ces étapes :

1. **Assurez-vous que l'imprimante est en ligne et prête à imprimer.**

   Voyez la première section de ce chapitre (commencez par là !).

2. **Enregistrez votre document.**

   Il est toujours préférable d'enregistrer votre document avant d'imprimer. Cliquez simplement sur le bouton Enregistrer dans la barre d'outils Accès rapide.

3. **Cliquez sur l'onglet Fichier.**

4. **Cliquez sur la commande Imprimer dans l'écran Fichier.**

   Vous obtenez l'écran Imprimer illustré à la Figure 9.1.

5. **Cliquez sur le gros bouton Imprimer.**

   L'écran Imprimer se referme, et le document commence à sortir page par page de votre imprimante.

Le document peut mettre un certain temps à s'imprimer. Fort heureusement, vous pouvez continuer à travailler sur votre ordinateur et dans Word durant l'impression.

- La méthode la plus rapide pour afficher l'écran Imprimer (voir Figure 9.1) est d'appuyer sur Ctrl + P. Appuyez ensuite sur la touche Entrée pour lancer l'impression.

- ATTENTION ! Si rien ne s'imprime, ne répétez pas la commande Imprimer ! Il n'y a sans doute aucun problème. L'ordinateur est probablement encore en train de préparer l'impression ou d'envoyer (de télécharger) du texte vers l'imprimante. Si vous ne voyez pas apparaître de message d'erreur, il est vraisemblable que l'impression ne tarde pas à commencer.

- Si vous appuyez sur le bouton Imprimer plusieurs fois de suite, pensant accélérer le processus d'impression de votre document, vous ne ferez qu'obtenir plusieurs exemplaires papier (d'une quantité équivalente au nombre de fois que vous avez enclenché le bouton Imprimer). Voyez la section « Annuler une commande d'impression » plus loin dans ce chapitre.

- Lorsque votre document est mis en forme pour un format de papier spécifique, l'imprimante peut vous demander de charger ce format particulier. Vous pouvez paramétrer le format du papier comme partie intégrante de la mise en forme d'un document Word. Reportez-vous au Chapitre 13.

- Si vous avez une imprimante à alimentation manuelle, c'est elle qui va vous demander du papier. Elle vous dit : « *Bip !*

Donne-moi du papier ! » Vous devez alors lui présenter du papier, d'un geste techniquement correct, autant de fois que nécessaire, jusqu'à ce que votre document soit entièrement imprimé. Heureusement, les imprimantes d'aujourd'hui disposent d'un bac pouvant contenir suffisamment de feuilles pour ne rien vous réclamer sauf, bien sûr, si ce bac est vide.

TRUC

- En plus d'enregistrer votre document, vous pouvez le corriger avant de l'imprimer. Voyez le Chapitre 7.

Supprimer la page blanche à la fin du document

Parfois, vous pouvez être surpris de voir sortir une page blanche à la fin de l'impression.

Pour éviter ce désagrément, appuyez sur Ctrl + Fin. Le point d'insertion apparaît en toute fin de votre document. Maintenez la touche Retour arrière jusqu'à ce que la page vierge disparaisse. Comment être certain de sa disparition ? Regardez le total des pages dans la barre d'état : il devrait être réduit d'une unité.

Imprimer une page précise

Pour imprimer seulement une page de votre document, suivez ces étapes :

1. **Placez le curseur à un endroit quelconque dans la page que vous voulez imprimer.**

   TRUC

   Vérifiez le numéro de page dans le coin inférieur gauche de la fenêtre du document (dans la barre d'état) pour vous assurer que vous êtes bien dans la page souhaitée.

2. **Cliquez sur l'onglet Fichier, puis sur Imprimer, ou appuyez sur Ctrl + P.**

3. **Dans la section Paramètres, ouvrez le premier menu local (voir Figure 9.1), et choisissez Imprimer la page active**

4. **Cliquez sur le bouton Imprimer.**

Que vous imprimiez une seule page ou plusieurs, celles-ci sont imprimées avec toutes les mises en forme que vous leur avez données. Par exemple, si votre document comporte des en-têtes, des pieds de pages et des numéros de pages, tout cela apparaît sur la page imprimée.

Il est très pratique de n'imprimer qu'une seule page de cette façon, si vous (ou l'imprimante) avez raté une page dans un document et n'avez besoin de réimprimer que cette dernière.

Imprimer une plage de pages

Word vous permet d'imprimer une seule page, une plage de pages, ou même une liste quelconque de pages de votre document, sans qu'elles aient besoin de se suivre. Pour imprimer une plage ou un groupe de pages, cliquez sur l'onglet Fichier, puis sur Imprimer. Dans le premier menu local de la section Paramètres (voir Figure 9.1), choisissez Impression personnalisée.

Dans le champ Pages, indiquez la plage à imprimer en respectant les règles suivantes :

Pour imprimer les pages 3 à 5, tapez **3-5**.

Pour imprimer les pages 1 à 7, tapez **1-7**.

Pour imprimer les pages 2 et 6, tapez **2;6**.

Les plages de pages vous permettent de faire des sélections très précises. Par exemple, pour imprimer la page 3, les pages 5 à 9, les pages 15 à 17 et la page 19, saisissez **3;5-9;15-17;19** dans le champ Pages.

Une fois la plage définie, cliquez sur le bouton Imprimer. Seules les pages demandées s'impriment.

Imprimer uniquement les pages paires ou impaires

Pour n'imprimer que les pages impaires, cliquez sur le bouton Imprimer toutes les pages de l'écran Imprimer (dans la section Paramètres), puis choisissez la commande Imprimer les pages impaires uniquement dans le menu local. Pour n'imprimer que les pages paires, choisissez la commande Imprimer les pages paires uniquement. Cliquez sur le gros bouton Imprimer : seules les pages choisies vont s'imprimer.

Cette fonction s'avère très pratique quand vous voulez obtenir une impression recto/verso d'un document sans que votre imprimante soit pourvue de cette fonction : imprimez d'abord toutes les pages impaires en recto, puis retournez la sortie papier et insérez-la dans le bac d'alimentation de l'imprimante, pour imprimer cette fois uniquement les pages paires.

Se passer de l'impression de la feuille Propriétés du document

Voici une source d'agacement possible liée à l'impression de vos documents : une feuille Propriétés du document s'imprime en même temps que chacun de vos documents. Cette sortie papier supplémentaire s'imprime avant le document et contient toutes sortes d'informations sur ce dernier. Par défaut, cette feuille ne s'imprime pas, mais il arrive que l'option Imprimer les propriétés du document soit activée sur certains ordinateurs.

Pour empêcher l'impression des propriétés du document, cliquez sur l'onglet Fichier, puis choisissez la commande Options. Dans la boîte de dialogue Options Word, cliquez sur l'onglet Affichage à gauche. Dans la section Options d'impressions, au bas de la fenêtre qui s'affiche, décochez la case en regard de l'option Imprimer les propriétés du document, puis cliquez sur OK.

Imprimer un bloc

Après avoir sélectionné un bloc de texte à l'écran, vous pouvez demander à Word d'imprimer ce bloc et lui seul. Voici comment :

1. **Sélectionnez le bloc de texte à imprimer.**

   Pour tout savoir sur la sélection d'un bloc de texte, reportez-vous au Chapitre 6.

2. **Dans l'onglet Fichier, cliquez sur Imprimer.**

3. **Dans la section Paramètres, ouvrez le premier menu local et choisissez Imprimer la sélection.**

   L'option Imprimer la sélection n'est disponible que si du texte est sélectionné. Vous indiquez ainsi à Word que vous ne voulez imprimer que ce bloc.

4. **Cliquez sur le bouton Imprimer.**

Le bloc sélectionné est imprimé à la même position sur la page, accompagné du même en-tête et du même pied de page que si vous aviez imprimé tout le document.

Imprimer plusieurs exemplaires d'un document

Chaque année, je concocte une lettre de Noël et je l'envoie à des dizaines de parents et amis. Plutôt que de me ruiner en photocopies, j'utilise ma propre imprimante en demandant à Word d'imprimer les quelques dizaines d'exemplaires dont j'ai besoin. Ce procédé est à la portée de tout le monde, pour peu que vous ayez suffisamment de papier, et que vous sachiez quoi faire dans l'écran Imprimer.

Pour imprimer plusieurs exemplaires d'un document, suivez ces étapes :

1. **Exécutez la commande Imprimer de l'onglet Fichier.**

2. **Dans le champ Copies, saisissez le nombre d'exemplaires voulus.**

   Si vous voulez trois exemplaires d'un document, tapez **3** dans le champ Copies.

3. **Cliquez sur Imprimer pour imprimer les exemplaires demandés.**

Dans des circonstances normales, Word imprime chaque exemplaire du document l'un après l'autre. C'est ce que l'on appelle des *copies assemblées*. Toutefois, si vous imprimez sept exemplaires d'un document et que vous vouliez que Word imprime sept « pages 1 », puis sept « pages 2 », et ainsi de suite, sélectionnez Non assemblé dans le troisième menu local de la section Paramètres de l'écran Imprimer.

Sélectionner une autre imprimante

Plusieurs imprimantes peuvent être connectées à votre ordinateur. Dans certaines entreprises, même modestes, les ordinateurs sont en réseau et partagent la même imprimante. Vous devez passer par l'écran Imprimer pour choisir l'imprimante à utiliser, c'est-à-dire une imprimante qui n'est pas définie comme imprimante par défaut.

Dans l'écran Imprimer, cliquez sur la flèche du menu local affichant actuellement le nom de l'imprimante utilisée par défaut. Sélectionnez celle que vous désirez utiliser pour imprimer votre document.

- Vous devez vérifier que l'imprimante choisie est allumée, alimentée en papier, et prête pour l'impression.
- L'installation et la configuration d'une imprimante s'effectuent sous Windows et non dans Word.
- La télécopie fonctionne comme l'impression. La différence majeure est qu'au lieu d'envoyer le document vers l'imprimante, Word l'envoie vers son application de télécopie. Donc, si vous avez un programme de télécopie installé sur votre ordinateur, son icône apparaît dans la liste des imprimantes.
- Pour plus d'informations sur l'impression et la télécopie, je recommande la lecture du *PC pour les Nuls* publié aux Éditions First Interactive.

Annuler une commande d'impression

Le moyen le plus rapide pour annuler une impression en cours est d'appuyer sur le bouton d'annulation (généralement orné d'une croix rouge) sur l'imprimante.

Une autre façon consiste à passer par Windows. Voici comment procéder :

1. **Double-cliquez sur l'icône de l'imprimante à côté de l'horloge dans la Barre des tâches.**

   La fenêtre de l'imprimante s'ouvre et affiche la liste des documents de la file d'attente d'impression.

2. **Dans la liste de la file d'attente, cliquez sur le nom du document dont vous voulez annuler l'impression.**
3. **Dans la fenêtre de l'imprimante, sélectionnez Documents/ Annuler.**
4. **Cliquez sur Oui pour terminer le travail d'impression.**
5. **Fermez la fenêtre de l'imprimante une fois que vous avez terminé.**

Notez que si l'impression est déjà en cours, elle ne sera peut-être pas immédiatement interrompue. L'imprimante dispose de sa propre mémoire (RAM) où peuvent être stockées plusieurs pages de votre document qui continueront à s'imprimer, même après que vous aurez demandé à l'imprimante de s'arrêter.

- L'annulation d'impression est une tâche de Windows et non de Word.
- Si vous utilisez une imprimante réseau, vous ne pourrez peut-être pas annuler l'impression du document.

Publication électronique

Avec un logiciel de traitement de texte comme Word 2013, vous n'êtes pas obligé d'imprimer physiquement vos documents. En effet, il est tout à fait possible de publier électroniquement vos courriers et œuvres romanesques.

Préparer un document au partage

Parfois, vous pouvez inclure dans un document Word un certain nombre d'informations que vous ne souhaitez pas publier : des commentaires, des marques de révision, du texte caché, et d'autres éléments qui ne sont utiles qu'aux personnes ayant collaboré à la création du document. Par conséquent, vous ne souhaitez pas partager ces informations avec d'autres individus. Pour y parvenir, vous devez utiliser l'outil de vérification des problèmes de Word en suivant la procédure ci-après :

1. **Vérifiez que votre document est terminé, fignolé, et enregistré.**
2. **Cliquez sur l'onglet Fichier.**

   L'écran Informations s'affiche. Si ce n'est pas le cas, cliquez sur le bouton Informations.
3. **Cliquez sur le bouton Vérifier l'absence de problèmes.**
4. **Cliquez sur Inspecter le document.**

   Si un message vous invite à enregistrer votre document, cliquez sur Oui.

La fenêtre de l'inspecteur apparaît. Cochez toutes ses options.

5. **Cliquez sur le bouton Inspecter.**

   Après quelques secondes, la fenêtre affiche un résumé des problèmes rencontrés. Chacun des problèmes est listé et expliqué dans l'inspecteur. Vous avez la possibilité de régler chacun des problèmes individuellement.

6. **Cliquez sur le bouton Supprimer tout situé à droite d'un problème afin de le résoudre.**

   Cette étape est totalement facultative. Lorsque vous avez la liste des problèmes contenus dans votre document, vous pouvez parfaitement cliquer sur le bouton Fermer, et inspecter manuellement votre document.

7. **Cliquez sur le bouton Fermer ou sur le bouton Réinspecter.**

Vous pouvez alors poursuivre votre travail sur le document, ou bien le publier.

Envoyer un document Word par e-mail

Il est tout à fait possible d'envoyer un document Word par e-mail dès lors que vous utilisez le programme Microsoft Outlook. Voici comment procéder :

1. **Une fois de plus, enregistrez votre document.**
2. **Cliquez sur l'onglet Fichier.**
3. **Choisissez la commande Partager.**
4. **Cliquez sur Courrier électronique.**
5. **Cliquez sur le bouton Envoyer en tant que pièce jointe.**

   Outlook permet de composer votre message comme à votre habitude. Dès que vous l'envoyez, votre document Word est expédié en même temps que ce courrier.

Si vous n'utilisez pas le programme de messagerie Outlook, vous pouvez malgré tout envoyer un document Word dans un courrier électronique en l'attachant comme une pièce jointe. Voici les étapes à suivre quel que soit le programme de messagerie utilisé :

1. **Écrivez votre message comme vous avez l'habitude de le faire.**
2. **Cliquez sur le bouton Joindre (ou Pièce jointe), puis parcourez votre lecteur et vos dossiers pour localiser le document Word à joindre au message.**
3. **Envoyez le message.**

Consultez également la prochaine section.

Enregistrer un document dans un format partageable

Tout le monde n'est pas capable de lire des documents Word. En réalité, les utilisateurs d'une ancienne version Word ne pourront pas voir toutes les subtilités des documents créés avec Word 2013. Vous devez donc assurer la compatibilité de vos fichiers avec le programme utilisé par votre destinataire. Pour cela, sauvegardez votre document dans un format de fichier compatible ou universel. Procédez comme ceci :

1. **Finalisez votre document.**

   Oui, cela signifie que vous devez (encore une fois) l'enregistrer.

2. **Cliquez sur l'onglet Fichier.**
3. **Choisissez la commande Exporter.**
4. **Cliquez sur Modifier le type du fichier.**

   Dans la liste des formats de fichier qui apparaît, cliquez sur celui à utiliser. Voici mes conseils :

      Document Word 97-2003 (.doc) : il s'agit du format de fichier Word le plus compatible. Il est idéal pour partager vos documents avec toutes les personnes qui utilisent ce logiciel de traitement de texte, y compris sous Macintosh.

Format RTF (.rtf) : ce format de fichier est compatible avec tous les programmes de traitement de texte existants. Le format RTF a été élaboré pour permettre à tout le monde de partager des documents entre différents ordinateurs et programmes.

Page Web à fichier unique (.mht, .mhtl) : Permet de créer un document de type page Web depuis Word. Toute personne qui dispose d'un navigateur Web peut lire les documents enregistrés dans ce format.

5. **Cliquez sur le bouton Enregistrer sous qui se trouve sous la liste.**

   La boîte de dialogue Enregistrer sous s'affiche.

   Il est tout à fait possible de modifier le nom du fichier et son emplacement de stockage.

6. **Cliquez sur le bouton Enregistrer pour sauvegarder votre document.**

Votre document a été enregistré sous un nouveau format de fichier. Vous pouvez donc le partager avec tout le monde.

- Il est possible d'enregistrer un document Word sous la forme d'un texte brut. Il suffit pour cela de choisir l'option éponyme à l'Étape 4. Dans ce cas, toutes les mises en forme sont perdues. Le destinataire ouvrira un document ne contenant que du texte standard. Il pourra copier-coller ce document afin de lui appliquer une nouvelle mise en page et mise en forme.

- N'oubliez surtout pas, si vous souhaitez conserver la mise en forme originale de votre document Word, de l'enregistrer sous un nouveau nom de fichier. Sinon, vous perdrez tout le travail effectué jusqu'à présent. Bien entendu, le texte restera tel qu'il est, mais l'ensemble des enrichissements sera perdu.

- Lorsque vous enregistrez un même document sous deux formats de fichier différents, ils peuvent bien entendu porter le même nom. Lorsque les fichiers ont le même format, ils ne peuvent pas partager un nom identique.

- Pour exporter le document au format PDF (et le lire avec le logiciel Adobe Acrobat/Adobe Reader), cliquez sur Créer un document PDF/XPS à l'Étape 2 ci-dessus. Cliquez ensuite sur le gros bouton Créer PDF/XPS. Dans la boîte de dialogue

Publier comme PDF/XPS, donnez éventuellement un nouveau nom de fichier à votre document, puis spécifiez l'emplacement de stockage du fichier PDF. Cliquez sur le bouton Publier pour créer le fichier PDF.

- Lorsque vous enregistrez un document au format PDF, inutile de modifier son nom.

- Pour lire un fichier au format PDF, vous devez disposer d'une copie du logiciel Adobe Reader sur votre ordinateur. Pas d'inquiétude, ce logiciel est gratuit, vous le trouverez à l'adresse suivante : `http://get.adobe.com/fr/reader`.

Troisième partie

La mise en forme

« Je ne comprends pas ! On m'avait dit que, pour travailler avec Word, il fallait avoir les dents longues ! »

Dans cette partie…

- Apprenez à mettre en forme les caractères en choisissant une police, une taille de texte et une couleur.
- Découvrez les différentes façons de mettre en forme les paragraphes dans Word 2013 en réglant notamment l'interlignage, l'espacement avant et après chaque paragraphe et les retraits.
- Utilisez la règle et les tabulations afin de bien aligner votre texte.
- Modifiez la taille de votre document, ainsi que ses marges et son orientation.
- Ajoutez des en-têtes et pieds de pages et une page de garde à vos documents.
- Tirez parti des styles et des modèles.

Chapitre 10

Mettre en forme texte, caractères et polices

Dans ce chapitre :

- Comprendre la notion de mise en forme.
- Choisir la police.
- Appliquer des mises en forme élémentaires.
- Changer la taille du texte.
- Ajouter de la couleur.
- Modifier la casse du texte.
- Supprimer une mise en forme.
- Explorer la boîte de dialogue Police.

Un *caractère* est le plus petit élément que l'on puisse mettre en forme dans un document. Ce peut être une lettre, un chiffre ou un symbole.

Un caractère peut être mis en gras ou en italique. Vous pouvez le souligner, en changer la taille, la police ou la couleur. Word vous offre un grand contrôle sur la présentation de votre texte. Ce chapitre explore en détail toutes ces possibilités.

Comment mettre en forme votre texte ?

Vous avez deux manières de changer la mise en forme de votre texte :

- **Sélectionner une commande de mise en forme, puis taper le texte.** Tout le texte que vous tapez apparaît avec la mise en forme préalablement sélectionnée.
- **Saisir le texte, puis sélectionner le bloc et lui appliquer la mise en forme voulue.** Cette technique est plus indiquée lorsque vous êtes concentré sur une idée. Vous pouvez mettre en forme votre texte après l'avoir saisi.

Vous pouvez utiliser ces deux méthodes pour composer votre texte dans votre document. Il est vrai qu'il est parfois pratique de choisir une commande de mise en forme et de taper le texte dans ce format. Par exemple :

1. **Saisissez le texte suivant :**

```
Nous perdons tous un temps
```

2. **Appuyez sur Ctrl + I pour activer la mise en *italique*.**
3. **Saisissez :**

```
horrible.
```

La phrase finale ressemble à ceci :

```
Nous perdons tous un temps horrible.
```

Pour des mises en forme plus complexes, écrivez d'abord le texte, et appliquez les modifications ensuite.

Pour plus d'informations sur la sélection de blocs de texte, consultez le Chapitre 6.

Mise en forme élémentaire

Word regroupe les commandes de mises en forme standard dans le groupe Police (rien à voir avec Sting !) de l'onglet Accueil, comme vous le voyez à la Figure 10.1.

TRUC

- Le texte peut aussi être formaté à l'aide de la minibarre d'outils qui apparaît chaque fois que vous sélectionnez du texte (voir le Chapitre 6).
- Le groupe Police accélère la mise en forme appliquée au texte. Par exemple, à la Figure 10.1, vous voyez que le texte où se

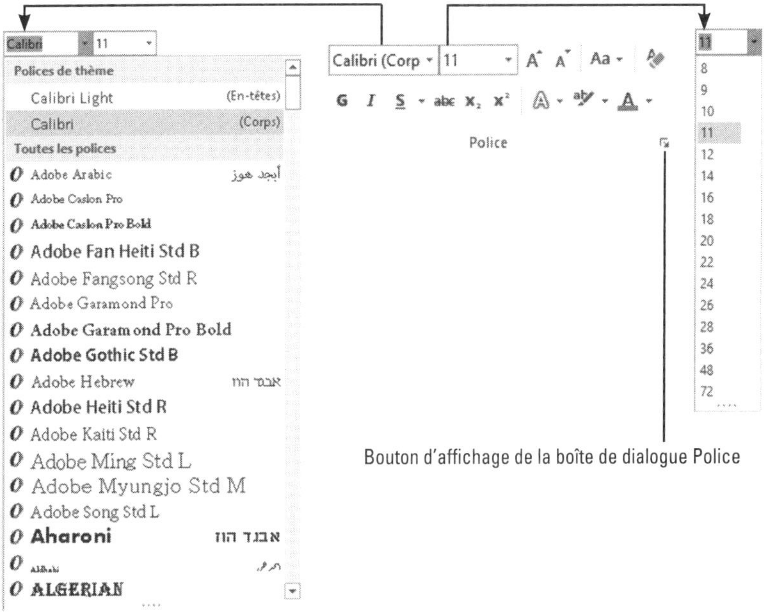

Figure 10.1 : Mises en forme standard via le groupe Police.

trouve actuellement le point d'insertion utilise la police Calibri. Le chiffre 11 en identifie la taille exprimée en points. Si le bouton G est actif, cela signifie que le texte est en gras (toutes ces mises en forme sont expliquées ci-après).

Changer la police

L'un des côtés amusants de Word est sa capacité à utiliser un grand nombre de polices différentes. Bien sûr, vous pouvez mettre du texte en gras ou en italique, le souligner, en changer la taille, *etc.*, mais la possibilité de choisir la police au gré de votre fantaisie porte votre liberté d'expression à un tout autre niveau. Pour choisir une police, suivez ces étapes :

1. **Dans le groupe Police de l'onglet Accueil, cliquez sur la flèche pour afficher toutes les polices disponibles.**

   Une liste apparaît (Figure 10.1 à gauche).

   La partie supérieure présente les polices associées au document sous l'appellation *Polices de thème*. La section suivante affiche les dernières polices utilisées. Enfin, tout le reste concerne des polices installées sur votre système d'exploitation Windows.

2. **Faites défiler la liste jusqu'à la police que vous souhaitez.**

   Les polices apparaissent par nom, affiché dans le style de la police correspondante, et sont triées par ordre alphabétique.

3. **Cliquez sur une police pour la sélectionner.**

TRUC

Vous pouvez utiliser le menu Police pour prévisualiser l'aspect que pourrait revêtir le texte si vous choisissiez telle ou telle police. Par exemple, sélectionnez un paragraphe. Déroulez la liste des polices. Passez le pointeur de la souris sur les polices qui vous plaisent. Instantanément, le texte s'affiche dans le style de la police sur laquelle se trouve le pointeur de la souris.

- Si la liste des polices n'affiche pas de nom, cela signifie que plusieurs polices sont utilisées dans le bloc de texte sélectionné.

TRUC

- Vous pouvez rapidement parcourir la liste des polices. Cliquez dans le champ qui affiche le nom de la police, et appuyez sur une touche. Par exemple, si vous appuyez sur T, vous accédez immédiatement à la première police de caractères dont le nom commence par un T (comme Tahoma ou Times New Roman).

- Les concepteurs graphiques utilisent deux polices dans un document, une pour le texte et une autre pour les titres. Word reprend cette philosophie. La police dont le nom est suivi par « (Corps) » correspond à la police de caractères du texte normal, c'est-à-dire du *corps* du texte. Celle dont le nom est suivi par « (En-têtes) » est utilisée pour les en-têtes. Ces deux polices font partie du thème du document.

NOTE TECHNIQUE

- Les polices font partie de Windows, et non de Word. Elles sont installées dans le dossier Polices. Il existe des milliers de polices disponibles pour Windows, qui fonctionnent dans toutes ses applications.

Mises en forme élémentaires des caractères

Une fois que vous avez choisi une police, les mises en forme les plus élémentaires que vous pouvez appliquer à votre texte sont **Gras**,

Italique et `Souligné`. Elles sont rendues particulièrement faciles à utiliser par des boutons dans la barre d'outils et des raccourcis clavier.

G Pour mettre du texte en **gras**, appuyez sur Ctrl + G ou utilisez le bouton Gras.

Utilisez le **gras** pour le texte que vous voulez faire ressortir sur la page (par exemple pour les titres et les légendes) ou pour mettre en évidence ce qui a une importance particulière.

I Pour mettre du texte en *italique*, appuyez sur Ctrl + I ou utilisez le bouton Italique.

L'*italique* est un autre moyen de mettre du texte en évidence, aujourd'hui préféré au soulignement. L'italique est léger, il a quelque chose de poétique et d'aérien.

S Pour souligner du texte, appuyez sur Ctrl + U ou utilisez le bouton Souligné. Le texte souligné est un héritage de l'époque des machines à écrire. Dans la plupart des cas, le soulignement peut être avantageusement remplacé par l'italique. On dira ce qu'on voudra, *Crime et Châtiment* c'est mieux que Crime et Châtiment.

~~abc~~ Barrer un texte se fait par un clic sur le bouton Barré. Ici, il n'y a pas de raccourci clavier.

x_2 Mettez le texte en indice en appuyant sur Ctrl + =, ou en cliquant sur le bouton Indice.

L'indice apparaît sous la ligne, comme dans H_2O.

x^2 Mettez le texte en exposant en appuyant sur Ctrl + Maj + +, ou en cliquant sur le bouton Exposant.

L'exposant apparaît au-dessus de la ligne, comme dans 10^2.

La plupart des mises en forme de Word, comme les petites majuscules, le contour, et l'ombre sont accessibles *via* la boîte de dialogue Police. Pour en connaître le fonctionnement, reportez-vous à la section « Utiliser la boîte de dialogue Police », plus loin dans ce chapitre.

N'OUBLIEZ PAS

- Une mise en forme de caractères n'affecte que le texte sélectionné ou celui que vous tapez.
- Pour désactiver un attribut de texte, utilisez à nouveau la même commande. Par exemple, pour taper un élément en

italique, appuyez sur Ctrl + I. Pour revenir au texte normal, appuyez à nouveau sur Ctrl + I.

- Vous pouvez cliquer sur la flèche du bouton Souligné pour afficher divers types et options de traits. Dès qu'un style de soulignement est sélectionné, il s'applique chaque fois que vous utilisez la commande de soulignement soit par Ctrl + U, soit par un clic sur le bouton approprié.

- Il est possible de combiner différentes mises en forme de caractères. Le texte peut être à la fois en gras et souligné, ou en gras et en italique. Vous pouvez avoir à sélectionner plusieurs commandes de mise en forme de caractères avant de taper votre texte, par exemple Ctrl + G, Ctrl + I et Ctrl + U si vous voulez du texte à la fois ***en gras, en italique et en souligné***. Pour revenir à du texte normal, il vous faudra sélectionner à nouveau toutes ces commandes.

TRUC

- La meilleure méthode pour utiliser l'indice et l'exposant consiste à écrire le texte normalement. Ensuite, sélectionnez le(s) caractère(s) devant apparaître en indice ou en exposant, puis cliquez sur les boutons adéquats ou utilisez les raccourcis clavier correspondants.

Mises en forme de caractère inhabituelles

Voici quelques attributs de texte supplémentaires. Vous les utiliserez moins souvent que des enrichissements comme le gras ou l'italique.

Par exemple, vous pouvez écrire le texte tout en MAJUSCULES en appuyant sur Ctrl + Maj + A. Vous y procéderez quand vous aurez omis de saisir le texte dans cette mise en forme. Vous vous épargnerez ainsi de tout retaper en majuscules.

Pour masquer du texte dans un document, sélectionnez-le, puis appuyez sur Ctrl + Maj + H. Ensuite, cliquez sur le bouton d'affichage des marques de paragraphe du groupe Paragraphe (ou appuyez sur Ctrl + 8) pour masquer ou afficher ce texte.

Pour convertir des caractères en PETITES MAJUSCULES, appuyez sur Ctrl + Maj + K.

Pour souligner des mots sans les espaces, appuyez sur Ctrl + Maj + W. `Ici`, seuls les mots sont soulignés.

Pour double-souligner du texte, appuyez sur Ctrl + Alt + U.

Grandes lettres, petites lettres : la taille du texte

Les attributs (gras, italique, soulignement, et ainsi de suite) ne représentent que la moitié des mises en forme de caractères disponibles. L'autre moitié concerne la taille du texte. En utilisant ces mises en forme, vous pouvez rendre votre texte minuscule aussi bien que gigantesque, comme ça vous chante.

Avant d'entrer dans le vif du sujet, vous devez connaître l'unité de mesure typographique officielle pour la taille du texte : le *point.* C'est l'unité qu'utilise Word. Un point vaut 1/72 pouce, soit 0,3528 mm, sachant qu'un pouce vaut 25,4 mm.

- Plus la taille exprimée en points est grande, plus le texte est grand.
- Le texte d'usage courant a généralement une taille de 10 à 12 points.
- Les titres ont généralement une taille de 14 à 24 points.
- La plupart des polices peuvent recevoir une taille allant de 1 à 1 638 points. Les caractères de taille inférieure à 6 points sont généralement trop petits pour qu'une personne d'acuité visuelle normale puisse les lire.
- Une taille de 72 points correspond à des caractères de 1 pouce de haut (25,4 mm).

- La taille du texte se mesure en points de bas en haut, c'est-à-dire du bas de la lettre *p* au sommet de la majuscule *E*. De ce fait, en fonction de la police utilisée, et malgré le fait que vous choisissiez la même taille, le texte apparaîtra plus ou moins grand dans le document.

Spécifier la taille du texte

La taille du texte se définit dans le champ Taille de la police du groupe Police (onglet Accueil). Cliquez sur la flèche pointant vers le bas dans ce champ : une liste de tailles apparaît (voir Figure 10.1 à droite).

Si la taille que vous souhaitez appliquer n'est pas dans la liste, tapez-la. Si vous avez besoin d'une taille de 11,5, saisissez **11,5** dans la liste et validez en appuyant sur la touche Entrée.

TRUC

Vous pouvez prévisualiser une taille en plaçant le pointeur de la souris sur un chiffre et en observant l'effet obtenu directement sur le mot ou le bloc de texte sélectionné. Dès qu'une taille vous convient, cliquez pour l'appliquer. Sinon, appuyez sur Échap.

Rendre le texte plus grand ou plus petit

La taille du texte peut varier au sein d'un même bloc. Pour vous aider à travailler plus vite, Word met à votre disposition des outils, dont deux se situent dans le groupe Police (voir Figure 10.1 au centre).

Pour augmenter la taille du texte, cliquez sur le bouton Augmenter la taille de la police ou appuyez sur Ctrl + Maj + >).

Pour réduire la taille du texte, appuyez sur Ctrl + >, ou cliquez sur le bouton Diminuer la taille de la police.

La commande Réduire la police passe directement à la taille inférieure à celle utilisée actuellement par le texte. Ainsi, si votre texte a une taille de 14, le réduire le fera passer à 12.

Le monde merveilleux de la couleur

Désormais, les imprimantes couleur sont bon marché, profitez pleinement de la couleur dans Word. Elle peut donner un caractère personnel à votre correspondance, donner du dynamisme à votre courrier commercial, ou rendre un document important extrêmement difficile à lire. Donc, choisissez la couleur du texte de manière avisée.

Appliquez une couleur au texte en cliquant sur le bouton Couleur de police. Le trait placé sous la lettre A informe sur la couleur qui sera utilisée.

Vous pouvez choisir une autre couleur en cliquant sur la flèche associée au bouton A. Vous accédez à un nuancier. Lorsque vous placez le pointeur de la souris sur un carré de couleur, le texte sélectionné s'affiche temporairement dans cette teinte pour vous donner un aperçu de ce que sera le texte. Si elle vous convient, cliquez sur le carré pour appliquer la teinte.

Bien entendu, le texte ne s'imprime en couleur que si vous disposez d'assez d'encre dans l'imprimante.

- Les couleurs du thème sont associées au thème du document.
- Cliquez sur Autres couleurs pour ouvrir la boîte de dialogue Couleurs afin de définir de nouvelles teintes.
- Le terme Automatique se réfère à la couleur définie pour le style que vous utilisez. Pour plus d'informations sur les styles, lisez le Chapitre 15.
- La commande Couleur de police n'affecte que le texte. L'arrière-plan reste intact. Pour modifier la couleur de fond, c'est-à-dire de la page, utilisez la commande Trame.

- Ne confondez pas la commande Couleur de police avec Couleur de surbrillance du texte située juste à sa gauche. Cette dernière place le texte en surbrillance exactement comme si vous passiez dessus un surligneur.

Modifier la casse du texte

En langage typographique, on parle de « haut de casse » pour les majuscules et de « bas de casse » pour les minuscules (en anglais *upper case* et *lower case*). Pour mettre en majuscules du texte en minuscules, ou l'inverse, on parle donc de « changer la casse ». Bien que ces effets ne soient normalement pas considérés comme faisant partie de la mise en forme, les petits génies de Word chez Microsoft ont trouvé de la place dans leur sac à malices pour un raccourci clavier qui vous permet de changer rapidement la casse de votre texte : Maj + F3.

Cette commande s'applique à tout bloc de texte sélectionné ou à partir de la position du curseur. Appuyez plusieurs fois de suite sur cette combinaison de touches pour obtenir les différents types de modification de la casse : Majuscule Initiale, TOUT EN MAJUSCULES, minuscules.

Bien que je préfère utiliser Maj + F3, il existe aussi le bouton Modifier la casse du groupe Police. Cette commande fait apparaître un menu qui vous permet de choisir la combinaison exacte que vous voulez pour votre texte.

Effacer un ensemble de mises en forme

Il pourra vous arriver d'alourdir votre texte avec tant de mises en forme différentes que l'annulation de toutes ces commandes l'une après l'autre serait un exercice remarquablement fastidieux. Plutôt que d'effacer votre texte et de tout recommencer, vous pouvez utiliser une commande d'annulation de mise en forme simple et globale. Cette commande s'appelle Effacer toute la mise en forme, et son raccourci clavier est Ctrl + Barre d'espace.

Ainsi, si une mise en forme vous paraît trop lourde, sélectionnez le texte correspondant et appuyez sur Ctrl + Barre d'espace, ou cliquez sur le bouton Effacer toute la mise en forme du groupe Police. Toute la mise en forme disparaît d'un coup, et le texte se retrouve dans le style de paragraphe appliqué au départ.

- Il existe pour cette commande un autre raccourci clavier facile à retenir : Ctrl + Maj + Z. Vous vous souvenez sans doute que Ctrl + Z est le raccourci de la commande Annuler. Il ne reste qu'à vous souvenir d'ajouter la touche Maj pour annuler toutes les mises en forme du texte sélectionné.

- L'effacement de la mise en forme n'affecte pas la casse du texte (les majuscules et les minuscules restent en l'état) sauf si elle a été modifiée par les raccourcis clavier Ctrl + Maj + A et Ctrl + Maj + K.

- D'un point de vue technique, la commande Ctrl + Barre d'espace restaure la mise en forme du *style de paragraphe* dans lequel se trouvait le texte sélectionné. Ainsi, si le style correspondant est en Times New Roman 12 points, le texte sélectionné sera mis à nouveau dans cette police et dans cette taille lorsque vous appuierez sur Ctrl + Barre d'espace. Pour en savoir plus sur les styles de Word, reportez-vous au Chapitre 15.

Utiliser la boîte de dialogue Police

Il existe un endroit dans Word où toutes vos mises en forme sont tenues à jour de façon claire et nette. C'est la boîte de dialogue Police (Figure 10.2).

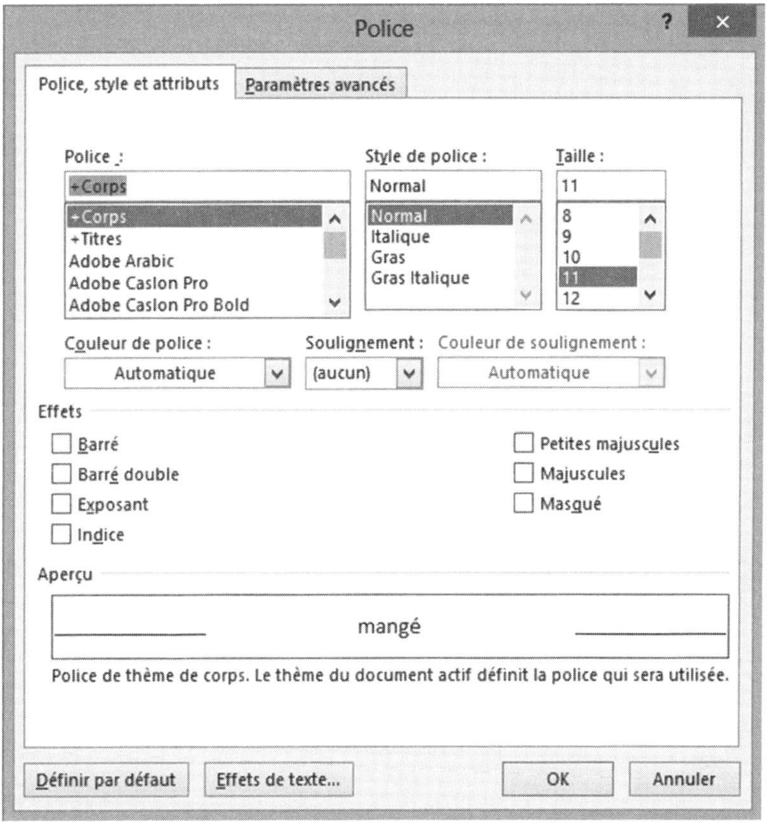

Figure 10.2 : La remarquable organisation de la boîte de dialogue Police.

Pour la faire apparaître, cliquez sur le bouton d'affichage de la boîte de dialogue Police du groupe éponyme (voir Figure 10.1), ou bien appuyez sur Ctrl + D.

Cette boîte de dialogue donne accès à *toutes* les commandes de mise en forme des caractères. Certes, la majeure partie des commandes peut être réalisée autrement, comme vous le détaille ce chapitre. Mais lorsque vous voulez tout faire en même temps, c'est l'endroit où se rendre ! Vous pouvez y modifier en même temps la police, la taille, les attributs de texte, en résumé, tout ce que vous voulez.

Veuillez noter la très jolie fenêtre d'aperçu en bas de la boîte de dialogue. Elle vous permet de visualiser l'effet sur votre texte de ce que vous sélectionnez. L'un de mes passe-temps est de sélectionner successivement toutes les polices de la liste pour voir dans la fenêtre d'aperçu à quoi elles ressemblent dans la taille sélectionnée.

Une fois que vous avez défini votre mise en forme, cliquez sur OK. Si vous ne faisiez que jeter un coup d'œil, cliquez sur Annuler.

- Le plus gros avantage de la boîte de dialogue Police est la fenêtre d'aperçu qu'elle contient. Elle vous montre exactement l'effet sur votre texte des attributs que vous sélectionnez.
- Notez que l'attribut de soulignement est à sélectionner dans la liste déroulante Soulignement. Word peut appliquer différents types de soulignements.
- Les noms « +Corps » et « +Titres » se réfèrent aux polices sélectionnées dans le thème du document en cours. Cela permet d'utiliser les commandes du thème Word pour modifier rapidement la police du corps et des titres dans tout le document.
- Cliquez sur le bouton Effets de texte pour tester des attributs plus créatifs, comme une ombre, un contour, ou des effets de relief (à réserver à vos titres et en-têtes).
- L'onglet Paramètres avancés contient des options avancées qui permettent de modifier la taille et la position du texte sur une ligne.
- Le bouton Définir par défaut de la boîte de dialogue Police permet de modifier la police que Word applique systématiquement à la création d'un nouveau document. Commencez par définir toutes les propriétés de la police puis cliquez sur ce bouton. Dans la boîte de dialogue qui s'affiche, choisissez l'option Tous les documents basés sur le modèle Normal, puis cliquez sur le bouton OK. Les documents auront désormais par défaut les attributs de police que vous venez de définir.

Chapitre 11

Mettre en forme des paragraphes

Dans ce chapitre :

- Comprendre la notion de mise en forme des paragraphes.
- Trouver les commandes de formatage des paragraphes.
- Aligner des paragraphes.
- Changer l'interlignage.
- Espacer les paragraphes.
- Mettre un paragraphe en retrait.
- Appliquer un retrait négatif.
- Mettre un paragraphe en retrait à droite et à gauche.
- Utiliser la règle.

La mise en forme des caractères est plus élaborée que la mise en forme des paragraphes. Il n'y a pas grand-chose à faire avec un paragraphe : l'aligner à droite ou à gauche, le centrer, ou lui ajuster le retrait et l'interlignage. C'est à peu près tout.

Word fait de son mieux pour vous aider à travailler avec les paragraphes aussi facilement que possible. Ce chapitre va vous dévoiler toutes ces astuces.

Techniques de mise en forme de paragraphe

Dans Word, un paragraphe, c'est la portion de texte qui précède un retour chariot (que vous saisissez en appuyant sur la touche

Entrée). Même si vous n'avez saisi qu'un mot ou qu'un caractère, dès lors que vous appuyez ensuite sur la touche Entrée, ce mot ou ce caractère constitue un paragraphe.

Il existe plusieurs manières de mettre en forme un paragraphe dans Word :

- Utiliser une commande de mise en forme de paragraphe, puis taper un nouveau paragraphe dans cette mise en forme.
- Utiliser une commande de mise en forme pour mettre en forme un paragraphe existant (en plaçant le curseur dans le paragraphe avant d'exécuter la commande).
- Utiliser une commande de mise en forme sur un ensemble de paragraphes sélectionnés pour leur appliquer à tous la même mise en forme. Pour mettre en forme la totalité des paragraphes d'un document, appuyez sur Ctrl + A pour sélectionner tout le texte de ce dernier.

Quelle que soit la méthode que vous choisissez, gardez à l'esprit qu'une commande de mise en forme de paragraphe ne s'applique qu'à des paragraphes, et non à des phrases ou à des mots. Bien sûr, rien ne vous empêche d'avoir un paragraphe qui ne fait qu'une phrase ou un mot.

- Pour en savoir plus sur la sélection de blocs de texte, reportez-vous au Chapitre 6.
- Si vous voulez appliquer une mise en forme à certains caractères ou à certains éléments du texte d'un paragraphe, reportez-vous au Chapitre 10.
- TRUC : Si vous souhaitez voir le symbole de la touche Entrée (¶) à la fin de chaque paragraphe, cliquez sur l'onglet Fichier, puis sur Options, à gauche dans l'écran qui s'affiche. Dans la boîte de dialogue Options Word qui s'affiche, choisissez Affichage à gauche. Ensuite, dans la partie droite, cochez l'option Marques de paragraphe. Cliquez sur OK. Maintenant, chaque fois que vous appuierez sur Entrée, le symbole ¶ marquera la fin du paragraphe (beaucoup d'utilisateurs de Word préfèrent travailler de cette façon).

Localisation des commandes de mise en forme

Les commandes essentielles de mise en forme des paragraphes se situent non pas à un, mais à *deux* emplacements du Ruban : dans le groupe Paragraphe de l'onglet Accueil, et dans un autre groupe Paragraphe situé dans l'onglet Mise en page (tous deux illustrés Figure 11.1).

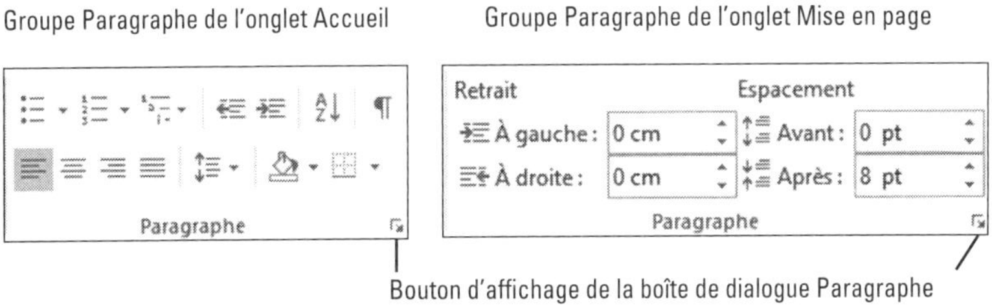

Figure 11.1 : Les deux groupes Paragraphes.

Et ce n'est pas tout ! Dans la mesure où de nombreuses commandes de mise en forme exigent d'entrer des valeurs, il existe une boîte de dialogue Paragraphe illustrée Figure 11.2. Vous y trouverez des contrôles bien plus précis que les boutons des différents onglets de Word.

Les options et paramètres de la boîte de dialogue Paragraphe sont traités dans ce chapitre.

Cliquez sur le bouton Annuler ou appuyez sur Échap pour quitter cette boîte de dialogue sans appliquer de modification.

La minibarre d'outils qui apparaît au niveau du pointeur de la souris lorsque vous sélectionnez un paragraphe contient également quelques options de mise en forme. Pour plus de détails sur la minibarre d'outils, consultez le Chapitre 6.

Justification et alignement des paragraphes

L'alignement d'un paragraphe n'a rien de politique, et la justification ne consiste pas à s'expliquer sur la mise en forme spécifique d'un paragraphe. Ces deux termes envisagent l'aspect d'un paragraphe sur une page. Il y a quatre possibilités : Aligner à gauche, Aligner à droite, Centrer et Justifier.

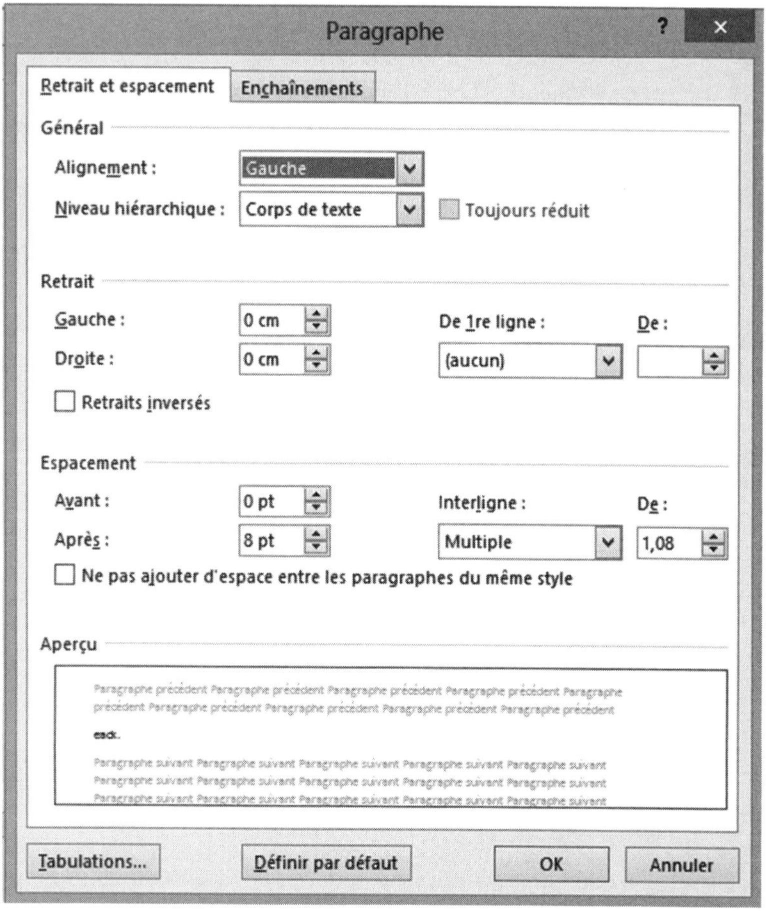

Figure 11.2 : La boîte de dialogue Paragraphe.

Aligner à gauche

Dans l'univers de Word, le texte est aligné à gauche par défaut. C'est une habitude qui découle des machines à écrire traditionnelles avec lesquelles les textes étaient systématiquement alignés à gauche.

Pour aligner à gauche un paragraphe, placez le curseur dedans et cliquez sur le bouton Aligner à gauche du groupe Paragraphe (onglet Accueil), ou appuyez sur Ctrl + Maj + G.

TRUC

- Ce type d'alignement s'appelle également *au fer à gauche*.
- C'est également le seul moyen d'annuler d'autres alignements.

Centrer

Un texte centré apparaît au centre de la page.

Pour centrer un paragraphe, placez le curseur dedans et cliquez sur le bouton Centrer du groupe Paragraphe (onglet Accueil), ou appuyez sur Ctrl + E.

TRUC

Vous pouvez saisir directement un mot au milieu d'une ligne en insérant une tabulation centrale. Reportez-vous au Chapitre 12.

Aligner à droite

Dans un paragraphe aligné à droite, tout le côté droit du paragraphe est proprement aligné sur la marge droite de la page. Le côté gauche du paragraphe est irrégulier. Cette mise en forme peut s'utiliser pour des légendes d'illustrations, pour des citations, parfois pour des titres, ou d'une façon générale, pour un court paragraphe que l'on veut distinguer du texte courant pour une raison quelconque.

Pour aligner à droite un paragraphe, placez le curseur dedans et cliquez sur le bouton Aligner à droite du groupe Paragraphe (onglet Accueil), ou appuyez sur Ctrl + Maj + D.

- Lorsque vous alignez un texte à droite, les caractères s'inscrivent de droite à gauche.
- Vous pouvez justifier à droite un texte sur une seule ligne en plaçant une tabulation droite. Consultez le Chapitre 12 pour de plus amples informations.
- Ce type d'alignement s'appelle également *au fer à droite*.

Justifier

Enfin, il y a la justification, avec laquelle les côtés gauche et droit du paragraphe sont proprement alignés, à une distance constante des marges. C'est la mise en forme habituelle des livres, des journaux et des magazines, qui rend le texte plus agréable à lire. L'alignement de chaque côté est obtenu par l'ajustement dans chaque ligne de la longueur des espaces entre les mots, ce qui permet d'obtenir des lignes de longueur égale.

Pour justifier un paragraphe, placez le pointeur dedans et cliquez sur le bouton Justifier du groupe Paragraphe (onglet Accueil), ou appuyez sur Ctrl + J.

Aérer verticalement le texte

Vous disposez de deux moyens d'ajouter de l'espace verticalement dans votre texte. Le premier consiste à augmenter l'interlignage dans les paragraphes ; le second à ajouter de l'espace avant ou après chaque paragraphe. Comme pour toute mise en forme de paragraphe, la modification de l'interlignage s'applique au paragraphe en cours (celui dans lequel se trouve le curseur) ou à tous les paragraphes d'un bloc de texte sélectionné. La Figure 11.3 présente chacun de ces moyens de modifier l'alignement vertical.

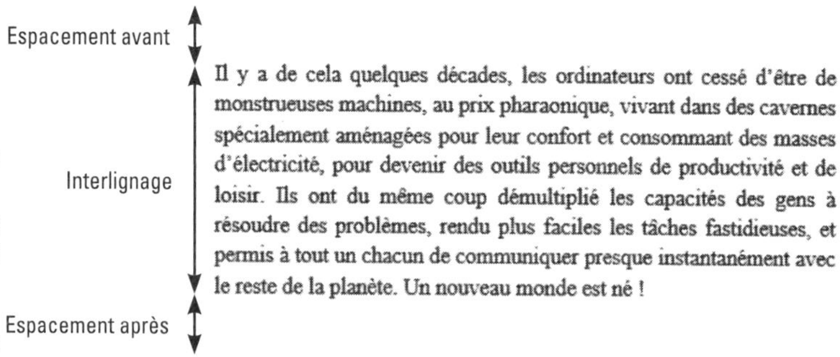

Figure 11.3 : L'espacement à l'intérieur et autour d'un paragraphe.

Modifier l'interlignage

Modifier l'espacement entre les lignes consiste à insérer un espace vierge entre toutes les lignes de texte d'un paragraphe (ou tous les paragraphes d'un bloc).

La commande Interligne et espacement de paragraphe affiche une liste de valeurs d'espacement traditionnelles. Choisissez une valeur qui va modifier l'interligne du paragraphe où se situe actuellement le point d'insertion, ou de tous les paragraphes sélectionnés.

L'interlignage standard de Word et de 1,08 ligne, car supposément plus lisible que celui de 1 ligne.

- Un double interligne, c'est-à-dire une valeur d'espacement de 2, signifie qu'une pleine ligne blanche apparaît entre deux lignes d'un paragraphe. Un triple interligne aura tout logiquement une valeur de 3, ce qui équivaut à deux lignes vides.

- Pour mettre un paragraphe (où tous les paragraphes d'un bloc) en interligne simple, appuyez sur Ctrl + 1.
- Pour obtenir un interlignage de 1,5, appuyez sur Ctrl + 5, mais le chiffre 5 du clavier et non du pavé numérique. Pour un double espacement, appuyez sur Ctrl + 2.
- TRUC Pour resserrer quelques lignes dans un paragraphe, comme celles d'une adresse postale, pensez à utiliser des retours forcés (en appuyant sur Maj + Entrée). Voyez le Chapitre 4 pour en savoir plus.

Définir un interlignage spécifique

Pour définir un interligne spécifique, vous devez utiliser la boîte de dialogue Paragraphe de la Figure 11.2.

Dans la section Espacement de cette boîte de dialogue, utilisez la liste Interligne pour choisir : Simple, 1,5 ligne, et Double, comme vous le faites avec le bouton Interligne.

Des options supplémentaires permettent de spécifier une valeur dans le champ De :

- **Au moins :** L'espacement est défini sur la valeur spécifiée. Word la considère comme une valeur minimale. Il s'arroge le pouvoir d'ajouter un interligne plus important quand la police utilisée l'exige, notamment dans les paragraphes où vous employez plusieurs polices de caractère.
- **Exactement :** Word utilise l'interligne spécifié. Il n'effectue aucun ajustement, quelle que soit la police utilisée.
- **Multiple :** Cette option permet d'entrer des valeurs d'interligne différentes de celles figurant dans la liste déroulante. Par exemple, pour obtenir un interligne de 4, choisissez Multiple dans la liste Interligne, puis saisissez **4** dans le champ De.

TRUC

Dans le champ De, vous pouvez spécifier des valeurs par incrémentation de 0,01. Donc, lorsque vous souhaitez réduire l'interligne, sélectionnez tout le paragraphe, et choisissez Multiple dans la liste

Interligne. Saisissez **0,99** dans le champ De. Pour augmenter l'interligne, tapez **1,01**.

Cliquez sur OK pour confirmer vos réglages, puis fermez la boîte de dialogue Paragraphe.

Aérer les paragraphes

Il y a des personnes (c'est mon cas) qui ont l'habitude de faire un double retour chariot, c'est-à-dire d'appuyer deux fois de suite sur la touche Entrée à la fin de chaque paragraphe, alors qu'il suffit d'appuyer une fois. À l'ère du traitement de texte, c'est une mauvaise habitude héritée de l'époque des machines à écrire.

Si vous voulez ménager un peu d'espace entre vos paragraphes, il vous suffit de le demander à Word. Voici comment faire :

1. **Placez le point d'insertion dans le paragraphe concerné, ou sélectionnez un ensemble de paragraphes.**

2. **Vérifiez la taille (en points) du texte.**

   Vous la trouverez dans le groupe Police de l'onglet Accueil.

3. **Cliquez sur l'onglet Mise en page.**

4. **Dans le groupe Paragraphe (Figure 11.1), utilisez le champ Espacement après pour ajouter un espace après le paragraphe.**

   Au fur et à mesure que vous ajustez la valeur, vous constatez un éloignement des deux paragraphes qui se suivent.

Par exemple, si votre texte a une taille de 12 points, cliquez sur la flèche Espacement après jusqu'à ce que la valeur 12 apparaisse dans le champ. Cela ajoute une ligne blanche (un espacement) d'une *hauteur* de 12 points.

L'espacement que vous ajoutez devient un attribut du style du paragraphe, exactement comme l'interligne. La seule différence est que l'espacement après apparaît uniquement au moment où vous créez un nouveau paragraphe en appuyant sur la touche Entrée.

La plupart du temps, l'espacement est ajouté après le paragraphe. Cependant, Word permet aussi d'en ajouter un avant. Vous l'appliquerez par exemple pour séparer davantage un paragraphe d'un titre, d'un en-tête, ou d'une image. Pour ajouter l'espace avant, répétez la procédure ci-dessus et, à l'Étape 4, saisissez une valeur dans le champ Espacement avant.

- Vous pouvez saisir manuellement des valeurs dans les champs Espacement avant et Espacement après. La valeur est exprimée en *points*.
- Les espacements peuvent également être définis dans la boîte de dialogue Paragraphe (voir Figure 11.2).
- L'espacement est idéal pour augmenter l'intervalle entre les différentes lignes d'une liste à puces, sans altérer l'interligne au sein de chaque puce.
- Pour plus d'informations sur la taille du texte exprimée en points, consultez le Chapitre 10.
- Ajouter un espacement avant et après un paragraphe ne revient pas à insérer un double interligne dans le paragraphe. L'espacement ne modifie aucunement l'interlignage.
- Une règle de composition graphique dicte de réserver l'augmentation de l'espacement entre les paragraphes à ceux qui n'ont pas de retrait de première ligne (ou alinéa). Il vaut en effet mieux resserrer entre eux les paragraphes qui commencent par un retrait de première ligne (dont nous parlons dans la section suivante).

Modifier le retrait d'un paragraphe

Word vous donne toute liberté pour mettre en retrait vos paragraphes. Peut-être en êtes-vous encore à utiliser la touche Tab pour effectuer ce retrait ? Sans vouloir vous taquiner, vous disposez d'un meilleur moyen, et automatique, dans Word.

Mettre en retrait automatiquement la première ligne d'un paragraphe

Il n'est pas nécessaire d'appuyer sur la touche Tab au début de chaque paragraphe. Word se charge d'obtenir le même résultat pour vous.

1. **Ouvrez la boîte de dialogue Paragraphe (voir Figure 11.2).**

   La méthode est expliquée un peu plus haut dans ce chapitre.

2. **Ouvrez la liste déroulante De 1re ligne.**

3. **Dans le menu, choisissez Première ligne.**

4. **Dans le champ De, entrez la valeur du retrait voulu.**

   La valeur de mise en retrait de la première ligne du paragraphe par défaut est de 1,25 cm. Si vous voulez augmenter ou réduire ce retrait, entrez une autre valeur (constatez que l'unité de mesure est ici le centimètre et non le point).

5. **Cliquez sur OK.**

   La première ligne du paragraphe dans lequel se trouve le curseur (ou de tous les paragraphes du bloc de texte sélectionné) est automatiquement mise en retrait de la valeur spécifiée.

Pour supprimer la mise en retrait automatique de la première ligne d'un paragraphe, répétez ces étapes, mais en sélectionnant (aucun) dans la liste déroulante à l'Étape 3, puis cliquez sur le bouton OK.

La fonction de correction automatique de Word peut effectuer ces étapes à votre place. Toutefois, la procédure est assez complexe. Commencez par taper le paragraphe. Ensuite, revenez au début du paragraphe et appuyez sur la touche Tab. Cette action définit un retrait positif et l'icône des Options de correction automatique apparaît à la base de cette tabulation. L'astuce : ignorez cette icône, et le retrait est appliqué.

Il existe deux manières de bien distinguer les paragraphes les uns des autres dans un document : la première consiste à ajouter un espace entre chaque paragraphe ; la seconde à mettre en retrait chaque paragraphe.

Comme je l'écrivais plus haut, si vous avez défini un retrait de première ligne pour chacun de vos paragraphes, évitez d'augmenter l'espacement entre ces derniers. Rien ne l'interdit, bien sûr, mais vous enfreindrez une règle couramment admise en composition graphique.

Définir un retrait négatif

Un retrait négatif est tout simplement l'inverse du retrait positif que nous venons de présenter. C'est un paragraphe dans lequel le début de la première ligne reste à sa place initiale alors que les lignes suivantes sont mises en retrait, comme ceci :

Les Martiens auraient débarqué. Selon M. Duflon, de Vert-le-Grand, informaticien indépendant spécialiste de Word, une vaste flotte d'objets volants présentant toutes les caractéristiques bien connues des soucoupes volantes aurait débarqué hier soir dans le champ qui se trouve derrière sa maison. Les voisins de M. Duflon assurent que son gagne-pain lui donne des hallucinations, mais l'intéressé persiste et signe.

Pour créer un tel animal, quelles que soient les raisons qui vous y poussent, appuyez sur Ctrl + T.

Comme vous oublierez très vite ce raccourci clavier, sachez que vous pouvez créer un retrait négatif depuis la boîte de dialogue Paragraphe (voir Figure 11.2). Suivez pour ce type de retrait les mêmes étapes que celles de la section précédente, en choisissant Suspendu à l'Étape 3.

TRUC

- Le retrait négatif consiste simplement à mettre en retrait tout le paragraphe, sauf la première ligne.
- Il existe également le raccourci Ctrl + Maj + T qui a pour effet de décaler vers la gauche le début de toutes les lignes d'un paragraphe sauf la première.

Mettre en retrait tout le paragraphe

Mettre en retrait un paragraphe, c'est décaler le début de toutes les premières lignes en alignant le bord gauche sur une tabulation.

Pour mettre en retrait la totalité d'un paragraphe, placez-y le point d'insertion, et appuyez sur Ctrl + R. Une autre technique consiste à cliquer sur le bouton Augmenter le retrait du groupe Paragraphe de l'onglet Accueil (voir Figure 11.1).

Pour réduire le retrait, appuyez sur Ctrl + Maj + M. Vous pouvez aussi cliquer sur le bouton Diminuer le retrait du groupe Paragraphe de l'onglet Accueil (voir Figure 11.1).

Chaque fois que vous augmentez le retrait d'un paragraphe, le bord gauche se décale de l'équivalent d'une valeur de tabulation. Pour annuler cela, il suffit de cliquer sur le bouton Diminuer le retrait.

Si vous voulez appliquer un retrait d'une valeur précise, saisissez-la dans les champs Retrait du groupe Paragraphe de l'onglet Mise en page (voir Figure 11.1) ou de la boîte de dialogue Paragraphe (voir Figure 11.2) Le champ À gauche sert à définir le retrait par rapport au bord gauche du document, et le champ À droite, le retrait par rapport au bord droit du document. La valeur 0 aligne les paragraphes sur les marges ; une valeur positive les déplace à l'intérieur des marges, tandis qu'une valeur négative les déplace à l'extérieur des marges.

- Le retrait ne modifie pas l'alignement des paragraphes. Ces commandes n'affectent que la marge gauche du paragraphe.
- Pour appliquer un retrait sur les côtés gauche et droit, passez par la boîte de dialogue Paragraphe (Figure 11.2), et fixez la même valeur dans les champs Gauche et Droite de la section Retrait.
- Pour annuler un retrait, fixez les valeurs Gauche et Droite sur zéro.
- Vous ne pouvez pas réduire le retrait au-delà de la marge gauche.
- Reportez-vous au Chapitre 13 pour plus d'informations sur les marges.
- Si le raccourci Ctrl + R est facile à retenir, ce n'est pas le cas de Ctrl + Maj + M. Pour ce dernier, vous pouvez penser au mot « marge », puisqu'il décale le bord gauche du paragraphe vers la marge.
- Dans la boîte de dialogue Paragraphe, cochez la case Retraits inversés pour définir les marges intérieure et extérieure de telle sorte qu'un paragraphe en retrait sur une page le soit sur la page opposée.

À quoi sert la règle ?

Dans Word, le principal survivant de l'ère de la machine à écrire est la règle. C'est la dernière grande source d'informations qui apparaît à l'écran. Elle peut servir à modifier au vol la mise en retrait d'un paragraphe aussi bien qu'à définir des tabulations.

Si vous ne voyez pas la règle, cliquez sur l'onglet Affichage, puis cochez la case Règle dans le groupe Afficher.

La règle apparaît au-dessus de la zone du document (Figure 11.4). En mode Page, une règle verticale s'affiche également sur le côté gauche de la page.

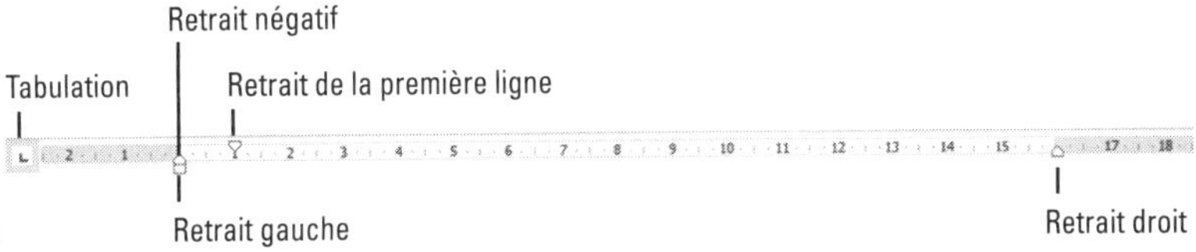

Figure 11.4 : La règle.

Les zones grises situées aux extrémités de la règle indiquent tout ce qui ne sera pas sur la feuille. Donc tout ce qui se trouve à l'intérieur de la règle, c'est-à-dire la zone claire, sera sur la feuille et donc imprimé.

La règle présente quatre éléments qui contrôlent le retrait des paragraphes : un triangle pointant vers le bas, deux triangles pointant vers le haut, et un rectangle. Ces éléments reflètent la mise en forme du paragraphe dans lequel se trouve le point d'insertion. Vous pouvez modifier leur position avec la souris, et ainsi appliquer des changements immédiats. Voici ce que vous contrôlez :

Pour ajuster le retrait du bord droit du paragraphe, faites glisser dans la règle l'index de droite pour le placer où vous voulez.

Pour ajuster le retrait du bord gauche du paragraphe, faites glisser le rectangle gris qui se trouve au-dessous des deux index de gauche. Notez que ce rectangle vous permet de déplacer à la fois les deux index (les deux triangles).

Pour ajuster le retrait du bord gauche sans bouger la première ligne du paragraphe, faites glisser le triangle pointant vers le haut (il est juste au-dessus du rectangle) vers la gauche ou vers la droite pour le placer où vous voulez. Ne cliquez surtout pas sur le carré situé sous ce triangle.

Pour ajuster le retrait de tout le paragraphe, y compris la première ligne, cliquez sur le carré situé sous le triangle pointant vers le haut et faites-le glisser vers la droite ou la gauche pour le placer où vous voulez.

- La règle mesure à partir de la marge gauche, pas de la gauche de la page.
- La spécification des retraits pour un paragraphe n'est pas la même chose que la spécification des marges. Celle-ci relève de la mise en page du document. Pour savoir comment définir les marges, reportez-vous au Chapitre 13.
- Le bouton Tabulation permet de sélectionner différents types de tabulations. Voyez pour cela le Chapitre 12.
- La règle est très pratique pour définir visuellement des retraits, mais, si vous avez besoin d'être précis, mieux vaut utiliser la boîte de dialogue Paragraphe.

Guide de survie pour la mise en forme des paragraphes

Ce tableau donne la liste de toutes les commandes de mise en forme de paragraphe que vous pouvez exécuter par un raccourci clavier. Il n'est absolument pas nécessaire d'apprendre cette liste par cœur.

Raccourci	Bouton	Résultat
Ctrl + E		Centre le paragraphe.
Ctrl + J		Justifie le paragraphe à droite et à gauche.
Ctrl + Maj + G		Aligne le paragraphe à gauche.
Ctrl + Maj + D		Aligne le paragraphe à droite.
Ctrl + R		Augmente le retrait.
Ctrl + Maj + M		Diminue le retrait.
Ctrl + T		Augmente le retrait négatif de première ligne.
Ctrl + Maj + T		Diminue le retrait négatif de première ligne.
Ctrl + 1		Interlignage simple
Ctrl + 0		Interlignage 1,5
Ctrl + 2		Interlignage double
Ctrl + 5		1/2 interligne

Chapitre 12

Définir des tabulations

Dans ce chapitre :

- Le principe des tabulations.
- Afficher la règle.
- Définir une tabulation gauche.
- Utiliser les différents types de tabulations.
- Utiliser la boîte de dialogue Tabulations.
- Définir une tabulation à points de suite.
- Corriger les taquets de tabulation par défaut.
- Supprimer des tabulations.

L'échelle des valeurs de Word place les tabulations au niveau de la mise en forme des paragraphes. Toutefois, ces éléments spécifiques peuvent être une source de complexité et de frustration telle que je leur dédie nécessairement un chapitre. Loin de nécessiter l'intervention d'un exorciste, les tabulations n'en exigent pas moins beaucoup d'attention, comme le démontrent les sections à venir.

Histoire des tabulations

Les *tabulations* sont des espaces de longueur inhabituelle. Lorsque vous appuyez sur la touche Tab, Word fait passer le point d'insertion au prochain *taquet de tabulation*. Vous pouvez utiliser les tabulations pour aligner des colonnes, ou pour mettre en retrait des paragraphes ou des lignes de texte. La première chose à retenir est qu'elles sont très pratiques. Ce chapitre vous explique le reste en détail.

Lorsque vous appuyez sur la touche Tab, vous insérez dans votre document un caractère de tabulation. Celui-ci a pour effet de déplacer le curseur jusqu'au prochain taquet de tabulation, à partir duquel le texte que vous taperez apparaîtra.

La touche Tab ne permet pas d'insérer des espaces. Lorsque vous appuyez sur la touche Retour arrière ou la touche Suppr après avoir appuyé sur la touche Tab, vous ne supprimez qu'un caractère : le caractère de tabulation.

Utilisez toujours la touche Tab pour mettre en retrait, ou pour aligner du texte dans un document. Le pire que vous puissiez faire pour obtenir le même résultat est d'appuyer sur la barre d'espace. La prochaine fois que vous appuierez plusieurs fois sur la barre d'espace, vous comprendrez la nécessité de définir une tabulation. Croyez-moi, votre document n'en sera que plus beau, et vous gagnerez du temps dans la mise en retrait ou l'alignement de vos textes.

Les tabulations sont surtout indiquées pour une ligne unique de texte ou pour la première ligne d'un paragraphe. Pour des textes plus complexes, préférez les fonctions de tableaux, que nous aborderons au Chapitre 16.

Afficher les taquets de tabulations

Que cela ne vous embrouille pas : il y a dans Word deux endroits où vous pouvez définir les taquets de tabulation. Le premier est la règle ; le second, la boîte de dialogue Tabulations. La plupart des gens utilisent la règle, mais pour certaines choses il vous faudra utiliser la boîte de dialogue Tabulations (que nous verrons plus loin dans ce chapitre). Pour afficher la règle, cliquez sur l'onglet Affichage, puis cochez la case Règle du groupe Afficher.

Les taquets ou arrêts de tabulation sont symbolisés par de petits éléments noirs affichés sur la règle. La Figure 12.1 montre trois taquets de tabulation : gauche, centrée, et droite.

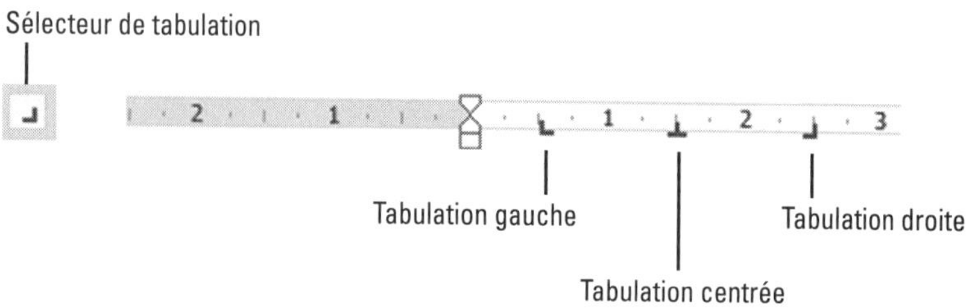

Figure 12.1 : Des taquets de tabulation sur la règle.

¶

- Les caractères de tabulation peuvent prêter à confusion. En effet, ils ne sont pas visibles à l'écran par défaut. Toutefois, il est possible de les afficher. Pour cela, cliquez sur le bouton Afficher tout (avec le symbole ¶) de l'onglet Accueil (groupe Paragraphe). Les tabulations sont alors matérialisées à l'écran sous forme de flèches noires pointant vers la droite, comme ci-contre. Si vous avez inséré deux espaces de suite, vous voyez deux points noirs côte à côte.

- Pour n'afficher que les caractères de tabulations dans le document sans avoir à activer le bouton ¶, cliquez sur l'onglet Fichier, puis sur Options. Choisissez Affichage dans le volet à gauche, puis cochez la case Tabulations. Cliquez enfin sur OK. En guise de marques de mise en forme, seules seront affichées les tabulations dans le document.

- Quand plusieurs paragraphes sont sélectionnés, il se peut que vous voyiez sur la règle des taquets de tabulations grisés. Ces derniers indiquent des tabulations qui ont été définies pour un paragraphe, mais non pour tous ceux qui ont été sélectionnés. Pour appliquer une tabulation à tous les paragraphes sélectionnés, cliquez sur son taquet grisé dans la règle.

- Lisez la section « Supprimer un taquet de tabulation » plus loin dans ce chapitre pour supprimer une tabulation avec la règle.

Créer des tabulations avec la règle

La création d'une tabulation se déroule en deux étapes. Par exemple, pour insérer un taquet de tabulation gauche à 2 cm du bord gauche :

1. **Assurez-vous que le bouton Tabulation (sélecteur) à gauche affiche le taquet de tabulation gauche.**

   Si vous cliquez sur le bouton Tabulation (voir Figure 11.2), vous obtenez un autre type de tabulation. Le symbole de la tabulation gauche est illustré ci-contre. Cliquez sur le bouton Tabulation jusqu'à obtenir ce symbole.

2. **Placez le pointeur de la souris sur la règle à l'endroit précis où vous souhaitez insérer une tabulation dans votre document. Cliquez !**

   Par exemple, cliquez sur le repère 2 de la règle.

Voilà, le type de tabulation sélectionné apparaît sur la règle. Dès que vous appuierez sur la touche Tab, le point d'insertion se positionnera au niveau de ce taquet, et le texte saisi s'affichera en respectant les contraintes imposées par votre taquet de tabulation.

Les sections suivantes présentent les cinq différents types de tabulations qu'il est possible d'insérer dans un document, avec leur utilité, et la façon de les insérer.

Les taquets de tabulations s'appliquent aux paragraphes, et uniquement à celui dans lequel se trouve le curseur d'insertion au moment du réglage, ou alors à ceux qui ont été sélectionnés auparavant. Lisez le Chapitre 6 pour effectuer des sélections.

Définir une tabulation gauche

La *tabulation gauche* est le type de tabulation le plus courant, que tout le monde utilise. Mais de quoi s'agit-il exactement ? La tabulation gauche est ainsi nommée parce que le texte que vous tapez après avoir appuyé sur la touche Tab voit son extrémité gauche alignée sur la position définie par les taquets de tabulation. Vous n'arriverez jamais à cela avec la barre d'espace. Voilà pourquoi les tabulations sont si utiles.

Créer une liste

Pour créer une liste comme celle de la Figure 12.2, suivez ces étapes :

1. **Sur une nouvelle ligne, appuyez sur la touche Tab.**
2. **Tapez le nom de la première colonne.**

   Il est préférable de saisir un nom très court.

3. **Appuyez sur la touche Tab.**
4. **Tapez le nom de la seconde colonne.**

   Il est également préférable de saisir un nom très bref.

5. **Appuyez sur la touche Entrée pour commencer une nouvelle ligne.**

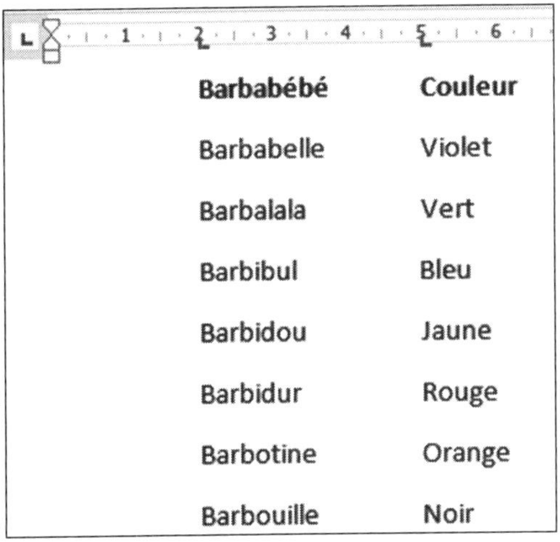

Figure 12.2 : Liste à deux colonnes.

Oui, la liste est horrible ! Ne vous inquiétez pas. Commencez par saisir les données : vous appliquerez la mise en forme par la suite.

6. **Répétez les Étapes 1 à 5 pour chaque élément de la liste.**

   Une fois la liste créée, vous définissez visuellement les taquets de tabulation sur la règle.

7. **Au besoin, affichez la règle.**

   Cochez pour cela la case Règle du groupe Afficher de l'onglet Affichage.

8. **Sélectionnez toutes les lignes de texte que vous souhaitez répartir sur deux colonnes.**

   Consultez le Chapitre 6 pour plus d'informations sur la sélection des blocs.

9. **Cliquez sur l'icône de sélection du type de tabulation jusqu'à ce que vous affichiez celle de la tabulation gauche.**

   Normalement, vous n'avez pas à le faire, car c'est la tabulation proposée par défaut.

10. **Placez le pointeur de la souris là où vous souhaitez placer la première tabulation, par exemple à 2 cm comme à la Figure 12.2.**

11. **Placez un second taquet à 5 cm.**

12. **Au besoin, ajustez la position des taquets pour que les deux listes soient bien séparées.**

    Faites glisser les taquets vers la droite ou la gauche pour obtenir une liste très propre. Lorsque vous déplacez un taquet, une barre verticale pointillée permet de bien visualiser le nouvel alignement du texte.

Vous pouvez ajouter ainsi une ou deux autres colonnes dans votre liste, à condition de ne pas faire déborder votre ligne de texte sur une deuxième ligne. Insérez une tabulation pour chaque nouvelle colonne en vous assurant que l'ensemble garde fière allure.

N'OUBLIEZ PAS

Voici quelques considérations à garder à l'esprit :

- Une seule tabulation suffit entre les éléments d'une liste d'une colonne. En effet, c'est le *taquet de tabulation* qui aligne le texte.
- Vous devez d'abord taper le texte, le sélectionner, et enfin définir le taquet de tabulation.
- Pour qu'une liste alignée par des tabulations donne le résultat attendu, vous devez créer un paragraphe pour chaque ligne. Dans ce cas, chaque élément devra se limiter à un mot assez bref. Sinon, recourez à la fonction de création des tableaux de Word (voir Chapitre 16).

Création de colonnes avec des tabulations

Il est possible d'utiliser les tabulations pour créer des listes et pour placer un paragraphe de description au niveau de la tabulation la plus à droite. La Figure 12.3 illustre cette procédure. Elle combine l'expérience de la mise en forme des documents à celle des tabulations.

Pour obtenir un résultat similaire, procédez ainsi :

1. **Sur une nouvelle ligne, tapez l'élément de la première colonne.**

   Plus il est court, mieux c'est.

2. **Appuyez sur la touche Tab.**

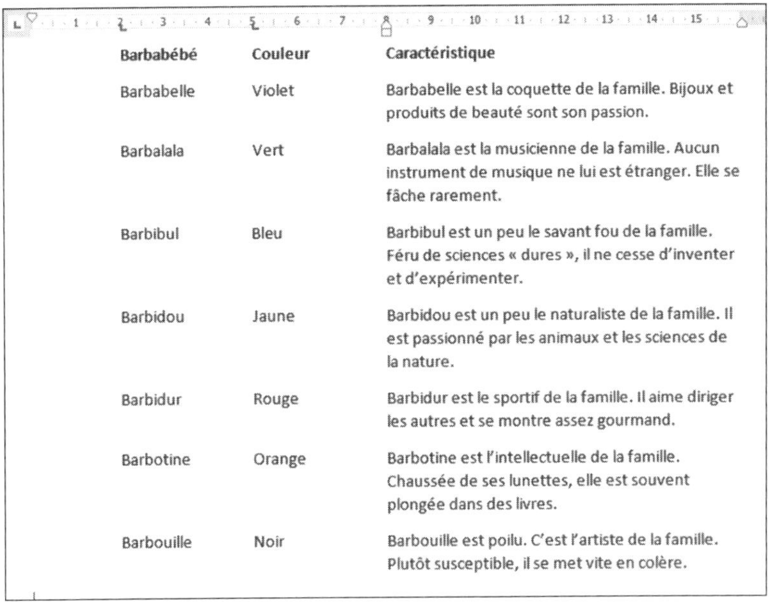

Barbabébé	Couleur	Caractéristique
Barbabelle	Violet	Barbabelle est la coquette de la famille. Bijoux et produits de beauté sont son passion.
Barbalala	Vert	Barbalala est la musicienne de la famille. Aucun instrument de musique ne lui est étranger. Elle se fâche rarement.
Barbibul	Bleu	Barbibul est un peu le savant fou de la famille. Féru de sciences « dures », il ne cesse d'inventer et d'expérimenter.
Barbidou	Jaune	Barbidou est un peu le naturaliste de la famille. Il est passionné par les animaux et les sciences de la nature.
Barbidur	Rouge	Barbidur est le sportif de la famille. Il aime diriger les autres et se montre assez gourmand.
Barbotine	Orange	Barbotine est l'intellectuelle de la famille. Chaussée de ses lunettes, elle est souvent plongée dans des livres.
Barbouille	Noir	Barbouille est poilu. C'est l'artiste de la famille. Plutôt susceptible, il se met vite en colère.

Figure 12.3 : Formatage d'un texte avec les tabulations.

3. **Tapez l'élément de la deuxième colonne, et appuyez sur Tab.**

4. **Tapez le texte du paragraphe.**

   Cette fois, libre à vous de saisir autant de lignes que vous le souhaitez.

5. **Appuyez sur Entrée pour commencer une nouvelle ligne.**

   Pas d'inquiétude si l'apparence n'est pas renversante : le texte sera bien plus beau quand les taquets de tabulation seront définis.

6. **Répétez les Étapes 1 à 5 pour tous les éléments de la liste.**

   Une fois les éléments saisis, vous devrez afficher la règle pour y placer vos taquets.

7. **Si la règle n'est pas visible, affichez-la !**

   Cochez pour cela la case Règle du groupe Afficher de l'onglet Affichage.

8. **Sélectionnez toutes les lignes de texte à organiser sous forme de liste.**

Lisez le Chapitre 6 pour en savoir plus sur les techniques de sélection.

9. **Faites glisser le triangle de mise en retrait à la position 8.**

   Le paragraphe apparaît.

10. **Vérifiez que le type de tabulation sélectionné est Gauche.**

11. **Placez un taquet à environ 5 cm.**

    La seconde colonne se met en place.

12. **Si besoin, ajustez le taquet et le triangle de mise en retrait.**

    Le texte étant encore sélectionné, vous pouvez faire glisser le taquet de tabulation et le triangle de mise en retrait vers la gauche ou la droite pour ajuster vos colonnes.

Plus vous ajoutez de tabulations, plus les colonnes et leurs paragraphes sont étriqués. Donc, méfiance !

La tabulation centrée

La *tabulation centrée* est un cas un peu spécial. Elle n'est généralement utilisée que pour un mot isolé ou pour un petit groupe de mots qu'elle vous permet de centrer sur une ligne, sans avoir à centrer tout le paragraphe.

La Figure 12.4 représente l'utilisation d'une tabulation centrée. Le texte situé à gauche est au début du paragraphe, c'est-à-dire justifié à gauche, tandis que le suivant est centré sur la ligne.

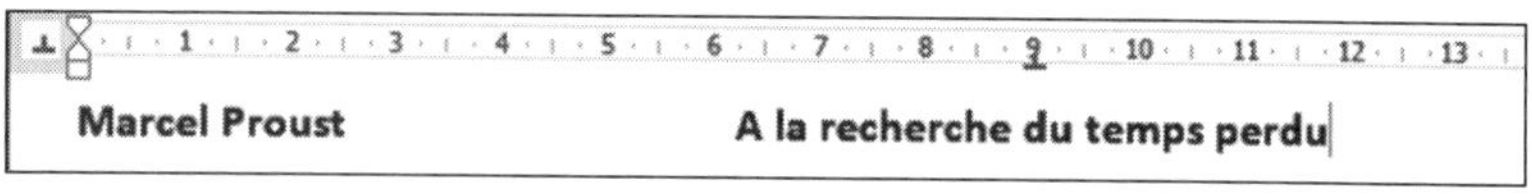

Figure 12.4 : La tabulation centrée en action.

1. **Choisissez ou créez un paragraphe contenant le texte que vous voulez centrer (un paragraphe contenant une seule ligne).**

2. **Créez une tabulation centrée.**

Le symbole de tabulation centrée (voir ci-contre) se présente comme un T à l'envers. Cliquez plusieurs fois sur le bouton Tabulation jusqu'à obtenir le symbole de tabulation centrée, puis cliquez sur la règle pour définir l'emplacement du taquet de tabulation.

3. **Saisissez le texte (court) qui restera à gauche (ce n'est pas obligatoire).**

4. **Appuyez sur la touche Tab.**

   Le point d'insertion passe à la tabulation centrée.

5. **Saisissez le texte.**

   Miracle ! Le texte se centre au fur et à mesure de votre saisie.

6. **Appuyez sur Entrée pour terminer la ligne de texte.**

Une tabulation centrée est généralement utilisée pour une seule ligne de texte. Vous pouvez mettre autant de tabulations centrées sur une même ligne que vous le souhaitez, mais dans la pratique, on n'en met généralement qu'une.

- La tabulation centrée permet aussi de centrer du texte sur une ligne sans être obligé de centrer toute la ligne.La tabulation droite

La *tabulation droite* aligne le bord droit du texte (et non le bord gauche) sur le taquet de tabulation. Elle permet donc d'obtenir un document avec du texte justifié à gauche et à droite, comme le montrent les Figures 12.5 et 12.6.

- Comme les autres types de tabulations exotiques, la tabulation droite est plus efficace sur une seule ligne.
- Les deux sections suivantes présupposent que la règle est affichée. Si ce n'est pas le cas, cliquez sur l'onglet Affichage, puis, dans le groupe Afficher, cochez la case Règle.

Tabulation droite et tabulation gauche

Voici comment créer deux colonnes centrées avec un taquet de tabulation droite et gauche (Figure 12.5).

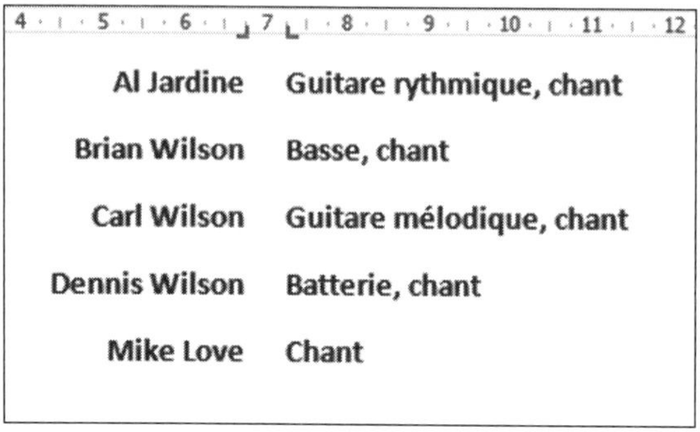

Figure 12.5 : Les taquets de tabulation sont utilisés pour centrer cette liste.

1. **Commencez une ligne vierge, c'est-à-dire la ligne que vous allez mettre en forme avec les tabulations.**

2. **Sélectionnez le type de tabulation droite.**

   Cliquez sur le bouton des tabulations de la règle jusqu'à ce que vous voyiez l'icône ci-contre.

3. **Avec le pointeur de la souris, cliquez à environ 6,5 cm.**

4. **Dans le sélecteur de tabulation de la règle, activez la tabulation gauche.**

   Cliquez plusieurs fois sur le bouton Tabulation jusqu'à afficher le symbole ci-contre.

5. **Cliquez à environ 7,5 cm.**

6. **Le point d'insertion étant au début de la ligne, appuyez sur Tab pour le placer au niveau de la tabulation droite.**

7. **Saisissez votre texte.**

   Il s'écrit de droite à gauche, le bord droit étant bien aligné sur la tabulation droite.

8. **Appuyez sur la touche Tab.**

9. **Saisissez le texte.**

   Cette fois, le texte est standard. Son bord gauche s'aligne tout naturellement sur la tabulation gauche.

10. **Appuyez sur Entrée pour terminer la ligne de texte.**

11. **Répétez les Étapes 6 à 10 pour chaque ligne de texte.**

Pour réaliser quelques ajustements, sélectionnez la liste en tant que bloc de texte (voir le Chapitre 6). Ensuite, faites glisser les taquets de tabulation sur la règle. Une ligne verticale pointillée indique où se trouvera votre texte. Pour des réglages plus précis, utilisez la boîte de dialogue Tabulations (voir plus loin dans ce chapitre).

Liste alignée sur la droite

Vous pouvez utiliser la tabulation droite pour créer une liste alignée sur la droite (voir Figure 12.6).

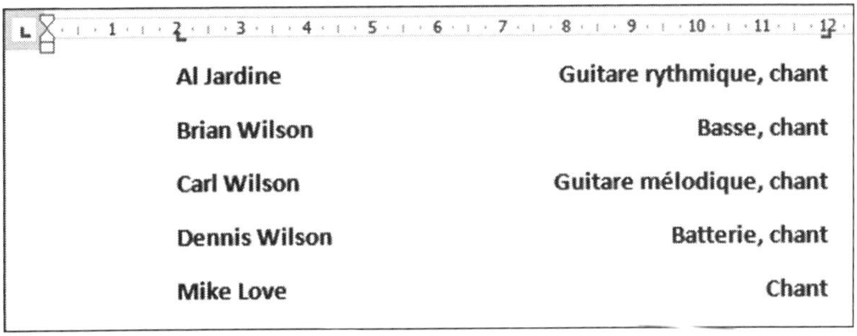

Figure 12.6 : Ici, la tabulation droite crée une liste alignée sur la droite.

Voici comment arriver à ce résultat :

1. **Commencez par une ligne de texte vide.**

2. **Dans le sélecteur de tabulation, vérifiez que la tabulation droite est bien sélectionnée.**
3. **Sur la règle, cliquez à environ 12 cm.**
4. **Saisissez le texte de la colonne de gauche.**

   Ce texte se situe en réalité au début du document, car il s'agit d'un texte normal.

5. **Appuyez sur la touche Tab.**

   Le point d'insertion se positionne au niveau du taquet de tabulation droite.

6. **Saisissez le texte de cette colonne.**
7. **Appuyez sur Entrée pour créer une nouvelle ligne.**

8. **Répétez les Étapes 4 à 7 pour chaque ligne de ces deux listes.**

Une fois l'ensemble des listes saisi, vous pouvez sélectionner le texte en tant que bloc, et ajuster la position du taquet à votre guise pour obtenir une belle présentation de vos listes.

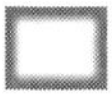

- Vous pouvez déplacer le retrait gauche (voir ci-contre) vers la droite pour réduire l'écart entre la première et la seconde liste.
- Pour ajouter des pointillés reliant les deux listes, consultez la section « Créer une Tabulation à points de suite », plus loin dans ce chapitre.

L'étonnante tabulation décimale

Je suis fou de la *tabulation décimale* ! Sans elle, on ne parviendrait jamais à aligner une colonne de chiffres. C'est une véritable bénédiction pour tous les utilisateurs qui ont besoin d'écrire des rapports financiers (entre autres), comme celui de la Figure 12.7.

Figure 12.7 : Aligner des chiffres avec la tabulation décimale.

Voici comment opérer :

1. **Commencez une nouvelle ligne de texte vide.**
2. **Dans le sélecteur des tabulations de la règle, choisissez la tabulation décimale, comme à la Figure 12.7.**

Le symbole de la tabulation décimale est illustré ci-contre.

3. **Sur la règle, placez la tabulation à 4,5 cm.**
4. **Tapez le texte de la première colonne.**

   Ce texte va de gauche à droite puisqu'il est standard.
5. **Appuyez sur la touche Tab.**
6. **Tapez vos chiffres.**

   Une tabulation décimale s'utilise comme n'importe quel autre type de tabulation. La différence est que les caractères qui précèdent la virgule viennent se placer à gauche du taquet de tabulation, alors que les caractères qui suivent la virgule viennent se placer à droite de celui-ci (Figure 12.7).
7. **Terminez la ligne en appuyant sur Entrée.**
8. **Répétez les Étapes 4 à 7 pour chaque ligne de texte.**

Lorsque vous tapez quelque chose sans point, le texte s'aligne à droite.

N'OUBLIEZ PAS

Si vous avez besoin de réorganiser votre texte (par exemple si les colonnes sont trop proches les unes des autres), sélectionnez toutes les lignes qui contiennent des chiffres. Utilisez votre souris pour faire glisser la tabulation décimale vers la droite ou vers la gauche dans la règle. Vous pouvez ainsi réaligner en même temps tous les chiffres du bloc sélectionné.

La tabulation barre

Une *tabulation barre* place dans votre document une barre verticale, à l'endroit où vous la définissez dans la règle (Figure 12.8). En réalité, la tabulation barre ne définit pas un taquet de tabulation. C'est une chose importante à noter. Il s'agit en fait d'un élément de décoration du texte, d'un trait vertical, mais dont vous pouvez définir la position comme pour un taquet de tabulation.

Ce type de tabulation se met en place comme n'importe quel autre. La ligne verticale s'affiche même quand aucun texte ou aucune tabulation n'est placé sur la ligne, comme vous pouvez le voir sous le texte « Calmar » de la Figure 12.8.

Vous observez aussi sur cette figure la présence d'une tabulation gauche qui aligne la dernière colonne sur la gauche du taquet, le

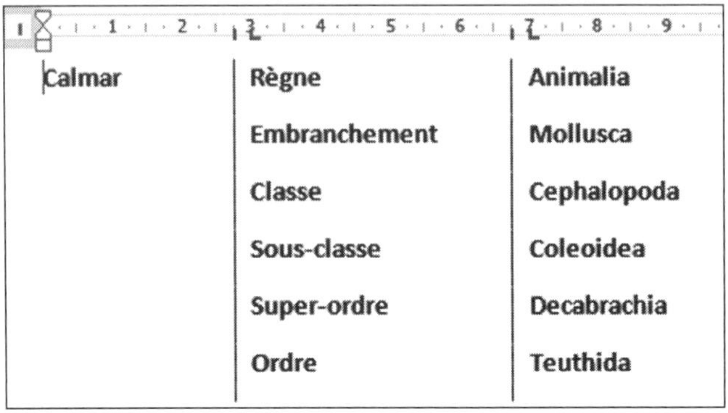

Figure 12.8 : Le mystère de la tabulation barre.

texte s'écrivant normalement de gauche à droite. Cette disposition ressemble à un tableau. Les tableaux de Word sont étudiés au Chapitre 16.

Utiliser la boîte de dialogue Tabulations

La plupart des utilisateurs trouvent la règle très pratique pour définir les tabulations. Personnellement, je partage ce point de vue, parce que l'on peut visualiser directement l'effet d'une tabulation sur le texte, et le faire glisser pour ajuster le résultat. Les puristes, toutefois, lui préfèrent la boîte de dialogue Tabulations.

Pour l'afficher, double-cliquez sur une tabulation, ou cliquez sur le bouton situé dans le coin inférieur droit du groupe Paragraphe (dans l'onglet Accueil ou Mise en page). Dans la boîte de dialogue qui s'ouvre, cliquez sur le bouton Tabulations. La boîte de dialogue Tabulations apparaît (Figure 12.9).

Définir les tabulations par défaut

Quand vous ne définissez pas vous-même les taquets de tabulations, Word le fait à votre place, en plaçant des tabulations par défaut à 1,25 cm les unes des autres. De la sorte, quand vous appuyez sur la touche Tab, le curseur se positionne automatiquement sur le taquet suivant défini par défaut.

Il est parfaitement possible de modifier l'intervalle entre les taquets par défaut : utilisez pour cela la zone Taquets par défaut de la boîte de dialogue Tabulations (voir Figure 12.9) et choisissez ou saisissez la valeur de votre choix.

Figure 12.9 : La boîte de dialogue Tabulations.

Créer des tabulations via la boîte de dialogue

Pour définir une tabulation dans la boîte de dialogue Tabulations, suivez ces étapes :

1. **Dans le champ Position, entrez la position exacte d'une tabulation que vous voulez créer.**

   Par exemple, tapez 6,5 pour définir une tabulation exactement à ce point.

2. **Dans la zone Alignement, sélectionnez le type de tabulation que vous voulez créer.**

   Nous avons décrit les différents types de tabulations plus haut dans ce chapitre.

3. **Cliquez sur le bouton Définir.**

C'est le bouton Définir – et non le bouton OK – qui crée la tabulation. Dès que vous avez cliqué sur le bouton Définir, votre tabulation est placée dans la liste qui se trouve au-dessous du champ Position. Si vous tapez une valeur décimale comme 1,1875, Word l'arrondit à la deuxième décimale, ce qui donne 1,19.

4. **Définissez les autres tabulations dont vous avez besoin.**

   Pour chaque tabulation, répétez les Étapes 1 à 3.

5. **Cliquez sur OK.**

   Vous êtes de retour dans votre document, et les nouvelles tabulations sont visibles dans la règle.

- Pour définir une tabulation dont vous venez d'entrer la position, cliquez sur le bouton Définir. Si vous cliquez directement sur OK, c'est comme si vous n'aviez rien fait.

Créer une tabulation à points de suite

Vous pouvez créer une *tabulation à points de suite* dans la boîte de dialogue Tabulations, mais pas avec la règle.

Une tabulation à points de suite fait apparaître une suite de points ou de tirets lorsque l'on appuie sur la touche Tab, comme l'on peut le voir dans les tables des matières et parfois les index. Word vous donne le choix entre trois types de tabulations à points de suite :

Pointillés 147

Tiret normal——————————————— 147

Tiret de soulignement ______________________ 147

Pour définir une tabulation à points de suite, suivez ces étapes :

1. **Placez le point d'insertion dans la ligne où vous voulez mettre la tabulation à points de suite, ou bien sélectionnez un bloc de texte.**

2. **Ouvrez la boîte de dialogue Tabulations.**

3. **Dans la liste Position, choisissez une position prédéfinie.**

4. **Choisissez un alignement gauche.**

5. **Sélectionnez un type de tabulation à points de suite.**

   Choisissez le type que vous voulez à la section Points de suite : pointillé, tiret normal ou tiret de soulignement.

6. **Cliquez sur Définir.**

   Au début, vous allez avoir tendance à oublier cette étape, et vous vous demanderez pourquoi ça ne marche pas. Ce sera le moment de relire cette page.

7. **Cliquez sur OK.**

TRUC

Les points de suite avec soulignement des caractères sont idéaux pour créer des formulaires vierges. Utilisez la boîte de dialogue Tabulations pour définir un taquet de tabulation gauche à environ 15 cm (marge de droite). Choisissez un point de suite souligné. Cliquez sur Définir, puis sur OK. De retour dans le document, tapez un champ de saisie comme :

```
Votre nom :
```

Il suffit d'appuyer ensuite sur la touche Tab. La ligne s'étend alors des deux points jusqu'à la marge de droite.

Supprimer un taquet de tabulation

Pour supprimer un taquet de tabulation, il suffit de cliquer dessus avec la souris et, sans relâcher le bouton, de glisser-déposer le taquet à l'extérieur de la règle.

Vous pouvez également supprimer des taquets *via* la boîte de dialogue Tabulations. Ouvrez cette boîte de dialogue. Dans la liste Position, sélectionnez la tabulation à supprimer, puis cliquez sur le bouton Effacer.

Pour supprimer toutes les tabulations de la règle, cliquez sur Effacer tout.

Pour supprimer un caractère de tabulation, utilisez la touche Retour arrière.

Chapitre 13

La mise en page du document

Dans ce chapitre :

- Définir la taille de la page et du papier.
- Sélectionner l'orientation Portrait ou Paysage.
- Définir les marges du document.
- Numéroter automatiquement les pages.
- Changer la numérotation des pages.
- Créer une nouvelle page.
- Créer des pages en couleurs.
- Ajouter un filigrane.

Nous n'en sommes plus aux caractères, nous n'en sommes plus aux mots, nous n'en sommes plus aux paragraphes ! Regardez l'écran : est-ce une feuille de papier ? Non, c'est une *page*.

La dernière grande étape de notre voyage, qui a commencé par l'exploration de la mise en forme d'un document, est *la mise en page*. Une fois imprimé, un document est fait de pages, qui ont une certaine taille et une certaine orientation, des marges et un numéro. Voilà ce que je vais vous expliquer, clairement et allégrement.

Description d'une feuille de papier

La plupart des documents sont imprimés sur du papier au format standard A4 (21 x 29,7 cm). C'est ce que Word appelle une *page*, pour laquelle vous pouvez définir des marges et autres attributs de mise en page. Mais Word est loin d'être limité à ce seul format. Il vous permet d'utiliser tous les formats que vous voulez, de la plus petite enveloppe aux plus grandes feuilles de papier.

Les commandes décrites dans cette section se trouvent dans le groupe Mise en page de l'onglet du même nom.

Quelle est la taille de ma page ?

Word est capable d'imprimer sur des feuilles de n'importe quelle taille. Bien entendu, votre imprimante limite la dimension du papier que vous pouvez utiliser. En matière de taille de page, voici quelques considérations à ne jamais oublier :

- Vous devez vous procurer des feuilles dont la taille correspond au document défini dans Word.
- Votre imprimante doit être capable de prendre en charge ce papier.
- Vous devez indiquer à Word le type de papier que vous utilisez.

Voici comment régler la taille de votre papier :

1. **Cliquez sur l'onglet Mise en page.**

2. **Dans le groupe Mise en page, cliquez sur le bouton Taille.**

   Une liste des dimensions de page disponibles s'affiche.

3. **Choisissez la taille appropriée à vos feuilles.**

   Par exemple, pour imprimer sur du papier au format A4, cliquez sur A4 21 cm x 29,7 cm. Votre document est immédiatement actualisé pour s'adapter à ce type de page.

La taille de la page affecte la totalité du document, sauf si vous l'avez divisé en sections. Chaque section peut avoir sa propre taille de page, comme expliqué au Chapitre 14.

- Pour sélectionner une taille qui n'est pas présente dans le menu, cliquez sur Autres tailles de papier. Dans la boîte de dialogue Mise en page qui s'affiche, effectuez les réglages nécessaires pour définir les dimensions de votre choix.

- La majorité des imprimantes PC savent imprimer sur plusieurs tailles de papier. Vérifiez bien celles compatibles avec votre matériel d'impression.

- En France, le format standard est A4, c'est-à-dire une dimension de 21 x 29,7 cm.

Si vous avez sélectionné un format inhabituel, n'oubliez pas de mettre le papier correspondant dans votre imprimante. Certaines imprimantes sont assez astucieuses et vous indiquent la taille du papier sur lequel elles s'apprêtent à imprimer. La mienne passe son temps à me réclamer du papier de la « bonne » taille. Tout cela reste bien sûr sans importance si le document est uniquement voué à être affiché à l'écran.

Portrait ou paysage ?

En général, la feuille de papier sur laquelle on imprime est plus haute que large. C'est ce à quoi nous sommes tous habitués, et c'est ce que fait normalement Word. Toutefois, Word peut aussi imprimer sur une feuille de papier plus large que haute. Ce n'est qu'une question d'orientation.

Les termes techniques correspondants sont *portrait* et *paysage*. L'orientation *Portrait* correspond à la manière habituelle d'utiliser le papier : la hauteur est supérieure à la largeur. L'orientation *Paysage* est ce que l'on obtient en faisant pivoter la feuille de 90 degrés : la largeur est supérieure à la hauteur. Voici comment choisir cette orientation :

1. **Cliquez sur l'onglet Mise en page.**

2. **Cliquez sur le bouton Orientation dans le groupe Mise en page.**

   Un menu local s'affiche avec deux icônes représentant chacun des modes d'orientation : Portrait ou Paysage.

3. **Pour changer l'orientation de la page, cliquez sur Paysage.**

Quand l'orientation est en mode Paysage, le texte à l'écran ne pivote pas de 90 degrés : c'est le format du document qui change, si bien que les lignes de texte sont plus longues.

Pour revenir ensuite au mode Portrait, répétez les étapes ci-dessus en choisissant Portrait à l'Étape 3.

- Lorsque vous passez du mode Portrait au mode Paysage (et réciproquement), vous serez parfois obligé d'ajuster les marges de votre document. Reportez-vous à la prochaine section.
- L'orientation s'applique à toutes les pages du document, sauf si vous avez défini des sections au sein de ce dernier, auquel cas les marges s'appliqueront uniquement à la section en cours. Lisez le Chapitre 14 pour en savoir plus sur les sections.
- Gardez à l'esprit que modifier l'orientation de votre document peut bouleverser son allure générale, en étirant les lignes de texte. Il vaut donc mieux commencer par modifier l'orientation avant de commencer à mettre en forme le texte.
- Pour des documents ordinaires, il vaut mieux éviter le mode Paysage. D'austères savants qui ont voué leur vie à méditer sur ces questions ont découvert que plus les lignes sont longues, plus les gens lisent lentement. Le mode Paysage doit plutôt être réservé à des documents particuliers, tels que des tableaux, des graphiques, des illustrations, ou d'autres pour lesquels l'orientation habituelle ne convient pas.
- Lorsque vous travaillez en mode Paysage, les colonnes sont plus faciles à mettre en place.
- Si votre but est de faire pivoter le texte de 90 degrés sans modifier l'orientation de la page, utilisez une zone de texte.

Attention à vos marges !

Une page a toujours des marges. Ce sont les quelques centimètres qui séparent le texte du bord de la page et qui permettent au document de respirer. Une page a quatre marges : en haut, en bas, à gauche et à droite.

Dans Word, la valeur par défaut de ces quatre marges est de 2,5 cm, mais vous pouvez l'ajuster à votre guise, pour chacune d'entre elles.

Pour changer la largeur des marges, suivez ces étapes :

1. **Cliquez sur l'onglet Mise en page.**

2. **Cliquez sur le bouton Marges du groupe Mise en page.**

   Une liste affiche différentes dispositions de marge prédéfinies.

3. **Choisissez une disposition de marges dans la liste.**

Les nouvelles marges s'appliquent à tout votre document, sauf si vous avez défini des sections au sein de ce dernier, auquel cas les marges s'appliqueront uniquement à la section en cours. Lisez le Chapitre 14 pour en savoir plus sur les sections.

Les réglages de marges proposés concernent les marges du haut, du bas, de la gauche et de la droite. Les quatre marges se trouvent donc modifiées en même temps. Pour spécifier des marges particulières, cliquez sur Marges personnalisées. Vous accédez à l'onglet Marges de la boîte de dialogue Mise en page. Vous pouvez y saisir des valeurs précises pour bien définir vos différentes marges. La section suivante vous en dit davantage à ce sujet.

- Pour définir des retraits pour un paragraphe, ce sont les commandes de mise en forme de paragraphe que vous devez utiliser. Reportez-vous au Chapitre 11.

- Les marges prédéfinies du menu local Marges correspondent aux plus utilisées par les documents, ou aux plus souvent utilisées par vous-mêmes.

  Ne perdez pas de vue que la plupart des imprimantes laser ne peuvent pas imprimer trop près du bord du papier (en général, 1,25 cm). Cet espace constitue une marge absolue dans laquelle vous ne pouvez rien imprimer, bien que Word vous permet de définir des marges de largeur nulle. Si vous le faites, le texte correspondant sera coupé par l'imprimante. Il vous faut donc définir des marges au moins égales à cette largeur. Reportez-vous à la documentation de votre imprimante pour la connaître.

  De même, de nombreuses imprimantes à jet d'encre nécessitent une largeur plus importante pour la marge du bas. Si vous essayez d'imprimer dans la zone interdite, une boîte de dialogue apparaît pour vous en prévenir.

La boîte de dialogue Mise en page

Comme pour beaucoup d'autres fonctions dans Word, lorsque vous voulez contrôler la mise en page, le Ruban ne suffit plus. Vous devez reprendre les bonnes vieilles habitudes consistant à ouvrir une boîte de dialogue, en l'occurrence celle intitulée Mise en page, illustrée à la Figure 13.1.

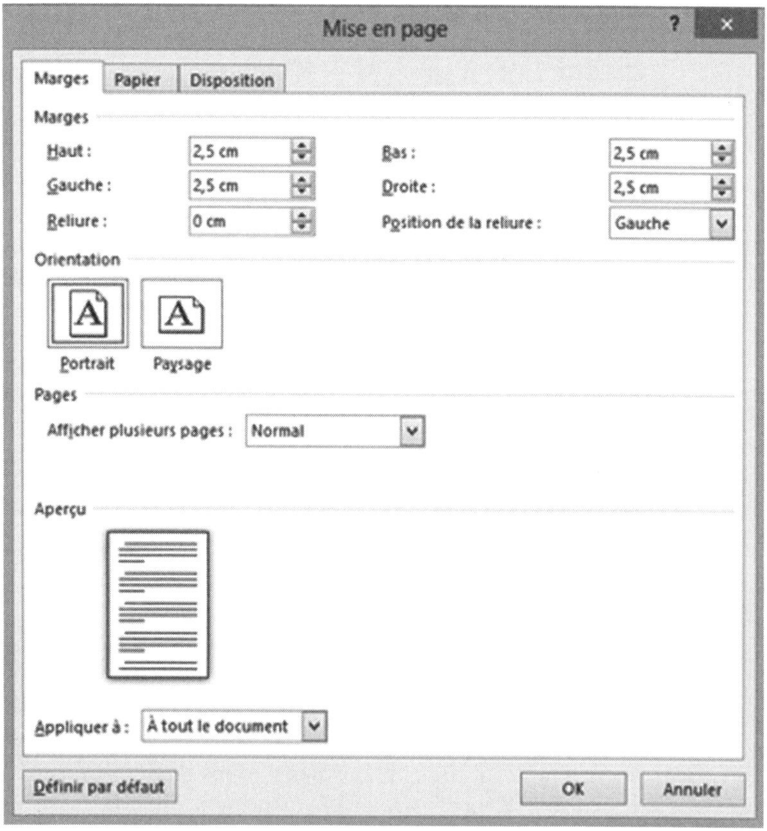

Figure 13.1 : L'onglet Marges de la boîte de dialogue Mise en page.

Pour accéder à cette boîte de dialogue, cliquez sur l'onglet Mise en page, puis sur le bouton situé dans le coin inférieur droit du groupe Mise en page.

La boîte de dialogue en question contient trois onglets : Marges pour paramétrer les marges, Papier pour définir la taille du papier utilisé, et Disposition pour contrôler d'autres aspects de la mise en page.

Cliquez sur le bouton OK pour valider vos modifications.

TRUC

- Pour imprimer sur du papier affichant trois trous de reliure dans la marge, utilisez l'onglet Marges de la boîte de dialogue Mise en page. Fixez une valeur de reliure d'environ 1,25 cm par rapport à la position des trous. Dans le champ Position de la reliure, choisissez Gauche. Si les trous de reliure sont en haut de la feuille, choisissez Haut.
- Les modifications apportées au format de la page – sa taille, son orientation, et ses marges – affectent normalement l'intégralité du document. En choisissant une option dans la liste Appliquer à, vous pouvez sélectionner :

NOTE TECHNIQUE

Les options multipages de la boîte de dialogue Mise en page

L'onglet Marges de la boîte de dialogue Mise en page propose une section Pages (voir Figure 13.1). Elle permet d'indiquer à Word comment utiliser le papier pour imprimer un document. Vous constatez qu'avec Word il existe plusieurs manières d'imprimer des textes. Déroulez pour cela la liste Afficher plusieurs pages, qui contient les options suivantes :

Normal signifie que vous imprimez le contenu d'une page Word sur une feuille de papier.

Pages en vis-à-vis est utile lorsque l'imprimante est capable d'imprimer sur les deux côtés d'une feuille. Ainsi, chaque page est retournée pour effectuer une impression avec un alignement parfait des marges sur les deux faces de la feuille. Par exemple, la « gouttière » se trouve sur le bord gauche du recto et sur le bord droit du verso.

2 pages par feuille divise la page en deux en son centre. Word imprime alors deux pages sur une seule feuille. Cette fonction donne de meilleurs résultats en mode Paysage.

Disposition Livre permet à Word de créer un livret de plusieurs pages en imprimant les bonnes pages sur les bonnes feuilles.

Malgré toutes ces options, Word n'est pas un programme de PAO (publication assistée par ordinateur). Si vous devez mettre en page précisément des textes, orientez-vous vers des programmes spécialisés dans ce domaine comme Adobe InDesign ou Microsoft Publisher.

- **À tout le document**, ce qui applique les valeurs spécifiées à tout votre document.
- **À partir de ce point**, ce qui signifie que les valeurs spécifiées s'appliquent à partir de la page dans laquelle se trouve le curseur.
- **À cette section**, ce qui signifie que les valeurs spécifiées ne s'appliquent qu'à la section dans laquelle se trouve le curseur (pour en savoir plus sur les sections, reportez-vous au Chapitre 14).

Numéroter les pages

Word peut numéroter pour vous les pages de votre document. Inutile de le faire à la main. Vous pouvez avoir autant de pages que vous le voulez, et en ajouter ou en supprimer à volonté : Word s'y retrouve toujours. Vous n'avez à vous occuper de rien ; il vous suffit d'avoir indiqué à Word à quel endroit insérer le numéro sur les pages. Inutile de chercher à numéroter manuellement dans un traitement de texte.

Où mettre le numéro de page ?

La question n'est pas : « Word *peut-il* mettre le numéro sur la page ? », mais : « *Où* mettre le numéro ? » En suivant ces étapes, vous demanderez à Word de mettre le numéro à l'endroit précis où vous souhaitez le faire apparaître :

1. **Cliquez sur l'onglet Insertion.**
2. **Repérez le groupe En-tête et pied de page, et cliquez sur la commande Numéro de page.**

   Une liste apparaît. Elle permet de choisir divers emplacements de numéros de page. Les trois premiers choix sont : Haut de page, Bas de page et Marges de la page.
3. **Sélectionnez une position pour le numéro de page.**

   En règle générale, le numéro apparaît en bas de la page.

   Une liste déroulante s'affiche.

4. **Dans la liste déroulante, choisissez un style de numérotation.**

   La liste affiche un aperçu pour chaque style de numérotation. Prenez donc le temps de parcourir la liste pour bien choisir votre modèle.

Word numérote chaque page en commençant par le chiffre 1, et en l'incrémentant d'une unité pour chaque nouvelle page. Vous supprimez une page ? Word actualise la numérotation. Vous insérez une page ? Word la numérote pour vous. Chaque fois que vous insérez un numéro de page en suivant les étapes précédentes, Word prend entièrement en charge la numérotation.

- Les numéros de pages sont insérés dans l'en-tête ou le pied de page du document (voir Chapitre 14). Vous ne les voyez pas, sauf dans l'aperçu avant impression (en cliquant sur Ctrl + P) et en mode d'affichage Brouillon.
- Pour modifier le format des numéros, choisissez-en un dans le menu local Numéro de page.
- Les numéros de page peuvent facilement être effacés comme cela est expliqué un peu plus loin.

Commencer la numérotation à partir d'une valeur spécifiée

Pour faire commencer la numérotation de vos pages à partir d'une valeur spécifiée, effectuez les instructions de la section précédente pour afficher les numéros de page, puis suivez ces étapes :

1. **Cliquez sur l'onglet Insertion.**
2. **Dans le groupe En-tête et pied de page, choisissez Numéro de page, puis Format des numéros de page.**

   La boîte de dialogue Format des numéros de page apparaît (Figure 13.2).

3. **Dans la zone Numérotation des pages, sélectionnez À partir de, et saisissez le numéro qui sera attribué à la première page du document.**

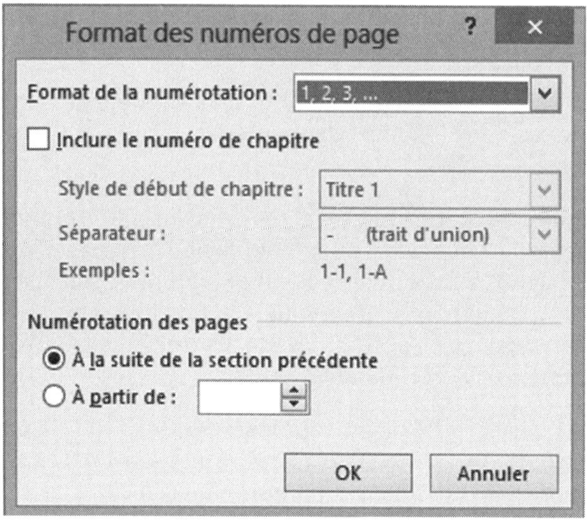

Figure 13.2 : Encore plus de contrôle avec la boîte de dialogue Format des numéros de page.

4. **Cliquez sur OK pour fermer la boîte de dialogue Format des numéros de page.**

Word commence la numérotation avec le numéro de page spécifié. Si vous saisissez **47** à l'Étape 3, la première page du document portera le numéro 47, la suivante le 48, et ainsi de suite.

TRUC

Pour que la numérotation change en plein milieu d'un document, par exemple en passant de la page 5 à la page 16, ou bien de IV à 1, vous devez diviser le document en sections. Chaque section aura alors sa propre numérotation. Vous en saurez davantage à ce sujet en lisant le Chapitre 14.

Numéroter avec des chiffres romains

Lorsque vous devez afficher une numérotation en chiffres romains, Word est heureux de pouvoir vous aider. Ouvrez la boîte de dialogue Format des numéros de page (Figure 13.2). Dans la liste Format de la numérotation, choisissez le style de chiffres romains à utiliser (en minuscules ou en majuscules).

Supprimer des numéros de page

Pour ôter des numéros insérés dans vos pages, accédez au groupe En-tête et pied de page. Cliquez sur le bouton Numéro de page, puis sur Supprimer les numéros de page.

Seuls les numéros insérés *via* le menu local Numéro de page sont effacés. *De facto*, si vous avez inséré manuellement des numéros dans un en-tête ou un pied de page, vous devez les supprimer manuellement (voir le Chapitre 14).

Commencer une nouvelle page

Lorsque vous saisissez un document, Word crée automatiquement une nouvelle page quand vous arrivez à la fin de celle sur laquelle vous étiez en train de saisir votre texte. Ce procédé est classique. Cependant, vous aurez parfois besoin de créer une page avant d'arriver à la fin de la page dans laquelle vous travaillez.

Il y a deux manières de commencer une nouvelle page dans Word. Cette section en explique les tenants et les aboutissants.

Commencer une nouvelle page vierge

Le raccourci Ctrl + Entrée insère un *saut de page manuel* dans votre document, en demandant à Word de commencer une nouvelle page à cet endroit précis. C'est la seule bonne manière de commencer une nouvelle page.

Vous pouvez aussi insérer un saut de page par un clic sur le bouton éponyme du groupe Pages situé dans l'onglet Insertion.

En mode Page, un saut de page est identifié par la création d'une nouvelle page séparée de la précédente par un espace vide. En mode Brouillon, il est identifié par une ligne pointillée, avec, au centre, l'indication « Saut de page ».

En utilisant des sauts de page manuels, gardez à l'esprit les points suivants :

ATTENTION !

- Ne commencez jamais, je dis bien *jamais*, une nouvelle page en appuyant répétitivement sur la touche Entrée jusqu'à ce que Word crée la nouvelle page une fois arrivé en bas de la page en cours.
- Le raccourci Ctrl + Entrée insère un caractère de saut de page manuel dans votre document. Ce caractère reste là où vous l'avez inséré, faisant apparaître un saut de page, quelles que

soient les modifications que vous pouvez apporter au texte des pages précédentes.

- Pour supprimer un saut de page manuel, vous pouvez utiliser les touches Retour arrière ou Suppr. Si vous le faites accidentellement, appuyez à nouveau sur Ctrl + Entrée, ou sur Ctrl + Z pour annuler la suppression.
- Si vous insérez des sauts de page manuels, pensez à utiliser l'aperçu avant impression pour vérifier votre document avant de l'imprimer. Il arrive que les modifications apportées au texte depuis l'insertion d'un saut de page manuel rendent ce dernier superflu. Pour en savoir plus sur l'aperçu avant impression, reportez-vous au Chapitre 9.
- Pour voir le caractère de saut de page dans le document en mode Brouillon, vous devez avoir au préalable affiché les caractères « invisibles » au moyen de la commande Afficher/Masquer tout, soit avec le raccourci Ctrl + Maj + 8, soit en cliquant sur l'onglet Accueil, puis sur le bouton Afficher tout du groupe Paragraphe.

Insérer une page vierge

Pour placer une page vide au beau milieu d'un document, vous pouvez activer le bouton Page vierge du groupe Pages situé dans l'onglet Insertion. Cette commande insère deux sauts de page manuels, créant ainsi une vraie page vide.

Je déconseille d'utiliser cette commande, sauf si vous avez vraiment besoin d'une page vide. Par exemple, elle pourrait vous servir à insérer une photo, ou encore à créer un tableau. Saisir du texte sur cette page aura pour conséquence la création automatique d'une nouvelle page dès que vous arriverez à la fin de celle-ci, laissant alors le saut de page suivant à sa position. Dans le meilleur des cas, il y aura systématiquement une page blanche en fin de document, page qui ne sert absolument à rien.

Pages en folie

La mise en forme des pages concerne le texte, ce qu'il y a derrière lui, au-dessus de lui, en dessous, *etc.* Cette section décrit tous les éléments que vous pouvez mettre en forme et qui s'affichent derrière votre texte.

Page en couleurs

Pour colorer les pages d'un document, utilisez la commande Couleur de page du groupe Arrière-plan de la page de l'onglet Création. Vous accédez à un nuancier qui contient toutes les couleurs du thème utilisé. Vous pouvez même appliquer un dégradé de couleurs en choisissant l'option Motifs et textures.

Lorsque vous passez le pointeur de la souris sur les couleurs, la page du document s'affiche dans la teinte correspondante. Le texte est toujours visible, même si vous choisissez la couleur noire. Dans ce cas, le texte s'affiche en blanc.

La couleur que vous choisissez sera imprimée. Voici comment indiquer à l'imprimante de prendre en compte cette couleur :

1. **Cliquez sur l'onglet Fichier.**
2. **Dans le volet gauche de l'écran, cliquez sur Options.**
3. **Cliquez sur Affichage dans le volet gauche de la boîte de dialogue Options Word.**
4. **Dans la section Options d'impression, cochez la case Imprimer les couleurs et images d'arrière-plan.**
5. **Cliquez sur OK.**

   Vous imprimerez désormais en couleurs !

Vous noterez que la couleur ne couvre pas intégralement la page imprimée. Cela tient au fait qu'une imprimante ne peut pas y procéder mécaniquement. Un contour blanc reste visible autour de la feuille. Lorsque vous voulez imprimer en couleurs, il est plus judicieux d'acheter des feuilles de couleur plutôt que de vous ruiner en encre.

- Pour supprimer la couleur d'une page, choisissez Aucune couleur dans le menu local Couleur de page.
- Pour plus d'informations sur la couleur du texte, consultez le Chapitre 10. Pour colorer l'arrière-plan d'un paragraphe (et non de la page entière).

Insérer un filigrane

Lorsque vous regardez un papier devant une fenêtre, vous pouvez apercevoir des inscriptions en filigrane. Word est capable de reproduire des filigranes. Il peut s'agir de texte ou d'images. Voici comment :

1. **Cliquez sur l'onglet Création.**

2. **Dans le groupe Arrière-plan de la page, cliquez sur le bouton Filigrane.**

   Un menu local s'affiche, avec différents filigranes prédéfinis.

3. **Choisissez un filigrane dans la liste.**

   Quel que soit le choix effectué, le filigrane apparaît sur chaque page.

Au fur et à mesure que vous définirez des filigranes, vous pourrez les enregistrer dans une bibliothèque. Ainsi, vos filigranes seront accessibles depuis le menu local Filigrane.

Si aucun des filigranes proposés ne vous convient, choisissez l'option Filigrane personnalisé. Dans la boîte de dialogue qui apparaît, choisissez Texte en filigrane, puis saisissez le texte de votre choix dans la zone Texte. Si vous voulez placer une image en filigrane, choisissez l'option Image en filigrane, puis cliquez sur le bouton Sélectionner Image pour choisir un fichier graphique stocké sur votre ordinateur.

Pour enlever un filigrane, il suffit de cliquer sur la commande Supprimer le filigrane du menu local Filigrane.

Si le filigrane ne s'imprime pas, vous devez activer la fonction Imprimer les couleurs et images d'arrière-plan dans la boîte de dialogue Options Word, comme expliqué dans la précédente section.

Chapitre 14

Mettre en forme des documents

Dans ce chapitre :

- Diviser le document en sections.
- Insérer une page de garde dans le document.
- Ajouter un en-tête ou un pied de page.
- Supprimer l'en-tête ou le pied de la première page.
- Appliquer des en-têtes et pieds de pages à des sections.
- Supprimer un en-tête ou un pied de page.

Dans Word, la grande affaire, la notion clé qui pèse son poids, c'est le *document*. Ma femme tient à jour sous forme de document dans son ordinateur la liste de tout ce que je dois faire pour elle. Je suppose donc que ce sont des choses qu'elle trouve essentielles.

Du point de vue de la mise en forme, un document n'est pas une page. La mise en forme d'un document n'est pas une chose compliquée. En fait, la plupart des informations que contient ce chapitre ne seront d'aucune utilité pour la majeure partie des documents que vous allez créer (votre courrier personnel, par exemple). Mais si un jour vous avez la lubie soudaine d'éblouir votre entourage par votre connaissance de Word, ce chapitre sera votre plus fidèle allié.

Tout savoir sur les sections

Un bon nombre des commandes de mise en forme de Word s'appliquent à l'ensemble d'un document. Par exemple, la majeure partie des commandes de mise en forme décrites au Chapitre 13 le concernent : format du papier, orientation, ainsi que les en-têtes et pieds de pages (décrits dans ce chapitre).

S'il arrive que vous ayez besoin de changer le format d'un document rien que pour une page ou un groupe de pages, il faut diviser votre document en sections, chacune d'elles possédant sa propre mise en page. Si, par exemple, vous avez besoin que seule une page soit imprimée en orientation Paysage, vous devez créer une section pour cette page. Il en va de même si votre document nécessite une numérotation particulière. Par exemple, vous ne souhaitez pas que votre document soit logiquement numéroté de la page 1 à la page 50, mais que chacune des cinq sections qui le composent soit numérotée de 1 à 10.

La notion de section

Il est facile de créer une section, et les sections peuvent simplifier la plupart des tâches de mise en forme du document. Une *section* est une portion de document d'une ou plusieurs pages avec ses propres particularités de mise en page. Par défaut, un document contient une section unique.

La Figure 14.1 présente trois exemples de documents contenant des sections.

Le premier exemple de la Figure 14.1 est bâti en deux sections. La première contient quatre pages numérotées en chiffres romains, et la seconde, six pages numérotées en chiffres arabes.

Le deuxième exemple de la Figure 14.1 est constitué de deux sections. La première se limite à la page de couverture, et la seconde d'une section de neuf pages numérotées de 1 à 4.

Le troisième exemple de la Figure 14.1 présente un document divisé en trois sections. La même numérotation de page s'étend sur les trois sections. La seule page de la deuxième section est orientée en mode Paysage, alors que le mode Portrait est utilisé pour les deux autres sections.

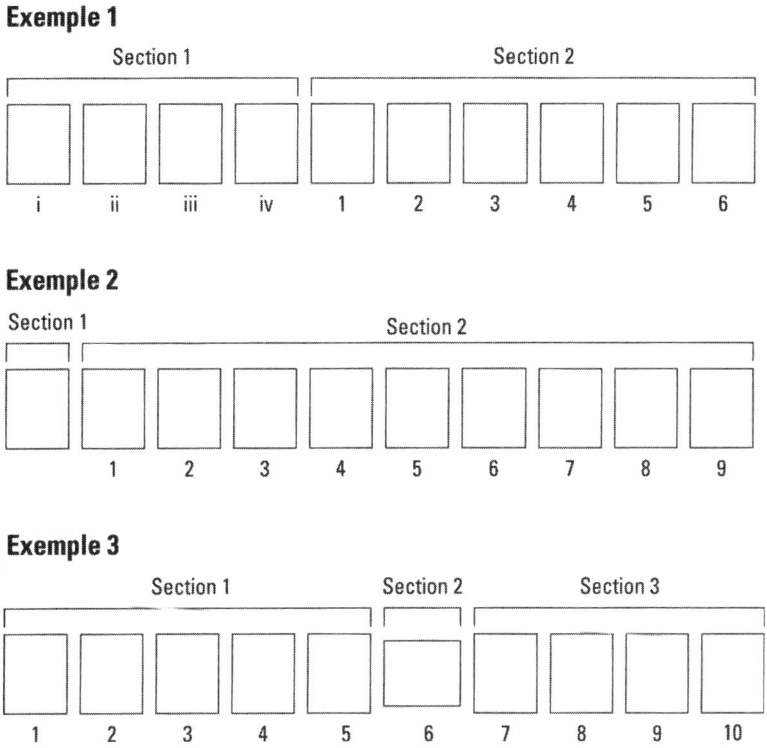

Figure 14.1 : Trois documents contenant des sections.

Lorsque vous créez un document linéaire, c'est-à-dire qui ne varie pas du début à la fin, il est inutile de créer des sections. Dans tous les autres cas, comme les exemples de la Figure 14.1, la section est une bénédiction.

- Une section est essentiellement une partie de votre document dont les paramètres de mise en page sont indépendants du reste du document.
- La mise en forme du texte et des paragraphes, aussi bien que les styles que vous pouvez créer, ne sont en rien affectés par les sections.

Créer une section

Diviser un document n'est pas une tâche difficile. Il suffit d'insérer un *saut de section*, qui marque le début d'une nouvelle section.

Pour créer une section dans un document, suivez ces étapes :

1. **Positionnez le curseur d'insertion en cliquant à l'endroit où vous voulez commencer la nouvelle section.**
2. **Cliquez sur l'onglet Mise en page.**
3. **Cliquez sur le bouton Insérer sauts de page et de section dans le groupe Mise en page.**

   Vous obtenez une liste avec sept choix, un groupe de trois concernant les sauts de pages, et un groupe de quatre, les sauts de sections.
4. **Cliquez sur Page suivante dans la liste.**

   Un saut de section s'insère dans le document là où se trouvait le curseur d'insertion.

TRUC

Bien que le saut de section s'apparente à un saut de page au premier abord, il n'en est rien. Pour savoir dans quelle section vous vous situez, cliquez du bouton droit sur la barre d'état de Word, puis cochez l'option section dans la liste qui s'affiche. Le mot « Section » s'affiche désormais dans la partie gauche de la barre d'état, suivi du numéro de la section en cours.

Utiliser une section

Pour appliquer un format de page spécifique à une seule section, utilisez la boîte de dialogue Mise en page. Là, intéressez-vous à la liste Appliquer à, et choisissez À cette section. Ainsi, tout ce que vous modifierez dans la boîte de dialogue Mise en page se limitera à la section en cours.

Par exemple, pour modifier la numérotation des pages comme dans le premier et le deuxième exemple de la Figure 14.1, suivez ces quelques étapes :

1. **Définissez la numérotation des pages pour la première section.**

   Lisez pour cela le Chapitre 13. Si vous ne voulez pas numéroter les pages de la première section, ignorez cette étape.
2. **Créez une nouvelle section à partir de la page qui marque le changement de numérotation.**

Insérez un saut de section de type Page suivante, comme indiqué dans la section précédente.

3. **Positionnez-vous dans la nouvelle section, puis ouvrez la boîte de dialogue Format des numéros de page afin de définir le format de la nouvelle numérotation. Choisissez l'option À partir de afin de démarrer la nouvelle numérotation au début de la nouvelle section.**

4. **Cliquez sur OK.**

La numérotation des pages de la deuxième section commence au numéro et dans le format indiqué à l'Étape 3.

Pour modifier l'orientation de la page au milieu d'un document, comme dans le troisième exemple de la Figure 14.1, effectuez les étapes suivantes :

1. **Positionnez le curseur d'insertion dans la page dont vous voulez modifier l'orientation.**

2. **Insérez un saut de section de type Page suivante, comme indiqué dans la section précédente.**

3. **Appliquez l'orientation de votre choix à l'aide du bouton Orientation de l'onglet Mise en page (voir Chapitre 13).**

   Le document est divisé en deux sections : la première section adopte une orientation, et la deuxième section en adopte une autre. Pour appliquer l'orientation de départ à la suite du document, passez aux étapes suivantes.

4. **Insérez un nouveau saut de section de type Page suivante après la deuxième section.**

   Le document est désormais divisé en trois sections.

5. **Sur la dernière page du document, appliquez l'orientation de la première section.**

Au final, vous obtenez un document contenant trois sections et deux orientations, comme le troisième exemple de la Figure 14.1.

Supprimer un saut de section

Pour supprimer un saut de section, vous pouvez utiliser la touche Retour arrière ou la touche Suppr. Sachez qu'il est plus facile de supprimer une section en mode Brouillon que dans tout autre mode d'affichage du document.

- Supprimer une section efface toute mise en forme, y compris les en-têtes et les pieds de page qui, je le rappelle, sont propres à cette section.
- Si vous supprimez accidentellement une section, vous perdez toutes les informations de mise en forme que vous lui aviez appliquées. Si cela vous arrive, annulez votre action en appuyant sur Ctrl + Z avant de faire quoi que ce soit d'autre.

Ajouter une page de garde

L'utilisation la plus courante des sections concerne la création d'une page de couverture (ou de garde) pour votre document. En règle générale, cette page ne contient aucun numéro de page, en-tête, pied de page, *etc.* Elle est faite pour présenter le titre du document et le nom de son auteur. Il est donc nécessaire de créer une seule section pour une seule page, celle de la couverture. Voici le fonctionnement de la commande Page de garde :

Ajouter une page de garde automatiquement

1. **Cliquez sur l'onglet Insertion.**
2. **Dans le groupe Pages, cliquez sur le bouton Page de garde.**

   Un menu affiche quelques modèles de pages de garde.

3. **Choisissez la mise en page de la page de garde qui vous convient.**

   La page de garde ou page de couverture est immédiatement insérée en tant que première page du document. Elle est suivie d'un saut de page (et non de section), et contient du texte entre crochets.

4. **Sur cette page, sélectionnez le texte entre crochets.**

5. **Remplacez ce texte par le vôtre.**

   Ainsi, dans la zone de réserve qui attend l'intitulé du document, tapez, par exemple, votre titre.

6. **Répétez les Étapes 4 et 5 jusqu'à ce que la page de garde ait l'aspect souhaité.**

Vous pouvez changer cette page de couverture à n'importe quel moment. Si vous décidez de vous passer de cette page de garde, cliquez sur le bouton Page de garde. Dans le menu local, choisissez Supprimer la page de garde actuelle.

- Le menu Page de garde ne crée pas une nouvelle section dans votre document. Si vous utilisez des en-têtes et des pieds de pages, ils apparaissent sur la page de garde ainsi insérée. Pour éviter cela, placez le point d'insertion en haut de la page 2 (c'est-à-dire après la page de garde), et dans l'onglet Mise en page, choisissez Sauts de page, puis Continu. Vous pouvez alors modifier l'en-tête et le pied de page comme expliqué dans ce chapitre.
- Ne laissez pas en place les textes entre crochets ! Saisissez toujours vos informations personnelles à la place de ces informations génériques.

Ajouter une page de garde manuellement

La commande Page de garde est pratique, car rapide à appliquer, mais j'avoue ne pas être très convaincu par les choix qu'elle propose. Je préfère pour ma part concevoir moi-même l'aspect de cette page en la mettant en page à ma guise avec les éléments graphiques de mon choix.

Pour créer votre propre page de garde, inspirez-vous du deuxième exemple de la Figure 14.1, puis suivez ces étapes :

1. **Avant de remplir ou mettre en forme la page de garde, positionnez le curseur d'insertion au sommet de votre document.**

   Cette étape est valable, que vous ayez ou non déjà commencé à remplir les pages de votre document. Si vous avez déjà saisi le texte de la page de garde, placez le curseur à la fin de la page. Si vous aviez inséré un saut de page à la fin de la page de garde, supprimez-le.

2. **Insérez un saut de section de type Page suivante dans le document.**

   Le document contient désormais deux sections, la première étant constituée par la première page du document.

3. **Créez la page de garde.**

   Saisissez un titre, complété des textes, graphismes et autres babioles nécessaires.

4. **Placez-vous dans la deuxième page, au début de la deuxième section, puis définissez le format des numéros de pages.**

   Reportez-vous à la section « Utiliser une section ».

Dans la mesure où la page de garde correspond à une section à part entière, la numérotation des pages de la section suivante est sans effet sur celle de la première section. Si vous voulez que la page de garde soit numérotée, remplacez le saut de section par un saut de page, puis numérotez la totalité du document à la suite, comme indiqué au Chapitre 13.

Les joies des en-têtes et des pieds de pages

Dans une lettre, l'en-tête n'apparaît que sur la première page. Dans un document, il apparaît sur toutes les pages, sauf en général sur la première. Son équivalent en bas de la page est le pied de page. On peut très bien utiliser les deux à la fois.

- Un en-tête contient généralement différentes informations, par exemple votre nom, le nom du document, la date, le numéro de la page, éventuellement un titre ou encore un numéro de téléphone.

- Un en-tête est un style de texte utilisé pour diviser un long document, pour introduire de nouveaux concepts, et pour vous aider à conserver le texte bien organisé. Pour plus d'informations, consultez le Chapitre 15.

- Le pied de page apparaît en bas de la page. Comme l'en-tête, le pied de page possède sa zone d'insertion et contient un texte spécial.
- Les pieds de page peuvent contenir des numéros de pages, un titre de chapitre ou de document, ou toute autre chose que vous jugez utile.
- Une note de bas de page est un petit morceau de texte qui apparaît en bas de la page. Il sert de référence à des éléments textuels de la page.

- En fait, tous les documents possèdent un en-tête et un pied de page, mais ils restent vides tant que vous ne les avez remplis.

Ajouter un en-tête ou un pied de page

Les en-têtes et les pieds de page peuvent faire beaucoup pour embellir un document. Vous n'êtes pas obligé d'utiliser les deux à la fois. De plus, que vous préfériez utiliser l'un ou l'autre (ou les deux), ils se définissent de la même manière.

Pour ajouter un en-tête ou un pied de page, suivez ces étapes :

1. **Cliquez sur l'onglet Insertion.**
2. **Dans le groupe En-tête et pied de page, cliquez sur le bouton En-tête.**

   Une liste d'en-têtes préformatés s'affiche.

3. **Choisissez un format.**

   L'en-tête est ajouté à votre document, et sauvegardé comme partie intégrante de la mise en forme de la page.

   Si vous êtes en mode Brouillon, vous basculez instantanément en mode Page pour éditer l'en-tête (les en-têtes et les pieds de pages n'apparaissent pas en mode Brouillon).

   Lorsque vous modifiez un en-tête, le point d'insertion apparaît dans la zone d'en-tête qui, dans Word 2013, prend la forme d'un onglet directement sur le document.

4. **Sélectionnez tout le texte contenu entre crochets.**

5. **Tapez le texte de remplacement.**

   Saisissez, par exemple, le titre de votre document à la place de `[Titre du document]`.

6. **Répétez les Étapes 4 et 5 pour tous les textes contenus entre crochets.**

Fermer l'en-tête et le pied de page

7. **Une fois que vous avez terminé, cliquez sur le bouton Fermer l'en-tête et le pied de page du groupe Fermer sous l'onglet Création/Outils en-têtes et pieds de page.**

Pour ajouter un pied de page, répétez ces étapes en choisissant Pied de page à l'Étape 2 et en remplaçant « en-tête » par « pied » à chaque étape.

- En mode Page, vous voyez les en-têtes et les pieds de pages dans une zone de texte grisée. En mode Brouillon, vous ne voyez rien. Pour voir ces deux éléments, vous pouvez également utiliser l'aperçu avant impression en appuyant sur Ctrl + P (voir Chapitre 10). Pour modifier l'en-tête ou le pied de page, double-cliquez sur la zone de texte grisée.
- Vous pouvez quitter la modification d'un en-tête en double-cliquant sur le corps du document.

Modifier un en-tête ou un pied de page

Regardons les choses en face : les en-têtes prédéfinis de Word ne sont pas terribles. Ils ne contiennent pas toutes les informations que vous souhaitez faire apparaître dans un en-tête. Ce n'est pas problématique.

Pour créer ou modifier un en-tête/pied de page, double-cliquez dans l'espace au sommet ou au bas de la page de votre document (en mode d'affichage Page). Vous pouvez également cliquer sur l'onglet Insertion, puis dans le groupe En-tête et pied de page, choisir En-tête/Modifier l'en-tête.

TRUC

Pour vous aider dans la création et la modification de l'en-tête ou du pied de page, affichez la règle : cliquez sur l'onglet Affichage, puis cochez la case Règle du groupe Afficher.

Lorsque vous modifiez l'en-tête/le pied de page, Word bascule dans un mode opératoire particulier. L'en-tête apparaît à l'écran comme élément du document affiché en mode Page. À cela s'ajoute un nouvel onglet Création/Outils des en-têtes et pieds de page, qui contient une foule de commandes pour les en-têtes et pieds de pages.

Saisir du texte

L'édition du texte des en-têtes se fait comme celle de n'importe quel texte Word. Vous pouvez ajouter ou modifier du texte, le mettre en forme avec les commandes de formatage des paragraphes, et même ajouter des tabulations.

Word applique automatiquement des tabulations centrées et droites dans l'en-tête et le pied de page (voir Figure 14.2). Il vous suffit d'appuyer sur la touche Tab pour positionner comme il se doit le point d'insertion. Vous pouvez, par exemple, saisir votre nom, appuyez deux fois de suite sur la touche Tab, puis saisir le titre de votre document. Ou vous pouvez encore saisir votre nom, puis le titre du document, et enfin la date (comme dans la Figure 14.2).

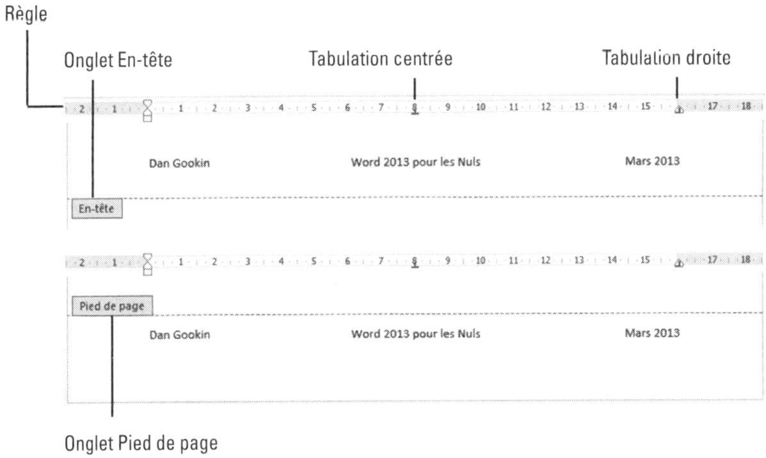

Figure 14.2 : Le texte d'un en-tête et d'un pied de page.

Ajouter un numéro de page

Pour ajouter le numéro de page dans l'en-tête ou le pied de page, vous devez insérer un *champ*. Vous sélectionnez cette option par un clic sur le bouton QuickPart de l'onglet Création/Outils en-têtes et pieds de page.

N'OUBLIEZ PAS

Il n'est pas nécessaire d'afficher la page 1 pour insérer le numéro de page dans l'en-tête. Word est assez intelligent pour placer le bon numéro sur la bonne page, quel que soit l'emplacement de la page dont vous modifiez l'en-tête ou le pied.

Ajouter la date et l'heure

Cliquez sur le bouton Date et heure du groupe Insérer de l'onglet Création/Outils en-têtes et pieds de page pour accéder à la boîte de dialogue Date et heure. Sélectionnez le format dans lequel vous voulez faire apparaître ces deux éléments dans l'en-tête ou le pied de page. Validez en cliquant sur OK.

Ajouter des images

Le bouton Images du groupe Insérer de l'onglet Création/Outils en-têtes et pieds de page ouvre la boîte de dialogue Insérer une image qui permet de parcourir vos divers disques durs à la recherche de l'image à insérer. Vous pouvez aussi utiliser les autres fonctions de Word pour insérer des éléments graphiques. Consultez pour cela le Chapitre 17.

Utiliser des en-têtes et pieds de pages multiples

L'en-tête (ou le pied de page) que vous définissez est identique dans tout votre document. Mais c'est le réglage par défaut que vous pouvez modifier. Par exemple, les en-têtes de ce livre sont différents en pages paires et impaires. De même, certains documents n'ont pas d'en-tête sur leur première page. Tous ces cas de figure sont réalisables dans Word, à condition de lire les sections suivantes.

En-têtes et pieds de pages paires et impaires

Si vous le souhaitez, Word peut définir deux jeux d'en-têtes et de pieds de pages pour votre document : un pour les pages paires et un autre pour les pages impaires. Par exemple, c'est de cette façon que ce livre a été mis en forme. L'en-tête des pages paires contient le numéro de page et le titre de partie ; l'en-tête des pages impaires le numéro et le titre du chapitre suivis du numéro de page. Vous pouvez en faire autant !

Pour demander à Word de créer deux jeux d'en-têtes et de pieds de pages, suivez ces étapes :

1. **Cliquez sur l'onglet Insertion.**
2. **Dans le groupe En-tête et pied page, cliquez sur En-tête/Modifier l'en-tête.**

   Cette commande affiche l'onglet Création/Outils en-têtes et pieds de page.

3. **Dans le groupe Options, cochez la case Pages paires et impaires différentes.**

   Cette étape indique à Word de créer deux jeux d'en-têtes : l'un pour les pages paires, l'autre pour les pages impaires. L'onglet de l'en-tête permet de les identifier clairement.

   Cet onglet montre que l'on est en présence de l'en-tête des pages impaires. Modifiez son contenu, au besoin.

4. **Créez l'en-tête des pages paires.**

   Pour savoir comment créer le contenu d'un en-tête ou d'un pied de page, reportez-vous à la section précédente.

5. **Dans le groupe Navigation de l'onglet Création/Outils en-têtes et pieds de page, cliquez sur le bouton Suivant.**

   Word affiche le contenu de l'en-tête de la page paire. Modifiez son contenu, au besoin.

   Pour revenir à l'en-tête des pages impaires, cliquez sur le bouton Précédent.

6. **Pour afficher et modifier les pieds de pages paires et impaires, cliquez sur le bouton Atteindre le pied de page.**

   Pour passer d'un pied de page à un autre, cliquez sur les boutons Suivant et Précédent.

7. **Une fois vos modifications terminées, cliquez sur Fermer l'en-tête et le pied de page.**

Pour supprimer les en-têtes et les pieds de pages paires et impaires, il suffit de décocher la case Pages paires et impaires différentes. De la sorte, ce sont les en-têtes et pieds de pages impaires qui remplacent ceux des pages paires.

Pas d'en-tête ni de pied sur la première page !

Pour éviter que l'en-tête ou le pied de page apparaisse sur la première page d'un document :

1. **Cliquez sur l'onglet Insertion.**

2. **Dans le groupe En-tête et pied de page, cliquez sur En-tête/Modifier l'en-tête.**

3. **Dans le groupe Options, cochez la case Première page différente.**

   L'onglet En-tête devient Premier en-tête, et le pied de page de cette même page devient Premier pied de page.

Rien ne vous empêche de changer le contenu de ce premier en-tête et pied de page. Il n'affecte que cette première page du document.

Les en-têtes et pieds de pages et les sections du document

Un en-tête ou un pied de page est défini pour toute une section. Pour la plupart des documents, qui ne sont qu'une section, il n'y a pas à se poser de question. Mais imaginez que, pour une raison quelconque, vous ayez besoin de plusieurs types d'en-têtes dans votre document. Ou alors que vous ayez besoin de faire disparaître l'en-tête pour une partie du document. Il vous faut plusieurs en-têtes, et pour cela vous devez diviser votre document en sections.

Word identifie les jeux des en-têtes et de pieds de page des sections sur l'onglet de ces derniers (voir Figure 14.3). Vous savez toujours dans quel en-tête/pied de page de section vous vous trouvez.

Pour que les en-têtes/pieds de pages ne soient plus identiques d'une section à l'autre, désactivez le bouton de la commande Lier au précédent (dans le groupe Navigation de l'onglet Création/Outils

Figure 14.3 : Un pied de page dans la section 2, lié à la section 1.

en-têtes et pieds de page). L'onglet Identique au précédent (voir Figure 14.3) disparaît de l'en-tête ou du pied de page.

- Pour revenir à l'en-tête de section précédent ou passer au suivant, cliquez sur le bouton Précédent ou Suivant du groupe Navigation de l'onglet Création/Outils en-têtes et pieds de page.
- Si vous modifiez un en-tête ou pied de page dans une section, et qu'ils sont liés aux autres sections, les en-têtes et pieds de pages des autres sections se mettront à jour pour refléter cette modification. S'ils ne sont pas liés, la modification sera sans conséquence sur les autres sections.
- N'OUBLIEZ PAS Lorsque vous cochez l'option Première page différente, notez que chaque section a son propre en-tête et pied de page de première page (voir la section précédente).

Supprimer un en-tête ou un pied de page

La méthode la plus simple pour supprimer un en-tête dans un document consiste à utiliser la commande En-tête/Supprimer l'en-tête dans le groupe En-tête et pied de page de l'onglet Insertion. Pour supprimer un pied de page, choisissez la commande Pied de page/Supprimer le pied de page dans le groupe En-tête et pied de page de l'onglet Insertion.

Une autre méthode de suppression des en-têtes consiste à effacer leur texte : appuyez sur Ctrl + A pour sélectionner tous les éléments de l'en-tête, puis appuyez sur la touche Suppr.

Chapitre 15

Utiliser les styles

Dans ce chapitre :

- Trouver son style.
- Découvrir la cachette des styles.
- Appliquer un style.
- Supprimer des styles.
- Créer un style.
- Modifier un style.
- Attribuer un raccourci clavier à un style.

Lorsque vous créez un document, vous pouvez décider de ne rien mettre en forme, ou de tout mettre en forme. La mise en forme peut devenir une véritable obsession.

Sachant cela, Microsoft a développé les styles. Il s'agit de mises en forme prédéfinies qui permettent de donner du cachet à votre document au fur et à mesure que vous le saisissez. En d'autres termes, une fois que vous avez créé des styles, leur application peut devenir automatique en fonction des paragraphes qui se succèdent.

Qu'est-ce qu'un style ?

Un *style* n'est rien d'autre qu'un ensemble de commandes de mise en forme de Word. Par exemple, si vous voulez mettre un paragraphe en police Courier 10 points et en retrait, il vous suffit de lui *appliquer* un style combinant ces mises en forme. Facile !

En associant divers formats de textes et de paragraphes, vous pouvez créer des styles qui vous feront gagner un temps précieux tout en présentant des documents de qualité professionnelle. Si vous décidez de changer le style d'un type de paragraphe spécifique, toutes ses occurrences présentes dans le document sont actualisées automatiquement.

- Un style est une combinaison de mises en forme. Donnez un nom à votre style, puis mettez en forme le texte sélectionné afin de définir les caractéristiques du style. Vous pouvez également commencer par mettre en forme votre texte, puis enregistrer cette mise en forme en tant que style.
- Les noms de styles doivent être explicites sur le type de paragraphe qu'ils mettent en forme : Titre 1, Légende, *etc.*
- Dans Word, tout texte a un style. À moins que vous n'ayez spécifié autre chose, Word 2013 utilise le style Normal ; soit un paragraphe aligné à gauche, en Calibri, 11 points, sans retrait.
- Les styles font partie des modèles de documents.
- Word ne vous oblige pas à utiliser des styles. Si vous le faites, la mise en forme de vos documents en sera cependant grandement facilitée.

Types de styles

Il existe cinq types différents de styles, les trois premiers de cette liste étant les plus courants :

¶

- **Style de paragraphe :** Ce style contient tout type de mise en forme : paragraphes, retraits, tabulations, polices, taille du texte, attributs. Le style Paragraphe peut mettre en forme tous les paragraphes et caractères standards, le corps du texte, ou simplement un seul de ces aspects. C'est le type le plus couramment utilisé.

a

- **Style de caractère :** Ce style limite sa mise en forme aux caractères. Il n'a aucune incidence sur les paragraphes. Il permet de différencier un mot ou groupe de mots dans un paragraphe avec une mise en forme différente. Tout ce qui est mentionné au Chapitre 10 peut être appliqué à un style de caractère.

- **Style lié :** Le style Lié est une combinaison de styles que vous pouvez appliquer à la fois aux paragraphes et aux caractères. Tout dépend du texte que vous avez sélectionné avant l'application du style.
- **Style de tableau :** Ce style s'applique aux tableaux. Il ajoute des lignes et des couleurs au contenu des cellules. Reportez-vous au Chapitre 16 pour plus de détails sur les tableaux de Word.
- **Style de liste :** Ce style personnalise le contenu des listes. Il peut inclure des puces, des chiffres, des niveaux, et d'autres formats propres aux listes.

Ces différents types de styles servent aussi bien au moment de créer vos styles que lorsque vous les appliquez aux éléments de votre texte. Par exemple, si vous insérez un tableau dans votre document et que vous voulez lui appliquer une mise en forme particulière, vous aurez besoin d'un style de tableau.

Localiser les styles de Word

Les styles sont situés dans le groupe Style de l'onglet Accueil (voir Figure 15.1). Vous disposez d'une galerie Styles avec des styles rapides qui s'appliquent en un clic de souris. Vous pouvez agrandir la galerie afin d'afficher la totalité des styles qu'elle contient en cliquant sur le bouton Autres situé dans le coin inférieur droit de cette dernière

Le bouton d'affichage des styles, dans le coin inférieur droit du groupe Style, ouvre un panneau illustré à droite de la Figure 15.1. Pour vous en débarrasser, cliquez simplement sur son bouton de fermeture dans son coin supérieur droit.

Le panneau Styles ne montre que des styles « recommandés ». Voici comment accéder à tous les styles de Word :

1. **Affichez le panneau Styles.**
2. **Dans la partie inférieure droite, cliquez sur Options.**
3. **Dans la boîte de dialogue qui apparaît, choisissez les styles à afficher dans la liste Sélectionnez les styles à afficher.**

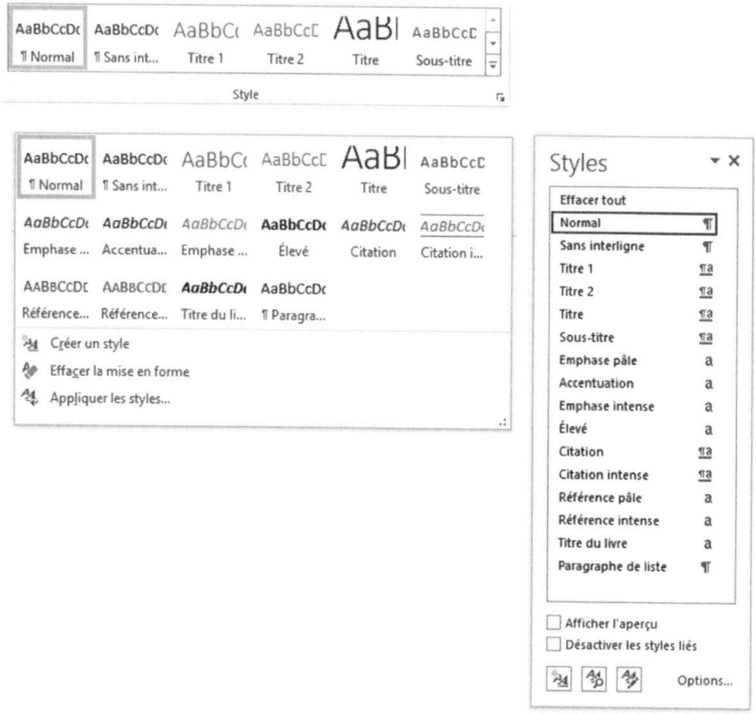

Figure 15.1 : Les styles de Word.

Par défaut, cette liste affiche Recommandé (qui n'affiche que les préconisations de Word en matière de style). Les autres options sont En cours d'utilisation (qui n'affiche que les styles utilisés dans le document), Dans le document actif (qui affiche tous les styles inclus dans le modèle du document) et Tous les styles (qui affiche tous les styles existants).

4. **Cliquez sur OK.**

Si vous optez pour Tous les styles, le contenu du panneau se met à jour.

- Pour prévisualiser les styles, cochez la case Afficher l'aperçu située en bas du panneau Styles. Pour afficher les informations relatives à un style, positionnez le pointeur de la souris sur son nom.

- Le panneau Styles liste plus de styles que la galerie Styles, en affichant notamment ceux que vous avez créés.

- Les styles prédéfinis de Word sont présents dans la galerie Styles. Vous pouvez également y afficher vos propres styles, comme cela est expliqué plus loin dans ce chapitre.
- Pour afficher rapidement le panneau Appliquer les styles, appuyez sur Ctrl + Maj + S.
- Pour afficher rapidement le panneau Styles, appuyez sur Ctrl + Maj + Alt + S.

Appliquer un style

Appliquer un style au texte revient à le mettre en forme. La grande différence avec une mise en forme ponctuelle est que le style va multiplier les formats de paragraphes et de caractères dans votre document.

1. **Sélectionnez le texte à formater.**
2. **Choisissez le style dans la galerie Styles ou dans le panneau Styles.**

   Il s'applique à tout le texte sélectionné.

Vous pouvez également commencer par sélectionner un style. Ensuite, vous saisissez votre texte. Ce texte sera formaté avec le style choisi.

TRUC

- Pour prévisualiser l'effet d'un style sur votre texte, utilisez la galerie Styles. Quand vous survolez un nom de style avec votre pointeur de souris, le texte sélectionné ou dans lequel se trouve le curseur d'insertion adopte la mise en forme correspondant au style en question.
- Le style utilisé est affiché en surbrillance dans la galerie Styles et dans le panneau Styles.
- Les styles peuvent s'appliquer *via* un raccourci clavier. Par exemple, le style Normal s'applique avec Ctrl + Maj + N. Lisez plus loin la section « Attribuer un raccourci clavier à un style » afin de définir vos propres raccourcis clavier de styles.
- Lisez également plus loin la section « Effacer la mise en forme d'un style ».

Comprendre les styles de titres

Les titres sont un type de style spécial. Word en propose plusieurs afin de répondre à vos besoins de titrage dans un même document.

Les styles de titres sont conçus à des fins organisationnelles : Titre 1 est destiné aux titres principaux, tous les autres styles venant alors dans un ordre décroissant, Titre 2, Titre 3, *etc*. Par exemple, le titre de cette section est en style Titre 3, tandis que « Qu'est-ce qu'un style » est en style Titre 2, et le titre du chapitre en Titre 1.

Le titre ne sert pas uniquement à la mise en forme d'un document. Il permet aussi d'organiser visuellement son contenu.

Par exemple, les styles de titres apparaissent le long de la barre de défilement verticale lorsque vous faites défiler le contenu du document. Ils apparaissent aussi dans le panneau Navigation quand vous recherchez du texte. Ils sont également employés pour la création d'une table des matières. Vous les voyez aussi quand vous basculez en mode Plan.

- Efforcez-vous de contenir les titres sur une seule ligne.
- Pour scinder un titre, appuyez sur Maj + Entrée.
- Une fois le titre créé, appuyez sur Entrée. Le paragraphe suivant utilise le style Normal.
- Le style Titre n'est pas un style de titre prédéfini.
- Vous pouvez créer vos propres styles de titres. Cela est expliqué dans la section « Créer son style », plus loin dans ce chapitre.

Identifier le style utilisé

Il est difficile d'identifier le style d'un texte. Il est en surbrillance dans la galerie Styles et dans le panneau Styles. Mais ces indications sont insuffisantes.

Pour déterminer précisément le style utilisé, affichez l'Inspecteur de style par un clic sur le bouton éponyme du panneau Styles (voir ci-contre et sur la Figure 15.1). La boîte de dialogue Inspecteur de style apparaît comme à la Figure 15.2.

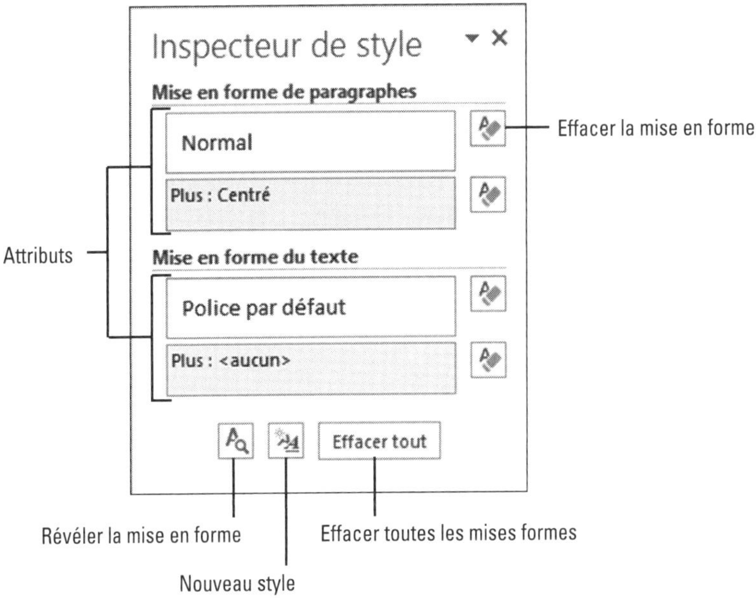

Figure 15.2 : L'Inspecteur de style.

Pour fermer l'Inspecteur de style, cliquez sur son bouton X.

Pour connaître en détail la mise en forme du texte, cliquez sur le bouton Révéler la mise en forme du panneau Inspecteur de styles (voir ci-contre et sur la Figure 15.2) ou appuyez sur Maj + F1. Le panneau Révéler la mise en forme apparaît sur le côté droit de l'interface de Word. Il présente précisément la mise en forme de la police, du paragraphe, des sections, *etc*. Cliquez sur un triangle noir pour ouvrir ou refermer une rubrique, et sur un lien pour ouvrir une boîte de dialogue permettant de modifier la mise en forme. Pour fermer le panneau Révéler la mise en forme, cliquez sur son bouton X.

Effacer la mise en forme d'un style

Tout paragraphe possède un style, même si vous n'en appliquez pas de façon volontaire, et c'est le style Normal qui s'applique dans ce cas par défaut. Plutôt que de remplacer un style par un autre, la plupart des utilisateurs, qui ignorent l'existence et l'utilité des styles, préfèrent effacer totalement la mise en forme d'un texte, ce qui a pour effet d'attribuer le style par défaut : Normal. Pour y parvenir, vous devez utiliser la fonction Effacer la mise en forme.

Sélectionnez le texte dont vous souhaitez effacer la mise en forme, et cliquez sur le bouton éponyme du groupe Police (onglet Accueil).

- Le raccourci clavier de la commande Effacer la mise en forme est Ctrl + Barre d'espace.
- Lisez le Chapitre 10 pour en savoir plus sur la commande Effacer la mise en forme.
- L'Inspecteur de style est un panneau tout à fait adapté à la suppression d'une mise en forme. Il suffit de cliquer sur le bouton Effacer la mise en forme correspondant au style à réinitialiser.

Créer son style

Je déteste le style Normal. Je suis profondément révolté par sa banalité, et je ne doute pas un instant que ce soit également votre cas. Dans les sections suivantes, nous verrons comment créer de nouveaux styles pour votre document, ne serait-ce que pour faire un pied de nez au triste style Normal.

Vous disposez de deux méthodes pour créer un style : soit mettre le texte en forme, puis enregistrer ce formatage sous forme de style, soit définir toutes les caractéristiques du style à partir de zéro, pour ensuite l'appliquer à votre texte.

Créer un style à partir d'un paragraphe que vous avez déjà mis en forme

La manière la plus facile de créer un nouveau style dans un document consiste à utiliser tout ce que vous savez de la mise en forme pour donner à un paragraphe exactement l'aspect que vous souhaitez. Vous pourrez ensuite créer le nouveau style sur la base de la mise en forme de ce paragraphe. Voici comment :

1. **Tapez et mettez en forme un paragraphe de texte.**

   Sélectionnez les différents attributs de mise en forme des caractères. Choisissez une police et une taille.

2. **Sélectionnez votre paragraphe.**

Définissez la mise en forme du paragraphe : l'alignement (gauche, droit, centré ou justifié), les retraits, *etc.* Pour savoir tout ce que vous pouvez faire, voyez le Chapitre 6.

3. **Cliquez sur l'onglet Accueil, puis sur le bouton situé dans le coin inférieur droit de la galerie Styles (dans le groupe Style).**

   Reportez-vous à la Figure 15.1 pour localiser ces différents éléments.

4. **Cliquez sur la commande Créer un style.**

   La boîte de dialogue Créer un style à partir de la mise en forme s'affiche.

5. **Dans le champ Nom, donnez un nom évocateur à votre style.**

   Optez pour un nom bref, mais suffisamment descriptif.

6. **Cliquez sur OK pour créer votre style.**

   Le nouveau style est ajouté à la liste des styles de votre document.

Le nouveau style est appliqué au paragraphe que vous avez utilisé pour le créer. Si vous tapez à la suite de celui-ci un nouveau paragraphe, il adoptera automatiquement ce style. De même, vous pouvez appliquer votre nouveau style à tout autre paragraphe de votre document.

NOTE TECHNIQUE

Si vous appuyez sur le raccourci clavier Ctrl + Maj + Alt + S à l'Étape 3, vous obtenez une version plus détaillée de la boîte de dialogue Créer un style à partir de la mise en forme, qui vous permet de définir précisément chaque type de mise en forme.

TRUC

- Les styles que vous concevez ne sont disponibles que dans le document dans lequel ils ont été créés.
- Si vous voulez les utiliser dans différents documents, vous devez créer un *modèle*.
- Après avoir créé un style, il vous arrivera de vouloir le peaufiner ou le modifier. Voyez la section « Modifier un style », plus loin dans ce chapitre.

- Attention ! Toute modification apportée à un style utilisé dans votre document se répercute instantanément sur tous les paragraphes utilisant ce style.

Créer un style à partir de rien

Il est plus simple de créer un style à partir d'un texte déjà mis en forme qu'en partant de zéro, car dans le premier cas vous avez sous les yeux l'aspect final de votre texte. Mais si vous voulez quand même vous risquer à créer un style à partir de rien, voici comment procéder :

1. **Dans le panneau Styles, cliquez sur le bouton Nouveau Style (voir Figure 15.2).**

   Appuyez éventuellement sur Ctrl + Maj + Alt + S si le panneau n'est pas déjà affiché.

   La boîte de dialogue Créer un style à partir de la mise en forme s'affiche (voir Figure 15.3).

2. **Nommez le nouveau style.**

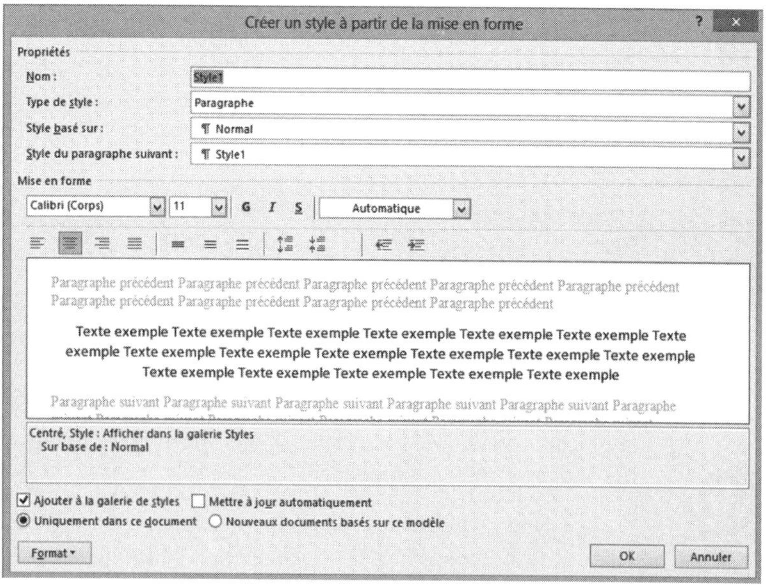

Figure 15.3 : La boîte de dialogue Créer un style à partir de la mise en forme.

3. **Assurez-vous que le type de style sélectionné est bien Paragraphe.**

   Si vous mettez en forme des caractères et non un paragraphe, optez pour Caractère dans la liste Type de style. Un exemple de style de caractère ? Du texte en bleu, gras, Courier, 12 points pour distinguer les noms de fichiers du reste du texte dans un paragraphe.

4. **Sélectionnez un style existant comme base dans la liste Style basé sur.**

   Cette étape peut vous faire gagner un temps précieux. Si le style que vous vous apprêtez à créer reprend les caractéristiques d'un style existant, sélectionnez ce dernier dans la liste. Non seulement vous partirez des réglages de ce style pour votre nouveau style, mais en outre, toute modification de la mise en forme de ce style de base se répercutera automatiquement sur le nouveau style.

5. **Définissez la mise en forme du style à l'aide des différentes commandes de la boîte de dialogue.**

   Certaines commandes se trouvent au milieu de la boîte de dialogue (voir Figure 15.3). D'autres sont accessibles par le bouton Format. Si vous cliquez dessus, une liste vous propose les différents types d'éléments à mettre en forme. Choisissez-en un, et vous obtenez la boîte de dialogue de mise en forme correspondante.

6. **Cliquez sur le bouton OK quand vous avez fini.**

Le nouveau style est créé.

Modifier un style

Il vous arrivera plus d'une fois d'avoir besoin de modifier un style.

Si la police ou un autre élément de mise en forme d'un style ne vous plaît plus ou vous semble passé de mode, il suffit de modifier ce style. Toute modification apportée à ce dernier s'appliquera ensuite à l'ensemble des textes utilisant ce style. C'est quand même plus rapide que d'avoir à modifier chaque occurrence manuellement !

Voici comment procéder pour modifier un style :

1. **Ouvrez le panneau Styles.**

   Cliquez sur le bouton situé dans le coin inférieur droit du groupe Style, ou appuyez sur Ctrl + Maj + Alt + S.

2. **Placez le pointeur sur le style que vous voulez modifier.**

   Une petite flèche pointant vers le bas apparaît à droite du nom du style.

3. **Cliquez sur la flèche.**

   Le menu du style s'affiche.

4. **Sélectionnez Modifier.**

   La boîte de dialogue Modifier le style apparaît. C'est en fait la boîte de dialogue Créer un style à partir de la mise en forme (voir Figure 15.3) avec un titre différent, puisqu'il s'agit de transformer un style qui existe déjà.

5. **Effectuez les modifications que vous voulez.**

TRUC

Après moi, un nouveau style

Lorsque je commence un nouveau chapitre, je commence par le style Chapitre titre. Le style suivant est Chapitre intro, lequel est suivi par le style Paragraphe standard. Et après un texte en Paragraphe standard, il y a un autre texte en Paragraphe standard, et ainsi de suite. Quand je passe d'un paragraphe au suivant, il n'y a pas de raison de sélectionner le style correspondant, car Word le fait automatiquement.

Dans la boîte de dialogue Créer un style à partir de la mise en forme, ouvrez la liste déroulante Style du paragraphe suivant. Le style que vous sélectionnez dans cette liste est celui auquel Word passera automatiquement lorsque vous appuierez sur la touche Entrée pour terminer un paragraphe dans le style que vous êtes en train de créer ou de modifier. Si vous conservez l'option par défaut pour cette liste, le style ne sera pas changé en passant au paragraphe suivant, ce qui correspond à ce dont on a besoin la plupart du temps. Mais, dans les situations où vous savez que le style doit changer, vous pouvez demander à Word de le faire automatiquement. Vous pouvez modifier le style Chapitre titre pour sélectionner dans cette liste le style Chapitre intro. De cette façon, chaque fois que vous appuierez sur la touche Entrée après avoir tapé le titre de votre chapitre dans le style Chapitre titre, le paragraphe suivant sera automatiquement en style Chapitre intro. C'est extrêmement pratique !

Pour modifier votre style, vous êtes libre d'utiliser tous les attributs de mise en forme disponibles. Vous pouvez aussi ajouter les attributs supplémentaires ou attribuer un raccourci clavier à votre style (nous vous dirons comment procéder dans la section suivante).

6. **Une fois terminé, cliquez sur OK.**

Si vous n'en avez plus besoin, vous pouvez fermer le panneau.

Attribuer un raccourci clavier à un style

Les styles permettent de mettre en forme rapidement des paragraphes de texte. L'attribution d'un raccourci clavier à un style rend la chose encore plus facile. Il est plus rapide d'appuyer sur Ctrl + Maj + N pour appliquer le style Normal que d'aller le sélectionner dans la liste Styles, surtout si vous avez beaucoup de styles.

Pour attribuer un raccourci clavier à votre style, suivez ces étapes :

1. **Répétez les Étapes 1 à 4 de la précédente section.**

   L'objectif ici est d'afficher la boîte de dialogue Modifier le style.

2. **Cliquez sur le bouton Format.**

3. **Dans le menu, sélectionnez Touche de raccourci.**

   La boîte de dialogue Personnaliser le clavier apparaît.

4. **Appuyez sur le raccourci clavier que vous voulez attribuer au style.**

   La combinaison de touches sur laquelle vous venez d'appuyer apparaît dans le champ Nouvelle touche de raccourci. Si vous faites une erreur, appuyez sur la touche Retour arrière pour l'effacer.

   TRUC

   Le mieux est d'utiliser une combinaison comme Ctrl + Maj + *lettre*, Alt + Maj + *lettre* ou Ctrl + Alt + *lettre* (*lettre* étant une lettre quelconque sur le clavier). Par exemple, Ctrl + Maj+ N pour le style Normal.

5. **Vérifiez que votre raccourci n'est pas déjà utilisé.**

Par exemple, Word utilise Ctrl + I pour la commande de mise en italique des caractères. Si vous tapez cette combinaison de touches dans le champ Nouvelle touche de raccourci, vous voyez apparaître au-dessous « `Affectées à : Italique` ». Surveillez cette indication ! Si vous ne voulez pas que votre raccourci se substitue à celui d'une commande que vous pouvez utiliser par ailleurs, appuyez sur la touche Retour arrière pour en choisir un autre.

Si le raccourci que vous tapez ne correspond à aucune commande existante, vous voyez apparaître `[non attribuée]` à la place du nom de la commande.

6. **Cliquez sur Attribuer.**
7. **Cliquez sur Fermer.**

   La boîte de dialogue Personnaliser le clavier disparaît.

8. **Cliquez sur le bouton OK.**

   La boîte de dialogue Modifier le style disparaît.

Vous disposez maintenant d'un raccourci clavier pour votre style. Félicitations !

Lisez également l'encadré « Après moi, un nouveau style » ci-dessus pour automatiser l'enchaînement des styles dans un document.

Personnaliser la galerie Styles

Les styles proposés par la galerie Styles ne sont pas immuables. Vous pouvez parfaitement en ajouter et/ou en supprimer.

Pour ajouter un style à la galerie Styles :

1. **Ouvrez le panneau Styles en appuyant sur Ctrl + Maj + Alt + S.**
2. **Faites un clic droit sur le style à ajouter.**
3. **Dans le menu contextuel, cliquez sur Ajouter à la galerie Styles.**

Continuez à ajouter des styles ou bien quittez le panneau Styles.

Pour supprimer un style, faites un clic droit dessus. Dans le menu contextuel, choisissez Supprimer de la galerie Styles.

Si le style que vous voulez ajouter n'apparaît pas, vérifiez que vous avez bien choisi d'afficher tous les styles depuis le panneau Styles. Reportez-vous à la section « Localiser les styles de Word » plus haut dans ce chapitre.

Supprimer un style

Vous pouvez supprimer tout style que vous avez créé. Affichez le panneau Styles, ouvrez le menu du style que vous voulez supprimer, et sélectionnez Supprimer <nom du style>. Une boîte de dialogue vous demande si vous êtes sûr de vouloir supprimer le style. Cliquez sur Oui et le style est supprimé.

Vous ne pouvez pas supprimer le style Normal, les styles Titre 1, Titre 2, et ainsi de suite, ni tout autre style standard de Word.

Quatrième partie

Un peu de fantaisie dans vos documents

« Ils ne veulent pas me laisser passer tant que je n'ai pas enlevé toutes les puces de mon document Word ! »

Dans cette partie...

- Familiarisez-vous avec les tableaux.
- Insérez des images et des légendes dans vos documents.

Chapitre 16

Construire des tableaux

Dans ce chapitre :

- Comprendre les tableaux dans Word.
- Créer des tableaux de toute taille.
- Sélectionner des éléments dans un tableau.
- Convertir du texte en tableau, et inversement.
- Mettre en forme un tableau.
- Ajouter et supprimer des lignes et des colonnes.
- Appliquer des styles rapides de tableaux.
- Supprimer un tableau.

Comment faire pour créer un tableau ? Si vous êtes un bon bricoleur, bien équipé et audacieux, tout est possible. Vous pouvez faire ce que vous voulez, dans le style que vous souhaitez, rudimentaire ou raffiné, rustique ou délicat, ennuyeux ou distrayant, ou encore une combinaison subtile de toutes ces caractéristiques. Vous pouvez aussi l'acheter dans un magasin, comme un canari ou un crocodile. Mais dans Word ? Dans Word, c'est facile.

Word ne dispose pas seulement d'une commande Tableau. Cette dernière donne accès à tout un ensemble de commandes et de paramètres, pour créer tous les tableaux que vous désirez, à volonté, dans tous vos documents. Il n'est pas nécessaire d'être savant, ni de suivre de longues études. Tout est à portée de main, grâce à la commande Tableau.

Pourquoi utiliser des tableaux ?

Le tableau est l'extension naturelle des tabulations. D'ailleurs, *tableau* et *tabulation* ont la même racine latine. Mais là n'est pas l'essentiel. Les tabulations permettent d'aligner des éléments dans les colonnes d'un tableau.

- Utilisez un tableau chaque fois que vous avez des informations qui peuvent être organisées en lignes et en colonnes.
- Les lignes d'un tableau vont de gauche à droite.
- Les colonnes d'un tableau vont de haut en bas.
- Chaque case du tableau s'appelle une *cellule*.
- Les cellules ont leur propre mise en forme de marges, de texte et de paragraphe. Vous pouvez même y mettre des images, à la place ou en plus du texte.
- Contrairement à ce qui se passe avec des tabulations, un tableau peut être réorganisé et redimensionné pour s'adapter aux données que vous y mettez. Autrement dit, si vous avez l'intention de modifier ultérieurement vos données, il vaut mieux utiliser un tableau qu'une simple liste mise en forme avec des tabulations.
- Pour mieux apprécier les tableaux, il est recommandé d'être en mode Page.

Du plaisir de créer des tableaux

Vous pouvez créer un tableau sans aucune base, ou bien le concevoir à partir d'un texte existant. Mon conseil est de créer un tableau sans base préalable. Vous le remplirez ensuite d'informations. Word permet d'ajouter ou de supprimer des lignes et des colonnes. Par conséquent, lorsque vous commencez un tableau, il n'est pas nécessaire d'être précis à la ligne ou à la colonne près.

Pour insérer un tableau dans un document, il suffit de cliquer sur l'onglet Insertion, et sur le bouton du groupe Tableaux. Vous obtenez le contenu de la Figure 16.1.

Les prochaines sections étudient les divers éléments du menu, mais voici les grandes étapes de la création d'un tableau :

Figure 16.1 : Le menu Tableau.

1. **Insérez le tableau dans votre document.**

   Word propose pour cela différentes commandes, qui aboutissent toutes à l'apparition d'un tableau aux cellules vides, prêtes à être remplies.

2. **Remplissez le tableau.**

   Contrairement à l'ancien temps où il était préférable de saisir vos données, puis de les convertir en tableau, je vous recommande de commencer par créer votre tableau, puis de remplir ses cellules.

3. **Mettez le tableau en forme.**

   Lorsque vous insérez un tableau, deux nouveaux onglets apparaissent dans le Ruban : Création et Disposition. Ils se trouvent tous deux sous l'onglet Outils de tableau. L'utilisation de ces onglets est étudiée plus loin dans ce chapitre.

- Au rang des mises en forme à appliquer au tableau figurent l'ajout et la suppression de lignes et de colonnes, dont nous allons également reparler bientôt. Ne vous inquiétez pas si les dimensions du tableau ne vous semblent pas convenir dès le début.

- À mesure que vous ajoutez des colonnes, les colonnes du tableau réduisent en largeur, car ce dernier est de la largeur du document.
- Si vous avez déjà saisi les données du tableau, ou bien que les données placées dans le tableau aient été mises en forme avec des tabulations, consultez la section « Convertir un texte tabulé en tableau », dans la suite de ce chapitre.
- Les onglets Création et Disposition s'affichent dès que vous cliquez dans un tableau.
- TRUC Commencez un tableau sur une ligne vide. Mais, préalablement à cela, je vous recommande de créer une seconde ligne. Elle se situe, si vous l'avez bien compris, sous la ligne où commencera le tableau. Cette ligne facilite la saisie du texte qui ne doit pas figurer dans le tableau.

Créer un tableau

Pour compliquer les choses comme il sait parfois si bien le faire, Word propose différentes manières de créer un tableau. À vous de choisir celle que vous préférez.

De la création (trop) facile d'un tableau

La méthode la plus simple pour insérer un tableau dans votre document consiste à utiliser la grille de cellules du menu local Tableau. Chaque fois que vous passez la souris sur une cellule, elle bascule en surbrillance, définissant par cette même occasion les colonnes et les lignes qui vont composer le tableau.

La Figure 16.2 présente un tableau, composé de quatre colonnes et de trois lignes, créé par simple glissement du pointeur de la souris. Vous pouvez voir un aperçu du futur tableau dans votre document. Dès que vous cliquez sur le dernier carré (en bas à droite), le tableau s'insère dans le document. Il ne reste plus qu'à le remplir (voir « Texte dans un tableau » ci-dessous).

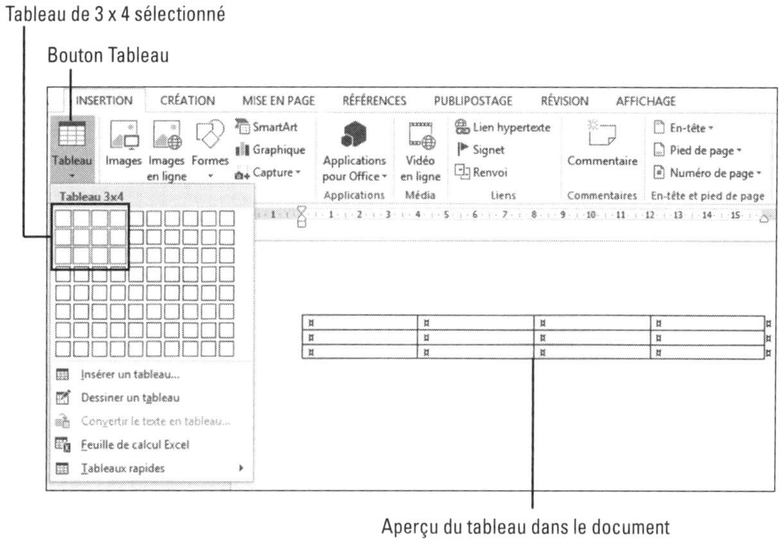

Figure 16.2 : Un tableau créé en un clic.

Utiliser une boîte de dialogue

Pour créer précisément un tableau, passez par la boîte de dialogue Insérer un tableau. Cliquez pour cela sur le bouton Tableau (voir Figure 16.1), puis, dans le menu, sur Insérer un tableau. Spécifiez ensuite précisément le nombre de colonnes et de lignes souhaitées dans la boîte de dialogue Insérer un tableau.

Dessine-moi un tableau !

Si vous avez l'âme d'un artiste, vous pouvez « dessiner » votre tableau dans le document. Voici comment procéder :

1. **Dans le menu local Tableau, cliquez sur Dessiner un tableau (voir Figure 16.1).**

   Le pointeur de la souris prend la forme d'un *crayon*.

2. **Utilisez la souris pour dessiner le cadre de votre tableau dans votre document.**

   Commencez par placer le pointeur crayon à l'endroit où vous souhaitez mettre le coin supérieur gauche de votre tableau, puis cliquez et maintenez enfoncé le bouton gauche de la souris en faisant glisser vers le bas et vers la droite jusqu'à l'endroit où vous souhaitez placer le coin inférieur droit. Tout en faisant glisser, vous voyez apparaître le cadre que vous définissez ainsi (Figure 16.3).

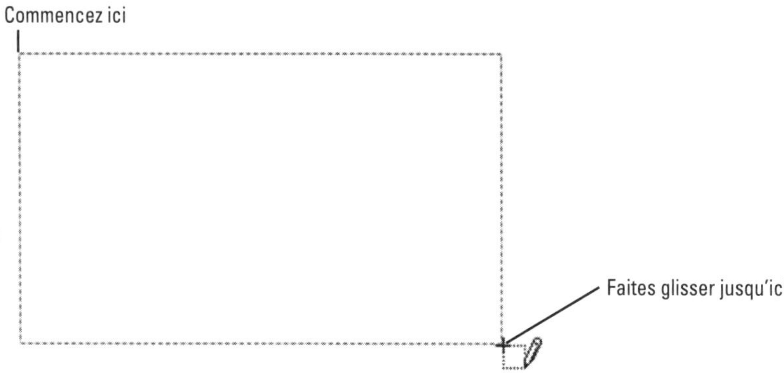

Figure 16.3 : Dessiner un tableau dans un document.

Ne vous préoccupez pas de donner exactement la bonne taille au tableau. Vous pourrez le redimensionner par la suite.

3. **Utilisez le pointeur en forme de crayon pour dessiner les lignes et les colonnes.**

   Aussi longtemps que le pointeur a l'aspect du crayon, vous pouvez vous en servir pour dessiner des lignes et des colonnes dans votre tableau.

   Pour dessiner une ligne, faites glisser le pointeur crayon du bord gauche au bord droit du tableau, à la hauteur voulue.

   Pour dessiner une colonne, faites glisser le pointeur crayon du bord supérieur au bord inférieur du tableau, comme le montre la Figure 16.4.

   Vous pouvez diviser une ligne ou une colonne en plusieurs cellules en faisant simplement glisser dedans le pointeur crayon.

   Encore une fois, ne vous inquiétez pas si vous avez trop ou pas assez de lignes ou de colonnes. Ne vous alarmez pas non plus si le tableau n'est pas très régulier. Vous pourrez réorganiser tout cela par la suite.

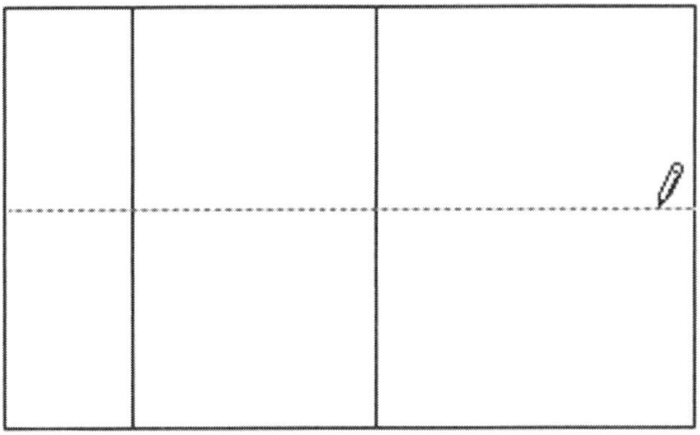

Figure 16.4 : Dessiner une colonne dans un tableau.

4. **Une fois votre tableau dessiné, appuyez sur la touche Échap.**

   Cette action désactive l'outil Dessiner un tableau, et vous fait revenir dans le mode d'édition de texte. Vous pouvez maintenant introduire le texte dans votre tableau ou le modifier à votre guise.

Vous pouvez tracer plusieurs lignes dans un tableau en activant le bouton Dessiner un tableau dans le menu local Traçage de bordure de l'onglet Création. Sachez qu'il peut être utilisé pour modifier des tableaux qui n'ont pas été créés avec cet outil.

Méthode paresseuse

Soyez aussi feignant que possible ! Cliquez sur l'option Tableaux rapides du menu Tableau (voir Figure 16.1). Choisissez un tableau prédéfini. Le problème est que ces tableaux ne répondent que très rarement à vos besoins réels. Il est donc préférable d'en créer un manuellement comme expliqué précédemment.

Dans le menu local Tableaux rapides, vous trouverez un assortiment de tableaux prédéfinis qui couvrent un certain nombre d'hypothèses pratiques.

Texte dans un tableau

Chaque cellule peut avoir son propre format de paragraphe et ses tabulations. Il est possible de formater des groupes de cellules, de rangées, et de colonnes en une seule opération. Les formats de texte et de paragraphes s'appliquent à une cellule comme vous le faites pour du texte standard.

- Si l'une de vos cellules contient beaucoup de texte, vous n'avez peut-être pas besoin d'un tableau pour présenter ces données.

- Ne mettez pas en retrait un paragraphe ou la première ligne d'un texte d'une cellule. Non seulement ce n'est pas nécessaire, mais en plus vous aurez bien du mal à le manipuler.

- Affichez la règle pour mettre en forme un tableau. Cliquez sur l'onglet Affichage, puis cochez la case Règle du groupe Afficher.

Insérer du texte dans un tableau

Pour remplir un tableau, tapez-y du texte tout simplement. La cellule ajuste sa taille pour accueillir tout le texte que vous tapez. Certaines touches du clavier facilitent le remplissage d'un tableau :

- **Tab :** Appuyez sur cette touche pour passer à la cellule suivante.
- **Maj + Tab :** Permet de revenir dans la cellule précédente.
- **Touches directionnelles :** Permettent de se déplacer dans toutes les directions à l'intérieur de votre tableau.
- **Entrée :** Ajoute un paragraphe dans une cellule.
- **Maj + Entrée :** Crée une nouvelle ligne dans un texte de cellule.
- **Ctrl + Tab :** Crée des tabulations et des retraits.

Lorsque vous êtes dans la dernière cellule d'un tableau (inférieure droite) et que vous appuyez sur la touche Tab, vous créez une nouvelle ligne.

Sélectionner du texte dans un tableau

Voici comment sélectionner facilement du texte dans un tableau :

- Cliquez trois fois dans la cellule pour sélectionner tout son texte.

- Placez le pointeur de la souris dans le coin inférieur gauche de la cellule. Le pointeur se dirige vers le nord-est. Cliquez pour sélectionner le texte (ainsi que la cellule).
- Placez la souris dans la marge de gauche, et cliquez pour sélectionner une rangée de cellules.

- Placez la souris au-dessus d'une colonne et cliquez pour la sélectionner. Le pointeur prend la forme d'une flèche dirigée à la verticale vers le bas.
- Vous pouvez sélectionner les éléments d'un tableau depuis l'onglet Disposition des Outils de tableau. Dans le groupe Tableau, ouvrez le menu local Sélectionner et choisissez Sélectionner le tableau/la colonne/la ligne ou le tableau.

- Cliquez sur la « poignée » de sélection ci-contre pour sélectionner tout le contenu du tableau.

Lisez la section « Ajuster un tableau » ci-dessous pour les opérations à accomplir une fois que vous avez sélectionné des éléments de votre tableau.

Calculer avec un tableau

Eh oui, Word peut effectuer des calculs au sein d'un tableau, comme dans une feuille de calcul Excel. La principale différence étant que cette fonction est moins élaborée que dans Excel (ce qui rassurera peut-être certains utilisateurs).

Parmi les formules mathématiques proposées, celle que j'utilise le plus souvent est SUM (SOMME), qui additionne les données contenues dans une colonne ou une ligne. Voici comment procéder :

1. **Créez un tableau contenant des données à additionner.**

   Ces données peuvent se trouver dans une même colonne ou une même ligne. La dernière cellule de cette colonne ou ligne doit être vide. C'est dans cette dernière que vous effectuerez la somme des cellules qui la précèdent.

2. **Cliquez dans la cellule (vide) où vous voulez insérer la formule SUM.**

3. **Cliquez sur l'onglet Disposition des Outils de tableau.**

4. **Cliquez sur le bouton Formule dans le groupe Données.**

   La boîte de dialogue Formule s'affiche.

5. **Choisissez SUM dans la liste Insérer la fonction.**

6. **Cliquez sur OK.**

   La somme des données contenues dans les cellules de la ligne ou de la colonne précédant la cellule vide s'affichent dans cette dernière.

Si vous modifiez les données du tableau, pensez à mettre à jour la formule. Cliquez du bouton droit sur la somme. Dans le menu qui s'affiche, sélectionnez la commande Mettre à jour les champs.

Convertir un texte tabulé en tableau

Lorsque vous aurez constaté toute l'élégance des tableaux, vous aurez sans doute le désir de convertir en tableau une partie du texte mis en forme avec des tabulations dans votre document. Ou alors, le désir vous en viendra simplement sous forme d'impulsion irrésistible, par obsession perfectionniste.

Pour convertir en tableau du texte déjà existant, suivez ces étapes :

1. **Sélectionnez le texte à convertir en tableau.**

   C'est encore mieux si votre texte est organisé en colonnes séparées par un caractère de tabulation.

2. **Dans le groupe Tableaux de l'onglet Insertion, cliquez sur Tableau/Convertir le texte en tableau.**

   La boîte de dialogue éponyme apparaît. Assurez-vous que l'option Tabulations est activée dans la section Séparer le texte au niveau des. Si votre texte est séparé par des points-virgules ou est un paragraphe, choisissez l'option correspondante.

3. **Cliquez sur OK.**

Le texte devient bel et bien un tableau s'il est parfaitement séparé par des taquets de tabulation (ou par l'autre marqueur de séparation que vous avez indiqué à l'Étape 2).

En somme, tout est possible, mais vous aurez probablement à ajuster différentes choses (redimensionner les colonnes et ainsi de suite). Ce sera peut-être un peu laborieux, mais c'est beaucoup mieux que d'avoir à tout retaper.

Convertir un tableau en texte

Voici comment procéder :

1. **Cliquez dans le tableau à convertir.**

2. **Cliquez sur l'onglet Disposition.**

3. **Dans le groupe Tableau, choisissez Sélectionner/Sélectionner le tableau.**

4. **Dans le groupe Données, choisissez Convertir en texte.**

   La boîte de dialogue Convertir en texte apparaît.

5. **Cliquez sur OK.**

   Adieu joli tableau, bonjour texte !

Une fois le texte converti, vous devrez apporter des modifications, par exemple en supprimant les tabulations.

TRUC

Lorsque les cellules d'un tableau contiennent beaucoup de texte, choisissez Marques de paragraphe dans la boîte de dialogue Convertir en texte (avant l'Étape 5). Le texte sera moins laid !

À vous de configurer le tableau

Le texte remplit un tableau cellule après cellule. Chaque cellule peut bénéficier de son propre format de paragraphe et de son propre jeu de tabulations. Des groupes de cellules, des lignes, des colonnes, et la totalité d'un tableau peuvent être sélectionnés et mis en forme à n'importe quel moment. Les modifications s'appliquent au texte des cellules comme s'il s'agissait d'un texte standard.

- Pour sélectionner les éléments d'un tableau, lisez la section « Sélectionner du texte dans un tableau » ci-dessus.
- Dès que vous sélectionnez un élément de tableau ou cliquez dans ce dernier, les onglets Création et Disposition des Outils de tableau s'affichent.
- Attendez d'avoir rempli votre tableau pour le mettre en forme.

Utiliser la souris dans un tableau

Vous pouvez utiliser la souris pour manipuler un tableau, qu'il soit vide ou rempli de texte. Voici ce que vous pouvez faire :

- Placez le pointeur de la souris au-dessus d'une colonne. Il prend la forme d'une flèche dirigée vers le bas. Cliquez pour sélectionner cette colonne. Vous pouvez alors modifier la largeur de la colonne.

- Vous pouvez également redimensionner une colonne en utilisant la règle. Cliquez pour cela sur l'icône Déplacer les colonnes du tableau qui s'y trouve, puis faites glisser vers la gauche ou la droite.

- Si vous pointez une ligne verticale entre deux colonnes du tableau, le pointeur prend la forme ci-contre. Cliquez et faites glisser vers la gauche ou la droite pour modifier la largeur de la colonne à gauche du pointeur.

- Si vous pointez une ligne horizontale entre deux lignes du tableau, le pointeur prend la forme ci-contre. Cliquez et faites glisser vers le haut ou le bas pour modifier la hauteur de la ligne au-dessus du pointeur.

- Pour insérer une ligne, pointez à gauche d'une ligne de tableau : le pointeur prend la forme d'un signe plus cerclé, comme dans la marge. Cliquez dessus pour insérer une ligne sous la ligne que vous pointez.

- De la même manière, pour insérer une colonne, pointez au-dessus d'une colonne de tableau : le pointeur prend la forme d'un signe plus cerclé, comme dans la marge. Cliquez dessus pour insérer une colonne à droite de la colonne que vous pointez.

Ajuster un tableau

Une fois qu'un tableau est dans votre document, il existe un nombre incalculable de manières de le modifier. Pour cela, affichez le contenu de l'onglet Disposition des Outils de tableau. Ses diverses commandes personnalisent et ajustent votre tableau comme le démontrent les quelques sections suivantes.

Insérer des colonnes et des lignes

Vous pouvez augmenter la taille d'un tableau en ajoutant des lignes et des colonnes. L'insertion de ces nouveaux éléments se passe dans le groupe Lignes et colonnes : Insérer en dessous, Insérer à gauche, Insérer à droite. La nouvelle ligne ou colonne apparaît à l'emplacement indiqué selon la position du pointeur dans le tableau.

Supprimer des cellules, des colonnes, ou des lignes

Pour supprimer tout ou partie d'un tableau, vous devez commencer par placer le point d'insertion dans la zone du tableau que vous souhaitez supprimer. Ensuite, choisissez l'élément à effacer dans le bouton Supprimer.

- Le contenu du tableau est supprimé en même temps que la partie qui le contient.
- La commande Supprimer les cellules affiche une boîte de dialogue demandant comment déplacer les cellules restant en place. En effet, la suppression de cellules rend le tableau asymétrique.

Ajuster la taille des lignes et des colonnes

Les éléments du groupe Taille de la cellule permettent de régler au millimètre la hauteur des lignes ou la largeur des colonnes. Ces réglages prennent effet dans les lignes et les colonnes où se situe le point d'insertion.

TRUC

Les commandes Distribuer les lignes et Distribuer les colonnes équilibrent l'espace existant entre les colonnes et les lignes d'un tableau. Une fois le point d'insertion situé dans le tableau, cliquez sur l'un ou l'autre de ces boutons, voire les deux.

Aligner du texte

Le texte contenu dans une cellule peut être aligné comme un paragraphe : à gauche, au centre, à droite. Le texte peut aussi être aligné verticalement : en haut, au centre, en bas. Ces différentes options se trouvent dans le groupe Alignement.

Par exemple, pour que le titre d'une ligne s'aligne en bas et au centre de chaque cellule, commencez par sélectionner la ligne supérieure de votre tableau, puis cliquez sur le bouton Au centre en bas.

Réorienter le texte

Le bouton Orientation du texte du groupe Alignement change le sens de lecture du texte dans une cellule ou un groupe de cellules sélectionnées. Normalement, le texte est orienté de gauche à droite. En cliquant sur le bouton Orientation du texte, vous changez le sens du texte. Par exemple, il pivote et n'est lisible que si vous penchez la tête pour le lire de haut en bas. Si vous cliquez trois fois de suite sur ce bouton, le texte reprend son orientation initiale.

Malheureusement, ce bouton ne permet pas d'écrire verticalement un texte.

Fusionner des cellules

Fusionner

Vous pouvez combiner plusieurs cellules d'un tableau afin qu'elles n'en fassent plus qu'une. Pour ce faire, sélectionnez les cellules en question. Dans l'onglet Disposition des Outils de tableau, cliquez sur le bouton Fusionner du groupe éponyme. Les cellules fusionnent en combinant leur texte.

Scinder des cellules

Fractionner

Pour diviser une cellule en deux ou plus, sélectionnez la cellule en question. Dans l'onglet Disposition des Outils de tableau, cliquez sur le bouton Fractionner du groupe éponyme. Une boîte de dialogue vous demande de préciser si vous voulez scinder la cellule en colonnes et/ou en lignes, et dans quelles proportions. Remplissez les champs de cette boîte de dialogue, puis cliquez sur OK. La cellule se scinde selon vos indications. Si elle contenait du texte, il se place dans la première cellule en haut à gauche.

Formater un tableau

Placez le curseur dans le tableau que vous voulez mettre en forme, de préférence un tableau déjà rempli, et utilisez les outils de l'onglet Création.

Le groupe Styles de tableau peut rapidement mettre en forme n'importe quel tableau. Choisissez un style ou cliquez sur la flèche pour faire défiler la liste des tableaux prédéfinis. Comme avec les styles rapides, dès que vous placez le pointeur de la souris sur un style de tableau, celui en cours d'édition prend l'aspect choisi.

Les sections suivantes expliquent certains principes sur l'application des styles de tableau.

Définir les styles des lignes

Les lignes d'une grille d'un tableau ont les mêmes bordures que celles appliquées *via* la commande Bordures. Le bouton Bordures définit la position de la bordure. Le groupe Bordures permet de choisir le style de ligne, son épaisseur, et sa couleur.

La bordure change dans toutes les sections sélectionnées du tableau.

Supprimer le contour d'un tableau

Il peut arriver que vous souhaitiez créer un tableau sans bordures. Par exemple, je crée souvent un tableau sans contour d'une colonne et de deux lignes pour insérer une image et sa légende. Pour ce faire, sélectionnez le tableau, et choisissez Aucune bordure dans le menu local Bordures.

Il est plus difficile de travailler dans un tableau qui n'a pas de bordures. Pour vous faciliter la tâche, affichez le quadrillage non imprimable. Pour cela, cliquez sur Bordures/Afficher le quadrillage.

Supprimer un tableau

Pour supprimer sans autre forme de procès le tableau de votre document, cliquez dans ce dernier, puis accédez au groupe Lignes et colonnes de l'onglet Outils de tableau/Disposition, et enfin cliquez sur Supprimer/Supprimer le tableau.

- Supprimer le tableau en supprime également tout le contenu.
- Si vous préférez convertir le contenu du tableau en texte normal, reportez-vous à la section Convertir un tableau en texte, plus haut dans ce chapitre.

Chapitre 17

Illustrez-moi ça !

Dans ce chapitre :

- Insérer une image ou un clipart.
- Jouer avec WordArt.
- Ajouter une légende.
- Supprimer des images.
- Habiller une image avec du texte.
- Redimensionner une image.
- Rogner une image.
- Modifier l'aspect d'une image.
- Créer des dessins avec les formes.

Une image vaut mille mots… oui, d'accord ; pourtant, en informatique, ce n'est pas tout à fait vrai. En effet, 1 000 mots pèsent environ 1 Ko, alors qu'une image pèse en moyenne sept fois plus ! Qu'avez-vous à répondre à cela ?

Je sais, je joue avec les mots. Il est en effet plus facile et plus parlant d'insérer une image de la tour de Pise plutôt que d'essayer de la décrire en détail. Word permet d'insérer de multiples fichiers graphiques dans vos documents. Toutefois, réservez cette fonction aux documents qui ont vraiment besoin d'être illustrés comme le fonctionnement du moteur à quatre temps, la théorie de la relativité ou d'autres sujets complexes.

- Quand vous insérez des images, il est conseillé de travailler en mode Page.

- Plus vous mettez d'images dans votre document, plus Word ralentit. Je vous conseille donc d'insérer les images en dernier, c'est-à-dire après la saisie du texte. Et enregistrez régulièrement votre document !

Voilà une image !

Bien entendu, dans Word, il y a du texte, et si vous n'y prenez garde, ou bien si vous occultez quelques fonctions essentielles, vous risquez de réduire l'utilisation de ce programme à celui d'une simple machine à écrire. Vos pages auront du texte, encore du texte, toujours du texte, mais rien que du texte. Et si vous agrémentiez ce dernier d'images ? En plus, vous avez la possibilité d'en insérer de différents types.

- Les différents types d'images s'insèrent dans le texte par le groupe Illustrations de l'onglet Insertion.
- Word vous permet d'utiliser des images provenant d'autres applications. Ainsi, fignolez de belles images dans vos programmes graphiques sophistiqués, enregistrez-les sur disque, puis insérez-les dans Word, soit en appuyant sur Ctrl + V, soit en cliquant sur le bouton Copier du groupe Presse-papiers (onglet Accueil).

- La méthode la plus simple pour trouver une image et la placer dans votre document consiste à en trouver une sur le Web. Une fois que c'est fait (et que vous êtes sûr que son auteur vous autorise à l'utiliser), cliquez dessus du bouton droit, puis sélectionnez la commande permettant de la copier. Il vous reste ensuite à coller l'image dans votre document Word, en appuyant sur Ctrl + V.
- Les images s'insèrent à l'intérieur de vos paragraphes de texte. Vous pouvez néanmoins définir la façon dont le texte doit se positionner par rapport à vos images. Lisez pour cela la section « Habiller le texte autour de l'image » plus loin dans ce chapitre.

Insérer une image stockée sur votre disque dur

La méthode la plus simple pour insérer une image dans un document Word consiste à aller la chercher sur un de vos disques durs. Pour introduire une image dans un document, suivez ces étapes :

1. **Cliquez à l'endroit où vous voulez insérer l'image dans votre document.**

   Vous pourrez modifier cet emplacement après coup, donc vous pouvez le choisir de façon approximative.

2. **Cliquez sur l'onglet Insertion, puis sur le bouton Images du groupe Illustrations.**

   La boîte de dialogue Insérer une image apparaît.

3. **Utilisez les commandes de cette boîte de dialogue pour parcourir vos disques durs et dossiers afin de localiser l'image à introduire.**

4. **Cliquez sur le fichier image pour le sélectionner.**

5. **Cliquez sur le bouton Insérer.**

   L'image apparaît à l'emplacement du point d'insertion.

La Figure 17.1 illustre l'apparence d'une image insérée, avec les différents contrôles dont vous disposez.

L'image aura certainement besoin de quelques ajustements. Ils sont traités dans les sections à venir. Avant toute autre chose, voici quelques points à considérer :

- Vous pouvez déplacer l'image dans votre document comme expliqué plus loin dans ce chapitre.
- Après avoir inséré une image, vous pouvez la modifier, et aussi la redimensionner. Pour cela, utilisez les outils de l'onglet Format (sous Outils image). Nous y reviendrons plus loin dans ce chapitre.
- Word gère de nombreux formats de fichiers graphiques.
- TRUC : À la fin de vos courriers, il est sympathique d'afficher votre signature, je veux dire une signature manuscrite. Pour cela, il suffit de signer une feuille blanche que vous placez ensuite dans un scanner de bureau. Numérisez l'image et stockez-la

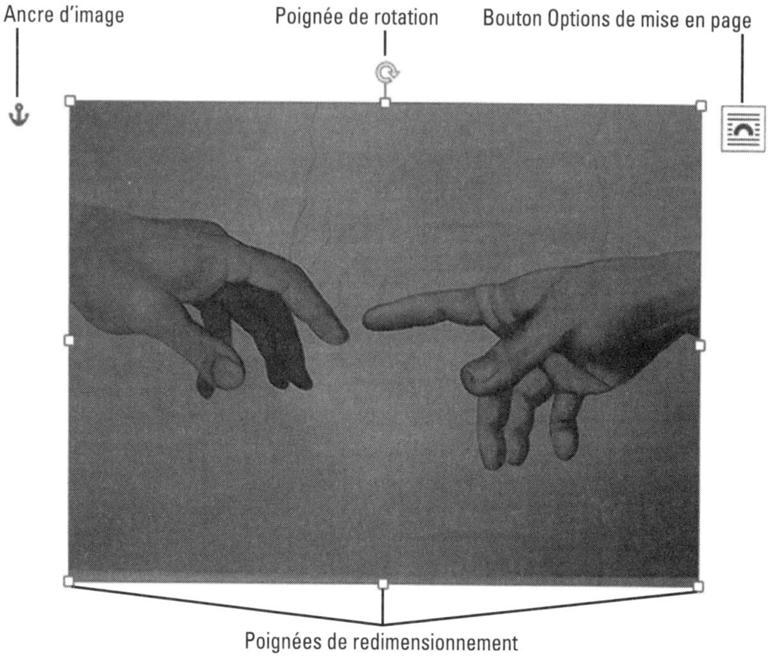

Figure 17.1 : Une image dans un document.

sur votre disque dur. Une fois votre signature devenue un fichier graphique, vous pourrez l'insérer à la fin de chaque courrier et l'imprimer tout aussi simplement que le texte du document.

Insérer un clipart

Les *cliparts* sont des images un peu particulières qui se rapprochent plus de l'illustration et du dessin que de la photo, par exemple. La procédure d'insertion d'une telle image dans un document rejoint celle d'une image classique. La seule différence est que les cliparts sont stockés dans des collections auxquelles vous accédez en ligne (sur Internet). Voici comment gérer les cliparts :

1. **Cliquez sur l'onglet Insertion. Dans le groupe Illustrations, cliquez sur le bouton Images en lignes.**

   La fenêtre Insérer une image s'affiche.

2. **Dans le champ Images clipart Office.com, saisissez un mot ou tapez une description des cliparts que vous souhaitez utiliser.**

Par exemple, saisissez le mot **arbre** pour trouver une illustration d'arbre.

3. **Appuyez sur la touche Entrée.**

   Les cliparts correspondant au mot ou à l'expression saisie apparaissent sous forme de vignettes. Vous aurez peut-être besoin de faire défiler le contenu de la fenêtre pour trouver votre bonheur.

   Bien entendu, si vous ne trouvez pas l'image qui vous convient, reprenez la recherche à l'Étape 2.

4. **Cliquez sur l'image de votre choix.**

5. **Cliquez sur le bouton Insérer.**

   L'image se télécharge puis apparaît au point d'insertion dans le document (comme à la Figure 17.1).

- Une fois le clipart inséré, utilisez les outils de l'onglet Format pour le modifier comme cela est expliqué dans les prochaines sections de ce chapitre.
- Les cliparts sont gratuits et donc utilisés par de nombreuses autres personnes, ce qui risque de nuire à la singularité de votre document.

Créer une forme

Word permet de créer des formes, c'est-à-dire des objets graphiques bien plus sophistiqués qu'une simple ligne. En effet, Word est livré avec un ensemble impressionnant de formes prédéfinies très faciles à introduire dans un document :

1. **Cliquez sur l'onglet Insertion, puis sur le bouton Formes du groupe Illustrations pour afficher une multitude de formes géométriques prédéfinies.**

2. **Cliquez sur la forme que vous souhaitez utiliser.**

   Le pointeur prend la forme d'un signe plus (+).

3. **Placez le pointeur de la souris sur la page du document, cliquez et, sans relâcher le bouton de la souris, étirez la forme.**

Certaines formes exigent deux ou trois clics de souris afin de correctement tracer un trait ou pour créer une courbe.

La forme se superpose au texte, le rendant illisible. Nous verrons, plus loin dans ce chapitre, comment faire pour que le texte *habille* l'image, c'est-à-dire qu'il se positionne afin d'être visible sans pour autant être préjudiciable au clipart, à la forme, ou à l'image.

Les outils du groupe Styles de formes (onglet Format des Outils de dessin) permettent de modifier la couleur et l'apparence de la forme :

- Choisissez l'un des thèmes proposés dans la galerie des styles de formes.
- Cliquez sur le bouton Remplissage pour choisir la couleur à appliquer à l'intérieur de la forme.
- Cliquez sur le bouton Contour pour choisir la couleur à appliquer au contour de la forme, ainsi que l'épaisseur de ce dernier.
- TRUC — Vous pouvez utiliser des formes pour encadrer vos photos. Pour cela, tracez votre forme. Ensuite, dans l'onglet Format des Outils de dessin, cliquez sur le bouton Remplissage (groupe Styles de formes). Là, choisissez Image. Dans la boîte de dialogue qui apparaît, sélectionnez la photo à encadrer, puis cliquez sur Insérer. L'image est insérée dans la forme, et se retrouve ainsi encadrée.

Dites-le avec WordArt !

De tout ce que l'on trouve dans Word, je considère que WordArt est la fonction la plus amusante, la plus utile, et la plus efficace pour perdre son temps. Dès qu'un utilisateur de Word découvre WordArt, il est sous son emprise.

1. **Dans le groupe Texte de l'onglet Insertion, cliquez sur le bouton WordArt pour afficher son menu.**
2. **Sélectionnez le style de votre objet WordArt.**

   Une zone de texte WordArt apparaît dans votre document.
3. **Tapez le (court) texte que vous voulez « wordartifier ».**

Ce texte devient aussitôt une image WordArt dans votre document, avec le style que vous avez choisi.

Pour modifier un texte WordArt, cliquez dessus dans votre document. Cela fait immédiatement apparaître l'onglet Format des Outils de dessin. Nous reviendrons sur les commandes possibles dans la suite de ce chapitre.

Ajouter une légende

Pour aider à identifier une image dans un document, il est conseillé de lui adjoindre une légende. Voici comment procéder :

1. **Cliquez sur le graphisme pour le sélectionner.**

2. **Cliquez sur l'onglet Références. Dans le groupe Légendes, cliquez sur Insérer une légende.**

   La boîte de dialogue Légende apparaît.

3. **Dans le champ Légende, tapez votre légende.**

   Vous pouvez supprimer le texte par défaut (« Figure 1 ») en cochant la case Exclure l'étiquette de la légende.

4. **Dans la liste Position, choisissez l'emplacement de la légende par rapport à l'image.**

5. **Cliquez sur OK.**

   La légende est insérée.

Une légende est un type particulier de zone de texte. Elle n'est pas liée à l'image. Donc, si vous redimensionnez l'image, la taille de la légende ne changera pas. Pour modifier cela, lisez la section « Grouper des images » à la fin de ce chapitre.

- Vous pouvez modifier la légende à tout moment en cliquant dessus et en tapant directement une nouvelle légende.

- Les légendes se suppriment comme tous les autres éléments graphiques, comme expliqué dans la section suivante.

- L'avantage des légendes est de pouvoir en faire une liste avec en regard les numéros de pages où elles figurent. Pour cela, il suffit d'ouvrir l'onglet Références et de cliquer sur le bouton Insérer une table des illustrations.

Supprimer une image ou un dessin

Pour effacer un élément graphique du document, commencez par le sélectionner d'un simple clic de souris. Ensuite, appuyez sur la touche Suppr.

Positionner une image par rapport au texte

Vous disposez de trois manières de positionner une image par rapport au texte :

- **Aligner l'image sur le texte :** L'image est traitée comme du texte. En d'autres termes, le texte normal, celui que vous avez saisi, s'écarte pour laisser un espace suffisant au graphisme. Ce dernier occupe donc une ligne dont la hauteur est égale à la sienne.
- **Habiller l'image avec le texte :** Le texte se positionne autour de l'image.
- **Laisser flotter l'image :** L'image s'affiche derrière ou devant le texte.

Pour contrôler l'interaction entre une image et du texte, commencez par sélectionner le graphisme. Dès cette manipulation, le bouton Option de mise en page s'affiche à côté de l'image (voir Figure 17.1). Si vous cliquez dessus, vous obtenez un panneau dont les commandes contrôlent le comportement du texte par rapport à l'image. Les sections suivantes décrivent les différentes options possibles.

Habiller une image avec du texte

Le terme *habillage* explique assez bien ce que devient le texte face à une image ou une forme. Il va plus ou moins, et parfois pas du tout, épouser la forme de l'objet graphique.

1. **Insérez une image dans votre document.**

Référez-vous aux sections précédentes du chapitre. Peu importe où se trouve l'image dans le document.

2. **Cliquez sur l'image afin de faire apparaître ses poignées et d'autres options.**

3. **Cliquez sur le bouton Options de mise en page (voir Figure 17.1).**

   Le panneau Options de disposition s'affiche.

4. **Sélectionnez l'une des options de la section Avec habillage du texte.**

   Ces options sont Carré, Rapproché, Au travers, Haut et bas, Derrière le texte ou Devant le texte. Voyez le Tableau 17.1 pour plus de détails.

Tableau 17.1 : Les options d'habillage du texte.

Icône	Réglage	Effet
	Carré	L'image se place au même plan que le texte, mais cette fois, les mots entourent joliment le graphique en laissant l'espace d'un carré.
	Rapproché	Encore mieux que Carré, dans la mesure où le texte épouse cette fois la forme de l'objet graphique.
	Au travers	Cette option est semblable à Rapproché.
	Haut et bas	Le texte se positionne au-dessus et en dessous de l'image. L'image occupe une ligne à part entière. Donc, une phrase peut se terminer au-dessus du graphique, et se poursuivre en dessous.
	Derrière le texte	L'image flotte derrière le texte. En d'autres termes, le texte est visible par-dessus la forme un peu comme si cette image était incrustée dans le papier.
	Devant le texte	Contraire de la précédente option. Si l'image ou la forme est opaque, le texte est masqué.

Regardez si le résultat vous convient. Si ce n'est pas le cas, répétez les étapes ci-dessus en choisissant une autre option à l'Étape 4.

Pour annuler l'habillage, choisissez l'option Aligné sur le texte à l'Étape 3.

Laisser flotter une image

Si vous voulez qu'une image reste indépendante du texte environnant, laissez-la « flotter ». Elle se positionnera alors soit au-dessus, soit en dessous du texte. Il faut pour cela répéter les étapes de la section précédente en choisissant l'option Derrière le texte ou Devant le texte à l'Étape 4.

Vous pouvez ensuite déplacer vous-même l'image pour modifier sa position.

Déplacer une image

Déplacer une image se fait aussi simplement que pour du texte. Cliquez dessus, puis faites-la glisser avec la souris. Placez bien le pointeur à l'intérieur de l'image et non sur un bord. Il prend l'aspect illustré ci-contre.

Selon le positionnement de l'image par rapport au texte que vous avez choisi (voir la section précédente), le déplacement donnera peut-être des résultats différents. Si l'image flotte derrière le texte, vous devrez sans doute appuyer plusieurs fois sur la touche Entrée afin de libérer l'image et de pouvoir la sélectionner. Pensez ensuite à supprimer les paragraphes vides ainsi créés.

Si vous déplacez le pointeur après avoir cliqué sur le contour d'une image, vous redimensionnerez l'image plutôt que de la déplacer.

Attacher une image à du texte

Certaines images doivent se déplacer avec le texte, tandis que d'autres doivent rester à leur place. Ces deux comportements se définissent dans Word.

Cliquez sur une image, puis sur le bouton Options de mise en page. Choisissez ensuite l'option Corriger la position sur la page dans le panneau qui s'affiche. L'image est aussitôt figée à son emplacement actuel, et ne bougera pas si vous insérez ou supprimez du texte dans le document.

Pour attacher une image à du texte, choisissez l'option Déplacer avec le texte dans le panneau du bouton Options de mise en page. L'image se déplace à mesure que vous insérez ou supprimez du texte dans le document.

- Pour associer une image à une portion de texte précise, déplacez l'icône Ancre (illustrée ci-contre) en face d'un paragraphe. De la sorte, si ce dernier se déplace, l'image le suivra.

TRUC

- Sélectionnez l'option Derrière le texte ou Devant le texte si vous voulez qu'une image reste sur une page sans être attachée à un texte.

Modifier l'image

À moins que vous ne soyez un pro du graphisme, vous allez devoir faire quelques ajustements pour presque toutes les images que vous allez insérer dans vos documents. Il arrive que Word fasse des choses assez frustrantes avec les images. Heureusement, il y a toujours une manière de les résoudre.

- Utilisez la commande d'annulation (en appuyant sur Ctrl + Z) pour revenir en arrière au cours de la modification d'une image.

N'OUBLIEZ PAS

- Quand vous utilisez un thème de document, les effets de ce thème sont automatiquement appliqués aux graphismes insérés dans votre document. Pour plus d'informations sur les thèmes, consultez le Chapitre 16.

Modifier la taille d'une image

Pour redimensionner une image :

1. **Sélectionnez l'image.**

   Des poignées apparaissent autour de l'image (voir Figure 17.1).

2. **Faites glisser la poignée d'un angle pour donner à l'image la taille que vous souhaitez, tout en préservant ses proportions.**

Lorsque vous agissez sur une poignée de redimensionnement tout en appuyant sur la touche Maj, le changement de taille se fait en conservant les proportions du graphique, sans aucune déformation.

TRUC

Dans le groupe Taille de l'onglet Format, vous pouvez définir des dimensions précises.

Rogner une image

Dans le jargon des graphistes, *rogner* signifie couper les bords d'une image plutôt que la redimensionner. Dans la réalité, c'est ce que l'on fait avec une paire de ciseaux. La Figure 17.2 en illustre un exemple.

Figure 17.2 : Une image rognée.

Pour rogner une image, commencez par la sélectionner. Dans l'onglet Format, cliquez sur l'outil Rogner du groupe Taille. La suite du processus ressemble à la méthode utilisée pour redimensionner une image. Avec le pointeur, faites glisser l'une des poignées de l'image vers l'intérieur de celle-ci, jusqu'à l'endroit où vous souhaitez la couper.

TRUC

En général, j'utilise les poignées des bords pour rogner une image. Je n'arrive jamais à obtenir exactement ce que je veux avec les poignées des coins.

Une fois que vous avez fini de rogner votre image, cliquez de nouveau sur le bouton Rogner pour le désactiver.

Faire pivoter l'image

C'est très simple : cliquez sur l'image pour la sélectionner. Ensuite, dans le groupe Organiser, cliquez sur le bouton Faire pivoter les images. Dans le menu qui apparaît, choisissez une rotation gauche ou droite de 90°, ou un retournement vertical ou horizontal de l'image.

Pour faire pivoter librement une image, faites glisser sa poignée de rotation verte (voir Figure 17.1).

Modifier l'apparence de l'image

Les images peuvent être manipulées avec les outils du groupe Ajuster. Il se situe sous l'onglet Format des Outils image. Chaque outil dispose d'un menu local. Ses options modifient l'image de diverses manières.

- La luminosité et le contraste se modifient par le menu local du bouton Corrections.
- Pour rendre transparente une couleur de l'image, cliquez sur Couleur transparente dans le menu local Couleur, puis cliquez sur la couleur de l'image à rendre transparente.
- Pour convertir une image colorée en noir et blanc, sélectionnez le premier élément de la section Saturation dans le menu local Couleur.

- Le menu local Effets artistiques propose des résultats intéressants imitant par exemple des coups de pinceau ou un crayonné.
- Pour annuler un effet, il suffit d'appliquer l'option Aucun(e) du menu local du bouton concerné. Vous pouvez également appuyer sur Ctrl + Z immédiatement après avoir appliqué un effet.

Organiser les images

À mesure que vous insérez des images dans un document, vous allez sans doute devoir vous occuper de les organiser, en définissant leur position, leur alignement et leur éventuel regroupement. Cette section vous donne toutes les astuces pour effectuer ces réglages.

- Toutes les commandes de cette section se trouvent dans le groupe Organiser de l'onglet Format des Outils images. Pensez à sélectionner vos images pour afficher cet onglet.
- Pour sélectionner plusieurs images, appuyez sur la touche Ctrl et maintenez-la enfoncée en cliquant sur chaque image.

Visualiser l'alignement des images

Pour vous aider à disposer plusieurs images sur une page, cliquez sur le bouton Aligner les objets, puis sur Afficher le quadrillage. Une grille s'affiche aussitôt en arrière-plan du document. Utilisez-la pour positionner et aligner précisément les images entre elles (voir Figure 17.3).

Si le quadrillage vous perturbe, masquez-le en cliquant de nouveau sur Afficher le quadrillage.

Vous pouvez également choisir pour vous aider, toujours dans le menu local du bouton Aligner, l'option Utiliser les repères d'alignement. Dans ce cas, une ligne verte s'affiche quand vous déplacez une image afin de vous indiquer que cette dernière est alignée avec un autre objet du document ou avec les marges.

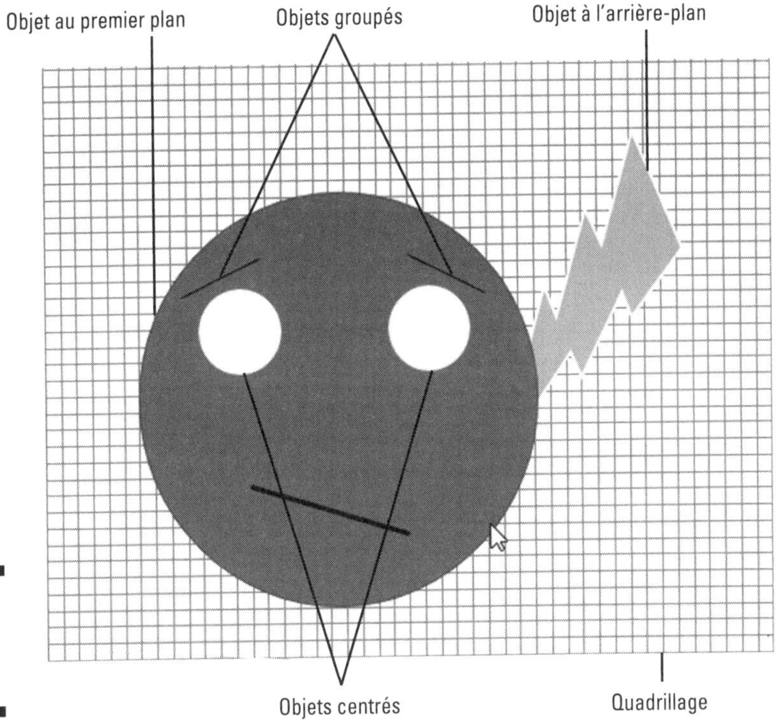

Figure 17.3 : De l'art d'aligner des images.

Aligner des images entre elles

Il arrive que les images que vous insérez s'empilent les unes sur les autres. De ce fait, une image peut facilement en masquer une autre (voir Figure 17.3). Pour corriger ce problème, cliquez sur les boutons Avancer et Reculer du groupe Organiser.

Pour vous aider à positionner correctement plusieurs images, cliquez sur le bouton Aligner du groupe Organiser. Commencez par sélectionner les images à aligner les unes par rapport aux autres, puis choisissez une option d'alignement. Par exemple, sur la Figure 17.3, la commande Centrer a été appliquée aux deux yeux. Assurez-vous que la commande Aligner les objets sélectionnés est activée dans le menu local, car elle garantit que les objets s'alignent entre eux et non par rapport au texte ou aux marges du document.

- Pour aligner des objets par rapport aux contours de la page, choisissez l'option Aligner sur la page dans le menu local

Aligner. Les commandes de ce dernier s'appliqueront par rapport aux bords de la page.

TRUC

- Pour aligner la zone de texte d'une légende sous une image, assurez-vous que la commande Aligner les objets sélectionnés est activée dans le menu local Aligner. Commencez par sélectionner l'image et la légende puis choisissez la commande Centrer dans le menu local Aligner. Pour grouper l'image et sa légende, lisez la section suivante.
- Les commandes Distribuer horizontalement et Distribuer verticalement du menu local Aligner aident à aligner les images dans le texte sous forme de colonnes ou de lignes.

Grouper des images

Si vous voulez associer plusieurs images (pour créer une grande image à partir de différentes formes, ou pour lier une image et sa légende), il faut les *grouper*. De la sorte, dès que vous voulez déplacer ou modifier l'un des éléments du groupe, c'est tout le groupe qui se déplace ou se modifie, comme s'il s'agissait d'un seul et même objet.

Pour grouper des images dans un document, sélectionnez-les, puis choisissez la commande Grouper dans le menu local du bouton Grouper les objets. Les images en question sont désormais considérées comme un seul élément.

Pour « dégrouper » des images, cliquez sur ces dernières, puis sélectionnez la commande Dissocier dans le menu local du bouton Grouper les objets.

Chapitre 18

Insérer des objets

Dans ce chapitre :

- Taper des espaces et des tirets insécables.
- Insérer des caractères étrangers.
- Insérer des caractères spéciaux.
- Répartir le texte dans des zones.
- Créer des champs de texte dynamiques.
- Insérer la date et l'heure.

Grâce à son onglet Insertion, Word permet de coller des tas de trucs et de machins dans votre texte pour des présentations de document amusantes, sérieuses, loufoques, mais aussi professionnelles.

Des joies et des plaisirs du caractère

Le clavier de votre ordinateur permet de faire mille et une merveilleuses choses avec ses vingt-six lettres, ses chiffres, ses symboles, et ses signes de ponctuation. Et voilà que tous ces caractères mis les uns derrière les autres forment des mots, et même des phrases. N'est-ce pas magnifique de tapoter toute la journée n'importe quoi, pour n'importe qui, et en plus d'être payé pour le faire ? Vous baignez dans un univers idyllique jusqu'au jour où le caractère dont vous avez besoin n'existe pas sur votre clavier ! Alors, pour retrouver l'insouciance d'il y a quelques minutes, lisez cette section.

Espaces et trait d'union insécables

Les caractères cités dans ce titre de sous-section sont susceptibles de renvoyer à la ligne la totalité d'un mot. Dans certaines circonstances, vous ne souhaiterez pas qu'une fin de ligne soit séparée d'un mot. Il faut donc faire en sorte que l'espace créée soit insécable.

- Ainsi, pour éviter qu'un trait d'union ne se retrouve sur la ligne suivante, appuyez sur Ctrl + 8 (du clavier alphanumérique).

- Pour qu'une espace ne sépare pas des caractères précédents ou suivants par un saut de ligne, appuyez sur Ctrl + Maj + barre d'espace.

Dans tous les cas, un caractère insécable est inséré dans le texte. Word n'effectue pas de retour à la ligne quand vous utilisez ces caractères spéciaux.

NOTE TECHNIQUE

Pour visualiser les espaces insécables dans le document, affichez les caractères invisibles en cliquant sur l'onglet Accueil, puis sur le bouton Afficher tout (avec le symbole ¶) dans le groupe Paragraphe. Le symbole de l'espace insécable est le caractère degré (°).

Saisir les caractères accentués d'autres langues

Lorsque vous écrivez en français, les caractères accentués ne vous posent pas de problème puisqu'ils sont présents sur le clavier Azerty de votre PC. En revanche, dans certains cas, vous serez amené à saisir des caractères propres à une langue, ou bien des caractères pour lesquels votre clavier ne prévoit pas la mise en majuscule.

Le Tableau 18.1 présente une liste de raccourci permettant de saisir des caractères inhabituels.

Par exemple, pour introduire un ñ dans votre texte, vous allez appuyer simultanément sur les touches Alt Gr et ~ de votre clavier. Ensuite, relâchez ces deux touches, et appuyez sur N. Voilà, ñ est inséré dans le document. Pour obtenir Ñ, il suffit de suivre la même procédure, mais au lieu d'appuyer sur la touche N, vous appuierez sur Maj + N.

Tableau 18.1 : Saisir des caractères inhabituels.

Raccourci clavier	Caractères obtenus
Ctrl + ' (suivi de la lettre)	á, í, ó, ú, ý
Alt Gr + `(suivi de la lettre)	ì, ò
Alt + Ctrl + 0 suivi de a	å
Alt Gr + ~ (suivi de la lettre)	ã, õ, ñ
Ctrl + Maj + / suivi de o	ø

TRUC

En fonction de la configuration de votre clavier, il se peut que le signe ~ (tilde) soit inséré sans la touche Alt Gr. Dans ce cas, vous appuierez sur Ctrl + ~, puis sur N, pour obtenir ñ.

La fonction de correction automatique de Word connaît certains caractères spéciaux. Elle les remplace donc à votre place.

Insérer des symboles et des caractères spéciaux

Le menu Symbole se trouve dans le groupe Symboles de l'onglet Insertion. En cliquant sur le bouton Symboles, vous découvrez les symboles les plus rencontrés en typographie. Si vous en sélectionnez un, il s'insère dans le texte à l'emplacement du point d'insertion.

En revanche, si vous ne trouvez pas le caractère spécial que vous désirez utiliser, cliquez sur Autres symboles. Vous ouvrez la boîte de dialogue Caractères spéciaux illustrée à la Figure 18.1. Dans son onglet Symboles, déroulez la liste Police pour voir les caractères spéciaux correspondant à ladite police. La section inférieure de la boîte de dialogue affiche en une rangée les symboles dernièrement utilisés.

Pour insérer un caractère spécial dans un document à partir de la boîte de dialogue éponyme, sélectionnez-en un, et cliquez sur le bouton Insérer.

N'OUBLIEZ PAS

Lorsque vous avez fini d'utiliser la boîte de dialogue Caractères spéciaux, quittez-la par un clic sur le bouton Fermer, ou en appuyant sur la touche Échap.

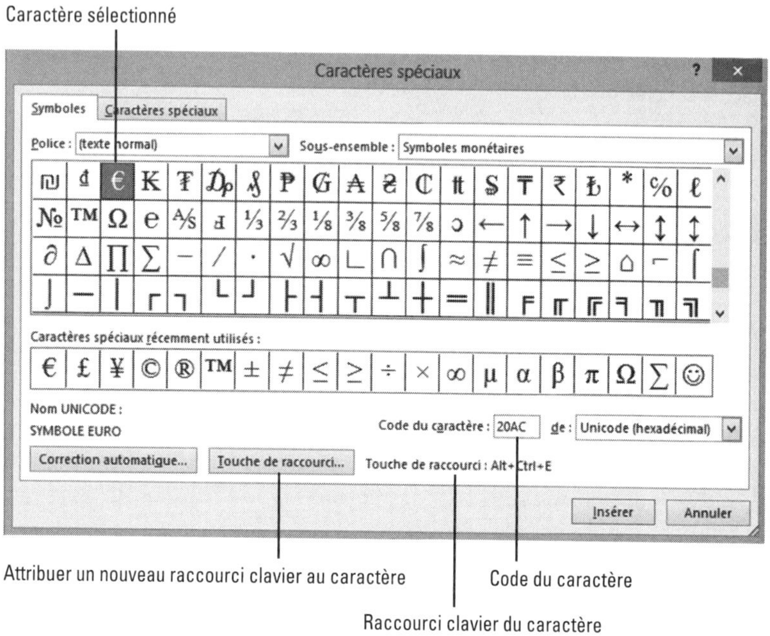

Figure 18.1 : La boîte de dialogue Caractères spéciaux.

- Pour insérer plusieurs fois de suite un même symbole, sélectionnez-le, et cliquez autant de fois que nécessaire sur le bouton Insérer.
- Vous pouvez insérer un symbole en double-cliquant dessus.
- Lorsque vous sélectionnez un caractère spécial, le coin inférieur droit de la boîte de dialogue Caractères spéciaux indique son raccourci clavier (voir Figure 18.1).
- Il est également possible d'insérer ces symboles en tapant leur code. Par exemple, pour insérer le symbole ∑ (sigma), tapez son code, c'est-à-dire 2211, et appuyez immédiatement sur Alt + C. 2211 devient ∑.

Pimenter un document avec des zones de texte

Une *zone de texte* est un élément graphique qui contient… du texte ! Il peut servir d'élément décoratif pour mettre en évidence un passage dans une page, ou tout simplement communiquer des informations qui seront développées plus loin dans le texte.

Les zones de texte sont d'une simplicité enfantine :

1. **Cliquez sur l'onglet Insertion.**

2. **Dans le groupe Texte, cliquez sur Zone de texte/Dessiner une zone de texte.**

   Le pointeur de la souris prend la forme d'une croix.

3. **Faites glisser le pointeur de la souris sur la page pour former la zone.**

   Commencez par le coin supérieur gauche de la zone de texte et terminez dans l'angle opposé, c'est-à-dire le coin inférieur droit. En fait, vous exécutez la même action que pour définir des formes (voir Chapitre 17).

4. **Saisissez le texte dans la zone.**

   Une fois que vous avez terminé, cliquez en dehors de la zone.

À partir de maintenant, dès que vous cliquerez sur la zone de texte pour la sélectionner, l'onglet Format des Outils de dessin fera son apparition. Il contient des groupes et outils pour mettre en forme le texte. La zone et son texte utilisent des commandes de mise en forme identiques à ce que nous avons étudié au Chapitre 17.

- Lorsque vous insérez des objets graphiques, il est recommandé d'afficher le document en mode Page.
- Dans le menu Zone de texte, il est possible de choisir une zone de texte prédéfinie. Dans ce cas, toute la mise en forme est déjà prise en charge par Word.
- Vous pouvez mettre à contribution votre connaissance de la saisie et de la mise en forme. En fait, tout ce qui touche à une zone de texte ne change pas de la saisie du texte au kilomètre que vous réalisez dans Word.
- Pour supprimer une zone de texte, cliquez dessus avec la souris, et appuyez sur la touche Suppr du clavier.
- TRUC — Pour créer une zone de texte dans une forme de votre choix, commencez par dessiner cette dernière (voir Chapitre 17), puis cliquez dessus du bouton droit. Dans le menu qui s'affiche, sélectionnez Ajouter du texte.

La profondeur des champs

Il ne s'agit pas ici de photographie ! Word est un logiciel très statique. En effet, vous y gérez du texte. Toutefois, il est possible d'y insérer des *champs* dont le contenu change (de façon *dynamique*) en fonction d'un certain nombre de facteurs. Ces champs s'actualisent pour être utiles à toutes sortes de circonstances.

Insérer un champ dans un document

Pour bénéficier de la toute-puissance des champs, utilisez la boîte de dialogue Champ représentée à la Figure 18.2. Pour l'afficher, cliquez sur l'onglet Insertion, puis dans le groupe Texte, sur Explorer les composants QuickPart, et enfin sur Champ.

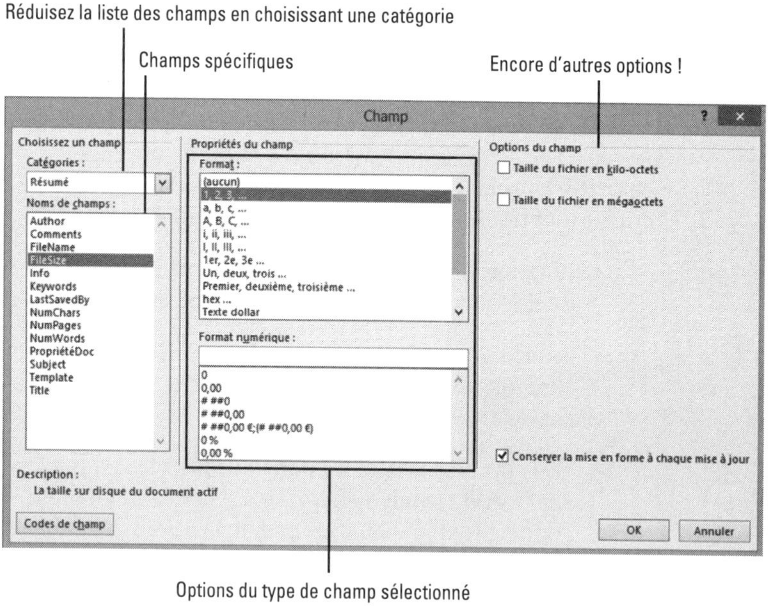

Figure 18.2 : La boîte de dialogue Champ.

Le côté gauche de la boîte de dialogue affiche la liste des catégories et des noms de champs. Le contenu de la partie droite change en fonction du type de champ sélectionné à gauche.

Par exemple, si vous cliquez sur *Author* (auteur), la section Propriétés du champ de la boîte de dialogue vous invite à définir la mise en forme du champ qui affichera le nom de l'auteur du document. Choisissez Majuscules, et cliquez sur OK pour insérer ce champ dans le document. Il se peut que votre nom apparaisse immédiatement à l'emplacement du champ.

Bien qu'un champ ressemble à du texte, sachez qu'il n'en est rien. Ce n'est que la partie visible de l'iceberg. Essayez d'appuyer sur la touche Retour arrière pour effacer le contenu du champ. Eh bien, vous ne faites que le sélectionner : preuve qu'il ne s'agit pas d'un texte normal. Appuyez une nouvelle fois sur Retour arrière pour effacer le champ.

- Vous ne pouvez pas modifier le texte affiché par un champ. Vous ne pouvez que supprimer le champ : pour cela, sélectionnez-le et appuyez sur Suppr ou Retour arrière.

Ces mystérieuses balises

Lorsque Word crée un en-tête ou un pied de page, notamment pour insérer un numéro de page, vous voyez le contenu spécial formaté différemment d'un champ. Ce contenu ressemble à cela :

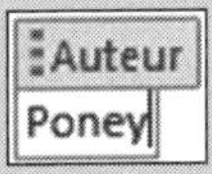

Ce *contrôle du contenu* est un champ spécial qui contient des informations dynamiques liées au document. Ce type de contrôle est généralement inséré par des commandes Word, telles que celles qui créent automatiquement des en-têtes et des pieds de pages, ou qui insèrent des numéros de pages. Vous pouvez également utiliser le bouton Explorer les composants QuickPart/Propriétés du document pour insérer un contrôle de propriété.

Le contenu de ces contrôles peut être modifié. D'ailleurs, certains d'entre eux sont entièrement destinés à cela. Sachez cependant que le contenu des contrôles identiques à celui que vous modifiez subit exactement le même changement. Par conséquent, soyez très vigilant.

Les contrôles dont l'actualisation du contenu dépend du temps qui s'écoule peuvent être mis à jour en appuyant sur la touche F9.

Certains contrôles comme ceux affichant une date disposent d'un bouton qui, lorsque vous cliquez dessus, affiche un petit calendrier permettant de définir les propriétés de la date.

- Pour ajuster le champ, effectuez un clic droit dessus, puis choisissez Modification du champ dans le menu contextuel. La boîte de dialogue Champ apparaît.
- Certains contenus des champs peuvent changer. Pour être certain que le champ annonce la dernière valeur qu'il devrait afficher, faites un clic droit dessus. Dans le menu contextuel, choisissez Mettre à jour les champs.
- Vous êtes un maniaque des codes ? Vous désirez savoir ce que cache réellement un champ ? Pas de problème ! Effectuez un clic droit sur le champ, et exécutez la commande Basculer les codes de champs. Pour afficher de nouveau le champ dans son état initial, répétez cette procédure.

Jouer avec des champs

Vous pouvez insérer un grand nombre d'informations dynamiques sous forme de champs. Les sections suivantes présentent mes préférés. Pour chaque procédure, je suppose que la boîte de dialogue Champ est ouverte (voir Figure 18.2).

La section « Date et heure » plus loin explique comment afficher la date et l'heure actuelles ainsi que d'autres variantes.

Numéros de pages

Pour que la numérotation des pages soit aussi précise que possible, je vous conseille d'insérer un champ :

1. **Dans la boîte de dialogue Champ, déroulez la liste Catégories, et choisissez-y Numérotation.**
2. **Dans la liste Noms de champs, choisissez Page.**
3. **Dans la section Propriétés du champ, choisissez un format de numérotation.**
4. **Cliquez sur OK.**

Le numéro de la page en cours est inséré dans le document. Bien entendu, vous pouvez insérer un tel champ dans un en-tête ou un pied de page.

Nombre total de pages

Pour insérer le nombre total de pages de votre document :

1. **Dans la liste Catégories, choisissez Résumé.**
2. **Dans la liste Noms de champs, cliquez sur NumPages.**
3. **Dans la section Propriétés du champ, sélectionnez un format.**
4. **Cliquez sur OK.**

Nombre de mots

Vous êtes payé au mot ? Alors, veillez que Word insère le total des mots contenus dans votre document !

1. **Dans la liste Catégorie, choisissez Résumé.**
2. **Dans la liste Noms de champs, optez pour NumWords.**
3. **Dans la section Propriétés du champ, sélectionnez un format.**
4. **Cliquez sur OK.**

Nom de fichier

De nombreux utilisateurs incluent le nom du fichier dans le document. Pourquoi ne pas utiliser un champ pour cela ? Voici comment faire :

1. **Dans la liste Catégories, choisissez Résumé.**
2. **Sélectionnez FileName dans la liste Noms de champs**
3. **Dans la section Propriétés du champ, sélectionnez un format.**
4. **Cliquez sur OK.**

Le nom du fichier sera mis à jour lorsque vous changerez réellement son nom.

TRUC

Si vous voulez ajouter le nom du fichier dans l'en-tête ou le pied de la page, insérez le champ FileName dans le modèle (voir Chapitres 14).

Date et Heure

Vous pouvez insérer la date et l'heure dans votre document afin de connaître avec précision le moment où il a été ouvert pour la dernière fois.

Insérer la date et l'heure dans un document

Ouvrez l'onglet Insertion, et localisez le groupe Texte. Là, cliquez sur le bouton Date et heure (illustré ci-contre). Dans la boîte de dialogue éponyme qui apparaît, choisissez le format de date et d'heure. Cochez la case Mettre à jour automatiquement pour que ce champ affiche systématiquement la date et l'heure actuelles.

- Pour insérer automatiquement un contrôle de date dans votre document, appuyez sur Alt + Maj + D.
- Pour insérer un contrôle d'heure, appuyez sur Alt + Maj + H.
- Lisez l'encadré « Ces mystérieuses balises » plus haut dans ce chapitre pour en savoir plus sur les contrôles.

Date d'impression

J'aime insérer dans un en-tête la date en cours de manière à savoir quand le document a été imprimé pour la dernière fois. Voici comment procéder :

1. **Cliquez sur l'onglet Insertion.**
2. **Dans le groupe Texte, choisissez Explorer les composants Quick Parts, puis Champ.**
3. **Dans la liste Catégories, choisissez Date et heure.**
4. **Sélectionnez PrintDate dans la zone Noms de champs, puis un format dans les Propriétés du champ.**
5. **Cliquez sur OK.**

Le résultat qui s'affiche semble incompréhensible, mais il deviendra limpide quand vous imprimerez votre document.

Dans la catégorie Date et heure, d'autres formats de date peuvent être sélectionnés. Toutefois, seul le format PrintDate s'actualise quand vous imprimez le document.

Cinquième partie

Autres secrets de Word

« Et voilà le résultat du travail collaboratif avec Word 2013. »

Dans cette partie :

- Manipuler plusieurs documents Word simultanément.
- Utiliser le mode Plan.

Chapitre 19

Documents, fenêtres et formats multiples

Dans ce chapitre :

- Utiliser plusieurs documents simultanément.
- Comparer deux documents.
- Afficher un document dans deux fenêtres.
- Diviser l'écran.
- Travailler avec des documents d'origine autre que Word.
- Mettre à jour d'anciens documents Word.

La plupart des personnes que je connais ne travaillent que sur un seul document à la fois. Cela étant dit, je les comprends, car elles n'ont que deux mains, dix doigts, deux yeux, et un seul cerveau. Il faut pourtant savoir que Word permet de travailler avec plusieurs documents. Vous pouvez même afficher différentes parties d'un même document pour y travailler à tour de rôle. Enfin, il est possible de modifier des documents créés avec d'autres logiciels de traitement de texte.

Et pourquoi pas plusieurs documents ?

Je trouve très frustrant de constater que, pour travailler dans un nouveau document, beaucoup d'utilisateurs ferment le document en cours. De ce fait, à chaque nouvelle intervention dans un autre document, ils ne cessent de fermer et d'ouvrir des fichiers. Cela est d'autant plus vexant que Word permet d'ouvrir plusieurs documents simultanément. Par exemple, lors de l'écriture de ce livre, j'avais environ six documents différents ouverts, prêt à intervenir dans l'un ou dans l'autre, à copier des éléments de l'un vers l'autre, et à définir mes renvois.

Ne vous laissez pas intimider par cette fonction de Word. Ce programme est livré avec des outils puissants qui ne rechignent pas à prendre en charge plusieurs documents en même temps. Cette section décrit en détail cette activité fort excitante.

Ouvrir plusieurs documents

Chaque document Word dispose de sa propre fenêtre indépendante de celle des autres. Donc, ce que vous faites dans un document n'affecte en rien un autre document (sauf cas exceptionnel que vous décidez et qui ne se fait pas à votre insu). Plutôt que de considérer cette possibilité comme pure fantaisie, pensez à en tirer profit.

La question n'est donc pas de savoir *si* vous pouvez ouvrir plus d'un document à la fois dans Word, mais *comment* vous allez le faire :

- **Utilisez la commande Ouvrir comme à l'accoutumée pour ouvrir des documents.** Lisez pour cela le Chapitre 8. Bien que Word puisse ouvrir des documents simultanément dans une quantité illimitée, je ne vous conseille pas d'en ouvrir trop d'un coup (disons, pas plus de dix), car vous risquez de vous y perdre et de ralentir le fonctionnement général de l'ordinateur.

- **Dans la boîte de dialogue Ouvrir, sélectionnez les différents documents à ouvrir.** S'ils se trouvent dans le même dossier, cliquez sur chacun d'eux en maintenant la touche Ctrl enfoncée. Cliquez sur le bouton Ouvrir, et ils s'ouvrent tous dans leur propre fenêtre.

- **Si vous préférez partir d'une fenêtre de Windows, ouvrez-la et sélectionnez-y les documents à ouvrir.** Ctrl-cliquez sur chaque icône de document à ouvrir, puis appuyez sur la touche Entrée pour ouvrir l'ensemble des fichiers sélectionnés.

La section suivante vous explique comment manipuler les différentes fenêtres de documents ainsi ouvertes.

Basculer d'un document à l'autre

Chaque document est une fenêtre à part entière. La manière la plus commode de passer de l'une à l'autre consiste à cliquer sur l'onglet Affichage. Ensuite, dans le groupe Fenêtre, cliquez sur le bouton Changer de fenêtre, et sélectionnez dans le menu local qui s'affiche le nom du document à afficher au premier plan dans l'interface de Word.

Lorsque plus de neuf documents sont ouverts simultanément, la dernière option de ce menu s'intitule Suite des fenêtres. Elle ouvre la boîte de dialogue Activer dans laquelle vous devez cliquer sur le nom du document que vous souhaitez afficher au premier plan pour y travailler.

- Pour basculer rapidement d'un document à un autre, appuyez sur Alt + Tab.
- Chaque fenêtre (document) apparaît sous la forme d'un bouton (icône) dans la Barre des tâches de Windows.
- Cliquez sur le nom du document à afficher. Pour apprendre à enregistrer vos documents Word sous un nom particulier, consultez le Chapitre 8.

Afficher plusieurs documents en même temps

Pour afficher plusieurs documents simultanément, cliquez sur l'onglet Affichage, puis sur le bouton Réorganiser tout du groupe Fenêtre. Word dispose toutes les fenêtres des documents les unes à côté des autres.

- Cette fonction est pratique si vous avez ouvert une petite quantité de documents, mais si vous en avez ouvert beaucoup, elle ne vous sera d'aucune aide.
- TRUC — Dans la mesure où Word ne réorganise pas les fenêtres réduites dans la Barre des tâches, si vous ne désirez afficher que deux documents, il suffit de réduire préalablement les autres fenêtres inutiles, puis d'invoquer la commande Réorganiser tout.
- Une fois les fenêtres organisées, vous pouvez modifier leur taille et leur position avec la souris. C'est une fonction de Windows, et non de Word.

- Lorsque les fenêtres des documents sont trop petites, le Ruban disparaît.
- Bien que plusieurs documents soient affichés, vous ne pouvez travailler que dans un seul, celui dont la barre de titre est active.
- Pour restaurer la taille d'un document, cliquez sur le bouton Agrandir.

Comparer deux documents côte à côte

La méthode la plus pratique et la plus rapide pour comparer deux documents consiste à les placer l'un à côté de l'autre, c'est-à-dire sous la forme de deux fenêtres distinctes et de verrouiller leur fonction de défilement. Voici comment procéder :

1. **Ouvrez deux documents.**
2. **Cliquez sur l'onglet Affichage.**
3. **Cliquez sur le bouton Côte à côte du groupe Fenêtre.**

   Word positionne verticalement et l'un à côté de l'autre les deux documents.

   Lorsque plus de deux documents sont ouverts, une boîte de dialogue vous demande de choisir le second document à comparer.

4. **Faites défiler le contenu de l'un ou de l'autre des documents.**

   Eh oui, étonnant ! Les deux documents défilent de concert. Ce mode est idéal pour apprécier les différences et les points communs.

5. **Lorsque vous avez fini, cliquez de nouveau sur le bouton Côte à côte.**

   Vous pouvez désactiver ce défilement synchronisé par un clic sur le bouton Défilement synchrone.

Afficher le même document dans plusieurs fenêtres

Word est capable d'afficher un même document dans deux fenêtres. J'utilise cette fonction quand je cherche à comparer ou à vérifier des éléments dans de longs documents.

Pour ouvrir une seconde fenêtre d'un même document, cliquez sur l'onglet Affichage, puis sur le bouton Nouvelle fenêtre. Word ne crée pas de nouveau document : il ouvre simplement une nouvelle occurrence de votre document. D'ailleurs, vous notez que le titre de chaque fenêtre reprend le nom du document en y ajoutant respectivement « :1 » et « :2 ».

Bien que deux fenêtres soient ouvertes, vous ne travaillez que dans un seul document. Donc, tout ce que vous effectuez dans une fenêtre du document se répercute inévitablement dans l'autre.

Lorsque vous n'avez plus besoin de la seconde fenêtre, fermez l'une ou l'autre, peu importe ! Vous constatez alors que le document affiche son titre normal, c'est-à-dire sans « :1 » et « :2 ». Ce document est donc toujours ouvert à des fins de consultation ou de modification.

- Cette fonction est utile pour couper et coller du texte ou des images entre différentes sections d'un même document.
- Vous pouvez même ouvrir une troisième fenêtre en exécutant de nouveau la commande Nouvelle fenêtre.
- Une autre manière de consulter deux parties d'un même document consiste à fractionner sa fenêtre, comme expliqué dans la prochaine section.

Utiliser la bonne vieille méthode du fractionnement

Fractionner l'écran permet d'afficher deux parties d'un document dans la même fenêtre. Ainsi, la partie supérieure de la fenêtre dévoile une partie du document, et la partie inférieure une autre. Chaque partie est indépendante de l'autre. Vous pouvez donc voir simultanément deux sections différentes d'un même document.

Pour fractionner une fenêtre :

1. **Cliquez sur l'onglet Affichage.**
2. **Cliquez sur le bouton Fractionner du groupe Fenêtre.**

   Une barre grise horizontale mobile permet de choisir à quel endroit va se produire le fractionnement.

3. **À l'aide de la souris, déplacez cette barre grise vers le haut ou le bas.**
4. **Cliquez pour fractionner.**

Les deux vues du document sont consultables individuellement. Ainsi, vous pouvez faire défiler le contenu de l'une sans que cela affecte l'affichage de l'autre. Pour appliquer des modifications, intervenez dans la vue concernée.

Pour annuler le fractionnement et ainsi revenir à l'affichage normal du document, cliquez sur le bouton Annuler le fractionnement (dans le groupe Fenêtre de l'onglet Affichage) ou double-cliquez sur la barre de fractionnement.

- Quand la règle est affichée, chaque vue possède la sienne.

Travailler avec d'autres formats de fichier

Croyez-le ou non, Word n'est pas le seul traitement de texte sur cette planète. Ne parlons pas ici de domination du marché, mais il existe d'autres traitements de texte, avec d'autres formats de fichier pour les documents. Un jour où l'autre, vous pourrez avoir affaire à eux. Si cela vous arrive, il vous faudra importer dans Word un fichier d'un tel format pour pouvoir l'utiliser. De même, vous pouvez exporter un document Word pour en faire un fichier d'un autre format. Les sections suivantes vont vous expliquer comment procéder.

Choisir le type de fichier

Le format de fichier est vraiment la clé de l'enregistrement et de l'ouverture d'un document. Pour cela, vous utilisez une liste définissant le type du fichier. Cette liste contient tous les formats que Word sait gérer. Vous la trouvez dans les boîtes de dialogue Ouvrir et Enregistrer sous.

Dans la boîte de dialogue Ouvrir, la liste des noms de fichiers (à droite de la zone Nom de fichier) ne porte pas de nom, mais affiche par défaut Tous les fichiers ou Tous les documents. Lorsque vous choisissez un type de fichier dans la liste, la boîte de dialogue n'affiche plus que les fichiers portant l'extension du type sélectionné. Vous êtes assuré que le fichier s'ouvrira correctement dans Word.

Dans la boîte de dialogue Enregistrer sous, la liste se nomme Type. Elle propose l'ensemble des formats sous lesquels Word est capable d'enregistrer vos documents.

- Le meilleur moyen de sauvegarder un document dans un autre format consiste à utiliser la commande Exporter (voir Chapitre 9).
- Pour ouvrir et enregistrer un document, lisez le Chapitre 8.
- Les sections suivantes expliquent les options de la liste définissant le type de fichier.
- Le format d'un document Word est DOCX, et il s'ajoute en extension à la fin du nom du fichier. L'ancien format (abandonné à partir de Word 2007) était le format DOC.

Charger un fichier d'un format « étranger »

Imaginez que quelqu'un vous a envoyé un fichier texte créé dans un autre traitement de texte, ou une page Web, ou un fichier d'un format étrange qui n'a rien à voir avec les documents Word. Pas de problème ! Word peut les ouvrir sans effort. Suivez ces étapes :

1. **Invoquez la commande Ouvrir, puis cliquez sur Ordinateur (ou SkyDrive si le fichier est stocké sur Internet).**
2. **Cliquez sur Parcourir pour afficher la boîte de dialogue Ouvrir.**
3. **Dans la liste déroulante située à droite de Nom de fichier, sélectionnez le format du fichier à ouvrir.**

   Par défaut, la liste affiche certainement Tous les documents Word, comme à la Figure 19.1.

   En choisissant un format de fichier, Word réduit considérablement le nombre de fichiers affichés. Le choix est alors bien plus simple à réaliser.

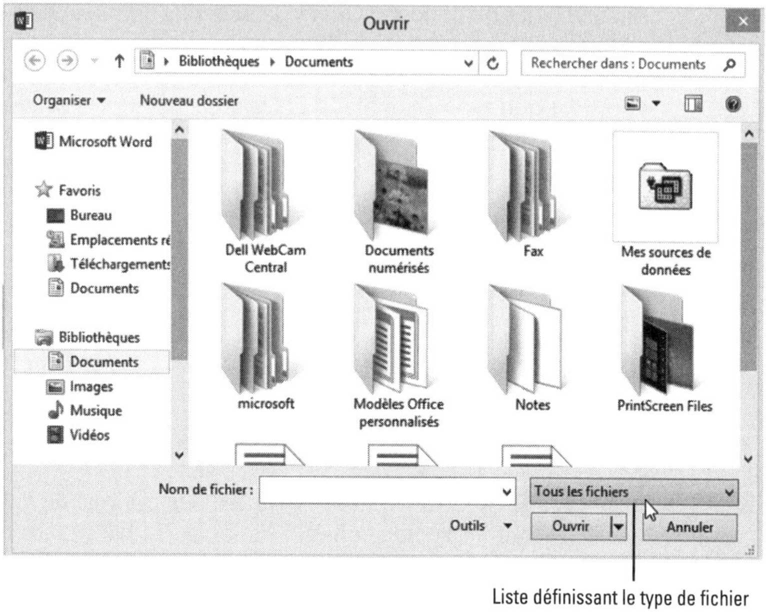

Figure 19.1 : Choisissez le type de fichier à ouvrir.

TRUC

Si vous ne connaissez pas le format du fichier à ouvrir, laissez Tous les fichiers. Word n'ouvrira alors que ce qu'il sait ouvrir.

4. **Naviguez jusqu'au fichier que vous voulez ouvrir.**

   Utilisez la boîte de dialogue pour arriver au fichier que vous souhaitez. Pour en savoir plus, voyez le Chapitre 9.

5. **Cliquez sur le bouton Ouvrir.**

   Le fichier apparaît à l'écran, comme un document Word.

Le fichier peut ne pas être parfaitement affiché, voire même ne pas s'ouvrir du tout. Comme Word tente de faire de son mieux, vous risquez d'être obligé de faire quelques modifications.

- Il arrive que Word affiche une boîte de dialogue Conversion de fichier, vous permettant de voir un aperçu du document avant de l'ouvrir. En général, vous pouvez cliquer sans hésitation sur le bouton OK dans cette boîte de dialogue.

- Le format, si l'on peut dire, Récupérer du texte de n'importe quel fichier est fantastique. Il permet d'obtenir (au moins) le texte de formats obsolètes ou complètement inconnus.

Word se souvient du dernier type de fichier utilisé. Lorsque vous affichez la boîte de dialogue Ouvrir, le type de fichier déjà sélectionné dans la liste est celui que vous avez utilisé la dernière fois que vous avez ouvert un fichier. Aussi, si vous voulez ouvrir un document Word après avoir ouvert un document HTML, vous devez sélectionner Documents Word dans la liste, faute de quoi vous ne trouverez pas votre fichier.

- N'accablez pas Word s'il ne peut pas ouvrir un fichier. Il ne reconnaît pas tous les types de fichiers. Si cela vous arrive, demandez que l'on vous renvoie le fichier enregistré dans un format courant, comme RTF ou HTML.

Mettre à jour d'anciens documents Word

Word existe depuis un certain nombre d'années à présent. En 2007, ses concepteurs ont décidé de changer le format de ses documents, en passant du format de fichier DOC au format DOCX actuel. Comme beaucoup d'utilisateurs se servent encore d'anciennes versions de Word ou travaillent sur des fichiers au format DOC, il vaut mieux savoir comment manipuler et convertir ces anciens formats de documents.

Ouvrir un document dans l'ancien format Word n'a rien de compliqué : il suffit de l'ouvrir comme n'importe quel autre document (en double-cliquant sur son icône ou en le sélectionnant dans la boîte de dialogue Ouvrir). Une fois le document ouvert, la barre de titre de la fenêtre indique « [Mode de compatibilité] » après le nom du fichier. Cette indication est le signe que vous consultez un document enregistré dans l'ancien format de Word. Si ce dernier s'ouvre sans problème, il ne vous donne pas pour autant accès à toutes les fonctions de Word, comme la possibilité d'afficher l'aperçu des modifications d'un format ou l'utilisation d'un thème de document.

Pour convertir un document de l'ancien au nouveau format Word, utilisez la commande Exporter. Après avoir ouvert un de ces documents, suivez ces étapes :

1. **Cliquez sur l'onglet Fichier.**

2. **Dans l'écran Fichier, cliquez sur Exporter.**

3. **Cliquez sur Modifier le type de fichier.**

4. **Cliquez sur Document dans la liste Modifier le type de fichier.**

   C'est la première option de la liste.

5. **Cliquez sur le bouton Enregistrer sous.**

6. **Cliquez sur le bouton Enregistrer dans la boîte de dialogue Enregistrer sous qui s'affiche.**

   Au besoin, renommez le fichier et/ou choisissez un autre dossier d'enregistrement.

7. **Cliquez sur le bouton OK dans la fenêtre de message qui s'affiche.**

   Le fichier est converti.

Bien que vous ayez converti le format du fichier, l'ancien document existe toujours. Si vous voulez vous en débarrasser, vous devrez le supprimer.

- Pour enregistrer un document dans l'ancien format Word (DOC), lisez le Chapitre 9.

- Word 2013, Word 2010 et Word 2007 utilisent le même format de document (DOCX). Tout document créé dans l'une de ces versions est donc compatible avec n'importe laquelle de ces versions de Word.

Chapitre 20

Word pour les écrivains

Dans ce chapitre :

- Créer un plan dans Word.
- Ajouter des rubriques et des sous-rubriques.
- Promouvoir et abaisser les rubriques d'un plan.
- Réorganiser les rubriques dans un plan.
- Imprimer le plan.
- Créer un document maître.
- Trouver un synonyme.
- Consulter les statistiques.

Au tout début (je ne pourrais vous dire à quand cela remonte), Word était un programme DOS. Il affichait à l'écran un texte fort laid qui n'avait rien à voir avec l'impression finale sur papier. Puis, le système d'exploitation Windows arriva. Les utilisateurs de Word purent alors profiter d'un mode d'affichage dit *Normal*, tout simplement parce que c'était le seul possible. Au fil des années, le programme s'enrichit de nouvelles fonctions comme le mode *Aperçu* qui devint *Page*, et le mode *Normal* devenu depuis Word 2010 le mode *Brouillon*.

Aujourd'hui, Word permet d'afficher un document de multiples façons. Les modes Page et Brouillon ont été évoqués tout au long de ce livre. Le mode Web, un peu farfelu, n'est pas étudié ici, car je réserve mon propos aux aspects purement « traitement de texte » du logiciel. En revanche, je vais vous parler des deux derniers modes que sont Mode Lecture et Plan.

- Les modes d'affichage se sélectionnent *via* les boutons de commande du groupe Affichages de l'onglet Affichage.

- Les modes d'affichage sont contrôlés par cinq icônes situées dans le coin inférieur droit de la fenêtre de Word. Reportez-vous à la Figure 1.2 du Chapitre 1.

Le mode Plan de Word

Dans Word, un plan est un document comme n'importe quel autre. La seule différence est la manière dont le texte s'affiche à l'écran, c'est-à-dire sous forme hiérarchisée.

Les secrets du mode Plan

Le mode Plan repose essentiellement sur l'utilisation des styles de titres. Pour afficher un document en mode Plan, suivez ces étapes :

1. **Créez un nouveau document.**

   Appuyez sur Ctrl + N, qui est à mon sens la méthode la plus rapide pour créer un document.

2. **Cliquez sur l'onglet Affichage.**

3. **Dans le groupe Affichages, cliquez sur le bouton Plan.**

   Il y a alors de fortes probabilités pour que vous voyiez le document comme sur la Figure 20.1. Vous constatez qu'en plus des titres, vous affichez aussi le corps du texte, c'est-à-dire bien plus que le nécessite l'objectif poursuivi par le mode Plan.

4. **Vous êtes prêt à commencer votre plan.**

Vous pouvez parfaitement travailler en mode Plan. Personnellement, mes livres étant structurés autour de parties, de chapitres, et de sections, je passe le plus clair de ma rédaction dans ce mode.

Tous les détails du mode Plan seront décrits dans les sections suivantes. Pour l'instant, voyons quelques généralités :

- Pour revenir au mode Page, il suffit de cliquer sur le bouton Fermer le mode plan dans l'onglet Mode Plan.

- La fin du plan est indiquée visuellement par une petite barre noire horizontale. Elle apparaît également en mode Brouillon

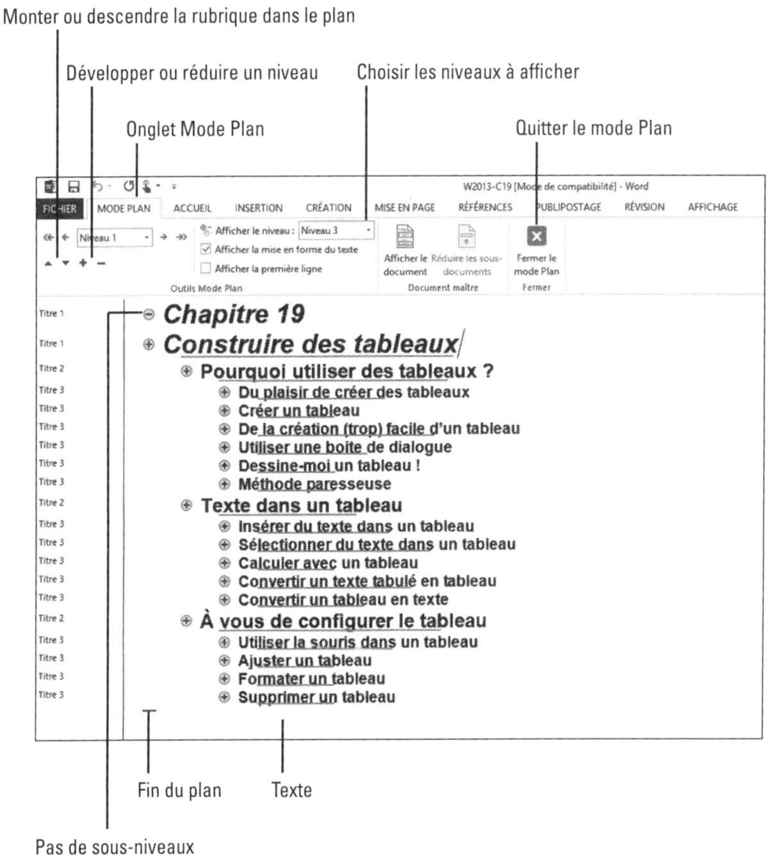

Figure 20.1 : Un document en mode Plan.

pour indiquer la fin du document. Cette barre est immuable : ne cherchez pas à l'effacer.

- Toutes les commandes normales de Word fonctionnent dans le mode Plan. Vous pouvez utiliser les touches directionnelles, les touches Suppr et Retour arrière, la vérification d'orthographe, enregistrer vos fichiers, insérer des caractères spéciaux, imprimer, et ainsi de suite. Ne vous préoccupez pas de la mise en forme des paragraphes.
- Word utilise les styles Titre 1 à Titre 9 pour élaborer le plan.
- Le style Normal peut aussi être utilisé en mode Plan, notamment pour les notes. Voir la section « Ajouter une rubrique de texte », plus loin dans ce chapitre.

Ajouter des rubriques à son plan

Un plan se compose de rubriques et de sous-rubriques. Les rubriques principales sont vos idées fortes, et les sous-rubriques les décrivent en détail. La réalisation de votre plan commence par la saisie des rubriques principales.

Dans la Figure 20.2, vous voyez ainsi plusieurs rubriques, chacune sur sa propre ligne. Lorsque vous appuyez sur Entrée après avoir tapé une rubrique, vous voyez apparaître un nouveau petit cercle gris avec un signe - au début de la ligne suivante, qui vous indique que vous pouvez taper la rubrique suivante.

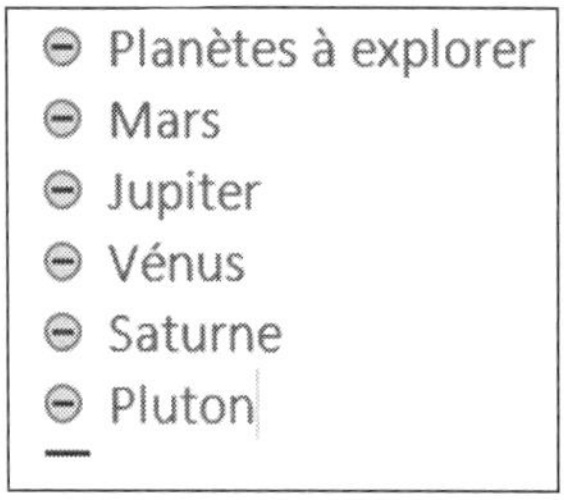

Figure 20.2 : Des rubriques de premier niveau.

- En appuyant sur Entrée, vous créez une autre rubrique de même niveau que la précédente.
- Pour créer une sous-rubrique, voyez la section suivante.
- Une rubrique peut se composer d'un ou plusieurs mots, d'une phrase complète ou d'un paragraphe de taille quelconque. Toutefois, vos rubriques de premier niveau doivent être courtes et évocatrices, comme dans la table des matières d'un livre.
- Vous pouvez diviser en deux une rubrique, en plaçant le curseur à l'endroit voulu et en appuyant sur la touche Entrée.
- Pour rassembler deux rubriques consécutives en une seule, placez le curseur à la fin de la première, et appuyez sur la touche Retour arrière (c'est le même procédé que pour réunir deux paragraphes en un seul dans l'affichage Normal du document).
- Il est sans importance que les rubriques soient classées dès le départ dans l'ordre définitif. Le grand avantage du plan de Word est que vous pouvez y réorganiser vos rubriques au fur

et à mesure que vos idées se précisent. Je vous conseille de commencer par écrire vos idées comme elles vous viennent à l'esprit, et de vous occuper seulement ensuite de leur organisation.

Utiliser des sous-rubriques (Abaisser)

Un plan comporte plusieurs niveaux. Au-dessous des rubriques principales, on trouve des sous-rubriques, lesquelles peuvent à leur tour avoir des sous-rubriques. Par exemple, vous pouvez créer une rubrique intitulée : *Ce que j'aime tellement dans le traitement de texte*, avec des sous-rubriques qui développent la rubrique initiale.

En fait, on ne crée pas vraiment de sous-rubriques dans Word, on *abaisse d'un niveau* les rubriques concernées.

Pour créer une sous-rubrique, commencez par la taper au niveau des rubriques principales. Puis placez le pointeur dedans, et cliquez sur le bouton Abaisser de l'onglet Mode Plan.

Vous pouvez obtenir le même résultat avec le raccourci Alt + Maj + ®.

Abaisser une rubrique produit les effets suivants sur le plan :

- La rubrique se décale d'un niveau vers la droite.
- Le style du texte change. Il adopte celui de son nouveau niveau. Par exemple, il passe de Titre 1 à Titre 2.
- Dans le groupe Outils Mode Plan, le nom du Niveau hiérarchique change également pour indiquer à quel niveau du plan se situe désormais la rubrique.
- La rubrique parente, c'est-à-dire celle qui contient la nouvelle sous-rubrique, voit son signe – devenir +. Le plus indique qu'il existe une sous-rubrique.

Vous pouvez continuer à créer des sous-rubriques en appuyant sur Entrée à la fin de chacune d'elles (comme vous l'avez fait pour créer les rubriques du premier niveau).

- Vous ne créez pas réellement de sous-rubriques, vous abaissez le niveau d'une rubrique.

- Pour abaisser une rubrique d'un niveau, vous pouvez aussi appuyer sur la touche Tab (et sur Maj + Tab pour monter une rubrique d'un niveau).
- Vous pouvez abaisser plusieurs rubriques sans rubrique parente. Ce n'est guère recommandé, car le but d'un plan est de créer des niveaux hiérarchiques cohérents.
- Vous pouvez attribuer directement un niveau en le choisissant dans la liste Niveau hiérarchique.
- Remarquez que devant certaines rubriques apparaît un symbole +. C'est le signe que la rubrique correspondante contient des sous-rubriques. Pour en savoir plus à ce sujet, voyez la section « Développer et réduire le plan », plus loin dans ce chapitre.
- Dans le genre « Cela va sans dire, mais je le dis quand même », il est donc préférable que chaque rubrique dispose d'au moins une ou deux sous-rubriques, sinon la rubrique n'a pas de raison d'être.

Promouvoir une rubrique

Si déplacer une rubrique vers la droite descend son niveau, la déplacer vers la gauche la monte d'un niveau. Dans le jargon de Word, on appelle cela *promouvoir*.

- Pour hausser d'un niveau une sous-rubrique, placez le curseur dedans et cliquez sur Maj + Tab ou Alt + Maj + ¬, ou cliquez sur le bouton Promouvoir de l'onglet mode Plan.
- Le style du texte change. Il adopte celui de son nouveau niveau. Par exemple, il passe de Titre 2 à Titre 1.
- Vous pouvez promouvoir l'ensemble d'une rubrique et de ses sous-rubriques en cliquant sur son icône de cercle et en la déplaçant vers la gauche.
- Pour faire d'une sous-rubrique d'un niveau quelconque une rubrique principale (de premier niveau), cliquez sur le bouton Promouvoir au Titre 1 (le premier à partir de la gauche dans la barre d'outils mode Plan).

Ajouter une rubrique de texte

Si vous en avez besoin, vous pouvez très bien écrire un paragraphe de texte complet dans votre plan. Bien qu'il soit parfaitement autorisé de l'écrire en tant que rubrique ou sous-rubrique, le mieux est de le définir d'emblée comme paragraphe de texte en utilisant le bouton Abaisser en corps de texte. Voici comment procéder :

1. **Appuyez sur Entrée pour créer une nouvelle rubrique.**

2. **Dans l'onglet mode Plan, cliquez sur le bouton Abaisser en corps de texte.**

   Vous pouvez aussi cliquez dans la liste Niveau hiérarchique et choisir Corps de texte, ou encore appuyer sur Ctrl + Maj + N.

Cette action applique à votre nouveau paragraphe le style qui s'appelle Normal en mode Brouillon ou en mode Page. Dans le mode Plan, il s'appelle Corps de texte, et vous permet d'écrire un paragraphe de texte qui n'est pas un titre. Vous pouvez donc écrire ainsi tout le texte que vous souhaitez pour un discours, un roman ou une liste de pièces détachées.

Réorganiser les rubriques

Réorganiser les rubriques de votre plan dans Word est un jeu d'enfant. C'est surtout extrêmement pratique, car c'est ce qui vous permet de mettre au point votre plan après avoir commencé par y jeter simplement vos idées comme elles se présentaient.

Pour déplacer une rubrique dans votre plan, placez le curseur dedans, puis cliquez sur l'un des boutons suivants :

- Pour déplacer une rubrique d'une ligne vers le haut, cliquez sur le bouton Monter, ou appuyez sur Alt + Maj + ↑.

- Pour déplacer une rubrique d'une ligne vers le bas, cliquez sur le bouton Descendre, ou appuyez sur Alt + Maj + ↓.

Vous pouvez aussi vous servir de la souris pour déplacer les rubriques : faites glisser le signe + ou le signe – pour le déposer à l'endroit voulu. Personnellement, je n'utilise pas ce procédé, car mes plans sont assez compliqués, ce qui rend un peu difficile ce mode de déplacement.

Les sous-rubriques ne se déplacent avec la rubrique dont elles dépendent que si elles ont été réduites dans le plan. Si elles sont développées, seule la ligne de la rubrique se déplace.

Développer et réduire le plan

À moins que vous ne demandiez à Word de faire autre chose, il affiche toutes les rubriques et sous-rubriques de votre plan, du début à la fin : autrement dit, tout le document sous forme de plan. Mais ce n'est pas tout ce que peut faire le mode Plan. Si vous le souhaitez, vous pouvez aussi masquer différents niveaux de détails pour avoir une vue d'ensemble.

Si une rubrique possède des sous-rubriques (que celles-ci soient affichées ou non), un signe + la précède. Pour masquer le contenu de cette rubrique, cliquez sur le bouton Réduire dans le groupe Outils Mode Plan de l'onglet Mode Plan. Vous pouvez également appuyer sur Alt + Maj + _ (soulignement).

Pour afficher un niveau de plus d'une rubrique particulière, cliquez sur le bouton Développer, ou appuyez sur Alt + Maj + + (la touche du signe « plus »).

Pour afficher différents niveaux de détails dans votre plan, sélectionnez Niveau 1 ou Niveau 2, ou au-delà dans la liste Afficher le niveau du groupe Outils Mode Plan de l'onglet Mode Plan. Le contenu de votre document s'affiche jusqu'au niveau sélectionné. Les niveaux suivants restent masqués.

- Vous pouvez développer ou réduire une rubrique contenant des sous-rubriques en double-cliquant sur le signe + qui la précède.
- Pour afficher la totalité du plan, sélectionnez Tous les niveaux dans la liste Afficher le niveau du groupe Outils Mode Plan.
- Si une rubrique ou sous-rubrique contient une quantité significative de texte, vous pouvez cocher l'option Afficher la première ligne pour n'en faire apparaître que ladite ligne.

Imprimer le plan

Pour imprimer un plan, procédez de la même manière que pour n'importe quel document Word. Mais comme c'est un plan, il y a quand même une différence : seules sont imprimées les rubriques qui sont affichées dans le mode Plan.

Par exemple, si vous voulez n'imprimer que les deux premiers niveaux de votre plan, sélectionnez Niveau 2 dans la liste déroulante Afficher le niveau. Toutes les rubriques qui se trouvent au-delà du niveau 2 seront donc masquées, et seuls les deux premiers niveaux seront imprimés.

- Le plan est imprimé sans retraits, bien qu'il utilise les styles de titres.
- Voyez le Chapitre 9 pour en savoir plus sur l'impression de documents.

TRUC

Les raccourcis clavier du mode Plan

Quand je saisis du texte, je préfère garder les mains sur le clavier. Cette habitude m'a fait découvrir les raccourcis clavier suivants, qui s'appliquent au mode Plan. Si vous êtes comme moi, ils pourront vous être utiles.

Raccourci	**Fonction**
Alt + Maj + →	Abaisser d'un niveau.
Alt + Maj + ←	Hausser d'un niveau.
Alt + Maj + ↑	Déplacer une rubrique d'une ligne vers le haut.
Alt + Maj + ↓	Déplacer une rubrique d'une ligne vers le bas.
Ctrl + Maj + N	Mettre une rubrique en Corps de texte.
Alt + Maj + 1	Afficher seulement le Niveau 1.
Alt + Maj + 2	Afficher seulement jusqu'au Niveau 2.
Alt + Maj + *nombre*	Afficher seulement jusqu'au Niveau *nombre*.
Alt + Maj + Plus (+)	Afficher un niveau de plus dans la rubrique dans laquelle se trouve le curseur.
Alt + Maj + _ (soulignement)	Afficher un niveau de moins dans la rubrique dans laquelle se trouve le curseur.

Organisation des grands documents

Essayez de travailler sur des documents aussi petits que possible. Les petits documents rendent Word beaucoup plus stable, et vous épargnent bien des soucis. Ainsi, quand un document dépasse une centaine de pages, songez aux fonctions de gestion des grands documents.

Préparer un grand document

Un document Word peut contenir des milliers de pages. Je vous conseille d'éviter ce cas de figure. Préférez travailler sur un ensemble de petits documents. Ensuite, liez les documents ensemble afin d'utiliser la fonction Document Maître de Word.

Par exemple, lorsque vous écrivez un roman, créez un document pour chaque chapitre. De même, la préface sera un document à part entière. Dès que vous avez terminé l'ensemble des chapitres, vous pouvez combiner tous ces documents afin de créer un document maître.

Une fois le document maître constitué, vous pouvez numéroter les pages de manière continue comme s'il s'agissait d'un seul document. Dans le même ordre d'idées, les en-têtes et les pieds de pages sont appliqués sur tout le projet. Vous mettrez également à profit des fonctions comme la table des matières, l'index, et autres types de liftings.

TRUC

- Lorsque vous créez un grand document, conservez précieusement les différents éléments dans un seul dossier. Attribuez des noms de fichiers qui vous permettent de bien organiser, donc de bien gérer ces documents. Par exemple, je nomme mes chapitres en utilisant des numéros : le premier chapitre se nomme 01, le deuxième 02, et ainsi de suite. La rédaction de ce livre a suivi ce principe, puisqu'il est composé d'un document par chapitre (dont font également partie les introductions de parties, la table des matières et l'index).

Créer un document maître

Pour regrouper plusieurs petits documents en un seul gros document maître, suivez ces étapes :

1. **Commencez par créer un nouveau document vierge.**

   Appuyez sur Ctrl + N pour créer rapidement ce nouveau document.

2. **Enregistrez le document.**

   Je sais, vous n'avez encore rien écrit dedans. Ne vous inquiétez pas. En effectuant maintenant cette sauvegarde, vous éviterez de nombreux messages d'erreur.

3. **Basculez en Mode Plan. En cliquant sur le bouton Plan de l'onglet Affichage (groupe Affichages).**

4. **Dans le groupe Document maître, cliquez sur Afficher le document.**

   Vous accédez aussitôt à plusieurs autres options du groupe Document maître. L'une de ces options s'intitule Insérer. Elle permet de concevoir le document maître.

5. **Cliquez sur le bouton Insérer.**

6. **Dans la boîte de dialogue Insérer le sous-document, localisez le premier document à insérer dans le document maître.**

   Vous devez impérativement insérer les documents dans l'ordre. Cela justifie la précision de la dénomination que je vous ai conseillée dans la précédente section.

7. **Cliquez sur le bouton Ouvrir afin d'insérer le document dans le document maître.**

   Le document apparaît dans la fenêtre. Il n'est pas très joli puisqu'il est affiché en Mode Plan. Ne vous inquiétez pas, il ne sera pas imprimé ainsi. Word vous demande d'insérer le document suivant.

   Si une question concernant un conflit de style apparaît, cliquez sur Oui à tout. Cela permettra de conserver les « bons » styles dans le document maître.

8. **Répétez les Étapes 5 à 7 pour insérer d'autres documents dans le document maître.**

9. **Une fois que vous avez terminé, enregistrez le document maître.**

Le document maître est à présent créé. Vous pouvez modifier les en-têtes et les pieds de pages, créer une table des matières, et travailler uniquement sur des éléments qui vont affecter la totalité du document.

- Assurez-vous, avant de créer ou de modifier un document maître, que vous avez (du moins globalement) fini de travailler sur les documents (chapitres) qui le composent. Si ce n'est pas le cas, vous allez vous compliquer la tâche plus qu'autre chose.
- Lorsque vous êtes prêt, vous pouvez partager le document maître comme n'importe quel autre type de document. Pour plus d'informations à ce sujet, reportez-vous au Chapitre 9.
- Modifier un document présent dans le document maître va automatiquement l'actualiser. Ainsi, si vous devez alléger le Chapitre 3, procédez-y sans être obligé de le réinsérer dans le document maître.
- Cliquez sur le bouton Réduire les sous-documents pour masquer instantanément tous leurs textes. Cela facilite la création d'une table des matières ou l'intervention sur les en-têtes et pieds de pages.
- Utilisez l'affichage Mode lecture de Word pour vérifier votre document maître.

Fractionner un document

Le fractionnement d'un document n'est pas réellement une phase de création d'un document maître. Cette fonction est principalement utilisée pour scinder des documents de grande taille en plusieurs petits fichiers. Voici comment procéder :

1. **Sélectionnez la moitié du document, c'est-à-dire la portion que vous souhaitez transposer dans un nouveau document.**

   Si vous voulez fractionner un document en plusieurs petits documents, sélectionnez la première partie de texte concerné par ce fractionnement (par exemple, toute une rubrique correspondant à un Titre 1 ou Titre 2).

2. **Coupez le texte sélectionné.**

Il suffit pour cela d'appuyer sur Ctrl + X.

3. **Créez un nouveau document vide.**

   Appuyez sur Ctrl + N.

4. **Collez le texte que vous avez coupé précédemment.**

   Appuyez sur Ctrl + V pour effectuer le collage. S'il change d'apparence au moment du collage, cliquez sur la flèche du bouton Coller (groupe Presse-papiers de l'onglet Accueil), puis cliquez sur l'icône Conserver la mise en forme source (illustré ci-contre) sous Options de collage.

5. **Enregistrez les deux documents.**

Vous disposez désormais de deux documents contenant chacun une partie d'un document plus volumineux.

Finaliser le texte d'un document

Si vous voulez donner un peu de punch à votre prose, vous pouvez vous servir du dictionnaire des synonymes pour vous entraîner. Traditionnellement, un dictionnaire des synonymes n'est que le deuxième outil de l'écrivain, après le dictionnaire.

Vous avez également à votre disposition un outil qui permet de compter le nombre de mots et de signes contenus dans un document, ce qui peut être utile si vous êtes payé au caractère.

Un synonyme, tout de suite !

Des *synonymes* sont des mots qui ont le même sens ou un sens voisin, comme *grand* et *gigantesque* ou *petit* et *minuscule*. Il y en a beaucoup, et Word en connaît une grande quantité.

TRUC

Pour trouver les synonymes d'un mot de votre document, cliquez dessus du bouton droit. Dans le menu qui apparaît, sélectionnez Synonymes pour faire apparaître la liste des synonymes.

Le sous-menu Synonymes affiche une liste de huit synonymes. Parfois, la liste contient aussi quelques *antonymes* (ou contraires). Si vous sélectionnez un synonyme dans cette liste, celui-ci remplace le mot sur lequel vous avez cliqué dans votre document.

Tous les mots n'ont pas de synonymes. Lorsque c'est le cas, le sous-menu Synonymes affiche « (Aucune suggestion) ».

Afficher les dictionnaires dans un volet

Une meilleure méthode que celle du clic droit sur un terme consiste à invoquer le volet Dictionnaire des synonymes de la manière suivante :

1. **Cliquez sur l'onglet Révision. Dans le groupe Vérification, cliquez sur Dictionnaire des synonymes.**

   Cette action ouvre le volet Dictionnaire des synonymes.

   Vous pouvez également appuyer sur Maj + F7.

2. **Saisissez dans la zone de recherche en haut le terme dont vous voulez afficher les synonymes.**

3. **Cliquez sur la loupe à droite de la zone de recherche.**

   Word affiche une liste de synonymes plus longue que celle obtenue dans la section précédente.

4. **Si vous rédigez dans une autre langue que le français, sélectionnez-la dans la liste au bas du volet, qui doit indiquer Français (France) par défaut.**

5. **Pour insérer un des synonymes proposés, placez dessus le pointeur de la souris, puis cliquez sur la flèche qui apparaît à sa droite, et choisissez Insérer ou Copier.**

   Si le mot vous intrigue, cliquez dessus pour trouver d'autres variantes.

6. **Pour quitter le volet Dictionnaire des synonymes, cliquez sur le X situé dans son coin supérieur droit.**

Au bas du volet, vous trouvez une définition du mot pour lequel vous recherchez des synonymes (à condition de vous être identifié avec votre compte Microsoft).

Vous disposez également d'une fonction de traduction, qui est intéressante, mais présente toutefois un inconvénient : vous avez besoin d'une connexion Internet pour pouvoir en profiter. Cliquez sur le bouton Traduire du groupe Langue de l'onglet Révision, puis sur l'une des options.

Consulter les statistiques d'un document

À défaut de le gagner à la sueur de leur front, les écrivains gagnent leur pain au nombre de mots produits. Si vous avez la chance de gagner votre vie avec ce que vous écrivez, vous savez ce que signifie « faire compter les mots ». Le rédacteur en chef d'un magazine vous demande un article de tant de mots : « J'ai besoin de 350 mots pour expliquer combien c'est amusant d'acheter son premier ordinateur ». C'est ce que l'un d'entre eux m'a dit un jour. Et un auteur de romans est toujours préoccupé du nombre de mots (ou de feuillets, ce qui revient au même) qu'il produit : « Mon prochain livre fait 350 000 mots, combien fait le tien ? » Ne vous étonnez de rien : ils utilisent la fonction Statistiques de Word.

Pour connaître rapidement le nombre de mots d'un document ou d'une sélection, observez la section Mots dans la barre d'état. Si cette information s'avère insuffisante, cliquez dessus. La fenêtre Statistiques s'ouvre, avec le nombre de pages, mots, caractères (avec et sans espaces), paragraphes et lignes. Cliquez sur le bouton de fermeture pour refermer cette boîte de dialogue.

Lisez le Chapitre 18 pour insérer un champ permettant de comptabiliser les mots dans un document.

Livre II

Excel

Première partie

On se jette à l'eau

« J'ai déjà utilisé toutes sortes de tableurs, mais c'est celui-ci le meilleur pour dessiner des patchworks. »

Dans cette partie...

- Découvrir le Ruban.
- Se familiariser avec les principaux onglets et boutons de commande.
- Personnaliser la barre d'outils Accès rapide.
- Lancer (et quitter) Excel 2013.
- Obtenir de l'aide.
- Utiliser les principaux boutons et commandes qui gèrent la saisie des données.
- Récupérer un classeur égaré quand les choses tournent mal.

Chapitre 1

Excel 2013 pour son utilisateur

Dans ce chapitre :

- Sélectionner des commandes à partir du Ruban.
- Personnaliser la barre d'outils Accès rapide.
- Les méthodes pour lancer Excel 2013.
- Surfer dans un classeur et une feuille de calcul

Comme dans les versions précédentes du programme, l'interface utilisateur a été débarrassée de ses menus déroulants, volets et barres d'outils. Tous ces éléments sont remplacés par un bandeau unique placé en haut de la feuille de calcul, appelé Ruban. Il contient toutes les commandes d'Excel, rapidement et immédiatement accessibles.

Ajoutez à ce Ruban un onglet Fichier et la barre d'outils Accès rapide, auxquels se joignent quelques volets de tâches (Presse-papiers, Images Clipart et Rechercher) et vous disposez de la version d'Excel la plus facile à utiliser jamais commercialisée. Elle vous offre les moyens les plus commodes de faire des calculs sur vos données, de produire de très beaux rapports financiers aussi bien que d'organiser vos données et d'en faire des graphiques, autrement dit de faire toutes ces choses merveilleuses pour lesquelles vous utilisez Excel.

L'interface utilisateur et son Ruban

Lorsque vous mettez Excel en service, un écran de démarrage représenté à la Figure 1.1 vous est soumis. Choisissez Nouveau classeur pour ouvrir un classeur vierge ou optez pour un des autres modèles proposés. Si aucun ne fait votre bonheur, n'hésitez pas à surfer sur le Net pour en trouver d'autres. Quand vous aurez exploité le programme pendant un certain temps, vous trouverez, dans le volet gauche, la liste des classeurs que vous aurez récemment utilisés, au cas où vous souhaiteriez les ouvrir de nouveau.

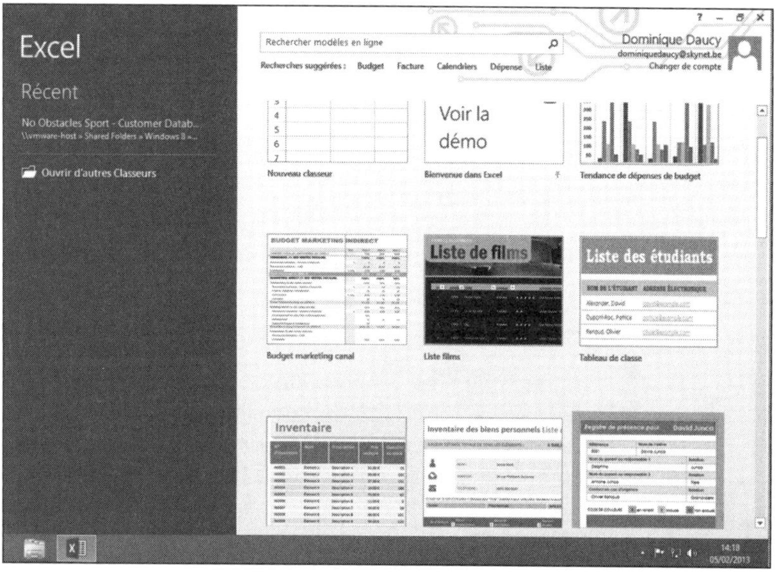

Figure 1.1 : L'écran de démarrage d'Excel 2013 qui vous permet de créer un nouveau classeur vierge, d'utiliser, comme base, un modèle ou encore de rouvrir un classeur que vous avez déjà exploité.

Si vous optez pour Nouveau classeur, le programme vous ouvre un nouveau classeur (qu'il baptise *Classeur1* et qu'il dote d'une feuille de calcul (qu'il intitule *Feuil1*) (Figure 1.2).

Cette fenêtre se compose des éléments suivants :

- **Le bouton Fichier**, qui ouvre la fenêtre dont le volet de gauche, appelé Backstage (les coulisses… comme au théâtre !) contient toutes les commandes relatives au fichier, notamment Enregistrer, Ouvrir (sélectionné par défaut), Imprimer et Quitter, ainsi qu'un bouton Options qui permet de modifier les paramètres par défaut d'Excel. La flèche en haut à gauche vous permet de quitter ces coulisses pour revenir à l'affichage standard de la feuille de calcul.

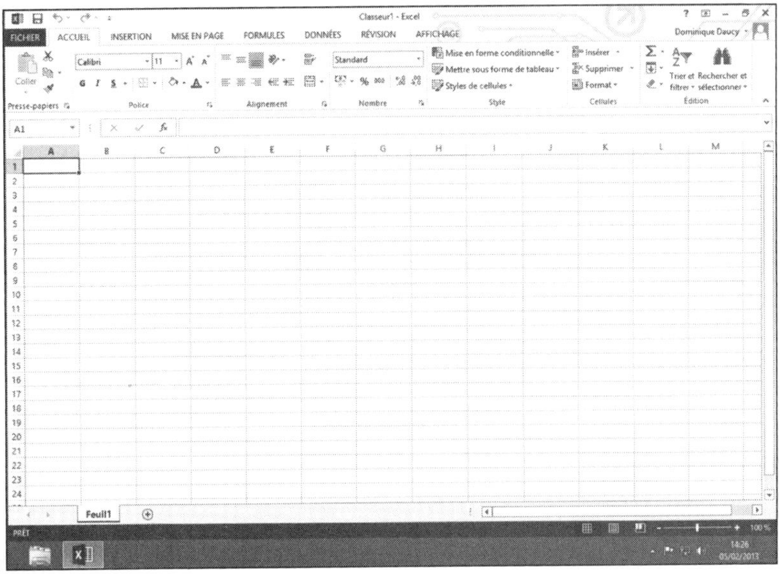

Figure 1.2 : Voilà où vous échouez après avoir choisi Nouveau classeur dans l'écran de démarrage.

- **La barre d'outils Accès rapide,** qui contient des boutons sur lesquels vous pouvez cliquer pour accomplir des tâches d'usage courant, par exemple enregistrer votre travail ou bien annuler ou répéter une modification. À gauche de cette barre, l'icône Excel 2013 vous donne accès à des commandes de gestion de la fenêtre et vous permet aussi de quitter les lieux.
- **Le Ruban**, qui contient la majeure partie des commandes d'Excel, réparties dans un certain nombre d'onglets allant d'Accueil à Affichage.
- **La barre de formule**, qui affiche l'adresse de la cellule sélectionnée ainsi que son contenu.
- **La zone de feuille de calcul**, qui contient toutes les cellules de la feuille de calcul en cours, identifiées par des en-têtes de colonnes au moyen de lettres sur le bord supérieur et par des en-têtes de lignes utilisant des nombres sur le bord gauche, avec des onglets permettant de sélectionner une autre feuille de calcul du classeur, une barre de défilement horizontale sur le bord inférieur pour se déplacer vers la droite et vers la gauche dans la feuille de calcul, et une barre de défilement verticale sur le bord droit pour se déplacer vers le haut et vers le bas dans la feuille de calcul.

- **La barre d'état**, qui indique dans quel mode se trouve le programme et quelles touches spéciales sont activées, vous permet de sélectionner une autre feuille de calcul et de faire un zoom avant ou arrière sur la feuille de calcul affichée.

Aller en coulisses

Le bouton Fichier se trouve à gauche de l'onglet Accueil du Ruban, juste sous la barre Accès rapide.

Cliquer sur ce bouton Fichier donne accès à la vue Backstage. Si vous y validez l'option Informations, vous obtiendrez des données sur l'état du classeur Excel actuellement ouvert et actif (Figure 1.3).

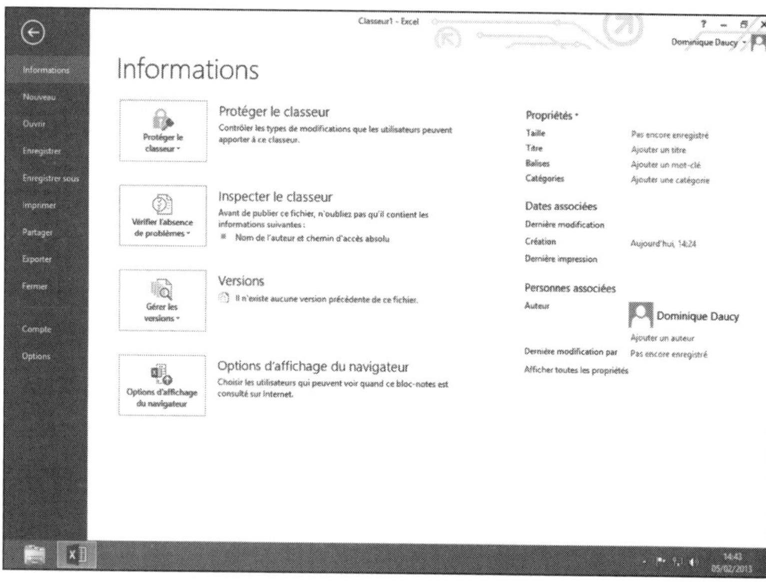

Figure 1.3 : Les commandes disponibles en coulisses à gauche ; les informations à droite.

La fenêtre Informations est divisée en deux parties. Celle de gauche contient de grands boutons servant à modifier les autorisations du classeur et à restreindre sa diffusion. Celle de droite propose une miniature du classeur ainsi que des informations concernant les propriétés du document, dont certaines, comme Titres, Balises, Catégorie et Auteur, sont modifiables. Les autres ne le sont pas.

Sous l'option Informations se trouvent les commandes Enregistrer, Enregistrer sous, Ouvrir et Fermer, commandes classiques de gestion des fichiers. En avant-dernière position, un bouton Compte vous donne accès, à droite, au volet du même nom. Vous y trouverez des informations sur l'utilisateur, la connexion et le compte Microsoft Office. Enfin, le bouton Options vous donne accès aux réglages des paramètres d'Excel 2013.

TRUC

Cliquez sur Ouvrir pour ouvrir un classeur que vous avez déjà créé. Excel vous affiche à droite la liste des classeurs récents ; il vous suffit de cliquer, dans la liste, sur le nom du classeur auquel vous voulez accéder.

N'OUBLIEZ PAS

Pour fermer la vue Backstage et revenir à l'affichage normal de la feuille de calcul, cliquez sur la flèche gauche en haut à gauche du volet ou appuyez tout simplement sur la touche Échap.

Visite guidée du Ruban

Le Ruban (Figure 1.4) rend directement accessibles, dans des onglets, les commandes les plus utilisées.

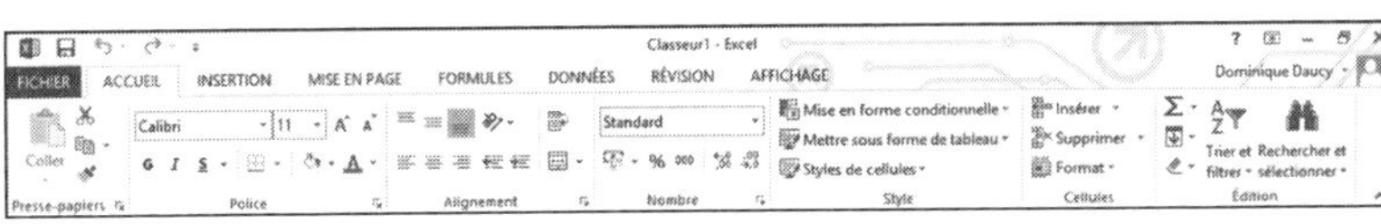

Figure 1.4 : Le Ruban d'Excel se compose d'une série d'onglets contenant des boutons de commande répartis dans différents groupes.

Le Ruban est constitué des éléments suivants :

- **Des onglets**, qui présentent les commandes par catégories.
- **Des groupes**, qui regroupent les commandes relatives à une tâche particulière.
- **Des boutons de commande** qui, dans chaque groupe, vous permettent d'accomplir une action ou d'ouvrir une galerie dans laquelle vous pourrez cliquer sur la miniature de votre choix. Notez que, dans certains onglets, ces boutons sont regroupés en mini-barres d'outils.

- **Des déclencheurs de boîte de dialogue** qui, ancrés dans l'angle inférieur droit de certains groupes, vous permettant d'ouvrir une boîte de dialogue qui propose des options supplémentaires.

TRUC

Pour afficher une plus grande surface de votre feuille de calcul dans la fenêtre d'Excel, vous pouvez masquer le Ruban de manière à ce que seuls les onglets apparaissent. Pour ce faire, il suffit de cliquer sur le bouton Réduire le Ruban. Vous pouvez aussi double-cliquer (ou double-toucher sur un écran tactile) sur n'importe quel onglet du Ruban, ou encore utiliser la combinaison de touches Ctrl + F1. Pour réafficher le Ruban, double-cliquez (ou double-touchez) sur n'importe quel onglet ou enfoncez de nouveau les touches Ctrl + F1. Vous pouvez également utiliser le bouton Afficher le Ruban.

N'OUBLIEZ PAS

Si vous avez réduit le Ruban, il se développera malgré tout chaque fois que vous activerez un de ses onglets, mais cet onglet ne restera affiché que jusqu'au moment où vous y aurez sélectionné une commande ou aurez sélectionné un élément de la feuille de calcul. Dès que cette action est menée, Excel réduit de nouveau le Ruban et limite l'affichage aux onglets. Notez que vous pouvez aussi exploiter les commandes Afficher les onglets et Afficher les onglets et commandes du menu Options d'affichage du Ruban auquel vous accédez en cliquant sur l'icône éponyme.

Les onglets du Ruban

La première fois que vous lancez Excel, son Ruban contient les onglets suivants, de la gauche vers la droite :

- **Accueil**, qui contient les boutons de commande normalement utilisés pour créer, mettre en forme et modifier une feuille de calcul, répartis dans les groupes Presse-papiers, Police, Alignement, Nombre, Style, Cellules et Édition.
- **Insertion**, qui contient les boutons de commande normalement utilisés pour ajouter divers éléments (dessins, tableaux, graphiques, graphiques sparkline, liens hypertextes, en-têtes et pieds de pages), répartis dans les groupes Formes, Tableaux, Illustrations, Graphiques, Graphiques sparkline, Diagrammes, Liens et Texte.
- **Mise en page**, qui contient les boutons de commande normalement utilisés pour préparer une feuille de calcul pour l'impression ou réorganiser les dessins sur une feuille de

calcul, répartis dans les groupes Thèmes, Mise en page, Mise à l'échelle et Options de la feuille de calcul et Organiser.

- **Formules**, qui contient les boutons de commande normalement utilisés pour ajouter des formules et des fonctions dans une feuille de calcul ou pour rechercher des erreurs dans une formule, répartis dans les groupes Bibliothèque de fonctions, Cellules nommées, Audit de formules et Calcul. Notez que cet onglet contient également un groupe Solutions lorsque vous activez certains compléments comme Analysis Toolpack et Outils pour l'euro.

- **Données**, qui contient les boutons de commande normalement utilisés pour importer, émettre des requêtes, mettre en évidence ou faire un sous-total des données d'une feuille de calcul, répartis dans les groupes Donnés externes, Gérer les connexions, Trier et filtrer, Outils de données et Plan. Notez que cet onglet contient également un groupe Analyse lorsque vous activez certains compléments comme Analysis Toolpak ou Complément Solver.

- **Révision**, qui contient les boutons de commande normalement utilisés pour vérifier, protéger et effectuer le suivi des modifications d'une feuille de calcul, répartis dans les groupes Vérification, Commentaires et Modifications. Notez que ce ruban contient aussi un groupe Ink, si vous utilisez Office 2013 sur une tablette PC ou avec un ordinateur équipé d'une tablette numérique Ink.

- **Affichage**, qui contient les boutons de commande normalement utilisés pour modifier l'affichage de la feuille de calcul, répartis dans les groupes Affichages classeur, Afficher/Masquer, Zoom et Fenêtre.

En plus de ces sept onglets standards, Excel dispose de l'onglet supplémentaire optionnel Développeur, que vous pouvez ajouter au Ruban si vous travaillez avec des macros et des fichiers XML.

Bien que ces onglets standards soient ceux que vous voyez toujours sur le Ruban lorsqu'il est affiché dans Excel, ils ne sont pas tout ce qui peut apparaître dans cette zone. Excel peut également y afficher des outils contextuels lorsque vous travaillez sur un objet que vous avez sélectionné dans la feuille de calcul, par exemple une image insérée ou un graphique, ou un tableau que vous avez créé. Les noms des outils contextuels pour l'objet sélectionné apparaissent juste au-dessus de l'onglet ou des onglets associés à ces outils.

Par exemple, la Figure 1.5 montre une feuille de calcul dans laquelle on a cliqué sur le graphique afin de le sélectionner. Cette sélection fait apparaître, à l'extrémité du Ruban, les Outils de graphique répartis dans deux onglets supplémentaires : Création (sélectionné par défaut) et Mise en forme. Notez également que les boutons de commande de l'onglet Création sont répartis dans les groupes Type, Données, Disposition rapide, Styles rapides et Emplacement.

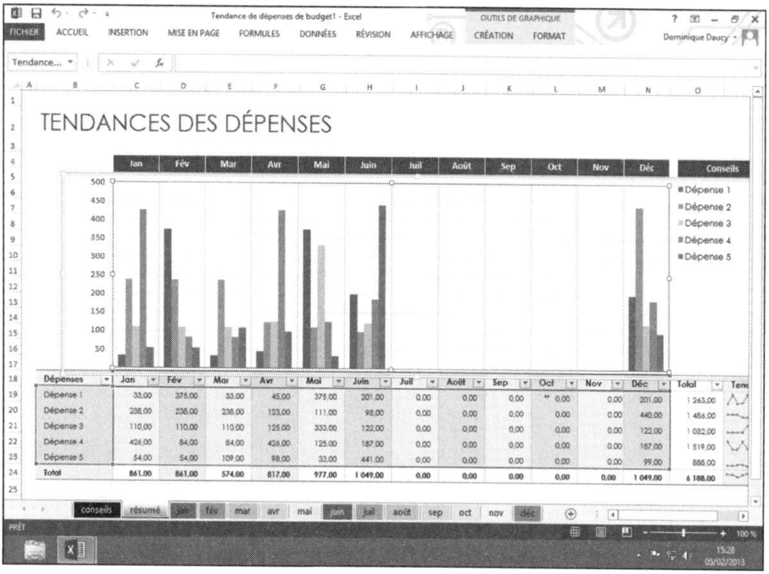

Figure 1.5 : Lorsque vous sélectionnez certains objets dans la feuille de calcul, Excel ajoute au Ruban des outils contextuels avec leurs propres onglets, groupes et boutons.

N'OUBLIEZ PAS

Lorsque vous désélectionnez l'objet, en général en cliquant dans la feuille à l'extérieur de celui-ci, l'outil contextuel pour celui-ci disparaît immédiatement du Ruban, qui ne laisse plus apparaître que les onglets habituels.

Sélectionner des commandes via le clavier et la souris

Excel 2013 est capable de tourner sur une foule de dispositifs distincts. C'est en vous fondant sur le type de matériel que vous exploitez, mais aussi sur les périphériques qui lui sont connecté que vous choisirez la méthode la plus efficace d'invoquer des commandes du Ruban.

Prenons un exemple : si vous utilisez une tablette Windows 8 équipée d'une station dock avec clavier et souris optique, vous agirez sans doute comme vous le faites sur votre ordi de bureau ou sur votre portable à clavier et trackpad intégrés. En revanche, si vous travaillez sur une dalle non équipée de ce type de dock, vous agirez vraisemblablement en touchant les commandes à l'écran ou en vous servant d'un stylet.

Si vous disposez d'un clavier et d'une souris, la méthode la plus simple pour sélectionner une commande du Ruban consiste à cliquer sur l'onglet où elle se trouve, puis sur le bouton qui la représente dans son groupe. Ainsi, pour introduire, dans votre feuille de calcul, une image en ligne, cliquez sur l'onglet Insertion, puis sur le bouton Illustrations et, enfin, sur Images en ligne, ce qui vous garantira l'accès à la boîte de dialogue Insérer des images.

Si vous êtes un as du clavier, voici une autre méthode pour sélectionner facilement des commandes du Ruban : appuyer sur la touche Alt, la relâcher, puis taper la lettre qui correspond à celle affichée sur l'onglet que vous voulez sélectionner. Lorsque vous enfoncez la touche Alt et la relâchez aussitôt, Excel affiche les touches de raccourci pour tous les onglets du Ruban. Lorsque vous appuyez alors sur la touche de raccourci d'un onglet, celui-ci apparaît, avec toutes les touches de raccourci des boutons de commande qu'il contient.

Sélectionner des commandes par toucher

Si telle est votre intention, commencez par activer le mode correspondant d'Excel 2013, qui a pour effet d'augmenter la taille des boutons et l'espace qui les sépare les uns des autres afin d'en faciliter la sélection. (Considérez les commandes du groupe Police de l'onglet Accueil : elles sont si proches les unes des autres qu'il serait pratiquement impossible de les sélectionner avec les doigts si un mode Tactile n'était pas proposé, qui les éloigne les unes des autres et facilite donc ainsi l'opération.)

Allez-y : touchez une fois le bouton Mode tactile/Souris qui apparaît au bout de la barre d'outils Accès rapide, entre le bouton Rétablir et le bouton Personnaliser la barre d'outils Accès rapide. Vous aurez ainsi accès à un menu local comportant deux options : Tactile et Souris. Choisissez Tactile pour basculer vers ce mode sur votre portable ou tablette tactile.

Ce bouton n'est disponible que si le programme s'exécute sur une tablette ou sur un ordinateur personnel équipé d'un écran tactile. Pourtant, même si vous travaillez sur un modèle standard qui ne gère pas cette technologie, rien ne vous empêche d'ajouter ce bouton à la barre d'outils Accès rapide ; voyez, pour ce faire, la section suivante, consacrée à la personnalisation de cette barre.

Mettons-nous bien d'accord

Avant d'aller plus loin, permettez-nous de spécifier quelques termes incontournables. Quand nous disons *cliquer*, cela signifie enfoncer une fois le bouton principal de la souris (en général, le gauche à moins que vous n'ayez modifié ce paramètre) ou toucher une fois l'écran avec votre doigt (ou votre stylet) si vous travaillez sur un dispositif tactile. *Double-cliquer*, c'est enfoncer deux fois consécutivement le bouton principal de la souris ou toucher rapidement deux fois l'écran. Opérer un *clic droit*, c'est enfoncer le bouton secondaire (le droit si vous avez gardé les réglages prédéfinis) ou toucher l'objet et maintenir le contact jusqu'à ce qu'un menu contextuel s'affiche. Enfin, quand nous parlons de *cliquer-glisser* pour réaliser une sélection de cellules, cela veut dire cliquer sur la première, maintenir enfoncé tout en déplaçant la souris jusqu'à la dernière, puis relâcher ; sur écran tactile, touchez une cellule pour faire apparaître les poignées de sélection (deux cercles, en haut à gauche et en bas à droite), puis utilisez votre doigt ou votre stylet pour déplacer ces poignées.

Personnaliser la barre d'outils Accès rapide

Lorsque vous lancez Excel 2013 pour la première fois, la barre d'outils Accès rapide ne contient que les trois (voire quatre) boutons suivants :

- **Enregistrer**, pour enregistrer toutes les modifications apportées au classeur ouvert, avec le même nom de fichier, le même format de fichier et le même emplacement.
- **Annuler**, pour annuler la dernière modification que vous avez effectuée.
- **Répéter**, pour répéter la dernière modification que vous avez effectuée.
- **Mode tactile/souris** (uniquement sur tablettes et ordis à écran tactile) pour espacer les boutons du Ruban afin qu'ils soient plus facilement sélectionnables par toucher ou par stylet.

Mais cette barre est tout à fait personnalisable, Excel vous donnant la possibilité d'y ajouter facilement non seulement n'importe quel bouton du Ruban, mais aussi toutes les commandes que vous voulez, même les plus obscures qui n'apparaissent dans aucun des onglets du Ruban.

TRUC

Par défaut, la barre d'outils Accès rapide apparaît au-dessus des onglets du Ruban, juste à droite de l'icône Excel, qui sert à redimensionner le programme ou le quitter. Pour afficher la barre d'outils sous le Ruban, juste au-dessus de la barre de formule, cliquez sur le bouton Personnaliser la barre d'outils Accès rapide (le bouton contenant un triangle pointant vers le bas, à l'extrémité droite de la barre d'outils Accès rapide), puis sélectionnez Afficher en dessous du Ruban dans le menu qui apparaît. Vous trouverez cet emplacement plus pratique pour ajouter des boutons à la barre d'outils Accès rapide, lorsqu'ils commenceront à recouvrir le nom du classeur ouvert, qui apparaît à la droite de celle-ci.

Le menu Personnaliser la barre d'outils Accès rapide

Le bouton Personnaliser la barre d'outils Accès rapide vous garantit l'accès à un menu regroupant les commandes suivantes :

- **Nouveau,** pour créer un nouveau classeur.
- **Ouvrir,** pour afficher la boîte de dialogue Ouvrir permettant d'ouvrir un classeur existant.
- **Enregistrer,** pour sauvegarder les modifications apportées au classeur courant.
- **Courrier électronique,** pour accéder à la messagerie.
- **Impression rapide,** pour envoyer la feuille de calcul courante à l'imprimante par défaut.
- **Aperçu et impression,** pour ouvrir les paramètres d'impression dans la vue Backstage, avec un aperçu de la feuille de calcul courante dans la partie droite.
- **Orthographe,** pour effectuer une vérification orthographique de la feuille de calcul courante.
- **Annuler,** pour annuler la dernière modification de la feuille de calcul.

- **Rétablir,** pour réappliquer la modification qui venait d'être annulée.
- **Ordre croissant,** pour trier la sélection de cellules ou la colonne dans le sens alphabétique de A à Z, les chiffres du moins élevé au plus élevé, ou la date de la plus ancienne à la plus récente.
- **Ordre décroissant,** pour trier la sélection de cellules ou la colonne dans le sens alphabétique de Z à A, les chiffres du plus élevé au moins élevé, ou la date de la plus récente à la plus ancienne.
- **Mode tactile/souris,** pour basculer entre mode tactile, un mode qui accorde davantage d'espace aux boutons des onglets du Ruban afin d'en faciliter l'activation avec le doigt ou le stylet.

Par défaut, seules les commandes Enregistrer, Annuler et Répéter sont cochées et il vous suffit de cocher toutes celles que vous voulez pour en faire apparaître le bouton dans la barre d'outils Accès rapide. Inversement, si vous cliquez dans ce menu sur une commande déjà cochée, la coche disparaît et son bouton disparaît de la barre d'outils.

Ajouter des boutons du Ruban

Pour ajouter un bouton de commande du Ruban à la barre d'outils Accès rapide, ouvrez le menu contextuel du bouton (clic droit avec la souris ou touchez-maintenez sur dispositif tactile), puis sélectionnez-y l'option Ajouter à la barre d'outils Accès rapide. Excel ajoute aussitôt ce bouton à l'extrémité droite de la barre d'outils Accès rapide, juste avant le bouton de personnalisation de cette barre.

Si vous voulez placer à un autre endroit dans la barre d'outils Accès rapide le bouton que vous venez d'y ajouter, par exemple pour le regrouper avec d'autres boutons, cliquez sur le bouton Personnaliser la barre d'outils Accès rapide, puis sélectionnez Autres commandes dans le menu qui apparaît.

La boîte de dialogue Options Excel s'affiche, avec son onglet barre d'outils Accès rapide (Figure 1.6). Vous y voyez, dans la liste de droite, tous les boutons qui ont déjà ajoutés à la barre, l'ordre dans lequel ils y apparaissent de gauche à droite correspondant à l'ordre dans lequel ils apparaissent du haut vers le bas dans cette liste.

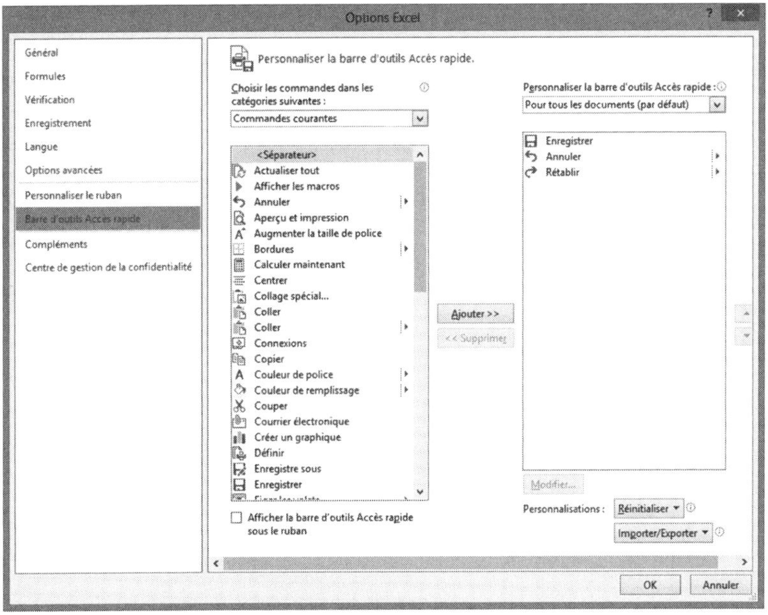

Figure 1.6 : C'est ici qu'Excel vous permet de personnaliser la barre d'outils Accès rapide.

Pour repositionner un bouton dans la barre d'outils, cliquez dessus pour le sélectionner dans la liste de droite de cette fenêtre, puis cliquez sur la flèche pointant vers le haut ou la flèche pointant vers le bas à droite de cette liste pour le déplacer vers le haut ou vers le bas dans la liste, jusqu'à l'emplacement désiré.

TRUC

Vous pouvez ajouter des séparateurs dans la barre d'outils pour regrouper des boutons sur la base de leurs fonctions. Pour cela, cliquez sur <Séparateur> en haut de la liste de gauche dans la boîte de dialogue Options Excel, cliquez sur le bouton Ajouter entre les deux listes pour faire apparaître un <Séparateur> dans la liste de droite, puis utilisez la flèche pointant vers le haut ou la flèche pointant vers le bas à droite de la liste de droite pour le positionner à l'endroit voulu.

Pour supprimer un bouton de la barre d'outils Accès rapide, opérez, depuis cette barre, un clic droit sur le bouton, puis sélectionnez Supprimer de la barre d'outils Accès rapide dans le menu qui apparaît.

Ajouter d'autres commandes

L'onglet Personnaliser de la boîte de dialogue Options Excel montré par la Figure 1.6 (cliquez sur le bouton Personnaliser la barre d'outils Accès rapide et sélectionnez Autres commandes dans le menu qui apparaît), vous permet également d'ajouter à la barre d'outils Accès rapide toutes les commandes d'Excel qui ne se trouvent pas dans le Ruban.

1. **Dans la liste déroulante Choisir les commandes dans les catégories suivantes, sélectionnez le type de la commande que vous voulez ajouter à la barre d'outils Accès rapide.**

   Parmi ces catégories de commandes, figurent notamment celles déjà présentes dans la barre d'outils, mais aussi quantité d'autres. Pour afficher la liste complète de toutes les commandes d'Excel, cliquez sur le bouton à droite du menu Commandes courantes en haut de la liste et sélectionnez Toutes les commandes.

2. **Dans la liste des commandes de gauche, cliquez sur celle que vous voulez ajouter à la barre d'outils Accès rapide.**
3. **Cliquez sur le bouton Ajouter, entre les deux listes, pour transférer la commande sélectionnée dans la liste de droite.**
4. **Si vous voulez repositionner le bouton que vous venez d'ajouter, cliquez sur la flèche pointant vers le haut (à droite de la liste de droite), jusqu'à ce qu'il soit à l'emplacement voulu.**
5. **Cliquez sur OK pour fermer la boîte de dialogue Options Excel.**

TRUC

Si vous avez créé des macros que vous utilisez fréquemment et que vous voulez pouvoir lancer directement à partir de la barre d'outils Accès rapide, cliquez sur Macros dans la première section de la liste déroulante Choisir les commandes dans les catégories suivantes, puis sélectionnez le nom de la macro à ajouter et cliquez sur le bouton Ajouter.

S'amuser avec la barre de formule

La barre de formule affiche l'adresse et le contenu de la cellule sélectionnée. L'adresse d'une cellule est définie par la lettre (ou les lettres) de la colonne dans laquelle elle se trouve, suivie immédiatement par le numéro de sa ligne. Ainsi, la cellule A1 est la toute première cellule de la feuille de calcul, occupant son angle supérieur gauche, à l'intersection de la première ligne et de la première colonne. La cellule XFD1048576, qui est la toute dernière, occupe l'intersection de la colonne XFD et de la ligne 1 048 576, dernière colonne et dernière ligne de toutes les feuilles de calcul Excel. Le contenu de la cellule sélectionnée dépend du type des données que vous y avez entrées : du texte ou des nombres si vous n'avez entré qu'un en-tête ou une valeur particulière, une formule si vous avez entré une formule.

La barre de formule se compose de trois parties, de gauche à droite :

- **La zone de nom :** c'est la partie qui affiche l'adresse de la cellule sélectionnée.
- **Les boutons de la barre de formule :** juste après la zone de nom, c'est la zone qui se présente comme un petit ruban bleu commençant par un demi-cercle (que l'on peut déplacer vers la droite ou vers le haut). Elle contient à son extrémité droite le bouton Assistant Fonction (*fx*), auquel viennent s'ajouter les boutons Entrer et Annuler lorsque vous commencez à modifier le contenu de la cellule.
- **Le contenu de la cellule :** juste après la zone des boutons apparaît sur fond blanc le contenu de la cellule, occupant tout le reste de la barre de formule, ce qui permet d'afficher un contenu aussi long que nécessaire.

L'importance de la zone du contenu de la cellule dans la barre de formule est qu'elle vous montre toujours le contenu réel de la cellule, même lorsque la feuille de calcul elle-même ne le fait pas. Par exemple, lorsque la cellule contient une formule, Excel affiche dans cette cellule le résultat du calcul correspondant, mais c'est la zone du contenu de la cellule dans la barre de formule qui affiche la formule (laquelle est le véritable contenu de la cellule) et c'est là que vous pouvez modifier cette formule à tout moment. Pour la même raison, lorsque la zone du contenu de la cellule est vide, vous savez que la cellule ne contient rien.

Que faire dans la zone de la feuille de calcul ?

C'est là que la majeure partie des choses se passent, car c'est là que sont affichées les cellules ; c'est dans les cellules que vous entrez vos données, c'est aux cellules que vous appliquez vos mises en forme ainsi que toutes sortes de modifications.

N'oubliez pas que pour entrer ou modifier des données dans une cellule, celle-ci doit être sélectionnée. Excel indique de trois manières qu'une cellule est sélectionnée :

- Le curseur de cellule : c'est la bordure noire épaisse qui entoure la cellule sélectionnée.
- L'adresse de la cellule sélectionnée apparaît dans la zone de nom de la barre de formule.
- L'en-tête de la colonne et l'en-tête de la ligne de la cellule sélectionnée apparaissent en orange, ce qui les met en évidence, par contraste avec les autres.

Se déplacer dans la feuille de calcul

Une feuille de calcul Excel contient bien trop de lignes et de colonnes pour que toutes soient affichées en même temps, quelles que soient la taille et la définition de votre écran (ne perdons pas de vue qu'il y a au total 17 179 869 184 cellules dans une feuille de calcul). Excel offre donc de nombreux moyens de déplacer le curseur de cellule dans la feuille de calcul pour atteindre celle que vous voulez modifier :

- Cliquer sur la cellule voulue avec votre souris ou touchez cette cellule avec votre doigt (pour autant qu'elle se trouve dans la zone de la feuille de calcul affichée à l'écran).
- Cliquer dans la zone de nom de la barre de formule, y entrer directement l'adresse de la cellule voulue et appuyer sur la touche Entrée.
- Appuyer sur F5 pour faire apparaître la boîte de dialogue Atteindre, entrer l'adresse de la cellule voulue dans le champ Référence, puis cliquer sur OK.

- Utiliser les touches de curseur selon les indications du Tableau 1.1 pour déplacer le curseur de cellule jusqu'à la cellule voulue.
- Utiliser les barres de défilement horizontale et verticale, respectivement sur le bord inférieur et le bord droit de la fenêtre, pour faire apparaître à l'écran la zone de la feuille de calcul qui contient la cellule voulue, puis cliquer sur celle-ci pour la sélectionner.

Raccourcis clavier pour déplacer le curseur de cellule

Excel offre de nombreux raccourcis clavier pour déplacer le curseur de cellule vers une cellule quelconque. Au fur et à mesure que le curseur de cellule se déplace, la zone de la feuille de calcul qui apparaît à l'écran se déplace en conséquence, de sorte que celui-ci apparaisse toujours à l'affichage. Le Tableau 1.1 rassemble tous ces raccourcis clavier en indiquant les déplacements du curseur de cellule qu'ils produisent. Ces raccourcis clavier utilisent les quatre touches de curseur (←, →, ↑ et ↓) et les touches Page suivante (PgSuiv), Page précédente (PgPréc), Début et Fin ainsi que la touche Ctrl.

Tableau 1.1 : Raccourcis clavier pour déplacer le curseur de cellule

Raccourci	Le curseur se déplace jusqu'à
→ ou Tab	Cellule voisine de droite.
← ou Maj + Tab	Cellule voisine de gauche.
↑	Cellule voisine du dessus.
↓	Cellule voisine du dessous.
Début	Cellule de la colonne A de la même ligne.
Ctrl + Début	Première cellule (A1) de la feuille de calcul.
Ctrl + Fin ou Fin, Début	Cellule se trouvant à l'intersection de la dernière colonne non vide et de la dernière ligne non vide de la feuille de calcul (autrement dit, la dernière cellule de ce que l'on appelle la *zone active* de la feuille de calcul).
PgPréc	Cellule se trouvant un écran plus haut dans la même colonne.
PgSuiv	Cellule se trouvant un écran plus bas dans la même colonne.

Raccourci	Le curseur se déplace jusqu'à
Ctrl + → ou Fin, →	Première cellule non vide vers la droite dans la même ligne et précédée ou suivie par une cellule vide. Si aucune cellule non vide n'est trouvée, le curseur va jusqu'à la dernière cellule de la ligne.
Ctrl + ← ou Fin, ←	Première cellule non vide vers la gauche dans la même ligne et précédée ou suivie par une cellule vide. Si aucune cellule non vide n'est trouvée, le curseur va jusqu'à la première cellule de la ligne.
Ctrl + ↑ ou Fin, ↑	Première cellule non vide vers le haut dans la même colonne et précédée ou suivie par une cellule vide. Si aucune cellule non vide n'est trouvée, le curseur va jusqu'à la première cellule de la colonne.
Ctrl + ↓ ou Fin, ↓	Première cellule non vide vers le bas dans la même colonne et précédée ou suivie par une cellule vide. Si aucune cellule non vide n'est trouvée, le curseur va jusqu'à la dernière cellule de la colonne.
Ctrl + PgSuiv	Dernière cellule non vide dans la feuille de calcul suivante du même classeur.
Ctrl + PgPréc	Dernière cellule non vide dans la feuille de calcul précédente du même classeur.

Note : Pour les raccourcis clavier qui utilisent les touches de curseur, vous devez utiliser le bloc des touches de curseur sur votre clavier ou bien vous assurer que le verrouillage numérique n'est pas activé si vous utilisez le pavé numérique de votre clavier.

TRUC

Les raccourcis clavier qui combinent la touche Ctrl et la touche Fin avec une touche de curseur apparaissant dans le Tableau 1.1 sont parmi les plus utiles pour se déplacer rapidement dans un grand tableau de cellules ou pour se déplacer d'un tableau à un autre dans une partie de la feuille de calcul qui contient de nombreux blocs de cellules.

Lorsque vous utilisez la touche Ctrl avec une touche de curseur pour vous déplacer d'un bord à un autre dans un tableau ou d'un tableau à un autre dans une feuille de calcul, vous devez maintenir enfoncée la touche Ctrl tout en appuyant sur la touche de curseur concernée (ce qui est indiqué par le signe + dans la définition du raccourci, comme dans Ctrl + →).

Lorsque vous utilisez la touche Fin avec une touche de curseur, vous devez appuyer sur la touche Fin et la relâcher *avant* d'appuyer sur la touche de curseur (ce qui est indiqué par la virgule dans la définition du raccourci, comme dans Fin, →). Lorsque vous appuyez sur la touche Fin et la relâchez, l'indicateur Mode Fin apparaît dans la barre d'état. Excel vous signale ainsi qu'il attend que vous appuyiez sur une des quatre touches de curseur.

Comme vous pouvez maintenir enfoncée la touche Ctrl tout en appuyant sur la touche de curseur dont vous avez besoin, la méthode « Ctrl + touche de curseur » est plus fluide pour naviguer dans des blocs de cellule que la méthode « Fin + touche de curseur ».

N'OUBLIEZ PAS

Vous pouvez utiliser la touche Verr Maj (Verrouillage Majuscule) pour « verrouiller » la position du curseur de cellule dans la feuille de calcul, de manière à faire défiler à l'écran la feuille de calcul avec des touches comme PgSuiv et PgPréc sans changer la position du curseur de cellule (autrement dit, de manière à ce que ces touches se comportent comme les barres de défilement).

Après avoir activé le Verrouillage Majuscule, lorsque vous faites défiler la feuille de calcul avec le clavier, Excel ne sélectionne pas une nouvelle cellule dans la zone affichée. La cellule sélectionnée reste la même, même si elle n'est plus visible à l'affichage. Pour « déverrouiller » le curseur de cellule en utilisant le clavier pour faire défiler la feuille de calcul, vous devez désactiver le Verrouillage Majuscule (soit en appuyant à nouveau sur la touche Verr Maj, soit en appuyant sur la touche Maj, selon le paramétrage de Windows).

Astuces pour l'exploitation du clavier virtuel

Si vous exploitez Excel sur un dispositif dépourvu de clavier physique, c'est *via* le clavier virtuel que vous encoderez vos données.

Pour y accéder, opérez un clic droit dans la barre d'état, puis choisissez Barres d'outils/Clavier tactile pour afficher le bouton Clavier tactile dans cette barre. Cliquez ensuite sur ce bouton.

Cette action provoque l'apparition de ce clavier sous la forme d'une palette flottante dans la partie inférieure de la fenêtre d'Excel.

Pour l'ancrer sous la fenêtre du tableur, cliquez sur le bouton Dock qui s'affiche juste à gauche du bouton Fermer dans l'angle supérieur droit du clavier. La Figure 1.7 montre le clavier ancré.

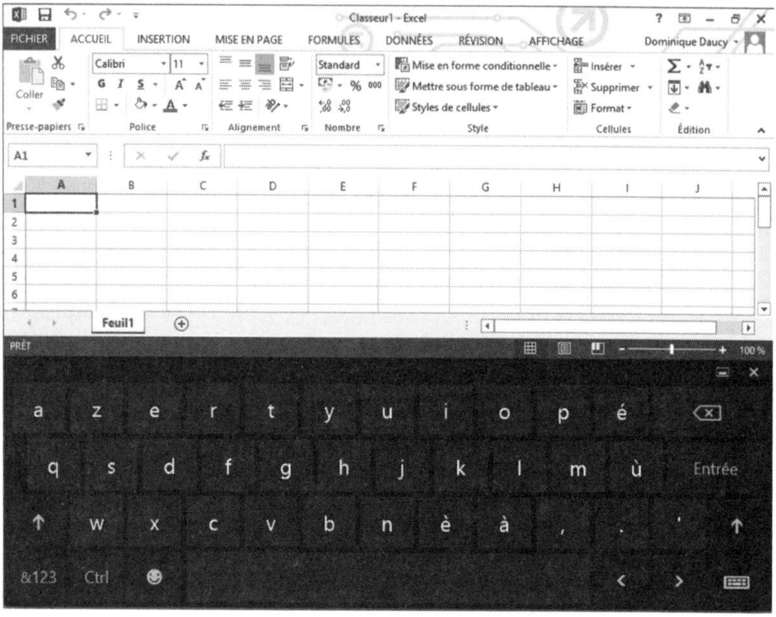

Figure 1.7 : Le clavier virtuel de Windows 8 s'étale sous la fenêtre du programme.

Une fois ancré, le clavier tactile de Windows 8 reste dissocié de la fenêtre du programme afin de vous permettre d'accéder à toutes les cellules de votre classeur pendant la saisie des données. Il propose avant tout les caractères alphabétiques, une barre d'espacement et quelques signes de ponctuation (apostrophe, virgule, point et point d'interrogation). Il comporte également quelques touches spéciales :

- **Retour arrière :** (en haut à droite, le x dans une flèche pointant vers la gauche) pour effacer les caractères à gauche de point d'insertion.
- **Entrée :** pour valider une saisie et déplacer le curseur avec la cellule de la ligne suivante dans la même colonne.
- **Majuscule :** (première et dernière touches de la troisième ligne en commençant par le haut) pour obtenir des majuscules.
- **Nombres :** (accessibles *via* le bouton &123) pour accéder aux chiffres et à d'autres signes de ponctuation. La touche @123 vous permet de revenir de l'affichage numérique à l'affichage alphabétique.

- **Ctrl :** pour exécuter des macros auxquelles vous avez assigné des séquences de touches ou, en combinaison avec les Flèches gauche et droite, pour déplacer le pointeur dans la première ou la dernière colonne de la ligne courante, selon le cas.
- **Émoticônes :** pour accéder à la bibliothèque d'émoticônes et les introduire dans vos cellules. Recliquer sur le bouton rétablit le clavier standard.
- **Flèche gauche :** (symbole <) pour déplacer le pointeur d'une cellule vers la droite.
- **Flèche droite :** (symbole >) pour déplacer le pointeur d'une cellule vers la gauche.

Dès que vous avez terminé la saisie de vos données, licenciez ce clavier en cliquant dans sa case de fermeture ; vous reviendrez ainsi à l'affichage classique du tableur.

TRUC

Le clavier tactile de Windows 8 peut être dissocié : les touches alphabétiques sont divisées en deux groupes avec, au centre, un pavé numérique à dix touches. Le problème est que, quand il est présenté de la sorte, le clavier propose des touches encore plus petites, ce qui complique la saisie avec les doigts et avec un stylet. En revanche, la présence du pavé numérique vous dispense de basculer constamment entre les caractères alphabétiques et les caractères numériques. Pour dissocier le clavier, touchez le bouton Clavier placé dans l'angle inférieur droit du clavier virtuel (juste à droite de la touche Flèche droite), puis, dans le menu contextuel correspondant, touchez le deuxième bouton en partant de la gauche (celui qui montre un clavier avec un espace libre au centre).

Astuces pour les barres de défilement

Pour comprendre comment fonctionne le défilement dans Excel, représentez-vous cette énorme feuille de calcul comme un rouleau de papier enroulé sur une bobine à chaque extrémité. Pour faire apparaître une partie du rouleau qui se trouve cachée sur sa bobine du côté droit, vous rembobinez la bobine de gauche, jusqu'à ce que la partie voulue apparaisse sous vos yeux. Et pour faire apparaître une partie du rouleau qui se trouve cachée sur sa bobine du côté gauche, vous rembobinez la bobine de droite, jusqu'à ce que la partie voulue apparaisse sous vos yeux. C'est le même principe vers le haut et vers le bas.

Vous pouvez utiliser la barre de défilement horizontal qui se trouve sur le bord inférieur de la feuille de calcul pour faire défiler vos colonnes vers la droite ou vers la gauche et la barre de défilement verticale qui se trouve sur le bord droit de la feuille de calcul pour faire défiler vos lignes vers le haut ou vers le bas. Pour faire défiler d'une colonne ou d'une ligne à la fois dans une direction, cliquez sur la flèche de défilement appropriée à l'une ou l'autre extrémité de la barre de défilement correspondante.

N'oubliez pas que vous pouvez redimensionner la barre de défilement horizontale pour la rendre plus longue ou plus courte en faisant glisser le bouton qui apparaît à son extrémité gauche. Gardez à l'esprit que l'espace restant à gauche de la barre de défilement horizontale permet de loger les onglets des feuilles de calcul que contient le classeur.

Pour faire défiler très rapidement les lignes et colonnes de votre feuille de calcul, maintenez enfoncée la touche Maj et faites glisser le pointeur de la souris dans la direction appropriée dans la barre de défilement correspondante, jusqu'à ce que la ligne ou la colonne que vous voulez voir apparaisse à l'écran. Lorsque vous maintenez enfoncée la touche Maj, le bouton de défilement devient très petit dès que vous maintenez enfoncé le bouton de la souris après avoir placé le pointeur dessus. En même temps, une info-bulle apparaît, indiquant le numéro de la première ligne ou la lettre de la première colonne affichée.

Si vous disposez d'une souris à molette, vous pouvez l'utiliser pour faire défiler directement. Placez simplement le pointeur de cellule en forme de croix approximativement au centre de la feuille de calcul et maintenez enfoncée la molette de la souris. Le pointeur prend la forme d'une flèche à quatre pointes. Faites alors simplement glisser votre souris dans la direction appropriée (vers la gauche ou vers la droite pour faire défiler les colonnes, vers le haut ou vers le bas pour faire défiler les lignes), jusqu'à ce que la zone voulue de la feuille de calcul apparaisse à l'écran.

Sur écran tactile, vous pouvez balayer avec votre doigt pour visualiser d'autres zones du document, non visibles *a priori*. Pour afficher des colonnes situées plus à droite, balayez de la droite vers la gauche. Pour afficher les lignes situées plus bas, balayez du bas vers le haut. C'est la force que vous imprimerez à ce balayage qui déterminera directement le nombre de colonnes ou de lignes qui arriveront ainsi en fenêtre active. Pour revenir à l'affichage précédent, balayez dans l'autre sens.

Gérer les feuilles du classeur

Chaque nouveau classeur que vous créez dans Excel 2013 contient une seule feuille de calcul vierge. Celle-ci comporte 16 384 colonnes et 1 048 576 lignes (ce qui représente la bagatelle de 51 539 607 552 cellules vierges). Mais si vous avez besoin de feuilles supplémentaires dans votre classeur, il vous suffit de cliquer sur le bouton Insérer une feuille de calcul, juste après les onglets des feuilles de calcul existantes, comme le montre la Figure 1.8.

Figure 1.8 : Outils pour la gestion des feuilles.

Dans le coin inférieur gauche de la fenêtre, les boutons de défilement vous permettent de passer d'une feuille à une autre (la précédente ou la suivante) ; ils sont suivis par les onglets des feuilles qui existent déjà dans le classeur, puis par le bouton qui permet d'ajouter une nouvelle feuille. Pour activer une feuille, c'est-à-dire pour la faire apparaître à l'affichage et pouvoir y travailler, il vous suffit de la sélectionner en cliquant sur son onglet. Excel met en évidence la feuille active en présentant son nom en vert et en gras dans l'onglet correspondant.

N'oubliez pas que les raccourcis clavier Ctrl + PgSuiv et Ctrl + PgPréc vous permettent de passer respectivement à la feuille suivante et à la feuille précédente dans votre classeur.

Si votre classeur contient trop de feuilles de calcul pour que tous leurs onglets puissent être affichés en même temps en bas de la fenêtre, utilisez les boutons de défilement situés à gauche des onglets pour les faire défiler et faire apparaître ceux dont vous avez besoin, de manière à ce que vous puissiez alors cliquer sur celui que vous voulez activer.

Pour activer la première feuille d'un classeur, enfoncez la touche Ctrl et cliquez sur le bouton Feuille précédente. Pour afficher la dernière, opérez *via* Ctrl + bouton Feuille suivante.

Pour activer une feuille quelconque, vous pouvez aussi afficher la boîte de dialogue Activer qui répertorie toutes les feuilles de classeur de la première à la dernière : faites un clic droit sur les boutons de défilement, puis sélectionnez, dans la liste, la feuille à afficher et le tour est joué !

N'oubliez pas que, sur dispositif tactile, c'est un toucher maintenu qui remplace le clic droit. Touchez donc les boutons de défilement avec votre doigt ou avec un stylet jusqu'à ce qu'un cercle apparaisse. Interrompez alors le contact ; le menu contextuel s'affiche aussitôt.

Une raison d'ajouter des feuilles dans un classeur

Vous vous demandez peut-être pourquoi on pourrait avoir besoin de plusieurs de calcul dans un classeur, compte tenu du nombre énorme de cellules que la feuille unique proposée par défaut peut contenir. La réponse est que ça dépend tout simplement de la manière dont vous choisissez d'organiser vos données. Vous trouverez souvent plus pratique de les répartir sur plusieurs feuilles (sachant que vous pouvez passer facilement de l'une à l'autre) que de les disséminer sur une grande surface d'une même feuille en vous obligeant à en faire défiler le contenu pour accéder à vos données. Par exemple, si vous faites des budgets pour plusieurs services d'une entreprise, il est plus pratique de disposer d'une feuille pour chaque service. Il vous sera aussi plus facile de cette façon d'imprimer chaque feuille séparément. Enfin, vous pourrez aussi créer une feuille de résumé, consolidant les données des autres.

Découvrir la barre d'état

La barre d'état (Figure 1.9) occupe tout le bord inférieur de la fenêtre d'Excel et comporte les zones suivantes :

- **L'indicateur Mode Cellule** indique l'état du programme Excel (Prêt, Entrer, et ainsi de suite), ainsi que toutes les touches spéciales du clavier qui sont activées (Verr Maj, Verr Num et Défilement).
- **Les indicateurs Moyenne, Nombre et Somme** affichent la moyenne et la somme de tous les contenus numériques de l'ensemble des cellules sélectionnées, ainsi que le nombre de ces dernières.

- **Le Sélecteur d'affichage** vous permet de choisir entre trois modes d'affichage pour votre feuille de calcul : Normal (c'est l'affichage par défaut qui ne montre que les cellules avec les en-têtes de lignes et de colonnes) ; Mise en page (qui affiche les règles, les marges et les sauts de page) ; et Sauts de page (qui vous permet de mettre au point la mise en page du document). Pour en savoir plus à ce sujet, reportez-vous au Chapitre 5.
- **Le Curseur de zoom** permet de zoomer en avant ou en arrière dans votre feuille de calcul, en le tirant vers la droite ou vers la gauche.

Figure 1.9 : La barre d'état fournit des infos quant à l'état dans lequel se trouve Excel et permet d'afficher la feuille de calcul différemment.

ÉCRAN TACTILE

Sur dispositif tactile, posez deux doigts, puis écartez-les pour un zoom avant ; pincez-les pour un zoom arrière.

TRUC

L'indicateur Verr. Num. (qui n'est pas affiché dans la configuration par défaut) signale que vous pouvez utiliser le pavé numérique de votre clavier pour entrer des valeurs numériques dans la feuille de calcul.

Lancer et quitter Excel

Excel 2013 ne fonctionne qu'avec Windows 7 et 8. Donc, si vous évoluez encore sous Vista ou XP, vous devrez passer à la version 7 ou 8 si vous voulez exploiter cette nouvelle version du tableur de Microsoft.

Lancer Excel depuis l'écran Accueil de Windows 8

C'est l'enfance de l'art : depuis cet écran, cliquez ou touchez la vignette Excel 2013.

Vous ne la trouvez pas ? Exploitez donc la fonction Rechercher, puis ajouter le programme à votre écran d'accueil :

1. **Depuis l'écran d'accueil, commencez à taper exc depuis le clavier physique ou virtuel.**

   Un volet droit Rechercher s'affiche à droite tandis que Windows 8 propose, dans le volet gauche, la liste des applications qui répondent à votre critère.

2. **Dans ce même volet, opérez un clic droit sur le bouton Excel 2013.**

   Sur écran tactile, touchez-maintenez le bouton Excel 2013 jusqu'à ce qu'un cercle apparaisse ; relâchez alors la pression pour faire apparaître le menu contextuel.

3. **Choisissez Épingler à l'écran d'accueil dans le bandeau de commandes qui vous est proposé dans le bas de l'écran.**

Voilà qui est fait. N'hésitez pas à stocker cette vignette où bon vous semble en la déplaçant par cliquer-glisser.

Lancer Excel depuis le menu Démarrer de Windows 7

Pour agir depuis le menu Démarrer, procédez comme suit :

1. **Cliquez sur le bouton Démarrer dans la barre des tâches pour ouvrir le menu Démarrer.**

   Sur écran tactile, touchez le bouton.

2. **Cliquez sur Démarrer/Tous les programmes/Microsoft Office/Microsoft Office Excel 2013.**

Vous pouvez aussi utiliser le champ Rechercher qui se trouve en bas du menu Démarrer pour identifier l'emplacement du programme Excel sur votre ordinateur et le lancer très rapidement :

1. **Cliquez sur le bouton Démarrer dans la barre des tâches pour ouvrir le menu Démarrer.**
2. **Cliquez dans le champ Rechercher et tapez les deux lettres ex afin que Windows identifie l'emplacement du programme Excel 2013 sur votre ordinateur.**
3. **Cliquez sur l'option Microsoft Office Excel 2013 qui apparaît maintenant dans le volet de gauche du menu Démarrer.**

Ajouter un raccourci vers Excel sur le Bureau de Windows 7

Certains préfèrent disposer d'une icône de raccourci vers le programme Excel sur le Bureau de Windows de manière à pouvoir lancer ce programme en double-cliquant simplement sur cette icône. Pour créer une icône de raccourci vers le programme Excel sur le Bureau de Windows Vista, suivez ces étapes :

1. **Cliquez sur le bouton Démarrer, puis mettez l'option Tous les programmes en surbrillance.**

   Windows 7 affiche une nouvelle liste de programmes.

2. **Sélectionnez Microsoft Office 2013.**

   Windows 7 affiche un sous-menu qui répertorie tous les programmes d'Office 2013.

3. **Faites glisser le bouton Excel 2013 du menu Démarrer vers le bureau de Windows 7 et déposez-le à l'endroit souhaité.**

   Pendant l'opération, un phylactère indiquant « Déplacement vers le Bureau » s'affiche à proximité de l'icône. Dès que vous relâchez le bouton de votre souris, un raccourci Excel 2013 apparaît sur le Bureau. Un double-clic sur cette icône lance le programme.

Ajouter Excel au menu Démarrer de Windows 7

Si vous utilisez fréquemment Excel, il sera sans doute pratique de le faire apparaître dans le menu Démarrer de Windows. La marche à suivre :

1. **Cliquez sur le bouton Démarrer, puis mettez l'option Tous les programmes en surbrillance.**

   Windows 7 affiche une nouvelle liste de programmes.

2. **Sélectionnez Microsoft Office 2013.**

   Windows 7 affiche un sous-menu qui répertorie tous les programmes d'Office 2013.

3. **Faites un clic droit sur Microsoft Excel 2013.**

   Sur écran tactile, touchez-maintenez l'option Excel 2013 ; relâchez quand un cercle apparaît ; vous accéderez ainsi au menu contextuel.

4. **Choisissez Épingler au menu Démarrer.**

N'OUBLIEZ PAS

L'option Excel 2013 figure désormais dans la partie supérieure du volet de gauche du menu Démarrer ; il suffira de cliquer dessus pour lancer Excel.

TRUC

Quand Microsoft Excel 2013 est épinglé dans le menu Démarrer de Windows 7, immobiliser le pointeur de la souris dessus déploie une liste contenant les classeurs Excel récemment ouverts. Cliquez sur un des noms de classeur pour l'ouvrir aussitôt dans Excel.

Ajouter Excel à la barre des tâches de Windows 7

Si votre ordinateur tourne sous Windows 7, vous pouvez placer en permanence l'icône Microsoft Excel 2013 dans la barre des tâches.

Il suffit pour cela de faire glisser jusque sur la barre des tâches l'icône d'Excel que vous avez épinglée dans le menu Démarrer ou déposée sur le Bureau (voir les sections précédentes).

N'OUBLIEZ PAS

L'icône d'Excel reste en permanence dans la barre des tâches. Cliquez dessus pour lancer le programme.

Quitter Excel

Une fois votre travail terminé, vous êtes prêt à quitter Excel ; vous disposez pour cela de plusieurs méthodes :

- Appuyez sur Alt + F4 depuis votre clavier physique ou virtuel.
- Cliquez sur ou touchez le bouton Fermer (X) dans le coin supérieur droit de la fenêtre d'Excel.

Si vous essayez de quitter Excel après avoir travaillé dans un classeur mais sans avoir enregistré vos dernières modifications, le programme émet une alerte sonore et affiche une boîte d'alerte vous demandant si vous voulez enregistrer vos modifications. Pour les enregistrer avant de quitter Excel, cliquez sur le bouton Oui (pour en savoir plus sur l'enregistrement de vos documents, reportez-vous au Chapitre 2). Si vous ne voulez pas enregistrer vos dernières modifications, cliquez sur le bouton Non.

Quitter Excel depuis un écran tactile

Si vous exploitez Excel depuis un écran tactile non équipé d'un clavier physique, pensez à activer le mode Tactile *via* la commande Mode tactile/souris du menu local Personnaliser la barre d'outils Accès rapide (voir la section correspondante plus haut dans ce chapitre). La case de fermeture en haut à droite sera alors beaucoup plus facilement accessible et vous risquerez moins de toucher, par mégarde, le bouton Réduire plutôt que le bouton Fermer.

Autre remarque : si votre clavier virtuel est affiché et que vous souhaitez quitter Excel *via* la combinaison de touche Alt + F4 que nous avons mentionnée plus haut, n'oubliez pas de toucher d'abord le bouton Fn pour afficher les touches de fonction avant de taper Alt + F4.

Chapitre 2

Créer une feuille de calcul à partir de zéro

Dans ce chapitre :

- Démarrer un nouveau classeur.
- Entrer des données de trois types possibles dans une feuille de calcul.
- Créer des formules simples.
- Corriger des entrées erronées.
- Utiliser la fonction de correction automatique.
- Faire le total de lignes ou de colonnes avec le bouton Somme automatique.
- Enregistrer votre précieux travail et récupérer les classeurs quand le logiciel ne répond plus.

Maintenant que vous savez démarrer Excel 2013, le moment est venu de passer à l'action sans que cela tourne au cauchemar. Vous découvrirez dans ce chapitre comment entrer toutes sortes d'informations dans toutes ces petites cellules vierges décrites dans le chapitre précédent. Après avoir appris à entrer des données brutes dans la feuille de calcul, vous aborderez ce qui est sans doute la plus importante des leçons : l'enregistrement de toutes ces informations sur le disque afin que vous n'ayez plus à ressaisir tout ça !

La saisie des données

Quand vous lancez Excel 2013, un écran ressemblant à celui de la Figure 2.1 vous est proposé. Il est divisé en deux volets : à gauche, la liste des classeurs que vous avez manipulés récemment et la commande Ouvrir d'autres classeurs ; à droite, les différents modèles qui peuvent vous servir de base.

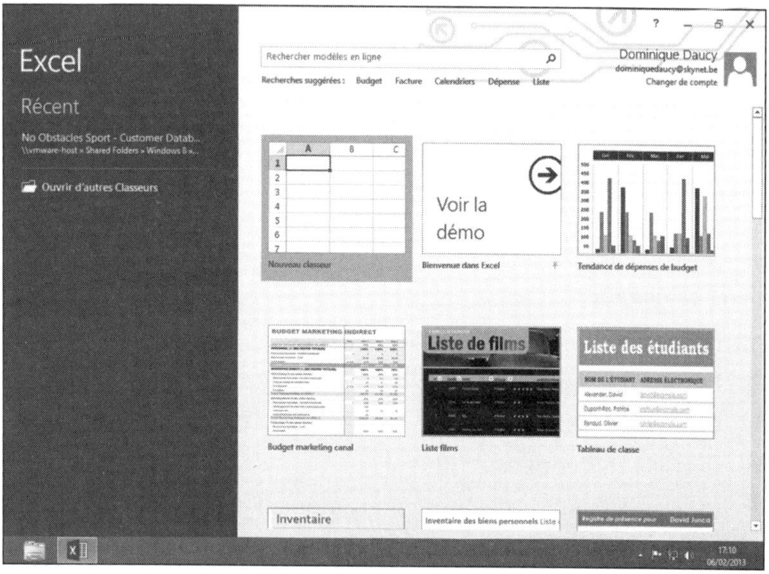

Figure 2.1 : L'écran de démarrage d'Excel 2013, tel qu'il vous est présenté à la mise en service du programme.

Ces modèles s'avèrent très pratiques puisqu'ils comportent déjà des données échantillons et des formatages que vous n'avez qu'à adapter avant de sauvegarder le contenu sous le nom qui vous convient.

La première option du volet droit est Nouveau classeur, qui vous ouvre un classeur résolument vierge. Vient ensuite l'option Voir la démo. Après ça vous trouvez les modèles proprement dits, répartis en catégories (budget, liste, inventaire…). Si vous n'y trouvez pas votre bonheur, il vous reste la possibilité d'exploiter le champ Rechercher modèles en ligne avec, pour compléter la fonction, la possibilité de sélectionner, sous le champ, un type de modèle.

TRUC

Nous vous recommandons de prendre le temps de découvrir la démo dont il vient d'être question avant d'aller plus loin. Dès que vous cliquez sur cette option, Excel vous ouvre un classeur composé de cinq feuilles, intitulées respectivement Début, Remplissage, Analyse, Graphique et Plus d'infos. Il vous aide à découvrir, notamment, la fonction Remplissage instantané (dont il sera question plus tard) et celle baptisée Analyse rapide (que j'aborderai au Chapitre 3). Son onglet Graphique vous permet également d'apprécier la nouvelle fonctionnalité Graphiques recommandés (qui sera traitée au Chapitre 8).

Si vous choisissez un modèle (c'est-à-dire n'importe quelle option à part Nouveau classeur et Voir la démo), Excel vous soumet instantanément une version agrandie du modèle en question avec un descriptif succinct. Cliquez sur Créer pour télécharger le modèle. Pour y renoncer, cliquez dans la case de fermeture en haut à droite ou enfoncez la touche Échap.

Vous préférez partir de rien ? Optez alors pour Nouveau classeur. Excel s'exécute en vous soumettant un classeur vide nommé Classeur1, constitué d'une seule feuille, baptisée Feuil1. Vous pouvez entamer la saisie.

Dans la pratique

Avant de positionner le pointeur de cellule là où la saisie (ou entrée) doit avoir lieu, Excel doit être en mode Prêt ; ce mode est affiché en toutes lettres dans la barre d'état. Mais, dès que vous commencez à saisir des données, Excel passe en mode Entrer (ce mot remplace le mot Prêt, dans la barre d'état). Si le mode Prêt n'est pas actif, appuyez sur la touche Échap.

En l'absence d'un clavier physique, laissez le clavier virtuel ouvert (de préférence flottant) pendant toute la saisie des données. (Voyez à ce sujet la section « Astuces pour l'exploitation du clavier virtuel » du Chapitre 1.)

Dès lors que vous commencez à saisir en mode Entrer, les caractères que vous tapez apparaissent à la fois dans la cellule de la feuille de calcul et dans la barre de formule, en haut de l'écran. Tout ce que vous tapez dans une cellule a un effet dans la barre de formule, à commencer par l'apparition des boutons Annuler, Entrer et Insérer une fonction, entre la Zone Nom et la barre de formule.

Au fur et à mesure que vous tapez, Excel affiche votre saisie à la fois dans la barre de formule et dans la cellule active de la feuille de calcul, comme l'illustre la Figure 2.2. Le point d'insertion n'est toutefois présent qu'après les caractères affichés dans la cellule.

Après avoir effectué la saisie, vous devez faire en sorte qu'elle demeure dans la cellule. Pour ce faire, le logiciel doit quitter le mode Entrer et revenir au mode Prêt afin que vous puissiez déplacer le

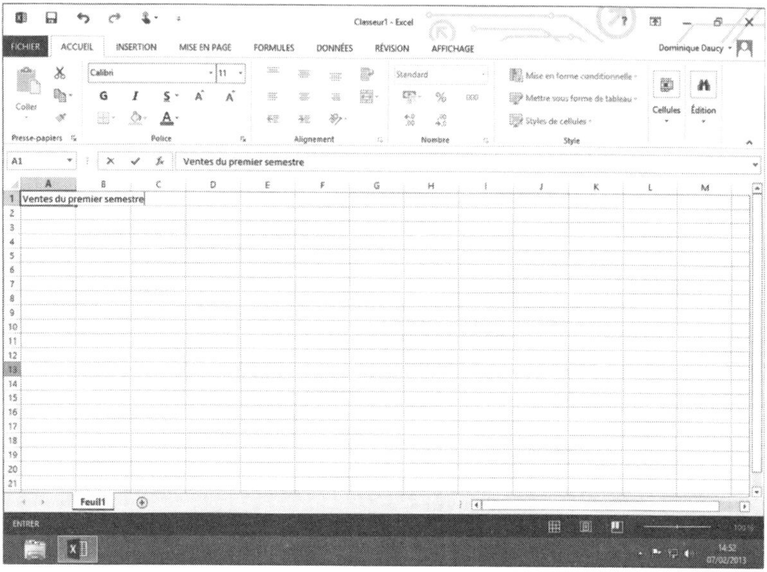

Figure 2.2 : Ce que vous tapez apparaît à la fois dans la cellule active et dans la barre de formule.

pointeur vers une autre cellule et y entrer éventuellement d'autres données.

Pour terminer la saisie et par là même passer du mode Entrer au mode Prêt, vous pouvez, au choix, cliquer sur le bouton Entrer (dans la barre de formule), appuyer sur la touche Entrée, ou encore appuyer sur une des touches fléchées (←, →, ↑ ou ↓) pour déplacer le pointeur vers une cellule voisine. Il est aussi possible d'appuyer sur la touche Tab ou Maj + Tab.

TRUC

Si vous clôturez la saisie *via* une touche quelconque (Entrée, Tabulation, Majuscule + Tabulation ou une des touches fléchées), non seulement vous validez cette saisie mais, par la même occasion, vous déplacez la sélection vers une cellule voisine.

Bien que chacune de ces manipulations serve à valider la saisie des données dans une cellule, ce qui s'ensuit diffère quelque peu :

- Si vous cliquez sur le bouton Entrer, dans la barre de formule, la saisie est validée mais le pointeur de cellule reste en place.
- Si vous appuyez sur la touche Entrée, la saisie est validée mais le pointeur se place sur la cellule située juste en dessous.

- Si vous appuyez sur une des touches fléchées, la saisie est validée, après quoi le pointeur de cellule se place sur la cellule suivante, dans le sens de la flèche.
- Si vous appuyez sur la touche Tab, la saisie est validée, après quoi le pointeur se déplace vers la cellule immédiatement à droite (ce qui équivaut à appuyer sur la touche Flèche droite). L'appui sur Maj + Tab déplace le pointeur vers la cellule immédiatement à gauche (équivalent de la touche Flèche gauche).

Quelle que soit la méthode que vous adoptez pour effectuer une saisie, Excel désactive la barre de formule dès que la frappe est validée en faisant disparaître les boutons Annuler et Entrer. Les données continuent d'être présentes dans la feuille de calcul, à quelques exceptions près que nous évoquerons plus loin dans ce chapitre. Chaque fois que vous sélectionnerez cette cellule, les données seront de nouveau affichées dans la barre de formule.Si, pendant la saisie – et aussi longtemps qu'elle n'a pas été validée –, vous vous rendez compte d'une erreur, vous pouvez purger et désactiver la barre de formule en cliquant sur le bouton Annuler (celui avec un X) ou en appuyant sur la touche Échap. Mais si vous ne repérez cette erreur qu'après la validation, vous devrez revenir à cette cellule pour la corriger ou supprimer l'entrée (nous verrons ces opérations dans le Chapitre 4) et refaire la saisie.

Tous les types sont les bienvenus

Pendant que vous entrez joyeusement des données dans le tableur, Excel analyse constamment à votre insu le type de ces données et les classe selon les trois types qu'il connaît : du *texte,* une *valeur* ou une *formule.*

Si Excel découvre qu'il s'agit d'une formule, le logiciel la calcule aussitôt, puis affiche le résultat dans la cellule de la feuille de calcul (la formule elle-même reste cependant visible dans la barre de formule). Si la saisie n'a rien d'une formule, Excel détermine s'il s'agit d'un texte ou d'une valeur.

Il effectue cette distinction pour savoir comment aligner ces données dans la feuille de calcul. Les textes sont calés à gauche des cellules tandis que les valeurs sont calées à droite. De plus, comme la plupart des formules se nourrissent de valeurs, en différenciant les textes des valeurs, Excel sait quelles sont les données qui seront admises par une formule et lesquelles ne le seront pas. Disons sans trop nous y attarder qu'il est facile de faire tourner une formule en bourrique en lui donnant à mouliner du texte là où elle attend des valeurs.

Les signes révélateurs d'un texte

Un *texte* n'est rien d'autre qu'une saisie qu'Excel ne reconnaît ni comme formule ni comme valeur. Autant dire que, en ce qui concerne les types de données, il s'agit carrément d'une catégorie fourre-tout. En pratique, la plupart des entrées de texte (appelées aussi *intitulés*) sont des combinaisons de lettres et de ponctuations, ou de lettres et de chiffres. Les textes servent principalement à créer des titres, des en-têtes ou des annotations.

Il est facile de savoir si une saisie a produit un texte, car ce type de données est automatiquement aligné contre le bord gauche de la cellule. Si le texte est plus long que la cellule, il déborde sur la ou les cellules à droite, aussi longtemps que celles-ci sont vides (Figure 2.3).

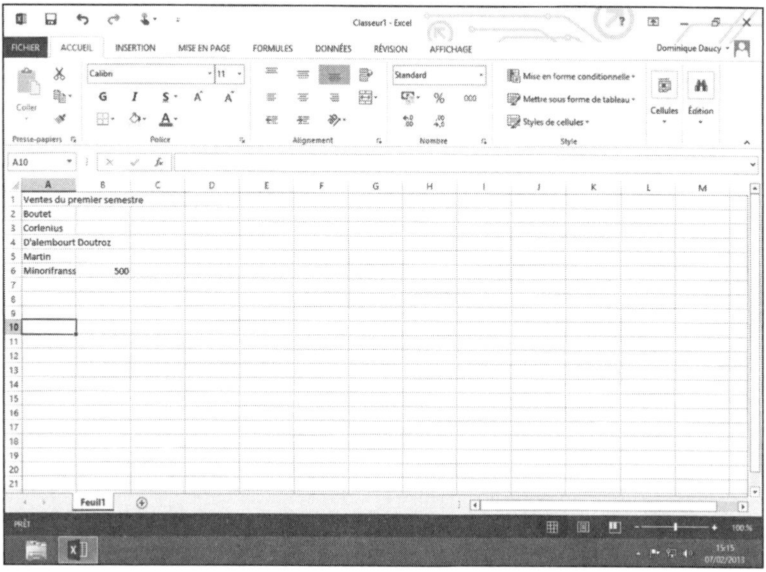

Figure 2.3 : Un texte long déborde à droite de la cellule, sur ses voisines vides.

Si par la suite vous entrez une information dans une cellule sur laquelle du texte a débordé, Excel tronque le texte, comme le montre la Figure 2.3 au niveau de la cellule A6. Ne vous inquiétez pas, Excel n'a pas du tout coupé le texte, il a simplement évité de l'afficher pour libérer de la place pour les nouvelles données. Pour récupérer la partie masquée du texte, vous devrez élargir la colonne qui le contient (nous verrons comment dans le Chapitre 3).

Comment Excel évalue-t-il les valeurs ?

Les *valeurs* sont les blocs de construction de la plupart des formules que vous élaborerez dans Excel. Il en existe deux sortes : les chiffres qui représentent des quantités (14 unités en stock ou 140 000 euros...) et les chiffres qui représentent une date (le 19 décembre 2013) ou une heure (13:30).

Vous pouvez savoir si Excel a accepté une entrée comme valeur en observant comment il l'a alignée ; une valeur est toujours calée à droite. Si elle est trop grande pour tenir dans la cellule, Excel la convertit automatiquement en *notation scientifique*. Par exemple, la valeur 6E + 08 indique que 6 est suivi par 8 zéros, soit une valeur de 600 millions. Pour obtenir l'affichage d'un nombre scientifique en notation décimale, plus conventionnelle, il suffit d'élargir la cellule (nous verrons comment dans le Chapitre 3).

S'assurer que c'est bien le bon chiffre

Quand vous créez une nouvelle feuille de calcul, vous passez sans doute beaucoup de temps à entrer des nombres qui représentent toutes sortes de quantités, de l'argent que vous avez gagné (ou perdu) à la part du budget professionnel que vous accordez à la machine à café et aux croissants (ah bon, vous n'avez pas le droit de déduire les croissants ?)

Pour entrer une valeur numérique représentant une quantité positive, comme vos revenus de l'année écoulée, vous sélectionnez une cellule, tapez un nombre (par exemple **459600**), puis validez cette saisie avec la touche Entrée ou en cliquant sur le bouton Entrer, et ainsi de suite. Pour entrer une valeur numérique négative, comme les dépenses de café et de croissants, vous tapez d'abord sur la touche - (moins) avant de taper le nombre, **-1750** par exemple (ce qui n'est finalement pas beaucoup comparé à ce que vous avez gagné), après quoi vous validez cette entrée.

Si vous avez l'habitude de la comptabilité, vous pouvez placer les chiffres négatifs, comme vos dépenses, entre parenthèses. Vous taperez alors **(1750)**. Remarquez qu'en procédant ainsi Excel

NOTE TECHNIQUE

Pour Excel, le texte ne compte pas

Faites le test suivant : entrez 10 dans une cellule, puis entrez un texte quelconque dans la cellule du dessous ; sélectionnez ensuite ces deux cellules et consultez les infos dans la zone des indicateurs de la barre d'état : SOMME indique 10 et NB indique 2 : les deux cellules sélectionnées produisent la somme de 10, prouvant bien que le texte n'est pas pris en considération.

convertit automatiquement les parenthèses en signe moins : vous tapez **(1750)** mais Excel affiche -1750 (ne vous inquiétez pas pour vos chères parenthèses, vous verrez au Chapitre 3 comment les récupérer).

Pour des valeurs monétaires comme l'euro, vous pouvez ajouter le symbole monétaire € et séparer les milliers. Dès que vous tapez une valeur suivie d'un signe monétaire, Excel met automatiquement cette valeur en forme.

Pour entrer des valeurs décimales, vous utilisez la virgule (ou le point décimal du pavé numérique, qui est automatiquement converti en virgule par Excel). Au besoin, Excel ajoute automatiquement un zéro avant la virgule ; par exemple, si vous tapez **,34** dans une cellule, elle devient automatiquement 0,34 au moment de la validation. De même, les zéros superflus sont éliminés : taper **12,50** donne 12,5 (mais il est bien sûr possible de forcer la mise en forme pour faire apparaître ces zéros décimaux).

Pour obtenir l'équivalence décimale d'une valeur exprimée sous la forme d'une fraction, il suffit de taper cette valeur fractionnaire. Par exemple, si vous ignorez que 2,1875 est la représentation décimale de 2 et 3/16, tapez simplement **2 3/16** en veillant à placer une espace entre 2 et 3/16. Après avoir validé cette saisie, rien n'a changé dans la cellule, mais dans la barre de formule vous lisez le résultat : 2,1875. Comme vous le découvrirez dans le Chapitre 3, il s'agit là d'une petite astuce qu'utilise Excel pour afficher l'équivalent de 2 3/16 dans la barre de formule.

N'OUBLIEZ PAS

Si vous entrez des fractions simples comme 3/4 ou 5/8, vous devez les faire précéder d'un zéro suivi d'une espace ; par exemple : 0 3/4 ou 0 5/8. Autrement, Excel penserait que vous saisissez des dates qu'il traduirait respectivement par 03-avr et 05-août.

Quand vous entrez dans une cellule une valeur numérique qui représente un pourcentage, vous avez le choix entre :

- Diviser le nombre par 100 et entrer son équivalent décimal (en décalant la virgule de deux chiffres vers la gauche, comme vous l'avez appris à l'école). Vous taperez par exemple **,12** pour 12 %.
- Entrer le nombre suivi du signe de pourcentage : 12 %.

Quelle que soit la méthode choisie, Excel stocke la valeur décimale dans la cellule (0,12 dans notre exemple). Si vous utilisez le signe de pourcentage, Excel applique la mise en forme correspondante, c'est-à-dire 12 %.

Fixer les décimales

Si vous devez entrer une série de chiffres qui doivent comporter un même nombre de décimales, activez la fonction Décimale fixe d'Excel. Elle s'avère vraiment commode lorsque vous devez saisir des centaines de valeurs financières ou comptables avec deux décimales pour les centimes.

Procédez comme suit pour spécifier le nombre de décimales à afficher pour les nombres que vous entrez :

1. **Cliquez sur Fichier/Options, ou appuyez sur Alt + FI, puis cliquez sur l'onglet Options avancées dans la boîte de dialogue Options Excel.**

   La boîte de dialogue Options Excel apparaît, avec l'onglet Options avancées au premier plan.

2. **Dans la section Options d'édition, cochez la case Décimale fixe.**

   Par défaut, Excel affiche deux chiffres après la virgule. Pour modifier ce paramètre, passez à l'Étape 3. Si vous voulez le conserver, passez à l'Étape 4.

3. **Sélectionnez ou tapez une nouvelle valeur dans le champ Place ou utilisez les boutons fléchés pour l'augmenter ou la réduire.**

   Par exemple, si vous voulez afficher trois décimales, fixer la valeur de Place à 3 donnera : 00,000.

4. **Cliquez sur OK ou appuyez sur Entrée.**

   Excel affiche la mention Décimale fixe dans la barre d'état pour bien indiquer que la fonction Décimale fixe est active.

Après avoir fixé les décimales, Excel ajoute automatiquement la virgule décimale à toutes les valeurs numériques que vous serez amené à entrer. Tout ce que vous avez à faire est de taper des chiffres et de les valider. Par exemple, pour entrer 100,99 dans une cellule lorsque la place de la décimale fixe est 2, vous taperez **10099** sans jamais taper la virgule. Dès que vous validez ces chiffres, Excel fait apparaître 100,99 dans la cellule.

Taper comme avec la bonne vieille calculatrice

Vous pouvez obtenir plus encore de la fonction Décimale fixe en sélectionnant la plage de cellules dans laquelle vous voulez entrer des chiffres et en appuyant ensuite sur la touche Verr Num afin de procéder aux saisies à partir du pavé numérique, comme avec une calculatrice.

En procédant ainsi, tout ce que vous avez à faire pour entrer des plages de données dans les cellules est de les taper et d'appuyer sur la touche Entrée du pavé numérique. Excel insère la virgule au bon endroit, puis décale le pointeur vers la prochaine cellule. Mieux, lorsque vous avez tapé la dernière valeur d'une colonne, appuyer sur Entrée déplace automatiquement le pointeur en haut de la prochaine colonne de la sélection.

Regardez les Figures 2.4 et 2.5 pour voir en quoi la méthode de la calculatrice peut vous être utile. Dans la Figure 2.4, la fonction Décimale fixe est active, avec 2 places décimales et la plage de cellules allant de B3 à D9 est sélectionnée. Vous remarquez aussi que six entrées ont été faites dans les cellules B3 à B8 et une septième, 9,88, est en cours de saisie dans la cellule B9. Pour procéder à cette entrée en mode Décimale fixe, il suffit de taper **988** à partir du pavé numérique.

Dans la Figure 2.5, observez ce qui se passe juste après avoir appuyé sur Entrée (la touche habituelle ou celle du pavé numérique). Excel a non seulement placé la virgule dans la valeur de la cellule B9, mais il a aussi déplacé le pointeur vers la cellule C3, en haut de la colonne suivante.

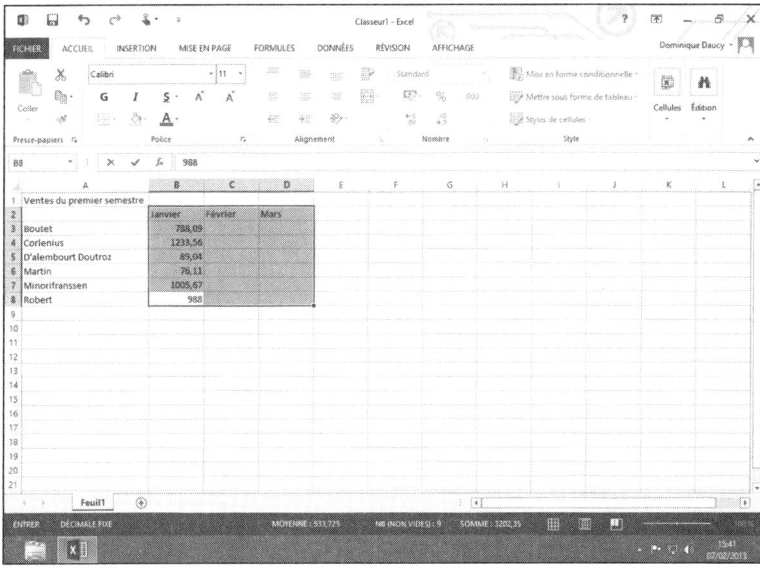

Figure 2.4 : Pour entrer la valeur 9,88 dans la cellule B9, tapez 988 et appuyez sur la touche Entrée.

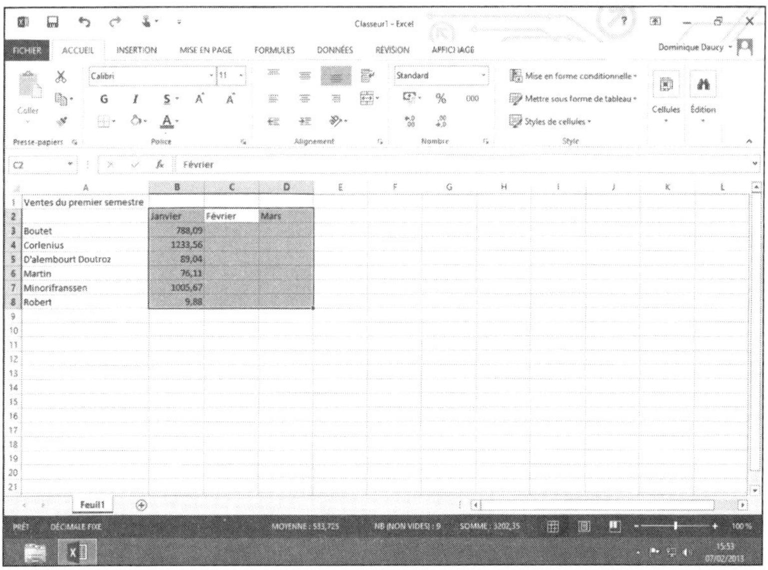

Figure 2.5 : Après activation de la touche pour valider la valeur introduite dans la cellule B9. Le pointeur passe ensuite automatiquement à la cellule C3.

La saisie des dates et des heures

De prime abord, il peut sembler assez curieux que dans une feuille de calcul les dates et les heures soient considérées comme des valeurs plutôt que comme du texte. La raison en est simple : les dates et les heures peuvent être utilisées dans des formules, ce qui ne serait pas envisageable si elles étaient du texte. Il est par exemple possible d'entrer deux dates, puis d'élaborer une formule qui soustraie la plus récente de la plus ancienne et retourne le nombre de jours qui les sépare.

Excel détermine si la valeur que vous venez d'entrer est une date ou une heure, ou bien du texte, selon le format utilisé. Si celui-ci correspond à un des formats de date ou d'heure d'Excel, le logiciel considère ces valeurs comme une date ou comme une heure. En revanche, si le format n'est pas reconnu, l'entrée est considérée comme du texte.

Excel reconnaît les formats d'heure suivants :

3 AM ou PM

3 A ou P (pour AM et PM)

3:21

3:21:04 AM ou PM

15:21

15:21:04

(Les initiales AM et PM, utilisées dans les pays anglophones, sont respectivement celles des termes latins *ante meridiem,* « avant midi » et *post meridiem,* « après midi ». Elles sont utilisées pour différencier les heures dans un système horaire basé sur 12 heures.)

Excel reconnaît les formats de date suivants :

6 novembre 2013 ou 6 novembre 13

6/11/13 ou 6-11-13

6-nov-13, 6/nov/13 ou 6nov13

6/13, 6-nov, 6/nov ou 6nov

06nov ou 06-nov

Les dates au XXIe siècle

Contrairement à ce que vous pourriez penser, l'entrée dans le XXIe siècle n'empêche pas de ne saisir que les deux derniers chiffres d'un millésime. Par exemple, pour entrer la date du 6 janvier 2013 dans une feuille de calcul, vous pouvez taper 6/1/13. Ou encore 15/2/25 pour entrer la date du 15 février 2025.

Vous pouvez vous contenter d'entrer uniquement les deux derniers chiffres pour les années inférieures à 2029. Pour les décennies suivantes, les 4 chiffres sont requis. En effet, ce système de datation sur deux chiffres ne fonctionne que pour les trois premières décennies du nouveau siècle, y compris la dernière année du siècle échu, c'est-à-dire de 2000 à 2029. Dès 2030, vous devrez entrer la date sur quatre chiffres.

Cela signifie aussi que, pour saisir les dates des trois premières décennies du XXe siècle, de 1900 à 1929, vous devez taper les quatre chiffres de l'année. Par exemple, pour entrer le 21 juillet 1925, vous saisirez **21/7/1925** dans la cellule. Autrement, si vous vous contentez de taper 25, Excel considérera qu'il s'agit de l'année 2025 et non de 1925 !

Excel affiche toujours les quatre chiffres d'une date dans une cellule ou dans la barre de formule, même si vous n'en avez tapé que deux. Autrement dit, si vous tapez **6/11/04** dans une cellule, Excel affichera néanmoins **6/11/2004** dans la cellule et dans la barre de formule.

Vous saurez ainsi toujours si une date appartient au XXe siècle ou au XXIe siècle, même si vous n'arrivez pas à retenir les dates qui peuvent être entrées sur deux chiffres et celles qui doivent l'être sur quatre (vous apprendrez dans le Chapitre 3 comment formater les dates pour n'afficher que les deux derniers chiffres dans une feuille de calcul).

Pour en savoir plus sur les opérations arithmétiques simples à base de dates et d'heures, reportez-vous au Chapitre 3.

Concocter ces fabuleuses formules !

Les formules sont les véritables chevaux de bataille d'Excel. Pour peu qu'une formule ait été correctement élaborée, elle renverra le résultat recherché dès sa validation. Par la suite, elle réagira en temps réel à toutes les modifications apportées aux cellules dont elle dépend.

Vous indiquez à Excel que vous tapez une formule – et non du texte ou une valeur – en commençant la saisie par le signe = (égal). Il précède toutes les formules, même les plus élémentaires comme SOMME ou MOYENNE (reportez-vous à la section « Placer une fonction dans une formule avec l'Assistant Fonction », plus loin dans ce chapitre, pour en savoir plus sur l'utilisation des fonctions d'Excel). D'autres formules simples se basent sur une série de valeurs ou de références de cellules contenant des valeurs. Ces dernières sont séparées par un ou plusieurs des opérateurs mathématiques suivants :

+ Addition

- Soustraction

* Multiplication

/ Division

^ Puissance

Par exemple, pour créer dans la cellule C2 une formule qui multiplie la valeur contenue dans la cellule B2, vous taperez la formule suivante : **=A2*B2**.

Procédez comme suit pour entrer cette formule :

1. **Sélectionnez la cellule C2.**
2. **Tapez l'intégralité de la formule : =A2*B2.**
3. **Appuyez sur la touche Entrée.**

Ou :

1. **Sélectionnez la cellule C2.**
2. **Tapez le signe = (égal).**
3. **Sélectionnez la cellule A2 en cliquant dedans ou en utilisant les touches fléchées.**

   Cette action place la cellule de référence A2 dans la formule, comme le montre la Figure 2.6.

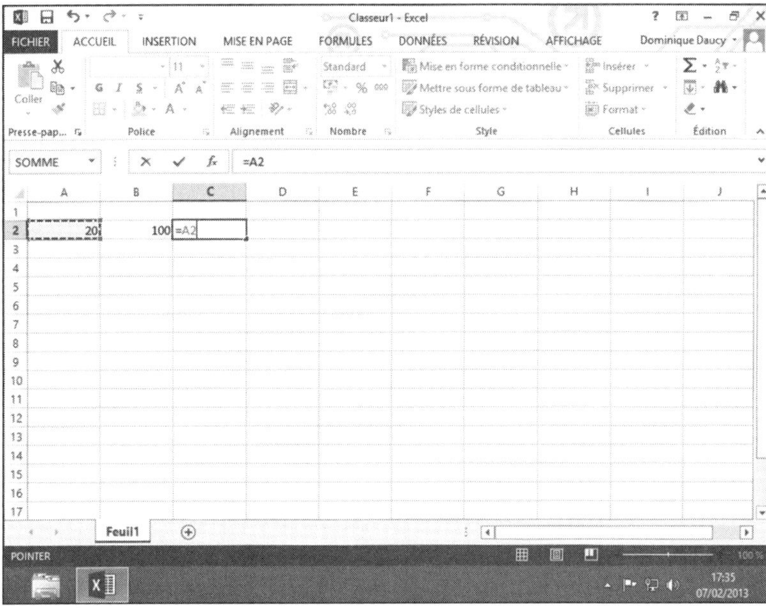

Figure 2.6 : Pour commencer à créer la formule, tapez le signe =, puis sélectionnez la cellule A2.

4. **Tapez * (sur la plupart des claviers, ce caractère se trouve à proximité de la touche Entrée).**

   L'astérisque est le signe de multiplication. Il se substitue au signe « × » appris à l'école.

5. **Sélectionnez la cellule B2 avec la souris ou au clavier.**

   Cette action insère le contenu de la cellule B2 dans la formule, comme le montre la Figure 2.7.

6. **Cliquez sur le bouton Entrer pour terminer la formule tout en laissant le pointeur sur la cellule C2.**

   Excel affiche le résultat du calcul dans la cellule C2 ; la formule apparaît dans la barre de formule (voir Figure 2.8).

Après avoir validé la formule =A2*B2 dans la cellule C2, Excel affiche le résultat selon les valeurs actuellement contenues dans les cellules A2 et B2. La grande force du tableur réside dans la possibilité de recalculer immédiatement et automatiquement la formule dès qu'une des cellules dépendant d'une formule est modifiée.

Nous en arrivons à la partie intéressante : après avoir créé une formule qui, comme celle de notre exemple, se réfère à des valeurs

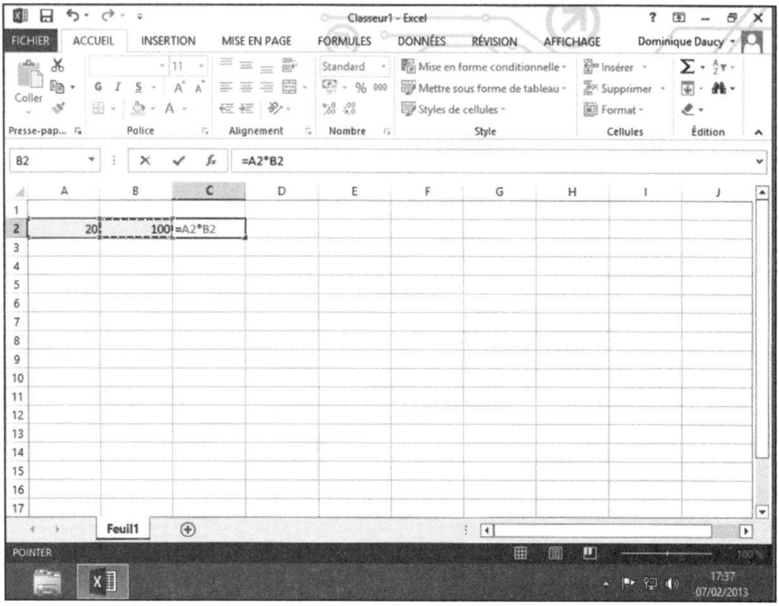

Figure 2.7 : Pour entrer la seconde partie de la formule, tapez *, puis sélectionnez la cellule B2.

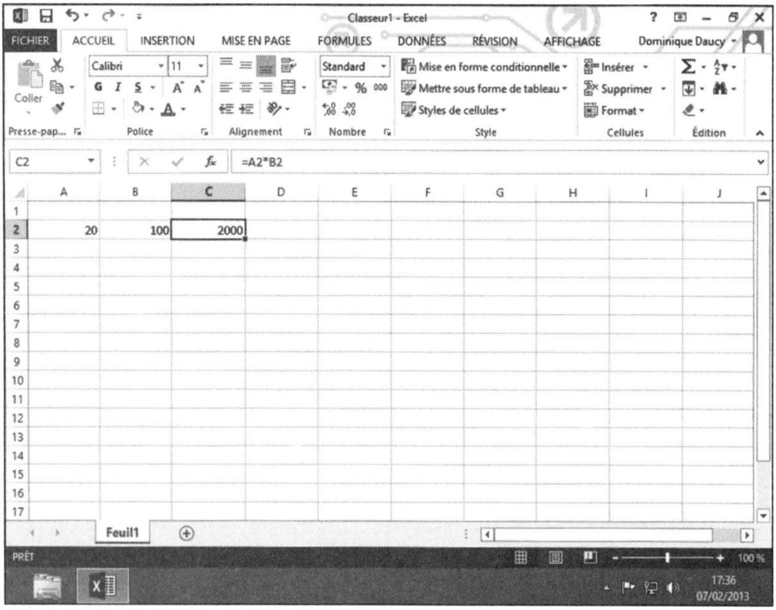

Figure 2.8 : Cliquez sur le bouton Entrer. Excel affiche le résultat dans la cellule C2 ; la formule apparaît dans la barre de formule.

contenues dans certaines cellules (et non à des valeurs appartenant à la formule), tout changement apporté à ces valeurs entraîne le recalcul de la formule puis l'affichage du résultat dans la feuille de calcul. Dans l'exemple de la Figure 2.8, si vous remplacez la valeur de la cellule B2 par 50 au lieu de 100, Excel recalcule la formule et affiche le nouveau résultat dans la cellule C2, soit 1000.

Pour l'avoir, il suffit de pointer

Cette méthode de sélection des cellules à utiliser dans une formule, différente de la frappe de leurs références au clavier, est appelée *pointage*. Sur la plupart des matériels sur lesquels s'exécute Excel 2013, le pointage est non seulement plus rapide que la saisie des références, mais aussi plus sûr, car il élimine tout risque de faute de frappe. Or, la moindre erreur dans la lettre d'une colonne ou le numéro d'une ligne peut avoir des conséquences désastreuses.

Sur des écrans tactiles de format réduit (comme ceux des smartphones), l'opération de pointage est évidemment plus délicate. Nous vous recommandons, dans ce cas, de préférer la saisie. Sachez simplement que, lorsque vous introduisez, dans une formule, la première lettre de votre référence de colonne, Excel affiche spontanément la liste de toutes les fonctions intégrées dont le nom commence par la même lettre. Cette liste disparaît dès que vous saisissez la seconde lettre de la colonne ou le premier nombre de la ligne. Pensez enfin à vérifier que vous avez bien introduit, dans vos formules, les bonnes références.

La priorité des opérations

De nombreuses formules que vous créerez effectueront plus d'une opération mathématique. Excel les exécute de la gauche vers la droite selon un ordre hiérarchique strict, qui est en fait l'ordre naturel des opérations arithmétiques. La multiplication et la division sont prioritaires sur l'addition et la soustraction et, de ce fait, effectuées en premier, même si ces opérations ne figurent pas en tête dans la formule (lors d'une lecture de gauche à droite).

Étudions la série d'opérations de cette formule :

```
=A2+B2*C2
```

Si la cellule A2 contient le nombre 5, la cellule B2 le nombre 10 et la cellule C2 le nombre 2, Excel évalue la formule de la manière suivante :

```
=5+10*2
```

Dans cette formule, Excel commence par multiplier 10 par 2, ce qui donne 20, puis il ajoute 5, ce qui donne 25.

Si vous tenez à ce qu'Excel effectue l'addition entre les valeurs des cellules A2 et B2 avant de procéder à la multiplication du résultat par la valeur de la cellule C2, vous devez mettre l'addition entre parenthèses, comme suit :

```
=(A2+ B2)*C2
```

La parenthèse indique à Excel que cette opération doit être effectuée avant la multiplication. Dans ce cas de figure où A2 contient 5, B2 contient 10 et C2 contient 2, Excel commence par additionner 5 et 10, ce qui donne 15, après quoi il multiplie ce résultat par 2 pour produire le résultat final 30.

Dans des formules plus alambiquées, vous devrez jongler avec beaucoup plus de parenthèses, en les imbriquant parfois, comme les célèbres poupées russes, pour imposer l'ordre dans lequel les calculs doivent être exécutés. Lorsque des parenthèses sont imbriquées, Excel commence par calculer celle qui est le plus à l'intérieur. Voyons par exemple la formule :

```
=(A4+(B4-C4))*D4
```

Excel soustrait d'abord la valeur de la cellule C4 de celle de la cellule B4, puis il ajoute la différence à la valeur de la cellule A4 et multiplie enfin le résultat par la valeur de D4.

Sans les deux paires de parenthèses imbriquées, livré à lui-même, Excel aurait d'abord multiplié la valeur de la cellule C4 par celle de la cellule D4, puis il aurait ajouté la valeur de la cellule A4 à celle de la cellule B4 avant d'effectuer la soustraction.

TRUC

Ne vous inquiétez pas trop du risque d'oublier une parenthèse lorsque vous en utilisez plusieurs dans une formule. S'il en manque une, Excel affiche une boîte d'alerte et propose de corriger la formule afin d'apparier les parenthèses. Si vous êtes d'accord avec cette correction, cliquez simplement sur le bouton Oui. Quoi qu'il en soit, veillez toujours à utiliser des parenthèses et non des crochets [ ] ou des accolades { }, ce qu'Excel n'apprécie pas du tout (les accolades étant réservées aux calculs matriciels).

Les erreurs de formule

Dans certaines circonstances, même la formule la mieux écrite peut faire des siennes une fois qu'elle a été validée. Vous vous rendez compte que quelque chose ne va pas lorsque, au lieu de voir apparaître le résultat attendu, la cellule affiche un étrange message en majuscules précédé d'un dièse (#) et terminé par un point d'exclamation (!) ou, dans un cas bien particulier, par un point d'interrogation (?). Cette bizarrerie est appelée, dans le jargon des tableurs, *valeur d'erreur*. Elle est censée vous prévenir qu'un élément – que ce soit dans la formule elle-même ou dans une cellule à laquelle elle se réfère – empêche Excel de procéder au calcul.

TRUC

Quand une de vos formules renvoie une valeur d'erreur, un signal d'alerte (un point d'exclamation dans un losange) apparaît à gauche de la cellule lorsque le pointeur de cellule est situé sur celle-ci. Dans l'angle supérieur gauche de la cellule figure un petit triangle vert. Lorsque vous placez le pointeur de la souris sur ce signal d'alerte, Excel affiche une description sommaire de l'erreur de formule, ainsi qu'un bouton de liste déroulante. Lorsque vous cliquez dessus, un menu contextuel doté de plusieurs options apparaît. Pour obtenir de l'aide en ligne sur cette erreur de formule, notamment des suggestions pour la corriger, cliquez sur l'option Aide sur cette erreur.

Le pire avec les valeurs d'erreur est qu'elles peuvent se répercuter dans d'autres formules de la feuille de calcul. Si une formule retourne une valeur d'erreur dans une cellule et qu'une autre formule d'une autre cellule s'y réfère, cette deuxième formule retourne à son tour la même erreur, qui risque d'être reprise ailleurs et ainsi de suite.

Lorsqu'une valeur d'erreur apparaît dans une cellule, vous devez découvrir son origine, puis modifier la formule. Le Tableau 2.1 recense quelques-unes des valeurs d'erreur que vous risquez de rencontrer et indique les causes les plus communes.

Tableau 2.1 : Les valeurs d'erreur susceptibles d'entacher des formules

Ce qu'affiche la cellule	Cause probable
#DIV/0!	Se produit lorsqu'un élément de la formule doit être divisé par le contenu d'une cellule dont la valeur est 0 ou, ce qui est le plus souvent le cas, lorsque cette cellule est vide. En mathématique, la division par zéro est une aberration.
#NOM?	Se produit lorsque la formule se réfère à un *nom de plage* (reportez-vous au Chapitre 6 pour en savoir plus sur ce sujet) qui n'existe pas dans le classeur. Ce type d'erreur apparaît lorsque vous faites une faute de frappe en tapant le nom ou lorsque du texte utilisé dans une formule n'est pas placé entre guillemets, ce qui laisse croire à Excel qu'il s'agit d'un nom de plage.
#NUL!	Se produit le plus souvent lorsque vous insérez une espace, au lieu du point-virgule utilisé pour séparer les références de cellules utilisées comme arguments pour les fonctions.
#NOMBRE!	Se produit lorsqu'Excel rencontre dans la formule un problème avec un nombre, comme un type d'argument erroné dans une fonction ou un calcul qui produit un nombre trop grand ou trop petit pour être représenté dans la feuille de calcul.
#REF!	Se produit lorsqu'Excel rencontre une référence de cellule non valide. C'est le cas lorsque vous supprimez une cellule utilisée par une formule ou, dans certains cas, quand vous collez des cellules par-dessus celle à laquelle se réfère la formule.
#VALEUR!	Se produit lorsque vous utilisez le mauvais type d'argument ou d'opérateur dans une fonction, ou lors de l'appel à une opération mathématique qui se réfère à des cellules contenant du texte.

Corriger les entrées erronées

Nous visons tous à la perfection, mais comme bien peu d'entre nous peuvent s'en prévaloir – en ce qui concerne Excel bien sûr –, nous finissons tous par nous planter plus ou moins. Quand il s'agit d'entrer de grandes quantités de données, la faute de frappe n'attend qu'un moment d'inattention pour s'immiscer dans le travail. Mais, dans notre quête de la feuille parfaite, nous ne sommes pas sans armes. Voici quelques recommandations. La première est de configurer Excel pour qu'il rectifie automatiquement certaines fautes de frappe grâce à la fonction de correction automatique. La seconde est de corriger manuellement les petites erreurs, soit au moment de la saisie, soit après validation.

La correction automatique

La correction automatique est une aubaine pour tous ceux d'entre nous qui ont tendance à répéter toujours les mêmes erreurs. Grâce à cette fonction, vous pouvez signaler vos fautes de frappe favorites à Excel et obtenir de lui qu'il les corrige aussitôt.

La première fois que vous installez Excel, la correction automatique est d'ores et déjà configurée pour corriger les deux premières lettres majuscules des textes que vous entrez (il met automatiquement la deuxième lettre en minuscule). Il met une majuscule aux noms des jours, ou remplace fort judicieusement un texte erroné par un autre, corrigé.

Vous pouvez à tout moment ajouter vos propres termes à la liste de mots à corriger. Ces textes de remplacement peuvent être de deux types : ceux qui corrigent des fautes de frappe que vous ne pouvez pas vous empêcher de faire et des abréviations ou des acronymes que vous devez tout le temps taper en entier.

Pour déclarer un texte de remplacement :

1. **Cliquez sur Fichier/Options, puis sur l'onglet Vérification dans la boîte de dialogue Options Excel, puis sur le bouton Options de correction automatique.**

   Excel ouvre la boîte de dialogue Correction automatique que montre la Figure 2.9.

2. **Dans l'onglet Correction automatique de la boîte de dialogue qui apparaît, entrez le texte ou l'abréviation dans le champ Remplacer.**

3. **Entrez la correction ou la forme complète correspondant à l'abréviation dans le champ Par.**

4. **Cliquez sur le bouton Ajouter ou appuyez sur la touche Entrée afin d'insérer la correction dans la liste.**

5. **Cliquez sur OK pour fermer la boîte de dialogue Correction automatique.**

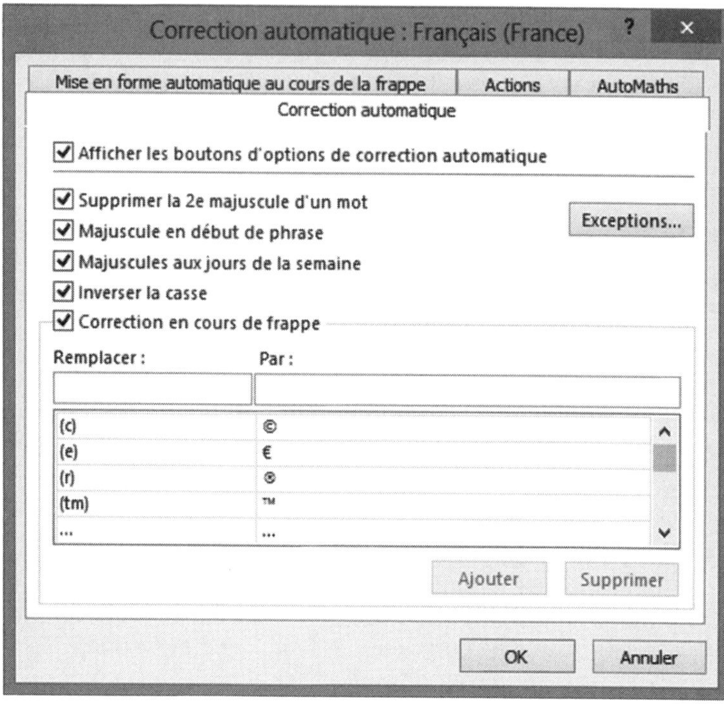

Figure 2.9 : Pour accélérer des saisies compliquées, placez une abréviation du terme ou un diminutif dans le champ Remplacer et le texte complet dans le champ Par.

Les règles de modification d'une cellule

En dépit de la correction automatique, des erreurs peuvent néanmoins se produire. Leur correction varie selon que vous les avez repérées au cours de la saisie ou après validation.

- Si vous avez repéré l'erreur avant d'avoir validé l'entrée, vous pouvez la corriger en appuyant sur la touche Retour Arrière jusqu'à ce que vous ayez supprimé tous les caractères erronés de la cellule. Il ne vous reste plus ensuite qu'à retaper le reste de l'entrée.

- Si vous n'avez découvert l'erreur qu'après coup, vous avez le choix entre le remplacement de toute l'entrée ou la seule correction de l'erreur.

- Si le contenu de la cellule est facile à retaper, vous choisirez sans doute de le remplacer. Pour ce faire, positionnez le pointeur sur cette cellule, tapez la nouvelle entrée, puis validez-la en cliquant sur le bouton Entrer ou en appuyant sur la touche Entrée ou sur une flèche de direction.

- Si l'erreur est facile à corriger mais que l'entrée est longue, vous aurez sans doute intérêt à modifier le contenu de la cellule plutôt que tout retaper. Pour éditer l'entrée, double-cliquez dedans ou appuyez sur la touche de fonction F2.
- L'une et l'autre de ces actions activent la barre de formule qui affiche de nouveau les boutons Entrer et Annuler, tandis que le point d'insertion réapparaît dans la cellule. Notez que, quand vous double-cliquez, le point d'insertion apparaît là où vous avez cliqué ; si vous appuyez sur F2, il apparaît après le dernier caractère de l'entrée.
- Remarquez aussi que, dans la barre d'état, l'indicateur de mode se met sur Modifier. Dans ce mode, vous pouvez utiliser la souris ou les touches fléchées pour déplacer le point d'insertion jusqu'à l'endroit à corriger.

Le Tableau 2.2 contient les touches du clavier que vous pouvez utiliser pour positionner le point d'insertion dans une entrée de cellule et supprimer les caractères indésirables. Pour insérer de nouveaux caractères au point d'insertion, il suffit de les taper. Pour supprimer des caractères au fur et à mesure que vous tapez les nouveaux, appuyez une seule fois sur la touche Insert pour passer du mode d'insertion normal au mode de remplacement, dans lequel les caractères tapés écrasent ceux qu'ils rencontrent. Pour revenir au mode d'insertion normal, appuyez de nouveau sur Insert. Lorsque les corrections auront été faites, vous devrez appuyer sur Entrée afin qu'Excel valide les modifications et les prenne en compte.

N'OUBLIEZ PAS

Quand Excel est en mode Modifier, vous devez entrer le contenu d'une cellule modifiée en cliquant sur le bouton Entrer ou en appuyant sur Entrée. Vous ne pouvez utiliser les touches fléchées pour terminer l'entrée que si Excel est en mode Entrer. En mode Modifier, les touches fléchées déplacent le point d'insertion dans la cellule, mais pas du tout le pointeur vers d'autres cellules.

Se débarrasser des corvées de saisie

Avant de conclure la question de la saisie des données, nous estimons devoir vous présenter quelques moyens qui pourront vraiment vous aider à alléger la corvée que représente bien souvent

Tableau 2.2 : Les touches de modification du contenu d'une cellule

Touche	Action
Suppr	Supprime le caractère à droite du point d'insertion.
Retour Arrière	Supprime le caractère à gauche du point d'insertion.
→	Décale le point d'insertion d'un caractère vers la droite.
←	Décale le point d'insertion d'un caractère vers la gauche.
↑	Si le point d'insertion est la fin de l'entrée, il est déplacé à la position qu'il occupait précédemment.
Fin ou ↓	Place le point d'insertion après le dernier caractère de l'entrée.
Origine	Place le point d'insertion avant le premier caractère de l'entrée.
Ctrl + →	Place le point d'insertion devant le prochain mot de l'entrée.
Ctrl + ←	Place le point d'insertion devant le mot précédent de l'entrée.
Inser	Fait passer du mode Insertion au mode Écrasement et inversement.

la saisie des données. Il s'agit de la saisie semi-automatique, de la recopie automatique, du remplissage instantané, mais aussi de la manière d'entrer des données dans un groupe de cellules préalablement sélectionné et de répéter la même entrée un certain nombre de fois dans un ensemble de cellules.

La saisie semi-automatique

La fonction de saisie semi-automatique d'Excel ne fera pas tout à votre place, mais elle vous aidera néanmoins à saisir vos données. Dans le but louable de vous décharger des tâches les plus ingrates, les programmeurs de Microsoft ont mis au point une intéressante fonction qui facilite vos saisies.

La *saisie semi-automatique* est une sorte de mémoire qui anticipe la frappe selon ce que vous avez commencé à taper. Elle n'entre en jeu que quand vous tapez du texte, mais pas avec les chiffres ou les formules. Lorsque vous entrez du texte, la saisie semi-automatique recherche si, ailleurs dans la colonne, du texte commençant par les mêmes lettres existe déjà. Si c'est le cas, elle complète aussitôt votre saisie, vous évitant ainsi d'avoir à taper le reste.

Supposons par exemple que nous ayons tapé **Centre culinaire Pigeon vole** dans la cellule A3, puis que le pointeur ait été déplacé vers la cellule A4. Dès activation de la touche C – en majuscule ou en minuscule, cela n'a pas d'importance –, la saisie semi-automatique ajoute aussitôt le restant, soit *_entre culinaire Pigeon vole* juste après le C.

La saisie semi-automatique est parfaite si les cellules A3 et A4 doivent contenir les mêmes entrées. Mais supposons que les entrées commencent par les mêmes lettres, mais qu'elles diffèrent ensuite. La saisie semi-automatique fonctionnera aussi longtemps que les lettres seront identiques – le mot *Centre* en l'occurrence – ; il suffit de continuer à taper. Dès que le texte diffère, comme dans *Centre Jack & Jill*, la saisie semi-automatique cesse dès la frappe du J, car elle n'a plus rien à vous proposer.

La recopie automatique

Bon nombre des feuilles de calcul exigent la saisie de séries de chiffres ou de dates qui se suivent. Vous devrez par exemple entrer les douze mois de l'année dans un classeur, ou numéroter des cellules de 1 à 100.

La fonction de recopie d'Excel, également appelée *recopie incrémentée*, facilite considérablement ces tâches répétitives. Tout ce que vous avez à faire est de taper la première valeur d'une série. Le plus souvent, la recopie automatique se fera un plaisir de remplir les cellules voisines en tirant une poignée de recopie vers la droite pour incrémenter sur une ligne, ou vers le bas pour incrémenter dans une colonne.

TRUC

La poignée de recopie, qui a la forme d'une croix noire, n'apparaît que quand vous placez le pointeur de la souris sur le coin inférieur droit d'une cellule, ou de la dernière cellule si une plage a été sélectionnée. Gardez à l'esprit que, en faisant glisser une sélection de cellules avec le pointeur de souris en forme d'épaisse croix blanche, Excel se contente d'étendre la sélection aux cellules par-dessus lesquelles vous avez tiré le pointeur (voir Chapitre 3). Si vous faites glisser la sélection avec le pointeur en forme de flèche, Excel déplace la sélection (voir Chapitre 4).

Quand vous créez une série avec la poignée de recopie, vous ne pouvez tirer que dans une seule direction à la fois. Il vous est par exemple possible de remplir les cellules situées à droite ou à gauche sur la même ligne que la cellule initiale contenant les données à recopier, ou vers le haut ou le bas de la même colonne. Mais il est exclu d'opérer dans deux directions, par exemple vers la droite, puis vers le bas en tirant la poignée en diagonale.

Lorsque vous actionnez la souris, le logiciel vous tient informé des données qu'il entre dans la dernière cellule de la plage sélectionnée en affichant son contenu à proximité du pointeur, dans une sorte d'info-bulle. Dès que vous relâchez le bouton de la souris après avoir étendu la recopie, Excel crée une série de données dans toutes les cellules que vous avez sélectionnées ou recopie simplement la valeur initiale sans la modifier. À droite de la dernière entrée qu'il vient d'effectuer, Excel affiche un bouton contextuel qui déroule un menu proposant plusieurs options. Elles servent à outrepasser l'option de recopie par défaut par laquelle Excel recopie la valeur de départ dans une plage de cellules et à activer à la place la recopie incrémentée.

Les Figures 2.10 et 2.11 montrent comment utiliser la fonction de recopie automatique pour entrer des mois de l'année sur une ligne, en commençant par janvier dans la cellule B2 et en finissant par juin en G2. Pour ce faire, tapez simplement **Janvier** dans la cellule B2, amenez le pointeur de la souris sur la poignée de recopie située sur le coin inférieur droit de la cellule, puis tirez-la jusque sur la cellule G2, comme le montre la Figure 2.10. Lorsque vous relâchez le bouton de la souris, Excel remplit les cellules avec les différents mois, de février à juin, comme l'illustre la Figure 2.11. Remarquez que les mois ainsi créés restent sélectionnés, ce qui vous laisse une possibilité de modifier la série ; si vous étiez allé trop loin, tirer la poignée de recopie vers la gauche aurait limité la recopie à celle voulue. Ou encore, si vous n'étiez pas allé assez loin, tirer la poignée aurait ajouté des mois.

Vous pouvez aussi utiliser les options du menu contextuel de la recopie automatique, ouvert en cliquant sur le bouton qui apparaît à proximité de la poignée de recopie et choisir un autre type de recopie que celui proposé par défaut. Pour qu'Excel recopie le mot « janvier » dans chaque cellule, choisissez l'option Copier les cellules. Pour ne recopier que le format de la cellule d'origine (le gras ou l'italique par exemple, ainsi que les couleurs, les bordures, *etc.*), sélectionnez l'option Ne recopier que la mise en forme. Pour recopier les mois sans recopier la mise en forme de la cellule B2, choisissez l'option Recopier les valeurs sans la mise en forme.

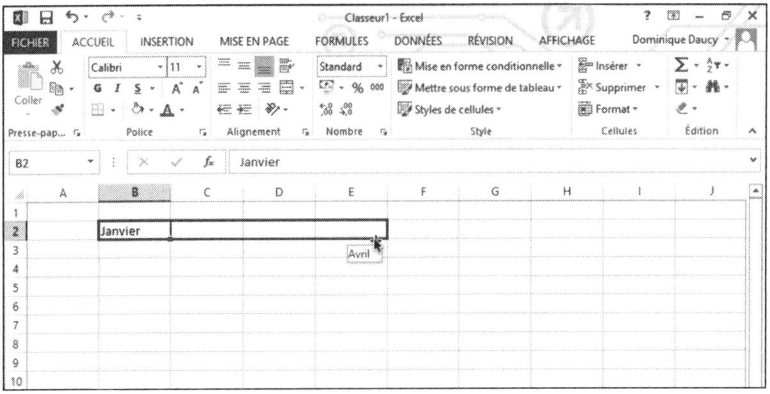

Figure 2.10 : Pour obtenir une série de mois, tapez Janvier dans une cellule, puis tirez la poignée de recopie pour créer automatiquement les autres mois.

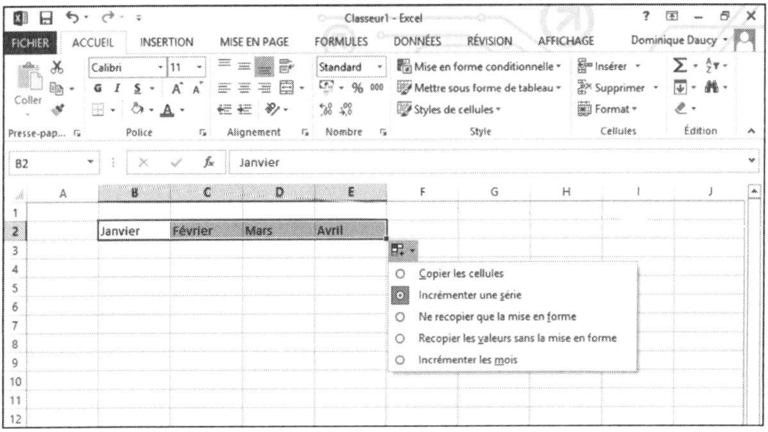

Figure 2.11 : Au moment où vous relâchez le bouton de la souris, Excel remplit les cellules avec les différents mois. Un bouton contextuel affiche un menu permettant de sélectionner un type de recopie.

Le Tableau 2.3, dans la section suivante, indique les valeurs initiales susceptibles d'être utilisées pour une recopie automatique et les résultats qu'elle produit.

Travailler avec des séries échelonnées

La recopie automatique utilise la valeur initiale sélectionnée (date, heure, jour, année…) pour produire une série. Toutes les séries énumérées dans le Tableau 2.3 varient de 1 (un jour, un mois, une unité…). Il est toutefois possible de faire en sorte que la recopie automatique s'effectue selon une autre valeur en entrant deux valeurs de départ dans des cellules voisines, qui quantifient la modification

Tableau 2.3 : Séries susceptibles d'être créées avec la recopie automatique.

Entrée initiale	Série produite par la recopie automatique
Juillet	Août, Septembre, Octobre...
Juil	Août, Sept, Oct, Nov...
Mardi	Mercredi, Jeudi, Vendredi...
Mar	Mer, Jeu, Ven, Sam...
01/04/2002	02/04/2002, 03/04/2002, 04/04/2002...
Janv-00	Févr-00, Mars-00, Avr-00...
15-Févr	16-Févr, 17-Févr, 18-Févr...
10:00 PM	11:00 PM, 12:00 PM, 1:00 AM
8:01	9:01, 10:01, 11:01, 12:01...
1er trim	2e trim, 3e trim, 4e trim...
Tr1	Tr2, Tr3, Tr4, Tr5, Tr6...
T3	T4, T1, T2, T3, T4, T1...
Produit 1	Produit 2, Produit 3, Produit 4...
1er produit	2e produit, 3e produit...

d'une valeur à une autre. Ces deux valeurs constitueront la sélection initiale que vous étendrez avec la poignée de recopie.

Par exemple, pour démarrer une série le lundi et entrer un jour sur deux dans une ligne, vous taperez **Samedi** dans une cellule et **Lundi** dans la cellule suivante. Après avoir sélectionné ces deux cellules, tirez la poignée de recopie vers la droite aussi loin que nécessaire. Lorsque vous relâchez le bouton de la souris, Excel remplit les cellules avec la série Mercredi, Vendredi, Dimanche, Mardi, et ainsi de suite.

Copier avec la recopie automatique

Vous pouvez utiliser la recopie automatique pour copier un texte sur une plage de cellules, mais sans incrémentation. Pour ce faire, maintenez la touche Ctrl enfoncée tout en cliquant et en tirant la poignée de recopie. Un petit signe « + » apparaît près de la poignée, indiquant qu'une *copie* est en cours, et non une copie incrémentée. Vous pouvez vérifier que l'entrée dupliquée ne change pas en observant l'info-bulle dont le contenu reste identique à celui de la cellule d'origine. Si vous voulez néanmoins incrémenter la recopie, il suffit de cliquer sur le bouton contextuel et de choisir, dans le menu, l'option Incrémenter une série ; les éléments copiés sont aussitôt transformés en série d'éléments numérotés ou successifs.

Alors que maintenir la touche Ctrl enfoncée pendant la recopie automatique empêche l'incrémentation du texte, il en va tout autrement avec les valeurs numériques ! Supposons que vous avez entré le nombre **17** dans une cellule et tiré la poignée de recopie pour remplir les cellules voisines. Dans ce cas, Excel recopie le nombre 17 dans chacune des cellules. Mais si la touche Ctrl est enfoncée, la recopie est incrémentée et donne 18, 19, 20, et ainsi de suite. Si vous avez oublié ce détail et créé une série de nombres incrémentés, alors que vous vouliez simplement recopier le nombre à l'identique dans les cellules, corrigez la manipulation en cliquant sur le bouton contextuel et choisissez l'option Copier les cellules.

Créer une liste personnalisée

En plus de pouvoir varier l'incrémentation d'une série de recopies automatiques, vous pouvez créer vos propres séries. Par exemple, vous vendez des CD de musique classique des compositeurs suivants :

- Chostakovitch
- Gretchaninov
- Rachmaninov
- Rimski-Korsakov
- Rostropovitch
- Tchaïkovski
- Tcherepnine

Au lieu d'avoir à taper sans cesse le nom de chacun de ces artistes chaque fois que vous devez les lister dans une feuille de calcul, vous pouvez en faire une liste personnalisée. Il vous suffira ensuite de taper Chostakovitch dans la première cellule, puis de tirer sur la poignée de recopie pour placer automatiquement tous les autres noms dans les cellules sélectionnées.

Procédez comme suit pour créer une liste personnalisée :

1. **Cliquez sur Fichier/Options, puis sur l'onglet Options avancées. Dans la section Général (faites défiler le volet droit pour y accéder), cliquez sur le bouton Modifier les listes personnalisées. La boîte de dialogue Listes personnalisées apparaît (Figure 2.12).**

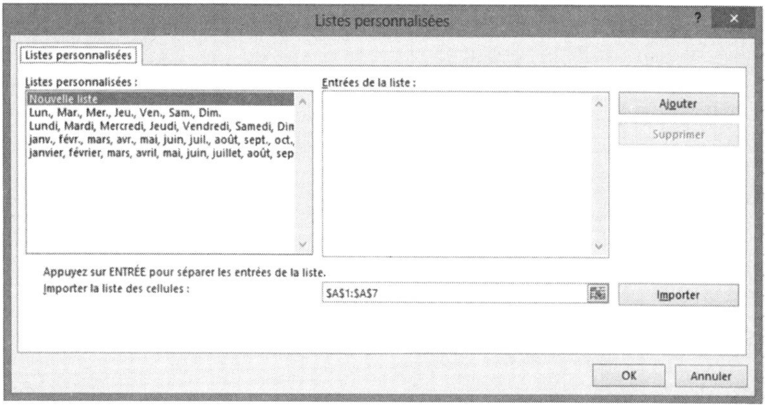

Figure 2.12 : Création d'une liste personnalisée à partir de plages de cellules existantes.

Si vous avez déjà tapé une liste personnalisée dans une plage de cellules, allez à l'Étape 2. Sinon, allez à l'Étape 5.

2. **Cliquez dans le champ de texte Importer la liste des cellules, puis sélectionnez, dans la feuille de calcul, la plage de cellules concernées (voyez à ce propos le Chapitre 3).**

   Dès que vous entamez le mouvement, Excel réduit au minimum la boîte de dialogue Options afin qu'elle ne vous gêne pas. Il en rétablit l'affichage classique dès que vous terminez votre sélection.

3. **Cliquez sur le bouton Importer pour copier le contenu des cellules dans la fenêtre Entrées de la liste.**

   Passez à l'Étape 6.

4. **Cliquez dans la fenêtre Entrées de la liste. Tapez ensuite chaque entrée dans l'ordre qui vous convient ; n'oubliez pas de taper sur la touche Entrée après chaque saisie.**

Après avoir tapé tous les intitulés dans la fenêtre Entrées de la liste, vous pouvez passer à l'étape suivante.

5. **Cliquez sur le bouton Ajouter afin de transférer les éléments dans la liste Listes personnalisées.**

   Créez éventuellement d'autres listes personnalisées en procédant comme nous venons de l'indiquer.

6. **Cliquez sur OK pour fermer la boîte de dialogue Listes pers. et revenir à la boîte de dialogue Options Excel, puis cliquez sur OK ou appuyez sur Entrée pour fermer la boîte de dialogue Options Excel et revenir à la feuille de calcul courante du classeur actif.**

Après avoir ajouté une liste personnalisée dans Excel, il vous suffira simplement de taper la première entrée dans une cellule, puis de tirer la poignée de recopie dans une direction pour que les autres éléments de la liste apparaissent dans la plage de cellules.

TRUC

Si vous n'avez pas l'intention de taper la première ligne, utilisez la fonction de saisie semi-automatique décrite précédemment dans ce chapitre ; créez une entrée sous la forme d'un acronyme qui affichera automatiquement le nom complet comme *albb* pour *A la bonne bouffe*.

Faire de la recopie automatique sur un écran tactile

ÉCRAN TACTILE

Voici comment vous y prendre pour créer une série si vous exploitez Excel sur un écran tactile :

1. **Touchez la cellule qui comporte la première valeur de la future série.**

   Excel sélectionne cette cellule et affiche ses poignées de sélection (avec des cercles) dans l'angle supérieur gauche et l'angle inférieur droit.

2. **Touchez-maintenez cette cellule jusqu'à ce qu'une mini-barre d'outils apparaisse.**

   Elle propose une rangée unique de boutons de commande, de Coller à Recopie automatique, en terminant par un bouton de menu contextuel (avec un triangle noir pointant vers le bas).

3. **Touchez le bouton Recopie automatique.**

Excel referme la barre d'outils et ajoute un bouton de Recopie automatique à la cellule sélectionnée (une flèche bleue orientée vers le bas qui se manifeste dans son angle inférieur droit).

4. **Faites glisser ce bouton sur les cellules vides de la colonne ou de la ligne dans lesquelles vous souhaitez que la recopie se fasse.**

   Pendant que vous agissez, la case Nom de la barre de formule vous informe de l'entrée suivante dans la série. Lorsque vous interrompez le contact, Excel remplit toutes les cellules que vous avez désignées.

Recopier avec l'outil Remplissage de l'onglet Accueil

Autre solution pour ceux d'entre vous qui exploitent Excel sur un écran tactile sans disposer d'une souris ni d'un trackpad : agir depuis le Ruban.

Voici comment vous y prendre :

1. **Entrez la/les première(s) valeur(s) de la future série dans les cellules de la feuille de calcul, là où vous souhaitez que cette future série apparaisse.**
2. **Sélectionnez la plage dans laquelle la série doit être créée (en ligne ou en colonne) en prenant soin d'inclure, dans la sélection, cette/ces première(s) valeur(s).**
3. **Touchez le bouton Remplissage, puis sélectionnez l'option Série du menu local.**

   Le bouton Remplissage se trouve dans le groupe Édition, directement sous le bouton Somme automatique.

4. **Dans la boîte de dialogue Série de données, validez l'option Recopie incrémentée de la rubrique Type, puis confirmez par OK.**

Notez que cette fenêtre propose différentes options vous permettant d'exercer un contrôle pointu de la fonction. Dans une série de type Linéaire, vous pouvez définir la valeur du pas dans la case éponyme. Dans le même ordre, pour qu'une série linéaire s'interrompe lorsqu'une valeur donnée est atteinte, exprimez-vous dans la case Dernière valeur.

Pour toute série chronologique avec un incrément autre que le jour, vous aurez le choix, comme incrément, entre jour ouvré, mois ou année.

Vive le remplissage instantané !

Nouveau mode d'autocomplétion d'Excel 2013, le remplissage instantané est une fonctionnalité qui vous permet de recopier sans effort une partie de donnée d'un endroit vers un autre, le tout sans avoir à créer ou à copier des formules complexes.

Prenons un exemple pour illustrer cette spectaculaire commande. Imaginons une série de noms et de prénoms réunis dans la colonne A d'un tableau. Le but : obtenir, dans la colonne B, les prénoms et, dans la colonne C, les noms.

Voici comment exploiter à cette fin le remplissage instantané :

1. **Tapez Rémy en B2 et validez via Entrée ou Flèche vers le bas.**

   Excel déplace alors la sélection vers la cellule B3, où il vous suffit de taper la première lettre du prénom suivant pour que Remplissage instantané comprenne immédiatement votre intention.

2. **En B3, tapez A.**

   Aussitôt, la fonction complète le prénom et vous montre qu'elle est prête à en faire autant pour tous les prénoms de la liste (Figure 2.13).

3. **Confirmez via Entrée ou Flèche vers le bas.**

   Et le tour est joué !

Répétez l'opération pour entrer les noms dans la colonne C : tapez **Potiez** en C2, puis tapez **D** en C3 et concluez par Entrée.

Forcément, dans notre exemple, nous n'avons traité que sept entrées. Mais le travail n'aurait pas été plus lourd si nous avions eu à en traiter des centaines. Une fonction que vous aurez plaisir à exploiter tant elle vous fera gagner du temps.

Seul impératif : les données à traiter doivent être présentées de la même manière avec un séparateur identique (espace, virgule,

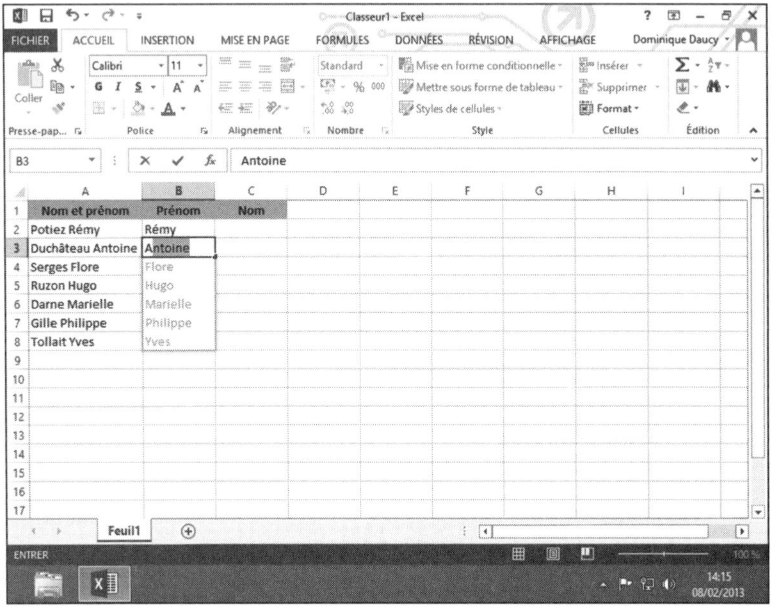

Figure 2.13 : Le remplissage instantané en action.

tiret…). Dernière remarque : la fonction est capable de ventiler autre chose que des données texte, comme, par exemple, des références de pièces détachées (style AJ-1234 ou RW-8007).

Insérer des symboles et des caractères spéciaux

Avec Excel, l'insertion de caractères spéciaux est très facile (symboles de devises, marque déposée, copyright, *etc.*). Pour insérer un symbole ou un caractère spécial, cliquez dans le Ruban sur Insertion/Symbole, dans le groupe Symboles, pour ouvrir la boîte de dialogue Caractères spéciaux.

Cette boîte de dialogue contient deux onglets : Symboles et Caractères spéciaux. Pour insérer un signe mathématique ou le symbole d'une devise, sous l'onglet Symboles, localisez-le dans la liste, cliquez dessus, puis sur le bouton Insérer. (À la place, vous pouvez également double-cliquer dessus.) Pour insérer des caractères de langue étrangère ou des lettres accentuées appartenant à d'autres jeux de caractères, déroulez la liste Sous-ensemble, puis cliquez sur un nom de sous-ensemble. Ensuite, vous n'avez plus qu'à trouver, dans la zone de liste, le caractère souhaité, puis à cliquer dessus.

L'insertion des symboles monétaires ou des signes mathématiques utilisés très souvent (tels que le symbole de l'euro et les signes + ou -) est un jeu d'enfant : ils figurent, toujours sous l'onglet Symboles, dans la section Caractères spéciaux récemment utilisés.

Pour insérer des caractères spéciaux, tels que le symbole de la marque déposée, une marque de paragraphe ou des points de suspension, cliquez sur l'onglet Caractères spéciaux de la boîte de dialogue du même nom. Repérez le caractère dans la liste, cliquez dessus, puis cliquez sur le bouton Insérer (l'insertion par double-clic fonctionne également).

Une fois vos travaux d'insertion achevés, fermez la boîte de dialogue Caractères spéciaux en cliquant sur le bouton Fermer situé dans le coin supérieur droit.

Les entrées de la plage

Si vous devez saisir un tableau de données dans un nouveau classeur, vous vous simplifierez le travail – et votre existence – en sélectionnant d'abord toutes les cellules vides qui devront contenir ces données avant même de procéder à leur entrée. Pour cela, placez le pointeur dans la première cellule de ce qui sera le tableau, puis sélectionnez toutes les cellules dans les colonnes et les lignes voisines (reportez-vous au Chapitre 3 pour apprendre à sélectionner des plages de cellules). Enfin, commencez à entrer la première donnée.

Quand vous sélectionnez une *plage* de cellules avant de commencer à entrer des informations, Excel restreint la saisie des données à cette plage de la façon suivante :

- Le logiciel avance automatiquement le pointeur de cellule à la prochaine cellule de la plage lorsque vous cliquez sur le bouton Entrer ou appuyez sur la touche Entrée pour valider une saisie.
- Dans une plage contenant plusieurs lignes et colonnes, Excel fait descendre le pointeur de cellule dans la colonne afin que vous puissiez procéder aux entrées ; lorsqu'il atteint la dernière cellule dans la partie sélectionnée de la colonne, Excel place le pointeur tout en haut de la prochaine colonne à droite. Si le tableau n'occupe qu'une ligne, le pointeur est décalé de gauche à droite.

- Lorsque vous finissez d'entrer des informations dans la dernière cellule de la plage sélectionnée, Excel positionne le pointeur de cellule sur la première cellule du tableau de données qui vient d'être terminé. Pour désélectionner la plage de cellules, cliquez sur une des cellules de la feuille de calcul, hors du tableau ou à l'intérieur, ou appuyez sur une touche fléchée.

ATTENTION !

Veillez à ne pas appuyer sur une touche fléchée pour valider la saisie dans une des cellules de la plage sélectionnée, au lieu de cliquer sur le bouton Entrer ou d'appuyer sur la touche Entrée. L'appui sur une touche fléchée désélectionne en effet la plage au moment où Excel déplace le pointeur de cellule. Utilisez une de ces méthodes pour déplacer le pointeur de cellule sans désélectionner la plage :

- Appuyez sur Entrée pour passer à la cellule inférieure puis, le moment venu, passer à la prochaine colonne. Appuyez sur Maj + Entrée pour reculer à la cellule précédente.
- Appuyez sur la touche Tab pour passer à la prochaine cellule de la colonne de droite et descendre ensuite dans la colonne. Appuyez sur Maj + Tab pour revenir à la cellule précédente.
- Appuyez sur Ctrl + . (point du pavé numérique) pour aller d'un coin de la plage à un autre.

La saisie express

Quand une même entrée (texte, valeur ou formule) doit apparaître dans plusieurs cellules d'un classeur, vous économiserez beaucoup de temps et d'énergie en la plaçant dans toutes ces cellules en une seule opération. Sélectionnez d'abord la plage de cellules qui doit contenir l'information (comme nous le verrons dans le Chapitre 3, Excel permet de sélectionner plusieurs cellules à la fois), procédez à la saisie, puis validez avec les touches Ctrl + Entrée pour répartir la saisie dans toutes les plages sélectionnées.

N'OUBLIEZ PAS

Pour que cette opération réussisse, vous devez maintenir la touche Ctrl enfoncée au moment où vous appuyez sur Entrée afin qu'Excel puisse répartir la saisie dans toutes les cellules sélectionnées. Si vous oubliez d'appuyer sur Ctrl, Excel ne place les données que dans la première cellule de la plage. Sur le clavier virtuel, touchez Ctrl, puis Entrée.

Vous pouvez aussi accélérer la saisie des données dans une liste comportant des formules en vous assurant que la case Étendre les formules et formats de plage de données est cochée dans la section Options d'édition de l'onglet Options avancées de la boîte de dialogue Options Excel (pour la faire apparaître, cliquez sur Fichiers/ Options). Lorsque cette case est cochée, Excel met automatiquement en forme les nouvelles données que vous tapez dans la dernière colonne d'une liste en fonction de la mise en forme existant dans les colonnes déjà remplies et copie les formules présentes dans ces colonnes. Notez cependant que pour utiliser cette nouvelle fonctionnalité, vous devez d'abord manuellement entrer les formules et configurer la mise en forme dans au moins trois colonnes avant la nouvelle colonne.

Améliorer les formules

Précédemment dans ce chapitre, vous avez appris dans la section « Concocter ces fabuleuses formules ! » à créer des formules qui exécutent un certain nombre d'opérations mathématiques simples telles que l'addition, la soustraction, la multiplication et la division. Au lieu de créer des formules complexes à partir de zéro et/ou d'une combinaison plus ou moins compliquée de ces opérations, vous pouvez demander à une fonction d'Excel de se charger de cette tâche.

Une *fonction* est une formule prédéfinie qui exécute un certain type de calcul. Tout ce que vous avez à faire est de fournir les valeurs que cette fonction utilisera pour déterminer le résultat. En jargon de tableur, ces valeurs sont appelées *arguments de la fonction.* À l'instar des fonctions simples, vous pouvez entrer les arguments de la plupart des fonctions soit sous une forme numérique, comme **22** ou **-4,56**, soit, comme c'est souvent le cas, sous la forme d'une référence de cellule (**B10**) ou d'une plage de cellules (**C3:F3**).

Comme pour les formules que vous créez vous-même, chaque fonction doit commencer par le signe = (égal), afin qu'Excel sache que vous allez taper une fonction ou une formule et non du texte. Juste après le signe égal, vous entrez le nom de la fonction (en majuscules ou en minuscules) suivi des arguments indispensables pour que les calculs puissent être effectués. Tous les arguments d'une fonction sont toujours entre parenthèses.

Après avoir tapé le signe égal et commencé à taper les premières lettres du nom de la fonction que vous voulez utiliser, une liste déroulante apparaît juste en dessous de la cellule, vous proposant toutes les fonctions dont le nom commence par les lettres que vous venez de taper. Identifiez le nom de la fonction que vous voulez dans cette liste, double-cliquez dessus et Excel achève de l'entrer pour vous dans la cellule et dans la barre de formule, suivi de la parenthèse ouvrante (() qui précède les arguments de la fonction.

Excel affiche alors, juste en dessous de la cellule, une info-bulle vous indiquant les arguments attendus par la fonction et vous pouvez spécifier la cellule ou la plage de cellules que vous voulez utiliser comme premiers arguments, soit en la pointant avec la souris, soit en tapant ses références. Dans le cas d'une fonction à plusieurs arguments, vous pouvez cliquer sur les cellules successives ou parcourir la plage de cellules avec la souris (en maintenant enfoncé son bouton gauche), ou bien vous pouvez taper manuellement les arguments successifs, sans oublier de les séparer par un point-virgule (;).

Après avoir entré le dernier argument, tapez la parenthèse fermante ()) pour indiquer la fin de la liste des arguments. L'info-bulle contenant le nom de la fonction et la liste de ses arguments nécessaires disparaît. Cliquez ensuite sur le bouton Entrer ou appuyez sur Entrée ou sur une touche fléchée pour valider la fonction et obtenir d'Excel qu'il calcule le résultat.

Placer une fonction dans une formule avec l'Assistant Fonction

Bien qu'il soit possible d'entrer une fonction en la tapant directement dans une cellule, Excel met à votre disposition, dans la barre de formule, un bouton Assistant Fonction, fort utile pour choisir n'importe laquelle des fonctions intégrées d'Excel. Quand vous cliquez sur ce bouton (après avoir sélectionné la cellule dans laquelle vous voulez insérer la fonction), Excel ouvre la boîte de dialogue Insérer une fonction (voir Figure 2.14) dans laquelle vous pouvez choisir une des fonctions prédéfinies. Après en avoir sélectionné une, Excel ouvre la boîte de dialogue Arguments de la fonction dans laquelle vous spécifiez les différents paramètres à utiliser. Le gros intérêt de cette boîte de dialogue se révèle lorsque vous rencontrez une fonction qui ne vous est pas familière ou est vraiment très complexe (certaines sont plutôt trapues). Vous obtiendrez une aide extrêmement détaillée sur les arguments requis en cliquant sur le

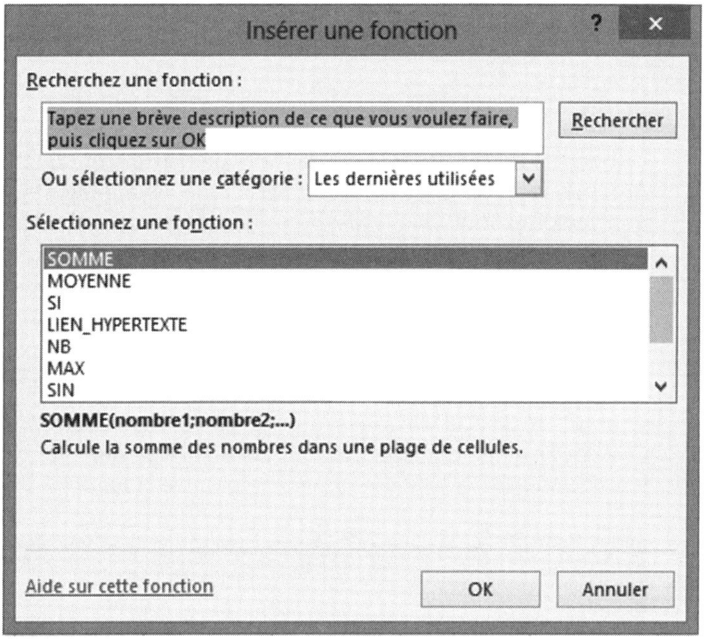

Figure 2.14 : Sélectionnez dans cette boîte de dialogue la fonction à utiliser dans une cellule.

lien hypertexte `Aide sur cette fonction`, dans le coin inférieur gauche de la boîte de dialogue.

La boîte de dialogue Insérer une fonction contient trois sections : Recherchez une fonction, Ou sélectionnez une catégorie et Sélectionnez une fonction. Lorsque vous ouvrez la boîte de dialogue, Excel sélectionne automatiquement, dans la liste déroulante des catégories de fonctions, la catégorie Les dernières utilisées. Ces fonctions communément utilisées sont listées dans la fenêtre Sélectionner une fonction.

Si la fonction que vous recherchez ne figure pas parmi les plus récemment utilisées, vous devrez la rechercher dans la catégorie appropriée en déroulant la liste Ou sélectionnez une catégorie. Si vous n'avez aucune idée de la catégorie, tapez une description de ce que :vous voulez en faire dans la fenêtre Recherchez une fonction, puis cliquez sur le bouton OK qui se trouve juste à droite ou appuyez sur la touche Entrée. Par exemple, pour localiser la fonction qui totalise des valeurs, il suffit d'entrer le mot **total** dans la fenêtre Recherchez une fonction et de cliquer sur OK. Excel affiche ensuite une liste de fonctions effectuant des totaux. Vous pouvez les examiner chacune en cliquant tour à tour dessus. Quand vous sélectionnez une fonction dans cette liste, la boîte de dialogue Insérer une fonction en présente, en bas, tous les arguments suivis d'une description de ce qu'elle fait.

Après avoir localisé et sélectionné la fonction à utiliser, cliquez sur le bouton OK (tout en bas, à gauche d'Annuler) pour insérer la fonction dans la cellule courante et ouvrir la boîte de dialogue Arguments de la fonction. Elle affiche tous les arguments requis ainsi que ceux qui sont facultatifs. Supposons que vous choisissiez, dans la fenêtre Sélectionnez une fonction, la fonction SOMME (qui est sans aucun doute la plus utilisée), puis que vous cliquiez sur OK. Excel insère aussitôt dans la cellule courante :

```
=SOMME()
```

Cette fonction apparaît aussi dans la barre de formule, après le signe égal. La boîte de dialogue Arguments de la fonction s'ouvre, affichant les arguments de SOMME, comme le montre la Figure 2.15.

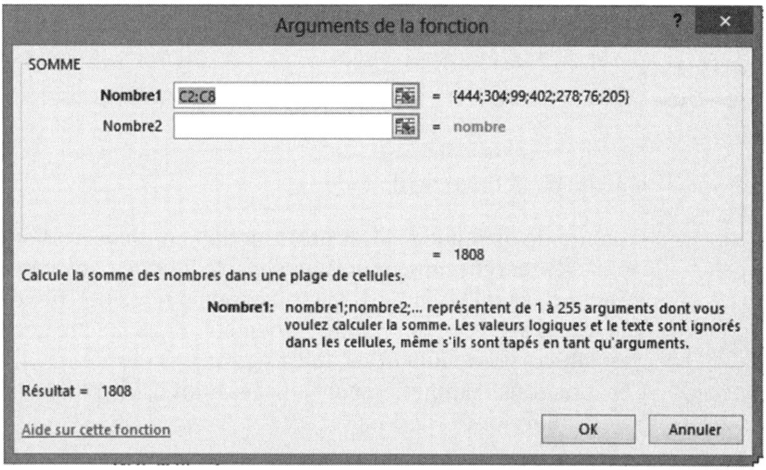

Figure 2.15 : Spécifiez, dans la boîte de dialogue Arguments de la fonction, les arguments à utiliser par la fonction sélectionnée.

Comme vous pouvez le lire dans la boîte de dialogue Arguments de la fonction visible Figure 2.16, vous pouvez sélectionner jusqu'à 255 arguments pour cette fonction. Ce qui n'est cependant pas évident – il y a sûrement un truc, non ? –, c'est que chacun de ces arguments ne se trouve pas forcément dans une seule et même cellule. En fait, la plupart du temps, un seul argument recouvrira un grand nombre de chiffres (sélection multiple) que vous désirez totaliser.

Pour sélectionner le premier argument de la boîte de dialogue, cliquez dans une cellulc (ou sélectionnez une plage de cellules) en laissant le point d'insertion dans la zone de texte Nombre1 de la boîte de dialogue Arguments de la fonction. Excel affiche l'adresse de cellule (ou l'adresse de la plage) dans le champ Nombre1, tout en indiquant, en bas à droite de la zone SOMME, le total calculé. Cette même somme apparaît aussi en bas de la boîte de dialogue, en regard de la mention Résultat =.

Rappelez-vous qu'en sélectionnant des cellules, vous pouvez réduire la taille de cette boîte de dialogue afin qu'elle n'affiche que la ligne Nombre1 ; pour ce faire, cliquez sur le bouton Minimiser, à droite de la zone de texte Nombre1. Après avoir sélectionné les cellules à utiliser comme premier argument, vous pouvez de nouveau déployer la boîte de dialogue en cliquant sur le même bouton à droite du champ Nombre1. Au lieu de minimiser la boîte de dialogue, vous pouvez aussi la mettre momentanément de côté en cliquant dedans et en la faisant glisser ailleurs.

Si vous calculez sur plus d'une cellule ou groupe de cellules d'un classeur, appuyez sur la touche Tab ou cliquez dans la zone de texte Nombre2 pour y placer le point d'insertion (Excel réagit à cette action en ouvrant aussitôt une zone de texte Nombre3). Indiquez dans le champ Nombre2 la deuxième cellule ou plage de cellules à ajouter au premier argument. Après avoir cliqué dans une cellule ou défini une plage, Excel affiche l'adresse de la ou des cellules ainsi que les valeurs des cellules à droite de la zone de texte. Les différents boutons de minimisation permettent de réduire la boîte de dialogue en n'affichant que la ligne (Nombre1, Nombre2…) à utiliser.

Après avoir sélectionné les cellules à totaliser, cliquez sur OK pour quitter la boîte de dialogue Arguments de la fonction et placer la fonction SOMME dans la cellule courante.

Modifier une fonction avec l'Assistant Fonction

Vous pouvez utiliser le bouton Insérer une fonction pour modifier une fonction directement dans la barre de formule. Sélectionnez la cellule contenant la formule, puis cliquez sur le bouton Insérer une fonction (celui avec un *fx*, à gauche de la barre de formule).

Sitôt après avoir cliqué sur le bouton Insérer une fonction, Excel ouvre la boîte de dialogue Arguments de la fonction. Pour éditer et modifier les arguments de la fonction, sélectionnez les références de cellule dans la zone de texte appropriée (Nombre1, Nombre2,

Nombre3…), puis effectuez les modifications que vous jugez utiles pour telle ou telle cellule ou plage. Rappelez-vous qu'Excel ajoute automatiquement à l'argument courant toute cellule ou plage que vous sélectionnez dans la feuille de calcul. Pour remplacer l'argument courant, vous devez le mettre en surbrillance et éliminer les adresses de cellules en appuyant sur la touche Suppr avant de sélectionner la nouvelle cellule ou plage à utiliser comme argument. Rappelez-vous qu'il vous est à tout moment possible de minimiser la boîte de dialogue ou de la déplacer si elle occulte des cellules.

Après avoir modifié la fonction, appuyez sur la touche Entrée ou cliquez sur le bouton OK afin de fermer la boîte de dialogue Arguments de la fonction et mettre la formule à jour dans le classeur.

La somme automatique : l'essayer, c'est l'adopter

Nous nous en voudrions de clôturer cette intéressante discussion sur la saisie des fonctions sans mentionner le bouton Somme présent dans le groupe Édition de l'onglet Accueil du Ruban. C'est le bouton qui porte la lettre grecque sigma (Σ). Ce petit outil vaut son pesant d'or. Outre qu'il est capable de déterminer la somme, la moyenne, le compte, les valeurs maximale et minimale d'une liste, il sait également sélectionner une plage de cellules dans la colonne courante ou dans la ligne, l'utiliser comme argument et entrer automatiquement le résultat du calcul en tant qu'argument dans une fonction. Neuf fois sur dix, Excel sélectionne correctement la plage de cellules à utiliser ; dans le dixième cas, vous pouvez facilement corriger la sélection en tirant le pointeur de cellule par-dessus la plage à calculer.

Cliquez simplement sur le bouton Somme dans l'onglet Accueil du Ruban chaque fois que vous voulez insérer la fonction Somme dans la cellule sélectionnée. Remarquez qu'en sélectionnant l'option Autres fonctions, Excel ouvre la boîte de dialogue Insérer une fonction, comme si vous aviez cliqué sur le bouton *fx*, dans la barre de formule.

Observez dans la Figure 2.16 comment l'outil Somme automatique est utilisé pour calculer le total du vendeur Rémy Potiez à la ligne 2 : placez le pointeur dans la cellule E2, où le total du premier trimestre devrait être calculé, puis cliquez sur le bouton Somme. Excel insère dans la barre de formule la fonction SOMME avec le signe égal et

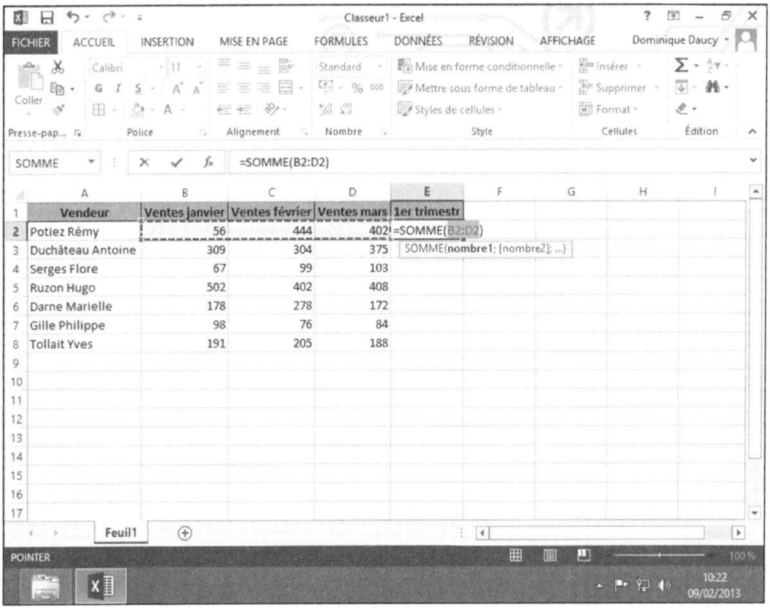

Figure 2.16 : Pour obtenir le total trimestriel du premier vendeur, sélectionnez la cellule E2, puis cliquez sur le bouton Somme automatique.

tout le reste, entoure les cellules B2, C2 et D2 avec un rectangle de sélection (un liseré en pointillé animé) et utilise la plage de cellules B2:D2 comme argument de la fonction SOMME. Il ne vous reste plus qu'à valider cette formule en cliquant sur le bouton Entrer dans la barre de formule (ou en appuyant sur la touche Entrée).

Le total apparaît dans la cellule E3 tandis que la fonction suivante est affichée dans la barre de formule :

```
=SOMME(B2:D2)
```

Après avoir entré la fonction qui totalise les ventes du premier vendeur, vous pouvez copier cette formule pour totaliser les ventes trimestrielles de tous les autres vendeurs en tirant vers le bas la poignée de recopie (c'est la petite croix noire qui apparaît quand vous approchez le pointeur de la souris du coin inférieur droit de la cellule), comme le montre la Figure 2.17, jusqu'à ce que la plage de cellules E3:E8 soit en surbrillance.

Regardez la Figure 2.18 pour voir comment utiliser l'outil Somme automatique pour totaliser, dans la colonne B, les résultats du mois de janvier. Vous devez placer le pointeur de cellule en B9, là où le total doit apparaître. Cliquez ensuite sur l'outil Somme automatique ; Excel place un rectangle de sélection autour des cellules B2 à B8 et

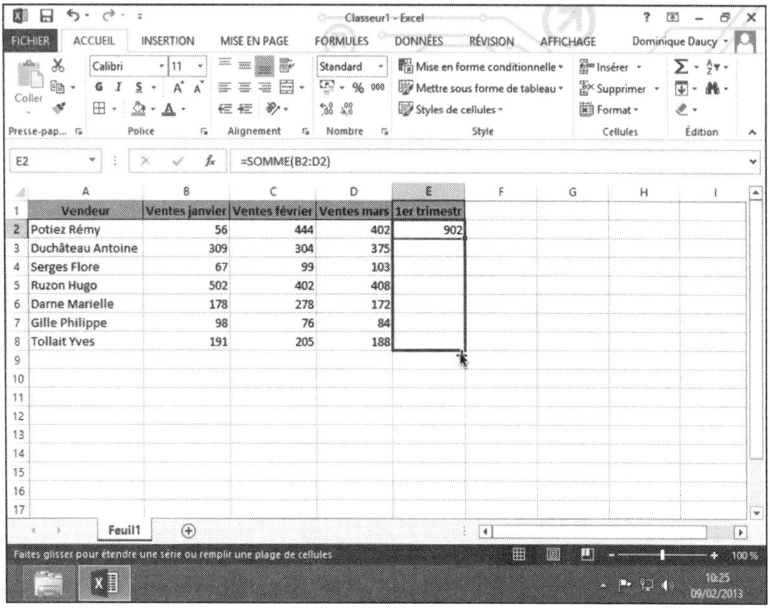

Figure 2.17 : Le total du premier trimestre a été calculé avec l'outil Somme automatique.

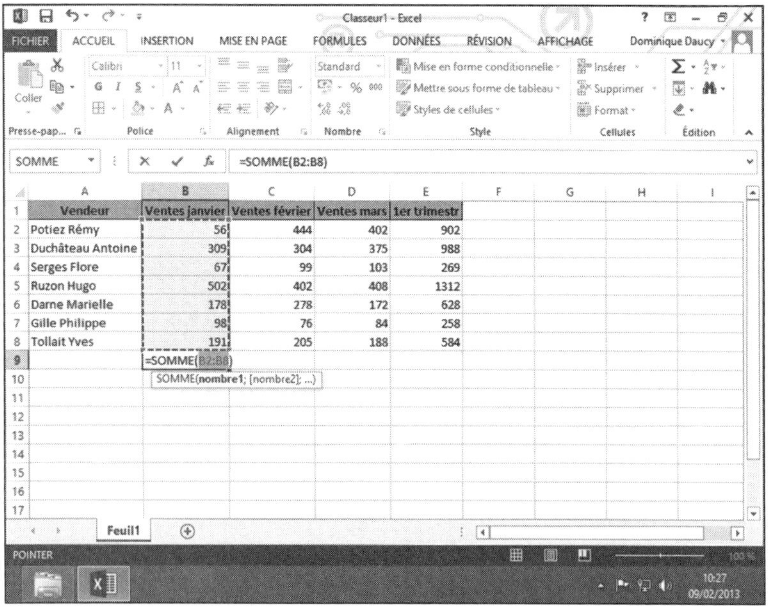

Figure 2.18 : Sélectionnez la cellule B9, cliquez sur l'outil Somme automatique et appuyez sur Entrée pour obtenir le total des ventes de la colonne B pour tous les vendeurs.

entre correctement la plage B3:B9 comme argument de la fonction SOMME.

La Figure 2.19 montre la feuille de calcul après avoir inséré la fonction SOMME dans la cellule B9 et utilisé la fonction de recopie automatique pour reporter la formule vers la droite, dans les cellules C9 et D9. Pour utiliser la recopie automatique, tirez sur la poignée située dans le coin inférieur droit de la cellule et tirez-la jusqu'à la cellule E9 ; relâchez ensuite le bouton de la souris.

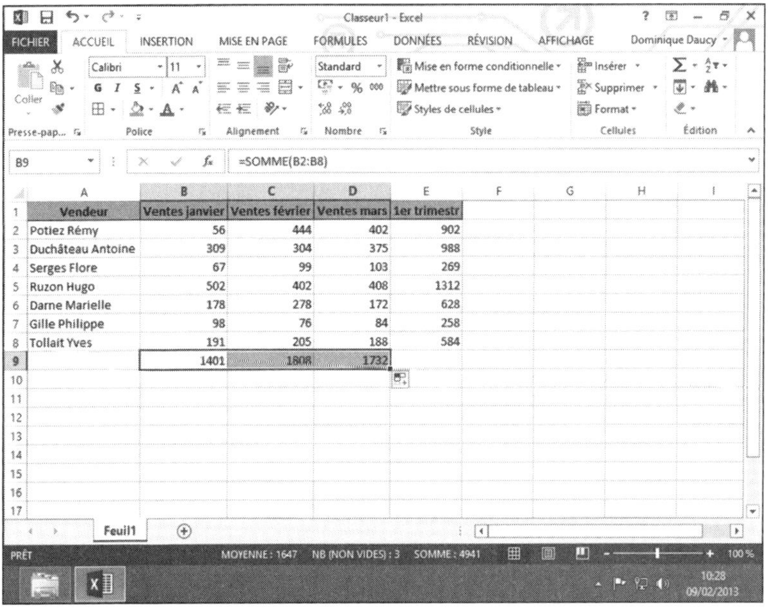

Figure 2.19 : La feuille de calcul après avoir recopié la fonction SOMME à l'aide de la poignée de recopie.

L'outil Totaux de la fonction Analyse rapide

Que ceux qui trouvent fastidieux d'utiliser la somme automatique, puis de recopier cette fonction Somme *via* la poignée de recopie sachent qu'Excel 2013 a pensé à eux. Sa toute nouvelle fonction Analyse rapide et son outil Totaux va les enchanter ! Cette fonction, en effet, est capable de prendre une foule d'actions en charge, comme le formatage conditionnel (Chapitre 3), les graphiques (Chapitre 8) ou encore les tableaux croisés dynamiques (Chapitre 9). Sans compter que l'outil est aussi capable de calculer des sommes de valeurs présentées en colonnes ou en lignes dans vos feuilles de calcul.

Son usage est simple : sélectionnez des cellules (Chapitre 3), puis cliquez sur l'outil Analyse rapide qui s'affiche spontanément dans l'angle inférieur droit de la plage sélectionnée ; une palette apparaît alors directement sous l'outil, qui vous propose une série d'options, allant de Mise en forme à Graphiques sparkline.

Pour ajouter des totaux à une plage de cellules sélectionnées, cliquez tout simplement sur le bouton Totaux, puis positionnez votre pointeur sur la fonction Somme pour obtenir une prévisualisation du résultat (en bas si vous optez pour la première fonction Somme, à droite si vous lui préférez la seconde). Voyez à ce propos la Figure 2.20. Ça vous convient ? Cliquez !

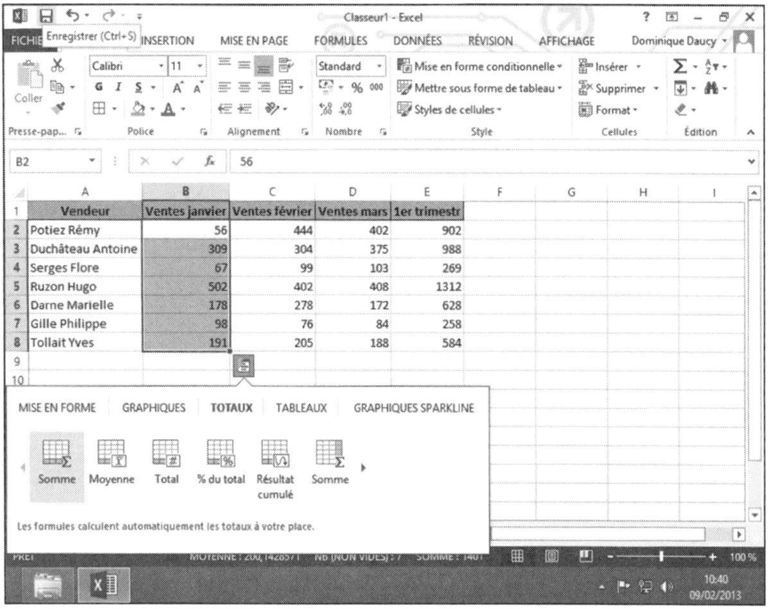

Figure 2.20 : Utilisez l'outil Totaux de la fonction Analyse rapide pour ajouter des totaux dans vos feuilles de calcul.

TRUC

Si, pour une raison ou pour une autre, vous avez du mal à accéder à la palette d'outils de l'Analyse rapide, opérez un clic droit sur votre sélection de cellules et choisissez Analyse rapide dans le menu contextuel.

Stocker les données en lieu sûr

Une règle d'or : enregistrez vos données à intervalles réguliers. Cela vous évitera de devoir tout recommencer si un problème survient.

TRUC

Pour faciliter les sauvegardes, la barre d'outils Accès rapide d'Excel 2013 contient un bouton Enregistrer, reconnaissable à son icône en forme de disquette 3"1/4. Vous n'avez même pas à cliquer sur l'onglet Fichier pour sélectionner la commande Enregistrer. Encore plus rapide, le raccourci clavier Ctrl + S finit par devenir une seconde nature. N'hésitez pas à l'utiliser, vous n'en abuserez jamais.

Lorsque vous cliquez sur le bouton Enregistrer ou sélectionnez Fichier/Enregistrer pour la première fois avec un nouveau classeur, Excel vous propose la fenêtre Enregistrer sous (Figure 2.21). Par défaut, le programme sélectionne, comme lieu de stockage, le dossier Documents de votre SkyDrive.

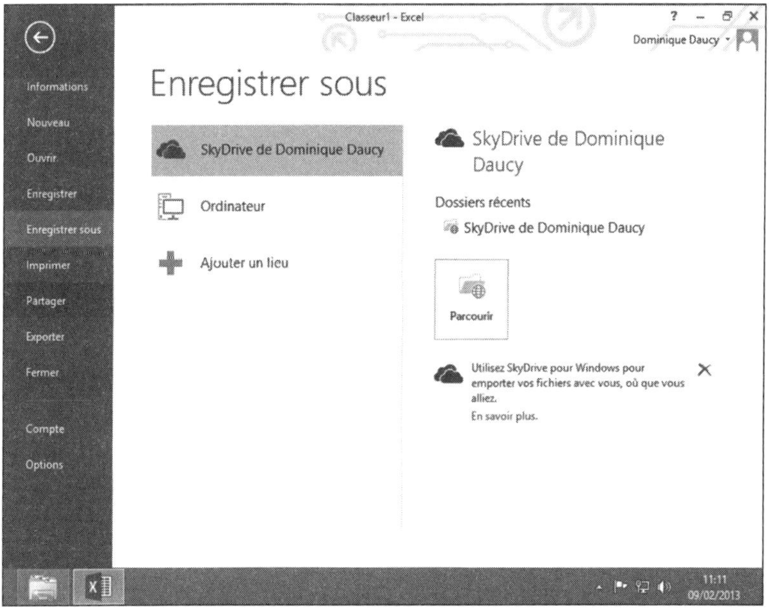

Figure 2.21 : La fenêtre Enregistrer sous vous est proposée lorsque vous invoquez la commande Enregistrer depuis un nouveau classeur.

Pour préférer entreposer le classeur localement (c'est-à-dire sur le disque dur de votre ordinateur ou sur un disque virtuel de votre réseau local), cliquez sur l'option Ordinateur, placée sous SkyDrive de.

Dans ce cas, le volet droit vous propose la liste des dossiers récents vers lesquels vous avez récemment sauvegardé des classeurs ainsi que vos disques locaux, votre Bureau et le dossier Mes documents local.

NOTE TECHNIQUE

C'est quoi, ce SkyDrive ?

Le nuage, ça vous dit sûrement quelque chose, mais si ça reste relativement nébuleux. SkyDrive est le nom qu'a donné Microsoft à l'espace qu'elle réserve, dans le nuage, à ses utilisateurs Windows Live. L'avantage, si vous sauvegardez vos données à cet endroit, c'est qu'elles seront ensuite accessibles depuis n'importe quel poste de travail exploitant Excel 2013 et disposant d'une connexion Internet.

Ainsi, si vous enregistrez sur SkyDrive un classeur que vous avez créé au bureau, vous pourrez ensuite le modifier depuis le portable qui se trouve à votre domicile, voire depuis une tablette ou un smartphone au café du coin.

Pour en savoir plus sur SkyDrive, activez le lien En savoir plus sous la mention « Utilisez SkyDrive pour Windows pour emporter vos fichiers avec vous, où que vous alliez » en bas à droite du volet droit.

Si aucune de ces propositions ne vous agrée, cliquez sur Parcourir pour ouvrir la boîte de dialogue Enregistrer sous, où vous pourrez vous exprimer.

Une fois la destination sélectionnée dans cette boîte de dialogue, il vous faut encore y baptiser votre classeur (lui donner un nom plus évocateur que le nom générique Classeur1, Classeur2… attribué provisoirement par Excel) en agissant dans la zone d'édition Nom de fichier, puis lui attribuer un format de fichier *via* le menu local Type.

Une fois ces réglages terminés, cliquez sur Enregistrer ou enfoncez la touche Entrée. Excel procède à la sauvegarde, dans laquelle il inclut toutes les informations de toutes les feuilles de classeur (y compris la position de la cellule active).

N'OUBLIEZ PAS

Par la suite, vous ne reviendrez à cette fenêtre Enregistrer sous que lorsque vous souhaiterez rebaptiser le classeur ou en enregistrer un exemplaire dans un autre dossier. Vous choisirez alors Fichier/Enregistrer sous plutôt que d'activer le bouton Enregistrer de la barre Accès rapide ou son équivalent clavier, Ctrl + S.

Changer l'emplacement d'enregistrement par défaut

Chaque fois que vous ouvrez la boîte de dialogue Enregistrer sous pour enregistrer le fichier d'un classeur, elle s'ouvre automatiquement sur le dossier spécifié comme Emplacement d'enregistrement par défaut dans l'onglet Enregistrement de la boîte de dialogue Options Excel (Fichier/Options/Enregistrement).

Tant que vous n'avez pas spécifié autre chose, ce dossier par défaut est le dossier Documents associé à votre nom d'utilisateur. Ainsi, par exemple, le chemin d'accès au dossier par défaut dans lequel Excel 2013 enregistre automatiquement mes nouveaux classeurs sur mon ordinateur est :


```
C:\Utilisateurs\Greg\Documents
```

Le dossier Documents n'est pas forcément l'emplacement qui vous convient le mieux pour enregistrer vos nouveaux classeurs. Pour spécifier un autre emplacement d'enregistrement par défaut sur votre ordinateur, suivez ces étapes :

1. **Cliquez sur Fichier/Options/Enregistrement afin d'ouvrir l'onglet Enregistrement de la boîte de dialogue Options Excel.**

   Le chemin d'accès au dossier d'enregistrement par défaut apparaît dans le champ Emplacement d'enregistrement par défaut.

2. **Dans le champ Emplacement d'enregistrement par défaut, sélectionnez le chemin d'accès ou une partie de celui-ci.**

   Ce que vous saisirez remplacera ce qui est sélectionné dans ce champ. Si vous ne voulez remplacer qu'une partie de ce chemin d'accès, ne sélectionnez que la partie à remplacer. Et si vous avez simplement besoin d'ajouter quelque chose, placez simplement le curseur à la fin du chemin existant.

3. **Modifiez ou remplacez le chemin d'accès pour faire apparaître à sa place celui du dossier que vous voulez spécifier comme emplacement d'enregistrement par défaut.**

4. **Cliquez sur OK pour fermer la boîte de dialogue Options Excel.**

Les différences entre les formats XLSX et XLS

Excel 2013 utilise le format de fichier basé sur XML (que Microsoft appelle officiellement le format Microsoft Office Open XML) apparu dans Excel 2007, vanté comme plus efficace pour enregistrer des données, produisant donc de plus petits fichiers et offrant une meilleure intégration avec les sources de données externes (en particulier s'il s'agit de sources Web utilisant le format XML). Ce format de fichier reposant sur XML porte l'extension de fichier .xlsx – c'est le format par défaut dans lequel Excel enregistre les nouveaux classeurs que vous créez.

ATTENTION !

Le seul inconvénient de ce nouveau format est que les versions antérieures d'Excel ne sont pas capables de l'ouvrir. Cela signifie que, si vous travaillez avec des gens qui ont besoin d'ouvrir vos classeurs, mais ne sont pas encore passés à Excel 2013, vous devez les enregistrer dans le format de fichier utilisé par les versions 97 à 2003 portant l'extension de fichier .xls. Pour cela, lorsque vous enregistrez pour la première fois un nouveau classeur, ouvrez la liste déroulante Type de fichier dans la boîte de dialogue Enregistrer sous et sélectionnez dans cette liste Classeur Excel 97-2003 (*.xls). Si vous avez besoin que tous vos classeurs sans exception soient compatibles avec l'ancien format, reportez-vous à la section « Le format de fichier d'Excel 2013 », au Chapitre 1, dans laquelle vous trouverez comment spécifier le format .xls comme format d'enregistrement par défaut dans Excel 2013.

TRUC

Excel 2013 dispose également d'un nouveau format binaire, appelé Binary ou BIFF12, portant l'extension .xlsb. Vous pouvez choisir ce format si vous avez des feuilles de calcul vraiment énormes qui doivent être compatibles avec les anciennes versions d'Excel (sélectionnez Classeur Excel binaire (*.xlsb) dans la liste Type de fichier de la boîte de dialogue Enregistrer sous).

Deuxième partie

L'art et la manière de modifier un classeur

« Ah ! La barbe ! Ton graphique en aubergine est tout aussi incompréhensible que ton graphique en pomme de terre ou ton graphique en noix de coco. Tu ne pourrais pas faire un camembert, comme tout le monde ? »

Dans cette partie…

- Sélectionner et formater les données.
- Régler la largeur des colonnes et la hauteur des lignes.
- Réorganiser les données.
- Supprimer des données.
- Exploiter les commandes Couper, Copier et Coller.
- Prévisualiser avant d'imprimer.
- Imprimer tout ou partie d'une feuille.

Chapitre 3

On enjolive tout

Dans ce chapitre :

- Sélectionner les cellules à mettre en forme.
- Mettre en forme un tableau de données avec le bouton Mettre sous forme de tableau.
- Appliquer des formats de nombres à des cellules contenant des valeurs.
- Régler la largeur des colonnes et la hauteur des lignes d'une feuille de calcul.
- Masquer des colonnes et des lignes.
- Mettre en forme une plage de cellules en utilisant l'onglet Accueil du Ruban.

Sachez dès à présent qu'entrer des données dans une cellule et mettre ces données en forme sont deux choses très différentes. C'est pourquoi, quand vous entrez de nouvelles données dans une cellule, elles adoptent la mise en forme qui a été définie pour cette cellule. Ce qui vous permet de mettre en forme des cellules vides dans lesquelles vous entrerez ultérieurement des données qui seront à ce moment automatiquement mises en forme.

Choisir un groupe de cellules sélectionnées

Une *sélection de cellules* (ou *plage de cellules*) est un ensemble de cellules contiguës susceptibles d'être mises en forme ou modifiées. La petite sélection de cellule, dans une feuille de calcul, se limite à une seule cellule : la cellule dite *active*. Une seule cellule entourée par le curseur de cellule est une sélection d'une cellule. La sélection de cellules la plus vaste comprend toutes les cellules de la feuille de calcul. La plupart des sélections que vous aurez à effectuer se situent dans un moyen terme ; elles concerneront quelques cellules adjacentes disposées en colonne(s) et/ou en rangée(s).

Excel met en évidence une sélection de cellules dans la feuille de calcul en mettant en surbrillance les cellules sélectionnées, à l'exception de la cellule active qui conserve sa couleur normale. La Figure 3.1 montre diverses sélections de cellules de différentes tailles et formes.

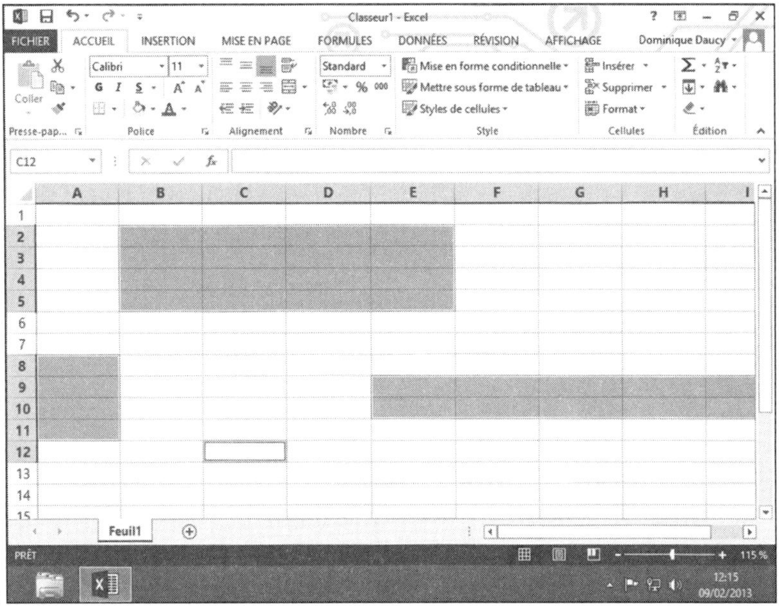

Figure 3.1 : Différentes sélections de diverses tailles et formes.

Les sélections par pointer-cliquer

La souris est l'outil naturel pour sélectionner des plages de cellules : amenez le pointeur de souris (l'épaisse croix blanche) au-dessus de la première cellule, cliquez, puis, bouton de la souris enfoncé, tirez dans la direction où vous désirez étendre la sélection.

- Pour étendre la sélection de cellules vers les colonnes à droite, tirez la souris vers la droite, ce qui met les cellules concernées en surbrillance.
- Pour étendre la sélection vers le bas, tirez vers le bas.

- Pour étendre la sélection à la fois vers le bas et vers la droite, tirez la souris en diagonale vers la cellule située dans le coin inférieur droit de la plage que vous définissez.

Les sélections tactiles

Si vous exploitez Excel sur un dispositif tactile (tablette ou smartphone), il vous suffit, pour sélectionner, d'utiliser votre doigt ou votre stylet. Touchez la première cellule à sélectionner (ce qui équivaut à cliquer), puis faites glisser la poignée de sélection (un des deux cercles qui s'affichent en haut à gauche et en bas à droite) jusqu'à englober les autres cellules voisines à sélectionner.

Les sélections avec la touche Majuscule

Pour accélérer la sélection des cellules, vous pouvez utiliser la bonne vieille méthode Maj + clic, qui s'effectue de la façon suivante :

1. **Cliquez sur la première cellule de la sélection.**

   La cellule est sélectionnée.

2. **Déplacez le pointeur de la souris vers la dernière cellule de la sélection.**

   Elle est au coin opposé de la première cellule. Ne cliquez pas encore.

3. **La touche Maj enfoncée, cliquez dans la dernière cellule.**

   Lors de ce second clic, Excel sélectionne dans les lignes et dans les colonnes toutes les cellules situées entre la première et la dernière cellule.

Avec la souris, la touche Maj agit comme *touche d'extension* entre le premier objet sélectionné et le second (reportez-vous à la section « Étendre une sélection », plus loin dans ce chapitre). L'utilisation de la touche Maj permet de sélectionner la première et la dernière cellule, ainsi que toutes les cellules qui se trouvent entre elles, ou de sélectionner tous les noms de documents dans la liste d'une boîte de dialogue.

Les sélections de cellules non adjacentes

Pour sélectionner des cellules ou des plages non adjacentes, sélectionnez une cellule ou une plage de cellules. Ensuite, touche Ctrl enfoncée, sélectionnez la deuxième cellule ou plage de cellules. Aussi longtemps que la touche Ctrl est enfoncée, Excel ne désélectionne aucune cellule pendant que vous en sélectionnez d'autres.

ÉCRAN TACTILE

Depuis le clavier virtuel, touchez la touche Ctrl pour la mettre en service – inutile de la maintenir enfoncée comme vous le feriez sur un clavier classique -, puis réalisez les sélections suivantes. N'oubliez pas de réinvoquer cette touche Ctrl lorsque vous aurez sélectionné tout ce que vous vouliez sélectionner.

La touche Ctrl fonctionne avec la souris en tant que *touche d'addition* d'objets (reportez-vous à la section « Les sélections de cellules non adjacentes au clavier », plus loin dans ce chapitre). La touche Ctrl permet d'ajouter des cellules à une sélection ou de sélectionner des noms épars dans la liste d'une boîte de dialogue, sans risque de désélection intempestive.

Les sélections de grande envergure

Vous pouvez sélectionner toutes les cellules d'une ligne ou d'une colonne, voire toutes les cellules d'une feuille de calcul, en appliquant les techniques suivantes :

- Pour sélectionner toutes les cellules d'une colonne, cliquez dans la lettre qui l'identifie, en haut de la feuille de calcul.
- Pour sélectionner toutes les lignes d'une colonne, cliquez dans son numéro, à gauche de la feuille de calcul.
- Pour sélectionner plusieurs lignes ou colonnes à la fois, tirez dans les en-têtes de lignes ou de colonnes.
- Pour sélectionner des lignes et/ou des colonnes qui ne sont pas contiguës, maintenez la touche Ctrl enfoncée tout en cliquant et/ou en tirant dans les en-têtes des lignes et des colonnes à placer dans la sélection.

TRUC

Pour sélectionner la totalité des cellules d'une feuille de calcul, appuyez sur Ctrl + A ou cliquez sur le bouton de sélection globale. Il se trouve au point de rencontre des en-têtes de lignes et de colonnes, dans le coin supérieur gauche de la feuille de calcul.

Sélectionner des données d'un tableau avec la sélection automatique

Excel propose une méthode de sélection extrêmement rapide, appelée « sélection automatique », pour sélectionner toutes les cellules d'un tableau d'un seul tenant. Procédez comme suit pour utiliser la sélection automatique :

1. **Cliquez dans la première cellule du tableau afin de la sélectionner.**

   Cette cellule se trouve en haut à gauche du tableau.

2. **Maintenez la touche Maj enfoncée tout en double-cliquant, avec le pointeur en forme de flèche, sur le bord droit ou inférieur de la cellule (Figure 3.2).**

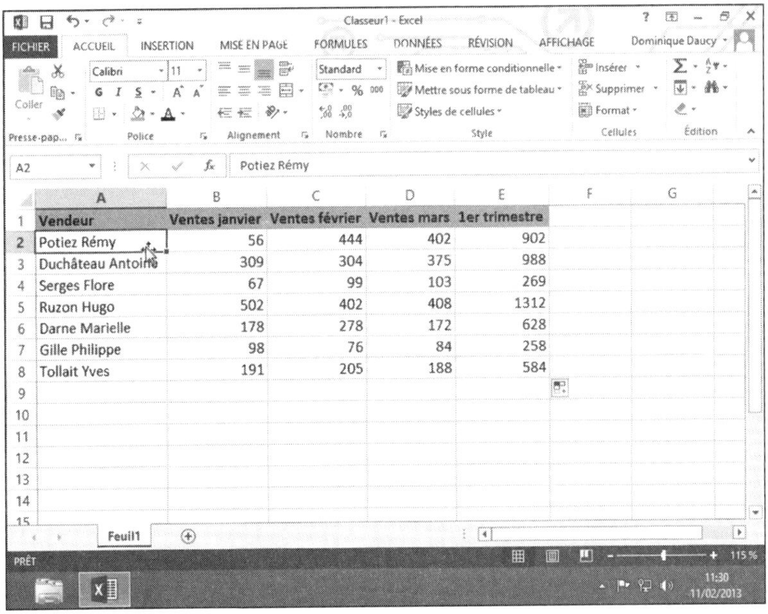

Figure 3.2 : Placez le pointeur de la souris sur le bord droit ou inférieur de la première cellule du tableau.

Double-cliquer sur le *bas* de la cellule, touche Maj enfoncée, étend automatiquement la sélection jusqu'à la dernière cellule en bas de la première colonne, comme le montre la Figure 3.3.

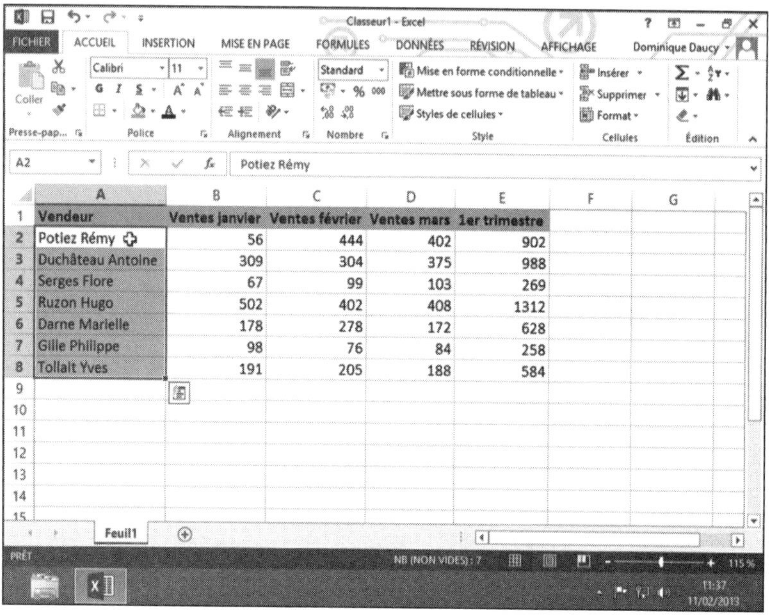

Figure 3.3 : En double-cliquant sur le bord inférieur de la première cellule, touche Maj enfoncée, vous avez étendu la sélection vers le bas.

Si vous double-cliquez ensuite sur le bord *droit* de la cellule, la sélection est étendue jusqu'à la dernière colonne à droite de la ligne courante.

3a. Si vous avez d'abord sélectionné une colonne, double-cliquez sur le bord droit de la sélection, touche Maj enfoncée (voir Figure 3.3).

Vous sélectionnez ainsi les autres colonnes du tableau, comme l'illustre la Figure 3.4.

3b. Si vous avez d'abord sélectionné une ligne, double-cliquez sur le bord inférieur de la sélection, touche Maj enfoncée.

Vous sélectionnez ainsi toutes les lignes restantes du tableau.

Les sélections au clavier

Si vous n'aimez pas travailler à la souris, vous pouvez sélectionner des cellules au clavier. À l'instar de la méthode Maj + clic, les techniques de sélection au clavier utilisent les touches fléchées conjointement avec la touche Maj. Les touches de déplacement du curseur de cellule ont été mentionnées dans le Chapitre 1.

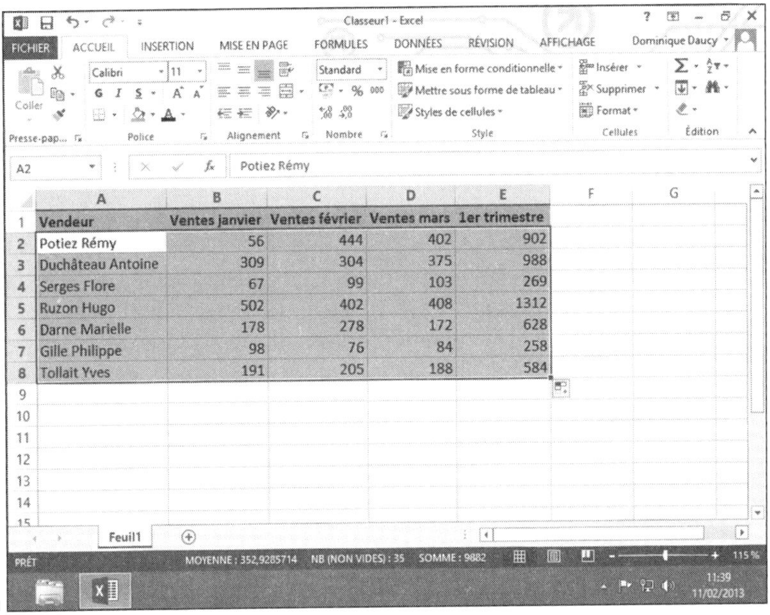

Figure 3.4 : En double-cliquant sur le bord droit de la sélection, touche Maj enfoncée, la sélection s'étend vers les colonnes de droite du tableau.

Commencez par placer le curseur dans la première cellule de la sélection puis, touche Maj enfoncée, appuyez sur les touches fléchées appropriées (←, →, ↑, ↓ ou PgPréc et PgSuiv). Ce faisant, Excel ancre la sélection à la cellule courante puis l'étend dans la direction choisie, mettant les cellules sélectionnées en surbrillance au fur et à mesure que vous appuyez sur les touches fléchées.

TRUC

En sélectionnant de la sorte, vous pouvez modifier l'étendue de la plage de cellules aussi longtemps que vous n'avez pas relâché la touche Maj. Dès qu'elle est relâchée, toute action sur une touche fléchée désélectionne aussitôt la plage, réduisant la sélection à la cellule indiquée par le curseur de cellule.

Étendre une sélection

Si maintenir la touche Maj enfoncée tout en déplaçant le curseur vous semble peu commode, vous pouvez mettre Excel en mode Extension en appuyant brièvement sur la touche de fonction F8 avant d'appuyer sur une touche fléchée. Excel affiche alors l'indicateur Étendre la sélection dans la barre d'état. Quand vous appuyez sur les touches fléchées alors que ce mode est actif, Excel sélectionne les cellules comme si la touche Maj était enfoncée.

Après avoir mis les cellules désirées en surbrillance, appuyez de nouveau sur F8 pour désactiver le mode Extension. L'indicateur Étendre la sélection disparaît de la barre d'état et vous pouvez de nouveau utiliser les touches fléchées pour déplacer le curseur sans sélectionner des cellules.

La sélection automatique au clavier

L'équivalent au clavier de la sélection automatique avec la souris que nous venons de voir (section « Sélectionner des données d'un tableau avec la sélection automatique », plus haut dans ce chapitre) combine l'utilisation de la touche F8 ou de la touche Maj avec Ctrl + touche fléchée ou Fin + touche fléchée pour faire passer le curseur de cellule d'un bloc à un autre tout en sélectionnant toutes les cellules qui se trouvent sur son chemin.

Procédez comme suit pour sélectionner la totalité d'un tableau de données avec la sélection automatique au clavier :

1. **Placez le curseur de cellule dans la première cellule.**

   Elle se trouve en haut à gauche du tableau.

2. **Appuyez une seule fois sur F8 (ou maintenez la touche Maj enfoncée) puis sur les touches Ctrl + Flèche droite (ou Fin + Flèche droite) pour étendre la sélection aux colonnes de droite.**

3. **Ensuite, appuyez sur Ctrl + Flèche bas (ou Fin + Flèche bas) pour étendre la sélection aux lignes d'en bas.**

Les sélections de cellules non adjacentes au clavier

La sélection de plusieurs plages est un peu plus compliquée au clavier qu'avec la souris, car vous devez passer de l'ancrage du curseur de cellule au déplacement du curseur pour sélectionner la plage, puis à la libération du curseur afin de pouvoir le positionner au début d'une autre plage. Pour libérer le curseur de cellule afin de le positionner ailleurs, appuyez sur Maj + F8. Vous passez ainsi en mode Ajouter à la sélection, qui permet de passer à une autre plage sans sélectionner d'autres cellules. Quand ce mode est actif, l'indicateur Ajouter à la sélection est affiché dans la barre d'état, montrant ainsi que le curseur de cellule est libre.

Appliquez ces étapes générales pour sélectionner plusieurs plages de cellules au clavier :

1. **Placez le curseur dans la première cellule de la première plage à sélectionner.**
2. **Appuyez sur F8 pour enclencher le mode Étendre la sélection.**

   Utilisez les touches fléchées pour sélectionner la première plage de cellules (au lieu d'appuyer sur F8, vous pouvez aussi maintenir enfoncée la touche Maj).
3. **Appuyez sur Maj + F8 pour passer en mode Ajouter à la sélection.**

   L'indicateur Ajouter à la sélection apparaît dans la barre d'état.
4. **Amenez le curseur de cellule à la première plage non adjacente que vous désirez sélectionner.**
5. **Appuyez de nouveau sur F8 pour revenir au mode Étendre la sélection, puis déplacez le curseur de cellule afin de sélectionner une nouvelle plage.**
6. **Si d'autres plages non adjacentes doivent être définies, répétez les Étapes 3, 4 et 5 jusqu'à ce que vous ayez sélectionné toutes les plages à utiliser.**

La sélection de cellules avec Atteindre

Si vous devez sélectionner une très vaste plage de cellules, qu'il serait long et fastidieux de sélectionner au clavier, utilisez la fonction Atteindre :

1. **Placez le curseur de cellule dans la première cellule de la plage, puis appuyez sur F8 pour ancrer le curseur de cellule et enclencher le mode Étendre la sélection.**
2. **Appuyez sur la touche F5 ou sur Ctrl + T pour ouvrir la boîte de dialogue Atteindre. Dans le champ Référence de cette boîte de dialogue, entrez l'adresse de la dernière cellule de la plage à sélectionner (celle du coin opposé à la première cellule) et cliquez sur OK ou appuyez sur Entrée.**

Comme Excel est en mode Étendre la sélection lorsque vous utilisez Atteindre pour aller à une autre cellule, il ne se contente pas d'envoyer le curseur de cellule à l'adresse spécifiée, mais sélectionne aussi toutes les cellules intermédiaires. Après avoir sélectionné une plage de cellules avec Atteindre, n'oubliez pas d'appuyer de nouveau sur F8 pour sortir du mode Étendre la sélection et empêcher Excel de continuer à sélectionner d'autres cellules dès que vous allez déplacer le curseur de cellule.

La galerie Mettre sous forme de tableau

Voici maintenant une technique de mise en forme qui ne nécessite aucune sélection préalable de cellules. En fait, l'outil Mettre sous forme de tableau est si automatique qu'il suffit pour l'utiliser que le curseur de cellule se trouve n'importe où dans le tableau à mettre en forme avant de cliquer sur le bouton Mettre sous forme de tableau dans le groupe Style de l'onglet Accueil du Ruban. Lorsque vous cliquez sur ce bouton, la galerie des styles de tableau apparaît, chaque style s'affichant sous forme de miniature, celles-ci étant réparties en trois sections : Clair, Moyen et Foncé.

Aussitôt que vous cliquez sur la miniature correspondant au style de votre choix, Excel fait apparaître la boîte de dialogue Mettre sous forme de tableau (Figure 3.5), vous proposant la plage de cellules à laquelle il doit appliquer le style concerné (en marquant le périmètre correspondant dans la feuille de calcul).

Cette boîte de dialogue contient un champ intitulé « Où se trouvent les données de votre tableau ? » dans laquelle apparaît la plage que vous propose Excel, automatiquement identifiée par lui (et marquée par un contour clignotant dans la feuille de calcul) à partir de la cellule que vous aviez initialement sélectionnée. Elle contient également une case Mon tableau comporte des en-têtes, que vous pouvez cocher pour indiquer à Excel que la première ligne de la plage spécifiée est une ligne d'en-têtes, qui sera donc mise en forme comme telle selon le style sélectionné.

Si Excel n'a pas identifié correctement la plage de cellules à mettre en forme, il suffit de la sélectionner directement dans la feuille de calcul en faisant glisser dessus le pointeur de la souris. La plage correspondante est automatiquement mise à jour dans la boîte de dialogue Mettre sous forme de tableau (qui est par la même occasion devenue Créer un tableau). N'oubliez pas de cocher (ou de

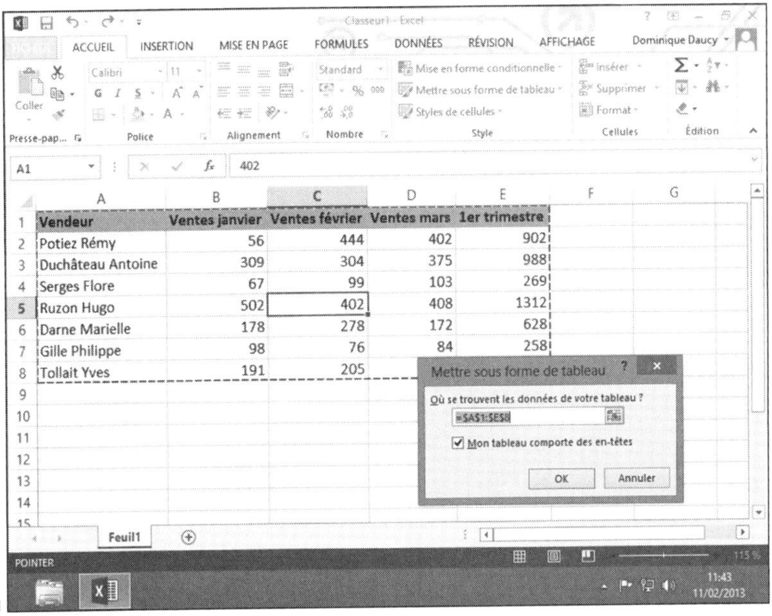

Figure 3.5 : Excel indique l'étendue de cellules à laquelle appliquer le style que vous venez de sélectionner dans la galerie des styles de tableau.

décocher) la case Mon tableau comporte des en-têtes si la première ligne de la plage sélectionnée est une ligne d'en-têtes que vous voulez mettre en forme comme telle (ce qui comporte un bouton de tri et de filtrage pour chaque en-tête de colonne).

N'OUBLIEZ PAS

La galerie des styles de tableau est inactive si vous avez sélectionné une plage de cellules non adjacentes (elle apparaît lorsque vous cliquez sur le bouton Mettre sous forme de tableau, mais il ne se passe rien lorsque vous cliquez sur une miniature).

Lorsque vous cliquez sur OK dans la boîte de dialogue Mettre sous forme de tableau, Excel applique à la plage de cellules spécifiée la mise en forme que vous avez sélectionnée dans la galerie. Les Outils de table apparaissent dans un onglet Création, à l'extrémité du Ruban ; le tableau est sélectionné et l'outil Analyse rapide se manifeste dans son angle inférieur droit (Figure 3.6).

TRUC

L'onglet Création contient une palette de Styles rapides permettant de visualiser instantanément l'effet d'une mise en forme sur votre tableau avant même de la lui appliquer. Cliquez sur le bouton Styles rapides (à l'extrémité droite de l'onglet Création) et déplacez simplement le pointeur de la souris au-dessus des miniatures de la palette. Le tableau prend instantanément la mise en forme de la miniature

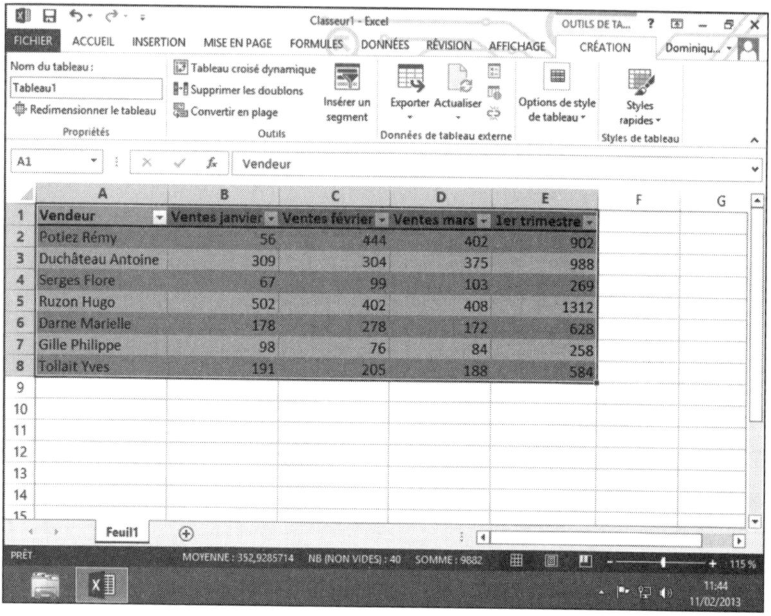

Figure 3.6 : Après avoir appliqué le style de tableau à la galerie, l'onglet Création apparaît sous Outils de table.

que survole le pointeur. Si nécessaire, faites défiler la feuille de calcul de manière à ce que la palette ne masque pas votre tableau.

En plus de vous permettre de sélectionner facilement une nouvelle mise en forme pour votre tableau, l'onglet Création contient un groupe Options de styles de table, vous proposant un certain nombre de cases à cocher pour personnaliser encore plus la mise en forme que vous avez choisie :

- **Ligne d'en-têtes :** pour activer et désactiver la mise en forme de la ligne d'en-têtes du tableau, comportant notamment pour chaque en-tête un bouton donnant accès à un menu de tri et de filtrage.

- **Ligne des totaux :** quand cette option est activée, Excel ajoute au bas du tableau une ligne supplémentaire faisant le total de chaque colonne. Lorsque vous cliquez sur une cellule de cette ligne des totaux, un bouton apparaît à droite de celle-ci, vous donnant accès à un menu dans lequel vous pouvez choisir une autre fonction que la somme (Moyenne, Max, Min, Écart type…) à appliquer aux valeurs de la colonne correspondante.

- **Bandes de lignes :** Excel affiche une mise en forme différente pour les lignes paires et impaires du tableau.
- **À la première colonne :** quand cette option est activée, Excel affiche une mise en forme spéciale pour la première colonne du tableau.
- **À la dernière colonne :** quand cette option est activée, Excel affiche une mise en forme spéciale pour la dernière colonne du tableau.
- **Bandes de colonnes :** Excel affiche une mise en forme différente pour les colonnes paires et impaires du tableau.

Mettre des cellules en forme avec l'onglet Accueil

Certains tableaux nécessitent une mise en forme plus légère que celles proposées par la galerie des styles de tableau. Vous pouvez par exemple vouloir simplement mettre en gras les en-têtes de colonnes et souligner la ligne des totaux en bas du tableau (en appliquant simplement une bordure inférieure à cette ligne).

Les boutons de mise en forme qui apparaissent dans les groupes Police, Alignement et Nombre de l'onglet Accueil vous permettent de réaliser de telles mises en forme. Le Tableau 3.1 décrit l'utilisation de chacun d'eux.

Tableau 3.1 : Les boutons de commande de mise en forme dans les groupes Police, Alignement et Nombre de l'onglet Accueil

Bouton	Fonction
Police	
Police	Affiche un menu déroulant permettant de sélectionner une nouvelle police pour la cellule sélectionnée.
Taille de police	Affiche une liste déroulante de tailles de police parmi lesquelles vous pouvez choisir celle que vous voulez appliquer aux cellules sélectionnées. Vous pouvez aussi entrer manuellement la taille voulue dans ce champ.

Bouton	Fonction
Augmenter la taille de police	Applique à toute la sélection (de caractères ou de cellules) la plus petite taille de la police de la sélection augmentée d'un point.
Réduire la taille de police	Applique à toute la sélection (de caractères ou de cellules) la plus petite taille de la police de la sélection diminuée d'un point.
Gras	Met en gras les caractères ou les cellules sélectionnées.
Italique	Met en italique les caractères ou les cellules sélectionnées.
Souligner	Souligne les caractères ou les cellules sélectionnées.
Bordures	Affiche le menu Bordures, qui vous donne le choix entre toutes les possibilités de bordures.
Couleur de remplissage	Affiche une palette dans laquelle vous pouvez sélectionner une couleur de remplissage pour les cellules sélectionnées.
Couleur de police	Affiche une palette dans laquelle vous pouvez sélectionner une couleur de police pour la sélection (de caractères ou de cellules).
Alignement	
Aligner à gauche	Aligne sur le bord gauche de la cellule le contenu de toutes les cellules sélectionnées.
Centrer	Centre horizontalement dans la cellule le contenu de toutes les cellules sélectionnées.
Aligner à droite	Aligne sur le bord droit de la cellule le contenu de toutes les cellules sélectionnées.
Augmenter le retrait	Augmente d'une tabulation pour toutes les cellules sélectionnées l'espace entre le bord gauche de la cellule et son contenu.
Diminuer le retrait	Réduit d'une tabulation pour toutes les cellules sélectionnées l'espace entre le bord gauche de la cellule et son contenu.
Aligner en haut	Aligne sur le bord supérieur de la cellule le contenu de toutes les cellules sélectionnées.
Aligner au centre	Centre verticalement dans la cellule le contenu de toutes les cellules sélectionnées.
Aligner en bas	Aligne sur le bord inférieur de la cellule le contenu de toutes les cellules sélectionnées.
Orientation	Affiche un menu permettant de sélectionner différentes orientations angulaires du contenu des cellules sélectionnées.

Bouton	Fonction
Renvoyer à la ligne automatiquement	Renvoie automatiquement à la ligne dans les cellules sélectionnées le texte qui est trop long pour tenir dans la largeur de la colonne, sur autant de lignes que nécessaire.
Fusionner et centrer	Fusionne les cellules sélectionnées pour en faire une seule cellule, en ne retenant que le contenu de la première cellule de la sélection qui est centrée horizontalement. Ce bouton permet également d'afficher un menu (en cliquant sur le triangle pointant vers le bas qui l'accompagne) vous permettant de choisir entre plusieurs manières de fusionner des cellules, ou d'annuler la fusion pour revenir à la disposition initiale.
Nombre	
Format de nombre	Affiche le format de nombre appliqué à la cellule active de la sélection. Cliquez sur le triangle pointant vers le bas pour afficher un menu pour sélectionner parmi tous les formats de nombre d'Excel celui que vous voulez appliquer aux cellules sélectionnées (vous pouvez aussi afficher la boîte de dialogue Format de cellule en sélectionnant Autres dans ce menu).
Monétaire	Applique aux cellules sélectionnées le format Monétaire, qui comporte le séparateur de milliers, l'affichage de deux chiffres après la virgule et le symbole de l'euro (€). La boîte de dialogue Format de cellule vous permet de personnaliser ces paramètres.
Pourcentage	Applique aux cellules sélectionnées le format Pourcentage, qui multiplie par 100 la valeur entrée dans la cellule et y ajoute le symbole %, sans afficher de décimales.
Séparateur de milliers	Affiche le contenu des cellules sélectionnées en utilisant le séparateur de milliers.
Ajouter une décimale	Affiche le contenu des cellules sélectionnées avec un chiffre de plus après la virgule.
Réduire les décimales	Affiche le contenu des cellules sélectionnées avec un chiffre de moins après la virgule.

N'OUBLIEZ PAS

Pensez à exploiter les info-bulles qui s'affichent lorsque vous positionnez votre pointeur sur un de ces outils. Ces phylactères ne se contentent pas de vous expliquer à quoi sert la commande ; ils vous renseignent aussi sur les équivalents claviers qui vous permettront de travailler plus rapidement et plus efficacement.

Mettre en forme des cellules à la source avec la mini-barre d'outils

L'application d'une mise en forme à une sélection de cellules est même encore plus facile dans Excel 2013 grâce à une petite barre d'outils qu'on appelle plus familièrement, mais très sérieusement, la *mini-barre*.

Pour afficher la mini-barre, sélectionnez les cellules à mettre en forme (si vous sélectionnez des caractères dans une cellule, vous aurez une mini-barre plus petite, ne contenant que les outils de mise en forme de caractères) et opérez un clic droit sur cette sélection. Le menu contextuel et la mini-barre apparaissent à droite (Figure 3.7). Dès que vous sélectionnez un des outils de cette mini-barre, le menu disparaît.

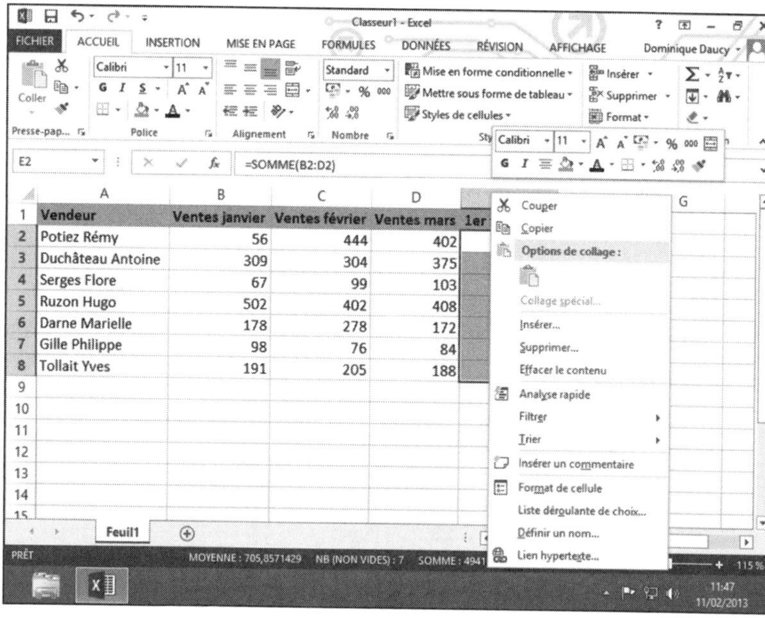

Figure 3.7 : Utilisez les boutons de la mini-barre pour modifier la mise en forme des cellules sélectionnées.

Comme vous le voyez dans cette figure, la mini-barre contient la plupart des boutons du groupe Police de l'onglet Accueil (à l'exception du bouton Souligné). Vous y trouvez aussi le bouton Fusionner et centrer du groupe Alignement (voyez la section « Modifier l'alignement », plus loin dans ce chapitre) et les boutons Monétaire, Pourcentage, Séparateur de milliers, Ajouter une décimale et Réduire les décimales du groupe Nombre (voyez la section

« Connaître les formats de nombre », plus loin dans ce chapitre). Cliquez simplement sur ces boutons pour appliquer les mises en forme correspondantes aux cellules sélectionnées.

La mini-barre contient également le bouton Reproduire la mise en forme du groupe Presse-papiers de l'onglet Accueil, ce qui vous permet de copier facilement la mise en forme de la cellule active pour l'appliquer à d'autres cellules.

La boîte de dialogue Format de cellule

Bien que les boutons des groupes Police, Alignement et Nombre de l'onglet Accueil vous donnent un accès immédiat aux commandes de mise en forme les plus utilisées, ils sont loin de représenter toutes les commandes de mise en forme d'Excel.

Pour accéder à toutes les commandes de mise en forme dont dispose Excel, vous devez ouvrir la boîte de dialogue Format de cellule en suivant une des trois procédures que voici :

- En cliquant sur l'option Autres, tout en bas du menu déroulant associé au bouton Format de nombre du groupe Nombre de l'onglet Accueil.
- En cliquant sur le bouton de lancement de boîte de dialogue dans le coin inférieur droit du même groupe Nombre.
- En appuyant sur Ctrl + Maj + 1 (le 1 du clavier principal, pas celui du pavé numérique).

La boîte de dialogue Format de cellule contient six onglets : Nombre, Alignement, Police, Bordure, Remplissage et Protection. Nous allons, de ce pas, vous montrer comment les utiliser, à l'exception de l'onglet Protection dont nous parlerons au Chapitre 6.

TRUC

Le raccourci clavier qui ouvre la boîte de dialogue Format de cellule, Ctrl + Maj + 1 (le 1 du clavier principal, pas celui du pavé numérique), est bien utile à connaître.

Comprendre les formats de nombre

Ainsi que nous l'avons expliqué dans le Chapitre 2, la saisie des valeurs dans la feuille de calcul définit le type de la mise en forme. Voici quelques exemples :

- Lorsque vous saisissez au clavier un chiffre suivi d'un symbole monétaire reconnu par Windows (par défaut : l'euro et le dollar), Excel applique le format Monétaire.
- Si vous entrez une valeur représentant un pourcentage sous la forme d'un entier suivi du signe %, Excel applique automatiquement le format Pourcentage.
- Si vous entrez une date (les dates sont aussi des valeurs) en respectant un des formats intégrés, comme 11/06/02 ou 11-juin-02, le logiciel affecte un format de nombre Date et lui attribue une valeur interne spéciale qui est la représentation de cette date.

Bien qu'il soit possible de mettre les valeurs en forme de cette manière au cours de la saisie, ce qui est nécessaire pour les dates, vous n'êtes pas obligé de procéder de la sorte. Vous pouvez à tout moment affecter un format de nombre à un groupe de valeurs avant ou après les avoir entrées. À vrai dire, formater les nombres après les avoir saisis est souvent le moyen le plus efficace, car la procédure s'effectue en deux étapes seulement :

1. **Sélection des valeurs nécessitant une mise en forme.**
2. **Sélection du format de nombre à appliquer, soit en utilisant les boutons de mise en forme de l'onglet Accueil, soit en utilisant l'onglet Nombre de la boîte de dialogue Format de cellule.**

TRUC

Même si vous êtes vraiment très doué pour la frappe et préférez entrer directement les valeurs sous leur forme définitive, vous devrez néanmoins recourir aux formats de nombre pour faire en sorte que les valeurs calculées par les formules correspondent à d'autres valeurs que vous aurez entrées et ce parce qu'Excel applique un format de nombre Standard – celui que la boîte de dialogue Format de cellule définit comme « n'ayant pas de format de nombre spécifique » – à toutes les cellules qu'il calcule ainsi qu'à toutes les entrées qui ne correspondent pas à un de ses formats de nombre. Le plus gros problème du format de nombre Standard est qu'il a la désagréable habitude de supprimer tous les zéros qui précèdent un nombre et aussi ceux qui suivent les décimales, d'où l'impossibilité de les aligner parfaitement dans les colonnes, selon la virgule décimale.

Ce triste comportement est visible sur la Figure 3.8, qui représente un tableau de résultats commerciaux sans qu'aucune valeur n'ait été mise en forme. Remarquez comme les chiffres se calent maladroite-

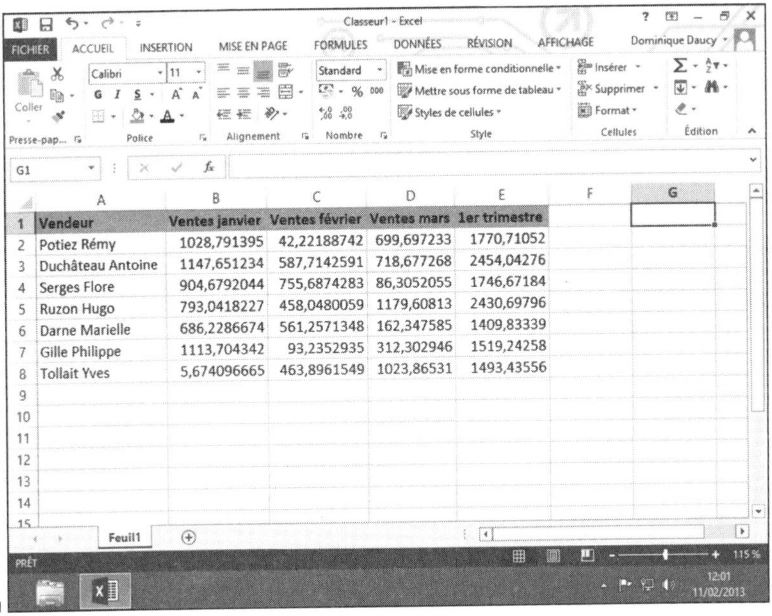

Figure 3.8 : Les nombres comportant des décimales ne s'alignent pas correctement lorsque le format de nombre Standard est utilisé.

ment contre le bord droit selon le nombre de décimales, sans aucun alignement sur la virgule décimale. Cette mauvaise présentation est causée par le format de nombre Standard d'Excel. Le seul moyen d'y remédier est de choisir un format de nombre plus rationnel.

Appliquer un style Monétaire

Du fait de la nature financière de la plupart des feuilles de calcul, vous serez sans doute amené à utiliser le format Monétaire plus souvent qu'un autre. C'est une mise en forme très facile à appliquer, puisqu'il vous suffit pour cela de cliquer sur le bouton Monétaire dans l'onglet Accueil du Ruban.

N'oubliez pas que le format Monétaire ajoute le symbole de l'euro (€), affiche la valeur avec deux décimales et utilise le séparateur de milliers. De plus, si vous saisissez une valeur entre parenthèses, elle sera considérée comme négative et affichée avec un signe moins (–).

Comme le montre la Figure 3.9, seules les cellules qui ont été sélectionnées (plage E2:E8) ont reçu le format Monétaire. Il a été appliqué en cliquant sur le bouton Monétaire du groupe Nombre de l'onglet Accueil (son icône montre un billet de banque et des pièces).

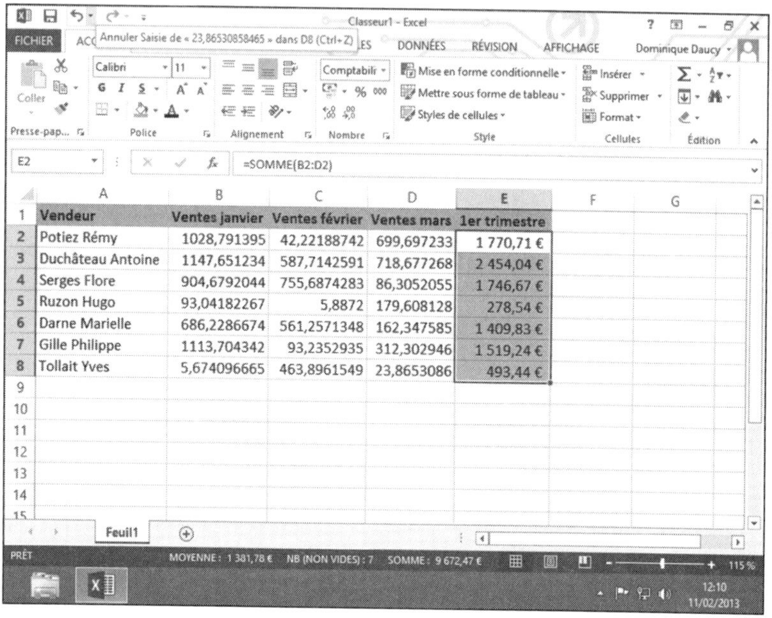

Figure 3.9 : Les totaux ont été présentés en euro en cliquant sur le bouton Monétaire de l'onglet Accueil.

TRUC

Bien qu'il soit possible de mettre toutes les valeurs du tableau en format Monétaire, il en résulterait une surabondance de signes euro. Nous ne l'avons donc fait apparaître que dans les totaux.

Présenter les cellules avec le style Séparateur de milliers

Le format Séparateur de milliers est une excellente alternative au format Monétaire, car, comme ce dernier, il permet de séparer les milliers, les millions, les milliards, *etc.*

Ce format règle aussi le nombre de décimales et la représentation des nombres négatifs mais il n'affiche aucun symbole monétaire. Observez, à la Figure 3.10 comment le bouton d'activation du format Séparateur de milliers, présent dans l'onglet Accueil du Ruban, a affiché les nombres sélectionnés.

Le format Séparateur de milliers convient très bien pour des résultats commerciaux comme ceux de la Figure 3.10. C'est ce format que nous avons appliqué aux cellules contenant les ventes mensuelles. Pour cela, nous avons sélectionné les cellules de la plage B3:D9 et cliqué sur le bouton Séparateur de milliers (000) dans le groupe Nombre de l'onglet Accueil.

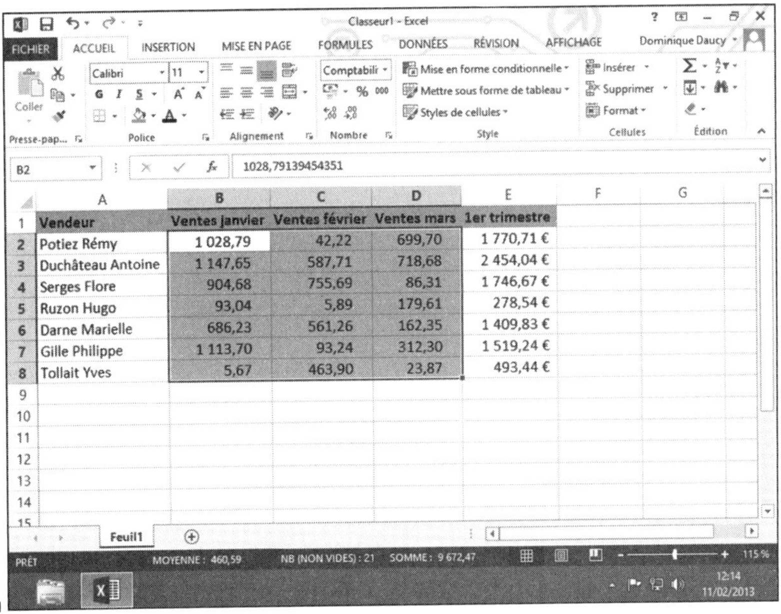

Figure 3.10 : Les chiffres des ventes viennent d'être mis en forme avec le bouton Séparateur de milliers.

Remarquez, Figure 3.10 comment le format Séparateur de milliers gère les décimales ; les chiffres sont désormais parfaitement alignés sur la virgule décimale et surtout par rapport à la virgule qui se trouve dans les totaux mis en forme avec le format Monétaire. Ils ont même été légèrement décalés vers la gauche pour parfaire l'alignement.

Le format Pourcentage

De nombreuses feuilles de calcul contiennent des pourcentages (taux d'intérêt, de croissance, d'inflation, *etc.*). Pour entrer un pourcentage dans une cellule, commencez par cliquer dessus pour la sélectionner, cliquez sur le bouton Style de pourcentage dans le groupe Nombre de l'onglet Accueil, entrez directement le pourcentage voulu s'il est supérieur à 1 (par exemple, entrez **12** pour 12 %) et appuyez sur Entrée. Si vous avez entré par exemple **12** ou **54**, vous voyez apparaître 12 % ou 54 % dans la cellule. Pour entrer un pourcentage inférieur à 1 %, vous devez entrer la valeur numérique correspondante (par exemple, .005 pour 0,5 %). Dans ce cas, vous verrez apparaître 1 % dans la cellule, car le format Pourcentage n'affiche que les valeurs entières. Ce qui n'empêche pas, naturellement, de voir apparaître, dans la barre de formule, la valeur exacte que vous avez entrée, sous forme de pourcentage (dans l'exemple précédent, 0,5 %).

En revanche, si vous appliquez le format Pourcentage à une cellule après y avoir entré une valeur, celle-ci est multipliée par 100 pour être convertie en pourcentage (si vous appliquez le format Pourcentage à une cellule qui contient la valeur 12, vous voyez apparaître 1 200 % dans la cellule).

Pour entrer une série de pourcentages dans une feuille de calcul, le plus commode est donc d'utiliser la première méthode : sélectionner la plage de cellules, cliquer sur le bouton Style de pourcentage pour lui appliquer le format Pourcentage et entrer directement les pourcentages.

La Figure 3.11 montre la situation inverse où des valeurs calculées par une formule ont été converties en pourcentages par l'application aux cellules correspondantes du format pourcentage. C'est ce que vous pouvez voir dans la ligne 10 de cette feuille de calcul, qui montre le ratio, calculé par une formule, du total des ventes par mois par rapport au total des ventes du trimestre (cellule E10). Donc, ces valeurs ont été converties en pourcentage par application aux cellules correspondantes du format Pourcentage après y avoir entré les formules.

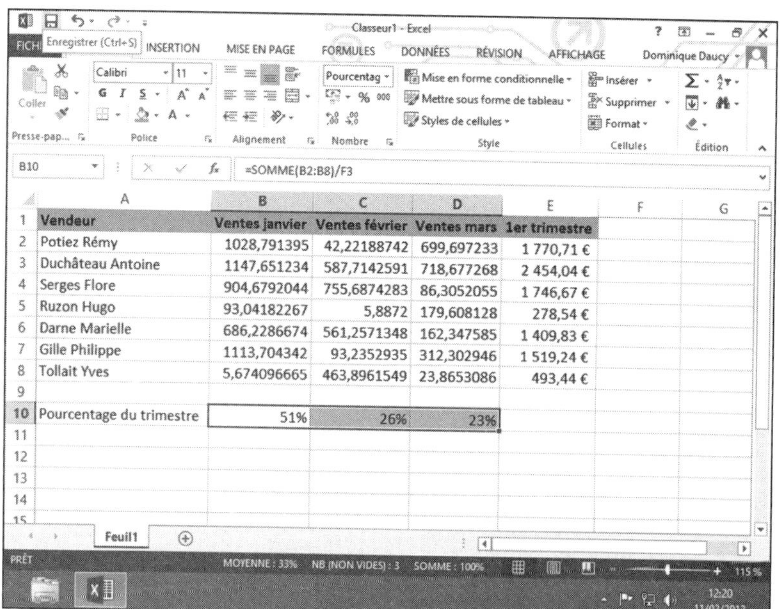

Figure 3.11 : Les pourcentages ont été mis en forme avec le format Pourcentage.

Définir les décimales

Il est possible d'augmenter et de réduire le nombre des décimales d'un nombre ayant reçu un format Monétaire, Séparateur de milliers ou Pourcentage en cliquant tout simplement sur les boutons Ajouter une décimale et Réduire les décimales. Ces deux commandes se trouvent dans le groupe Nombre de l'onglet Accueil.

Chaque fois que vous cliquez sur le bouton Ajouter une décimale (celui avec une flèche pointée vers la gauche), Excel place une autre décimale après la virgule.

Les valeurs qui se cachent sous une mise en forme

Ne vous laissez pas induire en erreur par les formats qui enjolivent la présentation des cellules d'une feuille de calcul. Comme le ferait tout bon illusionniste, un format peut changer l'apparence d'une valeur comme par magie, mais en réalité le chiffre brut que vous avez entré reste immuable. Supposons qu'une formule retourne la valeur suivante :

```
25,6456
```

Supposons maintenant que vous mettiez en forme la cellule qui contient ce chiffre avec l'outil Monétaire. La valeur est affichée sous la forme :

```
25,65 €
```

Ce changement peut vous inciter à penser qu'Excel a arrondi la deuxième décimale à la valeur supérieure. En réalité, le logiciel n'a arrondi que l'*affichage* de la valeur ; la cellule contient toujours la valeur 25,6456. Si vous utilisez le contenu de cette cellule dans une formule, rappelez-vous qu'Excel utilise toujours la valeur véritable pour ses calculs, celle qui est stockée dans la mémoire et non celle qui apparaît à l'écran sous une forme ou sous une autre.

Comment ferez-vous pour que la valeur mise en forme soit la même que la valeur utilisée pour le calcul ? Excel peut satisfaire à votre demande en une seule étape. Sachez qu'il s'agit d'une opération irréversible. Il est en effet possible d'utiliser pour le calcul les valeurs affichées, mais avec une mise en forme particulière, en cochant une seule case. Mais vous ne pourrez pas revenir aux valeurs précédentes en la désactivant.

Puisque vous insistez pour connaître ce truc, voici comment il faut procéder :

1. **Assurez-vous que toutes les cellules de la feuille de calcul ont été mises en forme avec le nombre de décimales que vous désirez.**

   Cette étape doit être accomplie avant de convertir l'affichage de la précision des valeurs dans la feuille de calcul.

2. **Cliquez sur Fichier/Options/Options avancées.**

3. **Dans la section Lors du calcul de ce classeur, cochez la case Définir le calcul avec la précision au format affiché.**

   Excel affiche une boîte d'alerte vous disant La précision pour ces données sera définitivement perdue.

4. **Cliquez sur OK ou appuyez sur Entrée pour confirmer.**

Dates et heures dans les calculs

Dans le Chapitre 2, nous avons indiqué qu'il était très simple de créer des formules qui calculent le temps écoulé entre deux dates ou deux heures. Le hic est qu'Excel affiche automatiquement le résultat du calcul au format date ou heure. Par exemple, si vous entrez 15-8-04 dans la cellule B4, 15/4/04 dans la cellule C4 et, dans la cellule E4, la formule suivante permettant de trouver le nombre de jours écoulés entre les deux dates :

```
=B4-C4
```

Excel renvoie le résultat de 122 déguisé en 01/05/1900 dans la cellule E4. Pour remettre en forme ce résultat, vous devez affecter le format Nombre à la cellule E4 (ouvrez le menu du bouton Format de nombre dans le groupe Nombre de l'onglet Accueil et sélectionnez Nombre). La valeur 122 remplace alors 01/05/1900, indiquant que 122 jours se sont écoulés entre les deux dates.

Il en va de même avec les formules calculant le temps écoulé entre deux heures. Vous devez modifier le format de la cellule abritant le résultat. Prenons un exemple : vous saisissez 8:00 AM dans la cellule

C8, 4:00 PM dans la cellule D8 et, dans la cellule E8, la formule suivante permettant de calculer le nombre d'heures écoulées entre ces deux instants :

```
=D8-C8
```

Il vous faut là aussi transformer au format Standard le résultat de la cellule E8, qui apparaît automatiquement sous la forme 8:00 AM. Une fois converti, le résultat est de 0,333333333 à la place de 8:00 AM, soit sa fraction sur une période de 24 heures. Pour obtenir le nombre d'heures correspondant, il suffit de multiplier 0,333333333 par 24, ce qui donne 8.

Un coup d'œil sur les différents formats de nombre

Excel prend en charge d'autres formats que Monétaire, Séparateur de milliers et Pourcentage. Pour les utiliser, sélectionnez la cellule ou la plage à mettre en forme, puis cliquez dedans avec le bouton droit de la souris. Dans le menu contextuel qui apparaît, sélectionnez l'option Format de cellule (ou appuyez sur Ctrl + Maj + 1 [le 1 du clavier principal]). Dans les deux cas, la boîte de dialogue Format de cellule apparaît.

Dans la boîte de dialogue Format de cellule, cliquez sur l'onglet Nombre puis sélectionnez le format désiré dans la liste Catégorie. Certains, comme Date, Heure, Fraction et Spécial, proposent un choix encore plus étendu de formats. D'autres, comme Nombre et Monétaire, possèdent leur propre boîte permettant de paramétrer la mise en forme. Chaque fois que vous sélectionnez un format, Excel affiche dans la zone Exemple la présentation de la première cellule de la plage sélectionnée. Si cet aperçu vous convient, cliquez sur OK ou appuyez sur Entrée pour appliquer la mise en forme choisie aux cellules sélectionnées.

La catégorie Spécial de la boîte de dialogue Format de cellule, onglet Nombre, contient des mises en forme très particulières. Les formats que voici vous intéresseront certainement :

- **Sécurité sociale** : divise automatiquement les treize chiffres du numéro INSEE mentionnant le sexe, l'année de naissance, le mois, le lieu ainsi que les deux codes à trois chiffres. Exemple : 1 68 05 75 123 456.

- **Code postal** : conserve les zéros qui précèdent un nombre (important pour entrer des codes postaux comme 04120 ou 07000).
- **Numéro de téléphone** : sépare les dix chiffres des numéros de téléphone français deux par deux, en plaçant une espace entre chaque groupe (exemple : 01 40 21 46 20). D'autres options mettent en forme les numéros de téléphone belges, canadiens, luxembourgeois, marocains et suisses.

Ces mises en forme spéciales sont extrêmement commodes lorsqu'il s'agit de créer des bases de données avec Excel, qui exigent souvent la saisie d'un grand nombre de codes postaux, de numéros de téléphone ou de numéros INSEE.

Régler les colonnes

Si Excel 2013 ne se charge pas lui-même de régler la largeur des colonnes, vous n'aurez aucune difficulté à le faire par vous-même. Le moyen le plus simple de les ajuster consiste à appliquer la largeur la plus appropriée grâce à la commande Ajustement automatique. Elle demande à Excel de réduire ou d'augmenter la largeur des colonnes selon le contenu le plus long qui s'y trouve.

Procédez comme suit pour appliquer un ajustement automatique aux colonnes :

1. **Placez le pointeur de la souris sur la bordure grise de droite de l'en-tête de la colonne, tout en haut de la feuille de calcul.**

   Le pointeur de la souris se transforme en double flèche pointant vers la gauche et vers la droite.

2. **Double-cliquez.**

   Excel ajuste automatiquement la largeur de la colonne selon la donnée la plus longue qui s'y trouve.

L'ajustement automatique peut être appliqué à plusieurs colonnes à la fois. Il suffit de sélectionner toutes les colonnes à régler (si elles sont adjacentes, cliquez et tirez dans leur en-tête ; sinon, touche Ctrl enfoncée, cliquez dans les différents en-têtes). Après avoir sélectionné les colonnes, double-cliquez sur n'importe quelle bordure de droite d'un en-tête.

L'ajustement automatique ne produit pas toujours le résultat escompté : un titre très long qui déborde sur les autres cellules, à droite, est exagérément élargi.

TRUC

Si l'ajustement automatique ne vous convient pas, au lieu de double-cliquer, tirez la bordure de droite de l'en-tête jusqu'à ce que vous ayez obtenu la largeur désirée. Cette méthode manuelle est parfaite pour régler plusieurs colonnes à la fois. La largeur de celle que vous ajustez sera répercutée sur toutes celles qui sont sélectionnées.

Vous pouvez aussi fixer la largeur des colonnes à partir du menu affiché par le bouton Format du groupe Cellules de l'onglet Accueil. La section de ce menu concernant la largeur de colonne contient les trois options suivantes :

- **Largeur :** fait apparaître la boîte de dialogue Largeur de colonne, dans laquelle vous pouvez spécifier le nombre de caractères à afficher dans la colonne. Cliquez sur OK après avoir entré la valeur voulue.
- **Ajustement automatique :** ajuste automatiquement la largeur de la colonne ou des colonnes de la sélection pour que le contenu le plus long y tienne en entier.
- **Largeur standard :** fait apparaître la boîte de dialogue Largeur standard, dans laquelle vous pouvez spécifier la largeur standard des colonnes, en nombre de caractères. Cliquez sur OK après avoir entré la valeur voulue.

Ajuster les lignes

Le réglage de la hauteur des lignes est comparable à celui de la largeur des colonnes, à ce détail près que vous serez moins souvent amené à ajuster des lignes que des colonnes. Excel modifie en effet automatiquement la hauteur de ligne selon les entrées, notamment lors d'un changement de taille de police ou d'un retour à la ligne à l'intérieur d'une cellule. Ces cas seront évoqués dans la section « Modifier l'alignement », plus loin dans ce chapitre. La plupart des modifications de hauteur de ligne sont effectuées pour augmenter l'espace réservé au titre d'un tableau sans ajouter des lignes vides (nous y reviendrons dans la section « De haut en bas », plus loin dans ce chapitre).

Pour augmenter la hauteur d'une ligne, tirez le bas de l'en-tête de ligne jusqu'à ce que vous ayez obtenu la hauteur désirée, puis relâchez le bouton de la souris. Pour réduire la hauteur d'une ligne, inversez la manipulation en faisant remonter le bas de l'en-tête. Pour appliquer un ajustement automatique, double-cliquez sur la bordure inférieure de l'en-tête.

Comme pour les colonnes, vous pouvez aussi ajuster la hauteur des lignes sélectionnées en utilisant ce même menu du bouton Format du groupe Cellules de l'onglet Accueil :

- **Hauteur :** fait apparaître la boîte de dialogue Hauteur de ligne, dans laquelle vous pouvez spécifier la hauteur de ligne (en points). Cliquez sur OK après avoir entré la valeur voulue.
- **Ajustement automatique :** ajuste automatiquement la hauteur de la ligne ou des lignes de la sélection pour que le contenu le plus long y soit entièrement affiché.

On la voit, on ne la voit plus !

Un détail amusant concernant les lignes et les colonnes : il est possible de les réduire à tel point qu'elles semblent avoir disparu de la feuille de calcul ! Ce comportement est très pratique pour masquer des données. Supposons qu'une feuille de calcul contienne la liste des employés et leur salaire ; vous avez besoin de ces chiffres pour calculer un budget, mais vous ne tenez pas à ce que ces données sensibles apparaissent dans le rapport imprimé. Au lieu de perdre du temps à déplacer la colonne des salaires hors de la zone à imprimer, il suffit de masquer la colonne au moment de l'impression.

Masquer et afficher des colonnes

Bien qu'il soit possible de masquer des lignes et des colonnes manuellement, Excel propose une méthode autrement plus rapide et efficace, par l'option Masquer & afficher du menu du bouton Format du groupe Cellules de l'onglet Accueil. Supposons que vous deviez masquer la colonne B d'une feuille de calcul parce qu'elle contient des informations sensibles ou sans rapport avec le sujet. Pour masquer cette colonne, suivez ces étapes :

1. **Cliquez sur une cellule quelconque de la colonne B pour la sélectionner.**

2. **Cliquez sur le bouton Format du groupe Cellules de l'onglet Accueil pour faire apparaître son menu.**

3. **Dans ce menu, sélectionnez Masquer & afficher/Masquer les colonnes.**

La colonne *s'évanouit* ! Toutes les informations de la colonne B disparaissent de la feuille de calcul. Remarquez notamment la succession des lettres des en-têtes de colonnes : A, C, D, E… Il manque la lettre B.

TRUC

Vous obtiendriez le même résultat en cliquant dans l'en-tête de la colonne avec le bouton droit de la souris et en choisissant, dans le menu contextuel, l'option Masquer.

Supposons maintenant que vous ayez imprimé la feuille de calcul et qu'il vous faut modifier une des entrées de la colonne B. Procédez comme suit pour réafficher la colonne :

1. **Placez le pointeur de la souris sur l'en-tête de la colonne A, puis tirez-le vers la droite pour sélectionner les colonnes A et C.**

   En tirant de A à C, vous incluez la colonne B dans la sélection. Ne cliquez surtout pas sur A *et* C, touche Ctrl enfoncée, car vous omettriez la colonne B.

2. **Cliquez sur le bouton Format du groupe Cellules de l'onglet Accueil pour faire apparaître son menu.**

3. **Dans ce menu, sélectionnez Masquer & afficher/Afficher les colonnes.**

Excel fait réapparaître la colonne B ; les trois colonnes A, B et C sont sélectionnées. Pour les désélectionner, cliquez sur n'importe quelle cellule de la feuille de calcul.

TRUC

Il est aussi possible de réafficher la colonne B en sélectionnant les colonnes A à C, en cliquant sur l'une d'elles avec le bouton droit de la souris et en choisissant la commande Afficher dans le menu contextuel.

Masquer et afficher des lignes

La procédure est exactement la même pour masquer et afficher des lignes que pour masquer et afficher des colonnes, à la seule différence qu'après avoir sélectionné les lignes voulues, il suffit de sélectionner Masquer & afficher/Masquer les lignes (au lieu de Masquer les colonnes) et Masquer & afficher/Afficher les lignes (au lieu de

Afficher des colonnes) dans le menu affiché par le bouton Format de l'onglet Accueil.

N'oubliez pas que vous pouvez aussi cliquer du bouton droit sur la ligne ou les lignes sélectionnées pour sélectionner Masquer ou Afficher dans le menu contextuel qui apparaît.

Du côté de la police

Quand vous ouvrez une nouvelle feuille de calcul, Excel assigne une même police à la même taille à toutes les entrées auxquelles vous procédez. Le programme utilise la police Calibri de 11 points (en typographie, le corps d'une police, c'est-à-dire sa taille, est exprimée en points). Bien que cette police convienne parfaitement pour la saisie, vous serez tenté d'en choisir d'autres pour agrémenter les titres et les en-têtes de vos tableaux.

Si vous ne tenez pas à conserver la police standard utilisée par Excel, vous pouvez en spécifier une autre dans l'onglet Général de la boîte de dialogue Options Excel (Fichier/Options). Dans la section Lors de la création de classeurs, sélectionnez la police que vous voulez utiliser par défaut en la choisissant dans la liste déroulante Utiliser cette police. Sélectionnez également si nécessaire la taille que vous voulez utiliser par défaut dans la liste déroulante Taille de la police (vous pouvez aussi l'entrer manuellement).

La plupart des choix concernant la police peuvent être effectués directement depuis le groupe Police de l'onglet Accueil, ce qui évite d'avoir à afficher la boîte de dialogue Format de cellule.

- Pour appliquer une nouvelle police à une cellule ou à une plage, cliquez sur le bouton fléché du champ Police, dans le groupe Police de l'onglet Accueil. Sélectionnez ensuite le nom de la police à utiliser. Remarquez qu'Excel affiche le nom de chaque police avec sa typographie réelle, ce qui facilite le choix.
- Pour modifier la taille de la police, cliquez sur le bouton fléché du champ Taille de police, dans le groupe Police de l'onglet Accueil et sélectionnez une nouvelle taille dans la liste.

Vous pouvez aussi appliquer du **gras**, de l'*italique*, un `soulignement` ou ~~barrer~~ des données. Le groupe Police de l'onglet Accueil contient les boutons permettant d'appliquer ou de supprimer les trois premiers styles ; remarquez que ces boutons reçoivent un fond orange (au lieu du bleu habituel) chaque fois que vous sélectionnez une cellule dont le contenu a reçu l'attribut correspondant. Lorsque vous cliquez sur un de ces boutons afin de supprimer le style dans la cellule sélectionnée, il reçoit à nouveau le fond bleu qui indique que la cellule sélectionnée n'a plus l'attribut correspondant.

Vous procéderez probablement à la plupart des modifications de police à partir de l'onglet Accueil du Ruban, mais il vous sera parfois plus commode de les faire sous l'onglet Police de la boîte de dialogue Format de cellule.

L'onglet Police de la boîte de dialogue Format de cellule réunit tous les paramètres de police, y compris les styles (gras, italique...), les effets (barré, exposant et indice) et les couleurs. Si vous devez effectuer plusieurs modifications de police dans une sélection, travailler avec cet onglet Police sera beaucoup plus rapide et rationnel. La boîte de dialogue contient d'ailleurs une fenêtre d'aperçu qui montre l'effet – à l'écran du moins – des différents paramètres.

Pour changer la couleur de police dans des cellules sélectionnées, cliquez sur le triangle pointant vers le bas du bouton Couleur de police dans le groupe Police de l'onglet Accueil et sélectionnez la couleur que vous voulez appliquer au texte des cellules dans la palette qui apparaît. N'oubliez pas que, selon le principe des Styles rapides, il vous suffit de placer le pointeur sur une couleur dans la palette pour voir le texte des cellules sélectionnées prendre la couleur correspondante. Pour appliquer effectivement la couleur choisie, cliquez dessus.

Modifier l'alignement

Lorsque vous commencez à saisir des entrées, leur alignement dans les cellules dépend de leur type. Tous les textes sont alignés à gauche et toutes les valeurs à droite. Vous pouvez cependant modifier cette disposition à votre guise.

Le groupe Alignement de l'onglet Accueil contient trois outils d'alignement : Aligné à gauche, Au centre et Aligné à droite. Ils disposent le contenu de la cellule ou d'une plage exactement comme vous le désirez. À droite de ces boutons d'alignement, se trouve le bouton Fusionner et centrer.

Ce bouton mérite d'être connu, car il sert à centrer instantanément un titre sur toute la largeur d'un tableau. La Figure 3.12 montre comment l'utiliser. Dans cette figure, le titre « ENTREPRISES DEFERCO S.A. - VENTES 2013 » (ancré en A1) déborde, comme il est assez long, sur la cellule de droite (soit B1). Pour centrer ce titre au-dessus du tableau, qui s'étend des colonnes A à E, sélectionnez la plage de cellules A1:E1 puis, dans le groupe Alignement de l'onglet Accueil, cliquez sur le bouton Fusionner et centrer.

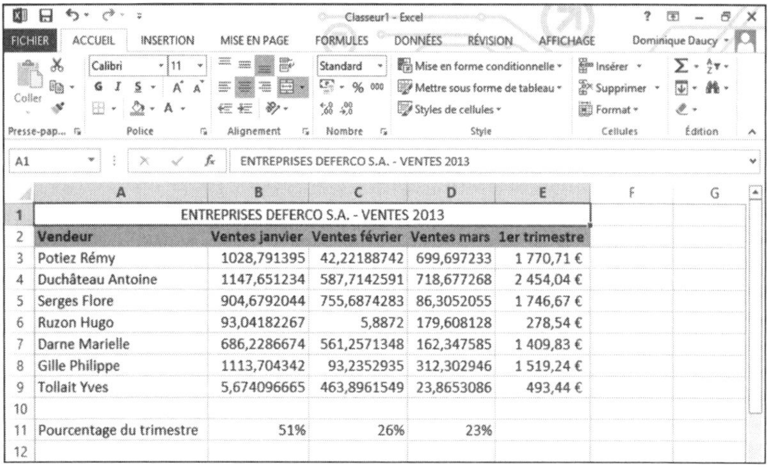

Figure 3.12 : La feuille de calcul après le centrage du titre sur les colonnes A à E.

Observez le résultat : dans la ligne 1, les cellules des colonnes A à E ont été fusionnées en une seule cellule et le titre a été parfaitement centré dans cette « supercellule » qui s'étend d'un côté à l'autre du tableau.

TRUC

Si vous devez de nouveau scinder une cellule fusionnée en cellules distinctes, sélectionnez-la, puis cliquez tout simplement à nouveau sur le bouton Fusionner et centrer dans le groupe Alignement de l'onglet Accueil.

Les retraits

Excel permet de mettre des entrées en retrait dans les cellules. Pour ce faire, cliquez sur le bouton Augmenter le retrait, dans le groupe Alignement de l'onglet Accueil. Ce bouton est reconnaissable à l'icône montrant une flèche repoussant quelques lignes vers la droite. Chaque fois que vous cliquez dessus, Excel met les entrées de la sélection courante en retrait d'un caractère (en police standard). Si vous voulez savoir ce que c'est qu'une police standard et comment la modifier, reportez-vous à la section « Du côté de la police », plus haut dans ce chapitre.

Un retrait peut être supprimé en cliquant sur le bouton Réduire le retrait ; il se trouve immédiatement à gauche du bouton Augmenter le retrait. Vous pouvez aussi modifier le nombre de caractères du décalage effectué avec le bouton Augmenter le retrait ; pour ce faire, ouvrez la boîte de dialogue Format de cellule (Ctrl + Maj + 1 [le 1 du clavier principal, pas celui du pavé numérique]), sélectionnez l'onglet Alignement, puis entrez une valeur dans le champ Retrait, soit en la tapant, soit en actionnant le bouton rotatif.

De haut en bas

L'alignement à gauche, centré ou à droite concerne le positionnement de l'entrée par rapport aux bords gauche et droit de la cellule, c'est-à-dire horizontalement. Vous pouvez aussi aligner le texte par rapport aux bords haut et bas de la cellule, soit verticalement. Par défaut, toutes les entrées sont placées en bas de la cellule, mais il est possible de les centrer verticalement ou de les placer contre le bord supérieur des cellules.

Pour modifier l'alignement vertical dans une plage de cellules sélectionnées, ouvrez la boîte de dialogue Format de cellule (Ctrl + Maj + 1 [le 1 du clavier principal, pas celui du pavé numérique]), puis cliquez sur l'onglet Alignement ; enfin, sélectionnez Haut, Centré, Bas, Justifié ou Distribué dans la liste déroulante Vertical.

La Figure 3.13 montre, dans la feuille des ventes de la société Deferco, le titre du tableau après qu'il a été centré verticalement (ce texte avait été centré horizontalement sur plusieurs colonnes avec la commande Fusionner et centrer ; la hauteur de la ligne 1, qui est par défaut de 15 points, a été augmentée à 36 points).

Gérer le renvoi à la ligne

Dans les tableaux, le placement des titres dans les colonnes a toujours posé un problème ; il fallait souvent les abréger pour éviter d'avoir à élargir les colonnes pour les faire tenir dedans. Dans Excel, ce problème peut être évité grâce à la fonction de renvoi à la ligne. La Figure 3.14 montre une nouvelle feuille de calcul dans laquelle les

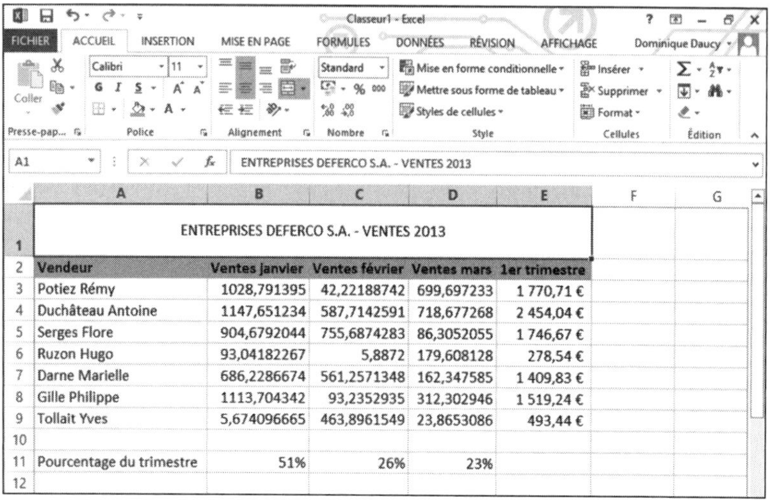

Figure 3.13 : La feuille de calcul après le centrage vertical du titre du tableau.

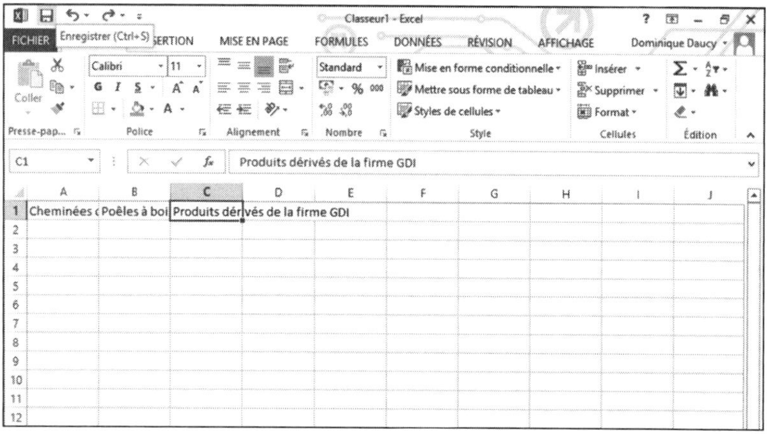

Figure 3.14 : Avant l'action.

produits et la société qui les commercialise viennent d'être encodés sans formatage.

La Figure 3.15, pour sa part, propose les mêmes titres mais après validation du renvoi à la ligne automatique. De fait, dans cet exemple, les titres ont été mis en forme avec l'option Renvoyer à la ligne automatiquement, afin qu'ils tiennent chacun dans sa cellule.

Pour obtenir la présentation de cette Figure 3.15, sélectionnez les cellules contenant les titres (de A1 à C1), puis cliquez sur le bouton Renvoyer à la ligne automatiquement dans le groupe Alignement de l'onglet Accueil.

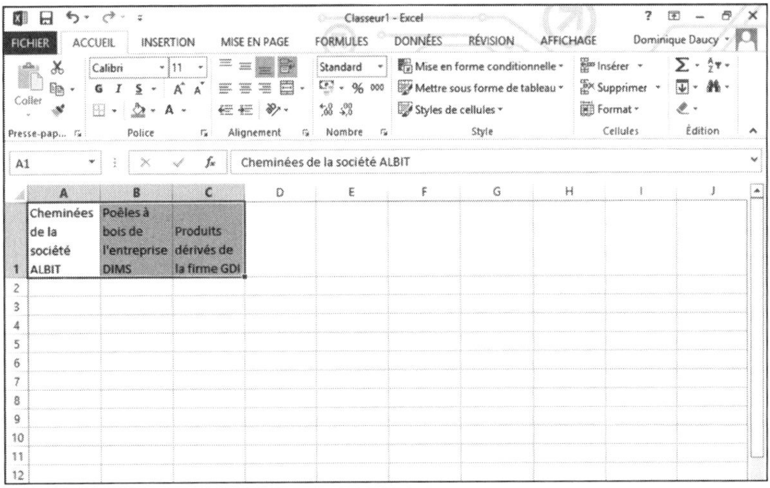

Figure 3.15 : Après activation de l'option de renvoi automatique.

Le renvoi à la ligne empêche les textes longs de déborder sur les cellules voisines. Pour recevoir les lignes supplémentaires, le logiciel augmente automatiquement la hauteur de ligne.

Quand vous sélectionnez l'option Renvoyer à la ligne automatiquement, Excel continue à utiliser les alignements vertical et horizontal que vous avez spécifiés pour la cellule. Notez que vous pouvez utiliser n'importe quelle option d'alignement de l'onglet Alignement de la boîte de dialogue Format de cellule : Gauche (avec ou sans retrait), Centré, Droit (avec ou sans retrait), Justifié ou Centré sur plusieurs colonnes. Vous ne pouvez toutefois pas utiliser l'option Recopié. Présente dans la liste déroulante Horizontal, l'option Recopié sert à répéter une entrée sur toute la largeur de la cellule.

Pour obtenir un renvoi à la ligne justifié sur les bords gauche et droit de la cellule, sélectionnez l'option Justifié dans la liste déroulante Horizontal de l'onglet Alignement de la boîte de dialogue Format de cellule.

TRUC

Un long texte peut être séparé en plusieurs lignes en plaçant le point d'insertion dedans, dans la cellule ou dans la barre de formule, et en appuyant sur les touches Alt + Entrée. Excel agrandit la ligne contenue dans la cellule, ainsi que la barre de formule, puis commence une nouvelle ligne. Dès que vous appuyez sur Entrée pour valider la saisie ou la modification, Excel effectue automatiquement le renvoi à la ligne selon la largeur de la colonne et l'emplacement du point d'insertion.

Incliner les données

Au lieu de définir un renvoi à la ligne pour les textes saisis dans les cellules, vous préférerez peut-être modifier leur orientation en les inclinant dans un sens ou dans un autre. Dans la Figure 3.16, le changement de direction des titres a donné un effet plus intéressant qu'un simple renvoi à la ligne.

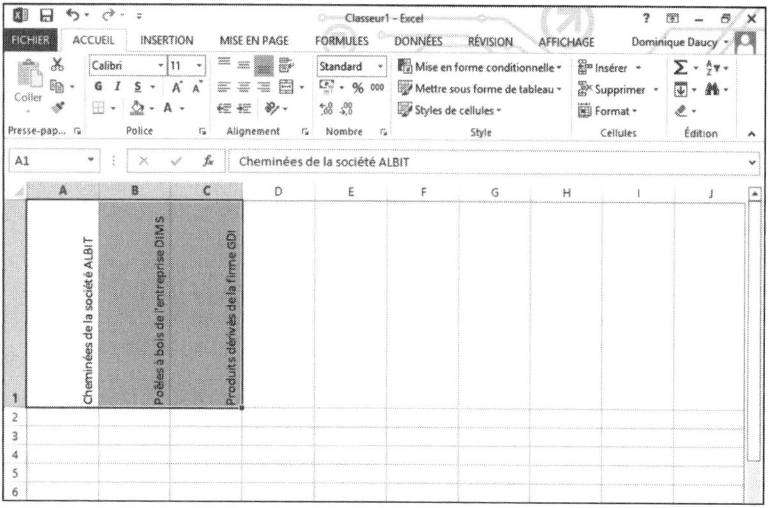

Figure 3.16 : Les titres ont été inclinés à 90° dans le sens inverse des aiguilles d'une montre.

Cet exemple montre une rotation à 90° vers le haut (dans le sens inverse des aiguilles d'une montre). Remarquez que cette opération a entraîné un ajustement de la largeur des colonnes.

Pour pivoter le contenu des cellules, sélectionnez d'abord la plage A1:C1, puis cliquez sur le triangle pointant vers le bas du bouton Orientation (dans le groupe Alignement de l'onglet Accueil). Dans le menu qui apparaît, sélectionnez Rotation du texte vers le haut.

La Figure 3.17 montre maintenant les mêmes titres orientés à 45°. Pour obtenir ce résultat, sélectionnez cette fois Rotation dans le sens inverse des aiguilles d'une montre dans ce même menu du bouton Orientation (après avoir sélectionné la même plage A1:C1, naturellement).

Un texte peut être incliné à d'autres valeurs que 45 ou 90 degrés. Après avoir sélectionné le texte à faire pivoter, sélectionnez Format de cellule – Alignement dans le menu du bouton Orientation du groupe Alignement de l'onglet Accueil pour ouvrir la boîte de dia-

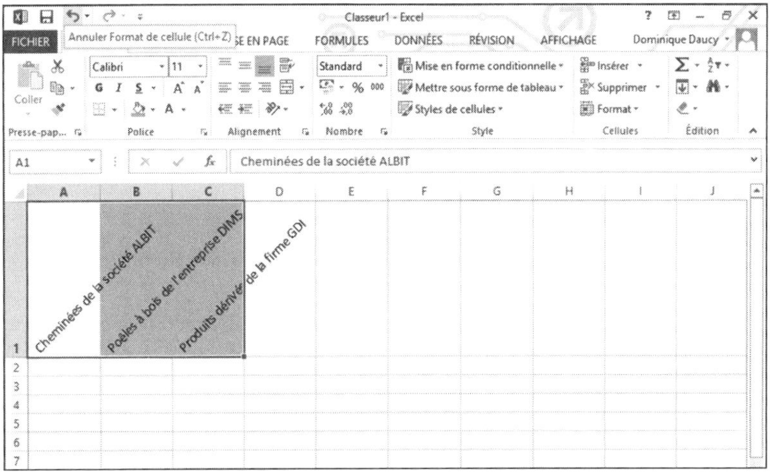

Figure 3.17 : Les titres ont été inclinés à 45° vers le haut.

logue Format de cellule avec l'onglet Alignement au premier plan et utilisez la section Orientation de cet onglet pour spécifier l'angle voulu.

Pour cela, cliquez à l'endroit voulu dans le demi-cercle ou entrez directement l'angle voulu en degrés (avec un signe moins pour une rotation dans le sens des aiguilles d'une montre) dans le champ qui se trouve en dessous.

Vous pouvez définir n'importe quelle inclinaison, de 90° vers le haut à 90° vers le bas, soit en tapant la valeur exacte dans le champ Degrés, soit en actionnant l'aiguille du cadran.

Pour placer le texte verticalement de telle manière que les lettres soient empilées les unes sur les autres, cliquez sur le rectangle montrant le mot « Texte » ainsi disposé, à gauche du cadran.

Ajuster

Pour éviter qu'Excel élargisse les colonnes pour y faire tenir les entrées (pour afficher l'intégralité d'un tableau de données à l'écran ou l'imprimer sur une seule feuille), utilisez la commande Ajuster.

Cliquez sur l'onglet Alignement de la boîte de dialogue Format de cellule (Ctrl + Maj + 1 [le 1 du clavier principal, pas celui du pavé numérique]) et cochez la case Ajuster. Excel réduit la taille de la police dans les cellules sélectionnées, ce qui lui évite d'avoir à modifier la largeur des colonnes. Sachez cependant que vous risquez de vous retrouver avec des textes illisibles. Notez aussi qu'il est impossible d'appliquer simultanément les options Renvoyer à la ligne automatiquement et Ajuster ; la sélection de l'une désélectionne aussitôt l'autre.

Boîtes à bordures

Le quadrillage que vous apercevez dans une feuille de calcul sert simplement à mieux visualiser les lignes et les colonnes dans lesquelles vous travaillez. Vous pouvez choisir de l'imprimer avec vos données ou non (en cochant la case Imprimer du groupe Options de la feuille de calcul dans l'onglet Mise en page du Ruban).

Vous pouvez mettre en évidence certaines parties de la feuille de calcul ou d'un tableau à l'aide de bordures ou en appliquant un effet d'ombrage aux cellules. Ne confondez pas les *bordures* que vous définissez vous-même avec le *quadrillage* correspondant aux lignes et aux colonnes de la feuille de calcul. Les bordures sont toujours imprimées, indépendamment du fait que vous décidiez ou non d'imprimer le quadrillage.

TRUC

Pour mieux voir les bordures que vous ajoutez à des cellules, supprimez l'affichage du quadrillage. Pour cela, ôtez la coche de la case Quadrillage du groupe Options de la feuille de calcul dans l'onglet Mise en page du Ruban.

Pour ajouter des bordures à une sélection de cellules, cliquez sur le triangle pointant vers le bas du bouton Toutes les bordures du groupe Police de l'onglet Accueil et sélectionnez dans le menu qui apparaît (Figure 3.18) le type de bordures que vous voulez appliquer à votre sélection.

Rappelez-vous ces préceptes lorsque vous définissez des bordures :

- Pour que les bordures ne soient tracées qu'autour de la sélection, sélectionnez Bordures extérieures ou Bordure épaisse en encadré dans le menu du bouton Toutes les bordures.

- Pour que les bordures apparaissent autour de chacune des cellules de la plage sélectionnée, choisissez Toutes les bordures dans ce menu.

Pour changer le type de trait, l'épaisseur ou la couleur de la bordure que vous appliquez à une sélection de cellules, vous devez ouvrir la boîte de dialogue Format de cellule et cliquer sur son onglet Bordure

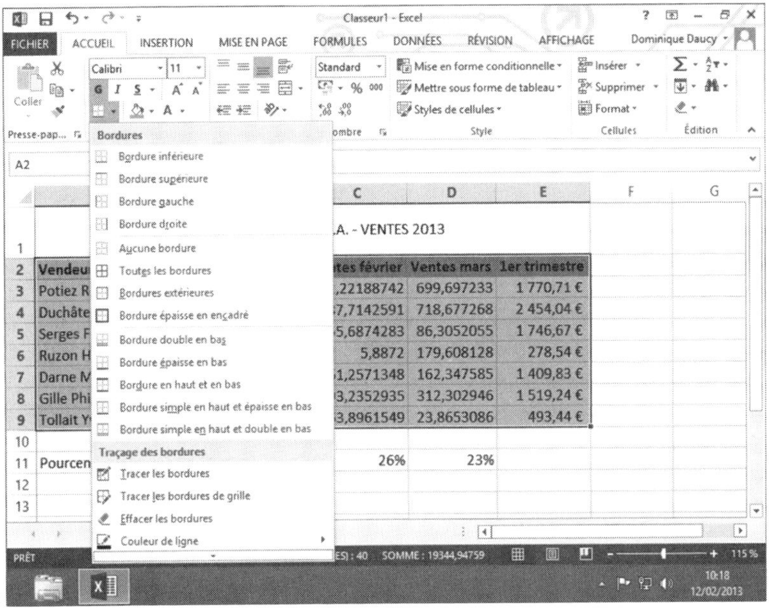

Figure 3.18 : Dans le menu du bouton Toutes les bordures, sélectionnez le type de bordures à appliquer à la sélection.

(sélectionnez Autres bordures dans le menu du bouton Toutes les bordures ou appuyez sur Ctrl + Maj + 1 [le 1 du clavier principal, pas celui du pavé numérique]) et cliquez sur l'onglet Bordure dans la boîte de dialogue Format de cellule qui apparaît).

Pour changer le type de trait, sélectionnez celui qui vous convient dans la section Ligne de cet onglet. Pour changer la couleur, cliquez sur le bouton Couleur dans cette section Ligne et sélectionnez la couleur qui vous convient dans la palette qui apparaît. Pour définir les contours de la bordure, utilisez les boutons de la section Présélection et de la section Bordure (qui vous montre aussi le résultat de ce que vous sélectionnez). Pour appliquer à la sélection ce que vous venez de choisir, cliquez sur OK.

N'OUBLIEZ PAS

Pour vous débarrasser d'une bordure, vous devez sélectionner les cellules correspondantes et choisir Aucune bordure dans le menu du bouton Toutes les bordures du groupe Police de l'onglet Accueil.

Couleurs de remplissage, motifs et dégradés

Vous pouvez aussi mettre en évidence des zones de votre feuille de calcul en appliquant une couleur de remplissage, un motif ou un dégradé aux cellules correspondantes.

Si vous avez une imprimante en noir et blanc, vous allez restreindre vos choix à des nuances de gris légères dans la palette de couleurs, sinon le contenu des cellules sera pratiquement illisible une fois imprimé.

Pour appliquer une nouvelle couleur de remplissage à une sélection de cellules, vous pouvez cliquer sur le triangle pointant vers le bas du bouton Couleur de remplissage du groupe Police de l'onglet Accueil et sélectionner la couleur voulue dans la palette qui apparaît. Selon le principe des Styles rapides, cette palette vous permet de voir l'effet sur les cellules sélectionnées lorsque vous placez simplement le pointeur de la souris sur une couleur avant de la sélectionner.

Pour appliquer un nouveau motif à une sélection de cellules, vous devez ouvrir la boîte de dialogue Format de cellule (Ctrl + Maj + 1 [le 1 du clavier principal, pas celui du pavé numérique]) et cliquer sur l'onglet Remplissage. Dans cet onglet, cliquez sur le bouton Motif pour faire apparaître la palette des motifs et faites votre sélection dans celle-ci. Pour appliquer une couleur au motif sélectionné, cliquez sur le bouton Couleur (juste au-dessus du bouton Motif) et sélectionnez la couleur voulue dans la palette qui apparaît. Pour appliquer aux cellules sélectionnées le motif ainsi défini, cliquez sur OK.

Si vous voulez ajouter un dégradé de couleurs dans une direction ou une autre aux cellules sélectionnées, cliquez sur le bouton Motifs et textures dans l'onglet Remplissage de la boîte de dialogue Format de cellule. La nouvelle boîte de dialogue qui apparaît contient un seul onglet Dégradé, contenant plusieurs options pour définir ce dégradé.

Après avoir spécifié la première et la deuxième couleur et l'orientation du dégradé, vérifiez que le résultat vous convient dans l'exemple affiché dans le coin inférieur droit de cette boîte de dialogue et cliquez sur OK pour revenir à la boîte de dialogue Format de cellule. Le dégradé que vous venez de définir y apparaît maintenant dans la section Aperçu. Pour voir le résultat sur votre sélection, il vous faut maintenant l'appliquer en cliquant sur le bouton OK.

Faites-le avec style

Les styles intégrés d'Excel 2013 vous permettent de formater vos tableaux en un tournemain. Vous les trouverez sous le bouton

Styles de cellules du groupe Style de l'onglet Accueil du Ruban (Figure 3.19).

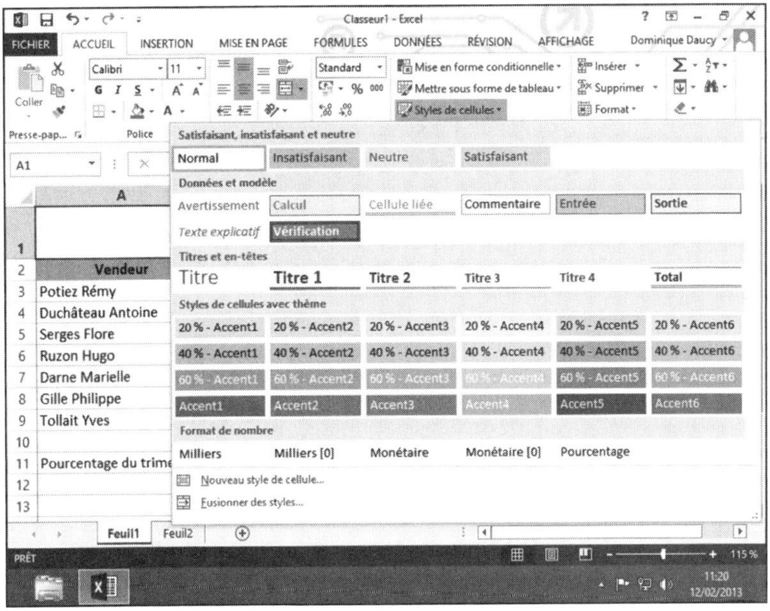

Figure 3.19 : Les styles prédéfinis d'Excel 2013.

L'usage est simple : opérez une sélection de cellules, puis accédez à cette liste de styles prêts à l'emploi et faites votre choix.

Créer un style personnel

Lancez-vous : attribuez, à une sélection, tous les formatages souhaités (police, taille, couleur, gras, italique, souligné, remplissage, motif, bordures, orientation…) ; cliquez ensuite sur Styles de cellules, puis sur Nouveau style de cellule. Dans la boîte Style qu'Excel vous ouvre suite à cette action, remplacez le nom générique Style 1 par un nom plus évocateur, puis cliquez sur OK.

Excel ajoute alors un exemplaire de votre nouveau style à une section, qu'il baptise Personnalisé et ajoute dans la fenêtre Styles de cellules. C'est ici que vous sélectionnez ce style lorsque vous souhaiterez l'appliquer à une sélection.

N'OUBLIEZ PAS

Les styles que vous ajoutez ainsi à un classeur n'y sont définitivement associés qu'après la prochaine sauvegarde. N'oubliez pas d'activer le bouton Enregistrer de la barre d'outils Accès rapide ou d'invoquer son équivalent clavier, Ctrl + S.

Copier des styles personnels d'un classeur dans un autre

Excel vous permet de copier, dans un classeur, des styles personnels définis dans un autre. Voici comment vous y prendre :

1. **Ouvrez le classeur cible.**

   Il peut s'agir d'un classeur vierge ou d'un classeur existant.

2. **Ouvrez le classeur source.**

   Reportez-vous à la section précédente pour savoir comment créer des styles personnels.

3. **Réactivez le classeur cible.**

   Cliquez sur son icône depuis la barre des tâches de Windows ou utilisez la combinaison Alt + Tab pour naviguer parmi les éléments ouverts et pouvoir sélectionner celui qui vous intéresse.

4. **Activez le bouton Styles de cellules du groupe Style de l'onglet Accueil, puis, dans la fenêtre correspondante, validez, tout en bas, l'option Fusionner des styles.**

   Excel ouvre la boîte de dialogue Fusionner des styles.

5. **Sélectionnez, dans la liste, le classeur source, puis confirmez par OK.**

Dès que vous licenciez la fenêtre, Excel ajoute les styles du classeur source à la rubrique Personnalisé de la fenêtre des styles du classeur actif. N'oubliez pas de sauvegarder pour que ces styles restent où vous venez de les mettre.

Vous simplifier la vie avec l'outil Reproduire la mise en forme

Imaginez que vous avez attribué à une cellule tous les formatages dont vous aviez envie et puis vous vous rendez compte que vous auriez dû traiter de la même façon d'autres cellules de la feuille.

Certes, vous pouvez créer un style personnel comme la section précédente vous a appris à le faire. Mais il y a une autre façon d'agir.

Inutile, en effet, de créer un style ou, au pire, de répéter toute la démarche puisque Excel 2013 vous propose un outil qui, baptisé fort à propos Reproduire la mise en forme, vous permet de reporter sur une sélection de cellules tous les formatages appliqués à une cellule source.

Dans la pratique :

1. **Appliquez à une cellule source toutes les mises en forme souhaitées (police, alignement, bordure, couleur…).**

2. **Sélectionnez cette cellule, puis cliquez sur l'outil Reproduire la mise en forme que vous trouverez dans le premier groupe de l'onglet Accueil.**

   Le pointeur se transforme en un signe + accompagné, à droite, d'un petit pinceau. La cellule sélectionnée, pour sa part, est mise en évidence par un pourtour qui clignote.

3. **Avec ce pointeur particulier, sélectionnez les cellules auxquelles vous souhaitez appliquer le formatage de la cellule source.**

   Dès que vous relâchez le bouton de la souris, Excel applique aux cellules cibles tous les attributs de mise en forme de la cellule source.

Si votre intention est de reporter la mise en forme sur plusieurs groupes de cellules, verrouillez l'outil en cliquant deux fois dessus depuis l'onglet Accueil. Après sélection de la cellule source, désignez successivement les différents groupes de cellules cibles. Quand vous aurez terminé, vous désactiverez l'outil en recliquant dessus depuis son onglet.

Pensez à exploiter cet outil si vous voulez réaffecter à une sélection le formatage de base : il vous suffit de choisir, comme cellule source, une cellule de la feuille que vous n'avez pas formatée.

Mise en forme conditionnelle

Voilà qui est intéressant ! La mise en forme conditionnelle vous permet d'affecter un formatage à une sélection en fonction de son contenu, tout l'intérêt étant que, si les valeurs changent, le formatage change aussi spontanément, sans que vous ayez à intervenir.

Dès que vous invoquez la commande Mise en forme conditionnelle (groupe Style – onglet Accueil), un menu local vous propose les options suivantes :

- **Règles de mise en surbrillance des cellules** : donne accès à un sous-menu qui vous permet de mettre en surbrillance les cellules qui contiennent certaines valeurs, textes ou dates, qui comportent des valeurs supérieures ou inférieures à une valeur donnée ou qui sont comprises dans une fourchette donnée de valeurs. Ce sous-menu vous permet en outre de traiter les cellules qui comportent un texte donné (comme Oui, Non ou Peut-être dans une liste) ou une date donnée (comme une échéance).
- **Règles des valeurs plus/moins élevées** : déroule aussi un sous-menu qui permet de formater différemment, dans la sélection, les valeurs les plus élevées ou les plus basses, les pourcentages et les valeurs supérieures ou inférieures à la moyenne.
- **Barres de données** : vous propose une palette comportant différentes couleurs de remplissage en uni ou en dégradé que vous pouvez appliquer à la sélection pour symboliser l'importance des valeurs les unes par rapport aux autres.
- **Nuances de couleurs** : vous soumet également une palette proposant jusqu'à trois couleurs de remplissage que vous pouvez appliquer à la sélection pour symboliser l'importance des valeurs les unes par rapport aux autres.
- **Jeux d'icônes** : vous déroule une série de palettes d'icônes que vous pouvez appliquer à la sélection pour symboliser l'importance des valeurs les unes par rapport aux autres.
- **Nouvelle règle** : donne accès à la boîte de dialogue Nouvelle règle de mise en forme où vous pouvez définir une règle personnalisée.
- **Effacer les règles** : vous permet d'effacer les règles de mise en forme conditionnelle soit de la sélection soit de la feuille entière (voire du tableau ou du tableau croisé dynamique).

- **Gérer les règles** : donne accès à la boîte de dialogue Gestionnaire des règles de mise en forme conditionnelle dans laquelle vous pouvez modifier ou supprimer des règles ainsi qu'en changer l'ordre de préséance en les faisant glisser vers le bas ou vers le haut dans la zone impartie.

Formater avec l'outil Analyse rapide

Voilà un moyen bien pratique de faire du formatage conditionnel, d'autant que cette nouvelle fonction d'Excel 2013 vous permet de prévisualiser l'effet de votre choix avant de l'appliquer à la sélection.

Pour exploiter cette fonction, sélectionnez les données de votre tableau que vous souhaitez mettre en forme, puis activez l'outil Analyse rapide (en bas à droite de la sélection). Par défaut, c'est son option Mise en forme qui est activée ; il vous suffit donc de désigner la commande à appliquer pour apprécier immédiatement l'effet de cette commande sur la plage en surbrillance (Figure 3.20).

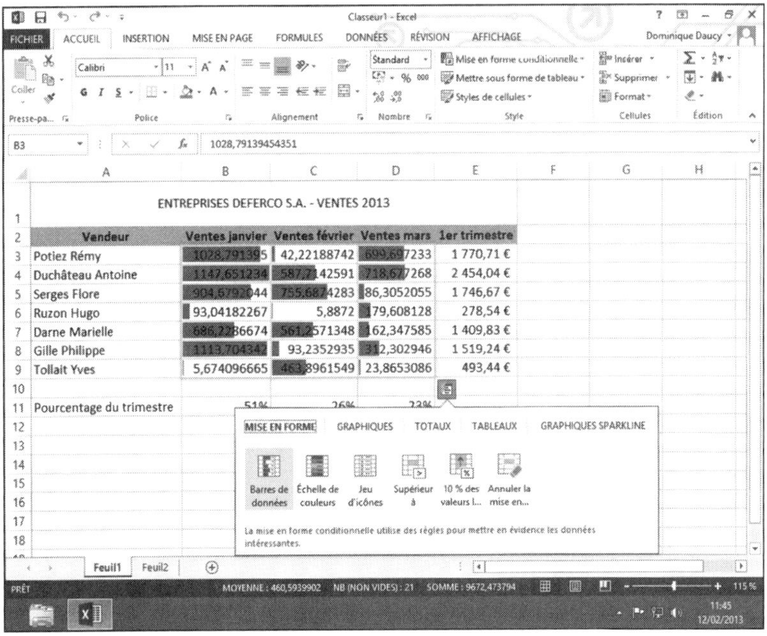

Figure 3.20 : L'option Barres de données et son effet sur la feuille en arrière-plan.

Si vous cliquez sur Supérieur à, Excel vous adresse la boîte de dialogue du même nom dans laquelle vous pouvez définir le seuil (à gauche) et la couleur de remplissage (à droite).

Les autres options de formatage conditionnel ne provoquent l'apparition d'aucune fenêtre, Excel se bornant, dans ces cas, à appliquer la première option (par défaut) du formatage sélectionné.

Chapitre 4

Procéder à des modifications

Dans ce chapitre :

- Ouvrir un classeur en vue de le modifier.
- Annuler vos bourdes.
- Déplacer et copier par glisser-déposer.
- Copier des formules.
- Déplacer et copier par Couper, Copier et Coller.
- Supprimer des entrées dans des cellules.
- Supprimer et insérer des lignes et des colonnes.

Dans ce chapitre, vous découvrirez comment appliquer ces modifications en toute sérénité dans un classeur. La copie et le déplacement des données ainsi que l'insertion et la suppression des lignes et des colonnes sont des tâches faciles à maîtriser. Ce qui est un peu plus ardu à comprendre, c'est l'effet de ces actions sur la feuille de calcul. Mais ne vous en faites pas ! Si un changement compromet votre travail, vous pourrez toujours recourir à la fonction d'annulation pour revenir en arrière et vous retrouver en terrain plus familier.

S'ouvrir aux changements

Avant de commettre l'irréparable – c'est-à-dire d'effectuer des modifications… –, vous devez, bien sûr, ouvrir Excel. Pour ouvrir un classeur, vous avez le choix entre cliquer sur Fichier/Ouvrir, appuyer sur

Alt + FV ou utiliser les raccourcis clavier des versions précédentes d'Excel, soit Ctrl + O ou Ctrl + F12.

N'OUBLIEZ PAS

Quand vous utilisez la combinaison de touches Ctrl + F12, contrairement aux autres méthodes, Excel 2013 court-circuite la fenêtre Ouvrir et vous propose d'emblée la boîte de dialogue du même nom. C'est super à condition que le classeur auquel vous voulez accéder se trouve dans le dossier actuellement ouvert (il s'agit, par défaut, du dossier Documents du dossier Bibliothèques de votre disque dur, à moins que vous n'ayez ouvert des fichiers stockés dans un autre dossier ou sur un autre disque pendant votre séance de travail).

Si vous venez tout juste de mettre Excel en service et n'avez donc encore ouvert aucun classeur, vous pouvez sélectionner celui que vous voulez ouvrir dans la liste Récent du volet gauche. Pensez à exploiter le bouton Ouvrir d'autres classeurs si celui que vous cherchez ne figure pas dans la liste qui vous est soumise.

La fenêtre Ouvrir

Dans la fenêtre Ouvrir telle qu'elle se présente lorsque vous y accédez pour la première fois (Figure 4.1), c'est l'option Classeurs (utilisation récente) qui est validée dans le volet gauche. Si celui que vous cherchez à ouvrir n'est pas répertorié dans le volet droit, désignez, à gauche, un autre emplacement :

- **SkyDrive de...** : pour ouvrir un classeur que vous avez sauvegardé dans un dossier de votre Windows Live SkyDrive. (Pour en savoir plus à ce sujet ou pour ouvrir un compte, rendez-vous sur le site `http://windows.microsoft.com/fr-be/skydrive/download`.) Dès que vous validez cette option, le volet droit recense les dossiers de votre SkyDrive auxquels vous avez récemment accédé et met en outre à votre disposition un bouton Parcourir grâce auquel vous pourrez isoler, *via* la boîte de dialogue Ouvrir, le classeur que vous cherchez.
- **Ordinateur** : pour accéder aux classeurs que vous avez stockés sur votre disque dur ou sur un disque réseau auquel vous avez accès. Validez cette option pour répertorier, à droite, tous les classeurs qui se trouvent à cet endroit et que vous avez exploités récemment. Vous pourrez aussi désigner le Bureau (de Windows 7 ou de Windows 8) et le dossier Mes documents. Enfin, un bouton Parcourir vous permet, comme

Figure 4.1 : Validez l'option SkyDrive de la fenêtre Ouvrir pour ouvrir un classeur en ligne.

Excel

dans le cas précédent, d'accéder, *via* la boîte de dialogue Ouvrir, à d'autres dossiers de ce disque.

- **Ajouter un lieu** : pour ajouter un site SharePoint ou un emplacement à partir duquel votre compte SkyDrive vous autorise à ouvrir des fichiers. La validation de cette option provoque, à droite, l'affichage de deux sous-options : Office 365 SharePoint et SkyDrive. Choisissez la première pour vous connecter à un site SharePoint pour lequel vous possédez un identifiant et un mot de passe qui vous permettent d'ajouter les dossiers correspondants à la fenêtre Ouvrir sous l'option Ordinateur. Préférez SkyDrive pour vous connecter à votre compte Windows Live (pour lequel vous possédez à la fois un identifiant et une clé d'accès) afin d'ajouter votre espace dans le nuage à la fenêtre Ouvrir, sous l'option SkyDrive.

La boîte de dialogue Ouvrir

Une fois que vous avez sélectionné un dossier et un disque dans la fenêtre Ouvrir d'Excel 2013 ou invoqué l'équivalent clavier Ctrl + F12 dont il a été question plus haut, vous échouez dans une boîte de dialogue semblable à celle de la Figure 4.2. Comme vous le voyez, elle

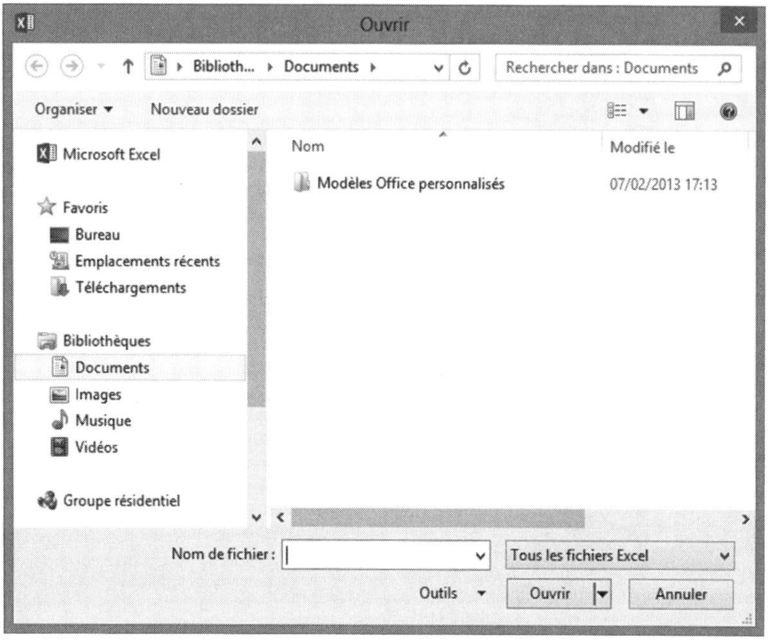

Figure 4.2 : Utiliser la boîte de dialogue Ouvrir pour naviguer jusqu'au classeur que vous voulez ouvrir.

est divisée en deux volets : à gauche le volet Navigation depuis lequel vous pouvez décider d'ouvrir un nouveau classeur et, à droite, le volet principal qui vous propose les icônes de tous les sous-dossiers du dossier courant ainsi que tous les documents qu'Excel est en mesure d'ouvrir.

Le dossier qui est affiché lorsque la boîte de dialogue Ouvrir apparaît est soit celui qui est spécifié comme Emplacement d'enregistrement par défaut dans l'onglet Enregistrement de la boîte de dialogue Options Excel, soit le dernier que vous avez ouvert pendant la séance de travail en cours, soit celui auquel vous avez accédé *via* la fenêtre Ouvrir.

Pour ouvrir un classeur qui se trouve dans un autre dossier, cliquez sur le lien correspondant dans la section Liens favoris du volet de navigation, ou cliquez sur le triangle pointant vers le bas à droite de Dossiers et cliquez sur le dossier voulu dans la liste qui apparaît.

Si vous ouvrez un nouveau dossier pour lequel aucun fichier n'apparaît dans le volet de droite (alors que vous savez qu'il n'est pas vide), cela signifie simplement qu'il ne contient aucun fichier d'un type qu'Excel est capable d'ouvrir directement (classeurs, modèles et macros). Pour afficher tous les fichiers du dossier, qu'Excel puisse ou non les ouvrir directement (c'est-à-dire sans aucune conversion), cliquez sur le bouton indiquant les types de fichiers affichés et sélectionnez Tous les fichiers dans la liste déroulante qui apparaît.

Lorsque l'icône du classeur que vous voulez ouvrir apparaît dans la boîte de dialogue Ouvrir, vous pouvez ouvrir ce classeur en cliquant sur son icône puis en cliquant sur le bouton Ouvrir, ou tout simplement en double-cliquant sur son icône.

Modifier le nombre de fichiers récents

Excel 2013 tient à jour la liste des 25 derniers fichiers que vous avez ouverts dans la liste Classeurs (utilisation récente) du volet droit de la fenêtre Ouvrir quand l'option Classeurs (utilisation récente) est validée à gauche. Vous pouvez contrôler le nombre de fichiers de cette liste :

1. **Choisissez Fichier/Options/Options avancées pour accéder à la boîte de dialogue Options Excel.**

2. **Faites défiler jusqu'à visualiser la rubrique Afficher.**

3. **Modifiez, comme bon vous semble, la valeur de la case Afficher ce nombre de classeurs récents ou utilisez aux mêmes fins les flèches de défilement placées à droite de la case d'édition.**

4. **Cliquez sur OK ou enfoncez la touche Entrée pour fermer la fenêtre des options d'Excel.**

Entrez **0** si vous ne souhaitez pas qu'Excel vous propose cette liste.

Validez l'option Accéder rapidement à ce nombre de classeurs récents pour qu'Excel affiche les quatre classeurs les plus récents sous la forme de commandes du menu Fichier en mode Backstage. En agissant de la sorte, vous pourrez accéder à ces fichiers en validant la commande correspondante même lorsque la fenêtre Ouvrir ne sera pas affichée. N'hésitez pas à adapter le nombre de classeurs ainsi traités en vous exprimant dans la case d'édition correspondante.

Ouvrir plusieurs classeurs

Si vous avez l'intention de travailler sur plusieurs classeurs, ouvrez-les directement : depuis la boite de dialogue Ouvrir, sélectionnez, dans la liste, les classeurs que vous voulez ouvrir, puis cliquez sur Ouvrir ou validez *via* la touche Entrée.

Pour réaliser cette sélection, si les classeurs concernés sont contigus, cliquez sur le nom du premier d'entre eux, puis enfoncez la touche Maj et maintenez-la dans cette position tandis que vous cliquez sur le dernier à sélectionner. En revanche, si les classeurs à sélectionner ne sont pas contigus, utilisez la touche Ctrl : cliquez sur le premier classeur à marquer, enfoncez la touche Ctrl et maintenez-la enfoncée, puis cliquez successivement sur les autres classeurs à inclure dans la sélection.

Une fois de retour dans l'interface classique du programme, vous pourrez passer d'un classeur ouvert à un autre en cliquant sur son nom depuis la barre des tâches ou en utilisant la combinaison Alt + Tab pour afficher les vignettes des éléments ouverts et faire votre choix. (Le Chapitre 7 vous explique plus en détails comment travailler avec plusieurs classeurs simultanément.)

Rechercher des classeurs

Le seul problème que vous puissiez rencontrer quand vous tentez de charger un fichier *via* la boîte de dialogue Ouvrir est de savoir où se trouve ce fichier. Tout est parfait aussi longtemps que le nom du fichier apparaît parmi ceux listés dans la fenêtre de la boîte de dialogue ; mais que faire si le fichier est invisible et semble se cacher dans les mystérieuses profondeurs de l'arborescence des dossiers ?

Vous vous tournerez alors vers le champ Rechercher que vous trouverez dans l'angle supérieur droit de la boîte de dialogue Ouvrir.

Entrez-y des caractères qui se trouvent dans le nom du classeur ou dans le classeur lui-même.

Au fur et à mesure que Windows trouve des fichiers correspondant à vos critères de recherche, les noms de ceux-ci (classeurs Excel, mais aussi modèles et macros) apparaissent dans la boîte de dialogue Ouvrir. Dès que le classeur que vous recherchez apparaît, vous pouvez l'ouvrir en double-cliquant sur son icône, ou en cliquant dessus puis sur le bouton Ouvrir.

Encore plus sur les annulations

Avant de vous lancer dans la réalisation d'une feuille de calcul, vous devez connaître la fonction d'annulation et savoir comment elle peut rétablir la situation si jamais vous vous êtes fourvoyé. Le bouton Annuler de la barre d'outils Accès rapide est une commande à facettes multiples. Quand vous supprimez par exemple le contenu d'une cellule ou d'une plage avec la commande Effacer du même menu, l'info-bulle du bouton Annuler devient Annuler Effacer (Ctrl + Z). Si vous déplacez une entrée avec les commandes Couper et Coller, l'info-bulle du bouton Annuler devient Annuler Coller.

En dehors du bouton Annuler dans la barre d'outils Accès rapide, vous pouvez utiliser le raccourci clavier Ctrl + Z qui fait exactement la même chose.

TRUC

Le bouton Annuler de la barre d'outils Accès rapide réagit à toutes les actions que vous entreprenez. Si vous vous rendez compte après coup qu'il fallait annuler – c'est-à-dire après avoir appliqué d'autres commandes entre-temps –, vous devrez déployer le menu déroulant qui lui est associé (en cliquant sur le triangle pointant vers le bas qui l'accompagne), pour y sélectionner l'action à annuler. Cette action ainsi que toutes celles qui ont suivi (et qui apparaissent au-dessus dans le menu) sont annulées.

Rétablir et Répéter

Après avoir appliqué la commande Annuler, Excel rend la commande Rétablir (ou Répéter selon la commande que vous avez appliquée juste avant) accessible. Si vous supprimez une entrée en appuyant sur la touche Suppr et cliquez ensuite sur le bouton Annuler dans la barre d'outils Accès rapide (ou appuyez sur Ctrl + Z, ce qui revient au même), l'info-bulle suivante apparaît en dessous du bouton Répéter lorsque vous placez dessus le pointeur de la souris :

```
Répéter Effacer        Ctrl + Y
```

Quand vous appliquez la commande Répéter, Excel refait ce que vous venez d'annuler. Autrement dit, Excel revient en arrière d'une action, comme si elle n'avait pas été exécutée.

Que faire s'il est impossible d'annuler ?

C'est souvent quand vous estimez qu'il serait prudent de rétablir le classeur le plus important que vous vous apercevez avec horreur que la commande Annuler ne fonctionne pas tout le temps. Bien qu'il soit néanmoins possible d'annuler la dernière suppression de cellule erronée, un déplacement ou une recopie inconséquente, vous ne pourrez pas revenir sur un enregistrement de fichier. D'où l'intérêt de la commande Enregistrer sous, qui permet de conserver un exemplaire du classeur tel qu'il était au moment de l'ouverture ou du dernier enregistrement.

Excel ne signale malheureusement jamais qu'il est sur le point d'entreprendre une action sur laquelle il ne pourra pas revenir, ou alors trop tard. Après avoir commis l'irréparable, vous placez le pointeur de la souris sur le bouton Annuler en croyant pouvoir annuler ce que vous venez de faire et vous lisez : « Impossible d'annuler » (d'ailleurs, le bouton Annuler apparaît en grisé dans la barre d'outils Accès rapide pour indiquer que cette commande n'est pas accessible).

La seule exception à cette règle est quand le logiciel vous prévient (et vous avez intérêt à en tenir compte). Lorsque vous choisissez une commande qui peut normalement être annulée, sauf dans les circonstances présentes, à cause d'un manque de mémoire vive, par exemple, ou parce que l'annulation affecterait trop profondément la feuille de calcul, Excel le sait et affiche une boîte d'alerte qui signale le manque de mémoire et demande s'il faut quand même exécuter la commande. Si vous cliquez sur le bouton Oui, sachez que la commande sera appliquée sans aucune chance de revenir en arrière ; si vous découvrez par la suite que la ligne supprimée contient une formule essentielle, dont vous ne connaissez plus la teneur, vous ne pourrez pas recourir à la commande Annuler pour rattraper votre bourde. Dans ce cas, la seule chance de vous en tirer est de fermer le fichier (Fichier/Fermer) mais SANS enregistrer vos modifications.

Le bon vieux glisser-déposer

Une des premières techniques de modification que vous vous devez de connaître est le *glisser-déposer*. Comme le suggère son nom, il s'agit d'une manipulation effectuée à la souris et qui consiste à choisir une cellule ou une plage sélectionnée et à faire glisser cette sélection ailleurs dans la feuille de calcul. Bien que le glisser-déposer serve essentiellement à déplacer des entrées simples, vous pouvez l'utiliser pour déplacer des plages entières.

Procédez comme suit pour déplacer une cellule ou une plage de cellules :

1. **Sélectionnez une cellule ou une plage de cellules.**

2. **Placez le pointeur de souris sur un bord de la ou des cellules sélectionnées.**

   La transformation du pointeur en flèche à quatre pointes indique que vous pouvez commencer à faire glisser la cellule ou la plage.

3. **Faites glisser la cellule ou la plage sélectionnée jusqu'à sa destination.**

   Faites glisser la sélection en déplaçant la souris, bouton gauche enfoncé.

   Pendant le déplacement, vous faites en réalité glisser le contour des cellules, ce qui vous permet d'avoir une idée de l'emplacement qu'elles occuperont. C'est uniquement au moment où vous relâchez le bouton de la souris que le déplacement du contenu des cellules se produit effectivement.

   Faites glisser le contour jusqu'à sa destination exacte (l'infobulle qui accompagne le pointeur indique la plage de cellules de destination).

4. **Relâchez le bouton de la souris.**

   Les données figurant dans la ou les cellules apparaissent aussitôt à leur nouvel emplacement.

Les Figures 4.3 et 4.4 montrent un déplacement de cellules. Dans la première, la plage A10:D10 (elle contient les totaux par mois) a été sélectionnée afin d'être déplacée vers la ligne 12 et libérer ainsi de la place pour les chiffres des ventes de deux nouveaux vendeurs qui n'avaient pas été pris en compte lors de la création de ce classeur. Dans la Figure 4.4, les chiffres des ventes ont été déplacés.

Notez que les arguments de la fonction SOMME, dans les cellules B12 à D12, ne tiennent pas compte de la modification lorsque vous vous contentez de déplacer celles-ci : ils couvrent toujours les lignes 3 à 9. Toutefois, dès que vous commencez à entrer des valeurs dans

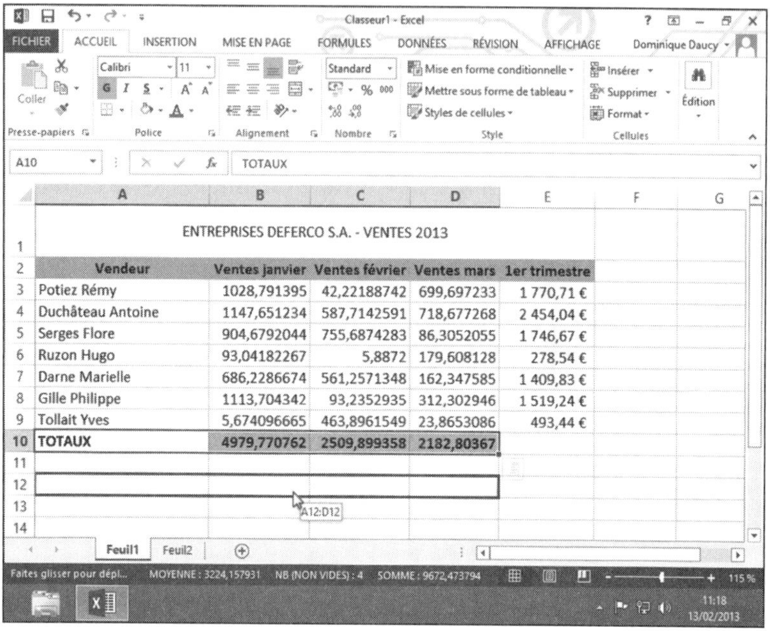

Figure 4.3 : Une plage sélectionnée est en cours de déplacement.

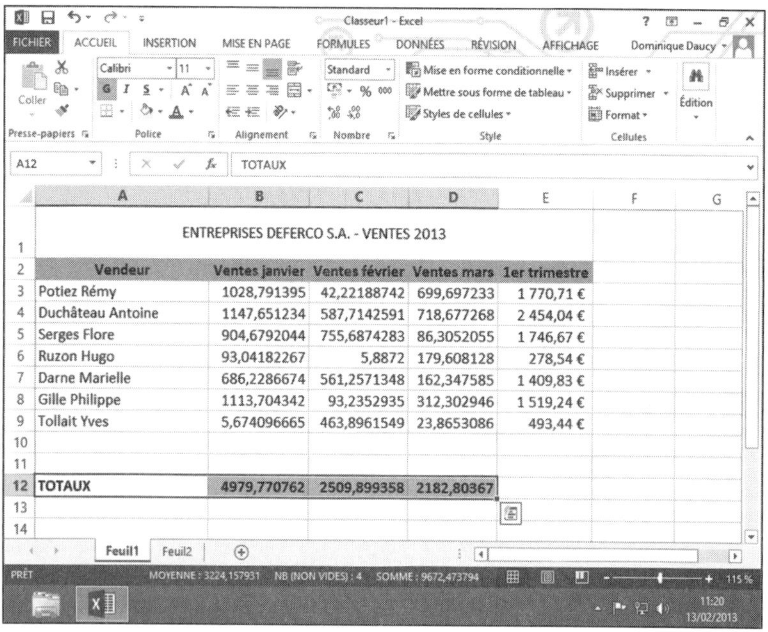

Figure 4.4 : La plage sélectionnée vient d'être déposée à son nouvel emplacement.

les cellules B10 à D10 et B11 à D11, Excel met à jour automatiquement les arguments de la fonction SOMME dans les cellules B12 à D12. Ainsi, par exemple, la formule SOMME(B3:B9) de la cellule B12 devient, comme par magie, SOMME(B3:B11).

La copie par glisser-déposer

Comment copier une ligne de cellules au lieu de simplement les déplacer ? Supposons que vous deviez commencer, dans la feuille de calcul, un nouveau tableau dans les lignes situées plus bas. Il vous faudra copier la ligne de cellules contenant les titres mis en forme en procédant ainsi :

1. **Sélectionnez la ligne de cellules.**

   Dans les Figures 4.3 et 4.4, c'est la plage de cellules A1:E2.

2. **La touche Ctrl enfoncée, amenez le pointeur de la souris au bord de la sélection.**

   Le pointeur se transforme en flèche blanche accompagnée, en haut à droite, d'un petit signe plus (+). Il indique que le glisser-déposer effectuera une copie et non un déplacement.

3. **Tirez la sélection par sa bordure, jusqu'à l'emplacement où elle doit être copiée, puis relâchez le bouton de la souris.**

   Pendant que vous faites glisser la sélection, une info-bulle indique les références de la plage que survole le pointeur.

ATTENTION !

Si, lors d'un glisser-déposer pour déplacer ou copier des cellules, vous positionnez le contour de la sélection de telle manière qu'il chevauche des cellules contenant des données, Excel affiche une boîte d'alerte avec la question suivante : « Voulez-vous remplacer le contenu des cellules de destination ? »

Pour éviter le remplacement des données existantes et renoncer au glisser-déposer, cliquez sur le bouton Annuler. Mais si vous avez l'intention de remplacer les données existantes par les nouvelles, cliquez sur OK.

Insérer par glisser-déposer

À l'instar des redoutables Klingons de *Star Trek*, les feuilles de calcul d'Excel ne font jamais de prisonniers. Dès que vous amenez une entrée sur une cellule occupée, cette entrée supplante sans vergogne celle qui s'y trouvait.

Pour insérer la ligne en cours de déplacement parmi d'autres lignes qui contiennent des données sans supprimer les données existantes, maintenez la touche Maj enfoncée pendant le glisser-déposer. Si vous copiez, vous devrez faire preuve de dextérité en maintenant à la fois les touches Ctrl et Maj enfoncées.

Lorsque la touche Maj est enfoncée, le contour de la sélection que vous aviez manipulé jusqu'à présent est remplacé par une barre d'insertion qui se déplace entre les lignes et/ou les colonnes. Elle matérialise l'emplacement où se fera l'insertion si, à ce moment, vous relâchez le bouton de la souris. Dans ce cas, Excel insère une ligne ou une colonne et déplace les cellules existantes vers des cellules vides.

TRUC

J'ai pourtant maintenu la touche Maj enfoncée comme vous l'aviez dit…

L'insertion par glisser-déposer est une des fonctions les plus délicates à réussir. Parfois, vous faites exactement ce qu'il faut et vous voyez néanmoins apparaître la boîte d'alerte qui vous prévient qu'Excel s'apprête à remplacer des données existantes au lieu de les décaler. Si cela se produit, cliquez sur le bouton Annuler. Il est fort heureusement possible d'insérer des données avec les commandes Couper et Coller (reportez-vous à la section « Faire de la place avec la commande Insérer », plus loin dans ce chapitre), sans avoir à se soucier du comportement de la barre d'insertion.

La recopie automatique des formules

La copie par glisser-déposer, en maintenant la touche Ctrl enfoncée, est utile lorsqu'il faut recopier une série de cellules adjacentes ailleurs dans la feuille de calcul. Mais très souvent vous aurez à ne recopier qu'une seule formule dans plusieurs cellules voisines qui doivent exécuter le même type de calcul, comme totaliser des chiffres dans des colonnes. Ce type de copie de formule, très courant, ne peut pas être fait par un glisser-déposer. Il faut recourir à la recopie automatique, décrite dans le Chapitre 2, ou aux commandes Copier et Coller (reportez-vous à la section « Le couper-coller numérique », plus loin dans ce chapitre).

TRUC

Pensez à exploiter la commande Totaux de l'outil Analyse rapide. Vous pouvez en effet l'utiliser pour calculer une somme sous une série de valeurs en colonne ou à droite d'une série de valeurs en ligne. Dans la pratique, sélectionnez la plage à traiter, cliquez sur l'outil Analyse rapide, puis sur Totaux ; ensuite, choisissez le bouton Somme placé au début de la palette pour totaliser les colonnes dans une nouvelle ligne dans le bas du tableau et/ou le bouton Somme placé à la fin de la palette pour totaliser les lignes dans une nouvelle colonne à la droite du tableau.

Revenons à la recopie automatique pour copier une formule dans une plage de cellules. La Figure 4.5 montre la feuille de calcul de la société Deferco. avec tous les vendeurs, mais cette fois avec uniquement le total de janvier.

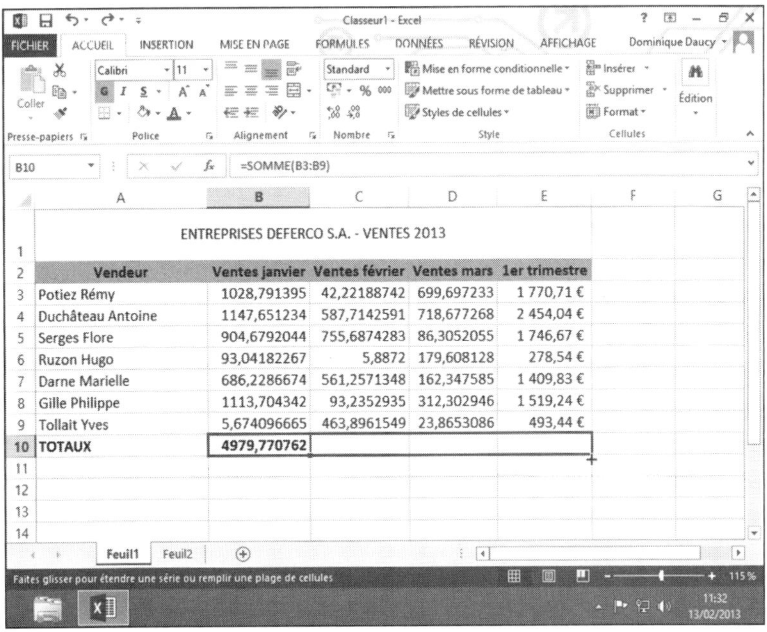

Figure 4.5 : Copie d'unc formule dans une même ligne grâce à la recopie automatique.

La Figure 4.6 montre la feuille de calcul après avoir fait glisser la poignée de recopie sur la plage de cellules C10:E10 à partir de la cellule B10 (qui contient la formule à copier).

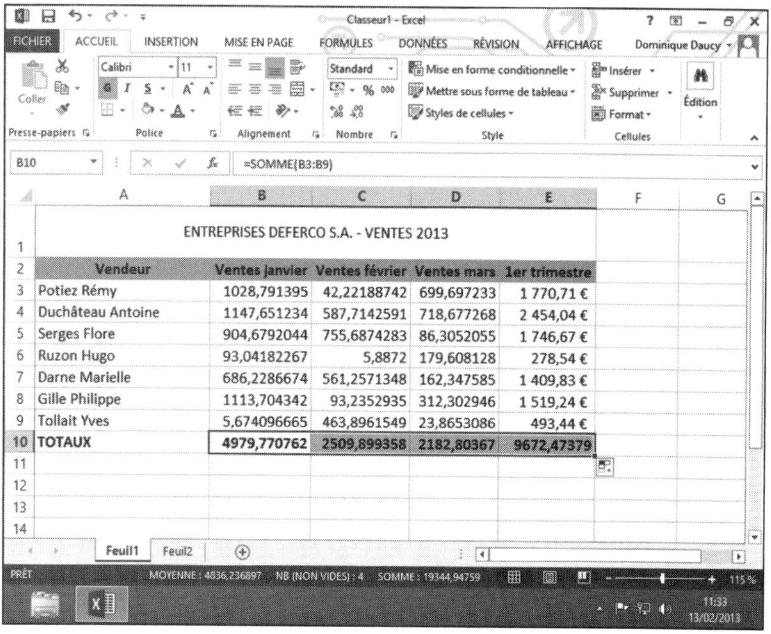

Figure 4.6 : La feuille de calcul après la recopie de la formule totalisant les mois.

Absolument relatif et inversement

Référez-vous à la Figure 4.6 pour voir la feuille de calcul après la recopie de la formule d'une cellule dans la plage C10:E10. La cellule B10 est active. Remarquez comment Excel gère la recopie des formules. La formule d'origine, dans la cellule B10, est :

```
=SOMME(B3:B9)
```

Lorsque cette formule est recopiée dans la cellule voisine, C12, Excel la modifie légèrement à cet emplacement :

```
=SOMME(C3:C9)
```

Excel a en effet rectifié la référence de colonne, qui est passée de B à C, car la recopie s'est faite de la gauche vers la droite.

Quand vous copiez une formule dans une plage qui s'étend vers le bas sur plusieurs lignes, Excel modifie les numéros de lignes en conséquence, au lieu des lettres de colonnes, selon l'emplacement de chaque recopie. La cellule E3 de la feuille de calcul de la société Deferco contient la formule suivante :

```
=SOMME(B3:D3)
```

Quand vous recopiez cette formule vers le bas, dans la cellule E4, Excel la modifie de la manière suivante :

```
=SOMME(B4:D4)
```

Excel ajuste la référence de ligne afin qu'elle corresponde à la nouvelle position dans la ligne 4. Comme cette modification de la formule a été effectuée selon la direction de la recopie, les références de cellules sont appelées *références de cellules relatives.*

Certaines choses sont absolues

Toutes les formules que vous créez contiennent naturellement des références de cellule absolues, à moins que vous en décidiez autrement. Du fait que la plupart des recopies de cellule nécessitent une correction de leurs références, vous aurez rarement à revenir sur cet arrangement. Cependant, de temps en temps, vous serez confronté à une exception.

Une des exceptions les plus communes se produit lorsque vous désirez comparer une plage de valeurs différentes avec une seule valeur. Ce cas de figure se présente classiquement lorsque vous voulez calculer le pourcentage de plusieurs parties par rapport au total. Par exemple, dans la feuille de calcul de l'entreprise Deferco, vous rencontrez cette situation en créant et recopiant une formule qui détermine chaque pourcentage mensuel par rapport au total trimestriel de la cellule E10.

Supposons que vous vouliez entrer ces formules dans la rangée 12 de la feuille de calcul, en commençant par la cellule B12. La formule qui, dans cette cellule, calcule le pourcentage des ventes de janvier par rapport au trimestre est sans détour :

```
=B10/E10
```

Cette formule divise le total des ventes de janvier, dans la cellule B10, par le total trimestriel de la cellule E10 (on ne saurait faire plus simple…). Mais regardez ce qui se passerait si vous tiriez la poignée de recopie d'une cellule vers la droite pour recopier la formule dans la cellule C12 :

```
=C10/F10
```

L'ajustement de la première référence de cellule, qui passe de B10 à C10, est bien celui que nous attendions. Mais l'ajustement de la deuxième partie des références de cellule, qui passe de E10 à F10, est désastreux. Non seulement vous n'obtenez pas le calcul du pourcentage des ventes de février, mais vous vous retrouvez en prime avec l'horrible erreur `#DIV/0!` dans la cellule C12.

Pour éviter qu'Excel n'ajuste inconsidérément une référence de cellule lors d'une recopie, vous devez convertir la référence. De relative, elle doit devenir absolue. Pour cela, appuyez sur la touche de fonction F4 juste après avoir entré la référence de la cellule. Excel signale qu'une référence de cellule est absolue en plaçant, devant la lettre de la colonne et le numéro de la ligne, le signe dollar ($). Regardez par exemple la Figure 4.7 : la cellule B12 contient la formule correcte pour effectuer la recopie dans la plage C12:D12, soit :

```
=B10/$E$10
```

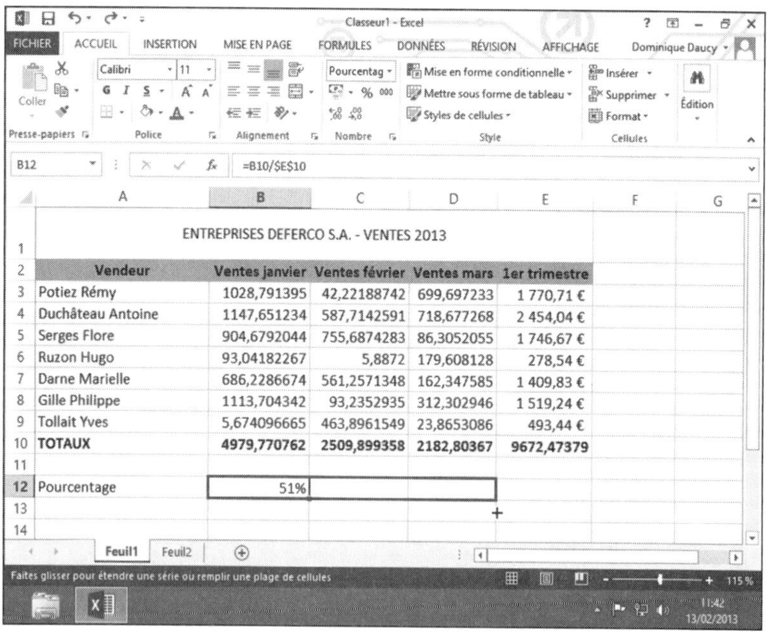

Figure 4.7 : Recopie d'une formule avec une référence de cellule absolue.

Examinez la feuille de calcul après que cette formule a été répétée dans la plage C12:D12 avec la poignée de recopie et la cellule C12 sélectionnée (Figure 4.8). Remarquez la formule suivante dans la barre de formule :

```
=C10/$E$10
```

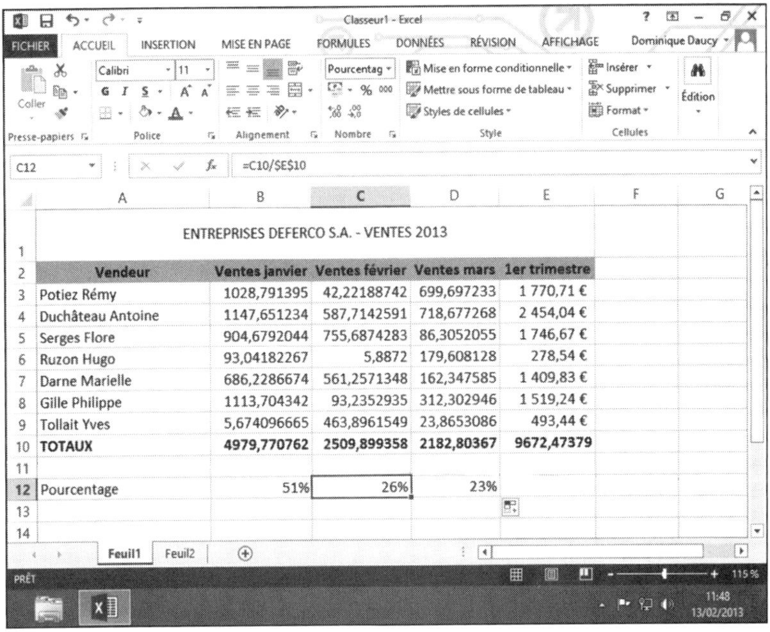

Figure 4.8 : La feuille de calcul après la recopie d'une formule conte-nant une référence de cellule absolue.

Parce que E10 a été modifiée en $E$10 dans la formule originale, toutes les recopies conservent cette même référence de cellule, qui est immuable.

TRUC

Si vous avez commis une bourde en recopiant une formule dans laquelle une ou plusieurs références de cellules auraient dû être absolues et non relatives, modifiez la formule d'origine de la manière suivante :

1. **Double-cliquez sur la cellule contenant la formule, puis cliquez dans la barre de formule ou appuyez sur la touche de fonction F2 pour la modifier.**

2. **Placez le point d'insertion dans la référence à convertir en référence absolue.**

3. **Appuyez sur la touche F4.**

4. **Lorsque la modification est terminée, cliquez sur le bouton Entrer, dans la barre de formule, puis recopiez la formule corrigée dans les cellules erronées grâce à la poignée de recopie.**

ÉCRAN TACTILE

Si vous exploitez Excel sur un dispositif tactile non équipé d'un clavier physique, la seule façon de transformer une référence relative en référence absolue ou mixte est d'afficher le clavier virtuel et, en agissant depuis la barre de formule, d'introduire vous-même les signes **$** aux endroits requis.

Le couper-coller numérique

Au lieu d'utiliser le glisser-déposer ou la recopie automatique, vous pouvez recourir aux bonnes vieilles commandes Couper, Copier et Coller pour déplacer ou recopier des informations dans une feuille de calcul. Ces commandes utilisent le Presse-papiers comme relais pour les informations que vous avez coupées ou collées ; elles y restent en attendant d'être collées quelque part. Ce procédé permet non seulement de déplacer ou copier des données dans n'importe quelle feuille de calcul ouverte dans Excel, mais aussi dans d'autres logiciels tournant sous Windows, comme Word par exemple.

Procédez comme suit pour déplacer une cellule ou une plage avec les commandes Couper et Coller :

1. **Sélectionnez les cellules à déplacer.**

2. **Cliquez sur le bouton Couper (les ciseaux) dans le groupe Presse-papiers de l'onglet Accueil.**

   Vous pouvez aussi utiliser le raccourci clavier Ctrl + X.

   Quel que soit votre choix, Excel entoure la ou les cellules avec un *rectangle de sélection* qui se présente sous la forme d'une ligne dont le pointillé est animé. Le message suivant apparaît dans la barre d'état :

   ```
   Sélectionnez une destination et appuyez sur ENTRÉE ou cliquez
   sur Coller.
   ```

3. **Déplacez le curseur de cellule ou sélectionnez la cellule en haut à gauche de la nouvelle plage dans laquelle vous désirez déplacer les données.**

4. **Appuyez sur Entrée pour terminer le déplacement.**

   Vous pouvez aussi cliquer sur le bouton Coller dans le groupe Presse-papiers de l'onglet Accueil, ou utiliser le raccourci clavier Ctrl + V.

Remarquez qu'en indiquant la plage de destination vous n'avez pas à sélectionner un agencement de cellules vides correspondant, dans sa forme, à la sélection que vous déplacez. Du moment que vous indiquez à Excel où se trouve la cellule située en haut à gauche de la plage de destination, il saura se débrouiller pour le reste.

La copie d'une sélection de cellule(s) avec les commandes Copier et Coller s'effectue de la même manière qu'avec les commandes Couper et Coller. Après avoir sélectionné la plage à copier, vous bénéficiez même d'un plus grand choix pour le stockage des données dans le Presse-papiers. Au lieu de cliquer sur le bouton Copier dans le groupe Presse-papiers de l'onglet Accueil, ou de sélectionner Copier dans le menu contextuel de la cellule, vous pouvez utiliser le raccourci clavier Ctrl + C.

Ça colle pour vous

L'avantage de la copie des données dans le Presse-papiers avec les commandes Copier et Coller est que les informations ainsi mises de côté peuvent être collées à plusieurs reprises. Assurez-vous simplement, après avoir appuyé sur Entrée pour terminer la première opération de copie, de cliquer sur le bouton Coller dans le groupe Presse-papiers de l'onglet Accueil ou de choisir la commande Coller (dans le menu contextuel), ou d'appuyer sur Ctrl + V.

Quand vous utilisez la commande Coller, Excel copie la sélection dans la plage que vous lui avez indiquée sans supprimer le rectangle de sélection qui court autour de la sélection originale. Il indique ainsi que vous pouvez continuer à choisir d'autres plages de destination, que ce soit dans le même document ou dans un autre.

Après avoir sélectionné la première cellule de l'autre plage dans laquelle vous désirez coller la sélection, choisissez de nouveau la commande Coller. Vous pouvez continuer de la sorte en collant la sélection à volonté. Après avoir effectué la dernière copie, appuyez sur la touche Entrée au lieu de choisir la commande Coller. Si vous avez oublié d'appuyer sur Entrée et choisi Coller, éliminez le rectangle de sélection en appuyant sur la touche Échap.

Les options de collage

Juste après avoir cliqué sur le bouton Coller, dans le groupe Presse-papiers de l'onglet Accueil (ou avoir appuyé sur Ctrl + V), pour coller des données que vous avez copiées – et non coupées – dans le Presse-papiers, Excel affiche à l'extrémité de la plage collée un bouton Options de collage doté de son propre menu déroulant. Quand vous cliquez sur ce bouton ou si appuyez sur la touche Ctrl, une palette semblable à celle de la Figure 4.9 apparaît. Elle contient trois groupes d'options : Coller, Coller des valeurs, Autres options de collage.

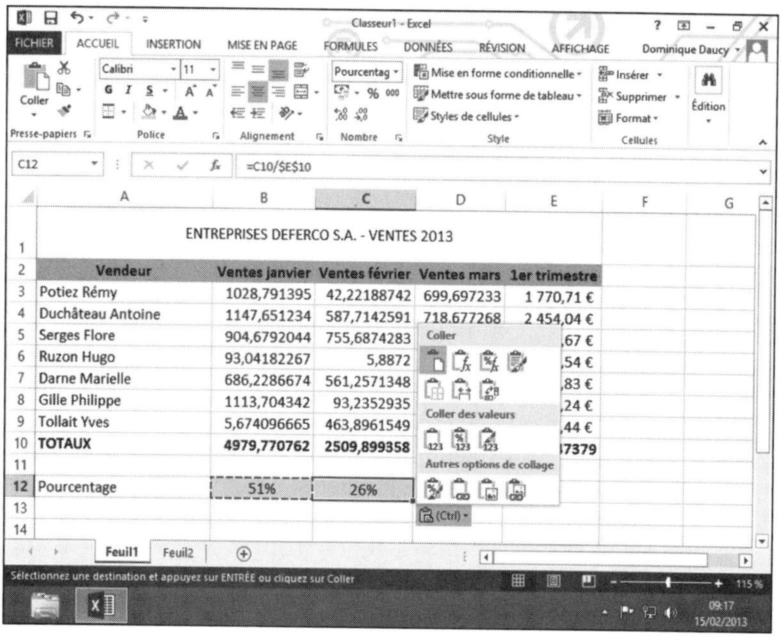

Figure 4.9 : Cliquer sur le bouton des options de collage ou appuyer sur Ctrl déploie une palette donnant accès à de nombreuses options de collage.

Les options de la palette sont les suivantes :

- **Coller (E)** : colle tout dans les cellules sélectionnées (formules, mise en forme, *etc.*)
- **Formules (U)** : colle tous les textes, nombres et formules dans les cellules sélectionnées, sans la mise en forme.
- **Mise en forme des formules et nombres (O)** : colle les mises en forme de nombre affectées aux valeurs copiées, ainsi que les formules.

- **Conserver la mise en forme source (C)** : copie la mise en forme des cellules originales et la colle dans les cellules de destination (ainsi que les entrées copiées).
- **Aucune bordure (B)** : colle tout dans les cellules sélectionnées mais sans copier de bordures.
- **Conserver les largeurs de colonnes sources (O)** : la largeur des colonnes dans la plage de destination est mise à la largeur des colonnes de la plage source lors de la copie.
- **Transposer (T)** : change l'orientation des entrées collées. Par exemple, si les données se trouvent dans une seule colonne, elles seront copiées dans une seule ligne.
- **Valeurs (V)** : ne colle que le résultat produit par chacune des formules de la plage source.
- **Mise en forme des valeurs et nombres (A)** : ne colle que les résultats calculés de toutes formules ainsi que les mises en forme affectées aux étiquettes, valeurs et formules. Cela signifie que toutes les étiquettes et valeurs dans les cellules de destination reçoivent la même mise en forme que celles de la plage source, bien que les formules originales soient perdues et que seules les valeurs calculées (les résultats des formules) sont conservées.
- **Mise en forme des valeurs et de la source (E)** : colle les résultats calculés de toutes les formules ainsi que les mises en forme des cellules source.
- **Mise en forme (R)** : Excel ne colle que les mises en forme, pas les entrées.
- **Coller avec liaison (N)** : crée des liens de formule dans la plage de destination afin que toute modification effectuée dans la plage source soit immédiatement répercutée dans les cellules correspondantes, à destination.
- **Image (I)** : ne colle que les images présentes dans la sélection de cellules copiées.
- **Image liée (I)** : colle un lien vers les images, dans la sélection de cellules copiées.

N'OUBLIEZ PAS

Les options de la palette Options de collage sont contextuelles. Elles dépendent directement du type de cellules préalablement copiées dans le Presse-papiers Office. De plus, il est possible d'accéder à cette même palette d'options de collage en cliquant sur le menu déroulant situé juste sous le bouton Coller du Ruban au lieu de cliquer sur le bouton apparaissant en bas à droite de la plage de cellules collées dans la feuille de calcul, ou encore d'appuyer sur la touche Ctrl.

Coller à partir du volet Presse-papiers Office

Le Presse-papiers d'Office est capable de stocker de nombreux éléments coupés ou copiés provenant de tout programme fonctionnant sous Windows, pas seulement Excel. Cela signifie que vous pouvez continuer à coller des cellules du Presse-papiers vers un classeur, même si vous en avez fini avec un déplacement ou une copie, et ce si vous avez appuyé sur la touche Entrée au lieu d'utiliser la commande Coller.

Pour ouvrir le volet Presse-papiers Office, cliquez sur le bouton lanceur de boîte de dialogue, dans le coin inférieur droit du groupe Presse-papiers de l'onglet Accueil. Le volet Presse-papiers Office apparaît dans la partie gauche de la fenêtre d'Excel, comme le montre la Figure 4.10.

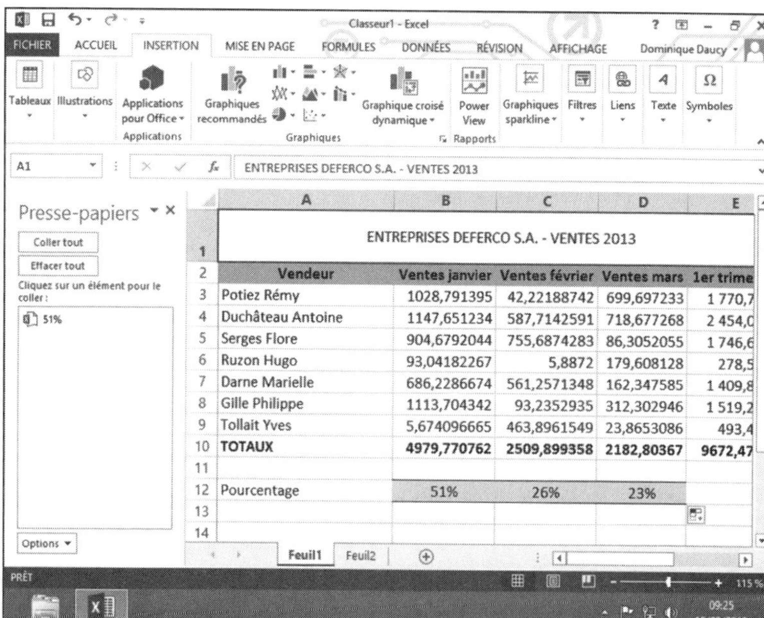

Figure 4.10 : Le volet Presse-papiers Office apparaît dans la partie gauche de la fenêtre d'Excel.

Pour coller un élément du Presse-papiers dans une autre feuille de calcul que celle d'où provenaient les données, cliquez sur l'élément présent dans le volet afin de le coller à l'emplacement du curseur de cellule.

Remarquez qu'il est possible de coller tous les éléments stockés dans le Presse-papiers dans la feuille de calcul courante en cliquant sur le bouton Coller tout, en haut du volet Presse-papiers Office. Pour vider le volet de tous les éléments qui s'y trouvent, cliquez sur le bouton Effacer tout. Pour ne supprimer qu'un élément en particulier du Presse-papiers, placez le pointeur de la souris sur cet élément dans le volet Presse-papiers Office jusqu'à ce qu'un bouton de menu contextuel apparaisse. Cliquez ensuite sur ce bouton et, dans le menu, choisissez l'option Supprimer.

TRUC

Pour faire apparaître automatiquement le volet Presse-papiers Office après avoir utilisé deux fois la commande Couper ou la commande Coller, sélectionnez Afficher le Presse-papiers Office automatiquement dans le menu Options du Presse-papiers. Pour faire apparaître le Presse-papiers Office lorsque vous appuyez deux fois de suite sur Ctrl + C (en pratique, maintenez enfoncée la touche Ctrl tout en appuyant deux fois de suite sur la touche C), sélectionnez dans ce même menu l'option Afficher le Presse-papiers Office lorsque Ctrl + C est utilisé deux fois. Pour fermer le Presse-papiers Office, cliquez sur son bouton de fermeture, dans son coin supérieur droit.

Qu'est-ce qu'il a de spécial, ce coller ?

Normalement, à moins que vous n'alliez farfouiller dans les options de collage décrites précédemment dans ce chapitre, Excel copie toutes les informations dans la plage de cellules sélectionnée, c'est-à-dire les valeurs, textes, formules et mises en forme. Si vous le désirez, utilisez la commande Collage spécial pour spécifier que seules les entrées doivent être copiées (sans mise en forme) ou que seule la mise en forme doit être copiée (sans les entrées).

Pour coller des éléments particuliers d'une sélection de cellules tout en ne tenant pas compte d'autres éléments, cliquez sur le triangle pointant vers le bas qui apparaît dans la partie inférieure du bouton Coller du groupe Presse-papiers de l'onglet Accueil, puis sélectionnez Collage spécial dans le menu qui s'affiche. La boîte de dialogue Collage spécial apparaît (Figure 4.11), dans laquelle vous pouvez sélectionner ce que vous voulez coller en cliquant sur le bouton radio correspondant :

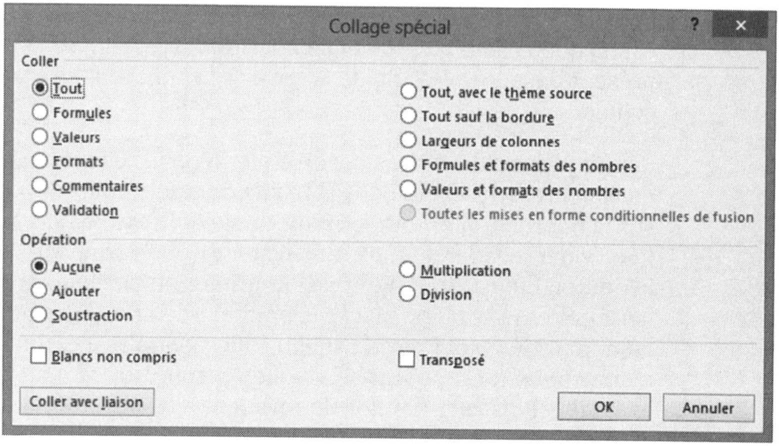

Figure 4.11 : Les options de collage spécial permettent de coller sélectivement tel ou tel élément des cellules sélectionnées.

- **Tout.** Excel choisit cette option pour coller toutes les informations (notamment les formules, mises en forme…) dans la sélection de cellules.
- **Formules.** Tous les textes, nombres et formules de la sélection courante sont collés, mais sans leur mise en forme.
- **Valeurs.** Convertit toutes les formules de la sélection courante aux valeurs qu'elles ont calculées.
- **Formats.** Ne colle que les mises en forme de la sélection de cellules courante, sans se préoccuper des entrées.
- **Commentaires.** Ne colle que les notes que vous avez attachées aux cellules (des sortes de Post-it électroniques que nous étudierons dans le Chapitre 6).
- **Validation.** Ne colle que les règles de validation de données dans la plage de cellules que vous avez configurée avec la commande Validation de données. Cette commande permet de définir une valeur ou une plage de valeurs autorisée pour une cellule ou un ensemble de cellules.
- **Tout, avec le thème source.** Colle tout le contenu de la cellule qui a été copiée, y compris le style de cellule avec lequel celle-ci est mise en forme.
- **Tout sauf la bordure.** Colle toutes les informations de la sélection hormis les éventuelles bordures.

- **Largeurs de colonnes.** Applique la largeur des colonnes des cellules copiées aux cellules de la plage de destination.
- **Formules et formats des nombres.** Reproduit les formats de nombre appliqués aux nombres et aux formules.
- **Valeurs et formats des nombres.** Convertit les formats aux valeurs qu'ils ont produites et recopie les formats de nombre affectés aux valeurs copiées.
- **Aucune.** Normalement, Excel active ce bouton, indiquant qu'aucune opération ne sera appliquée entre les données que vous avez coupées ou copiées dans le Presse-papiers et celles qui seront collées dans la plage de cellules.
- **Ajouter.** Ajoute les données copiées dans le Presse-papiers aux entrées figurant dans les cellules de destination.
- **Soustraction.** Retranche les données copiées dans le Presse-papiers de celles des cellules de destination.
- **Multiplication.** Multiplie les données copiées dans le Presse-papiers avec les entrées des cellules de destination.
- **Division.** Divise les données copiées dans le Presse-papiers par les entrées des cellules de destination.
- **Blancs non compris.** Cochez cette case afin qu'Excel ne copie aucune cellule vide. De cette manière, une cellule vide ne pourra pas se substituer à une cellule contenant des données.
- **Transposé.** Lorsque cette case est cochée, Excel change l'orientation des cellules collées. Cette option est précieuse lorsque les données d'origine sont, par exemple, disposées sur une seule ligne et que vous préférez les disposer sur une colonne.

À propos des suppressions

Une étude d'Excel ne saurait être complète sans apprendre à se débarrasser des données que contiennent les cellules. Il existe deux sortes de suppression dans une feuille de calcul :

- **Vider une cellule** : la cellule est simplement vidée de son contenu, sans être véritablement supprimée, ce qui peut affecter la mise en place des cellules environnantes.
- **Supprimer une cellule** : la suppression élimine tout ce qui constitue une cellule, y compris son contenu et sa mise en forme. Lorsque vous supprimez une cellule, Excel doit déplacer les cellules environnantes afin de combler le vide provoqué par la disparition.

Vider une cellule

Pour se débarrasser uniquement du contenu d'une sélection de cellules sans supprimer les cellules elles-mêmes, sélectionnez une plage et appuyez sur la touche Suppr.

Si vous voulez être plus précis, cliquez sur le bouton Effacer dans le groupe Édition de l'onglet Accueil (il représente une gomme) et sélectionnez une des commandes suivantes dans le menu qui apparaît :

- **Effacer tout :** toutes les entrées de la sélection sont supprimées, ainsi que toutes les mises en forme et les commentaires.
- **Effacer les formats :** seules les mises en forme sont supprimées dans la sélection.
- **Effacer le contenu :** efface uniquement le contenu de la sélection (texte ou valeur), exactement comme la touche Suppr.
- **Effacer les commentaires :** seuls les commentaires sont supprimés dans la sélection.
- **Effacer les liens hypertextes :** supprime tous les liens hypertextes actifs dans la plage sélectionnée, mais conserve le texte auquel ils étaient liés.

Virez-moi toutes ces cellules

Pour supprimer une sélection de cellules au lieu de seulement les vider de leur contenu, cliquez sur le triangle pointant vers le bas du bouton Supprimer du groupe Cellules de l'onglet Accueil, et sélectionnez Supprimer les cellules dans le menu qui apparaît. La boîte de dialogue Supprimer s'affiche, vous proposant différentes possibilités pour remplacer les cellules que vous allez supprimer :

- **Décaler les cellules vers la gauche :** c'est l'option par défaut. Les cellules situées à droite de celles qui ont été supprimées sont déplacées vers la gauche pour combler le vide produit.
- **Décaler les cellules vers le haut :** les cellules situées sous celles qui ont été supprimées sont déplacées vers le haut.
- **Ligne entière :** toutes les lignes de la sélection courante sont supprimées.
- **Colonne entière :** toutes les colonnes de la sélection courante sont supprimées.

TRUC

Si vous savez que vous voulez déplacer les cellules restantes vers la gauche en supprimant les cellules de la sélection, vous pouvez cliquer simplement sur le bouton Supprimer du groupe Cellules de l'onglet Accueil. L'effet est exactement le même que sélectionner la première des trois options ci-dessus dans la boîte de dialogue Supprimer.

Si vous savez à l'avance que vous voudrez supprimer des lignes ou des colonnes entières de la feuille de calcul, vous pouvez les sélectionner en cliquant dans les en-têtes, puis en opérant un clic droit sur la sélection et en choisissant Supprimer dans le menu qui apparaît.

N'OUBLIEZ PAS

Pour supprimer des lignes ou des colonnes entières, il n'est pas nécessaire de sélectionner les lignes ou les colonnes elles-mêmes. Il suffit que des cellules leur appartenant soient sélectionnées. Après avoir sélectionné des cellules appartenant aux colonnes ou aux lignes à supprimer, cliquez sur le triangle pointant vers le bas du bouton Supprimer du groupe Cellules de l'onglet Accueil, et sélectionnez Supprimer des colonnes du tableau ou Supprimer des lignes du tableau dans le menu qui apparaît.

ATTENTION !

La suppression de lignes ou de colonnes entières est risquée, à moins que vous soyez certain qu'elles ne contiennent pas de valeurs à conserver. Rappelez-vous qu'en supprimant par exemple toute la ligne A, vous supprimez en réalité toutes les informations de cette ligne dans les colonnes A à XFD, alors que vous ne voyez que quelques-unes de ces colonnes. De même, si vous supprimez une colonne entière, vous supprimez toutes les informations de cette colonne contenues dans les lignes 1 à 1 048 576.

Faire de la place avec la commande Insérer

Pour ces cas inévitables où vous devrez glisser de nouvelles entrées dans une région déjà bien remplie de la feuille de calcul, vous aurez intérêt à insérer les nouvelles cellules plutôt que de vous lancer dans les délicats déplacements et réorganisations de plusieurs plages de cellules. Pour insérer une nouvelle ligne, sélectionnez les cellules – dont beaucoup sont d'ores et déjà occupées – près desquelles les nouvelles cellules doivent être placées, puis cliquez sur le triangle pointant vers le bas dans le bouton Insérer du groupe Cellules de l'onglet Accueil, et sélectionnez Insérer des cellules dans le menu qui apparaît. La boîte de dialogue Insertion de cellules s'affiche, vous proposant les options suivantes :

- **Décaler les cellules vers la droite :** quand vous cliquez sur le bouton OK ou appuyez sur la touche Entrée, les cellules existantes sont décalées vers la droite afin de libérer de la place pour les cellules qui seront créées.
- **Décaler les cellules vers le bas :** c'est l'option par défaut. Elle demande à Excel de décaler les cellules vers le bas au moment où vous cliquez sur le bouton OK ou appuyez sur la touche Entrée.
- **Ligne entière** et **Colonne entière :** insertion de lignes ou de colonnes entières. Il est inséré autant de lignes ou de colonnes qu'il y a de lignes ou de colonnes sélectionnées au moment de cliquer sur le bouton OK ou d'appuyer sur la touche Entrée.

TRUC

Si vous savez que vous voulez déplacer les cellules existantes vers la droite pour faire de la place aux nouvelles cellules insérées, vous pouvez cliquer simplement sur le bouton Insérer du groupe Cellules de l'onglet Accueil. Il en résulte exactement le même effet que de sélectionner la première des trois options ci-dessus dans la boîte de dialogue Insertion de cellules.

Chapitre 5

Imprimer le chef-d'œuvre

Dans ce chapitre :

- Prévisualiser les pages avant l'impression.
- Imprimer rapidement à partir de la barre d'outils Accès rapide.
- Imprimer toutes les feuilles de calcul d'un classeur.
- N'imprimer que certaines cellules d'une feuille de calcul.
- Modifier l'orientation des pages.
- Imprimer la totalité d'une feuille de calcul sur une seule page.
- Modifier les marges d'un rapport.

Pour la plupart des gens, l'impression est la finalité d'une feuille de calcul (on est loin de la notion du « bureau sans papier » que promettait la bureautique). Toutes les saisies, mises en forme, vérifications de formules, bref, toutes les opérations que vous effectuez avec un tableur ne sont que des préparations à l'impression des informations.

Dans ce chapitre, vous découvrirez combien il est facile d'imprimer des rapports avec Excel 2013 grâce à la fenêtre Imprimer, à l'Aperçu d'impression et à l'onglet Mise en page du Ruban. Quelques règles simples vous permettront d'obtenir une présentation irréprochable des documents, dès la première fois que vous les envoyez à l'imprimante (et pas la deuxième ou la troisième).

Un coup d'œil à la page en mode Mise en page

Le nouveau mode d'affichage Mise en page d'Excel 2013 procure une visibilité immédiate sur la mise en page d'une feuille de calcul. Pour activer ce mode d'affichage, cliquez simplement sur le bouton Mise en page dans la barre d'état (c'est l'icône du milieu parmi les trois qui se trouvent juste à gauche de la glissière du zoom). Vous pouvez aussi cliquer, dans le Ruban, sur le bouton Mise en page, sous l'onglet Affichage. Lorsque vous passez en mode Mise en page, comme le montre la Figure 5.1, Excel affiche une règle horizontale et une règle verticale, respectivement au-dessus et à gauche des lettres de colonne et des numéros de ligne. Dans la zone d'affichage de la feuille de calcul, vous voyez également apparaître les marges de la page telles qu'elles seront sur le papier, avec les en-têtes et les pieds de page si vous en avez défini, et les sauts de page, naturellement. Vous pouvez utiliser le zoom pour voir apparaître plusieurs pages à la fois sur votre écran.

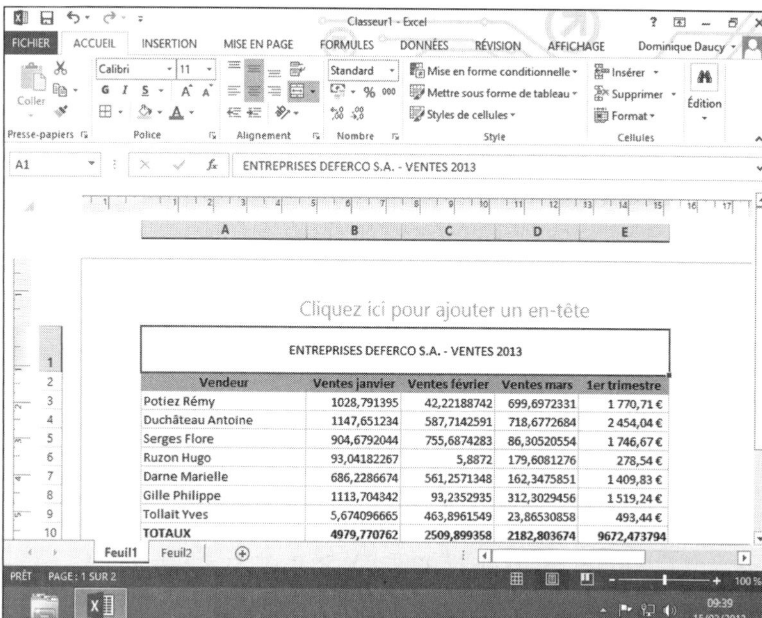

Figure 5.1 : Affichage d'une feuille de calcul en mode Mise en page.

TRUC

Pour voir combien de pages sont nécessaires pour imprimer votre feuille de calcul, tirez le curseur de zoom vers la gauche, dans la barre d'état, jusqu'au moment où toutes les données de la feuille apparaissent à l'écran et tiennent dans la même feuille.

N'OUBLIEZ PAS

Excel affiche les règles en utilisant l'unité par défaut, c'est-à-dire les centimètres. Pour changer l'unité, ouvrez la boîte de dialogue Options Excel sur l'onglet Options avancées (Fichier/Options Excel/Options avancées) et sélectionnez l'unité de votre choix dans la liste déroulante Unités de la règle de la section Afficher.

Vous êtes libre de masquer ou d'afficher les règles dans le mode Mise en page. Pour cela, cliquez sur le bouton Afficher/Masquer dans l'onglet Affichage du Ruban et cliquez sur la case Règle pour en ôter ou y mettre la coche.

Agir dans la fenêtre Imprimer

Pour ne pas gâcher inutilement du papier, imprimez la feuille de calcul directement à partir de la fenêtre Imprimer de l'affichage Backstage en cliquant sur Fichier/Imprimer ou bien en appuyant sur Ctrl + P ou sur Ctrl + F2. Comme le révèle la Figure 5.2, la fenêtre Imprimer montre, d'un seul coup d'œil, tous les paramètres d'impression ainsi qu'un aperçu des pages.

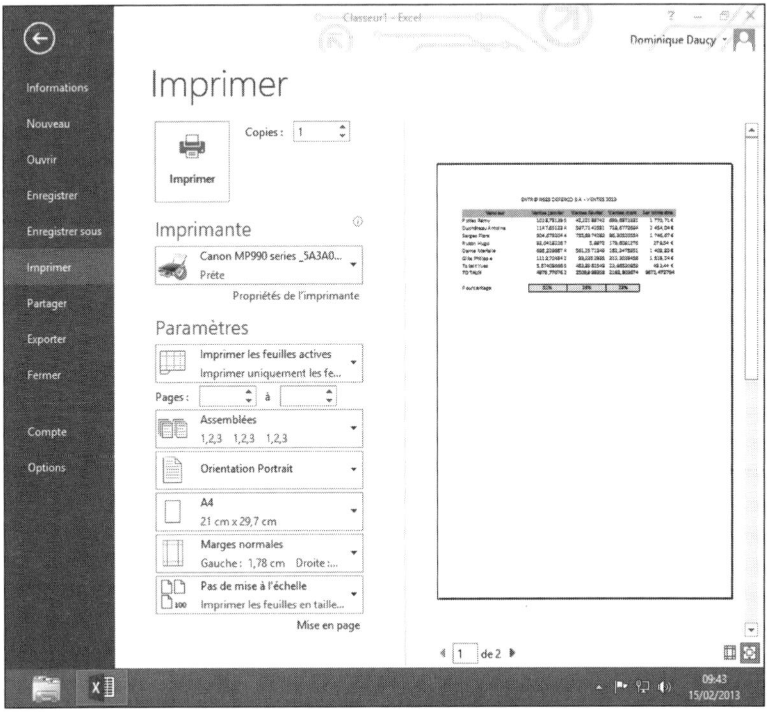

Figure 5.2 : La fenêtre Imprimer regroupe les paramètres d'affichage et propose un aperçu.

TRUC

Vous pouvez, si vous le souhaitez, ajouter un bouton Prévisualiser et Imprimer à la barre d'outils Accès rapide qui ouvre cette fenêtre Imprimer de l'affichage Backstage. Pour ce faire, cliquez sur le bouton de personnalisation de cette barre et choisissez, dans le menu local, l'option Aperçu et Impression ; le bouton correspondant sera ajouté en bout de barre d'Accès rapide, prêt à être sollicité.

Vous pouvez utiliser la fonction d'aperçu avant l'impression de la fenêtre Imprimer pour imprimer une feuille de calcul, une partie de feuille de calcul ou le classeur tout entier. Vous devrez gérer les sauts de pages lorsque le document à imprimer ne tient pas sur une seule feuille de papier. L'aperçu montre exactement comment les données seront réparties sur la ou les feuilles au moment de l'impression. Au besoin, vous pouvez retourner dans la feuille de calcul afin d'y effectuer des changements à partir de l'onglet Mise en page du Ruban (ou en réglant directement la largeur des colonnes dans la feuille de calcul) avant d'envoyer le document vers l'imprimante.

Le contenu d'une page est à peine lisible dans la fenêtre Imprimer. Pour agrandir l'aperçu à la taille réelle afin de vérifier des données, cliquez sur le bouton Zoom sur la page, en bas à droite. La Figure 5.3 montre la première page d'une feuille de calcul zoomée de la sorte.

Après avoir agrandi l'aperçu, actionnez les barres de défilement pour accéder à ses diverses parties. Pour revenir à l'affichage de la feuille de calcul toute entière, cliquez de nouveau sur le bouton Zoom sur la page.

Le nombre de pages à imprimer est indiqué en bas à gauche de l'aperçu. Si le document compte plusieurs pages, cliquez sur les boutons fléchés de part et d'autre du compteur pour les parcourir.

TRUC

Cliquez sur le bouton Afficher les marges, à gauche du bouton Zoom sur la page, pour voir comment les données occuperont la feuille de papier. Les marges sont réglables en plaçant le pointeur de la souris dessus ; lorsqu'il se transforme en poignée, cliquez et tirez pour les régler. Nous y reviendrons à la section « Soigner les marges », plus loin dans ce chapitre.

Après avoir vérifié le document, vous configurerez les paramètres suivants :

- Le bouton **Imprimer** et le champ **Copies** : cliquez dessus pour imprimer la feuille de calcul en autant d'exemplaires qu'indiqué dans le champ Copies.

Figure 5.3 : Zoom sur votre feuille de calcul.

- Le menu **Imprimante** : il sert à sélectionner une imprimante ou un fax. Excel affiche toujours, dans ce menu, le nom de l'imprimante par défaut définie dans Windows.

- Les menus **Paramètres** : le premier de ces menus sert à définir ce qu'il faut imprimer. Vous avez le choix entre Imprimer les feuilles actives (préalablement sélectionnées), Imprimer le classeur entier ou Imprimer la sélection. Sous le menu, vous pouvez indiquer les numéros des pages à imprimer, de la première du lot à la dernière.

  Les autres menus permettent d'imprimer recto verso (si l'imprimante est capable de gérer cette fonction), d'imprimer les pages assemblées, lorsque plusieurs exemplaires sont tirés, ou non assemblées (toutes les pages 1, puis toutes les pages 2 et ainsi de suite). Le menu Orientation permet d'imprimer la page dans le sens normal, en hauteur (Portrait) ou en largeur (Paysage).

La zone d'impression

Excel comporte une fonctionnalité spéciale appelée Zone d'impression. Pour l'utiliser, commencez par sélectionner une plage de cellules dans la feuille de calcul. Ensuite, dans le Ruban, cliquez sur l'onglet Mise en page puis, dans le groupe Mise en page, cliquez sur le bouton Zone d'impression et choisissez Définir. Cela fait, Excel imprimera cette sélection chaque fois que vous imprimez la feuille de calcul, soit en cliquant sur le bouton Impression rapide, si vous l'avez ajouté à la barre d'outils Accès rapide, soit en cliquant sur Fichier/Imprimer ou en utilisant le raccourci Ctrl + P.

Après avoir défini la zone d'impression, cette plage de cellules est la seule qui puisse être imprimée, quelle que soit par ailleurs la configuration définie dans les menus Paramètres de la fenêtre Imprimer, et ce jusqu'à ce que vous choisissiez l'option Annuler dans le menu Mise en page/Zone d'impression.

Vous pouvez aussi définir et annuler une zone d'impression dans l'onglet Feuille de la boîte de dialogue Mise en page (pour ouvrir cette boîte de dialogue, cliquez sur le lanceur de boîte de dialogue du groupe Mise en page de l'onglet Mise en page, dans le coin inférieur droit de ce groupe). Pour cela, cliquez dans le champ Zone d'impression dans l'onglet Feuille de cette boîte de dialogue et sélectionnez dans la feuille de calcul la (ou les) plage(s) de cellules que vous voulez définir comme zone d'impression. N'oubliez pas que vous pouvez cliquer sur le bouton qui se trouve à l'extrémité droite de ce champ pour minimiser la boîte de dialogue Mise en page et sélectionner plus facilement les cellules voulues (cliquez à nouveau sur ce même bouton pour faire réapparaître la boîte de dialogue en entier). Pour annuler une zone d'impression, ou simplement retirer une ou plusieurs plages de cellules d'une zone impression, dans la boîte de dialogue Mise en page, sélectionnez les plages voulues dans le champ Zone d'impression et appuyez sur la touche Suppr.

Imprimer la feuille de calcul

Tant que vous utilisez les paramètres d'impression par défaut d'Excel pour imprimer votre feuille de calcul, l'impression dans Excel 2013 sera pour vous un jeu d'enfant. Pour commencer, ajoutez le bouton Impression rapide dans la barre d'outils Accès rapide : cliquez sur le triangle pointant vers le bas à l'extrémité droite de celle-ci et sélectionnez Impression rapide dans le menu qui apparaît.

Une fois que le bouton Impression rapide apparaît dans la barre d'outils Accès rapide, vous pouvez cliquer dessus pour imprimer directement la feuille de calcul affichée, y compris les images et les graphiques (mais sans les commentaires que vous avez pu ajouter aux cellules), sans passer par la boîte de dialogue Imprimer. Pour en savoir plus sur les commentaires dans les cellules, reportez-vous au Chapitre 6.

Quand vous cliquez sur le bouton Impression rapide, Excel envoie directement la tâche d'impression correspondante dans la file d'attente de l'imprimante par défaut, qui est en quelque sorte le messager qui envoie les tâches d'impression à l'imprimante. Excel affiche alors (très fugitivement, à moins que vous ayez vraiment un très gros fichier) une boîte de dialogue Impression pour vous informer de la progression de l'envoi de cette tâche d'impression à la file d'attente de l'imprimante (en affichant un message du genre *Impression de la page 2/3 « Nom du fichier » en cours sur Nom de l'imprimante*). Une fois que cette boîte de dialogue a disparu, c'est-à-dire dans la plupart des cas avant que vous ayez eu le temps de lire ce message, vous pouvez vous remettre au travail dans Excel.

Au cas où vous voudriez annuler l'impression, la boîte de dialogue Impression contient un bouton Annuler. Si vous êtes aussi rapide que Lucky Luke, cliquez sur ce bouton. Dans le cas contraire, vous devez faire comme tout le monde, c'est-à-dire ouvrir la boîte de dialogue de l'imprimante pour y annuler la tâche d'impression :

1. **Cliquez du bouton droit sur l'icône d'imprimante qui apparaît dans la Zone de notification de la barre des tâches de Windows (juste à gauche de l'affichage de l'heure) lorsqu'une tâche d'impression se trouve dans la file d'attente et sélectionnez le nom de l'imprimante utilisée pour l'impression de votre document dans le menu qui apparaît.**

   La boîte de dialogue des tâches d'impression en cours pour cette imprimante apparaît.

2. **Cliquez du bouton droit sur l'icône de l'imprimante et, dans le menu déroulant, choisissez Ouvrir toutes les imprimantes actives.**

   Cela ouvre la boîte de dialogue de l'imprimante, avec les tâches d'impression dans la file d'attente (sous l'en-tête Nom du document).

3. **Sélectionnez la tâche d'impression à annuler.**

4. Choisissez Document/Annuler (ou équivalent) dans le menu qui apparaît, puis cliquez sur Oui pour confirmer.

5. Attendez que la tâche d'impression disparaisse de la liste, puis cliquez sur le bouton de fermeture de la boîte de dialogue et revenez à Excel.

Mettre en page la feuille de calcul

La seule chose un peu compliquée dans l'impression d'une feuille de calcul est la détermination de la disposition des pages. Heureusement, les boutons de commande du groupe Mise en page de l'onglet Mise en page du Ruban vous offrent un contrôle presque total de la disposition de vos pages.

Les trois groupes de boutons de l'onglet Mise en page vous permettent de définir la disposition de vos pages exactement comme vous le voulez : le groupe Mise en page, le groupe Mise à l'échelle et le groupe Options de la feuille de calcul, que nous allons décrire dans les sections qui suivent.

TRUC

Pour visualiser l'effet des modifications que vous apportez aux paramètres de mise en page, cliquez sur le bouton Mise en page de la barre d'état pour afficher la feuille de calcul en mode Mise en page. Vous pourrez ainsi vous rendre compte immédiatement de l'effet produit par votre utilisation des boutons de l'onglet Mise en page.

Utiliser les boutons du groupe Mise en page

Le groupe Mise en page de l'onglet Mise en page contient des boutons importants :

- **Marges :** ce bouton permet de sélectionner une des trois configurations de marges prédéfinies, ainsi que d'ouvrir la boîte de dialogue Mise en page avec l'onglet Marges au premier plan pour définir des marges personnalisées.
- **Orientation :** ce bouton permet de basculer entre le mode Portrait et le mode Paysage pour définir les pages de documents dans la feuille de calcul.
- **Taille :** ce bouton permet de sélectionner une des tailles de papier prédéfinies, ainsi que de faire apparaître la boîte de

dialogue Mise en page avec l'onglet Pages au premier plan pour spécifier une taille de papier personnalisée et d'autres paramètres de page.

- **Zone d'impression :** ce bouton permet de définir et d'annuler une zone d'impression (voyez à ce sujet l'encadré « La zone d'impression », précédemment dans ce chapitre).
- **Sauts de page :** ce bouton permet d'insérer ou de supprimer des sauts de page.
- **Arrière-plan :** ce bouton ouvre la boîte de dialogue Feuille d'arrière-plan, dans laquelle vous pouvez sélectionner le fichier graphique d'une image ou d'une photo qui sera utilisée comme arrière-plan pour toutes les feuilles de calcul du classeur (notez que ce bouton devient Supprimer l'arrière-plan lorsqu'une image d'arrière-plan a déjà été sélectionnée).
- **Imprimer les titres :** ce bouton ouvre la boîte de dialogue Mise en page avec l'onglet Feuille au premier plan, dans lequel vous pouvez définir des lignes de la feuille de calcul comme devant être imprimées en haut de chaque page, et des colonnes comme devant être imprimées à gauche de chaque page, en tant que titres pour le rapport.

Soigner les marges

Quand vous créez un nouveau classeur, Excel lui applique les paramètres de marge par défaut, c'est-à-dire les marges Normales dans le menu affiché par le bouton Marges de l'onglet Mise en page (Haut et Bas : 1,91 cm ; Gauche et Droite : 1,78 cm ; En-tête et Pied de page : à 0,76 cm du bord de la page).

En dehors des paramètres de marges Normales, Excel vous permet de sélectionner directement deux autres configurations de marges standards à partir du menu du bouton Marges de l'onglet Mise en page :

- **Larges** (Haut et Bas : 2,54 cm ; Gauche et Droite : 2,54 cm ; En-tête et Pied de page : à 1,27 cm du bord de la page).
- **Étroites** (Haut et Bas : 1,91 cm ; Gauche et Droite : 0,64 cm ; En-tête et Pied de page : à 0,76 cm du bord de la page).

Il vous arrivera souvent d'avoir un rapport qui occupe juste un peu plus que la surface d'une page à l'impression, de telle sorte qu'une ou deux colonnes ou un petit nombre de lignes se retrouvent sur une autre page. Avec un peu de chance, il vous suffira de sélectionner les marges standards Étroites pour que l'ensemble tienne sur une seule page.

Si ça ne suffit pas, vous pouvez essayer de définir des marges personnalisées, que ce soit dans l'onglet Marges de la boîte de dialogue Mise en page ou en faisant glisser avec la souris les repères des marges dans l'affichage Aperçu avant impression. Pour faire tenir plus de colonnes sur une page, réduisez les marges droite et gauche. Pour faire tenir plus de lignes, réduisez les marges du haut et du bas.

Pour ouvrir la boîte de dialogue Mise en page avec l'onglet Marges au premier plan (Figure 5.4), cliquez sur la commande Marges personnalisées, tout en bas du menu du bouton Marges de l'onglet Mise en page et entrez les paramètres voulus dans les champs correspondants (vous pouvez aussi utiliser les boutons qui se trouvent dans ces champs pour augmenter ou réduire la valeur).

TRUC

Pour que les données de la page soient automatiquement centrées sur la page à l'impression, cochez la case Horizontalement, ou la

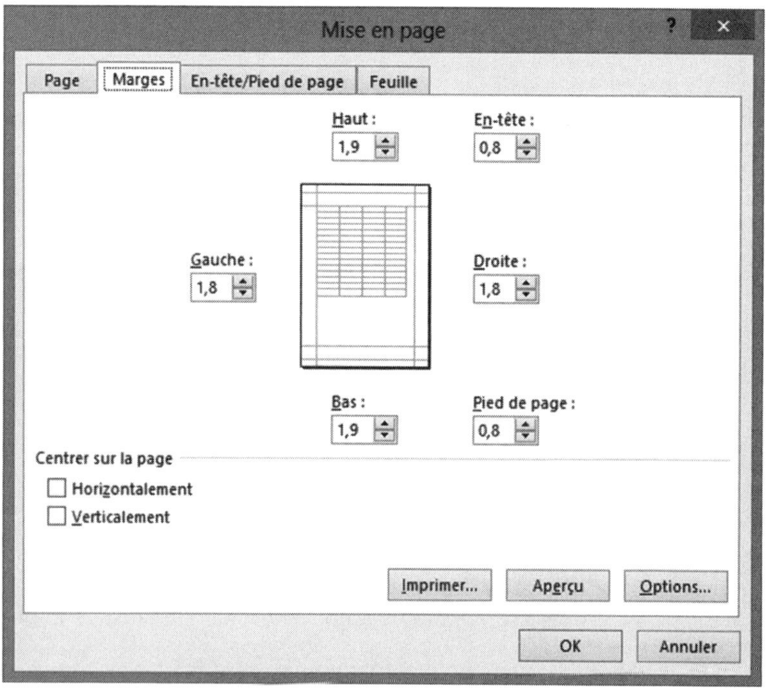

Figure 5.4 : Utilisez l'onglet Marges de la boîte de dialogue Mise en page pour définir des marges personnalisées.

case Verticalement, dans la section Centrer sur la page de cet onglet, ou les deux. Les données seront alors centrées à l'impression entre les marges spécifiées.

Lorsque vous cochez la case Afficher les marges dans l'onglet Aperçu avant impression de l'affichage Aperçu avant impression pour pouvoir ajuster manuellement les marges, les repères des colonnes apparaissent également, ce qui vous permet d'ajuster également la largeur des colonnes (ce que montre la Figure 5.5). Pour modifier une marge, placez le pointeur de la souris sur le repère correspondant (le pointeur prend la forme d'une flèche à double pointe) et faites-le glisser dans la direction voulue. Lorsque vous relâchez le bouton de la souris, Excel affiche la page avec la nouvelle marge que vous venez de définir. Selon que vous réduisez ou que vous augmentez une marge, la page peut gagner ou perdre des lignes ou des colonnes. Utilisez la même méthode pour ajuster la largeur des colonnes : faites glisser les repères correspondants.

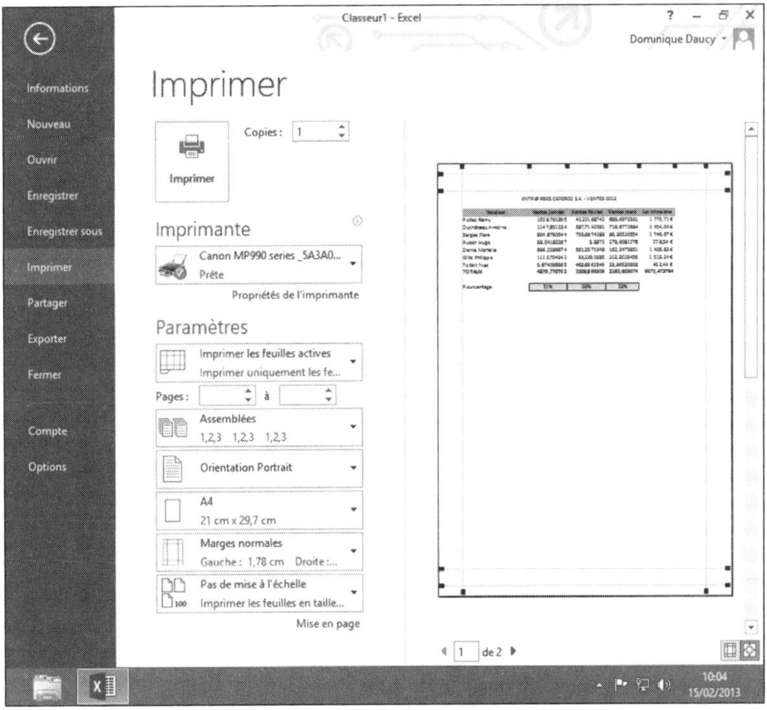

Figure 5.5 : Après avoir coché la case Afficher les marges, faites glisser les repères pour régler les marges.

Portrait ou paysage ?

Le menu du bouton Orientation du groupe Mise en page de l'onglet Mise en page contient les deux options suivantes :

- **Portrait :** c'est l'option par défaut, qui correspond à l'usage habituel d'une feuille de papier. La page est plus haute que large.
- **Paysage :** c'est l'inverse, quand on fait tourner la page de 90 degrés. La page est plus large que haute.

Comme il est courant qu'un tableau soit assez large et comme les tableaux sont l'usage principal des feuilles de calcul, l'orientation Paysage, qui permet de faire tenir un plus grand nombre de colonnes sur la feuille, vous sera souvent plus pratique que l'orientation Portrait pour imprimer vos feuilles de calcul.

Dans la Figure 5.6, vous pouvez voir une liste en mode Paysage affichée en mode Mise en page. Excel peut faire tenir davantage de colonnes sur la page en mode Paysage qu'en mode Portrait. Mais comme il y a corrélativement moins de lignes sur une page, celles-ci s'étendent sur un plus grand nombre de pages qu'en mode Portrait.

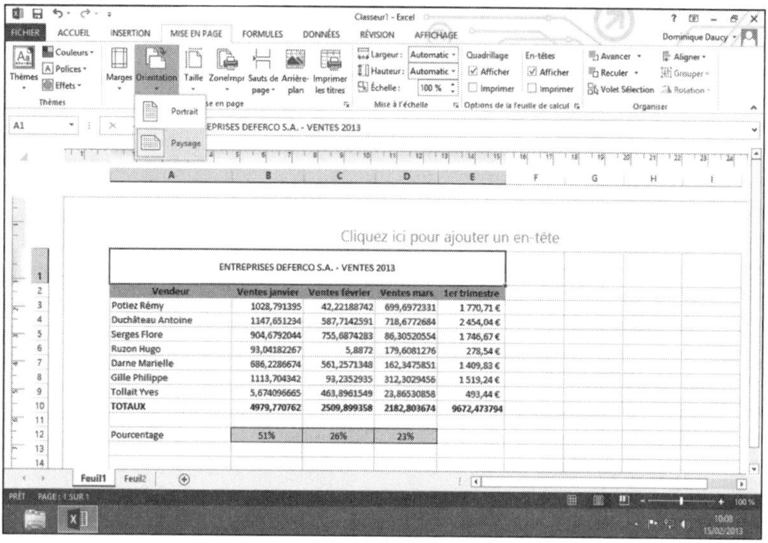

Figure 5.6 : Une liste en mode Paysage affichée en mode Mise en page.

Définir les titres à imprimer

La fonction Imprimer les titres d'Excel vous permet de répéter sur chaque page d'un rapport l'impression de certaines lignes et/ou de certaines colonnes, ce qui est particulièrement utile pour les lignes et colonnes d'en-tête d'un tableau qui s'étend sur plusieurs pages.

N'OUBLIEZ PAS

Ne confondez pas les titres à imprimer avec l'en-tête et le pied de page d'un rapport. Bien que les uns comme les autres soient imprimés sur toutes les pages, l'en-tête et le pied de page sont imprimés respectivement dans la marge supérieure et la marge inférieure de la page, alors que les titres à imprimer le sont dans le corps du rapport.

Pour définir des lignes et des colonnes comme titres à imprimer pour un rapport, suivez ces étapes :

1. **Dans l'onglet Mise en page du Ruban, cliquez sur le bouton Imprimer les titres.**

   La boîte de dialogue Mise en page apparaît, avec l'onglet Feuille au premier plan (Figure 5.7).

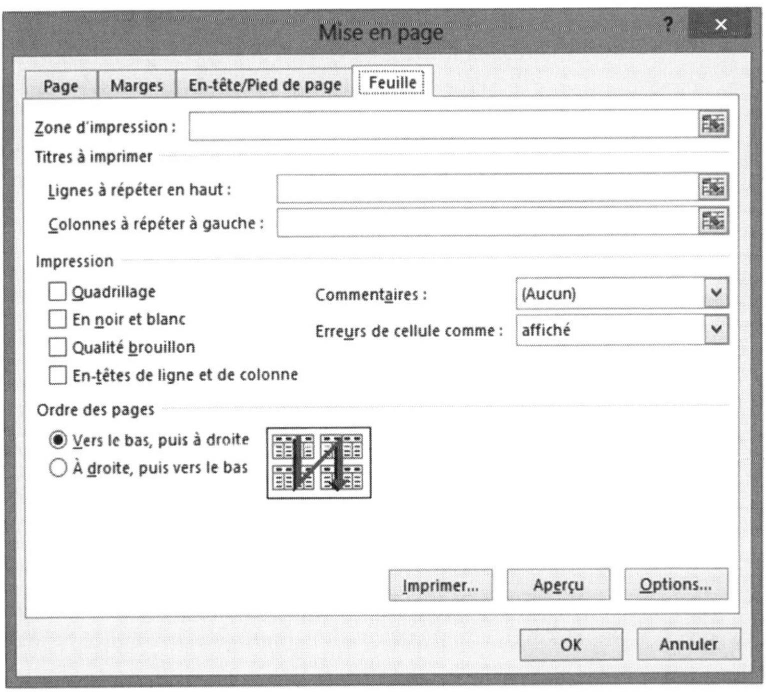

Figure 5.7 : La ligne d'en-tête est à présent répétée en haut de chaque page imprimée.

Pour définir des lignes comme titres à imprimer, allez à l'Étape 2a. Pour définir des colonnes comme titres à imprimer, allez à l'Étape 2b.

2a. Cliquez sur le bouton qui se trouve à l'extrémité droite du champ Lignes à répéter en haut pour minimiser la boîte de dialogue Mise en page ; sélectionnez avec la souris dans la feuille de calcul les lignes que vous voulez voir se répéter en haut de chaque page dans le rapport imprimé, puis cliquez à nouveau sur le bouton du champ Lignes à répéter en haut pour rétablir la boîte de dialogue Mise en page.

Dans l'exemple de la Figure 5.7, nous avons cliqué sur le bouton de minimisation à droite du champ Lignes à répéter en haut pour minimiser la boîte de dialogue Mise en page et avons sélectionné les lignes 1 et 2 dans la feuille de calcul. Excel a donc affiché l'indication $1: dans le champ Lignes à répéter en haut.

Remarquez qu'Excel met en évidence les lignes des titres à répéter en haut en plaçant un trait en pointillé animé entre ces titres et les autres informations du rapport.

2b. Cliquez sur le bouton qui se trouve à l'extrémité droite du champ Colonnes à répéter à gauche pour minimiser la boîte de dialogue Mise en page ; sélectionnez avec la souris dans la feuille de calcul les colonnes que vous voulez voir se répéter à gauche de chaque page dans le rapport imprimé (Figure 5.7), puis cliquez à nouveau sur le bouton du champ Colonnes à répéter à gauche pour rétablir la boîte de dialogue Mise en page.

Remarquez qu'Excel met en évidence les colonnes des titres à répéter à gauche en plaçant un trait en pointillé animé entre ces titres et les autres informations du rapport.

3. Cliquez sur OK ou appuyez sur Entrée pour fermer la boîte de dialogue Mise en page.

Les traits en pointillé indiquant les limites des lignes et des colonnes à répéter disparaissent de la feuille de calcul.

Pour désactiver les titres à imprimer d'un rapport lorsque vous n'en avez plus besoin, ouvrez la boîte de dialogue Mise en page avec l'onglet Feuille au premier plan, supprimez le contenu des champs

Lignes à répéter en haut et Colonnes à répéter à gauche, puis cliquez sur OK ou appuyez sur Entrée.

Utiliser les boutons du groupe Mise à l'échelle

Si votre imprimante offre des options de mise à l'échelle, vous allez en découvrir la commodité. Il est en effet possible de faire tenir une feuille de calcul sur une seule page en sélectionnant 1 page dans les listes déroulantes Largeur et Hauteur du groupe Mise à l'échelle de l'onglet Mise en page. Lorsque ces options sont sélectionnées, Excel ajuste automatiquement l'échelle de la zone à imprimer pour que l'ensemble tienne sur une page à l'impression.

Après avoir sélectionné ces options, si vous vous apercevez en affichant l'Aperçu avant impression que le résultat est trop petit pour être lisible, cliquez sur le bouton Mise en page dans l'onglet Aperçu avant impression pour faire apparaître la boîte de dialogue Mise en page avec l'onglet Page au premier plan, dans lequel l'option Ajuster vous permet de modifier le nombre de pages en largeur et en hauteur auquel Excel doit ajuster la taille de votre document à l'impression. Utilisez pour cela les deux champs de l'option Ajuster.

TRUC

Plutôt que d'essayer de tout faire tenir sur une page, voyez comment se présente votre feuille de calcul si vous la faites tenir sur deux pages en largeur. Essayez ceci : sélectionnez 2 pages dans la liste déroulante du bouton Largeur du groupe Mise à l'échelle de l'onglet Mise en page et conservez 1 page dans la liste déroulante du bouton Hauteur. Vous pouvez aussi faire l'inverse en voyant comment se présente votre feuille de calcul si vous la faites tenir sur deux pages en hauteur : sélectionnez 2 pages dans la liste déroulante du bouton Hauteur et conservez 1 page dans la liste déroulante du bouton Largeur.

TRUC

Après avoir essayé les options d'ajustement en largeur et en hauteur, vous conclurez peut-être que vous ne voulez pas de mise à l'échelle pour l'impression. Pour l'annuler, sélectionnez simplement Automatique dans les deux listes déroulantes Largeur et Hauteur du groupe Mise à l'échelle de l'onglet Mise en page. Vous voyez alors que le champ du bouton Mettre à l'échelle (juste en dessous des deux précédents) est à nouveau disponible et affiche 100 %.

Les cases Imprimer dans le groupe Options de la feuille de calcul

Le groupe Options de la feuille de calcul contient deux cases très utiles, toutes deux nommées Imprimer (aucune des deux n'étant cochée par défaut) : la première dans la colonne Quadrillage, la seconde dans la colonne Titres.

- Pour imprimer votre rapport avec le quadrillage des lignes et des colonnes, cochez la case Imprimer dans la colonne Quadrillage.
- Pour imprimer votre rapport avec les numéros de lignes et les lettres de colonnes sur toutes ses pages, cochez la case Imprimer dans la colonne Titres.

TRUC

Si vous voulez que votre rapport imprimé soit aussi proche que possible de la manière dont il se présente à l'écran, cochez ces deux cases. Ces options sont particulièrement utiles lorsque vous avez besoin d'identifier les références des cellules sur la version imprimée (par exemple, pour les mettre à jour plus facilement dans la feuille).

Troisième partie

S'organiser et rester organisé

Dans cette partie…

- Apprendre à naviguer dans vos feuilles de calcul.
- Ajouter des commentaires.
- Rechercher et remplacer.
- Ajouter (et supprimer) des feuilles dans un classeur.
- Ouvrir plusieurs affichages d'une même feuille pour comparer des zones distinctes.
- Déplacer des données à l'intérieur d'un même classeur, voire d'un classeur à un autre.

Chapitre 6

Maintenir l'ordre dans la feuille de calcul

Dans ce chapitre :

- Zoomer en avant et en arrière.
- Fractionner la fenêtre d'un classeur en deux ou quatre volets.
- Figer les lignes ou les colonnes des titres.
- Attacher un commentaire à une cellule.
- Nommer des cellules.
- Rechercher et remplacer des données.

Chaque feuille de calcul d'Excel offre énormément de place pour vos informations ; par défaut, chaque classeur vous ouvre une feuille unique. Mais, comme un écran ne peut en montrer qu'une petite partie, la maintenance de ces informations n'est pas une mince affaire.

Dans ce chapitre, vous découvrirez quelques techniques efficaces pour garantir cette maintenance. Vous apprendrez comment attirer l'attention sur une partie d'une feuille de calcul en zoomant dedans, ou comment diviser la fenêtre d'un document en plusieurs volets montrant simultanément diverses parties d'une même feuille et aussi comment afficher en permanence certaines lignes et colonnes.

Coup de zoom sur les cellules

Bon… Qu'allez-vous faire si votre directeur traîne les pieds pour vous offrir l'écran 22 pouces qui vous éviterait d'user vos yeux sur de minuscules caractères à peine lisibles et de faire défiler la feuille à tout bout de champ parce que trop peu de cellules sont visibles ? Vous utiliserez le curseur de zoom, toujours disponible dans la barre d'état. Il suffit de le tirer vers la gauche pour réduire et voir plus de cellules, et de le tirer vers la droite pour agrandir ce que vous voyez.

La Figure 6.1 montre l'agrandissement d'une feuille de calcul à 200 %, soit le double de l'affichage normal. Pour appliquer ce rapport d'agrandissement à une feuille, faites glisser vers la droite le curseur de zoom jusqu'à ce que l'indicateur numérique affiche 200 % (juste à gauche du curseur). Vous pouvez aussi cliquer sur le bouton Zoom dans l'onglet Affichage et sélectionner 200 % dans la boîte de dialogue Zoom qui apparaît. Une chose est sûre, c'est que vous n'aurez pas à mettre de lunettes pour lire le contenu des cellules ! Le seul problème avec un tel agrandissement est que vous ne voyez plus beaucoup de cellules à l'écran.

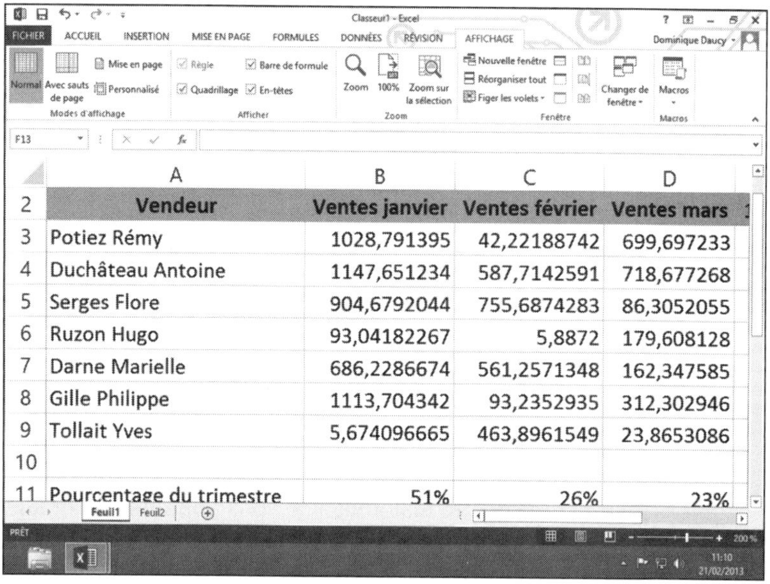

Figure 6.1 : Zoom à 200 % dans une feuille de calcul.

La Figure 6.2 montre la même feuille de calcul mais avec une réduction à 50 %, soit la moitié de la taille normale. Pour obtenir cette valeur de zoom, faites glisser vers la gauche le curseur de zoom jusqu'à ce que l'indicateur numérique affiche 50 %.

Avec une réduction à 50 %, la seule chose qui est sûre, c'est que plus rien n'est lisible ! Remarquez que cet affichage permet néanmoins de bénéficier d'une vue très élargie sur la feuille de calcul.

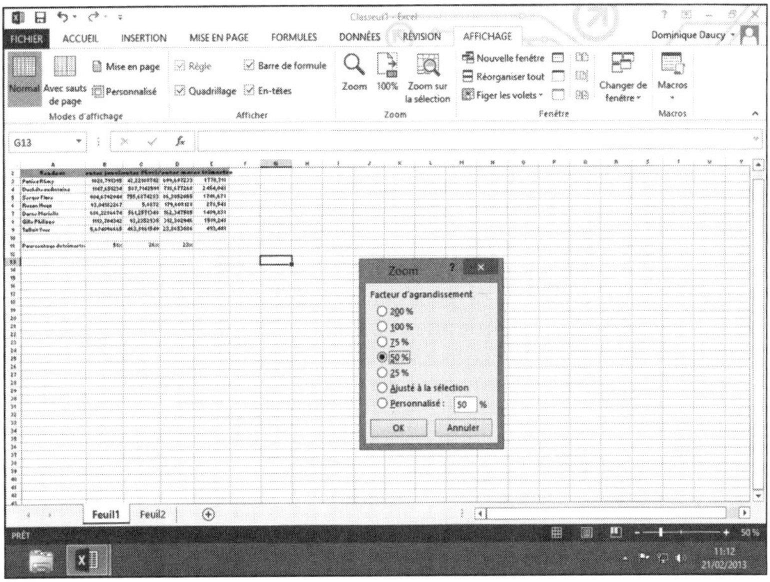

Figure 6.2 : La même feuille de calcul avec le zoom à 50 % et la boîte de dialogue Zoom.

La boîte de dialogue Zoom (Affichage/Zoom) offre le choix de cinq facteurs d'agrandissement (200, 100 soit l'affichage normal, 75, 50 et 25 %). Si ces valeurs ne vous conviennent pas, vous avez deux autres possibilités :

- Pour utiliser des facteurs d'agrandissement plus élevés ou plus réduits que ceux proposés (par exemple 400 % ou 10 %) ou intermédiaires (par exemple 150 % ou 85 %), sélectionnez le bouton Personnalisé dans la boîte de dialogue Zoom, entrez le pourcentage voulu et cliquez sur OK ou appuyez sur Entrée.
- Si vous ne savez pas quel pourcentage il faut appliquer pour cadrer une plage de cellules donnée, sélectionnez cette plage et cliquez sur le bouton Zoom sur la sélection dans l'onglet Affichage. Excel adapte automatiquement le facteur d'agrandissement pour afficher les cellules sélectionnées dans tout l'espace disponible de la fenêtre.

Pour revenir rapidement au taux d'agrandissement normal (100 %), cliquez exactement sur le petit trait vertical qui indique le centre de l'espace de déplacement du curseur de zoom dans la barre d'état.

Fractionner une fenêtre

Bien que le zoom facilite l'accès aux données dispersées dans une feuille de calcul, il ne permet en rien d'afficher deux endroits éloignés de la feuille afin d'en comparer le contenu (du moins pas avec un rapport d'affichage normal). Pour contourner ce problème, vous pouvez diviser la fenêtre d'un document en deux volets distincts et faire défiler librement la feuille dans chacun d'eux.

Pour fractionner une feuille de calcul en deux volets (supérieur et inférieur), positionnez votre pointeur à l'endroit où vous voulez fractionner, puis cliquez sur le bouton Fractionner de l'onglet Affichage du Ruban (Figure 6.3).

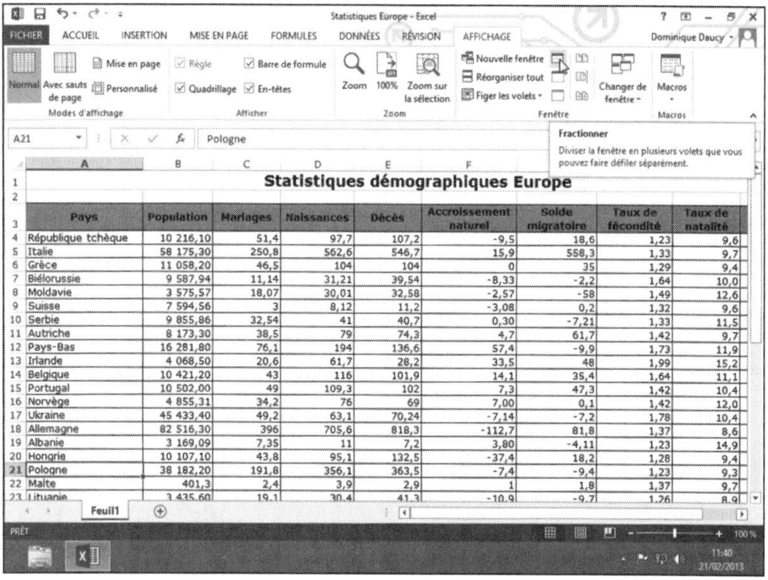

Figure 6.3 : Sélectionnez l'emplacement du futur fractionnement, puis cliquez sur le bouton Fractionner.

Chaque volet possède sa propre barre de défilement vertical, ce qui permet de manipuler les volets indépendamment l'un de l'autre.

C'est la cellule désignée avant le fractionnement qui en détermine directement les aspects :

- Pour fractionner en deux volets horizontaux, positionnez le pointeur dans la colonne A de la ligne où vous voulez que le fractionnement intervienne.

- Pour fractionner en deux volets verticaux, positionnez le pointeur dans la ligne 1 de la colonne où vous voulez que le fractionnement intervienne.
- Pour fractionner en quatre volets – deux horizontaux et deux verticaux -, sélectionnez la cellule supérieure gauche.

Lorsque le fractionnement est effectif, il est symbolisé par un fin trait gris clair. Placez votre pointeur sur ce trait et il prend la forme d'un outil de fractionnement (deux barres noires parallèles desquelles partent, de part et d'autre, une pointe fléchée).

Utilisez ce pointeur particulier pour modifier, si nécessaire, l'amplitude du fractionnement en faisant glisser vers le haut, vers le bas, vers la gauche ou vers la droite. Autre technique intéressante : un double-clic sur la barre de fractionnement supprime ce fractionnement. Autre moyen de vous en défaire : la commande Fractionner du menu Affichage.

Figer les volets

Les volets sont parfaits pour visualiser simultanément plusieurs parties éloignées d'une feuille de calcul. Mais ils peuvent aussi servir à figer des titres, en haut de la feuille ou à gauche, de sorte que les données peuvent défiler tandis que les titres restent en place. Les volets figés sont particulièrement utiles pour les tableaux dont les données s'étendent loin au-delà des lignes et des colonnes affichées à l'écran.

La Figure 6.4 montre des volets figés au-dessus et à gauche de la cellule B4 : en haut, le titre général de la feuille, puis une ligne vierge, puis les intitulés des colonnes et à gauche les pays.

En divisant la fenêtre du document en deux volets horizontaux entre les lignes 3 et 4 et en les figeant ensuite, les trois premières lignes restent toujours visibles, permettant ainsi d'identifier facilement le contenu des différentes colonnes lors d'un défilement de la liste vers le bas. En divisant la fenêtre du document en deux volets verticaux entre les colonnes A et B, les pays, qui constituent les en-têtes de ligne restent visibles à l'écran, même si vous faites défiler le tableau vers la droite.

Procédez comme suit pour figer des volets :

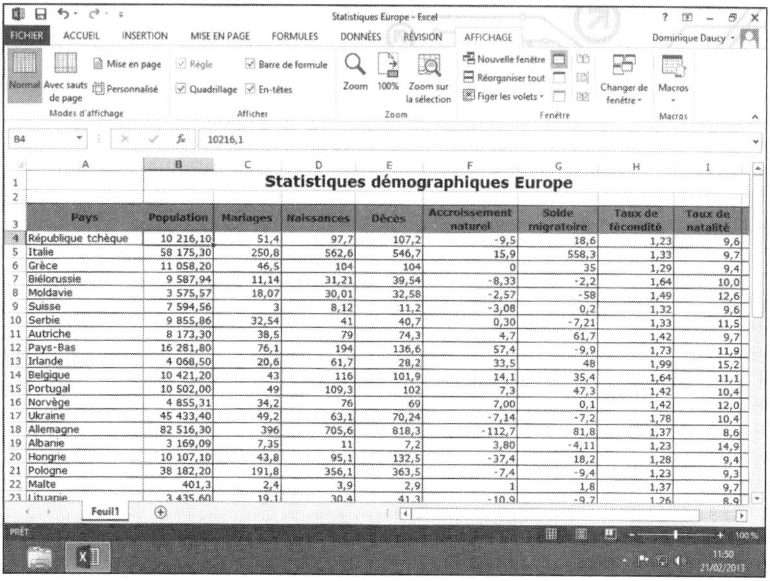

	A	B	C	D	E	F	G	H	I
1		Statistiques démographiques Europe							
2									
3	Pays	Population	Mariages	Naissances	Décès	Accroissement naturel	Solde migratoire	Taux de fécondité	Taux de natalité
4	République tchèque	10 216,10	51,4	97,7	107,2	-9,5	18,6	1,23	9,6
5	Italie	58 175,30	250,8	562,6	546,7	15,9	558,3	1,33	9,7
6	Grèce	11 058,20	46,5	104	104	0	35	1,29	9,4
7	Biélorussie	9 587,94	11,14	31,21	39,54	-8,33	-2,2	1,64	10,0
8	Moldavie	3 575,57	18,07	30,01	32,58	-2,57	-58	1,49	12,6
9	Suisse	7 594,56	3	8,12	11,2	-3,08	0,2	1,32	9,6
10	Serbie	9 855,86	32,54	41	40,7	0,30	-7,21	1,33	11,5
11	Autriche	8 173,30	38,5	79	74,3	4,7	61,7	1,42	9,7
12	Pays-Bas	16 281,80	76,1	194	136,6	57,4	-9,9	1,73	11,9
13	Irlande	4 068,50	20,6	61,7	28,2	33,5	48	1,99	15,2
14	Belgique	10 421,20	43	116	101,9	14,1	35,4	1,64	11,1
15	Portugal	10 502,00	49	109,3	102	7,3	47,3	1,42	10,4
16	Norvège	4 855,31	34,2	76	69	7,00	0,1	1,42	12,0
17	Ukraine	45 433,40	49,2	63,1	70,24	-7,14	-7,2	1,78	10,4
18	Allemagne	82 516,30	396	705,6	818,3	-112,7	81,8	1,37	8,6
19	Albanie	3 169,09	7,35	11	7,2	3,80	-4,11	1,23	14,9
20	Hongrie	10 107,10	43,8	95,1	132,5	-37,4	18,2	1,28	9,4
21	Pologne	38 182,20	191,8	356,1	363,5	-7,4	-9,4	1,23	9,3
22	Malte	401,3	2,4	3,9	2,9	1	1,8	1,37	9,7
23	Lituanie	3 435,60	19,1	30,4	41,3	-10,9	-9,7	1,26	8,9

Figure 6.4 : Les volets figés immobilisent les trois premières lignes et la première colonne.

1. **Commencez par fractionner : sélectionnez la cellule qui se trouve juste en dessous et à droite du point d'intersection des barres de fractionnement que vous voulez créer et cliquez sur le bouton Fractionner dans l'onglet Affichage.**

2. **Ensuite, figez : dans le groupe Fenêtre de l'onglet Affichage, cliquez sur le bouton Figer les volets et sélectionnez Figer les volets dans le menu qui apparaît.**

Quand Excel fige les volets, les barres de fractionnement se transforment en traits fins.

Voyez dans la Figure 6.5 ce qui se produit lors d'un défilement vers le bas de la feuille de calcul alors que les volets sont figés.

Voyez dans la Figure 6.6 ce qui se passe lorsque le défilement de la feuille de calcul s'effectue vers la droite. Comme les volets sont figés, la première colonne ne bouge pas, ce qui permet d'avoir toujours les en-têtes de ligne sous les yeux.

TRUC

Pour figer uniquement la première ligne ou la première colonne de la feuille de calcul quel que soit l'emplacement du curseur de cellule dans la feuille de calcul, cliquez sur Figer les volets dans l'onglet Affichage et sélectionnez Figer la ligne supérieure ou Figer la première colonne dans le menu qui apparaît.

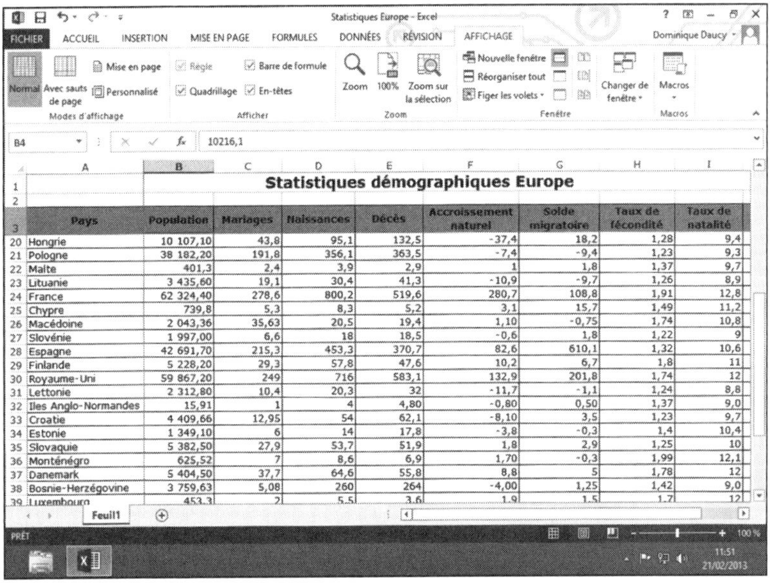

Figure 6.5 : Quand les volets sont figés et qu'on fait défiler vers le bas, les en-têtes de colonne restent visibles.

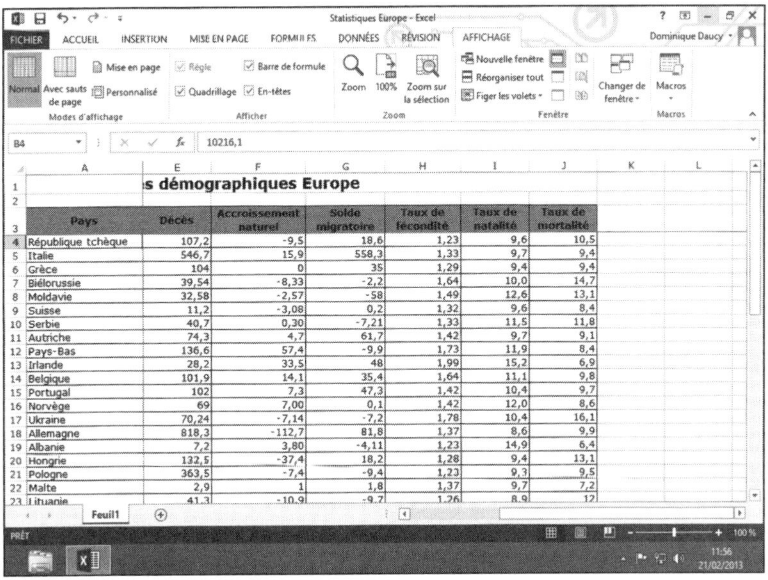

Figure 6.6 : Quand les volets sont figés et qu'on fait défiler vers la droite, les en-têtes de ligne restent visibles.

Pour que les volets d'une feuille de calcul ne soient plus figés, cliquez sur Figer les volets dans l'onglet Affichage, et sélectionnez Libérer les volets dans le menu qui apparaît. Les traits fins sont remplacés par d'épaisses barres, indiquant que les volets ne sont plus figés.

Les notes électroniques

Dans Excel, des commentaires peuvent être ajoutés à des cellules. Les *commentaires* sont des sortes de petites notes qui ressemblent aux Post-it autocollants. Elles permettent d'insérer des pense-bêtes pour rappeler, par exemple, que telle ou telle valeur n'est qu'une estimation, ou qu'il faut vérifier une valeur avant d'imprimer la feuille, voire une date d'anniversaire dont l'oubli ne serait pas du tout apprécié.

TRUC

En plus de rappeler une tâche à effectuer, un commentaire peut être utilisé comme repère visuel pour signaler un emplacement dans une vaste feuille de calcul et le retrouver facilement la prochaine fois que vous l'ouvrirez.

Ajouter un commentaire à une cellule

Procédez comme suit pour ajouter un commentaire à une cellule :

1. **Sélectionnez la cellule qui doit recevoir le commentaire.**

2. **Dans le groupe Commentaires de l'onglet Révision, cliquez sur le bouton Nouveau commentaire.**

   Une nouvelle zone de texte apparaît (Figure 6.7). Elle contient le nom de l'utilisateur de l'onglet Général de la boîte de dialogue Options Excel. La barre d'insertion clignote au début de la ligne qui suit le nom.

3. **Tapez le texte du commentaire.**

4. **Cliquez hors de la zone de texte.**

   Excel signale que la cellule comporte un commentaire en plaçant un petit triangle rouge dans le coin supérieur droit.

5. **Pour afficher un commentaire, il suffit de placer le pointeur en forme d'épaisse croix blanche au-dessus de la cellule correspondante.**

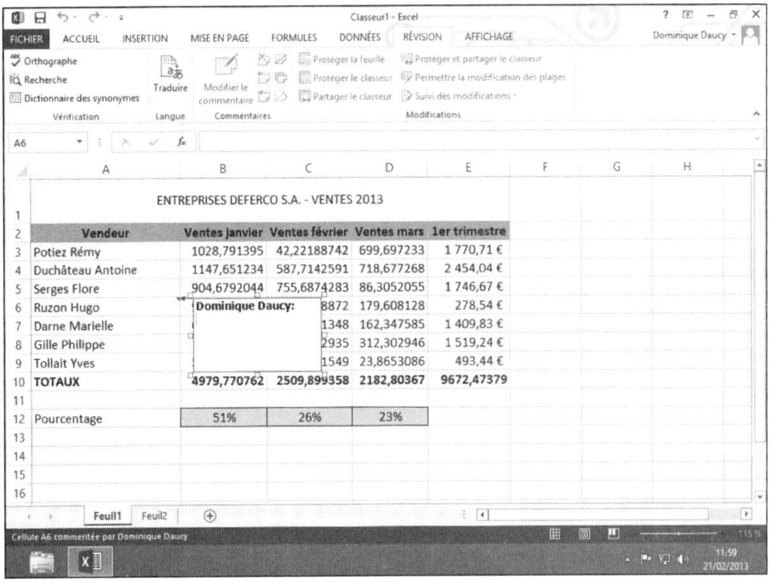

Figure 6.7 : Ajout d'un commentaire à une cellule.

Réviser les commentaires

Lorsqu'un classeur contient un grand nombre de commentaires, vous ne voudrez sans doute pas promener le pointeur de la souris au-dessus de chacun d'eux pour les lire tour à tour. Il est beaucoup plus commode de cliquer sur le bouton Afficher tous les commentaires dans le groupe Commentaires de l'onglet Révision (Figure 6.8). Excel affiche alors tous les commentaires des cellules visibles dans la fenêtre (et continue à afficher les autres commentaires si vous faites défiler le contenu de la fenêtre, ou même si vous sélectionnez une autre feuille du classeur).

Lorsque c'est l'onglet Révision du Ruban qui est au premier plan, il est possible de passer d'un commentaire à un autre en cliquant sur les boutons Suivant et Précédent dans le groupe Commentaires de cet onglet. Dès que vous atteignez le dernier commentaire d'un classeur, une boîte d'alerte demande s'il faut poursuivre la révision des commentaires depuis le début (ce que vous pouvez accepter en cliquant sur OK). Lorsque vous avez affiché tous les commentaires, il vous suffit pour les masquer après les avoir tous révisés de cliquer à nouveau sur le bouton Afficher tous les commentaires.

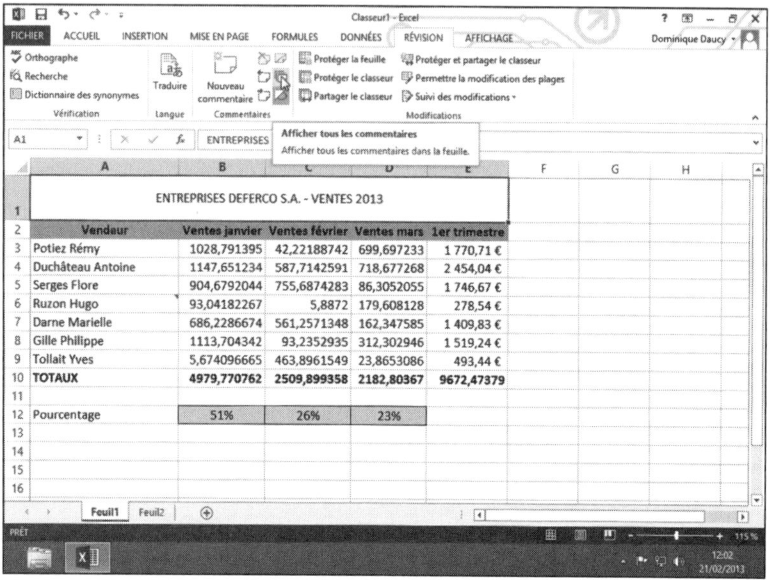

Figure 6.8 : Le bouton Afficher tous les commentaires montre tous les commentaires des cellules visibles dans la fenêtre.

Modifier les commentaires

Pour modifier un commentaire, vous devez commencer par l'afficher et y placer le curseur d'insertion. Pour l'afficher, vous disposez des différents moyens que nous venons de voir (le plus simple étant de cliquer sur la cellule correspondante, puis sur le bouton Afficher/masquer le commentaire dans l'onglet Révision), après quoi il vous suffit de cliquer dedans pour y placer le curseur d'insertion. Mais il existe un moyen plus simple : cliquez du bouton droit sur la cellule du commentaire et sélectionnez Modifier le commentaire dans le menu qui apparaît.

Pour modifier l'emplacement d'un commentaire par rapport à sa cellule, commencez par afficher le commentaire par un des moyens que nous avons vus plus haut, puis amenez le pointeur de la souris sur une des bordures hachurées. Lorsqu'il se transforme en flèche à quatre pointes, vous pouvez faire glisser le commentaire ailleurs dans la feuille de calcul. Au moment où vous relâchez le bouton de la souris, Excel redessine la flèche qui relie le coin supérieur gauche du commentaire à la cellule.

Pour modifier les dimensions de la zone de texte du commentaire, placez le pointeur de la souris sur une des poignées de redimensionnement (ce sont les petits ronds blancs que vous voyez tout autour de la zone de commentaire) de manière qu'il prenne la forme d'une flèche à double pointe et tirez-la dans la direction appropriée, vers l'extérieur du commentaire pour augmenter sa surface, vers l'intérieur pour la réduire. Dès que vous relâchez le bouton de la souris, Excel redessine la zone de texte du commentaire à la taille ainsi définie. Les retours à la ligne du texte qui s'y trouve sont pris en charge par Excel.Pour changer la police du texte d'un commentaire, commencez par afficher celui-ci par un des moyens décrits plus haut et sélectionnez le texte dont vous voulez changer la police. Cliquez ensuite du bouton droit sur le commentaire et sélectionnez Format de commentaire dans le menu qui apparaît (vous pouvez aussi appuyer sur Ctrl + Maj + 1 ; le 1 du clavier principal, comme pour ouvrir la boîte de dialogue Format de cellule). La boîte de dialogue Format de commentaire (qui n'est qu'une variante de la boîte de dialogue Format de cellule) apparaît, comportant l'unique onglet Police. Vous pouvez y sélectionner non seulement la police et sa taille pour le texte sélectionné dans le commentaire, mais aussi tous les attributs de mise en forme que vous pouvez appliquer au contenu d'une cellule.

TRUC

Pour supprimer un commentaire, sélectionnez la cellule qui le contient et cliquez sur le bouton Effacer le commentaire dans le groupe Commentaires de l'onglet Révision. Excel supprime le commentaire ainsi que l'indicateur rouge dans le coin de la cellule.

N'OUBLIEZ PAS

Vous pouvez aussi supprimer tous les commentaires : cliquez sur le bouton Effacer (la gomme) du groupe Édition de l'onglet Accueil et sélectionnez Effacer les commentaires dans le menu qui apparaît.

Les cellules nommées

En attribuant des noms évocateurs aux cellules et aux plages, vous faciliterez considérablement l'accès aux informations importantes de la feuille de calcul. Plutôt que d'essayer d'associer des informations à des coordonnées abstraites, vous leur donnerez un nom. En nommant une plage, vous nommerez du même coup une sélection de cellules que vous pourrez imprimer ou importer dans d'autres logiciels Office, comme Word ou Access. En outre, ce qui est très commode, vous pourrez utiliser les noms de cellules avec la commande Atteindre.

Nous avons toujours aimé exploiter cette possibilité de nommer les cellules et les plages avec les précédentes versions d'Excel, sur ordinateur de bureau ou sur ordinateur portable. Aujourd'hui, avec cette nouvelle version d'Excel prévue pour dispositifs tactiles, comme les tablettes et les smartphones, nous l'apprécions encore davantage. Même si expérience d'autrui n'instruit pas, faites-nous confiance : cette fonction vous fera gagner un temps précieux dans l'exploitation de vos feuilles de calcul.

Ah ! Si j'avais un nom...

Lorsque vous attribuez un nom à des cellules ou à des plages, vous devez respecter les règles suivantes :

- Les noms de plages de cellules doivent commencer par une lettre, jamais par un chiffre.

  Par exemple, au lieu de 01Profits, utilisez Profits01.

- Ces noms ne peuvent pas contenir d'espaces.

  Au lieu de l'espace, utilisez le caractère de soulignement (celui de la touche 8 du clavier alphanumérique, en minuscule) pour séparer des mots. Exemple : au lieu de Profit 01, utilisez Profit_01. Les caractères accentués et la cédille sont utilisables.

- Des coordonnées de cellule ne peuvent jamais être utilisées comme noms.

  Une cellule ne peut pas être nommée T1, car cette formulation est celle d'une référence de cellule valide. Utilisez plutôt T1_ventes, par exemple.

Pour nommer une cellule ou une plage de cellules, suivez ces étapes :

1. **Sélectionnez la cellule ou la plage à nommer.**
2. **Cliquez sur l'adresse de la cellule courante qui apparaît dans la Zone Nom, à l'extrémité gauche de la barre de formule.**

   Excel sélectionne l'adresse de la cellule dans la Zone Nom.

3. **Tapez le nom que vous voulez donner à la cellule ou à la plage sélectionnée.**

   Veillez à bien respecter les règles de nom que nous venons de stipuler.

4. **Appuyez sur Entrée.**

Pour sélectionner une cellule ou une plage nommée, cliquez sur son nom dans la liste déroulante de la Zone Nom (pour faire apparaître cette liste, cliquez sur le triangle pointant vers le bas à l'extrémité droite de la Zone Nom).

Notez que vous pouvez aussi, dans l'onglet Accueil, cliquer sur le bouton Rechercher et sélectionner Atteindre dans le menu qui apparaît, puis sélectionner l'élément nommé que vous voulez atteindre dans la boîte de dialogue Atteindre (Figure 6.9) avant de confirmer par OK. Pour faire apparaître la boîte de dialogue Atteindre, vous pouvez aussi appuyer sur la touche F5.

Figure 6.9 : La boîte de dialogue Atteindre.

Nommez cette formule !

Les noms de cellules sont non seulement commodes pour identifier et localiser des cellules et des plages dans une feuille de calcul, mais ils sont aussi très utiles pour manipuler des formules. Supposons que la cellule K3 contienne une formule simple qui calcule ce qui vous est dû en multipliant vos heures de travail pour un client (dans la cellule I3) par votre rémunération horaire (dans la cellule J3). Vous taperez normalement cette formule dans la cellule K3 sous la forme :

```
=I3*J3
```

Mais si vous attribuez le nom *Heures* à la cellule I3 et le nom *Tarif_horaire* à la cellule J3, la formule se présentera dans la cellule K3 sous la forme :

```
=Heures*Tarif_horaire
```

Il va de soi que pour tout le monde cette formulation est bien plus compréhensible que =I3*J3.

Pour entrer une formule contenant des noms de cellules plutôt que des références de cellules, vous procéderez comme suit :

1. **Nommez les cellules comme nous venons de l'indiquer.**

   Pour cet exemple, vous nommerez la cellule I3 **Heures** et la cellule J3 **Tarif_horaire**.

2. **Placez le curseur de cellule sur la cellule qui recevra la formule.**

   Il s'agit en l'occurrence de la cellule K3.

3. **Tapez le signe = (égal) pour indiquer à Excel que ce qui suit est une formule.**

4. **Sélectionnez la première cellule à laquelle la formule se réfère en cliquant dessus (ou en déplaçant le curseur de cellule jusqu'à son emplacement).**

   Dans cet exemple, vous sélectionnez Heures en sélectionnant la cellule I3.

5. **Tapez l'opérateur arithmétique à utiliser dans la formule.**

   Il s'agit ici de l'opérateur de multiplication * (astérisque). Reportez-vous au Chapitre 2 pour connaître les autres opérateurs arithmétiques d'Excel.

6. **Sélectionnez la deuxième cellule à laquelle la formule se réfère. Procédez comme à l'Étape 4.**

   Il s'agit de la cellule Tarif_horaire, soit la cellule J3.

7. **Cliquez sur le bouton Entrer dans la barre de formule ou appuyez sur la touche Entrée pour terminer la formule.**

   Excel affiche la formule de la cellule K3, soit =Heures*Tarif_horaire.

Les constantes nommées

Certaines formules utilisent des valeurs constantes (par exemple une taxe au taux de 5,5 % ou un rabais de 10 %). Si vous ne voulez pas les entrer dans des cellules afin de les utiliser ensuite dans des formules, vous pouvez créer des plages de noms contenant ces valeurs, que vous utiliserez dans vos formules.

Par exemple, pour créer une constante nommée *Taux_TVA* de 5,5 %, vous procéderez ainsi :

1. **Dans le groupe Noms définis de l'onglet Formules du Ruban, cliquez sur le bouton Définir un nom.**
2. **Dans la boîte de dialogue Nouveau nom qui apparaît, tapez le nom (Taux_TVA, dans notre exemple) dans le champ Noms.**
3. **Si vous voulez que cette constante nommée soit définie uniquement pour une feuille du classeur et non pour le classeur entier, sélectionnez le nom de la feuille dans la liste déroulante Zone.**

   Par défaut, c'est l'option Classeur qui est sélectionnée dans cette liste, ce qui signifie que cette constante nommée pourra être utilisée dans toutes les feuilles du classeur. Ce n'est que dans le cas particulier où vous voulez au contraire qu'elle ne soit utilisable que dans une feuille et pas dans les autres que vous devez vous préoccuper de la sélectionner ici.

4. **Cliquez dans le champ Fait référence à. Remplacez l'adresse qui s'y trouve par la valeur 5,5 % (avec ou sans espace, Excel comprend).**
5. **Cliquez sur OK pour fermer la boîte de dialogue Nouveau nom.**

Après avoir assigné une constante à un nom en utilisant cette méthode, vous pouvez l'utiliser dans les formules que vous créez dans la feuille de calcul en adoptant une de ces deux procédures :

- Tapez dans la formule le nom auquel vous avez assigné la constante à la place de la valeur requise.
- Insérez le nom dans la formule en cliquant, dans l'onglet Formules, sur le bouton Utiliser dans la formule et en sélectionnant le nom de la constante voulue dans la liste qui apparaît.

Quand vous copiez une formule qui utilise un nom contenant une constante, la valeur reste inchangée dans toutes les recopies de la formule obtenues avec la poignée de recopie automatique. Autrement dit, dans une formule, le nom se comporte comme une adresse de cellule absolue (reportez-vous au Chapitre 4 pour en savoir plus sur les recopies de formules).

Qui cherche trouve

Si vous n'arrivez vraiment pas à localiser une information spécifique, vous pouvez demander à la fonction Rechercher d'Excel de la trouver pour vous. Dans l'onglet Accueil, cliquez sur le bouton Rechercher et sélectionner et sélectionnez Rechercher dans le menu qui apparaît.

Dans le champ Rechercher (de l'onglet Rechercher) de la boîte de dialogue Rechercher et remplacer qui apparaît, entrez le texte ou la valeur que vous recherchez et cliquez sur le bouton Suivant ou appuyez sur Entrée pour lancer la recherche. Si vous voulez spécifier des critères de recherche supplémentaires, cliquez sur le bouton Options dans cette boîte de dialogue pour faire apparaître les options correspondantes (comme le montre la Figure 6.10).

Lorsque vous recherchez une entrée de texte avec la fonction Rechercher et remplacer, demandez-vous toujours si ce texte ou ce chiffre est seul dans sa cellule ou s'il est une partie d'un terme ou d'une valeur. Par exemple, si vous lancez une recherche sur les caractères **CA** et que vous n'avez pas coché la case Totalité du contenu de la cellule (voir la Figure 6.10), Excel trouvera les occurrences de CA dans « Canada », « sarbacane », « canettes », « décalé » et ainsi de suite.

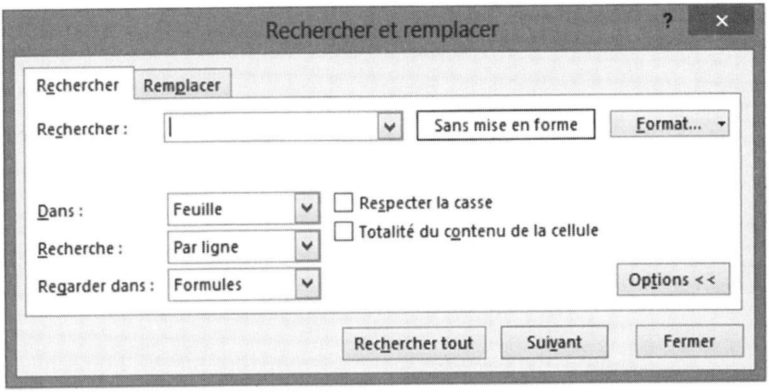

Figure 6.10 : Utiliser les commandes de la boîte de dialogue Rechercher et remplacer pour localiser une entrée.

Si vous cochez la case Totalité du contenu de la cellule, Excel ne retournera que les occurrences où le mot CA est seul dans la cellule.

Lorsque vous effectuez une recherche sur du texte, vous pouvez spécifier si Excel doit différencier ou non les majuscules et les minuscules. Par défaut, Excel ne tient pas compte de la casse des caractères. Pour qu'il fasse la différence, vous devez cocher la case Respecter la casse (visible après avoir cliqué sur le bouton Options de la boîte de dialogue Rechercher et remplacer).

Si les textes ou les valeurs recherchés ont reçu une mise en forme particulière, vous pouvez demander à Excel d'en tenir compte.

Procédez comme suit pour qu'Excel recherche une mise en forme particulière dans la feuille de calcul :

1. **Cliquez sur le bouton déroulant à droite du bouton Format, dans la boîte de dialogue Rechercher et remplacer et choisissez l'option Choisir le format à partir de la cellule.**

   La boîte de dialogue Rechercher et remplacer disparaît temporairement. Excel ajoute une pipette au pointeur de souris normal.

2. **Cliquez avec le pointeur dans la cellule contenant la mise en forme à respecter.**

   La boîte de dialogue Rechercher et remplacer réapparaît après avoir prélevé la mise en forme.

Procédez comme suit pour sélectionner la mise en forme à respecter en utilisant la boîte de dialogue Rechercher le format (qui est identique à la boîte de dialogue Format de la cellule) :

1. **Cliquez sur le bouton Format ou cliquez sur le bouton de son menu déroulant et choisissez l'option Format.**

2. **Dans la boîte de dialogue Rechercher le format qui apparaît, sélectionnez dans les différents onglets les options de mise en forme à respecter (elles sont décrites dans le Chapitre 3), puis cliquez sur OK.**

Quand vous utilisez une de ces deux méthodes de recherche d'une mise en forme, le bouton Sans mise en forme, situé entre la zone de texte Rechercher et le bouton Format, se transforme en aperçu (ce mot y figure au centre) qui montre toutes les options de mise en forme prélevées dans une cellule ou définies dans la boîte de dialogue Rechercher le format.

Si vous recherchez des valeurs dans la feuille de calcul, faites bien attention aux différences entre les formules et les valeurs. Par exemple, si une cellule contient la valeur 3 582 € et si vous tapez **3582** dans le champ Rechercher suivi de l'appui sur Entrée, Excel affiche une boîte d'alerte contenant le message suivant :

```
Microsoft Office Excel ne trouve pas les données que vous recherchez.
```

Un examen attentif révélera sans aucun doute que la valeur qui apparaît dans la cellule est en réalité calculée par une formule telle que :

```
=I24*J24
```

En fait, le nombre 3582 ne figure nulle part en tant que tel. Pour qu'Excel puisse localiser n'importe quel type de valeur 3582 dans la feuille de calcul, vous devez remplacer l'option Formules, dans la liste déroulante du champ Regarder dans, par l'option Valeurs.

Pour restreindre la recherche uniquement à du texte ou à des valeurs contenues dans des commentaires, choisissez l'option Commentaires dans la liste déroulante Regarder dans.

Si vous ne connaissez pas l'orthographe exacte d'un mot ou la valeur précise que vous recherchez, vous pouvez recourir aux *caractères de substitution* ; ils remplacent un ou plusieurs caractères. Utilisez le point d'interrogation (?) à la place d'un seul caractère inconnu et l'astérisque (*) à la place d'un ou plusieurs caractères inconnus. Supposons que vous ayez entré ce qui suit dans le champ Rechercher, avec l'option Regarder dans Valeurs :

```
7*4
```

Dans cette formulation, qui n'est pas une multiplication (le signe = est absent), l'astérisque compte pour n'importe quel chiffre, qu'il y en ait un seul ou plusieurs. De ce fait, Excel s'arrête à toutes les cellules contenant des valeurs comme *74 704* (l'astérisque se substitue au zéro), *7 5234* (l'astérisque se substitue à la chaîne de caractères 523) et trouve même une occurrence comme *67856 Strasbourg cedex 04*.

Si vous effectuez une recherche dans laquelle l'astérisque est l'opérateur de multiplication et non un caractère de substitution, faites précéder la recherche par un tilde (~), comme ci-dessous :

```
~*4
```

Cet arrangement permet de trouver dans la feuille de calcul toutes les formules comportant une multiplication par quatre.

L'entrée qui suit recherche toutes les occurrences de *Jan, Janvier.* (Le point d'interrogation est un caractère de substitution qui remplace un seul caractère à cet emplacement précis, et non plusieurs caractères comme le fait l'astérisque.)

```
J?n*
```

Normalement, Excel n'effectue la recherche que dans la feuille de calcul courante. Pour qu'elle s'effectue dans toutes les feuilles du classeur, vous devez sélectionner l'option Classeur (dans la liste déroulante Dans).

Quand Excel a trouvé une occurrence du texte ou de la valeur dans une cellule, il sélectionne cette cellule tout en laissant la boîte de dialogue Rechercher et remplacer visible à l'écran (vous pouvez la déplacer si elle occulte les cellules qui vous intéressent). Pour rechercher la prochaine occurrence du texte ou de la valeur, cliquez sur le bouton Suivant ou appuyez sur Entrée.

Par défaut, Excel effectue la recherche dans la feuille de calcul ligne par ligne. Pour que la recherche se fasse par colonne, sélectionnez Par colonne dans la liste déroulante Sens. Pour inverser la direction de la recherche et revenir à une occurrence précédente des caractères recherchés, maintenez enfoncée la touche Maj tout en cliquant sur le bouton Suivant.

Nul n'est irremplaçable

Si vous effectuez une recherche pour remplacer une entrée par une autre, vous pouvez automatiser cette opération grâce à l'onglet Remplacer de la boîte de dialogue Rechercher et remplacer. Si, dans l'onglet Accueil, vous sélectionnez Remplacer au lieu de Rechercher dans le menu du bouton Rechercher et sélectionner, ou si vous appuyez sur Ctrl + H, Excel ouvre la boîte de dialogue Rechercher et remplacer directement sous l'onglet Remplacer. Tapez le texte ou la valeur à remplacer dans le champ Rechercher, puis entrez le texte ou la valeur à lui substituer dans le champ Remplacer par.

Quand vous entrez un texte de remplacement, tapez-le exactement tel qu'il doit apparaître dans la cellule. Autrement dit, si vous voulez remplacer toutes les occurrences de *Jan* par *Janvier*, tapez dans la zone de texte Remplacer par :

```
Janvier
```

Veillez à bien mettre le J en majuscule dans le champ Remplacer par. En revanche, comme la recherche de texte ne tient pas compte des majuscules et des minuscules (à condition de ne pas avoir coché la case Respecter la casse, qui n'apparaît qu'après avoir cliqué sur le bouton Options pour déployer les commandes supplémentaires de la boîte de dialogue), vous pouvez très bien entrer ceci dans le champ Rechercher :

```
Jan
```

Après avoir spécifié ce qu'il faut remplacer et par quoi, comme dans la Figure 6.11, vous pouvez demander à Excel d'effectuer les remplacements au cas par cas ou globalement. Pour procéder à tous les remplacements en une seule opération, cliquez sur le bouton Remplacer tout.

Soyez très prudent quand vous effectuez un rechercher/remplacer global, car lancée inconsidérément, cette commande peut engendrer une énorme pagaille en remplaçant des parties de titres, de formules ou d'autres éléments que vous n'aviez pas du tout l'intention de modifier. Cela dit, respectez toujours cette règle d'or :

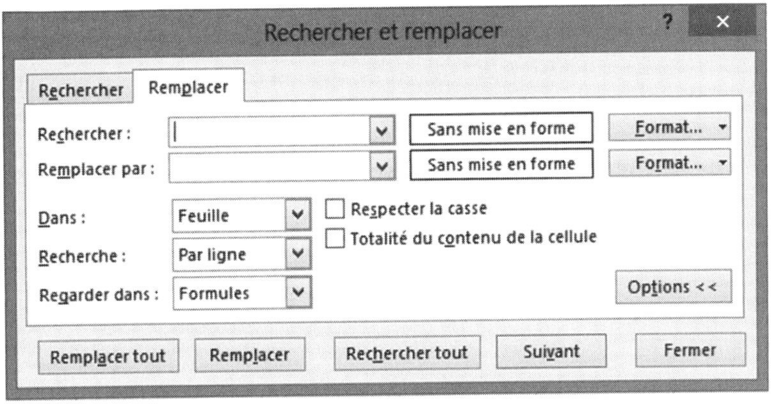

Figure 6.11 : Les options de l'onglet Remplacer servent à substituer des textes ou des valeurs.

N'entreprenez jamais un rechercher/remplacer sur une feuille sans l'avoir préalablement enregistrée.

Avant de commencer, assurez-vous aussi que la case Totalité du contenu de la cellule est cochée (elle n'est visible qu'après avoir cliqué sur le bouton Options). Si elle n'était pas cochée alors que vous comptez remplacer le contenu entier des cellules et non une partie, vous risqueriez de vous retrouver avec bon nombre de remplacements indésirables.

Si vous avez néanmoins fait une fausse manœuvre et semé la pagaille, cliquez sur le bouton Annuler dans la barre d'outils Accès rapide ou appuyez sur Ctrl + Z.

Pour voir chaque occurrence avant de la remplacer, cliquez sur le bouton Suivant ou appuyez sur Entrée. Excel sélectionne la prochaine cellule dont le contenu correspond à ce qui a été entré dans la zone de texte Rechercher ; pour procéder au remplacement, cliquez sur le bouton Remplacer. Pour sauter l'occurrence, cliquez sur le bouton Suivant afin de poursuivre la recherche. Lorsque les opérations sont terminées, cliquez sur le bouton Fermer pour quitter la boîte de dialogue Rechercher et remplacer.

Vos recherches n'ont plus de limites

Excel 2013 permet d'afficher le volet Office Rechercher qui vous servira à chercher des informations en ligne dans des ouvrages de référence, des dictionnaires de synonymes ou des sites de recherche. Il vous faut bien entendu disposer d'un accès Internet.

Pour ouvrir le volet Rechercher (Figure 6.12), cliquez sur le bouton Recherche dans le groupe Vérification de l'onglet Révision. La première fois que vous ouvrez ce volet Rechercher, il ne contient que le strict minimum dans la liste déroulante des références de recherche (juste en dessous du champ Rechercher). Pour commencer, cliquez sur le lien Options de recherche tout en bas du volet Rechercher pour faire apparaître la boîte de dialogue Options de recherche dans laquelle vous pourrez sélectionner les ouvrages de référence et les sites de recherche que vous voulez pouvoir utiliser.

Figure 6.12 : Rechercher des informations en ligne.

Ensuite, saisissez le mot ou la phrase recherchée dans la zone de texte Rechercher, située en haut, puis choisissez dans la liste déroulante juste en dessous les sources de références que vous souhaitez voir consultées. Voici les choix dont vous disposez la première fois que vous ouvrez le volet Office Rechercher :

- **Tous les ouvrages de référence**, pour rechercher le mot ou la phrase dans tous les ouvrages de référence en ligne : dictionnaire des synonymes ; par défaut, plusieurs langues sont proposées (Français, Allemand, Anglais, Arabe, Espagnol, Néerlandais) ; dictionnaire Encarta et outil de traduction.
- **Tous les sites de recherche :** Factiva iWorks, HighBeam Research, Live Search France.

Pour lancer la recherche en ligne, cliquez sur le bouton Démarrer la recherche, à droite de la zone de texte Rechercher. Excel vous connecte aux ressources sélectionnées et affiche les résultats en dessous.

TRUC

La liste des services de recherche peut être modifiée en cliquant sur le lien Options de recherche situé tout en bas du volet Office Rechercher. Excel ouvre alors la boîte de dialogue Options de recherche dans laquelle vous pouvez ajouter ou retirer des ouvrages de référence ou des sites.

Chapitre 7

Gérer des feuilles de calcul multiples

Dans ce chapitre :

- Aller d'une feuille à une autre dans un classeur.
- Ajouter ou supprimer des feuilles dans un classeur.
- Sélectionner des feuilles pour des modifications groupées.
- Nommer judicieusement les onglets des feuilles.
- Réorganiser les feuilles d'un classeur.
- Afficher des parties de différentes feuilles.
- Comparer deux feuilles en côte à côte.
- Copier ou déplacer des feuilles d'un classeur à un autre.

Quand vous débutez dans l'utilisation d'un tableur, vous avez bien assez à faire avec une seule feuille de calcul (et un classeur d'Excel en contient trois dès sa création), si bien que la seule idée de travailler simultanément avec plusieurs feuilles vous rebute. Mais avec un peu de pratique, vous découvrirez que travailler sur plusieurs feuilles n'est pas beaucoup plus compliqué qu'avec une seule.

Jongler avec plusieurs feuilles de calcul

Vous devez certes apprendre comment travailler avec plusieurs feuilles de calcul à la fois, mais il est tout aussi important, sinon plus, de savoir pourquoi se lancer dans de telles opérations. Le cas de figure le plus courant est celui où vous vous retrouvez face à un certain nombre de feuilles de calcul, le contenu de chacune pouvant se référer aux autres et appartenant donc logiquement au même classeur. Prenons, par exemple, le cas d'une entreprise qui commercialise ses produits par l'intermédiaire de plusieurs distributeurs. Pour garder une trace des ventes annuelles de tous ces distributeurs, vous pourriez créer un classeur contenant une feuille de calcul pour chacun d'eux.

En plaçant les résultats commerciaux de chaque distributeur sur différentes feuilles d'un même classeur, vous bénéficierez des avantages suivants :

- Pouvoir entrer les données communes à toutes les feuilles de ventes (si vous sélectionnez leur onglet) en ne les tapant qu'une seule fois dans la première feuille de calcul (voir la section « Les modifications simultanées », plus loin dans ce chapitre).

- Pour faciliter la création de la première feuille de calcul pour les ventes du premier distributeur, vous pouvez programmer des macro-commandes pour le classeur courant, qui vous seront fort utiles pour créer les feuilles de calcul des autres. Une *macro-commande* est une suite de tâches répétitives qui ont été enregistrées afin de les réutiliser facilement et rapidement.

- Toutes les informations de ventes de chaque distributeur peuvent être imprimées en une fois (reportez-vous au Chapitre 5 pour savoir comment imprimer des feuilles de calcul en particulier ou la totalité d'un classeur).

- Il est facile de créer des graphiques qui comparent les données de ventes provenant de différentes feuilles de calcul (détails au Chapitre 8).

Passer d'une feuille à une autre

Chaque classeur que vous créez contient une seule feuille de calcul nommée *Feuil1*. Ce nom s'affiche dans un onglet, en bas à gauche de la fenêtre du classeur. Pour ajouter une autre feuille au classeur, cliquez sur le signe + placé à droite de cet onglet. Une nouvelle feuille est ainsi créée, qui se voit attribuer le nom générique *Feuiln* où n représente le nombre de feuilles déjà présentes dans le classeur + 1.

Pour passer d'une feuille à une autre, il suffit de cliquer sur l'onglet de la feuille de calcul que vous désirez voir. Excel la place sur le dessus de l'empilement ; son contenu est alors visible dans la fenêtre du classeur. Il est facile de savoir quelle feuille est affichée car, sur son onglet, son nom apparaît en gras et l'onglet semble placé au-dessus des autres et faire partie de la feuille.

Un problème se pose quand il y a tellement de feuilles dans le classeur que tous les onglets ne sont plus visibles. Comment, en effet, cliquer sur un onglet que vous ne voyez pas ?

Pour résoudre ce problème, Excel propose deux boutons de défilement qu'il place dans la barre d'état, à gauche du premier onglet. Utilisez-les pour visualiser les onglets qui vous intéressent :

- Cliquez sur le bouton Onglet suivant (celui avec le triangle pointant vers la droite) pour décaler les onglets d'un cran vers la gauche. Maintenez la touche Maj enfoncée pendant le clic pour faire défiler plusieurs onglets à la fois. Maintenez la touche Ctrl enfoncée pendant le clic pour afficher le dernier groupe d'onglets, notamment le dernier de la série.

- Cliquez sur le bouton Onglet précédent (celui avec le triangle pointant vers la gauche) pour décaler les onglets d'un cran vers la droite. Maintenez la touche Maj enfoncée pendant le clic pour faire défiler plusieurs onglets à la fois. Maintenez la touche Ctrl enfoncée pendant le clic pour afficher le premier groupe d'onglets, notamment le premier de la série.

- Opérez un clic droit sur le bouton Onglet suivant ou Onglet précédent pour afficher la boîte de dialogue Activer (Figure 7.1), qui affiche la liste des feuilles du classeur et vous permet de sélectionner celle qui vous intéresse.

N'OUBLIEZ PAS

N'oubliez pas que faire défiler des onglets ne les sélectionne pas. Vous devrez cliquer sur l'onglet de la feuille que vous désirez afficher.

Vous n'avez pas envie de passer votre temps à faire défiler la liste des onglets ? Faites donc glisser vers la droite la poignée de la barre de défilement horizontale (la série verticale de trois points placée juste après le bouton Nouvelle feuille) afin d'augmenter la zone réservée à l'affichage des onglets (au détriment de la longueur de la barre de défilement horizontale). Si cette barre ne vous intéresse pas, vous pourrez afficher un maximum d'onglets en vous en débar-

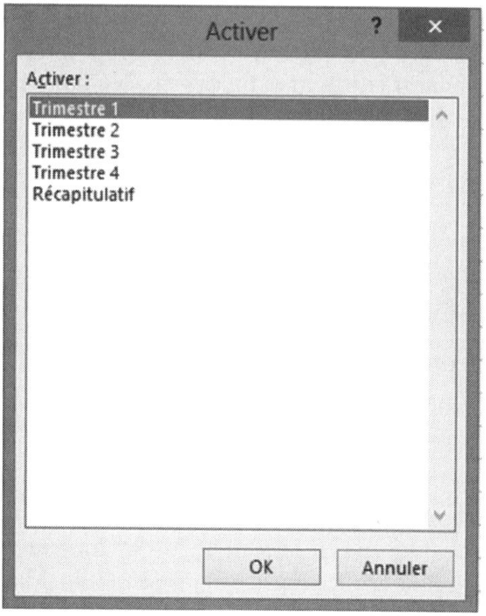

Figure 7.1 : Un clic droit sur un des deux boutons de défilement provoque l'affichage de cette fenêtre qui recense les feuilles du classeur et vous y assure l'accès.

rassant. Pour ce faire, déplacez sa poignée vers la droite jusqu'à ce qu'elle rejoigne la barre de fractionnement vertical.

Pour rétablir la barre de défilement à sa taille normale, tirez la barre de fractionnement d'onglet vers la gauche ou, ce qui est plus rapide et efficace, double-cliquez dessus.

Accéder à une feuille avec le clavier

Vous pouvez vous dispenser de cliquer sur les petits boutons de la barre d'onglets et aller de feuille en feuille avec les touches du clavier. Pour passer à la suivante, appuyez sur Ctrl + PgSuiv. Pour passer à la précédente, appuyez sur Ctrl + PgPréc. Ces raccourcis sont d'autant plus utiles qu'ils fonctionnent même si les onglets ne sont pas visibles dans la barre de défilement.

Les modifications simultanées

Chaque fois que vous cliquez sur un onglet de feuille de calcul, vous sélectionnez la feuille et la rendez active, ce qui permet d'en modifier les cellules. Il vous arrivera toutefois de vouloir sélectionner plusieurs feuilles à la fois pour les modifier simultanément. Quand plusieurs feuilles sont sélectionnées, toute modification apportée à la feuille courante, comme la saisie d'une information dans une cellule ou une suppression de données, s'effectue *ipso facto* sur les mêmes cellules de toutes les feuilles sélectionnées.

En d'autres termes, supposons que vous deviez créer trois feuilles dans un nouveau classeur qui contiennent chacune les noms des douze mois de l'année, en commençant par la ligne 3 de la colonne B. Avant de taper **Janvier** en B2, puis d'utiliser la poignée de recopie automatique comme nous l'avons décrit dans le Chapitre 2 pour générer automatiquement les onze autres mois, vous sélectionnerez les trois feuilles de calcul *Feuil1*, *Feuil2* et *Feuil3*. En procédant ainsi, Excel insère les noms des mois de l'année dans les trois feuilles à la fois lors de la saisie. Rapide et efficace, n'est-ce pas ?

De même, supposons que vous vouliez vous débarrasser, dans un autre classeur, des feuilles Feuil2 et Feuil3. Au lieu de cliquer sur l'onglet Feuil2 et de sélectionner Supprimer une feuille dans le menu du bouton Supprimer de l'onglet Accueil, puis de cliquer sur l'onglet Feuil3 et de répéter cette manipulation, sélectionnez les deux feuilles à éliminer, puis sélectionnez Supprimer une feuille dans le menu du bouton Supprimer de l'onglet Accueil.

Pour sélectionner plusieurs feuilles de calcul à la fois, vous disposez de plusieurs choix :

- Pour sélectionner un groupe de feuilles de calcul dont les onglets se suivent, cliquez sur le premier onglet puis faites-les défiler jusqu'à ce que le dernier onglet à sélectionner apparaisse. Maintenez enfoncée la touche Maj et cliquez sur le dernier onglet. Tous les onglets à partir du premier clic sont sélectionnés. C'est la bonne vieille méthode du Maj-clic.
- Pour sélectionner des feuilles éparses, cliquez sur l'onglet de la première d'entre elles puis, touche Ctrl enfoncée, cliquez sur les autres onglets des feuilles à sélectionner.
- Pour sélectionner toutes les feuilles d'un classeur, cliquez avec le bouton droit de la souris sur l'onglet de la feuille à activer puis, dans le menu qui apparaît, choisissez Sélectionner toutes les feuilles.

Excel indique les feuilles sélectionnées en mettant les onglets en blanc (mais le nom de la feuille active est en gras) et en affichant, dans la barre de titre d'Excel, la mention [Groupe de travail] après le nom du fichier.

Ajouter des feuilles de calcul à un classeur

Pour certains d'entre vous, la feuille de calcul unique proposée par défaut suffit largement, mais pas pour d'autres. C'est le cas lorsqu'une entreprise possède une dizaine de filiales ou si vous calculez fréquemment des budgets pour une vingtaine de services, ou encore si vous devez gérer les notes de frais d'une quarantaine de représentants.

Il est très facile d'ajouter des feuilles de calcul à un classeur ou d'en supprimer. Excel en accepte jusqu'à 255. Cliquez simplement sur le bouton Nouvelle feuille, qui apparaît juste à droite du dernier onglet.

Pour insérer plusieurs feuilles de calcul d'un seul coup dans un classeur, sélectionnez d'abord un groupe comportant autant d'onglets que de feuilles que vous désirez ajouter en commençant à l'emplacement où elles devront être ajoutées. Puis, dans le groupe Cellules de l'onglet Accueil, cliquez sur le triangle pointant vers le bas du bouton Insérer et sélectionnez Insérer une feuille dans le menu qui apparaît.

Pour supprimer une feuille de calcul d'un classeur, suivez ces étapes :

1. **Cliquez sur l'onglet de la feuille de calcul à supprimer.**
2. **Dans le groupe Cellules de l'onglet Accueil, cliquez sur le triangle pointant vers le bas du bouton Supprimer et sélectionnez Supprimer une feuille dans le menu qui apparaît.**

   Si la feuille que vous supprimez contient des données, Excel affiche un message d'alerte qui prévient que vous êtes sur le point de supprimer définitivement la feuille de calcul sélectionnée.

3. **Si vous voulez vraiment supprimer la feuille, cliquez sur OK ou appuyez sur Entrée.**

Rappelez-vous toujours que la suppression d'une feuille de calcul est un des cas où vous ne pourrez pas recourir à la fonction Annuler pour revenir en arrière.

Pour supprimer plusieurs feuilles de calcul d'un classeur, sélectionnez-les puis, dans le groupe Cellules de l'onglet Accueil, cliquez sur le triangle pointant vers le bas du bouton Supprimer et sélectionnez Supprimer une feuille dans le menu qui apparaît. Après avoir vérifié qu'aucune feuille à supprimer n'a été oubliée, cliquez sur OK ou appuyez sur Entrée, après l'apparition de la boîte d'alerte.

TRUC

Si vous êtes régulièrement amené à ajouter de nouvelles feuilles à vos classeurs, pensez à modifier le nombre de feuilles par défaut, à savoir une. Pour cela, cliquez sur Bouton Office/Options Excel, dans l'onglet Standard de la boîte de dialogue Options Excel, entrez le nombre voulu dans le champ Inclure ces feuilles de la section Lors de la création de classeurs, puis cliquez sur OK.

D'autres noms pour les feuilles

Les noms qu'Excel attribue par défaut aux feuilles de calcul, *Feuil1*, *Feuil2*, *Feuil3*..., ne brillent pas par leur originalité et n'évoquent en rien ce que contiennent ces feuilles. Il est fort heureusement facile de renommer l'onglet d'une feuille de calcul d'une manière un peu plus évocatrice. Ce nom peut comporter jusqu'à 31 caractères.

Procédez comme suit pour renommer un onglet de feuille de calcul :

1. **Double-cliquez sur l'onglet de la feuille ou cliquez dessus avec le bouton droit de la souris et, dans le menu contextuel, choisissez l'option Renommer.**

   Le nom actuel de la feuille de calcul est sélectionné.

2. **Remplacez le nom actuel de la feuille de calcul en tapant le nouveau nom.**

3. **Appuyez sur la touche Entrée.**

   L'onglet de feuille affiche maintenant son nouveau nom.

Des onglets en couleurs

Excel permet d'affecter différentes couleurs aux onglets des feuilles de calcul, par exemple du rouge pour signaler des feuilles de calcul nécessitant une vérification immédiate ou du bleu pour les feuilles déjà vérifiées.

TRUC

Des noms brefs et concis

Bien qu'Excel accepte jusqu'à 31 caractères pour les noms des onglets (espaces comprises), il est recommandé de choisir des noms aussi courts que possible pour les deux raisons suivantes :

- La première est que, plus le nom est long, plus l'onglet l'est aussi. Et plus les onglets sont longs, moins vous pouvez en faire apparaître. Et moins vous voyez d'onglets, plus vous avez à les faire défiler pour accéder à celui que vous voulez.
- La seconde est que si vous devez créer des formules qui vont chercher des données dans d'autres feuilles de calcul (nous verrons comment dans la section « En SOMME()... », plus loin dans ce chapitre), vous devrez taper le nom des feuilles dans la formule, car Excel s'en sert pour référencer les cellules. C'est le seul moyen qu'il possède pour différencier la cellule C1 de la feuille de calcul Feuil1 de cette même cellule C2 dans Feuil2. Or, si les noms de feuilles sont longs, la formule la plus simple remplira la barre de formule, même si elle se réfère seulement à une ou deux autres feuilles de calcul.

Bref, respectez la règle générale qui stipule que plus un nom de feuille est court, mieux c'est et n'oubliez pas que deux feuilles de calcul du même classeur ne peuvent pas porter le même nom.

Pour colorier un onglet de feuille, cliquez dessus avec le bouton droit de la souris, sélectionnez l'option Couleur d'onglet dans le menu qui apparaît, puis sélectionnez la couleur voulue dans la palette qui s'affiche. Le nom de la feuille de calcul active apparaît d'abord souligné dans la couleur choisie. Mais dès que vous sélectionnez un autre onglet, celui qui a été coloré apparaît dans la couleur choisie ; si celle-ci est sombre, le texte de l'onglet est affiché en blanc afin d'améliorer sa lisibilité.

N'OUBLIEZ PAS

Pour ôter la couleur d'un onglet, procédez comme pour la mise en couleurs mais en sélectionnant Aucune couleur dans la palette.

Modifier l'ordre des feuilles de calcul

Il vous arrivera de vouloir modifier l'ordre dans lequel les feuilles de calcul se présentent dans le classeur. Il suffit, pour cela, de faire glisser l'onglet de la feuille que vous désirez déplacer. Pendant ce déplacement, le pointeur se transforme en une icône en forme de feuille qui accompagne la flèche ; un repère indique l'emplacement où sera déposé l'onglet lorsque vous relâcherez le bouton de la souris (Figures 7.2 et 7.3).

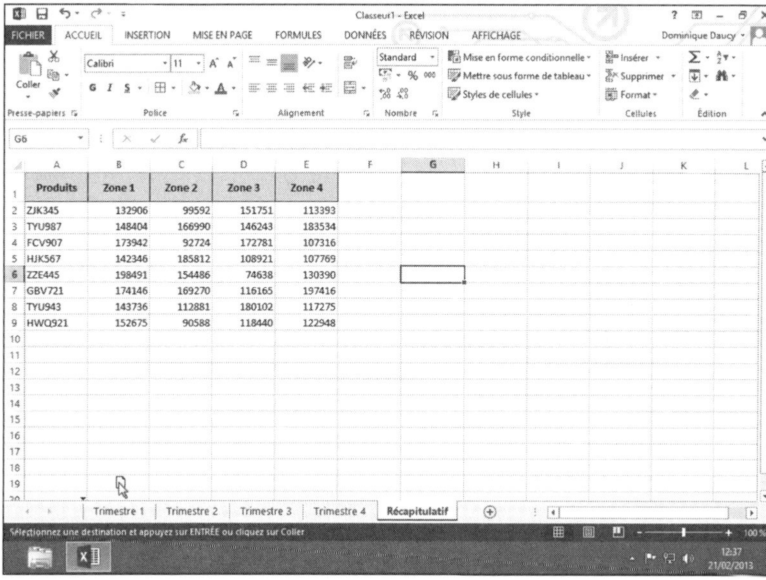

Figure 7.2 : L'onglet Récapitulatif en cours de déplacement.

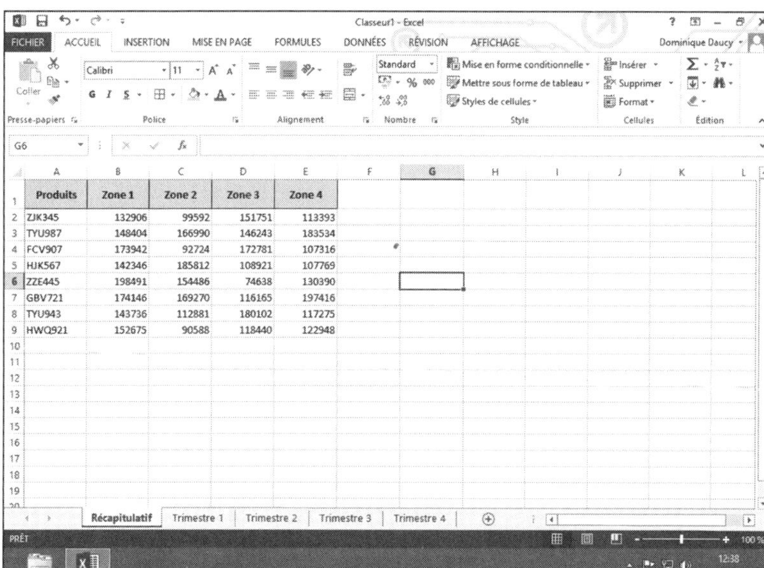

Figure 7.3 : L'onglet Récapitulatif après déplacement.

Si vous maintenez la touche Ctrl enfoncée tout en déplaçant un onglet, Excel insère une copie de la feuille de calcul à l'emplacement où vous relâchez le bouton de la souris. Pendant cette manipulation, le pointeur est accompagné d'un signe + (plus). La copie possède le même nom que la feuille originale suivi de la mention (2).

Par exemple, si vous copiez la Feuil5, la nouvelle feuille de calcul sera nommée *Feuil5 (2)*. L'onglet peut bien sûr être renommé pour afficher un nom un peu moins ésotérique (cette manipulation est décrite dans la section « D'autres noms pour les feuilles », un peu plus haut dans ce chapitre).

Vous pouvez aussi déplacer ou copier des feuilles de calcul dans le classeur en sélectionnant la feuille à déplacer ou à copier et en choisissant, dans le menu contextuel, l'option Déplacer ou copier. Dans la boîte de dialogue Déplacer ou copier, cliquez sur le nom de la feuille avant laquelle la feuille active doit être déplacée ou copiée.

Pour déplacer la feuille active juste avant la feuille que vous venez de sélectionner dans la boîte de dialogue Déplacer ou copier, cliquez simplement sur le bouton OK. Pour effectuer une copie, cochez d'abord la case Créer une copie, en bas de la boîte de dialogue, puis cliquez sur OK. Si une copie a été faite, et non un déplacement, Excel ajoute un numéro d'ordre à l'onglet. Par exemple, si vous avez copié la feuille de calcul Pertes et Profits, l'onglet de la copie aura pour nom *Pertes et Profits (2)*.

Ouvrir des fenêtres sur vos feuilles de calcul

De même qu'il est possible de fractionner une feuille de calcul en deux volets permettant de voir et de comparer deux parties éloignées d'une même feuille, comme nous l'avons expliqué dans le Chapitre 6, un classeur peut être divisé en fenêtres de feuilles de calcul qui peuvent ensuite être disposées à votre gré pour voir différentes parties de chacune des feuilles.

Pour ouvrir des feuilles de calcul dans différentes fenêtres, vous devez créer de nouvelles fenêtres de classeur qui s'ajouteront à celle qu'Excel ouvre automatiquement dès que vous accédez à un classeur. Vous sélectionnerez ensuite la feuille de calcul à afficher dans la nouvelle fenêtre. Ces opérations s'accomplissent de la manière suivante :

1. **Dans le groupe Fenêtre de l'onglet Affichage, cliquez sur le bouton Nouvelle fenêtre pour créer une deuxième fenêtre du même classeur, puis cliquez sur l'onglet que vous voulez afficher dans cette deuxième fenêtre (reconnaissable à la mention :2 ajoutée par Excel au nom du classeur dans la barre de titre de la fenêtre).**

2. **Cliquez à nouveau sur le bouton Nouvelle fenêtre pour créer une troisième fenêtre, puis cliquez sur l'onglet que vous voulez afficher dans cette troisième fenêtre (reconnaissable à la mention :3 ajoutée par Excel au nom du classeur dans la barre de titre de la fenêtre).**

3. **Continuez ainsi comme à l'étape précédente pour créer une nouvelle fenêtre, en sélectionnant à chaque fois dans la nouvelle fenêtre l'onglet de la feuille de calcul qui devra y être affichée pour être comparée avec les autres.**

4. **Dans le groupe Fenêtre de l'onglet Affichage, cliquez sur le bouton Réorganiser tout, puis sélectionnez l'option de réorganisation que vous voulez dans la boîte de dialogue Réorganiser (décrite ci-après) qui apparaît.**

La boîte de dialogue Réorganiser contient les options suivantes :

- **Mosaïque :** Excel dispose les fenêtres côte à côte à l'écran, dans l'ordre où vous les avez ouvertes. La Figure 7.4 montre un arrangement à quatre fenêtres.
- **Horizontal :** Excel redimensionne les fenêtres à une même taille et les superpose, comme le montre la Figure 7.5.
- **Vertical :** Excel redimensionne les fenêtres à une même taille et les juxtapose, comme l'illustre la Figure 7.6.
- **Cascade :** Excel redimensionne les fenêtres et les empile en léger décalage les unes par rapport aux autres (Figure 7.7).
- **Fenêtres du classeur actif :** lorsque cette case est cochée, Excel ne montre que les fenêtres qui ont été ouvertes dans le classeur courant. Sinon, il affiche toutes les fenêtres de tous les classeurs ouverts. Eh oui, tout comme il est possible d'ouvrir plusieurs fenêtres d'un même classeur, il est aussi possible d'ouvrir plusieurs classeurs à la fois, à condition toutefois que l'ordinateur dispose de suffisamment de mémoire vive et que vous ne soyez pas saturé par autant d'informations à gérer.

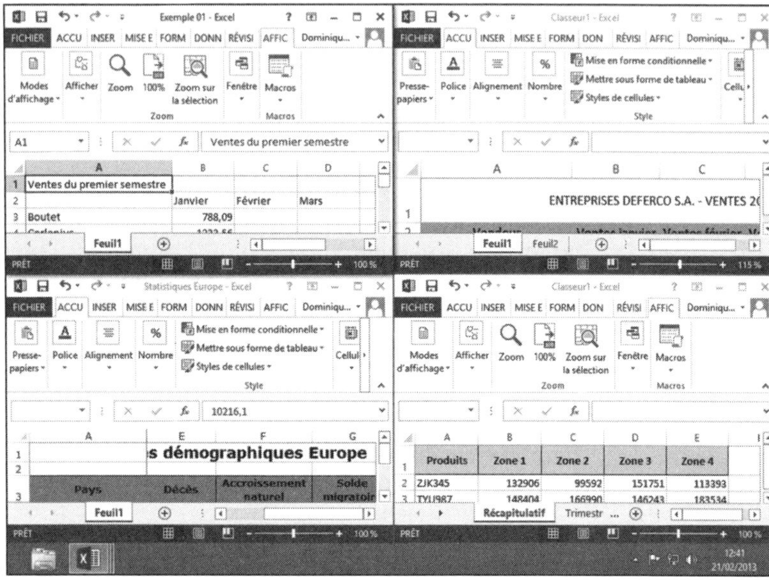

Figure 7.4 : Disposition de quatre fenêtres de feuilles de calcul avec l'option Mosaïque.

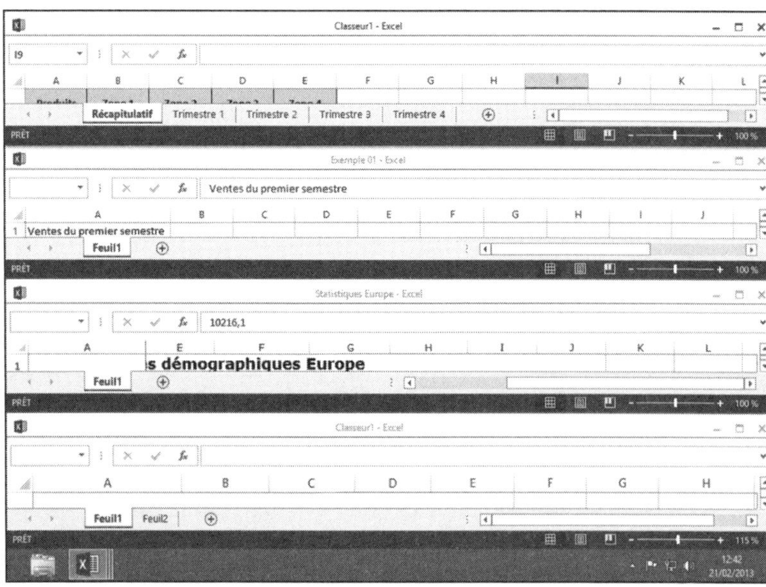

Figure 7.5 : Superposition de quatre fenêtres de feuilles de calcul avec l'option Horizontal.

N'OUBLIEZ PAS

Après avoir choisi une disposition, activez la fenêtre de la feuille de calcul que vous désirez utiliser (si elle ne l'est pas déjà) en cliquant dedans. Vous pouvez aussi placer votre pointeur sur l'icône d'Excel depuis la barre des tâches de Windows 7 ou 8 pour afficher des vi-

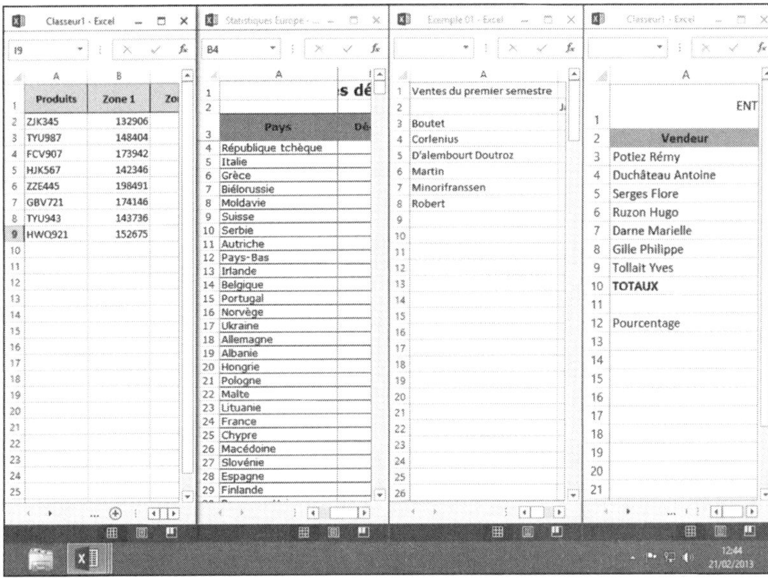

Figure 7.6 : Juxtaposition de quatre fenêtres de feuilles de calcul avec l'option Vertical.

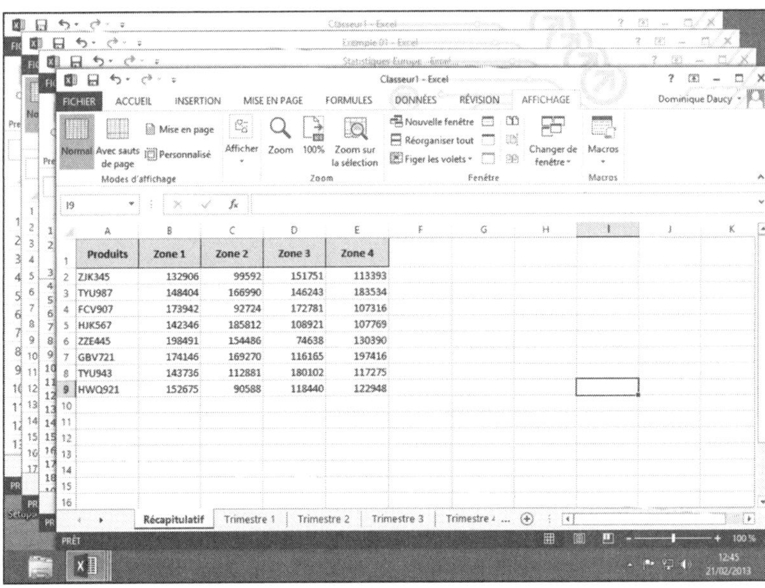

Figure 7.7 : Empilement de feuilles de calcul obtenu avec l'option Cascade.

Excel

gnettes de toutes les fenêtres que vous avez ouvertes. Pour afficher le contenu d'une fenêtre particulière, positionnez votre pointeur sur sa vignette dans cette barre. Pour activer la fenêtre correspondante, cliquez sur cette vignette.

Quand vous cliquez sur une fenêtre de feuille de calcul qui a été disposée en mosaïque, verticalement ou horizontalement, Excel indique que cette feuille est sélectionnée en signalant la cellule active et en mettant en surbrillance ses titres de colonnes et de lignes. Quand vous cliquez sur la barre de titre d'une feuille de calcul disposée en cascade, elle se place spontanément en haut de la pile et sa cellule active est signalée.

Il est possible de zoomer temporairement dans une fenêtre et de l'afficher dans la totalité de l'espace de travail en cliquant sur le bouton Agrandir de sa barre de titre. Quand vous avez fini de travailler en mode agrandi, rétablissez-la à sa taille précédente en cliquant sur le bouton Restaurer la fenêtre.

Pour sélectionner avec le clavier la prochaine fenêtre réorganisée en mosaïque, horizontalement ou verticalement, ou placer sur le dessus de la pile la prochaine fenêtre d'une disposition en cascade, appuyez sur Ctrl + F6. Pour sélectionner la fenêtre précédente, appuyez sur Ctrl + Maj + F6. Notez que ces raccourcis clavier fonctionnent même lorsque ces fenêtres ont été agrandies dans l'espace de travail d'Excel.

Quand vous fermez une des fenêtres réorganisées en cliquant sur le bouton Fermer dans la barre de titre (celui avec un X) ou en appuyant sur Ctrl + W, Excel ne redimensionne pas les autres fenêtres pour combler le vide. De même, si vous créez maintenant une nouvelle fenêtre en cliquant sur le bouton Nouvelle fenêtre de l'onglet Affichage, Excel ne réorganise pas la disposition pour l'intégrer. Il se contente de la placer par-dessus les autres.

Pour combler le vide laissé par la fermeture d'une fenêtre, ou pour en intégrer une nouvelle, cliquez sur le bouton Réorganiser tout dans l'onglet Affichage pour ouvrir la boîte de dialogue Réorganiser, puis cliquez sur OK ou appuyez sur Entrée (le dernier bouton radio utilisé est toujours sélectionné ; si vous voulez changer de disposition, vous devrez choisir une autre option de réorganisation).

N'essayez pas de fermer une fenêtre en cliquant sur Bouton Office/Fermer, car cette commande ferme tout le classeur, et par là même toutes les fenêtres qu'il contient.

Lorsque vous enregistrez le classeur, Excel enregistre l'arrangement courant des fenêtres avec le fichier, en même temps que toutes les autres modifications. Pour ne pas enregistrer la réorganisation, fermez toutes les fenêtres sauf une (en cliquant tout simplement sur leur bouton de fermeture dans leur coin supérieur droit, mais vous pouvez aussi les sélectionner et appuyer ensuite sur Ctrl + W), puis cliquez sur le bouton Agrandir de la dernière fenêtre. Sélectionnez ensuite l'onglet sur lequel le classeur devra s'ouvrir la prochaine fois que vous le chargerez, puis enregistrez le fichier.

Comparer deux feuilles de calcul en côte à côte

Vous pouvez utiliser la commande Côte à côte de l'onglet Affichage pour comparer en côte à côte deux fenêtres préalablement ouvertes. Lorsque vous cliquez sur ce bouton, Excel superpose automatiquement les deux fenêtres (comme si vous aviez sélectionné l'option Horizontal dans la boîte de dialogue Réorganiser) ainsi que le montre la Figure 7.8.

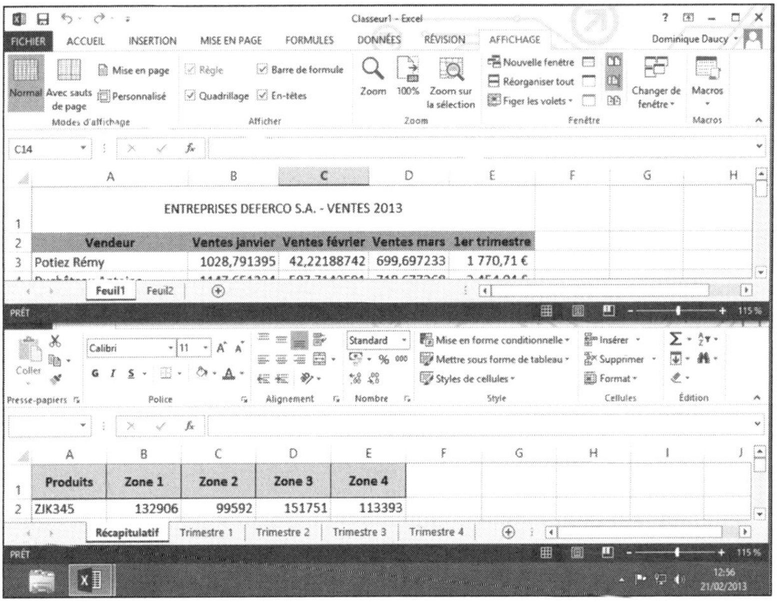

Figure 7.8 : Comparez deux feuilles de calcul en côte à côte.

Si plus de deux fenêtres sont ouvertes lorsque vous cliquez sur le bouton Côte à côte, Excel ouvre la boîte de dialogue Comparer en côte à côte dans laquelle vous pouvez sélectionner la fenêtre qui sera comparée à la fenêtre active. Dès que vous cliquez sur OK, Excel affiche la fenêtre active à côté de celle que vous venez de sélectionner.

Juste en dessous du bouton Côte à côte, dans le groupe Fenêtres de l'onglet Affichage, vous disposez de deux commandes utiles pour comparer deux fenêtres en côte à côte :

- **Défilement synchrone :** lorsque ce bouton est actif (c'est-à-dire lorsqu'il apparaît sur fond orange, ce qui est le cas par défaut), dès que vous actionnez dans une fenêtre la barre de défilement horizontale ou verticale de la fenêtre active, le mouvement est répercuté dans l'autre fenêtre. Pour être en mesure de faire défiler uniquement la fenêtre active, cliquez sur le bouton Défilement synchrone (s'il est actif) pour le désactiver.
- **Rétablir la position de la fenêtre :** après un redimensionnement manuel de la fenêtre active, cliquez sur ce bouton afin de restaurer la disposition des deux fenêtres, propice à une comparaison en côte à côte.

Transférer des feuilles de calcul d'un classeur vers un autre

Dans certains cas, vous devrez déplacer ou copier une feuille de calcul dans un autre classeur. Voici la procédure à suivre :

1. **Ouvrez le classeur contenant la ou les feuille(s) de calcul à transférer ainsi que le classeur de destination.**

   Cliquez sur Bouton Office/Ouvrir ou appuyez sur Ctrl + O pour ouvrir les deux classeurs.

2. **Sélectionnez le classeur contenant la ou les feuille(s) de calcul à déplacer ou à copier.**

   Pour sélectionner le classeur, cliquez sur son bouton dans la barre des tâches de Windows.

3. **Sélectionnez la ou les feuille(s) à déplacer ou à copier.**

   Pour sélectionner une seule feuille de calcul, cliquez sur son onglet. Pour sélectionner un groupe de feuilles adjacentes, cliquez sur le premier onglet puis, touche Maj enfoncée, cliquez sur le dernier onglet. Pour sélectionner des feuilles non adjacentes, cliquez sur un premier onglet puis, touche Ctrl enfoncée, cliquez sur les onglets des autres feuilles.

4. **Cliquez du bouton droit sur l'onglet ou sur un des onglets sélectionnés et sélectionnez Déplacer ou copier dans le menu qui apparaît.**

   Excel ouvre la boîte de dialogue Déplacer ou copier (Figure 7.9), dans laquelle vous préciserez s'il faut déplacer ou copier la ou les feuille(s) sélectionnée(s) et à quel endroit.

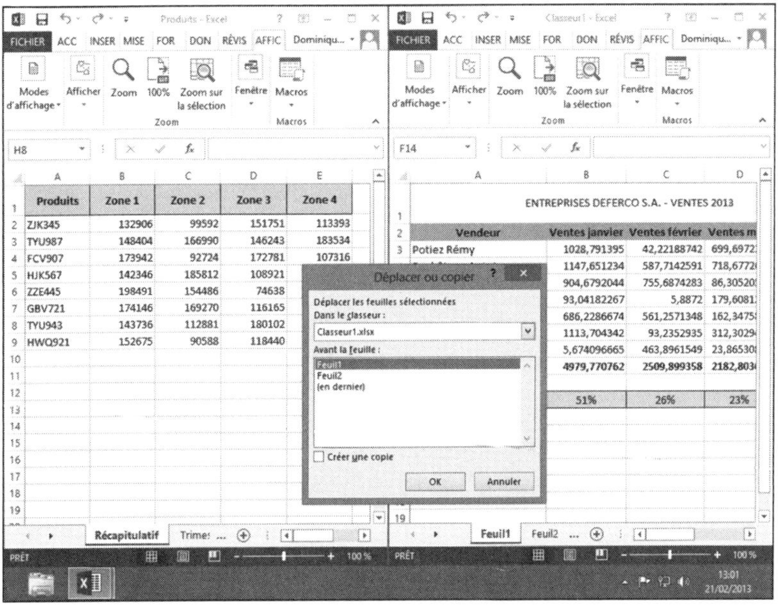

Figure 7.9 : Cette boîte de dialogue permet de copier ou de déplacer des feuilles de calcul d'un classeur ouvert vers un autre, ouvert lui aussi.

5. **Dans la liste déroulante Dans le classeur, sélectionnez le nom du classeur dans lequel vous désirez déplacer ou copier la ou les feuille(s) de calcul.**

   Si vous voulez déplacer ou copier les feuilles sélectionnées dans un nouveau classeur au lieu d'un classeur existant, choisissez l'option Nouveau classeur, tout en haut de la liste déroulante.

6. **Dans la liste Avant la feuille, sélectionnez le nom de la feuille de calcul du classeur de destination avant laquelle les feuilles déplacées ou copiées doivent être placées. Si vous voulez les placer à la fin, choisissez l'option En dernier.**

7. **Si vous voulez copier et non déplacer les feuilles sélectionnées, cochez la case Créer une copie.**

8. **Cliquez sur OK ou appuyez sur Entrée pour terminer l'opération de déplacement ou de copie.**

Si vous préférez une méthode plus directe, vous pouvez déplacer ou copier des feuilles entre des classeurs ouverts en faisant glisser les onglets sélectionnés de l'un à l'autre. Notez que cette technique fonctionne aussi bien avec une seule feuille qu'avec plusieurs à la fois.

TRUC

Pour faire glisser une feuille de calcul d'un classeur vers un autre, les deux classeurs doivent être ouverts. Cliquez sur le bouton Réorganiser tout dans l'onglet Affichage, puis choisissez une disposition (en mosaïque, horizontale ou verticale). Avant de fermer la boîte de dialogue Réorganiser, assurez-vous que la case Fenêtres du classeur n'est pas cochée.

Après avoir réorganisé les fenêtres du classeur, faites glisser l'onglet de feuille d'un classeur vers un autre. Pour copier une feuille plutôt que de la déplacer, maintenez la touche Ctrl enfoncée pendant la manipulation. Pour placer la feuille où bon vous semble dans le classeur de destination, cliquez sur le petit triangle noir de l'onglet et faites-le glisser jusqu'à l'emplacement où vous voulez déposer la feuille. Relâchez alors le bouton de la souris ou éloignez votre doigt ou votre stylet de l'écran tactile.

ATTENTION !

Cette opération par glisser-déposer est justement une de celles qui sont irréversibles, car impossibles à annuler. Cela signifie que si vous avez déplacé par erreur une feuille de calcul dans le mauvais classeur, vous devrez effectuer la procédure inverse pour la ramener là où elle était.

Les Figures 7.10 et 7.11 illustrent combien il est facile de déplacer ou de copier une feuille de calcul d'un classeur à un autre par un simple glisser-déposer.

La Figure 7.10 montre deux fenêtres de classeur côte à côte. Pour déplacer la feuille de calcul d'un classeur vers un autre, il suffit de sélectionner son onglet, puis de le faire glisser jusqu'à son nouvel emplacement. Pour effectuer une copie – l'original reste alors en place –, procédez de même, mais maintenez la touche Ctrl enfoncée.

Regardez à présent la Figure 7.11 pour voir les classeurs juste après avoir relâché le bouton de la souris. Comme vous le constatez, la

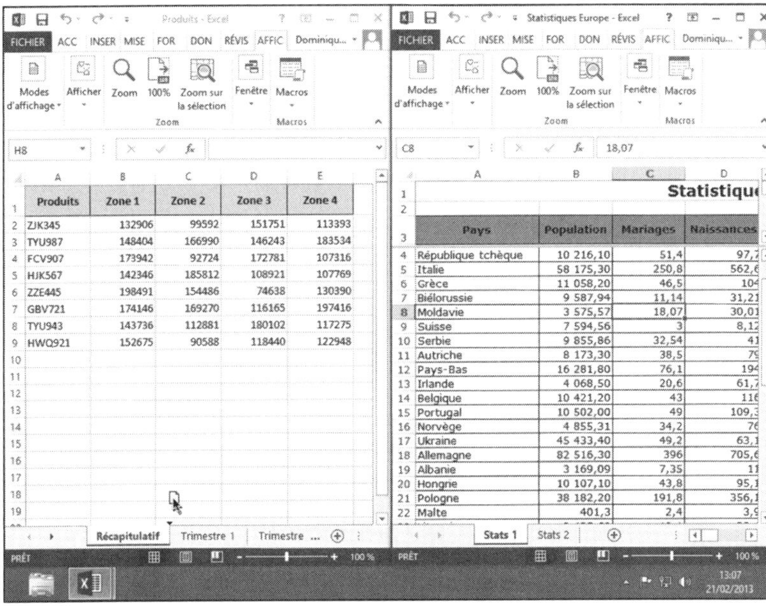

Figure 7.10 : Déplacement d'une feuille de calcul d'un classeur à un autre.

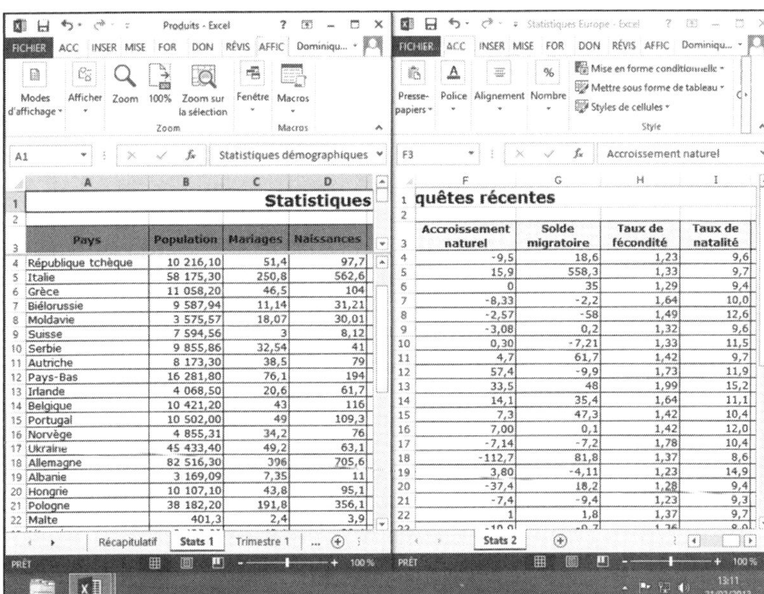

Figure 7.11 : La feuille de calcul Stats 1 a été copiée du classeur de droite dans le classeur de gauche.

feuille de calcul Stats 1 a été transférée vers le classeur de gauche. Notez qu'elle a disparu du le classeur de droite ; si la touche Ctrl avait été maintenue enfoncée au cours de l'opération, elle aurait été dupliquée au lieu d'être déplacée.

En SOMME( )...

Nous nous en voudrions de ne pas vous présenter la fascinante fonctionnalité qui permet de créer une *feuille récapitulative* récapitulant tous les totaux des valeurs calculées dans d'autres feuilles du classeur.

Le meilleur moyen de vous montrer comment créer une feuille récapitulative est de vous décrire, étape par étape, comment récapituler les résultats de différentes sociétés en calculant des totaux.

Voici comment vous y prendre :

1. **Dans notre classeur exemple baptisé « Projection de revenus » qui fournit les projections de revenus pour trois sociétés, baptisées respectivement Société A, Société B et Société C (Figure 7.12), nous commençons par ajouter une nouvelle feuille de calcul que nous plaçons après les autres et que nous nommons Total général.**

   Pour savoir comment insérer une nouvelle feuille, reportez-vous à la section « Ajouter des feuilles de calcul à un classeur », dans ce chapitre. Pour savoir comment renommer une feuille, reportez-vous à la section « D'autres noms pour les feuilles », toujours dans ce chapitre.

2. **Nous introduisons la mention « Récapitulatif » dans la cellule A1 de cette nouvelle feuille.**

   Il suffit de sélectionner cette cellule et de taper le texte.

3. **Depuis la feuille d'une des sociétés, nous copions la plage des intitulés, soit A3 :A23 et la collons au même emplacement dans la feuille Total général.**

   Pour cela, il suffit de sélectionner la plage de cellules et d'appuyer sur Ctrl + C, puis de cliquer sur l'onglet Total général, de sélectionner dans celui-ci la cellule A3 et d'appuyer sur Ctrl + V.

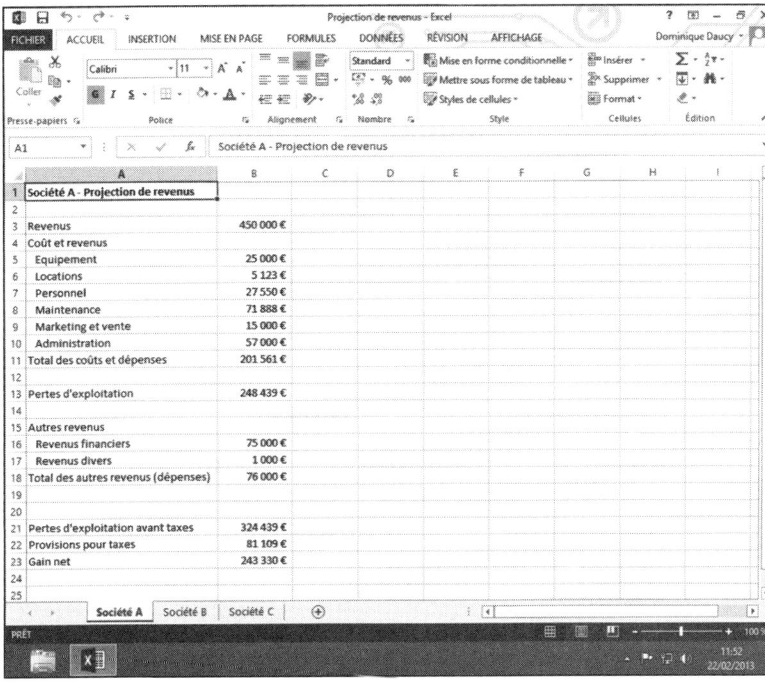

Figure 7.12 : Notre classeur et ses trois onglets.

Vous êtes maintenant prêt à créer la formule maître SOMME qui totalise les résultats des trois sociétés en commençant par la cellule où s'affichent les revenus, soit la cellule B3 de la feuille Total général :

1. **Cliquez sur la cellule B3, puis sur le bouton Somme ancré dans le groupe Édition de l'onglet Accueil.**

   Excel affiche `=SOMME()` dans la cellule ; le point d'insertion clignote entre les deux parenthèses.

2. **Cliquez sur l'onglet Société A, puis sur sa cellule B3 pour sélectionner les revenus de cette première société.**

   Après avoir sélectionné cette cellule, la formule devient `=SOMME('Société A'!B3)`. Attention ! Pour le constater, ne cliquez pas de nouveau sur l'onglet Total général. À partir du moment où vous avez cliqué sur le bouton Somme, cliquer sur l'onglet d'une feuille ou sur une cellule, c'est référencer celle-ci dans la formule. Regardez simplement ce qui se passe dans la barre de formule ; c'est elle qui affiche l'évolution de la formule au fur et à mesure que vous sélectionnez des onglets et des cellules dans ceux-ci.

3. **Juste avant la parenthèse fermante, introduisez un signe plus (+) pour pouvoir introduire un nouvel argument. Ajoutez ensuite cet argument en cliquant sur l'onglet de la Société B, puis en cliquant, dans cette feuille, sur la cellule B3.**

   La barre de formule affiche maintenant `=SOMME('Société A'!B3+'Société B'!B3)`.

4. **Répétez l'opération pour la Société C.**

   À la fin de cette procédure, la formule SOMME est devenue `=SOMME('Société A'!B3+'Société B'!B3+'Société C'!B3)`.

5. **Enfin, validez en enfonçant la touche Entrée.**

   La somme de toutes les valeurs des cellules B3 des onglets des trois sociétés apparaît dans la cellule B3 de l'onglet Total général, comme l'illustre la Figure 7.13.

Il ne reste plus qu'à utiliser la recopie automatique pour copier la formule maître de la cellule B3 dans toutes les autres cellules jusque

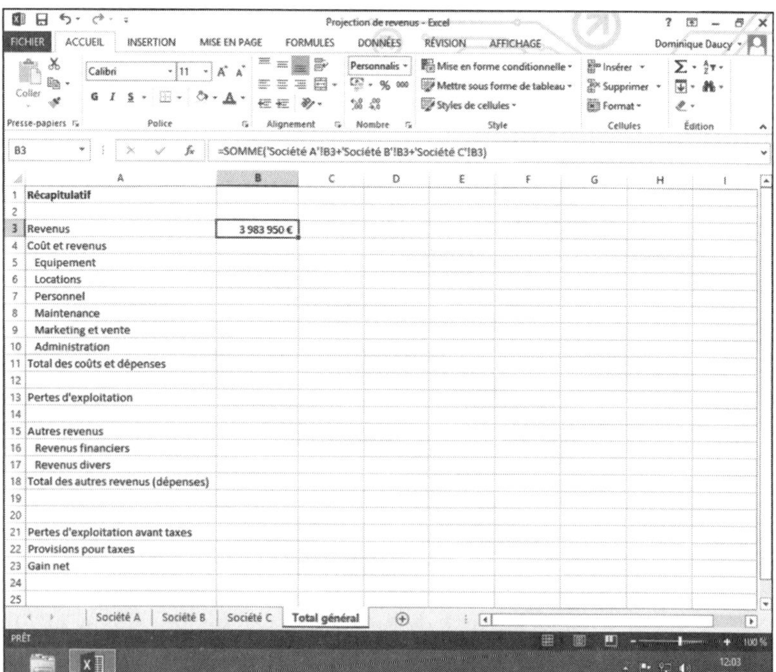

Figure 7.13 : La feuille de calcul telle qu'elle apparaît après la récupération par la fonction SOMME des résultats des dix distributeurs.

tout en bas, c'est-à-dire jusqu'à la cellule B23, en procédant comme suit :

1. **La cellule B3 étant sélectionnée, approchez le pointeur de la souris de son angle inférieur droit pour faire apparaître la poignée de recopie automatique, puis faites glisser celle-ci jusqu'à B23.**

   La formule de la cellule B3 est recopiée dans les autres cellules. Le bouton des options de recopie automatique apparaît ; vous n'en n'avez pas besoin ici (si vous voulez faire disparaître ce bouton, il vous suffit de modifier une cellule quelconque). Les cellules totalisatrices sont mises à jour automatiquement (à moins que vous ne soyez en mode de recalcul manuel).

2. **Relâchez le bouton de la souris.**

   La formule de la cellule B3 est recopiée dans toutes les cellules du tableau contenant des résultats, les références aux cellules des autres feuilles étant automatiquement mises à jour par Excel.

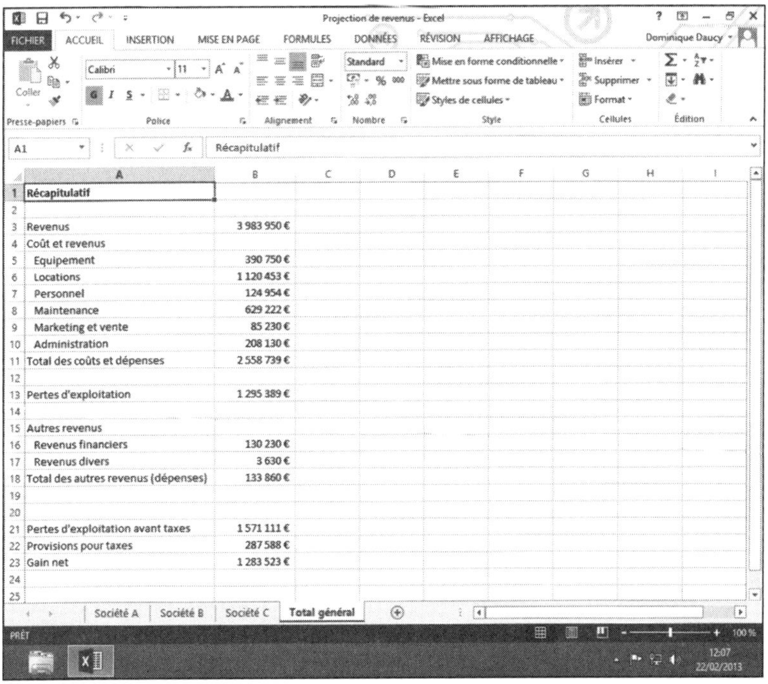

Figure 7.14 : La feuille de récapitulation totalise les valeurs de toutes les autres feuilles du classeur.

3. **Touche Ctrl enfoncée, cliquez dans les cellules qui n'ont pas lieu de contenir de formules récapitulatives (B4, B12, B14, B15, B19 et B20 dans notre exemple) et appuyez sur la touche Suppr afin d'effacer leur contenu.**

La Figure 7.14 montre la feuille de calcul Total général telle qu'elle résulte de toutes ces opérations. Ceci fait, n'oubliez pas d'enregistrer le classeur (Ctrl + S ou Fichier/Enregistrer).

Chapitre 8

L'art subtil des graphiques

Dans ce chapitre :

- Créer des graphiques bien présentés en quelques clics.
- Personnaliser un graphique à l'aide des outils d'Excel 2013.
- Représenter les données visuellement par des graphiques sparklines.

Comme le disait Confucius, « une image vaut mille mots » (ou, dans notre cas, mille chiffres). Dans un tableur, les graphiques augmentent non seulement l'intérêt pour des chiffres dont la lecture serait autrement fort ennuyeuse, mais ils mettent aussi en évidence des anomalies qui passeraient inaperçues si l'on ne regardait que des séries de valeurs. La création de graphiques est si facile dans Excel 2013 que vous pourrez aisément en essayer plusieurs et choisir celui qui illustre le plus efficacement vos données (en d'autres termes, l'image qui raconte le mieux votre histoire singulière).

Créer des graphiques d'aspect professionnel

Quelques mots encore sur les graphiques avant de découvrir comment les réaliser dans Excel. Vous vous rappelez les efforts méritoires que faisait votre professeur de mathématiques pour vous apprendre à tracer des graphes en traçant des valeurs sur les axes x et y d'une feuille de papier millimétré ? Évidemment, vous aviez l'esprit ailleurs à ce moment-là. De toute façon, vous vous demandiez bien en quoi ces graphiques pourraient vous être utiles plus tard, dans votre vie professionnelle.

Eh bien, nous y voilà ! Il est vrai qu'Excel automatise la quasi-totalité du processus de création des graphiques. Mais vous ne pouvez pas vous dispenser de savoir ce qui différencie un axe *x* d'un axe *y*, ne serait-ce qu'au cas où Excel n'orienterait pas le graphique comme prévu. Afin de rafraîchir votre mémoire et de faire plaisir à votre vieux prof de maths, sachez que l'axe *x* est horizontal et usuellement situé en bas du graphique, alors que l'axe *y* est vertical et ordinairement situé à gauche du graphique.

Dans la plupart des graphiques basés sur ces deux axes, Excel place les catégories le long de l'axe, en bas du tracé, et leurs valeurs relatives le long de l'axe *y* à gauche. L'axe *x* est parfois appelé *axe de temps*, car il est souvent utilisé pour indiquer des durées comme les mois, les trimestres, les années, *etc.*

Excel vous fournit beaucoup de fonctionnalités pour créer rapidement et facilement vos graphiques. Mais, dans tous les cas, la règle d'or est la suivante : commencez systématiquement par indiquer au programme les données à représenter graphiquement en sélectionnant une des cellules de la feuille à traiter. Si vous souhaitez limiter la représentation à quelques valeurs de cette feuille, sélectionnez d'abord ces valeurs ainsi que leurs intitulés.

Agir avec l'outil Graphiques recommandés

Personnellement, c'est la nouvelle fonction Graphiques recommandés d'Excel 2013 que nous privilégions pour tracer nos graphes. Vous la trouverez dans l'onglet Insertion du Ruban. Lorsque vous l'invoquez, le programme vous ouvre la boîte de dialogue Insérer un graphique, représentée à la Figure 8.1 ; c'est, par défaut, son onglet Graphiques recommandés qui est sélectionné. N'hésitez pas à tester différents graphiques en cliquant sur leur type dans le volet gauche de la fenêtre. Quand vous avez trouvé celui qui vous convient, il vous suffit de cliquer sur OK pour créer un graphe et l'incorporer à la feuille de calcul sous-jacente.

Agir depuis le Ruban

À droite du bouton Graphiques recommandés se trouve une série d'icônes regroupées sous la mention Graphiques. Toutes sont équipées d'un dérouleur de menu local grâce auquel vous aurez accès à une flopée de types de graphes :

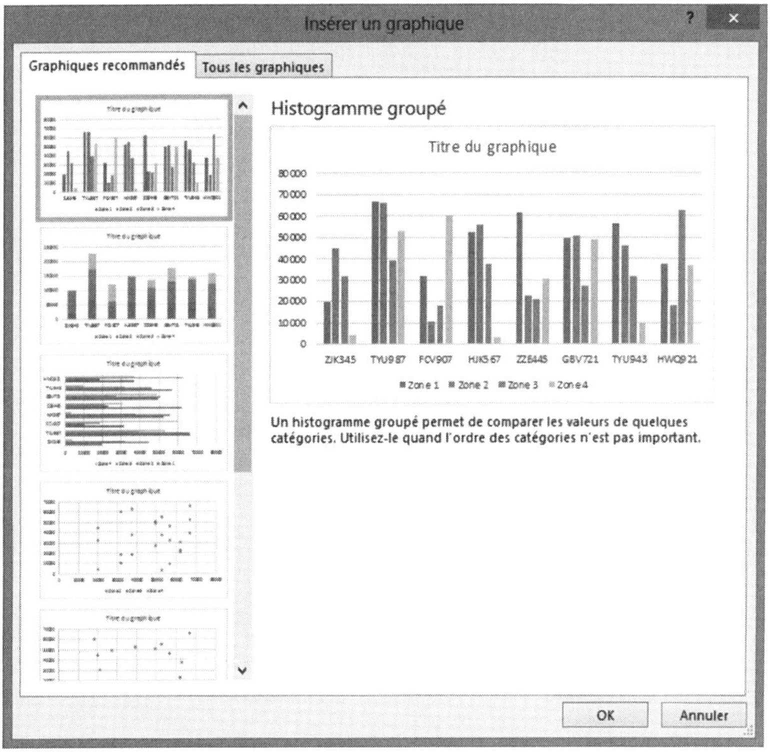

Figure 8.1 : L'onglet Graphiques recommandés de la fenêtre Insérer un graphique.

- **Insérer un histogramme** permet de prévisualiser des graphiques 2D ou 3D à colonnes verticales.
- **Insérer un graphique à barres** permet de prévisualiser des graphiques 2D ou 3D à colonnes horizontales.
- **Insérer un graphique boursier, en surface ou en radar** permet de prévisualiser des graphiques boursiers en 2D, des graphiques en surface en 2D ou en 3D et des graphiques en radar en 3D.
- **Insérer un graphique en courbes** permet de prévisualiser des graphiques 2D ou 3D en courbes.
- **Insérer un graphique en aires** permet de prévisualiser des graphiques 2D ou 3D en aires.
- **Insérer un graphique combiné** permet de prévisualiser des graphiques 2D colonne groupée – ligne et aire empilée – colonne groupée.

- **Insérer un graphique en secteurs ou en anneaux** permet de prévisualiser des graphiques 2D et 3D en secteurs et des graphiques 2D en anneaux.
- **Insérer un graphique en nuages de points (X, Y) ou en bulles** permet de prévisualiser des graphiques 2D en nuages de points ou en bulles.

Si la prévisualisation vous convient, il vous suffit de cliquer sur l'icône du menu local pour tracer le graphe et l'incorporer à la feuille de calcul située en arrière-plan.

Si vous hésitez quant au modèle de graphe capable de représenter au mieux vos données, ne passez pas votre temps à prévisualiser tous ces modèles ; agissez plutôt depuis l'onglet Tous les graphiques de la fenêtre Insérer un graphique (Figure 8.2) qui vous permet de tester toutes sortes de modèles de graphes. Vous accèderez à cette fenêtre *via* le bouton Afficher tous les graphiques, qui occupe l'angle inférieur droit du groupe Graphiques de l'onglet Insertion du Ruban.

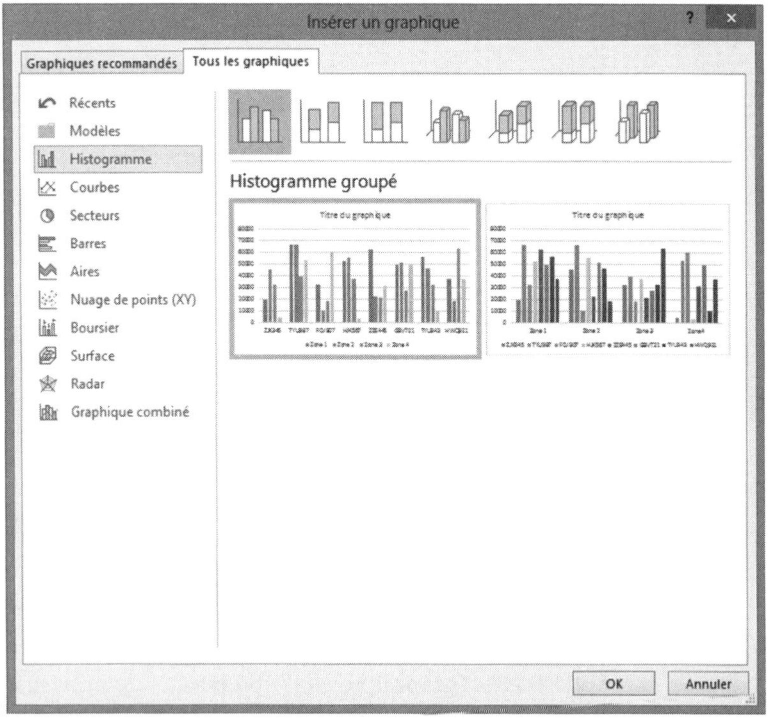

Figure 8.2 : L'onglet Tous les graphiques autorise une foule de prévisualisations.

Agir avec l'outil Analyse rapide

Imaginons (scénario déjà évoqué plus haut) que vous souhaitiez limiter la représentation graphique à une sélection de données plutôt qu'à une feuille entière. Pensez alors à exploiter l'outil Analyse rapide en le manipulant comme suit :

1. **Cliquez sur le bouton Analyse rapide (qui s'affiche en bas à droite de votre sélection).**

   Ce clic vous donne accès à la palette correspondante où l'onglet Mise en forme est sélectionné par défaut.

2. **Activez l'onglet Graphiques.**

   Excel propose, dans le bas de la palette, une série d'options qui, toutes, vous permettent de visualiser vos données avec un modèle précis de graphe. Le bouton Autres graphiques, pour sa part, ouvre la fenêtre Insérer un graphique et son onglet Graphiques recommandés que nous avons déjà commenté plus haut.

3. **Testez les différents modèles disponibles en cliquant sur leur icône depuis la partie inférieure de la palette.**

   La représentation graphique des données vous est alors instantanément proposée dans une zone au-dessus de la palette Analyse rapide et elle le reste tant que vous maintenez votre pointeur sur l'icône du modèle de graphe.

4. **Dès que vous avez trouvé le modèle qui vous intéresse, cliquez sur son icône pour tracer le graphique.**

   Excel 2013 s'exécute, traçant le graphe et l'incorporant à la feuille de données. Ce graphe est activé ; vous pouvez donc, sans autre manipulation préalable, commencer à le déplacer et/ou à le modifier.

La Figure 8.3 montre la prévisualisation d'une série de données ; la Figure 8.4 montre le graphe après validation.

Dès qu'un graphique est créé, il est automatiquement actif et sélectionné. Pour le positionner à un autre endroit que celui où il s'est implanté par défaut, contentez-vous de cliquer-glisser. Par ailleurs, notez que les valeurs représentées restent sélectionnées dans la feuille de calcul, les têtes de colonnes étant entourées d'un trait

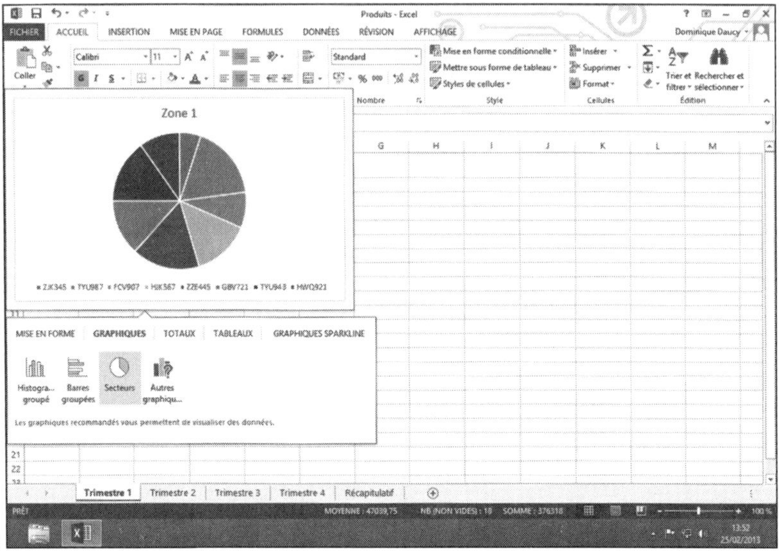

Figure 8.3 : Prévisualisation des ventes de la zone 1 en graphique à secteurs.

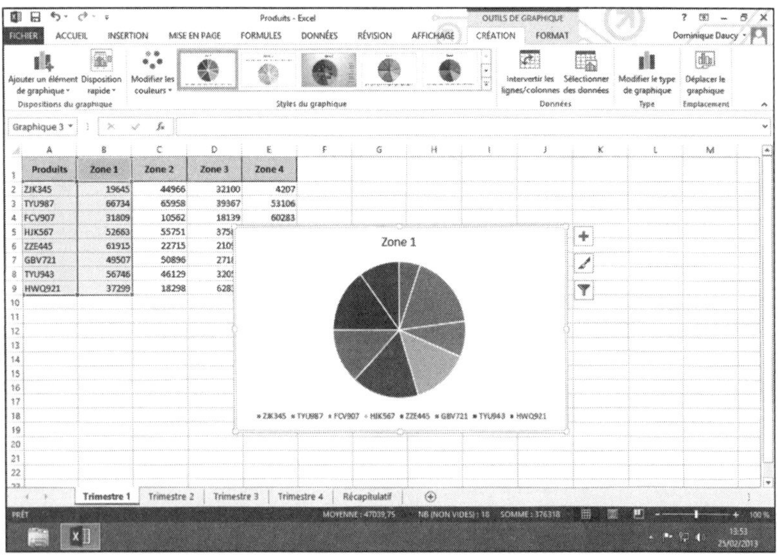

Figure 8.4 : Le graphique obtenu après avoir cliqué sur le modèle.

rouge, les libellés des lignes, en mauve et les valeurs proprement dites, en bleu. Notez encore qu'un onglet Outils de graphique a fait son apparition dans le Ruban ; il regroupe lui-même deux onglets, baptisés respectivement Création et Format.

Tracer un graphique sur une feuille indépendante

Si vous désirez qu'un graphique s'affiche sur une feuille indépendante plutôt que de flotter par-dessus celle où figurent les données, cliquez sur une des données à représenter (ou opérez une sélection si vous entendez restreindre la représentation à une plage donnée de cellules), puis enfoncez la touche F11.

Excel génère alors un graphique dans une feuille graphique qu'il baptisé Graphique1 et qu'il place avant les autres feuilles du classeur, en première position (Figure 8.5). Ce graphique indépendant se manipule exactement comme un graphique incorporé.

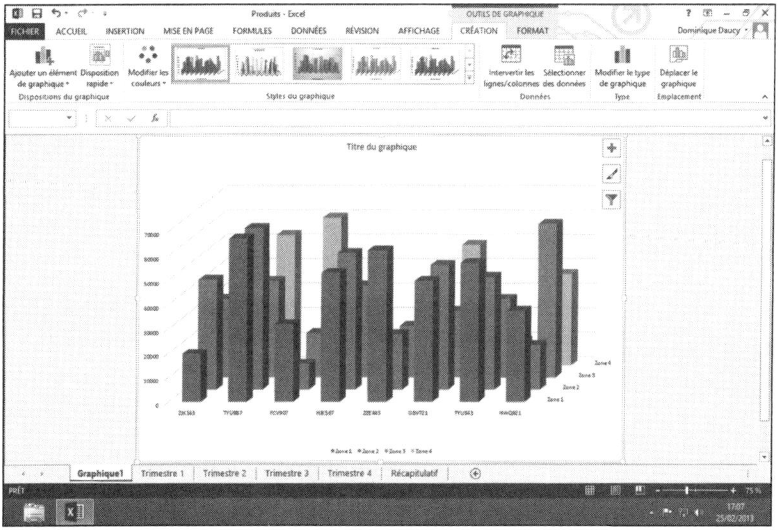

Figure 8.5 : Un graphique indépendant qui apparaît sur une feuille rien qu'à lui, placée devant les autres onglets du classeur.

Déplacer et redimensionner un graphique incorporé dans une feuille

Un graphique qui vient tout juste d'être créé peut facilement être déplacé ou redimensionné puisqu'il est sélectionné. (Vous pouvez savoir si un objet – diagramme ou autre – est sélectionné grâce au cadre doté de *poignées* (des carrés aux coins et au milieu des côtés de l'objet) qui l'entoure.)

De plus, quand un graphique est sélectionné, trois outils se manifestent sur sa droite :

- **Éléments du graphique** (signe +) pour modifier les éléments du graphe, comme le titre, le légende, le quadrillage ou les lignes de tendance.
- **Styles de graphique** (pinceau) pour modifier le formatage et le thème couleur.
- **Filtres du graphique** (entonnoir) pour modifier les valeurs représentées ou leurs libellés en abscisse ou en ordonnée.

Lorsqu'un graphique incorporé est actif, vous pouvez facilement le déplacer ou le redimensionner :

- Pour déplacer le graphique, placez le pointeur de la souris quelque part au-dessus du fond (là où apparaît une croix) et faites glisser l'objet vers un nouvel emplacement.
- Pour redimensionner le graphique (par exemple parce qu'il semble déformé), placez le pointeur de la souris au-dessus d'une de ses poignées (il doit alors afficher une flèche à deux têtes). Cliquez et faites glisser afin d'agrandir ou rétrécir le graphique. Le résultat dépend bien sûr de la poignée active et du sens de votre mouvement.

Quand le graphe occupe la taille et la position qui vous conviennent, désélectionnez-le en cliquant dans n'importe quelle cellule de la feuille en dehors de la zone du graphe. Ses poignées disparaissent ainsi que les outils correspondant du Ruban.

N'OUBLIEZ PAS

Pour sélectionner de nouveau le graphe, cliquez dessus. L'onglet contextuel Outils de graphique et toutes ses options refont leur apparition.

Déplacer un graphique incorporé vers une feuille rien qu'à lui

Par défaut, Excel incorpore un nouveau graphique sur la même feuille que les données représentées (à moins d'appuyer sur la touche F11). Mais il est souvent plus facile de travailler avec un graphique autonome, c'est-à-dire placé dans sa propre feuille. Voyons comment obtenir ce résultat :

1. **Sélectionnez le graphique, puis cliquez sur le bouton Déplacer le graphique de l'onglet Création sous Outils de graphique. La boîte de dialogue Déplacer le graphique apparaît.**

2. **Validez l'option Nouvelle feuille.**

3. **(Facultatif) Dans le champ Nouvelle feuille, remplacez le nom générique (Graphique) par un intitulé plus évocateur.**

4. **Cliquez sur OK pour refermer la boîte de dialogue et afficher le graphique dans sa propre feuille.**

TRUC

Après avoir personnalisé un graphique placé dans une feuille spécifique, vous pouvez décider de le renvoyer vers la série de données qu'il représente. Dans ce cas, cliquez de nouveau sur le bouton Déplacer le graphique. Activez cette fois l'option Objet dans. Sélectionnez alors le nom de la feuille de destination dans la liste déroulante associée. Validez.

Personnaliser vos graphiques grâce à l'onglet Création

Utilisez les boutons de l'onglet Création (sous l'onglet contextuel Outils de graphique) pour personnaliser l'aspect de votre nouveau graphique. Cet onglet héberge plusieurs groupes de commandes :

- **Dispositions du graphique :** cliquez sur Ajouter un élément de graphique pour ajouter des éléments à vos graphes, comme un titre, des étiquettes de données, une légende… Vous trouverez la liste de ces éléments dans le menu local correspondant. Utilisez la commande Disposition rapide (placée juste à droite) pour modifier facilement la présentation des données.

- **Styles du graphique :** cliquez sur Modifier les couleurs pour dérouler un menu local qui vous propose des thèmes couleur répartis en deux catégories, couleurs et monochromes. Juste à droite, une série de styles de graphe vous permet de rapidement formater ces entités

- **Données :** le bouton Intervertir les lignes/colonnes échange immédiatement les données utilisées dans le graphique pour représenter respectivement les séries (légendes) et les catégories (axe *x*). Avec la commande Sélectionner des données, vous pouvez non seulement redéfinir totalement les séries et les catégories, mais aussi les intervertir, ou encore spécifier une autre plage de données.

- **Type :** le bouton Modifier le type de graphique ouvre la fenêtre du même nom dans laquelle vous pouvez désigner un autre type de graphe pour représenter vos données.
- **Emplacement :** cliquez sur ce bouton Déplacer le graphique pour le placer dans une nouvelle feuille de graphique ou dans une autre feuille de calcul.

Personnaliser les éléments du graphique

Le bouton Éléments du graphique (le signe « + » placé à droite quand le graphe est sélectionné) vous propose une série d'éléments susceptibles d'être ajoutés. Cliquez sur ce bouton pour dévoiler cette liste, puis cochez les éléments à ajouter. Décochez ceux que vous ne voulez plus voir.

Pour intervenir sur un élément, positionnez votre pointeur à droite de son nom dans ce menu local de manière à faire apparaître le triangle signalant un sous-menu ; agissez ensuite dans ce sous-menu.

Prenons un exemple. Pour intervenir sur le titre d'un graphe, cliquez sur le bouton Éléments du graphique alors que le graphe est sélectionné, puis placez votre pointeur à droite de la mention Titre du graphique afin d'accéder aux sous-options disponibles, en l'occurrence :

- **Au-dessus du graphique :** ajoute ou repositionne le titre de manière qu'il soit centré au-dessus de la zone de traçage.
- **Superposé centré :** ajoute ou repositionne le titre de manière à ce qu'il apparaisse en haut et au centre de la zone de traçage.
- **Autres options :** ouvre le volet Mettre en forme le titre du graphique dans la partie droite de l'interface. Exploitez les commandes qui y sont mises à votre disposition pour définir le remplissage et le contour du texte, des effets éventuels, des trames et des bordures, *etc.*

Ajouter des étiquettes de données

Les étiquettes de données identifient les valeurs des données représentées. Pour ajouter ces valeurs au graphique actif, cliquez sur le bouton Éléments du graphique, puis cochez Étiquettes de données et fournissez quelques précisions dans le menu local correspondant (qui se déroule quand vous cliquez sur le triangle qui s'affiche en regard quand vous déplacez votre pointeur à droite de la commande) :

- **Centrer :** place les étiquettes au centre de chaque *point* de donnée.
- **Bord intérieur :** place les étiquettes près de l'extrémité de chaque point de donnée et à l'intérieur de celui-ci.
- **Intérieur base :** place les étiquettes en bas de chaque point de donnée.
- **Bord extérieur :** place les étiquettes près de l'extrémité de chaque point de donnée et à l'extérieur de celui-ci.
- **Légende de données :** associe à chaque point de données une zone texte dans laquelle figurent l'étiquette et sa valeur.
- **Autres options :** ouvre le volet Format des étiquettes de données dans la partie droite de l'interface. Vous pouvez alors personnaliser totalement l'apparence des étiquettes en vous servant des options Contenu, Position, Remplissage et Contour du texte…

Ajouter une table de données

À la place d'étiquettes qui risquent de surcharger le graphique, il peut être intéressant d'insérer, en bas de celui-ci, une table qui montre la valeur de toutes les données que vous tracez.

Pour obtenir ce résultat, servez-vous une fois de plus du bouton Éléments du graphique ; cochez Table de données et exprimez-vous dans le menu local :

- **Avec symboles de légende :** demande à Excel de dessiner une table de données en bas du graphique en ajoutant, à gauche du nom des séries, un petit carré (le même que dans la légende) rappelant la couleur utilisée dans le graphique.

- **Aucun symbole de légende :** idem que ci-dessus, mais sans légende.
- **Autres options :** ouvre le volet Format de table de données dans la partie droite de l'interface. Exploitez les commandes disponibles à cet endroit pour formater votre table.

La Figure 8.6 montre le graphique après insertion d'une table de données. Remarquez la présence des symboles de légendes.

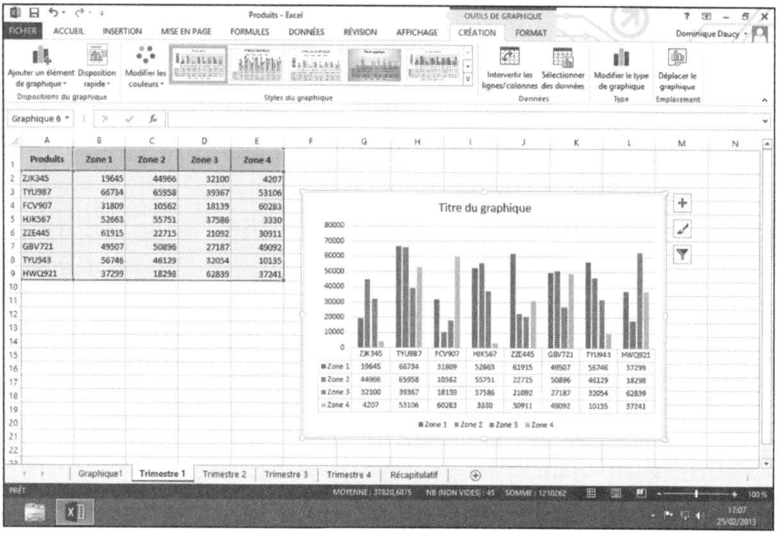

Figure 8.6 : Histogramme incorporé dans une feuille, avec table de données et symboles de légendes.

Modifier les titres génériques d'un graphique

Lorsqu'Excel ajoute des titres à un nouveau graphique, il leur donne un nom générique comme Titre du graphique ou Titre de l'axe (aussi bien pour les abscisses que pour les ordonnées). Pour remplacer ces intitulés peu parlants, cliquez à l'intérieur du graphique sur le titre voulu. Vous pouvez également sélectionner le type de titre dans le menu local Éléments du graphique que vous trouverez en tête du groupe Sélection active de l'onglet Format sous l'onglet majeur Outils de graphique. L'élément est ainsi sélectionné dans le graphe ; les poignées qui s'affichent autour en témoignent.

Une fois le titre activé, vous n'avez plus qu'à cliquer dedans et à l'éditer comme vous le feriez pour une cellule quelconque. Il est aussi possible de remplacer totalement le texte en faisant un triple clic. Pour insérer une nouvelle ligne dans le titre, cliquez simplement à l'endroit où le saut doit intervenir, puis appuyez sur la touche Entrée.

Le titre modifié, cliquez n'importe où sur le graphique pour annuler la sélection (ou sur la feuille de calcul si vous voulez revenir à vos données).

Formater les titres

Utilisez l'aperçu dynamique pour juger de l'impact dans le graphique de telle police ou de telle taille de caractères avant d'appliquer une mise en forme. Activez l'onglet Accueil et servez-vous des listes Police ou Taille de police et placez le pointeur de la souris au-dessus d'une proposition (cela fonctionne également avec la couleur du texte ou du fond).

Pour personnaliser davantage vos titres, recourez aux boutons de commandes de l'onglet Format (sous Outils du graphique). Pour mettre en forme tout le champ de texte qui contient le titre, cliquez sur un des boutons suivants dans le groupe Styles de formes :

- **Styles de formes :** vous trouvez ici une galerie de vignettes qui propose des styles prédéfinis s'appliquant à la fois au texte et à son cadre.
- **Remplissage :** permet de choisir dans une liste déroulante une nouvelle couleur pour le cadre du titre.
- **Contour :** choisissez ici une nouvelle couleur pour le contour du cadre de texte.
- **Effets :** cette liste permet d'appliquer un effet au cadre du titre (Ombre, Réflexion, Lumière, Bordure arrondie, et ainsi de suite).

Pour ne mettre en forme que le texte, vous disposez des boutons du groupe Styles WordArt :

- **Styles WordArt :** les vignettes de cette liste déroulante décorent le texte à partir d'un modèle WordArt prédéfini.
- **Remplissage du texte :** affiche une liste de couleurs et de motifs de remplissage qui s'appliqueront à l'intérieur des caractères du texte WordArt.

- **Contour du texte :** affiche une liste de couleurs et de styles de trait qui s'appliqueront au contour des caractères du texte WordArt.
- **Effets du texte :** choisissez dans cette liste un effet (ombrage, réflexion ou encore lumière) qui finira de donner à votre titre un aspect dynamique et professionnel.

Formater les axes x et y

Lorsqu'il doit représenter un grand nombre de données, Excel fait un minimum d'efforts pour mettre en forme les valeurs qui apparaissent sur l'axe *y* (ou sur l'axe *x* pour certains types de graphiques comme les histogrammes empilés 3D ou les nuages de points).

Si la présentation par défaut des axes ne vous convient pas, vous pouvez facilement l'adapter à vos souhaits :

1. **Cliquez sur l'axe x (ou sur l'axe y) directement dans le graphique. Vous pouvez également vous servir de la liste déroulante située en haut et à gauche du groupe Sélection active de l'onglet Format (dans les Outils du graphique). Choisissez alors une des options Axe Horizontal (Catégories) ou Axe Vertical (Valeurs).**

   Excel active l'objet choisi et fait apparaître ses poignées de sélection.

2. **Toujours dans le groupe Sélection active, cliquez maintenant sur le bouton Mise en forme de la sélection.**

   Excel ouvre le volet Format de l'axe dans la partie droite de l'interface avec la rubrique Options d'axe sélectionnée.

3. **Pour modifier l'échelle d'un axe, l'apparence de ses graduations et son mode d'intersection avec l'autre axe, définissez les réglages voulus dans cette rubrique Options d'axe.**

   Vous disposez ici de nombreux choix permettant de fixer la plage des valeurs, d'inverser le sens de celles-ci, d'appliquer une échelle logarithmique, d'afficher des unités (par centaines, milliers, millions, *etc.*) et de diviser les valeurs par ces unités, de repositionner les graduations sur l'axe, ou encore de modifier le point d'intersection entre l'axe des abscisses (catégories) et l'axe des ordonnées (valeurs).

4. **Pour paramétrer le style d'affichage des valeurs numériques sur l'ensemble de l'axe, cliquez sur Nombre, puis sélectionnez une catégorie avant de préciser les options associées à ce format.**

   Par exemple, pour afficher les nombres avec une espace entre les milliers et sans partie décimale, choisissez la catégorie Nombre, cochez la case Utiliser le séparateur de milliers et entrez 0 dans le champ Décimales.

5. **Pour changer la disposition et l'orientation des étiquettes sur l'axe sélectionné, validez l'option Taille et propriétés sous Options d'axe, puis agissez dans les rubriques Alignement vertical et Orientation du texte.**

6. **Cliquez dans la case de fermeture du volet pour vous en débarrasser.**

Plus loin avec les graphiques

Les diagrammes ne sont pas les seuls objets graphiques susceptibles d'être ajoutés à une feuille de calcul. Excel permet d'utiliser d'autres objets visuels, comme des zones de texte, des cliparts, des images importées, qu'il s'agisse de photographies numériques, de documents numérisés ou encore de sources chargées directement depuis l'Internet.

Outre ces éléments, Excel 2013 autorise la création de titres WordArt décoratifs de formes extrêmement variées, ainsi que des diagrammes organisationnels appelés SmartArt.

Des mini-graphiques avec les sparklines

Votre tableur vous propose un type d'information graphique appelé sparkline, qui représente les tendances ou les variations d'un ensemble de données. Les sparklines sont de minuscules graphiques dont la taille est approximativement celle du texte qui les entoure. Ils sont de la taille des cellules de la feuille de calcul auxquelles ils se rapportent et peuvent être d'un de ces types :

- **Courbe :** elle représente la valeur relative des données sélectionnées dans la feuille de calcul.

- **Colonne :** les données sélectionnées dans la feuille de calcul sont représentées par un petit histogramme.
- **Conclusions/Pertes :** les données sélectionnées dans la feuille de calcul apparaissent sur un graphique dans lequel les gains sont représentés par des colonnes positives bleues, et les pertes par des colonnes négatives rouges.

Utiliser l'outil Analyse rapide

Dans Excel 2013, cet outil vous permet, en effet, d'ajouter en toute facilité des graphiques sparklines à vos feuilles de calcul.

Tout ce que vous avez à faire, c'est de sélectionner, dans le tableau, les données à représenter, activer l'outil Analyse rapide puis, dans la palette correspondante, cliquer sur Graphiques Sparkline et, finalement, faire un choix parmi les trois options proposées qui sont Courbes, Histogrammes et Positif/Négatif (Figure 8.7). Positionnez votre pointeur sur une de ces variantes pour apprécier le résultat de la commande dans la feuille sous-jacente ; cliquez quand vous êtes satisfait du résultat.

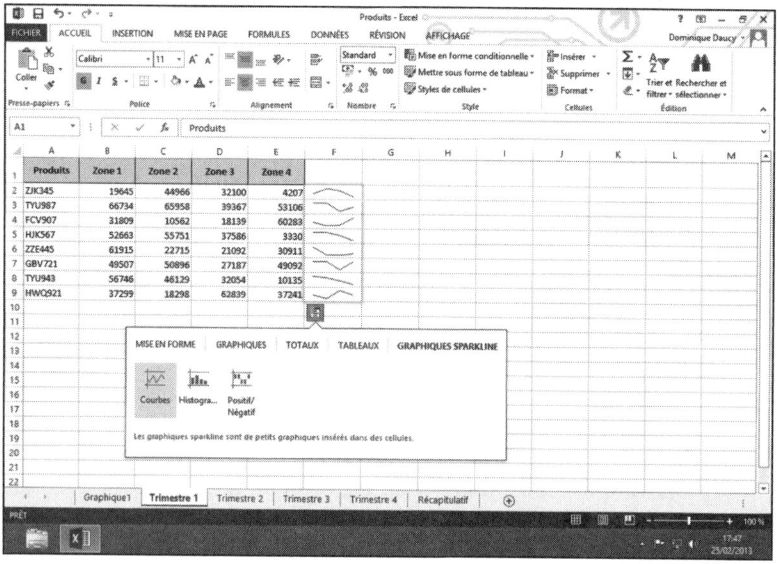

Figure 8.7 : Prévisualisation d'un sparkline en courbes pour traduire l'évolution des ventes de chaque produit dans les 4 zones.

Utiliser le Ruban

Moins révolutionnaire, la technique suivante vous permet d'arriver à vos fins en mettant en œuvre des procédés éprouvés :

1. **Dans la feuille de calcul, sélectionnez les données à représenter par un graphique sparkline.**

2. **Dans le groupe Graphiques sparkline de l'onglet Insertion, cliquez sur le type de sparkline désiré.**

   Excel ouvre la boîte de dialogue Créer des graphiques sparkline. Elle contient deux champs :

   - Plage de données : contient les références de la plage de données que vous venez de sélectionner à l'Étape 1.

   - Plage d'emplacements : vous indiquez, dans ce champ, la cellule ou la plage de cellules dans laquelle les sparklines doivent apparaître.

3. **Cliquez sur le bouton à droite du champ Plage d'emplacements, puis sélectionnez la cellule ou la plage de cellules pour les sparklines.**

   L'étendue de la plage de cellules réservée aux sparklines doit être identique à celle de la plage des cellules contenant les données.

4. **Cliquez sur OK.**

TRUC

Comme les sparklines sont de petite taille, vous pouvez fort bien les placer dans la dernière colonne d'un tableau. De cette manière, les tendances ou les résultats de séries de chiffres sont immédiatement visibles et interprétables.

Formater un sparkline

Quand un ou plusieurs sparklines sont sélectionnés, Excel affiche un onglet Outils Sparkline dans le Ruban, doté d'un unique sous-onglet baptisé Création.

Celui-ci regroupe une série de boutons qui vous permettront de choisir le type, le style et la mise en forme de vos sparklines. Le dernier groupe, appelé tout bêtement Groupe, permet de réunir un ensemble de sparklines dans un seul groupe partageant les mêmes axes et/ou valeurs maximales et minimales (le choix est effectué dans le menu local du bouton Axe). Cette commande est extrêmement commode lorsqu'un ensemble de sparklines doit partager les mêmes paramètres de graphique afin de représenter les tendances des données de manière égale.

Vous ne pourrez pas vous défaire d'un sparkline en sélectionnant les cellules où il apparaît, puis en activant la touche Suppr. Agissez plutôt de la manière suivante : opérez un clic droit sur ces cellules, puis, dans le menu contextuel, choisissez Graphiques sparkline/ Supprimer les graphiques sparkline sélectionnés.

Des messages plus efficaces avec les zones de texte

Les *zones de texte* sont des cadres dans lesquels vous pouvez ajouter des explications afin (par exemple) de commenter certains détails de vos graphiques. Elles sont un peu comme les commentaires de cellules d'une feuille de calcul (comme expliqué au Chapitre 6), à ceci près qu'une zone de texte est visible en permanence et peut être associée à une flèche pointant vers l'élément auquel elle se rapporte.

Dans la Figure 8.8, nous avons ajouté une zone de texte à notre graphique indépendant.

Ajouter et mettre en forme une zone de texte

Voyons comment procéder. Si le graphique est déjà sélectionné, activez l'onglet Format sous Outils de graphique, puis, dans la rubrique Insérer des formes, choisissez Zone de texte.

Pour ajouter une zone de ce type alors que le graphique n'est pas sélectionné, ouvrez l'onglet Insertion du Ruban, puis choisissez Zone de texte sous le bouton Texte.

Le pointeur de la souris prend la forme d'une ligne verticale barrée vers le bas d'un petit trait horizontal. Cliquez à l'emplacement qui sera le premier coin de la zone de texte. Faites ensuite glisser le pointeur pour tracer le cadre. Lorsque vous relâchez la souris, Excel dessine un rectangle entouré de poignées qui délimite la forme et la taille de la zone.

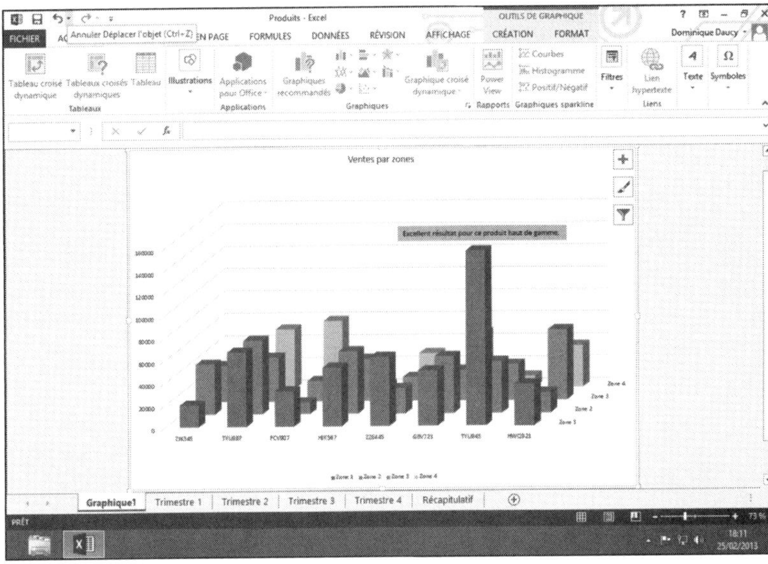

Figure 8.8 : Les résultats du produit TYU943 sont époustouflants !

Le point d'insertion est automatiquement positionné au début du texte, en haut à gauche de la zone. Tapez le texte qui doit figurer dans le cadre. Il est automatiquement renvoyé à la ligne chaque fois que la marge droite est atteinte. Vous pouvez aussi appuyer sur Entrée pour créer un retour à la ligne. Le texte saisi, cliquez hors de la zone pour la désélectionner.

Pour modifier une zone de texte, commencez par cliquer dessus afin de la sélectionner. Vous pouvez ensuite :

- Faire glisser son cadre pour déplacer la zone de texte.
- La redimensionner en faisant glisser la poignée appropriée (éventuellement en combinaison avec les touches Maj, Ctrl ou Alt pour conserver les proportions, la position du centre ou l'accrochage aux cellules).
- La pivoter vers la droite ou vers la gauche en faisant glisser sa poignée de rotation (c'est le petit cercle vert qui se trouve en haut).
- Modifier sa mise en forme et son apparence en faisant appel aux multiples boutons dédiés à cet usage (notamment dans le groupe Styles de formes du sous-onglet Format des outils de dessin, ou encore à partir de l'onglet Accueil pour formater tout ou partie du texte de la zone).

- La supprimer en cliquant sur son périmètre et en appuyant sur la touche Suppr (vérifiez d'abord que les tirets qui délimitent le contour deviennent des traits pleins et que le point d'insertion n'apparaît pas dans le texte).

Ajouter une flèche à une zone de texte

Pour mettre en évidence un point particulier, il peut être utile d'associer à la zone de texte une flèche qui pointera directement vers l'objet que vous voulez mettre en valeur. Voici comment procéder :

1. **Cliquez sur la zone de texte que vous souhaitez doter d'une flèche.**

   Les poignées apparaissent sur les bords de la zone et l'onglet Format des outils de dessin fait irruption dans le Ruban.

2. **Activez cet onglet, puis, dans le groupe Insérer des formes, cliquez sur l'icône qui représente une flèche (c'est le troisième en partant de la gauche).**

   Dès que vous avez sélectionné ce bouton, le pointeur de la souris prend la forme d'une petite croix.

3. **Cliquez là où vous voulez ancrer le point de départ de la flèche, puis faites glisser jusqu'à la position où vous voulez qu'elle se termine. Relâchez alors le bouton de la souris.**

   Aussitôt, Excel dessine deux points, l'un à la base de la flèche sur la zone de texte, l'autre du côté de la pointe. Le contenu du groupe Styles de formes change pour afficher une galerie de styles de lignes.

4. **Cliquez sur le bouton Autres, dans le coin inférieur droit de la galerie des styles de formes. En passant le pointeur de la souris au-dessus des vignettes, vous pouvez juger dynamiquement de l'effet du style sur la flèche.**

5. **Cliquez sur la vignette du style à appliquer à la nouvelle flèche.**

Excel redessine la flèche en temps réel, en utilisant le style en cours. L'objet reste sélectionné, avec des poignées à chaque extrémité. Vous pouvez alors modifier la flèche :

- Déplacez-la en faisant glisser son contour (ou en appuyant sur les touches de direction du clavier).
- Réglez sa longueur en tirant la poignée du côté de la pointe.
- Changez la forme de la pointe ou l'épaisseur de la hampe en choisissant une option à votre convenance dans les listes déroulantes Contour de forme et Effets sur la forme de l'onglet Format. Vous pouvez aussi cliquer sur la flèche avec le bouton droit de la souris pour ouvrir son menu contextuel. Choisissez alors la commande Format de la forme (Ctrl + 1 donne directement le même résultat). Dans la boîte de dialogue qui apparaît, choisissez les réglages les mieux adaptés à vos besoins dans les rubriques Remplissage, Couleur du trait, Style de trait, Ombre, Format 3D et Rotation 3D.
- Effacez la flèche en appuyant sur la touche Suppr.

Insérer des images clipart

Pour illustrer les documents que vous créez avec vos programmes Office, Microsoft met à votre disposition plus de 150 000 images appelées *cliparts*. Il y a en a tant que le site de Microsoft les regroupe par catégories.

Pour localiser les images qui vous intéressent, utilisez la boîte de dialogue Insérer des images dont il a été question plus haut et, dans le champ Image clipart Office.com, tapez un mot clé qui décrit le type d'image que vous recherchez. Validez *via* la touche Entrée ou *via* le bouton Rechercher (la loupe), placé en bout de champ.

Excel affiche alors une liste de vignettes de toutes les « illus » correspondant à votre recherche ; positionnez votre pointeur sur ces vignettes pour en apprendre davantage à leur sujet, à savoir leur nom complet et, en bas à gauche, leur taille exprimée en pixels.

Pour mieux voir une illu sélectionnée, cliquez sur la loupe qui apparaît alors dans son angle inférieur droit. L'illu ainsi traitée s'affiche en plus grand au centre de la boîte tandis que celles placées en arrière-plan sont grisées pour vous permettre de concentrer votre attention sur l'illu affichée au milieu. Cliquez dans la case de fermeture de cet affichage pour revenir à la liste complète.

Pour insérer une de ces illus dans votre feuille de calcul, cliquez deux fois sur sa vignette si elle n'est pas sélectionnée ; contentez-vous de cliquer sur Insérer ou d'enfoncer la touche Entrée si elle l'est.

Insérer des images provenant du Web

N'hésitez pas à mettre Bing au travail pour localiser des images sur le Web. Agissez depuis la boîte de dialogue Insérer des images, décidément fort sollicitée ces temps-ci ! Introduisez un mot clé dans son champ Recherche d'images Bing, puis cliquez sur Rechercher ou enfoncer la touche Entrée. Dès que les résultats s'affichent, positionnez votre pointeur sur ceux dont vous voulez connaître le nom, la taille et la provenance.

Pour mieux voir une illu sélectionnée, cliquez sur la loupe qui apparaît alors dans son angle inférieur droit. L'illu ainsi traitée s'affiche en plus grand au centre de la boîte, tandis que celles placées en arrière-plan sont grisées pour vous permettre de concentrer votre attention sur l'illu affichée au milieu. Cliquez dans la case de fermeture de cet affichage pour revenir à la liste complète.

Pour insérer une de ces illus dans votre feuille de calcul, cliquez deux fois sur sa vignette si elle n'est pas sélectionnée ; contentez-vous de cliquer sur Insérer ou d'enfoncer la touche Entrée si elle l'est.

N'OUBLIEZ PAS

La différence principale entre les images clipart et les images glanées par Bing est que les premières sont, en général, des illustrations, tandis que les secondes sont, la plupart du temps, des photographies.

Insérer des images stockées localement

Si l'illu que vous souhaitez utiliser se trouve sur votre disque dur ou sur un disque réseau auquel vous avez accès, introduisez-la dans votre feuille en cliquant sur le bouton Images sous Illustrations dans l'onglet Insertion du Ruban. Ce clic provoque l'ouverture de la boîte de dialogue Insérer une image (qui fonctionne exactement comme n'importe quelle autre fenêtre d'ouverture de fichier). Sélectionnez-y un dossier, puis un fichier ; terminez en cliquant sur Insérer.

Quatrième partie

Plongeon dans l'analyse de données

« J'ai commencé à lancer des scénarios 'Que se passerait-il si…', du genre : 'Que se passerait-il si j'en avais marre de ce travail minable et si je détournais un peu d'argent de l'entreprise vers un compte offshore ?' »

Dans cette partie...

- Envisager plusieurs scénarios grâce à l'outil Valeur cible.
- Découvrir les tableaux croisés dynamiques.

Chapitre 9

Mais que se passerait-il si… ?

Dans ce chapitre :

- Analyser des scénarios qui dépendent d'une ou deux variables.
- Rechercher une valeur cible.
- Étudier différentes hypothèses avec le Gestionnaire de scénarios.

Ce serait une grave erreur que dc prendre Excel pour une simple calculatrice de luxe tout juste destinée à briller dans des opérations plus ou moins statiques. Car ce programme excelle (ben oui…) aussi dans des analyses plus dynamiques : demandez-lui ce qui se passerait si tel ou tel paramètre variait. Tel le Bon Génie sortant de la lampe d'Aladin, il exaucera immédiatement votre vœu. De telles analyses permettent d'explorer les possibilités offertes par une feuille de calcul en entrant diverses valeurs certaines, probables voire hypothétiques dans une même équation afin d'observer les résultats des différentes variantes.

Jouer avec les tables de données et les hypothèses

Une table de données permet d'entrer une série de valeurs possibles qu'Excel connectera ensuite à une même formule. Il existe deux types de tables de données : les tables à une seule variable, qui évaluent une formule en affectant une série de valeurs à un paramètre donné et les tables à deux variables, qui opèrent sur le même principe mais, cette fois, en testant deux paramètres simultanément.

Les deux techniques font appel à la même boîte de dialogue. Vous la trouverez dans l'onglet Données du Ruban. Dans le groupe Outils de données, choisissez l'icône Analyse de scénarios, puis Table de données. Le formulaire Table de données propose deux champs : Cellule d'entrée en ligne et Cellule d'entrée en colonne.

Lorsque vous créez une table basée sur une seule variable, vous désignez, dans la feuille de calcul, une cellule qui va, selon le cas, servir d'entrée en ligne (si la série des valeurs possibles est saisie horizontalement, dans une succession de colonnes sur la même ligne) ou d'entrée en colonne (si la série des valeurs possibles est disposée verticalement dans une succession de lignes appartenant à une même colonne).

Quand vous créez une table à deux variables, vous devez désigner deux cellules. L'une définira l'entrée en ligne – les valeurs possibles sont disposées horizontalement dans des cases adjacentes –, l'autre les entrées en colonne : les valeurs possibles sont disposées verticalement.

Créer une table de données à une variable

La Figure 9.1 présente une feuille évaluant les ventes en 2014 à partir des résultats de l'année précédente. L'estimation apparaît dans la cellule B5. Elle est calculée en prenant le résultat des ventes pour 2013 et en lui appliquant le taux de croissance espéré pour 2014, obtenu en multipliant le total de l'année précédente ancré B2 par le pourcentage de croissance introduit en B3. La cellule B5 contient donc la classique formule :

```
=B2+(B2*B3)
```

Pour utiliser des noms plutôt que des références, nous avons commencé par sélectionner la plage A2:B5. Nous avons ensuite ouvert l'onglet Formules du Ruban, puis cliqué sur la commande Depuis sélection. Nous avons alors accepté la proposition par défaut : Colonne de gauche. Nous avons finalement réintroduit la formule en B5 pour qu'elle utilise désormais les intitulés des valeurs, ce qui donne :

```
=Ventes_2013+(Ventes_2013*Taux_de_croissance_2014)
```

Comme vous pouvez le constater dans la Figure 9.2, nous avons saisi une colonne de taux de croissance possibles – et réalistes – allant

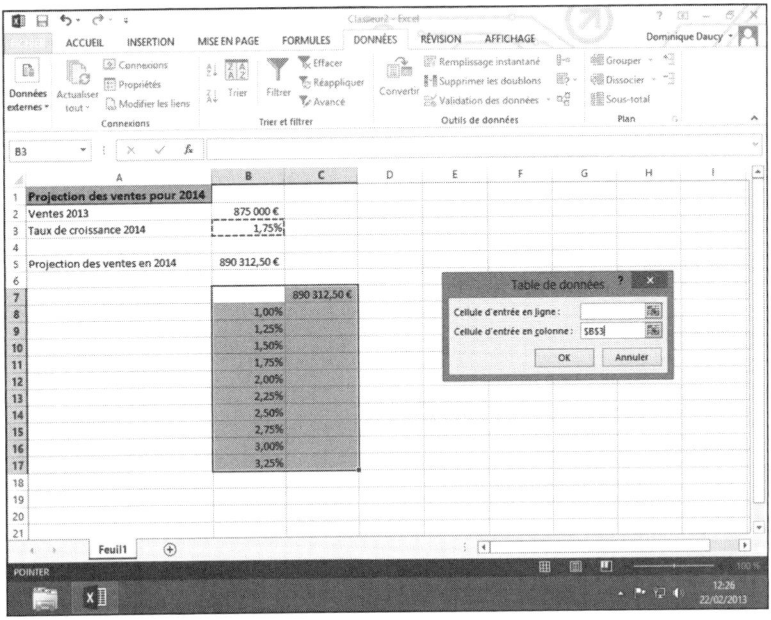

Figure 9.1 : Projection des ventes avec une colonne de taux de croissance possibles pour une table de données à une seule variable.

de 1 % à 3,25 %. Ces valeurs se trouvent dans la plage B8:B17. Nous avons procédé comme suit pour créer la table de données à une variable de la Figure 9.2 :

1. **Commencez par copier en C7 la formule originale entrée en B5. Pour cela, cliquez sur C7, tapez sur la touche =, puis cliquez sur B5 afin d'obtenir =Projection_des_ventes_en_2014.**

   Cette copie de la formule de base est maintenant l'en-tête de colonne de la table de données. Elle va servir à insérer, dans le calcul, la série de taux définie dans la plage B8:B17.

2. **Sélectionnez la plage B7:C17.**

   La sélection comprend à la fois la formule qui vient d'être copiée et l'ensemble des taux de croissance.

3. **À partir du Ruban, cliquez successivement sur Données, Analyse de scénarios et Table de données.**

   Excel ouvre la boîte de dialogue Table de données.

4. **Cliquez dans le champ Cellule d'entrée en colonne. Cliquez ensuite sur la cellule B3, autrement dit celle qui contient le taux de croissance annuel défini à l'origine.**

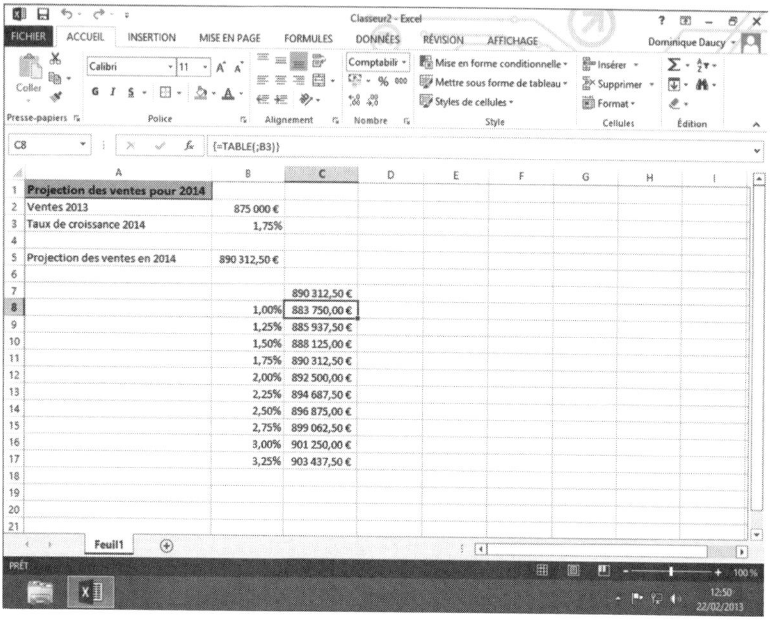

Figure 9.2 : Projection des ventes une fois la table de données à une variable créée dans la plage C8:C17.

Excel insère, dans la boîte de dialogue, l'adresse absolue de cette cellule, soit $B$3.

5. **Cliquez sur OK pour licencier la boîte de dialogue.**

   Excel crée aussitôt la table de données de la plage C8:C17 en insérant, dans chacune de ses cellules, une formule qui utilise la fonction `TABLE`. Chaque copie de cette formule se sert du taux de croissance qui se trouve dans sa colonne de gauche pour évaluer un montant de ventes possible.

6. **Sélectionnez la cellule B5, puis ouvrez l'onglet Accueil. Dans le groupe Presse-papiers, cliquez sur l'outil Reproduire la mise en forme. Sélectionnez ensuite la plage C7:C17. La mise en forme de la cellule B5 est appliquée à la totalité de cette plage.**

   De cette manière, toute notre table de données affichera les estimations sous forme de valeur monétaire en euros.

Deux points importants que vous devez retenir à propos de cet exemple :

- Si vous modifiez un des taux de croissance de la plage B8:B17, Excel actualise immédiatement la valeur correspondante dans la table de données. Dans le cas de tables importantes, il est plutôt souhaitable que cette mise à jour soit effectuée uniquement lorsque vous appuyez sur la touche F9 (Calculer maintenant) ou sur la combinaison de touches Maj + F9 (Calculer la feuille). Pour cela, activez l'onglet Formules. Dans le groupe Calcul, choisissez la commande Options de calcul ; cochez alors le mode Automatique sauf dans les tables de données.

- Si vous tentez de supprimer une des formules `TABLE` de la plage C8:C17, Excel vous envoie un avertissement vous informant qu'il est impossible de modifier une partie d'une table de données. Si vous voulez vraiment supprimer ou effacer quelque chose, vous devrez d'abord sélectionner la totalité de la table, soit la plage C8:C17 dans notre exemple.

Créer une table de données à deux variables

Comment créer maintenant une table de données à deux variables ? Tout simplement en remplissant cette fois les deux champs de saisie de la boîte de dialogue. Il vous faut une cellule d'entrée en ligne (les valeurs possibles sont placées dans des colonnes successives sur la première rangée de la table) et une cellule d'entrée en colonne (les valeurs possibles pour la seconde variable sont superposées dans la première colonne de la table). Il ne vous manque plus que la formule à évaluer. Elle doit se trouver à l'intersection de la ligne d'en-tête et de la première colonne de la table.

La Figure 9.3 illustre ce type de situation. Dans cette nouvelle version de notre évaluation des ventes, nous utiliserons deux variables pour calculer le résultat escompté en 2014. Il y a d'abord un taux de croissance qui est un pourcentage d'augmentation appliqué aux ventes de l'année précédente ; cette valeur se trouve en B3 (la cellule nommée Taux_de_croissance_2014). Jusque-là, rien de neuf. La seconde variable est un pourcentage de frais calculé à partir des ventes de l'année 2013. Il est enregistré dans la cellule B4 (appelée ici Dépenses_en_2014).

La formule originale de la cellule B5 devient un peu plus complexe :

```
=Ventes_2013+(Ventes_2013*Taux_de_croissance_2014)
-(Ventes_2013*Dépenses_en_2014)
```

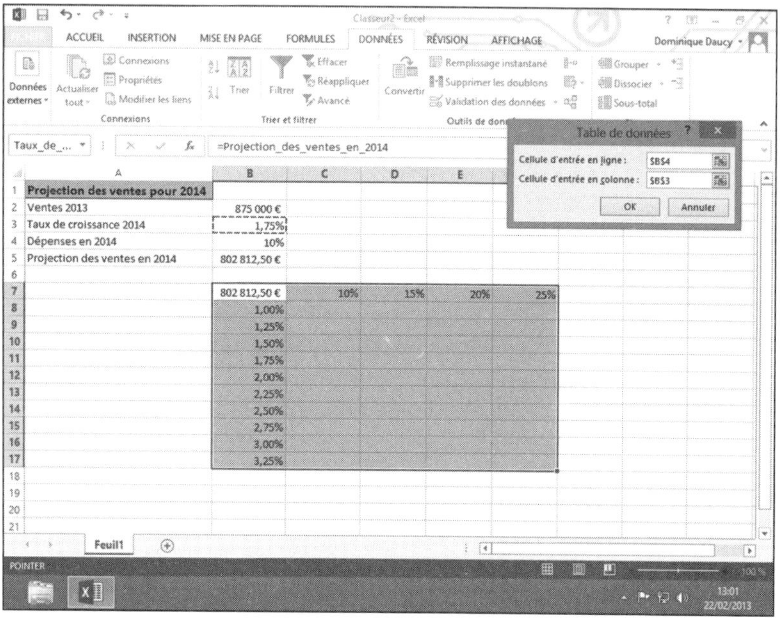

Figure 9.3 : Projection des ventes avec une série de croissances et de pourcentages de dépenses possibles servant à créer une table de données avec deux variables.

Pour définir la table de données à deux variables, nous avons ajouté une ligne représentant un pourcentage de dépenses possibles dans la rangée C7:F7. Elle est associée à une série de taux de croissance en B8:B17. Nous avons ensuite recopié la cellule Projection_des_ventes_en_2014 de B5 en B7. La formule en B7 est donc :

```
=Projection_des_ventes_en_2014
```

Quelques étapes vont suffire à créer la table de données à deux variables représentée à la Figure 9.4 :

1. **Sélectionnez la plage B7:F17.**

   Cette plage comprend la copie de la formule originale ainsi que toutes les cellules correspondant aux pourcentages de dépenses et aux taux de croissance.

2. **Cliquez dans le Ruban sur l'onglet Données, puis sur le bouton Analyse de scénarios et, enfin, sur Table de données.**

   Excel ouvre la boîte de dialogue Table de données ; le point d'insertion clignote dans le champ Cellule d'entrée en ligne.

3. **Cliquez sur la cellule B4 pour entrer l'adresse absolue de la source. L'expression $B$4 apparaît dans le champ.**

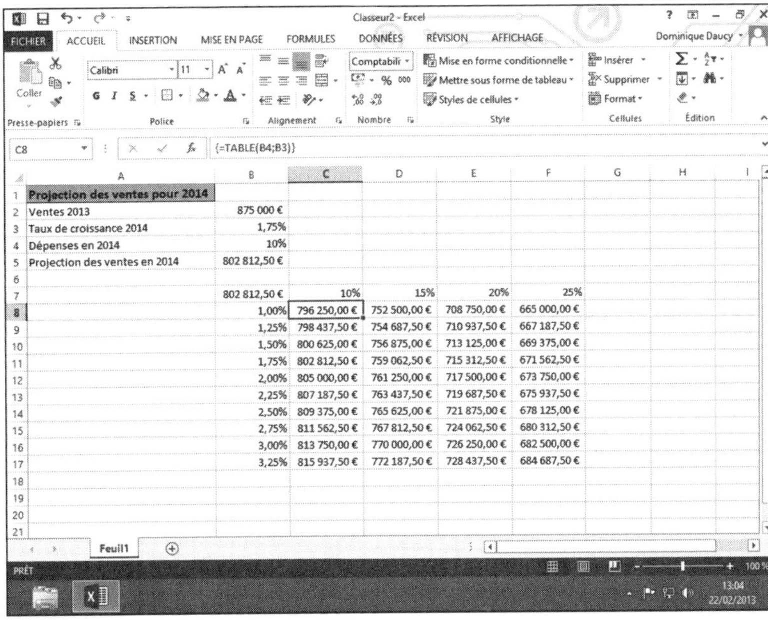

Figure 9.4 : Projection des résultats une fois la table de données à deux variables créée dans la plage C8:F17.

4. **Activez ensuite le champ Cellule d'entrée en colonne. Cliquez cette fois sur la cellule B3 pour afficher son adresse absolue ($B$3) dans la boîte de dialogue.**

5. **Cliquez sur OK pour licencier la boîte de dialogue Table de données.**

   Excel remplit les cellules vides de la table de données avec une formule TABLE qui utilise B4 comme entrée de ligne B4 et B3 comme entrée de colonne.

6. **Cliquez sur la cellule B7, puis sur l'icône Reproduire la mise en forme du groupe Presse-papiers de l'onglet Accueil. Faites glisser le curseur sur la plage de cellules C8:F17 afin de copier le format monétaire vers l'ensemble de la table.**

   Il peut arriver que le contenu de certaines cellules soit trop long pour s'afficher dans l'espace disponible. Dans ce cas, Excel signale le problème par une suite de caractères dièse (#). Si plage C8:C17 est toujours sélectionnée, l'étape qui suit corrige la situation.

7. **Dans le groupe Cellules de l'onglet Accueil, cliquez sur la commande Format. Choisissez, dans le menu déroulant qui apparaît, l'option Ajuster la largeur de colonne.**

Chercher la cible

Lorsque vous vous posez une question du style « Que se passerait-il si… ?», il se peut très bien que vous ayez en tête un certain objectif. Par exemple : « Quel taux d'augmentation de mon chiffre d'affaires dois-je atteindre ? » Ou encore : « Si je veux gagner telle somme, quel doit être le volume des ventes ? » C'est précisément pour répondre à ce genre d'interrogation qu'Excel met à votre disposition une fonctionnalité baptisée *Valeur cible*.

La commande Valeur cible se trouve dans le menu Analyse de scénarios (sous l'onglet Données du Ruban). Pour l'utiliser, vous devez sélectionner la cellule qui contient la formule devant retourner le résultat escompté (dans la boîte de dialogue Valeur cible, c'est la *cellule à définir*), puis indiquer la valeur à atteindre et, enfin, spécifier l'emplacement du paramètre qu'Excel doit faire varier pour répondre à vos souhaits (dans le champ Cellule à modifier de la boîte de dialogue).

Les Figures 8.5 et 8.6 illustrent l'utilisation de la fonction Valeur cible dans une feuille contenant des projections de ventes pour l'année 2014. Votre but : déterminer le montant des ventes nécessaires pour que le solde après achats des produits et autres dépenses atteigne, pour le premier trimestre de l'année, une valeur de 300 000 €.

Pour déterminer l'augmentation des ventes dont vous avez besoin pour que le solde net soit de 300 000 €, commencez par sélectionner la cellule B7. C'est elle qui contient la formule magique qui calcule la prévision pour le premier trimestre 2014. Activez alors l'onglet Données, cliquez dans le Ruban sur le bouton Analyse de scénarios, puis sur Valeur cible.

Cette action ouvre la boîte de dialogue Valeur cible (reportez-vous à la Figure 9.5). Du fait que B7 est la cellule active, vous trouvez déjà sa référence dans le champ Cellule à définir. Activez ensuite le champ Valeur à atteindre ; saisissez votre objectif, soit **300000**. Activez à présent le champ Cellule à modifier et cliquez sur la cellule B3 (celle qui contient les ventes du premier trimestre). Son adresse absolue ($B$3) apparaît dans la boîte de dialogue.

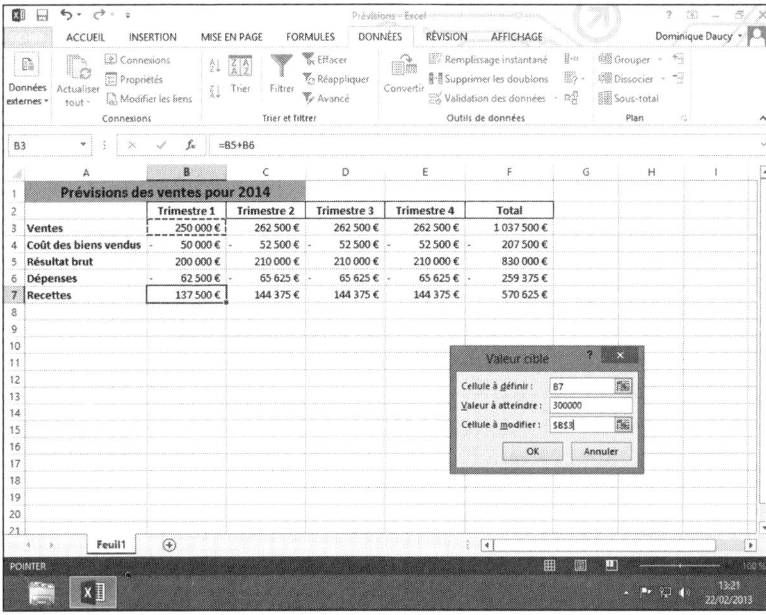

Figure 9.5 : Utilisez la valeur cible pour détermi-ner le volume de ventes permettant d'atteindre un certain solde net.

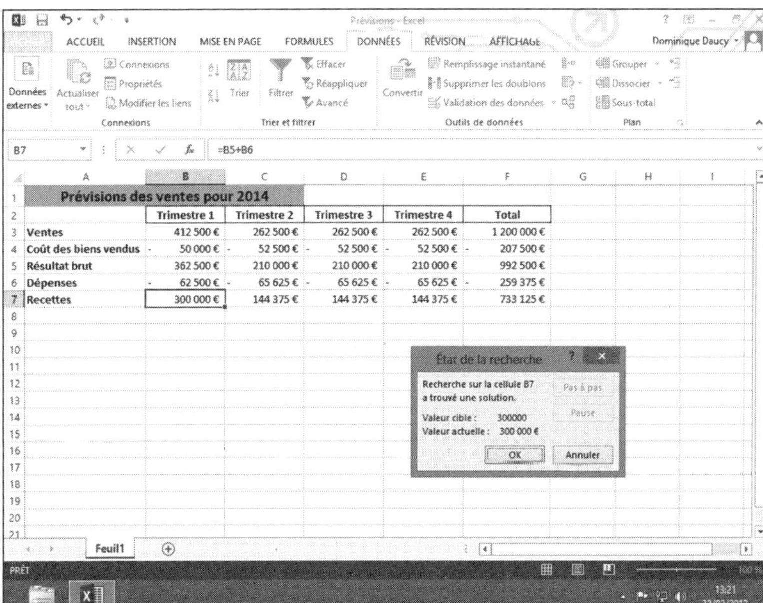

Figure 9.6 : La valeur cible est atteinte.

La Figure 9.6 montre ce qui se passe après avoir cliqué sur OK. Excel a recalculé la valeur du paramètre B3 jusqu'à ce que le solde C7 atteigne le montant désiré. Vous pouvez constater qu'il vous faudra passer de 250 000 à 412 500 € pour que la cellule C7 affiche les 300 000 € attendus.

Si vous voulez conserver les nouvelles données fournies par la fonction Valeur cible, il vous suffit de cliquer sur le bouton OK de la boîte de dialogue État de la recherche. Pour revenir aux anciennes valeurs, cliquez simplement sur Annuler.

Si vous avez choisi de valider le calcul, appuyez sur Ctrl + Z (ou cliquez sur le bouton Annuler de la barre d'outils Accès rapide) pour revenir au point de départ. Et si vous changez à nouveau d'avis, vous n'avez qu'à appuyer sur Ctrl + Y (ou à cliquer sur le bouton Rétablir de la même barre). Le résultat de la valeur cible réapparaîtra instantanément. Une vraie bascule…

Examiner des hypothèses avec le Gestionnaire de scénarios

Le Gestionnaire de scénarios d'Excel permet de créer et de sauvegarder des jeux de valeurs produisant différents résultats dans la feuille de calcul. Vous donnerez un nom à ces scénarios (par exemple, Hypothèse haute, Hypothèse catastrophique ou Hypothèse la plus favorable). Comme les scénarios sont enregistrés avec le classeur, vous pouvez utiliser leurs valeurs pour jouer au jeu du « quoi-si ». Il suffira d'ouvrir le gestionnaire et de demander à Excel d'afficher le scénario voulu.

Les scénarios en place, il est possible d'obtenir un état récapitulatif montrant les paramètres associés à chaque hypothèse, de même que les résultats qu'ils produisent.

Définir des scénarios

Pour créer un scénario, vous devez identifier les diverses cellules dont la valeur peut (ou doit) varier dans chaque hypothèse. Vous sélectionnez alors ces cellules avant de cliquer successivement sur l'onglet Données du Ruban, puis sur le bouton Analyse de scénarios et, enfin, sur Gestionnaire de scénarios.

La Figure 9.7 montre la feuille de prévisions des ventes pour 2014 après que nous avons nommé les cellules d'hypothèses (G3, baptisée Croissance_Ventes, G4, baptisée CBV pour « Coût des Biens Vendus » et G6, baptisée Dépenses) et ouvert la boîte de dialogue Gestionnaire de scénarios.

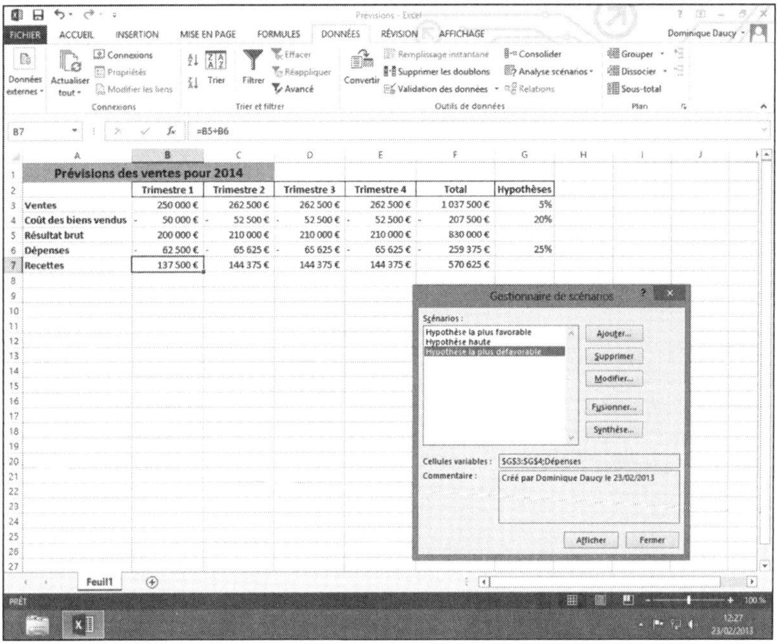

Figure 9.7 : Ajout de scénarios à la feuille Prévisions.

Excel

Dans notre exemple, trois scénarios ont déjà été définis en cliquant à chaque fois sur le bouton Ajouter, en définissant un nom, puis en spécifiant les valeurs que doivent prendre nos cellules :

- **Hypothèse la plus favorable :** des ventes qui augmentent de 5 % (Croissance_Ventes), un coût des achats (CBV) de 20 % et des frais (Dépenses) qui s'accroissent de 25 %.
- **Hypothèse haute :** les ventes augmentent de 8 % (Croissance_Ventes), le coût des achats (CBV) de 18 % et les frais (Dépenses) de 20 %.
- **Hypothèse la plus défavorable :** cette fois, les ventes augmentent de 2 % (Croissance_Ventes), le coût des achats (CBV) de 25 % et les frais (Dépenses) de 35 %.

Pour créer le premier scénario, nous avons cliqué sur le bouton Ajouter de la boîte de dialogue Gestionnaire de scénarios. Dans la fenêtre Ajouter un scénario, nous avons saisi comme nom **Hypothèse la plus favorable**, puis sélectionné les cellules variables, soit G3, G4 et G6.

À ce stade, Excel affiche la boîte de dialogue Valeurs de scénarios dans laquelle vous êtes censé fournir les paramètres souhaités dans les trois champs Croissance_Ventes, CBV et Dépenses, à savoir :

- **0,05** dans le champ Croissance_Ventes ;
- **0,20** dans le champ CBV ;
- **0,25** dans le champ Dépenses.

Après quoi, il ne reste plus qu'à cliquer sur OK.

TRUC

Avant de commencer à créer vos scénarios, donnez toujours un nom aux cellules variables (si vous avez oublié comment procéder, reportez-vous au Chapitre 6). De cette manière, Excel affichera le nom de ces cellules à la place de leur adresse dans la boîte de dialogue Valeurs de scénarios, ce qui, vous en conviendrez, est tout de même plus explicite.

Lorsque vous avez validé vos variables, résistez à la tentation de cliquer sur OK (Excel revient à la boîte de dialogue Gestionnaire de scénarios). Nous avons de nouveau cliqué sur Ajouter pour regagner immédiatement la fenêtre Gestionnaire de scénarios où nous comptons en définir deux supplémentaires. En voici les paramètres :

Deuxième scénario :

- **Hypothèse haute** dans le champ Nom du scénario ;
- **0,08** dans le champ Croissance_Ventes ;
- **0,18** dans le champ CBV ;
- **0,20** dans le champ Dépenses.

Troisième scénario :

- **Hypothèse la plus défavorable** dans le champ Nom du scénario;
- **0,02** dans le champ Croissance_Ventes ;

- **0,25** dans le champ CBV ;
- **0,35** dans le champ Dépenses.

Nos trois hypothèses apparaissent désormais dans la liste Scénarios.

Pour demander à Excel de recalculer nos projections de ventes 2014 en fonction des différentes évaluations, il suffit de sélectionner le nom du scénario voulu, puis de cliquer sur le bouton Afficher.

N'OUBLIEZ PAS

Une fois vos scénarios définis, n'oubliez pas de sauvegarder le classeur dès que vous avez refermé la boîte de dialogue Gestionnaire de scénarios. De cette manière, les scénarios seront enregistrés en même temps que votre fichier. Vous les aurez ainsi à portée de main chaque fois que vous ouvrirez le classeur. Il vous suffira pour cela de rappeler le gestionnaire, de choisir un scénario et de cliquer sur Afficher.

Produire une synthèse

Une fois tous vos scénarios définis, vous pouvez demander à Excel de produire un rapport de synthèse, comme celui représenté à la Figure 9.8. Cet état affiche les valeurs variables et les valeurs résultantes non seulement pour chaque scénario associé à la feuille, mais également pour le contenu des cellules tel qu'il se présente au moment où vous générez la synthèse.

Pour produire une synthèse, ouvrez la boîte de dialogue Gestionnaire de scénarios (onglet Données du Ruban, puis Analyse de scénarios, puis enfin Gestionnaire de scénarios). Cliquez alors sur le bouton Synthèse.

La boîte de dialogue Synthèse de scénarios vous offre le choix entre deux modes : Synthèse de scénarios (c'est la version statique) et Scénario du rapport de tableau croisé dynamique. Comme nous reviendrons sur les tableaux croisés dans le prochain chapitre, c'est ici le premier choix qui retient notre attention.

La plage de données à afficher dans la synthèse est définie dans le champ Cellules résultantes. Si la proposition par défaut d'Excel ne vous convient pas, sélectionnez la série de cellules qui devront apparaître dans la synthèse. Dans notre exemple, il s'agit de la dernière ligne de la table, soit la plage B7:F7 (les soldes des quatre trimestres, plus le total annuel).

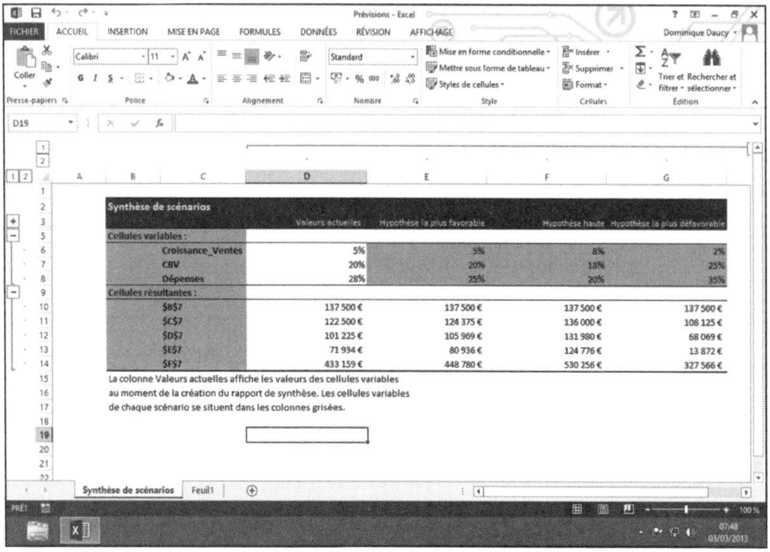

Figure 9.8 : La synthèse des scénarios montre l'impact des hypothèses sur les projections de ventes pour 2014.

Après avoir cliqué sur OK, Excel crée le rapport de synthèse en prenant les valeurs changeantes de chaque scénario plus celles qui se trouvent actuellement dans les cellules « souches ». Il affiche le tout dans une nouvelle feuille de calcul qu'il baptise Synthèse de scénarios. Les paramètres apparaissent sous la légende Cellules variables. Les valeurs calculées sont disposées sous l'intitulé Cellules résultantes.

Bien entendu, vous pouvez renommer la feuille de synthèse, la déplacer dans le classeur, puis enregistrer celui-ci.

Chapitre 10

Jouer avec les tableaux croisés

Dans ce chapitre :

- Comprendre les tableaux croisés.
- Créer un tableau croisé avec l'outil Analyse rapide et la commande Suggestions de tableaux croisés dynamiques.
- Créer un tableau croisé manuellement.
- Formater.
- Trier et filtrer les données.
- Modifier la structure et la disposition.

Les *tableaux croisés dynamiques* constituent une espèce particulière de tableaux de synthèse, spécifiques à Microsoft Excel. Ils sont particulièrement utiles pour synthétiser des valeurs prises dans une liste de données (ou provenant d'une base de données), car ils font leurs tours de magie sans que vous ayez à créer des formules pour effectuer ces opérations. Grâce aux tableaux croisés, il est possible de disposer différemment les données traitées, y compris après les avoir générées. C'est d'ailleurs cette capacité à adapter à la volée l'agencement des données, en opérant une rotation sur les en-têtes de lignes et de colonnes qui a donné à l'origine leur nom aux tables *pivot,* devenues entre temps des *tableaux croisés dynamiques.*

Analyser des données grâce aux tableaux croisés dynamiques

Les tableaux croisés dynamiques sont extrêmement intéressants, car ils vous permettent de synthétiser des données en utilisant une belle variété de fonctions (même si la totalisation avec SOMME est celle qui reste la plus courante). Lorsque vous définissez un tableau croisé dynamique (ce que nous allons faire dans la prochaine section), vous avez plusieurs décisions à prendre : quelle sera la fonction de regroupement, quelles seront les colonnes (ou les champs) auxquelles cette fonction s'appliquera et quelles seront les colonnes (ou champs) avec lesquelles ces calculs seront (justement) croisés.

Les tableaux croisés sont parfaits pour croiser (on s'y attendait !) une série de données avec une autre. Par exemple, vous pouvez créer un tableau croisé à partir d'une table provenant d'une base de données Employés, de manière à totaliser les salaires des différentes catégories professionnelles par service ou site.

Créer un tableau croisé avec l'outil Analyse rapide

L'outil Analyse rapide fait de la création de tableaux croisés dynamiques un jeu d'enfant. Pour prévisualiser différents types de structures de ce genre qu'Excel compose sur base des données consignées dans une table ou dans une liste, contentez-vous de suivre la procédure décrite ci-dessous :

1. **Sélectionnez, dans la table ou dans la liste, les données à traiter (en incluant les en-têtes de colonne).**

2. **Cliquez sur l'outil Analyse rapide qui se manifeste en bas à droite de la zone sélectionnée.**

   Ce faisant, vous accédez à la palette correspondante dont l'onglet Mise en forme est sélectionné par défaut.

3. **Activez l'onglet Tableaux.**

4. **Pour prévisualiser tous les types de tableaux croisés qu'Excel 2013 est capable de créer sur base des données sélectionnées, positionnez votre pointeur sur les différents bou-**

tons Tableau croisé et appréciez le résultat dans la fenêtre correspondante.

5. **Quand vous avez trouvé votre bonheur, cliquez sur le bouton Tableau croisé correspondant pour créer le tableau.**

   Excel 2013 compose alors le tableau et l'introduit sur une nouvelle feuille qu'il insère en première position dans le classeur courant. Cette feuille est activée afin de vous permettre de passer directement à l'édition de cette structure, si telle est votre intention.

Les Figures 9.1 et 9.2 vous montrent comment ça marche. Dans l'exemple de la Figure 10.1, nous avons positionné notre pointeur sur le quatrième modèle de tableau croisé dynamique qui calcule la somme globale des ventes par filiale pour le mois de janvier.

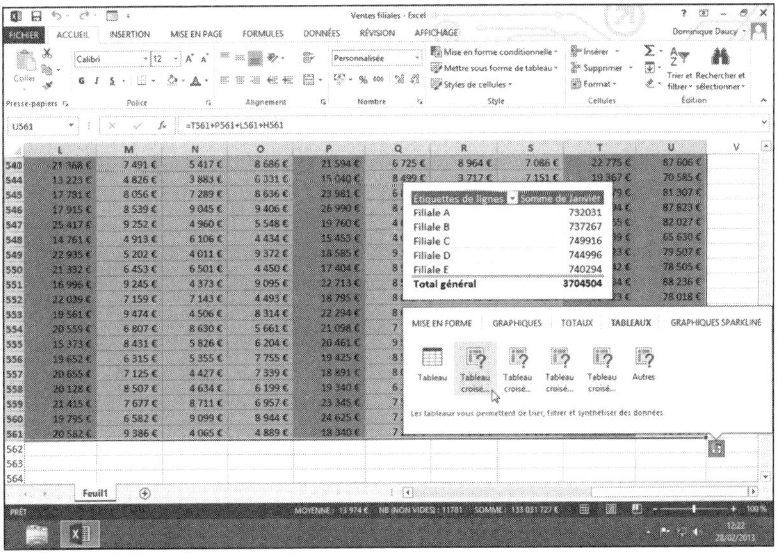

Figure 10.1 : Prévisualisation d'un tableau croisé dynamique depuis la palette de l'outil Analyse rapide.

La Figure 10.2, pour sa part, montre le résultat après validation. Remarquez que le tableau a échoué dans une feuille rien qu'à lui qu'Excel a placée devant toutes les autres feuilles du classeur courant (une seule dans notre exemple). La structure étant sélectionnée, le volet Champs de tableau croisé dynamique s'affiche à droite. Exploitez les commandes qu'il vous propose pour personnaliser votre tableau, comme vous invite à le faire la section « Mettre en forme un tableau croisé dynamique », plus loin dans ce chapitre.

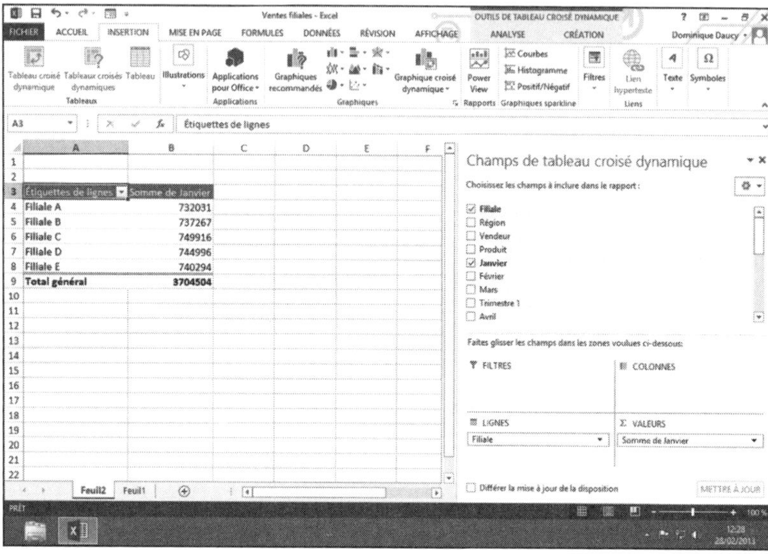

Figure 10.2 : La feuille ajoutée et son tableau croisé dynamique.

N'OUBLIEZ PAS

Il arrive qu'Excel soit incapable de proposer des tableaux pour les données que vous avez sélectionnées. Dans ce cas, un bouton Tableau croisé stérile (c'est-à-dire ne provoquant l'affichage d'aucune suggestion) s'affiche juste à droite du bouton Tableau de l'onglet Tableaux de la palette Analyse rapide. Rien ne s'oppose, alors, à ce que vous agissez manuellement, comme vous l'explique la suite de ce chapitre.

Créer un tableau croisé avec la commande Suggestions

Autre façon d'agir rapidement et efficacement : la commande Suggestions de tableaux croisés dynamiques. Voici comment l'exploiter :

1. **Sélectionnez une cellule de la plage de données à représenter.**

   Vous pouvez désigner n'importe quelle cellule si vos données sont disposées en lignes et en colonnes contiguës.

2. **Activez le bouton Tableaux croisés dynamiques de l'onglet Insertion du Ruban.**

Excel affiche la boîte de dialogue Suggestions de tableaux croisés dynamiques (Figure 10.3). À gauche, plusieurs tableaux vous sont proposés avec, à droite, l'aperçu de l'option validée en regard.

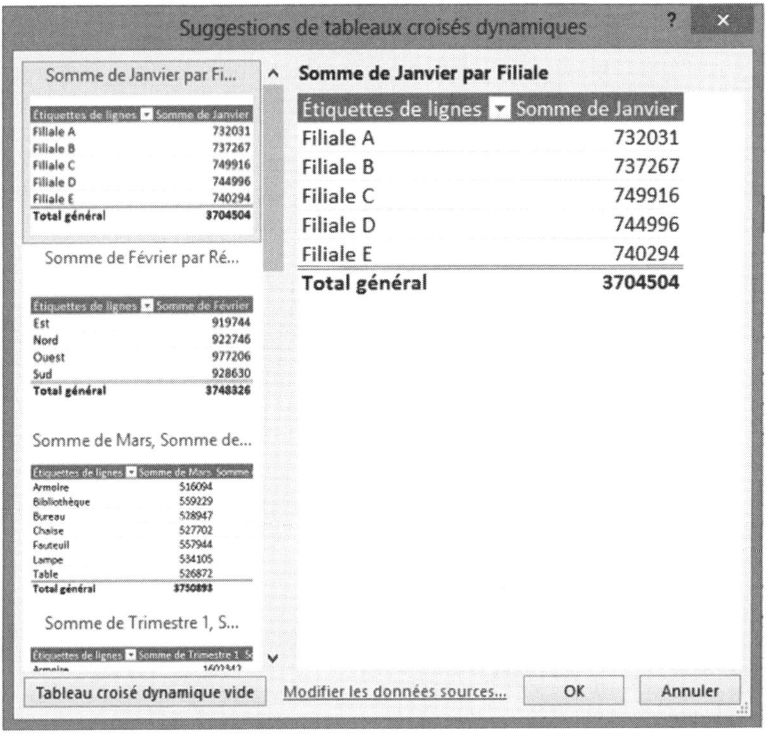

Figure 10.3 : La commande Suggestions de tableaux croisés dynamiques propose une autre façon de créer ce type de structure.

3. **Cliquez sur la suggestion qui vous intéresse, puis cliquez sur OK.**

Dès que vous validez, Excel crée le tableau correspondant dans une feuille à part, qu'il place devant toutes les autres. Étant donné que ce tableau est sélectionné, le volet Champs de tableau croisé dynamique surgit à droite. Comme annoncé plus haut, il regroupe les outils de mise en forme que nous détaillerons plus tard.

Créer manuellement

Lancez-vous : ouvrez la feuille de calcul contenant la liste des données à synthétiser, sélectionnez une cellule quelconque, puis cliquez sur le bouton de commande Tableau croisé dynamique sous l'onglet Insertion du Ruban.

Suite à cette action, Excel dévoile la boîte de dialogue Créer un tableau croisé dynamique et sélectionne l'intégralité des données (un trait clignotant en témoigne). Si nécessaire, vous pouvez ajuster cette sélection en vous exprimant dans le champ Tableau/Plage de la rubrique Sélectionner un tableau ou une plage (Figure 10.4). Par défaut, Excel introduit le nouveau tableau croisé dynamique dans une feuille distincte qu'il ajoute au classeur. Si vous préférez l'insérer sur la feuille courante, validez l'option Feuille de calcul existante. Dans ce cas, spécifiez, dans le champ Emplacement, l'adresse de la première cellule du tableau. (Évitez que le tableau n'écrase des données !)

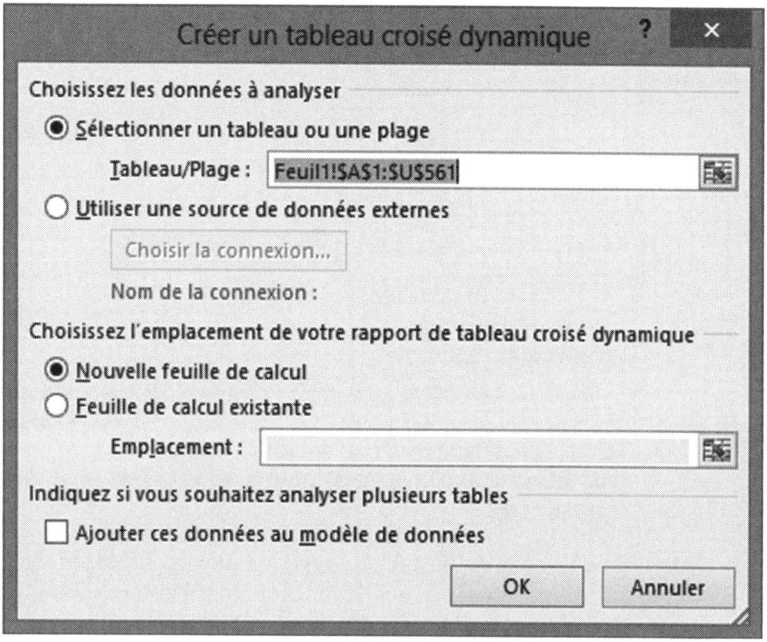

Figure 10.4 : Indiquez, dans la boîte de dialogue Créer un tableau croisé dynamique, les données source et l'endroit où vous souhaitez que le tableau échoue.

TRUC

Si vos données proviennent d'une source externe créée avec un gestionnaire de base de données comme Access, cochez l'option Utiliser une source de données externe, puis cliquez sur Choisir la connexion et sélectionnez une connexion dans la fenêtre Connexions existantes. Sachez qu'Excel 2013 est capable d'analyser des infos issues de tables multiples mises en relation.

Une fois que vous avez indiqué, dans la boîte de dialogue Créer un tableau croisé dynamique, les données source ainsi que l'emplacement du futur tableau, il ne vous reste plus qu'à cliquer sur OK. Excel constitue alors la structure vierge du tableau et affiche, dans la partie droite de l'interface, le volet Champs de tableau croisé dynamique (Figure 10.5).

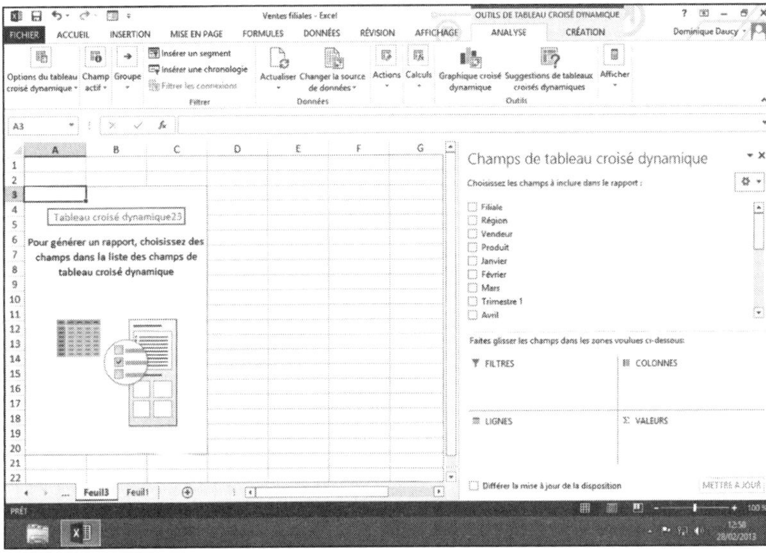

Figure 10.5 : Le futur tableau et le volet de droite.

Ce volet est divisé en deux parties. En haut figure la liste de tous les champs des données source. Chaque entrée est précédée d'une case à cocher vide ; c'est la raison pour laquelle, à ce stade, le tableau est toujours vierge. En bas, quatre zones permettent de faire glisser des noms de champs sur les éléments proposés : filtres, lignes, colonnes et valeurs.

À ce stade, il ne vous reste qu'à désigner les champs que vous voulez voir figurer dans le tableau. Pour ce faire, il suffit de faire glisser leurs noms vers une des quatre zones du bas :

- **Filtres :** cette zone contient des champs qui vous permettent de regrouper les données du tableau croisé en leur appliquant un filtre. Supposons par exemple que vous vouliez étudier l'évolution des ventes sur plusieurs années. En faisant glisser un champ Année sur la fenêtre Filtre du rapport, vous pourrez afficher les valeurs année par année ou pour toute la période représentée par votre liste de données.

- **Colonnes :** cette zone contient les champs qui déterminent la disposition des données dans les colonnes du tableau croisé.
- **Lignes :** cette zone contient les champs qui déterminent la disposition des données dans les lignes du tableau croisé.
- **Valeurs :** cette zone contient les champs qui déterminent les données représentées dans les cellules du tableau, autrement dit celles qui sont sommées (par défaut) dans sa dernière colonne.

Dans notre exemple, nous pourrions décider de mettre les filiales en filtres, les vendeurs et les produits en lignes, les régions en colonnes et les trois premiers mois de l'année en valeurs. Nous obtiendrions ainsi un tableau permettant de connaître les chiffres de vente par vendeur, ventilés verticalement par article et horizontalement par région (Figure 10.6).

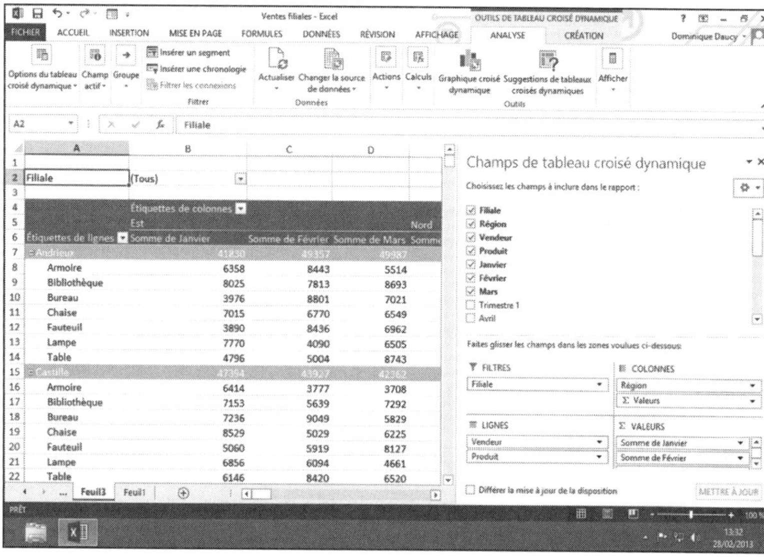

Figure 10.6 : Le tableau tel qu'issu de nos choix.

Dès le début de la procédure, un onglet Outils de tableau croisé dynamique fait son apparition dans le Ruban ; il propose deux sous-onglets, baptisés respectivement Analyse et Création, le sous-onglet Analyse étant sélectionné. Vous y trouverez une foule de commandes intéressantes, notamment dans le menu local du bouton Afficher :

- **Liste des champs :** affiche ou masque le volet Liste de champs du tableau croisé dynamique, à droite de la fenêtre.

- **Boutons +/- :** affiche ou masque les boutons servant à étendre (+) ou réduire (-) en regard des champs particuliers (en colonne comme en ligne) et qui servent à montrer ou cacher les totaux de ceux-ci dans le tableau.
- **En-têtes de champ :** affiche ou masque les noms des champs affectés aux étiquettes de colonnes ou de lignes dans le tableau croisé.

Mettre en forme un tableau croisé dynamique

Formater un tableau croisé dynamique n'est pas plus compliqué que formater des données classiques. Il suffit de cliquer dans une des cellules du tableau afin d'afficher l'onglet Outils de tableau croisé dynamique dans le Ruban, puis d'activer son onglet Création.

Cet onglet regroupe trois groupes de commandes :

- **Disposition :** pour ajouter des sous-totaux ou des totaux généraux et pour modifier l'agencement global du tableau.
- **Options de style de tableau croisé dynamique :** pour affiner l'aspect grâce à la galerie de styles affichée à droite.
- **Styles de tableau croisé dynamique :** pour appliquer des styles au tableau en cliquant sur la vignette correspondante.

Personnaliser le style du tableau croisé dynamique

Profitez de l'aperçu dynamique pour juger immédiatement de l'effet des différentes variantes : positionnez le pointeur de votre souris sur une vignette de la galerie pour apprécier le résultat.

Une fois que vous avez ainsi appliqué un style prédéfini, vous pouvez le personnaliser grâce aux cases à cocher du groupe Options de style de tableau croisé dynamique. Vous pouvez, par exemple, pour ajouter du contraste, introduire des lignes à bandes pour séparer par un trait les lignes d'un tableau qui n'emploie pas les couleurs alternées (le but étant bien entendu d'en améliorer la lisibilité). C'est simple : il vous suffit de cliquer sur l'option correspondante. L'option du dessous vous permet d'appliquer le même traitement aux colonnes. Si le résultat n'est pas satisfaisant, contentez-vous de décocher la case.

Formater les valeurs d'un tableau croisé dynamique

Pour appliquer aux totaux de votre tableau croisé dynamique un format numérique particulier, procédez comme suit :

1. **Cliquez, dans le tableau, sur la cellule qui contient les mots « Somme de », suivis du nom du champ dont les valeurs sont totalisées (dans notre exemple, « Somme de Janvier »). Cliquez ensuite sur le bouton Champ actif de l'onglet Analyse sous Outils de tableau croisé dynamique et choisissez Paramètres de champs.**

   Excel ouvre la boîte de dialogue Paramètres des champs de valeurs.

2. **Cliquez, en bas à gauche, sur Format de nombre.**

   L'onglet Nombre de la boîte de dialogue Format de cellule s'affiche.

3. **Dans liste Catégorie, choisissez le format numérique que vous voulez appliquer à vos totaux.**

4. **(Facultatif) Si vous le souhaitez, modifiez les options du format sélectionné (nombre de décimales, symbole monétaire, mode d'affichage des valeurs négatives, etc.) dans la partie droite de la fenêtre.**

5. **Cliquez une première fois sur OK pour regagner la boîte de dialogue précédente ; cliquez une seconde fois pour regagner le tableau.**

Trier et filtrer les données du tableau croisé dynamique

Lorsque vous créez un nouveau tableau croisé dynamique, Excel ajoute automatiquement des flèches dans les cellules correspondant aux champs du filtre et des étiquettes (colonnes et lignes). Ces boutons de filtrage permettent de restreindre l'étendue des entrées en retirant certaines données, ou encore de trier les éléments en ligne et/ou en colonne.

Si vous avez ajouté au tableau plusieurs champs dans les cases Étiquettes, Excel ajoute également des boutons de réduction (-) qui servent à masquer temporairement le sous-total correspondant à un champ secondaire particulier. Lorsque vous avez ainsi réduit des informations, le bouton devient un + (expansion) sur lequel il suffit de cliquer pour afficher de nouveau les sous-totaux.

Filtrer le rapport

Les boutons les plus importants dans un tableau croisé dynamique sont probablement ceux qui sont ajoutés au(x) champ(s) Filtres du rapport. En choisissant une des options attachées à l'un de ces boutons de filtrage, seul le jeu de données vérifiant ce critère apparaîtra dans le tableau.

Notre exemple utilise comme filtre du rapport le champ Filiale. Nous pouvons donc facilement distinguer les chiffres d'affaires par filiale. Voyons comment. Cliquez sur le bouton de filtrage dans la cellule qui suit l'intitulé Filiale. Dans la liste qui apparaît, sélectionnez la filiale qui vous intéresse, puis cliquez sur OK pour n'afficher les résultats que de cette cellule particulière.

N'OUBLIEZ PAS

Lorsque vous appliquez ce filtre, Excel affiche la valeur choisie dans le champ Filiale. Il remplace également la flèche par un symbole d'entonnoir afin de vous rappeler que seules certaines des données source sont actuellement affichées dans le tableau.

Pour revenir à l'ensemble des données, sélectionnez à nouveau l'option (Tous) du champ Filtre et validez par OK.

Filtrer des lignes et des colonnes

Les boutons de filtrage associés aux étiquettes des colonnes et des lignes vous permettent d'appliquer des filtres à des groupes particuliers, voire, parfois, à des entrées individuelles des données source.

Pour filtrer les éléments présents dans les lignes ou les colonnes, cliquez sur l'étiquette concernée, puis, dans le menu local, décochez l'option Sélectionner tout pour désactiver toutes les coches de cette rubrique. Il vous suffira ensuite de cocher la ou les entrée(s) dont vous voulez voir les données.

Comme précédemment, Excel remplace le bouton fléché de la colonne ou de la ligne que vous venez de filtrer par une icône d'entonnoir. Il vous prévient ainsi que seules certaines valeurs sont affichées dans le tableau. Pour revenir à la situation d'ensemble, cliquez à nouveau sur le bouton de filtrage, puis sur l'option (Sélectionner tout) et confirmez.

La Figure 10.7 montre notre tableau croisé dynamique une fois filtrés le champ Filiale (de manière à n'afficher que les informations relatives à la filiale B), le champ en ligne Produit (pour ne montrer que les ventes d'armoires et de bureaux) ainsi que le champ en colonne Région (pour ne traiter que la région du Nord).

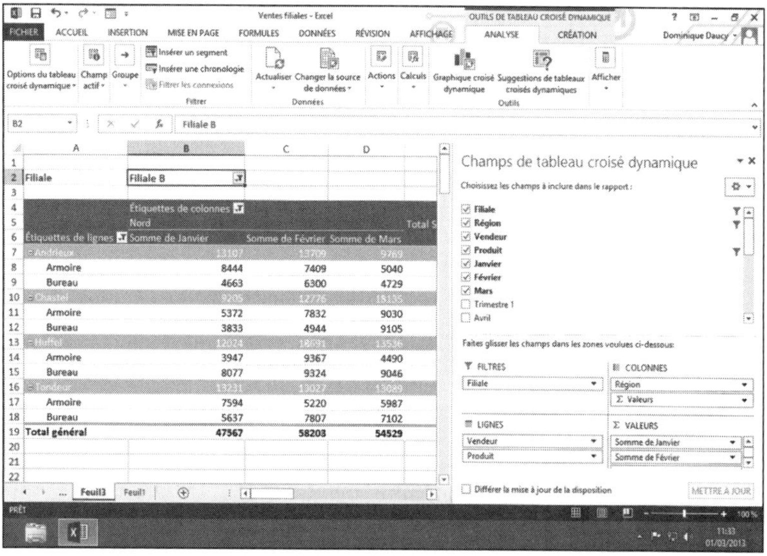

Figure 10.7 : Le tableau croisé dynamique après un filtrage opéré sur trois champs.

Filtrer avec des segments

Les segments (*slicers*) sont des outils qui permettent de filtrer les tableaux croisés dynamiques. Faciles à créer et à exploiter, ils sont capables d'effectuer un filtrage sur plusieurs champs (voire de les lier à des champs d'autres tableaux croisés dynamiques présents dans le classeur).

L'ajout de segments dans le tableau croisé dynamique s'effectue en deux temps :

1. **Sélectionnez une cellule du tableau croisé dynamique, puis, dans le groupe Filtrer du sous-onglet Analyse de l'onglet Outils de tableau croisé dynamique, cliquez sur Insérer un segment.**

   Excel ouvre la boîte de dialogue Insérer des segments, qui regroupe le nom de tous des champs du tableau.

2. **Cochez tous les champs que vous voulez utiliser pour le filtrage et pour lesquels vous désirez appliquer un segment ; confirmez OK.**

   Excel introduit les segments sous la forme d'objets graphiques, à raison d'un segment par champ sélectionné.

Une fois les segments créés, utilisez-les pour filtrer les données en sélectionnant simplement les critères qu'ils proposent. (Notez qu'en maintenant enfoncée la touche Maj, vous pourrez sélectionner plusieurs critères contigus et, grâce à la touche Ctrl, plusieurs critères non contigus.) Une fois réalisée la sélection des critères, le tableau croisé en arrière-plan réagit immédiatement.

La Figure 10.8 nous permet, par exemple, de limiter l'affichage à l'activité de la filiale B dans la région Nord pour les ventes d'armoires et de fauteuils réalisées par les vendeurs Chastel et Tondeur.

N'OUBLIEZ PAS

Comme les segments sont des objets graphiques, vous pouvez les déplacer, les redimensionner et même les supprimer. Pour supprimer un segment d'un tableau croisé dynamique, cliquez dessus pour le sélectionner, puis enfoncez la touche Suppr.

Filtrer avec des chronologies

Nouveauté d'Excel 2013, les chronologies s'apparentent à des segments : elles fonctionnent en effet selon le même principe, à cette différence près qu'elles concernent uniquement des champs date et permettent de filtrer les données du tableau qui ne se situent pas à une période donnée.

Dans la pratique : sélectionnez une cellule du tableau (qui doit, pour la circonstance, comporter des champs date), puis, dans le groupe Filtrer du sous-onglet Analyse de l'onglet Outils de tableau croisé

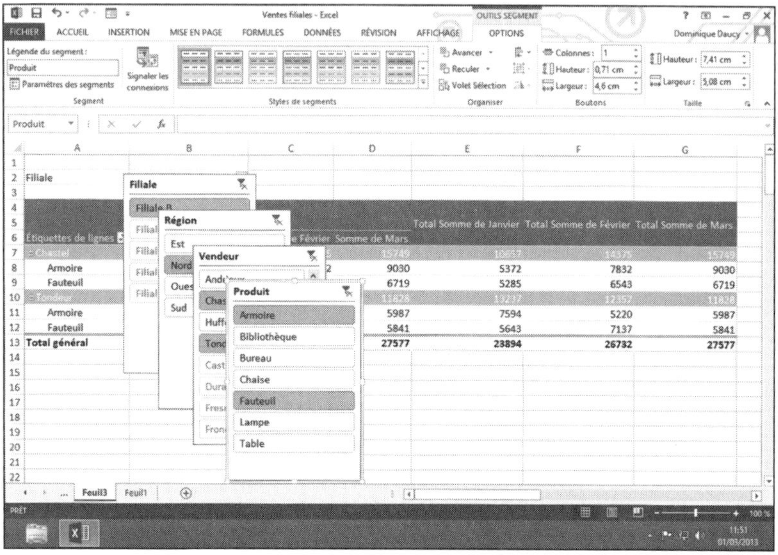

Figure 10.8 : Le tableau croisé dynamique interrogé grâce à quatre segments.

dynamique, cliquez sur Insérer une chronologie. Cette action provoque l'affichage de la boîte de dialogue Insérer une chronologie, qui répertorie tous les champs date susceptibles d'être utilisés par la fonction. Cochez celui qui vous intéresse, puis cliquez sur OK.

Pour obtenir la Figure 10.9, nous avons sélectionné le champ Date livraison. Excel nous a alors proposé une fenêtre de chronologie flottante reprenant, par défaut, les mois de l'année (le menu en haut à droite sous le trait proposant d'autres choix) et une barre de progression traduisant la période sélectionnée.

Dans notre exemple, nous avons fait coulisser le curseur de la chronologie pour afficher les chiffres de vente suivant les livraisons effectuées entre janvier et avril 2013.

TRUC

Notez que, dès que vous créez une chronologie, un onglet Outils chronologie s'implante dans le Ruban ; son unique sous-onglet, Options, regroupe, bien entendu, différentes options de mise en forme.

Trier le tableau croisé dynamique

Le contenu d'un tableau croisé dynamique peut être réorganisé instantanément en le triant selon une ou plusieurs colonnes et/ou lignes. Pour modifier l'ordre de présentation des données, cliquez

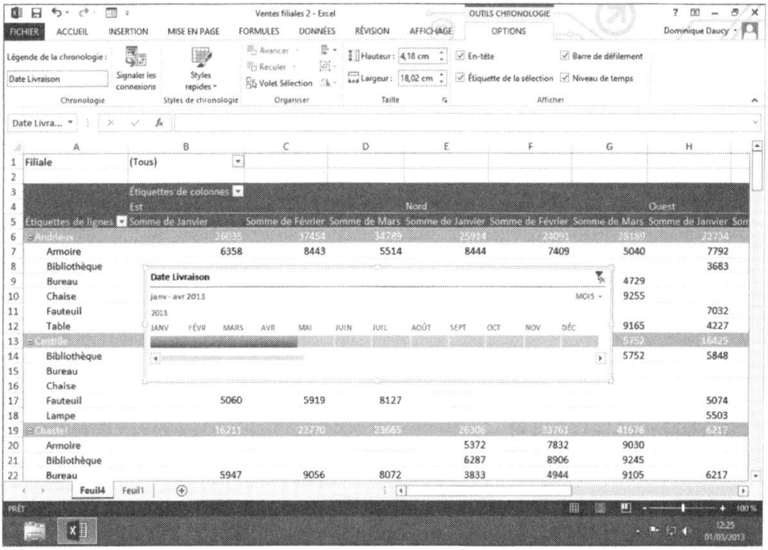

Figure 10.9 : Un tableau croisé dynamique filtré grâce à une chronologie.

sur le bouton de filtrage correspondant au champ à trier ; choisissez, en haut de la liste, le mode de tri souhaité, croissant ou décroissant.

Selon le cas, l'option Trier de A à Z classera les données dans l'ordre alphabétique ascendant s'il s'agit de noms, de la plus petite à la plus grande valeur s'il s'agit de nombres, ou encore de la plus ancienne à la plus récente dans le cas de dates. L'option Trier de Z à A inverse le classement (ordre alphabétique descendant, de la plus grande à la plus petite valeur ou de la date la plus récente à la plus ancienne).

Modifier un tableau croisé dynamique

Les tableaux croisés sont bien plus dynamiques que les tableaux de données classiques, car ils sont très simples à manipuler et éditer. Changer les champs que vous voulez regrouper ou totaliser est aussi facile à faire que de les ajouter lors de la création du tableau. De surcroît, vous pouvez instantanément restructurer le tableau croisé en faisant glisser ses champs actuels vers un autre emplacement. Si on ajoute à cela la possibilité de sélectionner une nouvelle fonction de calcul statistique, vous aurez une bonne idée de ce qu'est un tableau de données réellement dynamique !

Modifier les champs du tableau croisé dynamique

Pour modifier les champs utilisés dans un tableau croisé, vous devez tout d'abord en afficher la liste (si elle ne l'est pas) :

1. **Cliquez dans n'importe quelle cellule du tableau.**

   Excel ajoute au Ruban l'onglet Outils de tableau croisé dynamique et ses deux onglets contextuels, Analyse et Création.

2. **Activez l'onglet Analyse afin d'en développer le contenu.**

3. **Cliquez sur le bouton Afficher, puis sur Liste des champs.**

   Excel ouvre le volet Champs de champs de tableau croisé dynamique, dans lequel il recense es champs actuellement utilisés ainsi que les zones auxquelles ils sont affectés.

Procédez à présent aux modifications souhaitées :

- Pour supprimer un champ, faites glisser son nom en dehors de sa zone de dépôt (Filtres, Lignes, Colonnes et Valeurs), c'est-à-dire sur la feuille ou sur la liste des champs. Relâchez le bouton de la souris lorsque le pointeur se dote d'une croix. Vous pouvez aussi désactiver la case correspondante dans la liste Choisissez les champs à inclure dans le rapport.
- Pour déplacer un champ existant à l'intérieur du tableau, faites glisser son nom d'une zone de dépôt vers une autre.
- Pour ajouter un champ au tableau, faites glisser son nom depuis la liste Choisissez les champs à inclure dans le rapport vers la zone de dépôt souhaitée (Filtres, Lignes, Colonnes ou Valeurs). Cas particulier : si vous désirez insérer le champ dans la zone Lignes, il suffit de cocher sa case dans la liste du haut.

Faire pivoter les champs

Si les tableaux croisés s'appelaient autrefois « tables pivot », ce n'est pas pour rien. Vous pouvez, en effet, restructurer votre tableau en permutant les lignes et les colonnes.

Supposons, dans notre exemple, que nous souhaitions intervertir Région et Produit pour présenter les premières en ligne et les seconds en colonne. La marche à suivre : depuis le volet Champs de tableau croisé dynamique, faites glisser le champ Région de la zone Colonnes vers la zone Lignes, puis répétez l'opération avec le champ Produit depuis Lignes vers Colonnes. Et le tour est joué ! Excel traite automatiquement le tableau pour en refléter la nouvelle organisation.

TRUC

Plutôt que de transiter par le volet de droite, vous pouvez agir directement dans le tableau proprement dit. Un prérequis toutefois : avant d'agir, vous devez mener l'action suivante : activez l'onglet Analyse sous Outils de tableau croisé dynamique, cliquez sur le premier bouton, soit Options du tableau croisé dynamique, puis choisissez Options dans le menu local ; dans la fenêtre Options du tableau croisé dynamique, commencez par activer l'onglet Affichage, puis cochez Disposition classique du tableau croisé dynamique (glisser de champs dans la grille) ; terminez par OK.

Modifier la fonction de calcul du tableau croisé dynamique

Par défaut, Excel utilise la bonne vieille fonction `SOMME` pour créer les sous-totaux et les totaux généraux des valeurs numériques traitées dans le tableau.

Cependant, certains tableaux croisés nécessitent le recours à une autre opération de calcul (moyenne, dénombrement…). Pour changer de fonction, opérez un clic droit sur l'en-tête Somme de [champ] à l'intersection, dans le tableau, de la première colonne de champ et de la première ligne de champ. Dans le menu déroulant qui s'affiche suite à cette action, choisissez Paramètres des champs de valeurs (Figure 10.10).

Vous voilà en mesure de choisir un type de calcul dans la liste des fonctions de synthèse :

- **Nombre :** dénombre la quantité d'enregistrements pour une catégorie particulière (notez qu'il s'agit de la fonction par défaut si vous utilisez des champs de texte comme contenu pour votre tableau croisé).
- **Moyenne :** calcule la moyenne arithmétique des valeurs des champs pour la catégorie et le filtre courants.

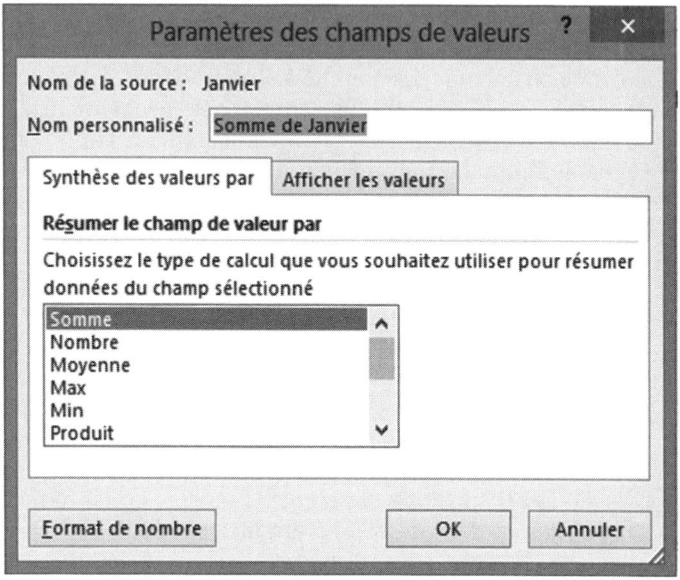

Figure 10.10 : La boîte de dialogue Paramètres des champs de valeurs.

- **Max :** calcule la plus grande des valeurs des champs pour la catégorie et le filtre courants.
- **Min :** calcule la plus petite des valeurs des champs pour la catégorie et le filtre courants.
- **Produit :** calcule le produit des valeurs des champs pour la catégorie et le filtre courants. Toutes les entrées non numériques sont ignorées.
- **Chiffres :** affiche le nombre de valeurs numériques pour la catégorie et le filtre courants. Toutes les entrées non numériques sont ignorées.
- **Ecartype :** affiche la déviation standard des valeurs des champs pour la catégorie et le filtre courants.
- **Ecartypep :** affiche la déviation standard pour la population correspondant aux champs pour la catégorie et le filtre courants.
- **Var :** affiche la variance des valeurs des champs pour la catégorie et le filtre courants.

- **Varp :** affiche la variance pour la population correspondant aux champs pour la catégorie et le filtre courants.

Une fois la nouvelle fonction sélectionnée, cliquez sur OK. Excel l'applique instantanément aux données des cellules du tableau.

Livre III

PowerPoint

Première partie

Les bases de PowerPoint 2013

« Cette présentation était vraiment trop fumeuse ! »

Dans cette partie...

- Tour d'horizon des possibilités de PowerPoint 2013.
- Apprendre à modifier le contenu des diapositives, à transformer le texte en objet comme des cliparts ou des formes.
- Travailler en mode Plan pour focaliser votre attention sur les principaux points et sous-points de votre présentation sans vous soucier de son apparence.
- Vérifier votre présentation pour ne pas occulter quelques erreurs préjudiciables.
- Finaliser une présentation pour imprimer des diapos, des notes, et des documents, mais également pour la diffuser *via* un vidéoprojecteur.

Chapitre 1

Bienvenue dans PowerPoint 2013 !

Dans ce chapitre :

- Découvrir PowerPoint.
- Démarrer PowerPoint.
- L'écran de PowerPoint 2013 et son Ruban.
- Le volet Backstage.
- Créer une présentation.
- Afficher la structure d'une présentation.
- Enregistrer et fermer votre travail.
- Retrouver une présentation sur un support de stockage.
- Chercher de l'aide.
- Quitter PowerPoint.

Ce chapitre est en quelque sorte la cérémonie d'ouverture de PowerPoint 2013, la version revue et largement améliorée du fort connu logiciel de présentation de Microsoft.

On peut le comparer à la cérémonie d'ouverture des jeux Olympiques, dans laquelle tous les athlètes défilent autour du stade tandis que les officiels font des discours. Ici, la parade est composée de toutes les fonctions de PowerPoint, pour lesquelles je me permettrai même de faire un petit discours…

Qu'est-ce que PowerPoint ?

PowerPoint est un programme livré avec la suite bureautique Microsoft Office. La majorité des utilisateurs achètent Office, car ils réalisent une bonne affaire : ils disposent du célèbre logiciel de traitement de texte Word et du fameux tableur Excel, qui coûteraient bien plus cher achetés séparément, et en prime, Microsoft offre (enfin, c'est une façon de parler...) PowerPoint et, selon les versions d'Office, Access, Outlook, et/ou Publisher.

Vous connaissez et vous adorez Word, car il s'agit du logiciel de traitement de texte le plus abouti au monde. Il permet de créer des lettres, des bulletins, des circulaires, et pourquoi pas d'écrire le prochain prix Goncourt. (Il faudra que je pense à rédiger ce chef-d'œuvre à la fin de cette traduction.) Excel, quant à lui, est **le** tableur du monde bureautique qui permet de créer des feuilles de calcul très élaborées. Outlook est le logiciel de messagerie électronique le plus sophistiqué du marché qui permet d'organiser vos e-mails, mais aussi de gérer vos rendez-vous, ou bien encore de planifier vos tâches. En revanche, PowerPoint reste un mystère pour la majorité d'entre vous.

Le moment est venu de lever le voile. PowerPoint est un programme de *présentations*. Si vous avez déjà utilisé des transparents projetés sur un écran, vous adorerez PowerPoint. En quelques clics de souris, vous réaliserez des présentations spectaculaires.

Voici quelques utilisations de PowerPoint :

- **Présentations d'affaires :** PowerPoint fait gagner du temps à tous ceux qui doivent présenter un bilan, un projet, un produit ou des services, que ce soit devant un auditoire de plusieurs centaines de personnes lors d'une assemblée d'actionnaires, des représentants de commerce dans une salle de conférence ou quelques collaborateurs lors d'une rencontre de travail.
- **Sensibilisation :** Si vous vendez des assurances, vous pouvez créer une présentation montrant les risques encourus à ne pas être assuré, et l'installer sur votre ordinateur portable afin d'épouvanter les clients potentiels.
- **Conférences :** PowerPoint est très apprécié des universitaires et des conférenciers désireux de communiquer efficacement.

- **Travaux personnels :** PowerPoint est un programme puissant pour certains types de projets personnels comme des diaporamas de vacances ou bien encore la narration de votre vie universitaire, photos, vidéos, et textes à l'appui. Il sera également prisé des étudiants qui veulent soutenir leur thèse en appuyant leur propos avec une présentation.
- **Borne interactive :** PowerPoint peut servir à créer une borne d'information. Elle montrera par exemple certaines pièces exposées dans un musée, l'histoire de la ville ou, dans un salon professionnel, des informations concernant la société.
- **Présentations par Internet :** Une présentation peut être diffusée sur le Web, permettant à votre auditoire de la visionner depuis n'importe où dans le monde.

Introduction aux présentations

PowerPoint est comparable à un logiciel de traitement de texte comme Word, sauf qu'au lieu de produire des *documents*, il produit des *présentations*. Ces dernières sont comme le panier de diapositives des projecteurs photo, où vous placiez dans l'ordre désiré les diapositives 24 x 36 de vos dernières vacances. La grande différence est que vous n'avez pas à craindre d'en avoir placé une à l'envers ou de les laisser tomber du panier.

Un document Word est constitué d'une ou plusieurs pages, tandis qu'une présentation PowerPoint est constituée d'une ou plusieurs diapositives. Chacune peut contenir du texte, des graphismes et d'autres données. Il est très facile de les placer dans l'ordre que vous voulez, de supprimer celles dont vous ne voulez plus, d'en ajouter de nouvelles ou d'en modifier.

PowerPoint sert à la fois à créer des présentations, mais aussi à les projeter.

Une présentation peut être diffusée de différentes manières :

- **Écran d'ordinateur :** À tube cathodique ou à cristaux liquides, tout écran convient pour une présentation vue par une ou deux personnes à la fois.
- **Écran de télévision :** PowerPoint s'adapte aux écrans panoramiques 16:9. Le téléviseur est idéal pour une audience

moyenne, c'est-à-dire 10 à 12 personnes réunies dans une petite salle de conférence, ou pour une soirée diapos en famille.

- **Vidéoprojecteur informatique :** Cet équipement projette sur un grand écran l'image produite par l'ordinateur, permettant ainsi de la montrer à un vaste auditoire.
- **Webcast :** Une présentation PowerPoint peut être diffusée sur Internet. Cela évite de réunir un public conséquent dans une salle spécifique à un jour et une heure donnés. Ainsi, chacun pourra consulter la présentation chez lui au moment où il le souhaite.
- **Rétroprojecteur :** PowerPoint peut produire des transparents pour rétroprojection.
- **Pages imprimées :** Des sorties imprimante permettent de distribuer des exemplaires de la présentation à chacun des membres du public. Il est possible d'imprimer une diapositive par page, mais aussi, pour économiser le papier, plusieurs diapositives par page.
- **Diapositives 24 x 36 :** Un laboratoire photo ou un service de tirage photo sur l'Internet peuvent convertir votre présentation en véritables diapositives sous caches 5 x 5 cm. On en revient ainsi au traditionnel panier de diapositives.

Vos présentations seront beaucoup plus intéressantes si vous les montrez au travers de l'un des trois premiers moyens – écran d'ordinateur, télévision ou vidéoprojecteur – car elles pourront contenir des animations, des vidéos, du son et autres fonctionnalités tape-à-l'œil (et tape-à-l'oreille). Les trois autres moyens, transparents, pages imprimées et diapositives sur film, ne peuvent montrer que du contenu statique.

Les fichiers des présentations

Une présentation est à PowerPoint ce qu'un document est à Word ou une feuille de calcul à Excel. En d'autres termes, une *présentation* est un fichier créé avec PowerPoint. Chacune est enregistrée sur le disque sous la forme d'un fichier informatique séparé.

Les présentations PowerPoint 2013 portent l'extension de fichier `.pptx` à la fin de leur nom. Par exemple, `Conférence.pptx`, `Histoire du jour.pptx` sont des noms de fichiers PowerPoint valides. Il est inutile de saisir l'extension .pptx lorsque vous saisissez le nom de fichier d'une présentation PowerPoint, car PowerPoint l'ajoute à votre place. Il arrive souvent que PowerPoint masque les extensions de fichiers, affichant ainsi Conférence.pptx sous la forme Conférence.

TRUC

Évitez d'insérer dans vos noms de fichiers des espaces et des caractères spéciaux, notamment le symbole de pourcentage (%). Il est conseillé de remplacer les espaces par le signe de soulignement (_) pour éviter tout problème de publication et/ou d'accessibilité sur Internet que ce soit dans une page Web ou en téléchargeant vos fichiers *via* le protocole FTP (*File Transfer Protocol*).

NOTE TECHNIQUE

Dans les versions de PowerPoint antérieures à 2007, les présentations étaient enregistrées avec l'extension .ppt au lieu de .pptx. Le *x* ajouté à la nouvelle extension indique qu'il s'agit d'un format de fichier basé sur XML, un format de données bien connu qui facilite les échanges entre fichiers d'un logiciel à un autre. PowerPoint 2013 est capable d'enregistrer les présentations dans l'ancien format ppt, mais cette option n'est recommandée que si vous partagez des présentations avec des gens qui ne possèdent pas encore PowerPoint 2013. Vous pouvez télécharger un programme appelé Microsoft Office Compatibility Pack depuis le site www.microsoft.com, permettant à PowerPoint 2002 et 2003 de lire, mais aussi d'enregistrer, des fichiers au format pptx.

PowerPoint est paramétré par défaut pour enregistrer les présentations dans le dossier Documents de Windows 8. Mais vous pouvez les stocker dans n'importe quel dossier de votre disque dur ou sur tout autre support, comme un disque dur externe, un CD, un DVD, ou une clé USB...

Qu'est-ce qu'une diapositive ?

Une *présentation* PowerPoint est composée de plusieurs diapositives. Chacune peut contenir du texte, des graphiques et de nombreux autres éléments. Les fonctions de PowerPoint permettent de créer facilement des diapositives attrayantes :

- **Mise en page des diapositives :** Chaque diapositive dispose d'une mise en page qui contrôle l'organisation de l'information. Une *mise en page de diapositive* est une collection de un ou de plusieurs espaces réservés (marques de réserve) qui reposent dans la zone d'affichage de la diapositive pour conserver l'information. En fonction du type de mise en page choisi, les espaces réservés peuvent contenir du texte, des graphiques, des cliparts, du son, des fichiers vidéo, des tableaux, des représentations graphiques, des diagrammes et d'autres sortes de contenus.

- **Arrière-plan :** Chaque diapositive dispose d'un arrière-plan sur lequel repose le contenu. L'arrière-plan peut être une couleur unie, un mélange de deux couleurs, un effet texture comme du marbre ou du parchemin, un motif telles des lignes diagonales, des briques ou des mosaïques, ou encore une image. Chaque diapositive peut avoir son propre arrière-plan. Cependant, pour une raison de cohérence, il est préférable d'utiliser le même arrière-plan pour toutes les diapositives d'une même présentation.

- **Thème :** Les *thèmes* sont des arrangements d'éléments graphiques comme les jeux de couleurs et les polices. Ils permettent d'élaborer des diapositives attrayantes. Vous pouvez vous écarter des thèmes proposés par Microsoft à condition d'avoir un goût sûr et un bon sens artistique.

- **Masque des diapositives :** Le Masque des diapositives contrôle la conception de base et les options de mise en forme des diapos dans votre présentation. Le Masque des diapositives impose la position et la taille du titre, ainsi que les espaces réservés de texte, l'arrière-plan et le jeu de couleurs utilisés pour la présentation, les types de polices, les couleurs et les tailles. Il peut aussi contenir des graphiques ainsi que des objets textuels devant apparaître sur chaque diapositive.

  Vous pouvez modifier le Masque des diapositives, afin de changer d'un seul coup l'apparence de toutes les diapositives d'une présentation et d'en assurer ainsi la cohérence visuelle.

Toutes les fonctions décrites dans les précédents paragraphes permettent de contrôler l'aspect de vos diapositives de la même manière que le font une feuille de style et les modèles pour un document Word. Vous pouvez personnaliser l'aspect de chaque diapositive en ajoutant les éléments suivants :

- **Titre et texte courant :** La plupart des mises en page comportent des espaces réservés pour les titres et le texte courant. Par défaut, PowerPoint formate le texte en fonction du Masque des diapositives. Il est très facile de remplacer ce format en modifiant la police, la taille, le style ou la couleur du texte.

- **Zones de texte :** Du texte peut être ajouté dans n'importe quelle partie d'une diapositive, en dessinant une zone de texte dans laquelle vous saisirez du texte. Les zones de texte permettent de placer du texte qui n'entre pas dans l'espace de réserve des titres ou du texte courant.
- **Formes :** Les outils de dessin de PowerPoint permettent d'obtenir des formes automatiques comme des rectangles, des cercles, des étoiles, des flèches et des organigrammes. Il est possible de créer manuellement des formes en utilisant la ligne, le polygone et les outils de dessin à main levée.
- **Images :** Illustrez vos diapositives en insérant des cliparts, des photographies ou d'autres éléments graphiques. PowerPoint contient beaucoup de cliparts, et il en existe quantité d'autres sur le site Web de Microsoft.
- **Graphiques et diagrammes :** PowerPoint est doté d'une nouvelle fonction de dessin de diagramme nommée SmartArt. Elle permet de créer plusieurs sortes de diagrammes courants (hiérarchiques, cycliques, *etc.*). Des graphiques à secteurs, à courbes ou à barres sont aussi utilisables.
- **Fichiers médias :** Vous pouvez ajouter du son ou de la vidéo à vos diapositives.

Démarrer PowerPoint

Voici comment exécuter PowerPoint :

1. **Préparez-vous.**

   Allumez quelques bougies, faites des incantations pour chasser les mauvais démons qui hantent l'unité centrale, versez-vous une tasse de café serré, collez sur l'ordinateur la carte de visite de « Mamadou Cissé, grand marabout de la brousse connu du monde entier » (distribuée tous les jours de 17 à 19 heures au métro Barbès), puis, puis...

2. **Appuyez sur la touche Windows de votre clavier.**

   Cette touche est facile à identifier. Le pictogramme qui y est imprimé représente le drapeau Microsoft. Elle se situe entre les touches Ctrl et Alt. Dès que vous appuyez sur cette touche, vous basculez vers l'écran d'accueil de Windows 8 qui contient les vignettes de vos applications.

3. **Si nécessaire, faites défiler l'écran d'accueil vers la gauche pour localiser les vignettes des programmes de la suite Office 2013. Cliquez ensuite sur la vignette PowerPoint 2013.**

TRUC

Une autre technique consiste à taper directement **powerpoint** dès que vous accédez à l'écran d'accueil. Windows 8 bascule vers le panneau Applications dès que vous saisissez les premiers caractères. Bien souvent, il suffit des deux ou trois premières lettres pour que la vignette PowerPoint 2013 s'affiche comme premier choix dans la liste des programmes. Cliquez dessus ou bien appuyez sur la touche Entrée de votre clavier.

Votre ordinateur mouline (greuleu greuleu greuleu, broute broute...) et PowerPoint apparaît.

TRUC

Si vous utilisez fréquemment PowerPoint, il serait judicieux de l'épingler à la barre des tâches du Bureau de Windows 8. Pour plus d'informations sur la gestion des applications sous ce système d'exploitation, je vous conseille la lecture de *Windows 8 pour les Nuls* ou *Le PC sous Windows 8 pour les Nuls* publiés aux éditions First Interactive.

Parcourir l'interface de PowerPoint

Juste après le démarrage, PowerPoint affiche son écran d'accueil, comme à la Figure 1.1. Il permet de créer une présentation, ou d'ouvrir un fichier récent ou non. Vous pouvez également découvrir PowerPoint en cliquant sur la vignette Voir la démo (Bienvenue dans PowerPoint).

Pour les besoins de ce chapitre, cliquez sur la vignette Nouvelle présentation. Vous accédez à une interface composée de multiples éléments plus rebutants les uns que les autres. Ne paniquez pas ! Tout va bien se passer !

La Figure 1.2 montre l'espace de travail initial de PowerPoint 2013 dont je vous propose de découvrir les composants :

- **Ruban :** En haut de PowerPoint, juste sous la barre de titre, se trouve l'interface principale, appelée *Ruban*. Si vous connais-

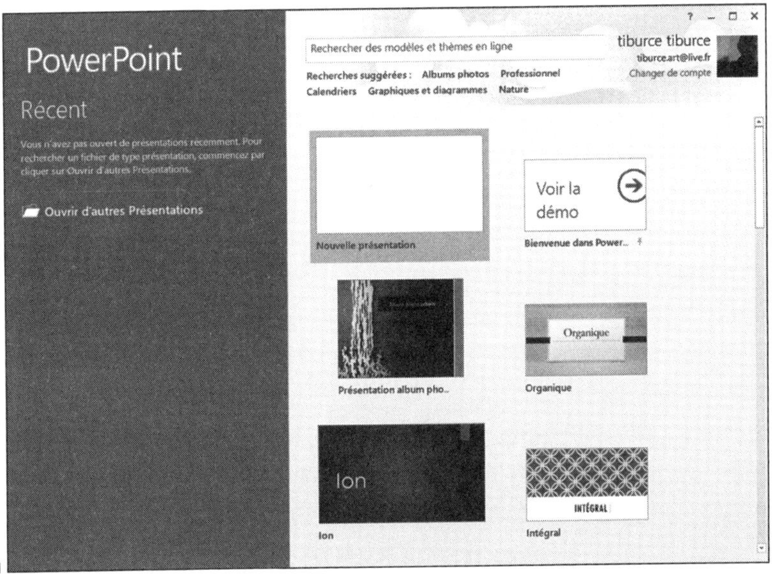

Figure 1.1 : L'écran d'accueil de PowerPoint.

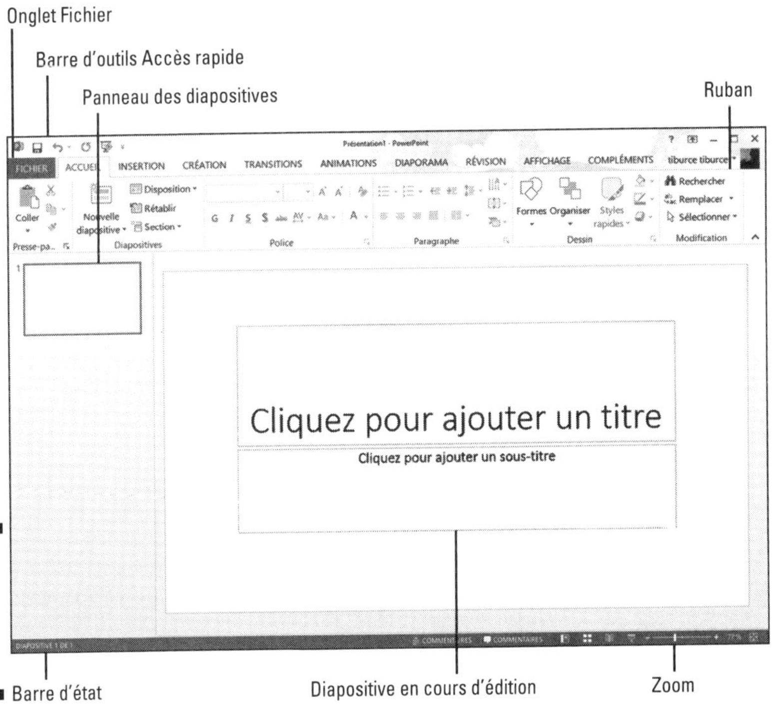

Figure 1.2 : L'interface de travail de PowerPoint 2013.

sez les versions précédentes de PowerPoint, vous vous attendez sans doute à voir, à cet emplacement, une barre de menus surmontant une ou deux barres d'outils. Après mûre réflexion, les têtes pensantes de Microsoft ont estimé que menus et barres d'outils n'étaient guère conviviaux. C'est pourquoi ils ont décidé de les remplacer par le Ruban, qui combine leurs fonctions, mais sous la forme d'onglets dont les noms couvrent les activités standard de la création d'une présentation. Le Ruban exige une phase d'adaptation, mais une fois que vous en avez saisi le principe, il s'avère plus agréable et facile à utiliser que les menus et barres d'outils d'antan.

L'apparence du Ruban varie selon la taille de l'écran. Sur les petits écrans, PowerPoint peut compresser le Ruban, notamment par l'usage de boutons plus petits et une disposition différente. Par exemple, il superposera des boutons au lieu de les juxtaposer, ou bien fera disparaître leur libellé.

Pour en savoir plus sur l'utilisation du Ruban, reportez-vous à la section « Dérouler le Ruban », plus loin dans ce chapitre.

- **L'onglet Fichier :** Le premier onglet du Ruban est l'onglet Fichier. Cliquer dessus donne accès à un panneau particulier, appelé *Backstage,* « les coulisses ». Il contient diverses fonctions, notamment celles servant à ouvrir ou enregistrer des fichiers, créer une nouvelle présentation, imprimer, *etc.* Reportez-vous à la section « Dans les coulisses du Backstage », plus loin dans ce chapitre, pour en savoir plus.

- **Barre d'outils Accès rapide :** Juste à droite de l'onglet Fichier se trouve la barre d'outils Accès rapide. Elle héberge essentiellement les commandes les plus fréquemment utilisées.

  Initialement, la barre d'outils Accès rapide ne contient que trois boutons : Enregistrer, Annuler et Répéter. Il est cependant possible d'en ajouter d'autres en cliquant sur le petit bouton situé juste à droite de l'icône Répéter. Dans le menu local qui apparaît, cochez les commandes à ajouter. Pour ajouter des commandes qui ne figurent pas dans ce menu local, cliquez sur Autres commandes. La boîte de dialogue qui apparaît alors permet d'ajouter et/ou de retirer des commandes.

- **La diapositive en cours d'édition :** Au centre de l'écran, se trouve la diapositive en cours de modification (ou de création).

- **Panneau Diapositives :** À gauche de l'écran, un panneau affiche les vignettes des diapositives qui composent la présentation. Il suffit de cliquer sur l'une d'elles pour l'afficher dans le panneau central et ainsi la modifier. Le panneau Diapositives permet de naviguer rapidement dans vos présentations.

- **Volet des tâches :** Il se situe sur le côté droit de l'interface, mais n'est visible que si un élément est sélectionné sur la diapositive et que vous voulez lui apporter des modifications. La dénomination de ce panneau dépend du contexte de son utilisation. Ainsi, il ne porte pas le même nom lorsque vous souhaitez modifier une image ou un organigramme.
  Plan : À gauche de l'écran, vous pouvez basculer entre deux affichages : *Diapositives* et *Plan*. Le mode Diapositives, actif sur la Figure 1.1, montre des images miniatures de chacune des diapositives de la présentation. Il suffit de cliquer sur l'une d'elles pour afficher la diapositive au centre de l'écran. Le mode Plan montre l'organisation de votre présentation. Pour basculer d'un mode à l'autre, cliquez sur l'onglet correspondant. Pour plus d'informations sur le plan, lisez le Chapitre 3.

- **Barre d'état :** Tout en bas de l'écran, se trouve la *barre d'état*. Elle indique la diapositive en cours d'édition.

  TRUC — Vous configurez la barre d'état en cliquant dessus du bouton droit de la souris. Vous accédez ainsi à une liste d'options que vous pouvez sélectionner ou désélectionner.

- **Zoom :** PowerPoint adapte automatiquement le zoom afin que la diapositive soit toujours affichée dans sa totalité. Le rapport du zoom est réglable à l'aide du curseur situé en bas à droite de la fenêtre.

TRUC — Vous n'avancerez jamais si vous estimez que tout doit être immédiatement compris. Ne vous souciez pas de ce qui vous aurait échappé jusqu'à présent. Concentrez-vous sur ce qui est nécessaire pour accomplir telle ou telle tâche, le reste viendra par la suite.

Dérouler le Ruban

Le Ruban fut la grande innovation de Microsoft en 2013. Il se situe dans la partie supérieure de l'interface et est surmonté d'une série d'onglets. Cliquer sur l'un d'eux révèle un ensemble de commandes spécifiques. Par exemple, l'onglet Accueil était actif sur la Figure 1.2. La Figure 1.3 montre le contenu de l'onglet Insertion.

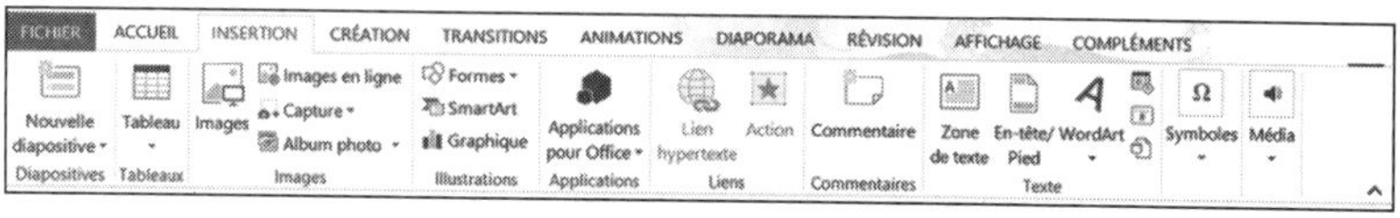

Figure 1.3 : Le Ruban et les commandes de l'onglet Insertion.

Initialement, le Ruban affiche les onglets du Tableau 1.1 :

Tableau 1.1 : Les onglets de base du Ruban.

Onglet	Utilisations
Fichier	Ouvrir, fermer, imprimer et partager des présentations.
Accueil	Création et mise en forme des diapositives.
Insertion	Placement de différents éléments et objets dans les diapositives.
Création	Amélioration de la présentation des diapositives.
Transitions	Réglage de l'effet des transitions insérées entre des diapositives.
Animations	Ajout et réglage d'effets animés.
Diaporama	Configuration de la présentation.
Révision	Vérification de la présentation et ajout de commentaires.
Affichage	Affichage des diapositives dans PowerPoint.

En plus de ces onglets de base, d'autres apparaissent de temps en temps. Par exemple, quand vous sélectionnez une image, un onglet Outils Image s'ajoute aux autres ; il contient des commandes permettant de manipuler et de régler l'image.

Dans le Ruban, les commandes sont réunies dans des groupes. Dans chacun de ces groupes, la plupart des commandes sont de simples boutons semblables à ceux des barres d'outils des précédentes versions de PowerPoint.

Une vue imprenable !

À droite dans la barre d'état, quatre boutons permettent de passer d'un mode d'affichage à un autre. Le Tableau 1.2 indique la fonction de chacun d'eux.

Tableau 1.2 : Les boutons d'affichage.

Bouton	Fonction
	Mode Normal. Il affiche la diapositive, la mise en page et les commentaires. C'est l'apparence par défaut de PowerPoint.
	Mode Trieuse de diapositives. Il permet de réorganiser intuitivement les diapositives et de leur ajouter des transitions ou d'autres effets spéciaux.
	Mode Lecture. Il sert à visionner le diaporama dans une fenêtre.
	Mode Diaporama. Il montre les diapositives en plein écran, comme elles le seront au cours de la présentation publique.

Dans les coulisses du Backstage

Chaque année, je me rends plein de ferveur au festival d'Avignon curieux de découvrir de belles représentations théâtrales. Au fil des ans, j'ai réussi à me glisser dans les coulisses pour partager l'expérience des acteurs et des metteurs en scène. PowerPoint est un peu le festival d'Avignon de la présentation assistée par ordinateur.

Cette section présente brièvement la fonction Backstage de PowerPoint 2013. Elle donne accès à des commandes qui œuvrent en coulisses ou qui définissent la future mise en scène de votre diaporama. D'une certaine manière, cette fonction ouvre le rideau du théâtre numérique de votre (re)présentation. Pour découvrir cet espace particulier du monde de PowerPoint, cliquez sur l'onglet Fichier. Vous voici dans les coulisses illustrées à la Figure 1.4.

Initialement, le panneau Backstage affiche des informations concernant la présentation en cours de création ou de modification. Le menu situé à gauche ressemble bigrement à feu le menu Fichier des

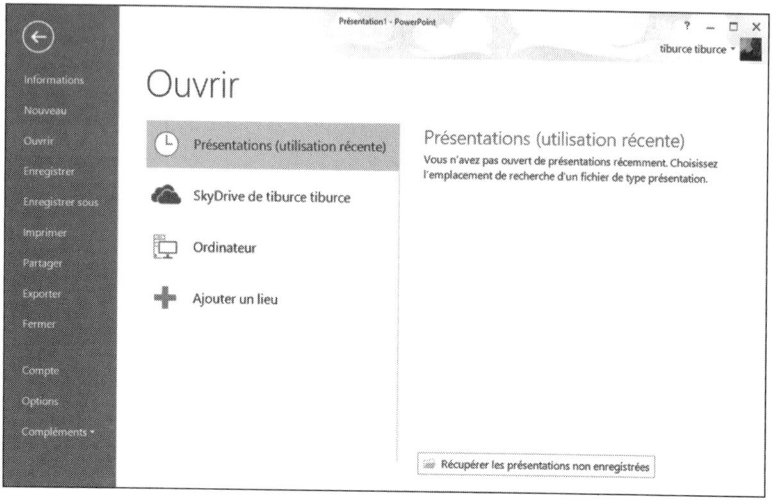

Figure 1.4 : L'affichage Backstage de PowerPoint.

antédiluviennes versions de PowerPoint. Il donne cependant accès à d'autres fonctionnalités que vous ne trouverez nulle part ailleurs.

Vous apprendrez à utiliser les plus importantes de ces commandes plus loin dans ce chapitre, et quelques commandes plus avancées sont présentées dans d'autres chapitres à venir.

Créer une (nouvelle) présentation

La technique la plus simple pour créer une présentation consiste à cliquer sur la vignette Nouvelle présentation de l'écran d'accueil de PowerPoint 2013.

Toutefois, lorsque vous travaillez dans PowerPoint, c'est-à-dire que vous intervenez sur une diapositive affichée dans l'interface du programme, vous pouvez créer une nouvelle présentation par un clic sur l'onglet Fichier, puis sur le bouton Nouveau. Vous accédez alors à l'écran représenté à la Figure 1.5.

- **Nouvelle présentation :** Double-cliquez sur Nouvelle présentation pour en démarrer une à partir de zéro.
- **Choisir un modèle :** Cliquez sur un modèle ou une catégorie de modèles du panneau Nouveau. Cela permet de commencer une présentation contenant de nombreux éléments mis en forme par défaut.

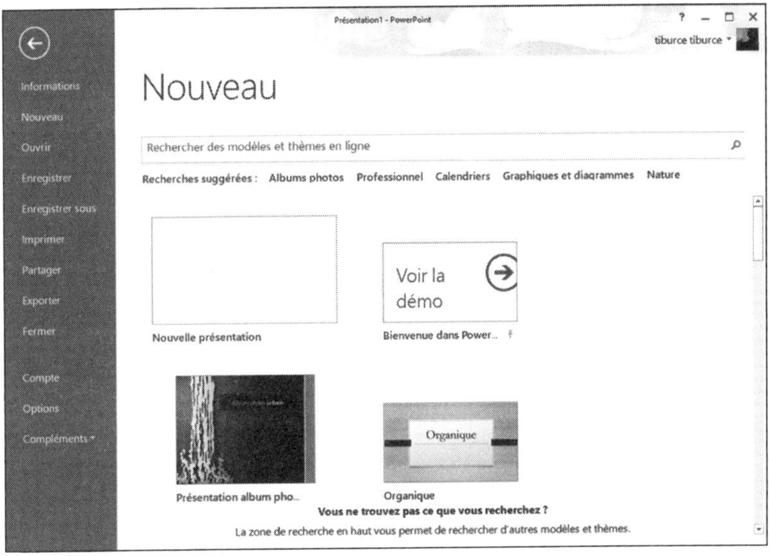

Figure 1.5 : Créer une nouvelle présentation avec PowerPoint 2013.

- **Rechercher un modèle :** Dans le champ Rechercher des modèles et thèmes en ligne, tapez l'objet de votre recherche, puis cliquez sur l'icône de la loupe. PowerPoint affiche un ensemble de modèles correspondant à votre critère de recherche.

Modifier du texte

Dans PowerPoint, les diapositives sont des zones vides dans lesquelles vous disposez différents types d'objets. Le plus courant est l'*espace réservé*. Il s'agit d'une zone rectangulaire spécialement conçue pour contenir du texte (les autres objets susceptibles d'être placés dans une diapositive sont les formes comme les cercles ou les triangles, les images, les graphiques, *etc.*).

La plupart des diapositives contiennent deux objets textuels : un pour le titre et l'autre pour le corps du texte (ou texte courant). Vous pouvez cependant ajouter des objets texte supplémentaires et supprimer du texte courant ou un titre, voire supprimer les deux pour créer une diapositive sans texte.

TRUC

Dès que vous placez le pointeur de la souris sur une zone de texte, il prend la forme d'un point d'insertion. Il suffit alors de cliquer pour saisir du texte.

Quand vous cliquez sur un objet textuel, un cadre de sélection l'entoure, et le point d'insertion apparaît à droite de l'endroit où vous avez cliqué. PowerPoint devient alors une sorte de programme de traitement de texte. Tout caractère saisi est inséré dans le texte au niveau du point d'insertion. Vous pouvez utiliser la touche Suppr ou Retour arrière pour supprimer du texte, et vous déplacer dans cette zone de saisie avec les touches fléchées du pavé directionnel. Si vous appuyez sur Entrée, une nouvelle ligne de texte apparaît dans l'objet textuel.

Quand une zone de texte n'en contient pas, du texte bidon s'y affiche en permanence : cliquez pour ajouter du véritable texte. Le texte bidon disparaît comme par enchantement.

TRUC

Si vous commencez à saisir du texte sans avoir cliqué quelque part, il apparaît dans le titre de l'objet textuel s'il n'en contient pas déjà un. Si le titre n'est pas vide, tout texte saisi est purement et simplement ignoré.

Quand vous aurez fini de saisir du texte, appuyez sur la touche Echap ou cliquez avec la souris, hors de la zone de texte.

Au Chapitre 2, vous découvrirez tous les plaisirs – en tout bien tout honneur – des objets textuels. Mais auparavant, d'autres sujets importants vous attendent.

Ajouter une nouvelle diapositive

Quand vous commencez une nouvelle présentation, elle ne comporte qu'une seule diapositive. C'est mieux que rien et à peine davantage que trois fois rien, mais fort heureusement PowerPoint propose diverses manières d'ajouter des diapositives. Nous nous en tiendrons à trois d'entre elles :

- Cliquer sur le bouton Nouvelle diapositive du groupe Diapositives de l'onglet Accueil.
- Appuyer sur Ctrl + M.
- Cliquer du bouton droit sur les onglets Diapositives ou Plan, dans le volet Diapositives situé sur le côté gauche de l'interface. Dans le menu contextuel qui apparaît, choisir Nouvelle diapositive.

Dans les trois cas, PowerPoint affiche une nouvelle diapositive avec une mise en page standard comportant un titre et une zone de contenu. Pour choisir une autre mise en page, cliquez sur le bouton Disposition de l'onglet Accueil. Choisissez une mise en page dans la palette qui apparaît, comme dans la Figure 1.6.

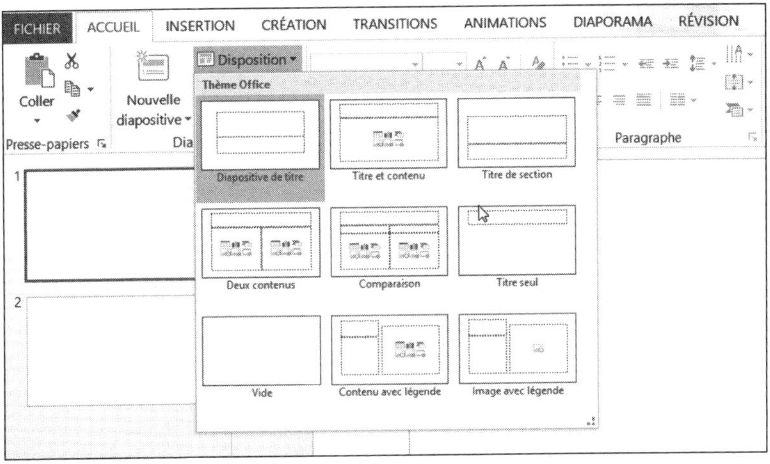

Figure 1.6 : Le choix d'une mise en page pour une diapositive.

Chaque mise en page de diapositive a un nom. Par exemple, celle nommée *Titre et contenu* propose un objet texte qui s'ajoute à la zone de titre. C'est sans doute celle que vous utiliserez le plus souvent, car cette mise en page est parfaite pour présenter un sujet développé en plusieurs points. La Figure 1.7 montre une classique diapositive à puces, dans laquelle chaque point révèle la dépravation morale de votre gamin qui, la trentaine à peine entamée, file encore un mauvais coton.

Se déplacer de diapositive en diapositive

Plusieurs techniques permettent d'avancer ou de reculer dans la masse des diapositives constituant votre présentation :

- **Cliquer sur l'une des doubles flèches en bas de la barre de défilement verticale de la diapositive.** Vous avancez ou reculez alors d'une diapositive à la fois.
- **Utiliser les touches Page Haut et Page Bas du clavier.** Vous vous déplacez d'une diapositive à la fois.

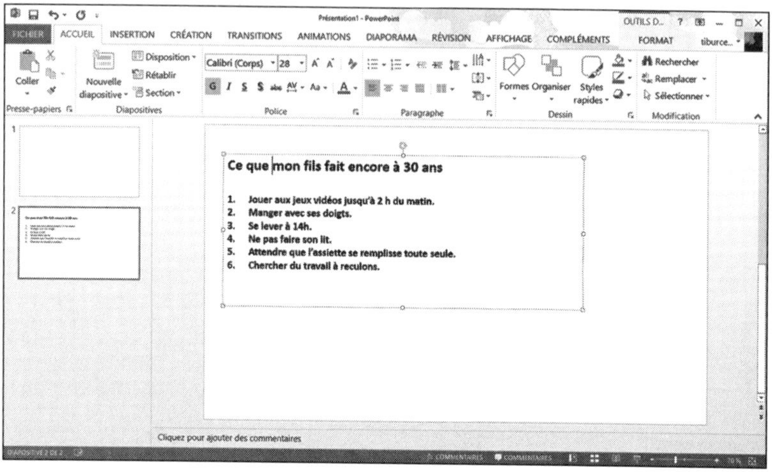

Figure 1.7 : Une diapositive de texte.

- **Faire glisser le curseur de la barre de défilement verticale vers le haut ou vers le bas.** Une infobulle indique le numéro de la diapositive atteinte. Pour afficher cette diapo, relâchez le bouton de la souris. C'est une technique très simple pour atteindre rapidement telle ou telle diapositive de votre présentation.

- **Cliquer sur la miniature de la diapositive à afficher, dans le volet gauche de la fenêtre principale de PowerPoint.** Si les miniatures ne sont pas visibles, cliquez sur le chevron situé au-dessus de la mention Miniatures affichée sur le côté gauche de l'interface de PowerPoint.

Choisir une mise en page

Dans les deuxième et troisième parties de ce livre, vous découvrirez diverses manières de créer de belles diapositives. Il n'est cependant pas indispensable d'attendre jusque-là pour appliquer quelques styles de base à votre présentation. J'ai déjà mentionné qu'Office 2013 est livré avec plusieurs thèmes prédéfinis de qualité professionnelle, destinés à créer des présentations soignées d'un seul clic de souris. Pour ce faire, cliquez sur l'onglet Création. Ensuite, dans le groupe Thèmes, choisissez un thème qui vous plaît. La Figure 1.8 montre l'effet du thème Direction Ion.

Faute de place, PowerPoint ne peut afficher tous les thèmes à la fois. À droite de ceux qui sont visibles, deux boutons de défilement

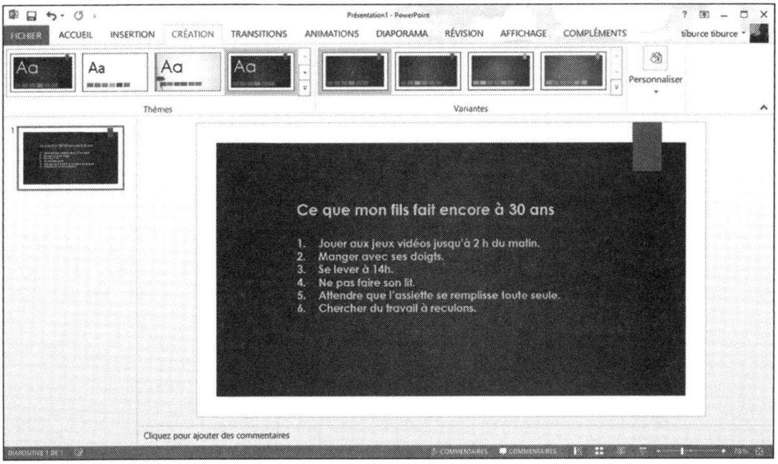

Figure 1.8 : Une diapositive après l'application du thème Direction Ion.

permettent d'accéder au restant de la collection. Le bouton inférieur, sous ceux qui servent au défilement, affiche une palette montrant la totalité des thèmes livrés avec Office 2013.

Visionner votre présentation

Votre chef-d'œuvre terminé, affichez-le en suivant ces quelques étapes :

1. **Cliquez sur l'onglet Diaporama, dans le Ruban, puis, dans le groupe Démarrage du diaporama, cliquez sur le bouton À partir du début.**

   Plusieurs raccourcis clavier exécutent cette commande. Vous pouvez appuyer sur F5 ou cliquer sur le bouton Diaporama, en bas à droite de PowerPoint.

2. **Admirez la première diapositive.**

   Elle est affichée en plein écran. N'est-elle pas magnifique ?

3. **Appuyez sur la touche Entrée pour passer à la diapositive suivante.**

   Cela fonctionne aussi avec la barre d'espace.

   Pour revenir en arrière, appuyez sur la touche Page Haut.

4. **Appuyez sur Echap pour fermer le diaporama.**

Inutile d'atteindre la dernière diapositive. Vous pouvez quitter un diaporama en cours d'exécution et revenir à PowerPoint.

Pour des informations complètes sur le visionnement des présentations, consultez le Chapitre 6.

Enregistrer votre travail

Après avoir passé des heures à mettre en place une aussi jolie présentation, il est temps de goûter un repos bien mérité en éteignant votre ordinateur. Erreur ! Ne faites jamais cela ! Vous perdriez tout le fruit d'un travail laborieux. Toute la présentation réside en effet dans la mémoire vive de l'ordinateur, qui se vide dès que vous éteignez votre machine. Vous devez enregistrer votre présentation sur le disque dur ou tout autre support.

PowerPoint propose pas moins de quatre manières d'enregistrer un document :

- Cliquer sur le bouton Enregistrer, dans la barre d'outils Accès rapide.
- Cliquer sur l'onglet Fichier et choisir Enregistrer.
- Appuyer sur Ctrl + S.
- Appuyer sur Maj + F12.

Si vous n'avez jamais enregistré votre travail, PowerPoint bascule vers le panneau Enregistrer sous. Choisissez un emplacement de stockage, comme Ordinateur, puis un dossier de sauvegarde. La boîte de dialogue Enregistrer sous apparaît. Choisissez un autre dossier ou un sous-dossier, nommez votre présentation et cliquez sur le bouton Enregistrer. Lorsqu'une présentation a été enregistrée une fois, l'enregistrer de nouveau n'ouvre plus la boîte de dialogue. En d'autres termes, enregistrer de nouveau la présentation au cours de votre travail la sauvegarde automatiquement à l'endroit défini lors du premier enregistrement.

Remarquez aussi qu'après le premier enregistrement du fichier, le nom *Présentation*, dans la barre de titre, est remplacé par le nom que vous avez donné au fichier. C'est un moyen sûr de savoir si un enregistrement a déjà été fait depuis que vous avez créé la présentation ou que vous l'avez ouverte.

TRUC

Gardez ceci à l'esprit lorsque vous enregistrez des fichiers :

- Donnez un nom significatif à votre présentation. Le nom de fichier est celui qui permet d'identifier une présentation ; il doit donc en suggérer le contenu.
- Ne travaillez pas pendant des heures sur un projet sans l'enregistrer régulièrement. Le raccourci Ctrl + S doit être un réflexe conditionné. Utilisez-le chaque fois que vous effectuez des travaux qu'il serait dommage de perdre par inadvertance ou à cause d'une coupure de courant inattendue. Il est également recommandé d'enregistrer votre travail avant de l'imprimer.
- Pour enregistrer une copie de la présentation sur laquelle vous travaillez, choisissez Fichier/Enregistrer sous. Nommez le fichier différemment puis cliquez sur Enregistrer.
- La commande Enregistrer sous contient un menu Type permettant d'enregistrer la présentation dans un autre format de fichier. Les options les plus importantes sont PDF et Document XPS. Les fichiers PDF – un format inventé par la société Adobe Systems – permettent au destinataire de consulter le contenu du fichier même s'il ne possède pas l'application qui l'a créé, PowerPoint en l'occurrence. Un document XPS offre le même service, mais il a été inventé par Microsoft.
- La fonction SkyDrive est l'un des apports majeurs d'Office 2013. Elle permet de stocker des présentations en ligne sur le Cloud de Microsoft. Il suffit de créer un compte gratuit sur cet espace pour partager votre travail avec d'autres collaborateurs. Tout ordinateur disposant d'une connexion Internet pourra accéder à vos diaporamas dès lors qu'il dispose d'une autorisation explicite. Pour effectuer un enregistrement sur SkyDrive, cliquez sur cette option dans le panneau Enregistrer sous. Choisissez ensuite un dossier de stockage SkyDrive. Dans la boîte de dialogue Enregistrer sous qui apparaît alors, nommez votre fichier, et cliquez sur le bouton Enregistrer.

Ouvrir une présentation

Il est très facile d'ouvrir une présentation que vous avez enregistrée sur votre disque dur. Là encore, PowerPoint propose plusieurs moyens de le faire. Voici les trois plus courants :

- Cliquer sur l'onglet Fichier et choisir Ouvrir.
- Appuyer sur Ctrl + O.

Ces manipulations affichent le volet Ouvrir illustré à la Figure 1.9. Elle montre les fichiers récemment utilisés. Cliquez sur celui qui vous intéresse pour l'ouvrir instantanément.

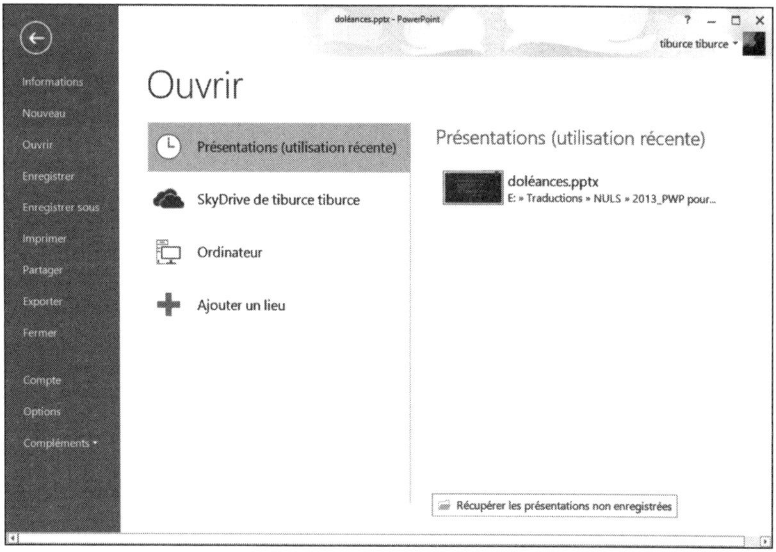

Figure 1.9 : Ouvrir une présentation PowerPoint.

Pour localiser une présentation qui ne figure pas parmi les fichiers récemment utilisés, cliquez sur Ordinateur. Choisissez ensuite un emplacement de stockage que vous avez déjà utilisé. Si le disque dur sur lequel vous souhaitez enregistrer votre travail n'est pas proposé, cliquez sur le bouton Parcourir. Vous accédez ainsi à la boîte de dialogue Ouvrir qui permet de parcourir tous les lecteurs et les dossiers de votre ordinateur, comme le montre la Figure 1.10. De fait, la boîte de dialogue Ouvrir de PowerPoint fonctionne comme toutes les boîtes de dialogue des applications conçues pour Windows.

Si vous ne trouvez plus un fichier, parcourez les différents dossiers pour voir s'il s'y trouve. Peut-être l'avez-vous placé par mégarde ailleurs que dans le dossier prévu. Ou alors vous ne l'avez pas enregistré sous le nom auquel vous pensiez : le fichier `EscaladeVerdon.pttx` s'appelle en réalité `EscalVerd.pptx`, ce qui ne vous avance guère.

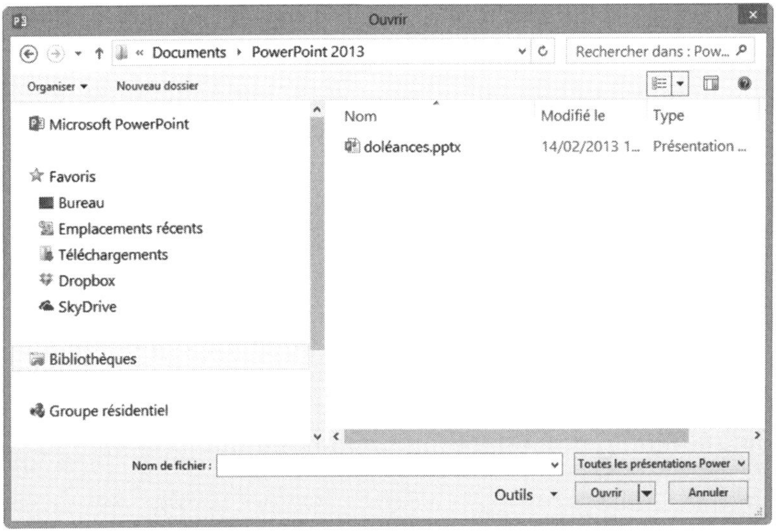

Figure 1.10 : La boîte de dialogue Ouvrir.

TRUC

Le moyen le plus rapide d'ouvrir un fichier depuis la boîte de dialogue Ouvrir est de double-cliquer dessus.

PowerPoint conserve la trace des fichiers récemment ouverts. Cliquez sur l'onglet Fichier puis, dans le volet de droite, consultez la liste Dossiers récents. Cliquez ensuite sur le fichier à ouvrir.

Fermer une présentation

Après une dure journée de labeur dans PowerPoint, vous fermerez votre présentation. Cette opération est comparable au rangement du bureau, lorsque vous placez tous les papiers dans des chemises cartonnées que vous classez ensuite dans des armoires. La présentation disparaît de votre écran, mais pas de votre ordinateur, puisqu'elle est stockée sur le disque dur.

Pour fermer un fichier, cliquez sur le bouton Fermer situé dans la partie supérieure droite de PowerPoint (c'est le moyen le plus rapide). Une autre technique consiste à cliquer sur l'onglet Fichier et à choisir Fermer. Enfin, vous pouvez exécuter le raccourci clavier Ctrl + W.

TRUC

Inutile de fermer un fichier avant de quitter PowerPoint, car ce dernier s'en charge. La seule raison de fermer un fichier est l'intention de travailler sur une autre présentation PowerPoint sans que les deux fichiers soient ouverts en même temps.

Si vous avez effectué des modifications non enregistrées, PowerPoint vous invite à les sauvegarder avant de fermer la présentation. Cliquez sur Oui pour enregistrer votre travail ou sur Non si vous souhaitez ne pas conserver les changements.

Quand toutes les présentations PowerPoint sont ouvertes, de nombreuses commandes de PowerPoint deviennent indisponibles (elles sont en grisé). Ouvrez une présentation ou créez-en une nouvelle et les commandes reviennent.

Trouver de l'aide

Vous ne pourrez pas être un gourou de PowerPoint au bout de quelques jours voire même quelques mois d'utilisation. Et même le seriez-vous que, parfois, vous ne saurez pas exécuter telle ou telle action faute de l'utiliser régulièrement.

Heureusement, lorsque vous avez l'impression d'être dans une impasse, PowerPoint met à votre disposition un système d'aide relativement élaboré. Voici quelques options d'utilisation de l'aide dans PowerPoint 2013 :

- Invoquez ce système en appuyant sur la touche F1 de votre clavier, ou en cliquant sur l'icône ? (un point d'interrogation) situé dans le coin supérieur droit de l'interface. Le système d'aide apparaît comme à la Figure 1.11.
- Cliquez sur l'icône du point d'interrogation de n'importe quelle boîte de dialogue affichée afin d'obtenir de l'aide sur son utilisation.
- Lorsque vous placez le pointeur de la souris sur un élément du Ruban, une infobulle en explique la fonction. Par exemple, si vous pointez sur l'icône du point d'interrogation, vous affichez l'infobulle : « Aide sur Microsoft PowerPoint ».

La boîte de dialogue Aide permet de trouver du secours de plusieurs manières :

- **Liens hypertextes :** Cliquez sur un lien de la section Recherches fréquentes pour obtenir une aide sur un sujet spécifique. Par exemple, cliquez sur Colonnes pour afficher toutes

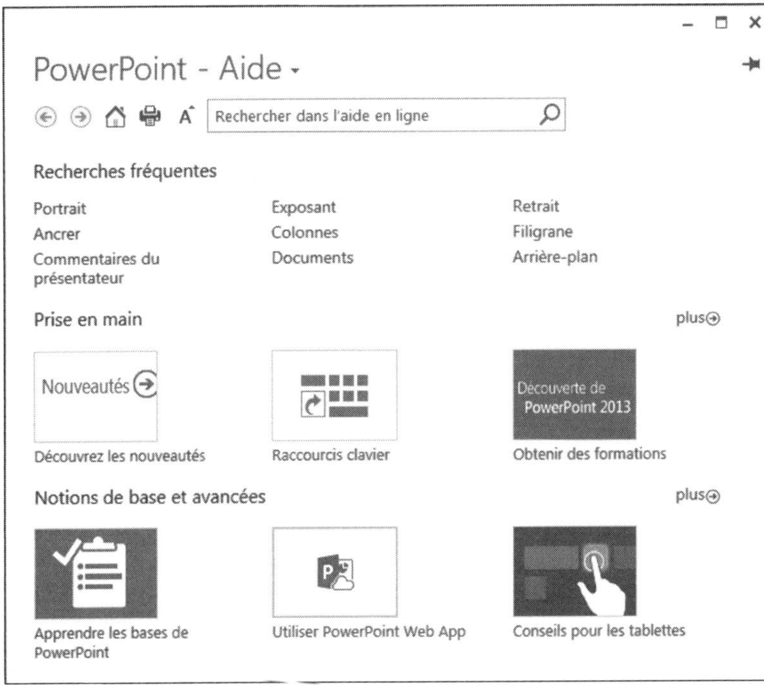

Figure 1.11 : À l'aide !

les rubriques d'aide consacrées à la création et à la gestion des colonnes dans PowerPoint.

- **Rechercher dans l'aide en ligne :** Si vous avez besoin d'une aide spécifique, tapez l'objet de votre recherche dans le champ Rechercher dans l'aide en ligne, puis cliquez sur l'icône de la loupe. Des sujets se rapportant aux termes saisis apparaissent dans la boîte de dialogue.

- **Icône Épingler :** Cliquez sur cette icône située dans le coin supérieur droit pour que la fenêtre d'aide soit toujours visible. Cliquez de nouveau sur cette icône pour masquer cette boîte de dialogue lorsque vous n'en avez pas besoin.

- **Bouton Précédent :** Cliquez sur ce bouton pour consulter la précédente page d'aide que vous avez affichée.

- **Bouton Accueil :** Permet de revenir à la page d'accueil de la boîte de dialogue Aide.

Quitter PowerPoint

Vous avez eu votre dose d'émotions pour la journée ? Alors, quittez PowerPoint par l'une des techniques suivantes :

- Cliquez sur le bouton de fermeture (X) situé dans le coin supérieur droit de PowerPoint.
- Appuyez sur Alt + F4.

Et voilà ! PowerPoint, y a plus !

Voici quelques points à connaître concernant la fermeture de PowerPoint (ou de toute autre application) :

- PowerPoint ne permet pas d'abandonner le navire sans proposer l'enregistrement de tout travail en cours. Si vous avez effectué des modifications non enregistrées, il vous donne une dernière chance de le faire avant de disparaître de l'écran.

- N'éteignez jamais, jamais, jamais, mais alors *jamais* votre ordinateur tant qu'une application (PowerPoint ou une autre) est ouverte. Quittez PowerPoint et tous les autres programmes avant de procéder à l'arrêt de votre machine.

Chapitre 2

Éditer des diapositives

Dans ce chapitre :

- Parcourir une présentation.
- Utiliser des objets et modifier du texte.
- Annuler une erreur et supprimer des diapositives.
- Chercher et remplacer du texte.
- Réorganiser des diapositives.

Ne lisez pas ce chapitre si vous êtes comme Mary Poppins, c'est-à-dire parfait en toutes choses. Les gens parfaits ne commettent jamais d'erreurs, ni dans la vie ni dans PowerPoint. Ils n'ont pas besoin d'appuyer sur la touche Retour arrière pour corriger une erreur, ou d'ajouter une ligne parce qu'ils ont oublié un point important, ou de réorganiser leurs diapositives.

Mais si vous êtes comme le commun des mortels, vous ne serez jamais à l'abri d'erreurs ou d'omissions. Ce chapitre montre comment corriger ces imperfections.

En jargon informatique, l'intervention sur du texte, des images ou tout autre élément est appelé « édition ». Le terme n'est pas très heureux et la tâche pas toujours plaisante, mais c'est ainsi.

Ce chapitre est consacré à la modification, oups... l'édition des objets textuels. La majorité des techniques décrites ici s'appliquent à d'autres objets comme des cliparts ou des formes dessinées. Pour plus d'informations sur l'édition d'autres objets, consultez la troisième partie de cet ouvrage.

Parcourir les diapositives d'une présentation

Le moyen le plus rapide pour passer d'une diapositive à l'autre consiste à appuyer sur les touches Page Haut ou Page Bas :

- **Page Haut :** Déplace vers la diapositive précédente de votre présentation.
- **Page Bas :** Déplace vers la diapositive suivante.

Vous pouvez aussi opérer pareils déplacements en cliquant sur les doubles flèches situées en bas de la barre de défilement de la diapositive :

- **Flèches doubles :** Situées aux extrémités de la barre de défilement, elles font avancer ou reculer d'une diapositive à la fois.
- **Flèches simples :** Font défiler les diapositives en continu, en avant ou en arrière. Notez que si le zoom est défini pour n'afficher qu'une seule diapositive à la fois, cliquer sur ces flèches fait avancer ou reculer d'une diapositive.
- **Curseur de défilement :** Appelé aussi « ascenseur », cet élément fait défiler les diapositives en cliquant dessus et en le tirant vers le bas ou vers le haut. Au cours de cette opération, une infobulle mentionne la diapositive qui sera affichée si vous relâchez le bouton à ce moment.

Utiliser des objets

Au début, l'Utilisateur créa une Diapositive. Et la Diapositive resta sans forme et vide, sans contenu. Et l'Utilisateur dit : « Place ici un Objet Textuel. » Et l'Objet Textuel fut placé ici. Puis il y eut une nuit puis le premier matin. Et l'Utilisateur dit : « Place là une Image. » Et il y eut une Image placée là. Et il y eut de nouveau une nuit et un matin, le deuxième jour. Et cela continua pendant quarante jours et quarante nuits, jusqu'à ce qu'il y eut quarante Objets sur l'Unique Diapositive, chacun de sa propre Nature. Et tout l'auditoire, ce ramassis d'irrécupérables mécréants, s'en prit à l'Utilisateur, car cette foutue diapositive était bourrée comme un œuf – et l'Utilisateur et le Présentateur bourrés comme un coing – et que personne n'y comprenait plus rien.

Tout cela pour vous dire qu'il ne faut jamais surcharger les diapositives d'une présentation.

La plupart des objets de votre diaporama seront du texte. Reportez-vous au Chapitre 7 pour en savoir plus sur les objets textuels.

Chaque diapositive dispose d'un ou plusieurs *espaces réservés*. Il s'agit de zones réservées pour le texte, les cliparts, un graphique et bien d'autres types d'objets. Par exemple, si vous choisissez la mise en page Titre, PowerPoint crée une nouvelle diapositive composée de deux espaces réservés : un pour le titre et l'autre pour le sous-titre. Vous pouvez ajouter d'autres objets à la diapositive ou bien en supprimer, les déplacer ou encore les redimensionner. Reportez-vous au Chapitre 1 pour en savoir plus sur la création d'une diapositive.

Vous pouvez ajouter des objets à votre diapositive, comme des cliparts, des graphiques, des formes et autres éléments, à l'aide des commandes de la barre d'outils Dessin. Pour plus d'informations sur les objets supplémentaires, lisez les Chapitres 11 à 16.

Chaque objet occupe une zone rectangulaire que le contenu de l'objet peut ou non remplir en totalité. Mais vous le verrez toujours lorsqu'il est sélectionné (voir la prochaine section « Sélectionner des objets »,).

Les objets peuvent se chevaucher, au risque de créer des effets étranges. Mais parfois ce chevauchement est voulu, pour placer du texte sur une image, par exemple.

Sélectionner des objets

Avant de modifier le contenu d'une diapositive, vous devez sélectionner l'objet sur lequel vous désirez intervenir. Par exemple, vous ne pouvez pas saisir directement du texte à l'écran. Il faut préalablement sélectionner l'objet texte (ou textuel, à votre convenance) qui contient le texte à modifier. En général, vous devez sélectionner tout objet en vue de le modifier.

Voici quelques points à garder à l'esprit quand vous sélectionnez des objets :

- **Objets textuels :** Pour sélectionner un objet textuel afin de le modifier, placez le pointeur de la souris dessus et cliquez sur le bouton gauche. Un cadre rectangulaire apparaît autour de l'objet, et l'arrière-plan situé derrière le texte se transforme en couleur unie pour faciliter la lecture du texte. Un point d'insertion clignote dans la zone de saisie, indiquant l'emplacement où apparaîtra le texte.

- **Objets non textuels :** Les autres types d'objets fonctionnent un peu différemment. Cliquez sur un objet pour le sélectionner. Un cadre de sélection rectangulaire entoure l'objet. Vous pouvez alors le déplacer ou le redimensionner, mais certainement pas le modifier. Pour modifier un objet non textuel, double-cliquez dessus. Le sélectionner n'est pas nécessaire. Pointez dessus avec la souris et double-cliquez.

- **Touche Ctrl :** Vous pouvez sélectionner plusieurs objets en cliquant sur le premier puis, touche Ctrl enfoncée, en cliquant sur les autres objets à sélectionner.

- **Cliquer-déplacer :** Une autre manière de sélectionner un objet – ou plusieurs – consiste à utiliser le pointeur pour dessiner un cadre virtuel autour de l'objet à sélectionner. Pointez en haut à gauche de l'objet ou du groupe d'objets à sélectionner. Cliquez et, sans relâcher le bouton de la souris, faites glisser le pointeur dans le coin inférieur droit opposé. Lorsque vous relâchez le bouton de la souris, tous les objets se trouvant dans le rectangle sont sélectionnés.

- **Touche Tab :** Appuyez sur Tab pour sélectionner le premier objet de la diapositive. Appuyez de nouveau sur Tab pour sélectionner l'objet suivant. Vous aurez compris qu'il faut appuyer sur la touche jusqu'à ce que l'objet à modifier soit sélectionné.

TRUC

Appuyer sur la touche Tab est commode lorsqu'il est impossible de pointer précisément sur un objet. Ce problème survient quand des objets sont empilés et donc difficilement accessibles.

Redimensionner ou déplacer un objet

Quand vous sélectionnez un objet, un cadre de sélection (que l'on appelle *zone* ou *marque de sélection*) l'encadre (voir Figure 2.1). Il propose des *poignées* à chaque coin et au milieu de chaque bord. Il suffit de positionner le pointeur de la souris sur un des bords – mais entre deux poignées – pour déplacer l'objet.

Les objets graphiques sont dotés d'une poignée verte appelée *poignée de rotation*. Elle permet de faire pivoter librement l'objet en maintenant le bouton droit de la souris enfoncé dessus tout en

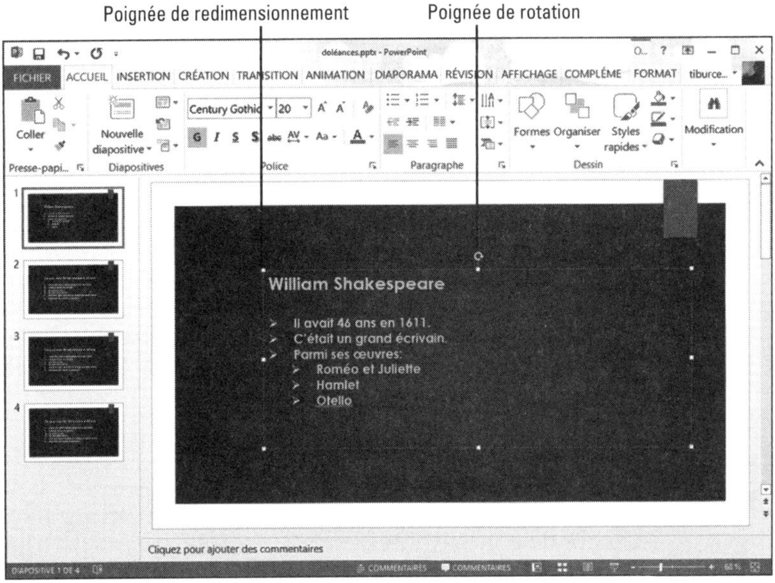

Figure 2.1 : Un objet, comme ici une zone de texte, peut être redimensionné à l'aide des poignées.

faisant glisser le pointeur vers la gauche ou la droite afin d'effectuer une rotation antihoraire ou horaire.

ATTENTION !

Dans le jargon informatique, *antihoraire* signifie dans le sens inverse des aiguilles d'une montre, tandis qu'horaire indique dans le sens des aiguilles d'une montre.

Pour modifier la taille d'un objet, sélectionnez-le. Cliquez ensuite sur une poignée et, bouton de la souris enfoncé, faites glisser le pointeur dans le sens voulu du redimensionnement. Relâchez le bouton de la souris : c'est fait !

Les diverses poignées d'un objet permettent d'agir différemment sur son redimensionnement :

- Les poignées situées dans les angles permettent de modifier la hauteur et la largeur de l'objet.
- Les poignées situées sur les bords supérieur et inférieur modifient la hauteur.
- Les poignées situées sur les bords latéraux n'agissent que sur la largeur.

Quand la touche Ctrl reste enfoncée pendant que vous faites glisser une poignée, l'objet reste centré à sa position. Maintenez la touche

Maj enfoncée pendant que vous agissez sur des poignées d'angle, et les proportions de l'objet sont préservées. Vous évitez ainsi toute déformation inesthétique.

Modifier la taille d'un objet textuel ne modifie pas le texte de l'objet ; seul le cadre contenant le texte change de taille. Cela équivaut à modifier les marges dans un document Word. Les lignes de texte sont plus ou moins rapprochées, mais la taille du texte reste la même. Reportez-vous au Chapitre 7 pour savoir comment la modifier.

Pour déplacer un objet, cliquez n'importe où sur une bordure du cadre de sélection, mais surtout pas sur une poignée. Faites glisser l'objet jusqu'à l'endroit désiré, puis relâchez le bouton de la souris.

TRUC

Le cadre de sélection peut être difficile à distinguer sur un arrière-plan un peu trop chargé. Si vous sélectionnez un objet et que vous ne voyez pas bien son cadre de sélection, cliquez sur l'onglet Affichage, dans le Ruban, puis choisissez l'une des options Couleurs/Nuances de gris suivantes :

- **Couleur :** Affiche toutes les couleurs des diapositives.
- **Niveau de gris :** Affiche les couleurs en nuances de gris (l'équivalent du noir et blanc en photographie).
- **Noir et blanc :** Affiche les diapositives uniquement en noir et uniquement en blanc.

Les modes Niveau de gris et Noir et blanc permettent de mieux voir les poignées. Revenez ensuite à l'affichage Couleur.

Éditer un objet texte

Quand un objet texte est sélectionné, PowerPoint se transforme en petit traitement de texte : le texte revient automatiquement à la ligne. Vous n'appuyez sur la touche Entrée que pour créer un nouveau paragraphe.

Le texte d'une présentation PowerPoint est généralement précédé d'une puce au début de chaque paragraphe. Sa forme par défaut dépend du thème appliqué à la diapositive ; mais rien ne vous empêche d'en changer pour une autre de quasiment n'importe quelle forme. Une puce fait partie intégrante de la mise en forme d'un paragraphe. Il ne s'agit pas d'un caractère que vous devez saisir. Elle apparaît dès que vous appuyez sur la touche Entrée.

Presque tous les logiciels de traitement de texte permettent de choisir entre le *mode insertion* et le *mode refrappe*. Avec le mode insertion, chaque caractère que vous saisissez s'insère à l'endroit du point d'insertion, repoussant éventuellement vers la droite des caractères existants. En mode refrappe, chaque caractère saisi remplace les caractères existants à la position du point d'insertion. PowerPoint travaille toujours en mode insertion. Le texte que vous saisissez apparaît donc au point d'insertion. Appuyer sur la touche Insert n'aura aucun effet ici.

Vous pouvez vous déplacer dans un objet textuel à l'aide des touches fléchées du pavé directionnel. Vous pouvez aussi utiliser les touches Fin et Début pour rejeter le curseur en fin de ligne ou en début de ligne. Les flèches peuvent s'utiliser conjointement avec la touche Ctrl. Par exemple, Ctrl + Flèche droite et Ctrl + Flèche gauche permettent de placer respectivement le point d'insertion devant ou derrière le mot.

Pour supprimer du texte, appuyez sur la touche Suppr ou Retour arrière. Appuyez sur Ctrl + Suppr pour effacer la totalité d'un mot, en appuyant d'abord sur Ctrl + Flèche gauche ou Ctrl + Flèche droite afin de déplacer le point d'insertion au début du mot à supprimer. Appuyez ensuite sur Ctrl + Suppr.

Sélectionner du texte

Certaines opérations exigent une sélection préalable du texte. Voici les techniques à votre disposition :

- **Avec le clavier**, maintenez la touche Maj enfoncée et appuyez sur les touches du pavé directionnel correspondant à la direction dans laquelle se trouve le texte à sélectionner.
- **Avec la souris**, pointez au début du texte à sélectionner, puis cliquez et faites glisser le pointeur sur le texte concerné. Relâchez le bouton quand vous avez atteint le dernier mot à marquer.

PowerPoint est doté d'une option de sélection automatique d'un mot entier. Si vous utilisez la souris pour marquer un bloc de texte, vous observerez que le texte sélectionné inclut toujours les mots en entier, même si vous tentez de vous arrêter à l'intérieur d'un mot. Si cette fonction vous gêne, désactivez-la en cliquant sur l'onglet Fichier, puis sur Options. Cliquez sur Options avancées et décochez la case Lors d'une sélection, sélectionner automatiquement le mot entier.

Voici quelques conseils pour sélectionner du texte :

- **Un seul mot :** Pour sélectionner un seul mot, double-cliquez dessus.
- **Un paragraphe entier :** Pour sélectionner tout un paragraphe, triple-cliquez dedans.

Après avoir sélectionné du texte, modifiez-le par l'une de ces techniques :

- **Supprimer du texte :** Pour supprimer la totalité d'un bloc de texte sélectionné, appuyez sur Suppr ou Retour arrière.
- **Remplacer du texte :** Pour remplacer un bloc de texte sélectionné, saisissez le nouveau texte. Le bloc disparaît et votre nouvelle prose le remplace dès que vous appuyez sur une lettre.
- **Couper, Copier et Coller :** Vous pouvez utiliser les commandes Couper, Copier et Coller du groupe Presse-papiers. Elles sont détaillées dans la section qui suit.

Couper, Copier et Coller

Comme tout programme Windows qui se respecte, PowerPoint est doté des commandes standard Couper, Copier et Coller. Elles s'appliquent au texte ou à l'objet sélectionné (tiens c'est bizarre, CCC sont les initiales de Chaos Computer Club, un célèbre groupuscule de pirates informatiques... Mais c'est sans doute un hasard...).

Couper, Copier et Coller fonctionnent dans un lieu de Windows assez mystérieux : le *Presse-papiers*. Il s'agit d'un espace de stockage temporaire où Windows entrepose tout ce que vous copiez ou coupez afin de pouvoir le coller dans une présentation ou toute autre application.

Les raccourcis clavier traditionnels de ces commandes sont : Ctrl + X pour Couper, Ctrl + C pour Copier, et Ctrl + V pour Coller. Mémorisez-les car vous pourrez les utiliser dans n'importe quel programme installé sur votre ordinateur, c'est-à-dire fonctionnant sous Windows.

Dans le Ruban, les commandes exploitant le Presse-papiers se trouvent dans le groupe du même nom, sous l'onglet Accueil. Trois des quatre boutons qui s'y trouvent servent à travailler directement avec le Presse-papiers :

Couper

Copier

Coller

Remarquez la taille plus grande du bouton Coller et sa flèche qui ouvre un menu local. En cliquant sur l'icône du Presse-papiers, l'objet qui a été coupé ou copié en dernier est collé. En revanche, si vous cliquez sur la flèche, des options supplémentaires sont proposées. Nous y reviendrons à la prochaine section, « Dupliquer un objet ».

Une fonctionnalité fort sympathique de PowerPoint 2013 permet de voir l'apparence qu'aura le contenu du Presse-papiers avant de le coller dans une diapositive. Pour voir comment elle fonctionne, commencez par couper ou copier quelque chose (l'élément est de ce fait envoyé dans le Presse-papiers). Cliquez ensuite sur le bouton fléché situé sous le bouton Coller. Une palette apparaît ; elle contient plusieurs boutons représentant chacun une manière différente de coller la sélection. Immobilisez le pointeur de la souris sur chacun de ces boutons pour voir, directement sur la diapositive en cours d'édition, comment l'élément sera collé dans la diapositive. Si l'un de ces rendus vous convient, cliquez pour coller.

Pour supprimer définitivement un objet, sélectionnez-le puis enfoncez la touche Suppr ou Retour arrière. Cette opération efface l'objet de la diapositive, mais sans le conserver dans le Presse-papiers. Il disparaît une fois pour toutes. Il est certes possible de le récupérer avec la commande Annuler, mais seulement en s'y prenant rapidement. Pour en savoir plus, reportez-vous à la section « Oups ! Ce n'est pas ce que je voulais faire... ».

TRUC

Pour placer un même objet dans chacune de vos diapositives, vous disposez d'une technique plus appropriée que le copier-coller ; à savoir le placer dans un masque de diapositives qui régit la mise en forme de toutes les diapositives d'une présentation (voir le Chapitre 10).

Dupliquer un objet

PowerPoint est doté d'une commande Dupliquer permettant de créer rapidement des copies d'un objet. Pour ce faire, sélectionnez un objet et appuyez sur Ctrl + D. Positionnez ensuite la copie où bon vous semble.

Un moyen encore plus facile de dupliquer un objet consiste à maintenir la touche Ctrl enfoncée, à cliquer sur un objet et à le faire glisser jusqu'à un autre emplacement. Dès que vous relâchez le bouton de la souris, une copie de l'objet est créée.

Le volet Presse-papiers

Le volet Presse-papiers permet de collecter jusqu'à 24 éléments textuels ou graphiques provenant de n'importe quel programme Office, et de les coller sélectivement dans vos présentations. Pour afficher le volet Presse-papiers, cliquez sur le minuscule bouton du lanceur du volet, à droite du titre du groupe Presse-papiers, sous l'onglet Accueil du Ruban. Le volet Presse-papiers apparaît (Figure 2.2). Remarquez les divers objets qu'il contient.

Pour coller dans une diapositive l'un des divers objets présents dans le volet Presse-papiers, cliquez dessus.

Oups ! Ce n'est pas ce que je voulais faire... (la merveilleuse commande Annuler)

Une erreur ? Pas de panique ! Utilisez la commande Annuler. C'est votre bouée de sauvetage, ne l'oubliez jamais.

Une erreur peut être annulée de deux manières :

- Cliquer sur le bouton Annuler de la barre Accès rapide.
- Appuyer sur Ctrl + Z.

Annuler fait revenir sur l'action que vous venez de commettre. Si vous avez déplacé un objet, la commande Annuler le repositionne à sa place d'origine. Vous comprenez le principe ?

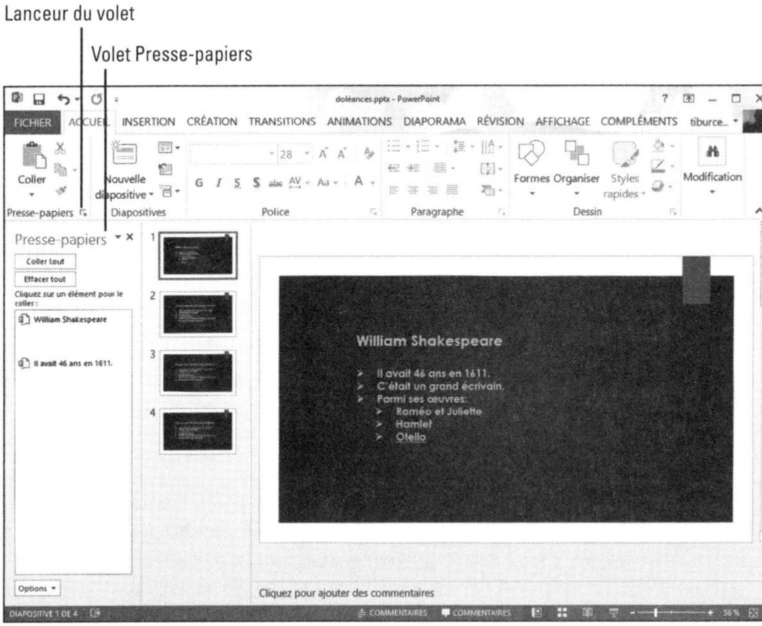

Figure 2.2 : Le volet Presse-papiers, à gauche, contient plusieurs objets.

Annuler est une commande si utile que je vous encourage à mémoriser ce raccourci clavier pour l'exécuter dès que vous en aurez besoin : Ctrl + Z. Vous pourrez l'utiliser dans n'importe quel programme fonctionnant sous Windows.

Jusqu'à vingt actions peuvent être annulées, soit en répétant la commande, soit en cliquant sur la flèche près de la commande Annuler et en choisissant dans la liste l'action à laquelle il faut remonter. Il est recommandé d'annuler une erreur aussitôt que possible. En effet, l'annulation de plusieurs étapes oblige à refaire celles qui étaient correctes, puisque PowerPoint ne dispose pas d'un historique où l'on puisse annuler une action dans une liste et laisser intactes celles qui suivent. Avec PowerPoint, vous remontez étape par étape dans l'annulation des actions. Pour cette raison, appuyez sur Ctrl + Z dès que vous commettez une erreur.

PowerPoint dispose aussi d'une fonction Refaire. C'est une annulation d'une annulation. Voici deux manières de rétablir une action :

- Cliquer sur le bouton Refaire de la barre d'outils Accès rapide.
- Appuyer sur Ctrl + Y.

Notez que si la dernière action effectuée n'était pas une annulation, le bouton Refaire est remplacé par un bouton Répéter qui exécute de nouveau la dernière commande.

Supprimer une diapositive

Vous voulez supprimer une diapositive ? Pas de problème ! Dans le volet Diapositives, faites un clic droit sur la diapo à supprimer. Dans le menu contextuel qui apparaît, exécutez la commande Supprimer la diapositive. Plus de diapo !

Une autre technique consiste à cliquer sur la miniature d'une diapositive dans le volet de gauche de PowerPoint, puis d'appuyer sur la touche Suppr ou Retour arrière.

Vous avez supprimé une diapositive par erreur ? Pas de problème ! Appuyez immédiatement sur Ctrl + Z ou cliquez sur le bouton Annuler pour la récupérer aussitôt.

Dupliquer une diapositive

PowerPoint dispose d'une fonction Dupliquer la diapositive qui permet de faire, en une seule opération, une copie conforme d'une diapositive existante. Ainsi, après avoir passé des heures à mettre une diapositive en page, vous la dupliquerez en moins de temps qu'il n'en faut pour le dire. Elle servira de base pour une autre diapositive de la présentation.

Pour dupliquer une ou plusieurs diapositives, sélectionnez-les puis cliquez sur l'onglet Accueil, dans le Ruban. Dans le groupe Diapositives, cliquez sur la flèche sous Nouvelle diapositive, et choisissez Dupliquer les diapositives sélectionnées.

Si vous êtes un adepte du raccourci clavier, il suffit de sélectionner la diapositive à dupliquer dans le volet Diapositives, à gauche de la fenêtre de PowerPoint, et d'appuyer sur Ctrl + D.

Trouver du texte

Comment savoir quelle est la diapositive affichant un texte particulier dans une présentation qui ne compte pas moins de soixante diapos ? C'est là qu'intervient la fonction Rechercher de PowerPoint.

Grâce à cette commande, vous trouverez n'importe quel texte dans n'importe quelle diapositive. Voici les quelques étapes à suivre :

1. **Déterminez le texte à trouver.**
2. **Cliquez sur le bouton Rechercher, dans le groupe Modification de l'onglet Accueil, ou appuyez sur Ctrl + F.**

   La Figure 2.3 montre la boîte de dialogue Rechercher qui apparaît.

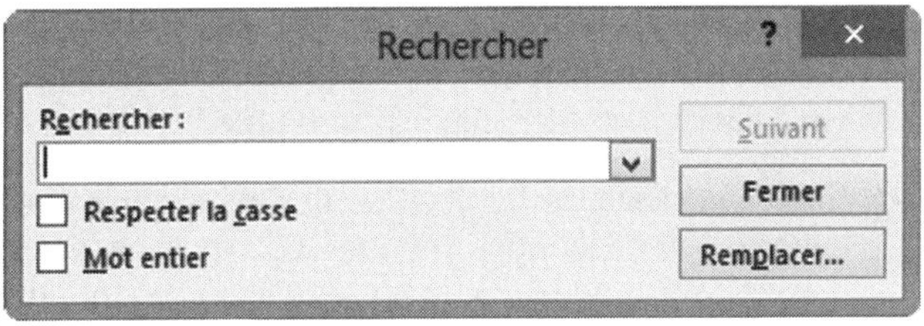

Figure 2.3 : La boîte de dialogue Rechercher.

3. **Saisissez le texte à trouver.**

   Il doit figurer dans le champ Rechercher.

4. **Appuyez sur la touche Entrée.**

   Ou cliquez sur le bouton Suivant.

Pour peu que le texte recherché se trouve quelque part dans la présentation, la commande Rechercher vous amène directement à la diapositive en question. Le texte est mis en surbrillance, c'est-à-dire qu'il est sélectionné. Vous pouvez alors le modifier ou rechercher une autre occurrence du texte dans la présentation. Si vous modifiez le texte, la boîte de dialogue Rechercher reste affichée pour vous permettre de poursuivre vos... recherches.

Gardez ces recommandations à l'esprit quand vous utilisez la commande Rechercher :

- **Pour trouver la prochaine occurrence :** Appuyez de nouveau sur Entrée ou cliquez sur le bouton Suivant, dans la boîte de dialogue.
- **Pour modifier une occurrence :** Cliquez sur l'objet textuel. La boîte de dialogue reste à l'écran. Pour reprendre la recherche, cliquez de nouveau sur le bouton Suivant.

PowerPoint

- **Lancez la recherche depuis n'importe quelle diapo :** Pas besoin d'être au début de la présentation pour lancer une recherche globale. Dès que PowerPoint atteint la fin du document, il poursuit la recherche au début jusqu'au point où vous avez sollicité la commande Rechercher.
- **Cela ne fonctionne pas à tous les coups :** PowerPoint peut afficher le message suivant :

  ```
  Désolé… Nous n'avons pas pu trouver ce que vous recherchez.
  ```

  Ce message signifie que PowerPoint rentre bredouille au bercail. Le texte saisi n'existe pas dans le diaporama. Ou alors, vous l'avez peut-être mal orthographié.
- **Gare à la casse !** Si l'utilisation des majuscules et des minuscules est un critère déterminant, cochez la case Respecter la casse avant de lancer la recherche. Cette option est fondamentale quand, par exemple, vous cherchez un texte où il est question d'un M. *Pont*, un gros *ponte* qui habite près de *Pontarlier*.
- **Utilisez l'option Mot entier :** Pour ne trouver que le texte qui apparaît sous la forme d'un mot entier. Par exemple, si vous cherchez le mot *pont* et que vous ne cochez pas cette case, PowerPoint s'arrêtera sur *Dupont*, *Pontarlier* ou encore *apponter*. Dans ce cas, saisissez *pont* dans le champ Rechercher et cochez Mot entier. PowerPoint ne s'arrêtera que sur les occurrences du terme *pont* (mais pas *ponts*).
- **Remplacez, le cas échéant :** Si vous trouvez le texte recherché et souhaitez le remplacer par d'autres termes, cliquez sur le bouton Remplacer. Cette fonction est étudiée à la prochaine section.
- **Fermez la boîte de dialogue :** Cliquez sur le bouton Fermer ou appuyez sur la touche Echap.

Remplacer du texte

Supposons que vous appreniez que le nom « Dupont », dont il est abondamment question dans votre présentation, s'orthographie en réalité « du Pont ». Pour éviter un regrettable crime de lèse-narcissisme doublé d'un redoutable incident diplomatique, vous utiliserez la fonction Remplacer :

1. **Cliquez sur le bouton Remplacer – il se trouve lui aussi dans le groupe Modification de l'onglet Accueil – ou appuyez sur Ctrl + H.**

   La boîte de dialogue de la Figure 2.4 apparaît.

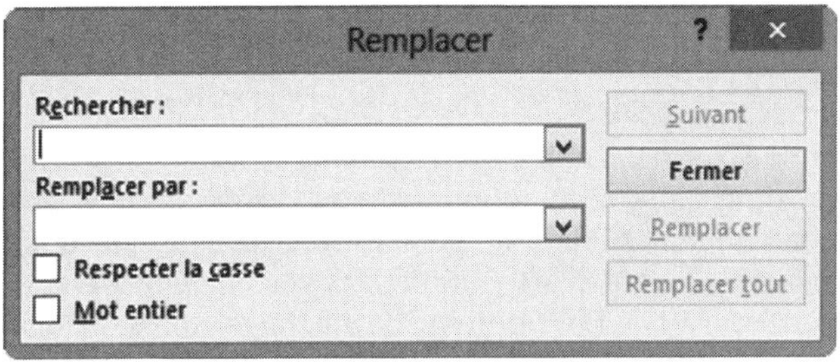

Figure 2.4 : La boîte de dialogue Remplacer.

2. **Dans le champ Chercher, saisissez le texte à trouver.**

   Ce sera dans notre exemple le mot **Dupont**.

3. **Dans le champ Remplacer par, saisissez le texte de remplacement.**

   Ce seront les mots **du Pont**.

4. **Cliquez sur le bouton Suivant.**

   PowerPoint s'arrête à la première occurrence.

5. **Cliquez sur Remplacer pour substituer le texte saisi au texte en place.**

   N'oubliez jamais de vérifier la pertinence du remplacement en cours.

6. **Cliquez de nouveau sur Suivant et remplacez toutes les occurrences appropriées.**

Si vous devez remplacer toutes les occurrences du texte dans votre présentation, cliquez directement sur Remplacer tout. Dans ce cas, n'oubliez pas de cocher la case Mot entier, sinon PowerPoint remplacera également les occurrences qui se trouvent dans un mot. Par exemple, si vous remplacez *pont* par *passerelle*, PowerPoint remplacera *Dupont* par *Dupasserelle*. C'est dire combien cette option doit être utilisée avec la plus extrême circonspection, car vous n'avez pas la possibilité de vérifier le bien-fondé des remplacements.

Si la commande Remplacer tout a semé la pagaille dans votre présentation, recourez à la commande Annuler pour tout remettre en ordre.

Réorganiser vos diapositives avec la Trieuse de diapositives

En mode Normal, l'affichage permet de modifier directement les diapositives en y ajoutant du texte ou des graphiques, *etc.* Ce mode connaît quelques limitations : vous ne bénéficiez pas d'une vue d'ensemble de votre présentation, et vous ne voyez en détail qu'une seule diapositive. Pour obtenir un affichage global de la présentation, passez en mode Trieuse de diapositives.

Ce mode peut être activé de deux manières :

- Cliquer sur le bouton Mode Trieuse de diapositives situé dans la partie inférieure droite de la barre d'état.
- Choisir l'onglet Affichage, et cliquer sur le bouton Trieuses de diapositives, dans le groupe Affichages des présentations.

La trieuse de diapositives apparaît (Figure 2.5).

Voici comment réorganiser, ajouter ou supprimer des diapositives dans la trieuse :

- **Pour déplacer une diapositive** : Cliquez dessus et faites-la glisser vers un nouvel emplacement. Pointez sur la diapositive, maintenez le bouton gauche de la souris enfoncé, et faites glisser la diapositive. Relâchez le bouton de la souris quand elle se trouve correctement positionnée dans la présentation.
- **Pour supprimer une diapositive** : Cliquez dessus pour la sélectionner et appuyez sur la touche Suppr. Cette action n'est possible qu'en mode Trieuse de diapositives.
- **Pour ajouter une nouvelle diapositive** : Cliquez sur celle que la nouvelle diapo doit suivre, puis cliquez sur le bouton Nouvelle diapositive : le volet Mise en page des diapositives

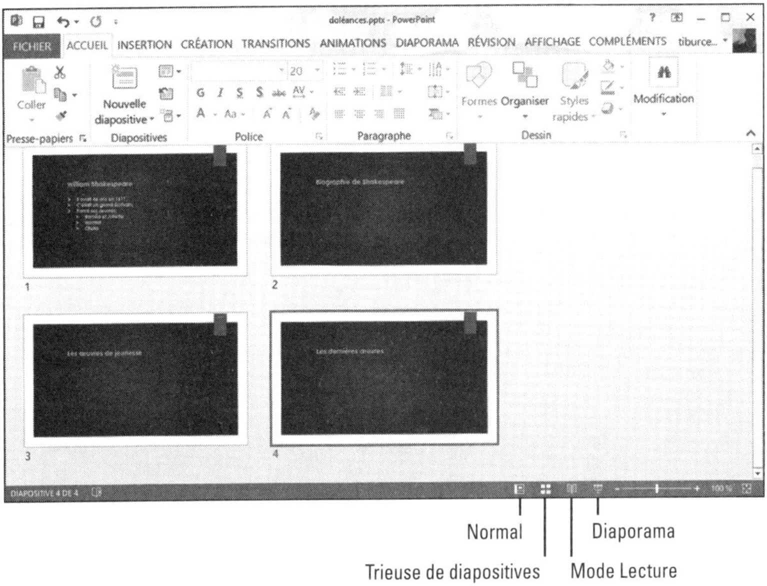

Figure 2.5 : La trieuse de diapositives montre l'ensemble des diapositives.

apparaît pour vous permettre de choisir la disposition du contenu de la nouvelle diapo. Pour modifier le contenu de cette diapositive (ou d'une autre), revenez à l'affichage Normal en cliquant sur le bouton situé dans la partie inférieure droite de la barre d'état, ou sous l'onglet Affichage du Ruban.

TRUC

Si la présentation contient plus de diapositives que ne peut en afficher l'écran, modifiez le facteur de zoom. Réduisez le pourcentage. Vous verrez davantage de diapositives, mais plus petites.

La trieuse de diapositives ne paraît pas très attrayante ni très enthousiasmante. Mais c'est pourtant ici que vous définirez les transitions et les effets, ou que vous placerez des animations sympathiques dans vos diapositives. Tout cela est décrit au Chapitre 9.

Chapitre 3

Organiser une présentation en mode Plan

Dans ce chapitre :

- Comprendre le mode Plan.
- Se focaliser sur le fond, pas sur la forme.
- Promouvoir et abaisser.
- Ajouter une diapositive dans l'onglet Plan.
- Réduire et développer le plan.

La plupart des présentations sont faites de diapositives qui répertorient des éléments à l'aide de listes à puces. Elles contiennent aussi quelques représentations graphiques, notamment des cliparts destinés à détendre l'atmosphère d'une présentation autrement fort austère. On est loin du cinéma burlesque, mais c'est sans doute le meilleur moyen de bien faire passer un message.

C'est pourquoi les présentations s'accommodent très bien du mode Plan. Elles semblent souvent limpides dans le discours préliminaire et s'avèrent pesantes dans PowerPoint. Le volet Plan qui apparaît juste à gauche de la zone d'affichage de la diapositive permet de se concentrer sur les points principaux et secondaires. Autrement dit, vous vous focalisez sur le contenu sans vous soucier de l'apparence.

Accéder au mode Plan

En mode Normal, le volet gauche affiche des vignettes de vos diapositives dans l'ordre chronologique de leur apparition dans le diaporama. Pour basculer en mode Plan, cliquez sur l'onglet Affichage. Dans le groupe Affichages des présentations, cliquez sur Mode Plan. La Figure 3.1 montre l'organisation des diapositives alors obtenue. (Notez que si une diapositive est dépourvue de titre, elle apparaîtra néanmoins dans le plan, mais avec bien sûr un niveau supérieur vide.)

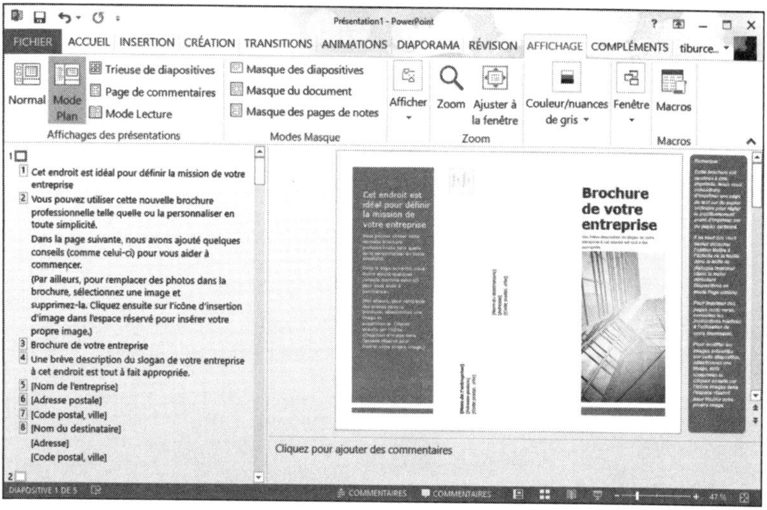

Figure 3.1 : L'affichage du plan d'une présentation.

TRUC

Le volet du plan peut être élargi en tirant sa bordure vers la droite.

Les points suivants attirent votre attention sur quelques éléments importants du plan :

- **Le plan est constitué à partir des titres et du texte courant de chaque diapositive.** Tous les autres éléments de la présentation, comme des images, des graphiques et j'en passe, ne sont pas représentés. Tout objet textuel ajouté manuellement ne sera pas affiché dans le plan.
- **Chaque diapositive est représentée par son titre placé au niveau le plus élevé.** Le texte du titre se trouve à droite de la diapositive. Le numéro de la diapositive est à gauche.

- **Chaque ligne de texte courant d'une diapositive est placée en retrait du titre.** Cette présentation révèle bien la hiérarchie des niveaux.
- **Un plan peut contenir des sous-points subordonnés aux points principaux.** PowerPoint permet de créer jusqu'à neuf niveaux de titres sur chaque diapositive. Au-delà de trois niveaux, une diapositive devient assez difficile à lire. Vous en apprendrez davantage sur les niveaux dans la section « Promouvoir et abaisser des paragraphes », plus loin dans ce chapitre.

Sélectionner et modifier une diapositive

Quand vous travaillez en mode Plan, vous devez souvent sélectionner la totalité d'une diapositive. Il suffit pour cela de cliquer sur son icône. Procéder ainsi sélectionne son titre ainsi que tout le corps du texte. De plus, tous les objets supplémentaires présents dans la diapositive, comme les graphismes, sont également sélectionnés, même s'ils n'apparaissent pas dans le plan.

Vous pouvez supprimer, couper, copier ou dupliquer toute une diapositive :

- **Supprimer :** Pour supprimer la totalité d'une diapositive, sélectionnez-la et appuyez sur Entrée.
- **Couper ou copier :** Pour couper ou copier une diapositive entière en utilisant le Presse-papiers, sélectionnez-la et appuyez sur Ctrl + X (couper), Ctrl + C (copier) ou utilisez les boutons Couper et Copier, sous l'onglet Accueil du Ruban. Placez ensuite le curseur où bon vous semble et appuyez sur Ctrl + V, ou utilisez le bouton Coller, pour coller le contenu du Presse-papiers. Ces opérations sont aussi possibles en cliquant du bouton droit et en choisissant l'option désirée dans le menu contextuel.
- **Dupliquer :** Sélectionnez la diapositive et appuyez sur Ctrl + D. Cette action place une copie de la diapositive juste après l'original. En fait, vous n'avez pas même à sélectionner la totalité de la diapositive pour la dupliquer : cliquez simplement dans son titre ou dans le corps de son texte.

Sélectionner et modifier un paragraphe

Vous pouvez sélectionner et modifier tout un paragraphe. Cliquez sur la puce du paragraphe à sélectionner ou triple-cliquez n'importe où dans le texte. Pour supprimer tout un paragraphe ainsi que ceux qui lui sont subordonnés, sélectionnez-le et appuyez sur la touche Suppr.

Pour couper ou copier tout un paragraphe vers le Presse-papiers avec ses paragraphes subordonnés, sélectionnez-le et appuyez sur Ctrl + X (Couper) ou Ctrl + C (Copier). Vous pouvez ensuite utiliser Ctrl + V pour coller le paragraphe dans n'importe quel endroit de la présentation.

Promouvoir et abaisser des paragraphes

Promouvoir un paragraphe consiste à le placer à un niveau hiérarchique supérieur dans le plan.

Abaisser un paragraphe est l'inverse : le paragraphe descend d'un niveau hiérarchique dans le plan.

Pour promouvoir un paragraphe, placez le curseur n'importe où dans le paragraphe concerné et appuyez sur Maj + Tab, ou cliquez sur Augmenter le niveau de liste, dans le groupe Paragraphe. Notez qu'il n'est pas possible de promouvoir un titre, qui occupe d'ores et déjà le niveau le plus élevé. En revanche, si vous l'abaissez, la diapositive tout entière est subsumée.

Pour abaisser un paragraphe, placez le curseur n'importe où dans son texte. Ensuite, appuyez sur la touche Tab ou cliquez sur Augmenter le niveau de liste, dans le groupe Paragraphe.

Des paragraphes peuvent être promus ou abaissés à l'aide de la souris, mais la technique est quelque peu délicate. Quand le pointeur se trouve au-dessus d'un point – ou du bouton Diapositives –, il passe d'une flèche simple à une flèche à quatre pointes ; cette métamorphose indique que vous pouvez cliquer pour sélectionner la totalité du paragraphe, ainsi que tous les paragraphes subordonnés. Vous pourrez ensuite promouvoir ou abaisser le paragraphe et ses subordonnés en le tirant vers la droite ou vers la gauche.

Sachez qu'un paragraphe rabaissé risque de déprimer sérieusement et de porter plainte pour harcèlement moral. En revanche, vous pouvez compter sur la flagornerie d'un paragraphe promu.

Ajouter un paragraphe

Pour ajouter un paragraphe à une diapositive en mode Plan, placez le curseur à la fin du paragraphe après lequel vous voulez en insérer un, et appuyez sur la touche Entrée. PowerPoint crée le nouveau paragraphe au même niveau que celui qui le précède.

Notez que si vous placez le point d'insertion à la fin d'un titre et que vous appuyez sur Entrée, PowerPoint crée une nouvelle diapositive. Vous pouvez ensuite appuyer sur la touche Tab pour transformer la nouvelle diapositive en paragraphe, dans la diapo précédente.

Si vous placez le point d'insertion au début du paragraphe et appuyez sur la touche Entrée, le nouveau paragraphe est inséré au-dessus du point d'insertion. Si vous placez le point d'insertion au centre du paragraphe et appuyez sur Entrée, le paragraphe est scindé en deux parties.

Après avoir ajouté un nouveau paragraphe, vous pouvez en modifier le niveau directement dans le plan. Pour cela, haussez ou abaissez le nouveau paragraphe. Pour créer un sous-point dans un point principal, placez le curseur à la fin du point principal et appuyez sur la touche Entrée. Ensuite, abaissez le nouveau paragraphe en appuyant sur la touche Tab.

Ajouter une diapositive

En mode Plan, une nouvelle diapositive peut être ajoutée de plusieurs manières :

- **Hausser un texte existant :** Placez-le au niveau le plus élevé. Cette technique scinde une diapositive en deux.
- **Hausser un nouveau texte :** Ajoutez un nouveau paragraphe et haussez-le au niveau le plus élevé.
- **Appuyer sur Entrée :** Placez le pointeur dans le titre d'une diapositive et appuyez sur Entrée. Cette méthode crée une nouvelle diapositive avant la diapositive en cours. En fonction

de la position du curseur dans le titre, le texte reste sur la diapositive en cours, apparaît sur la nouvelle diapositive ou est réparti sur les deux diapos.

- **Appuyer sur Ctrl + Entrée :** Placez le point d'insertion dans le texte courant de la diapositive, et appuyez sur Ctrl + Entrée. Cette méthode crée une nouvelle diapositive après la diapo en cours. La position du curseur dans la diapositive existante importe peu ; la nouvelle diapo est toujours créée après celle en cours. Le point d'insertion doit être dans le texte courant pour que cette méthode fonctionne. Si vous placez le point d'insertion dans le titre de la diapositive et appuyez sur Ctrl + Entrée, le curseur passe au texte courant sans créer de nouvelle diapo.
- **Insérer une nouvelle diapositive :** Placez le point d'insertion n'importe où dans la diapositive et appuyez sur Ctrl + M, ou cliquez sur le bouton Nouvelle diapositive, dans le groupe Diapositives de l'onglet Accueil, dans le Ruban.
- **Dupliquer une diapositive :** Sélectionnez une diapositive en cliquant sur son icône dans le mode Plan ou en triple-cliquant sur son titre, et appuyez ensuite sur Ctrl + D.

TRUC

Puisque le plan se focalise sur le contenu plutôt que sur la mise en page, les nouvelles diapositives héritent de la mise en forme Liste à puces. Elle comporte un titre et du texte mis en forme avec des puces.

Déplacer du texte verticalement

Le plan sert à réorganiser une présentation. Vous pouvez facilement modifier l'ordre de chacun des points d'une diapositive, ou réorganiser les diapositives.

Pour déplacer le texte de haut en bas, cliquez du bouton droit dans le paragraphe à déplacer puis, dans le menu contextuel, choisissez Monter ou Descendre. Vous pouvez également placer le pointeur de la souris sur le numéro du paragraphe (ou la puce). Quand il prend la forme d'une flèche à quatre têtes, cliquez et faites glisser la souris vers le haut ou le bas. Une ligne horizontale montre la position exacte de la sélection. Lorsque cette dernière se trouve au bon endroit, relâchez le bouton droit de la souris afin de placer le texte.

Faites attention lorsque vous effectuez un déplacement dans une diapositive à plusieurs niveaux de texte. Observez bien la position de la ligne horizontale lors du glissement de la sélection ; toute la sélection est insérée à cet endroit, ce qui peut entraîner une rupture des points de niveau inférieur. Si le résultat ne vous satisfait pas, appuyez immédiatement sur Ctrl + Z ou cliquez sur le bouton Annuler.

Développer et réduire le plan

Si votre présentation contient de nombreuses diapositives, la structure de la présentation devient difficile à appréhender, même en mode Plan. Heureusement, PowerPoint permet de *réduire* le plan pour n'afficher que les titres. La réduction d'un plan ne supprime pas le texte courant, mais se contente de le masquer pour que vous puissiez focaliser votre attention sur l'ordre des diapositives.

Développer une présentation restaure le texte courant préalablement masqué par une réduction du plan. Vous pouvez réduire et développer une présentation complète ou simplement quelques diapositives.

Pour réduire la totalité d'une présentation, cliquez du bouton droit n'importe où dans le plan, puis choisissez Réduire/Réduire tout, ou utilisez le raccourci Alt + Maj + I. Pour développer la présentation, cliquez du bouton droit et choisissez Développer/Développer tout, ou utilisez le raccourci Alt + Maj + 9.

Pour réduire une seule diapositive, cliquez du bouton droit n'importe où dans le plan, puis choisissez Réduire/Réduire tout. Vous pouvez également passer par le menu contextuel de la diapositive et choisir Réduire. Pour développer une diapositive réduite, cliquez dedans du bouton droit et choisissez Développer/Développer tout.

Chapitre 4

Vérifier vos présentations

Dans ce chapitre :

- Vérifier l'orthographe.
- Trouver des synonymes.
- Gérer les majuscules et les minuscules.
- Utiliser la correction automatique.

N'étant pas un as de l'orthographe, me voici bien content d'utiliser les fonctions de correction orthographique des divers logiciels qui jonglent avec les mots. Le français est inflexible et ses règles grammaticales draconiennes, et j'avoue qu'aujourd'hui nous sommes moins attentifs à l'orthographe qu'hier – à supposer que nous l'ayons jamais été –, puisque nous savons que les traitements de texte gardent un œil vigilant sur notre travail et signalent les erreurs.

Heureusement, PowerPoint 2013 dispose d'un vérificateur orthographique très correct. En bon professeur, PowerPoint regarde sans cesse par-dessus votre épaule pour anticiper vos potentielles erreurs de frappe.

Correction en temps réel

Les fautes de frappe ou d'orthographe ne sont pas du meilleur effet, surtout projetées sur un écran géant. Rien n'est plus embarrassant qu'une erreur affichée en caractères de 30 centimètres de haut. De plus, il est bien connu que l'on repère plus volontiers les erreurs d'autrui que les siennes. Fort heureusement, PowerPoint est équipé d'un correcteur orthographique en temps réel.

Le correcteur de PowerPoint n'attend pas que vous ayez terminé un document pour entrer en action. Il surveille tous vos faits et gestes orthographiques. Dès qu'il détecte une faute, il la souligne afin d'attirer votre attention, comme l'illustre la Figure 4.1.

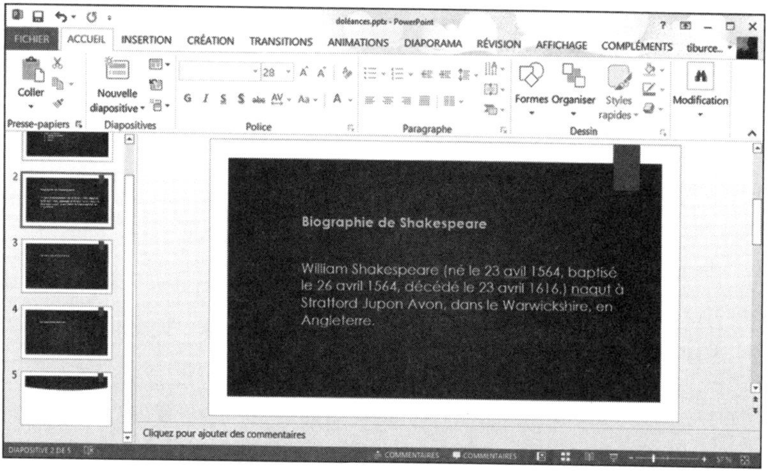

Figure 4.1 : PowerPoint repère les fautes d'orthographe.

Sur la Figure 4.1, les mots *avil* et *naqut* sont soulignés attirant ainsi votre attention sur un problème orthographique potentiel. Dès lors, trois options sont envisageables :

- **Corriger :** Retapez le mot directement dans la zone de texte.
- **Solliciter l'aide de PowerPoint :** Cliquez sur le mot avec le bouton droit de la souris. Dans le menu contextuel qui apparaît, sélectionnez la proposition la plus appropriée au mot à corriger. Si aucune ne correspond, corrigez-le manuellement.
- **Ignorer la faute de frappe :** Parfois les erreurs sont volontaires pour diverses raisons (nom propre, jeu de mots...). Par exemple, le vocabulaire des *Aventures potagères du Concombre masqué* (« le grand patatoseur », « l'intempestivité à bringuebaduler »...), de même que le nom de leur auteur, Mandryka, sont la hantise des correcteurs orthographiques.

TRUC

Un correcteur orthographique repère les mots qui n'existent pas dans son dictionnaire, mais ne peut pas détecter des erreurs sur leur sens. Par exemple, si à la troisième ligne le mot *linge* est remplacé par *ligne* (permutation de caractères), voire par *singe* ou *lange,* le correcteur n'y verra que du feu.

Une correction après coup

L'orthographe peut être vérifiée une fois votre document achevé, en lançant la correction *a posteriori*. La recherche s'effectue sur la totalité du texte et un panneau s'affiche dans la partie droite de l'interface. Vous pouvez choisir entre plusieurs propositions de remplacement ou saisir directement le mot correct.

Les étapes suivantes montrent comment vérifier l'orthographe de toute une présentation :

1. **Ouvrez la présentation à vérifier, si ce n'est déjà fait.**

2. **Cliquez sur l'onglet Révision puis, dans le groupe Vérification, cliquez sur le bouton Orthographe.**

3. **Tournez-vous les pouces en regardant les mouches au plafond.**

   PowerPoint cherche les erreurs. Soyez patient !

4. **Ne vous formalisez pas si PowerPoint trouve une faute d'orthographe.**

   Dès qu'une erreur est découverte, PowerPoint la signale en ouvrant un panneau Orthographe dans la partie droite de son interface. Le mot inconnu de PowerPoint s'affiche en gras, et une liste propose quelques suggestions de remplacement, comme le montre la Figure 4.2.

5. **Choisissez de corriger l'erreur, puis cliquez sur le bouton Modifier. Ou alors, si ce n'est pas une erreur, snobez le correcteur orthographique en cliquant sur Ignorer.**

   Si vous admettez que le mot est mal orthographié, recherchez dans la liste des propositions le mot qui convient, cliquez dessus puis cliquez sur Remplacer.

   Si le mot est correct mais inconnu de PowerPoint et que vous ne souhaitez pas l'entrer dans son dictionnaire, cliquez sur Ignorer.

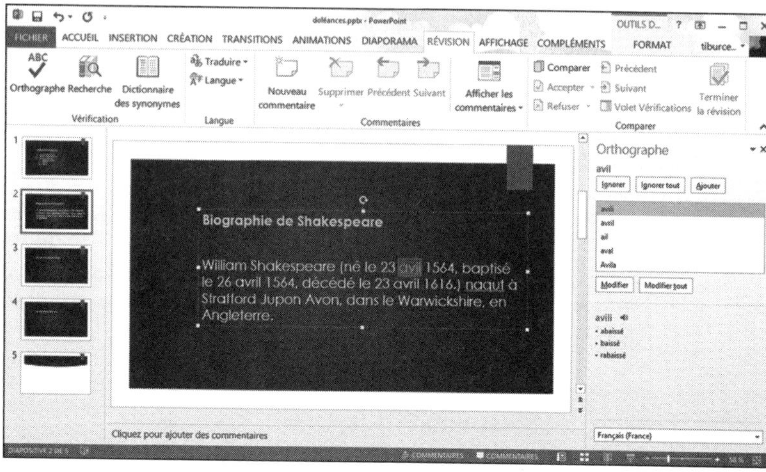

Figure 4.2 : PowerPoint vient de trouver une faute d'orthographe.

Pour que PowerPoint ignore toutes les occurrences du mot qui lui est inconnu, cliquez sur Ignorer tout. Désormais, si PowerPoint rencontre ce même terme dans la présentation, il ne s'y arrêtera plus. Cela ne vaut que pour la session de travail en cours.

6. **Répétez les étapes 4 et 5 jusqu'à ce que PowerPoint termine la vérification.**

   Un panneau contenant ce message indique la fin des opérations :

   ```
   La vérification de l'orthographe est terminée.
   ```

PowerPoint commence toujours une vérification à partir de la première diapositive. Il analyse les titres, le texte courant, les notes et les objets textuels ajoutés aux diapositives. Il ne vérifie pas les objets incorporés, comme les représentations graphiques et les schémas.

TRUC

Si PowerPoint ne propose aucune suggestion, c'est parce qu'il ne comprend pas ce que vous avez voulu écrire. PowerPoint ne connaît pas tous les mots existants. Il peut donc considérer comme une erreur un terme parfaitement orthographié, mais qui ne figure pas dans son dictionnaire. Dans ce cas, vous pouvez lui indiquer d'ignorer l'erreur ou d'ajouter le terme à son dictionnaire. Les boutons du panneau Orthographe sont assez explicites à ce sujet.

Pour ajouter un mot au dictionnaire de PowerPoint, cliquez sur Ajouter.

Le dictionnaire personnalisé

Le vérificateur orthographique de PowerPoint s'appuie sur deux dictionnaires : un dictionnaire standard et un dictionnaire personnalisé. Le premier contient des milliers de mots généralement utilisés dans le langage courant ; le second les mots ajoutés par l'utilisateur quand il clique sur le bouton Ajouter du panneau Orthographe.

Le dictionnaire personnalisé est partagé avec d'autres programmes Microsoft comme Word et Excel. Ces applications partagent toutes le même dictionnaire que PowerPoint. Par conséquent, si vous ajoutez un mot dans celui de Word, il sera aussi valable dans PowerPoint.

Que se passe-t-il si vous ajoutez un mot au dictionnaire par mégarde ? Vous avez le choix entre demander à l'Académie d'ajouter votre mot au dictionnaire de la langue française, ou alors supprimer le mot du fichier `Custom.dic`. Pour y accéder, cliquez sur l'onglet Fichier puis, sur le bouton Options. Dans la colonne de gauche, cliquez sur Vérification puis sur le bouton Dictionnaires personnels. Sélectionnez le fichier `Custom.dic` puis cliquez sur le bouton Modifier la liste de mots.

Le dictionnaire des synonymes

Un mot vous échappe ? Vous répétez trop souvent le même terme ? Utilisez le dictionnaire des synonymes :

1. **Cliquez sur un mot avec le bouton droit de la souris. Dans le menu contextuel qui apparaît, choisissez Synonymes.**

   Un menu contextuel propose des mots apparentés. Parfois, PowerPoint propose un antonyme, c'est-à-dire un mot dont le sens est le contraire de celui que vous testez.

2. **Sélectionnez le terme adéquat.**

   PowerPoint effectue la substitution.

Si vous choisissez l'option Dictionnaire des synonymes, dans le menu contextuel, ou si vous cliquez sur le bouton éponyme du groupe Vérification dans l'onglet Révision, PowerPoint ouvre le panneau illustré à la Figure 4.3. Le dictionnaire des synonymes permet d'aller plus loin dans une recherche. Par exemple, si vous cherchez l'équivalent d'un mot, PowerPoint affiche une liste de synonymes où vous faites tranquillement votre choix. Si un terme se rapproche de ce que vous cherchez, cliquez dessus. PowerPoint affiche ensuite des synonymes de ce mot apparenté.

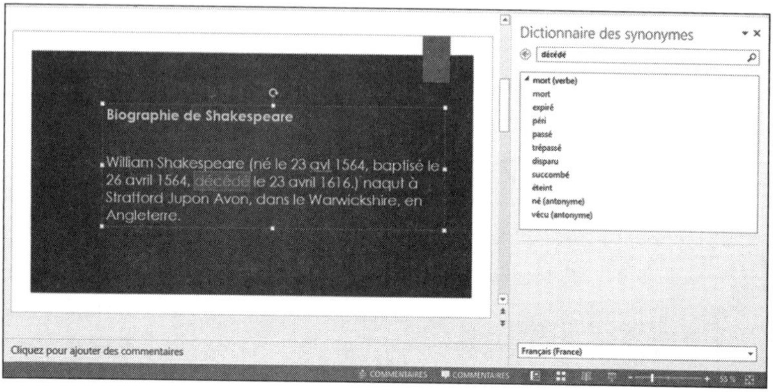

Figure 4.3 : Le dictionnaire des synonymes apparaît dans le panneau éponyme qui s'ouvre à droite de la diapositive.

Du bon usage de la casse

PowerPoint dispose d'une fonction qui permet de placer correctement les majuscules dans le texte des diapositives. Voici comment l'utiliser :

1. **Sélectionnez le texte à mettre en majuscules.**

2. **Sous l'onglet Accueil du Ruban, cliquez sur le bouton Modifier la casse, dans le groupe Polices.**

   Une liste de choix s'affiche.

3. **Étudiez les options proposées, puis cliquez sur celle qui répond à vos besoins.**

   Les options de casse sont :

   - **Majuscule en début de phrase :** La première lettre du premier mot de chaque phrase sera en majuscule.
   - **minuscules :** Tous les mots sont écrits en minuscules.
   - **MAJUSCULES :** Tous les caractères sont transcrits en majuscules.
   - **1re lettre des mots en majuscule :** La première lettre de chaque mot est capitalisée. PowerPoint est assez intel-

ligent pour laisser certains mots comme « à » et « le » en minuscules, mais je vous conseille de vérifier pour être certain qu'il n'a pas été fantaisiste dans son appréciation.

- **iNVERSER lA cASSE :** Cette option transforme les majuscules en minuscules et les minuscules en majuscules.

4. **Vérifiez le résultat.**

TRUC

Vérifiez toujours le texte après une modification de casse pour être sûr que le résultat correspond à votre attente. Vérifiez attentivement les noms propres, dont la première lettre en majuscule ne doit pas avoir été convertie en minuscule.

Les titres auront presque toujours la première lettre de leurs mots en majuscule. Le premier niveau de puce d'une diapositive peut recevoir l'option 1re lettre des mots en majuscule ou l'option Majuscule en début de phrase.

ATTENTION !

Évitez autant que possible les majuscules. Un texte en capitales est pénible à lire et visuellement agressif. EST-CE CLAIR ?

La correction automatique

PowerPoint dispose d'une fonction de correction automatique capable de vérifier l'orthographe en cours de frappe et de corriger immédiatement les erreurs. Par exemple, si vous saisissez *téh* à la place de *thé*, PowerPoint corrige immédiatement l'erreur. Et si vous oubliez de mettre en majuscule la première lettre du premier mot d'une phrase, PowerPoint se charge de le faire.

TRUC

Si PowerPoint effectue une correction inappropriée, appuyez immédiatement sur Ctrl + Z.

Quand vous amenez le point d'insertion sur le mot qui vient d'être corrigé, une petite ligne apparaît sous la première lettre. Placez-y le pointeur de la souris, un bouton s'affiche. Cliquez sur ce bouton pour afficher un menu local dans lequel vous indiquerez à PowerPoint de ne plus effectuer la correction du mot. Si PowerPoint lui substitue un autre mot que celui désiré, choisissez, dans ce même menu, Contrôler les options de correction automatique. La boîte de dialogue Correction automatique apparaît. Configurez les remplacements nécessaires à vos habitudes linguistiques.

Pour paramétrer la correction automatique, cliquez sur l'onglet Fichier puis sur le bouton Options. Dans le volet de gauche, cliquez sur Vérification. Ensuite, en haut à droite, cliquez sur le bouton Options de correction automatique. Vous accédez ainsi aux options que montre la Figure 4.4.

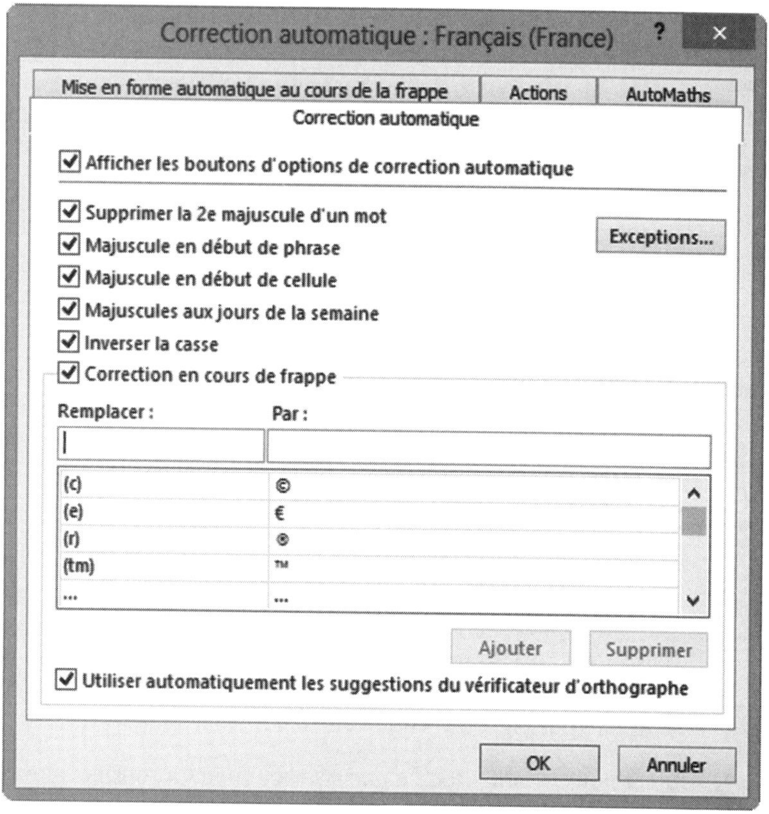

Figure 4.4 : La boîte de dialogue Correction automatique.

Comme vous le constatez, la boîte de dialogue Correction automatique contient des cases à cocher qui régissent le fonctionnement de la correction :

- **Afficher les boutons d'options de correction automatique :** Cette option affiche le bouton de correction automatique sous les mots corrigés automatiquement. Il permet d'annuler une modification ou de demander à PowerPoint de cesser tel ou tel type de correction.

- **Supprimer la 2e majuscule d'un mot :** Recherche les mots qui ont deux majuscules initiales, et transforme la seconde en minuscule. Par exemple, si vous saisissez *ENsemble*, PowerPoint corrige automatiquement en *Ensemble*. Cependant, si vous saisissez une troisième majuscule, PowerPoint suppose que c'est un acte volontaire et n'effectue aucune correction.
- **Majuscule en début de phrase :** Met automatiquement en majuscule la première lettre d'un mot commençant une phrase.
- **Majuscule en début de cellule :** Met automatiquement en majuscule la première lettre du premier mot d'une cellule d'un tableau.
- **Majuscule aux jours de la semaine :** Lundi, Mardi, Mercredi... il y en a sept comme ça.
- **Inverser la casse :** C'est une fonction très sympathique. Si PowerPoint remarque que vous capitalisez à l'envers de la normale, il suppose que vous avez appuyé accidentellement sur la touche de verrouillage des majuscules. Il déverrouille les majuscules et rétablit le bon ordre des choses.
- **Correction en cours de frappe :** Cette option est le cœur de la correction automatique. Elle consiste en une liste de mots fréquemment mal orthographiés. Si vous faites toujours la même faute au même mot, par exemple si vous écrivez systématiquement *vraiement* au lieu de *vraiment*, il suffit de saisir *vraiement* dans le champ Remplacer et *vraiment* dans le champ Par. Cliquez sur Ajouter. À partir de cet instant, PowerPoint remplacera ce mot sans que vous vous doutiez de rien. PowerPoint possède une liste de remplacements prédéfinis que vous pouvez enrichir des vôtres, et que vous pouvez également modifier.

TRUC

Ajoutez à la liste tous les mots qui vous posent problème ! Mieux : pour accélérer votre saisie de texte, définissez des abréviations. Par exemple, je trouve que le mot « c'est-à-dire » est long à écrire. J'ai donc défini « c'est-à-dire » comme remplacement de « cad ». Ainsi, dès que je tape « cad » et appuie sur la barre d'espace, PowerPoint écrit « c'est-à-dire » à ma place. J'en ai une bonne cinquantaine dans ce genre.

La fonction de correction automatique comporte plusieurs options de mise en forme qui appliquent automatiquement des changements en cours de frappe. Pour définir ces options, cliquez sur l'onglet

Mise en forme automatique au cours de la frappe. Les options sont présentées Figure 4.5. Elles contrôlent la présentation d'éléments comme les guillemets, les fractions, les ordinaux et j'en passe.

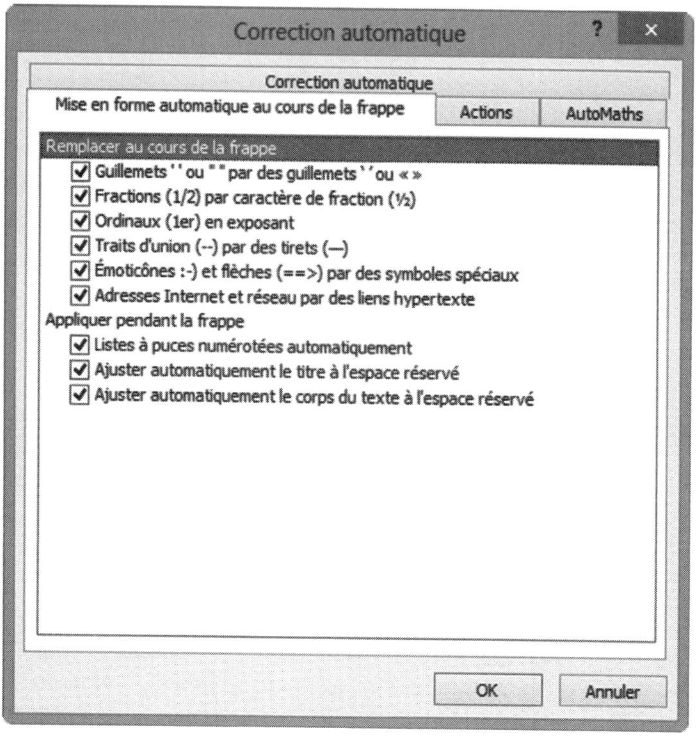

Figure 4.5 : Les options de la boîte de dialogue Mise en forme automatique au cours de la frappe.

Chapitre 5

N'oubliez pas vos notes !

Dans ce chapitre :

- Placer des commentaires dans votre présentation.
- Agrandir la page des commentaires pour mieux lire son contenu.
- Ajouter une nouvelle diapositive en mode d'affichage des commentaires.
- Imprimer les commentaires.

Une magnifique diapositive avec un beau texte, un diagramme évocateur, peut-être même des images époustouflantes se trouvent au début de votre présentation, mais vous ne savez plus pourquoi. Décontenancé, vous cherchez vos mots, ce qui augure mal de la suite de votre prestation.

PowerPoint est heureusement capable d'afficher des commentaires qui vous aident à bien préparer une présentation et à ne jamais être pris au dépourvu. Ils peuvent être mot pour mot ce que vous direz à l'auditoire, ou seulement quelques notes utilisées comme pense-bête.

TRUC

Si votre ordinateur possède deux sorties vidéo, ou un connecteur vidéo double – reportez-vous au manuel –, PowerPoint peut afficher les diapositives sur un écran que regarde le public, et n'afficher les notes que sur votre moniteur, où vous seul les verrez. Pour plus d'informations, lisez la section « Afficher des commentaires sur un autre moniteur », plus loin dans ce chapitre.

Comprendre la notion de « commentaire »

Les *commentaires* sont des notes liées à vos diapositives. Ils n'apparaissent pas pendant la diffusion du diaporama, car PowerPoint les affiche séparément. Chaque diapositive d'une présentation comporte sa propre page de notes.

En mode d'affichage Normal, les notes sont cachées en bas de l'écran dans un volet indépendant appelé Commentaires. Pour voir les notes en mode Normal, vous devez agrandir la zone de commentaires afin de disposer d'une place suffisante pour la saisie. Pour plus d'informations, consultez la section suivante « Ajouter des commentaires à une diapositive ».

PowerPoint dispose d'un affichage spécial intitulé Pages de commentaires. Pour l'activer, cliquez sur l'onglet Affichage, dans le Ruban, puis, dans le groupe Affichages des présentations, cliquez sur le bouton Page de commentaires. La Figure 5.1 montre une diapositive affichée dans ce mode. Chaque page montre une version réduite de la diapositive surmontant une zone de commentaires.

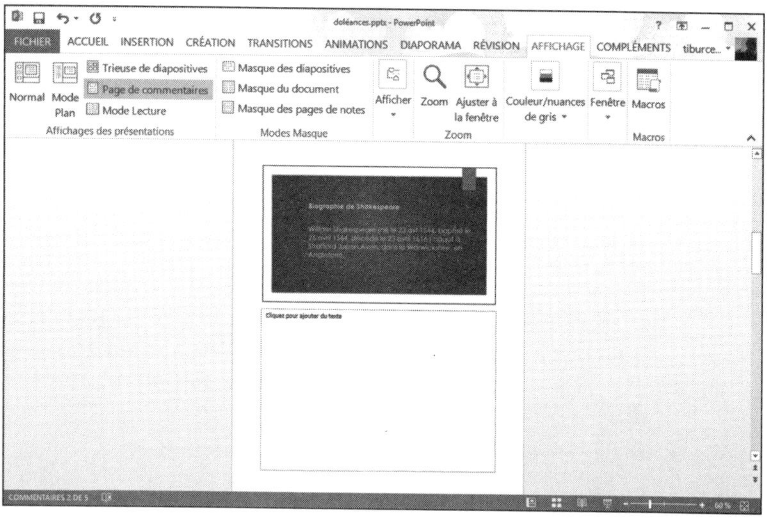

Figure 5.1 : L'affichage en mode Page de commentaires permet de voir vos notes personnelles.

Bien sûr, ces notes sont trop petites pour les exploiter en mode Page de commentaires, sauf en augmentant le facteur de zoom.

Malheureusement, aucun raccourci clavier n'est disponible pour basculer directement en mode Page de commentaires. Dans les versions précédentes de PowerPoint, il existait certes un bouton dans le coin inférieur gauche de la fenêtre, mais pour d'obscures raisons, Microsoft a jugé bon de le supprimer depuis la version 2007. Vous devez donc impérativement cliquer sur le bouton Page de commentaires, dans le Ruban.

Ajouter des commentaires à une diapositive

Pour ajouter un commentaire comme celui illustré à la Figure 5.2 :

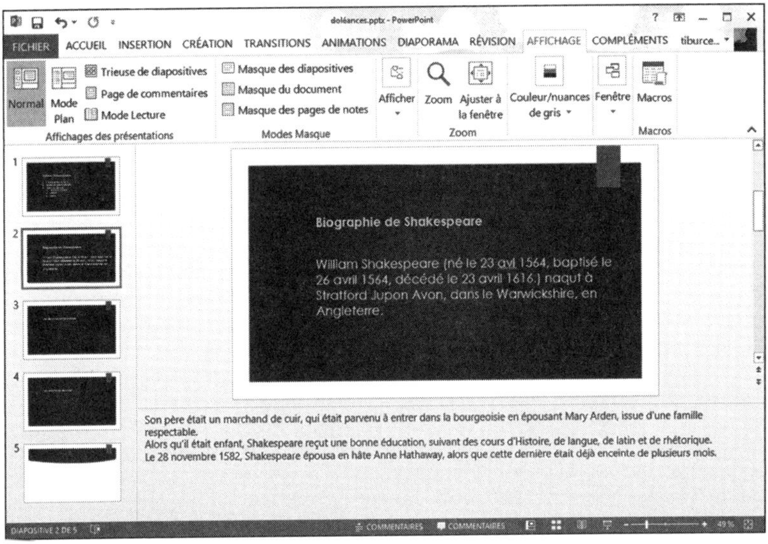

Figure 5.2 : Une diapositive et son commentaire.

1. **En mode Normal, affichez la diapositive dans laquelle vous désirez ajouter des notes.**

2. **Cliquez et faites glisser vers le haut la bordure supérieure du volet Commentaires pour mieux afficher son contenu.**

3. **Cliquez dans la zone de saisie où se trouve la phrase Cliquez pour ajouter des commentaires.**

4. **Saisissez vos notes.**

Le texte que vous saisissez apparaît dans la zone de commentaires. Lorsque vous créez des notes, vous pouvez utiliser toutes les fonctions standard du traitement de texte de PowerPoint comme Couper, Copier et Coller. Appuyez sur la touche Entrée pour créer un nouveau paragraphe.

Le bouton Commentaires situé au centre de la barre d'état permet de masquer et d'afficher les notes des diapositives.

Ajouter une autre page de commentaires à une diapositive

PowerPoint ne dispose pas d'une fonction d'ajout de pages de commentaires à une diapositive. L'astuce suivante montre cependant comment y parvenir autrement :

1. **Créez une copie de la diapositive juste après celle exigeant deux pages de commentaires.**

   Pour dupliquer la diapositive, affichez-la en mode Normal et appuyez sur Ctrl + D.

2. **Sous l'onglet Affichage, cliquez sur le bouton Page de commentaires du groupe Affichages des présentations.**

   La page de commentaires de la duplication apparaît.

3. **Supprimez la diapositive qui se trouve au-dessus de la zone de commentaires.**

   Cliquez sur la diapositive et appuyez sur la touche Suppr.

4. **Agrandissez la zone de commentaires afin qu'elle remplisse la page.**

   Cliquez sur la zone de commentaires pour la sélectionner. Tirez vers le haut la poignée centrale de la bordure supérieure de la zone.

5. **Saisissez dans cette nouvelle page les notes destinées à la diapositive précédente.**

   Ajoutez un en-tête comme « Suite de la diapositive 23 », par exemple, en haut de la page pour vous souvenir que cette partie est bien la suite des notes liées à la précédente diapositive.

6. **Repassez en mode Normal.**

   Cliquez sur le bouton Mode Normal du groupe Affichages des présentations.

7. **Cliquez sur l'onglet Diaporama et, dans le groupe Configurer, choisissez Masquer la diapositive.**

Cette commande cache la diapositive, ce qui signifie qu'elle n'est pas affichée par le diaporama, donc qu'elle ne sera pas vue par votre auditoire.

Le résultat de cette astuce est que vous disposez à présent de deux pages de commentaires pour une seule diapositive. La seconde page n'a pas d'image de diapositive et n'est pas incluse dans le diaporama.

Si vous imprimez votre présentation sur des transparents, vous devez décocher l'option Imprimer les diapositives masquées, dans la boîte de dialogue Imprimer. Elles ne seront ainsi pas imprimées. Veillez à réactiver cette option quand vous souhaiterez imprimer les notes, sinon les commentaires ajoutés par cette technique ne seront pas imprimés. Car, si vous créez des commentaires, c'est bien pour les lire !

TRUC

Réfléchissez à deux fois avant de créer une seconde page de commentaires. En effet, n'est-il pas plus judicieux de répartir le contenu de la diapositive dans deux diapositives pour clarifier votre exposé ?

Ajouter une nouvelle diapositive en mode Page de commentaires

Si vous travaillez en mode Page de commentaires et réalisez qu'il est nécessaire d'ajouter une nouvelle diapositive, inutile de retourner en mode Normal : cliquez simplement sur le bouton Nouvelle diapositive dans le groupe Diapositives, sous l'onglet Accueil, ou appuyez sur Ctrl + M.

Pour modifier le contenu ou l'apparence des diapositives, vous devez revenir en mode Normal. Aucune intervention n'est en effet possible en mode Page de commentaires.

Imprimer des pages de commentaires

Si votre ordinateur ne permet pas de projeter les diapositives sur un écran, vous utiliserez un autre moniteur ou imprimerez vos commentaires sur papier afin de les avoir sous les yeux pendant votre prestation. Voici comment procéder :

1. **Cliquez sur l'onglet Fichier puis sur la commande Imprimer.**

Le volet Imprimer affiche ses options.

2. **Dans le menu local affichant la mention Diapositives en mode Page entière, choisissez Pages de commentaires.**

3. **Vérifiez que l'option Imprimer les diapositives masquées est active dans le menu local Imprimer toutes les diapositives.**

   Cette option est en grisé si la présentation ne comporte aucune diapositive cachée.

4. **Cliquez sur OK ou appuyez sur la touche Entrée.**

Consultez le Chapitre 6 pour en savoir plus sur l'impression.

Afficher des commentaires sur un autre moniteur

Si vous disposez d'un ordinateur capable d'utiliser deux écrans, vous pourrez en utiliser un pour montrer les diapositives et l'autre pour afficher les notes (voir Figure 5.3). Le public ne verra ainsi que les diapositives qui lui sont destinées tandis que vous serez le seul à voir vos notes, pense-bêtes et antisèches.

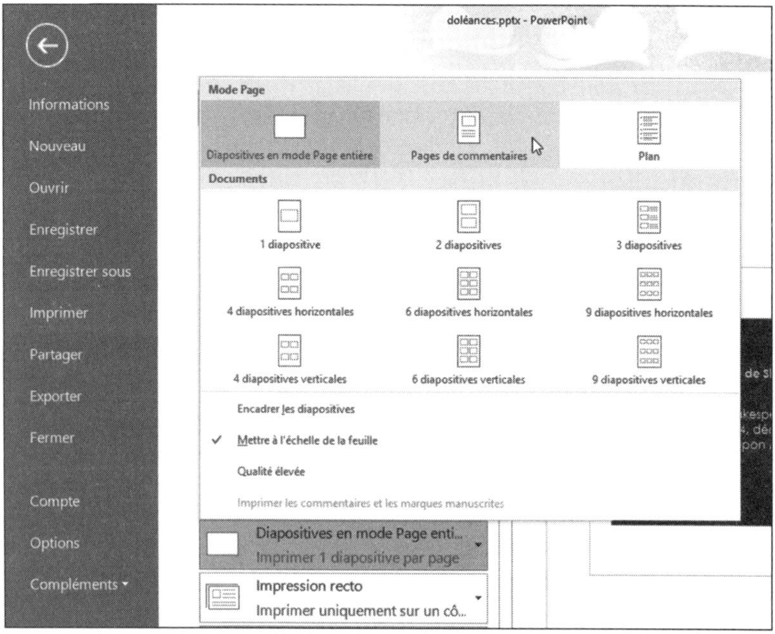

Figure 5.3 : Paramétrage d'une diffusion sur un second écran.

Procédez comme suit pour activer cette fonction :

1. **Dans le groupe Configuration de l'onglet Diaporama, cliquez sur le bouton Configurer le diaporama.**

   La boîte de dialogue Paramètres du diaporama apparaît.

2. **Ouvrez le menu local Moniteur du diaporama, et choisissez l'écran que vous réservez au public.**

3. **Cochez la case Mode Présentateur puis cliquez sur OK.**

4. **Démarrez le diaporama en appuyant sur la touche F5.**

   La présentation apparaît sur un moniteur tandis que le tableau de bord apparaît sur l'autre. Des boutons de commande sont disponibles sous la diapositive du présentateur et un zoom permet de régler la taille des commentaires afin d'en faciliter la lecture.

Chapitre 6

Que le spectacle commence !

Dans ce chapitre :

- Imprimer des diapositives.
- Imprimer des documents, des notes et un plan.
- Prévisualiser une impression.
- Présenter sur l'écran de l'ordinateur ou sur grand écran.
- Préparer le projecteur.
- Travailler avec les outils de présentation.
- Diffuser vos présentations en ligne.

Ce chapitre commence par montrer comment terminer les préparatifs en imprimant des exemplaires des diapositives, des commentaires et des documents. Il se poursuit par l'installation d'un projecteur puis par l'affichage ou la projection de votre présentation.

Imprimer rapidement

Le moyen le plus direct pour imprimer une présentation consiste à cliquer sur le bouton Impression rapide, dans la barre d'outils Accès rapide, en haut à gauche de PowerPoint. S'il ne s'y trouve pas, cliquez sur la petite flèche à droite de la barre puis, dans la liste qui apparaît, cochez l'option Impression rapide.

L'impression rapide démarre sans passer par la moindre boîte de dialogue. Vous obtenez une copie de toutes vos diapositives. En revanche, si vous avez modifié les paramètres d'impression dans le panneau Imprimer de l'onglet Fichier – décrit à la prochaine section –, cliquer sur ce bouton imprimera la présentation avec ces mêmes paramètres.

Imprimer depuis le Backstage

Le contrôle précis de l'impression s'effectue à partir du Backstage, en configurant le panneau Imprimer que montre la Figure 6.1. Vous y accédez en cliquant sur Fichier/Imprimer ou en appuyant sur les touches Ctrl + P.

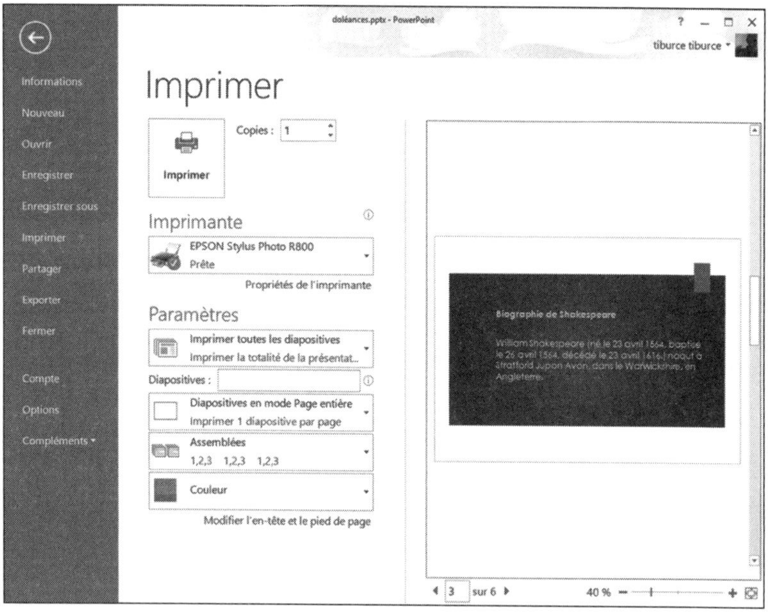

Figure 6.1 : Le panneau Imprimer de PowerPoint 2013.

Cliquez ensuite sur le grand bouton Imprimer, ou appuyez sur la touche Entrée, pour démarrer l'impression de toutes les diapositives de la présentation. La commande Copies permet d'imprimer plusieurs exemplaires du jeu de diapositives, tandis que les options de la rubrique Paramètres permettent de limiter l'impression à certaines diapositives, d'imprimer des documents destinés au public, ou seulement les commentaires, ou le plan. Nous y reviendrons en détail dans les sections qui suivent.

TRUC

Ne vous impatientez pas si rien ne se passe immédiatement après avoir cliqué sur le bouton Imprimer, car la préparation de l'impression par PowerPoint et par l'imprimante est une lourde tâche.

Imprimer plusieurs exemplaires

Le champ Copies, en haut du panneau Imprimer, permet de produire plusieurs exemplaires sur papier de votre présentation. Cliquez sur l'une des flèches à droite du champ pour augmenter ou diminuer le nombre d'exemplaires. Le nombre peut être saisi directement dans le champ.

Changer d'imprimante

Peut-être faites-vous partie de ces nantis qui possèdent plusieurs imprimantes ? Vous devez dans ce cas en sélectionner une dans le premier menu local de la section Imprimante. Chaque imprimante doit être connectée à l'ordinateur et allumée. Si vous êtes en délicatesse avec votre imprimante et sa connexion, lisez *Windows 8 pour les Nuls*.

Imprimer des parties d'une présentation

À la rubrique Paramètres, le menu Imprimer toutes les diapositives permet de choisir la partie de la présentation à imprimer. Par défaut, la totalité de la présentation est imprimée. Mais si seules certaines diapositives doivent l'être, choisissez parmi l'une de ces options :

- **Imprimer la sélection :** Imprime la partie de la présentation que vous avez préalablement sélectionnée. Commencez par sélectionner les diapositives à imprimer. Choisissez ensuite la commande Imprimer, puis l'option Imprimer la sélection, et cliquez sur OK. (Si aucune diapositive n'est sélectionnée, cette option est indisponible.)

- **Imprimer la diapositive active :** Imprime la diapositive actuellement affichée dans PowerPoint. Avant d'appeler cette commande d'impression, vérifiez que la diapositive à imprimer est bien visible dans PowerPoint. La diapo active est affichée dans la partie droite du panneau Imprimer. Changez-en en cliquant sur les flèches permettant de naviguer parmi les diapos de votre présentation. Vous pouvez également taper le numéro de la diapo dans le premier champ *x sur x*. Cette option est commode lorsque vous avez modifié une ou deux diapositives dans une présentation qui a déjà été entièrement imprimée.

- **Plage personnalisée :** Permet de définir les diapositives à imprimer en indiquant leur numéro.
- **Diaporamas personnalisés :** Si vous avez défini un ou plusieurs diaporamas personnalisés – ces diaporamas particuliers sont décrits plus loin dans ce chapitre –, cette commande vous permettra de sélectionner celui que vous désirez imprimer.

Ce n'est pas tout. La rubrique Paramètres contient quelques autres commandes :

- **Diapositives en mode Page entière :** Cette option sert à configurer le nombre de diapositives par page. La palette permet aussi de choisir l'impression des commentaires ou du plan, au lieu des diapositives.
- **Assemblé :** Cette option sert à choisir comment une liasse de diapositives doit être imprimée lorsque vous désirez en obtenir plusieurs exemplaires. Par exemple, si la présentation compte dix diapositives à imprimer en trois exemplaires chacune et que le mode Assemblé est actif, PowerPoint imprimera d'abord un jeu complet (diapositives de 1 à 10) puis un second jeu et enfin un troisième jeu. En revanche, si l'option Non assemblé a été choisie, PowerPoint imprime d'abord trois exemplaires de la première diapositive, puis trois exemplaires de la deuxième diapositive, et ainsi de suite.
- **Couleur :** Vous avez le choix entre l'impression en couleur, l'impression en nuances de gris (l'équivalent du noir et blanc photographique) ou le noir et blanc intégral, sans aucun gris intermédiaire (c'est ce que les graphistes et les imprimeurs appellent « au trait », par analogie au dessin à l'encre de Chine).

L'aperçu avant impression

Dans le Backstage, le panneau Imprimer comprend un aperçu permettant de vérifier l'aspect des pages avant de démarrer l'impression.

Utilisez la glissière de zoom, en bas à droite du Backstage, pour examiner un détail d'une diapositive. Parcourez les pages en actionnant la barre de défilement à droite, ou avec les touches Page Haut et Page Bas.

Démarrer un diaporama

Les fonctions d'impression sont appréciables, mais PowerPoint a surtout été conçu pour produire des diapositives qui seront présentées sur un écran plutôt qu'imprimées sur du papier. L'écran peut être celui de votre ordinateur, un vidéoprojecteur ou un écran géant à plasma ou à cristaux liquides.

Pour montrer une présentation à une seule personne ou à un petit groupe réuni autour de l'ordinateur, le démarrage du diaporama se fait d'un seul clic sur le bouton Diaporama. Il se trouve, ainsi que d'autres boutons d'affichage, en bas à droite de PowerPoint. Si vous avez configuré l'affichage en plein écran, la présentation occupe tout l'espace disponible. Pour passer à la diapositive suivante, cliquez ou appuyez sur Entrée, ou sur la touche Flèche Bas, Page Bas ou encore F5.

Si PowerPoint a été configuré pour utiliser deux moniteurs, le diaporama apparaît sur le second. L'écran principal affiche la présentation en mode Normal, accompagnée des commentaires à l'intention du présentateur.

En règle générale, la configuration par défaut du diaporama est adéquate. Mais parfois, elle doit être modifiée. À cette fin, ouvrez la présentation à configurer puis, cliquez sur l'onglet Diaporama. Dans le groupe Configuration, choisissez Configurer le diaporama. La boîte de dialogue de la Figure 6.2 apparaît, dans laquelle vous réglez les divers paramètres de la présentation.

Les options de la boîte de dialogue Paramètres du diaporama permettent d'effectuer ce qui suit :

- **Configurer la présentation :** Dans la section Type de diaporama, vous choisirez l'option appropriée selon que le diaporama est Présenté par un présentateur (plein écran), Visionné par une personne (fenêtre) ou Visionné sur une borne (plein écran).

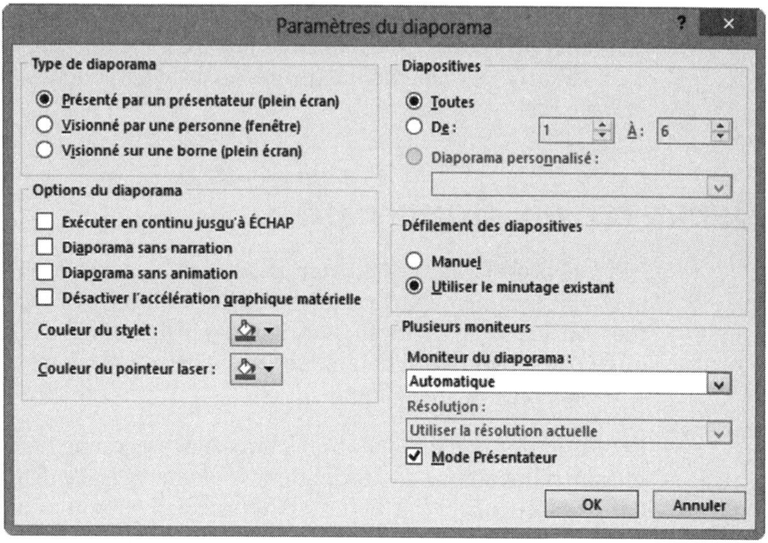

Figure 6.2 : La boîte de dialogue servant à configurer le diaporama.

- **L'exécution en continu :** Cochez cette case afin que le diaporama s'exécute en boucle. Arrivé à la dernière diapositive, il reprend à la première, et cela jusqu'à ce que quelqu'un appuie sur la touche Échap.

- **La simplification de la présentation :** Décochez à cette fin la case Diaporama sans narration ainsi que la case Diaporama sans animation.

- **Sélectionner la couleur du stylet et du pointeur laser :** Le stylet permet d'écrire ou de dessiner à même la diapositive. Reportez-vous aux sections « Le pointeur laser » et « Annoter les diapositives » plus loin dans ce chapitre, pour en savoir plus sur ces fonctionnalités.

- **Choisir les diapositives à diffuser :** Dans la rubrique Diapositives, choisissez Toutes pour présenter la totalité des diapositives de la présentation, ou indiquez dans les champs De et À la plage de diapositives à inclure.

- **Diaporama personnalisé :** Activez ce bouton d'options pour choisir un diaporama personnalisé que vous avez confectionné (nous y reviendrons plus loin dans ce chapitre).

- **Choisir de passer manuellement d'une diapositive à une autre :** À la rubrique Défilement des diapositives, sélectionnez l'option Manuel pour avancer à la diapositive suivante en appuyant sur la touche Entrée ou sur la barre d'espace, ou en cliquant. Pour que les diapositives défilent automatiquement, choisissez Utiliser le minutage existant.

- **Sélectionner un moniteur :** Si votre ordinateur est relié à deux moniteurs, choisissez l'écran sur lequel le diaporama doit apparaître en le sélectionnant dans le menu Moniteur du diaporama. Cochez la case Mode Présentateur si vous le désirez.

Démarrer un diaporama

Diffuser un diaporama lorsque votre ordinateur n'est pas connecté à un vidéoprojecteur est une tâche des plus élémentaires. Cliquez simplement sur le bouton Diaporama situé dans la partie inférieure droite de l'interface, et dont l'icône est représentée ci-contre. Pour passer à la diapo suivante, cliquez sur le bouton droit de la souris, ou appuyez sur la touche Entrée, la flèche dirigée vers le bas, Page Bas; ou bien encore la barre d'espace.

L'exécution du raccourci clavier F5 lance la lecture de la présentation.

Vous pouvez également démarrer un diaporama en cliquant sur l'un des boutons suivant de l'onglet Diaporama :

- **À partir du début :** Lance la lecture du diaporama à partir de sa première diapositive. Cela revient à cliquer sur le bouton Diaporama de la barre d'état ou à appuyer sur la touche F5.

- **À partir de la diapositive actuelle :** Lance le diaporama à partir de la diapo actuellement affichée dans PowerPoint.

Travailler en mode Présentateur

Si vous utilisez un vidéoprojecteur ou un second écran connecté à votre ordinateur, PowerPoint diffusera votre présentation directement sur ces périphériques. La Figure 6.3 montre le mode Présentateur en action.

Les paragraphes suivants décrivent les diverses fonctions du mode Présentateur :

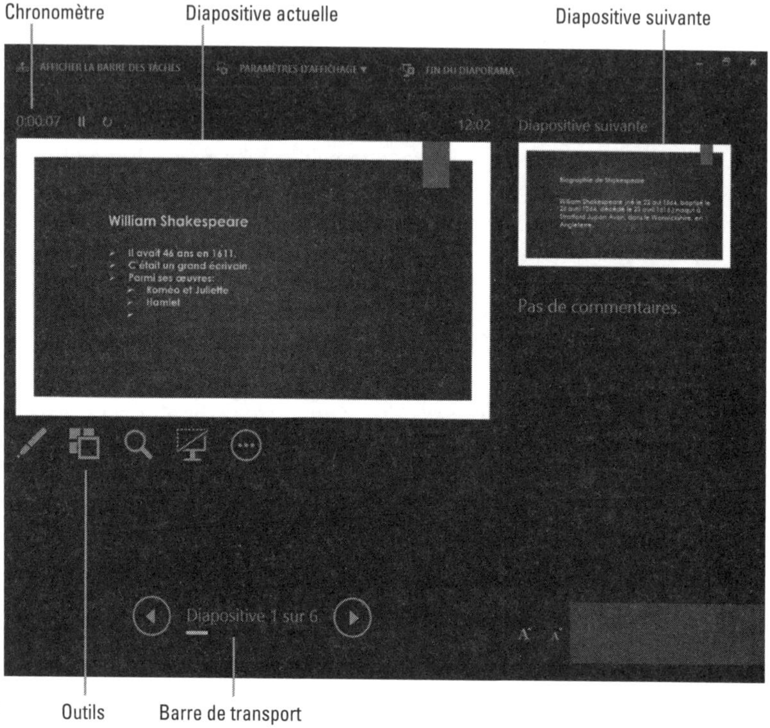

Figure 6.3 : Le mode Présentateur.

- **Diapositive actuelle :** Affichée dans la partie gauche, elle identifie la diapo actuellement diffusée au public.
- **Diapositive suivante :** Elle est affichée dans la partie supérieure droite.
- **Chronomètre :** Présent dans la partie supérieure gauche, le chronomètre permet de savoir depuis combien de temps la diapo actuelle est diffusée.
- **Outils :** Icônes affichées sous la diapo actuelle, les outils permettent de dessiner sur vos diapositives, de zoomer, d'attirer l'attention sur un point spécifique, et d'accomplir quelques opérations intéressantes, comme cela est expliqué plus loin dans ce chapitre.
- **Barre de transport :** Ces boutons de contrôle permettent d'avancer et de reculer parmi les diapos de la présentation.

Installer un projecteur

Si vous envisagez d'utiliser un vidéoprojecteur pour montrer votre présentation, vous devez savoir comment le connecter à l'ordinateur portable, et aussi comment l'allumer, régler la netteté, *etc.* Tout cela varie d'un projecteur à un autre ; c'est pourquoi vous devrez consulter son manuel. Voici cependant quelques conseils qui peuvent vous aider :

- **Connexion du vidéoprojecteur :** La plupart des ordinateurs portables sont équipés d'une sortie vidéo située à l'arrière ou sur le côté. Reliez l'ordinateur et le projecteur par un câble standard VGA ou DVI (cela dépend du type de connecteur de l'ordinateur et du projecteur).
- **Activation du port vidéo externe :** Pour que le projecteur puisse recevoir un signal vidéo de l'ordinateur, le port vidéo de ce dernier doit être activé. Certains ordinateurs portables sont dotés dédiée. Pour d'autres, vous devez configurer les paramètres d'affichage.
- **Sélection de l'entrée vidéo du projecteur :** La plupart des projecteurs sont équipés de plusieurs entrées vidéo (ordinateur, magnétoscope, vidéoprojecteur...). Un bouton ou un commutateur permet de sélectionner l'entrée adéquate. Pensez-y lorsque vous branchez l'ordinateur au projecteur, que tout paraît correct, mais que rien n'apparaît sur l'écran externe.
- **Télécommande du projecteur :** Pour que la télécommande du projecteur puisse agir sur la présentation PowerPoint, elle doit être reliée à l'ordinateur par un câble USB. Ce câble est livré avec le projecteur.
- **Son :** Si la présentation est sonorisée, des enceintes ou un amplificateur doivent être connectés à la sortie audio de l'ordinateur. Dans une grande salle, l'ordinateur devra être branché à la sono. Un convertisseur jack/minijack sera peut-être nécessaire. En revanche, si vous raccordez le vidéoprojecteur à une prise HDMI du PC, l'image et le son sont diffusés par ce seul et même câble.

Le clavier et la souris au service du diaporama

Au cours du diaporama, vous pouvez contrôler la présentation à l'aide du clavier et de la souris. Les Tableaux 6.1 et 6.2 répertorient les touches et les clics à mettre en œuvre.

Si le pointeur de la souris est masqué, bougez votre périphérique de pointage (votre souris, quoi !). Dès que le pointeur redevient visible, un menu apparaît dans le coin inférieur gauche de la diapositive. Il permet d'activer diverses options d'affichage des diapositives.

Tableau 6.1 : Le clavier au service du diaporama.

Fonction	Mise en œuvre
Afficher la diapositive suivante	Entrée, barre d'espace, Page Bas ou S
Afficher la diapositive précédente	Retour arrière, Page Haut ou P
Afficher la première diapositive	Origine
Afficher une diapositive spécifique	Numéro de la diapositive + Entrée (pavé numérique)
Basculer vers un écran noir	N ou . (point)
Basculer vers un écran blanc	B ou , (virgule)
Afficher ou masquer le pointeur	F ou =
Effacer le dessin à l'écran	E
Afficher la diapositive suivante même si elle est masquée	M
Afficher une diapositive masquée	Numéro de la diapositive masquée + Entrée (pavé numérique)
Transformer le pointeur en stylet	Ctrl + P
Transformer le stylet en pointeur	Ctrl + A
Arrêter le diaporama	Echap, Ctrl + Pause, ou – (signe moins du pavé numérique)

Tableau 6.2 : La souris au service du diaporama.

Fonction	Mise en œuvre
Afficher la diapositive suivante	Cliquer
Parcourir les diapositives	Actionner la molette (si la souris en a une)
Afficher le menu des actions	Cliquer du bouton droit

Fonction	Mise en œuvre
Afficher la première diapositive	Maintenir les deux boutons de la souris enfoncés jusqu'à l'apparition de la diapositive 1
Utiliser le pointeur laser	Maintenir la touche Ctrl enfoncée puis le bouton gauche de la souris. Ensuite, bouger la souris.
Dessiner	Appuyez sur Ctrl + P pour transformer le pointeur en stylet et dessiner.

Utiliser les outils de présentation

Les outils de présentation sont disponibles lorsque vous diffusez le diaporama en mode Présentateur. Je vous propose de les découvrir dans les prochaines sections.

Le pointeur laser

Le pointeur laser affiche un cercle rouge lumineux sur la diapositive, que vous pouvez déplacer avec la souris. Il ne vaut pas un véritable pointeur laser, mais si vous n'en avez pas un sous la main, celui-ci sera bien pratique.

Vous pouvez l'activer de deux manières :

- Cliquez sur le bouton représentant le Laser ou le Stylet. Dans le menu local qui apparaît, choisissez Pointeur Laser. Utilisez la souris pour déplacer le pointeur sur la diapo.
- Maintenez la touche Ctrl enfoncée puis cliquez continûment du bouton gauche. Déplacez-le ensuite.

Dès que vous relâchez le bouton de la souris, le pointeur laser disparaît.

Annoter les diapositives

Si vous éprouvez comme un brin de nostalgie pour le feutre qui vous permettait de gribouiller les grandes feuilles de papier sur le chevalet d'antan (celui qui s'empoussière dans le cagibi à côté de la machine à café), sachez que PowerPoint vous permet d'exercer vos talents d'artiste, ou tout au moins de souligner, flécher, entourer et barrer tout ce que vous voulez, grâce à la fonction d'annotations manuscrites.

Pour utiliser l'outil stylet, cliquez sur l'icône du Laser et, dans le menu local qui apparaît, choisissez Stylet. Utilisez ensuite la souris pour tracer des annotations sur la diapo, comme à la Figure 6.4.

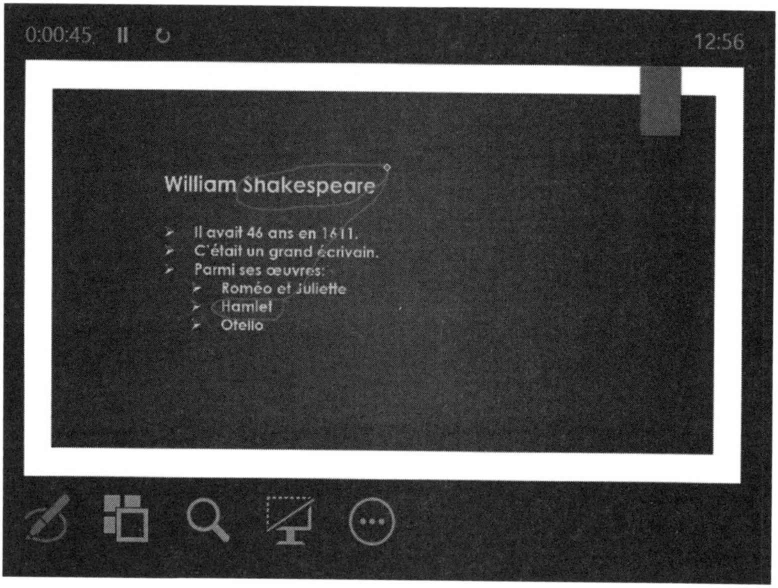

Figure 6.4 : Utiliser le stylet.

Voici quelques réflexions sur l'utilisation d'un stylet dans une présentation :

- Vous pouvez également utiliser un surligneur transparent. Choisissez simplement cette option à la place du stylet. Surlignez ensuite à l'aide de la souris. Le surligneur donne de meilleurs résultats sur les diapositives qui ont un fond clair.
- Modifiez la couleur du marqueur en cliquant sur l'icône du Stylet ou du Laser. Ensuite, dans le menu local qui apparaît, choisissez Couleur de l'encre puis cliquez sur la couleur à utiliser.
- Une fois la présentation terminée, vous avez la possibilité de conserver toutes vos annotations. Cela vous évitera de les redéfinir lors d'une prochaine diffusion de votre diaporama.

Vérifier le minutage du diaporama

Les fonctions de minutage de PowerPoint servent à évaluer la durée d'une présentation. Vous pouvez aussi définir une durée totale qui régira la temporisation de l'affichage des diapositives.

Pour temporiser une présentation, cliquez sur l'onglet Diaporama et, dans le groupe Configuration, cliquez sur Vérifier le minutage. Le petit chronomètre que montre la Figure 6.5 s'affiche.

Figure 6.5 : Le chronomètre du diaporama.

Minutez votre présentation. Cliquez ou utilisez les raccourcis clavier pour passer d'une diapositive à l'autre. PowerPoint enregistre le temps d'affichage de la diapositive affichée (à gauche), ainsi que la durée totale écoulée depuis le début de la présentation (à droite).

Après la dernière diapositive, une boîte de dialogue permet de valider le minutage du diaporama. S'il vous convient, cliquez sur Oui.

Si un minutage s'avère complètement inexploitable, cliquez sur le bouton Répéter. Il sera relancé depuis le début de la présentation.

Les diaporamas personnalisés

Cette fonction de PowerPoint permet de créer plusieurs diaporamas sur un même sujet, stockés dans une seule présentation. Supposons que l'on vous demande d'un côté une présentation montrant les bénéfices dégagés par votre société et de l'autre la part de ces bénéfices redistribués aux employés. Vous pouvez créer une présentation ne contenant que les diapositives dégageant les bénéfices de l'entreprise, et ensuite sélectionner les diapositives qui constitueront la présentation des bénéfices destinés aux seuls employés. Vous ne créez à cette fin qu'une seule présentation, mais vous projetez deux diaporamas.

Créer un diaporama personnalisé

Pour créer un diaporama personnalisé :

1. **Dans le groupe Démarrage du diaporama de l'onglet Diaporama, cliquez sur le bouton Diaporama personnalisé et choisissez l'unique option proposée.**

   Vous accédez à la boîte de dialogue Diaporamas personnalisés.

2. **Cliquez sur le bouton Nouveau.**

   La boîte de dialogue Définir un diaporama personnalisé apparaît, comme le montre la Figure 6.6.

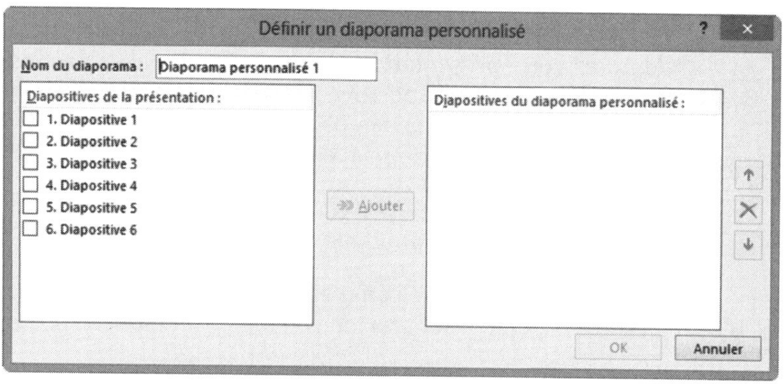

Figure 6.6 : Prêt à créer un diaporama personnalisé.

3. **Dans le champ Nom du diaporama, attribuez un nom au diaporama personnalisé.**

4. **Ajoutez les diapositives à utiliser dans le diaporama personnalisé.**

   Toutes les diapositives utilisables sont répertoriées dans la fenêtre Diapositives de la présentation. Pour en ajouter au diaporama personnalisé, cliquez sur la diapositive puis sur le bouton Ajouter. Elle est aussitôt transférée dans la liste Diapositives du diaporama personnalisé.

Il n'est pas nécessaire de placer les diapositives d'un diaporama personnalisé dans le même ordre qu'à l'origine. De plus, une même diapositive peut figurer plusieurs fois dans le diaporama personnalisé.

Pour ôter une diapositive, cliquez dessus dans la liste Diapositives du diaporama personnalisé, puis cliquez sur le bouton Supprimer représenté par l'icône d'une croix.

Les deux flèches pointées vers le haut et le bas, à droite de la boîte de dialogue Définir un diaporama personnalisé, permettent de hausser ou d'abaisser une diapositive dans la liste.

5. **Cliquez sur OK.**

   Vous revenez dans la boîte de dialogue Diaporamas personnalisés.

6. **Cliquez sur Fermer.**

Afficher un diaporama personnalisé

Pour afficher un diaporama personnalisé, commencez par ouvrir la présentation qui contient les diapositives qui ont servi à le définir. Choisissez ensuite l'onglet Diaporama, et cliquez sur le bouton Diaporamas personnalisés. Dans le menu local qui apparaît, sélectionnez le diaporama personnalisé dans la liste déroulante.

Masquer des diapositives

Si vous ne désirez pas utiliser la fonction de diaporama personnalisé, mais souhaitez cependant exclure certaines diapositives de la présentation, masquez-les plutôt que de les supprimer. Pour cela, sélectionnez l'onglet Diaporama puis, dans le groupe Configuration, cliquez sur Masquer la diapositive. Dans le volet Diapositives, à gauche, le numéro des diapositives masquées est encadré et barré. Pour révéler une diapositive masquée, sélectionnez-la et exécutez de nouveau la commande Masquer la diapositive.

Diffuser vos présentations en ligne

PowerPoint 2013 propose une nouvelle fonctionnalité qui permet de partager vos présentations en ligne afin d'en faire profiter les adeptes de la culture cyber, en d'autres termes, les internautes. Voici comment procéder :

1. **Dans l'onglet Diaporama, cliquez sur le bouton Présenter en ligne.**

   La boîte de dialogue éponyme apparaît, comme à la Figure 6.7.

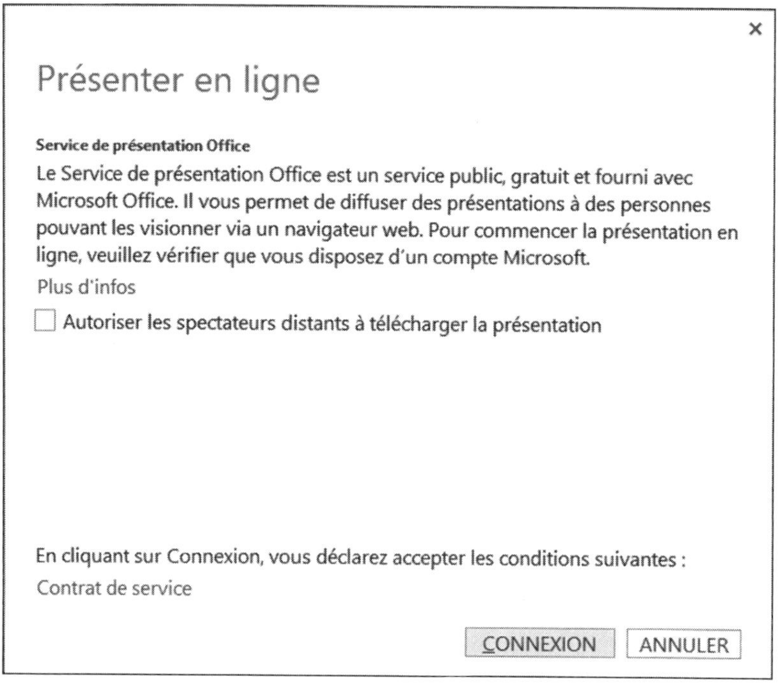

Figure 6.7 : Pour présenter vos diaporamas en ligne.

2. **Cliquez sur le bouton Connexion.**

3. **Si on vous le demande, tapez votre nom d'utilisateur Windows Live ainsi que votre mot de passe.**

   Si vous n'avez pas de compte Windows Live, connectez-vous à l'adresse suivante : `http://signup.live.com`.

   Une fois la connexion établie, la boîte de dialogue prend l'apparence de celle illustrée à la Figure 6.8.

4. **Pour envoyer ce lien de partage par e-mail, cliquez sur Envoyer dans un courrier électronique. Cette action ouvre la fenêtre d'un nouveau message de votre logiciel de messagerie. Indiquez l'adresse de votre ou de vos participants (destinataires), et ajoutez un petit message explicatif si nécessaire.**

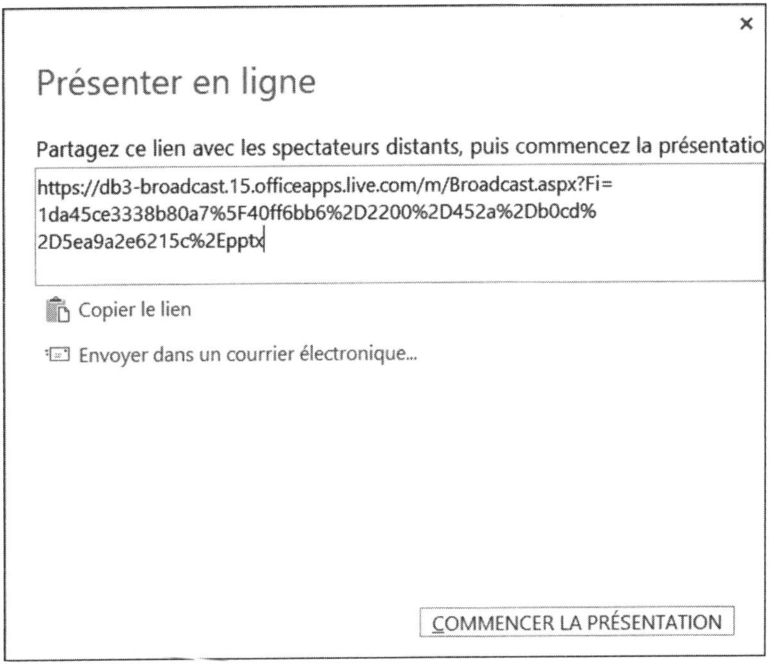

Figure 6.8 : Partager l'adresse de votre présentation.

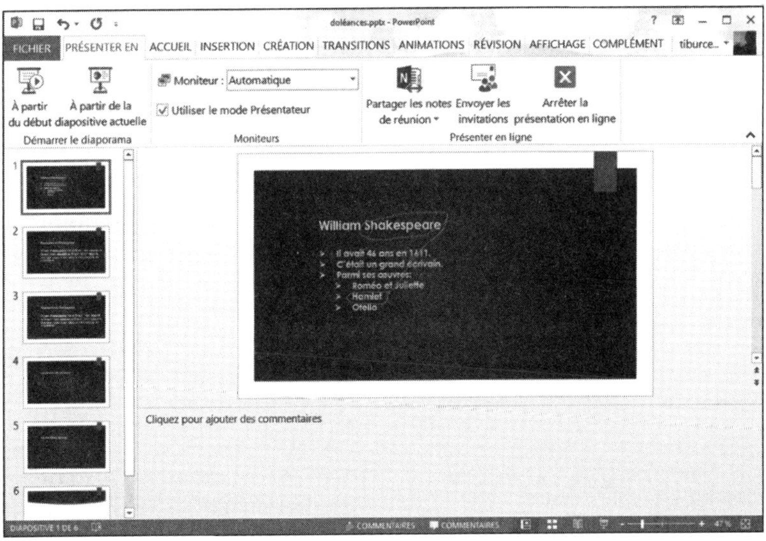

Figure 6.9 : PowerPoint en mode de présentation en ligne.

Les destinataires n'auront qu'à cliquer sur le lien pour ouvrir la présentation dans leur navigateur Web.

Vous pouvez également cliquer sur Copier le lien. Ensuite, créez un message dans votre programme de messagerie préféré, et collez-y ce lien.

5. **Dès que les participants vous ont fait savoir qu'ils étaient prêts à regarder la présentation, cliquez sur Commencer la présentation.**

   La présentation démarre, et l'interface de PowerPoint prend la forme de celle illustrée à la Figure 6.9. En revanche, vous gérez cette diffusion en mode Présentateur.

Deuxième partie

De superbes diapositives

Dans cette partie...

- Comment étonner votre public et recevoir les félicitations d'une foule en délire en mettant le texte en forme et en donnant à vos diapositives une apparence spectaculaire.
- Se familiariser avec les thèmes de PowerPoint qui permettent de créer de magnifiques diapositives en quelques minutes.
- Utiliser des transitions et des animations qui embellissent les diaporamas les plus insipides.
- Découvrir l'utilisation des masques de diapositive pour ajouter rapidement un même élément à toutes les diapos.

Chapitre 7

Polices et mise en forme du texte

Dans ce chapitre :

- Le gras, l'italique, le soulignement et autres enrichissements typographiques.
- Modifier la police, la taille, et la couleur des textes.
- Listes à puces et numérotées.
- Tabulation et mise en retrait.
- Espacer le texte.
- Aligner le texte.
- De l'originalité avec WordArt.

Une bonne présentation doit être comme un feu d'artifice : le public doit s'émerveiller à chaque nouvelle diapositive (« oh la belle bleue ! »). Mais cet émerveillement ne doit pas se faire au détriment de la lisibilité.

Ce chapitre vous montre comment éblouir votre auditoire par une belle mise en page. Si vous basez vos présentations sur des modèles PowerPoint, le texte sera d'ores et déjà correctement mis en forme. Mais, pour passer au niveau supérieur, vous devrez recourir à quelques petits trucs.

La plupart des fonctions de mise en forme du texte de PowerPoint sont identiques à celles de Microsoft Word. Si vous savez formater du texte sous Word, vous saurez le faire dans PowerPoint.

Modifier l'apparence du texte

L'effet d'une présentation tient pour une grande part à son aspect. Vous le modifierez un peu ou complètement selon le but visé et votre public.

L'apparence des polices typographiques se règle dans le groupe Police (rien à voir avec un célèbre groupe de la fin des années 1970), sous l'onglet Accueil du Ruban, comme le montre la Figure 7.1.

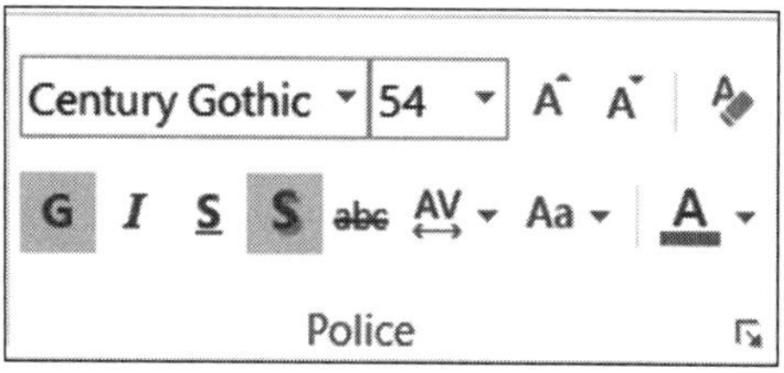

Figure 7.1 : Le groupe Police, sous l'onglet Accueil du Ruban.

Si vous désirez des options supplémentaires, ouvrez la boîte de dialogue Police (Figure 7.2), en cliquant sur le lanceur de la boîte de dialogue situé dans l'angle inférieur droit du groupe Police.

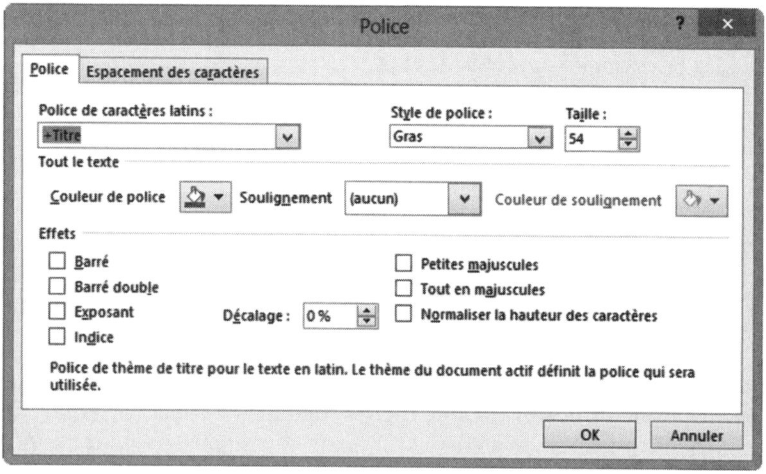

Figure 7.2 : Ces commandes s'appliquent aux caractères typographiques.

Plusieurs options de mise en forme bénéficient de raccourcis clavier ; ils sont répertoriés dans le Tableau 7.1.

Vous n'êtes pas obligé d'apprendre tous ces raccourcis par cœur. Les plus usités sont Gras, Italique, Souligné et l'effacement de la

Tableau 7.1 : Raccourcis de mise en forme typographique.

Bouton	Raccourci clavier	Mise en forme
	(aucun)	Police
	(aucun)	Taille
	Ctrl + Maj + K	Augmente la taille de la police
	Ctrl + Maj + H	Diminue la taille de la police
	Ctrl + Espace	Efface toutes les mises en forme
	Ctrl + G	Gras
	Ctrl + I	Italique
	Ctrl + U	Souligné
	(aucun)	Barré
	(aucun)	Texte ombré
	(aucun)	Espacement des caractères
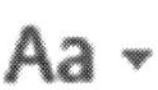	Maj + F3	Modification de la casse
	(aucun)	Couleur de la police

mise en forme. Vous les mémoriserez facilement à l'usage, en les utilisant d'abord sporadiquement, puis de plus en plus souvent.

Deux moyens d'appliquer une mise en forme

La mise en forme d'un texte peut être appliquée de deux manières :

- **Si le texte existe déjà,** sélectionnez-le puis cliquez sur le ou les boutons appropriés, ou utilisez les raccourcis clavier. Par exemple, pour souligner du texte, sélectionnez-le et appuyez sur Ctrl + U.
- **Pour saisir du texte avec une mise en forme,** cliquez d'abord sur un bouton, ou tapez le raccourci clavier, puis tapez le texte. Ce dernier apparaît avec la mise en forme choisie. Pour revenir à une frappe normale, appuyez sur Ctrl + Espace.

NdT : Une palette d'outils de mise en forme ainsi que plusieurs options de mise en page sont affichées en cliquant du bouton droit dans du texte, qu'il soit sélectionné ou non.

Modifier la taille des caractères

Si le texte est difficile à lire ou si vous désirez attirer l'attention, vous pouvez grossir un mot par rapport au reste du texte. Le plus simple pour modifier la taille de la police consiste à sélectionner une taille prédéfinie dans la liste de la barre d'outils Mise en forme.

Pour augmenter ou diminuer rapidement la taille d'un texte, sélectionnez-le ou placez-y le point d'insertion. Appuyez sur Ctrl + Maj + K pour augmenter sa taille et sur Ctrl + Maj + H pour la diminuer.

TRUC

Si vous saisissez plus de texte que l'espace réservé peut en contenir, PowerPoint réduit automatiquement la taille des caractères afin que votre prose tienne dedans.

Les polices de caractères

Il est très facile de choisir une autre police et de changer ainsi l'aspect d'un texte. Le moyen le plus rapide de changer de police est de la sélectionner dans le groupe Police, sous l'onglet Accueil. Ou alors, si vous êtes allergique au poil de souris, appuyez sur Ctrl + Maj + F, puis sur Tab, et enfin sur une touche fléchée Bas ou Haut pour sélectionner une police dans la liste.

Voici quelques considérations supplémentaires sur les polices :

- Bien que vous puissiez sélectionner une police depuis la boîte de dialogue du même nom, la commande Police présente sur le Ruban offre un énorme avantage : le nom de chaque police est affiché tel que la police apparaîtra, ce qui facilite considérablement le choix. En revanche, dans la boîte de dialogue Police, les polices sont simplement répertoriées dans la police standard de Windows.
- Pour modifier les polices de toutes les diapositives de votre présentation, basculez en mode Masque des diapositives (nous y reviendrons au Chapitre 10).
- PowerPoint place automatiquement en haut de la liste les polices les plus utilisées dans votre présentation. Vous pouvez ainsi facilement les appliquer sans les rechercher par ordre alphabétique, une tâche parfois fastidieuse.
- N'abusez pas des polices ! Ce n'est pas parce que vous en possédez des dizaines, voire des centaines, qu'il faut en faire étalage. Efforcez-vous de vous en tenir à un maximum de deux ou trois polices par diapositive, et n'en changez pas trop souvent au cours de la présentation. En matière de typographie, la lisibilité et la force d'un texte découlent de la parcimonie.
- Si vous utilisez systématiquement une même police pour vos présentations, le meilleur moyen consiste à la définir dans un thème de présentation. Nous y reviendrons au Chapitre 8.

Mettre du texte en couleur

La couleur est un excellent moyen d'attirer l'attention sur un texte. Pour ce faire, sélectionnez-le puis cliquez sur le bouton Couleur de police. Choisissez ensuite la nouvelle couleur à appliquer dans la palette qui apparaît.

TRUC

Si vous n'aimez pas les couleurs que propose la palette Couleur de police, cliquez sur Autres couleurs. Une boîte de dialogue s'ouvre. Choisissez une couleur ou définissez-en une en cliquant sur l'onglet Personnalisées. Reportez-vous au Chapitre 9 pour en savoir plus sur les couleurs.

Pour modifier la couleur du texte d'une présentation entière, effectuez cette modification sur le Masque de diapositives. Vous obtiendrez plus de détails au Chapitre 11. Reportez-vous aussi au Chapitre 9 pour savoir comment modifier les couleurs au travers d'un thème.

Du texte ombré

Ajouter une ombre à des caractères permet de détacher le texte de l'arrière-plan, ce qui facilite souvent la lecture. C'est pourquoi de nombreux modèles PowerPoint y ont recours.

Une ombre peut être appliquée à n'importe quel type de texte. Sélectionnez le texte, puis cliquez sur le bouton Ombre du texte, dans le groupe Police sous l'onglet Accueil. Si tous les textes de toutes les diapositives doivent être ombrés, vous aurez intérêt à utiliser un masque de diapositive. Cette fonctionnalité est décrite au Chapitre 10.

La mise en forme en long, en large et en travers

Le groupe Paragraphe, sous l'onglet Accueil (voir Figure 7.3), contient des commandes s'appliquant à des paragraphes entiers. Elles sont décrites dans les sections qui suivent.

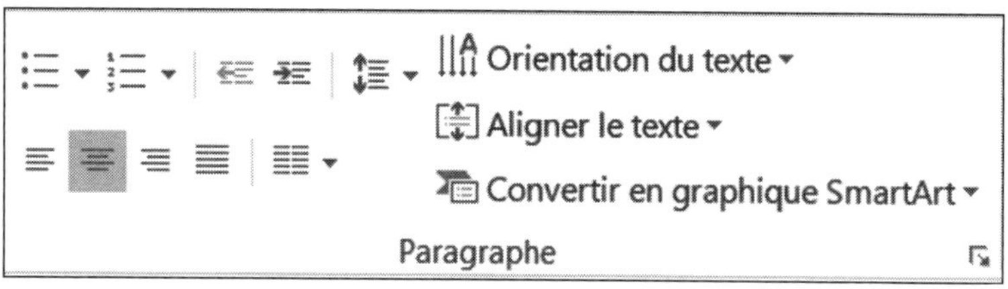

Figure 7.3 : Le groupe Paragraphe de l'onglet Accueil.

Les listes à puces

Dans la plupart des présentations, les paragraphes sont précédés d'un petit pictogramme appelé « puce », en jargon typographique. Autrefois, vous deviez les ajouter vous-même. Aujourd'hui, les puces apparaissent automatiquement (c'est votre chien qui va être content !).

PowerPoint permet de créer des puces spéciales basées sur des images, au lieu de simples points, carrés ou coches. Avant de vous lancer dans la création infernale de ces puces à image, apprenez les bases de l'utilisation de ces petites bestioles.

Pour placer des puces en regard d'un ou de plusieurs paragraphes :

1. **Sélectionnez les paragraphes devant recevoir des puces.**

   Pour ajouter des puces à un seul paragraphe, il est inutile de le sélectionner. Placez simplement le point d'insertion dedans.

2. **Cliquez sur le bouton Puces, dans le groupe Paragraphe de l'onglet Accueil.**

   PowerPoint place une puce devant chaque paragraphe sélectionné.

Le bouton Puces est une commande dite *à bascule :* vous cliquez dessus pour ajouter des puces et cliquez de nouveau dessus pour les ôter (voilà qui ferait le bonheur de votre chien, qui n'aurait plus à se gratter).

Si vous tenez à faire preuve d'originalité, vous pouvez choisir des puces différentes de celles proposées par PowerPoint. Confectionnez-en à partir d'un caractère typographique, d'un clipart, d'une photo, voire d'une animation.

Si aucune des puces de la liste ne vous plaît – elles sont laides comme des poux –, ouvrez la boîte de dialogue Puces et numéros. Pour ce faire, cliquez sur le bouton fléché à droite du bouton Puces et, tout en bas, cliquez sur Puces et numéros. La boîte de dialogue de la Figure 7.4 s'ouvre.

Voici quelques conseils concernant l'utilisation des puces (ce qui n'en fera pas des puces savantes) :

- **Personnalisez la forme de la puce :** Plusieurs types de puces sont proposés. Si aucun ne vous convient, cliquez sur le bouton Personnaliser, en bas à droite de la boîte de dialogue. Vous ouvrez ainsi une autre boîte de dialogue montrant d'autres caractères spéciaux susceptibles d'être utilisés comme puces. Choisissez celui qui vous plaît et cliquez

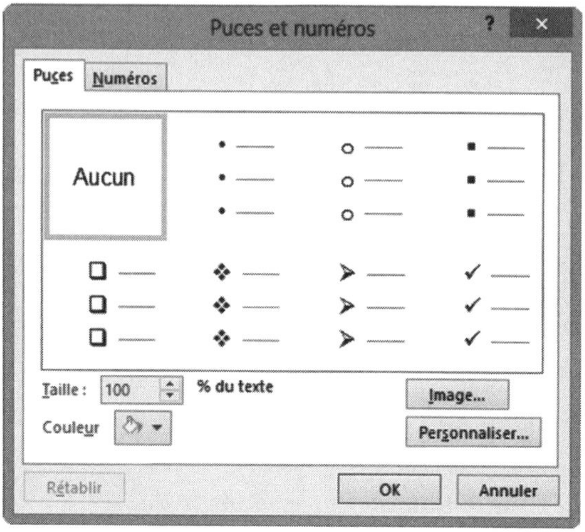

Figure 7.4 : La boîte à puces de PowerPoint, où elles font leur numéro.

sur OK. Ou alors, choisissez une autre typographie dans la liste déroulante Police.

TRUC

- **Modifiez la taille de la puce :** Si les puces sont trop petites – de vraies larves... –, augmentez leur taille dans le champ prévu à cet effet de la boîte de dialogue Puces et numéros. Cette taille est spécifiée en pourcentage de la taille du texte.
- **Modifiez la couleur :** Choisissez-la dans la liste Couleur. Sélectionnez une teinte prédéfinie ou personnalisez-la en cliquant sur Autres couleurs ; l'onglet Personnalisées de la boîte de dialogue qui apparaît permet de sélectionner n'importe laquelle des 16 777 216 couleurs qu'offrent la plupart des écrans d'ordinateur. Pour plus d'informations sur l'utilisation de la boîte de dialogue Couleurs, consultez le Chapitre 8.
- **Utilisez une image :** Pour utiliser une image (logo, pictogramme...) comme puce, cliquez sur le bouton Image. Vous accédez à la boîte de dialogue de la Figure 7.5. Choisissez l'image à utiliser comme puce, puis cliquez sur OK. (Vous pouvez aussi cliquer sur le bouton Importer afin d'utiliser vos propres images ou photos comme puces.)

Créer des listes numérotées

Vous pouvez numéroter les listes dans vos présentations. Cliquez simplement sur le bouton Numérotation du groupe Paragraphe de l'onglet Accueil.

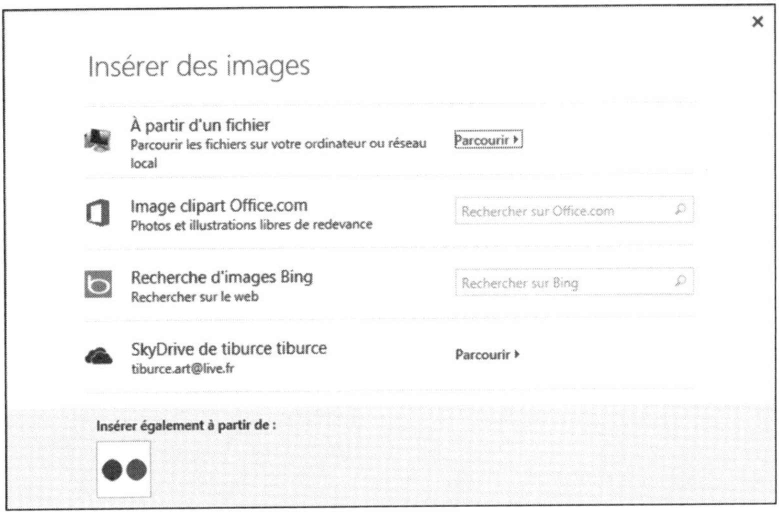

Figure 7.5 : Pour utiliser un élément graphique comme puce de paragraphe.

Pour modifier la mise en forme d'un chiffre, cliquez sur le bouton fléché à droite du bouton Numérotation, afin d'accéder à différents styles de numérotation. Choisissez ensuite celui qui vous plaît.

Si aucune des numérotations ne vous convient, choisissez Puces et numéros afin d'ouvrir la boîte de dialogue de la Figure 7.6.

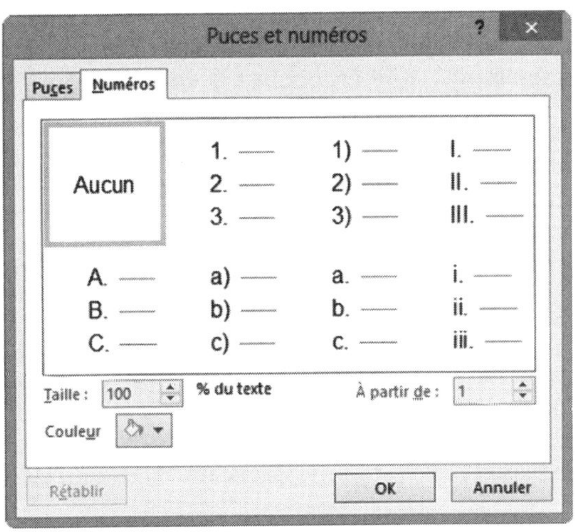

Figure 7.6 : D'autres options de numérotation.

TRUC

La numérotation commence normalement à 1 à chaque diapositive. Mais comment faire si elle doit se poursuivre sur la diapositive suivante ? Dans ce cas, vous tapez la première partie de la liste dans une diapositive, et la seconde dans l'autre. Ensuite, cliquez du bouton droit sur le premier élément de la deuxième diapositive et, dans le menu contextuel, choisissez Puces et numéros. Mettez ensuite la valeur du champ À partir de, en bas à droite de la boîte de dialogue, au numéro du premier élément de la liste. Par exemple, si la première liste comporte cinq éléments, la valeur de À partir de sera 6.

Tabulations et retraits

PowerPoint permet de définir des taquets de tabulation pour contrôler la position du texte dans l'objet qui le contient. Dans une présentation, chaque paragraphe est mis en retrait selon son niveau dans le plan. Aussi, les modèles intègrent-ils des tabulations par défaut pour hiérarchiser comme il se doit les divers éléments des diapositives.

La manipulation et la littérature qui suivent expliquent comment exploiter les tabulations, un savoir-faire précieux pour peaufiner une présentation :

1. **Passez en mode d'affichage Normal.**

   Il est impossible de régler les tabulations en affichage Commentaires ou Trieuse de diapositives.

2. **Si la règle n'est pas visible, cliquez sur l'onglet Affichage et, dans le groupe Afficher, cochez la case Règle.**

   Des règles apparaissent en haut et à gauche de la fenêtre de la présentation. Celle d'en haut est prête à recevoir des taquets de tabulation.

3. **Sélectionnez l'objet textuel dont vous désirez modifier les tabulations ou les mises en retrait.**

   Chaque objet textuel dispose de ses propres paramètres de tabulation et de retrait. Dès que vous cliquez sur l'objet, les symboles appropriés apparaissent sur la règle.

4. **Cliquez sous la règle pour placer un taquet de tabulation.**

   Cliquez à l'emplacement exact dans la règle où le taquet de tabulation doit être placé. Son symbole apparaît.

5. **Déplacez éventuellement le taquet avec la souris pour modifier la mise en retrait.**

Le taquet de tabulation est composé de trois parties : un triangle supérieur, qui définit le retrait ou le débord de la première ligne ; un triangle inférieur, qui définit le retrait ou le débord des lignes restantes du paragraphe ; et un rectangle, tout en bas, qui définit le retrait ou les débords de l'ensemble du paragraphe. Choisissez un texte de trois ou quatre lignes et essayez chacun de ces éléments.

TRUC

Chaque objet textuel a déjà des taquets de tabulation définis par défaut. Lorsque vous en ajoutez un, tous les taquets par défaut situés à gauche du nouveau taquet disparaissent.

Pour supprimer un taquet de tabulation, tirez-le hors de la règle puis relâchez le bouton de la souris.

NOTE TECHNIQUE

Les types de tabulations

Il existe quatre types de tabulations : gauche, droite, centrée et décimale. Le bouton carré visible dans le coin supérieur gauche de la règle indique le type de tabulation en cours. Cliquez dessus pour passer d'un type de tabulation à un autre :

- **Tabulation gauche :** Appuyer sur la touche Tab décale le texte jusqu'au prochain taquet de tabulation.
- **Tabulation droite :** Le texte est aligné du côté droit du taquet de tabulation.
- **Tabulation centrale :** Le texte est disposé de part et d'autre de la tabulation.
- **Tabulation décimale :** Les chiffres sont disposés de part et d'autre de la tabulation, la virgule décimale se trouvant exactement sous le taquet (cette option est très commode pour créer des tableaux de chiffres parfaitement alignés).

Espacer le texte

Vous manquez de place pour le texte ? Les lignes sont serrées les unes contre les autres comme dans un métro à l'heure de pointe ? Donnez-leur de l'air en procédant comme suit :

1. **Sélectionnez le ou les paragraphes dont il faut espacer les lignes.**

2. **Cliquez sur le bouton Interligne de l'onglet Accueil, et réglez l'espacement.**

   Le bouton Interligne affiche les espacements les plus couramment utilisés : 1,0 ligne, 1,5 ligne, 2,5 lignes et 3,0 lignes. Si l'espacement désiré n'y figure pas, sélectionnez Options d'interligne, tout en bas du menu, afin d'accéder à la boîte de dialogue de la Figure 7.7.

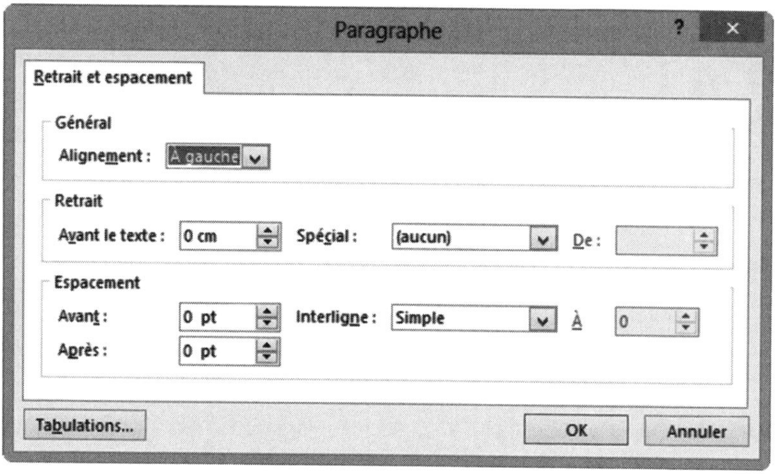

Figure 7.7 : Modifiez l'interligne à votre guise.

Aligner le texte

PowerPoint permet de contrôler l'alignement des lignes de texte dans une diapositive. Il peut être centré, aligné à gauche ou aligné à droite, ou encore justifié. Utilisez pour cela les boutons d'alignement du groupe Paragraphe de l'onglet Accueil, ou utilisez les raccourcis clavier du Tableau 7.2.

- **Centrer les lignes sur le centre de la diapo.** Notez que le centrage des lignes n'est pas effectué par rapport à la diapositive, mais par rapport à la zone de texte où elles se trouvent.
- **Les listes à puces ou numérotées ont un plus bel aspect lorsqu'elles sont alignées à gauche.** Évitez de les centrer.

Tableau 7.2 : Les raccourcis pour aligner du texte.

Bouton	Raccourci	Alignement
	Ctrl + Maj + G	Aligné à gauche
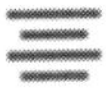	Ctrl + E	Centré
	Ctrl + Maj + D	Aligné à droite
	Ctrl + J	Justifié

Créer des colonnes

Dans les diapositives, le texte est placé sur une seule colonne. Il est toutefois très facile d'en créer d'autres avec le bouton Colonnes, présent dans le groupe Paragraphe de l'onglet Accueil. Il suffit de cliquer dessus et de choisir, dans le menu déroulant, l'option Une colonne, Deux colonnes ou Trois colonnes. L'option Autres colonnes permet d'en créer davantage.

Une touche d'originalité avec des textes WordArt

Les précédentes versions de PowerPoint comportaient une fonctionnalité nommée WordArt, permettant de déformer du texte et de lui appliquer des effets graphiques comme des dégradés ou l'écriture inclinée ou le long de courbes. Les effets spéciaux peuvent être appliqués à n'importe quel texte préalablement sélectionné. La Figure 7.8 montre ce que l'on peut faire avec WordArt en un rien de temps.

Procédez comme suit pour transformer la banale typographie d'un texte en chef-d'oeuvre :

Figure 7.8 : Quelques effets de texte créés avec WordArt.

1. **Sélectionnez le texte à mettre en forme avec WordArt.**

   Ce texte peut se trouver n'importe où dans la présentation, et peut être un titre ou le corps du texte.

2. **Cliquez sur l'onglet Format des Outils de dessin.**

   L'un des groupes de cet onglet s'appelle Styles WordArt (Figure 7.9).

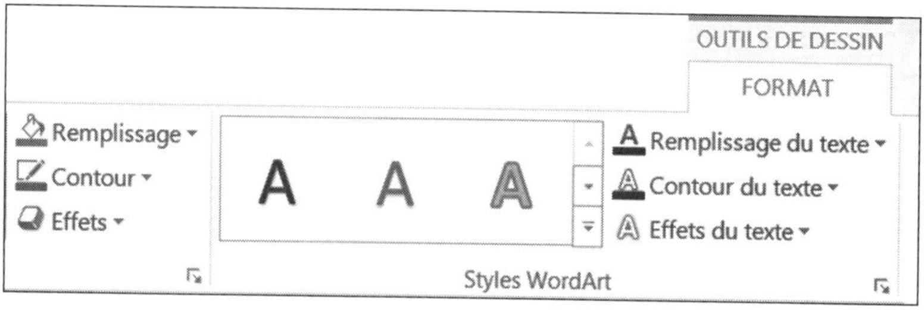

Figure 7.9 : Les styles WordArt se trouvent sous l'onglet Outils de dessin.

3. **Cliquez sur le bouton Autres des styles rapides.**

   La palette de styles WordArt apparaît, comme le montre la Figure 7.10.

4. **Sélectionnez le style WordArt qui se rapproche le plus de la mise en forme que vous désirez appliquer.**

   Ne vous en faites pas si l'effet n'est pas exactement celui que vous recherchez. Vous modifierez son apparence par la suite.

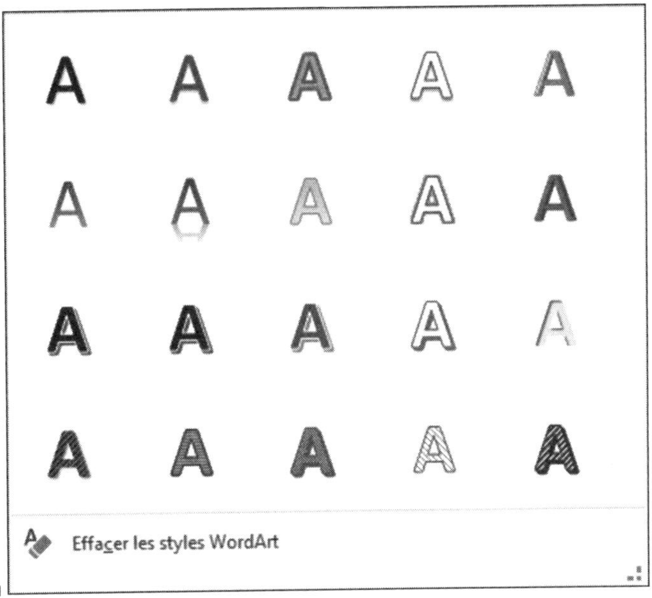

Figure 7.10 : La palette des styles rapides de WordArt.

5. **Essayez les diverses commandes WordArt des autres boutons présents dans le groupe Styles WordArt, sous l'onglet Outils de dessin.**

   Le Tableau 7.3 décrit les autres commandes du groupe Styles WordArt. Faites des essais jusqu'à ce que vous obteniez l'effet désiré.

Tableau 7.3 : Les boutons des outils de dessin WordArt.

Commande	Action	Effet
	Remplissage du texte	Applique une couleur de fond. Elle peut être uniforme ou dégradée. Possibilité de choisir une image, un motif ou une texture.
	Contour du texte	Définit le contour des lettres (épaisseur, couleur, motif...).
	Effets du texte	Permet d'appliquer des effets sophistiqués et paramétrables comme des ombres, des reflets, des lueurs, des rotations en 3D et des transformations.

TRUC

Le bouton Effets du texte est la commande de choix pour créer des logos, notamment du texte placé autour d'un cercle ou en relief. Le Tableau 7.4 recense les types d'effets disponibles.

Tableau 7.4 : Les options du bouton Effets du texte

Commande	Type	Effets
	Ombre	Applique une ombre au texte. Elle peut se trouver à l'arrière du texte, ou être projetée sur un sol invisible.
	Réflexion	Produit un léger reflet comme si le texte était posé sur une invisible surface polie.
	Lumière	Applique un halo luminescent au texte.
	Biseau	Produit un effet de relief avec différents types d'arêtes.
	Rotation 3D	Fait pivoter le texte dans les trois dimensions.
	Transformer	Déforme le texte en tous sens et de diverses manières.

Chapitre 8

Concevoir vos diapositives

Dans ce chapitre :

- Comprendre les thèmes.
- Utiliser les couleurs du thème, les polices et les effets.
- Choisir l'arrière-plan d'une diapositive.

L'une des tâches les plus ardues lors de la création d'une présentation PowerPoint est d'en soigner l'apparence. Dans les précédentes versions du logiciel, vous deviez laborieusement peaufiner tous les aspects d'une diapositive afin qu'elle ne paraisse pas trop austère. PowerPoint 2013 propose des thèmes qui permettent de créer de belles diapositives en un rien de temps.

L'accès principal aux thèmes s'effectue sous l'onglet Création. Ce chapitre lui est entièrement consacré. Pour faire simple, nous étudierons ses commandes de la droite vers la gauche, bien que ce ne soit sans doute pas dans cet ordre que vous les utiliserez.

Un coup d'œil à l'onglet Création

La Figure 8.1 montre l'onglet Création. Comme vous le constatez, il contient plusieurs groupes de commandes permettant de définir les divers aspects des diapositives d'une présentation. L'onglet Création peut être activé en cliquant dessus dans le Ruban, ou par le raccourci clavier Alt + é (ou touche 2 de votre clavier).

Voici à quoi servent les groupes de l'onglet Création :

Figure 8.1 : L'onglet Création sert à définir l'aspect graphique des diapositives.

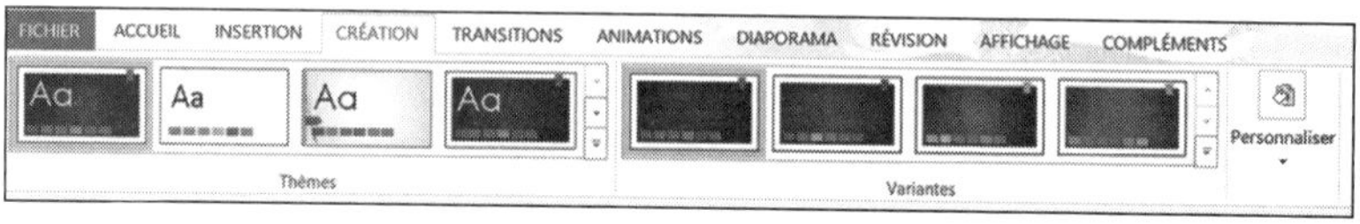

- **Thèmes :** Permet d'appliquer un thème à une présentation. C'est le groupe que vous utiliserez le plus souvent lors de la conception de vos diapositives.
- **Variantes :** Propose des variantes à un thème donné.
- **Personnaliser :** Ce menu local donne accès à des commandes de modification de la taille et de l'arrière-plan de vos diapositives.

Utiliser les thèmes

Le groupe Thèmes de l'onglet Création, permet de sélectionner le thème qui sera appliqué aux diapositives. PowerPoint 2013 est livré avec une kyrielle de thèmes joliment conçus qui donneront un aspect professionnel à vos présentations. Si vous avez quelque talent d'artiste, vous pourrez créer les vôtres.

Un *thème* est un ensemble d'éléments graphiques appliqués à une ou plusieurs diapositives. Chaque thème comporte plusieurs composants de base :

- Un **jeu de couleurs** qui s'accordent bien. Chaque thème compte quatre couleurs pour le texte et l'arrière-plan, et six couleurs pour mettre tel ou tel élément en valeur.
- Un **ensemble de polices** qui cohabitent esthétiquement. Chaque thème utilise une police pour le titre, une autre pour le corps du texte.
- Des **styles d'arrière-plan,** qui sont en fait un appariement de couleurs d'arrière-plan et d'effets comme des motifs ou des remplissages en dégradé.
- Des **effets typographiques** comme des styles de puces ou de traits.

Office contient 21 thèmes prédéfinis identifiables dont les noms, listés ci-dessous, sont quelque peu sibyllins :

Thème Office

Brin

Direction ion

Facette

Intégral

Ion

Organique

Rétrospective

Secteur

À bande

Affichage

Base

Cadre

Ciel

Citable

Dividende

Maillage

Métropolitain

Parallaxe

Savon

Type de bois

Chacun de ces 21 thèmes possède des variantes de couleurs donnant ainsi accès à 84 variantes que vous pouvez appliquer à vos diapos.

Appliquer des thèmes

Pour appliquer un thème à la totalité d'une présentation, cliquez sur celui qui vous intéresse, dans le groupe Thèmes de l'onglet Création. Si le thème en question n'est pas visible dans le Ruban, cliquez sur les boutons de défilement, à droite du groupe Thèmes, pour accéder aux thèmes supplémentaires.

Dès que vous cliquez sur la vignette d'un thème, ses variantes s'affichent dans le groupe Variantes. Cliquez sur la variante que vous souhaitez appliquer.

TRUC

Cliquez sur le bouton fléché, sous les flèches de défilement du groupe Thèmes, pour afficher l'ensemble des thèmes disponibles, comme le montre la Figure 8.2. En bas de la palette, des liens permettent de rechercher des thèmes supplémentaires sur le site Office.com. Celui tout en bas sert à enregistrer un thème que vous auriez modifié ou créé de toutes pièces.

Figure 8.2 : La galerie des thèmes.

TRUC

Toutes les diapositives d'une présentation ne doivent pas forcément avoir le même thème. Pour en appliquer un à une seule diapositive ou à un ensemble de diapositives, sélectionnez-les, cliquez du bouton droit sur le thème à leur affecter et, dans le menu contextuel, choisissez Appliquer aux diapositives sélectionnées.

Utiliser des jeux de couleurs

Les thèmes de PowerPoint sont fournis avec des jeux de couleurs conçus par des professionnels de la couleur. Microsoft les paie une fortune pour disserter sur l'intérêt d'afficher un texte mauve sur un fond couleur sarcelle. Vous vous contenterez d'utiliser ces thèmes concoctés par des infographistes, ou créerez les vôtres si vous estimez que vous êtes capable de faire mieux que les spécialistes de chez Microsoft.

Les jeux de couleurs de PowerPoint sont la plus grande invention depuis l'époisses, un fromage pas fait pour les mauviettes qui se déguste à la petite cuillère quand il est bien coulant. Sans les jeux de couleurs, vous n'auriez que l'embarras du choix entre les 16 777 216 couleurs (pas une de moins !) à votre disposition. Si les couleurs d'une présentation étaient mal choisies, l'auditoire pousserait les mêmes cris d'horreur qu'à la vue du papier peint à fleurs choisi par tante Berthe pour sa chambre à coucher.

Chaque jeu de couleurs est basé sur douze teintes agencées de la manière suivante :

- **Quatre couleurs pour les textes et l'arrière-plan :** Elles sont censées être les couleurs principales de la présentation. Dans chaque appariement de couleurs, l'une est utilisée pour le texte, l'autre pour le fond.
- **Six couleurs contrastantes :** Aussi appelées « accent », elles sont appliquées à divers éléments de la diapositive afin de les mettre en valeur par rapport au texte et à l'arrière-plan.
- **Deux couleurs de liens hypertextes :** Elles ne sont bien sûr utilisées que si des liens ont été définis dans la présentation.

Quand vous appliquez un thème, son jeu de couleurs est également appliqué, au même titre que tous ses autres éléments. PowerPoint vous permet cependant de modifier le jeu de couleurs. Vous pouvez par exemple appliquer un thème Opulent, mais utiliser le jeu de couleurs du thème Verve.

Appliquer un jeu de couleurs

Pour modifier le jeu de couleurs standard appliqué à vos diapositives, commencez par cliquer sur l'onglet Affichage puis sur le bouton Masque de diapositive du groupe Modes masque. Vous en saurez davantage sur les masques de diapositive au Chapitre 10. Pour le moment, retenez qu'un tel masque contrôle l'apparence globale d'une ou plusieurs diapos. Dans l'onglet Masque des diapositives, ouvrez le menu local Couleurs du groupe Arrière-plan, comme à la Figure 8.3. Cliquez sur le jeu de couleurs que vous souhaitez appliquer.

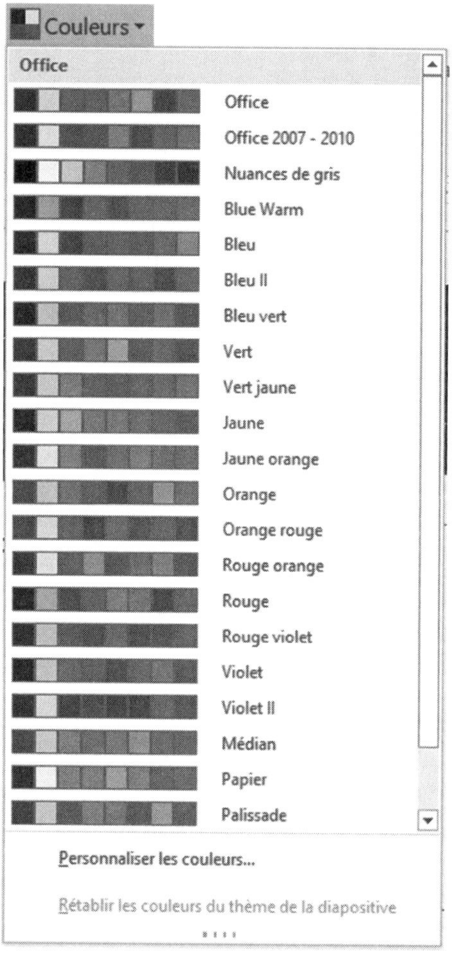

Figure 8.3 : Cette palette contient les jeux de couleurs des différents thèmes.

Créer votre propre jeu de couleurs

Si aucun jeu de couleurs prédéfini ne vous plaît, créez les vôtres en procédant comme suit :

1. **Sélectionnez un jeu de couleurs proche de celui que vous aimeriez appliquer.**

   ATTENTION !

   Il est préférable que vous ayez un sens affirmé des couleurs si vous choisissez de dévier des couleurs prédéfinies. Si vous ne savez pas faire la différence entre un bleu outremer et un bleu de Prusse, mieux vaut laisser cela aux professionnels.

2. **Cliquez sur le bouton Couleurs et, en bas de la boîte de dialogue, choisissez Personnaliser les couleurs.**

   La boîte de dialogue Créer de nouvelles couleurs de thème apparaît (Figure 8.4).

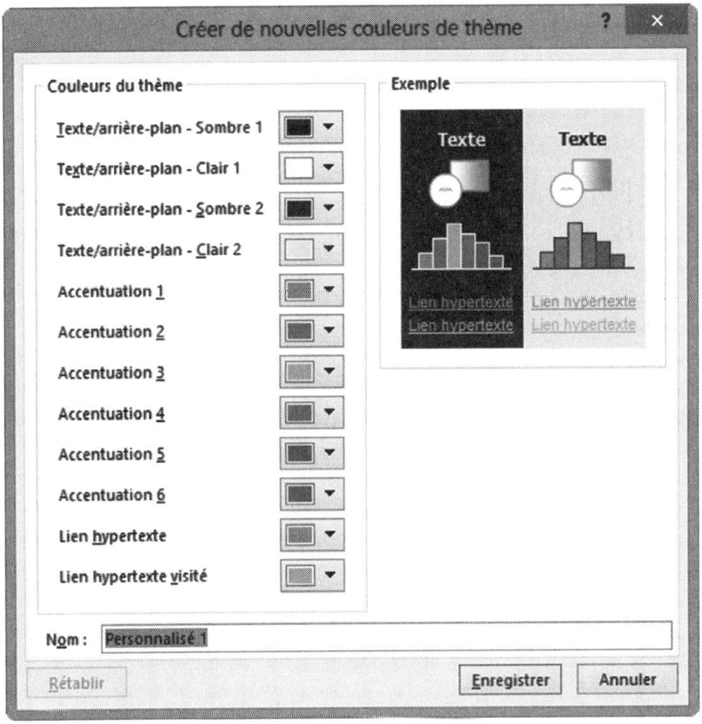

Figure 8.4 : Création d'un nouveau jeu de couleurs.

3. **Cliquez sur le bouton de la couleur à modifier.**

   Par exemple, pour changer la première couleur contrastante, cliquez sur le bouton Accentuation 1. Cette action ouvre la palette de la Figure 8.5.

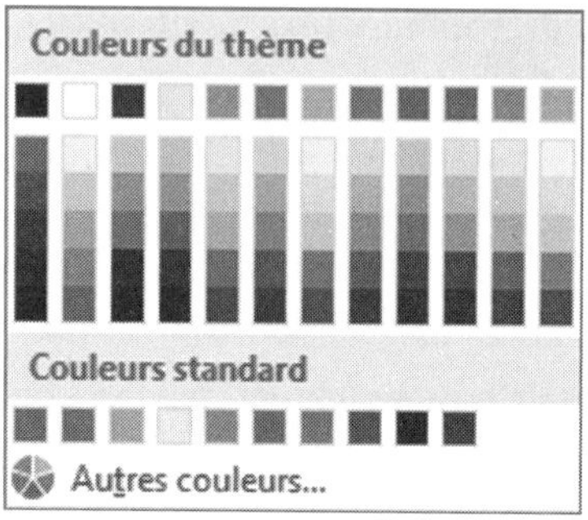

Figure 8.5 : Changement d'une couleur du thème.

4. **Choisissez la couleur désirée.**

   Comme vous le voyez, le choix ne manque pas.

5. **Si vous ne trouvez pas la couleur voulue, cliquez sur Autres couleurs.**

   Cette fois, c'est le nuancier de la Figure 8.6 qui apparaît. Il montre un espace colorimétrique hexagonal comportant, en opposition, les couleurs primaires et leur couleur complémentaire. Notez que, par défaut, c'est l'onglet Standard qui est affiché. L'onglet Personnalisées permet de doser exactement la couleur.

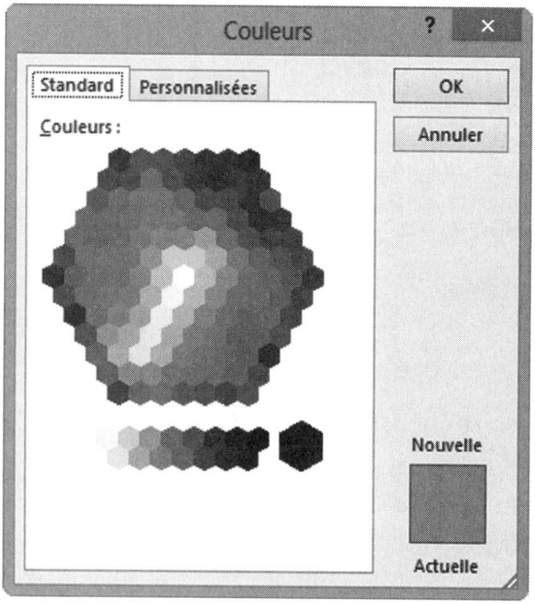

Figure 8.6 : Un monde merveilleux de couleurs.

6. **Sélectionnez la couleur désirée puis cliquez sur OK.**

   Cela vous ramène à la boîte de dialogue Créer de nouvelles couleurs de thème.

7. **(Facultatif) Répétez les Étapes 3 à 6 pour toutes les autres couleurs à changer.**

8. **Cliquez sur Enregistrer.**

   Le nouveau jeu de couleurs est enregistré.

L'onglet Standard, dans la Figure 8.6, montre 127 couleurs auxquelles s'ajoutent le noir, le blanc et des nuances de gris. Pour obtenir une couleur ne figurant pas dans ce nuancier, vous devez cliquer sur l'onglet Personnalisées. Vous accédez ainsi à la boîte de dialogue de la Figure 8.7, où vous pourrez doser chacun des trois canaux chromatiques rouge, vert et bleu permettant d'obtenir plus de 16,7 millions de teintes. Si vous avez des notions d'infographie, l'espace chromatique et les paramètres vous sont peut-être familiers. Sinon, rien ne vous empêche de faire des essais en cliquant dans une couleur.

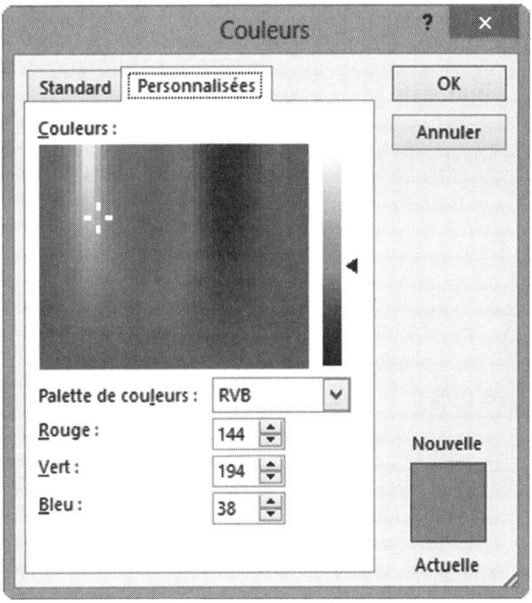

Figure 8.7 : L'onglet Personnalisées permet de définir exactement l'une des 16 777 216 couleurs disponibles.

Utiliser les polices des thèmes

Un thème comporte bien moins de polices que de couleurs. Alors que les polices sont au nombre de douze, les couleurs ne sont que deux : une pour les titres, l'autre pour le corps du texte.

Si vous ne tenez pas à utiliser les polices imposées par le thème que vous avez choisi, commencez par basculer en mode Masque des diapositives. Ensuite, cliquez sur le bouton Polices du groupe Arrière-plan. Choisissez la police dans le menu local qui apparaît.

Notez bien que changer la police d'un thème est différent de changer de police à l'aide de la commande Police du groupe du même nom de l'onglet Accueil. Quand vous mettez une police en forme à partir de l'onglet Accueil, vous effectuez une *mise en forme directe*, qui supplante provisoirement les paramètres de police définis par le thème. En règle générale, vous ne devrez modifier les polices du thème que si elles s'appliquent à toute la présentation. Utilisez parcimonieusement la mise en forme directe ; ne l'appliquez qu'à un mot ou deux que vous désirez faire ressortir.

La police utilisée par un thème peut être changée en cliquant sur le bouton Polices, du groupe Arrière-plan du mode Masque des diapositives. Dans le menu local qui s'affiche, choisissez Personnaliser les polices. La boîte de dialogue de la Figure 8.8 apparaît ; elle permet de changer la police des titres et le corps du texte.

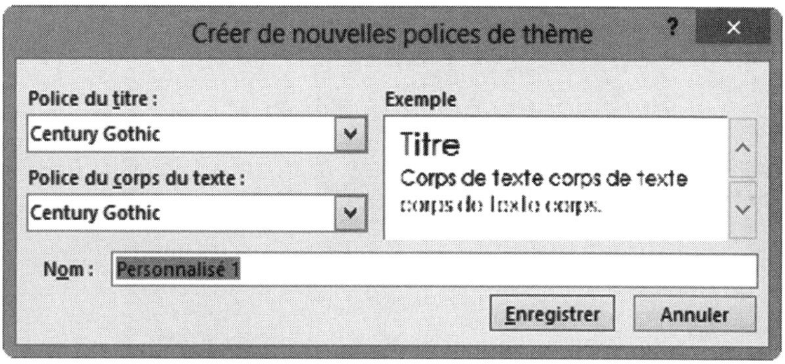

Figure 8.8 : Sélectionnez les nouvelles polices d'un thème.

Appliquer des effets de thème

Les *effets de thème*, qui appliquent de subtiles variations graphiques à une présentation, sont un autre élément majeur d'un thème de

PowerPoint. Ils sont appliqués automatiquement chaque fois que vous utilisez un thème. Il est toutefois possible d'appliquer d'autres effets. Pour cela, basculez toujours en mode masque des diapositives, puis cliquez sur le bouton Effets du groupe Arrière-plan. Vous accédez ainsi à la palette d'effets que montre la Figure 8.9, où vous ferez votre choix.

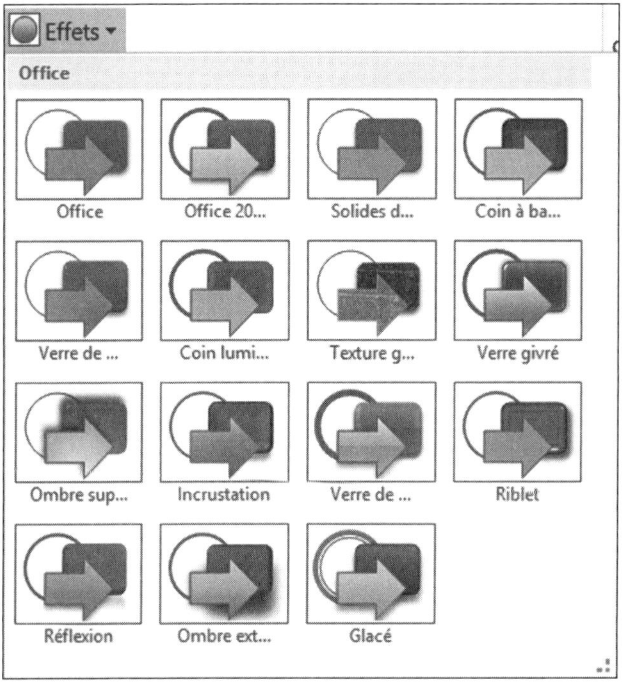

Figure 8.9 : Choisissez ici un autre effet de thème.

Modifier la taille d'une diapositive

Le groupe Personnaliser de l'onglet Création, contient un bouton Taille des diapositives qui, comme son nom l'indique, permet d'appliquer une dimension dite Grand écran (16:9) à une diapo en 4:3. Utilisez cette taille lorsque vous diffusez votre diaporama par le biais d'un vidéoprojecteur.

Vous pouvez aussi personnaliser la taille de vos diapos en choisissant l'option Taille de diapositive personnalisée. Vous ouvrez ainsi la boîte de dialogue illustrée à la Figure 8.10.

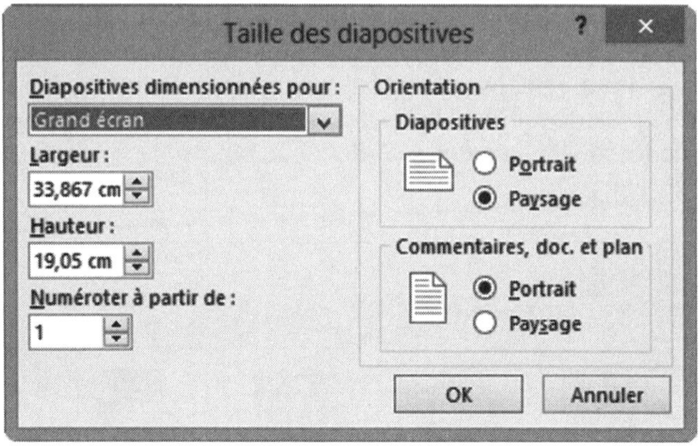

Figure 8.10 : La boîte de dialogue Taille des diapositives.

Voici les différents paramètres de cette boîte de dialogue :

- **Largeur :** Permet de fixer une largeur personnalisée.
- **Hauteur :** Permet de définir une hauteur personnalisée.
- **Numéroter à partir de :** Si vos diapositives contiennent des numéros, ce réglage permet de définir celui de la première diapo de votre présentation. La valeur par défaut est égale à 1.
- **Orientation :** Permet de choisir entre le mode *portrait* et *paysage*, c'est-à-dire une disposition verticale ou horizontale de vos diapositives. Les diapos et les commentaires, plans, et autres documents peuvent avoir une orientation différente. En règle générale, un diaporama est entièrement diffusé en mode *paysage*, tandis que les commentaires et les documents le sont en mode *portrait*.

Utiliser des styles d'arrière-plan

Un *style d'arrière-plan* est la combinaison d'une couleur d'arrière-plan choisie dans le jeu de couleurs d'un thème et d'un effet de remplissage de l'arrière-plan. Un jeu de couleurs comporte toujours quatre couleurs utilisables pour le fond : deux claires et deux foncées. De plus, vous avez le choix entre trois effets de remplissage de l'arrière-plan : subtil, modéré ou intense. Par exemple, le remplissage subtil pourra être une couleur unie, le remplissage modéré un délicat motif appliqué à la couleur, et le remplissage intense un dégradé très marqué.

Chaque combinaison des quatre couleurs d'arrière-plan et des trois remplissages d'arrière-plan est un *style d'arrière-plan*. De ce fait, chaque thème propose douze styles d'arrière-plan.

Pour appliquer des styles d'arrière-plan à un thème de la présentation, basculez en mode Masque des diapositives. Ensuite, cliquez sur le bouton Styles d'arrière-plan du groupe Arrière-plan de l'onglet Création. La palette de la Figure 8.11 s'ouvre.

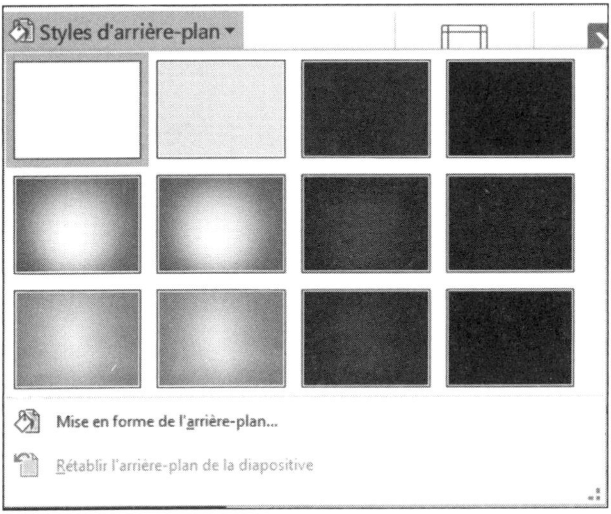

Figure 8.11 : Choisissez un style d'arrière-plan.

Appliquer un dégradé

Vous avez sans doute remarqué que la couleur de bon nombre des arrière-plans de diapositives n'est pas uniforme. Elle présente au contraire un changement de nuance ou de couleur progressif. Cet effet, appelé *dégradé*, est visuellement attrayant. Examinez la diapositive de la Figure 8.12 : elle est basée sur le thème Direction ion de PowerPoint 2013. L'arrière-plan est constitué d'un dégradé radial allant du violet foncé à un violet beaucoup plus clair au centre de la diapo.

Voici comment créer un remplissage en dégradé personnalisé :

1. **Choisissez la diapositive devant recevoir le dégradé.**

   Cette étape n'est pas nécessaire si vous désirez appliquer le dégradé à toutes les diapositives de la présentation.

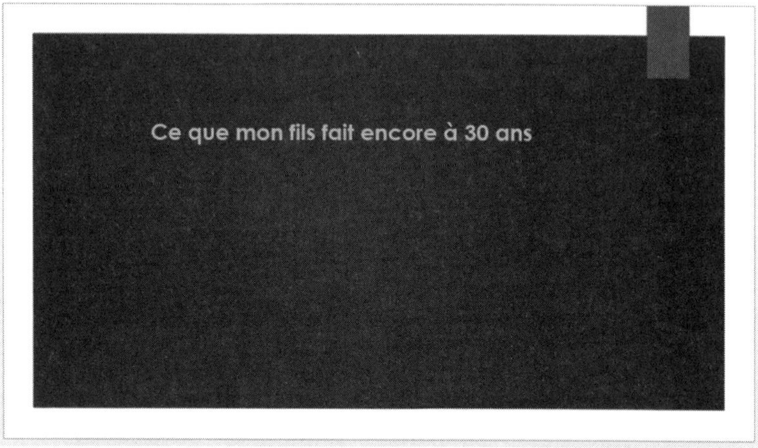

Figure 8.12 : Un arrière-plan dégradé produit toujours un bel effet.

2. **Toujours en mode Masque des diapositives, ouvrez le menu local Styles d'arrière-plan du groupe Arrière-plan de l'onglet Création.**
3. **Cliquez sur l'option Mise en forme de l'arrière-plan.**

   Le panneau Mise en forme de l'arrière-plan s'affiche sur le côté droit de l'interface, comme à la Figure 8.13.

4. **Activez le bouton radio Remplissage dégradé.**

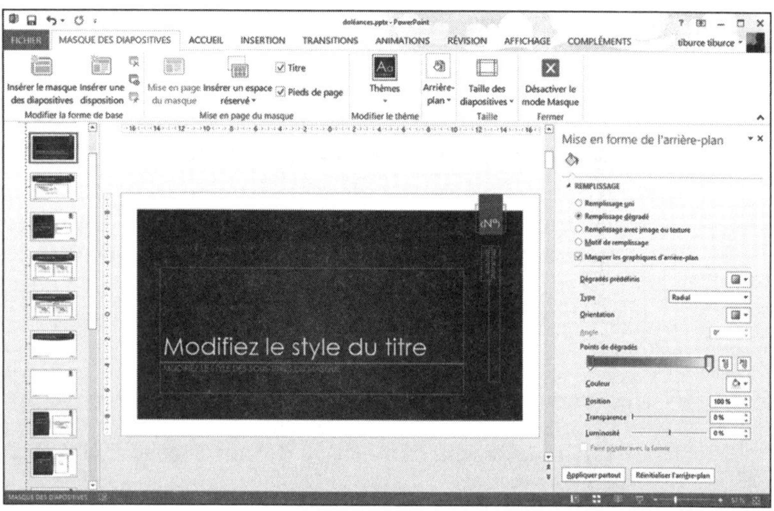

Figure 8.13 : Ce panneau permet de définir l'arrière-plan d'une ou plusieurs diapositives.

5. **Paramétrez les options de dégradé à votre guise.**

   Vous devrez faire des essais pour comprendre le principe. Commencez par sélectionner les couleurs prédéfinies, où vous trouverez plusieurs dégradés prêts à l'emploi. Jouez ensuite avec les commandes jusqu'à ce que vous obteniez l'effet désiré. Les points de dégradé permettent de définir la couleur de départ (Point 1) et la couleur d'arrivée (Point 4, par défaut). Ajoutez ou retirez des points de dégradé en cliquant sur les icônes situées à droite de l'aperçu du dégradé dans la section Points de dégradés. Réglez aussi la transparence et la position.

6. **Cliquez sur Appliquer partout.**

Les autres effets d'arrière-plan

Outre les dégradés, le panneau Mise en forme de l'arrière-plan permet de créer d'autres effets intéressants. Vous pouvez par exemple utiliser une photo de votre choix comme fond, ou employer l'un des motifs prédéfinis livrés avec PowerPoint.

Pour utiliser une texture, cliquez sur le bouton d'option Remplissage avec image ou texture. En cliquant sur le bouton fléché Texture, vous accédez à la palette de textures ainsi que le montre la Figure 8.14.

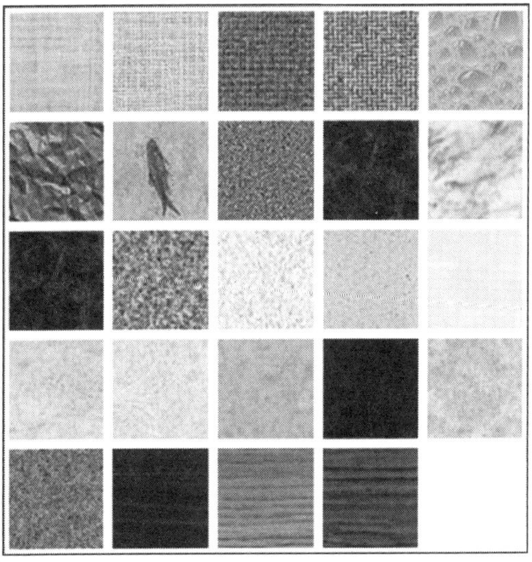

Figure 8.14 : Ces textures sont utilisables comme arrière-plan pour vos diapositives.

Vous pouvez aussi utiliser l'option Remplissage avec image ou texture pour sélectionner un fichier d'image de votre cru. Cliquez sur le bouton Fichier puis sélectionnez le fichier désiré. Ou alors vous pouvez importer une image du Presse-papiers ou sélectionner une image clipart. Les autres commandes de cette boîte de dialogue permettent d'améliorer l'apparence de l'image ou du texte sélectionné.

Chapitre 9

De l'animation dans les diapositives

Dans ce chapitre :

- Appliquer des transitions.
- Animer du texte.
- Créer des animations personnalisées.
- Paramétrer le minutage de l'animation.
- Faire vibrer du texte.

Si vous envisagez de projeter l'animation sur votre ordinateur ou sur un écran, vous pouvez utiliser ou abuser des possibilités d'animation de PowerPoint. On ne croira certes pas que les studios Disney ont travaillé pour vous, mais l'auditoire risque d'être agréablement surpris. Les animations ne sont qu'un exemple des capacités de PowerPoint à rendre une présentation très spectaculaire.

Ce chapitre commence par les transitions de diapositives. Techniquement, il ne s'agit pas d'animations, car les éléments de la diapositive ne sont pas animés. Cependant, on les utilise de concert avec des animations pour créer des présentations bien plus intéressantes que si elles affichaient platement des informations.

Appliquer des transitions

Une *transition* est un effet visuel entre deux diapositives. La plus classique consiste à afficher brusquement la nouvelle diapositive ; c'est efficace, mais ne révèle pas une grande imagination.

PowerPoint propose plus de 50 effets de transition. Par exemple, la nouvelle diapositive peut recouvrir l'ancienne depuis le coin supérieur droit de l'écran ou toute autre direction. Vous pouvez aussi appliquer des fondus, utiliser des volets ou encore faire tourner la diapositive comme à la fête foraine.

Les transitions sont contrôlées par les commandes de l'onglet Transitions que montre la Figure 9.1.

Figure 9.1 : Les transitions sont définies dans cet onglet.

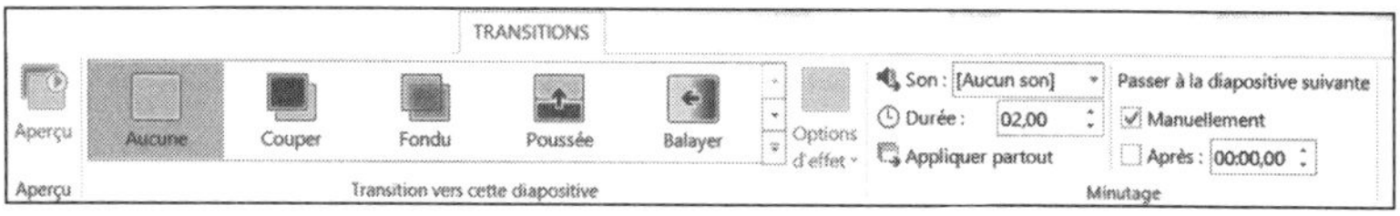

L'onglet transitions comprend les trois groupes de commandes suivants :

- **Aperçu :** Ce groupe ne contient qu'une seule commande, fort opportunément nommée Aperçu, qui montre l'effet de la transition sélectionnée pour la diapositive courante.
- **Transition vers cette diapositive :** Vous sélectionnez dans ce groupe la transition affichant la diapositive courante.
- **Minutage :** Ce groupe permet de sélectionner des options affectant la transition appliquée à la diapositive, notamment la vitesse de l'effet, et son déclenchement par un clic de souris ou automatiquement après un certain délai.

Voici comment appliquer une transition :

1. **Affichez la diapositive à laquelle vous souhaitez appliquer une transition.**

   Notez que la transition précède la diapositive que vous venez d'afficher (elle ne se déroule pas après). Par exemple, si la diapositive n° 3 est affichée, la transition que vous vous apprêtez à définir se produira lors du passage de la diapositive 2 à la diapositive 3 (et non de la 3 à la 4).

   Pour appliquer un jeu d'animations à l'ensemble des diapositives, passez cette première étape, car peu importe à partir de quelle diapositive vous le créez.

Pour appliquer des transitions différentes entre les diverses diapositives, travaillez de préférence en mode Trieuse de diapositives (cliquez sur le bouton d'affichage en bas à droite de PowerPoint), car il permet de voir plusieurs diapositives en même temps.

2. **Cliquez sur l'onglet Transitions puis, dans le groupe Transition vers cette diapositive, sélectionnez l'effet à appliquer.**

   Si vous le désirez, vous pouvez afficher la palette complète des transitions (voir Figure 9.2) en cliquant sur le bouton fléché Autres, en bas à droite du groupe Transition vers cette diapositive.

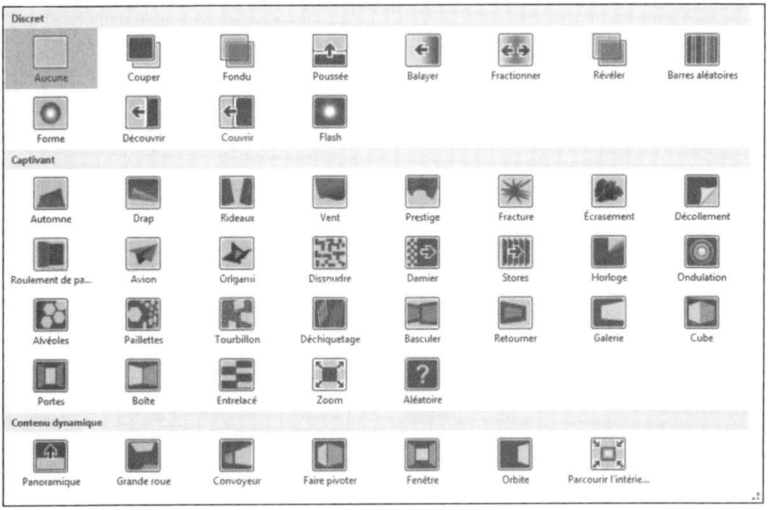

Figure 9.2 : La palette des transitions.

3. **Cliquez sur le bouton Options d'effets afin de sélectionner une variation à appliquer à la transition choisie à l'étape précédente.**

   Toutes les transitions ne permettent pas de choisir une option d'effet, et le nombre des effets change selon la transition. Par exemple, pour la transition Balayer, vous avez le choix entre les effets suivants :

   - À partir de la droite.
   - À partir du haut.
   - À partir de la gauche.

   - À partir du bas.
   - À partir du coin supérieur droit.
   - À partir du coin inférieur droit.
   - À partir du coin supérieur gauche.
   - À partir du coin inférieur gauche.

4. **Si vous le désirez, déroulez le menu Son afin de sonoriser la transition.**

   Le menu Son contient une longue liste de bruitages comme Acclamation, Appareil photo, Brise, Machine à écrire, Vent... L'option Autre son permet d'utiliser n'importe quel fichier audio à condition qu'il soit au format `.wav`.

5. **Utilisez la commande Durée pour régler la vitesse de la transition.**

   Elle est par défaut de 1 seconde, mais vous pouvez spécifier une durée plus longue ou plus courte.

6. **Cochez la case Manuellement ou Après, afin d'indiquer comment la transition doit être activée.**

   Pour contrôler vous-même le passage d'une diapositive à une autre, cochez la case Manuellement. Pendant la présentation, vous devrez cliquer dans la diapositive pour passer à la suivante. En revanche, si la diapositive ne doit rester affichée que pendant une durée définie puis passer automatiquement à la suivante, cochez la case Après, puis spécifiez le délai.

   Pour appliquer l'effet à la totalité de la présentation, cliquez sur l'option Appliquer partout.

Voici quelques points à garder à l'esprit quand vous définissez des transitions :

- **La vitesse de l'ordinateur :** Les effets de transition sont meilleurs sur un ordinateur rapide, car il est capable de manipuler un grand nombre de pixels en très peu de temps. Si votre machine est lente, choisissez la vitesse Rapide afin que la transition ne se traîne pas.

- **La sélection d'un jeu de transitions :** Certains effets de transition agissent dans plusieurs directions. Vous pouvez créer un jeu de transitions qui varie ces effets d'une diapositive à l'autre. Par exemple, choisissez Recouvrir à partir de la droite pour la première diapositive, Recouvrir à partir de la gauche pour la deuxième, Recouvrir à partir du bas pour la troisième, et ainsi de suite.

- **La prévisualisation des transitions :** Quand vous travaillez en mode Trieuse de diapositives, cliquez sur l'icône en forme d'étoile située dans le coin inférieur droit d'une diapositive pour lancer un aperçu de cette transition. Si vous avez opté pour un minutage automatique des transitions, sa durée est également affichée sous la diapositive.

PowerPoint

L'onglet Animation

Avec les transitions, le type d'animation le plus prisé dans PowerPoint est l'ajout d'effets d'ouverture et de fermeture au texte qui apparaît dans la diapositive. Ils sont particulièrement utiles pour les listes à puces, car ils permettent d'afficher une phrase à puce à la fois. Chacune semble arriver de nulle part, descendre du haut de l'écran ou défiler de gauche à droite, à moins que vous préfériez faire rebondir les caractères ou leur faire faire la roue dans un sens ou dans l'autre.

Ces animations sont configurées à partir de l'onglet Animations que montre la Figure 9.3 :

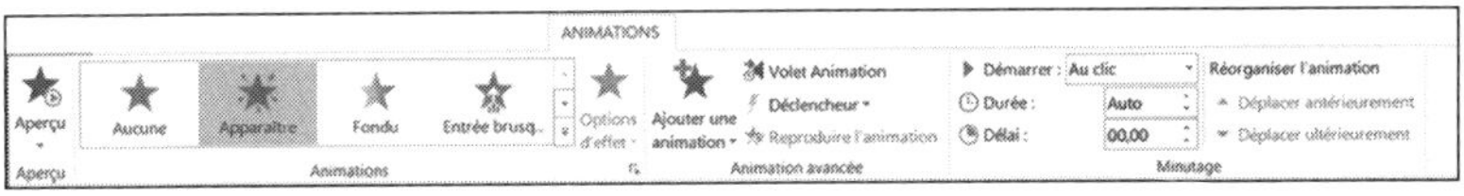

Figure 9.3 : Les commandes d'animation se trouvent ici.

L'onglet Animations contient quatre groupes de commandes :

- **Aperçu :** Ce groupe ne contient qu'une seule commande du même nom qui visualise l'effet sélectionné pour la diapositive courante.
- **Animations :** Vous sélectionnez ici l'une des animations prédéfinies.

- **Animation avancée :** Les commandes de ce groupe permettent de créer des animations personnalisées à partir des effets de base du groupe Animations. Nous y reviendrons à la section « Personnaliser l'animation », un peu plus loin.
- **Minutage :** C'est là que vous temporisez l'animation, comme expliqué à la section « Minuter les animations », plus loin dans ce chapitre.

Pour appliquer une animation, commencez par sélectionner, sur votre diapo, la zone de texte qui doit recevoir l'effet. Cliquez ensuite sur la vignette de l'effet dans le groupe Animations.

À l'instar des autres palettes de PowerPoint, la palette Animation est équipée d'un bouton fléché Autres qui affiche la totalité de la palette, comme le montre la Figure 9.4.

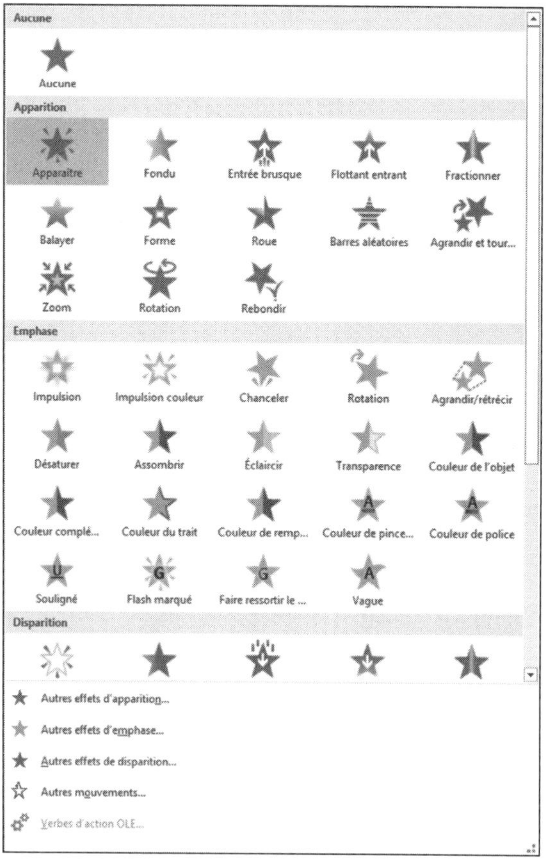

Figure 9.4 : La palette Animations.

Après avoir appliqué une animation, vous pouvez cliquer sur le bouton Options d'effets pour lui appliquer une variation. Par exemple, si vous avez appliqué l'animation Entrée brusque, vous choisissez dans les options d'effet la direction dans laquelle s'effectue l'entrée.

TRUC

Remarquez qu'il existe quatre options Autres, en bas de la palette des animations. Chacune contient des animations supplémentaires.

Pour obtenir des animations plus complexes, vous devrez les configurer vous-même comme expliqué à la prochaine section, « Personnaliser l'animation ».

Personnaliser l'animation

L'animation personnalisée permet d'exploiter à fond les possibilités d'animation de PowerPoint. C'est le seul moyen d'obtenir des effets autrement plus sophistiqués que les styles prédéfinis comme Estomper, Balayer et Entrée brusque, présents dans le groupe Animations. En plus du texte, la personnalisation permet d'animer d'autres objets comme des images, des formes et des graphiques.

Comprendre la personnalisation de l'animation

Avant d'entrer dans les détails, voici quelques concepts de base à bien assimiler. Rassurez-vous, ils ne sont pas très techniques, mais vous ne pouvez pas vous en dispenser.

Des animations personnalisées peuvent être appliquées à n'importe quel objet d'une diapositive, c'est-à-dire à un espace réservé, un objet dessiné (forme automatique...), une zone de texte ou encore un clipart. Pour les objets textuels, vous pouvez choisir d'appliquer l'animation à la totalité du texte ou seulement à tel ou tel paragraphe de l'objet. Vous pouvez aussi indiquer si l'effet survient automatiquement ou après un clic, ou encore après l'appui sur la touche Entrée.

Personnaliser l'animation applique quatre types d'effets d'animation élémentaires aux objets :

- **Apparition :** Manière dont un objet entre dans la diapositive. Si vous n'en spécifiez pas, l'objet s'affiche à la position où vous l'avez placé sur la diapositive. Mais pour être plus créatif, utilisez l'un des 52 effets proposés comme Apparaître, Bandes, Descendre, Étirer, Boomerang, *etc.*

- **Emphase :** Attirer l'attention sur un objet déjà en place. PowerPoint propose 31 effets d'emphase dont Changer la couleur de remplissage, Modifier le style de la police, Ampoule de flash, Mélange de couleurs, Scintiller, Clignoter, *etc.*

- **Disparition :** Définit la manière dont un objet sort de la diapositive. La plupart des objets n'ont pas d'effet de sortie, mais s'il est applicable, sachez que PowerPoint propose 52 effets, analogues aux effets d'ouverture.

- **Mouvements :** Animation personnalisée des plus intéressantes. Un *mouvement* est une courbe imaginaire suivie par l'objet. PowerPoint fournit 64 trajectoires prédéfinies comme le cercle, l'étoile, la larme, la spirale, *etc.* Et si ce n'est pas suffisant, vous pouvez tracer librement les vôtres.

  Si la trajectoire commence hors de l'écran et se termine sur la diapositive, vous obtenez un effet d'ouverture c'est-à-dire d'apparition. Si la trajectoire commence sur la diapositive mais se termine en dehors, vous obtenez un effet de fermeture, c'est-à-dire de disparition. Et si la trajectoire commence et se termine sur la diapositive, vous obtenez un effet d'emphase. Rien ne vous empêche de définir une trajectoire commençant et se terminant hors de la diapositive. Dans ce cas, l'objet ne fait que passer.

  Pour définir un mouvement, cliquez sur le bouton Ajouter une animation du volet Animation, puis affichez la section Mouvements, et cliquez sur Chemin personnalisé. Tracez votre trajectoire à main levée.

  Lorsque vous choisissez un mouvement prédéfini, comme Formes, accédez à des variantes et à des outils en cliquant sur le bouton Options d'effet. Choisissez ensuite l'un des outils de dessin dans le menu local qui apparaît. Les options varient d'un mouvement à un autre.

Plusieurs animations peuvent être appliquées à un objet. Par exemple, vous pouvez lui affecter un effet d'apparition, d'emphase, et de disparition. Cela permet d'afficher l'objet, d'attirer l'attention sur lui et de lui faire quitter la diapositive. Vous pouvez également dessiner plusieurs trajectoires pour un seul objet ou cumuler les effets d'ouverture et de fermeture. Mais bien souvent ; un seul fonctionnera.

Chaque effet possède plusieurs propriétés permettant de le personnaliser. Elles proposent toutes un paramètre de vitesse, et certains effets sont pourvus de paramètres supplémentaires permettant de contrôler l'amplitude des mouvements.

Il est possible de créer un *déclencheur* qui démarre une animation lors d'un clic sur tel ou tel objet. Par exemple, vous pourriez définir un déclencheur qui applique une pulsation à un paragraphe lorsque vous cliquez sur un titre. Pour ce faire, commencer par animer le texte. Ensuite, dans le groupe Animation avancée, cliquez sur Déclencheur et, dans le menu local qui s'affiche, choisissez Sur clic de. Une liste d'objets cliquables apparaît. Sélectionnez l'espace réservé Titre 1 (notez que vous pouvez aussi déclencher une animation lorsqu'un endroit spécifique est atteint au cours de la lecture d'une vidéo. Nous y reviendrons au Chapitre 14).

Utiliser le volet Animation

Le volet Animation est un panneau qui apparaît à droite de la diapositive. Il affiche des informations importantes à propos des animations appliquées aux diapositives. Le volet Animation personnalisée est masqué par défaut, mais il est recommandé de le faire apparaître avant d'ajouter des animations personnalisées à vos diapositives. Pour afficher ce panneau, cliquez sur le bouton Volet Animation, dans le groupe Animation avancée.

La Figure 9.5 montre le volet Animation avec le type d'animation Fondu.

Voyons maintenant comment utiliser ce volet pour vos animations.

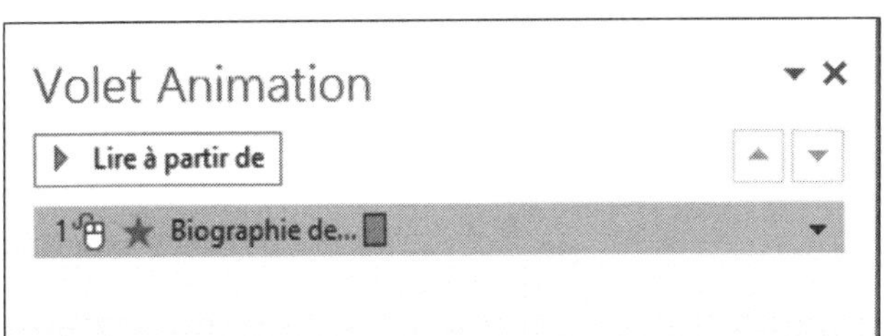

Figure 9.5 : Le volet Animation Fondu.

Ajouter un effet

Procédez comme suit pour animer un objet sur une diapositive :

1. **En mode Normal, affichez la diapositive qui contient l'objet à animer, et cliquez sur l'objet afin de le sélectionner.**

   Pour animer des paragraphes de texte, sélectionnez l'espace réservé qui les contient.

2. **Cliquez sur l'onglet Animations.**

3. **Dans le groupe Animation avancée, cliquez sur le bouton Volet Animation.**

   Le volet Animation apparaît sur le côté droit de l'interface.

4. **Cliquez sur le bouton Ajouter une animation puis, dans le menu local qui apparaît, sélectionnez le type d'effet à créer.**

   Le menu propose les quatre catégories d'effets : Apparition, Emphase, Disparition et Mouvements. Dans cet exemple, nous choisissons l'effet d'apparition Rebondir.

   L'effet qui vient d'être choisi apparaît dans le volet Animation, comme le révèle la Figure 9.6.

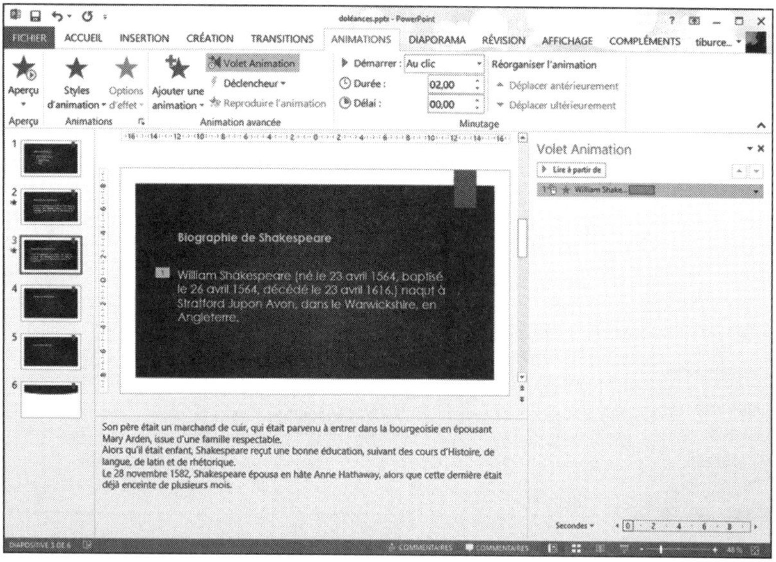

Figure 9.6 : Le volet Animation, à droite, après l'ajout d'une animation.

Remarquez la numérotation qui a été appliquée au paragraphe de l'espace réservé. Elle permet d'identifier les éléments qui seront animés individuellement sur les diapositives.

5. **(Facultatif) Cliquez sur le bouton Options d'effets pour définir un paramètre supplémentaire, comme à la Figure 9.7.**

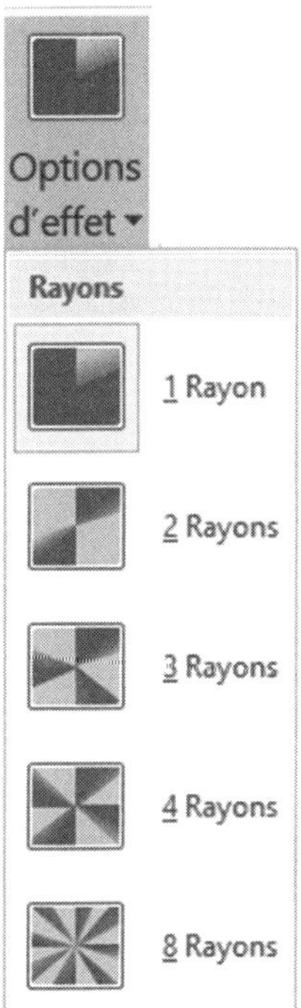

Figure 9.7 : Les options d'un effet.

Par exemple, pour l'animation Rebondir, vous choisirez un rebond global pour tous les paragraphes en même temps, ou le rebond du premier paragraphe, puis du second, et ainsi de suite.

6. **Pour prévisualiser l'animation, cliquez sur le bouton Lire situé en haut à gauche du volet Animation.**

Ou, si vous préférez, démarrez la lecture du diaporama en appuyant sur la touche F5 pour apprécier l'aspect de l'animation. Si rien ne se passe, essayez de cliquer sur le bouton de la souris.

Si vous appliquez plusieurs effets à une diapositive, ils seront initialisés à chaque clic de souris, dans l'ordre où vous les aurez définis. Rien ne vous empêche de déterminer l'ordre des effets en les glissant-déplaçant les uns au-dessus ou en dessous des autres directement dans le volet Animation. Une autre technique consiste à sélectionner un effet dans ce volet puis à cliquer sur les flèches Haut ou Bas situées dans la partie supérieure droite. Pour en savoir plus sur la réorganisation des effets et leur temporisation, reportez-vous à la section « Minuter les animations », plus loin dans ce chapitre.

Un effet peut être configuré plus finement encore en cliquant sur le bouton fléché à sa droite dans le volet Animation. Choisissez Options d'effet, dans le menu. Une boîte de dialogue semblable à celle de la Figure 9.8 s'ouvre. Elle permet d'ajouter un son, de modifier la couleur de l'objet une fois l'animation terminée, et de déterminer la manière dont le texte sera animé (tout simultanément, mot après mot ou lettre après lettre). Selon le type d'effet, des commandes supplémentaires peuvent apparaître dans cette boîte de dialogue.

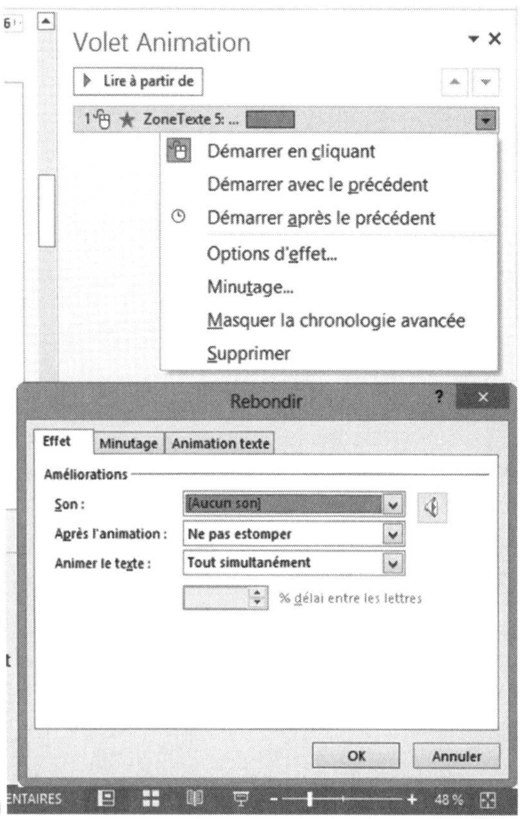

Figure 9.8 : La boîte de dialogue des paramètres de l'animation Rebondir.

Détails sur l'animation des textes

On anime généralement du texte pour attirer l'attention sur un paragraphe. Il suffit pour cela d'appliquer un effet d'ouverture à l'espace réservé du texte. Ajustez ensuite les paramètres de l'effet. Ainsi, au début de la présentation, la diapositive n'affiche que le titre. Cliquez une fois et le premier paragraphe apparaît. Lisez tranquillement ce paragraphe, puis cliquez sur le bouton de la souris pour afficher le deuxième paragraphe. Continuez à lire et à cliquer jusqu'à ce que tous les paragraphes soient affichés. Ensuite, quand vous cliquez, vous passez à la diapositive suivante.

Une autre approche consiste à utiliser un effet de la catégorie Emphase ou Apparition. Cela permet d'afficher tous les paragraphes sur la diapositive. Quand vous cliquez sur la souris, l'effet d'Apparition est appliqué au premier paragraphe – il change de couleur, grossit, tourne, *etc*. Chaque fois que vous cliquez, l'effet est appliqué au prochain paragraphe de la séquence.

Vous devez d'abord ajouter l'effet à l'espace réservé du texte. Vous appelez ensuite la boîte de dialogue des options de l'effet, en cliquant sur la flèche à droite de l'effet, dans le volet Animation. La boîte de dialogue des options de l'effet s'ouvre. Cliquez sur l'onglet Animation texte, comme le montre la Figure 9.9.

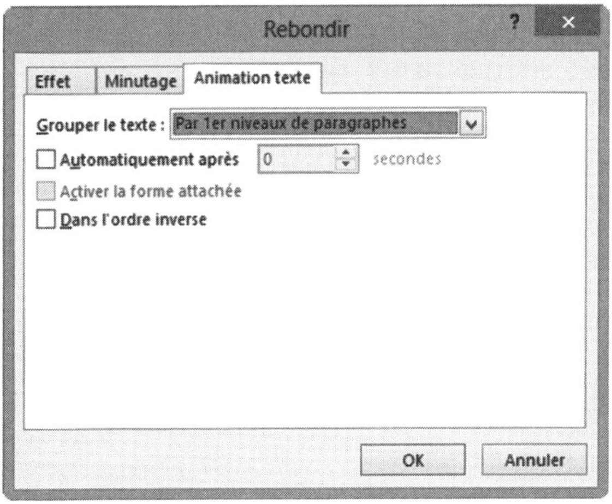

Figure 9.9 : Animation de texte.

Dans la boîte de dialogue de l'animation, le paramètre Grouper le texte, sous l'onglet Animation texte, contrôle la manière dont les paragraphes apparaissent quand vous cliquez sur la souris pendant le diaporama, en se basant sur le niveau hiérarchique des paragraphes. Si vous n'avez qu'un niveau hiérarchique, l'option Par 1er niveaux de paragraphes est idéale. Si plusieurs niveaux ont été définis dans la diapositive, conserver l'option précédente fait que chaque paragraphe est animé conjointement avec ceux qui lui sont subordonnés. Pour n'animer que les paragraphes de niveau 2, choisissez plutôt l'option Par 2e niveau de paragraphes.

Les autres commandes de cet onglet permettent d'animer automatiquement chaque paragraphe après un certain laps de temps, ou d'afficher les paragraphes en ordre inverse.

Minuter les animations

La plupart des animations sont déclenchées à la souris. Mais vous pouvez activer automatiquement certaines animations en séquence ou toutes en même temps. Les fonctions de minutage de PowerPoint le permettent.

Il faut d'abord placer les divers effets dans l'ordre correct. Dans un premier temps, ils sont ajoutés à la liste selon leur ordre de création. Il est rare de déterminer l'ordre définitif des effets au moment où on les crée dans une présentation. Pour les ordonner correctement, il suffit toutefois de les faire monter ou descendre dans la liste.

Les effets placés dans le bon ordre, cliquez sur le bouton fléché à droite de l'animation, dans le volet Animation, et choisissez l'une de ces options :

- **Démarrer en cliquant :** Lance l'effet quand vous cliquez ou appuyez sur la touche Entrée.
- **Démarrer avec le précédent :** Lance l'effet quand celui situé immédiatement au-dessus dans la liste démarre. Utilisez cette option pour animer plusieurs objets simultanément.
- **Démarrer après le précédent :** Lance l'effet dès que le précédent est terminé.

Commencez par le premier effet de la liste. Cliquez ensuite sur chaque effet pour les sélectionner. Choisissez une option dans la liste Début. Si tous les effets, à l'exception du premier, sont fixés sur Avant la précédente ou Après la précédente, toutes les animations des diapositives s'exécutent automatiquement quand vous cliquez pour lancer le premier effet.

Par exemple, la Figure 9.10 affiche une diapositive dans laquelle trois formes géométriques se rassemblent pour constituer un rectangle.

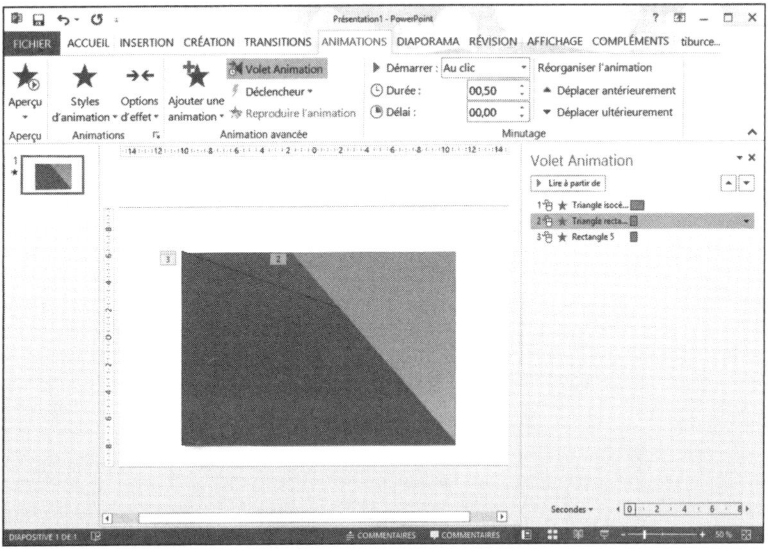

Figure 9.10 : Formes animées.

TRUC

Reportez-vous au Chapitre 13 pour savoir comment tracer les formes animées dans cette illustration.

Suivez les étapes ci-dessous pour animer une forme géométrique, comme sur la Figure 9.10 :

1. **Sur la pièce supérieure gauche, ajoutez un effet de trajectoire Entrée brusque avec les options suivantes :**

   Début : Au clic.

   Sens : À partir du coin supérieur gauche.

   Durée : 2 secondes (moyen).

2. **Sur la pièce supérieure droite, ajoutez un effet de trajectoire Entrée brusque avec les options suivantes :**

   Début : Avec la précédente.

   Sens : À partir du coin supérieur droit.

   Durée : 2 secondes (moyen).

3. Sur la pièce inférieure, ajoutez un effet de trajectoire Entrée brusque avec les options suivantes :

Début : Démarrer avec le précédent.

Sens : À partir du bas.

Durée : 2 secondes (moyen).

Pour plus de contrôle sur le minutage des effets cliquez, dans le volet Animation, sur la flèche située à droite de l'effet. Choisissez Minutage. La boîte de dialogue de la Figure 9.11 apparaît. Voici quelques explications sur le minutage :

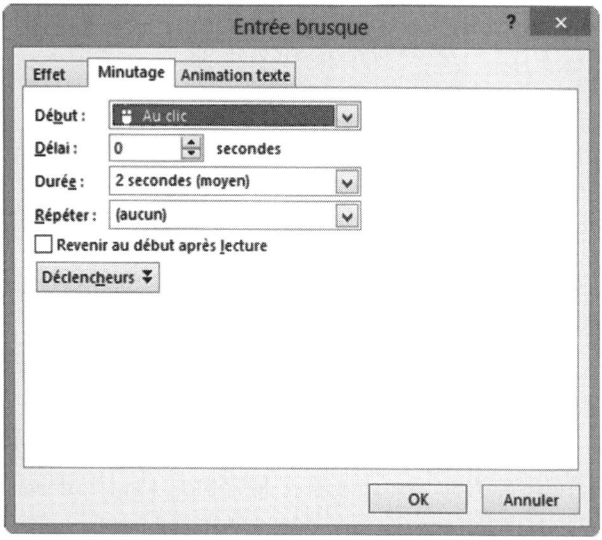

Figure 9.11 : Les commandes du minutage.

- **Début :** Même commande que la liste Début du volet Animation.
- **Délai :** Permet de retarder le démarrage de l'animation en spécifiant des secondes.
- **Durée :** Même commande que la liste Vitesse du volet Animation.
- **Répéter :** Répète l'effet afin que l'objet soit animé plusieurs fois de suite.
- **Revenir au début après lecture :** Certains effets laissent l'objet dans une autre condition que celle qui était la sienne

au moment du démarrage de l'effet. Par exemple, l'objet peut changer de couleur ou de taille, ou encore se déplacer à une nouvelle position sur la diapositive. Si vous cochez cette option, l'objet reprend ses propriétés d'origine quand l'animation est terminée.

Faire vibrer du texte

L'un de mes effets favoris est de faire vibrer un texte, de préférence un titre. L'effet est d'autant plus intéressant que la police utilisée est originale, comme le Cosmic ou du Jokerman. Voici comment réaliser cet effet :

1. **Tapez le texte à faire vibrer – au sens propre comme au figuré – et sélectionnez une police de caractères un peu fantaisie.**

2. **Appliquez un facteur de zoom de 400 %.**

   Il sera plus facile de définir une trajectoire courte.

3. **Sous l'onglet Animations, cliquez sur Ajouter une animation, puis sur Chemin personnalisé.**

   Le pointeur de la souris prend la forme d'un crayon ou d'une croix.

4. **Dessinez un petit motif hésitant au centre du texte.**

   Il suffit de faire un petit gribouillage de bas en haut sur une très courte distance et une faible hauteur.

5. **Revenez à un facteur de zoom de 100 %.**

6. **Dans le volet Animation, cliquez sur la flèche de l'animation que vous venez de créer et choisissez Minutage.**

   La boîte de dialogue servant à configurer la temporisation apparaît.

7. **Définissez une durée de 2 secondes, et optez pour une répétition de type Jusqu'à la fin de la diapositive.**

8. **Lancez le diaporama pour apprécier l'effet.**

Vous devrez certainement essayer en variant les paramètres, voire redessiner la trajectoire pour obtenir l'effet désiré. Quoi qu'il en soit, n'hésitez pas à faire des essais.

Utiliser l'outil Reproduire l'animation

Reproduire l'animation permet de copier facilement un effet d'animation complet d'un objet vers un autre. Voici comment :

1. **Utilisez les techniques présentées dans ce chapitre pour appliquer une animation à un objet.**

2. **Sélectionnez l'objet animé.**

3. **Dans le groupe Animation avancée de l'onglet Animations, cliquez sur le bouton Reproduire l'animation.**

   Le pointeur de la souris se transforme en pinceau.

4. **Cliquez sur l'objet qui doit être animé de la même façon.**

   L'animation de l'objet sélectionné à l'Étape 2 est copiée sur l'objet sur lequel vous venez de cliquer à cette étape.

Pour copier l'animation sur plusieurs objets, double-cliquez sur le bouton Reproduire l'animation, à l'Étape 3, puis cliquez sur tous les objets devant recevoir l'animation. Appuyez ensuite sur la touche Échap pour désactiver cette fonction.

Chapitre 10

Masques et modèles

Dans ce chapitre :

- Notions de base concernant les masques.
- Utiliser et modifier des masques.
- En-têtes et pieds de page.
- Retrouver des espaces réservés perdus.
- Créer des modèles.

Vous désirez ajouter un même texte à toutes les diapositives d'une présentation ? Ou faire figurer votre nom et votre numéro de téléphone en bas des documents remis à votre auditoire ? Ou placer une image sur le bord droit de chaque page de commentaires ?

Les *masques* sont le meilleur moyen d'ajouter des éléments sur les diapositives d'une présentation. Inutile de procéder diapositive par diapositive. Vous ajoutez les éléments au masque, et vous les retrouvez sur toutes les diapositives qui lui sont associées. Si le masque est supprimé, les éléments disparaissent. Très convaincant, n'est-ce pas ?

Les masques gouvernent tous les aspects d'une diapositive : la couleur d'arrière-plan, les objets et les textes qui se répètent dans chaque diapositive, *etc.*

Travailler avec des masques

Dans PowerPoint, un masque régit l'apparence de l'ensemble des diapositives ou des pages d'une présentation. Chaque présentation dispose d'au moins trois masques :

- **Masque des diapositives :** Régit la mise en forme des diapositives.
- **Masque du document :** Contrôle l'aspect des documents imprimés pour votre auditoire.
- **Masque des pages de commentaires :** Détermine les caractéristiques d'impression des commentaires.

Chaque masque impose l'apparence du texte (police, taille et couleur, par exemple), la couleur d'arrière-plan de la diapositive, la mise en page des espaces réservés, et tout texte ou objet supplémentaire à faire apparaître sur chaque diapositive ou page.

Un aspect intéressant – et souvent utile – des masques est que tout élément placé dans le masque se trouve aussi dans chaque disposition associée à ce masque. Par exemple, si vous définissez une couleur d'arrière-plan dans le masque, celle-ci sera adoptée par toutes les mises en page. De même, si vous placez un grand rectangle bleu dans le coin supérieur gauche du masque, ce rectangle apparaîtra dans toutes les mises en page.

Il est cependant possible d'ajouter des éléments à une disposition en particulier. Ils ne se trouveront ainsi que dans cette dernière. Ce sera par exemple le cas d'éléments graphiques visibles uniquement dans la diapositive de titre. Choisissez ensuite les éléments qui n'apparaîtront que dans les diapositives utilisant la disposition Titre.

Voici quelques autres points à prendre en compte au sujet des masques :

- Les masques ne sont pas une option supplémentaire. Toute présentation en possède. Cependant, vous pouvez les modifier pour mettre en forme des objets contenus dans le masque d'une diapositive spécifique. Cette possibilité permet de varier l'apparence des diapositives quand cela est nécessaire.
- Plusieurs masques de diapositives peuvent être utilisés dans une même présentation, ce qui permet de mêler deux ou trois – voire davantage – créations dans une même présentation. C'est pourquoi j'ai dit qu'une présentation comporte *au moins* trois masques. Dès qu'elle en a plus d'un, elle en possède plus de trois. Notez qu'une présentation ne peut toutefois avoir qu'un seul masque de document et un seul masque de commentaires. Pour en savoir davantage quant à l'utilisation de plus d'un masque des diapositives, reportez-vous à la section

« Oui, vous pouvez utiliser deux masques », à la fin de ce chapitre.

- Si vous avez utilisé une version précédente de PowerPoint, vous vous demanderez sans doute ce qu'il est advenu du masque de titre. Dans la nuit des temps, il existait un masque séparé pour le titre des diapositives. Cependant, dans PowerPoint 2013, les titres n'ont plus leur propre masque. La mise en forme des titres est désormais régie par une disposition Diapositive de titre appartenant à un masque particulier.

Modifier le masque des diapositives

Si la mise en page de vos diapositives ne vous plaît pas, activez le masque des diapositives et procédez comme suit :

1. **Activez l'affichage en mode Masque en cliquant sur l'onglet Affichage, puis sur le bouton Masque des diapositives, dans le groupe Affichages des présentations.**

   Vous pouvez aussi maintenir la touche Maj enfoncée tout en cliquant sur le bouton Normal, en bas à droite de PowerPoint.

2. **Admirez le masque dans toute sa splendeur.**

   La Figure 10.1 montre un masque des diapositives types. Vous y voyez la délimitation de la réserve du titre et du texte courant. Bien qu'aucun ne soit visible dans cet exemple, le masque peut aussi contenir des couleurs d'arrière-plan et d'autres éléments qui seront visibles sur chaque diapositive.

   En bas de la diapositive, un masque des diapositives comporte trois espaces réservés : l'un pour la date, l'autre pour le pied de page et le dernier pour le numéro de la diapositive. Ces trois zones sont décrites plus loin, dans la section « En-têtes et pieds de page ».

   Une miniature de tous les masques de titre et des diapositives est affichée dans le volet de gauche.

3. **Effectuez toutes les modifications de mise en forme désirées.**

   Sélectionnez le texte auquel vous désirez appliquer un nouveau style et modifiez-en la mise en forme. Si vous souhaitez,

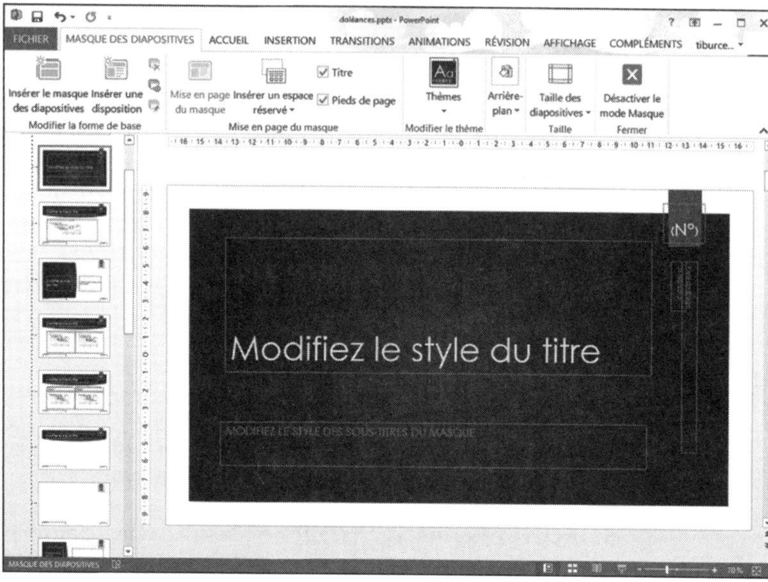

Figure 10.1 : Le mode Masque des diapositives.

par exemple, que les titres des diapositives soient en italique, sélectionnez le texte du titre et appuyez sur Ctrl + I, ou cliquez sur le bouton Italique de l'onglet Accueil.

TRUC

Veillez que le masque des diapositives lui-même soit sélectionné, et non l'une de ses mises en page. Ainsi, toutes les modifications se répercuteront sur toutes les mises en page associées au masque des diapositives.

4. **(Facultatif) Pour ajouter des éléments spécifiquement à l'une des mises en page, sélectionnez-la puis apportez les modifications.**

   Par exemple, vous pourriez ajouter des éléments graphiques supplémentaires, ou sélectionner une autre police pour les diapositives de titres. Pour ce faire, sélectionnez la disposition Diapositive de titre et procédez aux modifications.

5. **Cliquez sur le bouton Normal, en bas à droite de PowerPoint, pour revenir à l'affichage normal des diapositives.**

   C'est terminé !

Remarquez que le corps du texte contient cinq niveaux de plan mis en forme avec des tailles de caractères différentes, des retraits et des styles de puces. Vous pouvez modifier la présentation d'un niveau de plan.

TRUC

Vous pouvez saisir tout ce que vous souhaitez dans le titre ou les espaces réservés. Cependant, le texte n'apparaît pas sur les diapositives. Il n'est là que pour communiquer des informations sur la mise en forme des diapositives. Pour insérer du texte qui apparaisse sur chaque diapositive, lisez la section, « Ajouter du texte récurrent », un peu plus loin dans ce chapitre.

TRUC

N'importe quel objet du masque peut être modifié en cliquant dessus. Contrairement aux espaces réservés du titre et de l'objet, tout texte saisi dans les autres objets du masque des diapositives apparaît sur chaque diapositive à l'endroit exact où vous le placez sur le masque.

L'onglet Masque des diapositives

Quand vous activez l'affichage Masque des diapositives, un nouvel onglet, fort opportunément nommé Masques des diapositives, apparaît dans le Ruban (voir Figure 10.2).

Figure 10.2 : L'onglet Masque des diapositives.

Tout au long de ce chapitre, vous apprendrez à utiliser les diverses commandes de cet onglet. En attendant, voici une brève présentation des groupes qui s'y trouvent :

- **Modifier la forme de base :** Les commandes de ce groupe permettent de modifier le masque des diapositives. Vous pouvez recourir au bouton Insérer le masque des diapositives afin de créer un nouveau masque, ou utiliser le bouton Insérer une disposition afin d'ajouter une nouvelle mise en page à un masque existant. Vous pouvez aussi cliquer sur les boutons Supprimer la diapositive et Renommer pour supprimer ou nommer différemment un masque ou une disposition. En ce qui concerne le bouton Conserver, reportez-vous à la section « Conserver les masques », plus loin dans ce chapitre.

- **Mise en page du masque :** Les commandes de ce groupe servent à modifier une mise en page ou une disposition en ajoutant ou ôtant des espaces réservés, le titre ou les éléments du pied de page.
- **Modifier le thème :** Les commandes servent à appliquer un thème à un masque ou à une disposition. Reportez-vous au Chapitre 8 pour en savoir plus sur les thèmes.
- **Arrière-plan :** L'unique commande de ce groupe – dont le nom n'est pas mentionné dans le Ruban – permet de définir l'arrière-plan d'un masque ou d'une disposition. Référez-vous au Chapitre 8 pour en savoir plus.
- **Mise en page :** Les commandes servent à modifier l'orientation d'une page. PowerPoint n'autorise malheureusement pas l'usage de masques différemment orientés dans une même présentation. Quand vous modifiez celle d'un masque ou d'une disposition, toutes les autres sont aussi modifiées.
- **Taille :** Les commandes de ce groupe permettent de choisir entre un écran standard 4:3 et un grand écran 16:9.
- **Fermer :** L'unique bouton de ce groupe réactive l'affichage Normal. L'onglet Masque des diapositives disparaît du Ruban.

Ajouter du texte récurrent

Procédez comme suit pour ajouter un texte revenant sur chaque diapositive :

1. **Appelez le mode Masque des diapositives en cliquant sur Masque des diapositives, dans le groupe Affichages des présentations de l'onglet Affichage.**
2. **Ajoutez une zone de texte dans le masque en sélectionnant l'onglet Insertion et en cliquant ensuite sur le bouton Zone de texte, dans le groupe Texte.**

   C'est dans cet objet que vous placerez le texte.
3. **Saisissez le texte à faire apparaître sur chaque diapositive.**

   Par exemple : **Appelez dès maintenant le 00-1 800 555 ! Ne lambinez pas ! Les opérateurs piaffent d'impatience !**

4. **Mettez le texte en forme.**

   Par exemple, pour mettre le texte en gras, appuyez sur Ctrl + G ou cliquez sur le bouton Gras, sous l'onglet Accueil. (Le formatage du texte est expliqué au Chapitre 7.)

5. **Cliquez sur le bouton Mode Normal pour revenir à votre présentation.**

   C'est le moment de faire preuve d'autosatisfaction : rameutez les collègues et montrez-leur comment un texte apparaît sur chacune des diapositives de la présentation (qui a dit « bof » ?).

Vous pouvez ajouter d'autres types d'objets au masque des diapositives, comme des cliparts, des photos, voire un clip audio ou visuel. Tout ce que vous pouvez ajouter à une diapositive normale peut l'être à un masque de diapositive.

Après avoir placé un objet sur le masque des diapositives, il peut être déplacé à la souris et redimensionné. L'objet sera toujours affiché au même emplacement et à une taille identique sur chaque diapositive.

Pour supprimer un objet du masque des diapositives, cliquez dessus et appuyez sur la touche Suppr. Pour supprimer un objet textuel, vous devez d'abord cliquer sur l'objet puis sur son cadre. Appuyez ensuite sur la touche Suppr.

Appliquer des thèmes à vos masques

Vous pouvez utiliser les commandes du groupe Modifier le thème, sous l'onglet Masque des diapositives, pour changer le thème appliqué à un masque des diapositives. ***Remarque :*** Toutes les mises en page appartenant à un masque donné utilisent le même thème. De ce fait, peu importe que le masque des diapositives lui-même ou d'une de ses mises en page soit sélectionné lorsque vous changez de thème. Dans les deux cas, c'est le masque des diapositives tout entier qui est changé.

Voici comment procéder pour changer un thème :

1. **Choisissez Affichage/Affichages des présentations/Masque des diapositives, ou maintenez la touche Maj enfoncée et cliquez sur le bouton Normal, en bas à droite de PowerPoint.**

2. **Sous l'onglet Masque des diapositives, déroulez le menu du bouton Thèmes et sélectionnez celui que vous voulez.**

3. **(Facultatif) Utilisez les commandes Couleurs, Polices et Effets afin de configurer l'apparence à votre convenance.**

Reportez-vous au Chapitre 8 pour en savoir davantage sur ce vaste et tout aussi important sujet que sont les thèmes.

Pour ne configurer que le fond des diapositives, choisissez la commande Arrière-plan.

Ajouter une nouvelle disposition

Si les dispositions qui accompagnent les masques de diapositives de PowerPoint ne vous conviennent pas, créez-les vous-même en procédant comme suit :

1. **Dans le groupe Affichages des présentations de l'onglet Affichage, cliquez sur le bouton Masque des diapositives. Ou alors, touche Maj enfoncée, cliquez sur le bouton Normal, en bas à droite de PowerPoint.**

2. **Sous l'onglet Masque des diapositives, dans le groupe Modifier la forme de base, cliquez sur Insérer une disposition.**

   Une nouvelle disposition vierge est insérée dans le masque des diapositives courant.

3. **Dans le groupe Mise en page du masque, déroulez la liste Insérer un espace réservé.**

   Cette commande contient une liste d'espaces réservés. Les options ont pour nom Contenu, Texte, Image, Graphique, Table, SmartArt, Support et Images en ligne.

4. **Arrangez la disposition à votre convenance.**

   Les espaces réservés peuvent être déplacés et redimensionnés. Ils peuvent aussi recevoir des mises en forme et d'autres options de mise en page.

5. **Cliquez ensuite sur le bouton Fermer pour revenir à l'affichage Normal.**

Modifier le masque du document et le masque des pages de commentaires

À l'instar du masque des diapositives, les masques du document et des pages de commentaires contiennent des informations de mise en page qui s'appliquent automatiquement à votre présentation. Cette section indique comment les modifier.

Modifier le masque du document

Voici comment modifier le masque du document :

1. **Dans le groupe Modes Masque de l'onglet Affichage, cliquez sur Masque du document. Ou alors maintenez la touche Maj enfoncée et cliquez sur le bouton Mode Trieuse de diapositives.**

   Le masque du document apparaît, comme sur la Figure 10.3. Remarquez l'onglet Masque du document qui vient d'apparaître sur le Ruban.

2. **Étudiez le masque du document.**

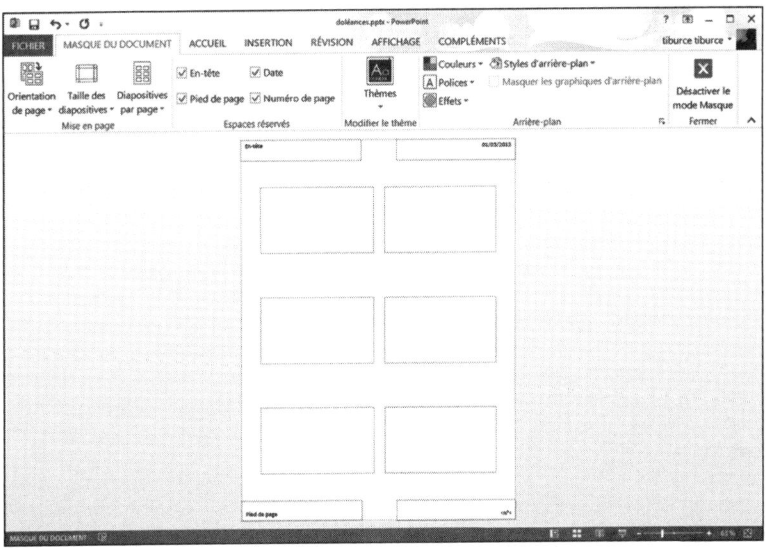

Figure 10.3 : Le masque du document et son onglet spécial.

Le masque du document présente la disposition des diapositives sur le document que vous remettrez éventuellement à votre auditoire. Vous pouvez imprimer deux, trois, quatre, six et neuf diapositives par page. Vous pouvez passer de l'une à l'autre de ces dispositions en déroulant le menu du bouton Diapositives par page, dans le groupe Mise en page.

Il n'est malheureusement pas possible de déplacer, redimensionner ou supprimer la diapositive et les espaces réservés qui apparaissent sur le masque du document. En revanche, vous pouvez ajouter ou modifier des éléments devant apparaître sur chaque page du document, comme votre nom et votre numéro de téléphone, voire une plaisanterie bien saignante.

3. **Cliquez sur le bouton Désactiver le mode Masque, dans le groupe Fermer de l'onglet Masque du document.**

   PowerPoint revient au mode Normal.

4. **Imprimez le document afin de vérifier si les modifications sont prises en compte.**

   Les éléments du masque du document ne sont pas visibles tant qu'ils ne sont pas sortis sur papier. C'est pourquoi vous devez imprimer au moins une page pour apprécier vos modifications.

Quand vous imprimez des pages de document, les diapositives sont mises en forme selon le masque des diapositives. L'apparence des diapositives ne peut pas être modifiée depuis le masque du document.

Modifier le masque des pages de commentaires

Les pages de commentaires – appelées « pages de notes » de l'onglet Affichage, ce qui revient du pareil au même – sont une image réduite de la diapositive, accompagnée des commentaires que vous avez saisis dessous. Pour plus d'informations sur la création et l'utilisation des pages de commentaires, reportez-vous au Chapitre 5.

À l'impression, les pages de commentaires sont mises en forme selon le masque des pages de notes. Pour le modifier :

1. **Choisissez Affichage/Affichages des présentations/Masque des pages de notes.**

   Le masque des pages de notes apparaît, comme illustré sur la Figure 10.4.

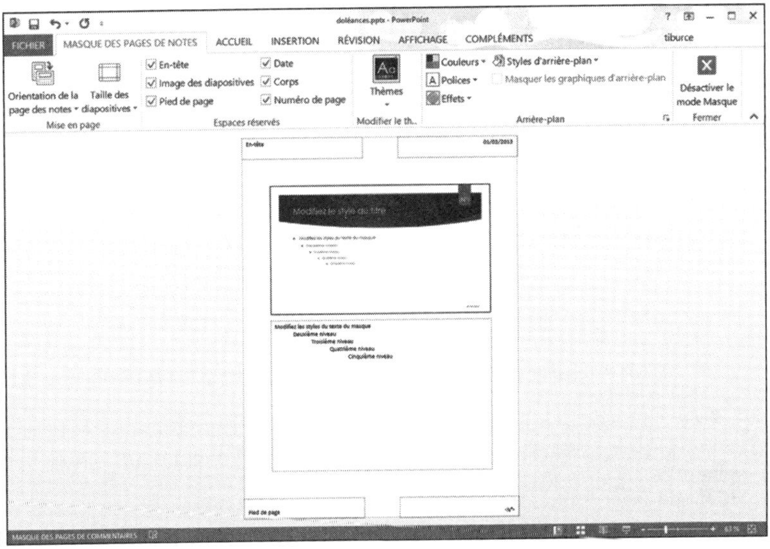

Figure 10.4 : Le masque des pages de notes.

2. **Mettez-le en page comme vous l'entendez.**

   Le masque des pages de notes contient deux espaces réservés : l'un pour la diapositive, l'autre pour le texte des commentaires. Vous pouvez déplacer ou modifier la taille des objets, mais aussi modifier la mise en forme du texte présent dans les espaces réservés des commentaires. Il est aussi possible d'ajouter ou de modifier des éléments devant apparaître sur chaque page du document. Remarquez également les emplacements de l'en-tête, du pied de page et des numéros de page.

3. **Cliquez sur le bouton Désactiver le mode Masque, dans le groupe Fermer.**

   PowerPoint revient au mode Normal.

4. **Imprimez les commentaires pour voir si tout a bien été pris en compte.**

TRUC

Pensez à numéroter les pages de commentaires. Autrement, si la pile de pages venait à tomber ou à s'envoler, je vous souhaiterais bien du plaisir pour la remettre en ordre.

Utiliser des masques

Vous n'avez rien à faire de spécial pour appliquer des mises en forme depuis un masque. Toutes les diapositives adoptent automatiquement le format défini dans le masque, sauf stipulation contraire.

Outrepasser le style du texte du masque

Pour passer outre le style du texte spécifié par le masque des diapositives ou du titre, contentez-vous de mettre le texte en forme à partir du mode Normal. Le format ne s'applique qu'au texte sélectionné. Le masque des diapositives et celui du titre ne sont pas affectés.

ATTENTION !

La seule manière de modifier le style d'un masque est de basculer en mode d'affichage Masque. Dans ce cas, les modifications s'appliquent à toutes les diapositives.

TRUC

Quand vous modifiez la mise en page et le formatage des éléments textuels de la diapositive – par exemple, lorsque vous déplacez l'espace réservé du titre ou modifiez la police de ce dernier – et si vous estimez que c'était mieux auparavant, basculez en mode Normal. Cliquez du bouton droit sur la vignette de la diapositive concernée et, dans le menu contextuel qui apparaît, choisissez Réinitialiser la diapositive.

Masquer des objets d'arrière-plan

Le masque des diapositives permet d'ajouter des objets d'arrière-plan qui apparaissent sur chaque diapositive de la présentation. Il est toutefois possible de cacher les objets d'arrière-plan des diapositives sélectionnées. Vous pouvez également modifier la couleur d'arrière-plan ou les effets appliqués à telle ou telle diapositive. Voici comment procéder :

1. **Affichez la diapositive à laquelle vous désirez appliquer un arrière-plan uni.**

2. **Cliquez sur l'onglet Création puis, dans le groupe Personnaliser, cliquez sur Mettre en forme l'arrière-plan.**

3. **Dans le volet qui apparaît sur le côté droit de l'interface, cochez la case Masquer les graphiques d'arrière-plan.**

TRUC

Le masquage des objets d'arrière-plan ou la modification de la couleur d'arrière-plan ne s'appliquent qu'à la diapositive courante. Les autres ne sont pas affectées.

Pour supprimer certains objets d'arrière-plan, mais pas tous, essayez ceci :

1. **Masquez le graphisme utilisé comme arrière-plan.**

   Pour masquer un objet d'arrière-plan, choisissez Création/ Mettre en forme l'arrière-plan, puis cochez l'option Masquer les graphiques d'arrière-plan.

2. **Activez le masque des diapositives en choisissant Affichage/ Modes Masque/Masque des diapositives.**

3. **Maintenez la touche Maj enfoncée, et cliquez sur chaque objet d'arrière-plan devant rester visible.**

4. **Appuyez sur Ctrl + C pour copier ces objets dans le Presse-papiers.**

5. **Cliquez sur le bouton Normal, en bas à droite de PowerPoint, pour rétablir l'affichage Normal.**

6. **Appuyez sur Ctrl + V pour coller les objets présents dans le Presse-papiers.**

7. **Si des objets occultent d'autres éléments ou objets, cliquez sur l'onglet Outils Image situé au-dessus du Ruban et à droite de l'onglet Outils de dessin. Dans le groupe Organiser, cliquez sur Reculer/Mettre à l'arrière-plan.**

TRUC

Remarquez qu'en collant des objets de cette manière, ces derniers ne sont plus liés au masque des diapositives. De ce fait, si par la suite vous changez les objets dans le masque des diapositives, ces modifications ne seront pas répercutées sur les diapositives dans lesquelles les copies des objets ont été collées.

En-têtes et pieds de page

Les en-têtes et les pieds de page permettent de répéter du texte en haut et en bas de chaque diapositive, document ou page de commentaires. Vous pouvez également y faire figurer l'heure et la date, le numéro de la diapositive, de la page, ou toute autre information devant apparaître sur chaque diapositive ou page, comme votre nom, ou encore le titre de la présentation.

Le masque des diapositives de PowerPoint est doté de trois espaces réservés pour ces informations :

- La **Zone de date** utilisable pour afficher la date et l'heure.
- La **Zone de numérotation** destinée à afficher le numéro de la diapositive.
- La **Zone de pied de page** pour afficher n'importe quel texte devant figurer sur chaque diapositive.

Le masque du document et le masque des pages de commentaires comportent un quatrième espace réservé, la *Zone d'en-tête*, qui fournit une zone supplémentaire de texte à afficher sur chaque page.

Bien que les zones de date, de numéro et de pied de page apparaissent en bas de la diapositive, vous pouvez les repositionner à n'importe quel endroit du masque. Il suffit de les faire glisser avec le pointeur de la souris jusqu'à l'emplacement désiré.

Ajouter une date, un numéro ou un pied de page

Procédez comme suit pour ajouter une date, un numéro ou un pied de page à vos diapositives :

1. **Dans le groupe Texte de l'onglet Insertion, cliquez sur le bouton En-tête/pied.**

   La boîte de dialogue de la Figure 10.5 apparaît. (Si nécessaire, cliquez sur son onglet Diapositive pour accéder aux options de pied de page, comme sur l'illustration.)

2. **Pour afficher la date, cochez la case Date et heure. Sélectionnez ensuite le format de date dans la liste située sous l'option Mise à jour automatiquement.**

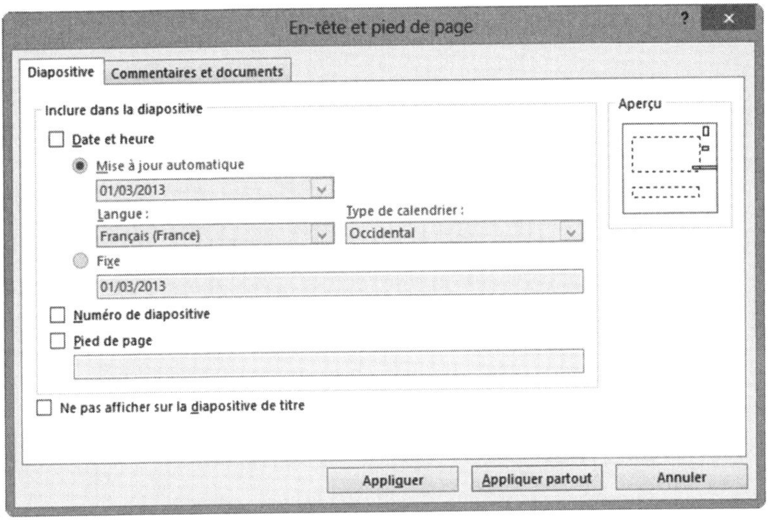

Figure 10.5 : La boîte de dialogue En-tête et pied de page.

Ou alors sélectionnez l'option Fixe et tapez n'importe quel texte à faire figurer dans la zone de date du masque des diapositives.

3. **Pour numéroter les diapositives, cochez la case Numéro de diapositive.**

4. **Pour afficher un pied de page sur chaque diapositive, cochez la case du même nom, puis saisissez le contenu du pied de page dans le champ situé en dessous.**

   Par exemple, vous pouvez saisir votre nom, celui de votre société, un message subliminal ou le nom de votre présentation.

5. **Pour faire apparaître la date, le numéro et le pied de page sur chaque diapositive sauf sur celle de titre, cochez la case Ne pas afficher sur la diapositive de titre.**

6. **Cliquez sur Appliquer partout.**

Si le diaporama doit être présenté à une date précise, saisissez-la directement dans le champ Fixe. Vous pouvez utiliser cette technique pour antidater les présentations, ce qui constituera un superbe alibi en cas de problème avec la police (ou avec votre conjoint).

Pour modifier les zones de pied de page d'une diapositive, cliquez sur Appliquer au lieu de Appliquer partout. Cette option est commode pour les quelques diapositives contenant un graphisme ou un bloc de texte qui empiète sur la zone du pied de page. Il est très facile de supprimer l'affichage du pied de page dans ces diapositives pour gagner de la place.

Ajouter un en-tête ou un pied de page aux commentaires et aux documents

Pour ajouter des en-têtes et des pieds de page aux pages de commentaires et de documents, suivez les étapes de la section ci-avant, « Ajouter une date, un numéro ou un pied de page aux diapositives ». Sauf que, cette fois, dans la boîte de dialogue En-tête et pied de page, vous cliquerez sur l'onglet Commentaires et documents. Vous accéderez ainsi à des options propres aux en-têtes et aux pieds de page des commentaires et des documents. Les options définies, cliquez sur Appliquer ou Appliquer partout.

Modifier directement les espaces réservés d'en-tête et de pied de page

Vous pouvez modifier le texte qui apparaît dans les espaces réservés d'en-tête et de pied de page. Commencez par afficher le masque approprié – des diapositives, de titre, du document ou des pages de commentaires. Cliquez ensuite sur l'espace réservé de date, du numéro, de pied de page ou d'en-tête, et commencez à saisir votre texte.

Notez que les espaces réservés comportent des codes spéciaux définis dans la boîte de dialogue En-tête et pied de page. Par exemple, l'espace réservé Date peut contenir le texte *<date/heure>* si vous indiquez que la date doit être affichée. Vous pouvez saisir le texte avant ou après ces codes, mais vous ne devez surtout pas toucher auxdits codes.

Oui, vous pouvez utiliser deux masques

Les concepteurs de PowerPoint ont eu la bonne idée de faire en sorte qu'il soit possible d'utiliser plusieurs masques de diapositives dans une même présentation.

Les sections suivantes expliquent comment utiliser plusieurs masques.

Créer un nouveau masque des diapositives

Pour ajouter un nouveau masque à une présentation :

1. **Activez l'affichage Masque des diapositives.**

   Sous l'onglet Affichage, cliquez sur le bouton Masque des diapositives (il se trouve dans le groupe Modes Masque). Ou, si vous préférez, touche Maj enfoncée, cliquez sur le bouton Normal, en bas à droite de PowerPoint.

2. **Dans l'onglet Masque des diapositives, cliquez sur le bouton Insérer le masque des diapositives du groupe Modifier la forme de base.**

   Un nouveau masque des diapositives apparaît, comme sur la Figure 10.6. Remarquez la miniature de ce masque dans le volet de gauche, et le fait qu'il utilise les paramètres par défaut de PowerPoint (arrière-plan blanc, texte noir...).

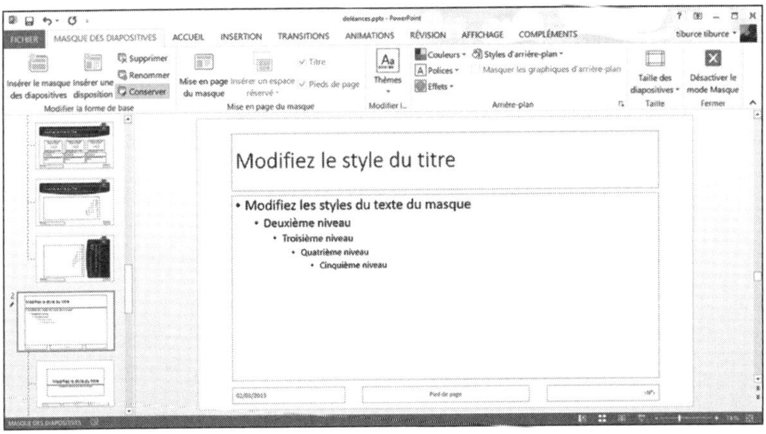

Figure 10.6 : Création d'un nouveau masque des diapositives.

3. **Modifiez le nouveau masque des diapositives.**

   Vous pouvez appliquer n'importe quelle mise en forme : modification de la couleur d'arrière-plan, ajout d'objets, *etc.*

4. **Cliquez sur le bouton Désactiver le mode Masque, dans le groupe Fermer, pour revenir à l'affichage Normal.**

Le nouveau masque ainsi créé est à présent utilisable. Pour en savoir plus, reportez-vous à la section « Appliquer les masques », un peu plus loin dans ce chapitre.

Une autre manière de créer un nouveau masque des diapositives consiste à dupliquer un masque existant. En procédant ainsi, le nouveau masque des diapositives hérite des paramètres de l'original. Cela fait gagner énormément de temps, surtout quand le nouveau masque doit contenir des modifications mineures, une autre couleur d'arrière-plan par exemple.

Pour dupliquer un masque des diapositives, cliquez sur la miniature du masque à dupliquer et appuyez sur Ctrl + D.Pour supprimer un masque des diapositives, cliquez sur sa miniature et appuyez sur la touche Suppr. Ou alors cliquez sur le bouton Supprimer la diapositive, dans le groupe Modifier la forme de base, sous l'onglet Masque des diapositives.

Appliquer des masques

Si vous avez créé plusieurs masques dans une présentation, vous pourrez sélectionner celui à utiliser par chaque diapositive. Voici comment appliquer un masque à une ou plusieurs diapositives :

1. **Sélectionnez la ou les diapositives auxquelles vous désirez appliquer un masque des diapositives.**

   Cliquez sur la miniature de la diapositive concernée. Pour en sélectionner plusieurs, maintenez la touche Ctrl enfoncée tout en cliquant sur les diapositives.

2. **Dans le groupe Diapositives de l'onglet Accueil, cliquez sur le bouton Dispositions.**

   Cette action ouvre la palette illustrée à la Figure 10.7. C'est là que vous trouvez les dispositions pour tous les masques de diapositives de la présentation.

3. **Sélectionnez la disposition de masque des diapositives à appliquer aux diapositives sélectionnées.**

   Le masque des diapositives est appliqué aux diapositives sélectionnées.

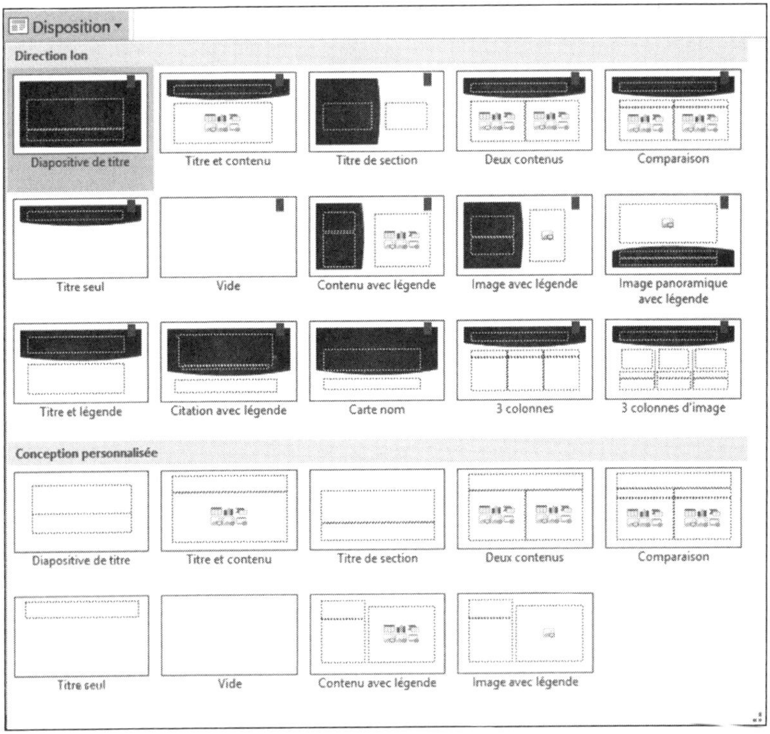

Figure 10.7 : Choisissez une disposition.

Conserver les masques

PowerPoint a la regrettable manie de supprimer les masques de diapositives lorsqu'ils ne sont plus utilisés dans la présentation. Par exemple, si vous en avez créé un et que vous l'avez appliqué à toutes les diapositives de la présentation, PowerPoint présume que vous n'avez plus besoin du masque de diapositives original. Ce dernier est donc éliminé.

Vous pouvez éviter cela avec l'option Conserver. Elle est appliquée à tout nouveau masque de diapositive créé automatiquement, qui sera ainsi préservé de la suppression. Mais si cette option n'est pas active sur l'un de vos masques, vous devrez l'activer vous-même.

Pour conserver un masque, activez l'affichage Masque des diapositives, cliquez sur la miniature du masque à préserver, puis cliquez sur le bouton Conserver du groupe Modifier la forme de base de l'onglet Masque des diapositives.

Ne cliquez pas inconsidérément sur le bouton Conserver. Si vous le faites pour un masque auquel cette option a déjà été appliquée, l'option est annulée, ce qui expose le masque à une suppression intempestive.

Restaurer des espaces réservés perdus

Si vous avez beaucoup manipulé le contenu des masques, c'est peut-être au détriment de la mise en page des espaces réservés. Si vous supprimez par inadvertance celui d'un pied de page du masque des diapositives, vous pouvez le restaurer en procédant ainsi :

1. **Activez l'affichage du masque des diapositives.**

2. **Activez le masque où manque l'espace réservé.**

3. **Dans le groupe Mise en page du masque de l'onglet Masque des diapositives, cliquez sur le bouton Mise en page du masque.**

   Vous accédez à la boîte de dialogue Mise en page du masque (Figure 10.8).

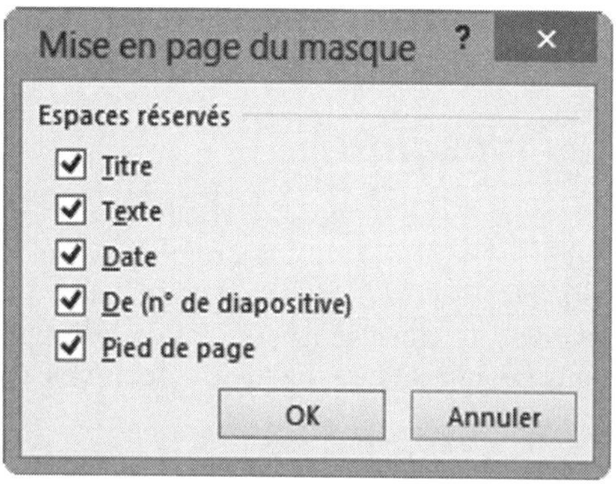

Figure 10.8 : La boîte de dialogue Mise en page du masque.

   Dans la boîte de dialogue Mise en page du masque, les espaces réservés en grisé sont ceux actuellement présents dans le masque. Seules les cases des espaces réservés supprimés sont accessibles.

4. **Cochez la ou les cases des espaces réservés à restaurer.**

5. **Cliquez sur OK.**

Le ou les espaces réservés réapparaissent.

Notez que cette procédure ne fonctionne qu'avec de véritables masques, et non pour les mises en page normales. Quand vous supprimez un espace réservé conventionnel, vous devez le recréer en cliquant sur la commande Insérer un espace réservé, comme expliqué précédemment dans ce chapitre.

Les modèles

Si vous deviez créer toutes les présentations à partir d'une diapositive vierge, vous vous lasseriez très vite de travailler avec PowerPoint. Créer une présentation est facile, mais en créer une qui soit graphiquement réussie est une autre paire de manches. C'est ardu, même pour quelqu'un qui a des dispositions artistiques. Et pour quelqu'un qui n'est pas très doué, c'est quasiment mission impossible.

Il existe heureusement les *modèles*. Un *modèle* est un fichier de présentation PowerPoint doté de masques de diapositives prédéfinis et de texte de placement (du « texte bidon », en jargon de graphiste). Les modèles dispensent de toute la phase de conception et de création. Vous pouvez certes créer vos propres modèles, mais il se trouve que PowerPoint en contient un grand nombre, conçus par des graphistes professionnels connaissant toutes les ficelles du métier.

Les fichiers des modèles ont une extension spéciale, `.potx`, mais vous pouvez aussi utiliser un fichier de présentation ordinaire (`.ppt`) comme modèle. De ce fait, n'importe laquelle de vos présentations peut devenir un modèle. Il suffit pour cela de l'enregistrer avec l'extension de fichier `.potx`.

Un modèle étant avant tout une présentation, vous pouvez l'ouvrir et le modifier à votre guise.

Créer un nouveau modèle

Pour créer un nouveau modèle, il suffit de définir une présentation avec ses masques et thèmes. Ensuite, vous enregistrez cette présentation en tant que modèle. Voici quelques points à retenir concernant les modèles :

- Pour procéder à des modifications mineures sur un des modèles fournis par PowerPoint, ouvrez-le avec la commande Ouvrir. Enregistrez-le immédiatement avec la commande Enregistrer sous, en sélectionnant le type de fichier `.potx` et en n'oubliant pas de nommer le modèle.
- Vous pouvez aussi créer vos propres modèles de présentation, complets avec des ébauches de diapositives, et autant de diapositives que vous le désirez.
- Choisissez un emplacement de stockage pour tous vos modèles. Vous devez connaître le chemin d'accès à vos modèles, comme un dossier spécial d'un de vos disques durs, si vous souhaitez créer une présentation basée sur un modèle.

Créer une présentation basée sur un modèle

Pour créer une nouvelle présentation à partir d'un modèle que vous avez créé, configurez PowerPoint pour qu'il cherche dans vos modèles personnalisés. Pour cela, cliquez sur Fichier puis sur Options. Dans le volet gauche, cliquez sur Enregistrement. Dans le champ Dossier local par défaut, tapez le chemin d'accès à vos modèles, et validez par un clic sur le bouton OK.

Une fois que vous avez spécifié l'emplacement de vos modèles, créez une présentation basée sur l'un d'eux en choisissant Fichier/Nouveau. Cliquez sur Personnel pour accéder à vos modèles, comme à la Figure 10.9.

Organiser les diapositives en sections

La fonction Section de PowerPoint 2013 permet de diviser une présentation en plusieurs groupes de diapositives. Les sections sont destinées aux présentations de grande envergure contenant suffisamment de diapositives pour pouvoir les regrouper thématiquement.

La commande Section est vraiment facile à utiliser. Il suffit de sélectionner la première diapositive devant figurer dans la nouvelle section, de cliquer sur l'onglet Accueil, de cliquer sur le bouton Section, dans le groupe Diapositives, et de choisir Ajouter une section. La nouvelle section apparaît sous la forme d'un en-tête de section, dans le volet de gauche, portant la mention *Section sans titre,* comme il apparaît dans la Figure 10.10.

Figure 10.9 : Créer une nouvelle présentation avec des modèles.

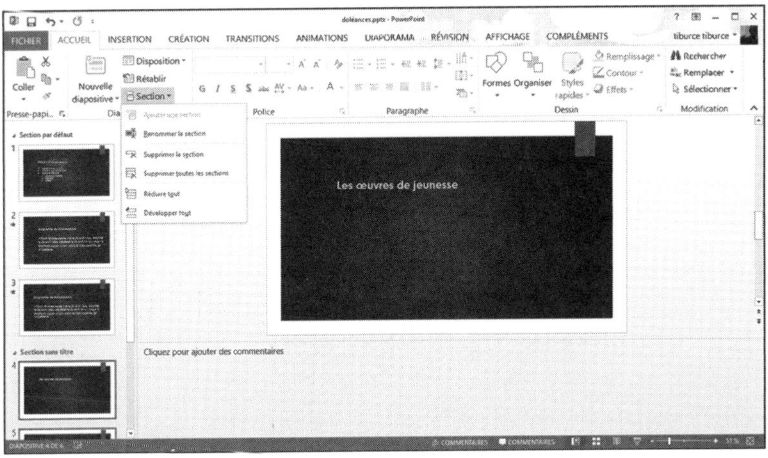

Figure 10.10 : Division d'une présentation en deux sections.

Après avoir divisé une présentation en sections, d'intéressantes possibilités s'offrent à vous :

- Sélectionner toutes les diapositives d'une section en cliquant sur l'en-tête de section, dans le volet de gauche.

- Rétracter ou déployer une section en cliquant sur le petit triangle à gauche du nom de l'en-tête de section.
- Renommer les en-têtes de section en cliquant dessus du bouton droit et en choisissant l'option Renommer la section, dans le menu contextuel.
- Déplacer l'ensemble des diapositives d'une section, ainsi que la section elle-même, en cliquant sur l'en-tête et en le tirant, bouton de la souris enfoncé, jusque avant ou après une autre section.
- Supprimer une diapositive dans une section, mais aussi toute la section, en cliquant dessus pour la sélectionner et en appuyant sur la touche Suppr.
- Supprimer une section – mais en conservant les diapositives qui s'y trouvent – en cliquant du bouton droit sur l'en-tête de la section et en choisissant Supprimer la section.

Troisième partie

Des présentations présentables

Dans cette partie...

- Se familiariser avec les différents types d'images informatiques, comment les insérer dans PowerPoint, et comment les combiner pour en tirer le meilleur parti.
- Découvrir les puissants outils de dessin de PowerPoint 2013.
- Ajouter des données graphiques dans vos présentations et en améliorer l'affichage.
- Embellir vos diapositives en insérant des diagrammes spéciaux appelés *SmartArt*.
- Insérer et modifier des éléments vidéo et audio pour créer des diaporamas aux impressionnantes fonctionnalités high-tech.
- Insérer des tableaux, des objets WordArt, des liens hypertextes, et des actions.

Chapitre 11

Insérer des images et des cliparts

Dans ce chapitre :

- Utiliser des images gratuites.
- Trouver l'image qui vous plaît.
- Déplacer, redimensionner, recadrer et étirer des images.
- Ajouter des effets spéciaux comme un cadre, un arrière-plan ou une ombre à une image.
- Transformer des photos en dessins.
- Compresser les photos pour obtenir un fichier moins volumineux.
- Ôter l'arrière-plan d'une image.

Regardons les choses en face : la plupart d'entre nous n'ont aucune disposition artistique. Inutile de compter sur les manipulations génétiques pour nous inoculer des cellules qui, un jour, feront de nous le Michel-Ange des diapositives.

Alors, contentons-nous des cliparts, des images glanées sur Internet, des photos que nous avons prises avec un appareil photo numérique ou des images numérisées avec un scanner.

Dans ce chapitre, vous découvrirez les différents types d'images informatiques que vous pouvez insérer dans vos diaporamas. Une fois que ces images seront dans une présentation, vous apprendrez à les manipuler pour en améliorer l'apparence.

Les différents types d'images

Le monde de l'imagerie numérique regorge de formats de fichiers. PowerPoint accepte heureusement les plus connus. Les sections suivantes montrent les différences essentielles qui existent entre les deux types majeurs d'images : bitmap et vectorielles.

Les images bitmap

Une *image bitmap* – ou plus exactement « point à point », mais cette traduction ne s'est jamais imposée – est un ensemble de petits points dont la juxtaposition compose une image. Vous pouvez créer des images bitmap à l'aide d'un appareil photo numérique, d'un scanner ou avec un logiciel comme Paint, livré avec Windows.

Les points qui constituent une image bitmap sont des *pixels*. Leur nombre dépend de deux facteurs : la résolution et la taille de l'image. La *résolution* se réfère au nombre de pixels par pouce. La plupart des moniteurs – et des projecteurs – affichent 72 pixels par pouce linéaire. Si l'image est destinée à être imprimée, la résolution doit être beaucoup plus élevée, de l'ordre de 200 à 300 pixels.

La quantité de données colorimétriques stockées dans chaque pixel – on parle de *profondeur de couleurs* – affecte le nombre d'octets que l'image occupera dans la mémoire de l'ordinateur. La profondeur de couleurs définit aussi le nombre de couleurs contenues dans l'image. Certains dessins simples se contentent de 256 couleurs. Mais pour une restitution réaliste des photographies, une palette de plusieurs millions de couleurs s'impose. Celle couramment utilisée en affiche plus de 16,7 millions.

Les images affichant 16,7 millions de couleurs sont également appelées *images en couleurs vraies* ou *images 24 bits*, en raison du codage sur trois octets de huit bits chacun (c'est limpide pour les infographistes, mais peut-être moins pour le néophyte...).

Heureusement, de puissantes techniques de compression permettent de réduire la taille du fichier d'image bitmap, et faire en sorte qu'il occupe beaucoup moins de place en mémoire vive et sur le disque dur. Une image de 6 Mo peut ainsi être réduite à seulement 250 ko, au prix toutefois d'une certaine perte de qualité.

Les extensions principales des fichiers d'image bitmap sont `.bmp`, `.gif`, `.jpg`, `.png` ou `.tif`, mais il en existe des dizaines d'autres. Le

Tableau 11.1 recense les formats de fichiers bitmap reconnus par PowerPoint.

TRUC

Si vous avez le choix, je vous recommande d'utiliser, dans PowerPoint, des photographies au format JPEG (.jpg), car les fichiers à ce format sont fortement compressés, d'où un gain de place sensible sur le disque dur, une clé USB, un CD ou tout autre support.

Tableau 11.1 : Les formats de fichiers bitmap reconnus par PowerPoint.

Format	Description
BMP	Format de fichier natif des images bitmap sous Windows. Il est utilisé par des programmes comme Paint, livré avec le système d'exploitation Windows, et par d'autres logiciels.
GIF	Communément utilisé pour afficher des dessins sur Internet, il se caractérise par un nombre de couleurs réduit : 256 seulement. En revanche, il peut être animé et gère la transparence.
JPEG	Un format classique pour la photographie, susceptible d'être fortement compressé, mais au prix d'une dégradation de la qualité.
PCD	Format CD Photo développé par Kodak pour la numérisation des diapositives, des négatifs et des tirages.
PCT	Format de fichier natif des images bitmap du Mac.
PCX	Concurrent du format BMP, de moins en moins utilisé.
PNG	Format d'image utilisé sur Internet qui cumule les propriétés des images GIF (transparence) et JPG (16,7 millions de couleurs).
TGA	Format de fichier utilisé en imagerie professionnelle.
TIFF	Format de fichier produit par les scanners et les appareils photo numériques haut de gamme. Très apprécié des professionnels de l'imagerie.

Les images vectorielles

Les images vectorielles constituent l'autre catégorie d'images utilisables dans PowerPoint. Dans un fichier vectoriel, l'image n'est plus représentée par une juxtaposition de points, mais par une formule mathématique. De ce fait, l'image occupe beaucoup moins de place en mémoire, et surtout, elle peut être dimensionnée et déformée sans aucune perte de qualité. L'imagerie vectorielle est parfaitement adaptée au dessin, alors que l'imagerie bitmap est adaptée à la photographie. Les dessins vectoriels sont créés à l'aide de logiciels comme Adobe Illustrator.

PowerPoint reconnaît la plupart des formats de fichiers d'image vectorielle, comme le révèle le Tableau 11.2.

Tableau 11.2 : Les formats de fichiers vectoriels supportés par PowerPoint.

Format	Description
CDR	Format du logiciel de dessin vectoriel et de mise en page CorelDRAW!, très répandu dans l'univers PC.
CGM	Computer Graphics Metafile.
DRW	Format natif de Micrografx Designer ou Micrografx Draw, deux logiciels de dessin technique très connus des professionnels.
EMF	Enhanced Windows Metafile.
EPS	Format utilisé par les professionnels de la mise en page et de l'imprimerie.
WMF	Format reconnu par la majorité des programmes.
WPG	Format des graphismes produits par le traitement de texte WordPerfect.

Utiliser des images clipart

Que vous ayez acheté PowerPoint seul ou avec la suite Microsoft Office, vous disposez de milliers d'images susceptibles d'être insérées dans vos présentations.

TRUC

N'abusez pas des images. Rien ne fait plus amateur – qui plus est, pas doué – qu'une présentation truffée de cliparts. Un usage judicieux et parcimonieux des effets est autrement plus fort et convaincant.

Insérer des cliparts

Ces étapes expliquent comment insérer un clipart dans une présentation :

1. **Affichez la diapositive dans laquelle vous souhaitez insérer le clipart.**

   Pour que le même clipart apparaisse sur chaque diapositive, vous devez afficher un masque de diapositives.

2. **Cliquez sur l'onglet Insertion puis, dans le groupe Images, cliquez sur Images en ligne.**

   Au bout de quelques secondes, la boîte de dialogue Insérer des images apparaît, comme le montre la Figure 11.1.

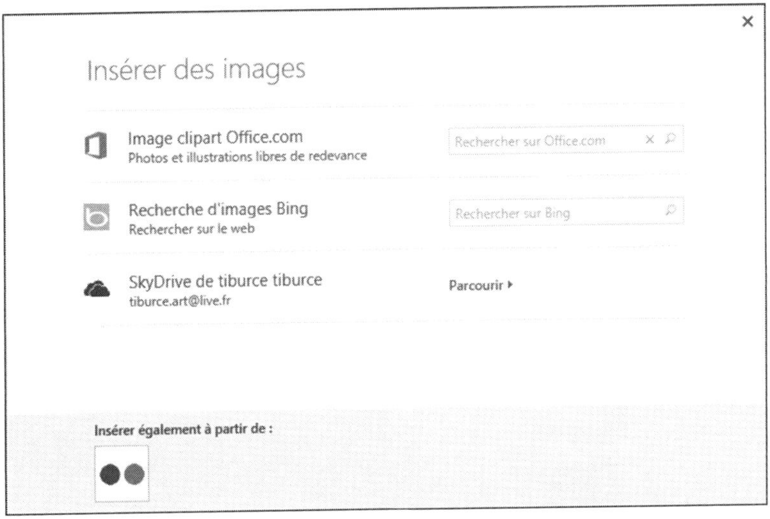

Figure 11.1 : La boîte de dialogue Insérer des images.

3. **Tapez un mot-clé dans le champ Rechercher sur Office.com, et appuyez sur la touche Entrée de votre clavier.**

   Par exemple, pour trouver des images pour illustrer une présentation sur William Shakespeare, tapez **Shakespeare** dans le champ Rechercher, et appuyez sur Entrée.

   PowerPoint effectue une recherche sur Office.com, puis il affiche toutes les images du thème recherché, comme à la Figure 11.2.

4. **Cliquez sur l'image à utiliser, puis sur le bouton Insérer.**

   L'image est insérée dans la diapositive en cours, comme le montre la Figure 11.3. Remarquez l'onglet Outils Image (au-dessus de l'onglet Format) et ses outils de correction de

Figure 11.2 : Office.com propose plusieurs images de Shakespeare.

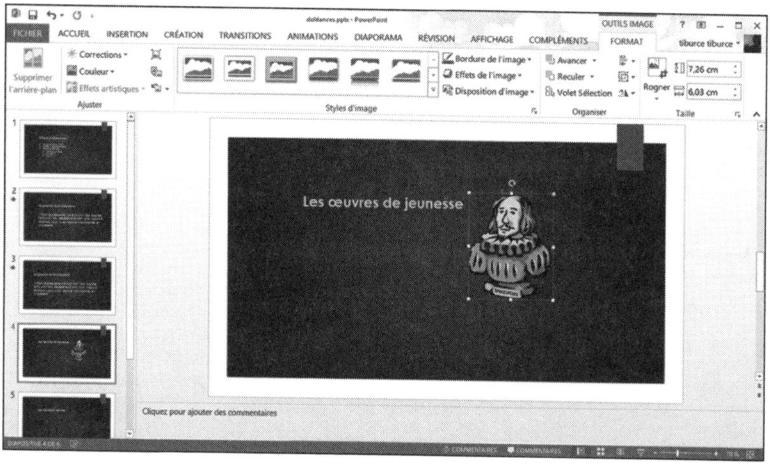

Figure 11.3 : Image insérée dans une diapositive.

l'image. Il est affiché chaque fois qu'une image est sélectionnée.

5. **Déplacez et redimensionnez l'image si nécessaire.**

   Ces opérations sont expliquées dans la prochaine section.

TRUC

Office.com ne propose qu'un nombre limité de cliparts. Si vous ne trouvez pas votre bonheur, effectuez la recherche dans le champ Rechercher sur Bing. La Figure 11.4 montre un nombre de cliparts et d'images beaucoup plus important, trouvés par le moteur de recherche de Microsoft.

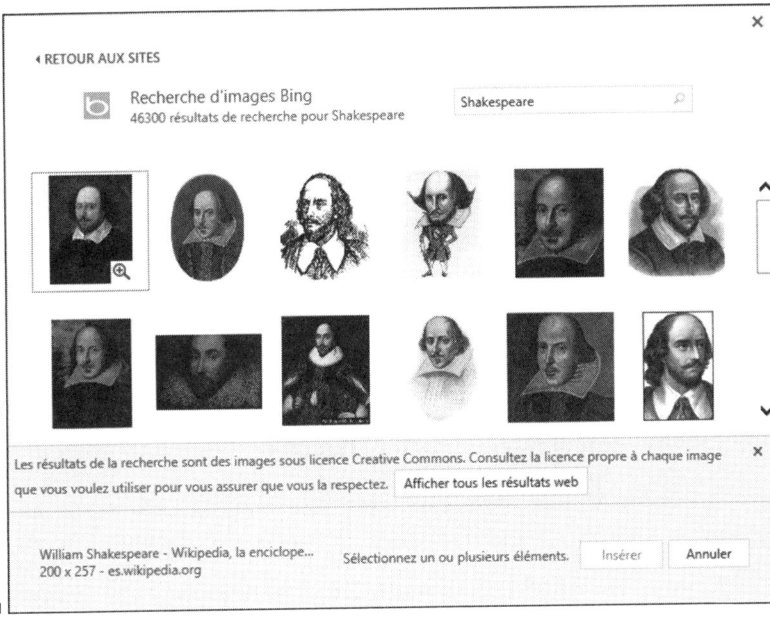

Figure 11.4 : Bing permet de trouver beaucoup plus d'images.

Les images trouvées par Bing peuvent être protégées par un copyright. *De facto*, vous ne pouvez les utiliser que si vous en obtenez l'autorisation de l'auteur.

Déplacer, redimensionner et étirer un clipart

Puisque PowerPoint place le clipart un peu n'importe où dans la diapositive, vous devrez sans doute le repositionner, voire le redimensionner.

Procédez comme suit pour placer le clipart où bon vous semble :

1. **Maintenez le bouton de la souris enfoncé sur le clipart et faites-le glisser à un nouvel emplacement.**

   Évitez simplement de placer le pointeur de la souris sur une des huit poignées du cadre de transformation.

2. **Remarquez les huit poignées. Cliquez sur l'une d'elles et, sans relâcher le bouton droit de la souris, tirez pour redimensionner l'image.**

   Vous pouvez cliquer et faire glisser n'importe quelle poignée d'angle pour régler la taille de l'image. Les proportions de l'image ne changent pas. En revanche, si vous tirez une poignée latérale, vous déformez l'image (étirement ou compression).

TRUC

Quand vous redimensionnez une image, elle change de position dans la diapositive. Vous devez donc la repositionner. En maintenant la touche Ctrl enfoncée pendant que vous tirez une poignée, l'image reste ancrée. Vous n'aurez ainsi certainement pas besoin de la repositionner après le redimensionnement.

Étirer ou comprimer une image clipart en agissant sur l'une de ses poignées latérales modifie les proportions, donc son apparence. Vous obtenez ainsi un effet d'anamorphose.

Insérer un fichier d'image

PowerPoint permet d'insérer des images stockées sur les différents disques durs de votre ordinateur. Voici comment procéder :

1. **Affichez la diapositive dans laquelle vous désirez placer une image.**

2. **Sous l'onglet Insertion, dans le groupe Images, cliquez sur le bouton Image.**

   Vous accédez à la boîte de dialogue de la Figure 11.5.

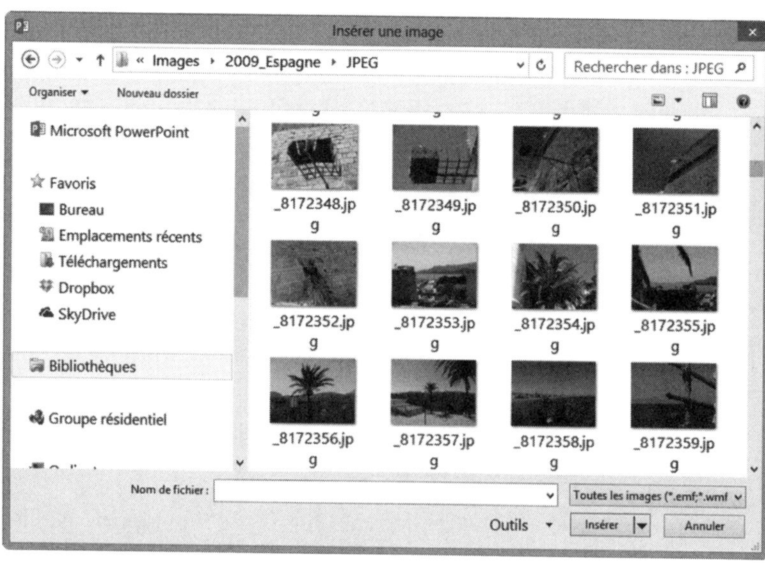

Figure 11.5 : La boîte de dialogue Insérer une image.

3. **Fouillez dans les profondeurs du disque dur pour trouver le fichier à insérer.**

   L'image peut se trouver n'importe où. Heureusement, la boîte de dialogue Insérer une image possède toutes les commandes nécessaires pour localiser exactement l'image recherchée.

4. **Cliquez sur le fichier voulu, puis sur Insérer (ou double-cliquez sur le fichier).**

   C'est fait ! La Figure 11.6 montre une image insérée dans une diapositive. Vous devrez la redimensionner si vous voulez la réduire. Pour cela, cliquez sur l'une des poignées d'angle puis, bouton de la souris enfoncé, tirez-la vers l'intérieur de l'image.

Figure 11.6 : Une photo vient d'être insérée dans la diapositive de PowerPoint.

La taille de la photo dans la diapositive dépend de la résolution et des dimensions du fichier d'image original. En règle générale, vous devrez redimensionner les images que vous insérez, en tirant sur l'une des poignées d'angle.

TRUC

Une image peut aussi être placée dans PowerPoint par la bonne vieille technique du copier-coller. Dans ce cas, l'image transite par le Presse-papiers de Windows. Par exemple, si vous griffonnez un dessin dans Paint, copiez-le dans le Presse-papiers en appuyant sur Ctrl + C, ouvrez PowerPoint et collez-y votre chef-d'œuvre.

Rogner une image

L'image dont vous disposez n'est pas toujours parfaite. Il faut souvent resserrer le cadrage ou, si vous devez montrer le portrait de quelqu'un dans un trombinoscope, vous devez couper, c'est-à-dire rogner, tout ce qui se trouve autour (notez que cette opération n'est possible que sur les images bitmap, pas sur les images vectorielles).

Pour rogner une image, sélectionnez-la, puis cliquez sur le bouton Rogner, dans le groupe Taille de l'onglet Format. Des repères noirs apparaissent près des poignées de redimensionnement. Déplacez-les avec la souris afin de délimiter la partie de l'image à conserver. Cliquez ensuite hors de l'image, ou de nouveau sur le bouton Rogner. La Figure 11.7 montre une photo en cours de recadrage.

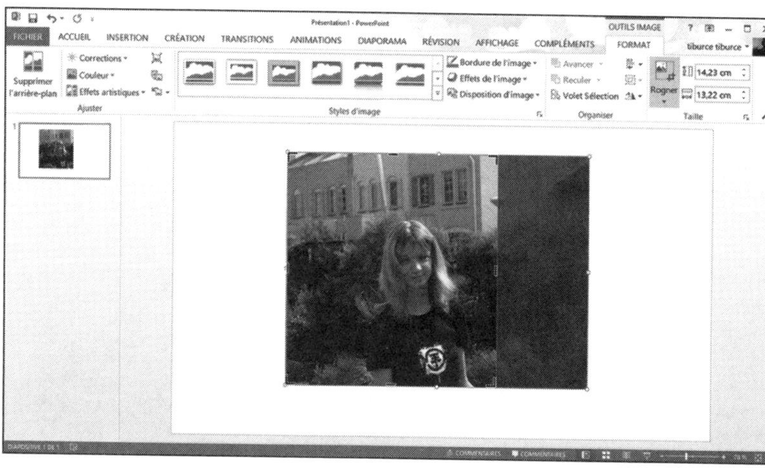

Figure 11.7 : Les zones sombres seront supprimées.

TRUC

En cas d'erreur lorsque vous recadrez, cliquez sur l'image avec le bouton droit de la souris. Dans le menu contextuel, choisissez Format de l'image. Dans le volet qui apparaît sur le côté droit de l'interface, cliquez sur l'icône Taille et propriété (troisième icône en partant de la gauche). Cliquez sur la flèche située à droite de Taille, puis sur le bouton Rétablir. Fermez ce volet par un clic sur le bouton X situé dans sa partie supérieure droite.

TRUC

Lorsque vous recadrez une image, elle reste quadrangulaire. Pour éliminer le fond de l'une d'elles, reportez-vous à la section « Ôter l'arrière-plan d'une image », plus loin dans ce chapitre.

Donner du style à une photo

PowerPoint permet de mettre une image en valeur en ajoutant, par exemple, un cadre, une ombre portée ou un reflet. La Figure 11.8 montre différents effets de styles appliqués à une photo.

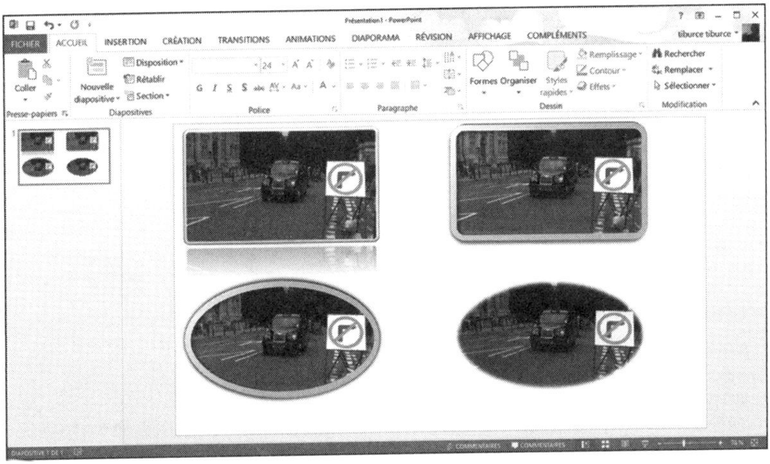

Figure 11.8 : Quelques styles d'images.

Pour appliquer un style à une image, sélectionnez-la puis, si nécessaire, cliquez sur l'onglet Outils Image. Sélectionnez ensuite, dans le groupe Styles d'image, le style à appliquer.

PowerPoint est livré avec 28 styles d'images prédéfinis, visibles dans la palette de la Figure 11.9. Chacun de ces styles mêle les trois types de mises en forme susceptibles d'être appliqués à une image : Forme, Bordure et Effet. Si vous le désirez, ils peuvent être appliqués séparément, comme le décrivent les sections suivantes.

Notez que si vous recourez à l'un de ces styles prédéfinis, il sera automatiquement mis à jour si, par la suite, vous changez de thème de présentation. C'est pourquoi il est conseillé de s'en tenir à un seul style.

Ajouter une bordure

Pour ajouter une bordure à une image, cliquez sur le menu local Bordure de l'image du groupe Styles d'image dans l'onglet Format. C'est là que vous pourrez choisir la couleur de la bordure, son épaisseur ainsi que son aspect (continu, tirets, points...).

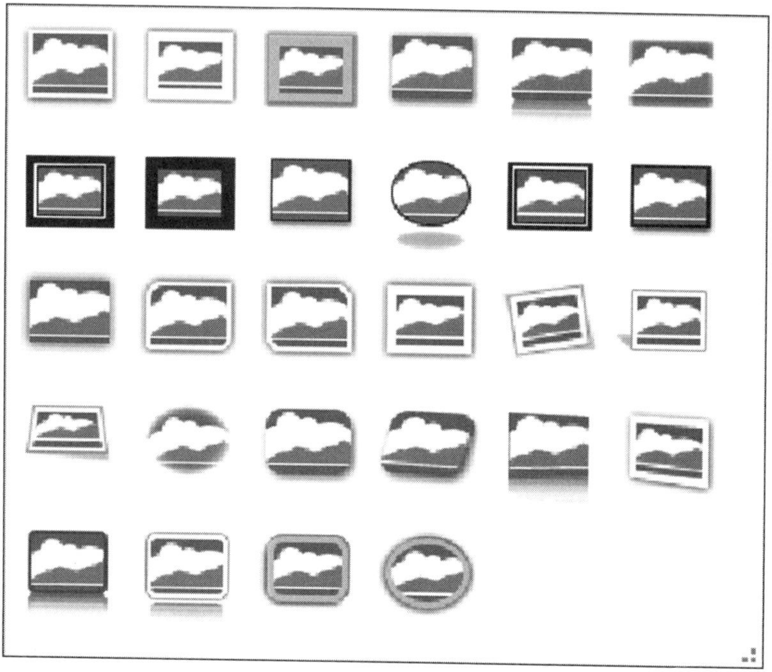

Figure 11.9 : La palette des styles d'images.

Notez que si vous avez appliqué une forme à une image, elle est d'ores et déjà entourée d'une bordure.

Appliquer des effets spéciaux

Le bouton Effets des images du groupe Styles d'image de l'onglet Format, permet d'appliquer divers effets fort intéressants à des images. Lorsque vous cliquez sur ce bouton, les options suivantes sont proposées :

- **Ombre :** Applique une ombre à l'image. Vous avez le choix entre plusieurs ombres prédéfinies et une boîte de dialogue qui permet d'en configurer une.
- **Réflexion :** Place un reflet sous l'image.
- **Lumière :** Crée une lueur autour des bords de l'image.
- **Contours adoucis :** Arrondit les bords de l'image.
- **Biseau :** Taille les bords de l'image avec des effets en relief.

- **Rotation 3D :** Fait pivoter l'image avec un effet de perspective.

TRUC

Le meilleur moyen de se familiariser avec ces effets est de les essayer.

Corriger la netteté, la luminosité et le contraste

Il arrive parfois que l'image ne soit pas d'une bonne qualité. Elle peut être trop claire ou trop foncée, trop molle ou trop contrastée, ou manquer de netteté.

La nouvelle commande Corrections de PowerPoint 2013 peut vous tirer d'affaire. Située dans le groupe Ajuster de l'onglet Outils Image qui apparaît lorsqu'un graphisme est sélectionné, la commande Corrections règle précisément la netteté, la luminosité et le contraste.

Pour modifier un ou plusieurs de ces paramètres, ouvrez le menu local Corrections, puis choisissez l'un des réglages prédéfinis, dans la palette qui apparaît, comme à la Figure 11.10. Vs pouvez également, cliquer sur Options de correction des images, en bas de la palette, afin d'accéder à des menus et à des curseurs (voir Figure 11.11) permettant de corriger plus finement l'image.

Figure 11.10 : Le menu local Corrections.

Figure 11.11 : Le volet Corrections des images.

Régler la couleur

La commande Couleur du groupe Ajuster de l'onglet Format permet de régler le chromatisme d'une image, notamment :

- **La saturation :** Contrôle l'intensité des couleurs, du noir et blanc (0 %) aux couleurs si avivées qu'elles en sont faussées (400 %).
- **La nuance :** Refroidit ou réchauffe les teintes. Cette commande peut éliminer une légère dominante de couleur (photo trop orangée ou trop bleutée).
- **Recolorier :** Applique différents virages colorés – des teintures, si vous préférez – en fonçant ou en éclaircissant l'image.

Pour modifier les couleurs d'une image, ouvrez le menu local Couleur du groupe Ajuster de l'onglet Outils Image. Ensuite, choisissez l'une des prédéfinitions dans la palette. Ou alors, cliquez sur Options de couleur de l'image, en bas de la palette, pour ouvrir le volet illustré à la Figure 11.12. Vous pourrez alors régler finement chacun des effets.

Figure 11.12 : Les paramètres de correction de la couleur.

Appliquer des effets artistiques

La commande Effets artistiques applique un ou plusieurs filtres à vos photos afin de leur donner un aspect pictural. La réussite de l'effet dépend de la photo. C'est pourquoi, le seul moyen de savoir si tel ou tel effet en vaut la peine, c'est de l'essayer.

Le menu local Effets artistiques contient les filtres suivants :

- Marque
- Crayon - Nuances de gris
- Crayon - Croquis
- Traits
- Craie - Croquis
- Coups de pinceau
- Peindre
- Éclat diffus
- Flou
- Écran clair
- Aquarelle - Éponge
- Grain de film
- Mosaïque - Bulles

- Transparence
- Ciment
- Texture
- Entrecroisement - Gravure
- Pastel légers
- Emballage plastique
- Découpage
- Photocopie
- Éclat - bords

Pour appliquer l'un de ces effets, cliquez sur l'image, puis ouvrez le menu local Effets artistiques du groupe Ajuster de l'onglet Format. Enfin, choisissez l'effet désiré dans la palette qui apparaît. La Figure 11.13 en montre quelques-uns.

Figure 11.13 : De gauche à droite, application d'effets artistiques Crayon-Nuances de gris, Emballage plastique et Traits.

Compresser les images

L'ajout d'images dans une présentation augmente notablement la taille de son fichier, surtout si ces images sont des photos numériques. Lorsqu'elles sont nombreuses, c'est en mégaoctets, voire en dizaines de mégaoctets, que se mesure l'encombrement du fichier sur le disque dur.

Il se trouve que dans une présentation PowerPoint, la plupart des fins détails d'une photo sont considérablement minimisés. Cela provient du fait que les appareils photo numériques sont conçus pour produire des fichiers destinés à l'impression – ce qui exige une résolution élevée – tandis que la résolution des écrans informatiques est bien moindre.

C'est pourquoi PowerPoint est doté d'une commande Compresser les images qui peut s'appliquer à une seule image, ou à toutes celles de la présentation à la fois. Je vous recommande de compresser l'ensemble des images en procédant comme suit :

1. **Double-cliquez sur une photo de la présentation (n'importe laquelle) pour afficher l'onglet Outils Image. Ensuite, cliquez sur le bouton Compresser les images du groupe Ajuster.**

   La boîte de dialogue de la Figure 11.14 apparaît.

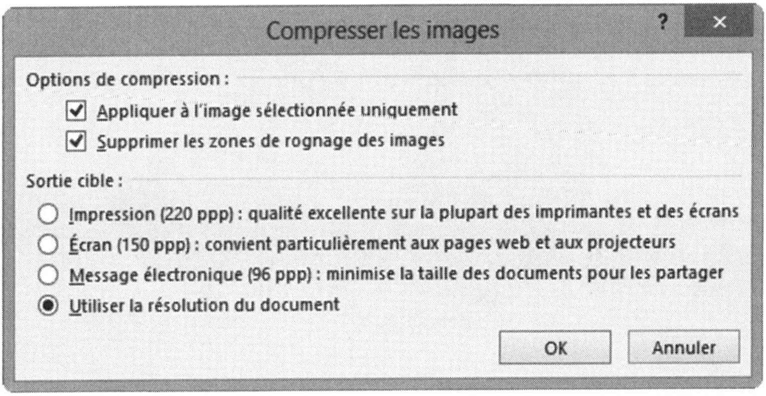

Figure 11.14 : Paramétrer la compression des images.

2. **Décochez la case Appliquer à l'image sélectionnée uniquement.**

   Quand cette case est cochée, seule la photo sélectionnée est compressée. En revanche, lorsqu'elle est décochée, la totalité des images de la présentation est compressée.

3. **Sous Sortie cible, cliquez sur le bouton d'option Écran.**

   La qualité de la compression est adaptée à l'affichage sur l'écran ou à l'aide d'un vidéoprojecteur.

4. **Cliquez sur OK.**

Les images sont compressées. L'opération peut durer un certain temps lorsque la présentation comprend un grand nombre de photos.

5. **Enregistrez la présentation.**

   La compression n'est véritablement appliquée qu'au cours de l'enregistrement du fichier.

Ôter l'arrière-plan d'une image

L'une des fonctionnalités intéressantes de PowerPoint 2013 est la possibilité de supprimer le fond d'une image. La Figure 11.15 montre une photo avec et sans son arrière-plan.

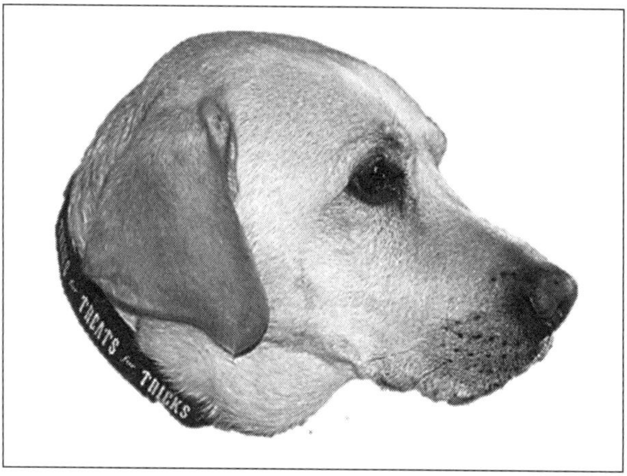

Figure 11.15 : Une photo sans arrière-plan.

Voici comment détourer une image, autrement dit, supprimer son arrière-plan :

1. **Double-cliquez sur l'image à détourer.**
2. **Cliquez sur le bouton Supprimer l'arrière-plan, à gauche dans le ruban Outils Image.**

   PowerPoint s'efforce de déterminer la partie de l'image formant l'arrière-plan et celle correspondant au sujet principal. Il recouvre ensuite l'arrière-plan d'un film rouge. Un onglet spécial nommé Suppression de l'arrière-plan apparaît dans le Ruban (Figure 11.16).

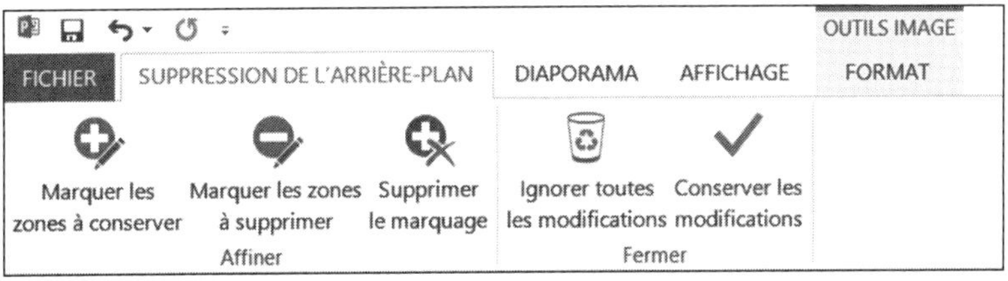

Figure 11.16 : Les outils de suppression de l'arrière-plan sont visibles dans le Ruban.

3. **Cliquez sur le bouton Marquer les zones à conserver ou sur le bouton Marquer les zones à supprimer, selon que vous désirez étendre la partie de l'image à conserver, ou au contraire la réduire.**

   Par exemple, si une partie du sujet est recouverte par le film rouge, cliquez sur le bouton Marquer les zones à conserver, puis cliquez et tirez à travers la partie à conserver. PowerPoint essayera de la délimiter et corrigera le détourage.

   Si une partie du fond est conservée, procédez de la même manière qu'au paragraphe précédent, mais en choisissant cette fois l'outil Marquer les zones à supprimer.

   En cas d'erreur, appuyez sur Ctrl + Z pour annuler l'action. Ou alors, cliquez sur le bouton Supprimer le marquage puis cliquez sur le marquage à éliminer.

4. **Répétez l'Étape 3 jusqu'à ce que l'arrière-plan ait été entièrement supprimé.**

5. **Cliquez sur le bouton Conserver les modifications.**

   La diapositive retrouve son aspect normal, mais sans l'arrière-plan qui a été supprimé.

Chapitre 12

Dessiner sur les diapositives

Dans ce chapitre :

- Utiliser les outils de dessin de PowerPoint.
- Utiliser des formes prédéfinies.
- Dessiner des polygones et des courbes.
- Modifier les couleurs et les types de traits.
- Créer des objets 3D.
- Retourner et faire pivoter des objets.
- Recourir à quelques astuces élaborées.

Je dessine ce que j'aime, j'aime ce que je dessine.

L'heure de l'art – mais pas l'heure du lard, cochon qui s'en dédit – a sonné ! Tout le monde à ses crayons, gommes et tubes ? Nous allons créer des formes à foison, les découper menu et les coller à tire-larigot dans des diapositives PowerPoint.

Ce chapitre traite des fonctions de dessin de PowerPoint. Vous allez vous amuser.

Conseils généraux sur les dessins

Avant d'étudier les outils de dessin de PowerPoint, voici quelques conseils préliminaires.

Zoom avant

Avec les outils de dessin de PowerPoint, il est préférable d'augmenter le facteur de zoom afin de dessiner avec plus de précision. Personnellement, je n'hésite pas à le régler à 200, 300, voire 400 %. Il suffit pour cela d'actionner la glissière en bas à droite de PowerPoint.

Avant de régler le facteur de zoom, sélectionnez l'objet à modifier. Ainsi PowerPoint zoomera exactement dessus. Autrement, vous devriez actionner les barres de défilement pour cadrer l'objet sélectionné.

Afficher la règle, le quadrillage et les repères

PowerPoint possède trois fonctionnalités permettant de positionner des graphismes avec précision :

- **Les règles :** Des règles horizontales et verticales peuvent être affichées en haut et à gauche de la diapositive.
- **Le quadrillage :** Une grille en pointillé est placée sur la diapositive.
- **Les repères :** Des médianes horizontale et verticale se coupent au centre de la diapositive.

Chacune de ces aides au positionnement peut être affichée ou masquée en cochant ou en décochant les cases Règle, Quadrillage et Repères, dans le groupe Afficher de l'onglet Affichage. La Figure 12.1 montre tous ces éléments. Nous reviendrons plus en détail sur les règles et le quadrillage un peu plus loin dans ce chapitre.

Quand un graphisme (image, clipart, photo…) est sélectionné, PowerPoint place le point d'origine 0 au milieu de la diapositive. Quand vous modifiez un objet textuel, la règle devient une règle de texte qui mesure à partir des marges et indique la position des tabulations.

Respecter le jeu de couleurs

Vous pouvez définir des couleurs propres à chacun des objets que vous dessinez, mais les jeux de couleurs de PowerPoint, décrits

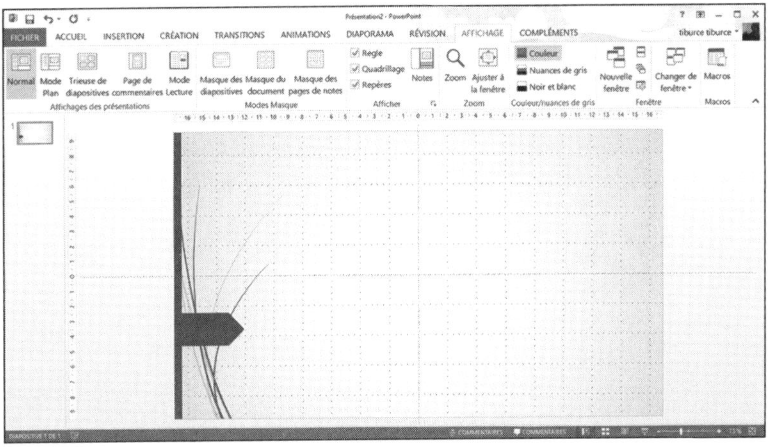

Figure 12.1 : Les règles, le quadrillage et les repères de PowerPoint.

au Chapitre 8, sont justement là pour vous éviter cette corvée. Si possible, laissez vos objets dans la couleur de remplissage uniforme par défaut. Si vous devez impérativement utiliser une autre couleur, choisissez-en une parmi celles du jeu de couleurs. Ainsi, lorsque vous modifierez le jeu de couleurs ultérieurement, la couleur de remplissage de l'objet sera de la nouvelle couleur, ce qui ne serait pas le cas si vous choisissiez une couleur n'appartenant pas au jeu.

Enregistrer fréquemment

Dessiner est une tâche fastidieuse. Rien n'est plus décourageant que de passer des heures à dessiner des objets complexes. Pour cette raison, je vous recommande d'appuyer fréquemment sur Ctrl + S. Ce raccourci enregistre votre travail sans ouvrir la boîte de dialogue Enregistrer (sauf s'il s'agit d'une première sauvegarde). Appuyez systématiquement sur Ctrl + S chaque fois que vous venez d'effectuer une tâche délicate ou importante.

N'oubliez jamais Ctrl + Z

N'OUBLIEZ PAS

Le raccourci Ctrl + Z est aussi important que Ctrl + S. Il doit devenir un réflexe chaque fois que vous commettez une erreur. En effet, Ctrl + Z annule les effets de votre dernière action. Vous pouvez également cliquer sur le bouton Annuler de la barre d'outils Accès rapide.

Dessiner des objets élémentaires

Pour dessiner un objet sur une diapositive, commencez par cliquer sur l'onglet Insertion. Ensuite, dans le groupe Illustrations, ouvrez le menu local Formes pour accéder à la palette illustrée à la Figure 12.2. Cliquez ensuite sur la forme qui vous intéresse.

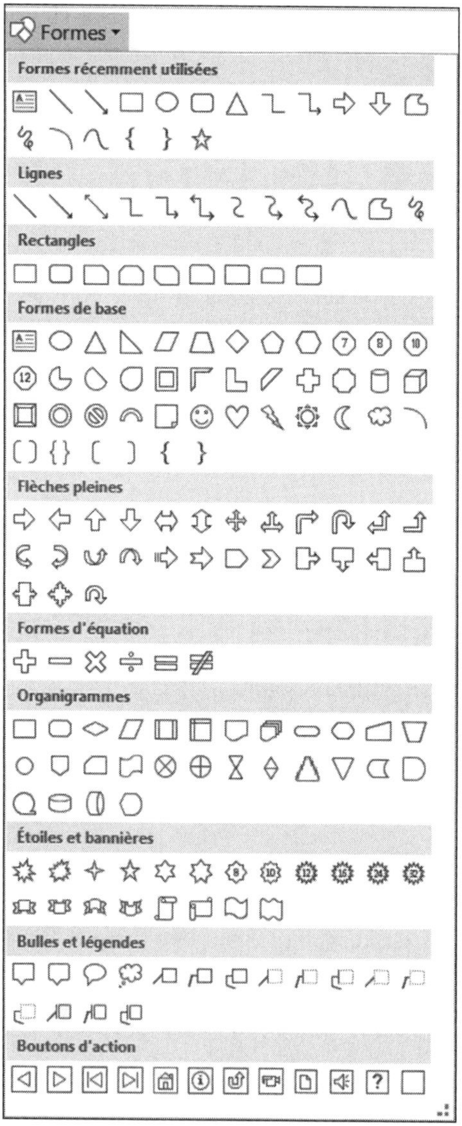

Figure 12.2 : PowerPoint contient de nombreuses formes prédéfinies.

Vous trouverez des instructions complémentaires dans les prochaines sections. Voici tout d'abord quelques points à conserver en mémoire (la vôtre, pas celle de l'ordinateur) :

- **Choisir un emplacement :** Avant de dessiner un objet, affichez la diapositive qui doit recevoir le dessin. Pour qu'il apparaisse sur chaque diapositive de la présentation, placez-le sur le masque des diapositives en ouvrant l'onglet Affichage, puis en cliquant sur le bouton Masque des diapositives du groupe Modes masque. Une autre méthode consiste à maintenir la touche Maj enfoncée tout en cliquant sur le bouton Normal situé dans la partie inférieure droite de la barre d'état.
- **Corriger une erreur :** Le bouton Annuler, dans la barre d'outils Accès rapide, vient généralement à bout de la plupart des erreurs.
- **Appuyer sur la touche Maj :** Comme dans de nombreux logiciels graphiques, maintenir la touche Maj enfoncée permet de créer des formes régulières comme le carré (au lieu d'un rectangle) et le cercle (au lieu d'une ellipse), ou encore des traits parfaitement horizontaux, verticaux ou inclinés à 45 degrés.

Tracer des lignes droites

Le bouton Trait sert à dessiner des lignes droites dans les diapositives. Voici la procédure :

1. **Ouvrez le menu local Formes. Dans le groupe Lignes, cliquez sur le bouton Trait.**
2. **Placez le pointeur de la souris là où le trait doit commencer.**
3. **Cliquez et faites glisser le pointeur de la souris pour définir la longueur de la ligne.**
4. **Relâchez le bouton de la souris lorsque la ligne a atteint la longueur désirée.**

Juste après avoir tracé un trait, ou après avoir cliqué dessus pour le sélectionner, le Ruban affiche l'onglet Outils de dessin, comme à la Figure 12.3. Vous utiliserez ensuite les commandes du groupe Style de forme pour modifier le remplissage, le contour et les effets appliqués au trait.

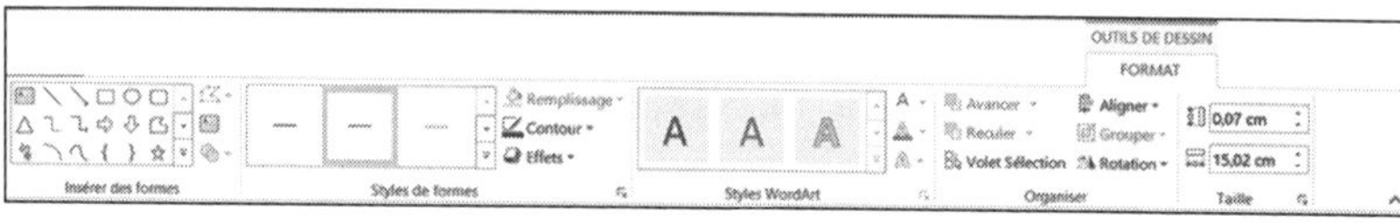

Figure 12.3 : L'onglet Outils de dessin.

Après avoir tracé un trait, vous pouvez le repositionner ou le réorienter, ou modifier sa longueur en cliquant dessus et en tirant sur les poignées d'extrémité.

Rappelez-vous qu'il est possible de forcer un trait à être parfaitement horizontal, vertical ou incliné à 45 degrés en maintenant la touche Maj enfoncée lorsque vous le dessinez, et même après coup lorsque vous le repositionnez ou le réorientez.

Dessiner des rectangles, des carrés, des ovales et des cercles

Procédez comme suit pour dessiner un rectangle :

1. **Dans l'onglet Insertion du groupe Illustrations, ouvrez le menu local Formes. Dans la palette qui apparaît, cliquez sur le bouton Rectangle.**

2. **Placez le pointeur de la souris à l'endroit précis où vous souhaitez créer le coin supérieur gauche du rectangle.**

3. **Cliquez et faites glisser le pointeur vers le coin opposé du rectangle, c'est-à-dire son angle inférieur droit.**

4. **Relâchez le bouton de la souris.**

Les étapes ci-dessus sont les mêmes pour le dessin d'un ovale, sauf que vous choisissez Ellipse. Pour tracer un cercle parfait, maintenez la touche Maj enfoncée.

La taille et les proportions des formes peuvent être modifiées en tirant leurs poignées d'amour (les petits machins ronds aux coins).

Créer d'autres formes

Les rectangles et les cercles ne sont pas les seules formes prédéfinies. La palette Formes contient beaucoup d'autres types de formes permettant de facilement dessiner des pentagones, des étoiles et des symboles d'organigramme.

La palette des formes (reportez-vous à la Figure 12.2) est divisée en plusieurs catégories :

- **Formes récemment utilisées :** La partie supérieure de la palette contient les 24 formes les plus récemment utilisées. Son contenu varie au fur et à mesure que vous sélectionnez des formes.
- **Lignes :** Vous trouvez ici des lignes droites, incurvées, à deux flèches, tordues, ainsi que des lignes libres qui peuvent devenir des polygones irréguliers. Les formes libres sont tellement utiles qu'elles méritent une section – la prochaine – à elles seules.
- **Rectangles :** Cette partie contient non seulement le classique quadrilatère, mais aussi des rectangles à coins arrondis ou coupés.
- **Formes de base :** Des carrés, des rectangles, des triangles, des croix, un visage souriant, un éclair, un cœur... Il ne manque que le raton laveur.
- **Flèches pleines :** Flèches épaisses pointant dans diverses directions.
- **Formes d'équations :** Quelques opérateurs arithmétiques élémentaires.
- **Organigrammes :** Divers symboles destinés aux organigrammes.
- **Étoiles et bannières :** Pour rendre vos diapositives plus pétillantes.
- **Bulles et légendes :** Zones de texte et phylactères comme ceux des bandes dessinées.
- **Boutons d'action :** Boutons permettant de passer directement à une autre diapositive ou d'exécuter une macro.

Dessiner une forme

Voici comment dessiner une forme :

1. **Ouvrez le menu local Formes du groupe Illustrations de l'onglet Insertion.**

   La palette des formes apparaît.

2. **Choisissez la catégorie de la forme à insérer.**

   Après avoir choisi la forme, la palette disparaît tandis que PowerPoint se tient prêt à dessiner.

3. **Cliquez à l'emplacement de la diapositive où vous souhaitez créer la forme. Ensuite, cliquez et faites glisser le curseur pour définir la taille de la forme.**

   Maintenez la touche Maj enfoncée pour obtenir une forme proportionnée, c'est-à-dire non déformée.

   Le bouton de la souris relâché, l'objet apparaît, avec le style de trait et la couleur de remplissage courants.

4. **(Facultatif) Tapez éventuellement le texte à placer dans la forme.**

   Après avoir tapé le texte, vous pourrez lui appliquer les options de mise en forme (police, couleur…). Reportez-vous au Chapitre 8 pour en savoir plus.

Certaines formes – notamment les étoiles et les bannières – font ressortir le texte. La Figure 12.4 montre comment une simple étoile peut donner de l'impact à une diapositive.

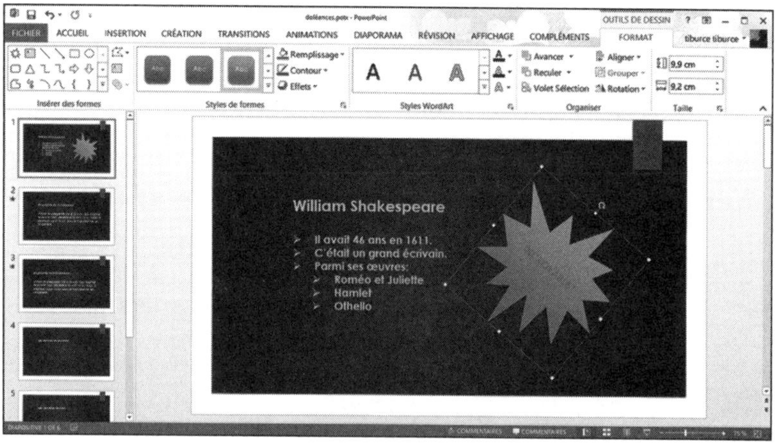

Figure 12.4 : Une étoile fait « éclater » un texte.

Une forme peut être modifiée à tout moment : sélectionnez-la, affichez l'onglet Outils de dessin puis, dans le groupe Insérer des formes, cliquez sur le bouton Modifier la forme.

TRUC

De nombreuses formes disposent d'une poignée supplémentaire pour ajuster certains aspects de l'objet. Par exemple, les flèches ont une poignée qui augmente ou diminue la taille de leur pointe. La Figure 12.5 montre comment utiliser ces poignées supplémentaires pour régler six formes différentes. Pour chacune d'elles, le premier objet à gauche est la forme d'origine ; les deux autres sont des variantes obtenues en agissant sur les poignées spéciales et en sélectionnant des options (pour y accéder, cliquez du bouton droit sur la forme préalablement sélectionnée, choisissez Format de la forme, puis explorez les divers onglets et testez leurs paramètres).

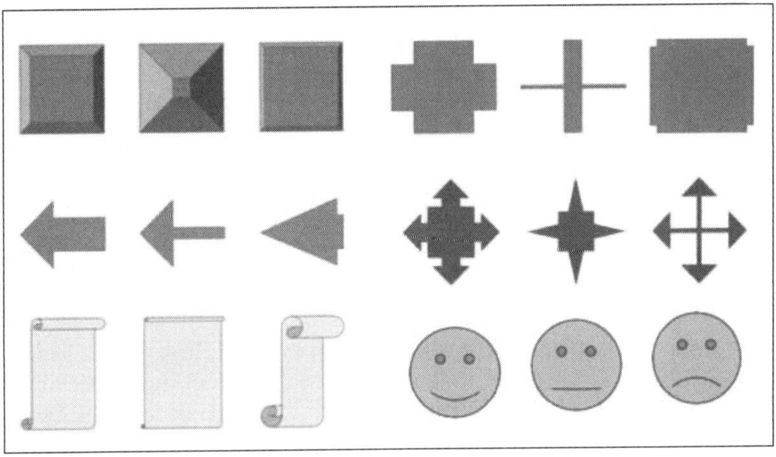

Figure 12.5 : Des variantes de formes obtenues grâce aux poignées spéciales, et des effets créés avec les options Format de l'image.

Dessiner un polygone ou une forme libre

Les *polygones* sont des formes qui ont plusieurs côtés. Le triangle, le carré et le rectangle sont des polygones, de même que le pentagone, l'hexagone et, de manière générale, toutes les formes dont les côtés sont des droites.

Une des formes les plus utiles est la *forme libre*. Elle permet de créer des polygones en un rien de temps. La Figure 12.6 montre trois polygones irréguliers obtenus avec l'outil Forme libre.

Procédez comme suit pour créer un polygone irrégulier :

Figure 12.6 : Trois dessins tracés avec l'outil Forme libre.

1. **Dans la palette Formes, cliquez sur le bouton Forme libre.**

   Pour accéder à cette palette, cliquez sur l'onglet Insertion, puis, dans le groupe Illustrations, ouvrez le menu local Formes. Le pointeur se transforme en réticule.

2. **Cliquez à l'emplacement de la diapositive où vous souhaitez placer le premier angle de l'objet.**

3. **Cliquez à l'emplacement où vous souhaitez positionner le deuxième angle de l'objet.**

4. **Continuez à cliquer pour définir les autres segments de l'objet, et par là même sa forme.**

5. **(Facultatif) Pour dessiner à main levée avec l'outil Forme libre – et mêler ainsi des droites et des incurvations –, cliquez pour créer un angle, mais ne relâchez pas le bouton de la souris. Dessinez librement en faisant glisser le pointeur de la souris. Lorsque vous avez fini de dessiner à main levée, relâchez le bouton de la souris.**

   Vous pouvez ensuite continuer à cliquer pour ajouter d'autres droites. Dans la Figure 12.6, la figure du bas est formée de trois droites et d'un tracé à main levée.

6. **Pour fermer et donc terminer la forme, cliquez à proximité du premier point défini à l'Étape 2.**

   Inutile d'être précis : si vous cliquez assez près du point d'origine, PowerPoint présumera que le tracé de la forme est achevé, et il la fermera.

C'est terminé ! La couleur de remplissage et du trait de l'objet est celle du jeu de couleurs.

Vous pouvez modifier la forme d'un polygone ou d'une forme libre en double-cliquant dessus et en agissant sur les poignées qui apparaissent à chaque coin.

Si vous maintenez la touche Maj enfoncée en dessinant le polygone, vous contraignez les droites à un angle par pas de 45 degrés.

L'outil Forme libre permet de tracer des *formes ouvertes*. Il suffit pour cela d'appuyer sur la touche Echap au lieu de double-cliquer comme vous le faites pour fermer la forme.

Dessiner une ligne ou une forme incurvée

L'outil Courbe permet de dessiner des lignes ou des formes incurvées. La Figure 12.7 montre plusieurs exemples de lignes et de formes incurvées tracées avec cet outil.

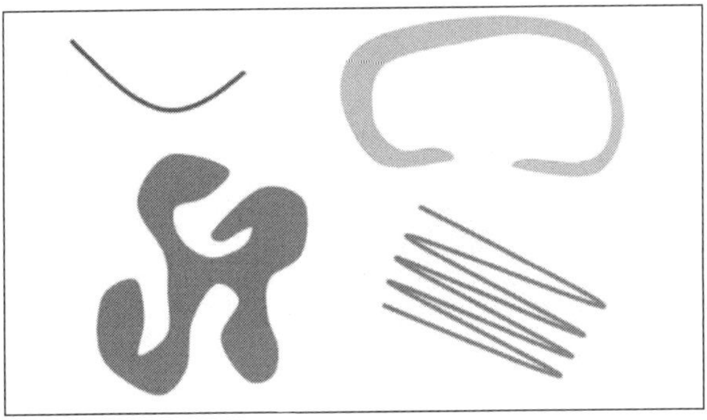

Figure 12.7 : Exemples de lignes et de formes incurvées tracées avec l'outil Courbe.

Voici comment tracer des courbes :

1. **Dans la palette Formes, cliquez sur l'outil Courbe.**

   Pour accéder à cette palette, cliquez sur l'onglet Insertion, puis, dans le groupe Illustrations, ouvrez le menu local Formes. Le pointeur se transforme en réticule.

2. **Cliquez à l'endroit où doit commencer la ligne ou la forme.**

3. **Cliquez où vous souhaitez que la première incurvation se produise.**

La ligne droite se transforme en courbe menant vers le point où vous venez de cliquer. Cette incurvation varie en bougeant la souris.

4. **Cliquez pour ajouter une nouvelle incurvation à la ligne.**

   Chaque fois que vous cliquez, une nouvelle incurvation s'ajoute à la précédente. Continuez à cliquer jusqu'à ce que la ligne corresponde à ce que vous désirez obtenir.

5. **Pour terminer la ligne, double-cliquez. Pour créer une forme fermée, double-cliquez sur le point d'origine défini à l'Étape 3.**

Tracer une zone de texte

Une *zone de texte* est une forme particulière destinée à recevoir du texte. Pour en créer une, cliquez sur l'onglet Insertion puis, dans le groupe Texte, sélectionnez le bouton Zone de texte. Cliquez ensuite à l'endroit de la diapositive où vous désirez placer le coin supérieur gauche de la zone, puis faites glisser la souris comme si vous traciez un rectangle. Vous pourrez taper le texte après avoir relâché le bouton de la souris.

Le texte saisi peut être mis en forme en le sélectionnant et en utilisant les classiques outils de mise en forme, qui se trouvent pour la plupart sur l'onglet Accueil. Pour plus d'informations, reportez-vous au Chapitre 7.

La zone de texte elle-même peut être mise en forme à l'aide des fonctions Couleur de remplissage, Couleur du trait et Style de trait décrites dans la prochaine section. Par défaut, les zones de texte n'ont pas de couleur de remplissage ou de trait. Seul le texte qui s'y trouve est visible.

La plupart des formes fonctionnent comme des zones de texte. Pour y ajouter des mots, cliquez sur la forme et commencez à écrire. Le texte apparaît au milieu (les lignes et les connecteurs n'acceptent évidemment pas de texte).

Donner du style aux formes

La partie centrale de l'onglet Outils de dessin est occupée par le groupe Styles de formes. Il permet de contrôler les caractéristiques graphiques des formes comme la couleur de remplissage, le contour ou l'ajout d'une ombre ou d'un reflet.

Ces styles peuvent être configurés option par option à moins que vous préfériez recourir à l'une des formes prédéfinies que propose le groupe Styles de formes. Les styles présents dans ce groupe varient selon le type de forme sélectionné. Par exemple, si c'est une ligne, ce sont des styles de lignes qui apparaissent. Mais si un rectangle est sélectionné, ce sont les styles appropriés pour le rectangle qui sont affichés.

Définir la couleur de remplissage

La commande Remplissage, du groupe Styles de formes de l'onglet Outils de dessin, régit le remplissage d'une forme. Le plus élémentaire est la couleur uniforme. Mais vous pouvez utiliser une image, un dégradé ou un motif.

Le remplissage d'une forme est une tâche semblable au choix d'un arrière-plan ou des couleurs d'un thème (ces notions sont décrites au Chapitre 8).

Définir le contour d'une forme

La commande Contour, du groupe Styles de formes de l'onglet Outils de dessin, sert à modifier le style d'une ligne ou la bordure d'une forme fermée. Les paramètres suivants sont modifiables :

- **Couleurs :** Définit la couleur du contour.
- **Épaisseur :** Règle l'épaisseur du trait.
- **Tirets :** Définit l'apparence du contour. Par défaut, il est entouré d'un trait plein, mais vous avez le choix entre plusieurs types de trait, à tirets ou en pointillé.
- **Flèches :** Une ligne peut avoir une pointe de flèche à une extrémité ou aux deux. Cet effet est surtout utilisé avec les traits et les formes d'arc.

Pour bénéficier d'un contrôle maximal sur le style d'un contour, cliquez sur le bouton Format de la forme situé dans le coin inférieur droit du groupe Styles de formes. Vous ouvrez ainsi le volet Format de la forme que montre la Figure 12.8. C'est là que vous contrôlez

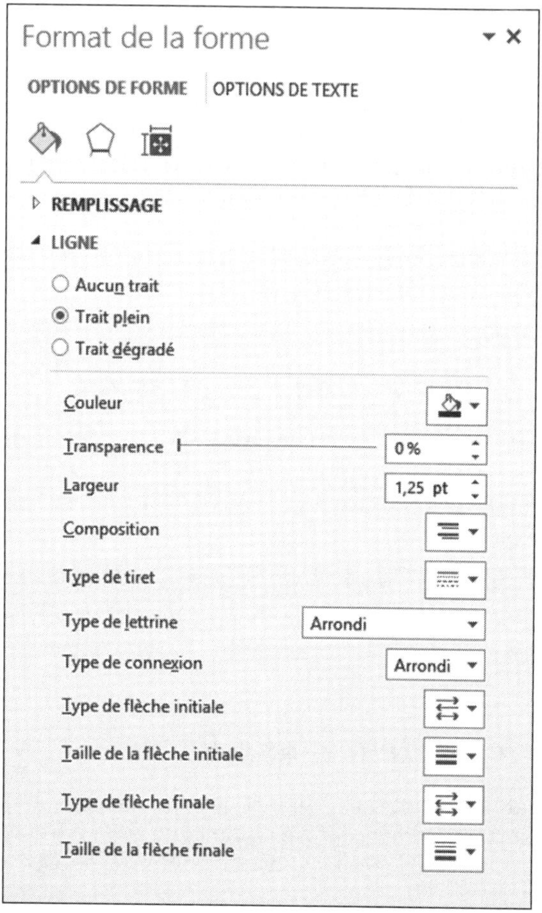

Figure 12.8 : Les options de mise en forme d'un contour.

tous les aspects du style d'une ligne : sa couleur, son épaisseur, le fait d'être en pointillé ou non et ses extrémités (diverses pointes de flèche sont proposées).

Appliquer des effets aux formes

Le menu local Effets du groupe Styles de formes permet d'appliquer les effets suivants :

- **Ombre :** Vous avez le choix entre plusieurs effets d'ombre prédéfinis, à moins que vous préfériez accéder à une boîte de dialogue vous permettant d'en personnaliser une.

- **Réflexion :** Produit un reflet sous la forme.
- **Lumière :** Produit une lueur émanant de la forme.
- **Bordures adoucies :** Arrondit ou adoucit les angles vifs d'une forme.
- **Biseau :** Produit un effet de ciselage.
- **Rotation 3D :** Fait pivoter la forme avec possibilité d'effet de perspective.

TRUC

Le meilleur moyen de découvrir tous ces effets est de les essayer.

Retourner et faire pivoter des objets

Retourner un objet signifie que vous le basculez. Faire *pivoter* un objet signifie que vous le faites tourner autour de son axe. PowerPoint permet d'effectuer un retournement vertical et horizontal, et la rotation peut s'effectuer par pas de 90 degrés ou librement sous n'importe quel angle.

TRUC

La rotation s'applique aux zones de texte et aux formes susceptibles d'en recevoir. Vous pouvez ainsi utiliser cette fonctionnalité pour obtenir du texte à la verticale ou incliné. Le texte lui-même ne pâtit pas du tout de ces actions.

Retourner un objet

PowerPoint permet de basculer un objet verticalement ou horizontalement. Voici comment procéder :

1. **Sélectionnez l'objet à retourner.**
2. **Dans le groupe Organiser de l'onglet Outils de dessin, ouvrez le menu local Rotation, puis choisissez Retourner verticalement ou Retourner horizontalement.**

Rotation d'un objet à 90 degrés

Vous pouvez faire pivoter un objet par pas de 90 degrés en procédant ainsi :

1. **Sélectionnez l'objet à faire pivoter.**
2. **Dans le groupe Organiser de l'onglet Outils de dessin, ouvrez le menu local Rotation. Choisissez Faire pivoter à droite de 90° ou Faire pivoter à gauche de 90°.**
3. **Pour faire pivoter un objet à 180 degrés, cliquez de nouveau sur le bouton Faire pivoter.**

Utiliser la poignée de rotation

La poignée de rotation permet de faire pivoter arbitrairement un objet à la souris.

La poignée de rotation est reconnaissable à sa couleur verte et au segment au bout duquel elle se trouve, comme le montre la Figure 12.9. Il suffit d'agir dessus pour faire pivoter l'objet.

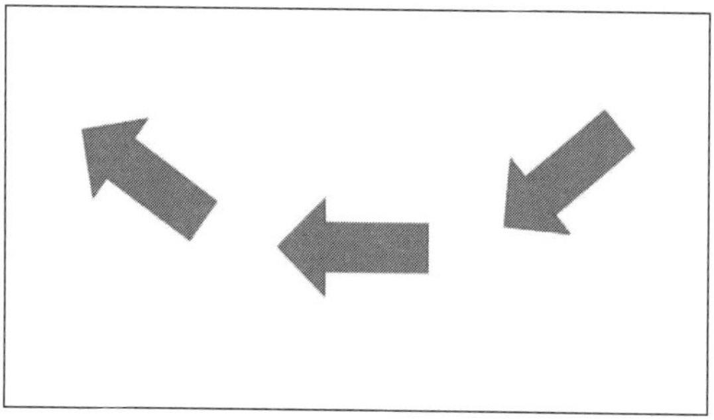

Figure 12.9 : La poignée de rotation sert à faire pivoter librement l'objet dans n'importe quel sens.

Voici comment utiliser la poignée de rotation :

1. **Sélectionnez l'objet à faire pivoter.**
2. **Tirez la poignée de rotation dans la direction désirée.**

   Au cours de la rotation, un cadre de sélection permet d'apprécier la mesure du pivotement. Relâchez le bouton de la souris et l'objet apparaît sous son nouvel angle.

Dessiner une image complexe

Quand plusieurs objets sont placés dans une seule diapositive, plusieurs problèmes risquent de surgir. Comment faire quand les objets se chevauchent ? Comment aligner les objets ? Comment grouper des objets qui ne doivent pas être séparés ?

Cette section montre comment utiliser les fonctions de PowerPoint qui gèrent le chevauchement des objets, leur alignement et leur regroupement.

Modifier l'empilement

Chaque fois que plusieurs objets cohabitent dans une diapositive, il y a de fortes chances pour qu'ils se chevauchent. PowerPoint gère ce problème en répartissant les objets sur plusieurs niveaux de profondeur, un peu comme s'il utilisait des calques. Le premier objet se trouve en bas de la pile, le deuxième se place sur le premier, le troisième sur le deuxième, et ainsi de suite. Si deux objets se chevauchent, celui au-dessus occulte partiellement ou totalement celui en dessous.

Vous avez beau connaître ce principe, que faire si vous ne créez pas les objets dans le bon ordre ? Pas de problème ! PowerPoint permet de modifier l'ordre des objets dans la pile, en les déplaçant vers l'avant ou l'arrière.

Sous l'onglet Outils de dessin figurent deux commandes de modification de l'ordre de la pile. Toutefois, pour les exécuter, vous devez préalablement ouvrir le menu local Avancer ou Reculer :

- **Avancer :** Place l'objet sélectionné en haut de la pile. Remarquez la flèche pointant vers le bas. Cliquer dessus révèle deux sous-commandes : Mettre au premier plan et Avancer. La commande Avancer ne déplace l'objet que d'un seul niveau dans l'empilement, tandis que la commande Mettre au premier plan le met directement au-dessus de la pile.
- **Reculer :** Envoie l'objet sélectionné dans le fond de la pile. À l'instar de la précédente, cette commande est aussi dotée d'une flèche donnant accès à deux sous-commandes : Reculer, qui décale l'objet d'un niveau vers le fond, et Mettre à l'arrière-plan, qui place l'objet tout au fond de l'empilement.

Les problèmes de chevauchement sont plus faciles à déceler quand les objets ont des couleurs différentes. Si un objet n'a pas de couleur de remplissage, il est transparent. Dans ce cas, l'ordre d'empilement importe peu.

Pour placer un objet au-dessus d'un autre, vous devrez parfois utiliser plusieurs fois la commande Avancer. En effet, même si deux objets peuvent sembler adjacents, d'autres peuvent néanmoins se trouver entre eux dans l'empilement.

Aligner des objets

Rien ne fait plus amateur, dans le sens péjoratif du terme, que des objets éparpillés sur une diapositive au petit bonheur la chance. Le groupe Organiser de l'onglet Outils de dessin est doté d'un bouton Aligner donnant accès aux commandes suivantes :

- Aligner à gauche.
- Centrer.
- Aligner à droite.
- Aligner en haut.
- Aligner au milieu.
- Aligner en bas.
- Distribuer horizontalement.
- Distribuer verticalement.

Les trois premières commandes alignent les éléments horizontalement, les trois suivantes verticalement.

Les deux commandes Distribuer verticalement et Distribuer horizontalement répartissent régulièrement les objets. Sélectionnez les objets, ouvrez le menu local Aligner, puis choisissez l'option Distribuer la plus appropriée.

TRUC

Une technique d'alignement plus intuitive consiste à faire glisser un élément graphique à proximité de celui sur lequel vous souhaitez l'aligner. Des repères d'alignements apparaissent. Ils permettent de voir si les objets sont bien alignés les uns par rapport aux autres. Un effet de magnétisme permet, par exemple, d'aligner le bord supérieur des objets. Cela fonctionne également pour les aligner sur leur bord inférieur ou par rapport à leur centre respectif.

Grilles et repères

Pour obtenir des diapositives bien ordonnées, PowerPoint permet d'afficher une grille sur les diapositives. Comme elle ne fait pas véritablement partie de la présentation, votre auditoire ne la verra pas. C'est simplement un outil d'aide au positionnement.

PowerPoint met aussi à votre disposition des repères. Ils sont composés de deux lignes, l'une horizontale, l'autre verticale. Alors que les lignes de la grille sont fixes, celles des repères sont déplaçables. Tout objet approché d'un repère est attiré par lui comme s'il était aimanté. À l'instar de la grille, les repères ne sont jamais vus par l'auditoire. Ils ne sont là que pour vous aider à composer vos diapositives.

Pour afficher la grille ou les repères, cliquez sur le bouton Paramètres de la grille (petite flèche) affiché dans le coin inférieur droit du groupe Afficher de l'onglet Affichage. Vous accédez ainsi à la boîte de dialogue Grille et repères que montre la Figure 12.10.

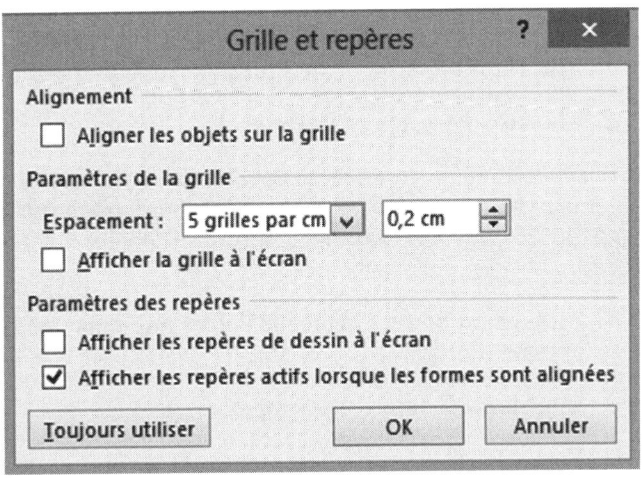

Figure 12.10 : La boîte de dialogue Grille et repères.

Pour activer la grille, cochez l'option Aligner les objets sur la grille et réglez l'intervalle entre les lignes avec l'option Espacement. Pour visualiser la grille dans PowerPoint, cochez la case Afficher la grille à l'écran.

Pour pouvoir utiliser des repères, cochez la case Afficher les repères de dessin à l'écran. Une fois les repères visibles, vous pouvez les déplacer à l'aide de la souris.

Thérapie de groupe

Un *groupe* est un ensemble d'objets que PowerPoint traite comme s'il s'agissait d'un seul objet. L'utilisation judicieuse des groupes facilite la création d'images complexes.

Pour créer un groupe, suivez ces étapes :

1. **Sélectionnez tous les objets à inclure dans le groupe.**

   La touche Maj enfoncée, cliquez sur chaque élément. Ou alors, entourez-les d'un rectangle de sélection en cliquant et tirant.

2. **Cliquez du bouton droit sur l'un des objets sélectionnés et, dans le menu contextuel, choisissez Grouper/Grouper.**

Vous trouverez aussi une commande Grouper sous l'onglet Outils de dessin, mais cette technique est plus rapide.

Procédez comme suit pour défaire un groupe et rendre les objets de nouveau indépendants :

1. **Cliquez du bouton droit dans le groupe d'objets à défaire.**
2. **Choisissez Grouper/Dissocier.**

Si vous avez créé un groupe que vous avez ensuite dissocié pour travailler sur chacun de ses éléments, il vous sera très facile de reformer le groupe une fois les modifications terminées. Voici comment procéder :

1. **Cliquez du bouton droit sur l'objet qui appartenait au groupe d'origine.**
2. **Choisissez Grouper/Regrouper.**

   PowerPoint se souvient des objets du groupe et peut ainsi le reconstituer.

PowerPoint permet de créer des groupes de groupes. C'est particulièrement utile pour les images complexes, car vous pouvez travailler sur une partie de l'image, la grouper, puis travailler sur une autre partie sans modifier par inadvertance celle que vous avez déjà groupée. Après avoir créé des groupes, sélectionnez-les et groupez-les. Vous pouvez ainsi créer des groupes de groupes de groupes à l'infini.

Chapitre 13

Insérer un graphique

Dans ce chapitre :

- Placer un graphique dans une présentation.
- Importer des données provenant d'autres programmes.
- Déplacer et redimensionner un graphique.
- Embellir les graphiques avec des titres, des légendes et d'autres éléments.

Le meilleur moyen de faire parler des chiffres, c'est de les montrer sous forme de graphique. Il est facile d'en ajouter un dans PowerPoint, et de le mettre en forme à votre guise. C'est l'affaire de quelques clics, comme le démontre ce chapitre.

Comprendre la notion de graphique

Si vous n'avez jamais tenté de placer un graphique dans une diapositive, le processus pourra sembler un peu alambiqué. Un *graphique* est la représentation d'un ensemble de nombres sous la forme de courbes, de barres, de secteurs ou de toute autre forme. Vous pouvez entrer les chiffres directement ou les importer depuis un fichier, un classeur d'Excel par exemple. Toutes sortes de graphiques sont disponibles, du simple histogramme à barres aux étonnants graphiques en anneau, à nuage de points ou radar. Tout cela est très beau, mais un peu déroutant.

Voici le jargon à assimiler dès lors que vous travaillez avec des graphiques :

- **Graphique ou représentation graphique :** C'est la même chose, mais le premier est le plus usité.

- **Type de graphique :** PowerPoint prend en charge plusieurs types de graphiques : les histogrammes, les graphiques à barres, à courbes, à secteurs, à aires, en nuages de points, *etc.* Chacun de ces types est approprié à un type de données bien précis.
- **Mise en page du graphique :** Ensemble d'éléments prédéfinis, comme des titres ou des légendes, permettant de créer facilement un type de graphique.
- **Style de graphique :** Ensemble d'éléments prédéfinis mis en forme qui régit l'apparence du graphique.
- **Feuille de calcul :** Fournit les données d'un graphique, car après tout un graphique n'est rien d'autre que des chiffres donnés à voir. Ces derniers proviennent d'une feuille de calcul. C'est pourquoi, quand vous créez un graphique, PowerPoint démarre automatiquement Excel (s'il ne l'est pas déjà) et s'en sert pour stocker les chiffres.
- **Séries :** Ensemble de chiffres ayant une relation commune. Par exemple, un graphique des ventes trimestrielles par région peut avoir une série pour chaque région. Chaque série présente un total de quatre ventes, une par trimestre, et est généralement représentée par une ligne dans la feuille de données. La feuille de données peut être modifiée pour représenter les séries dans des colonnes. La plupart des types de graphiques peuvent comporter plusieurs séries. En revanche, les graphiques à secteurs ne peuvent gérer qu'une seule série à la fois. Le nom de chaque série est affiché dans une légende.
- **Axes :** Ce sont des lignes aux bords d'un graphique. L'*axe X*, où sont généralement présentées les catégories, est en bas du graphique, en abscisse ; l'*axe Y* est sur le bord gauche, en ordonnée, et affiche les valeurs.
- **Légende :** Une zone de texte dans laquelle chaque série du graphique est représentée par une couleur et par son nom.

NOTE TECHNIQUE

Il est intéressant de savoir que dans PowerPoint 2013 la création de graphiques est intimement intégrée à Excel 2013. Quand vous placez un graphique dans PowerPoint, Excel est aussitôt démarré, et les données que vous saisissez sont conservées dans un classeur Excel. Ce dernier n'est toutefois pas stocké en tant que document distinct. Au contraire, le graphique et le classeur contenant la feuille de données sont stockés au sein du document PowerPoint.

Ajouter un graphique à une présentation

Pour ajouter un graphique à votre présentation, vous avez le choix entre plusieurs options :

- Créer une nouvelle diapositive en choisissant une disposition comportant un « Contenu » (un espace réservé au contenu). Cliquez ensuite sur l'icône Insérer un graphique, à partir de l'espace réservé Contenu, pour créer le graphique.
- Cliquer sur l'onglet Insertion afin d'insérer un graphique dans n'importe quelle diapositive.
- Créer le graphique séparément dans Excel 2013 puis le coller dans PowerPoint. C'est la technique la plus courante si le graphique est basé sur des données d'ores et déjà stockées dans un classeur Excel.

Insérer une diapositive contenant un graphique

Ces étapes montrent comment insérer une nouvelle diapositive qui contient un graphique :

1. **Affichez la diapositive après laquelle doit apparaître la nouvelle diapositive.**
2. **Cliquez sur l'onglet Accueil, puis, dans le groupe Diapositives, ouvrez le menu local Nouvelle diapositive.**
3. **Cliquez sur l'une des dispositions de diapositive comportant un espace réservé de type Contenu.**

   Plusieurs types de diapositives comportent un espace réservé Contenu. Quand vous avez cliqué sur le type de diapositive désiré, une diapositive avec la disposition sélectionnée est ajoutée à la présentation, comme le montre la Figure 13.1 où le choix s'est porté sur une disposition Titre et contenu.

   Comme vous le constatez, l'espace réservé Contenu héberge six icônes servant à insérer divers types de contenu :

   - **Tableau :** Insère un tableau.

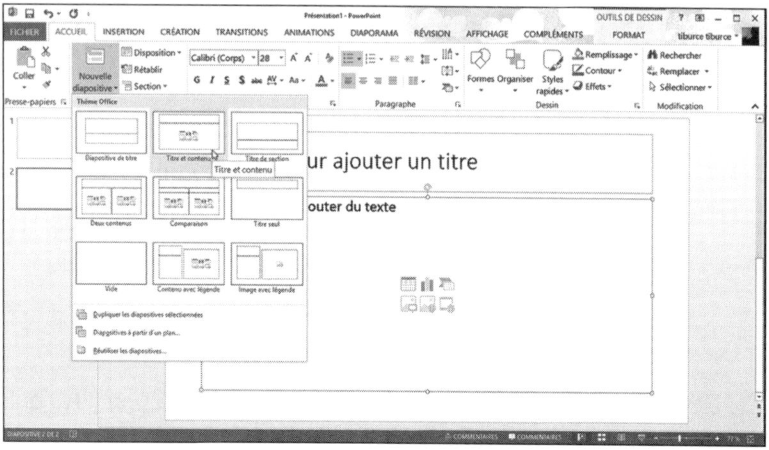

Figure 13.1 : Une diapositive avec un espace réservé de type Titre et contenu.

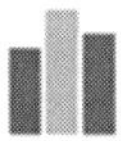

• **Graphique :** Insère un graphique.

• **Graphique SmartArt :** Insère un graphique SmartArt.

• **Images :** Insère une image provenant d'un fichier, comme décrit au Chapitre 12.

• **Images en ligne :** Insère une image clipart bitmap ou vectorielle.

• **Vidéo :** Insère un film, comme décrit au Chapitre 14.

4. **Cliquez sur l'icône Insérer un graphique, au milieu de l'espace réservé Contenu.**

   L'icône Insérer un graphique se trouve au milieu, dans la rangée du haut. Cliquer dessus ouvre la boîte de dialogue Créer un graphique (voir Figure 13.2).

5. **Sélectionnez le type de graphique que vous désirez créer.**

   Vous avez le choix entre les types suivants :

   • **Histogramme :** Les données sont représentées par des colonnes verticales affichées côte à côte ou empilées. La forme des colonnes est paramétrable : barres simples, barres en 3D, cylindres, cônes et pyramides.

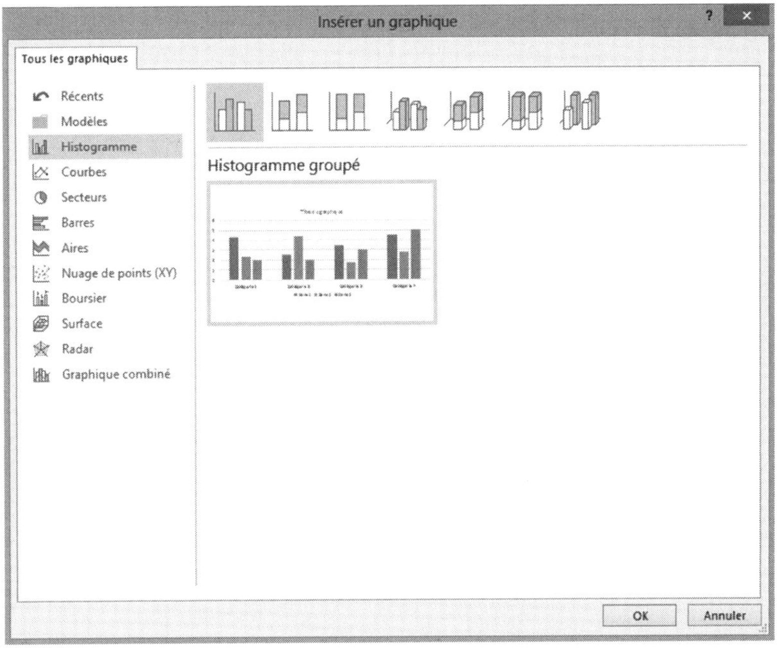

Figure 13.2 : Choisir ici le type de graphique à créer.

- **Courbes :** Les données sont représentées par des points reliés par différents types de ligne.
- **Secteurs :** Les données apparaissent sous la forme de tranches d'un cylindre, d'où le surnom de « camembert » donné à ce type de graphique.
- **Barres :** Identique aux histogrammes, à cette différence près que les colonnes sont horizontales et non pas verticales.
- **Aires :** Semblable à un graphique en courbes, sauf que la partie sous la ligne est mise en couleurs.
- **Nuage de points (XY) :** Affiche des points épars en utilisant deux valeurs pour les coordonnées X et Y de chacun de ces points.
- **Boursier :** Affiche les valeurs élevées, basses et de clôture.
- **Surface :** Semblable à un graphique en courbes, mais avec une représentation tridimensionnelle des données.

- **Radar :** Les données sont réparties par rapport à un point central plutôt qu'en abscisse et en ordonnée.
- **Graphique combiné :** Permet de combiner différentes représentations graphiques en une seule.

6. **Cliquez sur OK.**

   PowerPoint mouline un moment – car il doit déterminer si Excel est déjà en service ou non –, puis il insère le graphique, comme le révèle la Figure 13.3. Si Excel n'est pas ouvert, PowerPoint le démarre et réarrange l'écran afin que PowerPoint et Excel soient affichés côte à côte.

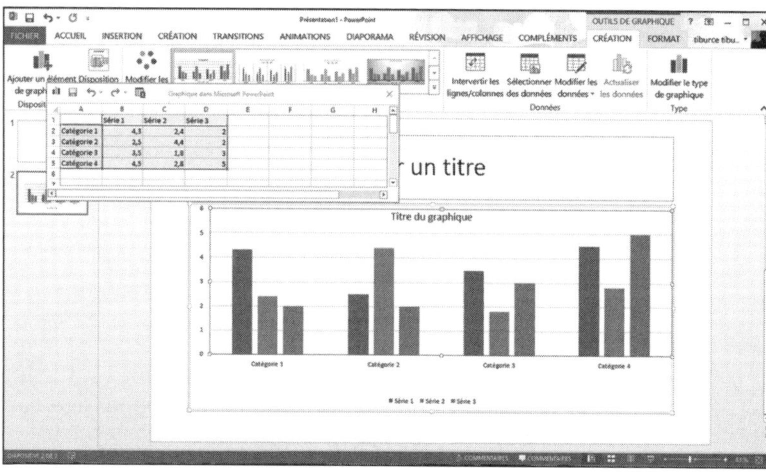

Figure 13.3 : Un graphique vient d'être inséré dans PowerPoint. En haut, la feuille de calcul Excel contenant les données source.

7. **Remplacez les données de l'exemple par les vôtres.**

   Les données qui alimentent le graphique figurent dans Excel. Vous devrez bien sûr les remplacer par les données que vous comptez exploiter. Remarquez comment le graphique affiche les nouveaux chiffres dès que vous retournez dans PowerPoint et cliquez dans la diapositive.

   Pour plus d'informations, reportez-vous à la section « Travailler avec les données d'un graphique », plus loin dans ce chapitre.

8. **Personnalisez le graphique.**

   Choisissez par exemple un autre type de graphique ou de mise en page, comme nous le verrons plus loin dans ce chapitre. La Figure 13.4 montre un graphique dont les données par défaut ont été remplacées par des données personnelles.

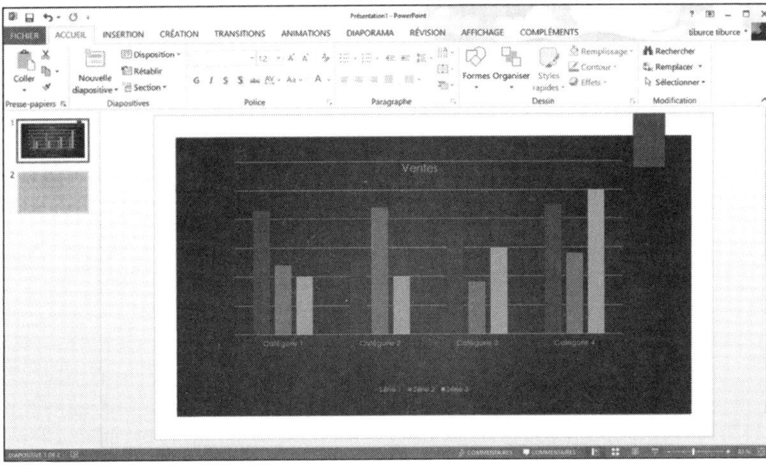

Figure 13.4 : Une diapositive contenant un graphique mis en forme.

Insérer un graphique dans une diapositive existante

Vous pouvez aussi ajouter un graphique à une diapositive existante en procédant comme suit :

1. **Affichez la diapositive dans laquelle vous désirez placer le graphique.**

2. **Cliquez sur l'onglet Insertion. Ensuite, dans le groupe Illustrations, cliquez sur Graphique.**

   La boîte de dialogue Insérer un graphique, montrée à la Figure 13.2, apparaît.

3. **Sélectionnez le type de graphique à créer, puis cliquez sur OK.**

   PowerPoint démarre Excel, s'il n'est pas déjà ouvert, et insère un graphique contenant des données par défaut.

   Reportez-vous à la section « Changer le type de graphique », plus loin dans ce chapitre, pour en savoir plus sur les différentes sortes de graphiques.

4. **Remplacez les données d'exemple par les vôtres.**

   Reportez-vous à la section « Travailler avec les données d'un graphique », plus loin dans ce chapitre, pour en savoir plus sur le paramétrage d'un graphique et sa présentation.

5. **Terminez le graphique en définissant sa présentation et son style.**

   Reportez-vous aux sections « Modifier la présentation d'un graphique » et « Changer le style d'un graphique », plus loin dans ce chapitre.

6. **Réorganisez tout.**

   Le graphique chevauche inévitablement les objets déjà présents sur la diapositive. Vous devrez certainement le redimensionner et le déplacer, de même que les autres objets, pour faire de la place sur la diapositive afin de mieux afficher les divers éléments. Peut-être même devrez-vous supprimer un objet pour gagner encore plus de place. Toutes ces manipulations sont expliquées aux Chapitres 11 et 12.

Coller un graphique provenant d'Excel

Si les données à coller existent déjà dans un classeur Excel, le meilleur moyen de les montrer dans PowerPoint consiste à créer d'abord le graphique dans Excel, à le copier dans le Presse-papiers, et à le coller ensuite dans la diapositive appropriée de PowerPoint. En procédant ainsi, le graphique apparaît tel qu'il était dans Excel.

Quand vous collez un graphique Excel dans PowerPoint, une balise active apparaît près du graphique. Cliquer dessus révèle un menu contextuel qui vous propose de conserver la mise en forme originale du graphique, ou d'utiliser le thème de la présentation PowerPoint.

De plus, la balise active permet d'indiquer si le graphique doit être incorporé ou lié. Lorsqu'il est incorporé, PowerPoint crée une copie des données Excel et les stocke directement dans la présentation, sous la forme d'un objet « classeur ». Le graphique dans PowerPoint est totalement déconnecté, et donc indépendant de celui dans Excel. De ce fait, aucune modification effectuée dans le graphique Excel ne sera prise en compte par le graphique dans PowerPoint.

En revanche, lorsque le graphique est lié, PowerPoint le copie effectivement depuis Excel, mais il crée un lien reliant les deux graphiques. De ce fait, toute modification des données dans Excel est répercutée dans le graphique de PowerPoint, qui est ainsi toujours à jour.

Une dernière option dans la balise active permet d'insérer le graphique sous forme d'image. PowerPoint convertit le graphique en un ensemble d'objets « forme », sans aucun lien avec les données ou le graphique situés dans Excel.

Changer le type de graphique

PowerPoint permet de créer 14 types de graphiques. Chacun convient à un type d'informations particulier. Par exemple, des données des ventes de produits sont toujours mieux mises en valeur en colonnes, afin de bien comparer les résultats de différentes régions. Le type de graphique dépend de la nature des données à afficher.

Fort heureusement, PowerPoint n'impose aucun type de graphique. Vous pouvez facilement l'échanger pour un autre sans modifier les données qu'il contient. Voici comment faire :

1. **Cliquez sur le graphique afin de le sélectionner.**

   Quand vous sélectionnez un graphique, l'onglet Outils de graphique apparaît. Il est constitué des deux onglets Création et Format.

2. **Cliquez sur l'onglet Création.**

   La Figure 13.5 montre l'onglet Création, l'un des trois onglets des outils de graphique.

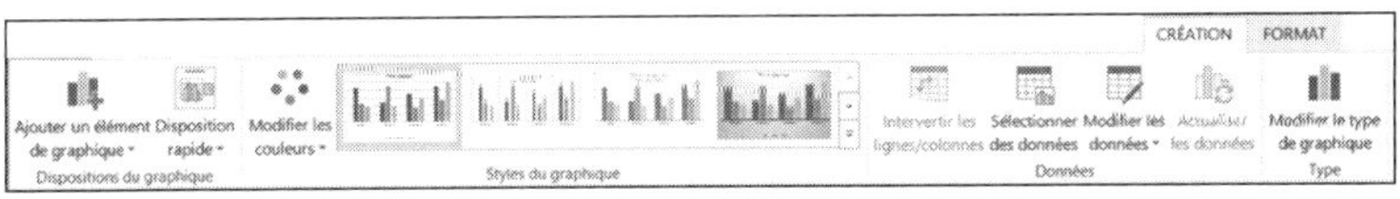

Figure 13.5 : L'onglet Création fait partie des outils de graphique.

3. **Dans le groupe Types, cliquez sur le bouton Modifier le type de graphique.**

PowerPoint affiche une palette de types de graphiques.

4. **Cliquez sur le type de graphique désiré.**
5. **Cliquez sur OK. C'est fait !**

Travailler avec les données d'un graphique

Les données représentées dans le graphique de PowerPoint sont stockées dans un classeur Excel. Selon la manière dont le graphique a été créé, le classeur Excel peut être séparé ou incorporé au document PowerPoint. Dans les deux cas, vous pouvez utiliser Excel chaque fois que vous désirez modifier les données.

Pour modifier les données d'un graphique, sélectionnez-le. Un ensemble de trois onglets, les Outils de graphique, est aussitôt ajouté au Ruban. Cliquez ensuite sur l'onglet Création. Il comporte un groupe nommé Données qui contient quatre commandes. Elles permettent d'effectuer diverses opérations, décrites dans les sections qui suivent.

Intervertir des lignes et des colonnes

La première commande du groupe Données s'appelle Intervertir les lignes/colonnes. Elle modifie l'orientation du graphique d'une manière quelque peu ardue à décrire mais facile à visualiser. Reportez-vous à la Figure 13.4 ; elle est basée sur les données suivantes :

	Janvier	Février	Mars
Littérature	115 247	110 528	112 741
Photo	78 458	80 125	85 412
BD	54 875	48 524	50 148
Psycho	88 592	75 412	75 694

Les lignes contiennent les catégories de données, c'est-à-dire les catégories Littérature, Photo, BD et Psycho en abscisse.

Si vous cliquez sur le bouton Intervertir les lignes/colonnes, le graphique change, comme le révèle la Figure 13.6 : ce sont à présent les mois, Janvier, Février et Mars, qui se trouvent en abscisse.

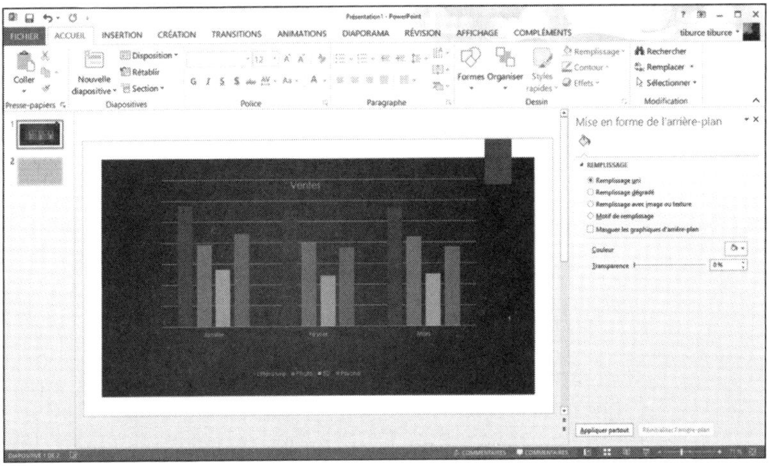

Figure 13.6 : Les lignes et les colonnes du graphique viennent d'être interverties.

Modifier la sélection des données

Le bouton Sélectionner des données, dans le groupe Données de l'onglet Création, permet de modifier la sélection de données sur laquelle est basé le graphique. Cliquer sur ce bouton ouvre la boîte de dialogue de la Figure 13.7.

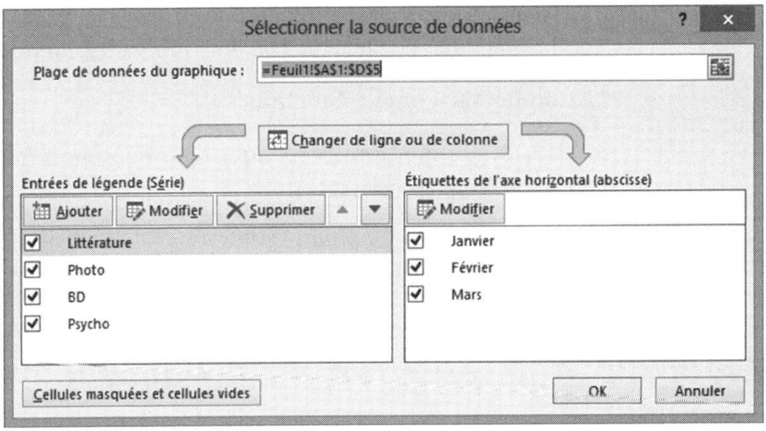

Figure 13.7 : Cette boîte de dialogue permet de modifier la plage des données à afficher dans le graphique.

Elle permet d'effectuer trois tâches élémentaires :

- **Modifier la plage :** Le champ Plage de données du graphique permet de redéfinir une autre plage à utiliser dans le graphique.

- **Intervertir les lignes et les colonnes :** Le bouton Changer de lignes ou de colonnes a exactement le même effet que le bouton Intervertir les lignes/données, dans le Ruban.
- **Modifier des plages et des séries :** Vous pouvez redéfinir les lignes contenant les données de chaque série, ajouter de nouvelles séries, modifier la plage actuelle, supprimer des séries ou modifier l'ordre dans lequel elles apparaissent.

Modifier les données source

Pour modifier les actuelles valeurs représentées sur le graphique, cliquez sur le bouton Modifier les données, dans le groupe Données sous l'onglet Création. Cette action ouvre les données dans Excel, où vous pourrez procéder aux modifications. De retour dans PowerPoint (en cliquant dedans) le graphique est mis à jour.

Actualiser un graphique

Si un graphique est lié à un classeur Excel séparé, les données peuvent être mises à jour en procédant ainsi :

1. **Cliquez sur le graphique pour le sélectionner.**

   Le Ruban affiche aussitôt l'onglet Outils de graphique.

2. **Cliquez sur l'onglet Création.**
3. **Dans le groupe Données, cliquez sur le bouton Actualiser les données.**

   Les données du graphique sont mises à jour à partir du contenu du classeur duquel elles dépendent.

Modifier la disposition du graphique

La *disposition d'un graphique* est une mise en page d'éléments prédéfinis comme la légende, le titre, *etc.* Microsoft s'est efforcée de proposer des arrangements fonctionnels et esthétiques.

Procédez comme suit pour modifier la disposition d'un graphique :

1. **Cliquez sur le graphique afin de le sélectionner.**

Le Ruban affiche l'onglet Outils de graphique.

2. **Cliquez sur l'onglet Création.**

3. **Cliquez sur le bouton Disposition rapide.**

La palette des dispositions apparaît, comme à la Figure 13.8.

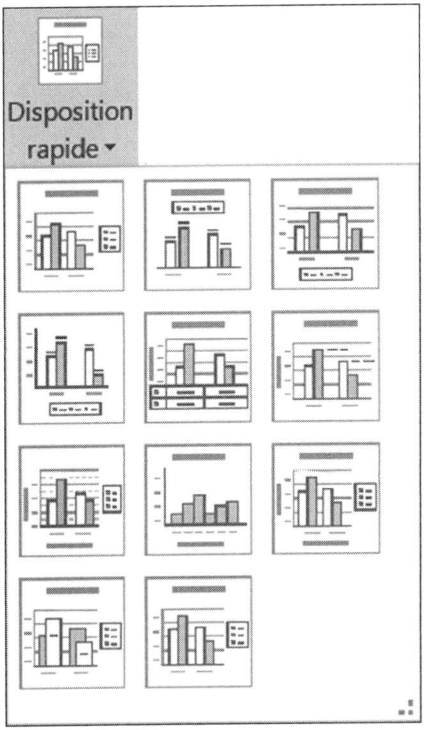

Figure 13.8 : Les commandes du menu local Dispositions rapides.

4. **Cliquez sur la disposition à appliquer.**

Le graphique adopte la disposition sélectionnée, comme le montre la Figure 13.9.

Modifier le style du graphique

Un *style de graphique* est un ensemble d'éléments de mise en forme comme les couleurs ou les formes. Microsoft fournit un vaste assortiment de styles ; la Figure 13.10 montre la palette des styles des histogrammes.

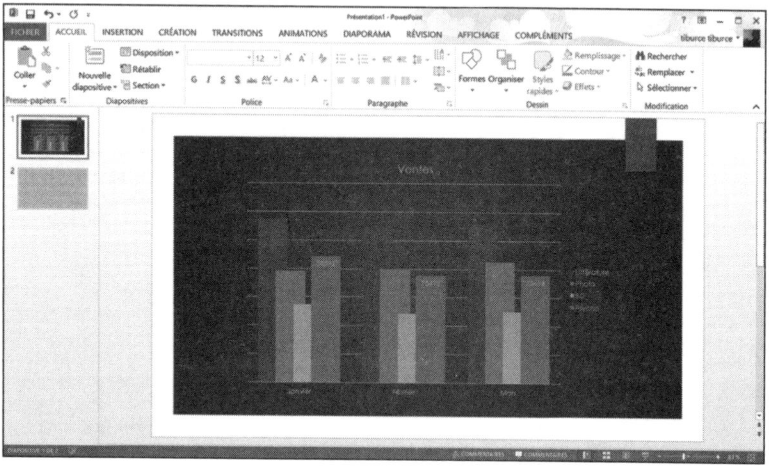

Figure 13.9 : Modifier la disposition du contenu d'un graphique.

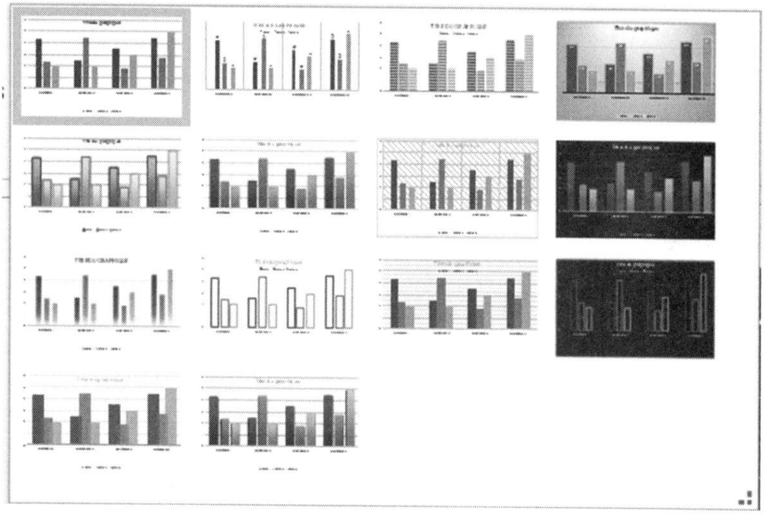

Figure 13.10 : Les différents styles d'histogrammes de PowerPoint.

Procédez comme suit pour modifier le style d'un graphique :

1. **Cliquez sur le graphique pour le sélectionner.**

   Le Ruban affiche l'onglet Outils de graphique (reportez-vous à la Figure 13.5).

2. **Cliquez sur l'onglet Création.**

3. **Choisissez un style dans le groupe Styles du graphique.**

Le groupe Styles du graphique affiche les styles les plus communément utilisés.

Si celui que vous désirez n'est pas visible dans le Ruban, cliquez sur le bouton Autres situé dans le coin inférieur droit du groupe Styles du graphique, pour afficher la palette des styles.

Embellir un graphique

PowerPoint permet d'embellir un graphique de plusieurs manières : vous pouvez ajouter des titres, des étiquettes, des légendes, *etc.* Le moyen le plus facile d'améliorer la présentation de tous ces éléments consiste à sélectionner une disposition de graphique, comme expliqué précédemment à la section « Modifier la disposition du graphique ». Vous pouvez cependant créer votre propre disposition en paramétrant vous-même ces éléments.

Pour ce faire, sélectionnez le graphique puis cliquez sur le bouton + (Éléments graphiques) pour afficher la liste des éléments que vous pouvez ou non afficher sur le graphique, comme le montre la Figure 13.11.

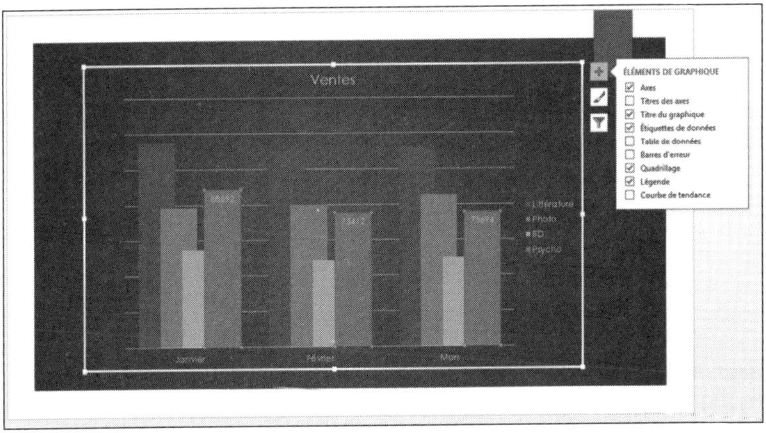

Figure 13.11 : Ajouter des éléments au graphique.

Les paragraphes suivants décrivent les éléments que vous pouvez ajouter au graphique :

- **Axes :** Ils se réfèrent aux célèbrent axes X et Y. L'axe X est l'axe horizontal, tandis que l'axe Y est l'axe vertical. Pour les graphiques en 3D, rajoutez l'axe Z qui est celui de la profondeur.

- **Titres des axes :** Ils légendent la signification de chacun des axes. La plupart des graphiques ont deux axes : un titre de l'axe horizontal principal (abscisse) et un titre de l'axe horizontal vertical (ordonnée).
- **Titre du graphique :** Il est normalement placé au-dessus du graphique, mais il peut aussi être repositionné ailleurs.
- **Étiquettes de données :** Mentionne la valeur de chacun des points d'une série, au-dessus ou à côté d'eux. Pour contrôler plus étroitement leur apparence, choisissez Autres options d'étiquettes de données afin d'accéder au volet Format des étiquettes de données illustré à la Figure 13.12.

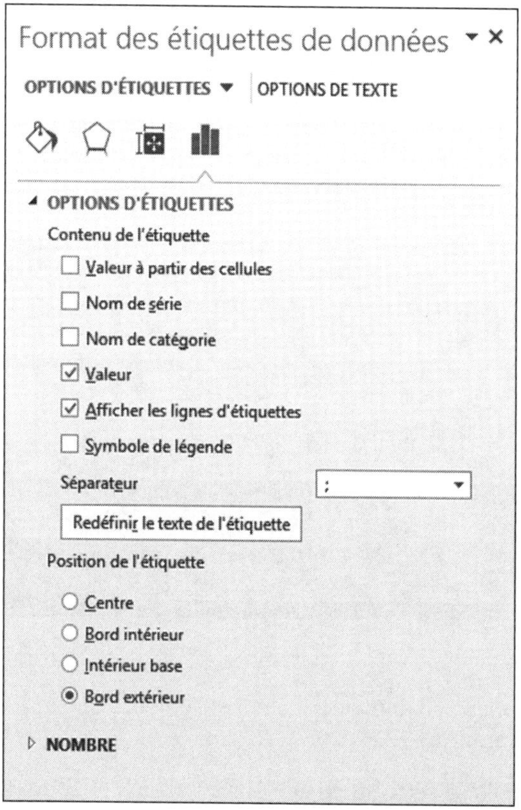

Figure 13.12 : Le volet de mise en forme des étiquettes de données.

TRUC

Dans la plupart des diapositives, les étiquettes de données encombrent inutilement sans ajouter des informations utiles. Ne les utilisez que si vous devez absolument indiquer des valeurs exactes dans un graphique.

- **Table de données :** Elle affiche les données utilisées par le graphique. La plupart des graphiques n'en comportent pas, mais vous pouvez en ajouter une si vous estimez que le public serait intéressé par ces chiffres, comme à la Figure 13.13.

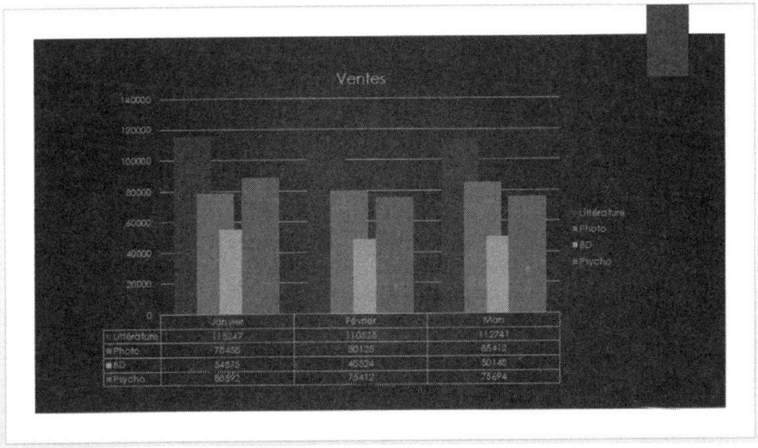

Figure 13.13 : Un graphique accompagné d'une table de données.

- **Barres d'erreur :** Ajoute un élément graphique qui spécifie une plage de valeurs pour chaque point plutôt qu'une seule valeur. La taille de la plage peut être calculée sous la forme d'une valeur fixe, d'un pourcentage, ou d'un écart type.
- **Quadrillage :** Ce sont des lignes qui facilitent l'évaluation des valeurs représentées par des points ou des barres. Ce bouton permet de les afficher ou de les masquer.
- **Légende :** Elle concerne les séries de données affichées dans le graphique. Quand vous cliquez sur le bouton Légende, un menu proposant différents emplacements apparaît. Vous avez aussi la possibilité de cliquer sur Autres options de légende afin d'accéder à la boîte de dialogue Format de légende (Figure 13.14). C'est à partir de cette dernière que vous définissez la position de la légende ainsi que les diverses options de mise en forme comme le style de la bordure et du remplissage. Notez que la légende est repositionnable n'importe où dans le graphique.

PowerPoint

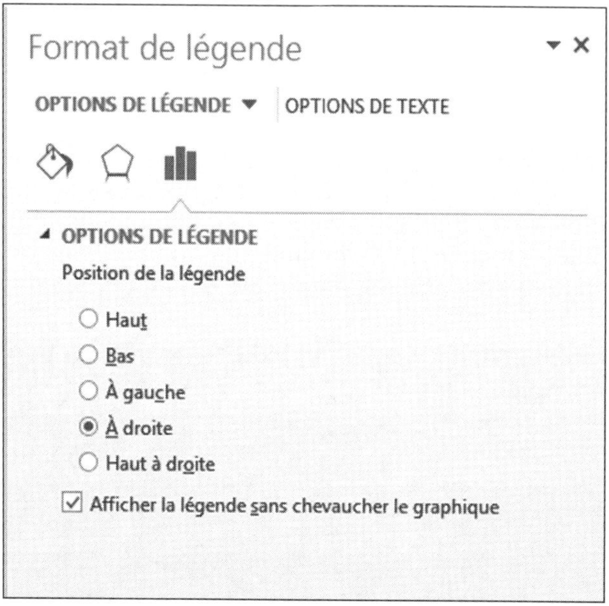

Figure 13.14 : Le volet Format de légende.

- **Courbe de tendance** : Utile pour présenter la tendance globale – à la hausse ou à la baisse – d'un ensemble de chiffres, ou des barres d'erreur indiquant une fourchette pour chacune des valeurs (Figure 13.15).

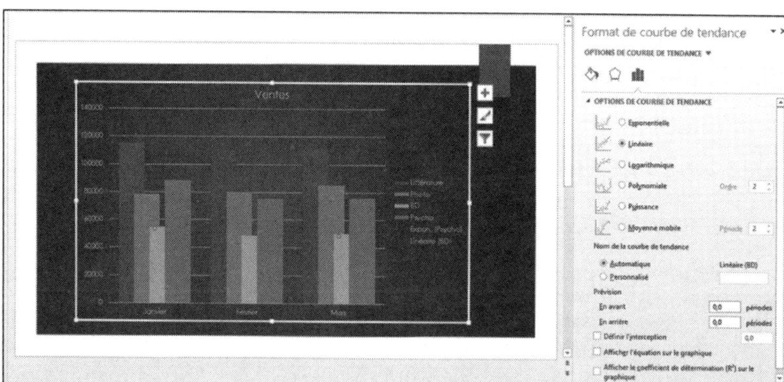

Figure 13.15 : Des courbes de tendance.

Chapitre 14

Silence ! Moteur ! Action ! (Ajouter du son et de la vidéo)

Dans ce chapitre :

- Ajouter de drôles d'élucubrations à vos présentations.
- Pimenter vos présentations avec des vidéos.
- Régler l'image et le son.

PowerPoint permet d'ajouter des sons et des animations à vos présentations. Vous pouvez même ajouter des applaudissements flagorneurs et des rires bêtes comme dans les sitcoms, ou un accompagnement musical.

Vous pouvez aussi insérer des extraits de films aussi célèbres que *La soupe aux choux* ou une séquence montrant le décollage assourdissant de la Babette spéciale, euh non, la navette spatiale, si vous estimez que cela peut tenir votre auditoire éveillé. Bref, ce chapitre vous explique comment ajouter des effets spéciaux.

Ce chapitre n'est pas très long, car PowerPoint ne permet pas de faire du multimédia comme le ferait un logiciel spécialisé à vocation professionnelle comme Adobe Premiere. PowerPoint permet de coller des éléments audiovisuels dans votre diaporama, ce qui n'est déjà pas si mal.

Sonoriser une diapositive

Pendant ses premières années, un PC ne savait émettre qu'un pauvre « bip » qui était loin d'impressionner les mélomanes. Aujourd'hui, l'ordinateur est devenu multimédia. Il affiche non seulement du texte et des images, mais il sait aussi gérer le son et la vidéo.

TRUC

Pour profiter d'un son de qualité, il est conseillé d'investir dans une interface audio USB (ou FireWire) externe.

À propos des fichiers audio

Les sons informatiques sont stockés dans deux types de fichiers audio :

- **Fichiers à forme d'onde :** Ils sont ainsi appelés car le son numérisé est représenté par une onde sinusoïdale. Ces sons peuvent être des bruitages (carillon, crissement, détonation, cris d'animaux...) ou de la voix. Internet regorge d'extraits d'émissions de télévision, notamment des *Guignols de l'Info*. Imaginez une présentation où, à la diapositive montrant les profits faramineux de l'entreprise, on entend la voix d'Arlette : « Travailleuses, travailleurs, on vous ment, on vous spolie... » Effet garanti auprès de la direction générale.

  Il existe deux sortes de fichiers audio à forme d'onde :

  - *Les fichiers Wav non compressés :* Le format le plus connu est celui de Windows. Windows et PowerPoint sont tous deux livrés avec une collection de fichiers Wav. Ce sont essentiellement des bruitages très brefs.

  - *Les fichiers compressés MP3 et WMA :* Très connus du grand public, les fichiers MP3 sont des fichiers compressés destinés à stocker des clips audio de longue durée comme des chansons ou des morceaux de musique.
    Il existe une version améliorée, le format MP4, qui est utilisé pour les morceaux protégés (un même fichier peut n'être écouté que sur un nombre limité d'appareils), mais il n'est pas très répandu. Son concurrent, le format WMA, a été développé par Microsoft pour les versions récentes de Windows.

- **Fichiers MIDI :** Le son n'est pas enregistré par un microphone, mais programmé. Chaque effet sonore est produit par un code informatique lu par le synthétiseur de la carte son (quand elle en possède un). Les fichiers MIDI sont reconnaissables à leur extension `.mid`. Contrairement aux fichiers audio qui peuvent peser plusieurs mégaoctets, les fichiers MIDI n'occupent guère plus de place qu'un simple fichier texte.

Pour insérer du son dans une présentation PowerPoint, vous devez coller un de ces fichiers audio dans une diapositive. Lors du diaporama, ils sont lus automatiquement ou manuellement (en cliquant dans la diapo).

Les fichiers MIDI sont idéaux pour la musique électronique – la musique classique devient un concert de casseroles –, tandis que les

À propos de MP3 et d'Internet

Le format de fichier audio MP3 doit son succès à son algorithme de compression, qui réduit de plus de dix fois la taille d'un fichier par rapport au format Wav, sans perte sensible de qualité.

Le format MP3 a été démocratisé par le site Internet Napster, qui a fait couler beaucoup d'encre ces dernières années. La possibilité de télécharger gratuitement des CD entiers de vos chanteurs et groupes préférés n'a pas du tout fait l'affaire des artistes, qui se voyaient spoliés d'une partie de leur revenu, et aussi des maisons de disques.

Napster n'existe plus, mais il subsiste encore de nombreuses sources sur Internet où vous pouvez télécharger des fichiers MP3. Aussi, si vous utilisez des fichiers MP3 téléchargés, pensez aux artistes qui ne perçoivent aucun droit sur leur musique. Ce n'est certes pas vital pour ceux qui vendent des millions d'albums, mais beaucoup plus problématique pour des groupes marginaux comme Minamata ou La NomenKlaTur qui ne vendent qu'une centaine de CD tous les trois ans. Le législateur a réagi assez vite, et si le téléchargement n'a rien d'illégal en soi tant que l'audition se limite au cercle familial, l'utilisation des musiques sans autorisation – même à titre gratuit – est un délit sévèrement réprimé.

D'où la question cruciale : peut-on utiliser des morceaux de musique dans une présentation PowerPoint. Dans l'absolu, non, sauf si vous avez concocté une présentation pour l'anniversaire d'un de vos proches. Si la présentation est projetée hors du cercle familial, lors d'un conseil d'administration par exemple, vous enfreignez la loi. Le risque d'être pris la main dans le sac est certes infinitésimal, mais si votre présentation circule en plus sur Internet, vous vous exposez à de sérieux problèmes.

fichiers Wav sont irremplaçables pour les sons réalistes, notamment les bruitages.

PowerPoint est livré avec de nombreux échantillons sonores comme des roulements de tambour, du verre brisé et les cliquetis d'une machine à écrire. Windows dispose aussi de son lot de sons. Si vous avez un accès à Internet, une source illimitée de sons est à votre portée. Faites des recherches dans des moteurs comme l'incontournable Google à l'adresse `www.google.fr`.

Insérer un objet audio

Dans cette section, nous verrons comment insérer un objet audio dans une diapositive. Vous pouvez le configurer afin qu'il soit automatiquement lu dès que la diapositive apparaît, ou seulement après avoir cliqué sur une icône. Notez que si le son doit être joué automatiquement, et que c'est un fichier Wav, il est plus facile de l'ajouter à une transition que comme objet séparé. En revanche, procédez comme suit si le fichier n'est pas au format Wav ou si vous désirez contrôler le moment où le son sera joué :

1. **Affichez la diapositive à laquelle vous désirez ajouter le son.**

2. **Cliquez sur l'onglet Insertion. Ouvrez le menu local Audio, et choisissez Audio sur mon PC.**

   La boîte de dialogue Insérer un objet audio apparaît (Figure 14.1).

3. **Sélectionnez le fichier audio à insérer.**

   Vous devrez sans doute parcourir votre disque dur à la recherche du fichier désiré.

4. **Cliquez sur Insérer.**

   Le fichier audio est inséré dans la diapositive courante tandis que l'onglet Outils audio apparaît, comme le montre la Figure 14.2.

TRUC

Vous pouvez insérer un son provenant d'Internet. Il suffit pour cela de choisir Audio en ligne au lieu de Audio sur mon PC. Ensuite, utilisez la boîte de dialogue qui s'affiche pour trouver le son qui vous intéresse.

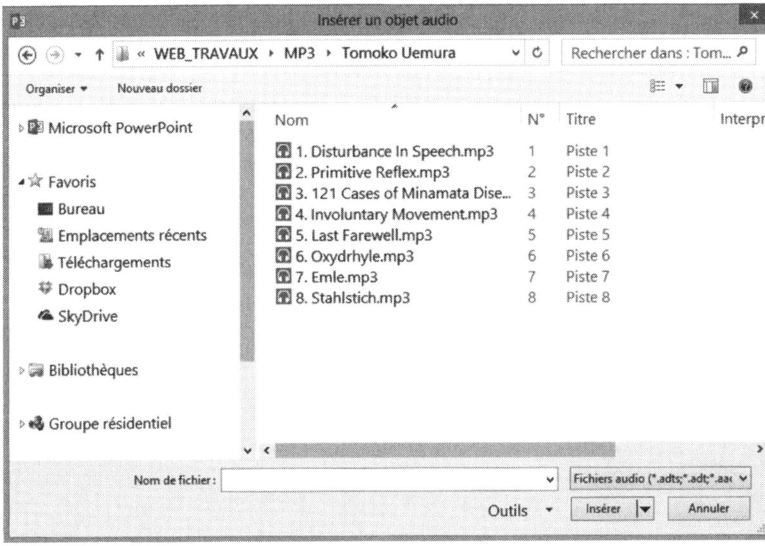

Figure 14.1 : L'insertion d'un son commence ici.

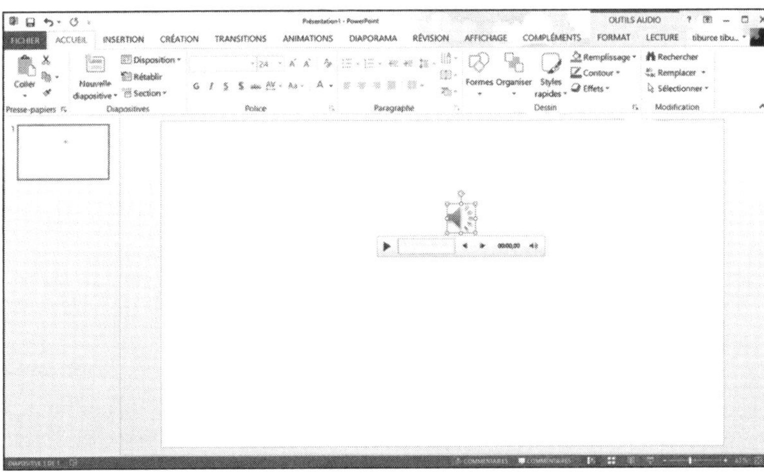

Figure 14.2 : Un son vient d'être inséré dans une diapositive.

Voici quelques considérations éparses quant à l'ajout de fichiers audio sur des diapositives :

TRUC

- Pour lire un son en mode Normal, double-cliquez sur son icône. Mais pendant le diaporama, un seul clic suffit pour démarrer la lecture du son.
- Les fichiers Wav peuvent être joués pendant une transition.

- Pour supprimer un son, cliquez sur son icône – elle représente un haut-parleur – et appuyez sur la touche Suppr.

Configurer les options audio

Des aspects importants du son peuvent être configurés, notamment la manière de lire le contenu des fichiers. Les commandes se trouvent sous l'onglet Lecture des Outils audio que montre la Figure 14.3.

Figure 14.3 : Les commandes de l'onglet Lecture des Outils audio.

Définir le moment de la lecture d'un son

Par défaut, un fichier audio n'est pas lu tant que vous n'avez pas cliqué sur l'icône de son visible dans la diapositive. Si le son doit être joué automatiquement dès que la diapositive est affichée, ouvrez le menu local Début du groupe Options audio de, l'onglet Lecture, puis remplacez l'option Au clic par l'option Automatiquement.

Lorsque l'option Au clic ou automatiquement est sélectionnée, le son cesse dès le passage à la diapositive suivante. Pour que le son se poursuive sur plusieurs diapositives, cochez l'option Reproduire sur toutes les diapositives du groupe Options audio.

Lire le son en boucle

Si le fichier audio ne dure pas assez longtemps pour être lu sur l'ensemble des diapositives, mettez-le en boucle. Pour ce faire, cochez la case Boucle jusqu'à l'arrêt du groupe Options audio de l'onglet Lecture.

Masquer l'icône du son

Par défaut, l'icône du son est affichée dans la présentation. Non seulement, elle n'est guère esthétique, mais si le son est lu automatiquement, sa présence est plus que superflue.

Le groupe Options audio de l'onglet Lecture contient une case Masquer pendant la présentation. Lorsqu'elle est cochée, l'icône n'est pas visible tant que le son n'est pas lu, mais elle est visible pendant la lecture du son.

Le meilleur moyen de se débarrasser une fois pour toutes de l'icône du son, c'est de la tirer jusqu'au bord de la diapositive. Le son fait toujours partie de la diapositive, et sera donc joué automatiquement dès l'apparition de la diapositive. Mais comme l'icône est au bord, elle n'est pas visible par le public.

Le fondu à l'ouverture et à la fermeture

Les commandes Apparition en fondu et Disparition en fondu servent à augmenter progressivement le son dès l'apparition de la diapositive, et/ou le diminuer progressivement à la fin. Une durée de 2 à 3 secondes produit un effet très agréable.

Couper un clip audio

Cliquer sur le bouton Découper l'audio affiche la boîte de dialogue de la Figure 14.4. Elle sert à empêcher la lecture des parties inutiles du son, au début ou à la fin du fichier. La plage de son à retenir peut être délimitée, soit en tirant les curseurs, soit en indiquant le moment du début et celui de la fin.

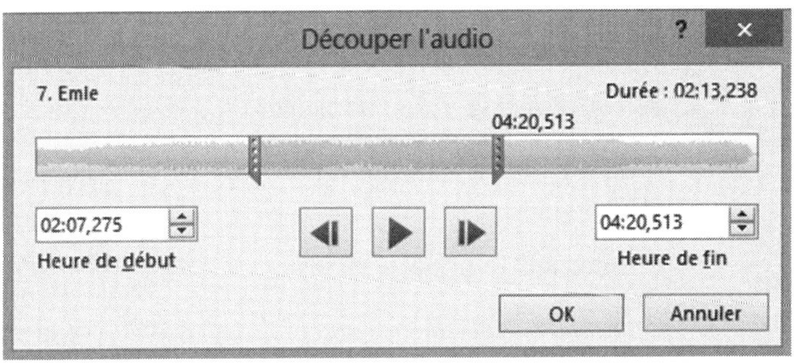

Figure 14.4 : Éliminer ici les parties inutiles d'un son.

Insérer une vidéo dans une diapo

Ajouter une vidéo est techniquement identique à l'insertion d'un son. La grande différence est qu'un son s'écoute tandis qu'une vidéo se regarde et s'écoute, ce qui alourdit considérablement la taille des fichiers utilisés.

Vous trouvez que les fichiers audio sont volumineux ? Attendez de voir la taille des fichiers vidéo ! Elle fait les choux gras des vendeurs de disques durs de grande capacité. Et surtout, ne comptez pas trop envoyer par courrier électronique une présentation lestée d'un grand nombre de vidéos, car le fichier ne serait pas accepté par le serveur de messagerie. La plupart d'entre eux limitent la taille des pièces jointes à 10 Mo.

Voici comment ajouter de la vidéo à une diapositive :

1. **Trouvez une bonne vidéo.**

   Le plus difficile est de trouver une vidéo en adéquation avec le propos de votre présentation. Cherchez des vidéos à l'aide d'un moteur de recherche comme Google, et téléchargez-les sur votre ordinateur. Ou alors, créez vos propres vidéos si vous possédez un caméscope et un programme de montage virtuel.

2. **Affichez la diapositive dans laquelle vous désirez insérer la vidéo.**

   Prévoyez un espace vide assez confortable pour héberger la vidéo. N'hésitez pas à déplacer des objets pour faire de la place.

3. **Cliquez sur l'onglet Insertion et, dans le groupe Média, cliquez sur le bouton Vidéo. Choisissez Vidéo sur mon PC.**

   La boîte de dialogue Insérer une vidéo apparaît (Figure 14.5).

4. **Sélectionnez la vidéo à insérer.**

   Vous devrez certainement parcourir vos lecteurs pour dénicher le film.

5. **Cliquez sur le bouton Insérer.**

   L'animation est insérée dans la diapositive, comme le montre la Figure 14.6.

Figure 14.5 : Choisir la vidéo à insérer.

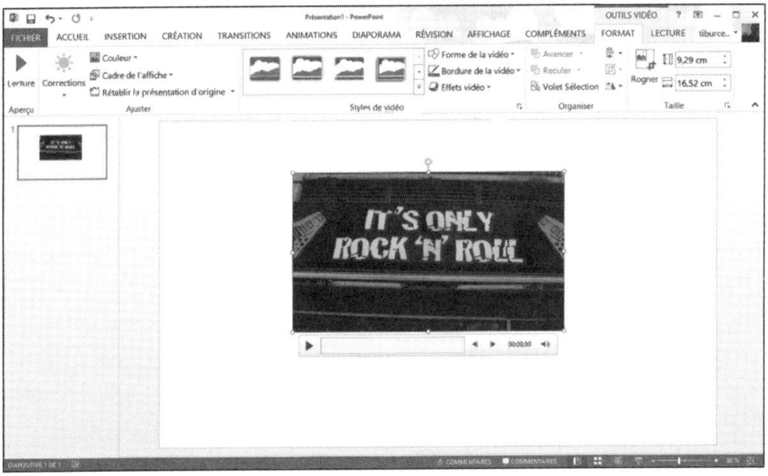

Figure 14.6 : Une animation insérée dans une diapositive.

6. Redimensionnez la fenêtre du film à l'aide des poignées. Vous pouvez également la positionner ailleurs dans la diapositive.

Pour lire la vidéo pendant que vous travaillez sur la présentation en mode Normal, double-cliquez dessus. Au cours du diaporama, un seul clic suffit.

TRUC

Vous pouvez insérer une vidéo à partir d'Internet en choisissant Vidéo en ligne au lieu de Vidéo sur mon PC. Utilisez la boîte de dialogue qui apparaît pour trouver une vidéo correspondant au sujet que vous traitez.

Configurer les options vidéo

De nombreuses options de lecture vidéo sont configurables à partir de l'onglet Lecture des Outils vidéo que montre la Figure 14.7. Il contient plusieurs commandes permettant de régler le son et la manière de le diffuser. Examinons ces options.

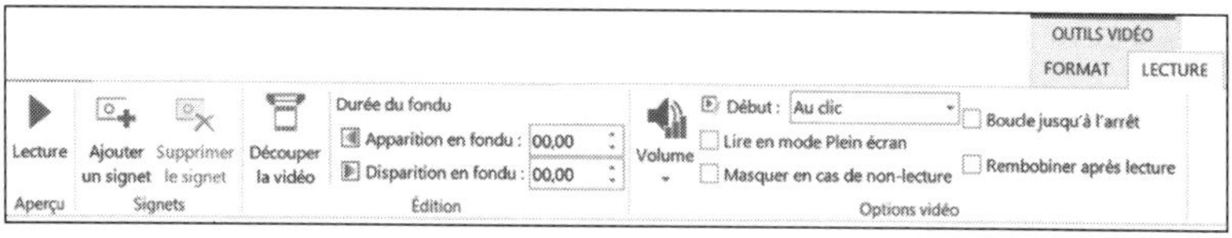

Figure 14.7 : Les outils de lecture vidéo.

Contrôler l'affichage de la vidéo

Par défaut, la vidéo est lue après avoir cliqué sur le bouton Lecture/Pause, sous l'image. Pour que la vidéo démarre automatiquement dès l'affichage de la diapositive, ouvrez le menu local Début de l'onglet Lecture des Outils vidéo, et choisissez Automatiquement.

Lire la vidéo en boucle

Si la vidéo est trop courte, vous pouvez la répéter en boucle jusqu'à l'arrivée de la diapositive suivante. Pour cela, cochez la case Boucle jusqu'à l'arrêt, du groupe Options vidéo de l'onglet Lecture.

Découper une vidéo

Cliquer sur le bouton Découper la vidéo affiche la boîte de dialogue de la Figure 14.8. Utilisez-la pour couper les parties inutiles du clip vidéo, au début ou à la fin du fichier. La plage d'images à retenir peut être délimitée, soit en tirant les curseurs, soit en indiquant le moment du début et celui de la fin.

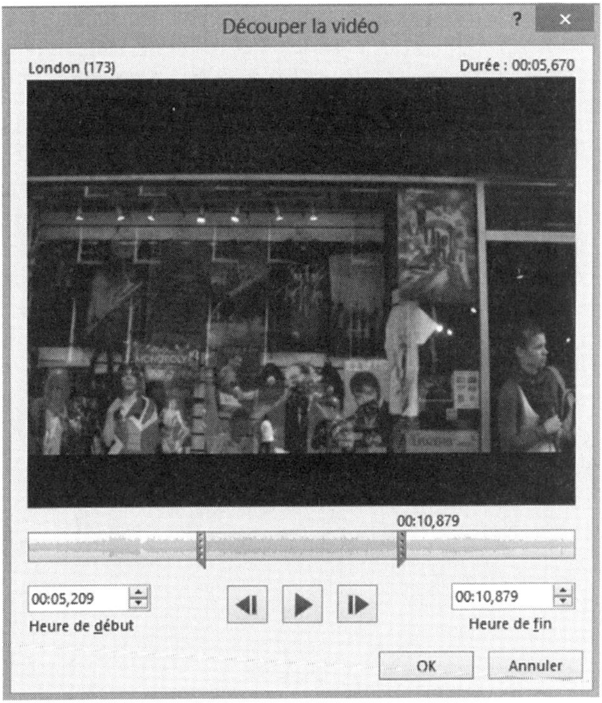

Figure 14.8 : Éliminer ici les parties inutiles d'une vidéo.

Afficher la vidéo en plein écran

Pour que la vidéo occupe tout l'écran, cochez la case Lire en mode Plein écran du groupe Options vidéo de l'onglet Lecture. Attention à la qualité de l'image, car si la résolution est trop faible, la vidéo sera terriblement pixellisée.

Le fondu à l'ouverture et à la fermeture

Les commandes Apparition en fondu et Disparition en fondu servent à augmenter progressivement le son de la vidéo dès l'apparition de la diapositive, et/ou le diminuer progressivement à la fin. L'image elle-même n'est pas affectée.

Placer un signet

Un *signet* est une marque placée dans la barre de temps de la vidéo, qui permet de se positionner à un emplacement précis, et cela d'un seul clic de souris. Par exemple, vous placerez un signet à un moment fort de la vidéo pour y aller directement, sans infliger à votre auditoire les longs moments qui précèdent. Un signet peut aussi servir à animer un objet à un moment précis. (Figure 14.9.)

Figure 14.9 : Un signet permet de déclencher un effet.

Voici comment créer des signets vidéo et animer un objet lorsqu'un signet est atteint :

1. **Placez une vidéo dans la diapositive.**

   Nous supposerons que vous avez placé dans la diapositive une vidéo téléchargée d'Internet, montrant le lancement d'Apollo 11.

2. **Sélectionnez la vidéo puis, cliquez sur l'onglet Lecture.**

3. **Cliquez sur le bouton Lecture/Pause, sous la vidéo.**

   La vidéo commence à être lue.

4. **Dès que la vidéo atteint le point où vous désirez placer le signet, cliquez sur le bouton Ajouter un signet du groupe Signets de l'onglet Lecture.**

   Le signet est créé. Un petit cercle apparaît dans la barre de temps de la vidéo.

5. **Cliquez sur le bouton Lecture/Pause, sous la vidéo.**

6. **Créez un objet qui devra s'animer au moment où le signet est atteint au cours de la lecture.**

   Pour cet exemple, nous créons une zone de texte contenant le texte « Décollage ! ».

7. **Cliquez sur l'onglet Animations.**

8. **Sélectionnez l'objet créé à l'Étape 6 puis cliquez sur le bouton Ajouter une animation. Sélectionnez ensuite un effet d'animation.**

   Nous choisissons l'effet Apparaître.

9. **Cliquez sur le bouton Déclencheur de l'onglet Animations, et choisissez l'option Sur le signet. Sélectionnez le signet créé à l'Étape 1.**

   Vous configurez ainsi le déclenchement de l'animation par le signet de la vidéo.

10. **C'est terminé.**

Voici quelques points à prendre en compte, à propos des signets :

- Vous pouvez placer plusieurs signets dans une vidéo. Chacun peut déclencher une animation.
- Pour ôter un signet, cliquez sur son cercle, dans la barre de temps située sous la vidéo, puis cliquez sur le bouton Supprimer le signet de l'onglet Lecture.

Livre IV

Access

Première partie

Bien démarrer avec Access 2013

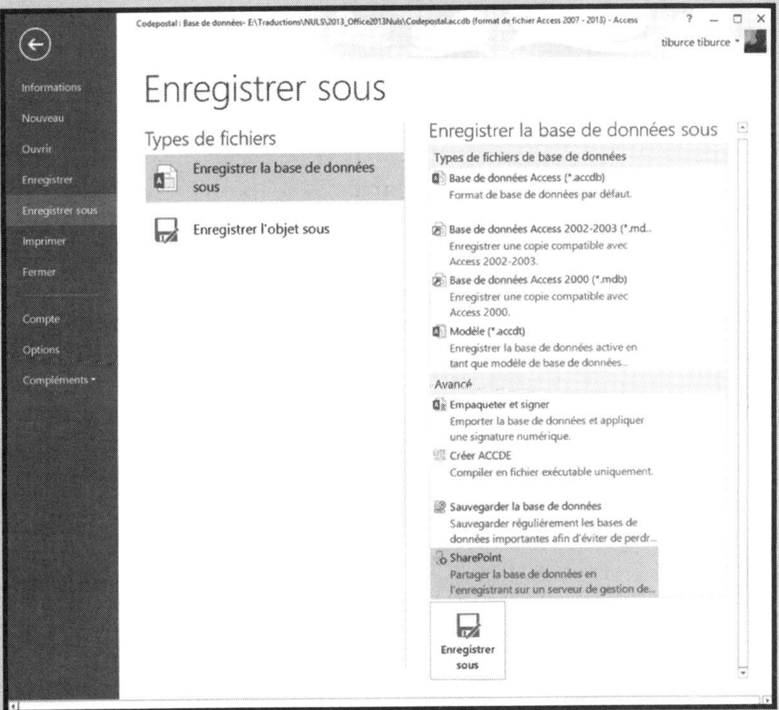

Dans cette partie...

- Découvrir les fonctionnalités et les nouveautés d'Access 2013.
- Découvrir les objets qui rendent une base de données efficace, et créer sa première table.
- Maîtriser le vocabulaire d'Access afin de mieux communiquer avec ce programme.

Chapitre 1

À la découverte d'Access 2013

Dans ce chapitre :

- Quand faut-il utiliser Access ?
- Les nouveautés d'Access 2013.
- Comprendre les bases du travail avec Access.
- Commencer à travailler avec Access.

Access 2013 est la version la plus récente du système de gestion de bases de données (ou SGBD) livré avec Microsoft Office 2013. C'est une application solide et puissante. Il est probable que vous savez déjà cela, et que vous avez au moins une certaine idée de ce qu'Access est capable de faire. C'est d'ailleurs pour cela que vous avez acheté ce livre. Nous applaudissons cette sage décision !

Il est important de noter qu'Access ne se contente pas de gonfler les muscles pour montrer toute sa puissance : il est aussi *accessible*. Il est assez facile de l'utiliser à la marge, là où se trouvent précisément les débutants. Il n'est pas nécessaire de prendre son piolet et de creuser jusqu'au noyau du logiciel pour réaliser des applications évoluées. En fait, les fonctionnalités de base que vous allez découvrir dans ce livre suffisent déjà à profiter amplement des largesses d'Access. Les assistants et autres outils visuels seront votre bras armé. Ils font le travail que vous leur demandez tout en vous maintenant à distance respectueuse des rouages internes du programme (bref, le genre de choses avec lesquelles les développeurs adorent jouer). Vous vous sentez mieux, maintenant ?

Vous n'avez pas besoin d'utiliser chaque fonctionnalité, chaque outil, ni de pousser Access dans ses derniers retranchements. En fait, il vous suffit de faire appel à *un peu* de tout ce que le programme est capable d'offrir pour répondre à vos besoins en termes de stockage et d'accès aux données. Il est parfaitement possible de construire rapidement une base, d'y saisir des enregistrements et de travailler sur ces données de différentes manières. Et tout cela, sans souci particulier. Plus tard, peut-être, deviendrez-vous un *technogourou* d'Access.

Dans ce chapitre, vous allez découvrir les domaines où toute la puissance d'Access se révélera, et en connaîtrez les nouveautés par rapport à sa mouture 2010. Vous verrez également comment il agit, et, si tout se passe bien, vous commencerez à comprendre et à absorber un peu de terminologie de base.

Mais ne paniquez pas. Personne ne vous demande d'apprendre par cœur et de mémoriser tout ce vocabulaire hautement technologique et rébarbatif. Le but de cette première partie, c'est simplement de vous présenter quelques mots et concepts fondamentaux qui vous aideront à mieux vous servir d'Access en général, et dans les chapitres qui suivront en particulier.

De l'utilité d'Access

Vous vous posez certainement cette excellente question : « Mais à quoi ça sert Access ? ». Disons que la liste de ce que vous pouvez faire avec Access est nettement plus longue que la liste de ce que vous ne pouvez *pas* faire avec lui. À condition bien sûr de ne pas rajouter à la liste « ne peut pas faire » des choses comme « faire la vaisselle », « laver la voiture », « changer les couches du petit dernier », et ainsi de suite. Mais quand il s'agit d'organisation, de stockage et de récupération de données, Access est en tête de classe.

Construire de grandes bases de données

C'est quoi, une *grande* base de données ? C'est une base de données avec un *grand* nombre d'enregistrements. Par grand, je veux dire des centaines, peut-être des milliers. Et si vous avez des milliers d'enregistrements à traiter, il vous faut de toute évidence un outil tel qu'Access pour y arriver. Certes, vous pourriez par exemple utiliser Microsoft Excel pour mémoriser des listes d'enregistrements, mais vous seriez alors limité par le nombre de lignes possibles et par les opérations dont vous disposeriez (Excel sait très bien trier et filtrer, mais c'est tout). Par conséquent, tout ce qui contient un tas d'enregistrements et des données complexes a besoin d'Access pour vivre.

Voici quelques raisons pour lesquelles Access est bien adapté au travail sur de grandes bases de données :

- En général, qui dit grande base de données dit aussi gros besoins en termes de saisie de ces données. Access propose à cet effet des formulaires. Plus précisément, il vous offre la possibilité de créer rapidement des formulaires grâce auxquels quelqu'un peut entrer tous ces enregistrements. Vous gagnez en rapidité, en facilité, mais aussi en sécurité, car cette technique permet de réduire la marge d'erreur de façon significative. Voyez le Chapitre 7 pour plus d'informations sur la construction des formulaires.

- Plus le nombre d'enregistrements est grand, et plus les risques d'erreurs le sont également (qu'il s'agisse de lignes en double, de fautes de saisie, d'informations oubliées au passage, *etc.*). Vous avez donc besoin d'une application qui, comme Access, soit capable de limiter au maximum ces inconvénients et vous aide à les réparer.

- Les grandes bases de données créent des besoins importants en termes d'états ou de rapports. Vous devez être en mesure d'obtenir des informations ou des vues précises et efficaces sur vos données. Access dispose d'outils puissants qui vous permettent de créer (à l'écran ou sur papier) des états incluant exactement les données qui vous intéressent, quelle que soit la quantité de celles-ci, et qu'elles proviennent par ailleurs d'une seule ou de plusieurs tables. En personnalisant ces états (par exemple, en jouant sur les couleurs ou les styles des caractères), vous serez capable de capter l'attention de votre audience et d'obtenir l'avancement tant espéré...

- Plus il y a de données, et plus il est difficile d'y retrouver quelque chose en particulier. Access vous propose plusieurs outils pour trier, rechercher et localiser avec précision un enregistrement, ou bien des groupes d'enregistrements. Il utilise pour cela une méthode de questionnement appelée *requêtes*.

- Access vous fait gagner du temps grâce à des outils puissants permettant d'importer des données à partir d'autres sources, par exemple des feuilles de calcul Excel (vous avez commencé à saisir là vos données, mais vous avez atteint les limites de la piste de jeu) ou des tableaux Word (votre publipostage commence à prendre de l'ampleur). Cela vous évite de retaper toutes vos données et vous permet de surcroît de conserver la cohérence de vos sources de données.

Concevoir des applications

Il existe plusieurs méthodes de conception d'applications sous Access 2013. Il s'agit de programmes qui fonctionnent sur des périphériques portables comme des smartphones, mais qui s'appliquent également à la technologie SharePoint.

L'assistant Application Web personnalisée permet de concevoir ce type d'applications. Vous pouvez également personnaliser une application téléchargée depuis l'Office Store. Il est également possible de concevoir une base de données standard que vous publierez *via* le Web.

Cela étant dit, je tiens à préciser que ce livre n'est pas consacré aux applications et à leur création. Son objectif est de vous apprendre à utiliser Access afin de créer de solides bases de données. Si vous avez besoin de développer des applications de base de données, reportez-vous à des ouvrages spécialisés sur le sujet.

Créer des bases de données comportant plusieurs tables

Que vous ayez à traiter 100 enregistrements, 1 000, ou plus encore, vos informations sont souvent mieux gérées si vous les répartissez dans plusieurs *tables* entre lesquelles vous établissez des passerelles. Pour arriver à cela, il vous faut une base de données *relationnelle*. Bonne nouvelle : c'est le cas d'Access. Comment savoir si vos données seraient organisées plus efficacement en les insérant dans des tables séparées ? Réfléchissez simplement à la nature des informations que vous traitez (sont-elles très compartimentées ? Décrivent-elles des entités autonomes ?). Considérez l'exemple suivant et appliquez les idées qu'il développe à vos propres données afin de décider si votre base a ou non besoin de plusieurs tables.

L'organisation d'une gigantesque base de données

Une grosse société détient des données sur ses clients, leurs commandes, les produits en vente, ses fournisseurs, et ses employés. Pour gérer autant de données, vous devez développer plusieurs tables comme ceci :

- Une table pourra contenir les informations sur le contact avec les clients : nom, adresse, numéros de téléphone, de fax et adresses e-mail.
- Une deuxième table contiendra les commandes des clients, incluant le nom de la personne qui a passé commande, celui du vendeur, des informations d'expédition, et la date de commande.
- Une troisième table contiendra des informations sur les produits vendus par cette société, incluant le nombre de produits, les noms des fournisseurs, les prix, et le nombre d'articles en stock.
- Une quatrième table sera consacrée aux données sur les fournisseurs incluant le nom des sociétés, celui des personnes à contacter et leur adresse, e-mail, et numéros de téléphone.
- Une cinquième table contiendra des données sur les employés dont leur date d'embauche, des informations les concernant, et un résumé sur leurs compétences.

Une fois ces cinq tables en place, n'importe quel client (ancien, actuel ou potentiel) pourrait être incorporé dans la base de données. De plus, seule(s) la ou les tables s'appliquant à ce client auraient besoin d'être remplies. Le jour où un client potentiel se décide à passer une commande, il suffira par exemple d'ajuster son code et d'insérer les nouvelles informations dans les tables appropriées. Si un client évalué comme potentiel n'achète jamais rien, il pourra être supprimé au bout d'un certain laps de temps, et éventuellement être déplacé vers une quatrième table réservée aux anciens futurs clients (on ne sait jamais). Vos options ne sont limitées que par vos besoins et l'usage que vous comptez faire des données.

TRUC

Comme vous n'êtes pas obligé de remplir tous les champs d'un enregistrement d'une table d'une base de données, certains pourront rester vides jusqu'à ce que vous obteniez l'information. Par exemple, si vous n'avez pas l'adresse e-mail d'un de vos contacts, vous ne remplirez ce champ que le jour où vous l'obtiendrez.

Échec à la planification ? Planification de l'échec !

Si vous étudiez soigneusement votre problème, les traitements que vous comptez appliquer à vos données, et ce que vous avez réellement besoin de savoir sur vos clients et vos produits (ou sur tout autre type d'information liée à votre activité), vous pouvez planifier et organiser :

- Le nombre de tables dont vous avez besoin.
- Les données qui seront stockées dans chaque table.
- La manière dont ces tables seront liées pour obtenir les résultats et les états dont vous avez besoin.

Dans la vie, tout le monde oublie des choses, et un système évoluera après sa mise en place. Ne vous inquiétez pas ! Access est suffisamment souple pour s'adapter à toutes les situations et revirements. Vous pourrez ajouter des champs et/ou des tables. Toutefois, anticiper ce genre de modification est toujours salutaire.

TRUC

N'hésitez pas à jeter vos idées sur le papier, à crayonner une sorte de diagramme avec des boîtes pour chaque table et pour la liste de champs qu'elle va contenir. Tracez des flèches pour figurer les relations entre vos tables (un peu comme s'il s'agissait d'un arbre généalogique – qui, soit dit en passant, n'est rien d'autre qu'une base de données). Bref, apprenez à construire votre propre voie pour construire une base de données utile et bien structurée.

Si vous débutez totalement dans ce genre d'activité, voici quelques conseils et méthodes qui pourront vous aider dans ce travail certes préparatoire, mais ô combien essentiel :

1. **Selon vos préférences et vos habitudes, prenez une feuille de papier ou ouvrez un document dans votre traitement de texte habituel. Écrivez ou tapez les éléments suivants :**

   • Une tentative de nom pour votre base de données.

   • Une liste décrivant les éléments d'information dont vous aurez besoin au quotidien (ou du moins de manière régulière).

2. **À partir de là, créez une nouvelle liste comportant tous les détails que vous envisagez de mémoriser :**

Décrivez chaque morceau d'information auquel vous pouvez penser sur les clients, les produits, les idées, les situations, les livres, les tableaux, les étudiants, les créanciers... Bref, tout ce qui a trait aux données que vous voulez gérer dans votre base. N'ayez pas peur si la liste semble s'allonger inconsidérément. Vous pourrez toujours rayer plus tard certaines lignes s'il ne s'agit pas finalement de choses réellement utiles. À ce stade, il est très important d'essayer de faire le tour de la question (y arriver du premier coup est une autre affaire). Une idée que vous rejetez après l'avoir eue risquera moins de devenir par la suite un oubli catastrophique pour la gestion de votre entreprise...

3. **Prenez votre liste de champs (c'est comme cela qu'on appelle ces pièces d'informations) et commencez à les diviser en groupes logiques.**

   Comment faire ? Essayez de réfléchir à ce que sont ces champs et à la manière dont ils s'articulent :

   - Si, par exemple, votre base de données doit servir à gérer une bibliothèque, vous pourriez regrouper le titre, la date de publication, l'éditeur, le numéro ISBN (un code international unique attribué à chaque livre), le prix et le nombre de pages. Un second groupe reprendrait des renseignements sur l'auteur, la liste de ses autres ouvrages, des critiques, des renvois vers d'autres livres traitant du même sujet. Ces groupes deviendront ensuite les tables individuelles de votre base de données bibliographique relationnelle.

   - Essayez de déterminer ce qui est unique dans chaque enregistrement. Vous avez besoin d'un tel champ pour associer vos tables. Certes, Access est capable de le créer *ex nihilo* s'il n'existe pas une information commune à tous les enregistrements et qui soit parfaitement unique. Mais il est souvent préférable de régler soi-même ce problème. Des codes clients, des numéros d'inscription universitaire, des codes ISBN pour des livres, des numéros de série de produits... Les possibilités ne manquent pas. Le tout est d'arriver à trouver quelque chose qui ne se reproduira jamais dans deux enregistrements.

   Partant d'une belle liste de champs, d'une tentative de regroupement de ces champs, et de la perception de celui qui va jouer le rôle de *clé* unique, vous pouvez commencer à vous demander *comment* vous allez utiliser vos données.

4. **Couchez sur papier une liste de vos besoins en termes d'utilisation des données :**

   • Quels sont les états (ou rapports) que vous aurez besoin de consulter ? Quels champs devront être inclus dans chaque état ?

   • Est-ce que vous imprimerez des étiquettes de publipostage ? Des étiquettes à coller sur les produits ? Un catalogue ? Des listes de tarifs ? Des listes de contacts, de clients, de fournisseurs, de concurrents (et ainsi de suite) ?

5. **Listez tous les endroits où se trouvent actuellement vos données (sur des bouts de papier dans vos poches, sur des fiches cartonnées dans un classeur, dans une feuille de calcul Excel, dans les tiroirs d'une société à laquelle vous aviez délégué jusqu'ici votre gestion...).**

Une fois ce travail de planification réalisé, vous êtes prêt à commencer la construction de votre base de données. Les particularités de ce processus sont étudiées plus loin dans ce chapitre, et dans les chapitres qui suivent. Ne bondissez donc pas sur les outils d'Access. Pour autant, ce n'est pas une raison pour freiner votre enthousiasme. Si vous lisez les explications sur cette procédure et que vous commencez à en appliquer n'en fût-ce qu'une partie à la création de votre base de données potentielle, je suis très confiant quant à votre capacité à faire bon usage des capacités d'Access.

Bases de données et formulaires utilisateurs

Lors de la conception de votre base, essayez de prendre en compte la manière dont les données seront entrées :

- Si vous devez saisir les données, vous apprécierez peut-être un environnement du type *feuille de données*. Dans ce mode, Access affiche la table sous la forme d'une grille que vous remplissez ligne après ligne (chaque ligne constitue un *enregistrement*).

  La Figure 1.1 illustre cette méthode. C'est à vous de décider : est-ce que vous trouvez qu'une feuille de données est facile

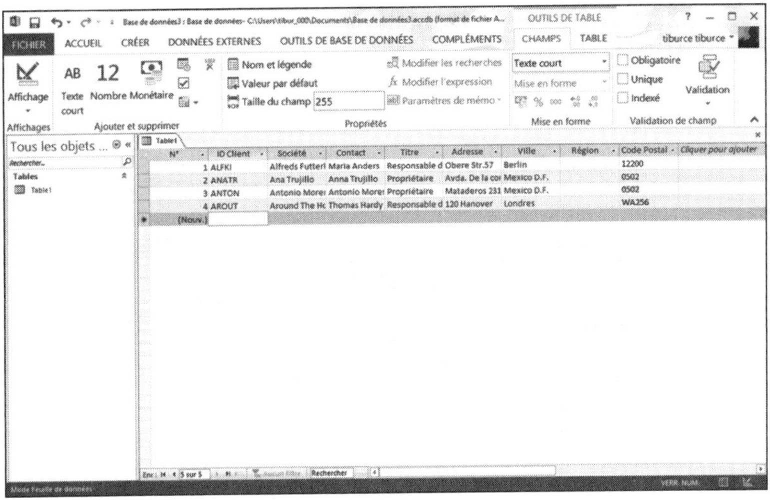

Figure 1.1 : Le mode Feuille de données peut être un environnement qui facilite la saisie des données. Ou non.

à utiliser ? Est-ce que vous avez tendance à oublier de passer à la ligne suivante ? Est-ce que vous vous trompez trop souvent en entrant la mauvaise information dans la mauvaise colonne ? Si oui, il faut passer à autre chose.

- Vous pouvez aussi utiliser un *formulaire* (comme sur la Figure 1.2), autrement dit une interface spécialisée dans la saisie, l'édition et l'affichage des enregistrements individuels dans la base, si :

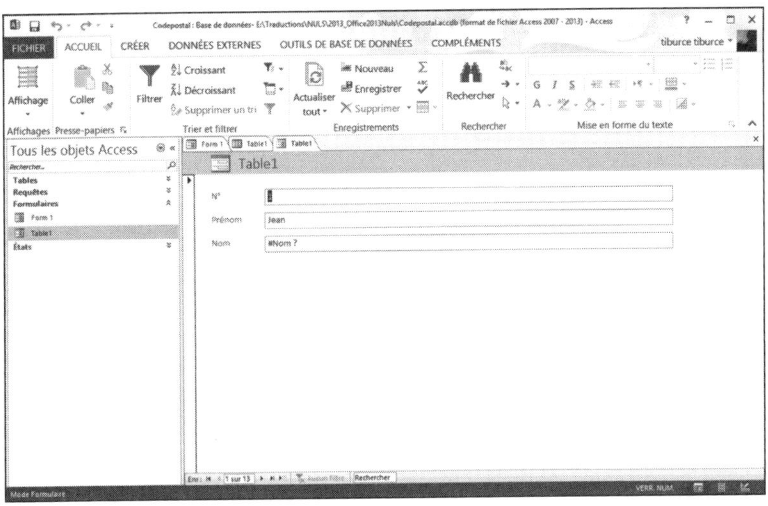

Figure 1.2 : Un formulaire permettant de saisir de nouveaux enregistrements, ou d'éditer des enregistrements existants, peut être très utile.

- Quelqu'un d'autre prend en charge l'entrée des données.
- Taper les enregistrements ligne après ligne est pour vous source de stress intense.

Vous apprendrez dans le Chapitre 7 ce qu'il vous faut savoir sur les formulaires. Si votre base est suffisamment grande ou si elle prend de l'ampleur au fil du temps et qu'une aide à la saisie s'impose, Access est l'outil qu'il vous faut. Le simple fait de pouvoir créer et mettre en œuvre facilement un formulaire pour l'entrée des données est en soi une raison suffisante pour l'adopter.

Au rapport !

Un autre motif qui justifie la présence d'Access sur votre ordinateur est sa capacité à créer facilement et rapidement des états personnalisés. Certains programmes de gestion de bases de données, en particulier ceux qui sont conçus pour des bases de données non relationnelles et ne comportant qu'une seule table, ont souvent des listes d'états prédéfinis parmi lesquels vous faites votre choix. C'est tout : vous sélectionnez un modèle et vous vous contentez d'un rapport type, figé, le même pour tout le monde.

Si vous êtes un utilisateur d'Excel, vous savez que les possibilités qu'il vous offre (et quelles que soient par ailleurs ses qualités) ne sont ni simples ni très évoluées. Excel n'est de toute manière pas conçu pour traiter de larges bases de données. Vous devez vous plonger dans les tréfonds du programme pour en tirer la substantifique moelle. En revanche, Access est une véritable application de bases de données. Et les états sont pour lui du pain quotidien.

Un exemple ? Si vous voulez obtenir sous Excel un état groupant vos données selon un ou plusieurs champs de votre liste, vous devez commencer par trier la base en spécifiant les champs voulus, puis vous pouvez créer un état comportant des sous-totaux. Pour arriver à cela, il faut passer par une fenêtre de dialogue qui va vous demander quels calculs vous comptez effectuer, où placer les résultats, et si vous triez ou totalisez sur un ou plusieurs champs. Le tableau produit n'est pas spécialement imprimable, et vous allez devoir vous coltiner les options de mise en page d'Excel pour arriver à contrôler la sortie.

Et avec Access ? Activez simplement l'assistant État. Vous pourrez alors trier les données, choisir la manière de les grouper, décider des informations à inclure dans le rapport, et choisir un modèle visuel ainsi qu'un jeu de couleurs. Le tout selon un processus simple et direct. Pratiquement sans rien faire, votre état est déjà paré pour l'impression. Access est un pro des états. Pourquoi ? Parce qu'il est un logiciel de bases de données, et que les états sont l'un des procédés les plus importants (si ce n'est *le* plus important) lorsqu'il s'agit d'utiliser des données et de partager des informations.

Du fait que les états occupent une telle place dans Access, vous pouvez non seulement les créer facilement et rapidement, mais aussi les personnaliser afin de produire une documentation poussée sur vos données les plus déterminantes :

- Un unique bouton suffit à produire immédiatement un état simple qui affiche le contenu de votre table dans un format parfaitement lisible (voir la Figure 1.3).

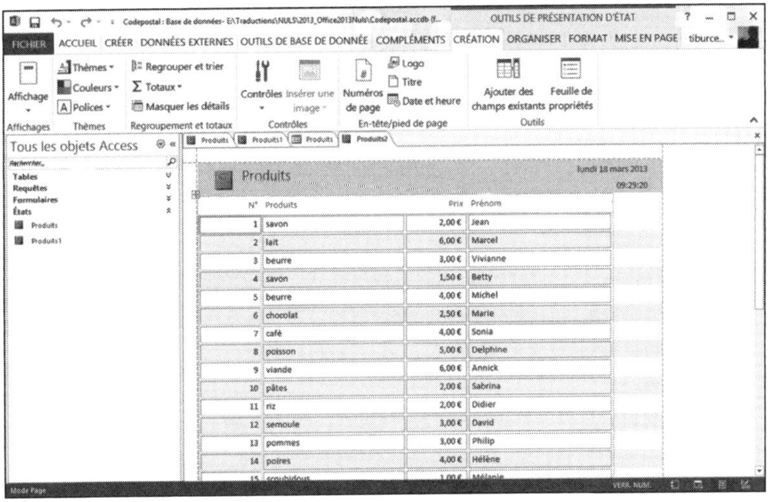

Figure 1.3 : Vive la simplicité. Cliquez, et votre état s'améliore.

- Grâce à l'assistant État, vous pouvez concevoir un rapport en quelques clics. C'est ce qu'illustre la Figure 1.4. L'état présenté ici regroupe les enregistrements dans l'ordre croissant des noms de pays, puis, pour chaque contrée, dans l'ordre des villes. Et tout cela a été obtenu en quelques clics.

- À un niveau plus élevé, Access vous permet de relever vos manches et de concevoir (ou d'éditer) des états totalement personnalisés. La Figure 1.5 vous donne une idée de ce qu'est le mode Création. Remarquez en particulier que le titre principal (Table2) est sélectionné : il est entouré d'un cadre orange

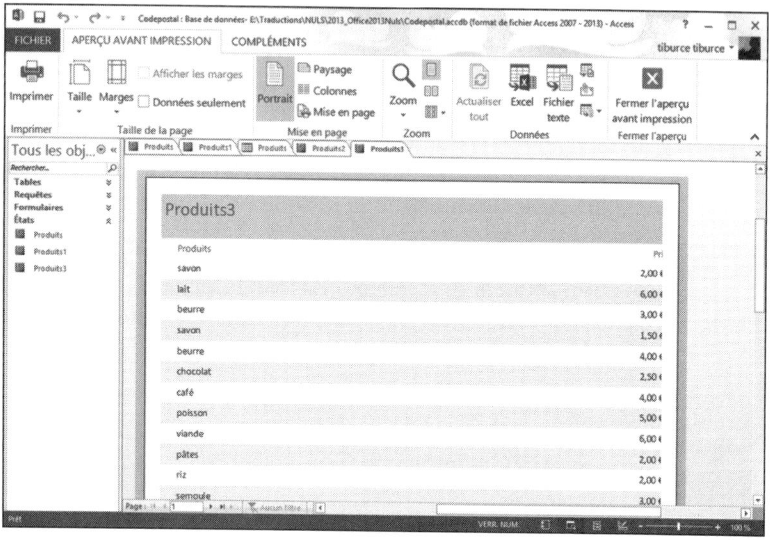

Figure 1.4 : L'assistant État crée des états plus élaborés, mais toujours placés sous le signe de la simplicité.

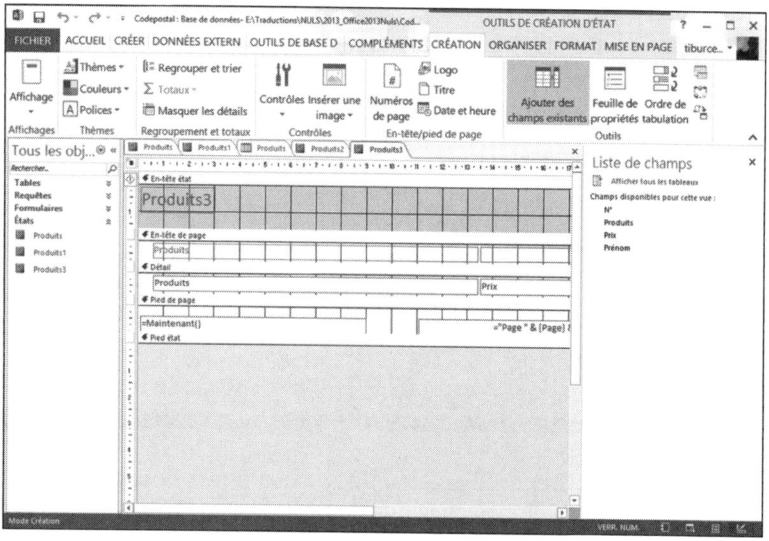

Figure 1.5 : Vous pouvez vous passer du mode Création, mais vous en avez besoin si vous voulez réellement personnaliser vos états.

pourvu de petites poignées dans les coins et sur les côtés du rectangle, ce qui signifie que vous pouvez reformater le titre, en changer la police, la taille des caractères ou encore leur couleur, et bien sûr en changer l'intitulé.

Vous pouvez créer n'importe quel type d'état dans Access. Ces états porteront sur tout ou partie des tables de votre base, et sur tout ou partie des champs de ces tables, ces mêmes champs étant groupés et disposés à votre convenance.

- Avec l'assistant État, vous choisissez un modèle de présentation dont la mise en forme est ensuite totalement personnalisable, ligne par ligne et colonne par colonne.
- Vous pouvez facilement ajouter et supprimer des champs après avoir créé un état. Si vous voulez marquer de votre empreinte personnelle tous les aspects de votre état, vous disposez du mode Création pour :
  - Ajouter des titres, des descriptions ou des instructions ainsi que des graphismes.
  - Définir des en-têtes et des pieds de page afin d'y inclure les informations qui doivent apparaître sur toutes les pages imprimées.

Quoi de neuf dans Access 2013 ?

Pour les utilisateurs d'Access 2010, le passage à la version 2013 pourrait ne pas sembler évident ou nécessaire. Pourtant, cette évolution propose des améliorations significatives et de nouvelles fonctionnalités réellement intéressantes.

Mais, pour autant, vous n'aurez pas besoin de suivre des cours de mise à niveau aussi importants que si vous avez vécu le bond qui a fait passer Access du monde de 2003 à celui de 2007 ou 2010.

Si vous venez (comme un extraterrestre surgi tout droit du Big Bang) directement d'Access 2003, sachez que les modifications les plus importantes se situent au niveau de l'interface. En effet, les classiques menus et barres d'outils qui ont marqué les années 1990 ont été remplacés par une nouvelle barre, le *ruban*, elle-même divisée en *onglets*. Même si cela peut paraître mineur, il s'agit en fait d'un changement considérable et qui demande un peu de temps pour s'y habituer.

Dans ce livre, pour autant, nous supposerons que vous avez déjà découvert la version 2007 ou 2010 de Microsoft Office, et donc que vous êtes familiarisé avec ce type d'interface. Autrement dit, que vous en savez déjà suffisamment sur cette affaire de ruban et d'onglets pour pouvoir plonger avec délectation dans la version 2013.

Fonctions nouvelles, fonctions améliorées

Donc, qu'allez-vous trouver de réellement nouveau dans Access 2013 ? Voici ce que nous pouvons dire à ce sujet par ordre d'importance :

- L'onglet Fichier et tous les choix correspondants sont totalement nouveaux. Ils remplacent le bouton Office et les menus associés tels qu'ils se présentaient dans Access 2007. Les panneaux de la version 2010 ont pris en coup de jeune dans cette version 2013.

- En utilisant le panneau de gauche (voir la Figure 1.6), vous pouvez faire vos propres choix concernant l'ouverture de nouveaux fichiers, ou de bases de données avec lesquelles vous avez déjà travaillé, sauvegarder des fichiers, imprimer ou encore quitter l'application (entre autres décisions). Certes, vous trouvez ici nombre d'options qui étaient disponibles dans le menu Fichier d'Access 2003. Mais ce panneau rend facilement accessibles toutes ces commandes. Pour y accéder, cliquez simplement sur l'onglet Fichier.

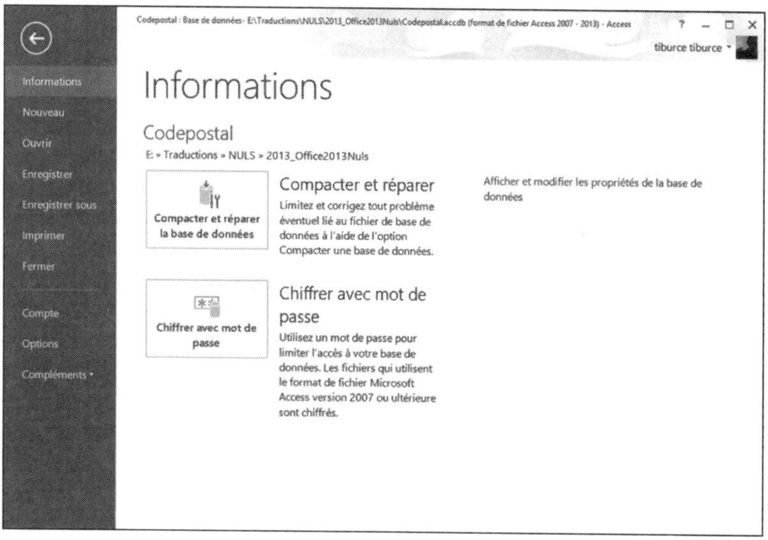

Figure 1.6 : L'onglet Fichier contient de nombreuses fonctionnalités qui étaient autrefois présentes dans un menu.

- Pour revenir à l'onglet Accueil, cliquez sur la flèche située dans la partie supérieure gauche de l'onglet Fichier.

- Le plus gros changement visible concerne l'espace de travail d'Access. Il se retrouve dans toutes les applications de la suite Office 2013. Cette différence tient au fait que la couleur blanche y règne en maître. Les menus et les différents onglets ne sont plus gris. Idem pour les barres qui séparent les groupes de tables, les formulaires, et le panneau Tous les objets Access. L'environnement d'Access n'a plus la profondeur d'antan.

Point de partage avec SharePoint

Au fait, c'est quoi, SharePoint ? Vous avez le droit de vous poser la question, de même d'ailleurs que des quantités d'autres personnes qui ont vu ce nom quelque part et entendu dire qu'il permet d'accéder à des données Access à partir d'applications de bureau, d'un navigateur Web et même d'un téléphone portable. Disons simplement qu'il s'agit d'un produit Microsoft qui sait effectivement faire tout cela et plus encore, et qui est capable de vous aider à gérer vos documents aussi bien qu'à collaborer avec vos collègues *via* le réseau de votre entreprise. Cliquez simplement sur la commande Enregistrer sous de l'onglet Fichier (voir la Figure 1.7). Partant de là, vous n'avez plus grand-chose à faire pour publier votre base de données par l'intermédiaire de SharePoint, ce qui signifie que vous pourrez y accéder où que vous vous trouviez, par exemple au milieu de la baie de Maui (enfin, si elle n'a pas été déclarée Zone Libre de Données).

Comme le montre la Figure 1.7, les options de la commande Enregistrer sous incluent une sauvegarde de la base de données elle-même, mais aussi une option Enregistrer l'objet sous. Elle permet de sauvegarder des tables, des formulaires, et des requêtes, mais également d'exporter le document sous la forme d'un fichier PDF ou XPS. Les options avancées de la commande Enregistrer la base de données sous permettent de créer un fichier exécutable qui, lorsqu'il est cliqué par le client, s'ouvre dans son application de base de données compatible. Vous trouverez aussi la fonction Empaqueter et signer qui permet de distribuer vos applications Access. Enfin, vous avez également la possibilité de sauvegarder vos bases de données, ou de les partager avec SharePoint.

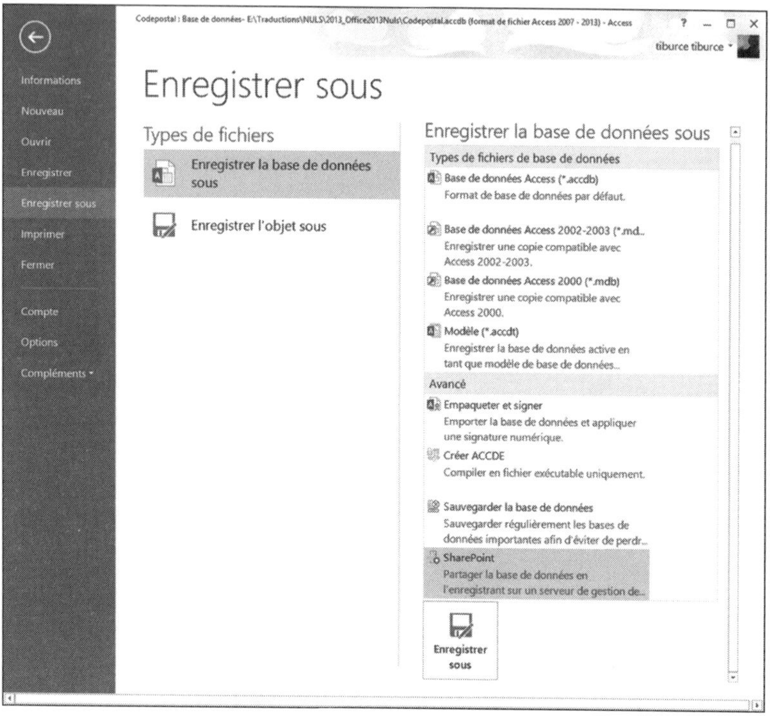

Figure 1.7 : La commande Enregistrer sous offre différents choix pour enregistrer et partager votre base de données.

Comment Access travaille, et comment vous travaillez avec lui

Si vous observez le fonctionnement de toutes les applications Microsoft Office (Word, Excel, PowerPoint, Outlook, et bien entendu Access), vous constatez que certaines fonctionnalités se retrouvent dans l'ensemble de la suite. Il y a aussi évidemment de grandes différences. C'est d'ailleurs pourquoi vous avez terriblement besoin de livres comme celui-ci...

Access partage donc certaines fonctionnalités avec le reste des applications de la suite Microsoft Office. Vous trouverez les mêmes boutons sur plusieurs des onglets. Vous disposez aussi d'une barre d'accès rapide (nous en reparlerons au Chapitre 2) ainsi que d'options par défaut dans le menu lui-même.

TRUC

Si vous savez déjà comment ouvrir, enregistrer et imprimer disons un document Word, vous êtes probablement déjà prêt à réaliser les mêmes actions sous Access sans aucune difficulté.

Pour s'assurer que vous êtes « paré pour Access », commençons par nous familiariser avec les procédures de base pour le démarrage du programme.

Ouvrir Access

Il y a plusieurs manières de lancer Access. C'est un peu comme un menu à la carte dans un restaurant. Il y a des gens qui ont envie de tout manger. Et puis d'autres qui n'arrivent pas à se décider entre deux plats. Bien sûr, les méthodes dont vous disposez pour accéder à Access ne sont pas conçues pour satisfaire le palais de tous les convives, mais simplement pour répondre aux besoins de chacun et aux différentes situations que peuvent rencontrer les utilisateurs.

Après tout, ouvrir Access, c'est tout simplement lancer une application sous Windows 8. Quelques rappels rapides devraient donc suffire :

- Dans l'écran d'accueil de Windows 8, tapez directement sur la lettre A puis sur la lettre C. Dès que vous saisissez une lettre, Windows bascule vers l'écran Applications. En tapant simplement AC, la vignette de l'application Access devrait se situer en bonne position dans la liste des programmes contenant ces deux lettres. Cliquez alors sur Access 2013.
- Faites défiler vers la gauche le contenu de l'écran d'accueil de Windows 8 pour afficher les applications installées. Cliquez alors sur la vignette Access 2013.
- Depuis le Bureau de Windows 8, exécutez le raccourci clavier Win + C afin d'afficher la barre des charmes. (Vous afficherez également la barre des charmes en plaçant le pointeur de la souris dans la partie supérieure droite de l'écran). Cliquez sur Rechercher. Dans le volet qui apparaît, commencez à taper ACCESS. Le panneau Applications listera alors sa vignette en bonne position. Cliquez dessus !
- Localisez un fichier de base de données Access existant, qu'il se trouve sur votre Bureau ou dans un dossier spécialisé (voir la Figure 1.8). Faites un double-clic sur son icône. Access se lance et ouvre automatiquement ce fichier.

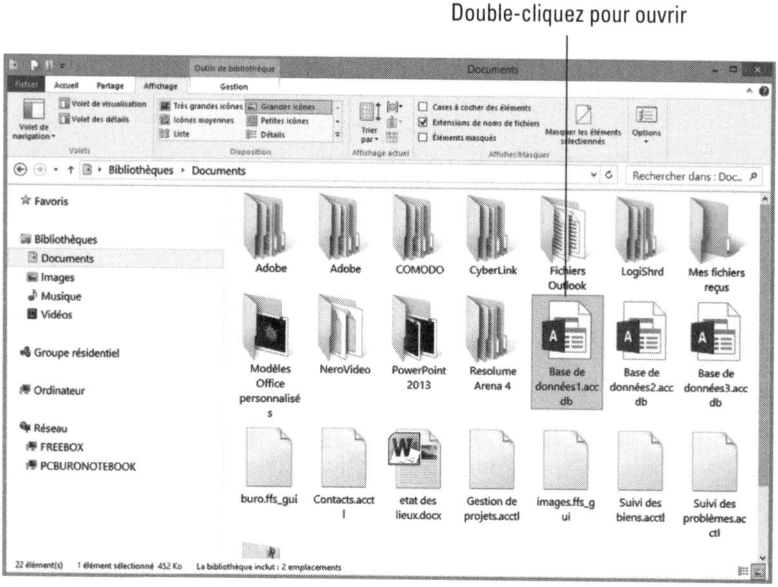

Figure 1.8 : Faites un double-clic sur un nom de fichier pour l'ouvrir dans Access.

TRUC

Bonne nouvelle : Access 2013 est capable d'ouvrir les fichiers de bases de données créés avec les anciennes versions de ce logiciel. Il devrait prendre en charge (sous réserve d'inventaire) toutes les caractéristiques de ces bases. Autrement dit, vos bases, tables, états, formulaires et autres requêtes devraient s'ouvrir sans aucun souci.

- Si quelqu'un a ajouté un raccourci Access dans la barre des tâches, double-cliquez sur son icône.

TRUC

En effet, placer une icône Access quelque part dans la barre des tâches est une *bonne* idée. Voici comment procéder :

1. **Si nécessaire, basculez vers l'écran d'accueil de Windows 8.**
2. **Faites défiler son contenu vers la gauche afin d'afficher les groupes de vignettes des applications.**
3. **Faites un clic droit sur la vignette Access 2013 afin d'afficher la barre d'outils dans la partie inférieure de l'écran.**

   Une coche apparaît dans le coin supérieur droit de la vignette.
4. **Cliquez sur l'icône Emplacement du fichier de cette barre d'outils.**

Windows 8 bascule vers le Bureau où il y affiche l'icône d'Access 2013 dans l'Explorateur de fichiers.

5. **Faites un clic droit sur l'icône Access 2013.**
6. **Dans le menu contextuel qui s'affiche, cliquez sur Épingler à la barre des tâches.**

   Vous venez de créer un accès « un clic » vers Access !

Choisir un point de départ

Ainsi, Access est ouvert. Vous voyez s'afficher son interface, et il est très possible que vous ne sachiez pas trop comment vous servir de tout cela. Pas d'inquiétude. Après tout, c'est bien pour cela que vous lisez ce livre !

Vous en apprendrez plus sur les onglets et les boutons, les volets et les menus, et ainsi de suite, dans le Chapitre 2. Pour l'instant, nous allons nous contenter de voir comment vous pouvez ouvrir ou créer une base de données et commencer à vous mettre au travail.

Ouvrir une base de données existante

Rien de plus facile. Si une base de données existe déjà, vous pouvez l'ouvrir en la sélectionnant à partir de l'onglet Fichier. Cliquez sur Ouvrir puis sur Récent comme le montre la Figure 1.9. Cliquez simplement sur le nom voulu dans la liste de droite, et la base va s'ouvrir en affichant ses tables, ses requêtes, ses états et ses formulaires dans le volet qui se trouve à gauche de la fenêtre.

Une fois la base ouverte, vous pouvez activer ses différents composants par un double-clic sur la ligne correspondante dans le volet Tous les objets Access (vous le trouvez sur votre gauche). Tout ce que vous ouvrez est affiché dans le volet principal, au centre de la fenêtre. La Figure 1.10 illustre à titre d'exemple une table prête à être éditée.

Une fois votre table ouverte, vous pouvez commencer à y entrer ou éditer des enregistrements. Vous en apprendrez plus sur le sujet dans le Chapitre 6, qui vous explique les différentes méthodes dont vous disposez pour travailler avec vos tables. Si vous voulez tester une requête déjà présente dans la base, la technique est la même :

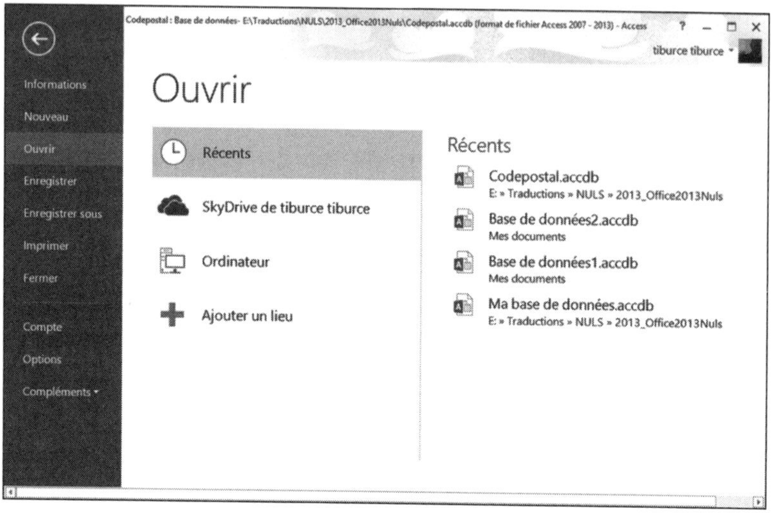

Figure 1.9 : Choisissez une base de données utilisée récemment.

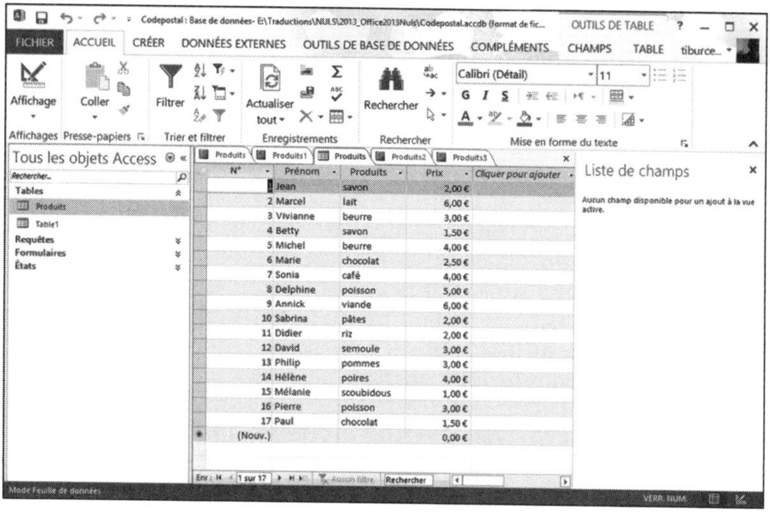

Figure 1.10 : Ouvrez une table existante.

un double-clic sur son nom dans la partie gauche de l'espace de travail, et c'est parti !

Créer une nouvelle base de données sans peine

Vous n'avez pas de base de données à ouvrir ? Cela ne doit pas vous arrêter. Ouvrez Access en vous servant d'une des voies décrites plus haut (à cela près que vous ne pourrez pas le lancer par un double-clic sur un nom de fichier...).

N'OUBLIEZ PAS

Un fichier de base de données contient *tous* les composants de celle-ci. En d'autres termes, tout ce qui est associé aux données fait partie de la base, dont notamment :

- Les tables qui hébergent ces données.
- Les requêtes qui vous aident à les utiliser et à y faire des recherches.
- Les états qui vous montrent ce qu'elles sont et ce qu'elles signifient.
- Les formulaires qui permettent aux gens de visualiser, de saisir et d'éditer ces données.

Une fois Access ouvert, cliquez sur l'onglet Fichier, puis sur la commande Nouveau. Dans les options d'ouverture proposées, choisissez Base de données du Bureau vide comme à la Figure 1.11.

L'étape suivante vous invite à donner un nom à votre base de données (Figure 1.12). Exécutez-vous, puis cliquez sur le bouton Créer.

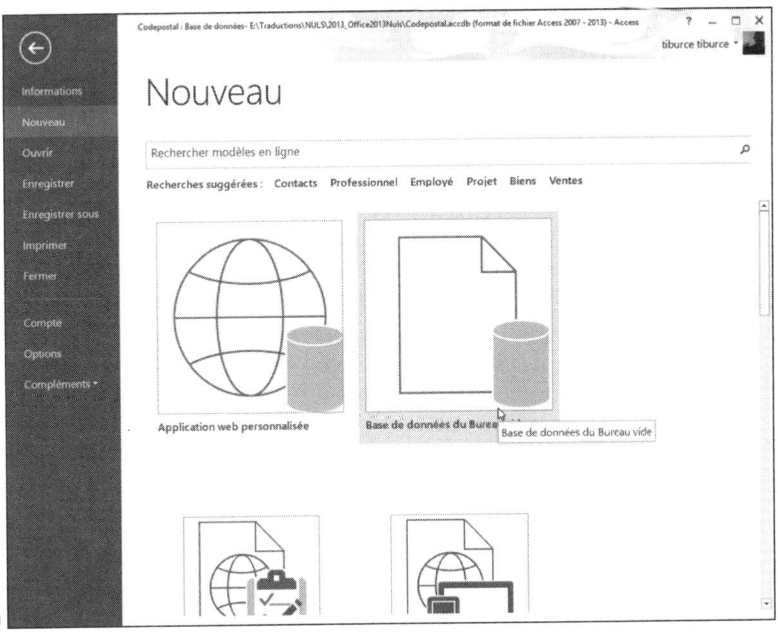

Figure 1.11 : Créez une base de données de Bureau vide.

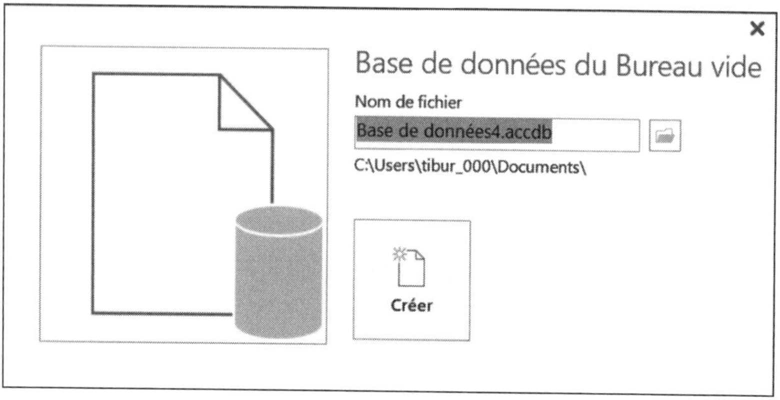

Figure 1.12 : Nommez votre base de données.

Access assigne un nom par défaut contenant un numéro qui correspond au nombre de bases de données déjà créées par cette fonction. Ainsi, lorsque vous créez votre toute première base de données, le nom est `Base de données1.accdb`. Cliquez sur le bouton Créer.

Vous pouvez modifier l'emplacement de stockage par défaut en cliquant sur l'icône du dossier jaune. Vous accédez ainsi à la boîte de dialogue Fichier nouvelle base de données. Parcourez vos disques durs et vos dossiers pour indiquer à Access le dossier de stockage de cette nouvelle base de données. Si vous désirez la partager rapidement avec d'autres personnes, cliquez sur l'icône SkyDrive affichée dans le volet gauche de cette boîte de dialogue. Pour ceux qui l'ignorent, SkyDrive est l'expérience Cloud de Microsoft.

À ce stade, il est possible de foncer et de saisir directement des données, ou bien de commencer à définir les noms et les propriétés des champs. Les noms de ces champs apparaissent sur la ligne du haut (à la suite de la colonne N°). L'intitulé de cet en-tête indique pour l'instant Cliquer pour ajouter. La cellule active se trouve juste en dessous. Si vous décidez de sauvegarder tout de suite votre table (cliquez droit sur l'onglet Table1 et choisissez la commande Enregistrer), Access vous demandera de choisir une dénomination plus parlante et plus efficace que le *Table1* inscrit par défaut.

Utiliser un modèle

Access fournit des *modèles* (des sortes de moules à gâteaux pour cuire les bases de données) pour répondre aux besoins standard. Comme l'illustre la Figure 1.13, cliquez sur une catégorie pour en afficher les modèles.

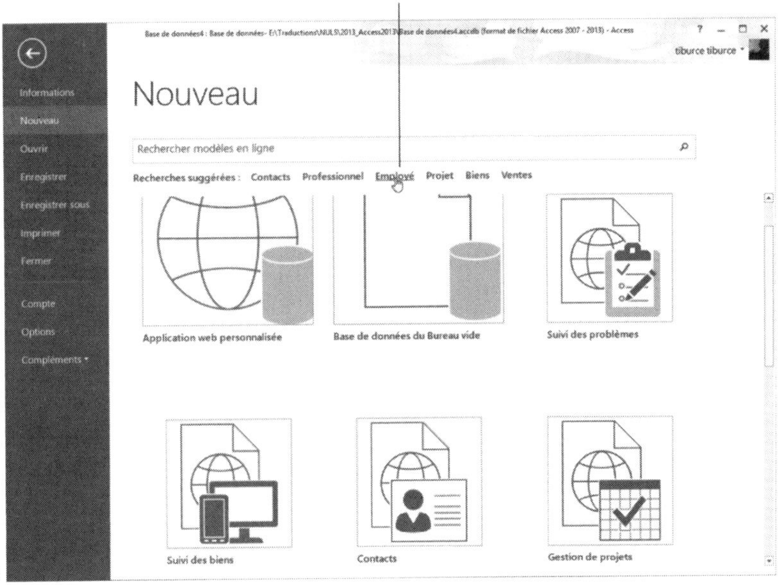

Figure 1.13 : Cliquez sur un terme pour afficher ses modèles.

Lorsque vous cliquez sur l'une des catégories de modèles, un volet apparaît sur la droite. Il affiche des sous-catégories qui vont vous permettre d'affiner votre recherche. Par exemple, si vous aviez choisi la catégorie Employé, et que vous souhaitez des modèles concernant les PME, cliquez sur PME dans le volet droit. Vous aurez alors accès à 22 modèles très spécialisés.

Cliquez sur l'icône du modèle à utiliser. Une boîte de dialogue apparaît, comme à la Figure 1.14.

Et maintenant, que vais-je faire ?

Vous voilà à la tête d'une nouvelle base de données. Qu'allez-vous faire maintenant ? Tout simplement passer au Chapitre 2. Vous y découvrirez de nouvelles notions sur les outils qu'offre Access. Ceux qui sont présents à l'écran presque tout le temps, et ceux qui sont spécifiques à la manière dont vous avez ouvert la base de données.

Dans le Chapitre 3, vous commencerez à construire pour de bon une base de données, en définissant et en configurant les tables et les champs qui lui fournissent sa structure. Bien entendu, il y a derrière tout cela un travail préliminaire de réflexion et de planification que nous ne laisserons pas dans l'ombre !

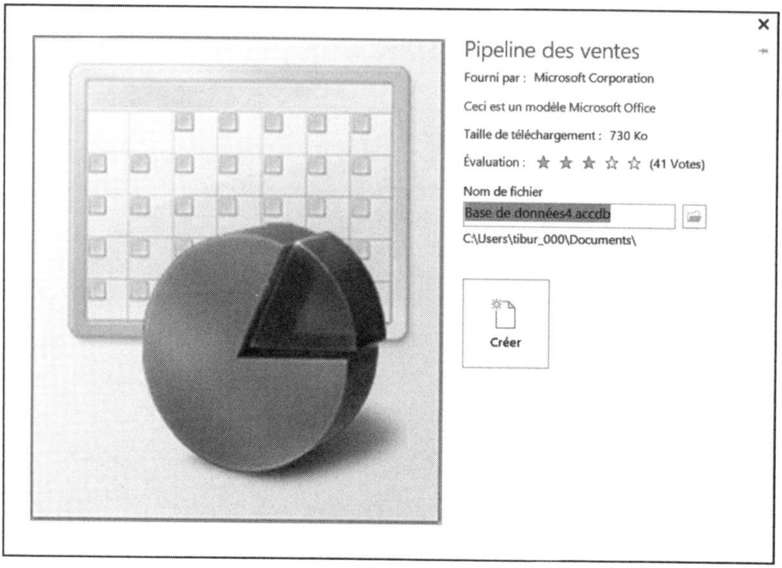

Figure 1.14 : Ce modèle vous convient ? Choisissez-le et personnalisez-le !

Chapitre 2

L'espace de travail d'Access

Dans ce chapitre :

- Pour commencer.
- Onglets, boutons et menus.
- Circuler avec la souris.
- Marcher avec les doigts.

Les utilisateurs d'Access 2007 remarqueront la disparition du bouton Office au profit d'un onglet Fichier dans la version 2013. Au lieu d'un menu déroulant, cet onglet affiche maintenant le volet illustré sur la droite de la Figure 2.1. Il propose diverses tâches courantes, comme enregistrer ou imprimer.

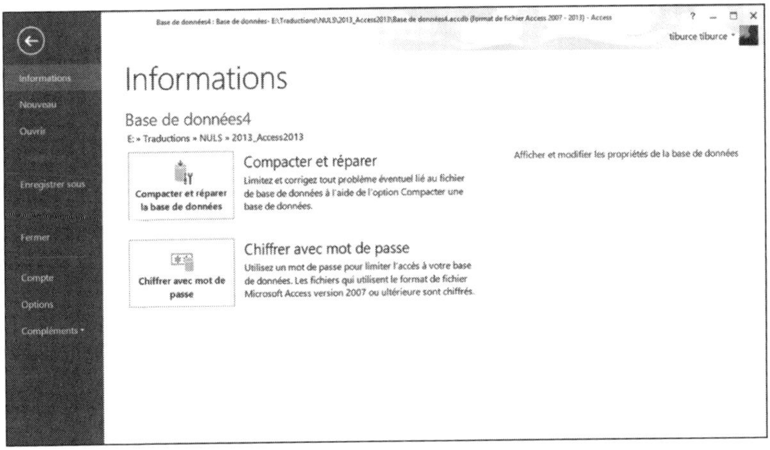

Figure 2.1 : L'onglet Fichier affiche une liste de commandes plus des informations sur la base ouverte.

Pour revenir à l'onglet Accueil, il suffit de cliquer sur la flèche située dans la partie supérieure gauche de l'onglet Fichier. Elle fonctionne comme un bouton Précédent.

Le centre et les bords de l'espace de travail proposent également des fonctionnalités dont le contenu dépend du bouton sur lequel vous avez cliqué dans le volet de gauche :

- Si vous créez une nouvelle base de données, les options dont vous avez besoin apparaissent au centre de la fenêtre.
- Si vous travaillez sur une base de données existante, il suffit de cliquer sur Informations pour accéder au lien Afficher et modifier les propriétés de la base de données. Ce volet gauche affiche également des informations sur la base de données ouverte, ainsi que les boutons Compacter et réparer et Chiffrer avec mot de passe.
- Cliquer sur Enregistrer, Enregistrer sous, et Options, ouvre des boîtes de dialogue composées de commandes qui permettent d'exécuter certaines tâches. Bien entendu, Options propose des éléments de contrôle qui déterminent l'aspect et le fonctionnement d'Access.

Dans ce chapitre, nous n'allons évidemment pas décrire toutes les combinaisons possibles d'onglets et de boutons qu'Access est susceptible d'afficher. Vous trouverez dans les chapitres qui suivent tout ce dont vous aurez besoin lorsque vous en aurez besoin.

L'écran de prise en main

Vous êtes paré pour plonger ? Parfait. Il est facile de lancer Access. Vous pouvez le faire de multiples manières (revoyez à ce sujet le Chapitre 1). Que vous décidiez d'ouvrir une base de données pour la visualiser et l'éditer (comme sur l'exemple illustré par la Figure 2.2), ou que vous choisissiez de créer une nouvelle base (ce qui ouvre le programme et affiche la fenêtre de prise en main, et les icônes des modèles disponibles, comme sur la Figure 2.3), tous les outils dont vous avez besoin seront accessibles facilement et rapidement. La Figure 2.2 montre une base de données ouverte sur une table, les autres composants étant affichés dans le volet situé sur la gauche de l'espace de travail.

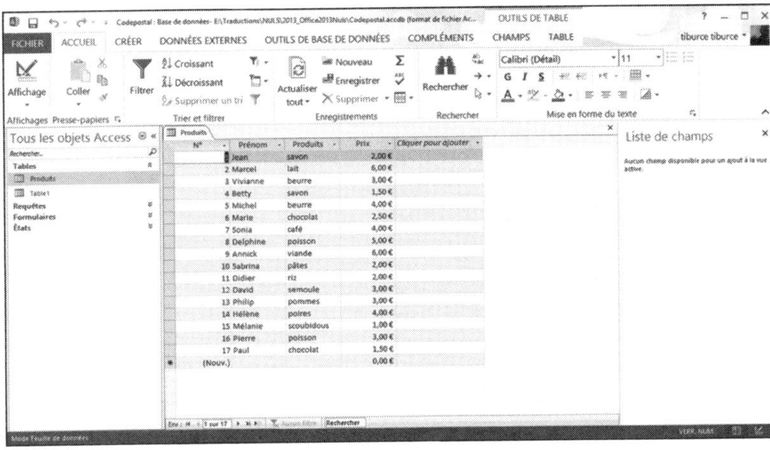

Figure 2.2 : Ouvrez d'un seul coup Access et votre base de données.

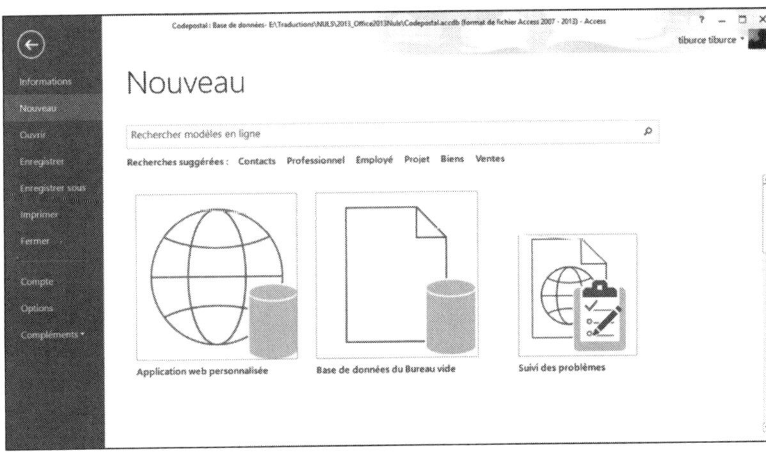

Figure 2.3 : Vous pouvez créer une base de données à partir de rien ou depuis un des modèles Access.

Lorsque vous ouvrez l'application, vous disposez de trois méthodes pour sauter dans la piscine Access. C'est ce que vous explique le Chapitre 1. Vous avez le choix entre : ouvrir directement une base de données existante, créer une base vide, ou enregistrer une copie de l'un des modèles proposés par Access.

La Figure 2.3 montre les différentes options du panneau Nouveau qui s'affiche lorsque vous choisissez cette option dans l'onglet Fichier.

Si vous ouvrez le programme *via* l'écran d'accueil ou un raccourci de la barre des tâches du Bureau, et que vous voulez *immédiatement* ouvrir une base de données existante, vous pouvez la choisir dans le panneau Récent, ou bien cliquer sur Ouvrir puis sur l'option Récent (voir la Figure 2.4).

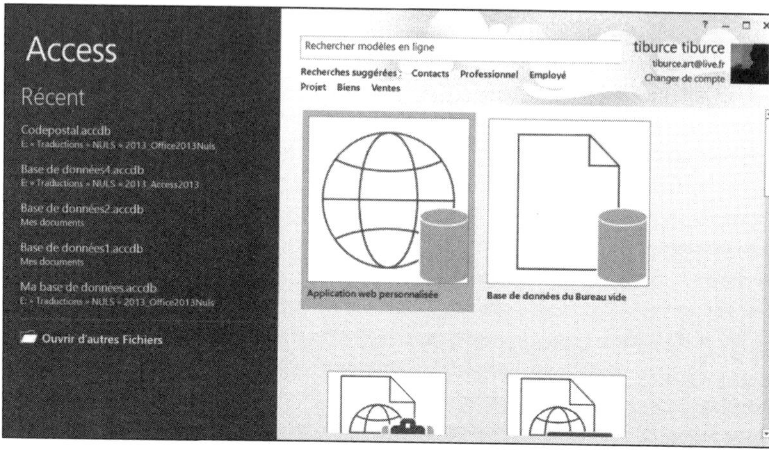

Figure 2.4 : Ouvrez une base de données existante.

Si vous utilisez la liste Récent, cliquez sur l'un des noms que vous voyez s'afficher dans le panneau central, et la base va s'ouvrir.

Une fois que vous avez ouvert une base de données, utilisez les outils affichés sur l'interface. Poursuivez alors votre lecture pour comprendre la raison d'être de tous ces boutons et autres menus locaux.

Travailler avec les outils visuels d'Access

Lorsque vous ouvrez une base de données (existante ou que vous venez de créer *ex nihilo* ou bien en partant d'un modèle), l'espace de travail change. Il affiche un ruban et une série d'onglets (Fichier, Accueil, Créer, Données externes, Outils de base de données, Compléments, Outils de table), comme l'illustre la Figure 2.5. Ne confondez pas ces onglets avec les volets qui affichent les composants de la base de données (ils apparaissent au centre de l'espace de travail et correspondent aux tables, états, requêtes ou formulaires ouverts dans la partie gauche de la fenêtre).

Lorsque le ruban s'affiche, plusieurs de ses boutons peuvent être grisés. Ils ne deviendront actifs qu'au moment où vous effectuerez une action qui les rappellera à la vie. Si, par exemple, vous n'avez ouvert aucune table, formulaire, état ou requête, les boutons servant à les formater ou les éditer ne seront pas accessibles dans le ruban. Les outils permettant de créer de nouveaux composants seront disponibles sous l'onglet Créer, mais les autres resteront grisés.

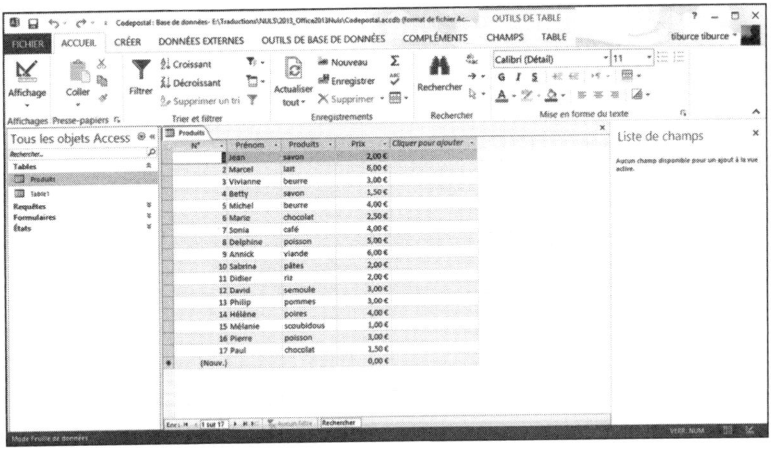

Figure 2.5 : Les principaux onglets s'affichent avant même de choisir une table ou un état.

Comme l'illustre la Figure 2.6, les outils associés aux tables, requêtes, états ou formulaires s'activent lorsque vous ouvrez une table, un état, une requête ou un formulaire.

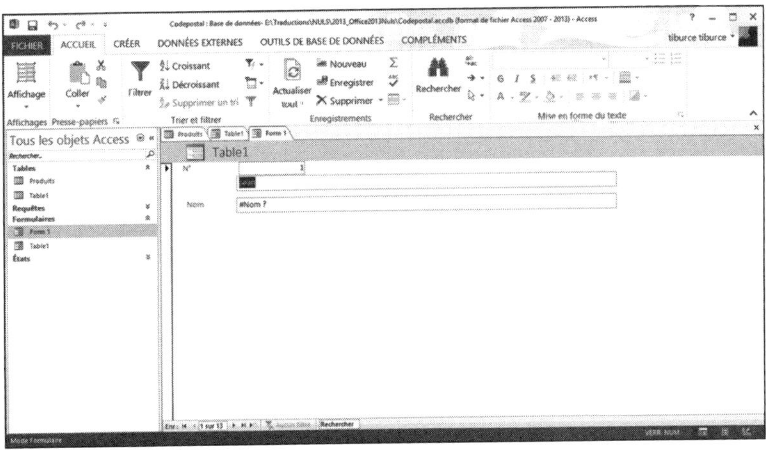

Figure 2.6 : Les boutons qui concernent ce que vous ouvrez et activez deviennent disponibles en fonction de vos besoins.

Cliquer sur les onglets

Pour vous déplacer d'onglet en onglet sur le ruban, il vous suffit de cliquer sur le nom de chacun. Comme l'illustre la Figure 2.7, l'onglet actif se repère facilement : il est mis en surbrillance, et tous ses boutons sont visibles. Lorsque le pointeur de souris se trouve au-dessus d'un titre d'onglet, celui-ci se pare d'une sorte de halo. Sur l'exemple de la Figure 2.7, l'onglet actif est Créer, et le halo apparaît

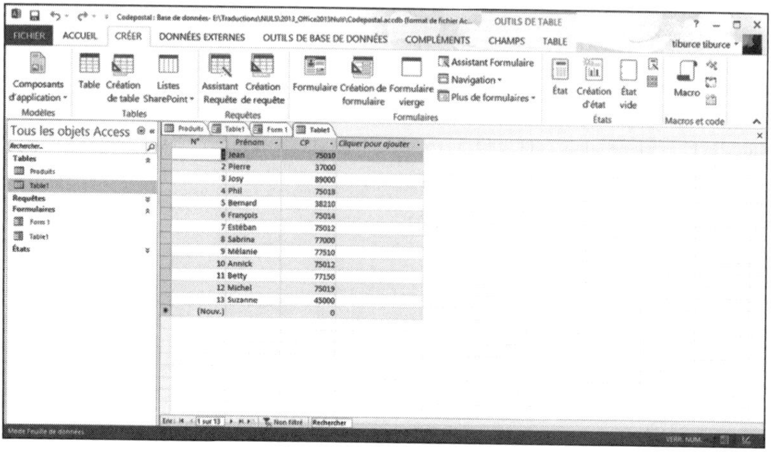

Figure 2.7 : L'onglet actif se repère facilement.

sur l'onglet Outils de table (Champs et Table). Bien entendu, l'onglet courant reste actif jusqu'à ce que vous cliquiez sur un autre.

Lorsque vous ouvrez une table, l'onglet Accueil est affiché dans le ruban. Vous voyez aussi un autre intitulé en haut de la fenêtre, au-dessus de Champs et Table : Outils de table.

Utiliser les boutons

Sous Access, il existe deux variétés de boutons :

- **Il y a les boutons qui exécutent une tâche quand on clique dessus :** Ils peuvent ouvrir une boîte de dialogue, ou un assistant, ou encore modifier d'une certaine manière votre table, état, requête ou formulaire.
- **Il y a les boutons qui représentent une liste ou un menu :** Vous en trouvez deux catégories :
  - Les listes déroulantes se signalent par la présence d'une petite flèche triangulaire pointant vers le bas et qui se trouve à droite du bouton. Lorsque vous cliquez dessus, la liste se déroule (voir la Figure 2.8).
  - D'autres boutons comportent aussi une petite flèche, mais cette fois dirigée vers le bas. Cliquez sur le bouton (pas nécessairement sur la flèche), et un menu local apparaît (voir la Figure 2.9).

Figure 2.8 : Cliquez sur la flèche qui se trouve à droite du bouton pour faire votre choix.

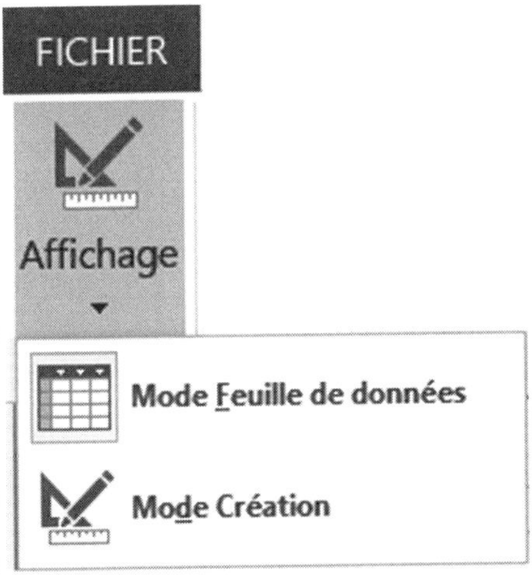

Figure 2.9 : Surprise, un menu local est caché sous le bouton !

Onglet Fichier et outils d'accès rapide

Vous étiez un habitué d'Office avant-dernière génération (genre XP) ? Vous serez peut-être étonné de constater que votre menu Fichier est devenu un onglet. Et si vous venez tout droit d'Office 2007, la surprise risque d'être encore plus grande : le gros bouton Office a disparu. Retour gagnant du mot Fichier dans le premier onglet de la série ! On dit que seuls les imbéciles ne changent pas d'avis, et, chez Microsoft, on est loin d'être bête…

Mais que l'on parle de menu, de bouton ou d'onglet, cette vue appelée maintenant Backstage propose certaines actions essentielles à la gestion de vos documents : ouverture, enregistrement, impression, partage, aide ou encore fermeture. Rien de moins (voir la Figure 2.10).

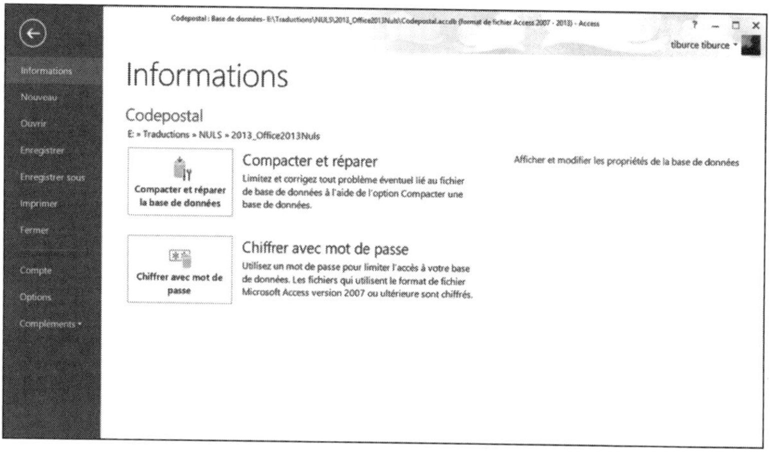

Figure 2.10 : Vous avez perdu votre menu Fichier ? Votre bouton Office ? Cliquez sur l'onglet Fichier pour en afficher les commandes !

Juste au-dessus de l'onglet Fichier, vous pouvez voir la barre d'outils dite Accès rapide. Elle débute par une icône qui représente Access lui-même et vous donne un accès (plus) rapide (normal !) aux commandes Enregistrer, Annuler et Rétablir. C'est juste un raccourci qui vous évite d'avoir à chercher ces actions d'usage courant.

Accéder aux volets, panneaux et autres outils contextuels

Selon ce que vous faites avec la base de données (c'est-à-dire avec la table, la requête, l'état ou le formulaire actif et le bouton sur lequel vous venez de cliquer), Access propose différents volets, panneaux et outils contextuels. Supposons que vous ayez ouvert une table et que vous cliquiez sur le bouton État de l'onglet Créer (il se trouve dans le groupe justement appelé États). Vous voyez s'afficher un état par défaut. Dans le même temps, de nouveaux onglets et boutons apparaissent en haut de l'espace de travail : Création, Organiser, Format et Mise en page (voir la Figure 2.11).

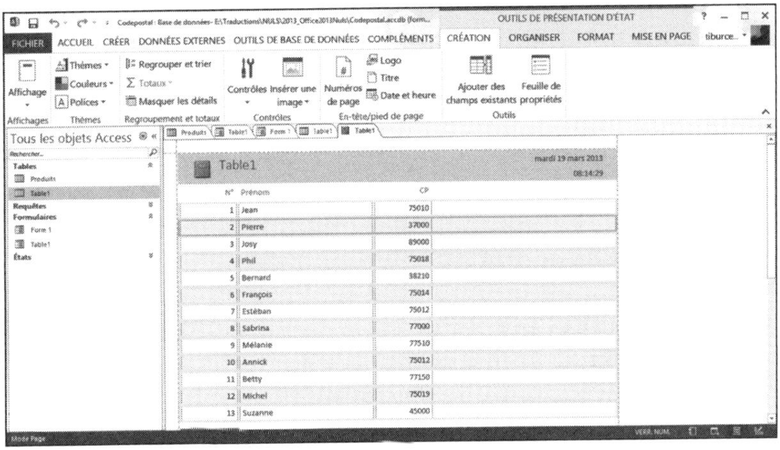

Figure 2.11 : Les outils dédiés aux états apparaissent lorsque vous en avez besoin.

En travaillant avec Access, vous vous habituerez à ce comportement : les choses apparaissent et disparaissent en fonction de ce que vous faites, car le programme s'efforce de vous présenter uniquement ce dont vous avez besoin selon la tâche que vous effectuez ou la fonctionnalité que vous mettez en œuvre.

Personnaliser l'espace de travail d'Access

Toute bonne application permet de personnaliser peu ou prou son espace de travail (que ce soit en ajoutant des boutons, en les réorganisant sur une barre d'outils, en faisant glisser des panneaux, et ainsi de suite).

Access *est* certainement une bonne application. Et donc il vous permet de personnaliser son espace de travail. Vous pouvez déplacer la barre d'outils Accès rapide, y ajouter des séries de boutons, redimensionner le ruban, adapter la barre d'état à vos souhaits, ou encore décider de l'intérêt que vous portez aux info-bulles (vous savez, les petits messages qui s'affichent lorsque le pointeur de la souris plane au-dessus d'un objet).

Rien de tout cela n'est obligatoire. Les réglages par défaut pour l'emplacement du ruban, les combinaisons de boutons ou encore l'aide visuelle sont bien adaptés à la plupart des utilisateurs et des utilisations. Pour autant, vous avez parfaitement le droit de personnaliser votre environnement. Si c'est ce que vous voulez, ne vous en privez pas. Après tout, la plupart des personnes secouent les oreillers dans tous les sens avant de se coucher. C'est juste une manière de marquer son territoire.

Repositionner la barre d'outils Accès rapide

Vous disposez de deux options pour déplacer la barre d'outils Accès rapide :

- Au-dessus du ruban (ce qui est la position par défaut).
- En dessous du ruban.

Pour changer l'emplacement de la barre d'outils, cliquez avec le bouton droit de la souris et choisissez l'option Afficher la barre d'outils Accès rapide sous le ruban (voir la Figure 2.12).

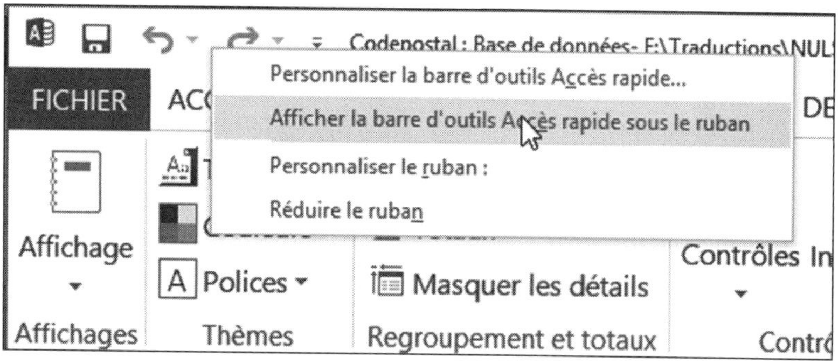

Figure 2.12 : Cliquez droit sur la barre d'accès rapide pour la déplacer en dessous ou au-dessus du ruban.

Lorsque la barre d'outils Accès rapide se trouve sous le ruban, la même commande indique maintenant *au-dessus*. Cliquez pour revenir à la position initiale.

TRUC

Le menu contextuel qui permet de déplacer la barre d'outils Accès rapide est également accessible en cliquant droit sur n'importe quel nom d'onglet, ainsi que sur la plupart des boutons du ruban.

Ajouter des boutons à la barre d'outils Accès rapide

Par défaut, la barre d'outils Accès rapide ne présente que quelques commandes. Vous pouvez la personnaliser en cliquant sur la flèche pointant vers le bas qui se trouve à sa droite. Choisissez alors une option dans la liste qui vous est proposée (Nouveau, Ouvrir, Orthographe, *etc.*).

Mais la palette d'Access est bien plus large :

1. **Une base de données quelconque étant ouverte (pour que le ruban soit visible), cliquez avec le bouton droit de la souris sur un onglet, un bouton, ou la barre d'outils Accès rapide.**

2. **Dans le menu contextuel qui apparaît, choisissez Personnaliser la barre d'outils Accès rapide.**

   La boîte de dialogue Options Access va apparaître (voir la Figure 2.13). La rubrique Personnaliser la barre d'outils Accès rapide y est déjà active.

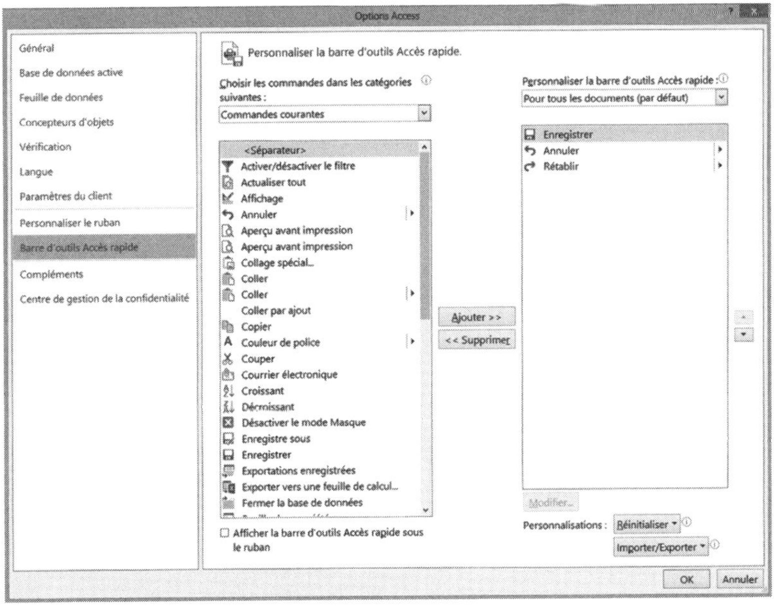

Figure 2.13 : Choisissez une catégorie et une commande à ajouter à la barre d'outils Accès rapide.

3. **Cliquez sur la liste de gauche (Choisir les commandes). Sélectionnez-y une catégorie.**

   Par défaut, Access vous propose les commandes les plus courantes (qui ne sont donc pas forcément celles qui vous intéressent le plus).

4. **Une fois la catégorie sélectionnée, choisissez dans la liste qui suit la commande que vous souhaitez ajouter à la barre d'outils Accès rapide. Cliquez alors sur le bouton Ajouter situé au centre de la fenêtre.**

   Votre commande vient prendre sa place dans la liste de droite. Remarquez à droite de celle-ci les deux flèches pointant vers le haut et vers le bas. Elles vous permettent de sélectionner une commande puis de la faire avancer (monter) ou reculer (descendre) dans la liste. Concrètement, cela revient à la déplacer vers la gauche ou vers la droite dans la barre d'outils Accès rapide.

5. **Recommencez la procédure ci-dessus pour ajouter à la barre Accès rapide tous les outils dont vous avez besoin.**

   Toutes les commandes que vous placez dans la barre d'outils Accès rapide ne sont pas actives en permanence. Par exemple, si vous ajoutez un bouton provenant de l'onglet Créer, il restera grisé si vous n'avez pas ouvert une table, un état, une requête ou un formulaire.

6. **Une fois que vous avez fini d'ajouter les commandes qui vous intéressent, cliquez sur OK pour refermer la boîte de dialogue.**

   Lorsque vous cliquez sur OK, les nouveaux boutons apparaissent immédiatement sur la barre d'outils, l'étendant autant que nécessaire. Sur l'exemple de la Figure 2.14, j'ai inséré quatre boutons de commande : Ouvrir, Imprimer, Aperçu avant impression et Mode création.

Si vous voulez ajouter rapidement et directement une certaine commande sur la barre d'outils Accès rapide, cliquez droit sur le bouton correspondant. Dans le menu qui s'affiche, cliquez sur l'option Ajouter à la barre d'outils Accès rapide. Le bouton est immédiatement copié (pas déplacé !) vers la barre d'accès rapide. Cette méthode est idéale si vous voulez éviter de chercher dans le ruban une commande dont vous vous servez régulièrement. La boîte de

Figure 2.14 : La barre d'outils Accès rapide accepte tous les boutons dont vous avez besoin.

dialogue Options Access est davantage destinée aux chasseurs d'options, car elle vous permet de traquer toutes les commandes disponibles.

Supprimer des boutons de la barre d'outils Accès rapide

Supprimer un bouton de la barre d'outils Accès rapide est extrêmement rapide :

1. **Cliquez droit sur le bouton de la barre d'outils Accès rapide que vous voulez retirer.**
2. **Dans le menu qui s'affiche, choisissez la commande Supprimer de la barre d'outils Accès rapide (voir la Figure 2.15).**

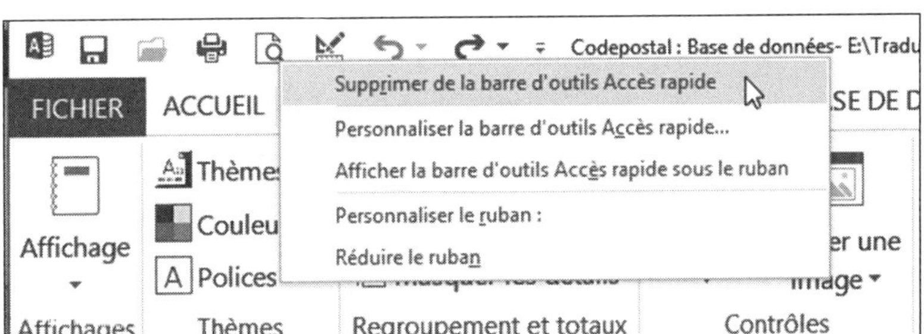

Figure 2.15 : Un bouton en trop ? Aucun problème avec la solution Clic droit !

TRUC

Un bouton ajouté à la barre d'accès rapide reste quand même à son emplacement habituel sur le ruban. Si vous le supprimez, cela ne change donc rien à l'affaire…

TRUC

Ne supprimez pas les boutons par défaut (Enregistrer, Annuler et Rétablir). Pourquoi ? Parce qu'ils sont utilisés tellement souvent qu'il serait assez stupide de s'en passer. Si vous les retirez de la barre d'outils Accès rapide, vous devrez aller les rechercher sous l'onglet Fichier. Cela vous fera deux clics au lieu d'un seul. Soit 100 % de gâchis.

Minimiser le ruban

L'espace n'est pas suffisant ? Aucun problème. Il vous suffit de réduire la taille du ruban en n'affichant plus que la liste des onglets, ou inversement.

Pour minimiser le ruban :

1. **Cliquez droit n'importe où sur le ruban.**

   Un menu contextuel apparaît. Notez que vous pouvez cliquer sur un bouton, un onglet ou encore un nom de section (comme État sous l'onglet Créer, ou encore Rechercher sous l'onglet Accueil).

2. **Choisissez l'option Réduire le ruban.**

   Le ruban devient une simple barre ne comportant plus que les noms des onglets (voir la Figure 2.16).

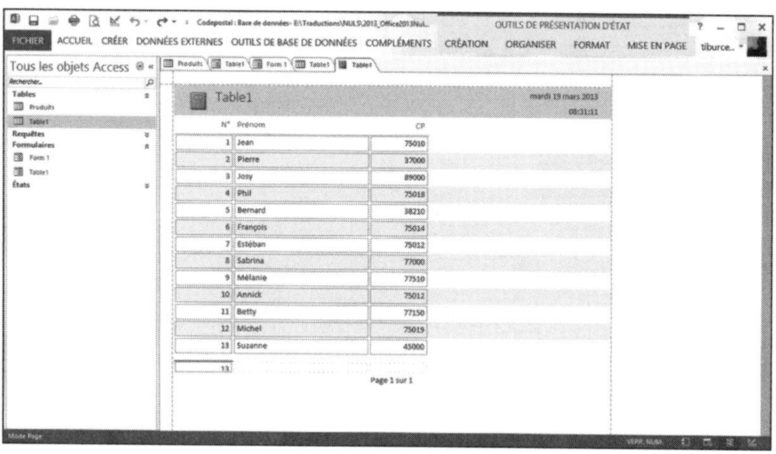

Figure 2.16 : Le ruban est réduit.

3. **Pour restaurer l'espace de travail initial, procédez exactement comme ci-dessus, en décochant l'option Réduire le ruban.**

Lorsque le ruban est réduit, l'option est cochée dans le menu. En cliquant une nouvelle fois au même endroit, vous inversez la marque, et donc vous rétablissez l'état antérieur. *Sic Transit Gloria* !

Travailler avec les info-bulles

Vous connaissez les info-bulles ? Ce sont ces petits messages d'aide qui apparaissent lorsque le pointeur de la souris survole quelques instants un bouton, une commande, un menu et bien d'autres objets de l'espace de travail d'Access.

Certes tous les composants visuels possibles et imaginables ne sont pas associés à une info-bulle. Mais pratiquement tout ce qui correspond à une quelconque action est concerné par ce système d'aide. Vous pouvez choisir d'afficher des messages détaillés, plus brefs, ou rien du tout. Voyons comment.

1. **Cliquez sur l'onglet Fichier.**

   Le volet Informations apparaît comme à la Figure 2.17.

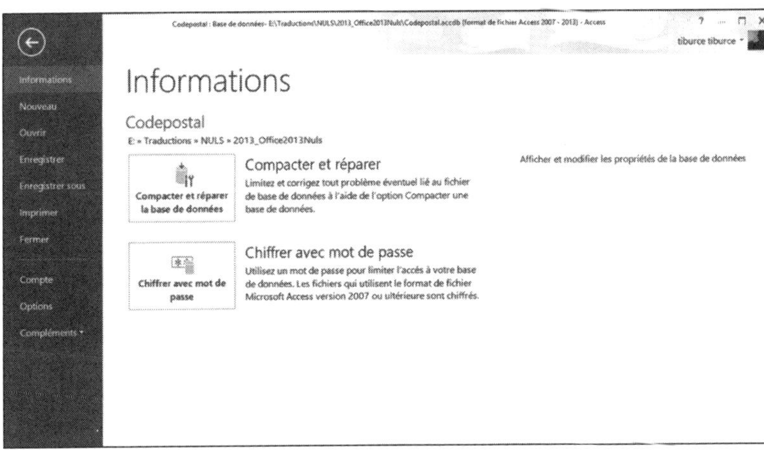

Figure 2.17 : L'onglet Fichier contient des commandes comme Options qui permet de modifier l'apparence et le fonctionnement d'Access.

2. **Dans la liste de gauche, cliquez sur le bouton Options.**
3. **La boîte de dialogue Options Access va s'ouvrir. Choisissez dans la liste de gauche la catégorie Général.**

Cet onglet propose trois rubriques. La première concerne notamment les info-bulles, la seconde les formats de fichier et la troisième le nom de l'utilisateur (voir la Figure 2.18).

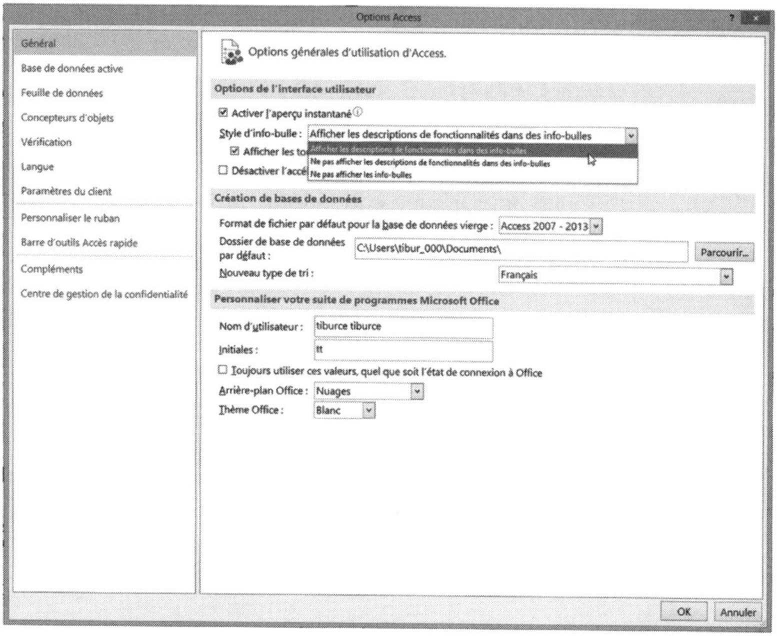

Figure 2.18 : La boîte de dialogue Options Access vous permet de redéfinir à peu près tout ce que vous pouvez voir et utiliser dans Access.

4. **Dans la première section de la boîte de dialogue, cliquez sur la liste déroulante Style d'info-bulle.**

5. **Choisissez l'une des options proposées :**

   - **Afficher les descriptions de fonctionnalités dans des info-bulles :** Cette option affiche des info-bulles « étendues », comme sur la Figure 2.19. En plus du nom du bouton, Access vous renseigne sur ce qu'il fait et sur son fonctionnement. Sur l'exemple de la figure, vous êtes même invité à appuyer sur la touche F1 pour ouvrir l'aide d'Access.

   - **Ne pas afficher les descriptions de fonctionnalités dans des info-bulles :** Juste les faits, rien que les faits. Avec cette option, seuls les noms des boutons apparaîtront dans les info-bulles. C'est tout.

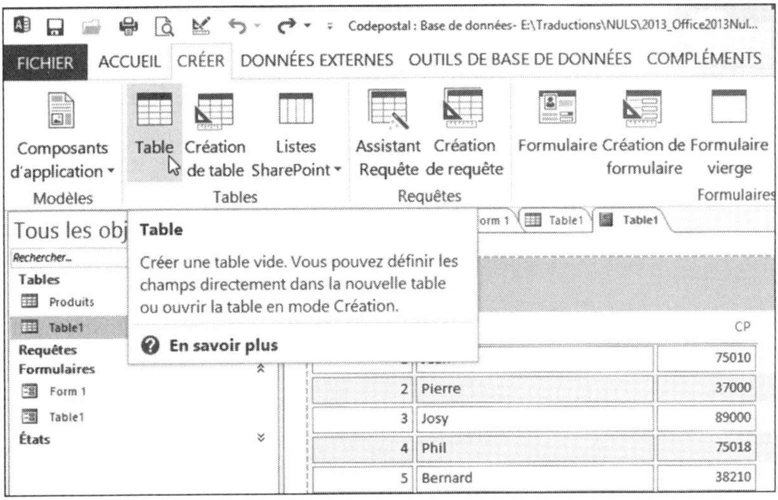

Figure 2.19 : Access vous renseigne sur ce qu'il fait et sur son fonctionnement.

- **Ne pas afficher les info-bulles :** Vous saviez déjà tout ? Désactivez totalement les info-bulles en choisissant cette option.

6. **Cliquez sur OK pour refermer la boîte de dialogue.**

TRUC

Vous pouvez aussi choisir d'afficher dans les info-bulles un rappel du raccourci clavier associé au bouton, à la commande ou au menu. C'est d'ailleurs ce qu'Access vous propose par défaut, et pourquoi s'en priver ?

Promenade à dos de souris

Access, comme toutes les applications Windows, est conçu pour être piloté à l'aide de la souris. Celle-ci est supposée être votre principal outil de communication avec le logiciel (qu'il s'agisse de cliquer sur les onglets, sur les boutons ou sur les listes, de faire des choix dans les boîtes de dialogue ou dans des assistants, *etc.*).

Le bouton gauche a pour vocation de déclencher des actions ou d'opérer des choix par défaut parmi les outils visuels. Le bouton droit sert à afficher des options ou des menus (que l'on dit *contextuels* parce que leur contenu dépend de l'objet sur lequel on clique). Si vous *cliquez droit* sur un onglet du ruban ou sur un bouton, vous obtenez une liste de choix pour personnaliser les barres d'outils et les boutons. Si vous cliquez droit sur un onglet correspondant à un composant de votre base de données, disons le nom d'une table dans le volet de gauche, vous verrez apparaître toute une série de commandes relatives à ladite table.

TRUC

Et si vous n'êtes pas un ou une fanatique de la souris, il vous reste les raccourcis clavier. Voyez la prochaine section.

Naviguer avec la touche Alt

Si vous aimez maîtriser les logiciels en les contrôlant avec le clavier, Access est plus ou moins capable de s'adapter à vos vœux. Je dis plus ou moins, car vous devez utiliser une touche spéciale pour transformer le reste du clavier en panneau de commandes.

Si vous voulez changer d'onglet et exécuter des commandes au clavier, commencez par appuyer sur la touche Alt (en laissant la souris au repos). Access répond en affichant des lettres et des chiffres dans de petits carrés disposés sur les onglets et dans la barre d'outils Accès rapide (voir la Figure 2.20).

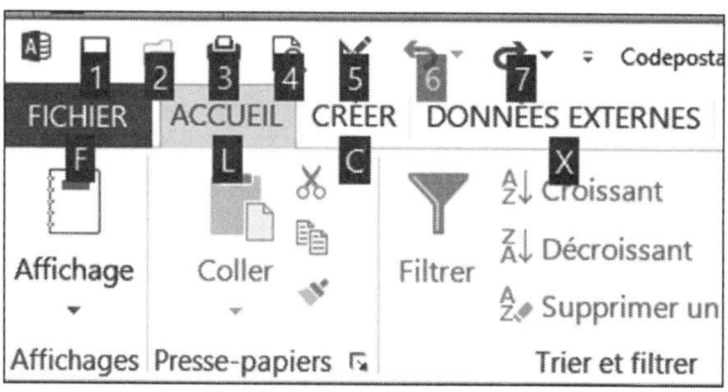

Figure 2.20 : Raccourcis avec la touche Alt.

Lorsque ces lettres et chiffres sont visibles, vous pouvez appuyer sur les touches correspondantes de votre clavier pour exécuter la commande ou l'action associée (par exemple **1** pour enregistrer), ou encore pour changer d'onglet (comme **C** pour créer).

Lorsqu'un onglet est activé *via* l'exécution d'un raccourci, c'est-à-dire en appuyant sur une lettre ou une combinaison de lettres après avoir pressé la touche Alt, les boutons qui lui sont associés sur le ruban affichent à leur tour un raccourci, comme l'illustre la Figure 2.21.

N'OUBLIEZ PAS

Le but du jeu n'est pas d'appuyer en même temps sur les deux touches de raccourcis. Inutile de faire craquer vos doigts… Appuyez successivement sur Alt, puis sur la première lettre, et enfin sur la dernière.

Figure 2.21 : Chaque bouton d'un onglet a son propre raccourci clavier, souvent une combinaison de deux lettres ou d'une lettre et d'un chiffre.

Chapitre 3

Les bases des bases de données

Dans ce chapitre :

- Connaître les termes et les concepts de base.
- Cultiver vos champs.
- Relationnel ou non ? C'est vous qui décidez.
- Passer à la table.

Ce chapitre est le plus important (et peut-être le seul réellement important !) de ce livre. Cela peut vous paraître disproportionné, mais c'est pourtant la vérité vraie. Lorsque vous voulez vous figurer comment vous *faire* quelque chose, il est essentiel de comprendre non seulement *comment* ça marche, mais aussi *pourquoi* ça fonctionne de cette manière et d'avoir une bonne idée de ce qui se passe dans les coulisses. Vous avez vu au Chapitre 1 qu'Access était l'outil qu'il vous fallait. Au Chapitre 2, vous avez découvert son interface. Il est temps maintenant de nous intéresser à son fonctionnement et de nous mettre au travail.

Le jargon des bases de données

Le mot *jargon* vous fait déjà frémir ? Vous croyez que je veux vous faire apprendre par cœur tout un tas de mots compliqués ? Relax ! Respirez un bon coup. Dans les sections qui suivent, vous allez simplement apprendre à utiliser certains termes dont vous avez besoin pour comprendre ce qu'Access vous dit (dans les boîtes de dialogue, dans le ruban, et ainsi de suite). Connaître et comprendre ces mots vous aidera donc à prendre le contrôle d'Access pour construire et utiliser vos bases de données.

Malheureusement, vous ne pouvez pas faire l'économie d'apprendre quelques termes techniques. Mais il ne s'agit en fait que d'une poignée de mots. D'ailleurs, vous vous servez certainement déjà de certains d'entre eux pour faire référence à des informations d'une manière générale. Exemple : *bases de données*. Ou encore : *enregistrements*. Vous voyez ? Il n'y a rien là-dedans de très *high-tech*. Ce ne sont que quelques mots et concepts de base qu'il vous faut effectivement absorber pour pouvoir utiliser Access avec efficacité.

Nous allons découvrir notre jargon en allant du plus petit au plus grand. Nous commencerons donc par les composants atomiques (enfin, presque) que sont les *données*. Et nous élargirons notre horizon jusqu'à la base de données elle-même. Comme dans un film, nous allons partir d'un cadrage serré pour en arriver au plan le plus large en agrandissant notre *champ* de vision. Moteur !

Les données, c'est (pas) un cadeau !

Les *données*, ce sont les choses qu'Access stocke dans une base. Vous savez que vous pouvez mémoriser des informations dans votre cerveau. C'est aussi ce que fait Access, mais d'une autre manière. Prenons un exemple. Vous pensez à une certaine personne qui s'appelle *Gérard Martin*. Mais, dans votre for intérieur, l'image mentale qui se forme est peut-être simplement celle d'un *Gérard* (soit parce que c'est un familier que vous appelez toujours par son prénom, soit parce que vous avez oublié son nom de famille). Du point de vue de la base de données, cette information peut être enregistrée globalement dans une sorte de case que l'on appelle *champ*. Un champ possède un nom. Ici, la donnée Gérard Martin pourrait être stockée dans le champ *Contact*. D'accord, procéder de cette manière n'est pas très pratique si vous voulez trier vos contacts dans l'ordre alphabétique (savoir qu'Alain vient avant Zoe, c'est peu intéressant). C'est pourquoi on a l'habitude de créer deux champs par personne : *Nom* et *Prénom*. C'est à l'évidence plus efficace.

Vous voyez l'idée générale ? Comme je l'ai expliqué dans le Chapitre 1, vous devez découper le plus possible vos informations en fines lamelles de données lorsque vous concevez une base. Après tout, il s'agit de vos informations, et vous voulez y accéder aussi simplement, rapidement, et logiquement que possible. Access contient tous les outils dont vous avez besoin pour arriver à un tel résultat. Il suffit de les utiliser !

Des champs à perte de vue

Personne n'aime laisser ses données se promener un peu partout sans aucun contrôle. C'est pourquoi les techniciens ont créé des sortes de niches à données qu'ils ont appelées *champs*. Et chaque champ est destiné à recevoir un certain *type* de donnée. Sans doute pour laisser croire aux données qu'elles ont le droit de courir dans la nature, alors qu'en réalité elles sont fermement tenues en laisse.

Pour mémoriser par exemple des informations sur un joueur de football, vos champs pourraient être Nom, Équipe, Âge, Position, Nombre de sélections en équipe de France, Nombre de buts marqués/encaissés cette saison, depuis le début de sa carrière. Et ainsi de suite. Pour une liste de contacts, vous définiriez les champs Nom, Prénom, Adresse1, Adress2, Ville, Code postal, Téléphone, Portable, E-mail, *etc.* Si vous y réfléchissez bien, tout cela semble totalement logique. Quelles sont les informations dont vous pouvez disposer sur un sportif, sur un client, sur un produit ? Les réponses à cette question deviennent vos *champs*.

Tous les programmes de base de données comme FoxPro ou FileMaker, sont d'accord sur la définition d'un champ. Cependant, certains packages tels qu'Oracle et Microsoft SQL Server, emploient le terme de *colonne*. Et pour que la vie soit encore plus excitante, Excel stocke vos champs dans des colonnes. La structure tabulaire d'une table d'une base de données justifie l'appellation de colonnes et non pas de champs utilisée par Oracle et SQL. Dommage que tous les logiciels ne s'accordent pas sur un seul et même terme.

Enregistrements

Avoir des champs est un bon point de départ. Mais si vous vous arrêtez là, comment ferez-vous pour savoir quel nom va avec tel ou tel prénom ? Il manque quelque chose pour que ces champs soient mis dans le bon ordre. Quelque chose comme un *enregistrement*. L'ensemble de tous les champs qui définissent ce qu'est un certain client, un certain produit, un certain footballeur, et ainsi de suite, sont collectivement désignés comme formant un *enregistrement*. Si vous avez cent clients, votre base de données va contenir cent enregistrements. Onze footballeurs ? Onze enregistrements !

Précisons un peu cette notion :

- Tout enregistrement d'une *table* contient les mêmes champs. Mais le contenu de ces champs varie généralement d'un enregistrement à l'autre. De plus, certains enregistrements peuvent parfois comporter des champs vides. Si un client n'a pas d'adresse e-mail, à quoi bon écrire quelque chose dans le champ correspondant ?
- Un enregistrement unique contient toutes les informations dont vous avez besoin (une ligne de comptabilité, les coordonnées d'une personne, les ingrédients d'une recette, *etc.*). Et c'est tout ce qu'il y a à en dire.

Passons aux tables

Une *table* est une collection d'enregistrements décrivant des données similaires. Retenez bien ceci : *données similaires*. Les informations qui concernent vos clients peuvent être mémorisées dans une seule table. Pourquoi ? Parce qu'elles sont décomposées en champs de données similaires. Il en va de même pour un footballeur, ou encore pour un descriptif de produit. Par contre, un client, un footballeur et un produit n'ont rien à faire dans la même table : les données correspondantes ne sont pas similaires.

D'accord, vous pourriez quand même vous arranger pour mélanger clients, footballeurs et recettes de cuisine. Vous arriveriez peut-être à vous en sortir (quoique difficilement). Mais votre schéma serait totalement incompréhensible par d'autres personnes (et même par vous au bout de deux semaines). De plus, comment feriez-vous pour extraire des informations cohérentes avec des états ou des requêtes si vos données n'ont aucun lien entre elles ? Ce serait le chaos le plus total. Vous arriveriez peut-être à produire une recette de cuisine dans laquelle vous serviriez sur un téléphone portable un avant-centre passé au four à micro-ondes pendant la mi-temps du match. Original, mais totalement sans intérêt pratique.

La base de données

Une *base de données* Access, ou un *fichier de base de données* (les deux expressions sont interchangeables) est une collection regroupant tout ce qui a trait à un ensemble particulier d'informations. La base de données contient toutes les tables, les requêtes, les états et formulaires qu'Access vous aide à créer et à gérer pour répondre à des besoins spécifiques. Au lieu de stocker tous ces éléments *individuellement* sur votre disque dur (là où ils pourraient facilement être perdus, déplacés ou effacés accidentellement), ils sont groupés dans un seul et même fichier collectif.

Voici un point important. Ce sont ces composants (les tables, les requêtes, les états et les formulaires) qui forment à eux tous, collectivement, la base de données. Et ce, avant même que vous ne commenciez à entrer des enregistrements dans une table. La base est donc bien plus qu'un ensemble de données : il s'agit de l'outil qui mémorise, manipule et affiche ces données.

Les champs sont de chic types

Vous vous souvenez que les champs sont le lieu dans lequel vos données vivent. Chaque champ contient une information (comme un nom ou la quantité en stock d'une certaine pièce).

Il existe des informations de toute nature. C'est pourquoi Access permet de les stocker dans des champs de différents *types*, une bonne dizaine en fait :

- Texte court
- Texte long
- Nombre
- Monétaire
- Date/heure
- Oui/Non
- Liste de choix et relation
- Texte enrichi

- Pièce jointe
- Lien hypertexte
- Objet OLE
- Calculé
- Il existe également un type de champ NuméroAuto qui est automatiquement appliqué au premier champ d'une nouvelle base de données vide.

Les types ne sont disponibles que pour les champs que vous ajoutez à la table. Autrement dit, ceux qui vont contenir *vos* données. Pour l'instant, il suffit de dire que le champ NuméroAuto est destiné à contenir une série de nombres croissants, générés automatiquement et tous différents, de manière à ce que chaque enregistrement puisse être identifié (ID) d'une manière unique. Nous vous expliquerons dans le Chapitre 4 pourquoi vous avez besoin de champs uniques et comment les créer.

N'essayez pas déjà de comprendre ce que représente chaque type d'après son nom. Tout cela va être expliqué un peu plus loin. Retenez simplement que la liste précédente couvre pratiquement tous les genres de données possibles et imaginables. De plus, chaque type de champ peut être totalement personnalisé en fonction de vos besoins. Pour en savoir plus sur ce sujet, voyez le Chapitre 4.

Voyons d'un peu plus près ces types de champs et comment on les utilise. Nous vous donnerons également quelques tuyaux pour les personnaliser en fonction de vos besoins spécifiques :

- **Texte court :** Contient jusqu'à 255 caractères (une combinaison quelconque de lettres, de chiffres et/ou signes de ponctuation).
- **Texte long :** Remplace l'ancien Mémo. Il contient jusqu'à 64 000 caractères (ce qui correspond à une vingtaine de pages de texte). C'est un champ de texte *vraiment grand.* Il est conçu pour entrer des notes, des descriptions détaillées, bref tout ce qui a besoin d'un certain espace.

  Les nombres qui sont saisis dans un champ de texte ne sont pas des nombres. Ils forment simplement une série de symboles numériques dont l'interprétation varie selon la nature de l'information stockée dans le champ. Bref, ils ne sont pas destinés aux calculs. Exemple classique : un numéro de téléphone. Faites bien attention à cela lorsque vous concevez vos tables. N'utilisez pas de type de champ pour y stocker des valeurs que vous voudriez reprendre, par exemple dans un champ Calculé. Si la donnée est numérique, enregistrez-la comme telle.

Les champs de texte possèdent un paramètre que vous devez connaître : leur taille. Lorsque vous les créez, Access veut savoir combien de caractères le champ pourra contenir. C'est cela, la *taille*. Si vous indiquez qu'un champ Prénom occupe six caractères, Louise y tiendra, pas Louisette. Cette restriction peut donc être un problème. Une bonne règle générale consiste à attribuer une taille légèrement supérieure à ce que vous estimez comme étant nécessaire. Il est plus facile et moins risqué de voir un peu grand que l'inverse. Reportez-vous au Chapitre 4 pour plus de détails sur tout cela.

- **Nombre :** Contient des nombres entiers, décimaux ou encore réels. Un champ numérique peut être employé dans un calcul quelconque. Si vous travaillez avec des euros, des dollars ou yens, préférez les champs monétaires.
- **Monétaire :** Pour traquer les comptes en banque, les achats et les ventes, les factures, et ainsi de suite. Bref, tout ce qui a rapport à l'argent. Avec des nombres « normaux », préférez les champs numériques.
- **Date/Heure :** Enregistre une heure, une date ou une combinaison des deux. C'est quand la sortie au pré ? C'est dans le champ.
- **Oui/Non :** Contient une bascule Oui/Non, Vrai/Faux ou Actif/Inactif selon ce que vous choisissez. C'est le champ à utiliser si vous vivez dans un monde en noir et blanc.
- **Liste de choix et relation :** Si vous voulez qu'un champ d'une table affiche en réalité le contenu d'un champ d'une autre table, choisissez ce type un peu particulier. Un assistant va s'ouvrir. Demandez alors à extraire des données provenant d'une autre table ou bien d'une requête. Bien entendu, encore faut-il qu'il y ait une relation logique entre les deux !
- **Texte enrichi :** Vous souhaitez que le contenu d'un champ soit mis en forme d'une certaine manière ? Choisissez ce type

de champ et appliquez-lui la mise en forme qui sera visible à l'écran et dans vos états.

- **Objet OLE :** OLE est l'abréviation de *Object Linking and Embedding* (liaison et incorporation d'objet en français courant). Rien à voir avec les corridas. Il s'agit d'une technologie puissante (trop pour nous, peut-être ?). Un objet OLE peut être à peu près n'importe quoi : un document Word, une feuille de calcul Excel, une chanson, la photo de votre petit(e) ami(e), *etc.* Si vous incorporez un objet OLE dans votre table, la base de données « saura » automatiquement comment l'utiliser.

- **Pièce jointe :** Utilisez ce type de champ pour attacher à vos enregistrements des documents Word, des feuilles Excel, des présentations PowerPoint, ou tout autre fichier à votre convenance, y compris des images (le sourire de la vendeuse, la boîte du produit, la photo d'une voiture, celle d'une maison, et ainsi de suite).

- **Lien hypertexte :** Comme il se doit, Access a entendu parler d'Internet et il vous permet d'insérer dans vos tables des liens qui vous renverront vers une page Web, vers un site ou encore une adresse de messagerie. Si vous utilisez intensivement l'Internet, ou si vous utilisez Access sur le réseau de votre société, ce type de champ est fait pour vous.

- **Calculé :** Ce type de champ est utile si vous voulez le remplir avec le résultat d'une formule de calcul faisant appel à un ou plusieurs autres champs de la même table. Vous suivez ? Supposons par exemple que votre table enregistre toutes les caractéristiques des produits que vous vendez. Vous avez donc un prix « affiché », un taux de remise pour les bons clients, et bien sûr une TVA à ajouter à tout cela. Pour obtenir facilement tous ces montants sans faire chauffer les calculatrices, il vous suffit d'ajouter deux champs calculés, un pour le tarif après remise, et l'autre pour le total TTC. Lorsque vous définissez ce genre de champ, vous choisissez dans un sous-menu le type de donnée qui constituera le résultat, puis vous demandez au Générateur d'expression d'Access de vous aider à construire la formule de calcul (bien entendu, il vous faudra quand même un minimum de connaissances en arithmétique pour y arriver).

Pour vous aider à réfléchir sur l'organisation de votre base de données, et commencer à imaginer les champs que vous pourriez définir dans une situation courante, le Tableau 3.1 vous propose un exemple tout à fait classique : le cas d'un carnet d'adresses professionnelles et/ou personnelles.

Tableau 3.1 : Champs courants pour un carnet d'adresses.

Nom	Type	Taille	Contenu
Titre	Texte court	4	Mr, Mme, Mlle, *etc.*
Prénom	Texte court	15	Le prénom de la personne.
Nom	Texte court	20	Le nom de famille de la personne.
Société	Texte court	25	Le nom de la société dans laquelle travaille la personne.
Fonction	Texte court	25	La fonction que la personne occupe dans la société.
Adresse1, Adresse2	Texte court	30	Il vaut mieux prévoir deux lignes pour les adresses, certaines sont tellement longues...
Ville	Texte court	20	Le nom de la ville.
Code Postal	Texte court	5	C'est suffisant si vous ne quittez pas la France (remarquez qu'il s'agit de caractères numériques, pas d'un nombre).
Pays	Texte court	15	Au cas où vos contacts résideraient quand même à l'étranger.
Téléphone Bureau	Texte court	10	Numéro de téléphone professionnel (à ajuster si nécessaire pour des numéros à l'étranger).
Fax	Texte court	10	Numéro de télécopie (même remarque que ci-dessus).
Téléphone personnel	Texte court	10	Numéro de téléphone à la maison (même remarque que ci-dessus).
Portable	Texte court	10	Numéro de téléphone portable (toujours la même remarque que ci-dessus).
Adresse Messagerie	Texte court	30	Adresse e-mail de la personne.

Nom	Type	Taille	Contenu
Site Web	Lien hypertexte		Adresse d'une page Web (Access ajuste automatiquement la taille du champ).
SS	Texte court	13	Si vous avez besoin du numéro de Sécurité sociale.
Commentaires	Texte long		Un espace libre pour y saisir des notes (la taille réelle du champ est déterminée par Access).

Tous les champs listés dans le Tableau 3.1 sont de type texte, y compris les numéros de téléphone ou le code postal. Car c'est ainsi qu'Access voit leur contenu. Les champs Lien hypertexte et Texte long n'échappent pas à cette règle, même s'ils se distinguent par des options qui leur sont spécifiques.

Même si cela vous semble un peu étrange, vous devez admettre et ne pas oublier qu'un ordinateur distingue un *nombre* (qui est susceptible d'être utilisé dans des calculs) d'une chaîne de chiffres (comme dans le cas d'un numéro de téléphone). Pour opter entre plusieurs types de champs de texte, vous avez besoin de déterminer la longueur des informations à stocker (vingt caractères pour un nom, c'est normalement suffisant, sauf peut-être au Brésil) et leur nature éventuelle (par exemple dans le cas d'une adresse Web).

Choisir les noms de vos champs

De tous les programmes de bases de données qui existent sous Windows, je pense qu'Access est celui qui propose les règles les plus simples pour nommer les champs. Rappelez-vous simplement ceci :

- **Commencer par une lettre ou un chiffre est une bonne idée.** Access n'interdit pas de placer en début de champs un caractère autre qu'alphanumérique. Mais il ne s'agit pas d'un bon choix. En premier lieu, c'est une source potentielle de confusion et d'incompréhension pour les autres utilisateurs de la base de données (vous risquez fort de ne pas voir le point au début de « .Adresse », et le sens caché de l'accent circonflexe dans « ^Adresse » échappera certainement au plus grand nombre). Bien sûr, certains symboles peuvent avoir leur utilité dans le corps des noms. Pour autant, tous ne sont pas autorisés (voyez le Tableau 3.2).

- **Créez des noms courts et faciles à comprendre.** Le nom d'un champ peut comporter jusqu'à 64 caractères (y compris les espaces). Ne songez même pas à remplir toute cette place ! Ce serait inutile, inefficace, et même dangereux. En revanche, évitez de créer des noms trop ésotériques, dans le genre N1 ou AZ773, à moins que cela ne corresponde à quelque chose de précis dans votre entreprise.
- **Contentez-vous des lettres, des chiffres et des espaces.** Access vous permet d'inclure des signes de ponctuation dans les noms des champs. Mais c'est à éviter (sauf peut-être le trait de soulignement à la place de l'espace, pas toujours apprécié dans les requêtes). Restez simple et évitez de transformer en problème la solution que vous développez sous Access. De toute manière, tous les symboles ne sont pas autorisés (voir le Tableau 3.2).

Tableau 3.2 : Symboles prohibés dans les noms des champs.

Symbole	Nom
/	Barre oblique inverse
*	Astérisque
;	Point-virgule
:	Deux-points
!	Point d'exclamation
#	Dièse
&	Et commercial
?	Point d'interrogation
-	Tiret
«	Guillemets
'	Apostrophe
$	Dollar
%	Pourcentage

Plat ou relationnel ? Prenez de la hauteur

Les bases de données ont deux parfums : il y a les *plates* et les *relationnelles*. Mais, contrairement aux glaces, il ne s'agit pas que d'une affaire de goût, mais bien de besoin. Dégustation gratuite.

Tables isolationnistes

Dans un système *plat* (ou *flat file* en anglais), toutes les données sont collationnées dans une table unique. Un agenda téléphonique constitue un bon exemple de cette méthode. Il y a les noms, les adresses et les numéros de téléphone. Toutes ces informations (les données) sont notées au même endroit (la base de données). Il peut y avoir des doublons (si une personne possède trois numéros de téléphone, on peut la retrouver à trois endroits différents dans le répertoire). Mais ce n'est pas un problème majeur. Globalement, le système fonctionne correctement.

Tables collaborationnistes

Le système *relationnel* utilise davantage d'espace (le moins possible) pour scinder les données dupliquées (ou *redondantes*) de la base. Afin d'obtenir ce résultat, les informations sont partagées en plusieurs tables, chacune ne contenant qu'une portion de l'ensemble des données.

Reprenons l'exemple du répertoire téléphonique. Dans un modèle relationnel, une table pourrait contenir uniquement le nom et l'adresse des personnes (disons, de vos clients). Une autre table se chargerait des numéros de téléphone. Dans ce schéma, la personne aux trois numéros de téléphone ne possédera qu'une seule entrée dans la table « Clients », mais apparaîtra trois fois dans la table « Téléphones ». Et c'est très bien ainsi, puisque après tout il s'agit bien d'un seul client !

Clés pour les bases de données relationnelles

La présence d'un champ de liaison (appelé *clé*) est, tout justement, la clé qui permet d'accéder à cette technologie avancée. Toutes les tables qui doivent être reliées dans un système de base de données relationnelle possèdent ce champ spécial. Le contenu de cette clé permet d'identifier les enregistrements qui se correspondent dans différentes tables.

Une clé fonctionne exactement comme les tickets que vous recevez quand vous mettez des vêtements au pressing. Lorsque vous allez les rechercher, vous redonnez vos tickets. Ils permettent d'identifier d'une manière unique *votre* chemise, *votre* veste et *votre* pantalon. Vous repartez avec le costume qui vous appartient, pas avec un quelconque tailleur.

De la même manière, chaque client de notre répertoire d'adresses peut posséder un identificateur unique (ou ID). La table des numéros de téléphone enregistre ces « ID » en même temps que ces numéros. Pour lier ces informations, vous recherchez la valeur de l'identificateur dans la table des clients, ce qui permet de détecter les enregistrements correspondants dans la liste des numéros de téléphone. Évidemment, cela réclame davantage d'étapes qu'avec un fichier « plat ». Mais au bout du compte, le système relationnel fait gagner de la place (en éliminant les doublons) tout en réduisant les risques d'erreurs.

Si ce processus vous semble un peu compliqué, songez que vous n'êtes pas seul dans ce cas. Les bases de données relationnelles *sont* compliquées. Mais tout cela se passe pour l'essentiel derrière la scène. C'est Access qui se charge de toute cette mécanique lorsque vous cliquez sur un bouton du ruban ou que vous lancez un assistant. Une grande partie des choses ennuyeuses reste invisible. Tout ce que vous voyez, c'est la puissance qui s'offre à vous. Si vous voulez lever un coin du voile, reportez-vous au Chapitre 4.

Est-ce que vos tables ont besoin d'être liées ?

Vous avez maintenant une idée des différences entre fichiers « plats » et bases de données relationnelles. Mais est-ce vraiment important pour vos applications ? La réponse est oui. Chaque approche a ses avantages et ses inconvénients :

- **Les systèmes de fichiers plats sont faciles à créer et à maintenir.** Un bon exemple de ce type de modèle, ce sont les feuilles de calcul Microsoft Excel. Vos champs sont disposés en colonne, et chaque enregistrement occupe une ligne, dans la limite bien sûr de ce qu'autorise Excel. C'est simple, c'est rapide, et dans de nombreux cas, c'est une excellente solution si votre base de données est elle aussi simple.

- **Les systèmes relationnels brillent dans les applications importantes et volumineuses, en particulier dès que l'on parle de gestion, de facturation, d'inventaire, et ainsi de suite.** Même pour une activité de moindre ampleur, elles peuvent aussi être d'un grand secours. Les données associées à vos clients, par exemple, vont nécessiter plusieurs tables qui serviront à traiter les noms et les adresses d'un côté, l'historique des ventes d'un autre, les comptes d'un troisième, *etc*. Toutes ces informations forment un espace trop complexe pour pouvoir être géré dans un simple tableau.

Je vous déconseille de développer un système de base de données relationnelle simplement après avoir lu quelques chapitres (et même le livre en entier). C'est un gros travail, et vous risqueriez de vous décourager rapidement si vous plongez sans filet. Rapprochez-vous de gens qui ont une certaine expérience en la matière. Faites-vous aider pour jeter les fondations de votre système, pour « tâter » l'eau du bain en vous appuyant sur ce livre ainsi que sur l'aide d'Access. Commencez par digérer les exemples suivis ici. C'est un bon point de départ.

Access est par essence un outil pour la gestion de bases de données relationnelles. Mais, dans certains cas, vous n'avez pas besoin de créer plusieurs tables et de définir leurs relations. Lorsqu'une seule table (autrement dit un fichier plat) suffit à votre bonheur, Access continue à vous offrir toute sa puissance. C'est donc le programme qu'il vous faut, quels que soient la situation et le problème que vous avez à résoudre.

Construire une base de données

Vous avez lu ce livre depuis le début, sans doute même jeté un coup d'œil sur la suite, et vous vous sentez prêt à plonger. Mais, encore une fois, n'essayez pas d'aller plus vite qu'il ne faut et de sauter sans même avoir installé un filet de protection. Qui veut voyager loin ménage sa monture.

Avec la procédure qui suit, vous allez définir une base de données, puis vous servir d'un assistant pour y créer une première table. À vos marques. Prêt ? Partez !

1. **Si vous n'avez pas encore lancé Access, c'est vraiment le moment de le faire.**

Voyez comment procéder au Chapitre 1.

Dans l'espace de travail d'Access, le titre Modèles disponibles apparaît dans la partie supérieure centrale du panneau Nouveau. Il suffit de cliquer sur un mot de la section Recherches suggérées pour accéder à des modèles de bases de données.

2. **Cliquez sur le bouton Base de données de Bureau vide.**

   Une boîte de dialogue apparaît, comme à la Figure 3.1.

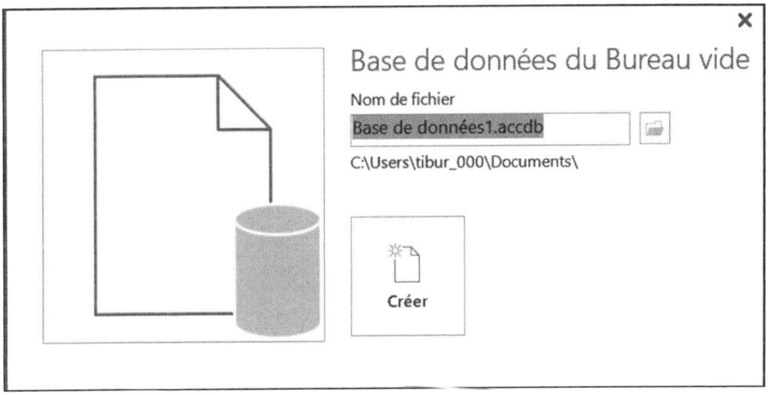

Figure 3.1 : Nommez votre nouvelle base de données.

3. **Saisissez un nom à la place de l'intitulé générique** `DatabaseX.accdb` **(où *X* est un numéro d'ordre affecté chronologiquement par Access).**

   Vous n'avez pas besoin de spécifier l'extension `accdb`. En d'autres termes, Access l'ajoutera de lui-même si vous l'effacez sans le vouloir.

   Le dossier dans lequel le nouveau fichier va être enregistré apparaît sous le champ de saisie. Si tout va bien, vous n'avez plus qu'à cliquer sur le bouton Créer.

4. **Si la destination par défaut ne vous convient pas, cliquez à droite sur la petite icône représentant un dossier ouvert. Choisissez un nouvel emplacement.**

   Lorsque vous cliquez sur cette icône, Access ouvre la boîte de dialogue Fichier Nouvelle base de données (voir la Figure 3.2). Vous pouvez alors naviguer aussi bien sur votre ordinateur que sur le réseau auquel vous êtes connecté. Sélectionnez le disque et le dossier où le fichier de base de données doit être

Access

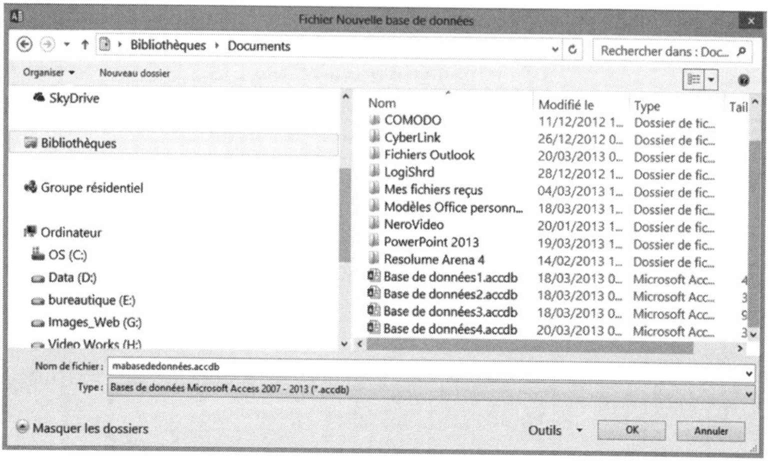

Figure 3.2 : Sélectionnez un centre d'accueil pour votre nouvelle base de données.

sauvegardé. Cliquez sur OK lorsque vous avez terminé. Vous revenez à la fenêtre d'Access.

5. **Cliquez sur le bouton Créer.**

   Comme l'illustre la Figure 3.3, une nouvelle table (judicieusement appelée *Table1*) apparaît dans la partie centrale de l'espace de travail, tandis que les composants (pour l'instant réduits à un seul objet) de la base de données sont listés dans le volet de gauche.

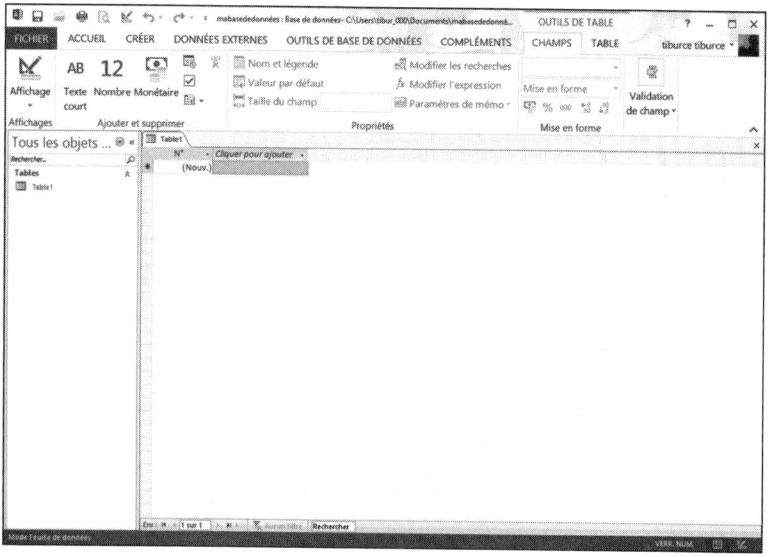

Figure 3.3 : À nouvelle base de données, nouvelle table.

ATTENTION !

Si, lorsque vous créez une nouvelle base de données, une boîte de dialogue surgit et vous demande si vous voulez vraiment remplacer un fichier existant, cela signifie qu'Access tente de vous prévenir qu'il existe déjà une base de données sauvegardée au même endroit et portant le même nom.

- Si vous tombez des nues, cliquez sur Non. Choisissez un autre intitulé pour votre nouvelle base de données.
- Si vous avez *réellement* l'intention de remplacer cette ancienne base par un produit tout frais, cliquez sur Oui et continuez comme si de rien n'était.

6. **Commencez à nommer vos champs. Pour cela, cliquez sur l'expression Cliquer pour ajouter. Choisissez le type de champ, puis remplacez son nom par défaut.**

   Les multiples choix dont vous disposez sont discutés plus haut dans ce chapitre. Dans la plupart des cas, le bon type est Texte. Mais tout dépend de vos données et de leur nature (ainsi que de l'usage que vous comptez en faire).

TRUC

   C'est quoi, ce champ *N°*, dans la première colonne ? Il est ajouté par défaut et est destiné à contenir un numéro unique pour chaque enregistrement que vous définissez dans la table (vous n'en êtes pas encore là). Ce champ vous fournit un identificateur unique (une *clé*, vous vous souvenez ?) qui vous sera nécessaire si vous voulez mettre plusieurs tables en relation. Vous pouvez aussi le renommer en faisant un double-clic dans cette case. Appelez-le par exemple *ID Client*.

   Par la suite, lorsque vous aurez construit toutes vos tables et établi des relations entre elles, vous pourrez choisir un autre champ comme *clé primaire* (c'est une autre appellation pour désigner un champ unique). Il sera alors possible de supprimer la colonne ID Client.

7. **Appuyez sur Entrée pour valider le nom.**

   Dès que vous avez appuyé sur Entrée, Access ajoute un nouvel en-tête de colonne vide et se place en attente de votre saisie.

   Répétez les Étapes 6 et 7 jusqu'à ce que tous les champs auxquels vous avez pensé soient définis. Vous pourrez toujours les renommer plus tard (un double-clic suffit). N'essayez donc pas d'atteindre dès maintenant la perfection. L'important, à ce stade, est de pouvoir commencer à saisir des données le plus vite possible. La Figure 3.4 illustre notre table avec un premier champ en place et un second qui attend d'être confirmé par un appui sur la touche Entrée.

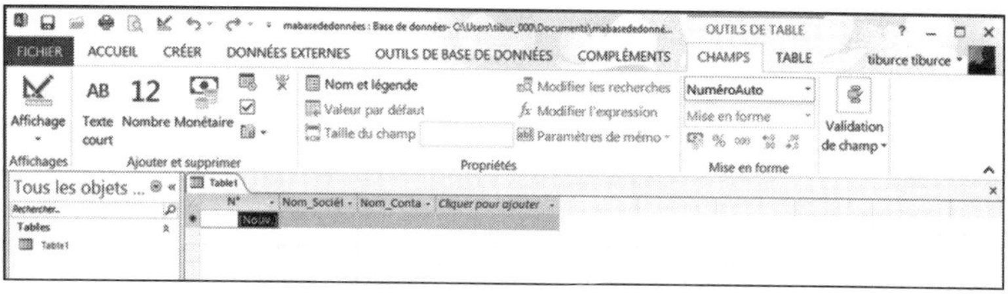

Figure 3.4 : Entrez le nom d'un champ et appuyez sur Entrée pour passer au suivant.

8. **Pour sauvegarder votre nouvelle table (et par conséquent votre base de données), appuyez sur Ctrl + S ou cliquez sur le bouton Enregistrer de la barre d'outils Accès rapide.**

   Enregistrer votre travail chaque fois que vous venez de faire quelque chose d'important est une *excellente* idée. Vous venez de construire une table ou encore de mettre à jour quelques données importantes : Sauvegardez ! Surtout s'il s'agit de quelque chose que vous n'auriez aucune envie de recommencer...

TRUC

« Table1 » est rarement une dénomination judicieuse pour une table. Autant la renommer tout de suite :

1. **Cliquez sur l'onglet Table1 avec le bouton droit de la souris.**
2. **Dans le menu contextuel qui apparaît, choisissez la commande Enregistrer.**
3. **Dans la boîte de dialogue Enregistrer sous, entrez un nom adapté au contenu de la table.**
4. **Cliquez sur OK.**
5. **Sauvegardez tout de suite votre base de données.**

N'OUBLIEZ PAS

Si Access refuse de renommer votre table sous le fallacieux prétexte qu'elle est ouverte, choisissez l'option Fermer dans le menu contextuel de l'onglet Table1. Ensuite, cliquez droit sur le nom de la table dans le volet de gauche et sélectionnez Renommer. Tapez le nom voulu et appuyez sur Entrée. Non mais alors !

Ajouter et supprimer des tables

Personne n'est censé atteindre les sommets de l'art dès le début de la partie. Évidemment pas lors de la première tentative, ni même lors de la seconde ou de la troisième. Même les expérimentés experts (j'aime bien cette expression) oublient parfois des choses et réalisent plus tard qu'une des tables ne sert en fait à rien, ou encore qu'ils ont oublié de prendre une certaine table en compte dans un état ou une requête. Cela peut arriver à tout le monde.

Que faire dans un tel cas ? Tout simplement utiliser l'interface d'Access pour ajouter les tables qui vous manquent ou supprimer celles dont vous n'avez pas/plus besoin.

Encore une, s'il vous plaît

Si vous décidez que votre base de données a besoin d'une ou plusieurs tables supplémentaires (autrement dit, vous réalisez que vous avez besoin d'une base relationnelle), rien n'est plus facile à faire. Et si vous savez à l'avance que vous aurez besoin de plusieurs tables, vous revenez exactement au même problème.

Pour ajouter de nouvelles tables à une base de données existante, procédez comme ceci :

1. **Cliquez sur l'onglet Créer.**

   Les boutons de cet onglet apparaissent sur le ruban (voir la Figure 3.5).

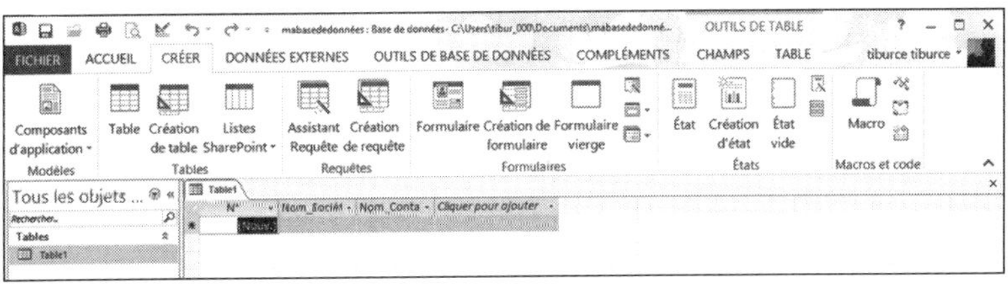

Figure 3.5 : L'onglet Créer est logiquement le bon endroit pour créer une nouvelle table.

2. **Sur le ruban, cliquez sur le bouton Table (dans le groupe Tables, à gauche du ruban).**

Une nouvelle table vierge apparaît. Elle attend que vous définissiez votre premier champ (voir la Figure 3.6).

Figure 3.6 : Voilà qui vous semble déjà familier, sans doute. Une nouvelle table attend ses champs, sans parler de ses enregistrements.

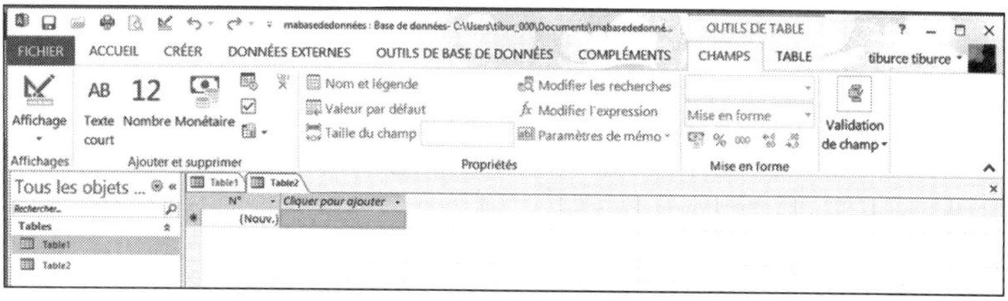

3. **Construisez et nommez vos champs comme dans la procédure précédente.**

   N'oubliez pas de sauvegarder régulièrement votre base de données.

4. **Répétez les Étapes 1 à 3 jusqu'à ce que toutes les tables de votre base de données soient définies.**

   Ne cherchez pas à ce stade la perfection. Vous pourrez toujours renommer ou déplacer plus tard vos champs, ajouter ou supprimer des tables, et ainsi de suite. Pour l'instant, le but est simplement de *le faire*. C'est-à-dire de débuter, de voir ce que vous avez et comment commencer à travailler avec votre base de données et vos tables.

Choisir le nom d'une table est important, car vous avez besoin de savoir rien qu'en jetant un coup d'œil dans le volet de gauche ce que peuvent bien contenir votre Table1, Table2 ou Table3. Pas évident, non ? Il vaut bien mieux les appeler par exemple Clients, Produits ou encore Commandes. De cette manière, vous n'aurez pas à mémoriser ce que peuvent bien signifier ces numéros génériques. Vous pouvez nommer une table lorsque vous la refermez pour la première fois, au moment où Access affiche la boîte de dialogue Enregistrer sous. Comme l'illustre la Figure 3.7, celle-ci vous propose un nom par défaut. Tapez l'appellation qui vous convient puis appuyez sur Entrée. Si vous décidez par la suite que ce n'était pas une bonne idée, cliquez droit sur le nom de la table dans le volet de gauche. Choisissez Renommer dans le menu contextuel. Saisissez la nouvelle dénomination et appuyez sur Entrée pour confirmer. Une autre mé-

Figure 3.7 : Avant de fermer une nouvelle table (ou la base de données), Access vous demande d'en spécifier le nom.

thode équivalente consiste à cliquer sur le nom de la table suivi d'un appui sur la touche F2. Cette fois, vous saisissez le nom directement dans le volet Tous les objets Access.

Ce n'est pas ce que je voulais faire...

Vous avez donc une table dont vous ne vouliez pas. Une fois définie la table 3, vous vous apercevez que seules les tables 1 et 2 sont nécessaires. À moins que votre table 4 ne rende obsolète la table 3... Dans tous les cas, supprimer une table (et tous les enregistrements qu'elle contient !) est très facile à faire.

ATTENTION !

Insistons encore une fois : les tables sont très faciles à supprimer. Peut-être même *trop* faciles. Avant de passer à l'acte, contrôlez, recontrôlez, vérifiez, revérifiez : allez-vous oui ou non effacer du même coup des informations que vous devriez conserver ? Lorsqu'une table est détruite, *toutes les connexions* qu'elle possède (relations, références dans des états ou des requêtes) le sont aussi. Access va afficher un message qui vous rappelle tout cela. Prenez-le très au sérieux.

Vous êtes sûr de vous ? Pas de regrets ? Alors, allons-y :

1. **Votre base de données étant ouverte, regardez le contenu du volet affiché sur la gauche de l'espace de travail.**

   Vous devriez y trouver la liste de toutes vos tables, chacune étant représentée par un long bouton horizontal bleuté (voir la Figure 3.8).

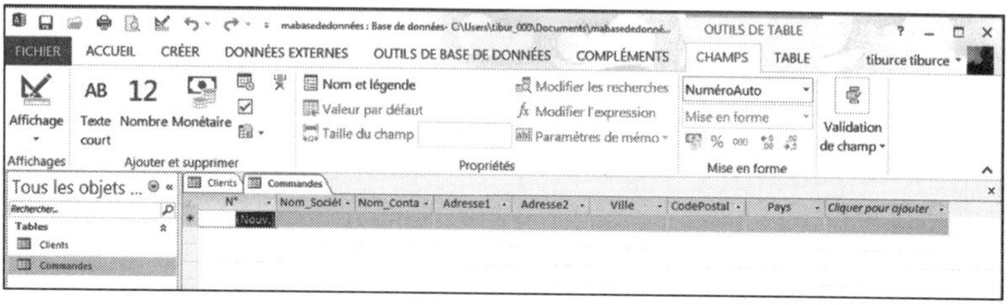

Figure 3.8 : Chaque table possède son propre bouton dans le volet de gauche.

2. **Cliquez sur le nom de la table à occire avec le bouton droit de la souris. Dans le menu contextuel qui apparaît, choisissez la commande Supprimer (voir la Figure 3.9).**

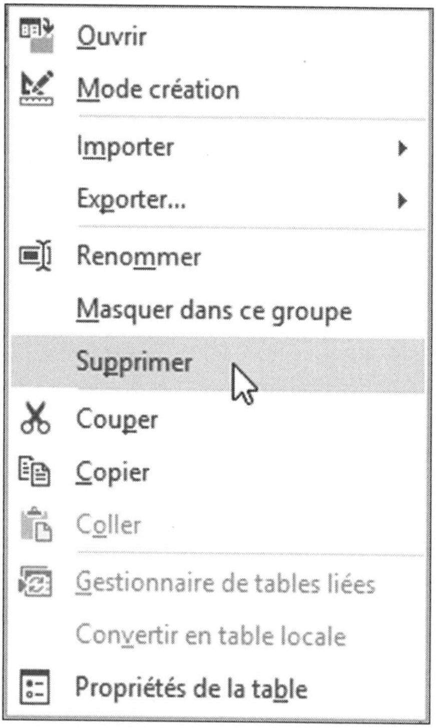

Figure 3.9 : Comment supprimer une table.

3. **Cliquez sur Oui en réponse au message d'avertissement qui apparaît. Du moins, si vous êtes absolument certain de ce que vous faites.**

C'est fait. Elle est partie !

Vous pensez sans doute qu'il est temps maintenant de commencer à saisir des enregistrements. Mais je ne vous le conseille pas. Avant de peupler vos tables, il est préférable de configurer vos relations, de choisir les clés qui vont connecter vos tables relationnelles et de définir les caractéristiques de tous vos champs.

Même si votre base de données n'est pas spécialement relationnelle, il est toujours préférable d'établir la règle du jeu avant de débuter la partie (Quelle est la longueur des noms ? Quel est le format pour les dates ? Tel nombre est-il entier ? Mais que fait l'arbitre ?). De cette manière, ce que vous saisirez par la suite s'insérera tout naturellement dans vos champs.

Deuxième partie

Mettez-vous à table

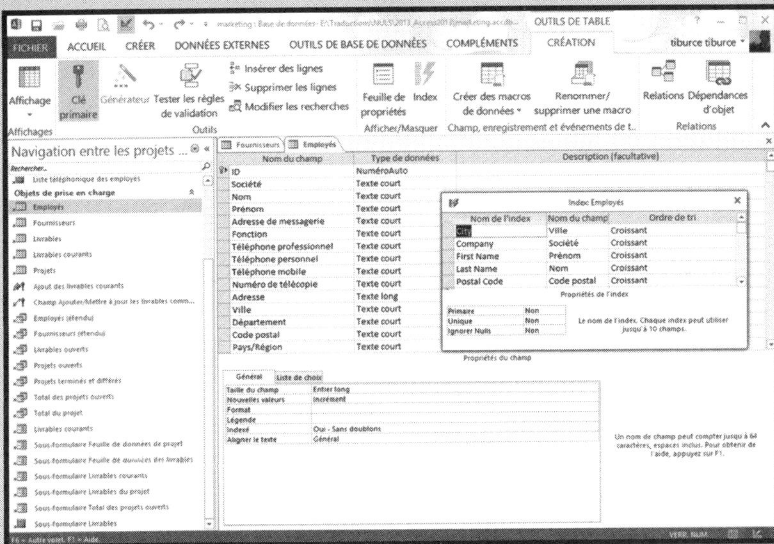

Dans cette partie...

- Poursuivre la création d'une base de données bien structurée en utilisant plusieurs tables.
- Personnaliser les champs de votre table pour préserver la continuité de vos données.
- Apprendre à modifier efficacement vos données.
- Créer des clés primaires pour préserver le caractère unique de votre table.
- Configurer des relations entre les tables de votre base de données.
- Comprendre les relations qui existent entre les différentes bases de données, et créer et enrichir des index.

Chapitre 4

Dresser la table

Dans ce chapitre :

- Identifier vos enregistrements de manière unique avec une clé primaire.
- Comprendre les relations.
- Construire des relations entre vos tables.
- Indexer pour des recherches plus rapides.

Comment rendre Access plus rapide et plus efficace ? Avec des clés et des index. C'est tout ! Chaque table devrait posséder un champ spécial lui servant de *clé primaire*. Une clé primaire évite l'intrusion dans la table d'enregistrements en double. Et, croyez-moi, c'est réellement efficace ! Pour retrouver vos données plus rapidement, vous avez besoin de créer la juste balance d'index pour chaque table. Pas assez d'index, et une recherche parmi 100 000 enregistrements laissera le temps à la concurrence de vous racheter. Trop d'index, et le résultat sera peut-être le même. Choisir les champs qui seront indexés est tout un art que vous apprendrez à pratiquer dans ce chapitre.

Trouver la clé du succès

Une *clé primaire* est un champ spécial. Elle sert à identifier d'une manière unique chaque enregistrement d'une table.

En règle générale, cette clé est constituée à partir d'un seul champ. Cependant, et dans des circonstances *très* particulières, le travail peut être partagé entre deux champs (ou davantage). Rassurez-vous : vous n'aurez pas souvent l'occasion de rencontrer de telles clés *multichamps*.

La vérité sur les clés primaires

Avant d'apprendre comment créer une clé primaire, il faut en passer par quelques notions et conseils. Quand, où, comment ? C'est justement ce que nous allons voir dans cette section.

Utilisations

Pratiquement toutes les tables que vous créez devraient posséder une clé primaire. Voici pourquoi :

- **Une clé primaire organise vos données en identifiant chaque enregistrement de manière *unique*.**

  C'est l'une des raisons pour lesquelles une clé primaire aide votre base de données à travailler un peu plus vite. Nous reparlerons des index plus loin dans ce chapitre.

  Dans une table de clients, par exemple, le champ contenant un code (ou un numéro) associé à chaque client est un candidat parfait pour servir de clé primaire. Si votre table contient une douzaine de Paul Martin, vous avez besoin d'une méthode qui permette de les différencier. Le numéro de client identifie de façon *unique* chaque Paul Martin (et tous les autres aussi).

- **Par défaut, les tables sont triées sur la clé primaire.**

  Cela aide Access à trouver plus rapidement un enregistrement particulier.

- **Sans clé primaire, votre base de données pourrait être totalement désorientée.**

  Dans votre table de clients, vous recherchez un certain Paul Martin qui réside à Paris. Sauf qu'il y a quatre personnes portant ce nom dans la capitale. Comment Access pourrait-il trouver celui qui vous intéresse ? Grâce à une clé primaire ! Celle-ci résout le problème en rendant chaque enregistrement unique. Problème résolu !

Règles

Il est indispensable de connaître quelques règles fondamentales avant de créer une clé primaire.

Position

Access se moque de savoir où est placée la clé primaire dans la liste des champs de la table. Il peut s'agir du premier, du dernier, ou d'un champ qui se cache au milieu de la classe.

TRUC

Même si Access se désintéresse de la question, votre intérêt est de placer votre clé primaire tout au début de la table. Comme vous le verrez un peu plus loin, cela facilite les relations à l'intérieur de la base de données.

Par défaut

Access s'efforce de vous faire gagner du temps et de vous éviter des soucis en prenant par défaut certaines décisions :

- Access veut vraiment, vraiment, que vous définissiez une clé primaire dans vos tables. J'insiste.
  - Si vous construisez une nouvelle table en mode Création sans spécifier de clé primaire, Access en ajoutera une lorsque vous enregistrerez la table.

  NOTE TECHNIQUE

  Cette clé primaire automatique est appelée N° et elle est du type NuméroAuto.

  - Si le premier champ que vous ajoutez à une table est de type `NuméroAuto`, Access le transforme automatiquement en clé primaire.
- Access indexe automatiquement le champ servant de clé primaire.

Restrictions

Tout n'est pas permis dans les clés primaires. Access impose certaines limites :

- Une table ne peut posséder qu'une clé primaire.
- La clé primaire ne peut pas être un champ de type `Calculé`, `Pièce jointe`, `Texte long`, `Objet OLE` ou `Lien hypertexte`.

ATTENTION !

Évitez aussi tout champ de type `Oui/Non`. Votre table ne pourrait contenir que deux enregistrements : Oui et Non. Une table n'est pas un référendum !

- Tous les index de clé primaire doivent avoir un nom (comme d'ailleurs tous les champs d'une table).

  Access indexe automatiquement les clés primaires et appelle judicieusement cet index `Clé Primaire`.

Créer une clé primaire

Pour créer une clé primaire, suivez ces étapes :

1. **Ouvrez la table en mode Création.**

   Qu'est-ce que c'est, le mode Création ? Si vous vous posez la question, c'est peut-être que vous n'êtes pas encore prêt à définir une clé primaire. Le Chapitre 3 vous donne les notions de base dont vous avez besoin. (Re)lisez-le.

2. **Cliquez sur le nom du champ à transformer en clé primaire.**

TRUC

La clé du bonheur

Comment reconnaît-on une *bonne* clé ? Comment savoir si une clé est *la* bonne ? Excellentes questions. En fait, il y a deux sujets de réflexion importants.

Les valeurs des clés primaires doivent être uniques. Donc, cette clé sera différente pour chaque enregistrement. De plus, elle ne peut évidemment pas être vide. Commencez par regarder la manière dont se présentent les futures données de votre table. Avez-vous quelque chose comme un numéro de téléphone, un numéro ou un code client, un numéro de Sécurité sociale ? Si la réponse est oui, vous venez de trouver un candidat à la primaire (quoique les téléphones puissent être partagés par plusieurs personnes). Si la réponse est non, un champ `NuméroAuto` devrait résoudre votre problème. Lorsque vous utilisez un champ `NuméroAuto`, Access l'incrémente automatiquement à chaque ajout d'enregistrement dans la table. Pas gentil, Access ?

Par essence, les champs `NuméroAuto` fournissent aux enregistrements un identificateur unique. Si vous supprimez des enregistrements, Access garde la trace de leur `NuméroAuto` et il n'emploiera pas ces valeurs à l'avenir. Il est vraiment, vraiment gentil, Access !

Vous avez un doute ? Voyez l'encadré « La clé du bonheur ».

TRUC

La section qui précède décrit les règles applicables aux clés primaires.

3. **Sur le ruban, cliquez sur le bouton géant illustré d'une clé et légendé Clé primaire (voir la Figure 4.1).**

Bouton Clé primaire

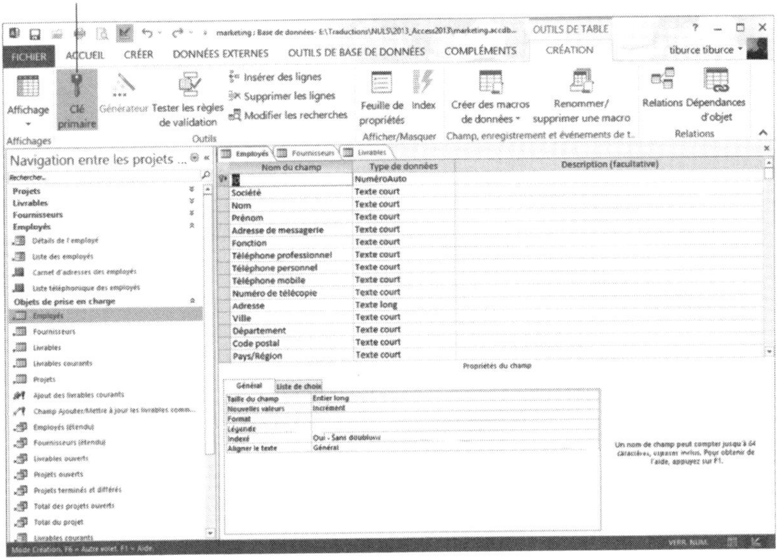

Figure 4.1 : La clé primaire est définie.

Un symbole de clé apparaît sur la case qui précède le nom du champ dans le panneau central de l'espace de travail.

C'est fait, vous avez une clé primaire !

Des relations sur la table

Dans les bases de données *relationnelles*, les données sont réparties entre plusieurs tables. Access utilise un champ de liaison (que l'on appelle une *clé étrangère*) pour attacher solidement ces tables. Par exemple, une première table pourrait contenir les noms et les adresses des clients, tandis qu'une seconde pisterait l'historique des commandes. Comment associer clients et commandes ? À l'aide d'un champ qui serait très vraisemblablement ici un numéro de client.

Pourquoi est-ce aussi important ? Supposons que vous vouliez imprimer la facture correspondant à la dernière commande de Paul Martin. En insérant le numéro du client dans la table Commandes, et en définissant une relation avec la table Clients par l'intermédiaire de ce même numéro, vous pourrez renseigner les zones Nom et Adresse de la facture adressée à Paul Martin sans avoir besoin de saisir ces informations dans la commande elle-même.

Des règles pour les relations

Avant de vous lancer dans la création de relations, intégrez les notions suivantes :

- Les tables que vous voulez mettre en relation doivent posséder au moins un champ en commun. Il n'est pas nécessaire que ces champs aient le même nom. Par contre, ils doivent contenir le même type de données. Par exemple, il n'est pas possible de lier un champ de texte et un champ numérique.

  Essayez de donner à vos champs des noms qui restent cohérents. Sinon, la boule de la confusion risque de se mettre à rouler dans la descente et de vous emporter au passage.

- En général, le champ de liaison est la clé primaire d'une des deux tables. Mais il est rare qu'il s'agisse de la clé primaire des *deux* tables.

  La table des clients, par exemple, est probablement organisée selon les numéros d'identification de ceux-ci. En revanche, la table des commandes aura tout aussi probablement comme clé primaire un numéro de commande.

- Une fois vos tables créées avec un champ commun, le travail n'est pas encore terminé. Il vous reste à construire la *relation* qui va les connecter.

Mais avant d'en arriver là, voyons quels genres de relations peuvent bien exister.

Types de relations

Sous Access, il existe plusieurs types de relations entre les tables. Trois pour être précis.

À moins que vous ne vouliez devenir un expert en bases de données, vous devez surtout assimiler la notion de relation un-à-plusieurs. C'est en effet la plus courante.

Un-à-plusieurs

Dans ce type de relation, il est possible de lier un enregistrement de la première table à *plusieurs* enregistrements de la seconde. C'est ce qu'Access vous propose par défaut, et il s'agit de loin du cas le plus répandu.

Exemple typique : un client peut effectuer plusieurs achats. Et donc une ligne de la table Clients peut correspondre à un ensemble de lignes dans la table Commandes. En revanche, une commande ne peut être effectuée que par un seul client.

Un-à-un

Ici, un enregistrement de la première table ne peut correspondre qu'à *un et un seul* enregistrement de la seconde table.

Les relations un-à-un sont plutôt rares. En fait, si deux tables possèdent une telle relation, il est généralement préférable de les fusionner.

Plusieurs-à-plusieurs

Cette fois, *plusieurs* enregistrements de la première table peuvent être liés à *plusieurs* enregistrements de la seconde.

Voici un exemple classique de relation plusieurs-à-plusieurs :

- Une base de données dédiée à des commandes contient des tables distinctes pour :
  - Les clients.
  - Les produits individuels.
- Tout client doit pouvoir acheter n'importe quel produit.

En d'autres termes, de *multiples* clients ont la possibilité de commander un certain produit en quantité tout aussi *multiple*. La base de données doit satisfaire simultanément ces *deux* demandes :

- Quels sont les clients qui ont commandé le même produit ?
- Quels sont les produits commandés par un même client ?

Avec Access 2013, il existe deux méthodes pour relier plusieurs clients à plusieurs produits. Il s'agit des *champs à plusieurs valeurs* et de *tables de jonction.*

Champs à plusieurs valeurs

Access 2013 permet la création de relations plusieurs-à-plusieurs entre deux tables *via* des champs à plusieurs valeurs.

Avant Access 2007, les relations plusieurs-à-plusieurs entre deux tables n'étaient pas autorisées. Du moins, pas d'une manière directe. Il fallait en passer par une troisième table, dite de jonction (nous y revenons dans un instant).

Un champ à plusieurs valeurs, comme son nom l'indique, est capable de stocker un ensemble de données similaires. Avec cette technique, il n'est plus nécessaire de créer de multiples enregistrements pour gérer un ensemble de produits achetés par un certain client au cours d'une même commande. Vous pouvez par exemple ajouter un champ à plusieurs valeurs (disons IDProduit) dans la table qui détaille les commandes. Tous les produits commandés peuvent ainsi être placés dans un seul champ, et vous n'avez donc besoin que d'un enregistrement par commande.

Les champs à plusieurs valeurs ne sont pas la panacée. Si vous avez besoin de trier ou d'interroger les données contenues dans ce genre de champ, il vaut mieux utiliser une table de jonction.

Une relation plusieurs-à-plusieurs créée avec une table de jonction vous donne bien plus de souplesse que l'emploi d'un champ à plusieurs valeurs. En fait, Microsoft a fabriqué ce type de champ comme alternative « simple » aux tables de jonction et pour rendre Access plus compatible avec SharePoint. Vous pouvez y faire appel à condition d'être certain que vous n'aurez jamais à le trier ou à vous en servir dans une requête.

Tables de jonction

Une *table de jonction* est une table spéciale qui sert à la liaison entre enregistrements multiples :

- La table de jonction possède une relation *un-à-plusieurs* avec les deux autres tables.
- Le résultat fonctionne comme si une relation *plusieurs-à-plusieurs* avait été établie entre les deux tables.

Par exemple, une table appelée Commandes pourrait servir de jonction entre les clients et le détail de leurs commandes. Cette table posséderait une relation un-à-plusieurs avec aussi bien les clients qu'avec les détails des commandes.

Établir des relations

Si vous savez faire glisser et déposer le pointeur de votre souris, alors vous savez créer une relation.

N'OUBLIEZ PAS

N'oubliez pas que cette opération possède quelques limites :

- Vous ne pouvez lier que des tables qui se trouvent dans la même base de données.
- Il est possible de lier des requêtes à des tables, mais c'est assez inhabituel.
- Vous devez spécifier à Access la manière dont vous liez vos tables.

Lorsque vous êtes prêt à jouer l'entremetteur entre des tables visiblement amoureuses, procédez comme expliqué dans ce qui suit.

La fenêtre des relations

Vous devez en premier lieu ouvrir la fenêtre Relations. Pour cela :

1. **Ouvrez la table en mode Création.**

   L'onglet Création apparaît dans le ruban (voir la Figure 4.2).

2. **Dans le groupe Relations, cliquez sur le bouton de même nom (donc Relations).**

   La fenêtre Relations apparaît en même temps que la boîte de dialogue Afficher la table. Vous pouvez maintenant sélectionner et lier vos tables.

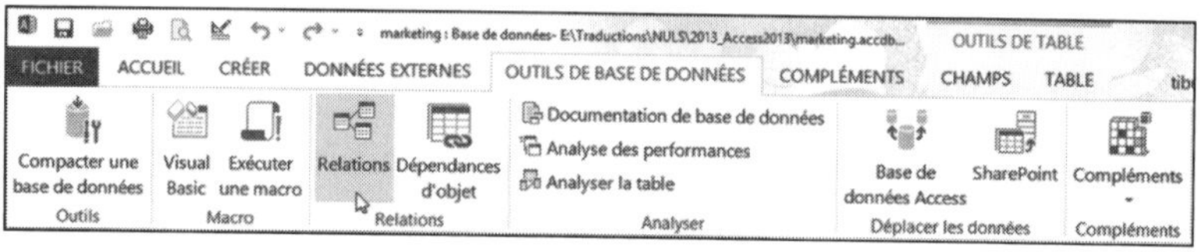

Figure 4.2 : Le bouton Relations se trouve sous l'onglet Création.

Si la fenêtre contient déjà des tables, cela signifie que des relations ont été définies dans la base de données. Si vous ne savez pas exactement qui les a créées, pourquoi, et si quelqu'un d'autre s'en sert, arrêtez-vous immédiatement. Consultez les personnes qui travaillent sur la même base de données avant de toucher à quoi que ce soit. À défaut, les résultats pourraient être catastrophiques pour vos collègues.

Relations de table à table

Pour lier deux tables, vous devez les sélectionner puis joindre leurs champs communs. Ce qui est très facile à obtenir.

Sélectionner les tables

La fenêtre Relations étant ouverte (voir la section précédente), procédez comme ci-après :

1. **Dans le groupe Relations, cliquez sur le bouton Afficher la table (dans le groupe Relations du ruban).**

   La boîte de dialogue Afficher la table apparaît. Elle contient la liste des tables de la base de données courante.

2. **Pour chaque table que vous voulez mettre en relation, cliquez sur son nom puis sur le bouton Ajouter.**

   Un cadre représentant la table et listant ses champs apparaît sur le vaste plan de travail. Sur la Figure 4.3, par exemple, vous pouvez voir que les tables Clients et Objets ont été ajoutées à la fenêtre Relations.

   Répétez l'Étape 2 pour toutes les tables que vous voulez lier. Bien entendu, si une table est déjà présente parce qu'elle est impliquée dans une relation existante, il est inutile de l'ajouter à nouveau.

Figure 4.3 : Ajoutez des tables pour établir une relation.

3. **Lorsque vous avez terminé, cliquez sur le bouton Fermer.**

Une fois toutes les tables présentes, vous êtes prêt à leur faire faire connaissance. Voyons donc comment définir des relations.

Access

Gérer les relations

Cette section contient toutes les informations dont vous avez besoin pour créer, éditer et supprimer des relations.

Créer des relations

Une fois vos tables sélectionnées, suivez ces étapes pour créer une relation :

1. **Commencez par décider quelles tables vous voulez lier.**

   Les relations un-à-plusieurs sont les plus courantes. Nous allons donc nous occuper uniquement d'elles. Les deux tables concernées jouent chacune un rôle particulier :

   - *Table parent* : Le champ servant de liaison en est la clé primaire. Chaque enregistrement de cette table sera identifié par ce champ d'une manière unique.

- *Table enfant* : On doit y trouver la même information que dans la clé primaire de la table parent. En règle générale, le champ qui se trouve du côté « plusieurs » porte le même nom que celui de la table parent, mais ce n'est en aucun cas une obligation.

Pour vous faciliter l'existence, il est préférable de placer les champs à relier vers le début de la liste. Sous Access, ces champs doivent en effet être visibles dans les fenêtres des tables sur l'espace de travail Relations. Si vos champs se trouvent en fin de liste, vous devrez faire défiler celle-ci pour les repérer.

2. **Pour sélectionner la clé primaire :**

   a. *Placez le pointeur de la souris au-dessus de la ligne correspondante de la table parent.*

   Généralement, le champ que vous souhaitez mettre en relation dans la table parent est la clé primaire.

   b. *Appuyez sur le bouton gauche de la souris et laissez-le enfoncé.*

3. **Tout en maintenant le bouton gauche de la souris enfoncé, suivez ces étapes pour joindre le champ parent et le champ enfant :**

   a. *Faites glisser la ligne du champ parent vers la table enfant.*

   Un signe plus (+) apparaît à la base du pointeur.

   b. *Placez-vous au-dessus du champ enfant.*

   c. *Relâchez le bouton de la souris.*

La boîte de dialogue Modifier des relations va apparaître (voir la Figure 4.4).

Faites très attention avant de relâcher le bouton gauche de la souris. Le pointeur doit être positionné *exactement* sur le champ enfant avant de relâcher votre doigt.

- Si vous avez réalisé correctement la manipulation, les champs parent et enfant devraient apparaître côté à côte, comme sur la Figure 4.4.

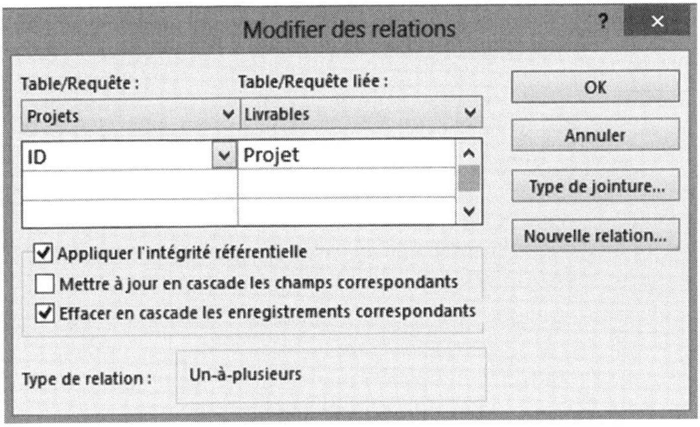

Figure 4.4 : La boîte de dialogue Modifier des relations détaille la manière dont deux tables sont liées.

- Sinon, annulez la boîte de dialogue et reprenez la procédure ci-dessus.

4. **Dans la boîte de dialogue Modifier les relations, cochez l'option Appliquer l'intégrité référentielle.**

5. **Vérifiez et revérifiez que vos champs sont corrects. Cliquez ensuite sur Créer.**

La nouvelle relation est matérialisée par Access de la manière suivante :

- Une ligne est tracée entre les champs parent et enfant. Cela vous indique que les tables sont liées.
- Si vous avez bien coché l'option Appliquer l'intégrité référentielle, le chiffre 1 apparaît tout près de la table parent, tandis que le symbole de l'infini est affiché à côté de la table enfant (voir la Figure 4.5).

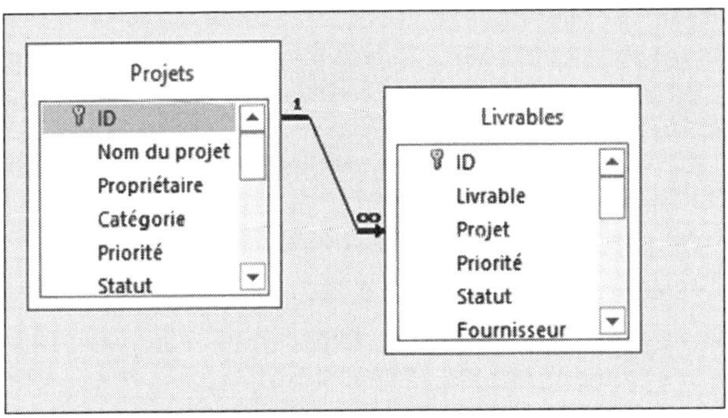

Figure 4.5 : Une relation un-à-plusieurs entre deux tables.

NOTE TECHNIQUE

Service de protection de l'enfance

Renforcer l'intégrité référentielle, cela sonne comme un avertissement grave. En fait, cette expression signifie simplement qu'Access veut être sûr qu'un enregistrement est présent dans la table parent avant que vous ne puissiez en ajouter un dans la table enfant. En d'autres termes, tout enfant doit avoir un parent. Exemple : vous ne pouvez pas saisir une commande pour un client fantôme (autrement dit, qui n'est pas présent dans la table Clients).

Pour lier d'autres tables, répétez les étapes précédentes.

Modifier des relations

Une fois vos tables liées, vous pouvez visualiser, organiser et supprimer les relations.

Pour supprimer une relation, ouvrez si nécessaire la fenêtre correspondante (onglet Outils de base de données, puis bouton Relations).

1. **Cliquez sur la ligne qui représente la relation à effacer.**

   Si vous avez bien visé, le trait s'épaissit. Cela signifie que la ligne est sélectionnée.

2. **Appuyez sur la touche Suppr de votre clavier. Confirmez en cliquant sur Oui dans le message qui s'affiche.**

   Et voilà ! La relation est partie.

Si le nombre de tables liées devient réellement important, la fenêtre Relations devient embrouillée, car les lignes qui matérialisent les relations se coupent dans tous les sens. Il est alors difficile de repérer les correspondances entre tables. Pour rectifier cette situation, cliquez sur la barre de titre d'un cadre de table et faites-le glisser vers une autre partie de l'écran. Même si ce n'est pas toujours possible, il est préférable de disposer les tables parent au-dessus ou à gauche de leurs enfants. Efforcez-vous de répartir les fenêtres de table de manière à éviter le plus possible les croisements.

TRUC

Les relations vous semblent un peu difficiles à comprendre ? La situation vous semble très confuse et vous n'arrivez pas à décroiser les lignes ? Le rapport de relations est fait pour vous... Cliquez sur le bouton qui porte ce nom sous l'onglet Créer. Il affiche un état imprimable facile à lire. Disons du moins, *plus* facile à lire.

Indexer pour des requêtes plus rapides

Vous lancez une requête ou la création d'un état. Bien. Et là, vous attendez deux minutes avant que les informations sollicitées n'apparaissent. Croyez-moi, j'ai vu encore pire. Que pouvez-vous faire pour accélérer vos requêtes ? Ajouter des *index* à vos tables. Voilà ce que vous pouvez faire.

N'OUBLIEZ PAS

Sous Access, un index fonctionne exactement comme dans un livre. Il aide Access à retrouver un enregistrement dans une table, comme l'index d'un livre vous aide à retrouver rapidement la page associée à une certaine entrée.

Les index accélèrent considérablement les requêtes et les tris. Tout simplement parce que l'essentiel du travail a déjà été réalisé.

TRUC

Le bénéfice apporté par un index dépend du nombre d'enregistrements contenus dans la table :

NOTE TECHNIQUE

Un index, comment ça marche ?

Pour l'essentiel, un index est une copie de la table qui est *triée* sur le champ voulu. Lorsqu'une table est indexée correctement, les recherches sont donc plus rapides, puisque les données sont déjà classées.

Voyons un exemple. Supposons que vous avez besoin de produire une liste de tous les clients habitant en Lozère (d'accord, ce n'est pas la plus longue, mais c'est juste pour gagner du temps). De plus, vous devez fréquemment interroger cette table en classant les clients selon leur département.

- Si vous indexez le champ `Département`, tous les clients de la Lozère seront regroupés. Dès qu'Access a trouvé le premier, il n'a plus qu'à lister les enregistrements dans l'ordre jusqu'à ce que le nom du département change.
- Sans index, Access devrait parcourir tous les enregistrements de la table pour retourner les résultats demandés.

- Si vous n'avez qu'une centaine de clients, un index ne changera pratiquement rien aux performances, tout en alourdissant votre base de données.
- Si vous avez des milliers, voire des dizaines de milliers de clients, un index améliorera très sensiblement les recherches.

Créer votre index

Voyons quelques règles qui s'appliquent aux index :

- N'importe quel champ peut être indexé, sauf s'il est du type Calculé, Pièce jointe, Lien hypertexte ou Objet OLE.
- Comme dans le cas de la clé primaire, un index peut posséder un nom unique qui soit différent de celui du champ. Ou le même. Access se débrouille avec.
- Vous n'avez pas besoin de nommer un index : Access s'en charge à votre place.
- Les index peuvent *interdire* ou *autoriser* les entrées dupliquées dans la table.

Voici quelques conseils pour vous aider à choisir vos index :

1. **Commencez par interroger la table (en choisissant bien entendu une situation que vous êtes susceptible de rencontrer fréquemment). Notez le temps que prend l'exécution de votre requête.**

2. **Indexez ensuite tous les champs dont vous savez à l'avance qu'ils seront souvent mis à contribution. Par exemple, les champs IDContact, NomContact et Département sont des candidats logiques dans une table dédiée à vos contacts.**

3. **Relancez la requête de l'Étape 1. Si le temps de réponse s'améliore d'une manière significative, vos index sont corrects. Sinon, supprimez l'indexation du champ le moins utile (celui qui vous sert le moins dans votre requête). Relancez une requête et observez les performances.**

   Une fois vos performances optimisées, la quête des bons index est terminée.

4. Appliquez un type d'index.

Dupliquer ou ne pas dupliquer ? Là est la question.

Lorsque vous créez un index, Access vous propose deux options :

- Si deux enregistrements peuvent prendre la même valeur, choisissez Oui – Avec doublons. Exemple : un département ou un code postal.
- Si deux enregistrements ne doivent jamais avoir la même valeur, choisissez Oui – Sans doublons. Exemple : le numéro d'identification d'un contact ou d'un produit.

Le paramètre Sans doublons demande à Access de s'assurer que deux enregistrements n'ont pas la même valeur dans le champ indexé.

Access indexe automatiquement en tant que Sans doublons les champs de clé primaire au moment de leur création.

Pour lister les index définis dans une table :

1. **Ouvrez la table en mode Création.**
2. **Cliquez dans le ruban sur le bouton Index, à droite du groupe Afficher/Masquer.**

   Access affiche une fenêtre décrivant tous les index (voir la Figure 4.6).

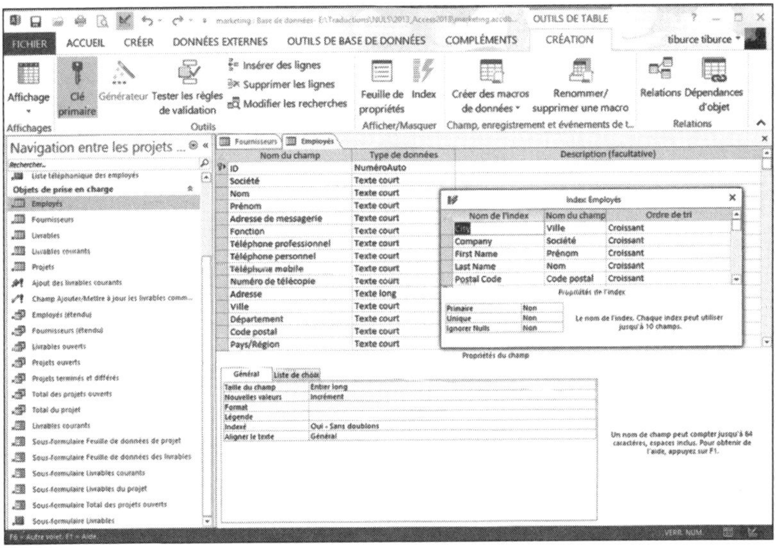

Figure 4.6 : La liste des index d'une table.

Définir trop d'index dans une table peut ralentir certaines tâches. Ajouter des enregistrements devient en effet un peu plus long, puisque Access doit en même temps actualiser en arrière-plan tous les index. Il faut s'efforcer de trouver le juste compromis. Procédez par essais et erreurs, comme expliqué ci-dessus, pour optimiser les performances de vos requêtes.

Ajouter et supprimer des index

Une fois les champs à indexer bien repérés, tout le reste est une partie de plaisir.

L'Étape 4 ci-après peut servir à supprimer un champ d'index existant. C'est ce que vous devriez faire si le ralentissement provoqué par cet index lors de la saisie des données l'emporte sur les gains de performances attendus lors des requêtes.

Voici comment ajouter ou supprimer des index en mode Création :

1. **Cliquez sur le nom du champ que vous voulez indexer.**
2. **Dans l'onglet Général de la section Propriétés du champ, faites défiler si nécessaire l'ascenseur de droite vers le bas afin de localiser la ligne Indexé.**

   Le curseur clignote sur cette ligne et une flèche apparaît à son extrémité.

   Si vous ne voyez pas d'entrée Indexé, c'est que le type du champ n'autorise pas l'indexation. Rappelons que c'est le cas pour les champs `Calculé`, `Pièce jointe`, `Lien hypertexte` ou `Objet OLE`.

3. **Cliquez sur la flèche qui se trouve en bout de ligne.**

   La liste des options apparaît :

   - *Oui (Avec doublons)*
   - *Oui (Sans doublons)*
   - *Non*

   Si vous cliquez sur Non, l'index sera supprimé. Pour les autres cas, revoyez plus haut l'encadré « Dupliquer ou ne pas dupliquer ? Là est la question ».

4. **Sélectionnez le type d'index à appliquer.**

5. **Pour pérenniser le changement, cliquez sur le bouton Enregistrer dans la barre d'outils Accès rapide.**

NOTE TECHNIQUE

Si votre table contient des milliers d'enregistrements, la création de l'index pourra prendre un peu de temps.

Chapitre 5

Remodeler vos données

Dans ce chapitre :

- Ouvrir une table ou une base de données.
- Ajouter de nouveaux enregistrements à une table.
- Modifier un enregistrement existant.
- Renommer les champs et les tables.
- Supprimer des enregistrements.
- Remonter le temps (avant votre erreur).

La maintenance d'une base de données est généralement plus simple à faire qu'une révision du véhicule, et cela coûte moins cher qu'une visite chez le garagiste. Bien entendu, ne pas maintenir votre base de données en bon état de marche *peut* se révéler onéreux – en termes de temps perdu à réparer les problèmes au cas par cas, d'impact potentiel d'enregistrements incorrects sur votre activité, de gâchis lorsqu'il faut jeter à la corbeille des états qui contiennent des informations obsolètes, ou encore d'incompréhension si certaines des tables ou certains des champs ne correspondent à rien de connu ou manquent de précision.

Tous ces incidents possibles du quotidien ne doivent pas vous effrayer. La solution se trouve généralement à quelques clics et doubles-clics de souris de là, un peu de saisie par-dessus et un peu d'huile de neurone au passage. Et c'est gratuit !

Éditer une table

Avant de pouvoir éditer une table, vous devez évidemment l'ouvrir. L'espace de travail d'Access 2013 offre plusieurs possibilités d'ouverture d'une base de données comme le montre la Figure 5.1.

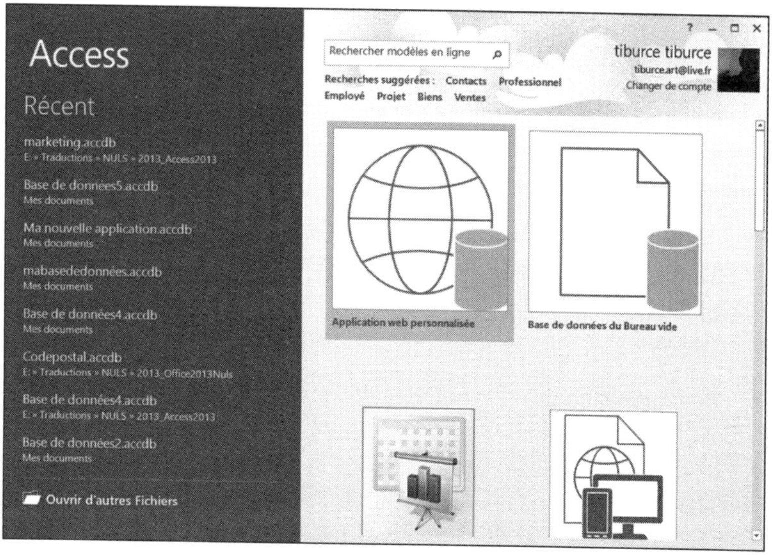

Figure 5.1 : L'espace de travail d'Access simplifie l'ouverture d'une base de données.

Pour ouvrir une base de données récemment utilisée, suivez cette procédure :

1. **Cliquez sur l'onglet Fichier situé à gauche de l'onglet Accueil. Choisissez Ouvrir dans la liste des commandes.**

   TRUC : Lorsque vous démarrez Access, il s'ouvre directement sur un panneau proposant une liste des bases de données récemment utilisées. Faites-y simplement votre choix.

   L'écran Ouvrir s'affiche (voir la Figure 5.2).

   L'écran Ouvrir propose par défaut les bases de données récemment utilisées.

2. **Si vous ne voyez pas la base de données à modifier, cliquez sur Ordinateur.**

   L'écran Ouvrir affiche des options permettant de parcourir vos disques durs et dossiers, comme à la Figure 5.3.

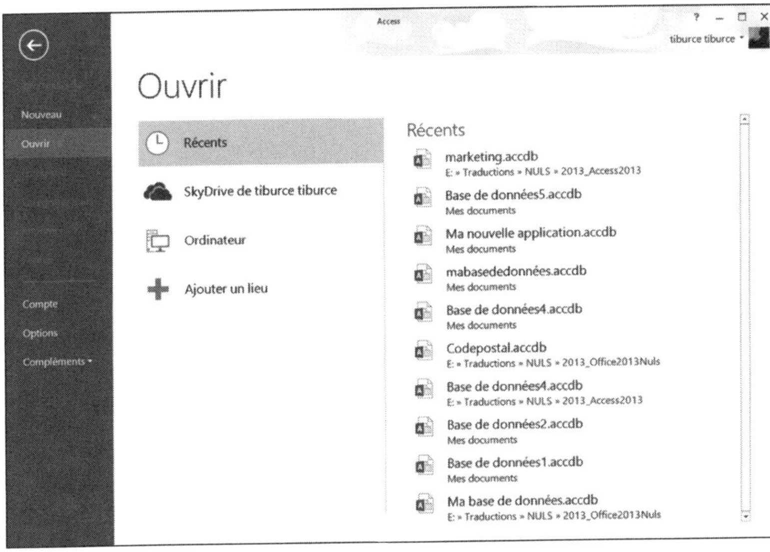

Figure 5.2 : L'écran Ouvrir permet de sélectionner une base de données.

Figure 5.3 : L'écran Ouvrir permet de parcourir vos lecteurs à la recherche de la base de données à modifier.

3. **Une fois votre base de données localisée, sélectionnez-la dans la fenêtre et double-cliquez sur son nom.**

   Le fichier est immédiatement chargé dans Access (voir la Figure 5.4).

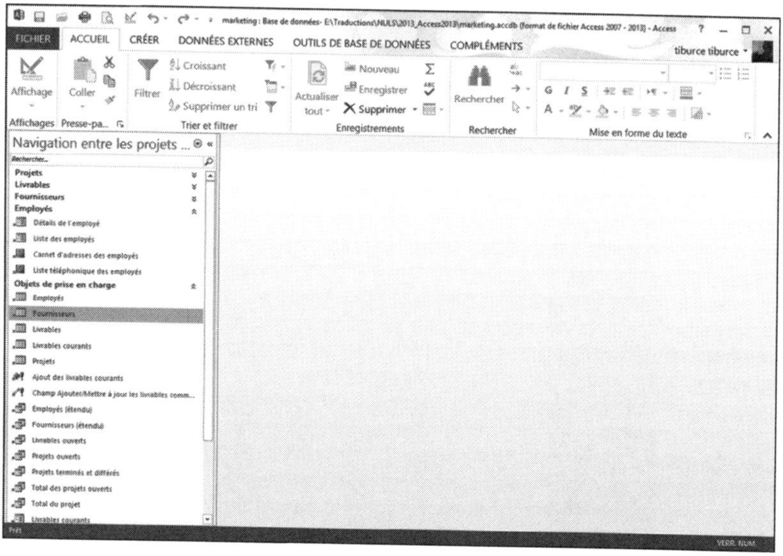

Figure 5.4 : Une base de données prête à toutes les modifications.

4. **Sous l'intitulé Toutes les tables ou Navigation entre les projets (ou Tous les objets Access si la base de données a été créée avec une version antérieure d'Access), cherchez la table qui vous intéresse dans le volet placé sur la gauche de l'espace de travail.**

   Chaque table possède son propre bouton.

5. **Faites un double-clic sur le nom de la table à éditer.**

La table s'ouvre en mode Feuille de données. L'opération de maintenance peut maintenant débuter. Il est alors possible d'ajouter des champs, d'en supprimer, ou encore d'en changer le nom. Nous allons y revenir dans la suite de ce chapitre.

Insérer des enregistrements et des champs

Vous n'avez jamais oublié votre dentifrice en partant en vacances ? Moi si. Seule solution : se précipiter dans la grande surface ou la pharmacie la plus proche. C'est peut-être le même « Flûte ! » qui vous a déjà échappé en constatant que vous aviez oublié de mettre quelque chose dans le sac de voyage de votre base de données (à moins qu'il ne s'agisse d'un autre mot de cinq lettres, mais silence : il s'agit d'un livre *familial*).

Heureusement, ajouter un enregistrement ou un champ dans une table est encore plus facile que de compléter sa trousse de toilette. Oubliez donc le « Flûte ! » (ou « Mince ! », ou tout autre mot d'environ cinq lettres à votre convenance). Exécutez calmement et sereinement les étapes qui suivent (une première séquence pour insérer un enregistrement manquant, et une seconde pour ajouter un champ oublié).

Ajouter un enregistrement

Pour ajouter un enregistrement, procédez de la manière suivante :

1. **Ouvrez la table voulue en mode Feuille de données. Cliquez dans la première cellule vide qui se trouve en bas de la table (donc sur la ligne qui suit le dernier enregistrement), et dont l'ID indique (Nouv.).**

   Le curseur clignote dans le premier champ de l'enregistrement (voir la Figure 5.5).

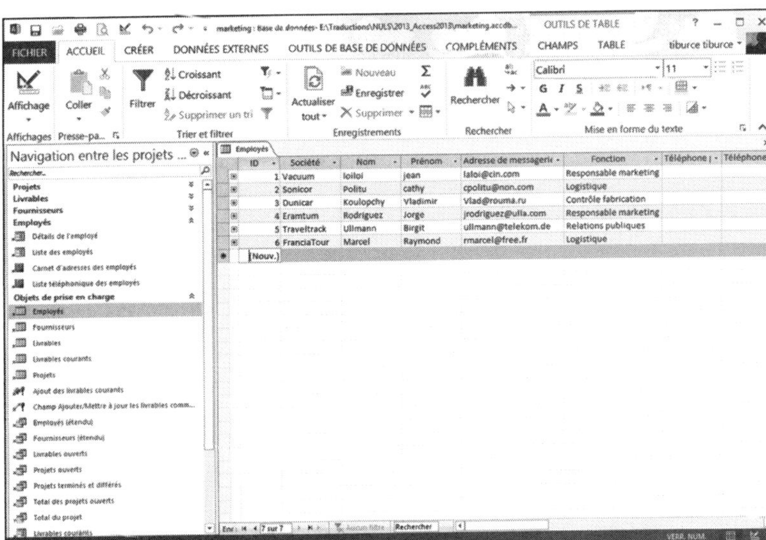

Figure 5.5 : Un nouvel enregistrement attend ses données.

2. **Tapez votre information dans le premier champ.**

   Si ce premier champ est du type `NuméroAuto`, appuyez sur la touche de tabulation et passez au second champ. Dès que vous commencez votre saisie, le champ `NuméroAuto` génère et affiche un nouveau nombre unique.

Ne paniquez pas si le champ `NuméroAuto` semble sauter un nombre lorsqu'il numérote un nouvel enregistrement. Cela signifie simplement que vous avez probablement entré (ou du moins commencé à entrer) un enregistrement, puis que vous l'avez supprimé.

3. **Appuyez sur la touche Tab pour vous déplacer entre les champs. Entrez vos données de manière à remplir l'enregistrement.**

4. **Lorsque vous avez terminé la saisie du dernier champ, vous avez fini votre travail !**

   Comme Access sauvegarde automatiquement le nouvel enregistrement au fur et à mesure de la saisie, vous n'avez rien d'autre à faire. Plutôt sympathique, non ?

   Pour ajouter un autre enregistrement, appuyez sur Tab et remplissez les champs.

Si vous changez d'avis et que vous voulez « tuer » votre nouvel enregistrement, vous disposez de plusieurs méthodes :

- En cours de saisie d'une ligne, appuyez sur Ctrl + Z puis cliquez sur Oui pour confirmer votre décision.
- Cliquez avec le bouton droit de la souris sur la case qui se trouve devant le premier champ (donc tout au début de la ligne). Dans le menu contextuel qui apparaît, choisissez la commande Supprimer l'enregistrement. Cliquez ensuite sur Oui pour confirmer la destruction.

Insérer un champ

Un seul champ vous manque et tout est dépeuplé… Voici comment réparer votre oubli :

1. **En mode Feuille de données, localisez l'en-tête appelé Cliquer pour ajouter (voir la Figure 5.6).**

   Comme la liste peut être longue et que ce champ se trouve en dernière position, tout à fait à droite, préparez-vous à faire défiler votre fenêtre autant qu'il est nécessaire.

Nouveau champ

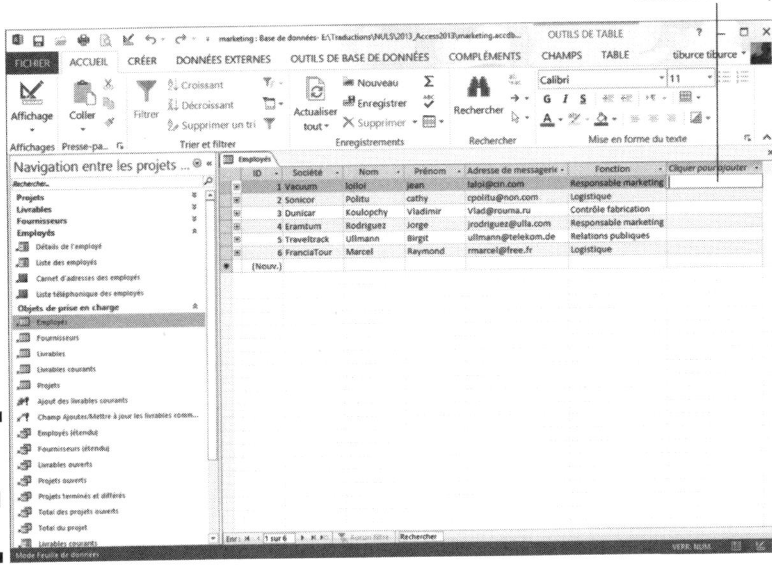

Figure 5.6 : Un nouveau champ attend d'être défini.

2. **Cliquez sur l'intitulé Cliquer pour ajouter.**

   Un menu déroulant va apparaître. Vous pouvez y choisir le type de votre nouveau champ (voir la Figure 5.7).

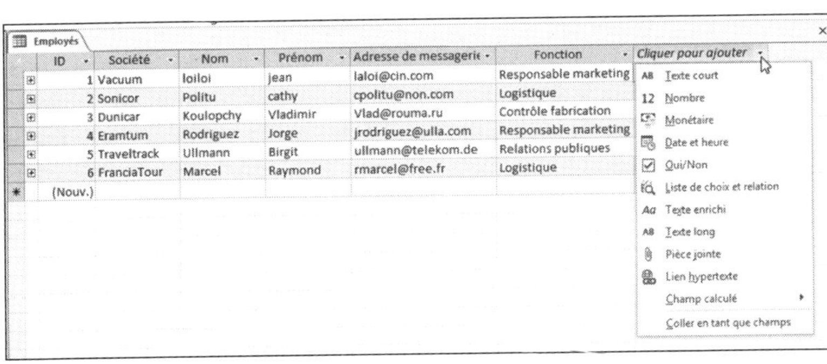

Figure 5.7 : Comment choisir le type du champ ? Texte est une bonne décision. C'est d'ailleurs celui qui a été pris par défaut quand vous avez créé la table.

3. **Sélectionnez dans la liste le type du champ.**

   La mention `Cliquer pour ajouter` est remplacée par le nom *Champ1* (elle est d'ailleurs déplacée automatiquement vers la colonne suivante). Ce nom est mis en surbrillance, attendant à l'évidence que vous le baptisiez définitivement (voir la Figure 5.8).

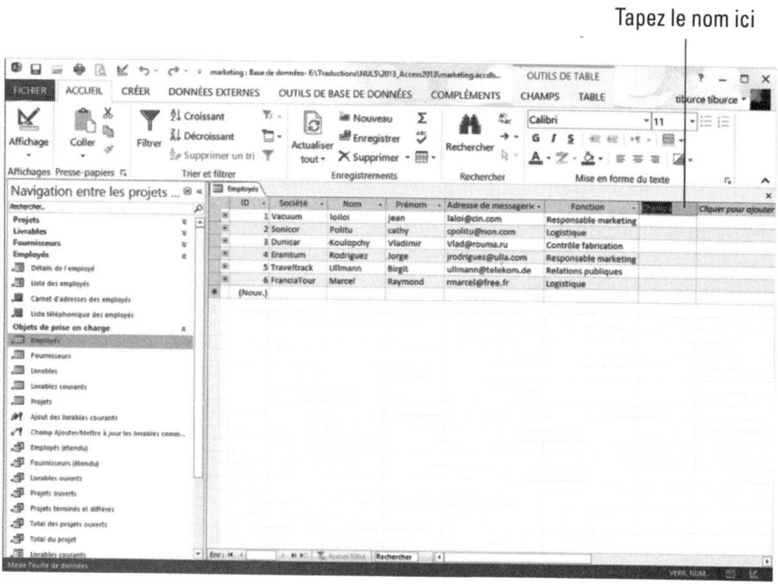

Figure 5.8 : Donnez un nom au nouveau champ pour qu'il se sente à l'aise dans votre table.

4. **Tapez le nom de votre nouveau champ. Appuyez ensuite sur Entrée.**

   Le champ est immédiatement créé.

5. **Pour réorganiser vos champs de manière à ce que le petit dernier soit placé logiquement là où vous le voulez, cliquez sur son nom, c'est-à-dire sur l'en-tête de la colonne correspondante, puis cliquez une nouvelle fois tout en maintenant enfoncé le bouton gauche de la souris.**

   Au premier clic, toute la colonne est mise en surbrillance. Le curseur passe alors d'un symbole de flèche noire dirigée vers le bas à une image beaucoup plus classique. Lorsque vous appuyez ensuite sur le bouton gauche de la souris, la base de la flèche s'orne d'un rectangle pointillé qui vous indique que la colonne est prête à être déplacée.

6. **Faites glisser la colonne vers la gauche ou vers la droite, du moins vers l'emplacement voulu.**

Un trait vertical épais indique l'emplacement où le champ va venir s'insérer (voir la Figure 5.9).

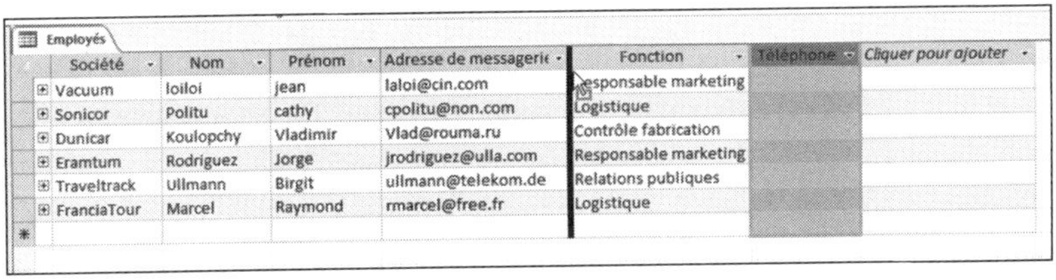

Figure 5.9 : Faites glisser l'en-tête d'un champ pour repositionner celui-ci dans la table.

7. **Quand vous avez terminé, relâchez le bouton de la souris.**

   Votre champ vient occuper sa nouvelle place.

Par défaut, tous les champs créés en mode Feuille de données ont le type Texte. Si cela ne vous convient pas, vous allez devoir redéfinir ce type (ainsi que, le cas échéant, d'autres paramètres) :

1. **Le nouveau champ étant toujours sélectionné, cliquez sur l'onglet Champs du ruban.**
2. **Dans l'onglet Mise en forme, ouvrez le menu local Type de données (voir la Figure 5.10).**

Figure 5.10 : Le menu local Type de données vous permet de choisir facilement la nature du champ.

3. **Choisissez un format dans ce menu local.**

À l'aide des boutons qui se trouvent en bas du groupe Mise en forme, vous avez la possibilité d'affiner les caractéristiques du champ. Pour un type Numérique, par exemple, vous pouvez choisir le nombre de décimales, une présentation sous format de pourcentage, ou encore la conversion en un type Monétaire.

Supprimer un champ

Supprimer un champ n'est pas si terrible. En fait, cette opération est même trop facile. Certes, Access affichera un message d'avertissement pour vous demander de confirmer la destruction. Mais c'est là une bien petite précaution face aux risques d'erreurs ou aux mauvais réflexes. La vigilance s'impose donc.

Pour supprimer un champ existant et devenu inutile (ou créé sans besoin réel), procédez de la manière suivante :

1. **Cliquez sur l'en-tête de la colonne voulue avec le bouton droit de la souris.**

2. **Dans le menu contextuel qui apparaît, choisissez la colonne Supprimer le champ (voir la Figure 5.11).**

3. **Lisez bien le message qu'affiche Access. Respirez un grand coup, puis cliquez sur Oui pour confirmer la destruction définitive du champ.**

Modifier le contenu d'un champ

Toutes vos données sont à l'abri à l'intérieur de vos tables. Inutile d'y toucher, sauf raison majeure (réparer une erreur, s'adapter à un changement, *etc.*). En fait, l'édition des données est si facile à réaliser que l'on peut se demander s'il faut en remercier Access ou bien le critiquer pour légèreté vis-à-vis de la sécurité.

Lorsque vous parcourez une table, il peut arriver que vous changiez quelque chose dans un champ. Personne n'est à l'abri d'une fausse manœuvre. Access ne vous prévient pas : il valide automatiquement et immédiatement toute modification (si j'étais un auteur un peu paranoïaque, je placerais ici un encadré en caractères gras pour vous

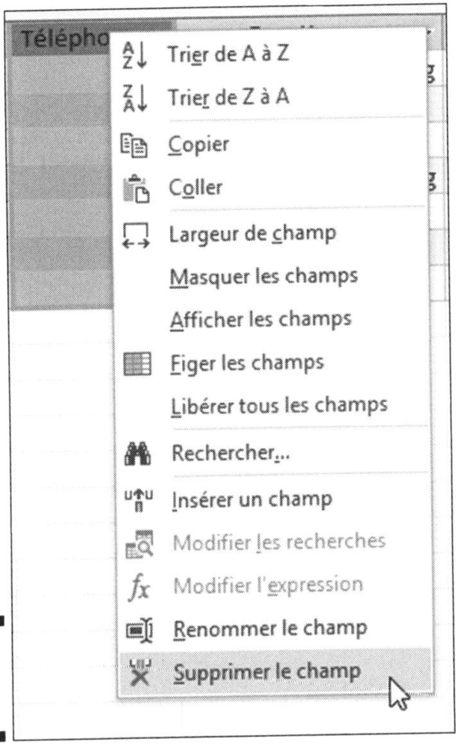

Figure 5.11 : Adieu, le champ !

rappeler qu'il faut réaliser régulièrement des copies de sauvegarde de vos bases de données – mais ce n'est pas mon style).

Pour éditer un enregistrement, suivez ces étapes :

1. **Faites défiler la table jusqu'à ce que vous trouviez l'enregistrement qui a besoin d'être mis au goût du jour.**

2. **Cliquez dans le champ (c'est-à-dire la cellule de la feuille de données) que vous souhaitez modifier.**

   Le curseur se met à clignoter dans ce champ.

   TRUC

   Si votre souris est munie d'une roulette (sinon, il est temps d'en acheter une neuve), utilisez-la pour faire défiler rapidement la table. C'est si pratique, cette petite roulette !

3. **Modifiez le champ.**

- *Pour remplacer le champ tout entier :* Appuyez sur F2 pour mettre les données en surbrillance, puis tapez l'information voulue. La nouvelle entrée remplace l'ancienne.
- *Pour remplacer une partie du contenu du champ :* Cliquez dans le champ, puis servez-vous des flèches de déplacement gauche et droite pour positionner le curseur exactement là où vous voulez corriger le champ.
- *Pour supprimer ou ajouter des caractères :* Appuyez sur la touche de retour arrière pour effacer les caractères qui se trouvent à gauche du curseur. Appuyez sur la touche Suppr pour effacer le caractère situé immédiatement devant le curseur. Pour insérer de nouveaux caractères, tapez-les tout simplement.

Pour insérer la date du jour dans un champ de type Date/heure, appuyez sur Ctrl + ; (point-virgule). Et pour l'heure, c'est presque la même chose : Ctrl + : (deux-points).

Si vous changez d'avis en cours de route et que vous voulez restaurer la donnée d'origine, appuyez sur la touche Echap ou sur Ctrl + Z. Mais pas question de remonter le temps au-delà d'un seul enregistrement !

4. **Lorsque vous en avez terminé avec l'édition de l'enregistrement, appuyez sur Entrée pour sauvegarder le résultat.**

N'appuyez pas sur Entrée tant que vous n'êtes pas certain de vous. Une fois que vous avez appuyé sur Entrée, l'ancienne valeur est effacée et oubliée. Vous ne pouvez plus revenir en arrière (du moins pas plus d'une fois en appuyant sur Ctrl + Z).

Choisir les noms

Vous avez construit votre table et fait un superbe travail (vous n'avez rien oublié, vos champs sont dans le bon ordre, leur type de donnée est magnifiquement ajusté, *etc.*). Prétentieux, va !

Dans la vie, rien n'est simple. Il n'est pas rare de réaliser que telle table si parfaitement organisée (et fêtée à grands coups de tapes dans le dos) a finalement besoin de quelques ajustements. Il peut s'agir du nom de la table elle-même, ou encore de quelques appellations de champs qui ne font pas l'unanimité à l'usage. Ou bien les deux. Cela ne veut pas dire que l'heure du hara-kiri est venue. Tout simplement, vous êtes un être humain, et en tant que tel susceptible de quelques imperfections ou oublis. Il se peut aussi que la terminologie usuelle ait changé depuis que la table a été créée, et il faut bien se mettre à la page. Se remettre en cause n'est quand même pas un défaut tant que ce n'est pas non plus un système de pensée ! *Errare humanum est*, et Access est là pour la réparer.

Renommer des champs

Vous aviez voulu abréger les noms de vos champs pour gagner du temps et de la place, mais plus personne ne sait à quoi correspond le champ *Dpt*. Départ, Département, Dépôt, Diptère ? Bref, les utilisateurs de la base de données voudraient que vous précisiez le sens exact du champ : Département, et rien d'autre. De telles ambiguïtés sont courantes lorsque l'on construit une table. Et elles ne sont pas si rares que cela même après des mois d'utilisation. Le besoin de modifier un nom de champ peut survenir pour plein de raisons, à tout moment, et il n'est jamais trop tard pour corriger le problème.

Cela étant posé, comment procéder ?

TRUC

Avec Access, il est incroyablement facile de renommer un champ. Pire encore, vous pouvez le faire même en mode Feuille de données. Et il y a encore plus ! Dès que vous modifiez un nom de champ, Access ajuste automatiquement plein d'autres éléments :

- Toutes les liaisons entre ce champ et vos autres tables (en supposant que vous avez défini des relations, comme l'explique le Chapitre 4).
- Toutes les requêtes, tous les états et tous les formulaires qui se servent déjà de ce champ.

Que demander de mieux ?

Travailler avec la vue Feuille de données

Voyons la première méthode :

1. **Si la table est affichée sous la forme d'une feuille de données, faites un double-clic sur l'en-tête du champ.**

Le nom du champ est en surbrillance (voir la Figure 5.12).

Employés

Société	Nom	Prénom	Adresse de messagerie	Téléphone	Fonction
Vacuum	loiloi	jean	laloi@cin.com	062354125	Responsable marketing
Sonicor	Politu	cathy	cpolitu@non.com	023125694	Logistique
Dunicar	Koulopchy	Vladimir	Vlad@rouma.ru	001245894	Contrôle fabrication
Eramtum	Rodriguez	Jorge	jrodriguez@ulla.com	326548712	Responsable marketing
Traveltrack	Ullmann	Birgit	ullmann@telekom.de	021458762	Relations publiques
FranciaTour	Marcel	Raymond	rmarcel@free.fr	032651457	Logistique

Figure 5.12 : Le champ sélectionné est prêt à être renommé.

2. **Éditez le nom du champ à votre convenance :**

   - *Pour remplacer le nom actuel par un autre :* Tapez simplement la nouvelle appellation. C'est la démarche normale sous Windows lorsqu'un texte est totalement mis en surbrillance.

     N'OUBLIEZ PAS

     Quand le nom du champ est en surbrillance, il est totalement effacé si vous commencez à taper quelque chose. Faites donc bien attention si vous ne voulez modifier que quelques caractères.

   - *Pour ne changer qu'une partie du nom du champ :* Cliquez dans le texte actuel, puis insérez ou supprimez des caractères selon vos besoins.

3. **Lorsque vous avez terminé, cliquez sur une cellule quelconque de la table.**

Le nouveau nom apparaît en haut de la colonne. Vous pouvez alors au choix :

- Entrer de nouveaux enregistrements.
- Éditer un autre champ.
- Sauvegarder la table et la refermer.

Utiliser l'onglet Champs

Vous pouvez aussi procéder de la manière suivante :

1. **Cliquez sur le nom du champ à modifier.**

   Vous pouvez également cliquer dans la colonne correspondante.

2. **Activez l'onglet Champs (sous le titre général Outils de table).**

3. **Dans la section Propriétés, cliquez sur le bouton Nom et légende.**

   Access ouvre la boîte de dialogue illustrée sur la Figure 5.13. Vous pouvez y redéfinir plusieurs propriétés du champ.

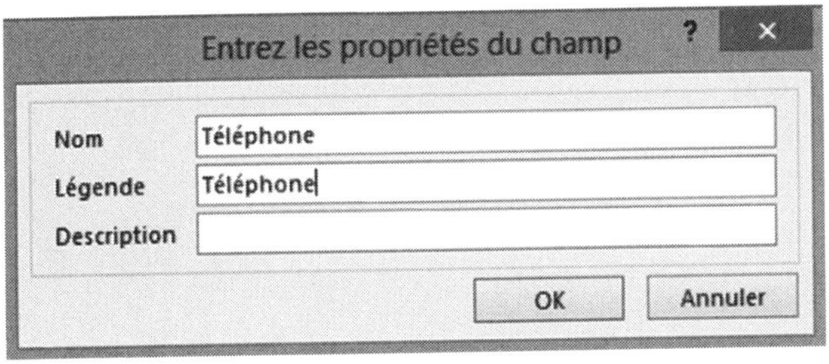

Figure 5.13 : Renommez votre champ dans la boîte de dialogue Entrez les propriétés du champ.

4. **Tapez l'appellation voulue sur la ligne Nom.**

5. **Cliquez sur OK pour confirmer.**

Vous revenez à la table et Access actualise immédiatement la structure de celle-ci.

TRUC

Si vous n'avez rien d'autre en projet que de modifier le nom d'un champ, la première méthode, celle du double-clic, est évidemment plus directe et plus rapide.

Renommer une table

Renommer une table entière n'est pas tout à fait aussi courant que redéfinir un champ, mais cela arrive tout de même. Vous avez peut-être mal orthographié son nom. On bien il est trop long, incompréhensible pour vos utilisateurs... Là encore, les raisons ne manquent pas.

Pour changer le nom d'une table, procédez comme suit :

1. **Ouvrez la base de données qui contient la table voulue.**

   Nous avons vu à plusieurs reprises comment procéder.

   ATTENTION !

   N'ouvrez pas la table elle-même. Sinon, vous ne pourrez pas la renommer.

2. **Dans le volet de gauche, cliquez la ligne de la table avec le bouton droit de la souris.**

3. **Dans le menu contextuel qui apparaît, cliquez sur l'option Renommer (voir la Figure 5.14).**

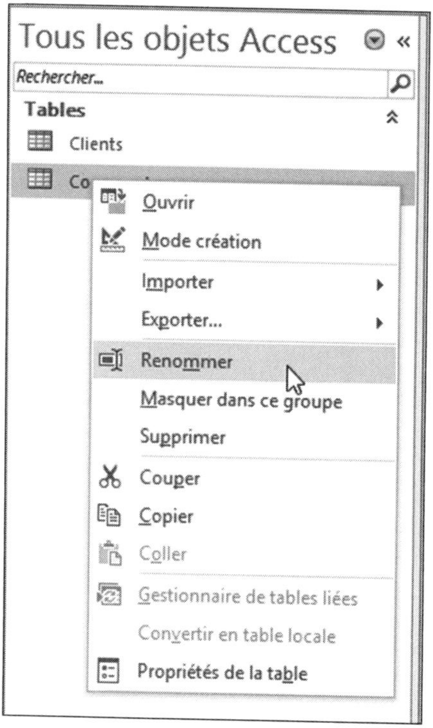

Figure 5.14 : Pour renommer une table, commencez par afficher son nom dans le volet situé à gauche de l'espace de travail.

Le nom de la table est mis en surbrillance.

4. **Éditez le nom de la table.**

Comme pour un champ, vous pouvez :

- Saisir un nouveau nom.
- Modifier le nom courant en vous servant des touches de déplacement, ou encore des touches de retour arrière et/ou Suppr.

TRUC

Une fois votre table renommée, Access va automatiquement mettre à jour tous les liens qui la concernent dans la base de données. Vous n'avez pas besoin d'actualiser ou de recréer vos requêtes, états, formulaires ou relations. Chouette !

Vive les bonnes maisons d'édition !

Pour éviter les erreurs d'édition (ou pour bien éditer, c'est au choix), je n'ai que trois conseils à vous donner. Malheureusement, il n'existe aucun élixir qui restaurerait vos données perdues. Désolé de terminer ce chapitre sur cette note un peu triste. Mais quelques bonnes méthodes devraient vous aider à éviter la mélancolie :

- **La commande Annuler vous permet de récupérer une modification ou un ajout.** En revanche, l'effacement d'un enregistrement est définitif ! Access va certes vous avertir que vous tentez de supprimer un ou plusieurs enregistrements. Annulez tout si vous n'êtes pas certain de ce que vous faites. Sinon, c'est sans retour...
- **Vérifiez plutôt deux fois qu'une toutes les modifications que vous effectuez avant de les valider.** Cela peut paraître évident, mais surtout, ne relâchez jamais votre attention. S'il s'agit d'un changement important, trois vérifications s'imposent. Lorsque vous êtes absolument sûr de vous, appuyez sur Entrée pour mettre la table à jour. Sinon, ne sauvegardez rien. Recommencez ou annulez.
- **Ayez toujours sous la main une sauvegarde aussi récente que possible de manière à pouvoir récupérer rapidement les données qui auraient été modifiées ou supprimées par mégarde.** Rien ne vaut une bonne sauvegarde. C'est la seule méthode qui vous permette de minimiser les risques, d'accroître vos chances de promotion, et peut-être même de gagner au loto. Même sans cela, le simple fait de savoir que vos données sont à l'abri vous aidera à mieux dormir.

Chapitre 6

Dessous de table

Dans ce chapitre :

- Localiser les propriétés des tables.
- Changer l'affichage des données.
- Éviter les erreurs dans les masques de saisie.
- Comprendre les champs obligatoires.
- Tests détaillés pour validation.
- Ajouter automatiquement des données avec des valeurs par défaut.

Si vous avez une table parfaitement structurée, mais une collection de données misérable, votre base n'apportera rien d'intéressant à son auditoire potentiel. Ce chapitre va vous aider à limiter les scories d'informations qui pourraient se déposer dans vos tables. Nous nous servirons pour cela de cinq outils mis à votre disposition par Access. En fait, il les appelle d'un autre nom : des *propriétés*.

Access, les tables et leurs propriétés

Ce chapitre explique l'emploi de cinq propriétés importantes pour éviter l'intrusion de données incorrectes dans votre base de données :

- **La mise en forme :** Elle contrôle la manière dont les informations apparaissent, sans modifier pour autant la façon dont elles sont enregistrées.
- **Le masque de saisie :** Il force à entrer les données en imposant une certaine structure. L'exemple type est celui d'un

numéro de téléphone affiché par exemple au format (##) ##.##.##.##.

- **Valeur obligatoire :** Force la saisie d'une donnée dans le champ avant que l'enregistrement ne soit sauvegardé.
- **Validation :** Impose à la donnée de suivre certaines règles, comme par exemple d'être comprise entre 0 et 100.
- **Valeur par défaut :** Quand une donnée est automatiquement insérée lors de l'ajout d'un nouvel enregistrement.

Ces cinq propriétés se trouvent à la même place : sous l'onglet Créer de la fenêtre de la table. Voici comment y accéder :

1. **Ouvrez la base de données et, dans le volet Tous les objets Access (ou Navigation), faites un clic droit sur le nom de la table que vous voulez ajuster avec le bouton droit de la souris.**

   Un menu contextuel va apparaître.

2. **Dans le menu contextuel, choisissez la commande Mode création (voir la Figure 6.1).**

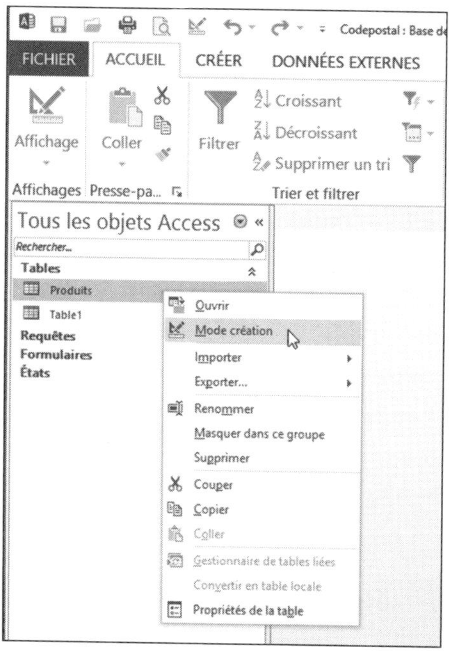

Figure 6.1 : Vous pouvez voir et éditer la structure d'une table (y compris les propriétés de ses champs) dans le mode Création.

L'onglet de la table va s'afficher. Mais, au lieu des données, vous y trouvez ses définitions de champs et les propriétés de ceux-ci.

TRUC

Si la table est déjà affichée dans l'espace de travail, il vous suffit de cliquer sur le bouton Affichage du groupe Affichages de l'onglet Accueil (à gauche du ruban). Cela vous permet de basculer entre mode Feuille de données et mode Création, et inversement, ou réciproquement. Enfin, c'est pareil dans l'autre sens. Vous voyez ce que je veux dire.

3. **Répétez les étapes suivantes pour chaque champ dont vous voulez altérer une ou plusieurs propriétés :**

   a. *Cliquez sur le nom du champ.*

   L'onglet Général de la section Propriétés du champ se trouve dans la partie inférieure de l'espace de travail. Il affiche tout ce qui concerne le champ courant (voir la Figure 6.2).

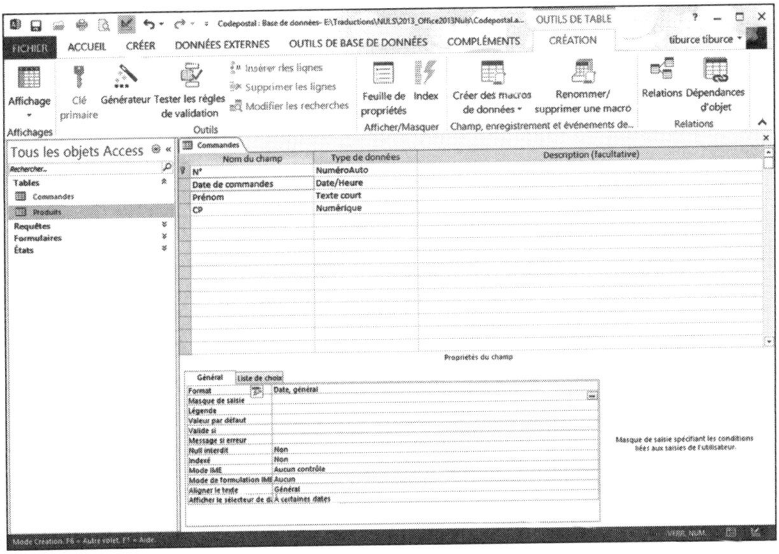

Figure 6.2 : La date de commande et ses propriétés par défaut.

   b. *Dans la section Propriétés du champ, cliquez sur la ligne qui correspond à ce que vous voulez modifier (en l'occurrence Format, Masque de saisie, Null interdit ou encore Valide si). Saisissez ensuite le contenu de la propriété.*

Dans la suite de ce chapitre, nous allons approfondir ces notions pour que vous puissiez comprendre leur rôle et adapter les propriétés à vos besoins.

Les propriétés Format, Null interdit, Validation et Valeur par défaut peuvent être modifiées en mode Feuille de données. Cliquez simplement sur l'onglet Champs du ruban et servez-vous des boutons des sections Propriétés, Mise en forme et Validation de champ.

La propriété Valide si possède un compagnon de voyage : Message si erreur. Café *et* croissants. Nous verrons dans la suite de ce chapitre comment ces deux propriétés collaborent pour éviter la saisie de données invalides.

4. **Lorsque vous avez opéré tous les ajustements souhaités à la structure de la table, cliquez sur le bouton Enregistrer dans la barre d'outils Accès rapide.**

Pour annuler vos corrections, refermez la table (en cliquant droit sur son onglet), et répondez Non quand Access affiche son message de confirmation.

Les formats, les masques, l'interdiction des valeurs vides et les règles de validation demandent évidemment des explications détaillées. Mais la démarche générale ci-dessus est la même quelle que soit la propriété que vous voulez modifier.

Passons maintenant aux travaux pratiques.

Formater les données

Une bonne mise en forme vous aide à afficher vos données d'une façon plus reconnaissable, plus simple à lire et à comprendre par un être humain normalement constitué. N'oubliez pas que c'est uniquement une affaire de présentation : l'enregistrement interne des données dans la table n'est en rien modifié par cette mise en forme.

Certains types de données réclament des codes de formatage différents des autres. Par exemple, un champ de texte n'utilise pas les mêmes codes qu'un champ numérique. Les sections qui suivent couvrent les principes du formatage des champs pour les types de données les plus courants.

TRUC

Formatez pour réduire les risques d'erreurs

Le formatage n'empêche pas la saisie de données incorrectes. Mais il peut à la fois en diminuer le risque (en attirant l'attention de la personne qui effectue la saisie) et faciliter la correction (en rendant les erreurs plus visibles) :

- **Rendre les erreurs plus visibles :** Supposons par exemple que vous deviez taper dans un champ numérique le nombre dix millions. Sans formatage, vous voyez ceci : 10000000. Êtes-vous sûr du premier coup d'œil qu'il n'y a pas un zéro en trop ? En moins ? Avec un certain degré de mise en forme, vous verrez ceci : 10 000 000. C'est plus clair, non ?
- **Simplifier la saisie :** Les numéros de téléphone sont couramment affichés de façon à faire apparaître le code régional : (11) 11.11.11.11 ou encore (11) 11.111.111. En appliquant la mise en forme voulue à un champ de texte servant à mémoriser des numéros de téléphone, il suffira de saisir 1111111111. Access affichera automatiquement les parenthèses, l'espace et les points. C'est toujours autant de gagné, et autant aussi de risques d'erreurs évités.

TRUC

Si votre commande de formatage ne fonctionne pas du premier coup, suivez ces étapes pour rectifier le tir :

1. **Vérifiez plutôt deux fois qu'une le type du champ.**

   Si vous constatez que des nombres sont alignés à gauche, et que la présentation de la partie entière ou des chiffres décimaux ne ressemble à rien de courant, vous avez certainement sélectionné un type `Texte` au lieu de `Numérique` ou `Monétaire`. Corrigez le tir et, comme par magie, vous obtiendrez de jolis nombres !

2. **Contrôlez les commandes de formatage et apportez-y toutes les corrections nécessaires.**

   Si vous voyez par exemple un signe de pourcentage à la place du symbole monétaire que vous attendiez, vous avez certainement cliqué au mauvais endroit. Ouvrez la liste Format dans les propriétés du champ, puis cliquez sur l'option `Monétaire`. Le problème est réglé.

Champs Texte court et Texte long

Ces champs possèdent quatre modes de mises en forme qui affectent la *capitalisation*, l'*espacement* et la *ponctuation*.

Access ne propose pas des formats tout faits pour les champs de texte et les champs mémo, mais vous pouvez fabriquer vos propres modèles. Il vous suffit pour cela de faire appel à quelques caractères spéciaux pour construire une *chaîne de formatage*. Cette chaîne sera utilisée par Access pour afficher le texte d'une manière standardisée.

Le Tableau 6.1 liste les caractères spéciaux dont vous disposez pour formater textes et mémos.

Tableau 6.1 : Codes de formatage pour les champs Texte et Texte long.

Caractère	Affichage correspondant
>	Montre tout le champ en majuscules.
<	Montre tout le champ en minuscules.
@	Affiche une espace à sa position si la donnée ne contient pas de caractère.
&	Affiche un caractère si la donnée en possède un ; sinon, ne fait rien.

Voici ce que vous avez besoin de savoir sur les codes du Tableau 6.1.

Capitalisation

Par défaut, Access affiche les textes et les mémos tels qu'ils sont enregistrés, autrement dit en respectant majuscules et minuscules. En spécifiant un symbole < (plus petit que) ou > (plus grand que), vous forcez Access à afficher le champ entièrement en minuscules, ou entièrement en majuscules (capitales diront certains).

Il suffit de spécifier une fois le symbole voulu dans la chaîne de formatage pour l'appliquer à la totalité du champ, quelle que soit par ailleurs la mise en forme du texte saisi.

Majuscules

Le symbole *supérieur à* (>) affiche tout le texte en lettres majuscules. Utilisez un seul symbole dans le champ Format pour écrire la totalité du texte en majuscules.

Minuscules

Le symbole *inférieur à* (<) affiche tout le texte en lettres minuscules. Utilisez un seul symbole dans le champ Format pour écrire la totalité du texte en minuscules.

Espacement et ponctuation

Access vous permet de formater les espaces et la ponctuation dans les textes. Vous pouvez de cette manière ajouter des espaces supplémentaires ou des caractères spéciaux, comme par exemple des tirets.

Les symboles @ et & désignent chacun *un* caractère du champ.

Remplissage à l'aide d'espaces

Le signe @ force Access à afficher soit un caractère, soit une espace. Si la donnée contenue dans le champ est plus courte que le code de formatage, des espaces supplémentaires sont ajoutées lors de l'affichage.

Supposons par exemple qu'un champ soit associé à la chaîne de formatage @@@@@@. La donnée du champ ne contient que trois caractères (comme *Oui* ou *GIE*). Dans ce cas, Access affichera trois espaces, *puis* la donnée. Si le champ a une longueur de quatre caractères, le début de l'entrée sera complété par deux espaces.

Mise en forme par caractère

Le symbole & signifie « afficher un caractère s'il y en a effectivement un, sinon, ne rien faire ».

C'est le format par défaut.

Vous pouvez utiliser cette technique pour créer des mises en forme particulières. Ainsi, un numéro de Sécurité sociale pourrait utiliser ce format : `& && && && &&& &&&`.

Si quelqu'un tape **1234567890123** dans le champ, Access affichera 1 23 45 67 890 123, séparant ainsi chaque groupe de chiffres par une espace.

TRUC

Le formatage change uniquement la présentation des données, pas les données elles-mêmes. Si vous exportez le contenu d'une table vers un autre programme, tel qu'Excel, cette mise en forme ne sera pas forcément (et même généralement pas) conservée. Supposons par exemple que vous ayez choisi d'afficher automatiquement des sigles en majuscules à l'aide du signe >. Si vous saisissez dans le champ correspondant, disons, **Oms**, Access affichera bien `OMS`. Mais après exportation vers Excel, celui-ci s'en tiendra purement et simplement à `Oms` (sans conversion automatique vers H1N1).

Demandez à Access de voir rouge

Voici un truc bien utile pour mettre en évidence un texte manquant dans un enregistrement. Lorsque vous tapez des données, il peut arriver que vous sautiez un champ parce que vous ne disposez pas de l'information voulue à cet instant. Il serait alors intéressant de placer ici une marque spéciale mettant en évidence l'absence provisoire de cette information.

Avec Access, il est possible de créer un tel format de texte personnalisé. Par exemple, la chaîne qui suit affiche le mot *Inconnu* en rouge si le champ ne contient aucune valeur :

```
@;"Inconnu"[Rouge]
```

Cette commande doit être entrée dans la propriété Format exactement telle qu'elle apparaît ci-dessus, c'est-à-dire sans espacements ni autres signes de ponctuation.

Ce texte peut être adapté à vos besoins en changeant le texte entre guillemets ou en spécifiant entre les crochets un autre nom de couleur reconnu par Access.

Champs numériques et monétaires

La mise en forme de champs numériques ne pose guère de problèmes. Dans ce cas, la ligne de propriété Format dispose d'une liste déroulante offrant sept possibilités courantes.

Pour configurer un champ de type numérique ou monétaire :

1. **Votre table étant en mode Création, cliquez sur la ligne Format du champ que vous voulez modifier.**
2. **Cliquez sur la flèche qui apparaît à droite de la ligne Format. Sélectionnez l'option voulue.**

TRUC

Comme l'illustre la Figure 6.3, chaque élément de la liste déroulante est divisé en deux parties : le nom du format à gauche, un exemple à droite.

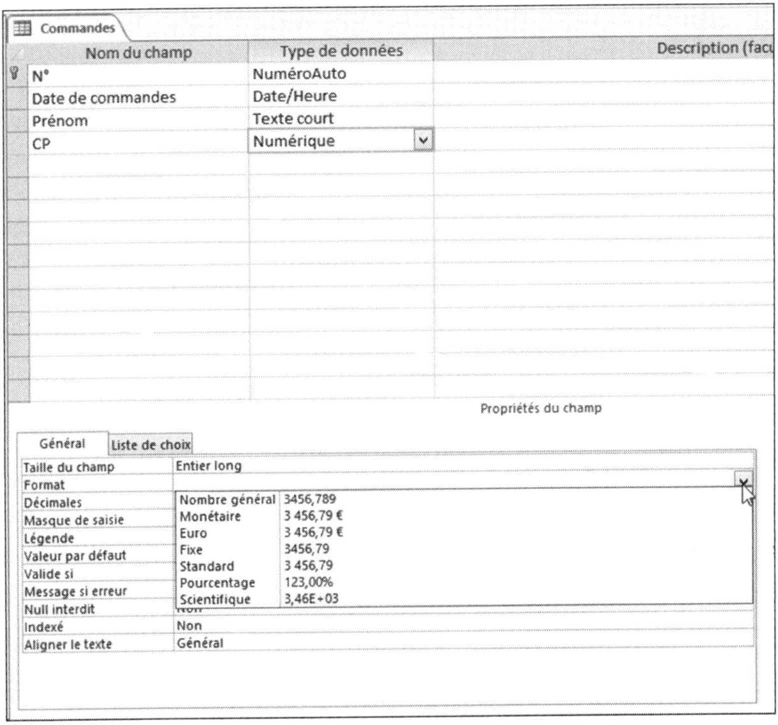

Figure 6.3 : La liste des formats numériques prédéfinis.

N'OUBLIEZ PAS

Là encore, les formats ne changent que l'apparence des nombres, pas les données elles-mêmes. Si vous choisissez d'appliquer le format Standard à un champ qui contient 1,245678, Access affichera la valeur `1,24`. Pour autant, toutes les décimales sont bien présentes dans la table, et elles seront prises en compte dans d'éventuels calculs.

Les sections qui suivent présentent ces différents formats numériques.

Nombre général

Il s'agit du format par défaut dont se sert Access. Les nombres sont affichés tels quels, sans aucun décorum particulier.

Monétaire

Ce format permet d'afficher les nombres en tant qu'unités monétaires.

Certains champs numériques stockent des valeurs décimales, et d'autres non. Tout dépend de ce que vous avez défini dans la propriété Taille du champ. Si vous avez par exemple appliqué le type Entier au champ, puis un format monétaire, vos centimes sont perdus à l'avance ! Le Chapitre 3 traite plus en détail des champs et de leur taille.

La seconde option est appelée Euro. Elle insère ce symbole à droite du nombre et sépare les milliers par une espace. La première option, Monétaire, effectue le même genre de mise en forme, mais en respectant simplement les paramètres dits linguistiques de Windows (sur un ordinateur configuré à New York, vous obtiendrez des dollars).

Il ne s'agit que de présentation ! N'espérez pas qu'Access effectue automatiquement des conversions entre monnaies en consultant les derniers cours de change !

Formats scientifique, pourcentage et décimal

Les autres formats numériques permettent d'obtenir pratiquement tous les modes de présentation dont vous pouvez avoir besoin dans la vie réelle :

- **Fixe :** Montre la valeur décimale sans séparateur des milliers.
- **Standard :** Même chose, mais en ajoutant une espace pour la séparation des milliers.

  Dans les deux cas, vous pouvez ajuster le nombre de chiffres décimaux qui sont affichés. Vous disposez pour cela de la ligne de propriété appelée Décimales :

  - Par défaut, Fixe et Standard arrondissent à deux chiffres après la virgule *via* la valeur Auto.

- Pour spécifier un autre type de décimal, saisissez un nombre allant de 0 à 15.

- **Pourcentage :** Ce format transforme une simple valeur décimale telle que 0,97 en un plus joli 97 %.

N'OUBLIEZ PAS

Saisissez le futur pourcentage sous forme décimale (soit **0,97** pour obtenir 97 %). Sinon, Access affichera un pourcentage incroyablement *mauvais*.

Si vos pourcentages apparaissent uniquement sous l'aspect d'étranges 0,00 % ou 1,00 %, l'encadré « Qu'est-il arrivé à mes pourcentages ? » propose une solution à votre problème.

TRUC

Qu'est-il arrivé à mes pourcentages ?

Lorsque vous créez un champ numérique, Access lui attribue par défaut la taille Entier long. Puisqu'il s'agit d'une valeur entière, tous les chiffres décimaux qui y seraient saisis seront arrondis à l'entier le plus proche. Et c'est pourquoi une valeur telle que **0,25** donnera en réponse 0,00 % si vous définissez pour votre champ un format Pourcentage. En résumé, votre entrée :

- Est automatiquement arrondie à l'entier le plus proche (dans ce cas, il s'agit de 0).
- Affiche toujours des zéros dans la partie décimale du nombre.

La solution ? Changez la propriété Taille du champ (juste au-dessus de Format). Choisissez dans la liste déroulante l'option Réel simple. Cela demande à Access de mémoriser la partie décimale du nombre.

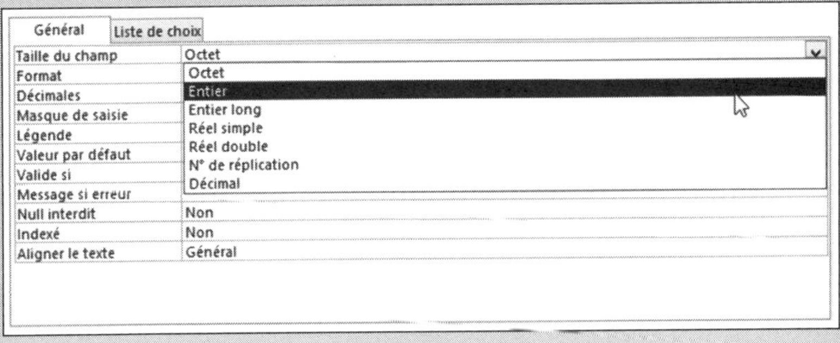

- **Scientifique :** Affiche les nombres en utilisant une *notation scientifique* (les premiers chiffres *significatifs* suivis du nombre de positions – exprimé par une puissance de dix – qu'ils occupent à gauche ou à droite de la virgule).

  La notation scientifique est essentiellement employée pour les très *grands* nombres (du genre : quelle est la distance en centimètres parcourue par la lumière en un an ?) et pour les très *petits* nombres (du genre : combien pèse un proton ?). Bref, pour des valeurs qui sont difficiles à mesurer précisément et encore plus difficiles à lire.

Dates et heures

Access vous propose tout un menu déroulant rempli de formats pour les dates et les heures. Voici comment les appliquer :

1. **Votre table étant en Mode Création, cliquez sur la ligne Format dans les propriétés du champ que vous voulez définir.**
2. **Cliquez sur la flèche qui apparaît à droite de cette ligne (voir la Figure 6.4).**
3. **Choisissez le format que vous voulez utiliser.**

Voici quelques conseils pour bien appliquer ces formats :

- Si vous utilisez un format long (du genre Date, général ou encore Date, complet), assurez-vous que la colonne de la feuille de données est assez large pour afficher la totalité de l'information. Sinon, le résultat risque d'être illisible.
- Si la base de données est partagée entre plusieurs utilisateurs, choisissez un format qui fournit *plus* d'informations, pas *moins* d'informations.

Mes clients me demandent souvent de fournir des dates au format *j/m/aa*, avec une année sur deux chiffres (par exemple, 17/7/10 au lieu de 17/7/2010). Pour obtenir ce résultat, tapez la chaîne suivante dans la ligne Format : **j/m/aa**.

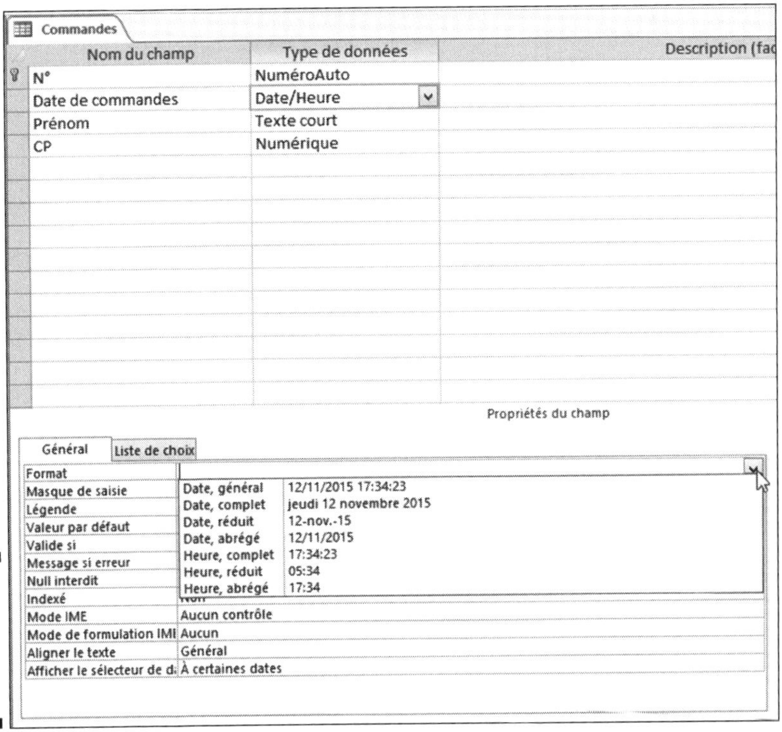

Figure 6.4 : La liste des formats de date et d'heure.

Champs Oui/Non

Le formatage par défaut de ce type de champ est Oui/Non. La liste Format vous propose deux autres possibilités : Vrai/Faux et Actif/Inactif. Bref, c'est une simple *bascule*.

TRUC

Si vous voulez pouvoir taper Oui/Non, Vrai/Faux ou Actif/Inactif dans le champ, activez l'onglet Liste de choix (juste à côté de Général). Sur la ligne Afficher le contrôle, choisissez dans la liste déroulante l'option Zone de texte. Sinon, Access affichera par défaut une case à cocher dans la feuille de données.

Valeurs autorisées

Un champ de type Oui/Non propose simplement trois paires de valeurs possibles :

- Oui ou Non (c'est le format par défaut).

- Vrai ou Faux.
- Actif ou Inactif.

Pour choisir l'une de ces options :

1. **Votre table étant en Mode Création, cliquez sur la ligne Format dans les propriétés du champ que vous voulez définir.**
2. **Cliquez sur la flèche qui apparaît à droite de cette ligne.**

   Le menu des trois bascules s'affiche (voir la Figure 6.5).

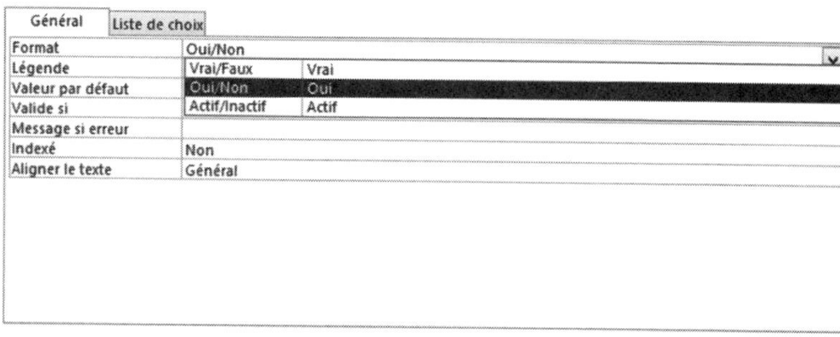

Figure 6.5 : Il y a peu à dire sur le formatage Oui/Non.

3. **Choisissez le format que vous voulez utiliser.**

Créer votre propre bascule

Pour afficher vos propres choix à la place de ces horribles Oui/Non, saisissez une entrée personnalisée dans la ligne de propriété Format. Voici un bon exemple de ce qu'il est possible de faire :

```
"EN RUPTURE"[Rouge];"En stock"[Vert]
```

Les parties correspondant au couple Oui/Non sont séparées par un point-virgule.

- La section de gauche apparaît quand le champ est positionné sur Non.
- La section de droite apparaît quand le champ est égal à Oui.

Dans l'exemple qui précède, tapez Oui dans le champ, et le texte *En stock* s'affichera en vert. Tapez Non, et vous verrez apparaître en lettres de feu l'avertissement *EN RUPTURE*.

Comme toujours, un format Oui/Non personnalisé ne fait que changer la manière dont les données sont affichées. Quel que soit le soin que vous prenez à fournir une information cohérente et utile, seules les entrées indiquées plus haut seront acceptées (Oui/Non, Actif/Inactif ou Vrai/Faux).

Vous pouvez spécifier n'importe quel message entre les guillemets, et n'importe quelle couleur valide entre les crochets. Rien que du plaisir en somme !

Contrôler la saisie des données

Les sections qui suivent explorent les propriétés des champs qui vous permettent de contrôler la saisie des données. Mieux vous préciserez ces propriétés, et moins vous aurez à corriger d'erreurs par la suite.

Vous avez vraiment besoin de mettre un masque

Un *masque de saisie* empêche les utilisateurs de taper des données qui contreviennent à sa définition.

Il s'agit d'une chaîne de caractères indiquant à Access quel genre de données il peut accepter dans un certain champ. Si vous voulez par exemple que ce champ ne contienne que des chiffres (pas de lettres, pas de caractères spéciaux, pas de signes de ponctuation, *etc.*), indiquez-le *via* le masque de saisie. L'inverse (seulement des lettres et rien d'autre) est tout autant possible, comme d'ailleurs toute combinaison intermédiaire.

Le formatage, tel que nous l'avons étudié plus haut, peut rendre certaines erreurs *visibles*, mais il n'empêche pas de les commettre. En revanche, les masques de saisie interdisent tout ce qui n'est pas conforme à leur prescription.

Les masques de saisie sont définis dans la ligne de propriétés portant ce nom, sous l'onglet Général. Ils servent le plus souvent dans des champs qui contiennent des dates, des heures, des numéros de téléphone, des numéros de Sécurité sociale, des codes postaux, et ainsi de suite. Si vous omettez d'en définir, vous vous retrouvez à coup sûr avec des codes postaux du genre **0854**, ou des numéros de téléphone sans l'indicatif régional.

Les masques de saisie sont plus efficaces avec des données *courtes* et ayant une forte *cohérence*. Les nombres et les combinaisons chiffres/lettres ayant un schéma de formation standard sont d'excellents candidats. Les numéros de téléphone, les dates ou encore les codes postaux en sont des exemples classiques.

Vous disposez de deux méthodes pour créer un masque de saisie :

- **Demander de l'aide à l'assistant Masque de saisie.**

  Cet assistant fait de son mieux, mais il ne peut évidemment pas couvrir tous les besoins. Il ne s'occupe que des champs de texte et des dates, et propose peu d'options.

  Commencez toujours par faire appel à cet assistant. S'il n'a pas la solution à votre problème, vous devrez définir manuellement le masque.

- **Taper le masque manuellement.**

  L'assistant Masque de saisie étant limité, vous devrez bien souvent définir vous-même le masque qui vous convient. Exemple : une référence de pièce sur six caractères.

Utiliser l'assistant Masque de saisie

L'assistant Masque de saisie vous aide à créer des masques standardisés avec des champs de texte (comme ceux destinés à contenir un numéro de téléphone, un numéro de Sécurité sociale ou encore un code postal) ou de type Date/Heure.

Si l'assistant ne parvient pas à faire votre bonheur, vous devrez procéder manuellement. Reportez-vous alors à la section suivante.

Pour faire appel à l'assistant Masque de saisie, suivez cette procédure :

1. **Votre base de données étant ouverte, cliquez dans le volet de gauche sur le nom de la table à éditer avec le bouton droit de la souris. Dans le menu qui s'affiche, choisissez l'option Mode Création.**

La structure de la table apparaît dans la partie centrale de l'espace de travail.

2. **Cliquez sur le nom du champ auquel vous voulez appliquer un masque de saisie.**

   Vous ne pouvez utiliser l'assistant qu'avec des champs de type Texte ou Date/Heure.

   L'onglet Général de la rubrique Propriétés du champ affiche tous les réglages associés au champ courant.

3. **Cliquez sur la ligne Masque de saisie.**

   Un petit bouton frappé de trois points apparaît à droite de la ligne. Il s'agit d'une espèce de générateur, ou de constructeur, qui va appeler notre assistant.

4. **Cliquez sur le bouton du générateur qui est identifié par trois petits points.**

   Vous voyez alors apparaître l'assistant Masque de saisie et ses options (voir la Figure 6.6).

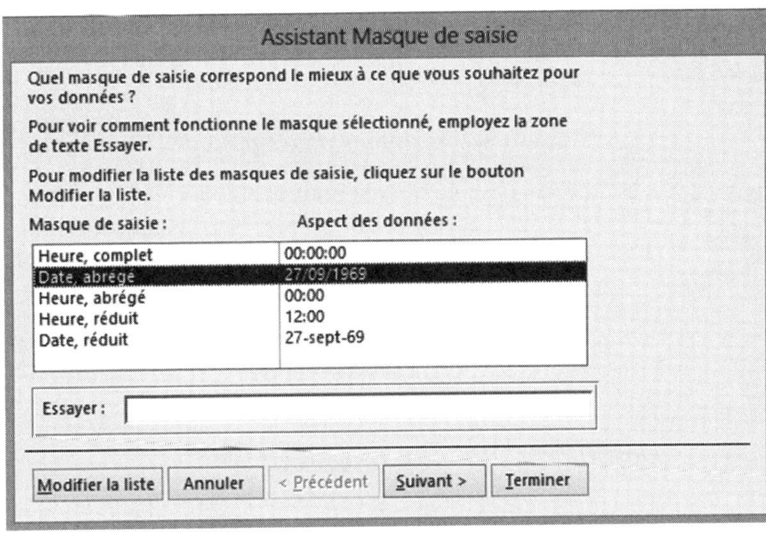

Figure 6.6 : L'assistant Masque de saisie.

5. **Faites défiler la liste des masques qui vous sont proposés pour trouver celui qui vous convient.**

6. **Cliquez sur le masque de saisie à appliquer.**

L'assistant Masque de saisie, suite et fin

Voici quelques conseils pour les deux dernières étapes de l'assistant Masque de saisie. Si vous cliquez sur Suivant et non pas sur Terminer, l'assistant persiste à vous demander de modifier quelques obscurs paramètres qu'il vaudrait mieux conserver dans leur état par défaut :

- **Le caractère espace réservé**

  Ce caractère représente ce que l'utilisateur tape réellement. Il s'agit par défaut d'un tiret. Vous pouvez éventuellement le remplacer par # ou %, mais c'est d'un intérêt très limité.

- **Enregistrer les données avec les symboles dans le masque**

  Par exemple, un numéro de Sécurité sociale pourrait être stocké avec (ou sans) les tirets.

  La réponse par défaut est non. Et je vous recommande de ne rien y changer. À quoi serviraient ces informations supplémentaires dans votre base, si ce n'est à la gonfler inutilement ?

Pour jouer un peu avec les masques (sans vous démasquer), cliquez dans le champ Essayer, juste sous la liste. Tapez un exemple pour voir ce que cela donne.

7. **Cliquez sur Terminer pour appliquer le masque.**

   Si vous cliquez sur le bouton Suivant, l'assistant vous propose des options supplémentaires. Mais je vous recommande de les éviter. Voyez l'encadré « L'assistant Masque de saisie, suite et fin ».

   Le masque choisi apparaît sur la ligne correspondante de la rubrique Propriétés du champ (voir la Figure 6.7).

Définir un masque manuellement

Il n'est pas rare d'avoir besoin d'un masque que l'assistant est difficilement capable de produire. Si vos doigts sont capables de taper sur le clavier une suite de caractères apparemment délirants, vous devriez être en mesure de créer vos propres masques de saisie. Toute la difficulté consiste à donner du sens à une chaîne de caractères qui n'en a aucun.

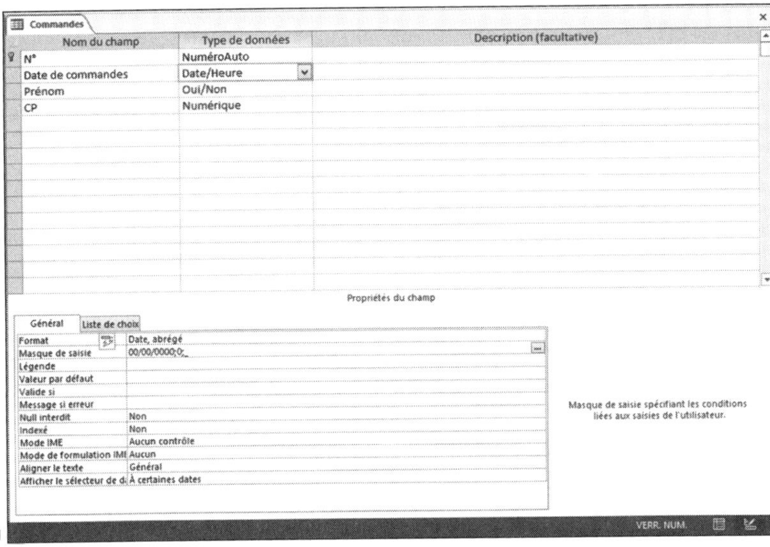

Figure 6.7 : L'assistant Masque de saisie a terminé son travail.

NOTE TECHNIQUE

Le Tableau 6.2 montre les codes dont vous disposez pour fabriquer un masque de saisie et explique ce qu'ils représentent :

- **Obligatoire :** L'utilisateur doit taper ce type de caractère (que cela lui plaise ou non).
- **Facultatif :** L'utilisateur peut ou non entrer le type de caractère mentionné dans la première colonne.

Vous devez utiliser ces codes pour concevoir un masque de saisie.

Créer un masque de saisie

Avant de songer à créer un masque de saisie, il faut que vous déterminiez les codes dont vous avez besoin. Voici comment :

1. **Prenez une feuille de papier. Écrivez plusieurs exemples correspondant aux données que le masque va devoir traiter.**

TRUC

Si l'information que vous enregistrez comprend de subtiles variations (par exemple des numéros de pièces qui peuvent se terminer par une combinaison lettre/chiffre ou chiffre/lettre), prenez des exemples répondant à tous les cas possibles, de manière à ce que votre masque soit capable de les accepter.

Tableau 6.2 : Codes pour les masques de saisie.

Type de caractères	Obligatoire	Facultatif
Chiffres uniquement (de 0 à 9)	0 (zéro)	9
Chiffres, signes + et –	(non disponible)	#
Lettres uniquement (de A à Z)	L	? (point d'interrogation)
Lettres ou chiffres uniquement	A	a (en minuscule)
N'importe quel caractère ou espace	&	C
Les caractères remplissent le masque de droite à gauche	!	(Aucun)
N'importe quel caractère littéral	\ (par exemple, * affiche simplement *)	(Aucun)
Les caractères sont forcés en minuscules	<	(Aucun)
Les caractères sont forcés en majuscules	>	(Aucun)

Vous ne pouvez pas définir un masque sans connaître vos données avec précision.

2. **Écrivez une courte description des données, y compris les éléments qui sont obligatoires et ceux qui sont facultatifs.**

   Supposons par exemple que votre champ contienne des numéros de pièce tels que celui-ci : 728816ABC7. Écrivez : *six chiffres, puis trois lettres et un chiffre, tous obligatoires*.

   N'oubliez pas les variantes s'il en existe. La différence entre *un chiffre* et *une lettre ou un chiffre* peut être cruciale.

TRUC

Si vous avez besoin d'inclure dans le masque un caractère spécial (comme un tiret, une parenthèse ou une combinaison de caractères statiques), servez-vous de cette liste comme guide :

- **Tiret, barre oblique ou parenthèse :** Placez une barre oblique inverse devant le caractère (par exemple, \- pour un tiret).

- **Caractères multiples :** Placez-les entre guillemets.

Par exemple, un indicatif téléphonique peut être séparé du reste du numéro par une parenthèse *et* une espace, comme ceci :

(01) 02-333-444

Le masque correspondant contient des guillemets autour de la seconde parenthèse et de l'espace, soit : `!\(99") "99\-999\-999`.

Si votre champ contient des lettres et que vous voulez toutes les enregistrer en majuscules, ajoutez le symbole supérieur à (>) au début de votre masque. Pour les enregistrer en minuscules, servez-vous du symbole inférieur à (<).

3. **Écrivez les codes de masque qui représentent les éléments que vous avez écrits lors de l'Étape 2.**

   Si vous avez noté *six chiffres, puis trois lettres et un chiffre, tous obligatoires*, cela signifie que votre masque doit prendre la forme `000000LLL0`. Vérifiez-le à l'aide du Tableau 6.2.

Écrire et tester le masque

Maintenant que vous avez préparé le terrain sur papier, il est temps d'entrer le masque dans Access. Voici comment :

1. **Votre base de données étant ouverte, cliquez dans le volet de gauche sur le nom de la table à modifier avec le bouton droit de la souris. Choisissez l'option Mode Création.**
2. **Cliquez sur le nom du champ à ajuster.**
3. **Dans la zone Propriétés du champ, cliquez dans la ligne Masque de saisie.**
4. **Entrez soigneusement le masque sur cette ligne (voir la Figure 6.8).**
5. **Cliquez sur le bouton Affichage du ruban pour passer en mode Feuille de données et contrôler l'effet de votre masque sur le champ concerné.**

Figure 6.8 : Comment définir manuellement un masque (ici pour un code de pays sur trois lettres en majuscules).

Access va vous demander si la table doit être enregistrée. Répondez par Oui pour ne pas perdre votre travail.

Essayez maintenant quelques tests :

a. *Tapez quelque chose d'inacceptable dans le champ masqué.*

   Access devrait vous signaler que vous commettez une erreur (voir la Figure 6.9).

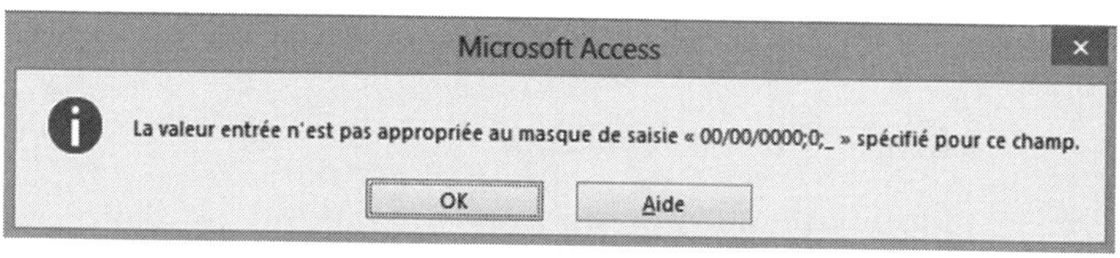

Figure 6.9 : Le masque de saisie a été violé !

b. *Essayez maintenant une entrée acceptable.*

   Le masque devrait accepter votre saisie.

c. *Essayez toutes les variations que vous avez identifiées en concevant votre masque.*

   Chacune de vos variantes devrait passer le test. Si ce n'est pas le cas, revenez à la phase de conception et affinez votre masque jusqu'à ce que tous les cas possibles soient acceptés.

Si vous ajoutez un masque à une table existante comportant déjà des données, Access n'indique pas si celles-ci vérifient ou non le masque. Elles peuvent continuer à exister comme si de rien n'était. Pour les forcer à respecter les mêmes conventions que les autres, il n'existe pas de solution miracle :

1. **Cliquez sur la ligne de l'enregistrement dans le champ auquel est associé votre masque.**

2. **Éditez la donnée.**

   Vous pouvez par exemple effacer le dernier caractère puis le retaper.

   Lorsque vous déplacez le curseur en dehors de la cellule, Access va afficher un message d'erreur si la donnée ne respecte pas le masque.

Saisie obligatoire ou non ?

Le plus souvent, tous les champs doivent être renseignés avant que l'enregistrement courant ne soit enregistré. Par exemple, une commande ne peut raisonnablement être validée sans la date de l'opération, les coordonnées du client ou encore les informations sur le ou les produits achetés. La propriété *Null interdit* prévient l'omission de données essentielles dans une table.

La propriété Null interdit peut prendre deux valeurs :

- **Oui :** L'utilisateur ne peut pas quitter l'enregistrement (la ligne de la feuille) sans saisir quelque chose dans ce champ.
- **Non :** Ce n'est pas bien grave (et c'est la valeur par défaut).

Pour forcer la saisie d'une donnée dans un champ, procédez de la manière suivante :

1. **La table étant en Mode Création, cliquez sur le champ à redéfinir.**

2. **Sous l'onglet Général de la section Propriétés du champ, cliquez dans la ligne Null interdit.**

   Une flèche apparaît en bout de ligne. Par défaut, la propriété indique Non.

3. **Cliquez sur la flèche et sélectionnez Oui dans la liste (voir la Figure 6.10).**

   Et voilà un champ obligatoire !

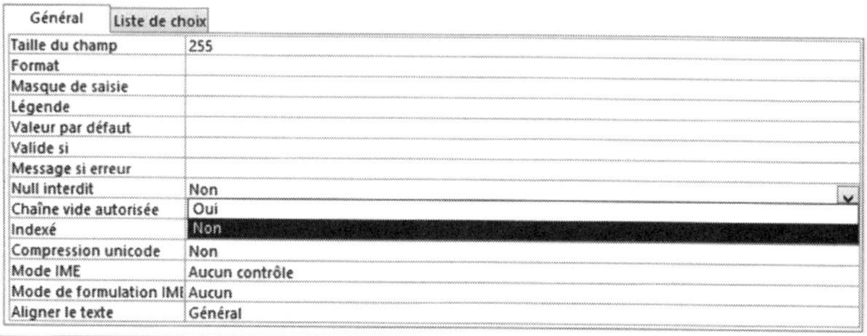

Figure 6.10 : Pour les Null, c'est interdit !

4. **Revenez en mode Feuille de données (bouton Affichage du ruban) et testez votre travail.**

   Créez un nouvel enregistrement sans rien saisir dans le champ concerné. Vous devriez voir s'afficher une boîte de message vous admonestant pour avoir oublié la donnée obligatoire.

ATTENTION !

Ne vous transformez pas en dictateur de Null interdit en placardant des Oui dans des champs qui ne sont pas essentiels. Par exemple, un contact sans numéro de fax et sans titre professionnel est généralement préférable à pas de contact du tout...

Valider vos données

Avec une *validation*, Access teste les données pour vérifier si elles correspondent bien à ce que vous attendez. En cas de problème, un message d'erreur (personnalisable) vous propose de recommencer la partie (ou plutôt la saisie).

Comme toutes les autres options décrites dans ce chapitre, les validations sont définies sous l'onglet Général de la section Propriétés du champ. Elles se décomposent en deux options :

- **Valide si :** Il s'agit de la règle de validation elle-même.
- **Message si erreur :** C'est le texte du message d'erreur qu'Access affichera lorsqu'une donnée viole la règle de validation.

TRUC

Les validations sont bien adaptées aux nombres, aux monnaies et aux dates. Elles sont possibles avec les champs de texte, mais cela revient à s'engager très vite dans une voie compliquée, voire périlleuse.

Les Tableaux 6.3 et 6.4 contiennent quelques règles de validation classiques couvrant la plupart des besoins. Ces règles peuvent être saisies directement dans le champ Valide si.

Tableau 6.3 : Quelques règles de validation courantes dans les champs numériques.

Règle de validation	Signification
> 0	Doit être supérieur à zéro.
<> 0	Ne peut pas être égal à zéro.
> 0 ET < 100	Doit être compris strictement entre 0 et 100.
>= 0 ET <= 100	Doit être compris entre 0 et 100 (inclus).
<= 0 OU >= 100	Doit être inférieur ou égal à 0, ou bien supérieur ou égal à 100.

Tableau 6.4 : Quelques règles de validation courantes dans les champs de type Date/Heure.

Règle de validation	Signification
>= Date()	Aujourd'hui ou plus tard.
>=Date() OU Est Null	Aujourd'hui, plus tard, ou rien.
< Date()	Avant aujourd'hui.
>= #1/1/2010# ET <= Date()	Entre le 1er Janvier 2010 et aujourd'hui.

Voici comment entrer une règle de validation :

1. **La table étant en Mode Création, cliquez sur le champ à redéfinir.**
2. **Sous l'onglet Général de la section Propriétés du champ, cliquez dans la ligne Valide si.**

   Le curseur se met à clignoter.
3. **Saisissez la règle de validation adaptée à vos données.**

Si vous voulez par exemple n'autoriser que des nombres compris entre 0 et 1 000, entrez **> 0 ET <= 1000**.

4. **Cliquez dans la ligne Message si erreur.**

5. **Tapez le message que vous voulez afficher si l'utilisateur viole la règle de validation.**

   Avec l'exemple précédent, vous pourriez écrire **Entrez un nom compris entre 0 (exclu) et 1000 (inclus), SVP**.

Lorsque vous appliquez une règle de validation à un champ, retenez ceci :

- Si vous utilisez l'opérateur `ET`, les deux côtés de la règle de validation doivent être vérifiés pour que la règle le soit.
- Avec l'opérateur `OU`, il suffit qu'un seul des deux côtés soit vrai pour que la règle soit vérifiée.

TRUC

Faites attention lorsque vous combinez les opérateurs >= et <=. Se retrouver avec une condition qui ne peut pas être vraie (comme `<= 0 ET >= 100`) est trop facile !

Reposer ses doigts (par défaut)

Est-ce que ne serait pas un vrai rêve si, chaque fois que vous entrez une commande, vous n'aviez même pas besoin de taper la date du jour dans le champ DateCommande de votre table ? Bien sûr que si, n'est-ce pas ? Avec l'aide d'Access, ce rêve peut devenir réalité. Vos doigts (et tout un tas de muscles dont le nom m'échappe) vont vous dire merci. Pas votre kiné, bien sûr. Et comment fait Access pour pratiquer cette magie ? Tout simplement grâce à une propriété appelée Valeur par défaut. Celle-ci place la valeur que vous avez spécifiée dans le champ correspondant chaque fois qu'un nouvel enregistrement est ajouté à la table. Cela semble trop beau pour être vrai, et pourtant ça l'est !

Voici comment définir une valeur par défaut :

1. **La base de données étant ouverte, cliquez droit sur la table que vous voulez éditer, puis choisissez l'option Mode création dans le menu contextuel qui apparaît.**

   La table bascule dans le mode Création.

2. **Cliquez sur le nom du champ que vous voulez ajuster.**

3. **Sous l'onglet Général de la page Propriétés du champ, cliquez dans la ligne Valeur par défaut.**

   Le curseur clignote et le bouton du Générateur d'expression apparaît sur la droite de la ligne.

4. **Saisissez la définition ou la valeur de la donnée que vous voulez faire apparaître dans ce champ chaque fois qu'un nouvel enregistrement est inséré.**

   Si vous voulez par exemple que la date courante soit automatiquement insérée dans le champ DateCommande d'une nouvelle commande, tapez **Date()** (c'est une *fonction*) dans la ligne Valeur par défaut (voir la Figure 6.11).

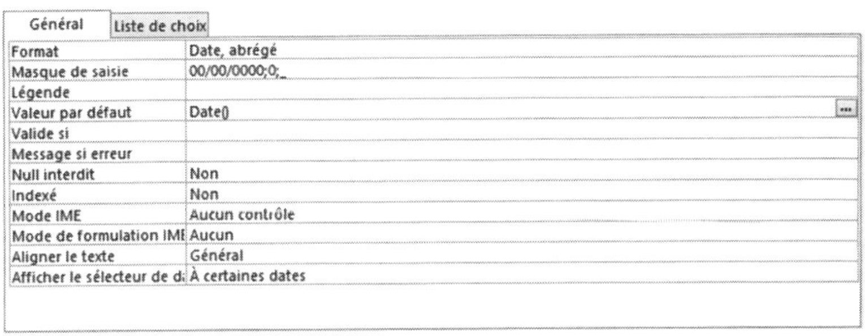

Figure 6.11 : La propriété Valeur par défaut est utilisée ici pour retourner la date courante à l'aide de la fonction Date().

5. **Cliquez sur le bouton Affichage du ruban pour repasser en mode Feuille de données. Testez ensuite votre travail.**

Faites un test rapide : ajoutez un nouvel enregistrement, puis faites défiler vos colonnes jusqu'à voir le champ qui contient la valeur par défaut que vous venez juste de définir. Vérifiez que le résultat est conforme à vos espérances les plus folles.

Troisième partie

DataMania

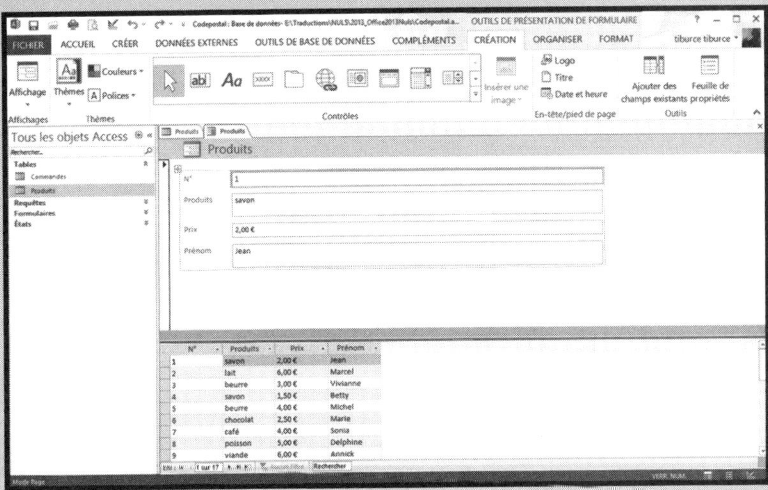

Dans cette partie...

- Créer et utiliser des formulaires pour saisir et modifier des données.
- Utiliser des requêtes.

Chapitre 7

Des formulaires pour vos données

Dans ce chapitre :

- Créer automatiquement des formulaires.
- Utiliser l'assistant Formulaire.
- Ajouter les touches finales.

Comme les états et les requêtes, les formulaires possèdent un nom et sont enregistrés dans la base de données. Autrement dit, ce sont des objets Access comme les autres, et vous pouvez donc les adapter totalement à vos propres exigences.

Ce chapitre vous montre ce que les formulaires peuvent faire pour vous et comment les créer. Il vous propose également quelques conseils pour les personnaliser en fonction de vos besoins.

Générer des formulaires

Vous disposez de trois méthodes pour la création des formulaires :

- Il y a les outils « automatiques » qui créent des formulaires attractifs en un tour de main (ou en un clic de souris).
- L'assistant Formulaire vous pose quelques questions avant de produire un formulaire adapté à vos choix.
- Le Mode Création, quant à lui, part de rien pour vous laisser faire tout le travail.

NOTE TECHNIQUE

Pourquoi utiliser des formulaires ?

Les formulaires d'Access offrent de multiples avantages par rapport aux fiches classiques. Par contre, ils peuvent vous sembler superflus si vous avez l'habitude de travailler avec vos tables en mode Feuille de données.

Il existe plusieurs raisons qui justifient largement l'emploi des formulaires :

- **Dites adieu aux feuilles de données :** Les feuilles de données ne sont pas si amusantes que cela à manipuler. Il faut sans arrêt les faire défiler de haut en bas, de bas en haut, de gauche à droite et de droite à gauche. C'est usant. Avec un formulaire, vous vous concentrez sur un seul enregistrement à la fois. Tous les champs apparaissent en même temps à l'écran. Gérer les données devient donc beaucoup plus facile.
- **Modifications à volonté :** Si vos besoins évoluent, mettez le formulaire à jour en mode Création. Ajoutez un nouveau champ à la table appropriée ainsi qu'au formulaire qui lui est associé, et le tour est joué.
- **Ayez des vues différentes sur vos données :** Access vous permet de définir autant de formulaires que vous le souhaitez en partant du même jeu de données. Vous pouvez donc créer un formulaire pour les gens qui se chargent de la saisie, un autre pour le service Comptabilité (par exemple), et un troisième pour vous-même. Chaque formulaire affichera uniquement les champs que chacun a besoin de voir et de traiter. Le tout, c'est de fournir les bonnes informations aux bonnes personnes sans révéler ce qu'elles n'ont pas à savoir ou à utiliser.
- **Affichez les entrées d'une table ou les résultats d'une requête :** Les formulaires tirent avec une égale facilité leurs informations à partir de tables ou de requêtes.
- **Combinez les données de plusieurs tables :** Un formulaire est capable d'afficher des données provenant d'un ensemble de tables liées. Ils prennent automatiquement en compte les relations définies dans votre base de données. Il est par exemple possible de regrouper très facilement une liste de clients et le détail de leurs achats.

NOTE TECHNIQUE

Les outils automatisés et l'assistant Formulaire permettent de produire des formulaires avec une grande facilité. C'est sur ces deux méthodes que nous allons nous concentrer ici. La création d'un formulaire de A à Z est un sujet nettement plus complexe qui déborde du cadre de ce livre.

L'assistant et les outils automatiques sont des cadeaux offerts par nos amis de chez Microsoft (mes actions viennent encore de grimper...). Utilisez-les pour créer vos formulaires. Ils se chargent de toute la partie difficile et ennuyeuse du travail, ne vous laissant à apporter que les touches finales. Certains *technogourous* sont persuadés que les assistants sont juste bons pour les Nuls, et qu'un homme, un vrai (ou une femme, une vraie) construit tout de A à Z. Je les laisse perdre leur temps. Quand on me fait un tel cadeau, je l'accepte avec le sourire et en disant merci. Merci, Microsoft !

TRUC

Voici quelques conseils pour choisir la méthode qui vous convient le mieux :

- Utilisez un formulaire automatique si :
  - Vous voulez que le formulaire contienne tous les champs de la table ou de la requête source.
  - La mise en forme ou le style appliqué par défaut ne vous dérange pas.
- Utilisez l'assistant si :
  - Vous voulez choisir les champs à insérer dans le formulaire.
  - Vous voulez mixer des champs provenant de plusieurs tables (ou requêtes).
  - Vous préférez choisir l'aspect de ce formulaire parmi une liste de styles.

Rester simple : les outils de création des formulaires

J'ai une bonne et une mauvaise nouvelle :

- **La bonne nouvelle :** Ces outils sont simples et rapides à utiliser.
- **La mauvaise nouvelle :** Ils sont sources de bogues.

  Est-ce que leur style, les polices ou les couleurs vous conviennent ? Non ? Tant pis. Il faut choisir entre efficacité et plaisir des yeux.

À la rencontre des formulaires automatiques

Il existe trois types de formulaires automatiques :

- **Standard :** Il affiche un enregistrement à la fois. Si la source de données est associée à une table enfant liée, le formulaire montre également les informations provenant de cette dernière.

  Supposons par exemple que vous ayez deux tables : Clients et Commandes. Elles sont liées par un champ `IDClient` (voyez le Chapitre 4 pour plus de renseignements sur les relations). Si vous activez la table Clients avant de cliquer sur le bouton Formulaire, les informations concernant le client et les détails de ses achats apparaîtront dans chaque commande.

- **Double affichage :** Il affiche deux volets dans l'espace de travail. Le premier, en haut, montre tous les enregistrements de la table sous l'aspect d'une feuille de données classique. Le second, en bas, contient le formulaire automatique proprement dit. L'un peut donc, par exemple, concerner un client et l'autre les commandes passées par celui-ci.

  C'est un bon choix si vous voulez parcourir et éditer une série d'enregistrements. Il vous suffit de cliquer sur une ligne de la feuille de données (donc dans la partie du haut) pour afficher ses champs dans le formulaire (donc dans la moitié inférieure).

- **Plusieurs éléments :** Il montre tous les enregistrements de la source de données dans un style plus agréable qu'un simple tableau.

  Ce mode de présentation est mieux adapté à des tables qui ne contiennent que peu de champs (pour ne pas avoir à faire glisser sans arrêt la barre de défilement horizontale).

TRUC

En fait, les formulaires automatiques peuvent être personnalisés (comme tous les autres). Nous y reviendrons un peu plus tard.

Pour utiliser des formulaires automatiques, ouvrez votre base de données et suivez ces étapes :

1. **Dans le volet de navigation (à gauche de la fenêtre d'Access), sélectionnez la table ou la requête qui contient les données à afficher dans le formulaire.**

2. **Activez l'onglet Créer du ruban.**

Plusieurs groupes d'outils apparaissent dans le ruban, dont notamment le groupe Formulaires (voir la Figure 7.1).

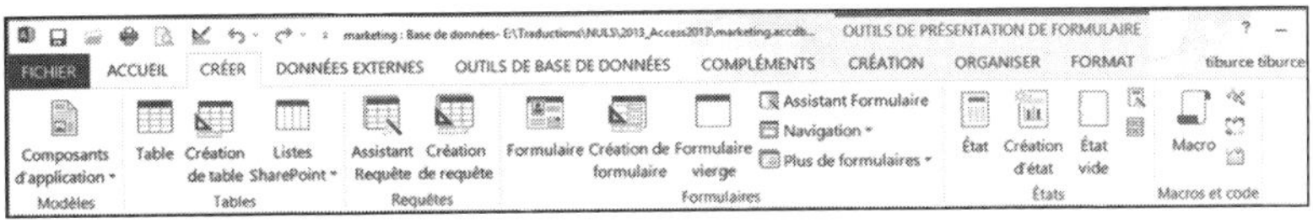

Figure 7.1 : L'onglet Créer du ruban vous donne accès aux outils des formulaires.

3. **Cliquez sur le bouton Formulaire puis sur un des types de boutons de création de formulaires du groupe Formulaires.**

   L'outil de base est modestement appelé Formulaire. Pour découvrir par exemple les modes Plusieurs éléments et Formulaire double affichage, cliquez sur le bouton Plus de formulaires.

   Sur la Figure 7.2, j'ai choisi le mode Formulaire double affichage. Vous choisissez l'enregistrement d'un côté, et les données apparaissent de l'autre !

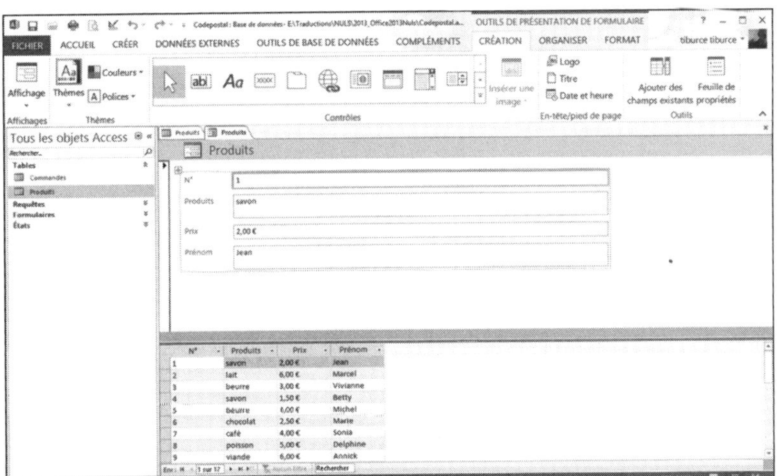

Figure 7.2 : Formulaire double affichage pour une table de commandes des clients.

4. **Pour terminer le travail, suivez ces étapes :**

   a. *Cliquez sur le bouton Enregistrer de la barre d'outils Accès rapide.*

La boîte de dialogue Enregistrer sous apparaît.

b. Entrez le nom de votre nouveau formulaire et cliquez sur OK.

Votre formulaire apparaît dans le volet de navigation.

Bons baisers de chez Microsoft : l'assistant Formulaire

Lorsque vous voulez contrôler la sélection des champs ainsi que l'aspect du résultat, faites appel à l'assistant Formulaire.

Comme tous les autres assistants d'Access, celui-ci pilote pas à pas le processus de création. Suivez alors ces étapes :

1. **Ouvrez votre base de données.**
2. **Activez l'onglet Créer du ruban.**
3. **Dans le groupe Formulaires, cliquez sur le bouton Assistant Formulaire (reportez-vous à la Figure 7.1).**

   L'assistant Formulaire entre en action (voir la Figure 7.3).

4. **Vous devez commencer par choisir une source de données. Pour cela, cliquez sur la liste Tables/Requêtes. Sélectionnez alors la table (ou la requête) qui contient les champs que vous voulez afficher dans le formulaire.**

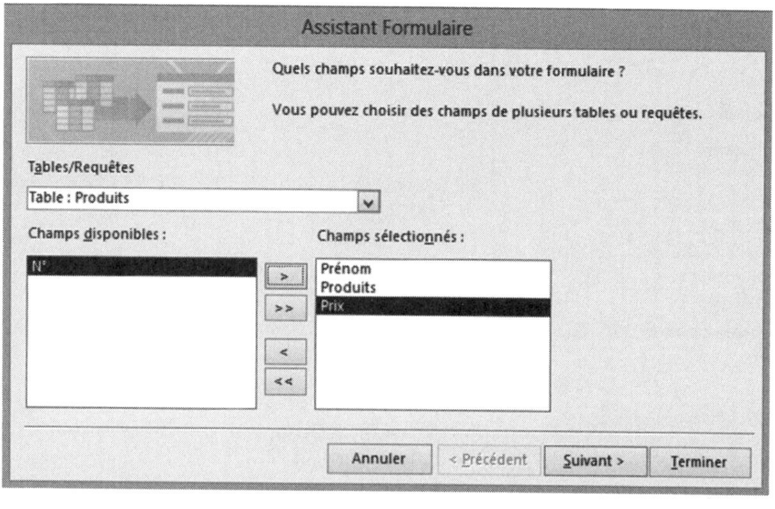

Figure 7.3 : Sélectionnez la source de données et les champs que vous voulez voir sur votre formulaire.

L'assistant va lister tous les champs disponibles (à gauche de la fenêtre).

5. Sélectionnez les champs à ajouter au formulaire.

- Pour insérer des champs *individuels*, faites simplement un double-clic sur leur nom dans la liste Champs disponibles (revoyez la Figure 7.3).

- Pour ajouter d'un coup *tous* les champs disponibles, cliquez sur la double flèche (>>), au milieu de la fenêtre.

Vous pouvez parfaitement choisir des champs provenant de plusieurs tables, à la condition qu'elles soient correctement reliées. Si ce n'est pas le cas, l'assistant ne vous laissera de toute manière pas faire.

Pour retirer un champ que vous avez ajouté par erreur, faites un double-clic sur son nom dans la liste Champs sélectionnés. Il reprend sa place de l'autre côté (Champs disponibles).

6. Une fois vos champs correctement placés dans la liste de droite, cliquez sur le bouton Suivant.

Si vos champs proviennent de plusieurs tables, l'assistant va vous demander comment il doit organiser les données. En règle générale, vous choisirez de placer d'abord la table parent, puis la table enfant dans un sous-formulaire. Relisez aussi le Chapitre 4 pour en savoir plus sur les relations et retenez ces notions :

- Un *sous-formulaire* apparaît à l'intérieur du formulaire principal.

- Avec l'option *Formulaires attachés*, l'assistant ajoutera au formulaire principal un bouton donnant accès au sous-formulaire.

Cliquez sur Suivant une fois votre choix effectué.

7. L'assistant vous propose plusieurs types de dispositions. Faites votre choix avant de cliquer sur Suivant.

- *Colonne simple :* Montre un enregistrement à la fois.

- *Tabulaire :* Affiche plusieurs enregistrements dont les champs sont présentés en colonne, et en appliquant un style de présentation.

- *Feuille de données :* C'est comme son nom l'indique.
- *Justifié :* Les champs sont répartis ligne par ligne.

TRUC

Vous ne savez pas trop quelle disposition prendre ? Voyez l'encadré « Formulaires en forme ».

8. **Il ne vous reste plus qu'à entrer un titre descriptif pour votre formulaire (et éventuellement son sous-formulaire).**

TRUC

Il existe de bonnes raisons pour donner au formulaire un titre bien adapté, et donc autre que l'appellation proposée par défaut :

- Les tables et les formulaires qui portent le même nom peuvent être une source de confusion.
- Le nom que vous avez entré est celui sous lequel le formulaire est enregistré (souvenez-vous que vous pouvez utiliser des lettres, des chiffres et des espaces).

9. **Cliquez sur Terminer.**

Votre nouveau formulaire apparaît à l'écran, comme l'illustre la Figure 7.4.

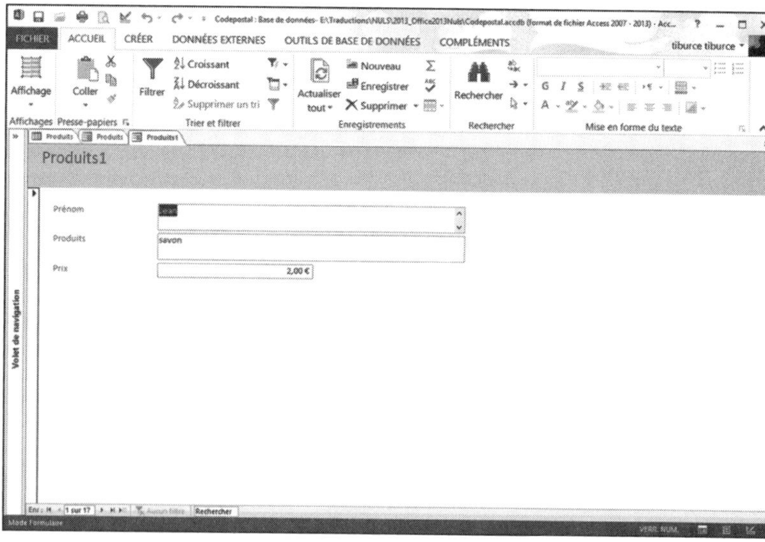

Figure 7.4 : Un formulaire créé à l'aide de l'assistant.

L'assistant Formulaire sauvegarde automatiquement le fruit de votre travail commun dans la base de données. Vous n'avez donc pas à effectuer manuellement cet enregistrement. Tous les formulaires apparaissent sous la section de même nom dans le volet de navigation, à gauche de la fenêtre.

TRUC

Nous allons voir dans le reste de ce chapitre comment personnaliser les résultats obtenus avec les outils automatiques ou l'assistant Formulaire d'Access.

Formulaires en forme

Selon les données sélectionnées pour votre formulaire (si vous utilisez par exemple plusieurs tables), vous disposez d'options différentes pour l'affichage de vos données :

- **Colonne simple :** C'est un formulaire classique dans lequel chaque page montre un seul enregistrement. C'est aussi le choix le plus courant si le formulaire sert à saisir des enregistrements.
- **Tabulaire :** Le formulaire liste tous les enregistrements, les champs étant disposés en colonnes. Ne choisissez pas cette présentation si le nombre de champs est élevé. Vous risqueriez alors de passer votre temps en déplacements de gauche à droite et retour. Par exemple, cette disposition est bien adaptée pour une table simple, comme l'illustre la Figure ci-après.

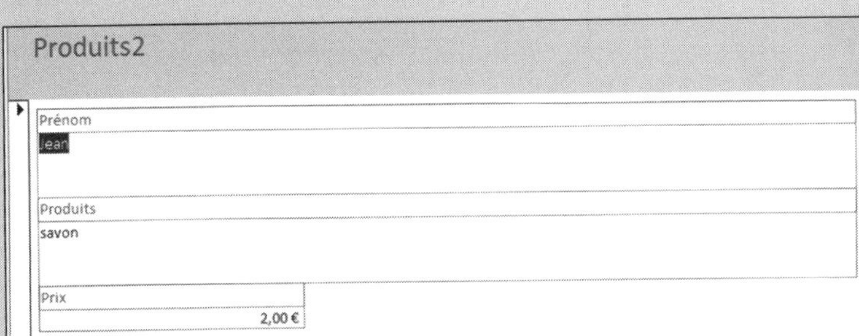

- **Feuille de données :** Pour l'essentiel, il s'agit d'une feuille de données Access incorporée dans un formulaire. Ce mode est uniquement approprié si vous aimez particulièrement travailler « comme sous Excel ».
- **Justifié :** Les données sont réparties en lignes sur toute la largeur du formulaire (voir la Figure jointe). Cette présentation est adaptée si vous avez par exemple des champs de types Mémo.

Personnaliser les formulaires

Les formulaires automatiques et l'assistant Formulaire d'Access 2013 réalisent un excellent travail. En fait, ils se chargent d'à peu près tout, pour le plus grand bonheur de l'immense masse des utilisateurs. Mais cela ne signifie pas pour autant qu'ils atteignent toujours la perfection. Il est donc utile de savoir les améliorer.

Si vous avez quelques notions sur la structure des formulaires, vous serez à même de nettoyer les traces de scories laissées par les outils que nous venons d'étudier, mais aussi d'apporter aux formulaires une touche plus personnelle.

Le reste de ce chapitre vous explique comment déplacer et redimensionner des *contrôles*, comment éditer les légendes, et comment formater ces contrôles (un *contrôle* est un élément quelconque servant à fabriquer un formulaire : une ligne, une légende, une zone de saisie pour un champ, et ainsi de suite).

Mode Page ou Création ?

Vous pouvez éditer un formulaire en mode Page ou en mode Création.

TRUC

L'encadré « Vue sur les formulaires » vous en dit plus sur le sujet.

TRUC

Dans ce qui suit, nous allons en rester au mode Page, car il s'agit du plus facile à utiliser.

Pour activer le mode Page, suivez ces étapes :

1. **Dans le volet de navigation, cliquez avec le bouton droit de la souris sur le nom du formulaire que vous voulez modifier.**

2. **Dans le menu contextuel qui apparaît, choisissez l'option Mode Page.**

TRUC

Comment savoir si vous êtes en mode Formulaire ou Page ? Tout simplement en regardant la partie gauche de la barre d'état : c'est écrit dessus !

Vue sur les formulaires

Les formulaires Access ont un côté un peu schizophrène. Ils peuvent être affichés de plusieurs manières (ou *vues*). Chaque vue répond à un certain objectif, qu'il s'agisse de visualiser, d'utiliser ou d'éditer le formulaire.

Vous pouvez facilement passer de l'une à l'autre en cliquant sur les boutons qui sont affichés à droite de la barre d'état (en bas de la fenêtre d'Access). Les vues les plus courantes sont au nombre de trois :

- **Mode Création :** Tout objet Access possède un mode Création. Il vous permet de modifier la disposition et l'apparence de chaque objet (ou *contrôle*) du formulaire.
- **Mode Page :** Utilisez ce mode pour pouvoir en même temps visualiser les données et éditer l'aspect ou le contenu du formulaire. C'est la méthode idéale pour combiner personnalisation et aperçu, et donc notamment pour juger sur pièces d'un choix de taille, de position, de couleur ou encore de police.
- **Mode Formulaire :** Eh oui, les formulaires ont un mode Formulaire... Bizarre, mais vrai. Ce mode affiche les données de la ou des tables sous-jacentes. Il n'est pas possible ici de modifier l'aspect du formulaire. Normalement, tous les utilisateurs finaux voient les formulaires de cette manière.

  Ces modes affichent les données connectées au formulaire. Toutefois, leur structure ne peut être modifiée qu'en mode Page. L'utilisateur final ne voit une base de données qu'en mode Formulaire.

Un fort en thème !

Une fois votre nouveau formulaire sauvegardé à l'aide des outils d'assistance d'Access, vous vous dites évidemment que son apparence par défaut ne vous convient pas. Non mais alors ! Fort heureusement, il est très facile d'apporter sa touche personnelle en faisant appel au groupe d'outils Thèmes. Voici comment :

1. **Dans le volet de navigation, cliquez droit sur le nom du formulaire qui a besoin d'un nouveau look. Dans le menu qui apparaît, choisissez l'option Mode Page.**

Le formulaire va s'ouvrir en mode Page (vous vous en doutiez sans doute).

2. **Cliquez sur l'onglet Création de l'onglet Outils de présentation de formulaire.**

   Plusieurs groupes d'outils apparaissent dans le ruban. Celui qui nous intéresse s'appelle Thèmes. Vous le trouverez vers la gauche (voir la Figure 7.5).

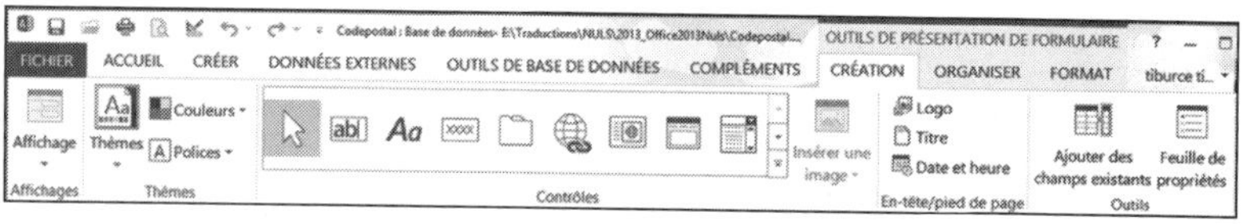

Figure 7.5 : Le groupe Thèmes du ruban.

3. **Cliquez sur le bouton Thèmes.**

   Une liste illustrée (une *galerie*, si vous préférez) de thèmes va s'afficher.

4. **Déplacez lentement le pointeur de la souris sur chacun des aperçus.**

   Vous remarquez que l'aspect du formulaire change à chaque fois pour vous montrer ce que donnerait le thème.

5. **Quand vous avez localisé un thème qui vous convient, cliquez sur sa représentation graphique. La mise en forme est immédiatement appliquée au formulaire.**

TRUC

Choisissez un thème et des couleurs qui soient agréables et qui ne fatiguent pas les yeux. Vos utilisateurs vous diront merci !

Gérer les contrôles des formulaires

Un *contrôle* est un élément quelconque présent dans le formulaire (il peut s'agir d'une légende, d'un champ de saisie, d'un trait ou d'un cadre, *etc.*). Les formulaires, comme l'assistant, font du bon travail, mais, bien souvent, ils ne disposent pas de ces contrôles exactement comme vous le souhaiteriez, ou encore ils leur attribuent une taille trop importante (ou l'inverse). Dans cette section, nous allons apprendre à personnaliser ces contrôles.

Types de contrôles

Les deux types de contrôles les plus courants soit affichent des données provenant de la table ou de la requête sous-jacente, soit ajoutent au formulaire un élément graphique.

Voici l'essentiel de ce que vous devez savoir sur les types de contrôles :

- **Zone de texte :** Ce sont les champs dans lesquels vous entrez vos données. Ces zones peuvent être *liées* à un champ de la table, ou être *indépendantes* (par exemple, pour afficher le résultat d'un calcul).
- **Étiquette :** C'est la légende qui se trouve devant ou au-dessus des zones de texte. Il peut aussi s'agir d'un titre.
- **Zone de liste déroulante :** Une liste déroulante de choix (comme son nom l'indique).
- **Zone de liste :** C'est pareil, sauf que le choix s'effectue à l'aide de flèches de défilement et qu'il n'est pas possible de modifier une valeur.
- **Case à cocher :** Un bouton carré associé à un champ et qui ne peut mémoriser que des réponses Vrai/Faux, Oui/Non, Actif/Inactif. Par exemple, une table peut contenir un champ Marié(e). On l'est ou on ne l'est pas (si réponse Non, alors ajouter un champ Pacsé(e)...).
- **Sous-formulaire :** Un formulaire inséré dans un autre.

  En général, les sous-formulaires affichent le côté « plusieurs » d'une relation un-à-plusieurs. Pour plus détails sur les relations, voyez le Chapitre 4.

TRUC

Si votre formulaire est disposé en colonnes (la plupart le sont), et que vous l'avez créé à l'aide de l'un des boutons Formulaire ou de l'assistant, tous les champs de texte ainsi que les étiquettes sont *ancrés*. Les contrôles ancrés se comportent comme un groupe lorsque vous les redimensionnez. De plus, ils peuvent être déplacés à l'intérieur de ce groupe, mais pas en dehors de celui-ci.

Déplacer des contrôles

Pour déplacer un contrôle en mode Page, procédez de la manière suivante :

1. **Placez le pointeur au-dessus du contrôle que vous voulez déplacer.**

   Le pointeur affiche une rose des vents.

2. **Maintenez le bouton droit de la souris enfoncé.**

   Le contrôle est *sélectionné*, ce qui vous est signalé par un cadre épais. Par exemple, la Figure 7.6 vous montre un contrôle sélectionné.

   TRUC

   Pour sélectionner plusieurs contrôles à la fois, par exemple un champ de texte et la légende correspondante, appuyez sur la touche Ctrl et maintenez-la enfoncée tout en cliquant sur un autre objet. Une bordure épaisse apparaît autour des deux contrôles, comme sur la Figure 7.6.

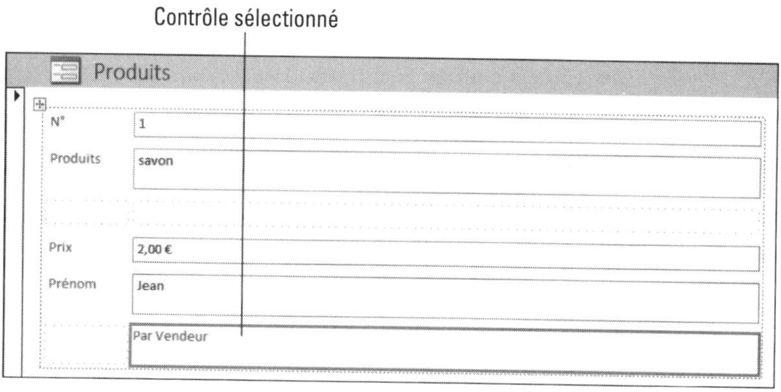

Figure 7.6 : Sélection de contrôles, contrôle des sélections.

3. **Faites glisser le contrôle vers un nouvel emplacement.**

   Une ligne suit le déplacement du pointeur. Elle s'affiche selon le cas horizontalement ou verticalement, en haut, en bas, à gauche, à droite… Comme quand Hélène fait tourner les serviettes…

4. **Une fois le contrôle en place, relâchez le bouton de la souris.**

   Le contrôle vient occuper sa nouvelle position.

Si le résultat ne vous convient pas, appuyez sur Ctrl + Z pour annuler la modification. Recommencez l'opération. Access dispose de multiples niveaux d'annulation. Vous pouvez vous amuser sans souci, puis revenir en arrière.

Redimensionner les contrôles

Il arrive qu'un formulaire automatique ou créé avec l'aide de l'assistant se montre un peu court (littéralement parlant) dans le dimensionnement des zones de texte et des étiquettes. Le problème est qu'alors la fin du texte est coupée, ce qui n'est pas très agréable.

Pour redimensionner un contrôle en mode Page, suivez ces étapes :

1. **Placez le pointeur de la souris au-dessus du contrôle à redimensionner.**

   Le pointeur s'agrémente d'une sorte de rose des vents. Si plusieurs contrôles sont ancrés, peu importe celui que vous désignez.

   Si les zones de texte et leurs étiquettes se déplacent ensemble, il n'en va pas de même pour un redimensionnement. En d'autres termes, vous devez modifier individuellement la taille des champs et des légendes.

2. **Cliquez pour sélectionner le contrôle.**

   Un cadre épais apparaît autour du contrôle.

3. **Déplacez le pointeur vers le bord du contrôle actif.**

   Le pointeur prend la forme d'une flèche double.

4. **Il ne vous reste plus qu'à cliquer et à faire glisser pour ajuster la taille du contrôle.**

   Les contrôles ancrés se redimensionnent collectivement, horizontalement à l'intérieur de la même colonne ou verticalement sur la même ligne. Lorsque vous changez la longueur de l'un d'entre eux, tous suivent donc le même mouvement dans leur colonne. Et si vous changez la hauteur de l'un d'entre eux, les autres réagissent de la même manière sur leur ligne.

Éditer les étiquettes

Dans les formulaires automatiques ou créés avec l'assistant, les étiquettes reprennent purement et simplement les noms des champs auxquels elles sont associées. Si vous avez l'habitude de donner à vos champs des dénominations abrégées (du style *Adr* pou Adresse, *Fct* pour Fonction, et ainsi de suite), vos formulaires risquent d'être totalement incompréhensibles par d'autres utilisateurs. Si une étiquette ne dit pas ce qu'elle devrait, vous devez donc savoir comment modifier son contenu.

Pour éditer une étiquette, placez-vous comme ci-dessus en mode Page, puis procédez comme ceci :

1. **Placez le pointeur de la souris au-dessus de l'étiquette que vous voulez corriger.**

   Le pointeur s'agrémente d'une sorte de rose des vents.

2. **Cliquez sur l'étiquette pour la sélectionner.**

   Une bordure épaisse apparaît sur son pourtour.

3. **Cliquez sur le mot que vous voulez modifier.**

   Le curseur clignote à l'intérieur du contrôle.

4. **Modifiez le texte à votre convenance.**

5. **Cliquez en dehors du contrôle.**

   L'étiquette est désélectionnée. L'édition est terminée.

Supprimer des contrôles

Il peut arriver qu'un formulaire contienne des éléments inutiles ou qui n'ont pas à être rendus publics :

- Vous avez peut-être choisi un champ de trop dans l'assistant Formulaire.
- Vous avez peut-être ajouté un nouvel objet (par exemple un trait, une image ou encore un lien), et vous regrettez déjà votre geste.
- Vous êtes peut-être tout simplement fatigué de voir ce contrôle.

Voyons donc comment supprimer un contrôle :

1. **En mode Page, placez le pointeur de la souris au-dessus du contrôle destiné à disparaître.**

   Le pointeur s'agrémente d'une sorte de rose des vents.

2. **Cliquez sur le contrôle pour le sélectionner.**

   Une bordure épaisse apparaît sur son pourtour.

3. **Appuyez sur la touche Suppr de votre clavier.**

   Le contrôle disparaît instantanément de votre vue.

TRUC

C'était une bévue ? C'était bien l'*autre* contrôle que vous vouliez supprimer ? Appuyez sur Ctrl + Z et reprenez la procédure.

NOTE TECHNIQUE

Lorsque vous supprimez un champ de texte, la légende correspondante disparaît aussi, sans doute par solidarité. Mais l'inverse n'est pas vrai : si vous effacez une étiquette, le champ associé (s'il y en a un) reste en place. C'est qu'ils sont égoïstes, ces champs !

Chapitre 8

Trouver rapidement, filtrer et trier

Dans ce chapitre :

- Localiser les données avec la commande Rechercher.
- Trier vos bases de données.
- Filtrer par sélection.
- Filtrer par formulaire.

Trouver, filtrer, trier... Ces fonctionnalités réalisent un excellent travail pour de *petites* questions (par exemple : « Combien de personnes travaillent à Paris au service Comptabilité ? »). En revanche, les questions réellement complexes et difficiles (« Combien de personnes ont assisté au match de l'équipe de Marseille en octobre dernier, et ont aussi acheté une casquette aux couleurs du club ? ») nécessitent le passage par une requête Access en bonne et due forme.

Utiliser la commande Rechercher

Lorsque vous voulez accéder *tout de suite* à un enregistrement particulier, créer une requête ne fera pas votre affaire. Heureusement, Access propose une fonctionnalité très simple pour retrouver une information spécifique dans vos tables et vos formulaires : la commande Rechercher.

Cette commande (c'est une vraie surprise) se trouve dans le groupe Rechercher de l'onglet Accueil. Cherchez l'image d'une paire de jumelles, à droite du ruban. Vous pouvez également exécuter le raccourci clavier Ctrl + F pour ouvrir la boîte de dialogue correspondante.

Même si la commande Rechercher est d'un usage simple, connaître quelques trucs à son sujet la rendra encore plus puissante. Si vous vous servez aussi de Word et d'Excel, ces astuces vous serviront également dans ces applications. La commande Rechercher a en effet une portée très générale dans Office. Mais commençons par le plus facile avant d'aller un peu plus loin.

Trouver tout, et rapidement

Utiliser la commande Rechercher ne pose aucun problème théorique. Voici comment elle fonctionne :

1. **Ouvrez la table (ou le formulaire) dans laquelle vous voulez effectuer une recherche.**

   Rechercher s'utilise aussi bien avec des tables en mode Feuille de données qu'avec des formulaires Access (revoyez le Chapitre 7 à ce sujet).

2. **Cliquez dans le champ où vous voulez rechercher une valeur.**

   La recherche s'effectue dans le champ *courant* de la table. Il est donc essentiel de cliquer au bon endroit avant d'ouvrir la boîte de dialogue. En revanche, vous pouvez activer n'importe quel enregistrement : Access sait automatiquement dans quel champ vous vous trouvez, et il va parcourir la totalité de la table.

3. **Lancez la commande Rechercher.**

   Vous pouvez soit cliquer sur le bouton Rechercher (dans le groupe Rechercher de l'onglet Accueil), soit appuyer sur Ctrl + F.

   La boîte de dialogue Rechercher et remplacer s'affiche (voir la Figure 8.1).

4. **Sur la ligne Rechercher, entrez le texte que vous voulez localiser dans la table.**

   Prenez quelques instants pour vérifier l'orthographe de votre texte avant de lancer la recherche. Access a beau faire preuve

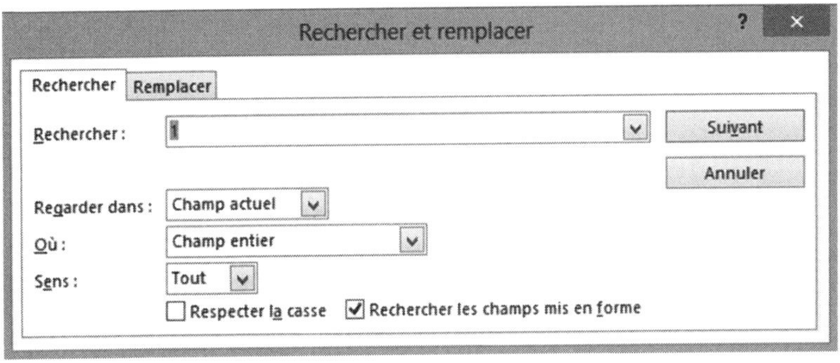

Figure 8.1 : La boîte de dialogue Rechercher et remplacer.

d'une certaine intelligence, il n'est tout de même pas assez évolué pour savoir que vous vouliez en fait dire *plombier*, et pas *pompier*...

5. **Cliquez sur le bouton Suivant pour lancer votre recherche.**

   - Si le champ actif contient la donnée que vous voulez retrouver, la commande Rechercher va y accéder immédiatement.

     La cellule trouvée est mise en surbrillance.

   - Si la commande Rechercher ne trouve aucun enregistrement conforme à votre demande, elle avoue son impuissance en affichant un message d'erreur qui indique : « Microsoft Office Access a fini de chercher les enregistrements. L'élément de la recherche n'a pas été trouvé. »

   Et si le premier enregistrement trouvé par Access n'est pas celui qui vous intéresse ? Supposons que vous vouliez le second, le troisième ou même le dixième *Pierre Dupont* de la table ? Aucun problème. C'est justement pour cela que la boîte de dialogue contient un bouton Suivant. Continuez à cliquer sur ce bouton jusqu'à ce qu'Access vous transporte au bon endroit, ou qu'il vous informe que la recherche est infructueuse et qu'il rend son tablier. Au suivant ! Au suivant !

Si la recherche échoue, cliquez d'abord sur OK pour refermer la fenêtre du message. Vous disposez alors de plusieurs options :

- Cliquer sur Annuler pour abandonner l'opération.
- Vérifier votre critère et faire une autre tentative :

a. Avez-vous activé le bon champ ? L'orthographe de votre critère est-elle bonne ?

   Vous pouvez également vous servir des autres options proposées par la boîte de dialogue (voyez la section suivante).

b. Si vous changez quoi que ce soit (orthographe ou options), cliquez à nouveau sur Suivant pour relancer la procédure.

Rechercher, niveau supérieur

Il peut arriver que la méthode précédente ne produise pas les résultats escomptés :

- Il y a trop d'enregistrements, et vous devez cliquer sans arrêt sur Suivant, ce qui devient vite lassant.
- Les enregistrements trouvés ne sont pas ceux qui vous intéressent.

Dans tous les cas, la meilleure façon de réduire le nombre de lignes localisées consiste à ajouter des détails qui vont affiner votre recherche. Avec un peu de chance, vous tomberez alors directement sur *la* donnée que vous voulez retrouver.

Reprenons la procédure. Cliquez dans le bon champ, ouvrez la boîte de dialogue Rechercher à partir du ruban ou en appuyant sur Ctrl + F.

Les prochaines sections décrivent l'utilisation des options de recherche de cette boîte de dialogue.

Si la commande Rechercher ne fonctionne pas comme vous l'espériez, il est tout simplement possible que l'une d'entre elles soit bêtement configurée pour *exclure* ce que vous recherchez.

Regarder dans

Par défaut, Access cherche les correspondances uniquement dans le champ *actif* (celui dans lequel vous avez cliqué avant d'ouvrir la boîte de dialogue). Pour lui demander de parcourir la totalité de la table, sélectionnez l'option Document actif dans la liste *Regarder dans* (voir la Figure 8.2).

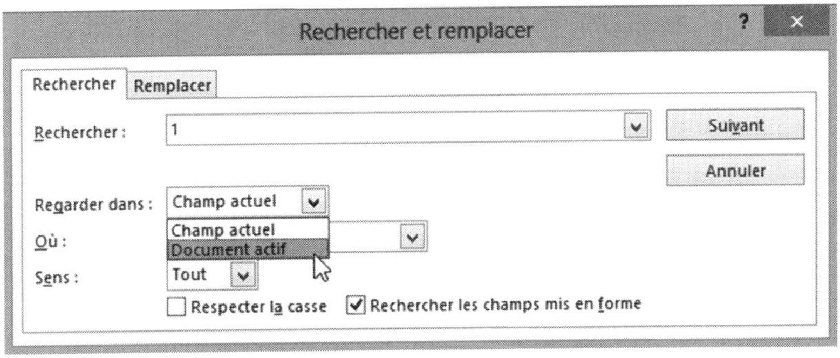

Figure 8.2 : Comment effectuer une recherche dans tous les champs de la table.

Où ?

Par défaut toujours, cette liste indique *Champ entier*. Autrement dit, Access suppose que le contenu de la ligne Rechercher doit correspondre au contact exact du champ. Vous pouvez améliorer son sens de l'intuition en modifiant le paramètre de recherche du champ *Où* :

- *N'importe où dans le champ :* L'expression recherchée pourra occuper une position quelconque dans le champ. De cette manière, **Riche** donnera aussi bien *Richelieu* que *Elles sont riches et célèbres*.
- *Champ entier :* Seul le terme entier sera localisé. Donc, si vous cherchez **Riche**, *Richelieu* ne sera pas identifié.
- *Début de champ :* L'expression recherchée doit obligatoirement se trouver au début du champ. C'est le choix à faire si vous savez que la personne s'appelle *Dupon* quelque chose, mais est-ce *Dupont* ou *Dupond* ?

Pour redéfinir ce mode de recherche, cliquez dans la liste Où et sélectionnez l'option voulue (voir la Figure 8.3).

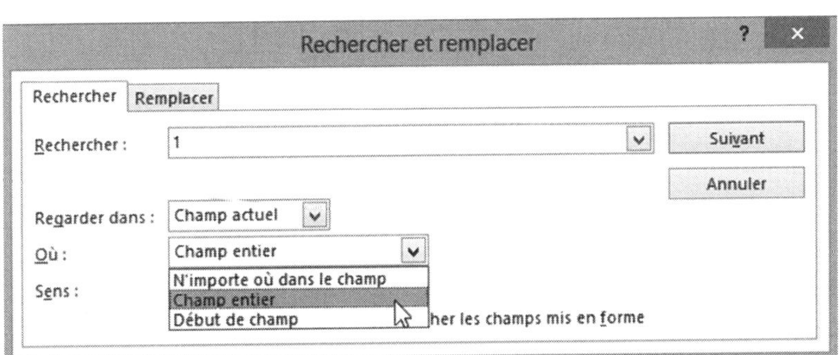

Figure 8.3 : Utilisez l'option Où.

Sens

Si vous trouvez trop d'enregistrements, vous pouvez essayer de vous limiter à une partie de la table en changeant l'option par défaut de la liste Sens :

- **Tout :** La recherche est effectuée dans l'ensemble de la table. C'est le mode par défaut.
- **Haut ou Bas :** La recherche part de l'enregistrement courant et est réalisée soit en remontant jusqu'au premier (Haut), soit en descendant jusqu'au dernier (Bas). Après quoi, elle s'arrête.

En cliquant vers le milieu de la table, puis en demandant à n'effectuer la recherche que vers le bas, vous coupez déjà la poire en deux. C'est le principe du jeu « plus petit, plus grand ».

Respecter la casse

Quand cette case est cochée, le terme que vous recherchez doit correspondre *exactement* à la valeur stockée dans la table, et donc respecter les majuscules comme les minuscules.

Cette option est surtout utile si vous cherchez un nom propre, et non un mot quelconque. Il est probable que *Richelieu* a été saisi avec un *R* majuscule. En revanche, cette lettre doit plutôt être en minuscules dans *Elles sont riches et célèbres*. En respectant la casse, vous éviterez donc des détections inutiles.

Rechercher les champs mis en forme

Cette option demande à Access de rechercher la version formatée du champ et le lieu de la simple valeur saisie dans la boîte de dialogue.

Limiter la recherche de cette manière est pratique dans le cas de dates, de valeurs monétaires, et plus largement de champs pour lesquels un format particulier a été défini en mode Création.

Cette option est incompatible avec la précédente (Respecter la casse). Dans ce cas, elle apparaîtra en grisé. Désactivez *Respecter la casse* pour rappeler à la vie *Rechercher les champs mis en forme*.

La plupart du temps, il faut bien avouer que cette option ne donne pas grand-chose de plus. En fait, vous ne devriez vous y intéresser que si vous avez une recherche à effectuer dans de nombreux champs hautement formatés.

Trier de A à Z et de Z à A

Très peu de bases de données sont organisées en listes alphabétiques bien ordonnées. Vous ne saisissez pas vos enregistrements de A à Z. Vous le faites en fonction des informations qui vous arrivent. Comment faire alors si vous avez besoin d'imprimer une liste de produits classés selon leur code, ou encore d'effectuer un publipostage en classant les adresses par code postal ? Vous triez !

Trier sur un seul champ

La solution est fournie par la commande Trier, qui est par ailleurs d'une facilité d'utilisation déconcertante. Elle se trouve sous l'onglet Accueil, dans le groupe Trier et filtrer. Vers la gauche du groupe, vous voyez deux boutons fléchés : l'un indique AZ, donc un ordre alphabétique ascendant, et l'autre ZA, c'est-à-dire l'inverse.

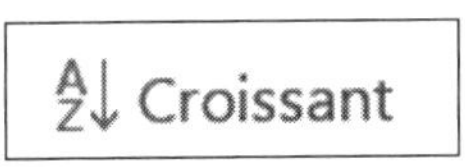

- Le tri croissant classe vos enregistrements de bas en haut :
  - Pour les champs de texte, le tri se fait en commençant par la lettre A, et se termine par la lettre Z.
  - Pour les champs numériques, le classement se fait en allant de la plus petite valeur à la plus grande.
  - Les dates sont triées de la plus ancienne vers la plus récente.

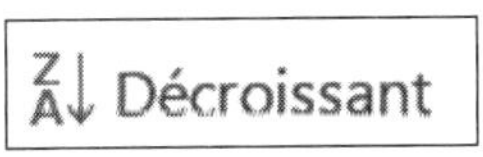

- Le tri décroissant classe vos enregistrements de haut en bas :

- Pour les champs de texte, le tri se fait en commençant par la lettre Z, et se termine par la lettre A.
- Pour les champs numériques, le classement se fait en allant de la plus grande valeur à la plus petite.
- Les dates sont triées de la plus récente vers la plus ancienne.

Trier sur plusieurs champs

Pour réaliser un publipostage efficace, par exemple, vous ne vous contenterez pas d'effectuer un tri sur les codes postaux. Pour distinguer les personnes qui habitent ou travaillent dans le même secteur, vous réaliserez un sous-classement par rue, et éventuellement par numéro. Le centre de tri vous dira merci...

Vous pouvez utiliser plusieurs champs dans un même tri de la manière suivante :

1. **Cliquez sur l'en-tête de la première colonne destinée à former le critère de tri.**

   Cette colonne est mise en surbrillance.

2. **Appuyez sur la touche Majuscule, puis cliquez sur l'en-tête de la dernière colonne à utiliser.**

   Toutes les colonnes situées entre ces deux extrémités apparaissent en surbrillance.

3. **Il ne vous reste plus qu'à choisir l'ordre de tri (croissant ou décroissant).**

   Le tri est toujours effectué en allant de gauche à droite. En d'autres termes, il n'est pas possible de trier le contenu de la quatrième colonne, puis de réaliser un tri secondaire sur la troisième colonne.

Le mode de tri présente certaines particularités dans le cas de champs où se mélangent nombres et texte. Prenons le cas d'une adresse postale. Access classera le « 1065 rue du bois » avant le « 129 rue de la gare », car il traite dans ce cas les chiffres comme s'il s'agissait de *lettres*. Si vous y regardez de plus près, vous constaterez que le second caractère de la première adresse (un *0*) est plus petit que le caractère de même rang dans la seconde adresse (un *2*). D'où le résultat. Vous ne devez pas regarder le numéro (1065 est plus grand que 129), mais la chaîne de caractères. D'où l'intérêt d'utiliser deux champs pour différencier numéro dans la voie et nom de rue...

Filtrage express

Vous avez parfois besoin de visualiser un groupe d'enregistrements dont un champ partage une même valeur commune : une ville, une fonction, un prix identique pour un ensemble de produits, *etc.* Toujours soucieux de vous aider, Access contient un outil spécialement dédié à ce type de questionnement : la commande Filtrer.

Filtrer applique le critère que vous définissez, et il affiche tous les enregistrements qui correspondent à votre choix dans ce que l'on pourrait appeler une *mini-table*. C'est comme une requête instantanée, mais *encore plus* instantanée. Bien sûr, vous ne pouvez pas en contrepartie demander à la commande Filtrer d'avoir la même souplesse et la même puissance que les véritables requêtes. Mais si vos besoins ne sont pas trop sophistiqués, elle répondra parfaitement à vos vœux.

L'outil Filtrer apparaît (surprise !) dans le groupe Trier et filtrer de l'onglet Accueil. Il prend en fait plusieurs aspects différents et vous propose cinq modes :

- Filtrer
- Sélection
- Filtrer par formulaire
- Filtre/tri avancé
- Basculer le filtre

Chaque type de filtre réalise le même genre d'opération de base, mais d'une manière légèrement différente. Les sections qui suivent couvrent les trois premières variantes. L'option Filtre/tri avancé ouvre une fenêtre qui vous propose en fait de construire une requête.

Les filtres s'appliquent aux tables, aux formulaires et aux requêtes. Bien qu'il soit aussi possible de filtrer un état, cette tâche peut être assez ardue, et pour tout dire relativement inutile (il vaut mieux filtrer les données avant d'afficher l'état). Dans les sections qui suivent, nous allons nous concentrer sur le filtrage des tables. Bien entendu, vous ne manquerez pas de vérifier par vous-même que ces techniques valent également pour les formulaires et les requêtes.

Filtrer sur le contenu d'un champ

La commande principale de filtrage vous permet de sélectionner des enregistrements répondant à un certain critère. Supposons que vous vouliez consulter la liste des commandes qui correspondent à des livraisons réalisées à Marseille. Voici comment procéder :

1. **Ouvrez la table qui contient les données à filtrer. Cliquez sur la pointe triangulaire qui se trouve sur la droite de l'en-tête du champ.**

   Access affiche un menu déroulant semblable à celui illustré sur la Figure 8.4.

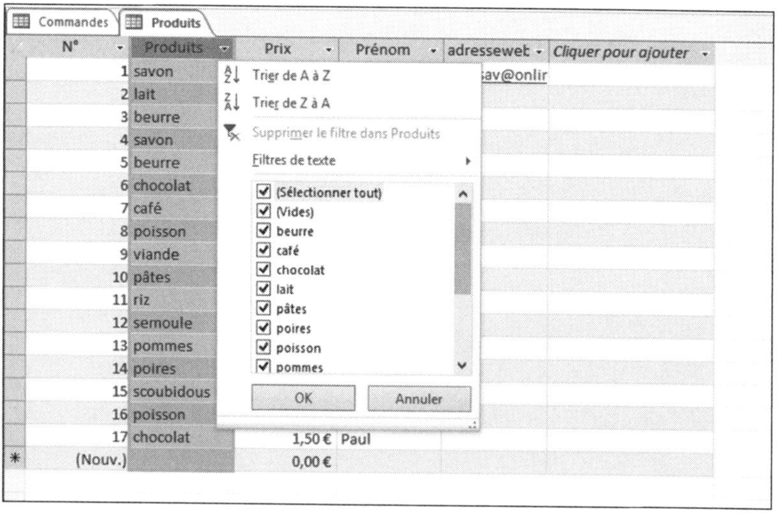

Figure 8.4 : Filtrez un champ à partir de son contenu.

   Ne cliquez pas avec le bouton droit de la souris sur l'en-tête. Cela afficherait un menu contextuel vous proposant plein de choses merveilleuses que vous pouvez faire avec cette colonne. Mais ce n'est pas ce qui nous intéresse ici.

2. **Dans la liste qui occupe la partie inférieure de ce menu, cochez ou décochez les valeurs que vous voulez ou non utiliser dans le filtre. Vous pouvez :**

- Désactiver individuellement des entrées individuelles.
- Cliquer sur la première case, Sélectionner (tout), afin d'effacer toutes les marques.

Il est généralement plus simple de tout désélectionner, puis de cocher une par une les valeurs que vous voulez utiliser dans le filtre. Si vous cliquez à nouveau sur Sélectionner (tout), vous reviendrez à la totalité des enregistrements.

3. **Cochez les entrées que vous voulez retenir pour le filtre.**

   Access recherchera le champ sélectionné et n'affichera que les enregistrements qui le contiennent.

4. **Cliquez sur OK.**

   Tous les éléments (et seuls les éléments) qui correspondent à votre choix sont affichés. Selon le cas, vous pourrez vous retrouver à la tête de quelques enregistrements, d'un grand nombre d'enregistrements, ou d'une unique ligne.

Pour revenir à la table tout entière (non filtrée), vous pouvez au choix :

- Cliquer sur le bouton Activer/désactiver le filtre (dans le groupe Trier et filtrer de l'onglet Accueil).
- Cliquer sur la pointe triangulaire située à droite de l'en-tête de la colonne, puis choisir l'option Supprimer le filtre dans *nom du champ*.

Filtrer par sélection

La commande Sélection est la plus facile à utiliser de tous les modes de filtrage. Elle suppose que vous avez déjà trouvé un enregistrement qui correspond à vos besoins. C'est un peu comme si vous attrapiez un type par le revers et que vous vous mettiez à crier : « Tous ceux qui sont comme ce gars se mettent de ce côté de la ligne ! » :

1. **Cliquez dans le champ qui contient l'information voulue.**
2. **Si nécessaire, faites défiler la table pour trouver la valeur à filtrer.**

3. **Une fois cette valeur activée, cliquez (toujours dans la section Trier et filtrer) sur le bouton Sélection, ou bien encore cliquez dans le champ avec le bouton droit de la souris. Choisissez alors l'option *Égal à « X »*, où *X* est la valeur que vous voulez filtrer.**

   Comme vous pouvez le remarquer, le menu contextuel vous propose trois autres choix : Différent de, Contient, et Ne contient pas.

   Access affiche immédiatement une table qui ne contient que les enregistrements pour lesquels le champ courant vaut *X*. C'est ce qu'illustre la Figure 8.5 (ici, *X* est égal à *Savon*).

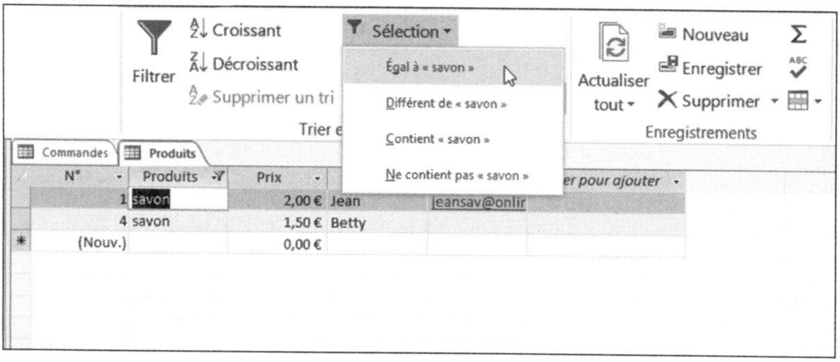

Figure 8.5 : Filtrez par sélection.

4. **Pour abandonner ce filtre, cliquez dans le ruban sur le bouton Activer/désactiver le filtre.**

   Votre table reprend son aspect d'origine.

À ce stade de la partie, vous souhaiteriez peut-être sauvegarder cette vue de la table. Malheureusement, la simplicité de la commande Filtrer a sa contrepartie. Pour enregistrer de façon permanente le résultat d'un filtrage, vous devez en passer par une requête.

Vous pouvez également utiliser le menu local Filtre et décocher la case Sélectionner (tout). Ensuite, cochez les données à filtrer. Choisissez alors Filtres de texte de ce menu local qui propose les options Égal à, Est différent de, Commence par, *etc.*

Filtrer par formulaire

Vous pouvez effectuer une recherche plus précise en utilisant des critères de filtrage supplémentaires, mais cela demande un gros effort de travail. Ce qui n'est évidemment pas dans notre caractère. Pour isoler plus facilement certains enregistrements à partir des valeurs contenues dans un ou plusieurs champs, voyez plutôt du côté de la commande Filtrer par formulaire.

Le filtrage par formulaire utilise plusieurs critères pour localiser les enregistrements. D'une certaine manière, cela fonctionne comme une requête simple.

Supposons que dans une liste de commandes, vous ayez besoin de lister tous les produits vendus par Jean. Vous pourriez appliquer deux filtres Sélection (en vous basant sur les champs qui décrivent respectivement les catégories de produits et les prénoms des vendeurs), puis noter les résultats obtenus. Mais, grâce au filtrage par formulaire, il est aussi possible de n'opérer qu'une seule recherche pour obtenir la réponse espérée.

Pour utiliser la commande Filtre par formulaire, procédez de la manière suivante :

1. **La table à parcourir étant ouverte, activez l'onglet Accueil, puis cliquez sur le bouton Options de filtre avancé (dans le groupe Trier et filtrer).**

   Un menu apparaît.

2. **Choisissez dans le menu l'option Filtrer par formulaire.**

   La table est remplacée par une unique ligne de cellules surmontée des noms des champs (voir la Figure 8.6).

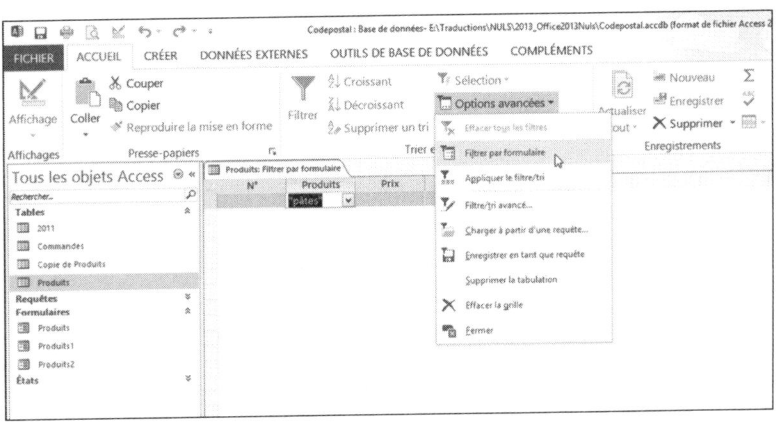

Figure 8.6 : Le filtrage par formulaire propose une grille et des listes déroulantes pour définir les critères.

3. **Cliquez dans la première colonne sur laquelle vous voulez filtrer la table.**

   TRUC

   Si vous ne voyez pas le champ qui vous intéresse, servez-vous des barres de défilement pour y accéder.

   Normalement, Access va placer une flèche de défilement à droite du champ sélectionné.

   TRUC

   Si vous avez récemment créé un filtre, le champ utilisé dans votre critère sera automatiquement activé et prérempli.

4. **Cliquez sur la flèche pour afficher toutes les valeurs que contient le champ (voir la Figure 8.7).**

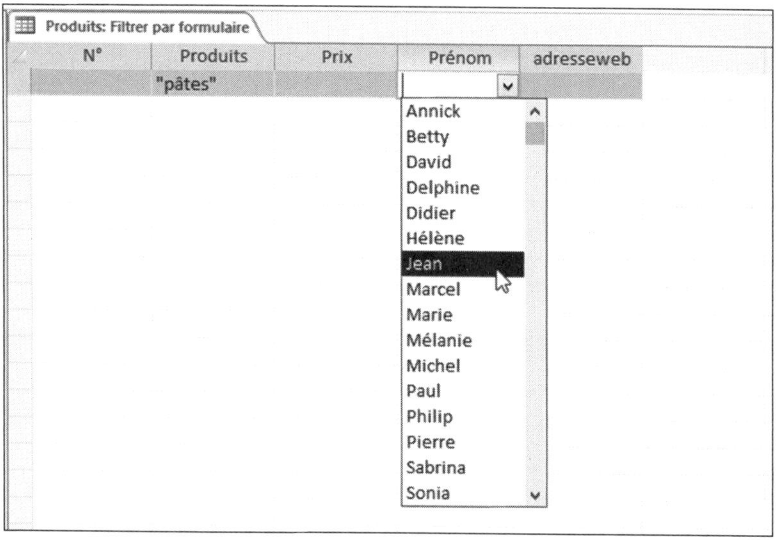

Figure 8.7 : La liste déroulante montre toutes les valeurs différentes contenues dans le champ.

5. **Choisissez dans la liste la valeur que vous voulez utiliser dans ce filtre.**

   Pour cet exemple, j'ai choisi dans le champ *Prénom* le mot *Jean*. Access l'affiche dans la cellule, en l'entourant si nécessaire de guillemets (un détail pratique dont vous n'avez pas à vous occuper !), et dans le champ *Produit*, le mot *Savon*. Mais comme je désire connaître tous les produits vendus par Jean, je dois me conformer à l'étape suivante.

6. **Pour ajouter un autre critère à votre filtre, cliquez sur l'onglet Ou, en bas de l'espace de travail.**

Une nouvelle fenêtre Filtrer par formulaire apparaît. Elle vous permet d'ajouter une seconde condition à la recherche. Dans le même temps, Access ajoute un onglet Ou supplémentaire (voir la Figure 8.8).

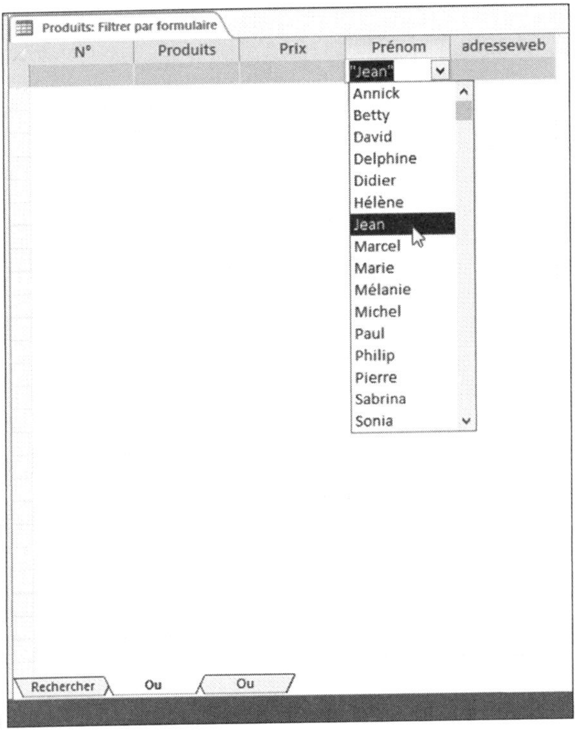

Figure 8.8 : Vous pouvez définir autant de critères Ou que vous le souhaitez.

La commande Filtrer par formulaire permet d'exécuter facilement des ordres simples, du genre : « Je voudrais voir toutes les villes dans la liste des commandes livrées. » Elle est aussi capable de répondre à des questions un peu plus difficiles, comme : « Quels sont les champs de la table Produits qui contiennent "Condiments" ou "Boissons" dans le champ *Nom catégorie* ? » En revanche, des critères réellement complexes (« Quels sont les boissons et les condiments coûtant plus de 15 € et dont le stock est inférieur à 25 unités ? ») nécessitent la construction d'une requête.

7. **Pour chaque champ supplémentaire que vous voulez filtrer, répétez les Étapes 3 à 6.**

8. **Lorsque vous avez terminé, cliquez dans le ruban sur le bouton Activer/désactiver le filtre.**

   La Figure 8.9 illustre le résultat obtenu.

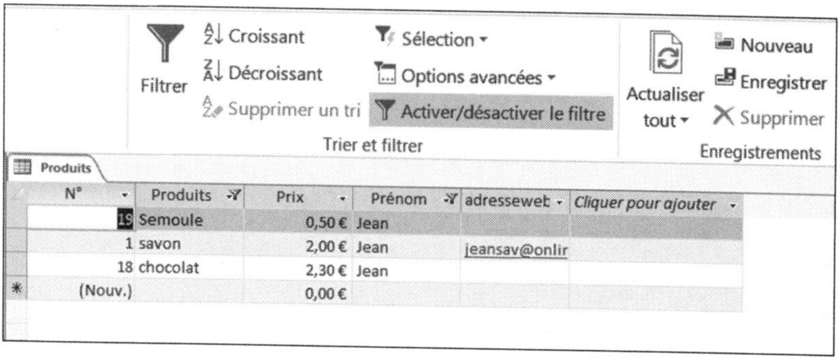

Figure 8.9 : Le filtrage par formulaire est appliqué.

Vous pouvez certes ajouter autant de critères OU que vous en avez envie. Mais avant de vous laisser emporter par votre élan, souvenez-vous que les requêtes sont bien mieux adaptées que les filtres pour répondre à des questions complexes (et c'est même dans ce cas la seule solution).

Chapitre 9

Je demandais juste... des réponses

Dans ce Chapitre :

- Les requêtes et ce qu'elles peuvent faire.
- Poser des questions (et obtenir des réponses) à l'aide de requêtes de filtre et de tri.

Ce chapitre vous présente donc l'art de poser des questions sur les informations contenues dans votre base de données. Sous Access, cet art s'appelle *requêtes*. Vous allez découvrir ici comment utiliser l'assistant Requête pour formuler des questions simples, et comment créer vous-même des requêtes en partant d'une commande dont le nom est un peu bizarre et totalement inapproprié : Filtre/tri avancé.

Outils (simples mais efficaces) de filtrage et de tri

Attendez une minute... Nous venons de parler de requêtes, et le titre ci-dessus concerne les filtres et le tri. Peut-on nous expliquer ce qui se passe ? En fait, les tris et les filtres *sont* des requêtes en elles-mêmes. En les utilisant, vous pouvez retrouver plus facilement un certain enregistrement. Une table triée alphabétiquement sur le champ vous permettra évidemment de localiser rapidement et efficacement tous les Dupond. D'un autre côté, un filtre demande « Affiche tous les enregistrements qui ont *ceci* en commun » (ou l'inverse). Vous questionnez la base de données, donc c'est une requête !

Requêtes, tris, filtres... Tout cela est lié : il s'agit à chaque fois des questions que vous posez. Il existe en fait deux manières de retrouver un certain enregistrement :

- Les *requêtes* utilisent un ensemble de *critères*, c'est-à-dire des conditions qui éliminent bon nombre d'enregistrements (si ce n'est tous sauf un). Vous transmettez ces critères à la base de données pour lui dire : « Regarde ici, et là, et encore là, et trouve CECI pour moi ! ».
- Les *filtres*, quant à eux, disent : « Lis tous ces enregistrements à ma place et trouve celui ou ceux qui ressemblent à CECI ! ».

Access, la boîte à fiches informatique

Si l'on y réfléchit un peu, il n'y a pas de différence de fond entre interroger une base de données Access, et demander à l'archiviste de service de retrouver une fiche bristol soigneusement rangée dans son classeur poussiéreux :

- Si vous demandez à l'archiviste de retrouver le listing des factures du 10 avril 2013, il va localiser l'armoire « Factures » qui contient forcément la boîte « 2013 ». De cette boîte, il va extraire la chemise « Avril », où sont rangées des fiches à onglets classées jour par jour. Il va mettre le doigt sur l'onglet « 10 », sortir la fiche et vous la transmettre (ou vous la photocopier avant de la ranger soigneusement à sa place).
- Vous allez poser la même question à Access, à cela près qu'il faudra utiliser un langage un peu spécial pour qu'il vous comprenne. Il va localiser la bonne table, rechercher dans des champs particuliers, regrouper tous les enregistrements qui vérifient votre critère, puis afficher le résultat. Au vocabulaire près, vous constatez qu'Access a tout de l'archiviste zélé, compétent *et* extrêmement rapide.
- Il y a aussi un avantage supplémentaire à remplacer votre vieil archiviste par Access. Celui-ci vous permet en effet d'effectuer des calculs tout en posant votre question et de répondre à des interrogations du genre : « Je veux toutes les factures du 10 avril 2013 et dis-moi quel en est le montant total ? Tant qu'à faire, tu m'en indiques le nombre et tu fais leur moyenne pour faire bonne mesure. Et tout de suite, s'il te plaît, la direction s'impatiente ! ».

Bien sûr, le point d'exclamation est facultatif, et il en va de même de la méthode que vous utilisez : vous pouvez interroger (avec une requête) *ou* filtrer pour localiser un certain enregistrement, ou bien un certain groupe d'enregistrements. Mais, dans tous les cas, il s'agit bien de poser une question.

D'abord, filtrer les choses

Commençons par parler des filtres, car la procédure est plus simple et plus directe que la création d'une requête. C'est aussi l'occasion de se tremper les pieds avant de plonger dans l'océan.

Comment les filtres fonctionnent

Les filtres parcourent rapidement une unique table pour rechercher les données qui vous intéressent. Ils examinent tous les enregistrements l'un après l'autre, puis ils cachent ceux qui ne correspondent pas à votre critère.

Les options de filtrage sont virtuellement illimitées, mais au demeurant simples :

- Vous voulez tous les vendeurs parisiens ? Filtrez le champ Ville sur la valeur **Paris**.
- Vous recherchez tous les plombiers parisiens ? Filtrez sur les champs Ville (**Paris**) et Métier (**Plombier**), et le tour est joué.
- Vous voulez vous assurer que la liste ne vous proposera pas aussi les plombiers de Paris (au Texas) ? Ajoutez un critère portant sur le champ Pays (**France**).

La facilité et la simplicité ont leur prix. Les filtres ne sont ni souples ni vraiment subtils :

- Il n'est pas possible d'appliquer un filtre à plusieurs tables, sauf à créer d'abord une requête liant ces tables.
- Un filtre ne peut pas former la base des enregistrements affichés dans un état ou un formulaire.

Et les requêtes ?

Les requêtes vont beaucoup plus loin que les filtres. Évidemment, elles sont aussi nettement plus complexes. Après tout, il est plus facile de faire du vélo que de la moto, mais même une bicyclette de course ira toujours moins vite qu'une 800 cm^3. Pour les requêtes, c'est un peu la même chose. Elles vous permettent de travailler sur une ou plusieurs tables, de procéder à des recherches dans plusieurs champs, de faire aussi des calculs, et même de sauvegarder les résultats pour les analyser à tête reposée. Mais avant d'arriver à cela, vous devez prendre des cours de conduite et réussir votre examen de passage.

Le plus avancé des filtres est en même temps une simple requête. Votre première étape dans le monde des requêtes est donc aussi la dernière dans le monde des filtres. C'est le miracle des bases de données !

Bienvenue dans la commande Filtre/tri avancé, le super filtre d'Access, en réalité si mal nommé.

Filtre/tri avancé

La commande Filtre/tri avancé est plus puissante qu'un filtre normal. Elle est même si puissante qu'elle ressemble à une requête simple :

- Vous utilisez dans les deux cas les mêmes étapes.
- Et dans les deux cas aussi, les résultats se ressemblent.

La commande Filtre/tri avancé a l'aspect, le fonctionnement et le comportement d'une requête, mais il s'agit bel et bien d'un filtre, avec toutes les contraintes qui y sont liées :

- Le filtre/tri avancé ne sait traiter qu'une seule table (ou formulaire) à la fois.
- Vous ne pouvez poser que des questions simples.

  Les vraies requêtes vont bien plus loin que cela.
- Le filtre affiche toujours toutes les colonnes des enregistrements qu'il trouve.

  Avec une requête, *vous* choisissez les colonnes qui vont apparaître dans le résultat. Si vous ne voulez pas voir tel ou tel champ, vous l'éliminez de la requête. Les filtres ne sont pas assez intelligents pour réussir un tel exploit.

Malgré ces restrictions, la commande Filtre/tri avancé constitue un excellent terrain d'entraînement avant d'affronter la redoutable équipe des *requêteurs*.

NOTE TECHNIQUE

Même si cette section ne traite que de l'application de filtres à des tables, sachez que vous pouvez aussi filtrer une requête. Il y a d'ailleurs une bonne raison à le faire. Certaines requêtes sont longues à exécuter, et il est alors plus *rapide* de leur appliquer un filtrage plutôt que de les réécrire et relancer. Supposons par exemple que vous ayez exécuté une requête délicate afin d'obtenir un état des ventes, et que vous remarquiez qu'elle inclut des données pour tous les départements de France, de Navarre et d'outre-mer réunis, et pas seulement pour celui que vous vouliez cibler. Au lieu de corriger la requête et de la relancer, vous pouvez appliquer un filtre portant sur le champ Département. Vous avez la bonne réponse en une fraction de seconde.

Filtre, côté bout

Avant d'utiliser la fenêtre du filtre avancé, regardons un peu sa composition et son fonctionnement.

Comme l'illustre la Figure 9.1, cette fenêtre est partagée en deux zones :

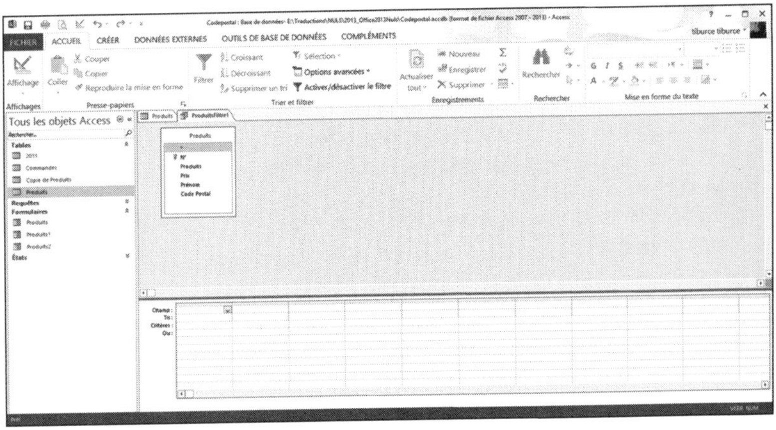

Figure 9.1 : La fenêtre Filtre/tri avancé vous permet de choisir le ou les champs sur lesquels vous allez filtrer vos données dans la table courante.

- En haut (dans la boîte « Communes », sur la Figure 9.1), vous trouvez la liste de tous les champs de la table ou du formulaire courant (c'est-à-dire ouvert à cet instant). Vous ne savez plus trop ce qu'est un formulaire ? Relisez le Chapitre 7 !

  À ce stade, vous n'avez pas besoin de vous soucier de cette partie de la fenêtre. La liste des champs prendra tout son sens lorsque vous commencerez à travailler avec des requêtes pures et dures. Comme la moitié supérieure ne peut montrer que la table courante (ou le formulaire courant), vous ne pouvez rien faire de particulier à cet endroit.

- La moitié inférieure de l'espace de travail affiche une grille (pour l'instant vierge) dans laquelle vous allez décrire votre filtre.

  Cette *grille de requête* sert aussi bien aux filtres avancés qu'aux requêtes proprement dites. Vous la retrouverez donc le moment venu.

Pour construire le filtre, il vous suffit de remplir correctement les espaces dans la grille. Access vous y aide en proposant des listes déroulantes et des lignes qui réalisent des tâches particulières. La procédure à appliquer est décrite dans la section qui suit. Vous allez y apprendre tout ce dont vous avez besoin de savoir sur les filtres avancés !

Et voici la partie « avancée » !

Nous savons que la commande Filtre/tri avancé concerne également les formulaires. Si vous vous sentez l'esprit aventureux (ou tout simplement si vous préférez ce mode d'affichage aux feuilles de données), ouvrez un formulaire et testez un filtre. Les étapes sont exactement les mêmes que ci-après.

Les sections qui suivent vous expliquent comment créer et utiliser des filtres.

Commencer le processus

Il est temps de franchir le pas :

1. **Décidez de la question que vous voulez poser et des champs qu'elle va mettre en mouvement.**

Comme il s'agit de vos données, vous seul savez quelles sont les informations qui vous intéressent et quels sont les champs à utiliser pour les obtenir. Il peut par exemple s'agir de vos vendeurs (ou représentants) qui habitent dans un certain département ou une certaine ville, de la liste des employés travaillant à la comptabilité ou au service contentieux, des livres écrits par votre auteur préféré, des amis ou parents dont l'anniversaire tombe le mois prochain, et ainsi de suite (notez tout de même que la notion de *mois prochain* n'est susceptible d'aucune variation dans le temps, et donc qu'il s'agit d'un filtre qui mériterait d'être enregistré).

Quel que soit votre problème, commencez par rédiger la question, puis déterminez les champs de la table ou du formulaire qui contiennent la réponse.

N'OUBLIEZ PAS

Ne vous inquiétez pas si la question concerne plusieurs champs et/ou plusieurs options. Les filtres avancés (et plus encore les requêtes) savent gérer cela.

2. **Ouvrez la table (ou le formulaire) que vous voulez interroger.**

3. **Activez l'onglet Accueil.**

4. **Dans le groupe Trier et filtrer, cliquez sur le bouton Options avancées. Choisissez ensuite l'option Filtre/tri avancé (voir la Figure 9.2).**

   La fenêtre de filtre apparaît. Elle attend vos ordres. Ce que vous voyez dépend toutefois de vos actions précédentes :

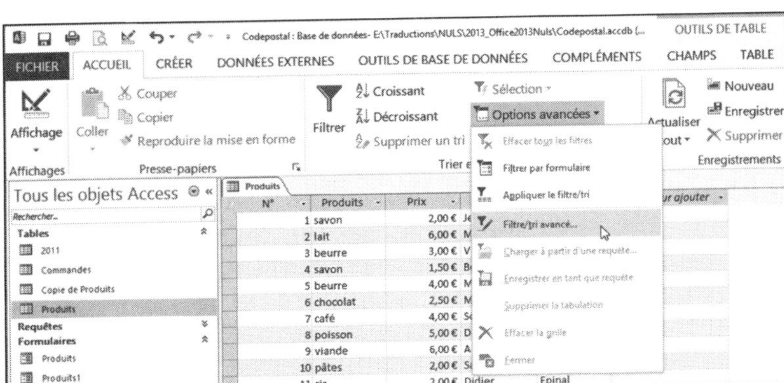

Figure 9.2 : Choisissez la commande Filtre/tri avancé.

- Si vous avez déjà utilisé un quelconque filtre avec cette table, Access affiche automatiquement les critères en cours.

- Dans le cas contraire, la fenêtre est vierge.

TRUC

Si vous voulez partir d'un espace vide, cliquez dans le menu Options de filtre avancé sur la commande Effacer tous les filtres.

La fenêtre du filtre n'est rien d'autre qu'une version simplifiée de la fenêtre des requêtes. Le filtre avancé ressemble à, se présente comme, et agit à peu près comme une véritable requête.

Une fois la fenêtre affichée, vous êtes prêt à sélectionner des champs et des critères pour votre filtre. Voyons comment procéder.

Sélectionner des champs et des critères

Pour sélectionner le ou les champs que vous voulez utiliser dans le filtre, et pour configurer vos critères (c'est-à-dire la manière de ne retenir que ce qui vous intéresse), vous devez suivre ces étapes avec le plus grand soin :

1. **Cliquez dans la première cellule de la ligne Champ, puis sur la flèche qu'Access place au bout de celle-ci.**

   La liste de tous les champs de votre table (ou de votre formulaire) apparaît.

2. **Cliquez sur le nom du champ qui va servir à construire votre critère.**

   Access affiche le nom de ce champ dans la cellule. Jusqu'ici, tout va bien.

   TRUC

   Si vous voulez voir les résultats que produit votre filtre dans l'ordre naturel de votre table, passez à l'Étape 4.

3. **Si vous souhaitez ordonner les résultats selon ce champ particulier, procédez de la manière suivante :**

   a. *Cliquez dans la case Tri associée à votre champ (donc juste sous la ligne Champ).*

   b. *Cliquez sur la flèche qui se trouve à droite de cette cellule.*

c. Sélectionnez l'ordre voulu : Croisant, Décroissant (ou Non trié pour revenir à la disposition d'origine).

Vous vous rappelez que *croissant* signifie du plus petit au plus grand (de A à Z, de 1 à 9, *etc.*), et que *décroissant* en est l'opposé (de Z à A, de 9 à 1, *etc.*).

4. Définissez votre critère pour ce champ. Pour cela :

a. Cliquez dans la cellule Critères de la colonne.

b. Tapez votre critère sous la forme d'un opérateur de comparaison suivi d'une valeur faisant référence à un mot, une expression ou encore un nombre servant à tester le contenu des enregistrements.

Construire un critère est ce qu'il y a de plus difficile à faire. Et c'est l'instant le plus important de tout le processus. Ce critère est en fait la traduction dans le langage des requêtes de votre question. Le Tableau 9.1 vous propose une introduction rapide aux différentes manières dont vous pouvez exprimer votre critère.

Tableau 9.1 : Opérateurs de comparaison de base.

Nom	Symbole	Signification	Exemple
Égal à	=	Affiche tous les enregistrements qui sont totalement identiques à ce que vous tapez.	Pour trouver toutes les commandes du client numéro 37, entrez **=37** dans la ligne Critères.
Inférieur à	<	Liste toutes les valeurs inférieures à votre critère. Tapez **<30000** dans le champ Salaire pour trouver tous les personnels qui gagnent moins de 30 000 € (par an !).	
Supérieur à	>	Liste toutes les valeurs supérieures à votre critère. Tapez **>30000** dans le champ Salaire pour trouver tous les personnels qui gagnent plus de 30 000 € (par mois ?). Ils paient un pot à tout le monde...	

Nom	Symbole	Signification	Exemple
Supérieur ou égal à	>=	Comme Supérieur à, en incluant aussi toutes les entrées strictement égales à votre critère. Tapez **>=30000** dans le champ Salaire pour trouver tous les personnels qui gagnent *au moins* 30 000 €. Ils offrent une seconde tournée.	
Inférieur ou égal à	<=	Comme Inférieur à, en incluant aussi toutes les entrées strictement égales à votre critère. Tapez **<=30000** dans le champ Salaire pour trouver tous les personnels qui gagnent *au plus* 30 000 €. Ils trinquent à la santé des autres.	
Différent de	<>	Trouve toutes les entrées qui ne correspondent pas au critère.	Si vous souhaitez trouver tous les enregistrements sauf ceux contenant la valeur **30000**, tapez **<>30000**.

TRUC

Si votre question porte sur plusieurs champs, répétez les Étapes 1 à 4 ci-dessus en passant à chaque fois à la colonne suivante.

Une fois tous vos champs et vos critères bien en place, il est temps de tester votre filtre. La Figure 9.3 est un exemple de l'utilisation de deux champs d'une table appelée Produits, et un critère destiné à obtenir la liste, triée dans l'ordre croissant des prénoms de vendeurs habitant Paris.

Appliquer le filtre

Lorsque le processus de définition est terminé, vous êtes prêt à exécuter le filtre. Pour cela, il vous suffit de cliquer sur le bouton Appliquer le filtre (l'espèce d'entonnoir qui se trouve en bas du groupe Trier et filtrer).

Access réfléchit un moment, puis les enregistrements qui vérifient votre filtre apparaissent, comme à la Figure 9.4.

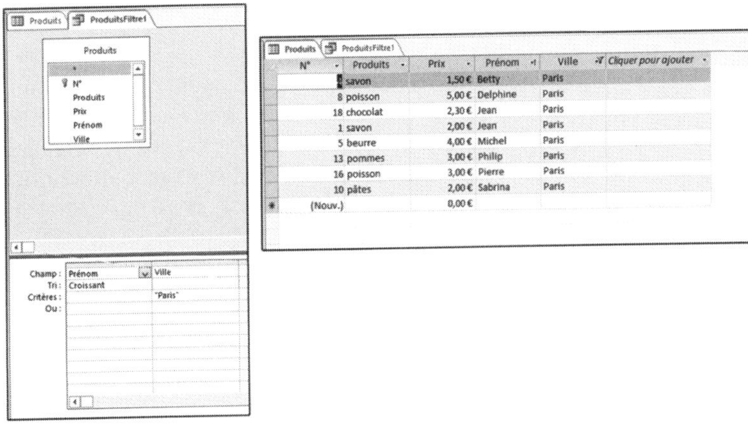

Figure 9.3 : La requête et son résultat.

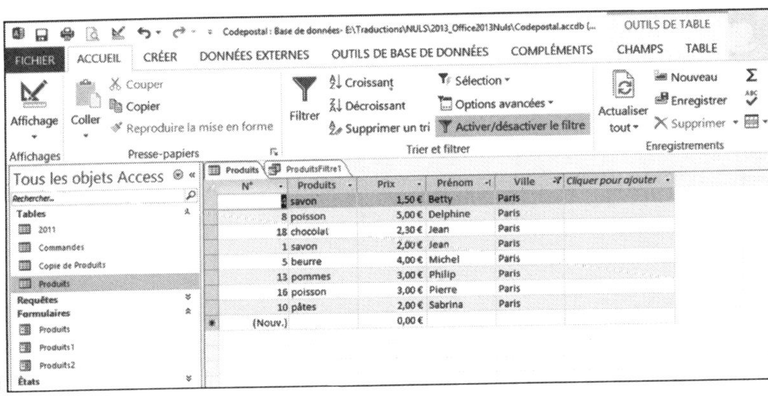

Figure 9.4 : C'est fait, vos données sont filtrées. Pas de tralala, des résultats !

Si vous voulez revoir toutes vos données, il vous suffit de basculer entre les deux modes. Pour cela :

- Cliquez sur le bouton Activer/désactiver le filtre (c'est exactement le même que ci-dessus, si ce n'est que son nom change lorsque le filtre est actif).

- Cliquez sur le bouton Filtré situé dans la partie inférieure de l'interface d'Access 2013. La table originale réapparaît, et le bouton affiche maintenant *Non filtré*. Cliquez à nouveau, et le filtre réapparaît. Cliquez, basculez, cliquez, basculez. Mais ne vous laissez pas bercer par ce fauteuil à bascule. Le travail n'est pas terminé !

Requêtes Sélection

La requête de base d'Access, celle qui a été inventée pour rendre votre existence plus facile, s'appelle *requête Sélection*. Elle est ainsi nommée parce qu'elle *sélectionne* les enregistrements voulus dans la base de données et affiche les résultats en fonction de vos instructions.

TRUC

L'encadré « Les secrets de la requête Sélection » résume les principales différences qui rendent les requêtes Sélection plus puissantes que les filtres traditionnels. Si, après avoir découvert tous ces secrets, vous suspectez que la requête Sélection semble être le bon outil pour répondre aux questions que vous avez en tête, ne relâchez pas vos efforts !

TRUC

La meilleure démarche à choisir pour créer une requête Sélection dépend des considérations suivantes :

NOTE TECHNIQUE

Les secrets de la requête Sélection

Contrairement à son petit frère Filtre/tri avancé (décrit plus haut dans ce chapitre), une requête Sélection offre toutes sortes d'options utiles et puissantes, notamment :

- **Utilisation de plusieurs tables dans une requête.** Du fait qu'une requête comprend l'aspect relationnel d'Access, elle est tout à fait capable de regrouper des données provenant de plusieurs tables.
- **Choix des champs à afficher.** Les requêtes Sélection proposent la toujours populaire option Afficher, qui vous permet d'indiquer quels sont les champs à montrer (et inversement à masquer).
- **Organisation des champs selon un ordre quelconque.** Placez les champs de vos résultats là où vous le souhaitez sans rien changer aux tables sous-jacentes.
- **Définition du nombre de résultats à afficher.** Vous n'avez besoin que des gagnants du *Top* 5, 25 ou 100, voire d'un pourcentage d'enregistrements par rapport au nombre de résultats trouvés.
- **Vous pouvez sauvegarder votre requête pour préserver l'avenir.** Contrairement au Filtre/tri avancé, dont l'existence ne dure que tant que la fenêtre est ouverte, une requête Sélection peut être nommée, enregistrée et exécutée chaque fois que vous en avez besoin.

- Si vous débutez dans l'écriture de requêtes, l'assistant Requête vous offre un outil facile à mettre en œuvre. Il vous guide dans le choix des tables et des champs, et vous permet même d'introduire des calculs dans votre requête (par exemple pour compter le nombre d'enregistrements).
- Si vous avez déjà écrit quelques requêtes et que la fenêtre de conception ne vous fait plus peur, oubliez l'assistant et lancez-vous directement dans le grand bain.

Pour réussir ses requêtes, il faut de solides relations

Dans la vie, quelques solides relations peuvent aider à résoudre bien des problèmes. Sous Access, de solides relations aideront à rendre votre vie avec les requêtes bien plus agréables et efficaces.

N'OUBLIEZ PAS

Pour pouvoir interroger votre base de données, vous devez avoir un certain nombre de connaissances concernant la structure de la base de données :

- De quelles tables avez-vous besoin ?
- Quelles sont les relations qui existent entre ces tables ?
- Quels champs contiennent les données que vous voulez retrouver ?
- Quels champs voulez-vous afficher dans la solution ?

NOTE TECHNIQUE

Access gère des relations entre les tables de votre base de données. En général, ces relations sont établies lors de la conception de la base. Lorsque vous créez les tables et que vous y définissez des champs-clés, vous préparez du même coup ces tables aux requêtes qui viendront les exploiter.

Les *clés* relient les tables les unes aux autres. Les requêtes les utilisent pour associer les enregistrements d'une première table aux enregistrements correspondants d'une seconde table. Si votre organisation est sans faille, si votre structure est bien conçue, les requêtes seront beaucoup plus faciles à écrire et à exécuter.

Vous avez besoin de vous rafraîchir la mémoire au sujet de la création de relations entre les tables de votre base de données ? Relisez le Chapitre 4 : tous les secrets de ces relations vous sont révélés.

Si vous ne construisez pas à l'avance les relations entre vos tables, vous devrez recommencer cette procédure chaque fois que vous voudrez créer une nouvelle requête. Il est donc *toujours* préférable de prendre le temps de *bien* concevoir ses tables et de définir les *bonnes* relations. De cette manière, vos requêtes seront plus faciles et plus rapides à construire.

Exécuter l'assistant Requête

Access propose en réalité plusieurs assistants Requête. Celui qui va nous intéresser ici est l'assistant Requête simple (nous voici rassurés). Avec lui, il vous suffira d'entrer les informations qui concernent les tables et les champs, et l'assistant se chargera de l'intendance.

Access n'est pas voyant (c'est en projet pour la prochaine version). Il a donc besoin que vous lui donniez certains renseignements !

Pour créer une requête à l'aide de l'assistant Requête simple, suivez ces étapes :

1. **Notez sur une feuille de papier les données que vous voulez retrouver à l'aide de la requête.**

   Dessinez votre plan en tenant compte du fait que les résultats seront affichés sous la forme d'une feuille de données (donc sous la forme de lignes et de colonnes). En réalité, vous n'avez besoin de noter que les en-têtes des colonnes afin de déterminer les informations à extraire de la base.

2. **Déterminez la ou les tables dans lesquelles se trouvent les différents en-têtes que vous venez d'inscrire.**

   Notez sous chaque en-tête le nom de la table et le nom du champ correspondant.

3. **Activez l'onglet Créer. Dans le groupe Requêtes, cliquez sur le bouton Assistant Requête.**

   La boîte de dialogue Nouvelle requête apparaît. Elle vous demande quel type d'assistant vous souhaitez exécuter.

4. **Choisissez la première option, Assistant Requête Simple, et cliquez sur OK.**

   La fenêtre Assistant Requête simple s'affiche (voir la Figure 9.5). Elle vous propose de choisir les tables que vous

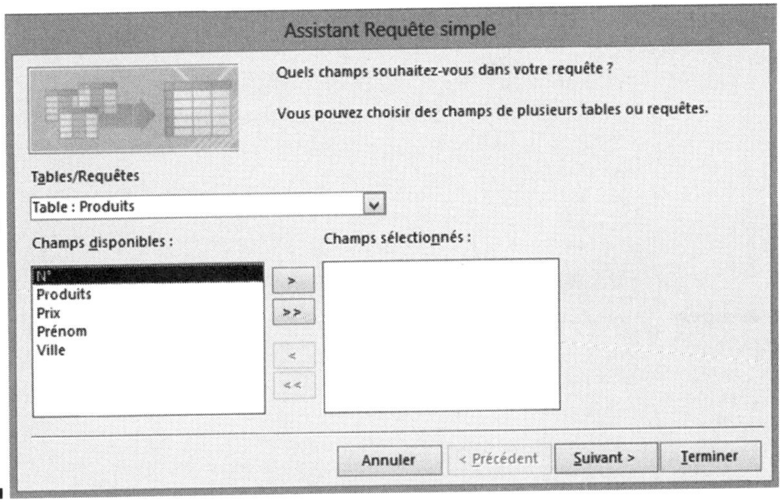

Figure 9.5 : L'assistant Requête simple commence par vous demander de choisir une table.

voulez interroger, ainsi que les champs de ces tables avec lesquels vous souhaitez travailler.

5. **Sélectionnez la première table que vous voulez inclure dans la requête.**

   Une liste de toutes les tables et requêtes présentes dans la base de données se déroule. Pour sélectionner chaque champ, répétez les étapes suivantes :

   a. *Cliquez sur la flèche qui se trouve à droite de la liste déroulante Tables/Requêtes (voir la Figure 9.6).*

   b. *Cliquez sur le nom de la table ou de la requête que vous voulez inclure.*

      La liste Champs disponibles reflète le contenu de la table ou de la requête courante.

   c. *Dans la liste Champs disponibles, faites un double-clic sur le nom de chaque champ à inclure dans la requête.*

TRUC

Si vous commettez une erreur, il vous suffit de faire un double-clic sur le nom à retirer dans la liste Champs sélectionnés. Si vous trouvez plus efficace de repartir de zéro, cliquez sur le bouton qui affiche un double chevron tourné vers la gauche (<<). Il efface la totalité des champs sélectionnés.

Access

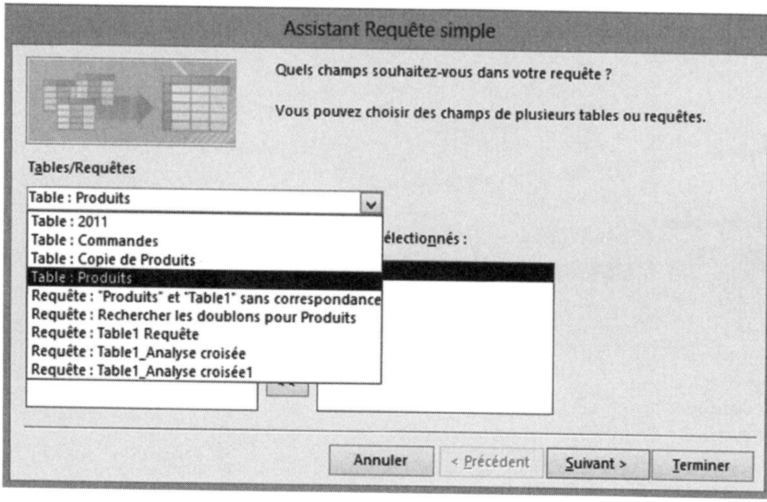

Figure 9.6 : La liste déroulante Tables/Requêtes.

6. **Une fois terminée votre sélection de champs, cliquez sur le bouton Suivant.**

   Si l'assistant détermine que les relations entre les tables sélectionnées sont solidement établies, tout va bien. La fenêtre illustrée sur la Figure 9.7 va apparaître.

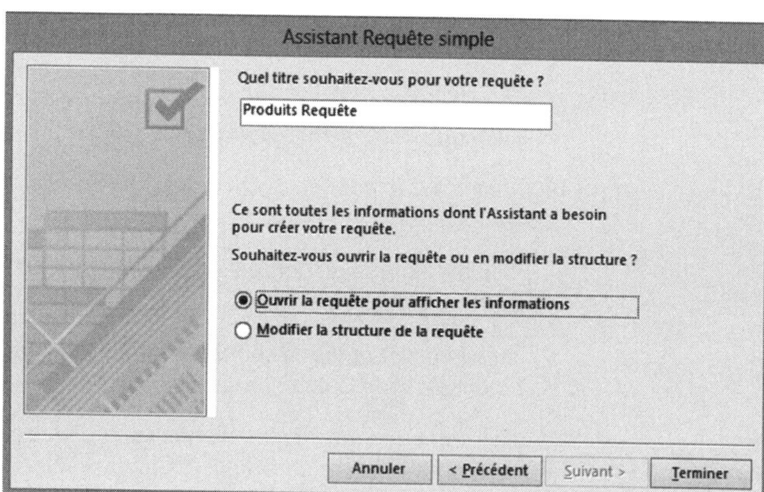

Figure 9.7 : Synthèse ou détails, c'est vous qui décidez.

   Si vous ne voyez pas cette boîte de dialogue, ne vous affolez pas. Passez simplement à l'Étape 8 pour donner un nom à votre requête.

ATTENTION !

Si vous incluez des champs provenant de deux tables entre lesquelles il n'existe pas de relation, un message d'avertissement apparaît. Il vous rappelle que toutes les tables utilisées dans la requête doivent posséder une relation, et elle vous suggère de corriger le problème avant de continuer. En fait, vous ne pouvez même pas aller plus loin tant que vous n'aurez pas :

- Supprimé tous les champs de la requête qui concernent des tables non liées.

  Ou bien :

- Corrigé les relations de manière à ce que les tables sélectionnées soient correctement liées.

7. **Si l'assistant vous demande de choisir entre une requête détaillée et une synthèse, cliquez sur le bouton radio qui correspond à votre souhait, puis sur Suivant.**

   - *Détaillée* crée une feuille de données listant dans le détail (comme l'indique le nom de l'option) tous les enregistrements qui vérifient la requête.
   - *Synthèse* indique à l'assistant que vous préférez voir un état synthétique des informations.

TRUC

Une synthèse permet d'effectuer des calculs sur des champs numériques (sommes, moyennes, *etc.*). Dans le cas de champs de texte, Access peut par exemple compter le nombre d'enregistrements.

Si vous voulez personnaliser ces opérations, cliquez sur le bouton Options de synthèse. La boîte de dialogue correspondante apparaît. Cochez les calculs à effectuer dans la liste (somme, moyenne, minimum ou maximum), puis cliquez sur OK.

Vous vous demandez comment l'assistant s'y prend pour opter entre détails et synthèse ? Voyez l'encadré « Synthétiser ou ne pas synthétiser ».

8. **La dernière fenêtre de l'assistant (déjà !) vous propose un champ et deux boutons radio, comme le montre la Figure 9.8 :**

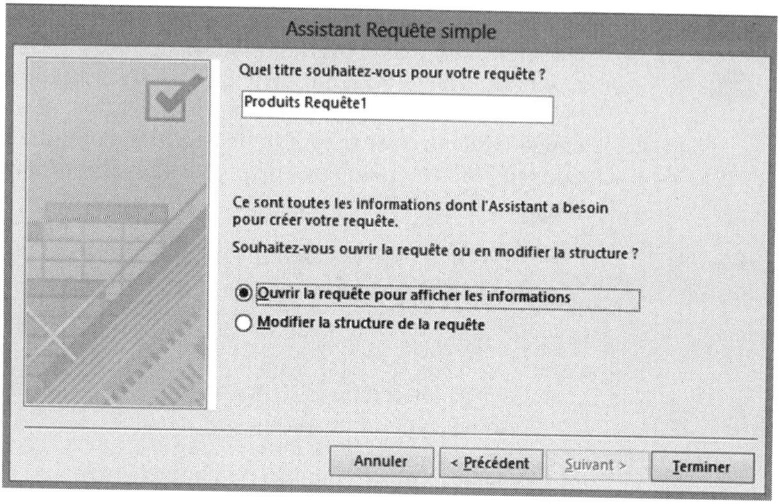

Figure 9.8 : La création de la requête touche à sa fin.

- Si vous voulez voir comment la requête est construite (et peut-être même la personnaliser), cliquez sur Modifier la structure de la requête.

  L'assistant vous envoie immédiatement en salle d'opération pour que vous puissiez réaliser un lifting (par exemple inclure un tri et des totaux).

- Pour satisfaire votre curiosité et visualiser tout de suite les résultats fournis par l'assistant, cliquez sur Ouvrir la requête pour afficher les informations.

  Dans ce cas, les données vérifiant la requête seront présentées sous la forme d'une classique feuille de données.

9. **Entrez un nom pour votre requête dans le champ du haut. Il ne vous reste alors qu'à cliquer sur Terminer.**

   L'assistant construit votre requête, la sauvegarde sous le nom que vous venez de lui donner, puis il affiche les résultats, comme l'illustre la Figure 9.9.Champagne pour tous ! Vous venez de donner naissance à une nouvelle requête.

NOTE TECHNIQUE

Lorsque vous terminez les étapes décrites ci-dessus, l'assistant enregistre automatiquement la requête dans la base de données en lui attribuant le nom spécifié dans la dernière fenêtre.

Produits Requête1

Prénom	Ville	Produits
Jean	Paris	savon
Marcel	Amboise	lait
Vivianne	Chartres	beurre
Betty	Paris	savon
Michel	Paris	beurre
Marie	Vierzon	chocolat
Sonia	Sochaux	café
Delphine	Paris	poisson
Annick	Epinal	viande
Sabrina	Paris	pâtes
Didier	Epinal	riz
David	Amboise	semoule
Philip	Paris	pommes
Hélène	Brest	poires
Mélanie	Nantes	scoubidous
Pierre	Paris	poisson
Paul	Lille	chocolat
Jean	Paris	chocolat
Jean	Lille	Semoule
Marcel	Roubaix	Oranges
*		

Figure 9.9 : Résultats d'une requête construite à l'aide de l'assistant.

NOTE TECHNIQUE

Synthétiser ou ne pas synthétiser

Détail, synthèse ? Comment l'assistant fait-il pour trancher ? Les ordinateurs sont un peu comme les gens. Les choses semblent parfois arbitraires, mais il existe quand même quelques raisons cachées derrière elles.

L'assistant affiche les étapes détail ou synthèse si l'une au moins des deux assertions suivantes est vraie :

- Les champs de votre requête proviennent de deux tables qui sont associées dans une relation un-à-plusieurs (ces relations sont expliquées dans le Chapitre 4).
- Un champ sélectionné contient une donnée numérique.

Index Word

A

Abaisser
  rubriques 283
Affichage
  écran de Word 12
  mode
    brouillon 29
    page 29
  plan 279, 280
    ajouter des rubriques 282
    imprimer 287
    raccourcis clavier 287
    réorganiser les rubriques 285
Afficher
  quadrillage 252
  Afficher/masquer
  caractère non imprimable 30
Aide 15
Ajouter au dictionnaire 90
Aligner
  à droite 147
  à gauche 146
  des images 253
Annuler
  commande 52
  erreur 52
  imprimer 122
  répéter 53
Aperçu avant impression 115
Atteindre (commande) 42

B

Barre
  d'état 28
  de défilement
    parcourir un document 35
  d'espace (utilisation) 25
  des tâches
    épingler Word 8
Bloc de texte 71
  coller 83
  copier 81
  déplacer 82
  désélectionner 80
  glisser-déplacer 84
  imprimer 120
  sélectionner 73
    caractère 76
    clic (par) 77
    raccourcis clavier 73
    souris (avec la) 76
    touche F8 78
Boîte de dialogue Police 141
Bordure
  aucune 237
  traçage 237
Brouillon
  mode 29

C

Caractère
  générique

rechercher avec 61
gras 135
insécables 256
italique 135
mise en forme 134
non imprimable
afficher/masquer 30
sélectionner 76
spéciaux
rechercher 61
Casse
respecter dans une recherche 60
Cellule 224
fusionner 236
scinder 236
supprimer 235
Centrer 147
Champ
date
d'impression 264
et heure 264
insérer 260
nombre total de pages 263
nom de fichier 263
numéro de page 262
utiliser 262
Changer de fenêtre 271
Clavier
saisir 23
Clipart
insérer 242
Colonne
insérer 235
supprimer 235
taille 235
Convertir un document 277
Correction automatique
annuler 93
Couleur
page 187
texte 138
Couverture
page 194
Créer un nouveau paragraphe 26

D

Date
d'impression
champ 264
et heure
champ 264
Démarrer Word 7
ouvrir un document 8
Dictionnaire
rechercher 292
retirer des mots 91
synonymes (des) 291
Dissocier des images 254
Document
changement de fenêtre 271
comparer 272
convertir le format 277
créer 100
e-mailer 124
enregistrer 102
enregistrer sous 102
fermer 110
format 125
fractionner 273
gérer plusieurs 270
imprimer 113
aperçu avant impression 115
page 118
plage de pages 119
plusieurs exemplaires 121
préparer l'imprimante 114
tout 116
insérer dans un autre 109
maître 288
créer 288
mise en forme 190
multiple 269
ouvrir 107
ouvrir dans un autre document 109
parcourir 39
atteindre (commande) 42
barre de défilement 35
revenir en arrière 42
souris 38
touches de contrôle 39, 41

PDF 126
quitter 17
sélectionner tout le 80
vérifier 95

E

Effacer
du texte 45
retour arrière 46
suppression 46
ligne 48
mot 47
page 50
paragraphe 48
phrase 48
Enregistrer
document 102
Enregistrer sous
document 102
En-têtes 196
ajouter 197
modifier 198
pages
impaires 200
paires 200
sections 202
supprimer 203
Entrée (touche) 26
Erreur
annuler 52
Espacement des paragraphes 150
Exporter 277

F

Fenêtre
fractionner 273
Fermer
document 110
Fichier 100
charger 275
formats différents de Word 274
nom de 105
type 274
Filigrane 188
Forme
prédéfinie 243
supprimer 246
Formule 232

G

Garde, page 194
Grammaire 87, 94
faute
ondulation 31
Gras 135
Grouper des images 254

H

Habiller une image avec du texte 246

I

Ignorer tout 90
Images 239
afficher le quadrillage 252
aligner 253
attacher au texte 248
clipart 242
déplacer 248
dissocier 254
faire pivoter 251
flottantes 248
forme 243
grouper 254
habiller 246
insérer 241
modifier 249
recadrer 250

redimensionner 249
rogner 250
supprimer 246
taille 249
Imprimante
sélectionner 121
Imprimer
annuler 122
aperçu avant impression 115
bloc 120
document 113
page 118
plage de pages 119
plusieurs exemplaires 121
tout 116
exemplaires (plusieurs) 121
page(s) 118
impaires 119
paires 119
PDF 123
plage de pages 119
préparer l'imprimante 114
Insérer
document dans un autre 109
page vierge 186
Inspecteur de style 210
Interlignage 148
définir 149
modifier 148
Italique 135

J

Justifier 147

L

Légende 245
Ligne
effacer 48
insérer 235
supprimer 235
taille 235

M

Majuscule 139
Marge 178
Masquer
Word 17
Minuscule 139
Mise en forme
annuler 140
caractère 134
du texte 131
interlignage 148
définir 149
modifier 148
paragraphe 144
aligner à droite 147
aligner à gauche 146
centrer 147
justifier 147
rechercher 63
rechercher et remplacer 68
Mise en page
boîte de dialogue 180
options 181
Mode
brouillon 29
page 29
Mot
effacer 47
rechercher 60

N

Nombre total de pages
champ 263
Nom de fichier 105
champ 263
Nouvelle page 185

Numéro de page
  champ 262
Numérotations 184
  supprimer 184
Numéroter
  début de numérotation 183
  pages 182

O

Ondulation 31
Orthographe 87
  faute
    ondulation 31
Ouvrir
  document 107
    dans un autre document 109

P

Pages 175
  couleur 187
  de couverture 194
  de garde 194
  effacer 50
  en-tête 196
  filigrane 188
  impaires, imprimer 119
  marge 178
  mise en page 180
  mode 29
  nouvelle 185
  numéroter 182
    début de numérotation 183
  options 181
  paires, imprimer 119
  paysage 177
  pied 196
  portrait 177
  saut de 29
  taille 175
  vierge
    insérer 186
Paragraphe 143
  aligner
    à droite 147
    à gauche 146
  centrer 147
  créer un nouveau 26
  effacer 48
  Entrée (touche) 26
  espacement 150
  grouper 50
  justifier 147
  mise en forme 144
  nouveau 26
  raccourci clavier 156
  retrait 151
    négatif 153
    première ligne 151
    tout le paragraphe 153
  séparer 50
Parcourir un document 39
  atteindre (commande) 42
  barre de défilement 35
  revenir en arrière 42
  souris 38
  touches de contrôle
    du curseur 39, 41
Paysage 177
PDF 126
  imprimer 123
Phrase
  effacer 48
Pieds de page 196
  ajouter 197
  modifier 198
  sections 202
  supprimer 203
Plan 279
  afficher 286
  ajouter
    des rubriques 282
    des sous-rubriques 283
    une rubrique de texte 285
  imprimer 287
  mode 280
  raccourcis clavier 287

réorganiser les rubriques 285
Police
boîte de dialogue 141
changer de 133
majuscule 139
minuscule 139
Portrait 177
Promouvoir
rubriques 284

Q

Quadrillage, afficher 252

R

Raccourci clavier
style 217
Rechercher 55
boîte de dialogue 58
caractères
génériques 61
spéciaux 61
casse 60
et remplacer 65, 68
mise en forme 68
fragment de texte 60
mise en forme 63, 68
mot entier 60
remplacer 65
tout 68
respecter la casse 60
sens 60
texte
fragment 60
Récupérer des documents non enregistrés 111
Réduire
ruban 12
Word 17
Règle 154
Remplacer 65
Remplacer tout 68
Répéter 53
Retour arrière 25, 46
Retrait
des paragraphes 151
négatif 153
première ligne 151
tous les 153
négatif 153
tout le paragraphe 153
Revenir en arrière dans un document 42
Romains
chiffres 184
Ruban
réduire 12
Rubriques
abaisser 283
promouvoir 284

S

Saisir du texte 23
Saut
de page 29
de section 191
supprimer 194
Section 190
créer 191
en-têtes et pieds 202
page
de couverture 194
de garde 194
saut 191
supprimer 194
Sens d'une recherche 60
Soulignement 31
Souris
parcourir un document 38
pointeur 14
Statistiques 293
Style 205
appliquer 209
créer à partir 212

de rien 214
d'un texte 212
de caractère 206
de liste 207
de paragraphe 206
de tableau 207
galerie Styles 207
identifier 210
lié 207
modifier 215
panneau Styles 207
personnaliser 218
présentation 205
raccourci clavier 217
remplacer 211
supprimer 219
titre 210
types 206
Suppression 25, 46
Synonymes 291
recherche 292

T

Tableau 223
aligner le texte 236
cellule 224
convertir un texte en 232
dessiner 227
format automatique 237
formule 231
réorienter le texte 236
sélectionner du texte 230
supprimer 237
Tabulations 157
barre 169
boîte de dialogue 170
centrée 164
décimale 168
droite 165
gauche 160
points de suite 172
supprimer 173
taquets 158
Taille
du texte 137, 138
page 175
Taquets de tabulation 158
barre 169
centré 164
décimale 168
droite 165
gauche 160
points de suite 172
supprimer 173
Texte
aligner dans un tableau 236
bloc 71
clic (sélectionner par) 77
coller 83
copier 81
déplacer 82
désélectionner 80
glisser-déplacer 84
raccourcis clavier 73
sélectionner 73
sélectionner avec la touche F8 78
souris (sélectionner avec) 76
caractère
sélectionner 76
couleurs 138
effacer 45, 46
interlignage 148
définir 149
modifier 148
mise en forme 131
plan
ajouter une rubrique 285
rechercher un fragment 60
réorienter dans un tableau 236
sélectionner tout le document 80
tableau (convertir en) 232
taille 137, 138
zone 258
Titre
styles 210
Touches
de contrôle du curseur 39, 41
rémanentes 28
Tour d'horizon de Word 5

Traçage des bordures 237
Travailler avec d'autres formats de fichiers 274
retirer des mots du dictionnaire 91
personnaliser 96

U

Utilisation de la barre
d'espace 25
d'état 28
Utiliser la touche Entrée 26

V

Vérification
document 95
grammaticale 94
options 96
orthographique
ajouter au dictionnaire 90
ignorer tout 90
options 90

W

Word
affichage écran 12
agrandir la fenêtre 12
aide 15
démarrer 7
document (ouvrir) 8
épingler à la Barre des tâches 8
masquer 17
quitter un document 17
réduire 17
tour d'horizon 5
WordArt 244

Z

Zone de texte 258

Index Excel

A

Access 564
Accueil (onglet) 304
Ajout 388
Ajustement automatique 406
Ajuster 417
Alignement 411
  ajuster 417
  incliner 416
  recopié 415
  vertical 413
Alt (touche) 307
Analyse de scénarios 546
Annuler 433
Argument 365
Arrière-plan 463
Atteindre 389
Axes 522, 530
  éditer les titres 532
  intersection des 534
  mettre en forme 534
  unités 534

B

Backstage 302
Barre
  de formule 301, 312
  d'état 302
    description 322
  d'outils Accès rapide
    ajouter d'autres commandes 312
    ajouter des boutons du Ruban 310
    ajouter des séparateurs 311
    assigner un bouton à une macro 312
    mini-barre d'outils 396
    personnaliser 308
    position 309
    repositionner un bouton dans 310
  de défilement 317, 319
Boîte de dialogue
  lanceurs de 304
Bordure 418, 533
Bouton de commande (du Ruban) 303
  de réduction 569

C

Calcul
  options de 549
Caractères
  dièse 551
  de substitution 490
  spéciaux 362
Catégories 530
Cellule
  active 381
  alignement 411
  copier 354
  couleur de remplissage 419
  d'entrée de ligne 549
  déplacement 435
  format 397

format des 568
Fusionner et centrer 411
indicateur Mode Cellule 322
mise en forme
avec la mini-barre d'outils 396
avec l'onglet Accueil 393
couleurs, motifs et dégradés 419
modification 350
nombre de 314, 321
nommée 483
plage 381
résultantes 557
retraits 412
sélection 381
supprimer 451, 452
variables 556
vider 452
Champs
ajouter 574
déplacer 574
liste des 566, 574
modifier 574
noms de 567
paramètres de 568
supprimer 574
Cible 552
Cliparts 541
Code postal 406
Collage
spécial 449
Coller 444
options 446
Colonne 406
ajustement automatique 406
en-têtes 547
entrées en 546
étiquettes 566
faire défiler 320
filtrer 569
masquer 408
nombre de 321
pivoter 574
transposer 447, 451
trier 572
Commande
ajouter dans la barre d'outils Accès rapide 312
sélectionner dans le Ruban 306, 307
Commentaire 480
modifier 482
police 483
révisions 481
supprimer 483
Connexions 564
Copier
cellules 354
glisser-déposer 437
Correction automatique 349
Couleur
d'onglet 503
de remplissage 419
Couper 444
Curseur de cellule
déplacer
avec des raccourcis clavier 315

D

Date 336, 339, 398
calculs 404
Décimale 403
fixe 337
Défilement
barres de 317, 319
rapide 320
Dégradés 419
Dénombrer 575
Déplacement 435
Développeur (onglet) 305
Données
croiser 560
échanger 529
étiquettes de 531
externes 564
listes de 563
onglet 305, 546

E

Ecart type 576
population 576
Effacer 433
Effets 533
Enregistrement
emplacement par défaut, changer 376
Enregistrer 375
Erreurs
formule 347
Etiquettes 531, 568
Euro 336
Excel
créer un raccourci sur le Bureau de Windows Vista 325
fonctions 575
lancer
à partir du menu Démarrer de Windows Vista 324
et quitter 323
placer dans le menu Démarrer 325
quitter 326
Extension 387

F

Fenêtre 506
cascade 507
horizontal 507
mosaïque 507
vertical 507
Feuille 497
ajouter 502
comparer en côte à côte 511
de calcul 301, 314
faire défiler 319
pourquoi plusieurs 322
se déplacer dans 314
graphiques et 528
nom 503
onglet 499
ordre 504
Fichier 300
nouveau
format binaire d'Excel 2007 378
format XLSX différences avec XLS 377
Figer les volets 477
Filtres 565
champs des 568
et champs 569
icône pour les 570
pour les lignes et les colonnes 569
Flèches 540
attacher à la zone de texte 540
personnaliser 541
supprimer 541
Fonction 365, 575
argument 365
insérer 366
modifier 369
SOMME() 368
TABLE 548
Format
de cellule 397
de fichier
binaire 378
XLS 377
XLSX 377
de nombre 397, 405
spécial 405
Formes
contour 533
effets 533
insérer 540
remplissage 533
Formule 333, 341
améliorer 365
erreurs 347
nom 485
recopie automatique 438
(onglet) 305
Fraction 336
Fractionner 476
Fusionner et centrer 411

G

Galerie
mettre sous forme de tableau 390
Gestionnaire de scénarios 554
Glisser-déposer 434
copie 437
insérer 438
Graduations 534
Graphiques 521
axes 522
déplacer 528
échanger les données 529
éditer les titres 532
étiquettes de données 531
feuilles de 528
instantanés 527
outils de graphique 306
personnaliser 529
redimensionner 528
tables de données et 531

H

Heure 339
calculs 404
Hypothèses 554

I

Impression
zone 460
Imprimer
annuler l'impression 461
avec les numéros de lignes et les lettres de colonnes 470
impression rapide 460
imprimer les titres 467
la feuille de calcul 460
mise à l'échelle 469
mise en page de la feuille de calcul 462
quadrillage 470
tâches d'impression en cours pour une imprimante 461
Inclinaison 416
INSEE 405
Insérer
caractères spéciaux 362
glisser-déposer 438
ligne 454
symboles 362
une fonction 366
(onglet) 304
Interface utilisateur 300
Intitulé 334

L

Légendes 529
symboles de 531
Ligne 407
entrées en 546
étiquettes de 566
faire défiler 320
filtrer 569
insérer 454
nombre de 321
pivoter 574
renvoi 413
styles de 540
transposer 447, 451
trier 572
Liste
personnalisée 357
Lumière 533

M

Macro 305
lancer à partir de la barre d'outils Accès rapide 312
Macro-commande 498
Marge 462
paramètres de 463

Masquer
colonne 408
Maximum 576
Minimum 576
Mise
à l'échelle 469
en page 462
boutons du groupe Mise en page 462
(mode) 456
(onglet) 304
Mode
ajout 388
cellule (indicateur) 322
entrer 331
extension 387
modifier 351
prêt 331
Modification 351
fonction 369
simultanée 500
Monétaire 398, 399
symbole 336
Motifs 419
Moyenne 575

N

Nom
constantes 487
de cellule 483
feuille 503
formule 485
Nombre
format 397, 405
Spécial 405
Notation scientifique 335

O

Ombre 533
Onglet
couleur 503
de feuille 499
fichier 300
données 546
(du Ruban) 304
Opérateur
mathématique 342
Opération 451
Options
de collage 446
Excel (boîte de dialogue)
onglet Personnalisation 310
Orientation 462, 466

P

Parenthèse 346
Paysage (mode) 462, 466
Pivot 574
Plage 363, 381
Poignée de recopie 353
Poignées 527
et rotation 539
Pointage 345
Pointer-cliquer 382
Polices 410, 533
commentaire 483
Population 576
Portrait (mode) 462, 466
Pourcentage 337, 398, 401, 550
Presse-papiers 444
Office 448
Priorité 345
Produit 576

Q

Quadrillage 418

R

Raccourci
- clavier
  - pour déplacer le curseur de cellule 315
- vers Excel sur le Bureau de Windows Vista 325

Rapport
- champs à inclure 574
- de synthèse 557
- filtre du 565
- filtrer 569

Recopie
- automatique 353
- incrémentée 353

Recopié 415

Référence
- absolue 441, 442
- relative 441

Réflexion 533

Règle 456
- masquer ou afficher 457
- unité des 457

Remplacer 492

Renvoi à la ligne 413

Répéter 433

Rétablir 433

Retrait 412

Révision (onglet) 305

Ruban 300
- boutons de commande 303
- description 303
- groupes 303
- lanceurs de boîte de dialogue 304
- onglets 303, 304
- sélectionner des commandes 306

S

Saisie 329
- semi-automatique 352

Saut de page 463

Scénarios
- ajouter 556
- analyse de 546
- créer 554
- enregistrer 557
- gestionnaire de 554
- synthèse de 557
- valeurs de 556

Sécurité sociale 405

Sélecteur d'affichage 323

Sélection
- au clavier 386
- automatique 385, 388
- avec Atteindre 389
- cellules 381
- étendre 387
- feuilles 500
- Maj 383
- non adjacente 384
- pointer-cliquer 382
- tout 384

Séparateur de milliers 400

Séries 529, 531, 545
- échelonnées 355

Slicer 570

Somme 568

SOMME() 368

Sources
- de données 564

Sous-totaux 567

Spécial 405

Styles
- de flèches 540
- de formes 533
- WordArt 533
- rapides 306, 391

Supprimer
- cellule 451, 452

Symbole(s) 362
- monétaire 336

Synthèse 557
- fonctions de 575
- tableau de 559

T

Tableaux
  croisés dynamiques 559
    étiquettes 566
    filtrer 568
    filtres 565
    fonction de calcul 575
    mise en forme 567
    modifier 573
    modifier les champs 574
    pivoter 574
    slicer 570
    style 567
    trier 568, 572
    valeurs 566, 568
  de synthèse 559
  galerie des styles de 390
  mettre sous forme de tableau 390
  styles rapides 391
Tables
  de données 531
    à deux variables 549
    à une variable 546
  et variables 545
Taille de papier 462
Taux 546
Téléphone 406
Texte 334
  contour 534
  effets 534
  remplissage 533
  zone de 538
Titres
  à imprimer 463, 467
  centrer 530
  éditer 532
  mettre en forme 533
Totalisation 560
Transposer 447, 451
Tri 568
  ordre de 573
Type 333

U

Unités 534

V

Valeurs 335
  affichage 403
  cible 552
  d'erreur 347
  dans les tableaux croisés
    dynamiques 566, 568
  dénombrer 575
  de scénarios 556
  exacte 404
  maximum 576
  minimum 576
  nombre de 576
  séries de 545
Variables 545
Variance 576
  population 577
Virgule décimale 337
Volet 476
  figer 477
  Office
    presse-papiers 448
Vue (onglet) 305

W

Windows Vista
  créer un raccourci vers Excel 325
  lancer Excel à partir du menu
    Démarrer de 324
WordArt 533

X

XLS 377
XLSX 377
XML 305, 377

Z

Zone
  de texte 538
    éditer 539
    flèches et 540
    supprimer 540
  d'impression 460
Zoom 473

Index PowerPoint

A

Affichages 595
  boutons 595
  normal 595
  trieuse de diapositives 595
Aide 606
Animation 709
  déclencheur 713
  effets
    ajouter 714
  minutage 718
  personnaliser 711
    emphase 712
    fermeture 712
    ouverture 712
  reproduire 722
  texte 717
    vibration 721
  volet 713
Annotations manuscrites 664
Annuler 618, 771
Arrière-plan 588
  styles 700
Audio voir Sons 808

B

Backstage 595
Balise active 796
Barre
  d'état 593
    d'outils accès rapide 592
Bitmaps 750
Bordure 759
Boutons d'action 775

C

Caractères
  modifier 674
Carrés 774
Casse 640
  inverser 641
  majuscules 640
    en début de phrase 640
  minuscules 640
  modifier 640
Cercles 774
Cliparts
  déplacer 755
  étirer 755
  insérer 752
  modifier 758
  redimensionner 755
  utiliser 752
Coller 616
Colonnes 685
Commentaires
  afficher 646
    sur un moniteur 650
  ajouter
    à une diapositive 647
    une page de commentaires à une diapositive 648

en-têtes
ajouter 738
masques des pages de 724
notion 645
page de
imprimer 649
page de (affichage) 646
pieds de pages
ajouter 738
Compatibility Pack 587
Contour 781
Copier 616, 629
Correcteur orthographique 635
démarrer 637
Correction automatique 641
Corrections 761
Couleurs
arrière-plan
styles 700
jeux 693
masque des diapositives
thème 729
personnalisées 677
police 677
remplissage 781
texte 677
Couper 616, 629
Création 600, 689

D

Date
ajouter 736
Déclencheur 713
Dégradé 701
Dessins 589, 769
carrés 774
conseils 769
dissocier 788
enregistrer 771
formes 774
libres 777
incurvées 779
grouper 788
image complexe 784
jeu de couleurs 770
lignes incurvées 779
objets textuels 772
ovales 774
polygone 777
quadrillage
afficher 770
rectangles 774
règle
afficher 770
regrouper 788
repères
afficher 770
traits droits 773
zone de texte 780
Diagrammes 589
Diaporamas
clavier (contrôler avec le) 661
démarrer 657
manuel 658
minutage 665
moniteur 659
paramètres 651
personnalisés 665
afficher 667
créer 666
présenter en ligne 668
souris (contrôler avec la) 661
Diapositives
ajouter 598
arrière-plan 588
commentaires
afficher sur un moniteur 650
ajouter 647
ajouter en mode Page de commentaires 649
ajouter une page de 648
imprimer 649
date
ajouter 736
déplacement 610
dans les 599
dessins 589
diagramme 589
dupliquer 620

fichiers média 589
formes 589
images 589
masque 588, 724
fichiers média 589
formes 589
images 589
texte 588
zone de texte 589
mise en page 587
mode 593
numéros
ajouter 736
pieds de pages
ajouter 736
plan
ajouter 631
présentation des 587
rechercher 620
réorganiser 624
SmartArt 589
supprimer 620, 629
taille 699
texte
rechercher 620
remplacer 622
trouver 620
thème 588
trieuse de 624
zone de texte 589
Dictionnaire 639
des synonymes 639
personnalisé 639
Disposition 730
Documents
en-têtes
ajouter 738
masque du 724
pieds de pages
ajouter 738
XPS 603
Dupliquer 618, 629

E

Edition 609
Effet
ajouter 714
de thème 698
des images 760
forme 782
Enregistrer 602
En-têtes
espaces réservés
modifier 738
Equations 775
Espace réservé 597, 611
insérer 730
restaurer 742
Excel 790, 791, 796

F

Fichier 592
média 589
Flèches pleines 775
Formes 589, 774
automatiques
modifier 777
contour 781
d'équations 775
effets 782
style 780

G

Graphique 789
actualiser 800
barre d'erreurs 806
changer 797
courbe de tendance 806
créer 791
disposition 800
embellir 803
étiquettes de données 804

Excel 790, 791, 796
insérer
dans une diapositive existante 795
une nouvelle diapositive 791
intervertir lignes et colonnes 798
modifier
la sélection des données 799
les données source 800
outils de graphique 798
style 801
table de données 805
titre 804
Grilles 787

I

Images 589, 749
bitmaps 750
bordure 759
cliparts
déplacer 755
étirer 755
insérer 752
modifier 758
redimensionner 755
utiliser 752
compresser 764
contraste 761
corrections 761
couleur 762
effets 760
artistiques 763
insérer 756
luminosité 761
netteté 761
types d' 750
vectorielles 751
Imprimer 653
aperçu avant impression 656
backstage 654
copies (plusieurs) 655
diapositive en cours 655
impression rapide 653
imprimante
changer d' 655
présentation
diaporama personnalisé 656
Interligne 684

J

Jeu de couleurs 693
appliquer 693
créer 694
dessins 770

L

Listes numérotées 680

M

Majuscules 640
en début de phrase 640
casse 640
tout en 640
Masques 588, 723
appliquer 740
conserver 741
de document 724
modifier 731
des diapositives 724
ajouter du texte 728
créer 739
modifier 725
supprimer 740
des pages de commentaires 724
modifier 731, 732
en-têtes 736
espaces réservés restaurés 742
fichiers média 589
formes 589
images 589

objets cachés 734
pieds de pages 736
texte 588
travailler avec des 723
utilisation 734
plusieurs masques 738
zone de texte 589
Minutage 718
Mise en forme 678
Mise en page
espace réservé 611
Modèle 596, 743
créer une présentation 744
nouveaux (créer) 743
MP3 808, 809

N

Notes
voir commentaires 645
Nouvelle présentation 590
Numéros
ajouter 736

O

Objets
aligner 786
déplacer 612
empiler 785
grouper 788
masquer 734
ordre des 785
redimensionner 612
regrouper 788
retournement 783
rotation 783
libre 784
sélectionner 611
texte
marquer 615
modifier 614
sélection automatique 615
sélectionner 615
supprimer 615
travailler avec des 610
Ombres
police 678
texte 678
Organigrammes 775
Orthographe
correcteur 635
démarrer 637
correction automatique 641
dictionnaire 639
Outils de graphique 798
Ovales 774

P

Paragraphe 678
plan
abaisser 630
ajouter 631
modifier 630
promouvoir 630
sélectionner 630
PDF 603
Peintre d'animation 722
Pieds de pages
ajouter 736
espaces réservés
modifier 738
Plan
développer 633
diapositive
ajouter 631
mode 593
paragraphe
abaisser 630
ajouter 631
modifier 630
promouvoir 630
sélectionner 630
réduire 633

texte
déplacer de haut en bas 632
Pointeur laser 663
Polices 676
couleur 677
ombre 678
thème 698
PowerPoint
barre d'état 593
démarrer 589
diapositives
mode 593
plan 593
quitter 608
Présentations
créer 596
dossier par défaut 587
en ligne 668
enregistrer 602
fermer 605
fichiers 586
imprimer
diaporama personnalisé 656
diapositive en cours 655
modèles (créer à partir de) 744
ouvrir 603
PowerPoint 584
visionner 601
Présenter en ligne 668
Presse-papiers
volet 618
Projecteur 661
Puces 678

Q

Quadrillage
afficher 770
Quitter 608

R

Rectangles 774
Refaire 619
Règle
afficher 770
Remplissage 700, 781
Repère 787
afficher 770
Représentations graphiques
insérer dans une diapositive existante 795
Retournement 783
Rotation 783
libre 784
Ruban 590, 593

S

Section 744
SmartArt 589
Son 808
boucle 812
fichiers 808
MP3 808
Wav 808
WMA 808
fondu 813
masquer icône 813
MP3 809
options audio 812
Style
arrière-plan 700
Stylet 664
Synonymes 639

T

Tabulations 682
Texte 673
aligner 684
animation 717

caractères
gros 676
modifier 674
petits 676
taille 676
colonnes 685
couleur 677
dessins 772
espacer 683
gros 676
interligne 684
listes numérotées 680
marquer 615
masques des diapositives
ajouter 728
modifier 597, 614
ombre 678
paragraphe 678
pavé directionnel 615
petit 676
plan
déplacer de haut en bas 632
police 676
puces 678
rechercher 620
remplacer 622
sélectionner 615
supprimer 615
tabulations 682
saille 676
trouver du 620
vibration 721
WordArt 685
zone
dessiner 780
Thème 588, 690
effet 698
masques des diapositives
jeu de couleurs 729
Thèmepolice 698
Trait 773
Transition 705
personnaliser 711
emphase 712
fermeture 712
ouverture 712

V

Vectoriel 751
Versions 587
Vidéo 814
affichage 816
boucle 816
fondu 817
options 816
signet 817
Vidéoprojecteur 661, 765
Visionner
présentation 601

W

Wav 808
WMA 808
WordArt 685

X

XML 587
XPS 603

Z

Zone de texte 589

Index Access

A

Accès rapide 856, 858, 861
ajouter des boutons 859
Access
accessibilité 825
bases de données 826, 873
relationnelles et 828, 882
commandes 860
découvrir 826
espace de travail 850
interface 837
lancement rapide 842
lancer 850
modèles 846
nouveautés 837
objets 843
options 859
ouvrir 841
personnaliser l'espace de travail 857
raccourcis clavier 866
versions antérieures 842
volets 857
Actif/Inactif 945
Alt 866
Ancrage 975
Annuler 920, 926, 931, 979, 983
Applications
lancement rapide 842
Assistant
formulaire 963, 968
masque de saisie 948
paramètres 950
requête 1009
simple 1010
état 834

B

Backstage 838
fichiers récents et vue 843
Barre
oblique 952
d'outils
accès rapide 856
Bascule 875, 945
Bases de données 873
composants 845
concevoir 830
construire 882
créer 828
enregistrer 883
fichiers de 841, 873
filtrer 981
grandes 826
interroger 998
maintenance 915
modèles de 846
nommer 830
nouvelles 883
ouvrir 843, 851
partager 839
récentes 843, 851
relationnelles 828, 880, 882, 899
remplacer 885
système plat 880
trier 981
vocabulaire des 869
Boutons
ajouter 859
grisés 852
supprimer 861
types de 854

C

Capitalisation 938, 986
Caractères
  afficher 939
  dans un masque de saisie 947
  multiples 953
  spéciaux 938, 951, 952
Cases à cocher 975
Casse 986
Chaîne de formatage 938
Champs 871
  afficher 1008
  ajouter 846, 885, 920
  ajouter au formulaire 969
  ajuster la taille 943
  calculés 876
  caractères interdits dans les noms 879
  changer le type 923
  clé 895
  communs 904
  corriger 926
  date/Heure 875
    validation 957
  définir 831
  définir comme clé 898
  de liaison 880, 899
  déplacer 922
  disponibles 1011
  éditer le nom 928
  enregistrements et 872
  entiers 985
  filtrer 990
  filtres et 1002
  formater 936
  indexer 910
  justifier 970
  lien hypertexte 876
  listes de choix 875
  mise en forme 986
  monétaires 875, 941
  nombre 875
  nommer 846, 878
  numériques 940
    validation 957
  numéroAuto 897
  objet OLE 876
  ordonner 1008
  oui/non 875, 945
    personnaliser 946
    valeurs autorisées 945
  pièce jointe 876
  propriétés 935
  rechercher dans les 982
  relations et 900
  remplacer 926
  renommer 927
  supprimer 924
  taille des 875
  texte 874, 938
    enrichi 875
    long 938
  types de 873
  uniques 896
  valeur(s)
    obligatoire 955
    par défaut 958
    multiples 902
Clés 832, 880, 1009
  choisir 898
  créer 898
  étrangères 899
  index et 897
  multichamps 895
  nommer 898
  par défaut 897
  position dans la table 897
  primaire 895
  primaires 885
  relations et 900
  renommer 885
  restrictions 897
  sélectionner 906
Colonnes
  dans les formulaires 969
  filtrer 990
  tri et 988
Commandes
  raccourcis clavier 866
Comparaison 1005

Contrôles 974
ancrés 975
déplacer 976
redimensionner 977
sélectionner 976
supprimer 978
Couleur 940
Création 837
Critères 998
construire 1004
filtres et 990
opérateurs de comparaison 1005
OU 996
Croissant 987, 1005

D

Date 875
courante 959
formats de 944
insérer 926
Décroissant 987, 1005
Diagrammes 830
Données 870
afficher en couleur 940
collecter 832
contrôler la saisie 947
déterminer les besoins 831
éditer 924
espaces supplémentaires 939
feuilles de 832, 964
filtrer 989, 1007
formatage et 940
formater 936
formulaires et 964
importer 827
masque de saisie 933, 947
mise en forme 933, 936
obligatoires 955
organiser 828
rechercher 827
redondantes 880
saisir 827, 832
tables et 830
trier 827
utiliser 832
valeur
obligatoire 934
par défaut 934, 958
validation 934
valider 956
Doublons 911

E

Enregistrements 826, 871
ajouter 919
annuler la modification 926
champs et 872
doublons 911
éditer 843, 925
erreurs 827
lignes d' 832
rechercher 827, 981
le suivant 983
remplacer un champ 926
sauvegarde automatique 920
supprimer 920, 931
top 10 1008
trier 827, 987
unicité 831, 874, 896
En-têtes 837
Entiers 942
Erreurs 827, 931
formatage et 937, 947
messages d' 956
Espace de travail 857
Espacement 938
Espaces 939
réservés 950
États 827, 834, 845, 873
assistant 834
concevoir 835
Excel et 834
filtrer 989
modèle de présentation 837
Étiquettes 832, 975
éditer 978

Euro 942
Excel 826, 881
  états et 834
  importer une feuille de calcul 827

F

Faux/Vrai 945
Feuille
  de calcul 881
    importer 827
  de données 832, 964, 970
Fichiers
  Access 841
  de base de données 873
  enregistrer 883
  plats 881
Filtrer 981
  commande 989
  par formulaire 993
Filtres 998
  activer 1007
  appliquer 1006
  avancés 1000, 1003
  créer 1002
  effacer 1004
  fenêtre de définition 1001
  options
    avancées 993
    de 1003
  par formulaire 992
  par sélection 991
  requêtes et 997, 1000, 1001
  sélectionner les champs 1004
  supprimer 991, 1007
  sur un champ 990
  tris et 1004
  type de 989
  utiliser 999
Filtre/tri avancé 1000
Fonctions 959
Formatage 936
  chaîne de 938
  champs Oui/Non 945
  couleur et 940
  des nombres 940
  erreurs et 937, 947
Formats
  date/heure 944
  décimal 942
  entier 942
  monétaires 942
  numériques 941
  pourcentage 942, 943
  réel simple 943
  scientifique 942
Formulaires 827, 833, 845, 873, 964
  ajouter des champs 969
  assistant 968
  attachés 969
  automatiques 965
  créer 963, 966
  disposition 969, 971
  double affichage 966
  feuilles de données et 964
  filtrer 989
  filtres et 993
  jeu de données et 964
  justifiés 970
  mettre
    à jour 964
    en forme 974
  mode
    création 973
    d'affichage 973
    formulaire 973
    page 972, 973
  personnaliser 972
  plusieurs éléments 966
  rechercher dans les 981
  relations et 964
  requêtes et 964
  standard 966
  tables et 964
  thèmes 973
  titre 970

G

Générateur d'expression 949, 959
Grille 1002

H

Heure 875
- insérer 926
- formats d 944

I

Inactif/Actif 945
Index 897, 909
- ajouter 912
- choix des champs 910
- créer 910
- doublons et 911
- notion d' 909
- supprimer 912

Info-bulles 863
Informations 831
Intégrité référentielle 907
- renforcer 908

Internet 876

J

Jonction 902
Justifier 970

L

Légendes 975
Liens hypertexte 876
Lignes 832
Listes 854, 975
- de choix 875

M

Maintenance 915
Masque 933
- caractère spéciaux 951
- choisir un 949
- concevoir 951
- créer
  - avec l'assistant 948
  - manuellement 950
- de saisie 947
  - assistant 948
- données existantes et 954
- écrire 953
- essayer 950
- tester 954

Menus 854
- contextuels 865

Microsoft Office 825
- interface 840

Mode
- Backstage 838
- création 835

Modèles 837, 846
Monétaire 875

N

Nombres 875
- calculs et 876
- textes et 874

Non/Oui 945
Notation scientifique 944
NuméroAuto 897, 919

O

Objets 843
OLE 876
Onglets 837, 852
- activer 853
- fichier 856

outils de table 854
Opérateurs
de comparaison 1005
ET 958
OU 958
Orthographe 982
Oui/Non 945

P

Parenthèse 952
Pièce jointe 876
Ponctuation 938, 939
Pourcentages 943
taille du champ et 943
Publipostage 828

R

Rapports 827
Rechercher 827, 981
annuler 983
au début du champ 985
n'importe où dans le champ 985
option
où 985
rechercher les champs mis en forme 986
regarder dans 984
respecter la casse 986
sens 986
suivant 983
texte à 982
utiliser la commande 982
Réels 943
Relationnel 828, 880
avantages du 882
Relations 830
clé primaire et 900
créer 903, 905
définir 1010
diagramme des 830
fenêtre des 903
formulaires et 964
inexistantes 1013
lier des tables 904
modifier 906, 908
plusieurs-à-plusieurs 901
principes 900
rapport de 908
réorganiser l'affichage 908
requêtes et 1009
sous-formulaires et 975
supprimer 908
table de jonction 902
types de 900
un-à-plusieurs 901, 905
un-à-un 901
Requêtes 845, 873, 997
assistants 1009, 1010
concevoir 1010
critères et 998
de synthèse 1013, 1015
détaillées 1013, 1015
filtrer 989
filtres et 1000, 1001
filtre/Tri et 997
formulaires et 964
grille 1002
modifier la structure 1014
nommer 1014
relations et 1009
sauvegarder 1014
sélection 1008
simples 1010
tables multiples et 1008
Ruban 852
boutons grisés 852
raccourcis clavier 866
réduire 862

S

Sauvegardes 886
récentes 931

Sélection 1008
commande 991
SGBD 825
SharePoint 839
Souris 865
Sous-formulaires 969, 975
relations et 975
Sous-totaux 834
Synthèse 1013, 1015
options de 1013

T

Tables 828, 845, 872
ajouter 887
choisir un nom 888
concevoir 829
créer 882
de jonction 902
éditer 916
les propriétés 935
enfant 906, 969
enregistrer 886, 936
fermer 886
filtrer 981, 989
formulaires et 964
indexer 909
lier 907, 830, 904
mode Création 934
nombre de 830
ouvrir 843
parent 905, 969
propriétés des 933
rechercher dans les 981, 982
relations et 900
renommer 886, 929
requêtes et 1008
sans relations 1013
supprimer 889
trier 909, 981
uniques 880
Tabulaire 969
Taille 875
Texte 874
capitalisation 986
enrichi 875
long 938
nombres et 874
zones de 975
Thèmes 973
galerie de 974
Tiret 952
Titre 970
requêtes et 997
Trier 827, 981
commande 987
Tri 909
avancés 1000
colonnes et 988
croissants 987
décroissants 987
filtres et 1004
ordre des 988
sur plusieurs champs 988
sur un seul champ 987

U

Unicité 831

V

Valeurs
multiples 902
obligatoires 934, 955
par défaut 934, 958
Validation 934, 956
message d'erreur 956
règles de 957
Vérifications 931
Vrai/Faux 945
Vues 964, 973

W

Web 876
Windows
  souris et 865
Word 828

Z

Zone de texte 975

CPi
AUBIN IMPRIMEUR

Achevé d'imprimer en septembre 2013
Dépôt légal septembre 2013 / N° d'impression 1308.0066
Imprimé en France